Springer-Lehrbuch

W0209640

Weitere Bände in dieser Reihe
http://www.springer.com/series/1183

Walter Gropp

Strafrecht Allgemeiner Teil

4., ergänzte und terminologisch überarbeitete Auflage

Springer

Professor Dr. Dr. h.c. Walter Gropp
Justus-Liebig-Universität Gießen
Professur für Strafrecht,
Strafprozessrecht und
Strafrechtsvergleichung
Gießen
walter.gropp@recht.uni-giessen.de

ISSN 0937-7433
Springer-Lehrbuch
ISBN 978-3-642-38125-6 ISBN 978-3-642-38126-3 (eBook)
DOI 10.1007/978-3-642-38126-3

Die Deutsche Nationalbibliothek verzeichnet diese Publikation in der Deutschen Nationalbibliografie; detaillierte bibliografische Daten sind im Internet über http://dnb.d-nb.de abrufbar.

Springer

Springer-Verlag Berlin Heidelberg ist Teil der Fachverlagsgruppe Springer Science+Business Media (www.springer.com)

Paul-Günter Pötz in Verehrung
Günter Heine († 25.6.2011)
und
Winfried Hassemer († 9.1.2014)
zum Gedenken

Vorwort

Die vorliegende 4. Auflage des Lehrbuchs zum Allgemeinen Teil des Strafrechts ist nicht einfach eine Aktualisierung der 2005 erschienenen 3. Auflage. Vielmehr ist das Lehrbuch vollständig überarbeitet worden und hat auch Änderungen erfahren.

Insgesamt habe ich versucht, die *strafbare Handlung* hinsichtlich ihres *Begriffs*, ihrer *Eigenschaften* (tatbestandsmäßig, rechtswidrig, schuldhaft), ihrer diese Eigenschaften begründenden objektiven und subjektiven *Elemente* und ihrer *Erscheinungsformen* (Versuch, Beteiligung, Fahrlässigkeit usw.) in das Zentrum zu stellen. Der gesamte *Aufbau der strafbaren Handlung* kann den RN 1–9 vor § 4 entnommen werden, die quasi den Schlüssel zu dem hier vertretenen Begriff von der Straftat bilden.

Des Weiteren war es ein Anliegen, Ungenauigkeiten und Mehrdeutigkeiten der bisherigen *Terminologie* des deutschen Strafrechts zu vermeiden:

- Die Bezeichnung „Verbrechenslehre" wird durch „*Lehre von der strafbaren Handlung* bzw. *Straftat*" ersetzt, „Delikt" durch „*Straftat*".
- Der „Erfolg" einer Straftat wird zur „*Veränderung in der Außenwelt*".
- Der Ausdruck „Tatbestand" wird nur noch methodologisch als Voraussetzung der „Rechtsfolge" innerhalb der Bestandteile eines Rechtssatzes verwendet. „Straftatbestand" wird folglich zu „*Strafvorschrift*" oder „*Strafgesetz*".
- Der *Unwert der Straftat* besteht aus objektiven („Sachverhaltsunwert") und subjektiven („personaler Unwert") „*Elementen der Tatbestandsmäßigkeit*".

Wo Missverständnisse auftreten könnten, werden die alten Bezeichnungen in Klammern gesetzt.

Mag die neue Terminologie auch etwas wortreicher scheinen als die überkommene, so sagt sie doch direkter und mit weniger komplexen Ausdrücken, was gemeint ist. Sie kommt insofern auch dem rechtsvergleichend arbeitenden ausländischen Leser entgegen.

Über die terminologischen Modifikationen hinaus ist auf *Umstellungen* und *inhaltliche Änderungen* aufmerksam zu machen.

Zunächst wurden in der Einführung die ehemaligen §§ 3 und 4 (Die Straftat im System des Strafrechts; die Handlung) zu einem neuen § 2 (Die strafbare Handlung) zusammengezogen, um Überschneidungen zu vermeiden. Die Prinzipien des Strafrechts werden jetzt in § 3 dargestellt. Die ehemaligen §§ 5–8 wurden zu §§ 4–7. Mit der Einfügung eines neuen § 8 (*Qualifikation durch eine besondere Folge der Tat*) wird das sog. „erfolgsqualifizierte Delikt“ als eigenständige Erscheinungsform der Straftat anerkannt. Die §§ 1 und 9–15 sind thematisch unverändert geblieben.

Das Lehrbuch folgt im Wesentlichen der herrschenden Meinung. *Neue Ansätze* mussten eine von *Luis Greco* trefflich so formulierte Prüfung bestehen: „Will eine neue Theorie eine alte ersetzen, muss sie sich als überlegen ausweisen, und dies nicht nur aus ihrer eigenen, internen Sicht. Die neue Theorie muss vielmehr erstens darlegen, dass sie nicht an weiteren, diesmal *externen Mängeln* leidet und dass sie zweitens allgemein als wichtig angesehenen *Aufgaben besser gerecht wird* als die alte.“[1] Von *bestehenden Theorien,* die mich nicht (mehr) überzeugen, habe ich Abstand genommen. Jene Abweichungen sind als solche deutlich kenntlich gemacht.

Dementsprechend wurde in § 4 (Tatbestandsmäßigkeit) bei der „objektiven Zurechnung“ die Fallgruppe der *Risikoverringerung* aufgegeben und der *Rechtfertigung* zugeschlagen (§ 4 RN 94 ff.).

In § 5 (Rechtswidrigkeit und Rechtfertigungsgründe) wird einer bestehenden *Rechtfertigungssituation auch dann rechtfertigende Wirkung zugesprochen, wenn der Täter sie nicht kennt* (§ 5 RN 47 ff., § 13 RN 180 ff., 187) und der hierzu vertretenen „Versuchslösung“ der h.M. widersprochen. Ermutigt hat mich zu diesem Schritt der Gedankenaustausch mit den Kollegen Prof. Dr. Sangyun *Kim* (Ryukoku-Univ. Kyoto, Japan) und Ass. Prof. Dr. Selman *Dursun* (Universität Istanbul, Türkei), denen ich hiermit aufrichtig danken möchte! Der *objektiv und individuell unvermeidbare Erlaubnistatumstandsirrtum* wird als *Rechtfertigungsgrund* des erlaubten Risikos neu eingeführt (§ 5 RN 60, 143 f., 389 f., § 13 RN 207). Die *Beschneidung von Jungen aus religiösen Gründen* wird weiterhin als gerechtfertigte Körperverletzung eingeordnet (§ 5 RN 430 ff.).

In § 6 (Schuldhaftigkeit und Schuld) wird die überkommene peinliche und unerträgliche Terminologie in den §§ 20 und 21 StGB („Schwachsinn“, „andere schwere seelische Abartigkeit“) durch „*organisch befundlose Oligophrenien*“ und „*nichtkrankhafte schwere seelische Störungen*“ ersetzt und „in die Klammer“ verbannt (§ 6 RN 67, 80 ff.).

In § 9 (Versuch und Rücktritt) wird ein *unmittelbares Ansetzen* mangels eines Sachverhaltsunwerts beim ex ante *offensichtlich ungefährlichen und* – als Folge der rechtfertigenden Wirkung der objektiv gegebenen Rechtfertigungslage – auch *beim (unerkannt) rechtmäßigen Versuch* verneint (RN 61 f.). Dies hat auch Auswirkungen auf das unmittelbare Ansetzen bei der Scheinmittäterschaft und bei der nur vorgestellten Mittäterschaft (§ 10 RN 191 ff., 197 ff.). Von der dogmatischen Notwendigkeit eines *fehlgeschlagenen Versuchs* bin ich hingegen nach wie vor nicht überzeugt.

Das Lehrbuch wurde auf den Stand von Ende 2013 gebracht. Danach erschienene Literatur wie insbesondere die 29. Aufl. des Schönke/Schröder muss einer späteren Auflage vorbehalten bleiben. Mir zugesandte Sonderdrucke habe ich nach Möglichkeit ausnahmslos eingearbeitet, auch wenn mir manchmal die Zeit für ein

---

[1] GA 2009, 642.

individuelles Dankschreiben gefehlt hat, wofür ich um Verzeihung bitte. Bei der Auswahl der Literatur wurde im Interesse der studentischen Leserschaft auf Verständlichkeit und Leserfreundlichkeit besonders geachtet.

Für anregende Diskussionen und wertvolle Hilfe schulde ich wiederum wissenschaftlichen Mitarbeiterinnen und Mitarbeitern an der Gießener Professur aufrichtigen Dank: Dr. Liane *Wörner*, LL.M. (Madison/Wisconsin) und Sebastian *Hoffmanns* sowie Anna Lena *Schellenberg*, Martin *Seiferth* und Florian *Wania*. Mein Dank gilt weiterhin den Hilfskräften Manon *Grimm*, Gökhan *Görgülü*, Tobias *Kaltz*, Marc-Philipp *Kolpin*, Jan-Paul *Mosch* und Stefan *Weckenmann*. Unserem Gastwissenschaftler 2014/15 Prof. Dr. Kanehiko *Toyota* (Kwansei Gakuin-Universität, Japan) danke ich für wichtige Denkanstöße zur peripheren straffreien Teilnahme.

Frau Dr. Liane *Wörner* bin ich auch für die Aktualisierung der Ausführungen zum „Europäischen Strafrecht" zu großem Dank verpflichtet, ihr und Sebastian *Hoffmanns* außerdem für die logistische Begleitung der Umarbeitung des Textes in ein online-Format.

Die vierte Auflage ist gewidmet

- *Günter Heine* († 25.6.2011), meinem Freund und Kollegen, zum Dank für gemeinsame fruchtbare Jahre in Tübingen, Freiburg und Gießen,
- *Winfried Hassemer* († 9.1.2014), dem Botschafter des Strafrechts am Bundesverfassungsgericht, der den Leitfall zu § 1 angeregt hat und dem ich dieses Buch so gerne noch überreicht hätte,
- *Paul-Günter Pötz*, Ministerialdirigent a. D., in Anerkennung seiner Verdienste um die deutsche Strafrechtswissenschaft als langjähriger Alleinherausgeber und Schriftleiter der Zeitschrift „Goltdammer's Archiv für Strafrecht" und zum Dank für großzügige Unterstützung in dieser Funktion gerade zu Beginn meines wissenschaftlichen Weges.

Gießen, im August 2014 Walter Gropp

Aus dem Vorwort zur 1. Auflage:

Der Allgemeine Teil des Strafrechts ist einer der interessantesten Gegenstände der universitären Juristenausbildung. Bietet er doch die Möglichkeit, wie in einem Mikrokosmos nicht nur über menschliche und gesellschaftliche, sondern auch über rechtstheoretische und -systematische Fragen nachzudenken. Eine schöne Übung ist es zudem, dass der Allgemeine Teil im Studienplan vieler Fakultäten am Beginn des Studiums vorgesehen ist, ein Stadium, in dem die Studierenden – gebannt von dem jedem Anfang innewohnenden „Zauber", „der uns beschützt und der uns hilft, zu leben" – ihre Denkfähigkeit noch unbehindert von den Lernzwängen der späteren Semester frei entfalten können [...].

Schon der begrenzte Umfang des Buches hat es erforderlich gemacht, die Darstellung wie ein Skelett auf die tragenden Strukturen zu reduzieren [....]. Ihr Verstehen erspart das stupide Auswendiglernen und befähigt zu Dialog und Diskussion. [...]

Das Begreifen der Zusammenhänge und ihrer Begründung soll dazu befähigen, selbständig über das Recht nachzudenken und es den gesellschaftlichen Veränderungen entsprechend weiterzuentwickeln und anzuwenden – eine Fähigkeit, die gerade der in der Praxis tätige Jurist dringend benötigt. Fragen aus der Praxis kann und will dieses Lehrbuch hingegen nur ganz am Rande ansprechen, denn die Praxis wird in der und durch die Praxis gelernt.

Leipzig, im Oktober 1997 Walter Gropp

Inhaltsverzeichnis

Teil I Einführung

Abkürzungsverzeichnis

a. A.	anderer Ansicht
a. a. O.	am angegebenen Ort
abl.	ablehnend
ABL.EG	Amtsblatt der Europäischen Gemeinschaft
ABL.EU	Amtsblatt der Europäischen Union
Abs.	Absatz
a. F.	alte Fassung
Alt.	Alternative
and.	anders
Anm.	Anmerkung
ARSP	Archiv für Rechts- und Sozialphilosophie
Art.	Artikel
AT	Allgemeiner Teil
BayObLG	Bayerisches Oberstes Landesgericht
BBG	Bundesbeamtengesetz
betr.	betreffend
Bd.	Band
BGB	Bürgerliches Gesetzbuch
BGBl.	Bundesgesetzblatt (Teil, Seite)
BGH	Bundesgerichtshof
BGHSt	Entscheidungen des Bundesgerichtshofs in Strafsachen
BGHZ	Entscheidungen des Bundesgerichtshofes in Zivilsachen
BJagdG	Bundesjagdgesetz
BRRG	Beamtenrechtsrahmengesetz
BT	Besonderer Teil
BT-Drs.	Bundestags-Drucksache (Legislaturperiode, Nummer)
BtMG	Betäubungsmittelgesetz
BVerfG	Bundesverfassungsgericht
BVerfGE	Entscheidungen des Bundesverfassungsgerichts
bzw.	beziehungsweise
d. h.	das heißt
Diss.	Dissertation
DJT	Deutscher Juristentag
E 1962	Entwurf eines Strafgesetzbuches (BT-Drucks. IV/650), 1962

EGStGB	Einführungsgesetz zum Strafgesetzbuch
Einl.	Einleitung
Erg.	Ergebnis
EuGRZ	Europäische Grundrechte-Zeitschrift
evtl.	eventuell
f.	folgende(r)
FamRZ	Zeitschrift für das gesamte Familienrecht
ff.	fortfolgende
FN	Fußnote
FS	Festschrift
GA	Goltdammer's Archiv für Strafrecht
GerS	Der Gerichtssaal
GG	Grundgesetz für die Bundesrepublik Deutschland
GmbHG	Gesetz betr. die Gesellschaft mit beschränkter Haftung
GrS	Großer Senat für Strafsachen
GS	Gedächtnisschrift
GVG	Gerichtsverfassungsgesetz
h. L.	herrschende Lehre
h. M.	herrschende Meinung
Hrsg.	Herausgeber
i. d. F.	in der Fassung
i. d. R.	in der Regel
i. e. S.	im engeren Sinn
i. S.	im Sinn
i. V. m.	in Verbindung mit
i. w. S.	im weiteren Sinn
JA	Juristische Arbeitsblätter
JAP	Juristische Ausbildung und Praxis (Österreich)
JBl.	Juristische Blätter (Österreich)
jew.	jeweils
JK	Jura-Kartei
JGG	Jugendgerichtsgesetz
JR	Juristische Rundschau
Jura	Juristische Ausbildung
JuS	Juristische Schulung
JW	Juristische Wochenschrift
JZ	Juristenzeitung
KastrG	Gesetz über die freiwillige Kastration
KG	Kammergericht
KO	Konkursordnung
KrimZ	Kriminologische Zentralstelle e.V. Wiesbaden
krit.	kritisch
LB	Lehrbuch
LG	Landgericht
LKW	Lastkraftwagen
MDR	Monatsschrift für Deutsches Recht

MRK	Konvention zum Schutz der Menschenrechte vom 4.11.1950
MschrKrim	Monatsschrift für Kriminologie und Strafrechtsreform
mwN	mit weiteren Nachweisen
n. F.	neue Fassung
NJ	Neue Justiz
NJW	Neue Juristische Wochenschrift
Nr.	Nummer
NStZ	Neue Zeitschrift für Strafrecht
NStZ-RR	NStZ Rechtsprechungs-Report Strafrecht
oBdS	objektive Bedingung der Strafbarkeit
OGHSt	Entscheidungen des Obersten Gerichtshofes für die Britische Zone in Strafsachen
ÖJZ	Österreichische Juristenzeitung
OLG	Oberlandesgericht
OLGSt	Entscheidungen der Oberlandesgerichte zum Straf- und Strafverfahrensrecht (zitiert nach Paragraphen und Seite)
OrgKG	Gesetz zur Bekämpfung des illegalen Rauschgifthandels und anderer Erscheinungsformen der Organisierten Kriminalität vom 15.7.1992
OWiG	Gesetz über Ordnungswidrigkeiten
pSAG	persönlicher Strafausschließungsgrund
RFG	Rechtfertigungsgrund
RG	Reichsgericht
RGBl.	Reichsgesetzblatt (Teil, Seite)
RGSt	Entscheidungen des Reichsgerichts in Strafsachen
RN	Randnummer
RPflG	Rechtspflegergesetz
RVO	Reichsversicherungsordnung
s.	siehe
S.	Satz, Seite
SchwZStr	Schweizerische Zeitschrift für Strafrecht
SFHÄndG	Schwangeren- und Familienhilfeänderungsgesetz
sog.	sogenannte(r)
SoldG	Gesetz über die Rechtsstellung der Soldaten
StGB	Strafgesetzbuch
StPO	Strafprozeßordnung
str.	streitig
StrÄndG	Gesetz zur Änderung des Strafrechts
StraFo	Strafverteidiger Forum
StrRG	Gesetz zur Reform des Strafrechts
StV	Strafverteidiger
StVG	Straßenverkehrsgesetz
StVO	Straßenverkehrsordnung
StVollzG	Strafvollzugsgesetz
StVZO	Straßenverkehrszulassungsordnung
u. ä. m.	und ähnliches mehr
u. a.	unter anderem, und andere

usw.	und so weiter
u. U.	unter Umständen
Var.	Variante
vgl.	vergleiche
VRS	Verkehrsrechts-Sammlung (Band, Seite)
VVG	Gesetz über den Versicherungsvertrag
wistra	Zeitschrift für Wirtschafts- und Steuerstrafrecht
WiKG	Gesetz zur Bekämpfung der Wirtschaftskriminalität
WStG	Wehrstrafgesetz
z. B.	zum Beispiel
ZPO	Zivilprozeßordnung
ZRP	Zeitschrift für Rechtspolitik
ZStW	Zeitschrift für die gesamte Strafrechtswissenschaft
zust.	zustimmend
z. Z.	zur Zeit
zw.	zweifelhaft

Teil I
Einführung

§ 1 Kriminalität – Strafrecht – Strafrechtswissenschaft – gesellschaftliche Legitimation

Leitfall 1

1 „*Geschwisterinzest*" – BVerfG 2 BvR 392/07 BVerfGE 120, 224 ff. = NStZ 2008, 614 ff.: Der 1976 geborene B lebte ab dem Alter von drei Jahren in staatlichen Kinderheimen und bei mehreren Pflegefamilien. 1983 wurde er von seinen damaligen *Pflegeeltern* adoptiert, nahm deren Namen an und hatte seitdem keinen Kontakt mehr zu seiner Ursprungsfamilie. Erst im Jahr 2000 stellte er über das Jugendamt Kontakt zu seiner leiblichen Mutter her und lernte seine 1984 geborene Schwester K kennen, deren Existenz ihm bis dahin nicht bekannt gewesen war. Auch nach dem Tod der Mutter im Jahr 2000 blieb er bei K. Zwischen B und seiner Schwester entwickelte sich eine enge Beziehung, aus der in den Jahren 2001, 2003, 2004 und 2005 vier Kinder hervorgingen. Im November 2005 wurde B durch das Amtsgericht Leipzig wegen Beischlafs zwischen leiblichen Geschwistern nach § 173 II 2 StGB zu einer Freiheitsstrafe von einem Jahr und zwei Monaten verurteilt. Dagegen legte B beim OLG Dresden Revision ein und rügte die Verfassungswidrigkeit des § 173 StGB. Ende Januar 2007 verneinte das Oberlandesgericht Dresden die Verfassungswidrigkeit und verwarf die Revision als offensichtlich unbegründet. Gegen das Urteil des Amtsgerichts und die Revisionsentscheidung des Oberlandesgerichts wandte sich B mit der Verfassungsbeschwerde an das Bundesverfassungsgericht (BVerfG). Er trug vor, § 173 II 2 StGB sei nichtig. Denn die Strafvorschrift verstoße gegen das in Art. 2 I GG (Handlungsfreiheit) in Verbindung mit Art. 1 I GG (Unantastbarkeit der Menschenwürde) verankerte Grundrecht der sexuellen Selbstbestimmung und das Diskriminierungsverbot aus Art. 3 III GG, verletze den Gleichbehandlungsgrundsatz aus Art. 3 I GG und sei mit ihrer Rechtsfolge – der Verhängung von Kriminalstrafe – in ihrer Verbotswirkung unverhältnismäßig. Die Verurteilung auf Grundlage des § 173 II 2 StGB greife zudem in das Grundrecht aus Art. 6 I GG (Schutz der Familie) ein. Ist die Kritik des B an § 173 II 2 StGB berechtigt?

W. Gropp, *Strafrecht Allgemeiner Teil*, Springer-Lehrbuch,
DOI 10.1007/978-3-642-38126-3_1

A. Kriminalität

2 Das Strafrecht gehört zu jenen Rechtsgebieten, die auch dem juristischen Laien nicht unbekannt sind. Denn der Mittelpunkt des Strafrechts, die Straftat, sorgt nicht selten gesellschaftlich für außerordentliches Aufsehen. Sie erzeugt Mitleid mit dem Opfer und Zorn, ja vielleicht sogar Hass im Hinblick auf den Verdächtigen und ein Interesse dafür, wie mit ihm verfahren wird. Nirgends in unserem Rechtsgefüge kann der Einzelne so unmittelbar die Wirkung des Rechts miterleben wie bei der Verfolgung von Kriminalität im Rahmen eines Strafverfahrens. Dies ist auch erwünscht, denn Transparenz ist gerade eines der wesentlichen Anliegen des modernen Strafprozesses. Deshalb kann grundsätzlich jeder, der Interesse hat, als Zuhörer an einem Strafverfahren teilnehmen. Und die Hauptverhandlung ist gerade darauf angelegt, dass sämtlicher Prozessstoff, der für die Entscheidung von Bedeutung ist, in der Hauptverhandlung vorgetragen werden muss. Der aufmerksame Zuhörer sollte daher – genauso wie der Zuschauer eines „Krimis" im Fernsehen – am Ende des Strafprozesses sagen und verstehen können, weshalb der oder die Angeklagte verurteilt oder freigesprochen wird.

3 Nimmt man die Formen, in denen Strafrecht für uns erlebbar in Erscheinung tritt, zum Maßstab, so lässt sich die Begehung (I) und die Verfolgung (II) von Straftaten unterscheiden.

I. Begehung von Straftaten

4 In unmittelbarste Berührung mit Kriminalität und Strafrecht kommt derjenige, der Opfer einer Straftat wird: Nach dem Einkauf im Einkaufszentrum stellt man fest, dass das Auto auf dem Kundenparkplatz beschädigt worden ist, ohne dass sich der Schädiger feststellen lässt (unerlaubtes Sich-Entfernen vom Unfallort, § 142 StGB). Das vor der Haustür abgestellte Fahrrad ist plötzlich verschwunden und taucht nie wieder auf (Diebstahl, § 242 StGB). Ein „Bettler" bittet um eine milde Gabe. Man holt seine Geldbörse heraus, um einen Euro zu entnehmen, bevor man dies jedoch tun kann, hat der „Bettler" blitzschnell die Geldbörse ergriffen und ist mit ihr verschwunden (Trickdiebstahl, § 242 StGB). Selbst solche, im Vergleich nicht einmal sehr schwerwiegenden, Vorfälle werden von den Betroffenen als äußerst gravierend empfunden. Nicht nur, dass es Umstände macht, das Auto reparieren zu lassen, sich ein neues Fahrrad zu kaufen oder neue Ausweispapiere zu besorgen, und dass der finanzielle Schaden schmerzt: was wirklich verwundet, ist die Tatsache, dass man *Opfer* geworden ist, dass man seinen Mitmenschen nicht mehr *vertrauen* kann. Gerade die Opfer von Wohnungseinbrüchen empfinden ihre Wohnung als „*entweiht*" und würden am liebsten in eine andere *unberührte* Wohnung umziehen. Das Opfer fühlt sich somit seiner Unantastbarkeit und seiner Würde beraubt.[1]

[1] Vgl. *Jerouschek* JZ 2000, 185 ff.

Die Wahrscheinlichkeit, Opfer einer Straftat zu werden, ist indessen wesentlich geringer als die, Straftaten als Außenstehender mitzuverfolgen.[2] Dabei wird leicht vergessen, dass es zumeist nicht die Straftat als solche ist, welche miterlebt wird, sondern Informationen über jene Straftat, sei es in der Presse oder im Fernsehen. Indem wir die Zeitungen lesen und Fernsehberichte anschauen, befriedigen wir unsere Neugier. Gerade dies ist aber nicht selten einer der Gründe dafür, dass jene Berichte überhaupt gedruckt bzw. gesendet werden. Man sieht daran, dass Strafrecht in der Gesellschaft auch einen *Unterhaltungswert* besitzt, gleichgültig, ob man dies für gut hält oder nicht. 5

Mit dem Strafrecht kommt der Einzelne aber auch dadurch in Berührung, dass er selbst Täter wird. Diese Erscheinungsform von Strafrecht wird nicht selten übersehen. Denn Straftäter ist in der Regel der Andere, nicht man selbst. Man spricht in diesem Zusammenhang von sog. „Kavaliersdelikten", welche dann nicht mehr als Straftaten wahrgenommen werden, wenn man sie selbst begeht. 6

Als typische Beispiele wären hier etwa der Betrug von Kaskoversicherungen, Steuerhinterziehung sowie Urheberrechtsverstöße zu nennen: Der von einem Unbekannten beschädigte Rückspiegel wird der Teilkaskoversicherung als gestohlen gemeldet, damit sie bezahlen muss. Dem Finanzamt gegenüber wird verschwiegen, dass man Mitglied einer Fahrgemeinschaft ist und deswegen das eigene Auto nur jeden vierten Tag benutzt, um zur Arbeitsstätte zu fahren. Musiktitel werden unbefugt aus dem Internet heruntergeladen. Wer in diesem Bereich dennoch ehrlich bleibt, wird nicht selten als der „Dumme" betrachtet. Es bedarf damit für jeden Einzelnen von uns einer gewissen Charakterfestigkeit, um diesen Versuchungen nicht zu erliegen – ein Gesichtspunkt, den man bei der Beurteilung des Straftäters nicht ganz vergessen sollte. 7

Im Zentrum der soeben erörterten Aspekte standen jeweils Verhaltensweisen, die strafbar sind, sog. *Straftaten*. Die Straftat ist der Ausgangs- und Mittelpunkt des Strafrechts. Dennoch erschöpft sich Strafrecht nicht in der Lehre von der Straftat. Vielmehr gehört zum Strafrecht auch die *Verfolgung* von Straftaten. 8

II. Verfolgung von Straftaten

Strafverfolgung bedeutet, dass Straftaten nach Möglichkeit aufgeklärt und geahndet werden. Strafverfolgung hat damit eine gesellschaftliche (1) und eine individuelle (2) Komponente. 9

[2] Sie beträgt bei Gewalttaten rein rechnerisch 0,1875 % pro Jahr, wenn man von ca. 150.000 Fällen von Gewaltkriminalität im Jahr und einer Bevölkerung von 80.000.000 in der Bundesrepublik ausgeht. Im statistischen Durchschnitt wird der Einzelne damit alle 533 Jahre Opfer eines Gewaltverbrechens. Bei Annahme von 450.000 Gewalttaten unter Berücksichtigung des Dunkelfeldes betrüge die Wahrscheinlichkeit 0,5625 % pro Jahr oder 100 % alle 177 Jahre; vgl. *Albrecht, P. A.*, Frankfurter Rundschau v. 12. 3. 1994, S. 14; *Herzog*, Frankfurter Rundschau vom 6. Dezember 1996, S. 14. Verschwindend gering ist diese Wahrscheinlichkeit allerdings nicht. Denn sie besagt, dass – bei Einbeziehung des Dunkelfeldes – von 177 Personen pro Jahr eine Opfer einer Gewaltstraftat wird.

1. Erfassung und Verarbeitung von Straftaten als gesellschaftliches Problem

a) Ermittlungsverfahren

10 Die Strafverfolgung beginnt zunächst damit, dass die zuständigen Organe des Staates vom Vorliegen des Verdachts einer Straftat *Kenntnis nehmen* und den *Sachverhalt* ermitteln. Den Abschnitt der Kenntnisnahme und Sachverhaltsermittlung nennt man daher *Ermittlungsverfahren* (§ 160 StPO). „Herrin" dieses Ermittlungsverfahrens ist nach dem Gesetz die Staatsanwaltschaft (vgl. §§ 160 ff. StPO). Dabei bedient sie sich der Kriminalpolizei, um die Ermittlungen durchzuführen. Der Kriminalpolizei kommt daher bei der Ermittlung von Straftaten faktisch eine große Bedeutung zu. In der Regel ist es sogar die Kriminalpolizei, bei der Anzeigen über Straftaten eingehen.

11 Das Ermittlungsverfahren dient dazu, den Sachverhalt hinreichend aufzuklären, um die Frage zu beantworten, ob gegen einen Beschuldigten bei Gericht Anklage erhoben werden soll. Wenn während des Ermittlungsverfahrens Eingriffe in grundrechtliche geschützte Interessen von Personen erforderlich sind, bedarf es in der Regel der Mitwirkung eines Richters, des sog. Ermittlungsrichters. So bestimmt z. B. Art. 104 II GG, dass über die Zulässigkeit und Fortdauer einer Freiheitsentziehung nur der Richter zu entscheiden hat. Die Mitwirkung des Ermittlungsrichters ist daher insbesondere dann vonnöten, wenn über die Anordnung oder die Fortdauer von Untersuchungshaft entschieden werden muss.

12 Sobald die Polizei von der Begehung einer Straftat Kenntnis erlangt – sei es durch eine Strafanzeige oder durch eigene Wahrnehmung

- In *Leitfall 1.* z. B. durch eine Anzeige aus der Nachbarschaft -,

wird jene Straftat in einer Statistik festgehalten. Auf diesem Wege entsteht die sog. *polizeiliche Kriminalstatistik* (PKS). Die polizeiliche Kriminalstatistik wird seit 1953 jährlich vom Bundeskriminalamt in Wiesbaden veröffentlicht.[3]

2012 wurden in der PKS 5.997.040 Straftaten registriert.[4]

13 Nun gibt die Anzahl der jährlich polizeilich registrierten Straftaten erst dann einen gewissen Aufschluss über die Kriminalität innerhalb einer Gesellschaft, wenn man sie zur Größe der Bevölkerung eines Landes in eine Beziehung setzt. Man nennt diese Verhältniszahl *Häufigkeitsziffer*. Sie enthält die Anzahl der polizeilich bekannt gewordenen Straftaten pro 100.000 strafmündige Bürger, d. h. Bürger, die das 14. Lebensjahr vollendet haben (vgl. § 19 StGB).

14 Die *Häufigkeitsziffer* (Anzahl der polizeilich bekannt gewordenen Straftaten pro 100.000 Einwohner) betrug im Jahr 2012 7327.[5]

---

[3] Vgl. zu den Kriminalstatistiken NK-StGB-*Hassemer* RN 76 ff. vor § 1; *Heinz* ZStW 84 (1972), 806 ff.; *Kaiser* 1997, S. 162 ff.

[4] Bundeskriminalamt (Hrsg.), Polizeiliche Kriminalstatistik Bundesrepublik Deutschland; Berichtsjahr bis 2012, Erscheinungsjahr bis 2013, ohne Verkehrs- und Staatsschutzstraftaten.

[5] Bundeskriminalamt (Hrsg.), Polizeiliche Kriminalstatistik Bundesrepublik Deutschland; Berichtsjahr bis 2012, Erscheinungsjahr bis 2013, ohne Verkehrs- und Staatsschutzstraftaten.

Aber selbst diese Feststellung führt kaum weiter. Denn sie sagt über die Rolle und die Entwicklung von Kriminalität innerhalb einer Gesellschaft wenig aus. So kann eine hohe Häufigkeitsziffer z. B. auch darauf beruhen, dass die Polizei sehr gut in der Lage ist, Kriminalität zu erkennen. Es ist folglich nicht auszuschließen, dass die Häufigkeitsziffer in einer Bevölkerung aufgrund verbesserter Erkenntnismethoden der Strafverfolgungsbehörden ansteigt, obwohl die Menschen insgesamt weniger Straftaten begehen. Dies hängt mit der sog. *Dunkelziffer* (unten c) zusammen. 15

Ist eine Straftat polizeilich bekannt geworden und eine verdächtige Person gefunden, so hat die Staatsanwaltschaft zu klären, ob die Erhebung einer Anklage gegen diese Person und die Durchführung eines Strafprozesses möglich und zweckmäßig ist. Die Staatsanwaltschaft erhebt die Anklage bei Gericht dann, wenn auf Grund der gesammelten Beweise mit überwiegender Wahrscheinlichkeit davon auszugehen ist, dass dem Angeklagten die Tat im Laufe des Prozesses nachgewiesen und er daraufhin verurteilt werden kann (§ 170 I StPO). Liegt hingegen kein hinreichend belastendes Material vor, wird die Staatsanwaltschaft das Verfahren einstellen (§ 170 II). Auch aus Opportunitätsgründen ist eine Einstellung möglich (§§ 153 ff. StPO). Von dieser Einstellungsmöglichkeit wird sehr oft Gebrauch gemacht.[6] 16

Der Vollständigkeit halber muss man hinzufügen, dass jener Ablauf des Ermittlungsverfahrens ein Idealbild justizieller Verarbeitung erkannter Kriminalität zeichnet. In der Praxis gibt es zahlreiche Möglichkeiten, Strafsachen „informell" zu erledigen. *Naucke*[7] spricht nicht zu Unrecht von einem „System prozessualer Entkriminalisierung". 17

b) Hauptverhandlung, Verurteilung, Strafvollstreckung, Strafvollzug

Wenn die Staatsanwaltschaft Anklage erhoben und das angerufene Gericht das Verfahren eröffnet hat (§ 203 StPO), kann sich im Laufe des Prozesses dennoch herausstellen, dass dem Angeklagten die Straftat nicht nachzuweisen ist. Jener Verfahrensabschnitt, in welchem die Beweise zur Kenntnis genommen und durch das Gericht gewürdigt werden, nennt man *Hauptverfahren* mit der *Hauptverhandlung* als Kernstück (§§ 199 ff., 226 ff., insbes. § 243 StPO). Reichen die Beweise hin, wird der Angeklagte zu einer *Strafe verurteilt* (§§ 260, 267 StPO). 18

Von den von der Staatsanwaltschaft zur Anklage gebrachten Straftaten führen nicht alle zu einer Verurteilung. Vielmehr kann das Gericht das Verfahren auch einstellen oder den Angeklagten freisprechen. Verurteilung zu einer Strafe und Freispruch werden unter dem Oberbegriff der *Aburteilung* zusammengefasst. Über die Einstellungen, Verurteilungen und Freisprüche durch die Gerichte gibt die *gerichtliche Kriminalstatistik* Auskunft. 19

[6] Vgl. *Göppinger* 2008, 584 ff.

[7] *Naucke* FS Grünwald, S. 403 ff.

20 Der Gerichtlichen Kriminalstatistik kann man entnehmen, dass im Jahr 2012 den 5.997.040 polizeilich bekannt gewordenen Straftaten 773.900 Verurteilungen[8] gegenüberstehen. Die Anzahl der Freisprüche betrug in diesem Jahr 26.086[9].

21 Der Häufigkeitsziffer bei der polizeilichen Kriminalstatistik entsprechend wird aus der gerichtlichen Kriminalstatistik eine *Verurteiltenziffer* gebildet, indem man die Gesamtanzahl der Verurteilten zu jeweils 100.000 Einwohnern in eine Beziehung setzt.

22 Die Verurteiltenziffer des Jahres 2012 betrug 946.[10]

23 Von der in die Persönlichkeit des Straftäters am intensivsten eingreifenden Freiheitsstrafe machen die Gerichte nur zurückhaltend Gebrauch. So wurden z. B. 2012 bei 773.900 Verurteilungen 121.809 Verurteilungen zu Freiheitsstrafe (§ 38 StGB), Strafarrest (§§ 9, 12 Wehrstrafgesetz) und Jugendstrafe (§ 17 JGG) ausgesprochen, von denen wiederum 85.436 zur Bewährung ausgesetzt wurden.[11] 5.997.040 polizeilich registrierten Straftaten im Jahr 2012 standen somit 36.373 freiheitsentziehende Verurteilungen ohne Aussetzung zur Bewährung gegenüber.

Die häufigsten Strafen sind Geldstrafe und Freiheitsstrafe (§§ 38 ff. StGB). Dass der Verurteilte die Geldstrafe auch wirklich bezahlt bzw. die Freiheitsstrafe antritt, ist Gegenstand der *Strafvollstreckung*. Für die Strafvollstreckung ist grundsätzlich die Staatsanwaltschaft zuständig.

24 Die Durchführung der Freiheitsstrafe im Gefängnis nennt man *Strafvollzug.* In der Rechtssprache heißen die Gefängnisse daher *Justizvollzugsanstalten.* Die praktische und alltägliche Gestaltung[12] der freiheitsentziehenden Rechtsfolgen (§§ 38 ff., 63 ff. StGB, 17 JGG) regelt das *Strafvollzugsrecht* und zwar vornehmlich mit dem StVollzG von 1976[13]. Es legt fest, welchen Einschränkungen der Strafgefangene in der Justizvollzugsanstalt unterworfen werden darf und wie die Freiheitsstrafe so ausgestaltet werden kann, dass zwischen den Zielen der Wiedereingliederung in die Gemeinschaft einerseits und der Aufrechterhaltung der Ordnung in der Strafvollzugsanstalt andererseits ein optimales Verhältnis hergestellt werden kann.[14] Im Rahmen der Föderalismusreform wurde die Gesetzgebungskompetenz für den Strafvollzug und den Vollzug der Untersuchungshaft[15] 2006 auf die Länder über-

[8] Nach allgemeinem und Jugendstrafrecht, vgl. Statistisches Bundesamt (Hrsg.), Fachserie 10, Rechtspflege, Reihe 3, Strafverfolgung 2012, 2013.

[9] Enthalten sind auch Freisprüche, bei denen eine Maßregel verhängt wurde (insg. 36).

[10] Personen ab Vollendung des 14. Lebensjahres, vgl. Statistisches Bundesamt (Hrsg.), Fachserie 10, Rechtspflege, Reihe 3, Strafverfolgung 2012, 2013, S. 17.

[11] Vgl. Statistisches Bundesamt (Hrsg.), Fachserie 10, Rechtspflege, Reihe 3, Strafverfolgung 2012, 2013, S. 158.

[12] Zur Abgrenzung von der Strafvollstreckung (oben RN 23) als Teil des Strafprozesses näher *Seebode* 1997, S. 38 ff.

[13] Gesetz über den Vollzug der Freiheitsstrafen und der freiheitsentziehenden Maßregeln der Besserung und Sicherung – Strafvollzugsgesetz (StVollzG) vom 16. März 1976 BGBl. I 581, berichtigt I 2088 und 1977 I 436

[14] Näher zum Strafvollzugsrecht *Laubenthal* 2002; *Seebode* 1997.

[15] Näher *Laue* in: Dölling/Duttge/Rössner 2013, § 119 StPO RN 1 f.; zum alten Recht *Seebode* 1985.

tragen.[16] Mehrere Bundesländer haben inzwischen Strafvollzugsgesetze erlassen. Im Übrigen gilt des StVollzG von 1976 weiter.[17]

Die Anzahl der im Strafvollzug einsitzenden Personen und der Sicherungsverwahrten sowie die entsprechende Vergleichszahl wird ebenfalls statistisch erfasst. Sie betrug am 31.03.2012 67.671, die Einsitzenden- bzw. Sicherungsverwahrten*ziffer* belief sich entsprechend auf ungefähr 83 pro 100.000 Einwohner.[18] 25

An den zuletzt genannten Zahlen kann man erkennen, dass die Freiheitsstrafe die *ultima ratio* der Strafen bildet. Man versucht, Freiheitsstrafe möglichst zu vermeiden, weil man über die Zweckmäßigkeit jener Strafart durchaus unterschiedlicher Meinung sein kann. Nicht wenige Stimmen sind der Auffassung, dass der Straftäter durch den Vollzug der Freiheitsstrafe erst in das kriminelle Milieu eingeführt wird und dadurch der Gemeinschaft der rechtstreuen Bürger verlorengeht.[19] 26

c) Unerkannte Straftaten

Die bisherigen Erörterungen haben sich auf Straftaten bezogen, die der Polizei bekannt geworden sind. Jeder weiß, dass nicht alle begangenen Straftaten auch polizeibekannt werden. Und wir wissen nicht, wie hoch der Anteil der polizeilich bekanntgewordenen Straftaten an den insgesamt begangenen ist. Hinsichtlich der nicht polizeilich bekanntgewordenen Straftaten spricht man vom sog. *Dunkelfeld*.[20] Als *Dunkelziffer* bezeichnet man den Anteil der nicht bekanntgewordenen Straftaten an den Straftaten eines bestimmten Kriminalitätsbereiches. Würden z. B. von allen Diebstählen nur 2/3 polizeilich bekannt, so betrüge die Dunkelziffer in diesem Bereich 33,3 %. 27

Weil sich zum Bereich der Dunkelziffer so schwer Aussagen tätigen lassen, hat sich hier eine spezielle Disziplin herausgebildet, die sog. *Dunkelfeldforschung*.[21] Hauptanliegen jener Forschung ist es, zum Zwecke der Annäherung an die Kriminalitätswirklichkeit die Anzahl der wirklich begangenen Straftaten zu ermitteln. Dies geschieht vor allem durch Befragung von Personen.[22] 28

Angesichts der Erscheinungsformen von Strafrecht in unserer Gesellschaft und dem beschränkten Instrumentarium der Wahrnehmungsmöglichkeit durch die Strafverfolgungsorgane wird deutlich, dass die Beschäftigung mit Strafrecht zunächst 29

---

[16] Gesetz vom 28.8.2006, BGBl. I, 2034.

[17] Umfassend zum Ganzen *Arloth* GA 2008, 129 ff.

[18] Vgl. Statistisches Bundesamt (Hrsg.), Bestand der Gefangenen und Verwahrten in den deutschen Justizvollzugsanstalten am 30. November 2013, 2014, S. 5. Berechnung nach folgendem Modus: Strafgefangenen- und Sicherungsverwahrtenziffer=Anzahl der Strafgefangenen und Sicherungsverwahrten mal 100.000 geteilt durch die Anzahl der Strafmündigen (Stand: 1.1.2012); zu den Gefangenenraten im internationalen Vergleich *Dünkel/Morgenstern* FS Müller-Dietz, S. 133 ff.

[19] Vgl. *Aschaffenburg* 1923, S. 316: „Hochschule des Lasters"; *Baumann/Weber/Mitsch* AT § 3/42; *Haffke* in Lüderssen/Sack 1977, S. 291 ff./292, 302; *Walter* 1999, RN 272, 296 ff.

[20] Zu Begriff und Bedeutung NK-StGB-*Hassemer,* RN 85 ff. vor § 1.

[21] Vgl. *Bannenberg/Rössner* 2005, S. 35 ff.; *Hassemer* 1990, § 10 I; *Kaiser* 1997, S. 169 ff.

[22] Vgl. *Bannenberg/Rössner* 2005, S. 37; anschaulich *Kreuzer* Ehrengabe Brauneck, S. 101 ff.; *Görgen* Ehrengabe Brauneck, S. 117 ff.

mit einem gewissen *Illusionsverlust* einhergeht.[23] Strafverfolgung kann nur lückenhaft sein. Die notwendige Lückenhaftigkeit führt dazu, dass Strafrecht und Strafverfolgung zwangsläufig *exemplikativer Natur* sind.[24] Es hat immer wieder Versuche gegeben, dagegen anzugehen. Doch würden alle Anstrengungen nach Schließung von Lücken auch mit einer Einschränkung der Freiheit der rechtstreuen Bürger einhergehen. Das Fortschreiten zu immer weniger Lückenhaftigkeit wäre mit einem fortschreitenden Verlust von Bürgerfreiheit verbunden. In seiner gesellschaftlichen Funktion stellt sich Strafrecht damit als ein Balanceakt dar: im Interesse der Freiheit so wenig wie möglich einerseits, im Interesse der Sicherheit der Bürger so viel wie nötig andererseits.

30 Davon zu unterscheiden sind *Lücken in der Strafverfolgung*. Selbstverständlich müssen den Strafverfolgungsbehörden die erforderlichen Mittel in die Hand gegeben werden, erkannte Straftaten aufzuklären. Die Grenze wird aber auch insoweit durch die Freiheitsgarantien der Verfassung gesetzt.

2. Verbrechen und Kriminalität als individuelles Problem

31 Für den Beschuldigten stellen die *Durchführung* des *Ermittlungsverfahrens* und der *Hauptverhandlung* sowie die *Strafe* eine große Belastung dar. Von der Strafverfolgung sind neben dem Beschuldigten gegebenenfalls aber auch seine Familie oder sonstige nahestehende Personen betroffen. Strafverfahren und Strafe wirken sich damit nicht nur auf den Beschuldigten selbst, sondern auch auf sein soziales Beziehungsfeld aus und führen so zu weiteren Beschädigungen.

32 Aber auch die *Tat* wird nicht selten als Extremsituation erlebt. Zwar scheint es immer mehr Kriminalität zu geben, bei der klug und kühl kalkulierende Verbrecher Straftaten begehen – man denke nur an Wirtschaftsstraftaten. Nicht selten sind aber jene Situationen, in denen Menschen aus Verzweiflung Straftaten begehen, welche nicht rational erklärbar sind. Hierzu gehören insbesondere die Straftaten im *persönlichen Nahbereich*: Misshandlungen von Kindern, Tötung von Familienangehörigen, Freunden und sonst nahestehenden Personen. Hier spielen die persönlichen Lebensumstände eine beherrschende Rolle. Sie bringen die betroffenen Menschen dazu, durch die Straftat, d. h. auf einem völlig ungeeigneten, irrationalen Weg eine „Lösung" herbeizuführen. In den meisten Fällen denken die Täter auch gar nicht darüber nach, ob ihr Verhalten rational ist. Sie werden ihre Reaktion deshalb später weder verstehen noch erklären können. Niemand darf glauben, dass er gegen die Begehung von Straftaten immun sei.[25]

33 Weltberühmt ist der *Gehorsamsversuch* nach *Milgram* von 1963:[26] Dort wurden Probanden dazu verpflichtet, im Rahmen einer vorgetäuschten Versuchsanordnung Versuchspersonen, die bestimmte Aufgaben nicht lösen konnten oder wollten, durch Stromschläge zu „bestrafen". Im Rah-

---

[23] Vgl. auch *Frisch* GS Schlüchter, S. 686 f.

[24] Vgl. auch *Kühl* FS Tiedemann, S. 29/35 ff.

[25] Vgl. *Grimm, H.* 1903, II 245: „Von Goethe wird das Bekenntnis berichtet, von allen Verbrechen könne er sich denken, dass er sie begangen habe", zitiert aus *Welzel* LB S. 187.

[26] Vgl. *Milgram* 1974.

men jener simulierten Versuchsanordnung, die mehrfach verändert wurde, waren zwischen 48 und 65 % aller Probanden sogar bereit, den für sie, je nach Anordnung sichtbaren oder unsichtbaren, aber immer durch simulierte Schmerzensschreie präsenten Versuchspersonen Stromschläge zu versetzen, die nach den ihnen gegebenen Informationen tödlich sein mussten.

Selbst bei sog. *Berufsverbrechern* kann man nicht unbedingt davon ausgehen, dass diese Personen aus freien Stücken straffällig werden. Denn der Unrechtmäßigkeit ihres Tuns sind auch sie sich durchaus bewusst. Es gibt keine „Verbrecher", es gibt nur Menschen, die aus bekannten, unbekannten, verständlichen oder unverständlichen Gründen Straftaten begehen.[27] 34

B. Strafrecht

I. Strafrecht als öffentliches Recht

Innerhalb des Rechtssystems gehört das Strafrecht zum *öffentlichen Recht*. Denn für das Strafrecht ist es charakteristisch, dass die Strafverfolgung *von Amts wegen* durch *staatliche Organe*, die Strafverfolgungsbehörden, erfolgt (Ermittlungsgrundsatz). Sie werden *hoheitlich* tätig. Der Beschuldigte ist ihnen *unterworfen*. Insbesondere kann er im deutschen Strafverfahren nicht über den Prozessstoff bestimmen. Denn es besteht im Unterschied zum Privatrecht keine *Disponibilität* über den Prozessstoff, sondern es gilt das *Prinzip der materiellen Wahrheit:* Gericht und Staatsanwaltschaft erforschen den Sachverhalt so, wie er wirklich war, und nehmen ihn nicht so hin, wie ihn etwa im Zivilprozess die Parteien vortragen. Der Verteidiger ist zwar nicht verpflichtet, sich an der Wahrheitssuche zu beteiligen. Es ist ihm jedoch untersagt, einen unwahren Sachverhalt vorzutäuschen. 35

Sowohl die Grundrechtseingriffe innerhalb des Ermittlungsverfahrens wie etwa Untersuchungshaft (§ 112 StPO) oder Telefonüberwachung (§ 100a StPO) als auch die Rechtsfolgen (die Strafe, vor allem der Vollzug der Freiheitsstrafe in einer Justizvollzugsanstalt) sind hoheitliche Eingriffe. Selbst im Falle einer Privatisierung der Gefängnisse[28] wird die Strafe als *staatliche* Strafe vollstreckt und vollzogen. Gleiches gilt für die Maßregeln der Sicherung und Besserung, etwa die Unterbringung in einem psychiatrischen Krankenhaus. 36

Strafrecht dient der staatlichen Reaktion auf Zuwiderhandlungen der Rechtsunterworfenen. Die Störung des Rechtsfriedens wird beseitigt, indem der Täter als Störer in Anspruch genommen wird. In diesem Zusammenhang setzt das Strafrecht die *Grenzen* der staatlichen Reaktion fest. *Franz von Liszt* hat dies plastisch zum 37

[27] Vgl. aber zu den Versuchen, eine Grenze zwischen krimineller und nichtkrimineller Population zu ziehen, *Hassemer* 1990, 2. Kapitel.

[28] Am 7. Dezember 2005 wurde in Hünfeld/Kreis Fulda (Hessen) die erste teilprivatisierte Justizvollzugsanstalt in Deutschland eröffnet.

Ausdruck gebracht, indem er das Strafrecht als die „*Magna Charta des Verbrechers*" bezeichnete.[29]

38 Im Mittelpunkt des Strafrechts steht somit der *straffällige Mensch*. Die Befassung mit dem Verbrechensopfer und seiner Situation ist hingegen nicht, zumindest nicht primär, ein Anliegen des Strafrechts.[30] Trotz der Stärkung der Rechte des Verletzten durch zahlreihe Gesetzesänderungen seit 1986[31] spielt das Verbrechensopfer im Verfahren des Täters dennoch grundsätzlich nur eine Rolle bei der Wahrheitsfindung – sei es als Zeuge oder als Augenscheinsobjekt – und als Repräsentant des Genugtuungsinteresses. In diesem Zusammenhang gilt es, das Opfer auch als *Person* mit spezifischen Problemen und Erwartungen wahrzunehmen,[32] ohne dass dies zu einer Verschärfung des Strafrechts führt.[33] Eine „Schieflage" zu Lasten des Angeklagten wird allerdings zu Recht beklagt, soweit der Verletzte als *Nebenkläger* Prozesssubjekt sein kann und dadurch die Rollen als Zeuge und als Partei auf Kosten der Wahrheitsfindung vermischt werden.[34]

39 Die Befriedigung der *materiellen* Ersatzansprüche des Opfers ist eine primär zivilrechtliche Frage. Es besteht zwar die Möglichkeit für das Strafgericht, auf Antrag über zivilrechtliche Ansprüche im Fall der Verurteilung zu entscheiden (sog. Adhäsionsverfahren, vgl. §§ 403 ff. StPO). Aber trotz der Erweiterung der Entscheidungspflicht durch das Opferrechtsreformgesetz von 2004[35] werden berechtigte Zweifel geäußert, dass die Reform das Adhäsionsverfahren zum Leben erwecken könne.[36]

---

[29] Vgl. *v. Liszt* 1905, S. 75 ff./80; *v. Liszt* knüpft damit gedanklich an die *magna charta libertatum* von 1215 an. In dieser Urkunde musste sich der englische König *Johann Ohneland* nach dem Verlust der englischen Besitztümer auf dem Festland den Baronen und Freien gegenüber verpflichten, die nach Lehnsrecht geltenden Rechte anzuerkennen und ein Widerstandsrecht bei Nichterfüllung der charta einzuräumen; vgl. auch *ders.* ZStW 3 (1883), 1 ff. „Marburger Programm".

[30] Vgl. auch *Hassemer* 1990, §§ 11 ff.; für eine verstärkte Einbeziehung viktimologisch-psychotraumatischer Erkenntnisse in die straftheoretischen Überlegungen *Jerouschek* JZ 2000, 185 ff.

[31] Näher zu den Gesetzesänderungen *Rieß* FS Jung, 752 f.

[32] Informativ hierzu die Befragung von Betroffenen zu Opferschutz und Opferunterstützung von *Baurmann./Schädler* 1991, Nachdruck 1999; vgl. auch *S. Walther* GA 2007, 615 ff.

[33] Warnend insoweit *Jung* GA 2006, 724/731; zur Gefahr einer Machtstellung des Opfers gegenüber dem Täter beim Täter-Opfer-Ausgleich *Noltenius* GA 2007, 518/530.

[34] Aufschlussreich *Schünemann* FS Hamm 687/690 ff.; vgl. auch *Safferling* ZStW 122 (2010), 98 ff.

[35] BGBl. 2004 I S. 1354, informativ hierzu *Hilger* GA 2004, 478 ff.

[36] Vgl. dazu mwN *Loos* GA 2006, 195 ff.

II. Rechtsquellen des Strafrechts

1. Zur Entstehung eines deutschen Strafrechts[37]

In der *germanischen* und *fränkischen* Zeit, d. h. etwa bis zur Mitte des 9. Jh., sind *Haus*, *Sippe* und *Völkerschaft* die Verbände, welche den faktischen und rechtlichen Schutz und Rahmen für den Einzelnen bilden. Indem Welt und Religion als Einheit existieren, ist die Wahrung des Friedens Götterdienst,[38] was sich in einer Unantastbarkeit des Einzelnen widerspiegelt. Der Verstoß gegen den göttlichen Frieden, die *Missetat*, führt zum Verlust jener Unantastbarkeit des Täters[39] und gibt dem Verletzten die Möglichkeit zur Rache, der Sippe die Möglichkeit zur Fehde. **40**

Mit der Entstehung von Herrschaftsstrukturen, die über die Sippe hinausgehen, differenziert sich das „Recht der Verbote" in Land- und Stadtrechte.[40] Schadens*vertiefende* Rache und Fehde werden durch schadens*verlagernde* Sühneverträge und Wergeld abgelöst. Es tritt damit die Wieder*gut*machung an die Stelle der ausgleichenden *Schädigung*. Der Ausgleich durch Entschädigung erfährt eine Organisation in den sog. *Kompositionensystemen* der Fränkischen Zeit. Sie legen fest, welche Entschädigungen für welche Schädigungen zu leisten sind, und werden so zu einem wirksamen Instrument, die Fehde nach und nach völlig überflüssig zu machen.[41] **41**

Im *Mittelalter* versuchen die Landesherren, das Monopol für die Reaktion auf Verletzungen der Friedenspflicht mehr und mehr an sich zu ziehen durch das Ausrufen von *Landfrieden*, während derer die Fehde als Antwort auf Missetaten untersagt ist. Jene Landfrieden gelten zunächst nur befristet, bis schließlich von Kaiser *Maximilian* am 7. August 1495 auf dem *Wormser Reichstag* der sog. „Ewige Landfriede" ausgerufen wird. **42**

Jetzt muss freilich an Stelle der Fehde eine Reaktion des Gemeinwesens auf Missetaten erfolgen, um den gestörten Frieden wiederherzustellen.[42] Äußeres Zeichen hierfür ist u. a. 1495 die Einrichtung des *Reichskammergerichts* zunächst in Worms, seit 1527 in Speyer und seit 1689 in Wetzlar. Mit der Einrichtung jenes Gerichtes entsteht alsbald die Frage, nach welchen Regeln dort die Verfahren durchgeführt werden sollen. Die Forderung nach einer Verfahrensordnung findet bei Karl V., Kaiser des Heiligen Römischen Reiches deutscher Nation, Gehör, und es entsteht auf seine Initiative hin im Jahre 1532 die *Constitutio Criminalis Carolina* (CCC), die *Peinliche Gerichtsordnung* (PGO) Kaiser Karls V. **43**

---

[37] Vgl. auch *Köhler* AT S. 59 ff.; Maurach/*Zipf* AT 1 § 4/1 ff; *H. Mayer* AT § 2; *Otto* GK AT § 3/1 ff; *Rüping/Jerouschek* 2011, Teile 1–3.

[38] Vgl. *Schild* 1985, S. 8–14.

[39] Krit. zur sog. *Friedlosigkeit* als Produkt einer „germanistischen Strafrechtsgeschichtsforschung" *Nehlsen* in: Kroeschell, Karl (Hrsg.) 1983, S. 3 ff.

[40] Vgl. *Hattenhauer* 1999, S. 229 ff. mwN.

[41] Vgl. hierzu näher *Jescheck/Weigend* AT § 10 II.

[42] Vgl. zur Begründung öffentlicher Strafverfolgung im Mittelalter auch *Jerouschek* Zeitschrift der Savigny-Stiftung für Rechtsgeschichte 2003, 323 ff.

44 Die CCC baut auf dem seit dem 12. Jahrhundert in Oberitalien wiederentdeckten und durch die Rechtsschule von Bologna zur Blüte gebrachten antiken Römischen Recht aus der Sammlung des oströmischen Kaisers Justinian auf. Sie bildet den Abschluss und Höhepunkt der sog. Rezeption des oberitalienischen Strafrechts und zugleich den geistesgeschichtlichen Hintergrund unseres heutigen Strafgesetzbuches und der in ihm enthaltenen Vorschriften. Vorläuferinnen der CCC sind die Wormser Reformation von 1498 und die Bambergische Halsgerichtsordnung von 1507 (Constitutio Criminalis Bambergensis). Der Bambergische Hofrichter Freiherr *Johann von Schwarzenberg und Hohenlandsberg* war Urheber jenes Gesetzeswerkes, dessen Gedankengut zum Teil wörtlich in die Constititio Criminalis Carolina übernommen und dadurch für das ganze Reich verbindlich wurde.

45 Mit der Einrichtung des Reichskammergerichts und der Einführung der „*Carolina*“ ist das staatliche Strafrecht als öffentliches Recht etabliert.[43] Körperstrafen und Geldstrafen sind nunmehr Unrechtsfolgen für satzungsmäßig festgesetzte Störungen, die zumindest ihrem Typus nach beschrieben werden.

46 Aufgrund einer salvatorischen Klausel in der Carolina hatten die Gesetzgeber in den Territorialstaaten und in den Städten die Möglichkeit, Strafrecht und Strafprozessrecht auch in partikularen Gesetzen festzuschreiben. Als partikulare Strafgesetzbücher sind hier insbesondere das durch aufgeklärten Absolutismus, Spezialprävention und Perfektionismus gekennzeichnete *Allgemeine Landrecht* Friedrichs des Großen *für die Preußischen Staaten von 1794*[44], das von Feuerbach und dessen Lehre vom psychologischen Zwang (Generalprävention) geprägte *bayerische StGB von 1813*[45] sowie das durch den französischen Code Pénal von 1810 beeinflusste und auf Generalprävention und Tatvergeltung aufbauende preußische StGB von 1851[46] zu nennen.

2. Das StGB von 1871

a) Entstehungsgeschichte[47]

47 Das preußische StGB von 1851, welches bereits im Hinblick auf ein allgemeines deutsches Strafgesetzbuch konzipiert worden war, kann als der unmittelbare Vorläufer des StGB von 1871 angesehen werden. Dies zeigt auch die nähere Entstehungsgeschichte des StGB von 1871.

48 Erste Ansätze zu einem allgemeinen deutschen Strafgesetzbuch zeichneten sich nach dem Sieg über Napoleon in der Völkerschlacht bei Leipzig 1813 und mit der Gründung des Deutschen Bundes nach dem Wiener Kongress von 1815 ab. Allerdings waren die Versuche, zu einem Bundesstrafrecht zu kommen, während der Existenz des Deutschen Bundes nicht erfolgreich. Erst während des Norddeutschen Bundes von 1866 bis 1870 als Ergebnis des Krieges zwischen Preußen und Österreich trat die Begründung eines Bundesstrafrechts in eine konkrete Phase. 1868

[43] Vertiefend hierzu *Laufs* 1996, S. 126 ff.; zum Schöpfer der Carolina und ihrer Vorläuferin, der Bambergensis, *Schütz* Jura 1998, 516 ff.

[44] Näher hierzu *Eb. Schmidt* 1964/1983, § 241.

[45] Näher *Schmidt, Eb.* 1964/1983, § 248.

[46] Näher *Eb. Schmidt* 1964/1983, §§ 276 ff., insbes. § 280.

[47] Vgl. auch *Tausch* GA 2008, 417 ff.

beschloss der 1867 gewählte Reichstag, dass Entwürfe zu einem StGB, einer StPO und einem Gerichtsverfassungsgesetz erstellt werden sollten. Nach mehreren Anläufen wurde im Februar 1870 dem Reichstag der Entwurf eines Strafgesetzbuchs für den Norddeutschen Bund vorgelegt, welcher im Mai 1870 beschlossen wurde. Am 31.5.1870 wurde das StGB für den Norddeutschen Bund verkündet, sein Inkrafttreten auf den 1. Januar 1871 festgelegt. Wegen der Reichsgründung am 18. Januar 1871 als Folge des deutsch-französischen Krieges 1870/71 erfolgte die Verkündung dieses Strafgesetzbuches dann am 15. Mai 1871 als „Strafgesetzbuch für das Deutsche Reich".

b) Die Konzeption des StGB in formaler und materieller Hinsicht

Wie das Strafrecht insgesamt lässt sich auch das Strafgesetzbuch unter formellen und materiellen Aspekten betrachten. **49**

aa) Formale Ausgliederung eines Allgemeinen Teils

Ins Auge fällt zunächst die Unterteilung des StGB in einen *Allgemeinen* und einen *Besonderen* Teil. **50**

Die Bildung Allgemeiner Teile als Gesetzgebungstechnik ist typisch für das deutsche Recht. Sie findet sich auch im Bürgerlichen Gesetzbuch von 1900 und stellt eine hohe Entwicklungsstufe in der Gesetzgebungstechnik dar. Die Bildung des Allgemeinen Teils des StGB dient dazu, aus Gründen der Gesetzgebungs*klarheit* und *-ökonomie Gemeinsamkeiten* aus den Strafvorschriften des Besonderen Teils „vor die Klammer" zu ziehen. So stellt sich bei allen Straftaten die Frage, ob das deutsche Strafrecht überhaupt anwendbar ist (vgl. § 3 ff.), ob der gesetzlich vorausgesetzte Erfolg eingetreten ist oder ob sie im Versuchsstadium steckengeblieben sind (vgl. §§ 22 ff.), ob ein Täter gehandelt hat oder ob mehrere beteiligt sind (vgl. §§ 25 ff.) oder ob der Täter etwa rechtmäßig, z. B. in Notwehr, gehandelt hat (vgl. § 32). **51**

Durch eine spezifische Ausgestaltung – z. B. die Beschränkung auf bestimmte Beteiligungsformen in den §§ 25 ff. – tritt der Allgemeine Teil zum Besonderen Teil in eine *Wechselwirkung*: Er präzisiert in Ergänzung zu der Beschreibung des strafrechtlichen Unrechts im Besonderen Teil unter welchen Voraussetzungen die in einer Strafvorschrift beschriebene Un*wert*verwirklichung strafwürdiges und strafbares Un*recht* darstellt. **52**

In diesem Sinne legt der *erste* Abschnitt des StGB/AT fest, welche gesetzlichen, zeitlichen, örtlichen und persönlichen Verhältnisse gegeben sein müssen, damit das deutsche Strafrecht auf die Tat einer Person *überhaupt* angewandt werden kann. **53**

Der *zweite* Abschnitt beschreibt zunächst, in welchen *Erscheinungsformen* und unter welchen näheren Voraussetzungen die Verwirklichung der Tatnestände des Besonderen Teils strafbar sein kann: Begehen durch *Unterlassen* (§ 13), Strafbarkeit des *Versuchs* (§§ 22 ff.), Festlegung zusätzlicher *Beteiligungsformen* (§§ 25 ff.) wie mittelbare Täterschaft (§ 25 I 2. Alt.), Anstiftung (§ 26) oder Beihilfe (§ 27). Weiterhin formuliert er *Gegengründe*, bei deren Vorliegen eine Strafbarkeit trotz Verwirklichung des (straf)rechtserheblichen Unwertes zu verneinen ist: Rechtfertigungsgründe wie etwa die Notwehr (§ 32) oder Entschuldigungsgründe wie z. B. der entschuldigende Notstand (§ 35). **54**

Der *dritte* Abschnitt, §§ 38 ff., gibt Auskunft, welche *Rechtsfolgen* im Falle der Strafbarkeit eines Verhaltens generell eintreten können (näher hierzu unten § 15). Er enthält einen Katalog von verschiedenen Straf*arten* – insbes. Geld- und Freiheitsstrafe – und darüber hinaus Kriterien, nach welchen sich das Strafmaß richtet (Strafzumessung). Als Rechtsfolgen werden außerdem Maßregeln der Besserung und Sicherung genannt. Weitere Vorschriften betreffen die Abschöpfung des durch die Straftat erlangten Gewinns (Verfall, § 73) sowie die Herausnahme der Tatmittel aus dem Gewahrsam des Täters (Einziehung, § 74). **55**

56 Der *vierte* Abschnitt, „*Strafantrag*“, präzisiert, wie zu verfahren ist, wenn bestimmte Personen die Möglichkeit haben, die Einleitung eines Strafverfahrens von der Stellung eines Strafantrags abhängig zu machen.

57 Der *fünfte* Abschnitt, „*Verjährung*“, bestimmt, innerhalb welchen Zeitraums die Strafverfolgungsbehörden eine Straftat noch ahnden können. Denn mit zunehmendem zeitlichen Abstand zur Tat verliert die Strafe allmählich ihren Sinn, schwindet die Berechtigung des Staates, Strafen zu verhängen,[48] und die Möglichkeiten für die Strafverfolgungsbehörden, die Voraussetzungen der Tat nachzuweisen, verschlechtern sich, z. B. weil Zeugen sterben.[49]

58 So sehr die Extraktion allgemeiner Elemente aus den Unwertbeschreibungen des Besonderen Teils anerkannt ist, so wenig lassen sich Randunschärfen bei der Formulierung des Allgemeinen Teils vermeiden. Insbesondere besteht die Gefahr, dass Regeln in den Allgemeinen Teil gezogen werden, obwohl sie *nicht* für *alle* Strafvorschriften des Besonderen Teils gelten. Insoweit ist es Aufgabe des Gesetzesinterpreten, jene Fälle einer *überschießenden Tendenz des Allgemeinen Teils* zu erkennen.

59 **Beispiel 1.1**

Vom Gesetzeswortlaut her bezieht sich § 25 I 2. Alt., die *mittelbare Täterschaft*, auf alle Strafvorschriften des Besonderen Teils. Es ist indessen unumstritten, dass es auch Straftaten gibt, die der Täter nur *selbst* begehen kann. Einer dieser Fälle sind die Aussagestraftaten, §§ 153 ff: Wer einen anderen täuscht und dadurch dessen irrtümlichen Meineid (§ 163 i.V.m. § 154) herbeiführt kann nicht wegen eines vorsätzlichen Falscheides in mittelbarer Täterschaft – mit dem Anderen als „Werkzeug“ – belangt werden, weil der Falscheid nur eigenhändig begehbar ist. Die dadurch entstehende Lücke hat der Gesetzgeber durch § 160, Verleitung zur Falschaussage, geschlossen.

60 Allgemeine Vorschriften zum staatlichen Strafen finden sich aber nicht nur im Strafgesetzbuch. So legt Art. 103 II des Grundgesetzes (GG) fest, dass eine Tat nur dann bestraft werden darf, wenn die Strafbarkeit vor der Tatbegehung *gesetzlich bestimmt* war.

61 Jenes Bestimmtheitsgebot wird in der Weise interpretiert, dass die Strafbarkeit einer Tat *schriftlich* fixiert werden muss, dass der Umfang der Strafbarkeit möglichst *genau* umschrieben werden muss, dass eine Strafbarkeit nicht in Analogie zu einer bestehenden Strafvorschrift festgelegt werden darf und dass die gesetzliche Bestimmung über die Strafbarkeit vorhanden sein muss *bevor* die Straftat begangen war. *Feuerbach* (1775 bis 1833) hat jene strafrechtlichen Garantien auf die Kurzformel „nullum crimen sine lege“ (keine Straftat ohne Gesetz) scripta (geschrieben), certa (sicher), stricta (eng, ohne Analogie) und praevia (vorhergehend) gebracht (näher § 3 A III).

62 Allgemeine Vorschriften zum staatlichen Strafen enthält auch das Jugendgerichtsgesetz (JGG, s. u. B II 5), so z. B. in § 5 II, welcher bestimmt, dass „Zuchtmittel“ und Jugendstrafe als Rechtsfolgen nur verhängt werden dürfen, wenn Erziehungsmaßregeln nicht ausreichen.

---

48 Sog. *materielle* Verjährungstheorie, vgl. *Bloy* 1976, S. 251.

49 Sog. *formelle* Verjährungstheorie, vgl. *Stree/Sternberg-Lieben* in: Schönke/Schröder RN 3 vor § 78; *Maurach/Gössel* AT 2 § 75/15 sowie BGH 1 StR 409/55 BGHSt 8, 269/270; zur heute wohl herrschenden *gemischten* Theorie *Fischer* RN 3 vor § 78.

bb) Die Beschreibung materieller Unwertverwirklichungen im Besonderen Teil des StGB

In materieller Hinsicht liegt der Schwerpunkt des StGB im Besonderen Teil. Er enthält Beschreibungen unerwünschter Sachverhalte (Unwertbeschreibungen), welche für so erheblich erachtet werden, dass ihre Verwirklichung bei *Strafe* verboten werden muss. **63**

Die Unwertbeschreibungen des Besonderen Teils orientieren sich daran, welche gesellschaftlich als wertvoll beurteilten Interessen durch die Vermeidung der beschriebenen Sachverhalte geschützt werden sollen. Man spricht insoweit von *Rechtsgütern* (näher dazu unten § 2 B I). Ein Überblick über die Abschnitte des Besonderen Teils zeigt, dass es sich dabei um unterschiedliche Rechtsgüter handelt. Jedoch lassen sie sich grob aufteilen in solche, welche Unwertverwirklichungen zu Lasten der *Allgemeinheit* und jene, welche Unwertverwirklichungen zu Lasten des *Einzelnen* beschreiben. **64**

In den *ersten Abschnitten* des StGB/BT werden Unwertverwirklichungen genannt, welche sich auf Rechtsgüter der *Allgemeinheit* beziehen: Die Strafvorschriften des Friedensverrats, des Hochverrats und der Gefährdung des demokratischen Rechtsstaats schützen den äußeren Frieden und den Bestand des Staates. Die Strafvorschriften im vierten Abschnitt, welche Unwertverwirklichungen gegen Verfassungsorgane sowie bei Wahlen und Abstimmungen beschreiben, sollen dem Schutz der demokratischen Willensbildung und der Willensbetätigung der Verfassungsorgane dienen. **65**

Von den *Individualgüter* schützenden Straftvorschriften wären insbesondere die Vorschriften zum Schutz des Lebens im 16. Abschnitt zu nennen (§§ 211–222), aber auch die Strafgesetze zum Schutz des Eigentums und des Vermögens wie etwa Diebstahl und Unterschlagung (Abschnitt, §§ 242–248c). **66**

Zu Leitfall 1 **67**

In *Leitfall 1.* wäre im Katalog der strafbaren Unwertverwirklichungen dort zu suchen, wo es um Rechtsgüter der Allgemeinheit geht. Da B und K leibliche Geschwister sind, kommt insbesondere die Strafvorschrift des Beischlafs zwischen Geschwistern, § 173 II 2 im 12. Abschnitt, in Frage.[50]

cc) Rechtsfolgen: Strafen und Maßregeln der Besserung und Sicherung

Die Strafvorschriften des Besonderen Teils und des Nebenstrafrechts sehen vor, dass die Verwirklichung eines verbotenen Verhaltens mit *Strafe* im Sinne der §§ 38 ff. (Freiheits- und Geldstrafe) *vergolten* wird. **68**

Zu den Rechtsfolgen der Straftat (näher unten § 15) gehören aber auch *nicht-vergeltende* sog. *Maßregeln der Besserung und Sicherung*, vgl. §§ 61 ff. Sie dürfen verhängt werden, wenn dem Täter sein tatbestandsmäßiges und rechtswidriges Verhalten nicht zum Vorwurf gemacht werden kann. Denn im Unterschied zu den Strafen sollen die Maßregeln vor allem *Gefahren* abwehren, die vom *Täter* ausgehen. **69**

[50] Zur Frage nach dem durch § 173 II 2 geschützten Rechtsgut *Jung* GA 2012, 617 ff.; *Roxin* GA 2013, 438.

70 **Beispiel 1.2**
Die Entziehung der Fahrerlaubnis nach § 69 setzt u. a. voraus, dass jemand wegen einer rechtswidrigen Tat (§ 11 I Nr. 5), die er bei oder im Zusammenhang mit dem Führen eines Kraftfahrzeugs begangen hat, verurteilt oder nur deshalb nicht verurteilt wird, weil seine Schuldunfähigkeit erwiesen oder nicht auszuschließen ist. Das Gericht entzieht dem Betroffenen die Fahrerlaubnis dann, wenn sich aus der Tat ergibt, dass er zum Führen von Kraftfahrzeugen *ungeeignet* ist. Da verhindert werden soll, dass ungeeignete Kraftfahrzeugführer am Straßenverkehr teilnehmen, kommt es auf die mangelnde Eignung und nicht auf das Verschulden des Kraftfahrzeugführers an.

c) Reform des StGB

71 Alsbald nach Inkrafttreten des Strafgesetzbuchs von 1871 ergab sich dessen Reformbedürftigkeit. So enthielt das sehr liberal geratene StGB z. B. keine Strafvorschrift gegen Wucher, weil man von einer entsprechenden Schutzbedürftigkeit nicht ausgegangen war. Die Überlegungen zu einer Überarbeitung des Strafgesetzbuchs begannen mit einer umfassenden wissenschaftlichen vergleichenden Darstellung des deutschen und ausländischen Strafrechts, Allgemeiner/Besonderer Teil (VDA/VDB), die in den Jahren 1906 bis 1909 veröffentlicht wurde.[51] Es folgten weitere Entwürfe, auf die hier aber nicht näher eingegangen werden kann.[52] Der Erwähnung bedarf jedoch die Einsetzung einer Großen Strafrechtskommission durch das Bundesministerium der Justiz, welche von 1954 bis 1959 arbeitete und mit hervorragenden Wissenschaftlern und Praktikern besetzt war.[53] Das Ergebnis ihrer Beratungen war der Entwurf eines Strafgesetzbuches von 1962 (E 62). Die Kritik an jenem Entwurf ging vor allen Dingen dahin, dass er zu restaurativ sei.[54] Deshalb bildete sich eine Gruppe von Hochschullehrern, die dem E 62 im Jahr 1966 als Alternativvorschlag zunächst einen Allgemeinen Teil gegenüberstellte.[55] Die aus jenem Kreis hervorgegangenen zahlreichen, bis heute in unregelmäßigen Abständen vorgelegten „Alternativentwürfe" zum Strafgesetzbuch haben die Reformarbeiten maßgeblich und sehr konstruktiv beeinflusst.[56]

[51] Birkmeyer (Hrsg.) Vergleichendes Strafrecht AT, BT, 1906–1909.

[52] Informativ hierzu *Baumann/Weber/Mitsch* AT § 6 II; *Jescheck/Weigend* AT § 11; Maurach/*Zipf* AT 1 § 4/26 ff.; zu den Reformen 1953 bis 1975 lesenswert *Scheffler* in: Vormbaum/Welp, S. 174 ff.

[53] Vgl. Niederschriften über die Sitzungen der Großen Strafrechtskommission Bd. 1–14 1956–1960; Materialien zur Strafrechtsreform, Bd. 1, Gutachten der Strafrechtslehrer, 1954, Bd. 2 I Rechtsvergleichende Arbeiten zum AT 1954.

[54] Vgl. *Eser/Hecker* in: Schönke/Schröder Einführung RN 3.

[55] Baumann u. a., 1966.

[56] Vgl.u. a. AE-Gesetz gegen Ladendiebstahl, 1974; AE-Gesetz zur Regelung der Betriebsjustiz, 1975; AE BT Straftaten gegen die Wirtschaft, 1977; AE-Sterbehilfe (*Baumann u. a.* Alternativentwurf eines Gesetzes über Sterbehilfe), 1986.

Von den vielfältigen Veränderungen des Strafgesetzbuchs sind wegen ihrer Bezüge zum *Allgemeinen Teil* das Erste und das Zweite Strafrechtsreformgesetz von besonderer Bedeutung:[57] 72

- *Erstes Gesetz zur Reform des Strafrechts* (Strafrechtsreformgesetz, StrRG) vom 25.6.1969 (BGBl I 645) in Kraft seit 1.9.1969 bzw. 1.4.1970: insbesondere Abschaffung der Unterscheidung zwischen Zuchthaus und Gefängnis und Einführung einer einheitlichen Freiheitsstrafe; Einschränkung der kurzen Freiheitsstrafen; Entkriminalisierung des Ehebruchs sowie der einfachen Homosexualität; Einführung einer Regelbeispielstechnik beim Diebstahl (§ 243); 73
- *Zweites StrRG* vom 4.7.1969 (BGBl I 717) in Kraft seit 1.1.1975: im Rahmen der Neufassung des Allgemeinen Teils insbesondere Festschreibung des Verbotsirrtums (§ 17); des rechtfertigenden (§ 34) und des entschuldigenden Notstands (§ 35);[58] Einführung eines Tagessatzsystems bei Geldstrafen. 74

Das bisher letzte größere Reformgesetz ist das *Sechste StrRG* vom 26.1.1998, in Kraft seit 1.4.1998 (BGBl. I 164). Zu seinen wichtigsten Änderungen zählen die *Harmonisierung* (eher Verschärfung) *der Strafrahmen* der Strafvorschriften zum Schutz der Person und des Vermögens, die Einführung der *Drittzueignung*(sabsicht) in die Zueignungsstraftaten und die Modernisierung der *Brandstiftungsvorschriften.*[59] 75

3. Nebenstrafrecht

In staatlichen Gesetzen beschriebene und mit Strafe bedrohte Verhaltensweisen finden sich nicht nur im StGB, sondern in zahlreichen weiteren Einzelgesetzen. Man spricht insoweit von *Nebenstrafrecht*. Es entsteht dadurch, dass gesetzliche Regelungen über spezielle Lebensbereiche mit flankierenden Strafvorschriften ausgestattet sind. So enthält z. B. das Gesetz über den Verkehr mit Betäubungsmitteln (Betäubungsmittelgesetz – BtMG)[60] im sechsten Abschn. (§§ 29–34) Vorschriften, welche bestimmte Zuwiderhandlungen gegen das Betäubungsmittelgesetz mit Strafe oder – soweit es sich um Ordnungswidrigkeiten[61] handelt – Bußgeld bedrohen. Aufgrund dieser Methode bleibt das StGB als „Kernstrafrecht" übersichtlicher. Die Qualität als strafbares Verhalten ist im Nebenstrafrecht wie im Kernstrafrecht jedoch dieselbe. 76

Die wichtigsten Straf- und Bußgeldvorschriften außerhalb des StGB sind in einer Lose-Blatt-Sammlung in kommentierter Form zusammengestellt.[62] Allein der 77

[57] Zu weiteren wichtigen Reformgesetzen vgl. die Vorauflage § 3/5.

[58] Näher zur Reform der Notstandsvorschriften *Zieschang* in: Hilgendorf/Weitzel, S. 173/177 ff.

[59] Dazu informativ *Schroeder* in: Hoyer (Hrsg.), S. 27 ff.

[60] Artikel 1 des Gesetzes zur Neuordnung des Betäubungsmittelrechts vom 28. Juli 1981 BGBl I S. 681, berichtigt S. 1187.

[61] Ordnungswidrigkeiten sind Rechtsverstöße ohne kriminellen Gehalt, die mit Geldbuße geahndet werden können, vgl. § 1 OWiG. Bei den meisten Verkehrsverstößen handelt es sich um Ordnungswidrigkeiten.

[62] Erbs/Kohlhaas (Begr.), Strafrechtliche Nebengesetze, 196. Auflage 2013. Loseblatt. Rund 13784S. in 4 Leinenordnern.

Umfang jener Sammlung zeigt, dass sich die Rechtswirklichkeit von der Idealvorstellung eines *Feuerbach* inzwischen weit entfernt hat, wonach sich der Rechtsunterworfene durch die Kenntnis der Strafbarkeit einer Handlung von ihrer Begehung abhalten lasse (Lehre vom psychologischen Zwang). Diese Entwicklung ist deshalb nicht unproblematisch, weil als Voraussetzung der Strafbarkeit verlangt wird, dass der Täter mit *Unrechtsbewusstsein* gehandelt hat (näher hierzu § 13 RN 76 ff.). Eine Bestrafung ist in diesen Fällen nur möglich, wenn man an die Intensität des Unrechtsbewusstseins keine allzu hohen Anforderungen stellt.

4. Formelles Strafrecht

78 Das formelle Strafrecht regelt das *Verfahren, den Prozess*, nach dem die Voraussetzungen für den Eintritt der Rechtsfolgen festgestellt und letztere festgesetzt werden.

a) Vorschriften über die Organe der Strafrechtspflege

79 Bestimmungen darüber, welche Strafrechtspflegeorgane im Verfahren unter welchen Voraussetzungen zuständig sind, enthält vor allem das Gerichtsverfassungsgesetz (GVG). Es legt fest, welche Kategorie von *Gerichten* (Amtsgericht [AG], Landgericht [LG], Oberlandesgericht [OLG], Bundesgerichtshof [BGH]) für die Aburteilung welcher Kategorie von Straftaten in welchem Verfahrensstadium zuständig sind. Außerdem bestimmt es die Zuständigkeiten der *Staatsanwaltschaft*. Das Jugendgerichtsgesetz (JGG) legt in den §§ 33 ff. („Jugend-gerichtsverfassung") fest, unter welchen Voraussetzungen und wie gegen Jugendliche und Heranwachsende prozessiert werden kann. Das deutsche Richtergesetz (DRiG) legt die Rechtsstellung der Richter, insbesondere ihre fachliche und persönliche Unabhängigkeit, fest. Die verfassungsrechtliche Grundlage der richterlichen Unabhängigkeit findet sich in Art. 97 I GG i.V.m. § 1 GVG.

b) Vorschriften über das Strafverfahren

80 Zum formellen Strafrecht gehören weiterhin Bestimmungen über das *Strafverfahren*. Die Strafprozessordnung (StPO) legt fest, unter welchen Voraussetzungen der Verfahrensstoff gesammelt werden darf. Weiterhin enthält sie Vorschriften über die Hauptverhandlung sowie über die Durchsetzung der Rechtsfolgen (Vollstreckung).

81 Bestimmungen über das Strafverfahren findet man aber auch im Strafgesetzbuch,[63] wenn z. B. als Voraussetzung für die Strafverfolgung ein Strafantrag verlangt wird (vgl. z. B. § 247 StGB) oder eine Frist festgesetzt wird, nach deren Ablauf eine Straftat nicht mehr verfolgt werden kann (Verjährung, §§ 78 ff.)[64]. Wie zum materiellen Strafrecht enthält auch zum formellen Strafrecht das Verfassungsrecht wichtige Regelungen. Hervorzuheben ist hier vor allem Art. 103 I GG, welcher festlegt, dass jedermann Anspruch auf rechtliches Gehör hat.

c) Recht des Strafregisters (BZRG)

82 Aus dem Bereich des formellen Strafrechts wäre schließlich das Recht des *Strafregisters* (Bundeszentralregistergesetz, BZRG) zu nennen. Das Bundeszentralregister

[63] Vgl. näher *Perron* FS Hanack, S. 473 ff.

[64] Zur Strafverfolgungsverjährung als Verfahrenshindernis BGH 3 StR 114/97 BGHSt 43, 321/323.

stellt das „Gedächtnis" bezüglich der verhängten Strafen und Maßregeln dar. Rückgriffe auf das Strafregister sind vor allen Dingen dann angezeigt, wenn festgestellt werden soll, ob ein Angeklagter bereits einschlägig vorbestraft ist. Auch bei der Aufnahme in den Staatsdienst informiert sich die einstellende Behörde an Hand eines Führungszeugnisses, ob der Bewerber mit einem Eintrag im Strafregister vertreten ist.

5. Das Jugendgerichtsgesetz (JGG) von 1953[65]

Der *persönliche* Anwendungsbereich des JGG betrifft *Jugendliche, d. h.* Personen von der Vollendung des 14. bis zur Vollendung des 18. Lebensjahres und Heranwachsende, d. h. Personen von der Vollendung des 18. bis zur Vollendung des 21. Lebensjahres (§ 1 JGG). *Sachlich* ist das JGG auf alle Handlungen anwendbar, die nach allgemeinen Vorschriften mit Strafe bedroht sind. **83**

Das Jugendstrafrecht bestimmt, mit welchen *Modifikationen* Straftaten junger Menschen *verfolgt* und *geahndet* werden dürfen. Dementsprechend sieht das Jugendgerichtsgesetz Sonderregelungen zum Strafverfahren und spezifische Rechtsfolgen vor (vgl. dazu § 15 RN 39 f.). **84**

6. Verfassungsrecht als maß- und grenzsetzende Rechtsquelle des Strafrechts

Wie jedes einfachgesetzliche Recht unterliegt auch das Strafrecht den maß- und grenzsetzenden Wertungen des Verfassungsrechts.[66] Dies bedeutet z. B., dass das Strafrecht zum Schutz religiöser Bekenntnisse, Empfindungen und Ansichten erst dann eingesetzt werden darf, wenn das strafbare Verhalten zur Störung auch des *öffentlichen* Friedens geeignet ist.[67] Weil es somit Aufgabe des Strafrechts ist, den *gesellschaftlichen*, nicht jedoch den *göttlichen* Frieden herzustellen, wäre z. B. die Strafbarkeit der Gotteslästerung im säkularen Strafrecht ein Fremdkörper. **85**

Neben der Entscheidung für einen säkularen Staat ist es die *Rechtsstaatlichkeit* als Verfassungsprinzip, welche eine maßsetzende Wert- und Rahmenordnung für das Strafrecht bildet. Aus dem Bereich der *formellen Rechtsstaatlichkeit* sind für das Strafrecht die Organisation der Rechtsprechung (Art. 92 ff. GG) sowie die Rechtsanwendungsregeln in den Art. 103 ff. von Bedeutung. Das tragende Element der *materiellen Rechtsstaatlichkeit* bildet die Wahrung der an der Menschenwürde (Art. 1 GG) orientierten Grundrechte, insbesondere der allgemeinen Handlungsfreiheit (Art. 2 I GG) und Gleichheit (Art. 3 GG). Als weitere Säule des in Art. 20 GG niedergelegten Rechtsstaatsprinzips ist schließlich die *Verhältnismäßigkeit* zu nennen. Die Orientierung des Strafrechts an Menschenwürde, Freiheit, Gleichheit und Verhältnismäßigkeit hat neben der Abschaffung der Todesstrafe (Art. 102 GG) **86**

---

[65] Jugendgerichtsgesetz vom 4.8.1953, BGBl I, S. 751, in der Fassung der Neubekanntmachung vom 1.1.1975, BGBl I S. 3427.

[66] Umfassend hierzu *Lagodny* 1996 sowie *Kuhlen* in Stolleis (Hrsg.), S. 39 ff.; skeptisch zu einer strafrechtsbegrenzenden Konzeption der Rechtsprechung des Bundesverfassungsgerichts *Arnold* StraFo 2004, 402 ff., 2005, 2 ff./8.

[67] So ausdrücklich § 166 hinsichtlich der Beschimpfung von Bekenntnissen, Religionsgesellschaften und Weltanschauungsvereinigungen; näher hierzu *Fischer* 1986; *ders.* GA 1989, 445 ff.

vor allem das Verbot der körperlichen Misshandlung, die Ausrichtung der Strafe an der Höhe der Schuld (Schuldprinzip) sowie die Beschränkung der Strafdrohung auf solche Verhaltensweisen zur Folge, die von einigem Gewicht sind.

7. Gewohnheitsrecht als strafrechtliche Rechtsquelle?

87 Gewohnheitsrecht *gilt* unter zwei Voraussetzungen: der Überzeugung von seiner Notwendigkeit (opinio necessitatis) und dem Bestehen einer Übung (consuetudo).[68] Weil der Grundsatz nullum crimen/nulla poena sine lege nur im Bereich der *Elemente der Tatbestandsmäßigkeit* und der *Rechtsfolgen* und nur *zu Lasten* des Betroffenen gilt, müsste Gewohnheitsrecht *zu Gunsten* des Betroffenen ebenso möglich sein wie zu seinen Lasten außerhalb der Elemente der Tatbestandsmäßigkeit und der Rechtsfolgen.

88 Dennoch ist die Anerkennung – selbst begünstigenden – Gewohnheitsrechts im Strafrecht höchst umstritten. Denn sie lässt unberücksichtigt, dass eine noch so gefestigte höchstrichterliche Rechtsprechung jederzeit geändert werden kann und der Betroffene kein Recht auf Fortgeltung hat, sich insbesondere nicht auf Gesetzlichkeitsgarantien berufen kann. Man kann daher allenfalls von Fallgruppen einer „gewohnheitsrechtlichen Verfestigung der Rechtsprechung"[69] sprechen. Im strengen Sinne liegt jedoch kein Gewohnheitsrecht vor. Dennoch darf die *faktische Bindungswirkung der höchstrichterlichen Rechtsprechung* nicht unterschätzt werden. Hinzu kommt der Einfluss einer gefestigten höchstrichterlichen Rechtsprechung und einer anerkannten Dogmatik auf die *Gesetzgebung*. Dies führt zu einer mittelbaren Speisung der strafrechtlichen Rechtsquellen auch durch Praxis und Lehre. Derartige *Vorstadien* des Strafrechts betreffen die Auslegung bestehender Rechtssätze (a) und die Fortbildung des Rechts (b).

a) Gefestigte Auslegung zu Gunsten des Täters

89 **Beispiel 1.3**

Der Leipziger A verdächtigt den im polnischen Krakau wohnenden B zu Unrecht einer in Krakau begangenen Straftat, indem er einen Brief mit der falschen Beschuldigung an die dortige Staatsanwaltschaft sendet. Diese leitet daraufhin ein Ermittlungsverfahren ein. Hat sich A nach § 164 strafbar gemacht, wenn er den Brief in Leipzig zur Post gegeben hat?

90 Eine Verfolgbarkeit der Straftat nach § 164 würde zunächst voraussetzen, dass A seine Tat im Inland begangen hat (§ 3). Dies ist sogar der Fall, weil nach § 9 eine Tat an jedem Ort begangen ist, an dem der Täter gehandelt hat. Tatort ist somit auch Leipzig. Dennoch kann A nicht nach § 164 bestraft werden. Denn nach ganz unumstrittener Meinung schützt § 164 nur die *deutsche* Strafrechtspflege.

---

[68] Vgl. *Jescheck/Weigend* AT § 12 IV 1.

[69] *Eser/Hecker* in: Schönke/Schröder § 1 RN 10; vgl. auch *Otto* GK AT § 2/27 ff.; *Roxin* AT 1 § 5/47: immer nur Auslegung, niemals mit der normativen Verbindlichkeit von Gewohnheitsrecht; *Stratenwerth/Kuhlen* AT § 3/26: nur Ausfüllung des von den Vorschriften des Allgemeinen Teils geschaffenen Rahmens; für eine Einordnung als Gewohnheitsrecht hingegen *Jescheck/Weigend* AT § 12 IV 2.

Obwohl § 164 vom Wortlaut her auf A zutrifft, wird die Vorschrift mittels einer teleologischen Reduktion eingeschränkt.[70]

b) Rechtsfortbildung zu Gunsten des Täters

Zur Rechtsfortbildung sieht sich die Praxis dann gezwungen, wenn es bei der Interpretation des Gesetzes oder bei der Lückenausfüllung keine gesetzlichen oder rechtlichen Festlegungen gibt, an denen sich die Entscheidung des Einzelfalles ausrichten könnte. 91

Beispiel 1.4 92

Schwangerschaftsabbruch auf Grund von Suizidgefahr RGSt 61, 242 – I StS 105/26 vom 11.3.1927: Bei der unverheirateten R, die ein Liebesverhältnis mit einem Reisevertreter unterhielt, blieb die Monatsblutung aus. Sowohl als der sie behandelnde Nervenarzt Dr. S die Möglichkeit einer Schwangerschaft erstmals erwähnte als auch bei der Mitteilung einer Schwangerschaft als Ergebnis einer frauenärztlichen Untersuchung erlitt R heftige Affektausbrüche mit nachfolgendem dumpfen Brüten und äußerte Selbstmordgedanken. Dr. S diagnostizierte eine durch die Schwangerschaft hervorgerufene reaktive Depression und demzufolge eine gegenwärtige ernstliche Gefahr der Selbsttötung und veranlasste Dr. W zu einem Schwangerschaftsabbruch, um die Selbstmordgefahr zu beseitigen. Handelten Dr. W und Dr. S rechtmäßig?

Das Reichsgericht erachtete das Vorgehen der Angeklagten für rechtmäßig, 93
weil sie in einer nicht anders abwendbaren Gefahrenlage für das Leben der Schwangeren diesem dem Vorzug gegeben hätten vor dem Leben des Kindes und das Leben der Schwangeren höher zu veranschlagen sei als das Leben des ungeborenen Kindes. Obwohl man sich durchaus darüber streiten kann, ob eine solche Güterabwägung in der vorliegenden Situation möglich ist und zur Rechtfertigung führt,[71] kann jene Entscheidung als die „Geburtsstunde" des rechtfertigenden Notstandes angesehen werden, wie er sich heute als Norm des Allgemeinen Teils von 1975 in § 34 findet (näher hierzu § 5 RN 212 ff.).

Beispiel 1.5 94

Züchtigungs-Fall BGH 1 StR 708/51 BGHSt 3, 105/107 (bestätigt für die irrige Annahme von Notwehr in BGH 1 StR 119/52 BGHSt 3, 194/196): Den Angeklagten war vorgeworfen worden, als Erzieher in einem Landheim Fürsorgezöglinge misshandelt zu haben. Das Landgericht hatte sie daraufhin nach den

[70] Zur teleologischen Reduktion im Rahmen des Territorialitätsprinzips vgl. *Schlüchter* FS Oehler, S. 307 ff.

[71] Näher hierzu *Gropp* 1981.

§§ 223, 224 und 225 auch deshalb verurteilt, weil ein beachtlicher Irrtum über ihr Züchtigungsrecht nicht bestanden habe.

95 Der BGH bestätigte zunächst – der Rechtslage von 1952 entsprechend – das Züchtigungsrecht der Angeklagten. Zur Frage der Beachtlichkeit eines Irrtums der Angeklagten über ihr Züchtigungsrecht machte der BGH unter Verweis auf BGH GSSt 2/51 BGHSt 2, 194 auf den Unterschied aufmerksam, ob die Angeklagten irrig einen Sachverhalt angenommen hätten, der ihnen ein Züchtigungsrecht eingeräumt hätte, oder ihnen nur das Bewusstsein gefehlt habe, etwas Unrechtes zu tun. Im ersten Fall sei der Irrtum über einen Rechtfertigungsgrund auf der Grundlage eines Tatirrtums entsprechend § 59 a.F. = § 16 n.F. als Tatirrtum und nicht als Verbotsirrtum zu behandeln. Denn „der im Irrtum über den wahren Sachverhalt handelnde Täter ist…an sich rechtstreu; er will die Rechtsgebote befolgen und verfehlt dieses Ziel nur wegen seines Irrtums über die Sachlage, aus der sein Handeln erwächst. Dieser Irrtum hindert ihn in der Regel, die Gefahr eines Rechtsverstoßes überhaupt zu erkennen…. Auch der im Verbotsirrtum Handelnde verfehlt zwar bei seinem Tun das Richtige, aber durch einen Erkenntnisfehler auf dem Gebiet des rechtlichen Sollens. Die Erkennbarkeit eines Rechtsverstoßes liegt hier im Allgemeinen näher als beim Irrtum über Tatsachen.“[72] Wenn aber ein Sachverhaltsirrtum auch dann nach § 59 a.F. zu beurteilen sei, wenn er die Grundlage des Irrtums über einen Rechtfertigungsgrund bildet, müsse nach § 59 a.F. bei den Angeklagten eine vorsätzliche Körperverletzung ausscheiden und es komme bei Vermeidbarkeit des Tatirrtums eine fahrlässige Begehung in Betracht.

96 Der BGH bewertete die irrige Annahme der tatsächlichen Voraussetzungen des Züchtigungsrechts damit wie einen Irrtum über ein Element der Tatbestandsmäßigkeit, welcher den Vorsatz entfallen lässt und bei Vermeidbarkeit allenfalls eine Strafbarkeit aus der Fahrlässigkeitsstraftat zulässt. Aus dieser Rechtssprechung des Bundesgerichtshofs hat sich letztendlich die sog. „eingeschränkte Schuldtheorie“ entwickelt, die im Bereich der Irrtumslehre inzwischen allgemein anerkannt ist.[73]

c) Rechtsfortbildung zu Ungunsten des Täters

aa) Unechte Unterlassungsstraftaten

97 Bis zur Einführung von § 13 im Jahre 1975, welcher die *Begehung durch Unterlassen* der Begehung durch aktives Tun generell gleichstellte, beruhte die Strafbarkeit der *Herbeiführung tatbestandsmäßiger Erfolge durch Unterlassen* (sog. Unechte Unterlassungsstraftaten, näher § 11 RN 7 ff.) allein auf einer gefestigten höchstrichterlichen Rechtsprechung:[74] So hielt man auch vor Einführung von § 13 z. B. einen Personensorgeberechtigten, der sein Kind dadurch zu Tode brachte, dass er es verhungern ließ, nach § 212 wegen eines Totschlags durch Unterlassen für strafbar.

---

[72] BGH 1 StR 708/51 BGHSt 3, 107.

[73] Umfassend zur Dogmengeschichte des sog. Erlaubnistatumstandsirrtums (irrige Annahme der Voraussetzungen eines Rechtfertigungsgrundes) *Hirsch* 1960, zur Rechtsprechung des BGH insbes. S. 164 ff., sowie unten § 13/189 ff.

[74] Vgl. BGH GSSt 1/61 BGHSt 16, 155/158; *Jescheck/Weigend* AT § 58 IV 2.

bb) Actio libera in causa[75]

Die actio libera in causa betrifft Fälle, in denen sich der Täter in einen Zustand der Schuldunfähigkeit versetzt und dann eine Straftat begeht: **98**

A, der sich über den bellenden Hund des Nachbarn schon immer geärgert hat, kauft sich eine Flasche Wodka und trinkt sich Mut an. Dann vergiftet er den Hund. Ein Sachverständiger stellt fest, dass A zum Zeitpunkt der Vergiftung (strafbar als Sachbeschädigung nach § 303) schuldunfähig im Sinne von § 20 war. Schließt dies eine Strafbarkeit des A aus? **99**

Über die actio libera in causa knüpft man an den Zeitpunkt an, in welchem der Täter sich frei in den Zustand der Schuldunfähigkeit versetzt hat. Dass dieses Vorgehen zumindest bei Straftaten, die sich nicht in der vorsätzlichen Herbeiführung eines Erfolges erschöpfen, sondern ein bestimmtes Verhalten voraussetzen, fraglich ist und gegen Art. 103 II GG verstößt, hat der BGH 1996 in einer vielbeachteten Entscheidung dargelegt.[76] **100**

III. Der Anwendungsbereich des deutschen Strafrechts – Strafanwendungsrecht („internationales Strafrecht")

Beispiel 1.6 **101**

A erschießt B am 12. Mai 2007 in St. Petersburg. A ist Rumäne, B war Deutscher. Am 12. August 2007 wird A in der Leipziger Bahnhofsunterführung festgenommen, weil er mit Drogen handelt. Kann er wegen der Tötung des B bestraft werden?

1. Die Aufgabe des Strafanwendungsrechts

Das Strafanwendungsrecht (missverständlich als „internationales Strafrecht" bezeichnet) legt in den §§ 3–7 StGB fest, unter welchen Umständen das *deutsche* Strafrecht von deutschen Strafverfolgungsbehörden angewendet werden kann, und zwar selbst dann, wenn die Straftat im *Ausland* begangen worden ist.[77] Weil mit der Zunahme grenzüberschreitender Kriminalität auch die Strafrechtspflege immer mehr europäisiert und internationalisiert wird, gewinnt auch das Strafanwendungsrecht zunehmend an Bedeutung.[78] **102**

Damit deutsches Strafrecht anwendbar ist, bedarf es eines *Anknüpfungspunktes* innerhalb des fraglichen Sachverhaltes (sog. *genuine link*). Ob eine solche Verknüp- **103**

[75] Lat. = „Handlung, frei zum Zeitpunkt der Verursachung", näher § 6 RN 99 ff.

[76] Urt. v. 22.8.1996– 4 StR 217/96 NJW 1997, 138 ff. = JZ 1997, 50; näher § 6 Leitfall 6.1.

[77] Im Gegensatz hierzu ist es Aufgabe des *internationalen Privatrechts* festzulegen, welches von mehreren tangierten nationalen Rechten einem Zivilrechtsverhältnis zugrunde gelegt wird.

[78] Nunmehr auch in internationalen Forschungsprojekten zur Lösung von Jurisdiktionskonflikten, vgl. nur *Sinn* (Hrsg.) 2012; *Böse/Meyer* ZIS 2011, 336 ff. (Zwischenbericht); vgl. auch bereits *Biehler/Kniebühler/Lelieur-Fischer/Stein* 2003; *Schünemann* (Hrsg.) 2006.

fung gegeben ist, beurteilt sich nach den in den §§ 3 ff. niedergelegten *Prinzipien* des Strafanwendungsrechts.

2. Die Prinzipien des Strafanwendungsrechts in den §§ 3–7 StGB[79]

104 **§ 3. Geltung für Inlandstaten**. Das deutsche Strafrecht gilt für Taten, die im Inland begangen werden.

105 **§ 4. Geltung für Taten auf deutschen Schiffen und Luftfahrzeugen**. Das deutsche Strafrecht gilt, unabhängig vom Recht des Tatorts, für Taten, die auf einem Schiff oder Luftfahrzeug begangen werden, das berechtigt ist, die Bundesflagge oder das Staatszugehörigkeitszeichen der Bundesrepublik Deutschland zu führen.

106 **§ 5. Auslandstaten gegen inländische Rechtsgüter**. Das deutsche Strafrecht gilt, unabhängig vom Recht des Tatorts, für folgende Taten, die im Ausland begangen werden:

1. Vorbereitung eines Angriffskrieges (§ 80);

…

15. Organhandel (§ 18 des Transplantationsgesetzes), wenn der Täter zur Zeit der Tat Deutscher ist.

107 **§ 6. Auslandstaten gegen international geschützte Rechtsgüter**. Das deutsche Strafrecht gilt weiter, unabhängig vom Recht des Tatorts, für folgende Taten, die im Ausland begangen werden:

1. Völkermord (§ 220 a);

…

8. Subventionsbetrug (§ 264);

9. Taten, die aufgrund eines für die Bundesrepublik Deutschland verbindlichen zwischenstaatlichen Abkommens auch dann zu verfolgen sind, wenn sie im Ausland begangen werden.

108 **§ 7. Geltung für Auslandstaten in anderen Fällen**. (1) Das deutsche Strafrecht gilt für Taten, die im Ausland gegen einen Deutschen begangen werden, wenn die Tat am Tatort mit Strafe bedroht ist oder der Tatort keiner Strafgewalt unterliegt.

(2) Für andere Taten, die im Ausland begangen werden, gilt das deutsche Strafrecht, wenn die Tat am Tatort mit Strafe bedroht ist oder der Tatort keiner Strafgewalt unterliegt und wenn der Täter

[79] Näher hierzu *Ambos* IntStR §§ 1–4, insb. § 4 mit Übersicht in Rn. 23; Sch/Sch-*Eser*, Vor §§ 3–9 Rn. 11 ff. sowie die Kommentierung zu den §§ 3–7; Fischer RN 4 vor §§ 3–7; *Hecker* EuStR § 2/2 ff.; *Satzger* Int/EuStR § 5; *Schramm* Internationales Strafrecht Kap. 1/1 ff.; LK-*Werle/Jeßberger*, § 3 Rn. 24 ff.; Jescheck/Weigend AT § 18; Maurach/Zipf AT 1 § 11/5 ff.; *Wörner, L./Wörner, M.*, in: Sinn (Hrsg.), 2012, S. 203 (S. 227 ff.).

1. zur Zeit der Tat Deutscher war oder es nach der Tat geworden ist oder
2. zur Zeit der Tat Ausländer war, im Inland betroffen und, obwohl das Auslieferungsgesetz seine Auslieferung nach der Art der Tat zuließe, nicht ausgeliefert wird, weil ein Auslieferungsersuchen nicht gestellt oder abgelehnt wird oder die Auslieferung nicht ausführbar ist.

a) Territorialitätsprinzip

Die Grundlage des Strafanwendungsrechts des StGB bildet das in § 3 verankerte *Territorialitätsprinzip*. Danach erstreckt sich die Strafgewalt auf alle Taten, die im eigenen Staatsgebiet begangen werden, während Inländer im Ausland grundsätzlich nur dem ausländischen Recht unterworfen sein sollen. Die Reichweite des Territorialitätsprinzips ist dadurch weit ausgedehnt, dass sich der *Tatort* nach § 9 sehr weit auf den Begehungs- bzw. Unterlassungsort und auf den tatsächlichen oder vorgestellten Erfolgsort erstreckt (sog. *Ubiquitätstheorie*). Durch § 4 wird das Territorialitätsprinzip auch bei Straftaten auf deutschen Schiffen oder Luftfahrzeugen angewandt (sog. *Flaggenprinzip*). **109**

Uneinigkeit herrscht hinsichtlich des Tatortes bei *Äußerungsstraftaten im Internet*. Bisher wurde überwiegend davon ausgegangen, dass die Einspeisung illegaler Netzinhalte, die in Deutschland abrufbar sind, Inlandstaten seien, weil der Erfolg im Inland eintrete.[80] Dem hat sich der BGH in einer vielkritisierten Entscheidung zur Strafbarkeit der Verbreitung der sog. „Auschwitzlüge" im Internet angeschlossen.[81] Dagegen wird zu Recht eingewandt, dass dann einerseits die deutschen Strafverfolgungsbehörden alle weltweit angebotenen und in Deutschland abrufbaren illegalen Netzangebote verfolgen müssten und dass andererseits jeder deutsche Inhaber einer Homepage mit dem Risiko der Strafverfolgung durch irgendein Land rechnen müsste, in dem seine Daten abrufbar sind und gegen dessen Gesetze sie verstoßen.[82] **110**

Cornils[83] schlägt vor, an die Einspeisung als Tathandlung anzuknüpfen. Inlandstaten sind dann die Einspeisung illegaler Netzangebote von Deutschland aus und die gezielte Ablage illegaler Angebote auf einem in Deutschland betriebenen Server. *Sieber*[84] will dagegen nur mittels sog. Push-Technologie auf deutschen Webseiten oder Servern bzw. in Deutschland zugänglichen Dateninhalt als Erfolg iSv §§ 3, 9 StGB gelten lassen. Jurisdiktionskonkurrenzen mit anderen Strafrechten verhindert beides schon deshalb nicht, weil einerseits Einspeisungsort und Serverort auseinanderfallen und damit gleichzeitig mehrere Handlungsorte eröffnet sein können, als auch andererseits Dateninhalte in der Regel gerade gezielt in mehreren Staaten zugänglich gemacht werden sollen, geht es dem Internet doch um eine möglichst weitreichende Verbreitung von Informationen. Auch lösen so angedachte Beschränkungen bisher nicht das eigentliche Problem, denn sie eröffnen die Möglichkeit, dass sich der Täter gezielt, eine „straffreie Insel" sucht, um von dort aus das Internet mit illegalen Daten z. B. über einen Serverprovider auf einer anderen insoweit „straffreien Insel" **111**

---

[80] Vgl. die Nachweise bei *Cornils* JZ 1999, 394 f.

[81] BGH 1 StR 184/00 BGHSt 46, 212, dazu mwN *Koch* JuS 2002, 123 ff.; mit krit. Anm. *Lagodny* JZ 2001, 1198 ff.; *Clauß* MMR 2001, 232; *Hörnle* NStZ 2001, 309; *Vassilaki* CR 2001, 260; *Heghmanns* JA 2001, 276; *Jeßberger* JR 2001, 429; *Kudlich*, StV 2001, 395; *Hilgendorf/Valerius*, 2012, § 2 A. Rn. 149 ff.

[82] *Cornils* JZ 1999, 394 ff.; *Velten* FS Rudolphi, S. 329 ff.; krit. insoweit auch *Wörner* ZIS 2012, 458, 462.

[83] *Cornils* JZ 1999, 396 ff.

[84] Sieber NJW 1999, 2065, 2066, 2069.

zu versorgen.[85] Immerhin in die richtige Richtung zielt insoweit ein Ansatz extensiver Auslegung unter Zugriff auf strafrechtsrelevante Daten im Internet unter Berücksichtigung von Handlungs- und Erfolgsort.[86] Damit die so entstehenden Jurisdiktionskonkurrenzen nicht zu Lasten nur eines Staates ausgehen, erscheint es freilich angebracht, statt des bisher allein maßgeblichen einseitig staatlichen Souveränitätsgedankens unter Kompetenzverteilungsgesichtspunkten auf gegenseitige Solidarität zu setzen.[87] Im Internet setzt das zuvorderst voraus, eine Einigung darüber zu erzielen, was überhaupt gegen wen geschützt werden soll.[88] Das ist bisher nicht hinreichend geschehen.

b) Staatsschutzprinzip

112 Unabhängig von der Strafbarkeit am ausländischen Tatort legt § 5 Nr. 1–5, 10–13 fest, dass bestimmte Auslandstaten gegen inländische Rechtsgüter zum Schutz des Staates in der Bundesrepublik verfolgt werden können, sog. *Staatsschutzprinzip*.

c) Aktives Personalitätsprinzip

113 Nach dem *aktiven Personalitätsprinzip* kommt es darauf an, dass der Täter zur Zeit der Tat Deutscher ist und seine Lebensgrundlage im räumlichen Geltungsbereich des StGB hat. Das aktive Personalitätsprinzip findet sich z. B. in § 5 Nr. 9 (betreffend den Schwangerschaftsabbruch).

d) Passives Personalitätsprinzip

114 Das passive Personalitätsprinzip knüpft daran an, dass sich die Tat gegen einen Deutschen richtet, der im Inland seinen Wohnsitz oder gewöhnlichen Aufenthalt hat, vgl. z. B. § 5 Nr. 6 betreffend Verschleppung und politische Verdächtigung, aber auch § 5 Nr. 7 und 8. An das passive Personalitätsprinzip knüpft auch § 7 I 2. Alt. an.

e) Universalitätsprinzip

115 § 6 sieht die Geltung des deutschen Strafrechts zum Schutz der gemeinsamen Interessen der Kulturstaaten vor, ungeachtet der Staatsangehörigkeit des Täters oder Opfers und ungeachtet der Strafbarkeit am Tatort. § 6 berücksichtigt vor allem die Verpflichtung der Bundesrepublik zur Bestrafung bestimmter Unregelmäßigkeiten aufgrund internationaler Abkommen.

f) Prinzip der stellvertretenden Strafrechtspflege

116 Das Prinzip der stellvertretenden Strafrechtspflege liegt § 7 I zugrunde. Ist die Tat am Tatort mit Strafe bedroht und richtet sich die Tat gegen einen Deutschen, so kann gegen den Täter deutsches Strafrecht angewendet werden.

117 **Zu Beispiel 1.6**

In *Beispiel 1.6.* könnte unter dem Gesichtspunkt der stellvertretenden Strafrechtspflege ein Strafverfahren gegen A eingeleitet werden. Denn B war Deutscher und die vorsätzliche Tötung des B wäre auch in Russland strafbar.

---

[85] Kritisch insoweit auch *Wörner, L.* ZIS 2012, 458, 463 f.

[86] *Heinrich, B.* GA 1999, 72, 83 f.

[87] Zum Kompetenzverteilungsprinzip bereits ausführlich *Oehler* 1983, RN 125, 153; hierzu auch *Wörner L./Wörner, M.* in: Sinn (Hrsg.), 2012, S. 203, 255 m.w.N.

[88] *Wörner, L.* ZIS 2012, 458 ff.

Bei der Frage der Strafbarkeit nach ausländischem Recht sind auch Rechtfertigungs- und Entschuldigungsgründe zu berücksichtigen. **118**

Auch § 7 II liegt das Prinzip der stellvertretenden Strafrechtspflege zugrunde. Weil Art. 16 II 1 GG die Auslieferung Deutscher verbietet, bedarf es der Strafverfolgung in Deutschland, die durch § 7 II Nr. 1 ermöglicht wird. Auch in den Fällen des § 7 II Nr. 2 scheitert die Auslieferung, weshalb die deutsche Strafrechtspflege stellvertretend tätig werden muss. **119**

Die Prinzipien des internationalen Strafrechts haben keinen exklusiven Charakter, können folglich auch gleichzeitig zur Anwendung kommen. So beruht der Schutz von Betriebs- und Geschäftsgeheimnissen nach § 5 Nr. 7 sowohl auf dem Universalitäts- als auch auf dem Staatsschutzprinzip, da auch die Interessen der deutschen Volkswirtschaft mitgeschützt werden.[89] **120**

IV. Europäisches Strafrecht

Beispiel 1.7 **121**

Von seiner Niederlassung in einer bayrischen Kleinstadt aus bietet der Deutsche D, der die Lizenz für die Tätigkeit eines Buchmachers nach britischem Recht besitzt, für das britische Unternehmen U Sportwetten an. D nimmt ausgefüllte Wettscheine an, leitet sie elektronisch an das Unternehmen in GB und zahlt etwaige Gewinne in seinen Geschäftsräumen aus. Die nach dem bayrischen Staatslotteriegesetz erforderliche deutsche verwaltungsrechtliche Erlaubnis hat D nicht.[90] Ist D in Deutschland gem. § 284 I StGB strafbar?

Beispiel 1.8 **122**

Die niederländische Lotteriegesellschaft des N wirbt grenzüberschreitend für die Teilnahme an ihrer Lotterieveranstaltung,u. a. durch Aufrufe im Internet und Werbeprospekte, die direkt an deutsche Verbraucher versandt werden. Eine Erlaubnis hierfür wurde von den deutschen Behörden nicht erteilt.[91] Ist N nach deutschem Recht gem. § 287 I, II StGB strafbar?

1. Einleitung

Mit dem Voranschreiten der Europäischen Integration sind eine erhebliche Zunahme der Mobilität der Unionsbürger einerseits sowie eine gegenseitige Beeinflussung der einzelnen Rechtsordnungen der Mitgliedstaaten andererseits verbunden. Inwieweit dabei die Europäische Gesetzgebung z. B. die deutsche Strafgesetzge- **123**

[89] Vgl. *Jescheck/Weigend* AT § 18 III 3.

[90] Beispiel vereinfacht nach *Satzger* Int/EuStR § 9/78, Fall 15.

[91] Beispiel vereinfacht nach *Hecker* EuStR § 9/31, Fall 4.

bungsgewalt beeinflusst oder eine Neutralisierung deutscher Strafvorschriften bewirken kann, ist u. a. die Aufgabe des Europäischen Strafrechts.

124 Obwohl „Europa" seit mehr als 50 Jahren das Recht der Mitgliedstaaten beeinflusst und prägt, ist das Europäische Strafrecht erst in den letzten Jahren als Strafrechtsdisziplin erkannt und wissenschaftlich begleitet worden. Inzwischen prägt das Recht der Europäischen Union das nationale Strafrecht sogar in zunehmendem Maße.[92] Die Gründe für diese „Verspätung" dürften wohl einerseits in dem erschwerten Zugang zu dieser sehr dynamischen Rechtsmaterie und andererseits in der begrifflichen Erfassung des Gegenstandes des Europäischen Strafrechts liegen.

2. Der Begriff „Europäisches Strafrecht"[93]

125 Eine Kompetenz zur unmittelbaren Strafgesetzgebung in den Mitgliedstaaten besitzt die EU nicht. Unter „Europäischem Strafrecht" wird daher nicht eine genuin von einem europäischen Gesetzgeber verabschiedete Rechtsmaterie verstanden, die mit dem Normenkanon des deutschen StGB vergleichbar wäre. Vielmehr wird „Europäisches Strafrecht" als ein Sammelbegriff für eine „Rechtsmaterie eigener Art verwendet, die sowohl strafrechtsrelevantes Unionsrecht und Völkerrecht als auch gemeinschafts-, unions- und völkerrechtlich beeinflusstes nationales Strafrecht umfasst".[94]

3. Gegenstände des Europäischen Strafrechts

126 Die Wurzeln des Europäischen Strafrechts liegen in den Gemeinschaftsverträgen (EGV, EAGV), dem Vertrag über die Europäische Union (EUV) und dem Völkerrecht (EMRK). Aktuelle Grundlagen bilden der Vertrag über die Europäische Union (EUV) und der Vertrag über die Arbeitsweise der Europäischen Union (AEUV) in der Fassung des Reformvertrags von Lissabon 2009. Echtes supranationales Strafrecht im engeren Sinne gibt es auch danach noch nicht. In bestimmten Bereichen ist die Schaffung originär europäischer Strafvorschriften nun aber denkbar.[95] Den Institutionen sind aber weiter Handlungsinstrumentarien (z. B. Richtlinien, Verordnungen, Übereinkommen) in die Hand gegeben, um im Bereich des Strafrechts europaweit tätig werden zu können. Zum Bereich des Europäischen Strafrechts gehören im Weiteren auch die Initiativen der supranationalen und internationalen Organisationen Europas (EU, Euratom, Europarat, OECD), denn sie vereinheitlichen, prägen und koordinieren das Strafrecht mit.[96] Auch innerstaatliches Recht kann Gegenstand des Europäischen Strafrechts sein, wenn die Regelungen durch euro-

---

[92] *Zieschang* FS Tiedemann, S. 1303 ff.

[93] Vgl. insb. *Hecker* EuStR § 1/4 ff.; *Satzger* Int/EuStR § 7/2 ff.; *Perron* FS Küper, S. 429 ff.; *Sieber/Brüner/Satzger/v. Heintschel-Heinegg* (Hrsg.) EuStR, Einführung Rn. 2 ff.; *Zieschang* FS Tiedemann, S. 1303/1306 ff.

[94] *Hecker* EuStR § 1/5 mwN; vgl. auch *Rosenau* ZIS 2008, 9 ff.

[95] Ausführlich zu den Möglichkeiten *Satzger* IntEuStR § 8/18 ff.; Zur Entscheidung des deutschen Bundesverfassungsgerichts zum Lissabon-Vertrag (BVerfG NJW 2009, 2267 ff.) und ihrer Bedeutung für das deutsche Strafrecht *Böse* ZIS 2010, 76 ff.

[96] *Sieber/Brüner/Satzger/v. Heintschel-Heinegg* (Hrsg.) 2011, Einführung Rn. 7.

päisches Primär- oder Sekundärrecht überlagert werden („europäisiertes nationales Strafrecht").[97] Schließlich ist noch die einflussreiche Rechtsprechung der Europäischen Gerichtshöfe in Straßburg (EGMR) und Luxemburg (EuGH) zu nennen.

4. Quellen und Institutionen des Europäischen Strafrechts

a) Europarat

In der Vergangenheit gingen vielfältige, das Strafrecht betreffende Initiativen vom Europarat aus. Diese 1949 gegründete internationale Organisation arbeitet in erster Linie mit dem Ziel der Rechtsvereinheitlichung und der Förderung zwischenstaatlicher Zusammenarbeit. Ihm gehören derzeit 46 Mitgliedstaaten (darunter auch alle 25 EU-Mitgliedstaaten) an. Am bedeutendsten für den strafrechtlichen Bereich ist die Verabschiedung der Europäischen Konvention zum Schutz der Menschenrechte und Grundfreiheiten (EMRK) v. 4.11.1950,[98] die durch die Umsetzung durch das Gesetz vom 7.8.1952 nationales Recht geworden ist.[99] **127**

b) Europäische Union[100]

Der gegenwärtige Prozess des „Europäischen Strafrechts" wird von der Europäischen Union (EU) als Rechtsnachfolgerin der Europäischen Gemeinschaft (EG)[101] bestimmt. **128**

Die Europäische Union wurde mit dem Vertrag von Maastricht 1992 gegründet. Mit Inkrafttreten des Vertrags von Lissabon am 01.12.2009 erhielt sie erstmals eine eigene Rechtspersönlichkeit als „Staatenbund".[102] Ein mit der Struktur der EU-Gründungsverträge brechender einheitlicher Verfassungsvertrag ist darin dennoch nicht zu sehen. Im Bereich des materiellen Strafrechts aber hat der Vertrag von Lissabon die Zuständigkeiten der EU zur Rechtsangleichung maßgeblich erweitert. Art. 83 Abs. 1 Unterabs. 1 des Vertrags über die Arbeitsweise der Europäischen Union (AEUV) erlaubt nunmehr in bestimmten Bereichen den Erlass von Mindestanforderungen zur Festlegung von Strafvorschriften und Strafen per Richtlinie. Art. 83 Abs. 1 Unterabs. 2 AEUV benennt diese Zuständigkeitsbereiche in einer nicht abschließenden Aufzählung. Es handelt sich dabei insbesondere um die Bereiche schwerer Kriminalität des Terrorismus, des Menschenhandels und der sexuellen Ausbeutung von Frauen und Kindern, des illegalen Drogenhandels, des illegalen Waffenhandels, der Geldwäsche, der Korruption, der Fälschung von Zahlungsmitteln, der Computerkriminalität und der organisierten Kriminalität. Durch einen einstimmigen Beschluss des Rates (nach Zustimmung des Europäischen Parlaments) **129**

[97] *Hecker* EuStR § 1/5.

[98] BGBl. II 1952, S. 685 idF vom 17.5.2002 (BGBl II 1054).

[99] BGBl. II 1952, S. 685, 953.

[100] Vgl. auch *Frisch* GA 2009, 385/401 ff.

[101] Zum Einfluss der EG auf die Entwicklung des Europäischen Strafrechts vgl. in der Vorauflage § 1/61 f-61 l.

[102] Das BVerfG spricht von einer „Vertragsunion souveräner Staaten", BVerfG 2 BvE 5/08, BVerfGE 123, 267 (Lissabonurteil) 1. Leitsatz.

können dem bereits umfassenden Katalog weitere Kriminalitätsbereiche zugefügt werden, Art. 83 Abs. 1 Unterabs. 3 AEUV.

130 Wie weit der Angleichungsprozess im Bereich des europäischen Strafrechts bereits fortgeschritten ist, zeigt Art. 83 Abs. 2 Satz 1 AEUV. Dort wird der EU eine Annexkompetenz zum Erlass von Richtlinien auch für jene Bereiche des Strafrechts gewährt, in denen bereits Harmonisierungsmaßnahmen erfolgt sind.

131 Der Einfluss der EU auf die nationalen Strafrechtsordnungen ist damit von enormer Bedeutung. Unter anderem die heutigen Geldwäsche- und Korruptionsvorschriften (vgl. §§ 261, 299 ff. StGB), das Rechtshilfeübereinkommen[103], der Europäische Haftbefehl[104], EUROPOL[105], EUROJUST[106] und aktuell die Entwicklung hin zu einer Europäischen Staatsanwaltschaft (EPPO)[107] sind Initiativen, die einen europäischen Ursprung haben.

132 Daneben ist bei der Auslegung innerstaatlichen (nationalen) Strafrechts auf das Unionsrecht Rücksicht zu nehmen (unionsrechtskonforme Auslegung).

133 **Zu Beispiel 1.7**

Im *Beispiel 1.7.* bedeutet das, dass Unionsrechts nationalen Strafvorschriften vorgehen kann. Die deutsche Strafvorschrift (§ 284 I StGB) darf dann im konkreten Fall nicht angewandt werden, weil er Unionsrecht widerspricht (Anwendungsvorrang).[108] Denn indem das bayerische Staatslotteriegesetz[109] ein Staatsmonopol für Sportwetten vorsah, beschränkte es europarechtswidrig die Dienstleistungsfreiheit als unmittelbar anwendbares Unionsrecht des EU-Vertrages. Das war mit zwingenden Allgemeininteressen nicht zu rechtfertigen, weil das bayerische Staatsmonopol finanzielle Interessen des Staates in den Vordergrund stellte und eine Erlaubniserteilung an Private nicht vorsah, so das OLG München im vorliegenden Fall.[110] Das ist zwar im Ergebnis richtig. Jedoch hätte dieses zutreffende Ergebnis bereits im Wege *unionskonformer* Auslegung erzielt werden können. Versteht man den Begriff „behördliche Erlaubnis" in § 284 I StGB nicht nur national, sondern unionsrechtlich, so hat D nicht tatbestandsmäßig gehan-

---

[103] Vgl. ABL.EG Nr. C 197 vom 12.07.2000, S. 1 ff.

[104] Vgl. ABL.EG Nr. L 190 vom 18.07.2002.

[105] Europäische Polizeibehörde eingerichtet auf Grundlage des Europol-Übereinkommens v. 26.07.1995 (ABL.EG 1995 Nr. C 316, S. 1 ff. (BGBl. II 1997, S. 2154); ersetzt mit Wirkung zum 01.01.2010 auf Grundlage des Beschlusses des Rates v. 06.04.2009 zur Errichtung des Europäischen Polizeiamtes (ABL.EU 2009 Nr. L 121, S. 37).

[106] Art. 85 AEUV.

[107] Art. 86 AEUV.

[108] *Streinz* Europarecht, Rn. 222 ff.. Nach h.M. bleibt die Anwendung der Vorschrift für die übrigen Fälle unberührt.

[109] Gesetz über die vom Freistaat Bayern veranstalteten Lotterien und Wetten (Staatslotteriegesetz) v. 29.4.1999 (GVBl. S. 226), i.d.F. v. 20.12.2007 (GVBl. S. 922), ib. Art. 2 V S. 2 in der bis zum 15.05.2006 geltenden Fassung ließ die Veranstaltung durch juristische Personen des Privatrechts nur zu, wenn der Freistaat Bayern deren alleiniger Gesellschafter war.

[110] OLG München Urteil vom 26. 9. 2006 – 5St RR 115/05=NJW 2006, 3588 ff.

delt, weil ihm mit der britischen Lizenz eine behördliche Erlaubnis durch einen EU-Mitgliedsstaat gerade vorlag.[111]

Unionskonforme Auslegung kann dann im Einzelfall auch eine Beschränkung unionsrechtlicher gewährleisteter Freiheiten, hier der Dienstleistungsfreiheit, bedeuten. So beanstandete der EuGH lange Zeit den auch strafrechtlichen Schutz eines Glücksspielmonopols durch die Mitgliedstaaten nicht, sondern erkannte staatliche Erwägungen sittlicher, religiöser, kultureller, sozialer und verbraucherschutzpolitischer Art als zwingende Gründe des Allgemeininteresses gegen eine Liberalisierung des Glücksspiels an. In seiner *Gambelli*-Entscheidung wies der EuGH (2003) allerdings bereits darauf hin, dass hierdurch entstehende Beschränkungen der Dienstleistungsfreiheit diskriminierungsfrei zu handhaben seien.[112] Wenn die staatliche Beschränkung einer Wetttätigkeit dann nicht dazu führt, „Wetttätigkeiten in kohärenter und systematischer Weise zu begrenzen",[113] lassen sich Beschränkungen sowohl der Niederlassungs- als auch der Dienstleistungsfreiheit nicht mehr diskriminierungsfrei begründen. Mit dieser Begründung erklärte der EuGH schließlich 2010 die deutschen Vorschriften zum strafrechtlichen Schutz des Glücksspielmonopols für unionsrechtswidrig.[114] In Beispiel 1.8. hat sich N somit nicht gem. § 287 I, II StGB strafbar gemacht, weil die Vorschrift wegen des Anwendungsvorrangs des europäischen Primärrechts der Unionsfreiheiten bis zur Schaffung einer unionskonformen Neuregelung *neutralisiert* ist.[115] 134

Anwendungsvorrang und unionskonforme Auslegung zeigen, dass mit dem Strafrecht im Europäisierungsprozess ein besonders sensibler Bereich betroffen ist. Denn die nationale „Strafrechtspflege ist, sowohl was die Voraussetzungen der Strafbarkeit als auch was die Vorstellungen von einem fairen, angemessenen Strafverfahren anlangt, von kulturellen, historisch gewachsenen, auch sprachlich geprägten Vorverständnissen und den im liberalen Prozess sich bildenden Alternativen abhängig … Die Pönalisierung sozialen Verhaltens, über den Rang von Rechtsgütern und den Sinn und das Maß der Strafandrohung, ist vielmehr in besonderem Maße dem demokratischen Entscheidungsprozess überantwortet…."[116] Dennoch sind nicht alle nationalen Strafvorschriften gleichermaßen von nationalen Besonderheiten durchsetzt. Je weitergehend aber ein nationales Strafrecht und nationale Kriminalpolitik spezifisch nationalen Bedingungen folgen, je eher wird eine Europäisierung zu 135

[111] So zutreffend *Satzger* Int/EuStR § 9/83.

[112] EuGH C-243/01 EuGHE 2003, 13031 = NJW 2004, 139.

[113] EuGH (Große Kammer), Urteil vom 8. 9. 2010– C-409/06 Winner Wetten-GmbH/Stadt Bergheim = NVwZ 2010, 1419 (im Leitsatz).

[114] EuGH NVwZ 2010, 1419.

[115] Dazu auch *Hecker* EuStR § 9/32. Problematisch ist der für die Mitgliedstaaten verbleibende Gestaltungsspielraum zur Regulierung des Glückspiels auch mit Mitteln des Strafrechts, dazu *Streinz/Kruis* NJW 2010, 3745. Tatsächlich gilt es über die Schaffung einer EU-Richtlinie nachzudenken, *Pagenkopf* NVwZ 2011, 513, 522; zustimmend *Hecker* § 9/32.

[116] BVerfG 2 BvE 2/08 BVerfGE 123, 267 Rn. 253 = NJW 2009, 2267/2274, dazu *Kubiciel* GA 2010, 99 ff.

Problemen führen.[117] Es gilt deshalb kriminalpolitisch den Europäisierungsprozess im Bereich des Strafrechts möglichst schonend unter Wahrung der gesellschaftspolitischen wie kulturellen Eigenheiten der Mitgliedstaaten zu betreiben. Hierzu verpflichtet im Übrigen auch Art. 4 II 1 EUV (Achtung der nationalen Identitäten der Mitgliedstaaten).

5. Ausblick

136 Aktuell beschäftigt das Europäische Strafrecht insbesondere der Umgang mit Jurisdiktionskonkurrenzen, wenn im Fall grenzüberschreitender Kriminalität entweder mehreren EU-Mitgliedstaaten gleichzeitig ein Jurisdiktionsanspruch zusteht (positiv) oder von mehreren möglichen zuständigen Mitgliedstaaten keiner das Verfahren eröffnen möchte (negativ).[118] In der Diskussion stehen die aktuelle verfahrenskoordinierende Konfliktlösung durch EUROJUST[119] und deren zukünftige Gestaltung in Verbindung mit einer Europäischen Staatsanwaltschaft (EPPO).[120]

137 Daneben gewinnt insbesondere im Streben um weitere Harmonisierungen des Strafrechts und des Strafprozessrechts die Strafrechtsvergleichung zunehmend an Bedeutung. Zwar sind die Methoden einerseits aber auch die Grenzen anderseits noch nicht ausgelotet.[121] Da man wird aber das Entstehen auch echten Unionsstrafrechts mit europäischen Kriminalstrafgesetzen i.V.m. den (neuen) Ermächtigungsnormen des Art. 83 AEUV trotz der auch EU-rechtlich vorgesehenen Wahrung und Achtung mitgliedstaatlicher Besonderheiten (Art. 4 II EUV) nicht mehr ausschließen kann, gilt es, den Europäisierungsprozess gerade im hochsensiblen Bereich des Strafrechts mit Mitteln der Strafrechtsvergleichung kritisch zu begleiten.

C. Die „gesamte" Strafrechtswissenschaft

138 1881 wurde von *Franz von Liszt*, weiland ord. Professor der Rechte in Gießen und Vetter des gleichnamigen Komponisten und Pianisten, und *Adolf Dochow*, weiland ord. Professor der Rechte in Halle, die „Zeitschrift für die gesamte Strafrechtswissenschaft" gegründet. Die Formulierung „gesamte Strafrechtswissenschaft" im Namen der bis heute existierenden Zeitschrift ist ein Hinweis darauf, dass das *materielle* Strafrecht nur ein Teilgebiet – wenn auch den Ausgangspunkt für alle weiteren Gebiete – der gesamten Strafrechtswissenschaft darstellt. Denn es genügt nicht, nur festzuschreiben, welche Unwertverwirklichungen unter welchen Voraussetzungen mit Strafe bedroht sind. Vielmehr bedarf es auch der Entwicklung von Methoden,

---

[117] *Satzger* Int/EuStR § 9/9.

[118] *Sinn* (Hrsg.), 2012; *Böse/Meyer* ZIS 2011, 336 ff. (Zwischenbericht); *Luchtman* (Hrsg.), 2013.

[119] Vgl. dazu *Herrnfeld* in: Sinn (Hrsg.), 2012, S. 141 ff.; *ders.* in: Luchtman (Hrsg.), 2013, S. 185 ff.

[120] Dazu *Ligeti* (Hrsg.) 2012, 2013.

[121] Umfassend *Sieber* ZStW 121 (2009), 1 ff.; zu Recht befasst sich ein DFG-Netzwerk (junger) Strafrechtsvergleicher/innen seit 2012 intensiv mit dieser Frage, vgl. *Beck/Burchard/Fateh-Moghadam* (Hrsg.), 2010.

wie Straftaten aufgeklärt und einer bestimmten Person zugerechnet werden und wie diese Person ihre gerechte Strafe erhält.

Jene Regeln stellt das *Strafprozessrecht* auf, welches im wesentlichen in der *Strafprozessordnung* (StPO) festgeschrieben ist. Die Verhängung einer *gerechten* Strafe erfordert darüber hinaus, dass die Schwere der Strafe der Schwere der Tat vor dem Hintergrund der Persönlichkeit des Täters angemessen ist. Mit diesen Fragen beschäftigt sich das *Strafzumessungsrecht*. Gesetzlich fixiert ist jener Rechtsbereich in den §§ 46–51 StGB. Um jene wenigen Paragraphen herum rankt sich eine weit verzweigte Lehre, die sich zum Ziel gesetzt hat, Kriterien zu entwickeln, anhand derer der von Natur aus mit einem Quantum von Unabwägbarkeit behaftete Bereich der Strafzumessung möglichst objektiviert werden kann. 139

Als dritte Säule des Strafrechts neben dem materiellen Strafrecht und dem Strafprozessrecht regelt das *Strafvollzugsrecht* die praktische und alltägliche Gestaltung[122] der freiheitsentziehenden Rechtsfolgen (§§ 38 ff., 63 ff. StGB, 17 JGG) und zwar vornehmlich mit dem StVollzG von 1976[123] und den Strafvollzugsgesetzen der Bundesländer (oben RN 24). 140

Als Bestandteil der gesamten Strafrechtswissenschaft sei des Weiteren das *Jugendstrafrecht* erwähnt[124]. 141

Einen ganz wesentliches Gebiet der gesamten Strafrechtswissenschaft stellt schließlich die *Kriminologie* dar. Als empirische Wissenschaft untersucht sie, weshalb Straftaten begangen werden, wer die Täter sind und wie man die Begehung von Straftaten und die Täter beeinflussen und kontrollieren kann.[125] Die Kriminologie bedient sich daher zahlreicher Hilfswissenschaften wie etwa Soziologie, Psychologie und Medizin. 142

D. Die gesellschaftliche Legitimation von Strafrecht und Strafe

I. Der repressive Charakter des Strafrechts

1. Normstabilisierung durch Ahndung begangener Straftaten

Aufgabe des Strafrechts ist es, die Strafbarkeit von Sachverhalten festzulegen und Straftäter einer Verurteilung zuzuführen. Die Strafverfolgung kommt somit zwangsläufig erst dann zum Zug, wenn eine Straftat *begangen worden*, wenn „das Kind bereits in den Brunnen gefallen" ist. Das Strafrecht kann dem konkret betroffenen Opfer folglich gar nicht helfen, sondern nur insgesamt zum Frieden in der 143

[122] Zur Abgrenzung von der Strafvollstreckung (oben RN 23) als Teil des Strafprozesses näher *Seebode* 1997, S. 38 ff.

[123] Gesetz über den Vollzug der Freiheitsstrafen und der freiheitsentziehenden Maßregeln der Besserung und Sicherung – Strafvollzugsgesetz (StVollzG) vom 16. März 1976 BGBl. I 581, berichtigt I 2088 und 1977 I 436

[124] Vgl. *Schaffstein/Beulke* 2002; *Streng* 2012; näher oben RN 83 f.

[125] Vgl. *Bannenberg/Rössner* 2005, S. 7 f.; Maurach/*Zipf* AT 1 § 3/10 ff.; *Kaiser* 1997; *Kürzinger* 1996; zum Verhältnis von Strafrecht und Kriminologie *P.A. Albrecht* FS E.A. Wolff, S. 1 ff.

Gesellschaft beitragen, indem Verhaltensnormen anerkannt und zu deren Bestätigung Normverletzungen einer gerechten Strafe zugeführt werden. Das Strafrecht schützt damit potentielle Opfer allenfalls mittelbar über die Bestätigung der durch das StGB repräsentierten Normen wie etwa das Verbot, zu töten, zu stehlen oder falsch zu schwören.[126]

144 Zu jener Normstabilisierung ist es nun aber nicht erforderlich, dass *alle* Normübertretungen geahndet werden. Es genügt, den Rechtsunterworfenen zu zeigen, dass *so viel wie nötig* zur Normstabilisierung durch Strafverfolgung getan wird. Dieses Optimum ist dem ohnehin nicht zu erreichenden Maximum auch aus rechtsstaatlichen Gründen vorzuziehen: Denn wollte man Straftaten bereits verhindern, bevor ein Schaden eingetreten ist, so würde dies zwar den potentiellen Opfern zugute kommen, es wäre jedoch mit einem unvertretbaren Verlust an Freiheit der rechtstreuen Bürger verbunden, würde es die wirksame Verhinderung von Straftaten doch erfordern, dass bereits die naheliegende *Möglichkeit* ihrer Begehung registriert und zum Anlass für ein Einschreiten genommen wird, was eine umfassende Überwachung des Einzelnen voraussetzte.

2. Absage an eine Gefahrenabwehr durch Strafrecht

145 Durch jenes Einschreiten im Vorfeld, eine sog. „vorbeugende Verbrechensbekämpfung" drohte Strafrecht sich in ein *Gefahrenabwehrrecht*, d. h. *Polizeirecht* umzuwandeln.[127] Eine Gefahrenabwehr durch Strafrecht bedeutete jedoch, dass der Einzelne zunehmend als ein Gefahrenpotential begriffen wird, welches es einzudämmen gilt und gegenüber dem die rechtsstaatlichen Garantien der StPO nicht eingehalten werden müssen.

146 Es wäre dann zwischen einem Strafrecht der im Prinzip rechtstreuen *Bürger* und einem „Strafrecht" der gefährlichen „*Feinde*" („Feindstrafrecht") zu unterscheiden. Ein solches „Feindstrafrecht"[128] wäre indessen kein Strafrecht mehr, sondern würde in einem *Krieg* enden, der z. B. die gezielte Tötung mutmaßlicher „Terroristen" ohne Verurteilung für begangene Straftaten zuließe. Dies ist jedoch inakzeptabel, gerade auch deshalb, weil die Definitionsmacht, wer „Feind" sein soll, beim „Strafverfolger" liegen und damit dem Missbrauch Tür und Tor öffnen würde. Es bleibt nur zu hoffen, dass auch die Kriminalpolitik diesen Gesichtspunkt nicht ganz aus den Augen verliert.[129]

---

[126] Vgl. *Jakobs* AT 2/1 ff.

[127] Hierzu auch *Kühne* 2004; vgl. auch *Hilgendorf* NStZ 1993, 10/13 ff.; *Müller-Dietz* FS Triffterer, S. 691.

[128] Näher zu dem von *Jakobs* ZStW 97 (1985), 751 ff. oder *Jakobs* 2004, 5 ff./40 ff. beschriebenen *Feindstrafrecht* kritisch *Jung* GA 2006, 726 f. sowie *Greco* GA 2006, 96 ff., *B. Heinrich* ZStW 121 (2009), 94 ff.; *Hörnle* GA 2006, 80 ff.; *Jäger* FS Roxin 2011, S. 71 ff., *Streng* in: Vormbaum (Hrsg.) 2009, S. 181 ff. jew. mwN; differenzierend *Frisch* GA 2009, 397 ff. sowie *Polaino-Orts* FS Roxin 2011, 91 ff.

[129] Zum Strafrecht als Instrument der Kriminalpolitik NK-StGB-*Hassemer/Neumann* vor § 1 RN 341 ff.; *Hassemer* StV 1995, 483; *Köhler* StV 1994, 386 ff.; *Kuhlen* in Neumann/Prittwitz 2005, S. 109 ff.; *Welp* StV 1994, 161; *Zaczyk* StV 1993, 490 ff.

Der Strafgesetzgeber versucht, einen Mittelweg einzuschlagen, indem er Verhaltensweisen unter Strafe stellt, welche bereits die *Gefährdung* eines werthaften Zustandes (z. B. der Sicherheit des Straßenverkehrs) oder eines Angriffsobjekts (z. B. eines Menschen) bedeuten.[130] 147

3. Kriminalprävention

Von jener Gefahrenabwehr durch Strafrecht ist die *Verhütung* von Kriminalität (Kriminalprävention) zu unterscheiden, die sich vor allem der Analyse und Beeinflussung von Lebensbedingungen bedient.[131] 148

II. Der Schutz gesellschaftlich bedeutender Interessen (Rechtsgüter) als Legitimation des Strafrechts – zur Definitionsmacht des Strafrechts

1. Rechtsgüterschutz

Strafrecht schützt bestimmte Interessen – „Rechtsgüter"[132] – dadurch, dass es die entsprechenden bei Strafe zu vermeidenden Unwertverwirklichungen festlegt und beschreibt. Eine Annäherung an jenes Ziel ist nur erreichbar, wenn die Rechtsunterworfenen auch zur Vermeidung der Unwertverwirklichungen bereit sind. Nach allgemeiner Lebenserfahrung sind sie es, wenn 149

- Ihnen das Ziel der jeweiligen strafrechtlichen Verbotssätze schutzwürdig und -bedürftig erscheint (Normakzeptanz)[133] und
- Eine gewisse Mindestwahrscheinlichkeit besteht, für Zuwiderhandlungen zur Verantwortung gezogen zu werden (Kontrolldichte).

Je mehr die Wertvorstellungen in der Gesellschaft und die des Strafgesetzgebers auseinanderfallen, desto weniger lässt sich Strafrecht verhaltensleitend einsetzen. Denn Strafrecht *stützt* sich in seiner Geltung eher auf ein gesellschaftliches Wertebewusstsein, als dass es dieses beeinflusst. Es ist eher Spiegel, weniger Motor gesellschaftlicher Wertvorstellungen. Der Bereich, in dem Strafrecht werte*erhaltend* wirken kann, ist somit weit, derjenige, in dem es werte*bildend* wirken kann, sehr 150

---

[130] Näher zu den Gefährdungsstraftaten § 2 RN 20 ff.

[131] Umfassend hierzu die vergleichende Analyse zur Inneren Sicherheit in den USA und in Deutschland bei *Schneider, H. J.*, 1998; *Schneider, H. J.* Universitas (Zeitschrift für interdisziplinäre Wissenschaft) 54 (1999), S. 819 ff.; vgl. auch *Streng* Erlanger Universitätsreden 57/1999.

[132] Näher § 2 RN 12 ff.

[133] Diese Normakzeptanz dürfte weit häufiger vorhanden sein, als allgemein angenommen wird: Auch der „gewöhnliche Verbrecher" weiß ganz genau, dass das, was er tut, eigentlich nicht richtig ist. Anders ist die Sachlage beim *Überzeugungstäter*, der das, was er tut, für *richtig* hält, obwohl er weiß, dass es rechts*widrig* ist. Der *Gewissenstäter* unterscheidet sich vom Überzeugungstäter darin, dass er sich an den Kategorien von „gut" und „böse" orientiert, vgl. *Roxin* GA 2011, 1 ff., der bei der Gewissenstat eine Entschuldigung annimmt, wenn eine präventive Bestrafungsnotwenigkeit fehlt, GA 2011, 10 f.

begrenzt. Es macht sich daher Illusionen, wer meint, bereits durch Änderungen des Strafrechts bewusstseinsverändernd zu wirken.[134]

151 **Beispiel 1.9**

Selbst vor der Einführung des Indikationsmodells zum Schwangerschaftsabbruch von 1976 in der ehemaligen Bundesrepublik stand der prinzipiellen Strafbarkeit trotz einer mutmaßlichen Anzahl von mehreren 100.000 Schwangerschaftsabbrüchen die letztendliche Bestrafung von allenfalls einer Handvoll Frauen und Ärzten gegenüber.[135]

152 Sozial unauffällige *Moralverstöße* können und dürfen folglich nicht mit den Mitteln des Strafrechts sanktioniert werden.[136] Diese Erkenntnis spielt gerade im Bereich der *Sexualmoral* eine wichtige Rolle. Sie führte dazu, dass der Strafgesetzgeber der sozial-liberalen Koalition durch das Erste Gesetz zur Reform des Strafrechts von 1969[137] nicht mehr Verstöße gegen die Sittlichkeit als solche, sondern Verstöße gegen die *sexuelle Selbstbestimmung* zum Gegenstand der Unwertbeschreibungen der Sexualstraftaten erklärt hat.

153 Konkret schaffte der Strafgesetzgeber deshalb z. B. die Strafbarkeit des Ehebruchs und homosexueller Handlungen unter erwachsenen Männern ab. Denn dass hier die sexuelle Selbstbestimmung der handelnden Personen nicht betroffen ist, bedarf keiner weiteren Begründung. Die Strafbarkeit homosexueller Handlungen unter Männern hat der Strafgesetzgeber im Zuge der deutschen Rechtseinheit und aufgrund der Rechtslage in der ehemaligen DDR schließlich ganz aufgehoben und die Strafbarkeitsgrenze damit beim sexuellen Missbrauch von Kindern oder sonst schutzbedürftigen Personen, vgl. §§ 174 ff., gezogen.

154 **Zu Leitfall 1**

Auch das für den *Leitfall 1.* entscheidende Inzestverbot in § 173 (bis 1973 sog. „Blutschande“) wurde nicht mehr als Straftat gegen die Sittlichkeit verstanden, sondern durch das Vierte Gesetz zur Reform des Strafrechts vom 23. November 1973 (BGBl I S. 1725) als § 173 unter dem Titel „Beischlaf zwischen Verwandten“ den Straftaten gegen den Personenstand, die Ehe und die Familie zugeord-

[134] Die Erhöhung der Strafrahmen für Gewalttaten durch das *Verbrechensbekämpfungsgesetz* vom 28. 10. 1994 BGBl. I 3186 ist daher nur dann nicht illusionär und nur symbolisch, wenn auch in der Gesellschaft das Bewusstsein vorherrscht, dass die Anwendung von Gewalt nicht hingenommen werden darf.

[135] Vgl. *Koch, H.-G.* in: Eser/Koch (Hrsg.), 1988, S. 17 ff./234 ff.

[136] Vgl. auch *Renzikowski* GA 2007, 561/571; *Roxin* FS Küper, S. 489/497; zur Gefahr einer Ausdehnung des Strafrechts in den Bereich der „Moralverstöße“ und Störungen der „Harmonie“ *Weigend* FS Frisch, S. 24 f., 30.

[137] 1. StrRG vom 25. 6. 1969 BGBl. I 645; näher und mwN *Perron/Eisele* in: Schönke/Schröder RN 1 f. vor § 174.

net. Neben dem Schutz von Ehe und Familie sollte der Schutz sog. „Inzestkinder“ vor Diskriminierung bezweckt werden.[138]

2. Die Definitionsmacht des Strafrechts

Mag Strafrecht auch wenig zur Entstehung gesellschaftlicher Wertvorstellungen 155
beitragen können, so verfügt es doch über eine erhebliche Definitionsmacht. Denn der Strafgesetzgeber kann festlegen, welche gesellschaftlich *anerkannten* Werte er für so wichtig erachtet, dass sie gerade durch das Strafrecht geschützt werden sollen. Wettbewerbsbeschränkende Absprachen bei Ausschreibungen waren z. B. zunächst als sog. Submissionsbetrug nach § 263 nur strafbar, wenn es gelang, einen durch die Absprache verursachten *Schaden* zu beziffern, was nicht immer möglich ist. Durch den 1997 in das StGB eingefügten § 298 ist nun nicht erst die Schädigung durch rechtswidrige Absprachen, sondern bereits die abstrakte *Vermögensgefährdung durch die Abgabe eines Angebots,* das auf einer rechtswidrigen Absprache beruht, strafbar.

Die Definitionsmacht des Strafrechts bestimmt aber nicht nur das strafbare Ver- 156
halten, sie *stigmatisiert* zugleich denjenigen, der gegen die Strafnorm verstößt, als *Straftäterin* oder *Straftäter*.

III. Legitimation der Strafe

Wir haben bisher versucht, uns dem Strafrecht mit der Frage zu nähern, in welcher 157
Weise strafbares Verhalten in der Gesellschaft *in Erscheinung tritt*. Dabei haben wir festgestellt, dass Ausgangspunkt aller weiteren Aktivitäten der Strafverfolgungsorgane die Verwirklichung eines Lebenssachverhaltes ist, der als so unerträglich empfunden wird, dass er mit der Rechtsfolge „Strafe“ versehen in einem Katalog gesetzlich abstrakt beschrieben ist. Strafrecht erweist sich damit als Summe der Rechtsnormen, durch die die staatliche Reaktion auf kriminelle Rechtsbrüche geregelt wird.[139] Kennzeichnend für das Strafrecht ist somit die *Strafe*.

Was aber gibt dem Staat das Recht zu strafen? Die Antwort können wir erst ge- 158
ben, wenn wir wissen, was Strafe *ist*.

1. Was ist Strafe?

Unter einer *Kriminal-Strafe* versteht man 159

- *Formell* die *Rechtsfolge* aus der Verwirklichung eines von einer Strafvorschrift in seinen Merkmalen festgelegten, mit Strafe bedrohten Unrechts, für die der Täter einen Schuldvorwurf verdient. Adressat des Strafanspruchs ist dabei die Rechtsgemeinschaft, nicht der Verletzte und auch nicht sonstige Dritte.[140]

---

[138] BVerfG 2 BvR 392/07 RN 8, 10.

[139] Vgl. *Schmidhäuser* StB AT 1/2 ff.

[140] Deshalb ist der Delinquent auch nur den vorgesehenen Institutionen gegenüber zur Duldung der Strafvollstreckung verpflichtet und nicht – wie etwa bei sog. „Shame Sanctions“ einer zu-

- *Materiell* den „Ausgleich einer erheblichen Rechtsverletzung durch Auferlegung eines der Schwere von Unrecht und Schuld angemessenen Übels, das eine öffentliche Missbilligung der Tat ausdrückt und dadurch Rechtsbewährung schafft".[141] Ob sie zwingend in der Auferlegung gerade eines Übels bestehen muss, wird zunehmend diskutiert.[142]

160 Strafrecht definiert sich aus der Strafe. Denn alle Rechtssätze, deren Rechtsfolge in einer Strafe besteht, sind solche des Strafrechts. Nur soweit diese Rechtsfolge legitim ist, ist Strafrecht legitim. Die Frage nach seiner Legitimation ist folglich die Frage nach der Legitimation der Strafe.

2. Legitimation

161 Die Frage nach der Legitimation der Strafe wird aus einem gesamtgesellschaftlichen Blickwinkel gestellt: Ist Strafe gesellschaftlich überhaupt erforderlich und wenn ja, warum? Wäre sie nicht verzichtbar? Die Antwort kann unter drei Aspekten gegeben werden: Einem staatspolitischen (a), einem sozialpsychologischen (b) und einem individual-ethischen (c).

a) Staatspolitischer Aspekt

162 Mit der Abschaffung der Fehde sowie der Sühneverträge und der Ausrufung eines Ewigen Landfriedens 1495 geht das Gewaltmonopol auf die Zentralgewalt, den Staat, über.[143] Normverstöße können nun nicht mehr durch den Einzelnen unmittelbar geahndet werden. Weil der Staat aber das Gewaltmonopol hat, muss er es auch einsetzen und normgerechtes Verhalten in irgendeiner Form erzwingen. Nur so kann er ein friedliches Zusammenleben gewährleisten, d. h. den Einzelnen davon abhalten, zur Selbstjustiz zu schreiten. In diesem Sinne stellt die Kriminalstrafe das Instrument zur Durchsetzung normgerechten Verhaltens dar.

163 Freilich geschieht die Erzwingung normgerechten Verhaltens durch Strafe nur mittelbar. Denn Strafe stellt ja nur eine *Re*aktion auf normwidriges Verhalten dar. Dementsprechend entfaltet die Strafe auch nur eine mittelbare Schutzwirkung. Allerdings vermag dies die staatspolitische Legitimation der Strafe als Instrument zur Aufrechterhaltung der Friedensordnung nicht zu schmälern. Denn es genügt zu zeigen, dass die hinter den Strafvorschriften stehenden Normen (Du sollst nicht stehlen, nicht töten…) befolgt werden müssen. Indem diese Normen bestimmte Interessen schützen und das Strafrecht der Geltung der Normen dient, wirkt es somit auch

---

fälligen Masse von Passanten, vgl. *Kubiciel* ZStW 118 (2006), S. 44 ff.

[141] *Jescheck/Weigend* § 2 II 1; *Schreiber* ZStW 94 (1982), 280; *Seebode* 1997, S. 78 ff.; vgl. auch *Roxin* FS Volk 601/604.

[142] *Vgl. Roxin* AT 1 § 3/45: Strafe als „Zwangseingriff" des Staates; *Schild* SchwZStr 99 (1982), 364 ff./380 f., ders. ARSP 1984, 104 ff., 109: Vermeidung des Ausschlusses des Täters aus der Gesellschaft, Versöhnung durch Schuldspruch; *Rössner NStZ* 1992, *409 ff.*

[143] Vgl. auch *Schild* in: Gehl/Reichertz (Hrsg.), Bd. 2, 1998, S. 95 ff.

hinreichend zum Schutz der durch die Normen geschützten Interessen.[144] Dieser mittelbare Schutz reicht augenscheinlich in der Regel hin, um den Einzelnen davon abzuhalten, seinerseits gegen Normverstöße zu reagieren.

b) Sozialpsychologischer Aspekt

Der sozialpsychologische Aspekt der Strafe hängt mit dem staatspolitischen eng zusammen, bildet gewissermaßen das Spiegelbild zu ihm. Denn während sich die staatspolitische Legitimation auf die potentiellen Opfer, d. h. die rechtstreuen Bürger bezieht, handelt die sozialpsychologische Seite von den potentiellen *Tätern*: Wird bekannt, dass der Inhaber des Gewaltmonopols von seinem Monopol nicht Gebrauch macht, dann entsteht der Eindruck, dass Normverstöße risikolos begangen werden können. 164

Beispiel 1.10 165

Wenn das „Schwarzfahren" in öffentlichen Verkehrsmitteln (strafbar nach § 265a StGB) risikolos möglich ist, weil nie kontrolliert wird, dann werden auch die rechtstreuen Bürger nach einer gewissen Zeit nicht mehr einsehen, dass sie den Fahrpreis entrichten sollen, während andere einfach unentgeltlich mitfahren. Die Betreibergesellschaft der Verkehrsbetriebe wird daher bestrebt sein, einerseits so viele Kontrolleure einzusetzen, dass möglichst viele der rechtstreuen Fahrgäste zur Entrichtung des Fahrpreises bereit sind, andererseits aber möglichst wenige Kontrolleure, damit sich die finanziellen Aufwendungen für die Kontrollen im Rahmen halten.

c) Individual-ethischer Aspekt

Unter individual-ethischem Aspekt legitimiert sich Strafe daraus, dass dem Einzelnen die Möglichkeit gegeben werden muss, trotz des Normverstoßes wieder als vollwertiges Mitglied der Gesellschaft anerkannt zu werden. Die Strafe dient hier als „Brücke zur Rückkehr in die Gesellschaft". 166

Der individual-ethische Aspekt gewinnt spätestens dann Bedeutung, wenn eine Gesellschaft davon Abstand nimmt, Mitglieder, die sich Normverstöße haben zu Schulden kommen lassen, einfach aus ihr zu entfernen, sie z. B. vor die Stadtmauern zu jagen und für vogelfrei zu erklären, sie zu verbannen, in Gefängnisse ohne Resozialisierungsbemühungen wegzuschließen oder sie durch Tötung auszuschließen, sie gewissermaßen wie „Abfall" zu behandeln. Der individual-ethische Aspekt der Strafe hat einen religiösen, insbesondere christlich-neutestamentarischen Hintergrund: das Bild vom verlorenen Sohn (Evangelium nach Lukas, Kap. 15 Verse 11 ff.), der wieder in die Gemeinschaft aufgenommen wird. Der individual-ethische Aspekt der Strafe ermöglicht so eine Art gesellschaftliches „Recycling". 167

[144] Vgl. *H. Mayer* AT S. 52 f.; vgl. auch *Jakobs* AT 2/1 ff., 7 ff.: Enttäuschungsfestigkeit der Normen als Strafrechtsgut und Rechtsgüter als Schutzgegenstand der Norm.

3. Sinn der Strafe (Straftheorien)

168 Während die Aspekte der Legitimation staatlichen Strafens Aufschluss darüber geben, weshalb Strafe als solche auch in unserer Zeit *gesellschaftlich erforderlich* ist, versucht die Frage nach dem Sinn der Strafe zu erklären, weshalb die Verhängung einer Strafe *dem einzelnen Straftäter gegenüber sinnvoll* ist. Ist sie es im Einzelfall nicht, ist es insbesondere die Aufgabe des Prozessrechts, eine nicht erforderliche Bestrafung z. B. durch Einstellung des Verfahrens gem. §§ 153 ff. StPO zu vermeiden.[145]

169 Auch der Sinn der Strafe wird im Wesentlichen unter drei Aspekten[146] beantwortet:

- *Gerechter Ausgleich* für die Tat (Vergeltung),
- *Vorbeugemittel* durch Abschreckung potentieller Täter (Generalprävention),
- Mittel zur *Besserung* des Täters (Spezialprävention).

170 Mit der Frage nach dem Sinn der Strafe beschäftigen sich die sog. *Straftheorien.*[147] Sie versuchen zu begründen, welchem der o. g. Aspekte der Vorzug gebührt.

a) „Absolute" Straftheorien: Vergeltung und Sühne als Sinn der Strafe – punitur, quia peccatum est[148]

171 „Absolut" heißen die absoluten Straftheorien deswegen, weil sie den Sinn der Strafe losgelöst (lat.: absolutus) von jeder individuellen oder gesellschaftlichen Zweckerwägung in der *Vergeltung* der Tat sehen. Der Grund der Strafe ist die Achtung vor dem Verbot selbst. Dabei entspricht die Schwere der Strafe der Schwere der Tat. Die Strafe wird somit als *gerechter Ausgleich* der Tat verstanden. Deshalb werden die absoluten Straftheorien auch *Gerechtigkeitstheorien* genannt. Im Zusammenhang mit der zunehmenden Bedeutung der Rolle des Verbrechensopfers im Strafverfahren kommt auch dem *Sühnegedanken* wieder mehr Gewicht zu: Bestrafung als Genugtuung für die Verbrechensopfer und ggf. ihre Hinterbliebenen.[149]

172 Innerhalb der absoluten Straftheorien ist der Begriff der *Vergeltung* im wortwörtlichen Sinne zu verstehen. Die Strafe soll deutlich machen, dass die Abweichung des Täters von der Norm keine *Geltung* besitzt. *Vergelten* bedeutet somit *nicht gelten.* Die absoluten Straftheorien werden gerne auf die von *Seneca d. J.*[150] entwickelte Kurzformel gebracht: punitur, quia peccatum est.

---

[145] Näher zu diesem Aspekt *Schroeder* FS Amelung, S. 125 ff.

[146] Vgl. aber auch die vier Aspekte bei *Otto* GK AT § 1/22 ff.: Warnfunktion, Rechtsbewährung (Generalprävention), Sicherungsfunktion und Resozialisierung (Spezialprävention).

[147] Vgl. *Baumann/Weber/Mitsch* AT § 3/24 ff.; *Frisch* GA 2009, 385 ff.; NK-StGB-*Hassemer*, RN 407 ff. vor § 1; *Köhler* AT S. 38 ff.; *Maurach/Zipf* AT 1 § 6; *Schlüchter* AT Übersicht 3; zu kriminologischen Befunden vgl. *Scheffler* Jahrbuch für Recht und Ethik Bd. 3 (1995), S. 375/377 ff.

[148] Von lat. punire = bestrafen, peccare = sündigen: Es wird gestraft, weil gesündigt worden ist.

[149] Vgl. auch *Schroeder* in: Hoyer (Hrsg.) 2001, S. 199 f.

[150] De ira 1, 16, 21 = 1, 19, 7 unter Berufung auf *Platon*, nomoi 11, 12 g.E., vgl. *Liebs* 1991, Nr. 132, 133.

Ihre Grundlegung haben die absoluten Straftheorien durch die Philosophie des deutschen Idealismus,[151] insbesondere durch dessen Hauptvertreter *Kant* und *Hegel* erfahren. 173

Immanuel Kant,[152] dessen Philosophie Abschluss und Überwindung des Aufklärungszeitalters bedeutet, wurde am 22.4.1724 in Königsberg als Sohn eines Sattlers geboren, wo er auch am 12.2.1804 starb. Seine akademische Laufbahn spielte sich ausnahmslos in Königsberg ab. Pietistisch erzogen studierte er von 1740 bis 1746 Mathematik, Naturwissenschaften und Philosophie. Danach arbeitete er bis 1755 als Hauslehrer. 1755 promovierte er mit der Dissertation „Über Form und Prinzipien der sinnlichen und intellegiblen Welt" („De mundi sensibilis atque intelligibilis forma et principiis", 1770). Im selben Jahr wurde er Privatdozent an der Universität Königsberg. Er hielt Vorlesungen in Philosophie, Naturwissenschaft, Geographie und Theologie. 1765 wurde er Bibliothekar an der königlichen Schlossbibliothek in Königsberg. Nachdem er 1769 Rufe an die Universitäten in Erlangen und Jena abgelehnt hatte, wurde er 1770 zum Ordentlichen Professor für Metaphysik als der Lehre vom Sein bzw. Seienden und dessen Wesen[153] und für Logik ernannt. 1786 und 1788 war Kant Rektor der Königsberger Universität. 1797 beendete er seine akademische Lehrtätigkeit. Die Begründung der Straftheorie Kants findet sich in der sog. „kritischen Phase",[154] genauer: in der „Metaphysik der Sitten" (1797/1798), und zwar in deren erstem Teil, überschrieben „Methaphysische Anfangsgründe der Rechtslehre". 174

Kant sieht das Recht als den „Inbegriff der Bedingungen, unter denen die Willkür des einen mit der Willkür des andern nach einem allgemeinen Gesetz der Freiheit zusammen vereinigt werden kann" (Methaphysik der Sitten, Rechtslehre, AB 33). Die Beurteilung einer Handlung, z. B. als Straftat, hat sich nach diesen Prinzipien zu richten. Die Kraft der einzelnen Willen, die sich autonom gegenüberstehen, hebt das äußere Verhältnis der Beteiligten in die Qualität des Rechtsverhältnisses, das durch Freiheit, Gleichheit und Selbständigkeit bestimmt wird. Die Aufrechterhaltung dieses Verhältnisses ist Rechtspflicht aller Beteiligten. Indem sie dieser Rechtspflicht nachkommen, gehen sie von einem natürlichen Zustand in einen rechtlichen Zustand über. Auf Grund der Bestimmung jenes Rechtsverhältnisses durch Freiheit, Gleichheit und Selbständigkeit muß jedem die Möglichkeit gegeben werden, sich zur Selbständigkeit „empor zu arbeiten". Das freie Subjekt wird damit Mittelpunkt des (rechtlichen) Denkens. Dies bedeutet aber, daß der Einzelne durch die Strafe nicht zum Mittel für einen Zweck gemacht werden darf. Entsprechend führt Kant zur richterlichen Strafe (poena forensis) aus, sie dürfe „niemals bloß als Mittel, ein anderes gutes zu befördern, für den Verbrecher selbst, oder für die bürgerliche Gesellschaft, sondern muß jederzeit nur darum wider ihn verhängt werden, weil er verbrochen hat; denn der Mensch kann nie bloß als Mittel zu den Absichten eines anderen gehandhabt und unter die Gegenstände des Sachenrechts gemengt werden … Er muß vorher strafbar befunden seyn, ehe noch daran gedacht wird, aus dieser Strafe einige Nutzen für ihn selbst oder seine Mitbürger zu ziehen. Das Strafgesetz ist ein kategorischer Imperativ …" (Kant, Sämtliche Werke, herausgegeben von K. Rosenkranz und F. W. Schuber, Bd. 9, 1838, 180 f.). Weil Strafe nun aber nur deshalb verhängt wird, *weil* der Täter verbrochen hat, muß Strafe auch immer dann verhängt werden, *wenn* der Täter verbrochen hat. 175

[151] Näher *Adomeit* 1995, S. 97 ff.

[152] Zu Kant *Naucke* 2000, RN 144 ff.; zum weiteren *Harzer* in Stolleis (Hrsg.), 1995, Stichwort „Kant".

[153] „Metaphysik" war ursprünglich der Buchtitel einer Sammlung aristotelischer Schriften des *Andronikos von Rhodos* (1. Jh. v. Chr.), die sich an die Schriften über die Natur, die „Physik", anschloss; im übertragenen Sinne: das Verborgene hinter den Erscheinungen der bewusst wahrnehmbaren Welt.

[154] Die kritische Phase beginnt mit dem Werk *Kritik der reinen Vernunft* (1. Ausgabe 1781, 2. Ausgabe 1787). Ihr Ziel ist es, die Quellen und Grenzen der Erkenntnis durch kritische Prüfung der Verstandeskräfte zu bestimmen. Kant kommt zu dem Ergebnis, dass alles *allgemeingültige* Erkennen von im Verstand des Menschen wirksamen Erkenntnisformen abhängig ist.

Dazu führt Kant in dem berühmten Inselbeispiel aus (Methaphysik der Sitten, S. 455): „Wenn ein Volk seine Insel verläßt, um auszuwandern, so müßte zuvor der letzte Mörder im Gefängnis gehängt werden, damit Gerechtigkeit walte." Nach Kant setzt die Schaffung von Gerechtigkeit eine absolute Gleichbehandlung voraus, wozu auch der Ausgleich für das Unrecht der Tat gehört. Es gilt also das sog. Talions-Prinzip: Aug' um Auge, Zahn um Zahn.

176 Neben Kant ist es Hegel, der zweite große Vertreter des deutschen Idealismus, für den Vergeltung und Sühne der Strafe Sinn geben.

177 *Georg Wilhelm Friedrich Hegel*[155] wurde am 27.8.1770 in Stuttgart geboren und starb am 14.11.1831 in Berlin. Er studierte am Tübinger Stift Theologie und wurde 1805 außerordentlicher Professor in Jena. 1816 wurde er an die Universität Heidelberg berufen und 1818 an die Universität Berlin. Hegel gilt als der Schöpfer des umfassendsten und einheitlichsten Systems der deutschen Philosophie. Im Mittelpunkt dieses Systems steht das Absolute, und zwar als absolute Idee, als Natur und als Geist. Weltgeschichte ist danach der notwendig fortschreitende Prozess des absoluten Geistes, in welchem er sich seiner Freiheit bewusst wird. Die Konkretisierung des Absoluten erfolgt als subjektiver Geist im menschlichen Individuum, als objektiver Geist in Familie, Gesellschaft und Staat, als absoluter Geist in Kunst, Religion und Philosophie.

178 In den „Grundlinien der Philosophie des Rechts oder Naturrecht und Staatswissenschaft im Grundrisse" von 1821 führt Hegel aus: „Der Boden des Rechts ist überhaupt das Geistige und seine Stelle und Ausgangspunkt der Wille, welcher frei ist …" (Grundlinien, § 4). Die Grundlage des „abstrakten Rechts" ist das „Rechtsgebot": „… sei eine Person und respektiere die anderen als Personen" (Grundlinien, § 36).

179 Durch die Straftat gibt der Täter nun zu erkennen, dass er den Anderen als Person gerade nicht respektiert. Die Existenz der Rechtsverletzung bildet somit den besonderen Willen des Verbrechers. Durch die Strafe wird der Verbrecher ernst genommen, „als Vernünftiges geehrt", sein besonderer Wille, d. h. das Verbrechen, das sonst gelten würde, aufgehoben und so das Recht wiederhergestellt.[156] Nach Hegel dient die Strafe dazu, zu zeigen, dass der Wille des Verbrechers *nicht gilt.*

180 Gegen die absoluten Straftheorien wird vor allem eingewandt, dass ein modernes Strafrecht nicht absolute Gerechtigkeit erstreben kann und will, sondern nur so weit strafen kann und darf, als dies zur Aufrechterhaltung der Friedensordnung *erforderlich* ist. Der Staat würde „unerträglich übersteigert, wenn ihm die Aufgabe der Verwirklichung absoluter Gerechtigkeit zugeschrieben wird".[157] Auf der anderen Seite muss man aber auch sehen, dass die Strafe nach den absoluten Straftheorien nur eine *ideelle,* eine den Täter respektierende „Geltungs-Antwort" auf die *Tat* darstellt.[158] Davon zu unterscheiden wäre die Frage, wie konkret bestraft werden soll. In diesem Sinne findet man bei Kant durchaus auch den Begriff der „pragmatischen", d. h. zweckgerichteten Strafen und bei Hegel den Begriff der „Verwaltungsstrafen".[159] Strafzweckerwägungen sind folglich auch Kant und Hegel nicht fremd. Sie werden jedoch außerhalb der *Idee* der Strafe erörtert.

---

155 Vgl. zum weiteren *Harzer* aaO, Stichwort „Hegel".

156 Vgl. *Gans* (Hrsg.) 1833, § 90 ff., insbesondere § 99.

157 *Schreiber* ZStW 94 (1982), 281.

158 Vgl. auch *Schild* in FS Gitter, S. 831/836 zum „moralischen" Begriff der Strafe bei Kant; *Lesch* 1999, zur Entwicklung einer genuin funktionalen Verbrechenslehre in hegelianischer Tradition.

159 Näher hierzu *Schild* ARSP 1984, 76 ff., 97 ff.

b) „Relative" Straftheorien: punitur, ne peccetur[160]

War bei Kant und Hegel das zentrale Anliegen des Strafens die von der Person des Täters losgelöste Vergeltung und spielten Zweckgedanken hier nur außerhalb der Idee der Strafe eine Rolle, so werden sie durch die Vertreter der relativen Theorien ins Zentrum gerückt. Nach den relativen Straftheorien bezieht die staatliche Strafe ihre Legitimation aus der Aufgabe, die Gesellschaft durch Verhinderung zukünftiger Straftaten zu schützen. Zweck der Bestrafung des Einzelnen ist somit gleichzeitig die Verbrechensvorbeugung. Das Anliegen der relativen Straftheorien lässt sich auf die Kurzformel bringen: punitur, ne peccetur, es wird bestraft, damit nicht weiter gefehlt werde. Zu unterscheiden ist zwischen solchen relativen Theorien, deren Zweck in der *Abschreckung* liegt (aa) und solchen, die den Sinn der Strafe in der *Resozialisierung des Täters* sehen (bb). 181

aa) Generalprävention: Abschreckung als Sinn der Strafe

Generalprävention bedeutet, dass mit der Bestrafung des Einzelnen zugleich potentielle „Normverletzer" abgeschreckt werden sollen. Als Begründer der Generalprävention gilt Feuerbach, geb. am 14.11.1775 in Hainichen bei Jena, gest. am 29.5.1833 in Frankfurt am Main. 182

Paul Johann Anselm Ritter von Feuerbach[161] war Zivilrechtler, Philosoph, Universitätslehrer, Gesetzgeber, Richter, Universalhistoriker des Rechts und Rechtssoziologe. In Jena studierte er mit 17 Jahren 1792 Philosophie, 1796 Jura. 1795 promovierte er zum Dr. phil. und 1799 zum Dr. iuris. 1800 wurde er außerordentlicher Professor, 1801 Beisitzer des Jenaer Schöppenstuhls und Ordinarius. Im gleichen Jahr publizierte er die erste Auflage seines Lehrbuchs des gemeinen in Deutschland geltenden peinlichen Rechts. 1802 wurde er nach Kiel berufen, 1804 wechselte er nach Landshut, beauftragt, ein bayerisches Strafgesetzbuch zu entwerfen. Infolge eines Zerwürfnisses mit Nicolaus Thaddaeus Gönner (1764–1827), dem Rektor der Universität Landshut, gab Feuerbach seine Landshuter Lehrtätigkeit auf und wurde 1805 in das Justiz-, Ministerial-, und Polizeidepartement in München berufen, wo er die noch 1806 in Kraft getretene Verordnung über die Abschaffung der Folter redigierte. Er wurde Mitglied des geheimen Rats (1808) und arbeitete intensiv an der Kodifikation des bayerischen Strafgesetzbuchs, welches 1813 in Kraft trat. Im selben Jahr wurde Feuerbach durch König Max Joseph I. in den persönlichen Adelsstand erhoben.[162] 1814 wurde er Vizepräsident des Appellationsgerichts in Bamberg und 1817 Präsident des Appellationsgerichts Ansbach. 183

Feuerbach vertrat – wie Kant – die Auffassung, dass das Strafrecht das Ziel habe, die „wechselseitige Freiheit aller Bürger zu schützen". Dies habe jedoch dadurch zu geschehen, dass durch Androhung von Strafe die potentiellen Täter von der Begehung von Straftaten abgeschreckt würden. Die Kenntnis der Rechtsunterworfenen über Gegenstand und Umfang des Verbotenen würde davon abhalten, Straftaten zu begehen („Theorie des psychologischen Zwanges"). Dies setze jedoch Kenntnis des Strafgesetzbuches voraus und die genaue Festlegung der strafbaren Sachverhalte. Feuerbach versuchte deshalb, ein kurzes und verständliches Strafgesetzbuch zu verfassen, das jeder möglichst mit sich „herumtragen" sollte. Auf seine Strafvorschriften sollte sich der potentielle Straftäter berufen können. Nur das als strafbar Beschriebene dürfe auch bestraft werden. Er 184

[160] „Es wird gestraft, damit nicht gesündigt werde", Seneca, zitiert bei *Grotius* De iure belli ac pacis, libri tres, 2. Buch, 20. Kapitel IV 1, deutscher Text und Einleitung von Walter Schätzel 1950, S. 327 f.

[161] Vgl. zum Weiteren *Mohnhaupt* in Stolleis 1995, Stichwort „Feuerbach".

[162] *Kleinheyer/Schröder* (Hrsg.) 2008, S. 131 f.

brachte diese *Garantiefunktion des Strafgesetzes* auf die Kurzformel „nullum crimen, nulla poena sine lege". Damit war der *Bestimmtheitsgrundsatz* mit einer zweifachen Zielrichtung entwickelt:

- Abschreckung potentieller Täter durch genaueste Beschreibung dessen, was verboten ist;
- Beschränkung der staalichen Strafgewalt, indem nur das, was verboten ist, bestraft werden darf.

185 War jener Bestimmtheitsgrundsatz im Allgemeinen Landrecht für die preußischen Staaten (1794) noch dazu da, die Kontrolle des Monarchen über den rechtsanwendenden Richter zu ermöglichen,[163] so entwickelte er nun auch eine *Garantiefunktion* für die Rechtsunterworfenen, eine Situation, die noch heute zu den Grundsäulen des Strafrechts zählt.

186 Die Lehre vom psychologischen Zwang bedingte es, der Allgemeinheit darüber Kenntnis zu verschaffen, dass Verstöße gegen das Strafgesetz auch geahndet werden. Daraus folgte die Forderung nach Öffentlichkeit und Mündlichkeit des Strafprozesses, was es wiederum mit sich brachte, dass der Prozess, um gerecht zu sein, auch rechtsstaatlich durchgeführt werden musste. Ihre abschreckende Funktion erfüllt die Strafe damit nicht nur durch die Strafdrohung, sondern auch durch das Strafverfahren, die Strafverhängung, die Strafvollstreckung und den Strafvollzug.

187 Unter Feuerbach entwickelte sich das Strafgesetzbuch so zu einem „begrenzten Widerstandsrecht",[164] dessen Grundlage eine gesetzespositivistische, d. h. streng am Wortlaut des Gesetzes als Rechtsquelle ansetzende Argumentation war. Feuerbach baute dabei auf die Kraft der menschlichen Vernunft im Sinne der Aufklärung. Da er Rechtswissenschaft auch als „Erfahrungswissenschaft" verstand, erhob er bereits 1810 die Forderung nach einer „vergleichenden Jurisprudenz". Feuerbach kann deshalb auch als Vater der modernen funktionalen Rechtsvergleichung gelten.

188 Die Lehre von der Abschreckung als dem Sinn der Strafe birgt bei aller Überzeugungskraft die Gefahr in sich, dass der Täter instrumentalisiert, d. h. zum Mittel für einen über seine Tat hinausgehenden Zweck gemacht wird, indem die Strafe, um abschreckend zu wirken, in ihrer Höhe über die Vergeltung der Tatschwere hinaus festgesetzt wird.[165] Die Gestaltung der Strafe nach den Regeln der Generalprävention bedarf folglich einer *begrenzenden Ergänzung* durch den ausgleichenden Vergeltungsgedanken der absoluten Straftheorien (hierzu näher unten c.).

bb) Spezialprävention: Resozialisierung als Sinn der Strafe

189 Im Unterschied zur Abschreckungsprävention liegt der Schwerpunkt der Spezialprävention darin, den Straftäter nach begangener Tat zu *bessern*, um ihn vor zukünftigen Tatbegehungen zu bewahren.

190 Als Begründer der Theorie von der Spezialprävention gilt *Franz von Liszt*, Kriminalist und Vetter des gleichnamigen Komponisten und Pianisten. Geboren wurde Franz von Liszt am 2.3.1851 in Wien. Er starb am 21.6.1919 in Seeheim/Bergstraße. v. Liszt studierte 1869 bis 1873 in Wien,

---

163 Vgl. *Gropp* 1992, S. 91 mwN.

164 *Mohnhaupt* aaO.

165 Insofern nicht unbedenklich die Verhängung bis zu lebenslanger Freiheitsstrafe in den USA wegen der wiederholten Begehung relativ leichter Straftaten, vgl. dazu krit. *Grasberger* ZStW 110 (1998), S. 796 ff.

Heidelberg und Göttingen. 1875 habilitierte er sich in Graz und wurde Professor in Gießen, Marburg, Halle und schließlich 1899 bis 1916 in Berlin. Ab 1909 war er Abgeordneter im preußischen Landtag und ab 1912 im Reichstag. 1871 erschien sein Lehrbuch des deutschen Strafrechts, das bis 1932 insgesamt 26 Auflagen erreichte. Die kriminalpolitische Wirkungsgeschichte Franz von Liszts[166] beginnt mit der Marburger Antrittsvorlesung von 1882 „Der Zweckgedanke im Strafrecht" („*Marburger Programm*"[167]).

Kann man die Lehre vom psychologischen Zwang bei Feuerbach eher als eine Weiterentwicklung der absoluten Straftheorien verstehen, so versucht die spezialpräventive Ausrichtung v. Liszts die Straftheorien Kants und Hegels zu *überwinden*. Die Straftat soll mit Hilfe der *Kriminologie*[168] durch Erforschung der Ursachen für das Verhalten des Straftäters erklärt werden. Verbrechen ist sozial*schädliches* und sozial*bedingtes* Verhalten gleichermaßen. Gelänge es, auf die soziale Bedingtheit des Täters einzuwirken, müsste auch das sozialschädliche Verhalten vermieden bzw. verhindert werden können. Die Strafe dient danach der Warnung und der Besserung. Ist eine Besserung nicht möglich, bezweckt die Strafe die Sicherung, schlimmstenfalls die Unschädlichmachung des Straftäters.[169] Gerecht ist nur die gesellschaftlich notwendige Strafe. Strafe darf nur im Rahmen des Erforderlichen verhängt werden. Soweit die gesellschaftlichen Umstände Strafe nicht erfordern, verliert sie ihren Sinn. 191

Denkt man den spezialpräventiven Ansatz theoretisch weiter, würde dies bedeuten, dass mit den entsprechenden Umständen auch die Notwendigkeit einer Bestrafung in Wegfall geraten würde. Dies müsste bei konsequenter Anwendung zur *Straflosigkeit des Gelegenheitstäters* führen[170], so in dem etwas überspitzt formulierten und völlig frei erfundenen folgenden 192

Beispiel 1.11 193

Kurz vor Ende des Zweiten Weltkrieges setzt sich der in einem Konzentrationslager als Aufseher an der grausamen Tötung von Gefangenen beteiligte Y nach Argentinien ab. Dort heiratet er eine blonde und blauäugige deutschstämmige Argentinierin, die ihm im Laufe der Jahre vier ebensolche Kinder schenkt. Y baut eine Farm auf, züchtet Rinder für den Export in nordamerikanische und europäische T-Bone Steak-Restaurants. Er wird Mitglied im örtlichen Wohlfahrtsverein und Vorstand im argentinischen Wohlfahrtsverband. Anlässlich seines 80. Geburtstages wird er zum Ehrenmitglied des argentinischen Wohlfahtsverbands und zum Sonderbotschafter der argentinischen Fleischproduzentenliga ernannt. Auf seiner ersten Werbetour als Sonderbotschafter wird er während einer kurzen Zwischenlandung auf dem Ben Gurion-Flughafen in Tel Aviv festgenommen. Auf den Vorwurf der Beteiligung am vielfachen Mord durch die israelischen Strafverfolgungsorgane reagiert er ebenso mit Unverständnis wie auf das Be-

[166] Zum Einfluss Franz von Liszts und der „modernen Schule" auf das japanische Strafrecht eindrucksvoll *Shimada* GA 2009, 469 ff.

[167] *v. Liszt* ZStW 3 (1883), 1 ff.; für eine Ausrichtung des gesamten Strafrechts am Zweckgedanken im Interesse der Legitimation staatlicher Rechtseingriffe *Freund* GA 1995, 4 ff.

[168] Zur Kriminologie als Teildisziplin der „gesamten Strafrechtswissenschaft" vgl. oben RN 142.

[169] Vgl. *v. Liszt* ZStW 3 (1883), 1 ff. = v. Liszt 1970, S. 126 ff./166: „*Gegen die Unverbesserlichen muss die Gesellschaft sich schützen*; und da wir köpfen und hängen nicht wollen und deportieren nicht können, so bleibt nur die Einsperrung auf Lebenszeit (bzw. auf unbestimmte Zeit)."

[170] Vgl. auch *Frister* AT Kap. 2/15.

gehren der Bundesrepublik Deutschland nach Auslieferung. Sein Anwalt meint, selbst wenn die Vorwürfe stichhaltig sein sollten, sei es völlig sinnlos, einen zur gesellschaftlichen Elite zählenden, inzwischen gebrechlichen alten Mann mit solcherlei Vorwürfen aus der tiefsten Vergangenheit zu konfrontieren.

194 Ließe sich Strafe allein spezialpräventiv rechtfertigen, wäre es unzulässig, weil überflüssig, Y bestrafen zu wollen.

195 Neben der Straflosigkeit des „Gelegenheitstäters" würde eine konsequent angewandte spezialpräventive Straftheorie auch dazu führen, Menschen bis in ein hohes Lebensalter zu „erziehen". Dass von Liszt diese Art von Erziehung in der Tat im Blickfeld hatte, zeigt das „Marburger Programm" überdeutlich.[171]

196 Der zweite Einwand gegen die spezialpräventive Straftheorie geht deshalb dahin, dass ein modernes Strafrecht nicht das Recht hat, von dem Täter einen Gesinnungswandel zu verlangen. Es genügt vielmehr, dass der Täter sich nach außen gesellschaftskonform verhält. Was er in seinem Internum denkt, ist unerheblich.

c) Vereinigungstheorien: Abschreckung und Erziehung im Rahmen ausgleichender Vergeltung: „punitur, quia peccatum est, ne peccetur"[172]

197 Infolge der Kritik an den absoluten und den relativen Straftheorien haben sich die sogenannten „Vereinigungstheorien" gebildet. Jedoch handelt es sich bei ihnen nicht einfach um eine Addition der jeweiligen Legitimationsansätze im Sinne eines Methodensynkretismus, sondern um ein an rechtsstaatlichen Maßstäben ausgerichtetes Ineinandergreifen, um eine „dialektische" Vereinigung[173], eine „gestufte Verschränkung verschiedener Funktionen"[174]. Die einzelnen Aspekte staatlichen Strafens erhalten dabei je nach dem Stadium der staatlichen Strafeinwirkung einen unterschiedlichen Stellenwert[175]:

198 Die staatliche *Strafdrohung* wirkt *generalpräventiv*, indem sie dem potentiellen *Rechtsbrecher* vor Augen hält, welche Verhaltensweisen er zu unterlassen oder zu erbringen hat. Was die *Verhängung* und *Zumessung* der Strafe betrifft, sind *generalpräventive* Aspekte insofern von Bedeutung, als durch sie den *rechtstreuen Bürgern* gegenüber die Unverbrüchlichkeit der Rechtsordnung dokumentiert wird (sog. positive Generalprävention bzw. *Integrationsprävention*).[176]

---

[171] Vgl. *v. Liszt* 1970, S. 171 zu den „Besserungsbedürftigen": „Die kleinen Gefängnisse sind die Hauptwerbestellen; aber verlotterte Herbergen, Schnapsbuden und Bordelle machen ihnen den Rang streitig. Diese Anfänger auf der Verbrechenslaufbahn können in zahlreichen Fällen noch gerettet werden. Aber nur durch ernste und anhaltende Zucht. Das Minimum der hier eintretenden Freiheitsstrafe dürfte daher meines Erachtens nicht unter ein Jahr herabsinken. Es gibt nichts Entsittlichenderes und Widersinnigeres als unsere kurzzeitigen Freiheitsstrafen gegen die Lehrlinge auf der Bahn des Verbrechens."

[172] „Es wird gestraft, weil gefehlt worden ist, damit zukünftig nicht gefehlt werde."

[173] *Roxin* AT 1 § 3/36.

[174] *Eser/Burkhardt* StK I Nr. 1 A 43.

[175] Vgl. zum folgenden *Roxin* JuS 1966, 381 ff.

[176] Vgl. *Jakobs* AT 1/4 ff., 15 Theorie der positiven Generalprävention, „Einübung in Rechtstreue"; *Jakobs* Über die Behandlung von Wollensfehlern und von Wissensfehlern ZStW 101 (1989), 517 „Einübung in Normanerkennung".

Damit der Betroffene jedoch nicht bloßes Mittel zum Zweck wird, hat – dem Vergeltungsgedanken der absoluten Straftheorien gemäß – bei der *Strafverhängung* das Strafmaß grundsätzlich dem Maß des vorwerfbar verwirklichten Unrechts und damit der Schuld des Täters zu entsprechen. Die Schuld ist somit Voraussetzung und Begrenzung[177] der Strafe: keine Strafe ohne Schuld (sog. Schuldprinzip[178]). Dies hindert freilich nicht, dass wegen der subsidiären Natur der Strafe die schuldangemessene Strafe unterschritten werden darf, wenn sich im Einzelfall der Rechtsfrieden auch durch eine geringere Strafe wiederherstellen lässt.[179] **199**

Im *Strafvollzug* erlangen schließlich vorrangig die *spezialpräventiv* orientierten Straftheorien Bedeutung.[180] Denn der Strafvollzug soll die Wiedereingliederung, die Resozialisierung, des Täters in die Gesellschaft ermöglichen. **200**

Bis zum Beginn der Strafrechtsreform konnte man im deutschen Strafrecht von einem Überwiegen der absoluten Straftheorien ausgehen, wobei jedoch auch Zweckmäßigkeitsgesichtspunkten Raum eingeräumt wurde. Eine Entwicklung zugunsten der Vereinigungstheorien lässt sich spätestens seit dem Entwurf eines Strafgesetzbuches von 1962 (E 62) feststellen. Spezialpräventive Aspekte brachte insbesondere der Alternativentwurf eines Strafgesetzbuchs, Allgemeiner Teil, 1966, vorgelegt von *J. Baumann* u. a., in die Diskussion ein. Seit Mitte der 70er Jahre sind – insbesondere aus Italien, Skandinavien und Amerika kommend – Tendenzen weg von einer spezialpräventiven „Behandlungsideologie" hin zur Vergeltung festzustellen (sog. *Neoklassizismus)*.[181] Im Vordergrund der Straftheorien dürfte heute jedoch die Generalprävention im Sinne einer *positiven Integrations-Prävention* stehen.[182] **201**

4. Strafzwecke im StGB?

Dass auch der Allgemeine Teil des Strafgesetzbuchs von 1975 den Vereinigungstheorien zuneigt, ergibt sich u. a. aus den dort verankerten Strafzwecken: **202**

Nach § 46 I 2 sind bei der Strafzumessung die *Wirkungen*, die von der Strafe *auf das künftige Leben des Täters* in der Gesellschaft zu erwarten sind, also *spezialpräventive* Gesichtspunkte, zu berücksichtigen.[183] Daneben spielt nach h.M.[184] aber auch die *Generalprävention* im geltenden Strafrecht eine Rolle, wenn „zur Verteidigung der Rechtsordnung" ausnahmsweise eine kurze Freiheitsstrafe verhängt **203**

[177] Vgl. BVerfGE 54, 100/113; vgl. auch *Hassemer* FS Buchala, S. 133 ff.

[178] Vgl. *Roxin* AT 1 § 3/51 f.; *Lenckner/Eisele* bzw. *Stree/Kinzig* in: Schönke/Schröder RN 103 f. vor § 13 bzw. 17 ff. vor § 38 jew. mwN.

[179] *Roxin* AT 1 § 3/54.

[180] Vgl. § 2 StVollzG (Strafvollzugsgesetz) vom 16. 3. 1976 BGBl. I 581, 2088; 1977 I 436, III 312–9-1, letztes ÄndG vom 26.8.1998 BGBl. I 2461.

[181] Näher hierzu *Roxin* AT 1 § 3/18; *Schreiber* ZStW 94 (1982), 291 ff.

[182] S.o. RN 17 sowie *Baumann/Weber/Mitsch* § 3/30 ff., 65; *Jescheck/Weigend* AT § 8 II 3 a mit FN 27.

[183] Vgl. zur gesetzlichen Verankerung der Spezialprävention im StGB, JGG und GG *Dölling* FS Lampe, S. 598 ff.; vgl. aber auch *Kaiser* FS Lenckner, S. 781 ff.

[184] Vgl. *Stree/Kinzig* in: Schönke/Schröder RN 3 f. vor § 38 mwN.

werden (§ 47 I[185]) oder eine Strafaussetzung zur Bewährung (§ 56 III) sowie eine Verwarnung mit Strafvorbehalt abgelehnt werden kann (§ 59 I Nr. 3). Letztendlich sind aber auch Elemente der absoluten Straftheorien im geltenden Strafrecht zu erkennen, wenn nach § 46 I 1 StGB die Schuld des Täters die Grundlage für die Zumessung der Strafe ist.[186]

Hinweise zum Leitfall

204 Mit Beschluss vom 2. Februar 2008, der auf ein lebhaftes und kontroverses Echo stieß,[187] wies der Zweite Senat des BVerfG die Verfassungsbeschwerde zurück und erklärte die Strafvorschrift des § 173 Abs. 2 Satz 2 StGB, die den Beischlaf zwischen Geschwistern mit Strafe bedroht, mit sieben zu einer Stimme für mit dem Grundgesetz vereinbar. Hinter der Strafvorschrift des Geschwisterinzests stehe eine kulturgeschichtlich überlieferte und international weit verbreitete Verbotsnorm, deren Wurzeln bis in das Altertum zurückreichten.[188] Der Gesetzgeber habe mit seiner Entscheidung, das in der Gesellschaft verankerte Inzesttabu weiterhin strafrechtlich zu sanktionieren, seinen Spielraum nicht überschritten. Es gehe um die Bewahrung der familiären Ordnung vor schädigenden Wirkungen des Inzests,[189] den Schutz der „unterlegenen" Partner in einer Inzestbeziehung sowie die Vermeidung schwerwiegender genetisch bedingter Erkrankungen bei Abkömmlingen aus Inzestbeziehungen.[190]

205 Dass die Strafbarkeit des einvernehmlichen Geschlechtsverkehrs zwischen erwachsenen Geschwistern auf der Grundlage eines als ultima ratio verstandenen Strafrechts durchaus nicht selbstverständlich ist, zeigt seine Straffreiheit z. B. in der Türkei, Spanien, Frankreich und den Niederlanden.[191]

206 Auf diesen Gedanken stellt auch der Vizepräsident des BVerfG, *Winfried Hassemer*, in seiner abweichenden Meinung ab:[192] In ihrer konkreten Fassung – Beschränkung auf den Beischlaf unter Ausklammerung anderer sexueller Handlungen – sei die Strafnorm *nicht geeignet* zur Bewahrung der familiären Ordnung vor schädigenden Wirkungen des Inzests. Beim einvernehmlichen Geschwisterinzest könne man auch nicht von einem „unterlegenen" Partner sprechen. Und in sonstigen Fällen, in denen die Wahrscheinlichkeit behinderten Nachwuchses höher ist und die erwartbaren Behinderungen massiver sind als beim Inzest, neh-

[185] Kritisch zu kurzen Freiheitsstrafen bei Bagatellstraftaten *Beulke* FS Heinz, S. 594 ff.

[186] Vgl. näher *Stree/Kinzig* in: Schönke/Schröder RN 6 vor § 38.

[187] Vgl. *Adam* NStZ 2010, 321 ff.; *Duttge* FS Roxin 2011, 227 ff.; *Fröhlich* DRiZ 2012, 344 ff.; *Hörnle* NJW 2008, 2085 ff.; *Hwang* Der Staat 51 (2012), 233 ff.; *Kannowski* JZ 2012, 321 ff.; *Kubiciel* ZIS 2012, 282 ff.; *Noltenius* ZJS 2009, 15 ff.; *Roxin* StV 2009, 544 ff.; J. *Schäuble* FoR 2008, 98 ff.; *Thurn* KJ 2009, 74 ff.; *Zabel* JR 2008, 453 ff.; *Ziethen* NStZ 2008, 617 f.

[188] BVerfG 2 BvR 392/07 RN 2 f.

[189] Dazu näher *Schramm* 2011, 420 ff.

[190] BVerfG 2 BvR 392/07 RN 41.

[191] Näher BVerfG 2 BvR 392/07 RN 15.

[192] BVerfG 2 BvR 392/07 RN 73 ff./77.

me der Gesetzgeber dies dennoch nicht zum Anlass für eine Inkriminierung des ungeschützten Geschlechtsverkehrs. Schließlich sei es unverständlich, potentielle Nachkommen vor genetischen Schäden schützen zu wollen. Denn dies setze die absurde Abwägung des mutmaßlichen Interesses potentiell gezeugten Nachwuchses an einem Leben mit genetischen Defekten einerseits mit einem mutmaßlichen Interesse an der eigenen Nichtexistenz andererseits voraus.[193] Es bleibe im Grunde nur der gesellschaftliche Konsens über die Strafwürdigkeit des Geschwisterinzests als Schutzgut des § 173 Abs. 3. „Der Aufbau oder der Erhalt eines gesellschaftlichen Konsenses über Wertsetzungen – hier das Verbotensein des Beischlafs zwischen Geschwistern – aber kann nicht unmittelbares Ziel einer Strafnorm sein."[194]

Der EGMR, an den sich der Verurteilte wegen eines Verstoßes gegen sein Recht auf Achtung des Privat- und Familienlebens (Art. 8 EMRK) gewandt hatte, vermochte einen Verstoß gegen die EMRK nicht zu erkennen.[195] **207**

E. Zur Wiederholung

Kontrollfragen

1. Wie kommt man mit Strafrecht in Berührung? (RN 4 ff.)
2. Wie tritt Strafrecht in Erscheinung? (RN 10 ff., 13 ff.)
3. Warum ist Strafverfolgung notwendig lückenhaft? (RN 27 ff.)
4. Warum gehört das Strafrecht zum Gebiet des öffentlichen Rechts?(RN 35 ff.)
5. Warum bezeichnet Franz von Liszt im „Marburger Programm" das Strafrecht als *magna charta* des Verbrechers? (RN 37)
6. Weshalb ist das StGB in einen Allgemeinen und einen Besonderen Teil unterteilt und worin unterscheiden sich die beiden Teile? (RN 50 ff.)
7. Steht im deutschen Strafverfahren der vom Gericht zu beurteilende Sachverhalt zur Disposition der Verfahrensbeteiligten? (RN 35)
8. Welches Strafrechtsreformgesetz hat den Allgemeinen Teil zum Hauptgegenstand und wann ist es in Kraft getreten? (RN 74)
9. Weshalb gibt es Nebenstrafrecht? Der Gesetzgeber hätte doch alle Strafvorschriften im StGB sammeln können! (RN 76 f.)
10. Ist Gewohnheitsrecht eine Rechtsquelle des Strafrechts? (RN 87 ff.)
11. Welches sind die wichtigsten Prinzipien für die Anwendbarkeit des deutschen Strafrechts auf Inlands- und Auslandstaten? (RN 109 ff.)
12. Welche Rechtsmaterien werden vom „Europäischen Strafrecht" erfasst? (RN 125)
13. Besitzt die EU die Kompetenz zur unmittelbaren Strafgesetzgebung in den Mitgliedstaaten? (RN 125)
14. In welchen Bereichen kann die EU derzeit strafrechtlich tätig werden? (RN 129 ff.)
15. Wie kann der supranationale Gesetzgeber die Mitgliedstaaten innerstaatlich zur Strafgesetzgebung verpflichten? (RN 129)

16. Nennen Sie die wichtigsten Bereiche der „gesamten Strafrechtswissenschaft“. (RN 138 ff.)
17. Unter welchen Aspekten lässt sich staatliche Strafe legitimieren? (RN 161 ff.)
18. Auf welche Straftheorien beziehen sich die Begriffe „*Vergeltung*“ und „*Sühne*“, „*Generalprävention*“ sowie „*Spezialprävention*“ und auf wen gehen diese Theorien zurück? (RN 171 ff., 182 ff., 189 ff.)
19. Was bedeutet der Satz: punitur, quia peccatum est ne peccetur und welche Straftheorie liegt ihm zugrunde? (RN 197 ff.)

Literatur

Adam Aktuelle Rechtsprechung des BVerfG zum Strafrecht und Strafprozessrecht, NStZ 2010, 321 ff.

Adomeit Rechts- und Staatsphilosophie, Bd. II: Rechtsdenker der Neuzeit, 1995

Albrecht, P. A. Der Zugriff des Strafrechts auf die Kriminologie, FS für Wolff 1998, S. 1 ff.

Ambos Internationales Strafrecht, 4. Aufl. 2014

Arloth Neue Gesetze im Strafvollzug, GA 2008, 129 ff.

Arnold Der Einfluss des BVerfG auf das nationale Straf- und Strafverfahrensrecht, StraFo 2004, 402 ff., 2005, 2 ff.

Aschaffenburg Das Verbrechen und seine Bekämpfung, 3. Aufl. 1923

Bannenberg/Rössner Kriminalität in Deutschland, 2005

Baumann u. a. Entwurf eines Strafgesetzbuchs, Allgemeiner Teil, 1966, 2. Aufl. 1969

Baumann u. a. Alternativentwurf eines Gesetzes über Sterbehilfe, 1986

Baumann u. a. Alternativentwurf Wiedergutmachung, 1992

Baumann/Weber/Mitsch Strafrecht, Allgemeiner Teil (AT), 11. Aufl. 2003

Baurmann/Schädler Das Opfer nach der Straftat – seine Erwartungen und Perspektiven, 1991, Nachdruck 1999

Beck/Burchard/Fateh-Moghadam (Hrsg.) Strafrechtsvergleichung als Problem und Lösung, 2010

Beulke Kurze Freiheitsstrafen bei Bagatelldelikten? Ein Plädoyer zugunsten einer restriktiven Auslegung von § 47 StGB, FS für Heinz 2012, S. 594 ff.

Biehler/Kniebühler/Lelieur-Fischer/Stein Freiburg Proposal on Concurrent Jurisdictions and the Prohibition of Multiple Prosecutions in the European Union, Freiburg 2003

Blei Strafrecht Allgemeiner Teil, 18. Aufl. 1983

Bloy Die dogmatische Bedeutung der Strafausschließungs- und Strafaufhebungsgründe, 1976

Böse Die Entscheidung des Bundesverfassungsgerichts zum Vertrag von Lissabon und ihre Bedeutung für die Europäisierung des Strafrechts, ZIS 2010, 76 ff.

Böse/Meyer Die Beschränkung nationaler Strafgewalten als Möglichkeit zur Vermeidung von Jurisdiktionskonflikten in der Europäischen Union, ZIS 2011, 336 ff.

Clauß Verbreitung der „Auschwitzlüge“ im Internet, MMR 2001, 228 ff.

Cornils Der Begehungsort von Äußerungsdelikten im Internet, JZ 1999, 394 f.

Dölling Zur spezialpräventiven Aufgabe des Strafrechts, FS für Lampe, 2003, S. 597 ff.

Dölling/Duttge/Rössner (Hrsg.), Gesamtes Strafrecht, 3. Aufl. 2013

Duttge Strafbarkeit des Geschwisterinzests aufgrund „eugenischer Gesichtspunkte?“, FS für Roxin 2011, S. 227 ff.

Dünkel/Morgenstern Überbelegung im Strafvollzug – Gefangenenraten im internationalen Vergleich, FS für Müller- Dietz, 2001, S. 133 ff.

Eser/Burkhardt Juristischer Studienkurs, Strafrecht I (StK I), 4. Aufl. 1992

Fischer Öffentlicher Friede und Gedankenäußerung, 1986
Fischer Strafgesetzbuch, Kommentar, 60. Aufl., 2013
Freund Der Zweckgedanke im Strafrecht?, GA 1995, 4 ff.
Frisch Sicherheit durch Strafrecht? – Erwartungen, Möglichkeiten und Grenzen, GS für Schlüchter 2001, S. 669 ff.
Frisch Konzepte der Strafe und Entwicklungen des Strafrechts in Europa, GA 2009, 385 ff.
Frister Strafrecht Allgemeiner Teil (AT), 5. Aufl. 2011
Fröhlich Die Entscheidung des Bundesverfassungsgerichts zu § 173 StGB – ein Rückblick, DRiZ 2012, 344 ff.
Gans Grundlinien der Philosophie des Rechts, 1833
Göppinger Kriminologie, 6. Aufl. 2008
Görgen Gießener Deliquenzbefragungen II Ausweitung von Untersuchungsgegenständen und -methoden in: Ehrengabe für Anne-Eva Brauneck 1999, S. 101 ff.
Grasberger „Three Strikes and You Are Out", ZStW 110 (1998), 796 ff.
Greco Über das so genannte Feindstrafrecht, GA 2006, 96 ff.
Grimm, H. Goethe, Vorlesungen Berlin 1877, 7. Aufl. 1903
Gropp Der straflose Schwangerschaftsabbruch, 1981
Gropp Deliktstypen mit Sonderbeteiligung, 1992
Haffke in Lüderssen/Sack, Abweichendes Verhalten III, Bd. 2, Strafprozess und Strafvollzug, 1977
Harzer in Stolleis (Hrsg.), Juristen. Ein biographisches Lexikon, 1995
Hassemer Einführung in die Grundlagen des Strafrechts, 2. Aufl. 1990
Hassemer. Einige Bemerkungen über „positive Generalprävention", FS für Buchala 1994, S. 133 ff.
Hassemer Perspektiven einer neuen Kriminalpolitik, StV 1995, 483
Hassemer Darf der strafende Staat Verurteilte bessern wollen?, FS für Lüderssen 2002, S. 221 ff.
Hattenhauer Europäische Rechtsgeschichte, 3. Aufl. 1999
Hecker Europäisches Strafrecht (EuStR), 4. Aufl., 2012
Heghmanns Anmerkung zu BGH, v. 12.12.2000 – StR 184/00, JA 2001, 276 ff.
Heinrich, B Der Erfolgsort beim abstrakten Gefährdungsdelikt, GA 1999, S. 72 ff.
Heinrich, B. Handlung und Erfolg bei Distanzdelikten, FS für Weber, 2004, S. 96 ff.
Heinrich B. Die Grenzen des Strafrechts bei der Gefahrprävention, ZStW 121 (2009), 94 ff.
Heinz Entwicklung, Aufgaben und Probleme der Kriminalstatistik ZStW 84 (1972), 806 ff.
Heitzer Punitive Sanktionen im Europäischen Gemeinschaftsrecht, 1997
Herrnfeld in: Sinn (Hrsg.), Jurisdiktionskonflikte, 2012, 141 ff.
Herrnfeld in: Luchtman (Hrsg.), Choice of Forum, 2013, 185 ff.
Herzog Über die Grenzen der Wirksamkeit des Strafrechts. Eine Hommage an Wilhelm v. Humboldt, KritV 1993, 247
Hilgendorf/Valerius Computer- und Internetstrafrecht: Ein Grundriss, 2. Aufl. 2012
Hilgendorf Gibt es ein „Strafrecht der Risikogesellschaft"?, NStZ 1993, 10 ff.
Hilger Über das Opferrechtsreformgesetz, GA 2004, 478 ff.
Hirsch. Die Lehre von den negativen Tatbestandsmerkmalen, 1960
Hörnle Verbreitung der Auschwitzlüge im Internet, NStZ 2001, 305 ff.
Hörnle Deskriptive und normative Dimensionen des Begriffs „Feindstrafrecht", GA 2006, 80 ff.
Hörnle Das Verbot des Geschwisterinzests – verfassungsrechtliche Bestätigung und verfassungsrechtliche Kritik, NJW 2008, 2085 ff.
Hwang Demokratische Willensbildung vor grundrechtlicher Rahmenordnung, Der Staat 51 (2012), 233 ff.
Jäger Der Feind als Paradigmenwechsel im Recht, FS für Roxin, 2011, S. 71 ff.
Jakobs Kriminalisierung im Vorfeld einer Rechtsgutsverletzung, ZStW 97 (1985), 751 ff.
Jakobs Über die Behandlung von Wollensfehlern und von Wissensfehlern, ZStW 101 (1989), 516 ff.
Jakobs Strafrecht, Allgemeiner Teil (AT), 2. Aufl. 1991
Jakobs Staatliche Strafe: Bedeutung und Zweck, in Nordrhein-Westfälische Akademie der Wissenschaften, Vorträge G 390 463. Sitzung, 2004, 5 ff./40 ff.

Jeßberger Anmerkung zu BGH, Urteil v. 12.12.2000– 1 StR 184/00, JR 2001, 429 ff.
Jerouschek Straftat und Traumatisierung, JZ 2000, 185 ff.
Jerouschek Ne crimina remaneant impunita, Zeitschrift der Savigny-Stiftung für Rechtsgeschichte, 2003, 323 ff.
Jescheck/Weigend Lehrbuch des Strafrechts, Allgemeiner Teil (AT), 5. Aufl. 1996
Jung Konturen und Perspektiven des europäischen Strafrechts, JuS 2000, 417 ff.
Jung Was ist eine gerechte Strafe?, JZ 2004, 1155 ff.
Jung Wider die neue „Straflust", GA 2006, 724 ff.
Jung Das Inzestverbot oder der Europäische Gerichtshof für Menschenrechte auf den Spuren des Bundesverfassungsgerichts, GA 2012, 617 ff.
Kaiser Kriminologie, 10. Aufl. 1997
Kaiser Ist die Resozialisierung noch ein aktuelles Thema der Strafprozessreform?, FS für Lenckner, 1998, S. 781 f.
Kannowski Germanisches Recht heute, JZ 2012, 321 ff.
Kleinheyer/Schröder (Hrsg.), Deutsche und Europäische Juristen aus neun Jahrhunderten, 5. Aufl. 2008
Koch, Arnd Zur Strafbarkeit der „Auschwitzlüge" im Internet, JuS 2002, 123 ff.
Koch, Hans-Georg Landesbericht Bundesrepublik Deutschland, *in:* Eser/Koch (Hrsg.), Schwangerschaftsabbruch im internationalen Vergleich, 1988, S. 17 ff./234 ff.
Köhler Unbegrenzte Ermittlung und justizfreie Bundesgeheimpolizei: Der neue Strafprozess?, StV 1994, 386
Köhler Strafrecht Allgemeiner Teil (AT), 1997
Koriath Zum Streit um die Gefährdungsdelikte, GA 2001, S. 51 ff.
Kubiciel Shame Sanctions – Ehrenstrafen im Lichte der Straftheorie, ZStW 118 (2006), S. 44 ff.
Kubiciel Das „Lissabon"-Urteil und sine Folgen für das Europäische Strafrecht, GA 2010, 99 ff.
Kubiciel Das deutsche Inzestverbot vor den Schranken des EGMR, ZIS 2012, 282 ff.
Kuhlen Die Zukunft des Strafrechts, in Neumann/Prittwitz (Hrsg.), Kritik und Rechtfertigung des Strafrechts, 2005, S. 109 ff.
Kuhlen Das Grundgesetz als Herausforderung für Strafprozess und Strafrecht, in Stolleis (Hrsg.), Das Bonner Grundgesetz, 2006, S. 39 ff.
Kühl Die Bedeutung der Rechtsphilosophie für das Strafrecht, 2001
Kühl Fragmentarisches und subsidiäres Strafrecht, FS für Tiedemann, 2008, S. 29
Kühne Bürgerfreiheit und Verbrecherfreiheit. Der Staat zwischen Leviathan und Nachtwächter, 2004
Kürzinger Kriminologie, 2. Aufl. 1996
Lagodny Strafrecht vor den Schranken der Grundrechte, 1996
Laubenthal Strafvollzug, 3. Aufl. 2002
Laufs Rechtsentwicklung in Deutschland, 5. Aufl., 1996
Lesch Der Verbrechensbegriff, 1999
Liszt, v. Der Zweckgedanke im Strafrecht. „Marburger Universitätsprogramm 1882", ZStW 3 (1883) S. 1 ff.
Liszt, v. Über den Einfluss der soziologischen und anthropologischen Forschungen auf die Grundbegriffe des Strafrechts, in: Aufsätze und Vorträge, Band II, 1905, S. 75 ff.
Liszt, v. Der Zweckgedanke im Strafrecht. „Marburger Universitätsprogramm 1882", in: Strafrechtliche Vorträge und Aufsätze Bd. 1, 1970, S. 126 ff.
Liebs Lateinische Rechtsregeln und Rechtssprichwörter, 5. Aufl. 1991
Ligeti (Hrsg.) Toward a Prosecutor for the European Union. Vol. 1: A comparative analysis, Oxford 2012/Vol. 2: Draft Rules of procedure, Oxford 2013 (forthcoming).
LK-*Bearbeiter*=Laufhütte/Rissing- van Saan (Hrsg.), Leipziger Kommentar, Strafgesetzbuch, 12. Aufl. 2007
Loos Probleme des neuen Adhäsionsverfahrens, GA 2006, 195 ff.
Luchtman (Hrsg.) Choice of Forum in Cooperation against EU Financial Crime: Freedom, Security and Justice and the Protection of Specific EU-interests, Willem Pompe Instituut (Vol. 71), Utrecht 2013

Maurach/Gössel Strafrecht, Allgemeiner Teil 2 (AT 2), 7. Aufl. 1989
Maurach/Zipf Strafrecht, Allgemeiner Teil 1 (AT 1), 8. Aufl., 1992
Mayer Strafrecht Allgemeiner Teil (AT), 1967
Milgram Das Milgram-Experiment, Zur Gehorsamsbereitschaft gegenüber Autorität, 1974
Mir Puig Die begründende und die begrenzende Funktion der positiven Generalprävention, ZStW 102 (1990), 914 ff.
Mohnhaupt in Stolleis (Hrsg.), Juristen, 1995, Stichwort „Feuerbach".
Müller-Dietz Gibt es Fortschritt im Strafrecht?, FS für Triffterer 1996, S. 678 ff.
MK-*Bearbeiter*=Münchener Kommentar zum Strafgesetzbuch, 2. Aufl. 2011 ff.
Naucke Das System der strafprozessualen Entkriminalisierung, FS für Grünwald 1999, S. 403 ff.
Naucke Rechtsphilosophische Grundbegriffe, 4. Aufl. 2000
Nehlsen Entstehung des öffentlichen Strafrechts bei den germanischen Stämmen, in: Kroeschell (Hrsg.), Gerichtslauben-Vorträge, 1983, S. 3 ff.
NK-StGB-*Bearbeiter*=Kindhäuser/Neumann/Paeffgen (Gesamtredaktion), Nomos Kommentar zum StGB, 4. Aufl. 2013
Noltenius Kritische Anmerkungen zum Täter-Opfer-Ausgleich, GA 2007, 518 ff.
Noltenius Grenzenloser Spielraum des Gesetzes im Strafrecht? Kritische Bemerkungen zur Inzestentscheidung des Bundesverfassungsgerichts vom 26. Februar 2008, ZJS 2009, 15 ff.
Oehler Internationales Strafrecht, 2. Aufl. 1983
Otto Grundkurs Strafrecht – Allgemeine Strafrechtslehre (GK-AT), 6. Aufl., 2000
Paeffgen Das „Rechtsgut" – ein obsoleter Begriff?, FS für Wolter, 2013, S. 125 ff.
Pagenkopf Glücksspielrechtliche Variationen, NVwZ 2011, 513 ff.
Perron Überlegungen zum Verhältnis von Strafrecht und Strafprozessrecht, FS für Hanack, 1999, S. 473 ff.
Perron Perspektiven der Europäischen Strafrechtsintegration, FS für Küper, 2007, S. 429 ff.
Polaino-Orts Grenzen vorverlagerter Strafbarkeit: Feindstrafrecht, FS für Roxin 2011, S. 91 ff.
Renzikowski Pflichten und Rechte – Rechtsverhältnis und Zurechnung, GA 2007, 561 ff.
Rieß Zur Beteiligung des Verletzten im Strafverfahren, FS für Jung 2007, S. 751 f.
Rössner Strafrechtsfolgen ohne Übelszufügung?, NStZ 1992, 409 ff.
Rosenau Zur Europäisierung im Strafrecht, ZIS 2008, 9 ff.
Roxin Sinn und Grenzen staatlicher Strafe, JuS 1966, 377 ff.
Roxin Strafe und Strafzwecke in der Rechtsprechung des Bundesverfassunsgerichts, FS für Volk 1974, S. 406 ff.
Roxin Strafrecht, Allgemeiner Teil Band 1 (AT 1), 4. Aufl. 2006
Roxin Selbständigkeit und Abhängigkeit des Strafrechts im Verhältnis zu Politik, Philosophie, Moral und Religion, FS für Küper 2007, S. 489 ff.
Roxin Zur Strafbarkeit des Geschwisterinzests – Zur verfassungsrechtlichen Überprüfung materiellrechtlicher Strafvorschriften, StV 2009, 544 ff.
Roxin. Noch einmal: Zur strafrechtlichen Behandlung der Gewissenstat, GA 2011, 1 ff.
Roxin Der gesetzgebungskritische Rechtsgutsbegriff auf dem Prüfstand, GA 2013, 433 ff.
Rüping/Jerouschek, Grundriss der Strafrechtsgeschichte, 6. Aufl. 2011
Safferling Die Rolle des Opfers im Strafverfahren – Paradigmenwechsel im nationalen und internationalen Recht?, ZStW 122 (2010), 87 ff.
Satzger Internationales und Europäisches Strafrecht (Int/EuStR), 6. Aufl., 2013
Schaffstein/Beulke Jugendstrafrecht, 14. Aufl. 2002
Schäuble Auf der Suche nach einem Rechtsgut, FoR 2008, 98 ff.
Scheffler Prolegomena zu einer systematischen Straftheorielehre in: Byrd/Hruschka/Joerden (Hrsg.), Jahrbuch für Recht und Ethik Bd. 3, 1995, 375 f.
Scheffler Das Reformzeitalter 1953–1975, in: Vormbaum/Welp (Hrsg.), Das Strafgesetzbuch, Supplementband 1: 130 Jahre Strafgesetzgebung – eine Bilanz, 2004, S. 174 ff.
Schild Strafe – Vergeltung oder Gnade?, SchwZStr 99 (1982), 364 ff.
Schild Ende und Zukunft des Strafrechts, ARSP 1984, 71 ff.
Schild Alte Gerichtsbarkeit, 1985

Schild Anmerkungen zur Straf- und Verbrechensphilosophie Immanuel Kants, FS für Gitter, 1995, S. 831 ff.
Schild Fehde und Gewalt im Mittelalter – Anmerkungen zur mittelalterlichen Friedensbewegung und Gewaltentwicklung, in: Gehl/Reichertz (Hrsg.), Leben im Mittelalter, Bd. 2, 1998, S. 95 ff.
Schlüchter Fit im Recht. Strafrecht Allgemeiner Teil (AT) 3. Aufl. 2000
Schmidt, Eberhard Einführung in die Geschichte der deutschen Strafrechtspflege, 3. Aufl. 1964, unv. Nachdruck1983
Schmidhäuser Strafrecht Allgemeiner Teil. Studienbuch (StB), 2. Aufl. 1984
Schneider, H. J. Kriminalpolitik an der Schwelle zum 21. Jahrhundert, 1998
Schneider, H. J. Strategien der Verbrechensverhütung und ihre Erfolgsaussichten, Universitas (Zeitschrift für interdisziplinäre Wissenschaft) 54 (1999), S. 819
Schneider, H. J. Die deutschsprachige Kriminologie der Gegenwart, GA 2004, 503 ff.
Schramm Ehe und Familie im Strafrecht, 2011
Schramm Internationales Strafrecht, 2011
Schreiber Widersprüche und Brüche in heutigen Strafkonzeptionen, ZStW 94 (1982), 279 ff.
Schroeder, F.-Chr. Genugtuung für die Opfer – Reemtsma und der Sinn der Strafe, in: Hoyer (Hrsg.), Beiträge zur Gesetzgebungslehre und zur Strafrechtsdogmatik, 2001, S. 199 ff.
Schroeder, F.-Chr. Die Erforderlichkeit der Strafe, FS für Amelung, 2009, S. 125 ff.
Schünemann (Hrsg.) Ein Gesamtkonzept für die europäische Strafrechtspflege, 2006
Schünemann Der Ausbau der Opferstellung im Strafprozeß – Fluch oder Segen? FS für Hamm, 2008, S. 687 ff.
Schütz Johann von Schwarzenberg und die Bambergensis, Jura 1998, 516 ff.
Seebode Strafvollzug I, 1997
Seebode Der Vollzug der Untersuchungshaft, 1985
Shimada Ein neuer Aspekt der Täterlehre. Erkenntnisse aus der japanisch-deutschen Rechtsvergleichung, GA 2009, 469 ff.
Sieber Internationales Strafrecht im Internet – Das Territorialitätsprinzip der §§ 3, 9 StGB im globalen Cyberspace, NJW 1999, 2065 ff.
Sieber Die Zukunft des Europäischen Strafrechts, ZStW 121 (2009), 1 ff.
Sieber/Brüner/Satzger/v. Heintschel-Heinegg (Hrsg.) Europäisches Strafrecht, Baden-Baden 2011
Sinn (Hrsg.) Jurisdiktionskonflikte bei grenzüberschreitend organisierter Kriminalität, 2012
SK-*Bearbeiter*=Systematischer Kommentar zum Strafgesetzbuch, Grundwerk mit 136. Ergänzungslieferung von Rudolphi, Horn, Samson (Stand: Oktober 2012)
Streinz Europarecht, 9. Aufl. 2012
Streinz/Kruis Unionsrechtliche Vorgaben und mitgliedstaatliche Gestaltungsspielräume im Bereich des Glücksspielrechts, NJW 2010, 3745 ff.
Streng Das „broken windows"-Paradigma – Kriminologische Anmerkungen zu einem neuen Präventionsansatz, Erlanger Universitätsreden 57/1999
Streng Vom Zweckstrafrecht zum Feindstrafrecht?, in: Vormbaum (Hrsg.), Kritik des Feindstrafrechts 2009, S. 181 ff.
Streng Jugendstrafrecht, 3. Aufl. 2012
Tausch Die Entstehung des StGB, seine Änderungen und Neubekanntmachungen – Dokumente zur juristischen Zeitgeschichte, GA 2008, 417 ff.
Thurn Eugenik und Moralschutz durch Strafrecht?, KJ 2009, 74 ff.
Vassilaki Anmerkung zu BGH, Urteil v. 12.12.2000– StR 184/00, CR 2001, 260
Velten Grenzüberschreitende Gefährdungsdelikte FS für Rudolphi 2004, S. 329 ff.
Vogel Europäische Kriminalpolitik – europäische Strafrechtsdogmatik, GA 2002, 517 ff.
Walter Strafvollzug, 2. Aufl. 1999
Walther Zum Anspruch des Deliktsopfers auf rechtliches Gehör und auf ein faires Verfahren, GA 2007, 615 ff.
Weigend Bewältigung von Beweisschwierigkeiten durch Ausdehnung des materiellen Strafrechts in: FS für Triffterer 1996, S. 695 ff.
Welp Kriminalpolitik in der Krise, StV 1994, 161 ff.
Wörner L. Einseitiges Strafanwendungsrecht und entgrenztes Internet?, ZIS 2012, 458 ff.

Wörner, L./Wörner, M. Deutschlandbericht, in: Sinn (Hrsg.), Jurisdiktionskonflikte bei grenzüberschreitend organisierter Kriminalität 2012, S. 203 ff.

Zabel Terrorgefahr und Gesetzgebung. Zugleich eine kritische Auseinandersetzung mit der Neufassung des BKA-Gesetzes und deren Bedeutung für die straf- und polizeiliche Praxis, JR 2008, 453 ff.

Zaczyk Prozesssubjekte oder Störer? Die Strafprozessordnung nach dem OrgKG, StV 1993, 490 ff.

Zieschang Die Gefährdungsdelikte, 1998

Zieschang Der Einfluss der Europäischen Union auf das deutsche Strafrecht, FS für Tiedemann, 2008, S. 1303 ff.

Zieschang Die deutsche Strafrechtsentwicklung zwischen 1945 und 1975 am Beispiel der Vorschriften über den Notstand in: Hilgendorf/Weitzel, Der Strafgedanke in seiner historischen Entwicklung, 2007, S. 173 ff.

Ziethen Strafbarkeit des Geschwisterinzests, NStZ 2008, 617 f.

§ 2 Die strafbare Handlung: Formale Bestimmung – materieller Gehalt – Struktur

§ 1 sollte zeigen, wie Strafrecht als Antwort auf Kriminalität in der Gesellschaft in Erscheinung tritt und wahrgenommen wird. Unser Blick wendet sich nun dem Hauptgegenstand der weiteren Überlegungen zu: der Straftat, genauer: der strafbaren Handlung. 1

Leitfall 2 2

Heimtücke-Fall BGHSt 30, 105 – GSSt 1/81 vom 19. Mai 1981: „Im Januar 1978 drang Sahap S. in die Wohnung des Angeklagten, seines Neffen, ein und nötigte dessen Ehefrau mit vorgehaltener Pistole zum außerehelichen Beischlaf. Aufgrund dieser Vergewaltigung löste sich die Ehefrau des Angeklagten innerlich von ihm, weil es sein Onkel war, der sich an ihr vergangen hatte. Sie versuchte, die Scheidung ihrer bis dahin harmonischen Ehe zu erreichen. Erst im Oktober 1978 offenbarte sie dem Angeklagten, was geschehen war.

Der Angeklagte, wie sein Onkel türkischer Staatsangehöriger, war fassungslos, weinte vor Verzweiflung und sagte seiner Frau, er werde Rache nehmen. Er stellte seinen Onkel in der Folgezeit jedoch nicht zur Rede. Wegen der ihr angetanen Schmach unternahm die Frau des Angeklagten drei Selbstmordversuche, den letzten Ende Februar 1979. Am Vormittag des 3. März 1979 trafen Sahap S. und der Angeklagte zufällig auf der Straße zusammen. Der Angeklagte forderte die Rückzahlung eines Restdarlehens. Sahap S. soll sich daraufhin mit der von ihm begangenen Vergewaltigung gebrüstet und geäußert haben, er werde auch den Angeklagten „vögeln" und ihn töten. Der Angeklagte solle verschwinden. Es kann sein, dass Sahap S. dem Angeklagten eine in Papier gewickelte Pistole oder einen wie eine Pistole wirkenden anderen Gegenstand vor das Gesicht hielt und dabei sagte, der Angeklagte solle nach Hause gehen, er habe „noch zwei Wochen, zwei Tage oder zwei Stunden". 3

Daheim überdachte der Angeklagte die Situation. Er vergegenwärtigte sich, dass Sahap S. eine Belastung für ihn und seine Ehe darstellte und dass der Onkel seine Ehre und die Ehre seiner Frau gröblichst verletzt hatte. Der Angeklagte 4

W. Gropp, *Strafrecht Allgemeiner Teil*, Springer-Lehrbuch,
DOI 10.1007/978-3-642-38126-3_2

fasste den Entschluss, Sahap S. zu töten. Er steckte eine Selbstladepistole ein und eröffnete seiner Frau „Heute ist sein letzter Tag, ich werde ihn umbringen, wenn ich ihn treffe." Dann ging er zu einem Lokal, in dem er seinen Onkel vermutete und tatsächlich antraf. Sahap S. spielte mit drei türkischen Landsleuten Karten. Der Angeklagte grüßte zu ihm hin und stellte sich an die Theke. Er nahm wahr, dass sein Onkel seine ungeteilte Aufmerksamkeit dem Kartenspiel widmete, und war sich bewusst, dass Sahap S. „keinerlei Angriff" von ihm erwartete. Das war dem Angeklagten „durchaus recht". Er zog die Pistole und feuerte 14 bis 16 Schuss auf seinen Onkel ab, der tödlich getroffen wurde.

5 Das Schwurgericht hat den Angeklagten wegen Mordes zu lebenslanger Freiheitsstrafe verurteilt. Es hat angenommen, dass er Sahap S. heimtückisch tötete, dass er eine Tat begangen hat, die nach § 211 II 2. Fallgruppe, 1. Modalität mit lebenslanger Freiheitsstrafe bedroht ist."

6 Die Feststellung des Schwurgerichts, dass eine Straftat vorliegt, beruht auf zwei Aspekten: einem formalen (A) und einem materiellen (B).

A. Formale Bestimmung

7 Formal besehen ist eine Straftat eine Handlung, welche im Sinne der juristischen Methodenlehre (näher dazu unten § 3 RN 23 ff.) den *Tatbestand,* d. h. die *Voraussetzungen* einer gesetzlichen *Vorschrift* erfüllt, deren *Rechtsfolge* in einer *Strafe* besteht.[1] Zur strafbaren Handlung wird ein Verhalten folglich nicht schon deshalb, weil es die Voraussetzungen einer gesetzlichen Vorschrift erfüllt,[2] sondern weil die Rechtsfolge jener Vorschrift „*Strafe*" lautet.

8 Freilich *verstößt* der Täter bei näherer Betrachtung *nicht gegen* die gesetzlichen Voraussetzungen, sondern er *erfüllt* sie – indem er sich *entsprechend* verhält, z. B. einen anderen Menschen tötet – und damit gegen die Norm „Du sollst nicht töten" verstößt, auf welche die strafbewehrte Verhaltensbeschreibung – hier: § 212 – aufgebaut ist.[3]

9 Dass die Verwirklichung eines als strafbar beschriebenen Verhaltens im konkreten Fall nicht bestraft werden kann, weil z. B. den Täter kein Schuldvorwurf trifft, ändert am Charakter als strafbare Handlung nichts. Denn die u. U. mögliche Ersetzung der Strafe durch eine – schuldunabhängige – Maßregel der Besserung und Sicherung ist primär täterbezogen und lässt den Charakter der Handlung unberührt.

[1] Vgl. *Roxin* AT 1 § 1/1.

[2] Die Voraussetzungen einer gesetzlichen Vorschrift erfüllt auch ein deliktisches Verhalten im Zivilrecht z. B. nach § 823 BGB.

[3] Zum Verhältnis von Strafvorschrift und Norm *Binding* 1890, Bd. 1 S. 3–7, 44 f., 58; vgl. auch *Frisch* 1988, S. 90 f.; *Freund* 1990, S. 138 f.

Überlegungen zu Leitfall 2 10

Die Tötung des Onkels erfüllt das in staatlichen Gesetzen – hier: § 211 – beschriebene und mit Strafe bedrohte Verbrechen des „Mordes“ u. a. dann, wenn der Angeklagte heimtückisch gehandelt hat. Nach h. M. liegt Heimtücke vor, wenn der Täter die Arg- und Wehrlosigkeit des Opfers bewusst ausnutzt. Arglosigkeit ist gegeben, wenn das Opfer sich keines Angriffs bewusst ist. Da der Onkel nicht mit einem Angriff des Täters rechnete, war er arglos. Aufgrund dieser Arglosigkeit hatte er auch keine Maßnahmen zur Abwehr eines Angriffs getroffen, war folglich wehrlos. Mit der h.M. müsste man deshalb davon ausgehen, dass die Tötung des Onkels heimtückisch erfolgte. Den Täter müsste daher die Rechtsfolge „lebenslange Freiheitsstrafe“ treffen.

B. Materieller Gehalt

Der materielle Gehalt der strafbaren Handlung hängt zunächst davon ab, welche 11
Güter durch die Androhung von Strafe als Reaktion auf die Verwirklichung der Handlung besonders geschützt werden sollen. Weitgehende Einigkeit besteht darin, dass dazu z. B. Leben, Gesundheit, Freiheit, die freie Verfügbarkeit über sein Vermögen oder die Möglichkeit der friedlichen Entscheidung von Konflikten auf einem geregelten Weg gehören. Ihre Schutzwürdigkeit *legitimiert* die Androhung von Strafe für den Fall ihrer Gefährdung und/oder Verletzung[4] und macht sie zu sog. *Rechtsgütern.* Die freie Verfügbarkeit über eigene Sachen wird so zum Individualrechtsgut „Eigentum“, die Möglichkeit der friedlichen Entscheidung von Konflikten auf einem geregelten Weg wird so zum Allgemeinrechtsgut „Rechtspflege“.[5]

I. Die strafbare Handlung als Verletzung „vergeistigter“ abstrakter (Straf)Rechtsgüter

Trotz (oder gerade wegen?) der Überzeugung, dass der materielle Gehalt der straf- 12
baren Handlung in der Verletzung von Rechtsgütern besteht, wird um den *Begriff des Rechtsguts* heftig gerungen.[6]

Einerseits geht es um die Frage, welche werthaften Zustände der Gesetzgeber zu 13
Rechtsgütern erklären darf, ob er eher *naturalistisch nur* auf den *Bestand* anerkannter werthafter Zustände wie Leben, Gesundheit oder Freiheit zurückzugreifen hat (gesetzgebungskritischer Rechtsgutsbegriff),[7] oder ob er auch Rechtsgüter setzen, „erfinden“, darf, die dann durch das Strafrecht geschützt werden sollen, wie etwa

[4] Vgl. *Roxin* in Hefendehl (Hrsg.) 2005, S. 135 ff.

[5] Näher *Frister* AT 3/20.

[6] Lesenwert dazu *Swoboda* ZStW 122 (2010), 24 ff.

[7] Vgl. dazu NK-StGB-*Hassemer* RN 255 ff. vor § 1; *M. Heinrich* FS Roxin 2011, S. 131 ff.; *Paeffgen* FS Wolter, S. 125 ff.; *Roxin* AT 1 § 2/2 ff., *Roxin* GA 2013, 433 ff.; vgl. auch *von Hirsch* FS Herzberg, S. 915 ff.; *Ünver* Annales de la Faculté de Droit d'Istanbul, 2001, 93 ff./98.

Moralauffassungen, Gefühle oder die eigene Menschenwürde oder die Würde der Menschheit (positivistischer Rechtsgutsbegriff).[8]

14 Andererseits ist die Anerkennung eines Zustandes als werthaft nur eine *notwendige*, nicht hingegen eine *hinreichende* Bedingung für seine Einordnung als Rechtsgut. Denn obwohl z. B. das Leben unstreitig ein strafrechtliches Rechtsgut darstellt, ist nicht jede Lebensbeendigung – etwa der Tod infolge Altersschwäche im Bett[9] – von strafrechtlichem Interesse. Es ist vielmehr auch eine *ausdrückliche* rechtliche Inschutznahme erforderlich,[10] d. h. es bedarf im Hinblick auf den Grundsatz „Keine Straftat, keine Strafe ohne Gesetz" in Art. 103 II GG (näher dazu § 3 RN 3 ff, 18 ff.) einer gesetzgeberischen Festschreibung, *unter welchen Umständen* die Beeinträchtigung des werthaften Zustandes strafbar sein soll.[11]

15 Eine weitere Erkenntnis zur Natur des Rechtsguts lässt sich daraus gewinnen, dass an der Berechtigung zur Strafbarerklärung (selbst) des (untauglichen) Versuchs keine ernstlichen Zweifel geäußert werden, obwohl die Begehung eines Versuchs in der Außenwelt im Ergebnis u. U. gar nichts verändert: der Mordanschlag scheitert, weil die Pistole nicht geladen ist oder die Kugel nicht das Opfer trifft, sondern vorbei geht. Dann kann es aber *nicht* erst die *konkrete stoffliche Substanz* der werthaften Zustände, das Angriffsobjekt, sein, an welche der Begriff des Rechtsgutes geknüpft ist, sondern es genügt bereits die „vergeistigte", abstrakte Form der Wert*schätzung*. Rechtsgüter werden so zu *Achtungsansprüchen*.[12] Ihre *Verletzung* besteht in ihrer Nichtachtung und Missachtung und setzt die Beschädigung eines Angriffsobjekts deshalb gar nicht voraus.[13] Die Strafbarkeit dieser Missachtung beginnt dort, wo sie auf eine Weise geschieht oder unmittelbar geschehen soll, die in einem Straftatbestand beschrieben ist. Nicht jede Rechtsgutsverletzung ist damit strafbar, aber jede Strafbarkeit muss sich über die Verletzung eines Rechtsguts rechtfertigen, d. h. die Weigerung, einen werthaften Zustand anzuerkennen. Die Verpflichtung zu jener Anerkennung ergibt sich aus den hinter den Straftatbeständen stehenden Normen, z. B. dem Tötungsverbot als Grundlage für die Beschreibung der strafbaren Handlung in § 212. Der materielle Gehalt der Straftat besteht somit in der Nicht-Anerkennung eines strafrechtlich geschützten Rechtsguts, in der Negierung des Geltungsanspruchs einer die Strafvorschrift tragenden Norm.

---

[8] Näher zu dieser *negativen Ausgrenzungsfunktion* des Rechtsgutsbegriffs *Hefendehl* GA 2007, 1 ff./4; zur Gefahr einer Ausdehnung des Strafrechts in den Bereich der „Moralverstöße" und Störungen der „Harmonie" *Weigend* FS Frisch, S. 24 f., 30.

[9] Vgl. *Jakobs* AT 2/4.

[10] Näher zum Ganzen *Jakobs* AT 2/12 ff.; vgl. auch MK-*Joecks* Einl. RN 33; zu Geschichte und alternativen Ansätzen *Swoboda* ZStW 122 (2010), 24.

[11] Vgl. auch SK-*Rudolphi* RN 4 ff. vor § 1.

[12] Vgl. NK-StGB-*Hassemer* RN 265 ff. vor § 1; LK-*Jescheck* RN 3 vor § 13; *Schmidhäuser* AT LB 2/30; *Stratenwerth* FS Lenckner, S. 377 ff./390; zum Rechtsgutsangriff auch beim untauglichen Versuch *Bloy* ZStW 113 (2001), 82 f.

[13] Vgl. auch *Renzikowski* GA 2007, 569; missverständlich hingegen BGH 4 StR 328/08 BGHSt 53, 55/63 unter Verwechslung von Angriffsobjekt und Rechtsgut.

Jakobs definiert das die Straftat prägende Rechtsgut aus seiner *Funktion,* der *Aufgabe* zu zeigen, dass die hinter den Strafrechtssätzen stehenden Normen gelten, auch wenn sie durch den jeweiligen Straftäter in Frage gestellt werden. Zu wahrendes Strafrechtsgut ist danach die „Enttäuschungsfestigkeit der wesentlichen normativen Erwartungen".[14] Der Gehalt der strafbaren Handlung wäre dann die *Enttäuschung* der jeweiligen normativen Erwartungen. 16

Damit dem durch das Rechtsgut repräsentierten Geltungsanspruch der jeweiligen Norm aber gerade mit dem Mittel des Strafrechts Respekt verschafft werden darf, bedarf es unter dem Gesichtspunkt der Verhältnismäßigkeit noch zweier Voraussetzungen: Zum einen muss es sich um einen Geltungsanspruch von einigem *gesellschaftlichem Gewicht,*[15] um *unverzichtbare* Werte handeln, und zum zweiten darf das scharfe Instrument der Strafe – seine Wirksamkeit vorausgesetzt[16] – erst eingesetzt werden, wenn sonstige weniger einschneidende Mittel der Verhaltensbeeinflussung nicht mehr weiterhelfen (Subsidiarität des Strafrechts).[17] 17

II. Die strafbare Handlung als Verwirklichung eines realen gesetzlich beschriebenen Unwertes

Durch die Formulierung von Strafvorschriften legt der Gesetzgeber fest, unter welchen Voraussetzungen er Normgeltungen für so unverzichtbar hält, dass die Kundgabe ihrer Nichtachtung und Missachtung einer stigmatisierenden Missbilligung bedarf. Indem Verhaltensweisen beschrieben werden, durch deren Vermeidung die Verwirklichung von Unwerten (das Drohen und der Eintritt eines Schadens) verhindert werden soll, findet eine „Materialisierung" der vergeistigten Rechtsgüter statt. 18

1. Strafvorschriften als Unwertbeschreibungen

Die Beschreibung der einen Unwert verwirklichenden Handlungen in den Strafvorschriften des Besonderen Teils des StGB zusammen mit den ergänzenden Rechtssätzen des Allgemeinen Teils bildet als konkreter Anhaltspunkt für die jeweilige Rechtsgutsverletzung die Grundlage des materiellen Gehalts der strafbaren Handlung. Der Unwert kann seine Prägung aus dem *Sachverhalt*, d. h. der herbeigeführten *Veränderung in der Außenwelt* (z. B. Tod eines Menschen, § 212) oder aus der *Handlung* selbst (z. B. Führen eines Kraftfahrzeugs trotz alkoholbedingter Fahruntüchtigkeit, § 316) erhalten (a), er kann aber auch aus dem sichtbar gewordenen Willen und der Haltung des Täters abgeleitet werden (b). 19

a) Objektiv (Sachverhaltsunwert)

Die Gesamtheit der objektiven Tatumstände bildet den *Sachverhaltsunwert* der Tat. Bei Straftaten, deren Vollendung die Verwirklichung einer Veränderung in der 20

[14] *Jakobs* AT 2/3.

[15] Zur Sozialschädlichkeit *Hassemer* 1990, § 5 III.

[16] Vgl. zur Tauglichkeit des Strafrechts *Müller-Dietz* KrimZ Bd. 17 1996, 228 ff.; *Rössner* KrimZ Bd. 17 1996, 203 ff.

[17] Vgl. *Kühl* FS Tiedemann, S. 41 ff.; *Naucke* 2002, § 1/154 ff.

Außenwelt voraussetzt (Erfolgsstraftaten), enthält der Sachverhaltsunwert auch diesen „*Veränderungsunwert*". Bei den Straftatbeständen, welche lediglich ein gefährliches Verhalten (Tätigkeitsstraftaten) unter Strafe stellen, erschöpft er sich im *Verhaltensunwert*.[18] Je nach Art der Gefährlichkeit des geforderten Verhaltens wird zwischen *konkreten* und *abstrakten* Gefährdungsstraftaten unterschieden. Eine typische abstrakte Gefährdungsstraftat stellt § 316 dar.

21 **Beispiel 2.1**

Nach § 316 kann wegen *Trunkenheit im Straßenverkehr* mit Freiheitsstrafe bis zu einem Jahr oder mit Geldstrafe bestraft werden, wer ein Fahrzeug führt, obwohl er dazu infolge des Genusses alkoholischer Getränke...nicht in der Lage ist. Die konkrete Gefährdung Dritter ist nicht erforderlich. Denn der Gesetzgeber geht davon aus, dass die Teilnahme eines betrunkenen Autofahrers am Straßenverkehr schon abstrakt eine Gefahr darstellt, die unabhängig von den weiteren Umständen so unerträglich ist, dass ihre Schaffung strafwürdig ist.

22 Kommt es aufgrund der Trunkenheitsfahrt zu einer *konkreten* Gefährdung eines anderen Verkehrsteilnehmers, ist § 315 c I Nr. 1 a als sog. *konkrete* Gefährdungsstraftat anwendbar, welche wegen der konkret eingetretenen Gefährdung als Rechtsfolge Freiheitsstrafe bis zu fünf Jahren oder Geldstrafe vorsieht.

23 Die Schaffung konkreter und erst recht abstrakter Gefährdungsstraftaten ist umstritten,[19] weil sie die Strafbarkeit in einen Bereich verlagert, welcher – wie etwa das schlichte Besitzen[20] – der unmittelbaren Gefährdung des Angriffsobjekts, wie sie im Versuchsstadium vorliegt, noch vorgelagert ist.[21]

24 Eine Strukturierung und Konkretisierung der Gefährdungsstraftaten unternimmt *Zieschang*[22]. U. a. schlägt er mit plausibler Begründung vor, die *abstrakten Gefährlichkeitsstraftaten* aus dem Kriminalstrafrecht zu streichen[23] und bezüglich der *konkreten* Gefährdung eine *Nichtbeherrschbarkeit* der Situation zu verlangen.[24]

25 Auch der *Versuch* einer Straftat – der mit Tötungswillen abgefeuerte Schuss verfehlt sein Ziel – weist einen Sachverhaltsunwert auf. Er besteht im unmittelbaren Ansetzen und der weiteren Verwirklichung der vorgestellten Straftat mit Ausnahme der Veränderung in der Außenwelt.

---

[18] Zu weiteren neuartigen Straftattypisierungen *Kuhlen* in v. Hirsch (Hrsg.), 2006, S. 148 ff.

[19] Krit. *Arth. Kaufmann* JZ 1963, 432; *Köhler* AT S. 31 ff.; *Naucke* 2002, § 2/65; *Schünemann* JA 1975, 797; differenzierend *Hirsch* in: Kühne/Miyazawa (Hrsg.) 1995, S. 11 ff./19 ff.; zur Begründbarkeit (auch) der (abstrakten) Gefährdungsstraftaten *Koriath* GA 2001, 51 ff.; umfassend *Wohlers* 2000.

[20] Zur Problematuk der Besitzstraftaten *Eckstein* 2001; *Gropp* FS Otto, S. 249 ff.;. *Hochmayr* 2005

[21] Umfassend und rechtsvergleichend Sinn/Gropp/Nagy (Hrsg.), 2011.

[22] *Zieschang* 1998.

[23] *Zieschang* 1998, S. 349 ff.

[24] Vgl. *Zieschang* GA 2006, 9.

b) Subjektiv (personaler Unwert): Vorstellung (Wissen und Wollen), Absichten und Motive des Täters

Mit dem Sachverhaltsunwert auf der Tatseite korrespondiert auf der Täterseite der personale Unwert, d. h. die Vorstellung (Wissen und Wollen), die Absichten und die Motive des Täters. Zu den personalen Merkmalen zählen neben dem Vorsatz die Gesinnungsmerkmale[25] wie etwa die niedrigen Beweggründe beim Mord (§ 211 Abs. 2 StGB 1. Gruppe), die Rücksichtslosigkeit bei der Straßenverkehrsgefährdung (§ 315 c Abs. 1 Nr. 2 StGB) oder die Böswilligkeit in den §§ 90a, 130 Nr. 3 und 225 StGB. Der überwiegend vertretenen Auffassung, dass die genannten Merkmale als „echte" Gesinnungsmerkmale ausschließlich die Vorwerfbarkeit der Tatbegehung und damit die Schuldhaftigkeit der Tat betreffen,[26] kann nicht gefolgt werden, weil auch sie sich auf den Unwert der Tat auswirken (näher vor § 4 RN 4 und § 4 RN 110 ff.). 26

Wie der Sachverhaltsunwert kann auch der personale Unwert allein den Unwert der strafbaren Handlung nicht konstituieren, weil dies auf ein Gesinnungsstrafrecht hinauslaufen würde.[27] Deshalb *ergänzen* die Elemente des personalen Unwertes den Sachverhaltsunwert. So ist etwa die Gewerbsmäßigkeit bei der Hehlerei in § 260 eine Komponente des durch den individuellen Täter verwirklichten Unwerts. Auch die besonderen persönlichen täterbezogenen Merkmale in § 28 können Unwertelemente sein, so z. B. die Verdeckungsabsicht beim Mord. 27

2. Verbrechen und Vergehen als materialisierte Stufen gesetzlich beschriebener Unwertverwirklichungen (Dichotomie)

Der materielle Gehalt einer strafbaren Handlung kann dadurch zum Ausdruck gebracht werden, dass ihre Verwirklichung mit einer mehr oder weniger schwerwiegenden *Rechtsfolge* sanktioniert wird. Der deutsche Strafgesetzgeber hat diesen Weg gewählt, indem er mittels der Größenordnung der angedrohten Strafe zwei Stufen gesetzlich beschriebener Unwertverwirklichungen festlegt: Verbrechen und Vergehen. Dabei ist der Begriff „Verbrechen" doppeldeutig. 28

a) Die doppelte Bedeutung des Begriffs „Verbrechen"

Der Ausdruck „Verbrechen" wird zunächst – ungenau – als Bezeichnung für jede Art von Straftat verwendet („Verbrechen i. w. S."), unabhängig von der Schwere der Tat. In diesem Sinne spricht man – ungenau – von *Verbrechens*aufbau, *Verbrechens*lehre und *Verbrechens*begriff. In diesem Buch wird der Ausdruck „Verbrechen i. w. S." deshalb vermieden und insoweit nur von der „strafbaren Handlung" oder der „Straftat" gesprochen. 29

---

[25] Grundlegend dazu *Schmidhäuser* 1958.

[26] Vgl. *Lenckner/Eisele* in: Schönke/Schröder RN 122 vor § 13.

[27] Vgl. dazu den *Volksschädlings*-Fall RG 2 D 174/40 RGSt 74, 199, Urteil vom 20. 5. 1940, 3. Aufl. § 3/34.

b) Verbrechen i. e. S. und Vergehen

30 Das StGB und die weiteren strafrechtlichen Gesetze[28] verwenden die Begriffe „Verbrechen" und „Vergehen" allerdings in einem spezifischen, engeren Sinne: Nach § 12 I ist eine Straftat nur dann ein Verbrechen, wenn sie „im Mindestmaß mit Freiheitsstrafe von einem Jahr oder darüber" bedroht ist. Von den Verbrechen werden als weniger schwerwiegende Straftaten die *Vergehen* abgetrennt, die „im Mindestmaß mit einer geringeren Freiheitsstrafe oder die mit Geldstrafe bedroht sind" (§ 12 II). Die Unterteilung der strafbaren Handlungen in Verbrechen (§ 12 I) und die Vergehen (§ 12 II) nennt man die *Dichotomie*[29] *der Straftaten.*

31 Bis zum EGStGB 1974 gab es neben den Vergehen noch eine dritte Gruppe besonders leichter Straftaten, die sog. *Übertretungen* wie etwa die Entwendung oder Unterschlagung geringwertiger Gegenstände aus Not (Notentwendung, § 248a StGB a. F.). Durch das EGStGB wurden jene Übertretungen entweder zu Vergehen aufgestuft (so die Notentwendung, die jetzt in § 248a als Vergehen mit Antragserfordernis ausgestaltet ist) oder zu Ordnungswidrigkeiten abgestuft.

c) Die praktische Bedeutung der Unterscheidung von Verbrechen und Vergehen

32 Die Einordnung einer Straftat als Verbrechen oder Vergehen ist mit Folgen verbunden, die in der Praxis der Fallbearbeitung und -entscheidung eine wichtige Rolle spielen:

33 • *Strafbarkeit des Versuchs*
Nur bei Verbrechen ist der Versuch stets strafbar. Bei Vergehen hingegen bedarf es einer ausdrücklichen gesetzgeberischen Festlegung (§ 23 I).

34 **Beispiel 2.2**

Der Versuch eines Totschlags (§ 212, Verbrechen) ist stets strafbar, der Versuch eines Diebstahls (§ 242, Vergehen) hingegen nur, weil § 242 II die Strafbarkeit des Versuchs ausdrücklich festlegt.

35 • *Versuch der Beteiligung*
Der in § 30 beschriebene Versuch der Beteiligung ist nur als Versuch der Beteiligung am *Verbrechen* strafbar.

36 • *Sachliche Zuständigkeit*
Nach § 25 GVG beschränkt sich die sachliche Zuständigkeit des Richters beim Amtsgericht als *Strafrichter* (Einzelricht*er)* auf die Aburteilung von *Vergehen*; die Strafkammern der Landgerichte sind als erkennende Gerichte des ersten Rechtszugs hingegen grundsätzlich für alle *Verbrechen* zuständig (§ 74 I 1 GVG).

37 • *Opportunitätsprinzip*
Die §§ 153 und 153a StPO ermöglichen aus *Opportunitätsgründen* ein Absehen von der Verfolgung wegen Geringfügigkeit bzw. eine Einstellung des Verfahrens

[28] Vgl. z. B. die §§ 153 I, 153a StPO, §§ 25, 74 I 1, II GVG.

[29] Von griech. δίχα = dicha = entzwei; τέμνω = temno = ich schneide.

bei Erfüllung von Auflagen und Weisungen, wenn das Verfahren ein *Vergehen* zum Gegenstand hat.

- *Strafbefehl* 38
  Die Festsetzung der Rechtsfolgen der Tat auf schriftlichen Antrag der Staatsanwaltschaft durch schriftlichen *Strafbefehl* ohne Hauptverhandlung nach § 407 StPO ist nur zulässig, wenn Gegenstand des Verfahrens ein *Vergehen* ist.

d) Die maßgeblichen Abgrenzungskriterien

Die Einordnung einer Straftat als Verbrechen oder Vergehen ist in § 12 I und II festgeschrieben und wurde oben (b) bereits kurz erwähnt. *Eingangskriterium* ist somit das gesetzlich angedrohte Mindeststrafmaß als Rechtsfolge des jeweiligen Straftatbestandes. Dieses darf bei Verbrechen nicht weniger als ein Jahr Freiheitsstrafe betragen. Ein Vergehen liegt vor, wenn die Mindeststrafandrohung unter einem Jahr liegt oder nur Geldstrafe angedroht ist. Das StGB bevorzugt somit eine *abstrakte* Methode bei der Festlegung der Einordnung als Verbrechen oder Vergehen. Auf die konkrete Strafzumessung im Einzelfall kommt es somit nicht an. 39

Nach § 12 III bleiben zunächst Strafschärfungen oder -milderungen für die Einteilung außer Betracht, wenn sie nach den Vorschriften des Allgemeinen Teils (z. B. die Strafmilderungen bei Versuch [§ 23 II] oder bei der Beihilfe [§ 27 II]) vorgesehen sind. 40

Beispiel 2.3 41

Die Beihilfe zum Raub (§ 249, Verbrechen) bleibt Verbrechen, obwohl sich das Mindestmaß der angedrohten Strafe gemäß §§ 27 II i. V. m. 49 I Nr. 3 von einem Jahr auf drei Monate reduziert.

Unberücksichtigt bleiben nach § 12 III für die Einteilung in Verbrechen oder Vergehen aber auch Schärfungen oder Milderungen für besonders schwere oder minder schwere Fälle. Jene Formulierung ist wörtlich zu nehmen und bezieht sich auf alle Stellen, an denen sie innerhalb der Strafvorschriften Verwendung findet, z. B. in § 253 IV oder § 226 III: Der besonders schwere Fall der Erpressung bleibt trotz einer angedrohten Freiheitsstrafe von nicht unter einem Jahr Vergehen, weil § 253 I (Mindeststrafe ein Monat) ein Vergehen ist. Der minder schwere Fall der schweren Körperverletzung bleibt trotz der Bewehrung mit Freiheitsstrafe von sechs Monaten bis zu fünf Jahren Verbrechen, weil § 226 I mit Freiheitsstrafe von einem Jahr bis zu zehn Jahren bedroht ist (Verbrechen). Weil Strafrahmenverschiebungen allein aufgrund der Formulierung „besonders schwere" oder „minder schwere Fälle" gemäß § 12 III unbeachtlich sein sollen, es also auf die generelle Festlegung der Strafrahmen ankommt, spricht man insoweit von einer „generellen Betrachtungsweise". Insgesamt ergibt sich aus § 12 somit eine „generell-abstrakte Betrachtungsweise".[30] 42

Die Unbeachtlichkeit in § 12 III bezieht sich freilich nur auf sog. unbenannte Milderungen oder Schärfungen. Sobald der Gesetzgeber in Form von Merkmalen 43

[30] Siehe auch BGH 2 StR 188/55 = BGHSt 8 78/79 f.

der Tatbestandsmäßigkeit festlegt, wann eine Milderung oder Strafschärfung eintritt, handelt es sich nicht mehr um Fälle von § 12 III, sondern um eigenständige Tatbestände, welche nach § 12 I und II als Verbrechen bzw. Vergehen eingeordnet werden, so z. B. die schwere Körperverletzung in § 226 I und die besonders schwere Körperverletzung in § 226 II als Verbrechen (im Unterschied zu § 223, der nur ein Vergehen darstellt).

3. Grundstraftat, Privilegierung und Qualifizierung – delictum sui generis

44 Der materielle Gehalt einer strafbaren Handlung kann auch in der Weise beschrieben werden, dass Merkmale genannt werden, die sie als schwerer oder weniger schwer wiegend erscheinen lassen. Man spricht dann von Qualifizierungen und Privilegierungen im Vergleich zur Grundstraftat (Grunddelikt).

a) Grundstraftat, Privilegierung und Qualifizierung[31]

45 Innerhalb einer Gruppierung von Strafvorschriften bildet diejenige, deren Merkmale in allen anderen Strafvorschriften ebenfalls enthalten sind, die *Grundstraftat* (sog. Grunddelikt). Enthält eine Strafvorschrift der Gruppe zusätzliche unwertsteigernde Merkmale, liegt eine *Qualifizierung* vor, die mit einer erhöhten Strafandrohung verbunden ist. Die Qualifizierung kann auch in der Weise erfolgen, dass aus einer Grundstraftat mit einer Folge „1" eine Folge „2" herrührt (sog. erfolgsqualifizierte Straftat, näher dazu § 8). Haben die Merkmale hingegen unwertmindernden Charakter, ist eine *Privilegierung* gegeben, bei deren Verwirklichung eine mildere Strafe angedroht wird. So stellt z. B. innerhalb der Straftaten gegen die körperliche Unversehrtheit § 223 (Körperverletzung) die Grundstraftatt dar. Die gefährliche Körperverletzung (§ 224), die Misshandlung von Schutzbefohlenen (§ 225) aber auch die schwere Körperverletzung (§ 226) und die Körperverletzung mit Todesfolge (§ 227) bilden Qualifizierungen. Eine Privilegierung gibt es unter den Straftaten gegen die körperliche Unversehrtheit hingegen nicht. Anders ist die rechtliche Situation beim Schwangerschaftsabbruch: Hier bildet § 218 I 1 die Grundstraftat, während die Privilegierung nach § 218 III gegeben ist, wenn die Schwangere die Straftat verwirklicht.

46 Ein „Gefüge" von Grundstraftat, Qualifizierung und Privilegierung hat zur Folge, dass sich ergänzende Vorschriften grundsätzlich auf alle Bestandteile des Gefüges beziehen. So gilt das Strafantragserfordernis in § 247[32] für alle Formen des Diebstahls, d. h. sowohl für die Grundstraftat in § 242 als auch für die Qualifizierungen in § 244 und § 244a. Beruht eine Privilegierung/Qualifizierung indessen auf besonderen *persönlichen* täterbezogenen Merkmalen, wirken diese nur für die-

[31] Vgl. *Baumann/Weber/Mitsch* AT § 8 III 8; *Jescheck/Weigend* AT § 26 III 1; *Roxin* AT 1 § 10/132 ff.

[32] Aufgrund des eindeutigen Wortlauts in § 248a gilt das Strafantragserfordernis beim Diebstahl geringwertiger Sachen jedoch nur für den Diebstahl nach § 242, vgl. RG 2 D 535/40 RGSt 74, 373/374.

jenige Person privilegierend/qualifizierend, bei der sie vorliegen (vgl. § 28 II, näher hierzu unten § 10 RN 239 ff.).

In der *Fallbearbeitung* empfiehlt es sich, grundsätzlich zunächst eine Strafbarkeit nach der Grundstraftat zu prüfen. Erst wenn diese angenommen werden kann, wird die Privilegierung bzw. Qualifizierung geprüft. Dieses Vorgehen ermöglicht es, überflüssige Erörterungen zu vermeiden. 47

b) Das delictum sui generis als selbständige gesetzlich beschriebene Abwandlung[33]

Wie eine gesetzlich beschriebene Qualifizierung bzw. Privilegierung enthält auch das delictum sui generis alle Merkmale einer „scheinbaren Grundstraftat". Es gehört jedoch nicht derselben Straftatengruppe an, sondern ist selbständig. Die Selbständigkeit einer Abwandlung leuchtet z. B. dann unmittelbar ein, wenn der jeweils verwirklichte Unwert trotz der Identität der Veränderung in der Außenwelt nicht vergleichbar ist. Dies gilt z. B. für das Verhältnis zwischen vorsätzlicher und fahrlässiger Tatbegehung. So spielt es vom *Ergebnis* her zwar keine Rolle, ob A den B vorsätzlich oder fahrlässig getötet hat. Unter dem Aspekt des personalen Unwertes liegen indessen völlig verschiedene Sachverhalte vor. Deshalb ist der Totschlag (§ 212) keine Qualifikation einer fahrlässigen Tötung nach § 222.[34] 48

In vielen Fällen erscheint die Bewertung als delictum sui generis aber nicht so offenkundig. So ordnet die h. M. z. B. den Raub (§ 249) als delictum sui generis im Verhältnis zum Diebstahl (§ 242) ein,[35] weshalb beim Raub gegen Familienangehörige § 247 (Strafantragserfordernis) nicht anwendbar ist. Bestechlichkeit (§ 332) wird als eigenständig gegenüber der Vorteilsannahme (§ 331) angesehen, nicht jedoch der Meineid (§ 154) gegenüber der uneidlichen Falschaussage (§ 153).[36] 49

Fast zu einer „Glaubensfrage" ist die Einordnung des Mordes gem. § 211 im Verhältnis zum Totschlag (§ 212) geworden. Während die Rechtsprechung seit der Entscheidung BGH 2 StR 296/51 BGHSt 1, 370 annimmt, dass Mord eine selbständige Abwandlung (delictum sui generis) zum Totschlag sei,[37] geht die Lehre davon aus, dass § 212 die Grundstraftat und § 211 eine Qualifizierung bildet. Soweit es sich bei den Mordmerkmalen um besondere persönliche täterbezogene Merkmale handelt, werden sie von der Rechtsprechung folglich als strafbarkeits*begründende* Merkmale i. S. v. § 28 I eingeordnet. Die Lehre hingegen nimmt hier zu Recht eine unselbständige Qualifizierung i. S. v. § 28 II an.[38] § 28 I bzw. II zeigt, dass die Einordnung als delictum sui generis oder als Qualifikation bei der Beteiligung mehrerer zu erheblichen Unterschieden bei der Rechtsfolge führen kann (näher hierzu § 10 RN 246 ff.). 50

---

[33] Vgl. *Jescheck/Weigend* § 26 III 3; *Roxin* AT 1 § 10/134 f.

[34] Vgl. auch *Jescheck/Weigend* AT § 26 III 2.

[35] Vgl. *Roxin* AT 1 § 10/135.

[36] Vgl. auch *Jescheck/Weigend* AT § 26 III 1; *Roxin* AT 1 § 10/136.

[37] Vgl. auch die Nachweise bei *Eser* in: Schönke/Schröder, RN 5 vor § 211.

[38] Vgl. *Eser* in: Schönke/Schröder, RN 3 ff. vor § 211.

51 Für die *Fallbearbeitung* ist Frage insofern von Bedeutung, als nur das delictum sui generis Gegenstand der Bearbeitung ist und in ihm enthaltene weitere Strafvorschriften nicht separat geprüft werden.

52 Kommt z. B. eine Strafbarkeit wegen Raubes in Frage, werden im Rahmen des § 249 neben den nur auf den Raub bezogenen Elementen (Gewalt *gegen die Person*, Drohung mit *gegenwärtiger Gefahr für Leib oder Leben*) auch die *Wegnahme einer fremden beweglichen Sache in der Absicht rechtswidriger Zueignung* (Merkmale des *Diebstahls*) sowie der Einsatz von *Gewalt* oder *Drohung mit einem empfindlichen Übel* (Merkmale der *Nötigung*) mit geprüft. Es wäre fehlerhaft, zunächst auf Diebstahl und Nötigung einzugehen, um im Anschluss daran festzustellen, dass die Nötigung mit Raubmitteln erfolgt ist und deshalb auch die Strafvorschrift des Raubes erfüllt ist.

53 Etwas anderes gilt dann, wenn die Komponenten des delictum sui generis zu unterschiedlichen Zeitpunkten verwirklicht werden: Beim räuberischen Diebstahl (§ 252) kann die Voraussetzung, ob der auf frischer Tat betroffene Täter des Diebstahls Raubmittel angewendet hat, um sich den Besitz des gestohlenen Gutes zu erhalten, erst bejaht werden, wenn vorher festgestellt worden ist, dass der Täter einen Diebstahl als Vortat begangen hat.

4. Regelbeispiele

54 Regelbeispiele liegen vor, wenn der Gesetzgeber in Bezug auf „besonders schwere" Fälle ausführt, dass ein solcher Fall „in der Regel" vorliegt, wenn [...]. Ein anschauliches Beispiel für eine Regelbeispielstechnik bildet § 243 StGB, *der besonders schwere Fall des Diebstahls.*[39]

55 Im Unterschied zu unbenannten besonders schweren Fällen oder Qualifizierungen (s. o. RN 42 f., 45), bei denen die vorgesehene Rechtsfolge *zwingend* eintritt, entfalten die Regelbeispiele nur eine *Indizwirkung.*[40] In der konkreten Anwendung bedeutet dies, dass der Richter bei Vorliegen eines Regelbeispiels ohne nähere Begründung einen besonders schweren Fall annehmen kann. In *atypischen* Fällen jedoch kann er einerseits einen solchen Fall verneinen, obwohl ein Regelbeispiel gegeben ist, und er kann andererseits einen besonders schweren Fall trotz Fehlens eines Regelbeispiels bejahen. Er muss dann nur plausibel begründen, weshalb er von der Regel abweicht.

56 Insbesondere jene atypischen Fälle sind auf Kritik gestoßen. Der Haupteinwand geht dahin, dass insoweit die Strafbarkeit nicht im Sinne von Art. 103 GG „gesetzlich bestimmt" sei, weil die atypischen Fälle inhaltlich unbestimmt seien und nicht der Gesetzgeber, sondern der Richter ihre Voraussetzungen von Fall zu Fall festlege.[41] Es finde eine verfassungswidrige Vermischung von tatbestandlichem Unrecht und Strafzumessung statt.[42] Die h. M. hingegen betrachtet die Regelbeispiele nicht als Voraussetzungen der Straf*barkeit*, sondern als eine Präzisierung der *Strafzumessung*. In diesem Rahmen reichten jedoch die in § 46 niedergelegten allgemei-

---

[39] Näher hierzu *Gropp* JuS 1999, 1041 ff.; *Rengier* 1986, S. 250.

[40] Vgl. auch *B. Heinrich* AT RN 184 m. w. N.

[41] Vgl. z. B. *Zieschang* Jura 1999, 563 f.

[42] So *Gössel* FS Hirsch, S. 198.

nen Strafzumessungskriterien für die atypischen Fälle hin[43]. Und außerdem sei die Strafzumessung ohnehin die Domäne des Richters, und nicht die des Gesetzgebers.

Nun muss man freilich den formalen Charakter jener Argumentation sehen. 57
Denn es ist nur ein kleiner Schritt, ob man ein Merkmal als qualifizierendes oder privilegierendes Element der *Tatbestandsmäßigkeit* ausgestaltet, oder es der *Strafzumessung* zuschlägt. So hat der Gesetzgeber im 6. Strafrechtsreformgesetz den Wohnungseinbruchsdiebstahl aus dem Bereich der Regelbeispiele in § 243 a. F. herausgenommen und in § 244 I Nr. 3 als Qualifikation eingefügt. In der Sache lässt es sich daher nur schwer begründen, dass dem Straftäter allein auf Grund der Einordnung als Strafzumessungskriterium die Garantien des Gesetzlichkeitsprinzips in Art. 103 II GG genommen werden sollen. Eine vordringende Meinung fordert daher zu Recht, den innerhalb der Regelbeispiele genannten Merkmalen den Charakter von *Elementen der Tatbestandsmäßigkeit* („Quasi-Elemente der Tatbestandsmäßigkeit“) zuzuschreiben, soweit Entscheidungen zu Lasten des Täters in Frage stehen.[44] Es bedarf somit einer verfassungskonformen, am nullum crimen sine lege-Grundsatz ausgerichteten restriktiven Interpretation der Regelbeispiele. Sie schließt die atypische Bejahung eines besonders schweren Falles trotz Fehlens eines Regelbeispiels aus.[45] Auch hinsichtlich des Strafverfahrens wird darüber nachgedacht, auf Regelbeispiele prozessual wie Elemente der Tatbestandsmäßigkeit zu bewerten.[46]

Im Übrigen sollte es nachdenklich machen, dass auch die h. M. die Merkmale 58
der Regelbeispiele hinsichtlich der allgemeinen Lehren des Strafrechts im Grunde ohnehin wie Elemente der Tatbestandsmäßigkeit behandelt.[47] So können z. B. die den Regelbeispielen zugrundeliegenden Umstände einem Beteiligten nur dann zugerechnet werden, wenn er sie kennt.[48]

Wer die Regelbeispiele mit der h. M. als Strafzumessungsindizien versteht, 59
müsste sie in der *Fallbearbeitung* im Anschluss an die Schuldhaftigkeit auf der Stufe der Strafzumessung prüfen. Werden die Regelbeispiele hingegen als „Quasi-Elemente der Tatbestandsmäßigkeit“ behandelt, müssten sie im Rahmen der Tatbestandsmäßigkeit zur Sprache kommen. Wie bei den Privilegierungen und Qualifizierungen empfiehlt es sich aber auch hier, dieser Frage aus dem Weg zu gehen, indem man die Regelbeispiele erörtert, nachdem die Strafbarkeit der „Grundstraftat“ bejaht worden ist.

---

[43] Die h. M. verweist in diesem Zusammenhang auf die Rechtsprechung des Bundesverfassungsgerichts zur Regelbeispielstechnik in § 94 II 1 und 2 Nr. 2 StGB, vgl. BVerfG 2 BvR 308/77 BVerfGE 45, 363/372; vgl. aber *Hochmayr* FS Szwarc, S. 253 m w N.

[44] Vgl. *Gropp* JuS 1999, 1049 links; für unmittelbare Einordnung der Regelbeispiele als Elemente der Tatbestandsmäßigkeit *Kindhäuser* AT § 8/9.

[45] Vgl. *Arzt* JuS 1972, 580 ff.; *Callies* NJW 1998, 929, 935 ff.; für Einordnung der Regelbeispiele in § 243 als qualifizierende Elemente der Tatbestandsmäßigkeit *Kindhäuser* FS Triffterer, S. 123 ff./136; *Krahl* 1999, S.146 ff.,154, 159 ff.

[46] Näher *Rieß* GA 2007, 377 ff.

[47] Näher *Kindhäuser*, FS Triffterer, S. 123 ff.

[48] Vgl. BGH 3 StR 422/75 BGHSt 26, 244; Lackner/*Kühl* § 46/16 m w N.

60 Kommt neben einem Regelbeispiel auch noch eine Strafbarkeit aus einer gesetzlichen Qualifikation in Frage, verliert die Prüfung der Regelbeispiele ihren Sinn, wenn der durch die Qualifikation eröffnete Strafrahmen über denjenigen des Regelbeispiels hinausgeht. Hier empfiehlt sich im Anschluss an die Prüfung der Qualifikation die kurze Bemerkung, dass zwar auch ein Regelbeispiel vorliegt, dieses jedoch infolge Eingreifens des Strafrahmens der Qualifikation keine Rolle mehr spielt.

61 Steht z. B. ein Diebstahl mit Waffen zur Diskussion, bei dem der Täter in einen Geschäftsraum einbricht, ist zunächst § 242 zu prüfen und im Anschluss daran § 244 I Nr. 1 a. Es folgt dann die kurze Bemerkung, dass an sich auch das Regelbeispiel in § 243 I Nr. 1 gegeben ist, der durch § 243 eröffnete Strafrahmen angesichts der Strafbarkeit nach § 244 aber keine Rolle mehr spielt.

62 Die *Beteiligung* an einer Straftat mit Regelbeispiel setzt die Verwirklichung des Regelbeispiels durch den Beteiligten nicht voraus. Jedoch ist zu differenzieren:

63 Knüpft ein Regelbeispiel an die besonders *gefährliche Tatbegehung* an, erstreckt sich die Regelwirkung auf alle Beteiligten, die die Verwirklichung des Regelbeispiels kennen.[49] *Personenbezogene* Erschwerungsgründe wie z. B. die gewerbsmäßige Tatbegehung (vgl. z. B. § 243 I 2 Nr. 3) müssen bei dem Beteiligten hingegen analog § 28 II selbst vorliegen.[50] Fragen zur *versuchten* Verwirklichung eines Regelbeispiels und zu *Irrtümern* betreffend Regelbeispiele werden unten (§ 9 RN 96 ff. sowie § 13 RN 121) erörtert.

III. Die strafbare Handlung als *rechtswidrige* Verwirklichung des gesetzlich beschriebenen Unwertes

64 Um strafbar zu sein, muss die gesetzlich beschriebene Unwertverwirklichung rechtswidrig sein. Dies ist der Fall, wenn sie im Widerspruch zur Gesamtrechtsordnung steht. Dass die Handlung des Täters der gesetzlich beschriebenen Unwertverwirklichung entspricht, sagt indessen noch nichts über ihren Widerspruch zur Gesamtrechtsordnung aus. Denn es gibt Situationen, in denen die Handlung rechtmäßig ist (Rechtfertigungsgründe, näher § 5), obwohl der gesetzlich beschriebene Unwert verwirklicht wird. Dies gilt z. B. für den Fall der Notwehr (§ 32, näher unten § 5 RN 122 ff.). Hier darf der Täter einen Dritten u. U. sogar töten, wenn er von diesem rechtswidrig angegriffen wird und der Angriff nicht anders abgewehrt werden kann. Der Widerspruch der Unwertverwirklichung zur Gesamtrechtsordnung (Rechtswidrigkeit) kann deshalb erst dann festgestellt werden, wenn keine Rechtfertigungsgründe eingreifen.

---

[49] Verwirklicht ein Mittäter ein benanntes Regelbeispiel, nimmt die Rechtsprechung grundsätzlich einen unbenannten besonders schweren Fall an, vgl. BGH 1 StR 730/96 BGHSt 43, 237/240 m w N.

[50] Vgl. *Eser/Bosch* in: Schönke/Schröder § 243 RN 47; LK-*Ruß* § 243 RN 39; *Gropp* JuS 1999, 1041, 1051; krit. zur Anwendbarkeit des § 28 II *Bruns* GA 1988, 339/350; vgl. auch *Maiwald* NStZ 1984, 437, 439.

IV. Die strafbare Handlung als *schuldhafte* Verwirklichung des gesetzlich beschriebenen rechtswidrigen Unwertes

Im Rahmen der Straftheorien (s. o. § 1 RN 168 ff.) hatte es sich ergeben, dass Strafe ihren Zweck nur erfüllen kann, wenn dem Täter sein Verhalten zum *Vorwurf* gemacht werden kann. Über die rechtswidrige Verwirklichung eines gesetzlich beschriebenen Unwertes hinaus setzt die strafbare Handlung folglich weiterhin voraus, dass der Täter schuldhaft gehandelt hat (näher zur Schuldhaftigkeit unten § 6 RN 3 ff.). **65**

C. Struktur

Mit der tatbestandsmäßigen, rechtswidrigen und vorwerfbaren (schuldhaften) Unwertverwirklichung steht die äußere Gestalt der strafbaren Handlung fest. Dieser Rahmen ist seit *Ernst Beling* und *Franz von Liszt* als *fünf-*[51] bzw. *vier-*[52] und nach heutigem Verständnis *dreistufiger Straftatbegriff* im Wesentlichen unumstritten.[53] Fraglich ist, welche *Elemente* der gesetzlich beschriebenen strafbaren Handlung an welcher Stelle mit welchen Eigenschaften innerhalb des Stufenbaus zu platzieren sind (*Struktur der strafbaren Handlung*). **66**

I. Die Funktionen des Begriffs der strafbaren Handlung als Grundlage für die Struktur der strafbaren Handlung

Die Struktur der strafbaren Handlung hängt davon ab, welche Funktionen ihr Begriff erfüllen soll.[54] **67**

---

[51] Vgl. *Beling* 1906, S. 7: „Verbrechen ist die tatbestandsmäßige, rechtswidrige, schuldhafte, einer auf sie passenden Strafdrohung unterstellbare und den Strafdrohungsbedingungen genügende Handlung". Beling spricht dabei von „fünf Spezialmerkmalen".

[52] Vgl. *v. Liszt* Lehrbuch des deutschen Strafrechts 14./15. Aufl. 1905, S. 116 f.: der Begriff des Verbrechens setzt sich aus *vier* Merkmalen zusammen: einer menschlichen *Handlung*, ihrer *Rechtswidrigkeit*, ihrer *Schuldhaftigkeit* und ihrer *Strafbarkeit*. Diese vier Merkmale bilden den Begriff (den „allgemeinen Tatbestand") des Verbrechens.

[53] Zu jenem naturalistisch geprägten Strafrechtssystem *Schünemann* in: Schünemann (Hrsg.) 1984, S. 1 ff./19 ff.; vgl. auch den Überblick über die Entwicklung der Verbrechenslehre bei *Maiwald* FS Sellert, S. 427 ff.; lesenswert hierzu auch *Schroeder* in: Hoyer (Hrsg.) 2001, S. 106 ff. sowie *Stollwerck* in: Hoyer, (Hrsg.) 2001, S. 103 ff.; grds. kritisch zur Unterscheidung von Unrecht und Schuld sowie dem daraus folgenden Aufbau der strafbaren Handlung *Lesch* 1999; *Lesch* JA 2002, 602 ff.

[54] Zur Formulierung Grund-, Grenz- und Verbindungselement vgl. *Baumann* GS Arm. Kaufmann, S. 184 ff.; *Roxin* AT 1 § 8/1 ff.

1. Der Begriff der strafbaren Handlung in seiner Funktion als Grundelement

68 Als *Grundelement* – *Jescheck/Weigend*[55] sprechen insoweit von *Klassifikationsfunktion, Wessels/Beulke/Satzger*[56] von *Basis-* und *Abgrenzungsfunktion* – kann der Begriff der strafbaren Handlung nur dienen, wenn die Struktur der strafbaren Handlung die unterschiedlichen *Erscheinungsformen* der Straftat (s. u. §§ 8–12) annehmen kann: Versuch und Vollendung, aktives Tun und Unterlassen, Vorsatz- und Fahrlässigkeitsstraftat, Täterschaft und Teilnahme.

2. Der Begriff der strafbaren Handlung in seiner Funktion als Grenzelement

69 Als *Grenzelement* kann der Begriff der strafbaren Handlung nur dienen, wenn die Struktur der strafbaren Handlung in der Lage ist, *nicht willensgetragene* Handlungen, sog. Nicht-Handlungen, zu erkennen und auszuklammern.

Insoweit sind anerkannt:

70
- *Reflexbewegungen,* d. h. Körperbewegungen, bei denen die *Erregung der motorischen Nerven nicht unter seelischem Einfluss steht,* sondern sich ein Reiz ohne Mitwirkung des Bewusstseins von einem Empfindungszentrum auf ein Bewegungszentrum und damit in Bewegung überträgt,[57]
- Körperbewegungen *Schlafender,*
- Körperbewegungen im Rahmen *epileptischer Anfälle,*[58]
- durch *vis absoluta* erzwungene Körperbewegungen.

71 Bei den durch *vis absoluta* erzwungenen Bewegungen kann ein Wille zwar gebildet, nicht jedoch *betätigt* werden:

72 **Beispiel 2.4**

A stößt B mit großer Wucht gegen C. Dadurch kommt C zu Fall und verletzt sich. Die Verletzung des C ist dem A zuzurechnen. Seitens des B liegt eine Nicht-Handlung vor.

73 Körperbewegungen in *Hypnose* werden zwar als Handlungen bewertet, jedoch liegt hier zugleich eine tiefgreifende Bewusstseinsstörung vor.[59] Begeht der Hypnoti-

---

[55] § 23 I 2.

[56] AT RN 85.

[57] Zur Abgrenzung von Reflexbewegung, halbautomatischer Reaktion, Impulsivhandlung und Kurzschlusshandlung *Fliegen*-Fall OLG Hamm 5 Ss 331/74 NJW 1975, 657.

[58] Vgl. OLG Schleswig 1 Ss 688/82 VRS 64 (1983), 429; BGH 4 StR 441/94 BGHSt 40, 341 ff.; anschaulich zu den Fallgruppen *Kühl* AT § 2/5 ff.

[59] Vgl. *Roxin* AT 1 § 8/72 unter Hinweis auf eine auch im Hypnotisierten wirksame „Charakterschranke", § 20/13; *Lenckner/Eisele* in: Schönke/Schröder RN 39 vor § 13, *Perron* in: Schönke/Schröder § 20 RN 13; SK-*Rudolphi* § 20 RN 10; *Maurach/Zipf* AT § 16/19; LK-*Jähnke* § 20 RN

sierte eine strafbare Handlung, können folglich Maßregeln nach §§ 61 ff. verhängt werden.

74 Nach einer Mindermeinung soll eine Nicht-Handlung nur gegeben sein, wenn derjenige Bereich betroffen ist, der für die strafrechtliche Zurechnung *überhaupt nicht* in Frage kommt. Ein Handeln in Form des Unterlassens liegt danach schon dann vor, wenn eine *Durchschnittsperson in Vollbesitz aller Kenntnisse und Fähigkeiten* in der betreffenden Situation zur Verhinderung der Veränderung in der Außenwelt (des Erfolgs) in der Lage gewesen wäre.[60]

Beispiel 2.5 75

Mutter M liegt am Strand. Ihr zweijähriges Kind schläft neben ihr. M schläft ein. Nun wacht das Kind auf und läuft in das Wasser. M wacht ebenfalls auf und will K retten. Jedoch kann sie nicht schwimmen und müsste deshalb damit rechnen, selbst zu ertrinken. Weil andere Hilfe nicht zur Stelle ist, ertrinkt K. Hier ist es M durchaus möglich, einen Willen zur Rettung des K zu bilden und in die Wirklichkeit umzusetzen. Ihr *persönliches Unvermögen* zur Rettung würde nach der genannten Mindermeinung die Handlungsqualität ihres Verhaltens nicht ausschließen.

76 Die überwiegende Meinung[61] stellt hingegen zu Recht auf die *individuelle* Handlungsfähigkeit ab, weil die Rechtsordnung nur fordern kann, was *möglich* ist und Adressat der Forderung nur der individuelle Mensch sein kann. Danach ist das Verhalten der Nichtschwimmerin M als Nicht-Handlung einzuordnen.

3. Der Begriff der strafbaren Handlung in seiner Funktion als Verbindungs- bzw. Ordnungselement

77 Als *Verbindungs- bzw. Ordnungselement* kann der Begriff der strafbaren Handlung nur dienen, wenn die Struktur der strafbaren Handlung die Elemente innerhalb ihres Stufenbaus in eine *sachgerechte Beziehung* bringt. Diese Funktion als Verbindungs- bzw. Ordnungselement wird nicht selten unterschätzt.[62] Dem ist zuzugeben, dass es in der gerichtlichen Urteilspraxis *im Ergebnis* nicht merkbar auf diese sachgerechte Beziehung ankommen. Jedoch wirkt sich die Fortentwicklung des Begriffs der strafbaren Handlung in seiner Funktion als Verbindungs- bzw. Ordnungselement

25 m w N; auch Aktivitäten beim Schlafwandeln, das eine Ansprechbarkeit nicht ausschließt und eher den Eindruck einer geistigen Behinderung erweckt, sind dann Handlungen, wenn auch im Zustand der Schuldunfähigkeit ausgeführt.

[60] Vgl. *Jescheck/Weigend* AT § 23 VI 2 b m w N.

[61] Vgl. *Stree/Bosch* in: Schönke/Schröder 141 ff. vor § 13 m w N.

[62] Vgl. u. a. *Baumann* GS Armin Kaufmann, S. 186; *Freund* AT § 1/60; *B. Heinrich* AT § 9/190; *Kindhäuser* AT § 5/17 ff. *Lenckner/Eisele* in: Schönke/Schröder RN 37 vor § 13 m w N; umfassende Kritik derjenigen Lehren, die dem Handlungsbegriff seine grundlegende Bedeutung bestreiten *Kahlo* 2001, S. 18 ff.

unmittelbar auf die Dogmatik der strafbaren Handlung und damit auf die Fortentwicklung des Strafrechts aus.[63]

78 So kann man z. B. das Fortbestehen des Vorsatzes im Falle des Verbotsirrtums nach § 17 als Folge eines Begriffs der strafbaren Handlung sehen, bei dem in der Struktur der strafbaren Handlung Vorsatz und Unrechtsbewusstsein an unterschiedlichen Stellen verortet sind. Das Erfordernis einer *vorsätzlichen und rechtswidrigen, nicht aber einer auch schuldhaft begangenen* Haupttat für die Strafbarkeit der Teilnahme in §§ 26, 27 lässt darauf schließen, dass für die Struktur der strafbare Handlung als Teilnahmehandlung die Teilnahme an fremdem Unrecht genügt. Und schließlich wäre es in diesem Sinne ein Verdienst des *sozialen* Verständnisses von der strafbaren Handlung als Verbindungselement, wenn es gelänge, den ärztlichen Heileingriff so zu regeln, dass er seinem sozialen Sinngehalt entsprechend nicht mehr als „Fall" einer Körperverletzung einzuordnen wäre.[64]

II. Modelle für eine Struktur der strafbaren Handlung (sog. Handlungslehren) und ihre Vereinbarkeit mit der Funktion des Handlungsbegriffs als Grund-, Grenz- und Verbindungs- bzw. Ordnungselement[65]

79 Bei der Strukturierung des Aufbaus der strafbaren Handlung können im Wesentlichen die folgenden Entwicklungsschritte nachgezeichnet werden:

1. Die Struktur der strafbaren Handlung als willentliches Verhalten, welches die gesetzlich beschriebene Unwertverwirklichung *verursacht* (sog. *kausale* Handlungslehre nach v. *Liszt* 1851–1919 und *Beling* 1866–1932)

a) Definition der Handlung

80 Nach der kausalen Handlungslehre erschöpft sich die Struktur der strafbaren Handlung in einer „auf menschliches Wollen zurückführbaren *Veränderung in der Außenwelt*" (v. Liszt)[66]. Später werden die Anforderungen an den Handlungsbegriff – zum Zwecke der Miterfassung des Unterlassens – dahingehend eingeschränkt, dass nur noch ein „gewillkürtes Körperverhalten"[67] erforderlich sei. Der *Wille* des Täters muss sich dabei *nicht* einmal auf die Verwirklichung der *gesetzlich beschriebenen Voraussetzungen der Strafbarkeit* beziehen, sondern nur auf das Verhalten als solches. Der Täter muss nicht wollen, *was* er bewirkt, nur *dass* er bewirkt. Das Wissen und Wollen der Erfüllung der Strafvorschrift ist als Vorsatz ausschließlich ein Element der Schuldhaftigkeit. Der gesetzlich beschriebene *Unwert* und im Falle der Rechtswidrigkeit auch das *Unrecht* der strafbaren Handlung liegen somit

---

[63] Umfassend *Kahlo* 2001, S. 89 ff.

[64] Vgl. §§ 229, 230 E 1998 (6. StrRG); *Dencker u. a.* 1998; *Cramer* FS-Lenckner, S. 761 ff.

[65] Vgl. NK-StGB-*Puppe* vor § 13 RN 41 ff.; rechtshistorisch aufschlussreich *Ambos* JA 2007, 1 ff.

[66] *V. Liszt* Strafrecht 4. Aufl. 1891, S. 128.

[67] Vgl. *v. Liszt* Strafrecht 21./22. Aufl. 1919, S. 116: „Handlung ist willkürliches Verhalten zur Außenwelt; genauer: Veränderung, d. h. Verursachung oder Nichthinderung einer Veränderung d. Außenwelt durch willkürliches Verhalten."

bereits dann vor, wenn der Täter *willentlich* den Eintritt des Sachverhaltsunwerts verursacht.

➤ Struktur der strafbaren Handlung (als Grundlage des „klassischen" Begriffs von der strafbaren Handlung) nach der ***kausalen Handlungslehre***[68] 81

I. *Tatbestandsmäßigkeit*
  - Handlung (gewillkürtes Körperverhalten)
  - Veränderung in der Außenwelt entsprechend der gesetzlichen Vorschrift
  - Kausalität (Äquivalenztheorie, näher dazu § 4 RN 30 ff.)

II. *Rechtswidrigkeit*

III. *Schuldhaftigkeit* (psychologisch), näher dazu § 6
  u. a.
  - Vorsatz (einschl. Unrechtsbewusstsein [str.]) ...
  - besondere subjektive Merkmale (z. B. Zueignungsabsicht beim Diebstahl ...)

b) Hintergrund

Den geistesgeschichtlichen Hintergrund der kausalen Handlungslehre bildet ein *naturwissenschaftlich-mechanistisches* Weltbild, ein „Räderwerk", dessen Bestandteil auch die Straftat ist. Die Tatbestandsmäßigkeit des klassischen Begriffs von der Straftat beschränkt sich folglich darauf, Tatsachen der *Außen*welt zu *beschreiben*, die Rechtswidrigkeit, jene Tatsachen im Hinblick auf ihre Vereinbarkeit mit der Rechtsordnung zu *bewerten*. Tatbestandsmäßigkeit und Rechtswidrigkeit haben die *Tat* zum Gegenstand, der *Täter* steht im Mittelpunkt der Schuldhaftigkeit. 82

c) Vertreter

Die kausale Handlungslehre ist mit der Herausbildung des dreistufigen Straftataufbaues eng verbunden. Als Schöpfer und frühe Vertreter sind vor allen *v. Liszt*[69] und *Beling*[70] zu nennen. 83

d) Stärken

Die Stärke der kausalen Handlungslehre beruht darauf, dass sie einfach und übersichtlich ist und der forensischen Praxis entgegenkommt. Denn im Bereich des Unrechts genügt es, auf der Ebene der Tatbestandsmäßigkeit die Ursächlichkeit der willentlichen Handlung darzustellen und diese auf der Stufe der Rechtswidrigkeit zu bewerten. Der *Einzugsbereich* der Tatbestandsmäßigkeit gerät dadurch sehr weit, denn die *Unwert-* und *Unrechtsstruktur* der vorsätzlichen und der fahrlässigen Straftat unterscheiden sich nicht. Erst innerhalb der Schuldhaftigkeit wird gefragt, ob der Täter vorsätzlich oder fahrlässig gehandelt hat. Dieser Stufe kommt damit großes Gewicht zu. 84

---

[68] Dargestellt am Beispiel der vorsätzlichen, eine Veränderung in der Außenwelt bewirkenden Straftat.

[69] Vgl. *v. Liszt* Strafrecht 4. Aufl. 1891, S. 128.

[70] Die Lehre vom Verbrechen, 1906, S. 8 ff.

85 Seiner Funktion als *Grenzelement* wird der der kausalen Handlungslehre entsprechende Handlungsbegriff gerecht, indem er durch die Voraussetzung der *Willentlichkeit* die Nicht-Handlungen aus dem Bereich der Strafrechtsrelevanz ausscheidet. Man könnte sogar sagen, dass der Handlungsbegriff der kausalen Handlungslehre vor allem durch die Funktion als Grenzelement geprägt wird. Auch als *Verbindungselement* taugt er, da die kausale Handlung tatbestandsmäßig, rechtswidrig und schuldhaft verwirklicht wird.

e) Schwächen

86 Bei allen Vorzügen zeigt der Handlungsbegriff der kausalen Handlungslehre jedoch auch deutliche Schwächen:

87 Er hat Begründungsprobleme, wenn die strafrechtsrelevante Wirklichkeit nicht nur auf Verursachung beruht, sondern auch das Ergebnis einer *Bewertung* ist: So lässt sich der Unwert der Beleidigung kaum als Veränderung in der Außenwelt beschreiben, als „Erregung von Luftschwingungen", welche beim Empfänger zu entsprechenden Stoffwechselveränderungen im Nervensystem führen.[71]

88 Erklärungslücken entstehen aber auch dadurch, dass das „gewillkürte Körperverhalten" keine Bezüge zum gesetzlich umschriebenen Unwert aufweist: Vom gewillkürten Körperverhalten her besehen besteht nach der kausalen Handlungslehre zwischen dem Töten eines Menschen und dem Töten einer Fliege kein Unterschied. Denn wenn sich der Wille des Täters nur auf die Tatsache seines Handelns als solches bezieht, dann ist es irrelevant, ob jenes willentliche Handeln den Tod eines Insektes oder eines Menschen *verursacht.*

89 Als *Grundelement* kommt der Handlungsbegriff der kausalen Handlungslehre vor allem dann in Bedrängnis, wenn er den Unwert einer Straftat in der Erscheinungsform des *Versuchs* oder des *Unterlassens* erklären soll. Denn der Unwert des Versuchs wird durch den subjektiven *Entschluss* geprägt, und beim Unterlassen versagt die „mechanistische" condicio sine qua non gänzlich (näher § 11 RN 161 ff.).

90 **Beispiel 2.6**

Der Bademeister sitzt am Rand des Schwimmbeckens. Da bemerkt er, dass der ihm verhasste Nebenbuhler B offensichtlich Opfer einer Herzattacke geworden ist und wie ein Stein auf den Boden des Schwimmbeckens sinkt. In seinem Hass beschließt B, den A ertrinken zu lassen und tut so, als ob er den Unfall nicht bemerkt habe. Als nach zwei Minuten jedoch sein Kollege aus der Nichtschwimmerabteilung bei ihm vorbeischaut, sieht sich B gezwungen, doch etwas zur Rettung des A zu unternehmen, und rettet A, ohne dass irgend jemand etwas von seinem verwerflichen Plan bemerkt hätte.

91 Fälle wie dieser, dessen Unrechtsgehalt weder naturwissenschaftlich-kausal herbeigeführt noch äußerlich erkennbar ist, wenn man nicht den *straftatbezogenen* Willen des Täters berücksichtigt, stellen die kausale Handlungslehre vor größte Probleme.

---

[71] Vgl. *v. Liszt* Strafrecht 2. Aufl. 1884, S. 107 f.; krit. *Jescheck/Weigend* AT § 22 III 2 a; *Roxin* AT I § 8/16.

Schwächen zeigt die kausale Handlungslehre schließlich auch bei sonstigen subjektiven Elementen der Tatbestandsmäßigkeit wie *Absichten* (Zueignungsabsicht beim Diebstahl) oder *Motiven* (z. B. Tötung aus niedrigen Beweggründen, § 211), die alle dem Bereich der Schuldhaftigkeit zugeordnet werden müssten. 92

Dass hier Zugeständnisse erforderlich und möglich sind, haben allerdings auch Vertreter der kausalen Handlungslehre gesehen und im Rahmen des neo-klassischen Begriffs der strafbaren Handlung berücksichtigt. Denn vom *klassischen* unterscheidet sich der *neo-klassische* Begriff der strafbaren Handlung dadurch, dass besondere subjektive Merkmale als Elemente der Tatbestandsmäßigkeit aufgenommen und dadurch als Bestandteil des typischen personalen Unwertes anerkannt werden. Der Unwert des Diebstahls ist danach nicht mehr nur in der Wegnahme einer Sache, sondern darüber hinaus darin zu sehen, dass der Täter mit *Zueignungsabsicht* handelt. Außerdem finden mit der Anerkennung *normativer Elemente der Tatbestandsmäßigkeit (Tatbestandsmerkmale)*[72] (z. B. der Begriff der „Urkunde" in § 267) wertende Elemente Eingang in die Tatbestandsmäßigkeit. 93

▶ Struktur der strafbaren Handlung als Grundlage des „neo-klassischen"[73] Begriffs von der strafbaren Handlung 94

I. *Tatbestandsmäßigkeit*
   - Handlung (gewillkürtes Körperverhalten)
   - Veränderung in der Außenwelt entsprechend der gesetzlichen Vorschrift
   - Kausalität (Äquivalenztheorie, näher dazu § 4 RN 30 ff.)
   - bes. subj. Merkmale (z. B. Zueignungsabsicht beim Diebstahl ...)

II. *Rechtswidrigkeit*

III. *Schuldhaftigkeit* (normativ-psychologisch)
   u. a.
   - Vorsatz (einschl. Unrechtsbewusstsein [str.])

2. Die Struktur der strafbaren Handlung als *zweckgerichtete* Verursachung der gesetzlich beschriebenen Unwertverwirklichung (sog. *finale* Handlungslehre nach *Welzel* 1904–1977 und *Maurach* 1902–1976)[74]

a) Definition der Handlung[75]

„*Menschliche Handlung ist Ausübung der Zwecktätigkeit*". Jene Formulierung von Hans *Welzel*[76] stellt die Ausgangsformel für die Definition der Handlung nach der 95

[72] „Entdeckt" von *M.E. Mayer* AT, S. 182 ff.

[73] Dargestellt am Beispiel einer vorsätzlich eine Veränderung in der Außenwelt bewirkenden Straftat.

[74] Vgl. auch *Hirsch* ZStW 93 (1981), 831 ff. und ZStW 94 (1982), 239 ff.; *Hirsch* ZStW 116 (2004), 1 ff.; *Küpper* 1990; als weitere „Finalisten" seien *Karl Heinz Gössel, Armin Kaufmann, Friedrich-Christian Schroeder, Günter Stratenwerth* und *Heinz Zipf* genannt.

[75] Umfassend *Küpper* 1990, S. 44 ff.; *Hirsch* ZStW 93 (1981), 836 ff.

[76] LB, S. 33.

finalen Handlungslehre dar. Ihre rechtsphilosophische Basis bildet eine phänomenologisch-ontologisch[77] geprägte Auffassung vom menschlichen Verhalten als nicht nur ein bloßes Verursachen durch Willensbetätigung, sondern Ausübung der *Zwecktätigkeit, geistige Vorwegnahme* des Ziels, in der späteren Weiterentwicklung ein von Handlungssinn getragenes willentliches Verhalten.[78] Der *ontologische* Handlungsbegriff der finalen Handlungslehre ist zunächst *vorrechtlicher* Natur, d. h. an die Vorstellung von der *Wirklichkeit* menschlichen Verhaltens angelehnt. Bezogen auf die Verwirklichung einer *Strafvorschrift* ist das sinngetragene willentliche Verhalten Bestandteil des gesetzlichen *Unwerts* und *Unrechts*. Indem das sinngetragene willentliche Verhalten auch den *Vorsatz* umfasst, wird auch dieser zum Unwertelement als Bestandteil des *personalen Unwertes*, während das Unrechtsbewusstsein als selbständiges Element Bestandteil der Schuldhaftigkeit bleibt. Die Verortung des Vorsatzs innerhalb der Struktur der strafbaren Handlung erfolgt als *subjektives Element der Tatbestandsmäßigkeit,* ohne dass der verwirklichte Un*wert* nicht als von Menschen herrührend beschrieben werden kann. Es entsteht so eine *personale Unwert- und Unrechtslehre.*

96 Weil der Vorsatz und die besonderen subjektiven Elemente der strafbaren Handlung ausnahmslos und vollständig Bestandteil der Tatbestandsmäßigkeit sind, erschöpft sich die Kategorie der Schuldhaftigkeit nur noch normativ in der Schuldfähigkeit und in der Vorwerfbarkeit des Handelns trotz Unrechtsbewusstseins sowie im Ausschluss von Entschuldigungsgründen.

97 ▶ Struktur der strafbaren Handlung (als Grundlage des „finalen" Begriffs von der strafbaren Handlung) nach der ***finalen Handlungslehre***[79]

I. *Tatbestandsmäßigkeit*
  - *objektive Elemente* (Sachverhaltsunwert)
    - Handlung (gewillkürtes Körperverhalten)
    - Veränderung in der Außenwelt entsprechend der gesetzlichen Vorschrift
    - Kausalität (Äquivalenztheorie, näher dazu § 4 RN 30 ff.)
  - *subjektive Elemente* (Personaler Unwert)
    - Vorsatz
    - bes. subj. Merkmale (z. B. Zueignungsabsicht beim Diebstahl)

II. *Rechtswidrigkeit*:

III. *Schuldhaftigkeit* (rein normativ)
  u. a.
  - Unrechtsbewusstsein

b) Hintergrund

98 Als ontologischer Ausgangspunkt für die Überlegungen *Welzels* werden Erkenntnisse der neueren Psychologie nach dem Ersten Weltkrieg über die Umsetzung see-

[77] Von griech. τὸ ὄν = to on = das Sein.

[78] Vgl. *Hirsch* ZStW 93 (1981), 831 ff. und ZStW 94 (1982), 239 ff.

[79] Dargestellt am Beispiel einer vorsätzlich eine Veränderung in der Außenwelt bewirkenden Straftat.

lischer Akte in die Außenwelt genannt, aus denen sich die Fähigkeit des Menschen ergibt, für die sachliche Richtigkeit seiner Willensentscheidungen Verantwortung zu übernehmen.[80] So besehen hat auch die finale Handlungslehre einen naturwissenschaftlichen Hintergrund. Jedoch wird im Gegensatz zur kausalen Lehre der Wille des Menschen in den Mittelpunkt gestellt. Der Täter wird nicht als bezüglich des Sachverhaltsunwertes blind verursachendes Wesen betrachtet, sondern als eine von seelischen Vorgängen bestimmte *Person*, die ihr Verhalten sinnhaft zu gestalten sucht und darin auch bezüglich der Begehung von Straftaten keine Ausnahme macht. Dass sich der einzelne Mensch in dieser Struktur von der strafbaren Handlung wiedererkennen kann, macht ihre Attraktivität aus. Darüber hinaus wird in der finalen Struktur der strafbaren Handlung in besonderer Weise deutlich, dass Recht bei aller notwendigen Abstraktion vom konkreten Fall letztlich eine an der Wirklichkeit orientierte Funktion zukommt.

c) Vertreter

Die finale Handlungslehre wurde zunächst durch *Welzel*[81] in die wissenschaftliche **99**
Diskussion eingeführt und stieß bald auf Zustimmung.[82] Bis heute hat sich die finale Handlungslehre insoweit etabliert, als mittlerweile der Vorsatz im Sinne einer *personalen Unrechtslehre* ganz überwiegend als Bestandteil des Unwerts bzw. Unrechts der strafbaren Handlung verstanden wird.[83] Auch weitere Folgen – Teilnahme nur an vorsätzlicher Haupttat, Anerkennung eines Verbotsirrtums unter Beibehaltung des Vorsatzes – gehören heute zu den unumstrittenen, mittlerweile in den §§ 16, 17 und 26, 27 sogar gesetzlich festgeschriebenen Elementen der Strafrechtsdogmatik.

d) Stärken

Die Stärke der finalen Handlungslehre liegt darin, dass Unwert und Unrecht der Tat **100**
gerade auch dadurch konstituiert werden, dass der Täter im Wissen und Wollen um die Verwirklichung der gesetzlich beschriebenen Straftat handelt. Seine Tauglichkeit als *Grenz-* und *Verbindungselement* ist unbestritten. Als *Grundelement* vermag er den Entschluss als Unrecht des Versuchs bruchlos zu erklären. Gleiches gilt für Absichten und weitere personale Merkmale als Elemente der Tatbestandsmäßigkeit.

Obwohl auch Unterlassen durchaus zweckgerichtet sein kann, verstehen Vertreter der finalen **101**
Handlungslehre die Unterlassungsstaftat als eine selbständige Erscheinungsform der Straftat, die eigenen, die Gegebenheiten der Begehungsstraftat umkehrenden, Regeln folgt.[84]

---

[80] Vgl. zum Ganzen und mwN. *Jescheck/Weigend* AT § 22 V 2; *Roxin* AT 1 § 8/17; kritisch zur ontologischen Ausrichtung der finalen Handlungslehre *Roxin* FS Androulakis, S. 573 ff.

[81] ZStW 58 (1939), 498.

[82] Vgl. *Maurach* AT, 1. Aufl. 1954, § 15 II C.

[83] Vgl. *Hirsch* ZStW 93 (1981), 831 ff. und 94 (1982), 239 ff.; *Ida* 5 Keio Law Review 1985, S. 105 ff.; *Arm. Kaufmann* FS Welzel, S. 393 ff.; neben erklärten Vertretern eines finalen Handlungsbegriffs wie *Hirsch, Gössel, Armin Kaufmann, Küpper, Rudolphi, F.-C. Schroeder, Stratenwerth* oder *Zipf* wären hier auch Vertreter vermittelnder Handlungslehren wie *Eser, Gallas, Jescheck, Lenckner, Roxin* und *Wessels* zu nennen.

[84] Vgl. *Arm. Kaufmann* 1959, S. 57 f., 92 ff., 239 ff. sowie *Roxin* AT 1 § 8/19.

e) Schwächen

102 In der Betonung der Zwecktätigkeit des Verhaltens gerät die Finale Handlungslehre hinsichtlich der Funktion der Begriffs von der strafbaren Handlung als *Grundelement* partiell in Verlegenheit. Denn es ist schwierig, fahrlässiges Handeln, insbesondere bei unbewusster Fahrlässigkeit, als Zwecktätigkeit zu umschreiben.

103 Selbstverständlich hat dies auch Welzel gesehen, weshalb er in der 1. Auflage seines Lehrbuchs von 1947 die Zwecktätigkeit nicht aktuell, sondern potentiell als *mögliche* Zwecktätigkeit verstanden wissen wollte.[85] Hiergegen wurde nicht ohne Grund eingewandt, dass eine nur mögliche Zwecktätigkeit in Wirklichkeit keine sei.[86] Ein weiterer Ausweg, Finalität und Fahrlässigkeit miteinander zu verbinden, wurde deshalb darin gesucht, Fahrlässigkeit durch Anknüpfung an das den Sachverhaltsunwert verursachende Fehlverhalten[87] zu begründen:

104 **Beispiel 2.7**

Wenn A sein Gewehr putzt und sich dadurch versehentlich ein Schuss löst, der den B tödlich trifft, dann könnte man als Handlung das Putzen des Gewehrs ansehen, weshalb auch in der Handlung, welche die Veränderung in der Außenwelt fahrlässig herbeiführt, ein finales Element liegen könnte.[88]

105 Dass der in den Willen aufgenommene Sachverhaltsunwert als Element *außerhalb der Tatbestandsmäßigkeit* dann nicht mehr Bestandteil des gesetzlich beschriebenen Unwerts sein kann, hat *Welzel* gesehen und unter Hinweis auf den *vorrechtlichen* Charakter der Handlung in Kauf genommen.[89]

106 Jenes Heraustreten aus der gesetzlichen Unwertbeschreibung führt aber dazu, dass ein darauf beruhender Begriff von der strafbaren Handlung seine Funktion als *Verbindungs-Element* zwischen Tatbestandsmäßigkeit, Rechtswidrigkeit und Schuldhaftigkeit nicht mehr erfüllen kann. Das zweckgerichtete Verhalten „Reinigen des Gewehres" in *Beispiel 2.7.* vermag die Verbindung zum Sachverhaltsunwert „Tod des B" schwerlich herzustellen.

107 Dem könnte man entgegenhalten, dass der Sachverhaltsunwert der Fahrlässigkeitsstraftat sich ohnehin im Sorgfaltspflichtverstoß bzw. in der willentlichen Gefahrerhöhung erschöpfe und die Veränderung in der Außenwelt nur eine objektive Bedingung der Strafbarkeit darstelle (näher dazu unten § 7). Aber selbst wenn man davon absieht, dass sich auch auf diesem Wege unbewusste

---

[85] Ebenso *Stratenwerth/Kuhlen* AT § 6/8.

[86] So *Roxin* AT 1 § 8/20.

[87] Vgl. *Welzel* 1960, S. 11 ff.; *Welzel* JuS 1966, 421/423 ff.; krit. hierzu *Arth. Kaufmann* JuS 1967, 145 ff.; anregend die Erwiderung von *Welzel* NJW 1968, 425 ff.

[88] Vgl. *Welzel* NJW 1968, 426 links: „Zwar ist jeder Tatbestandsvorsatz ein finaler Handlungswille, aber nicht jeder finale Handlungswille ist ein Tatbestandsvorsatz"; ebenso Maurach/*Zipf* AT 1 § 16/44.

[89] Vgl. *Welzel* LB S. 129.

Fahrlässigkeit und zweckgerichtete Gefahrerhöhung schlecht in Einklang bringen lassen,[90] liefe dieser Ansatz darauf hinaus, den Sachverhaltsunwert, insbesondere die Veränderung in der Außenwelt, aus dem Unwertgefüge der fahrlässigen Straftat (unten § 12 RN 10 ff.) zu eliminieren.

Bezüglich der *Unterlassungsstraftaten* wird gegen die finale Handlungslehre eingewandt, dass der Unterlassungstäter für den Sachverhaltsunwert nicht kausal werde, deshalb keinen Kausalverlauf lenken und somit auch nicht final handeln könne.[91] Das mag zutreffen. Der Einwand betrifft aber nicht die Finalität, da die condicio sind qua non-Kausalität nicht Voraussetzung für eine Ausübung von Zwecktätigkeit ist. Der Bademeister, der in *Beispiel 2.6.* die Rettung seines ertrinkenden Nebenbuhlers B unterlassen will, übt gerade Zwecktätigkeit aus, indem er unterlässt. **108**

3. Modifikationen der finalen Struktur der strafbaren Handlung durch „vermittelnde Handlungslehren"

Angesichts der Überzeugungskraft des final geprägten Begriffs von der strafbaren Handlung im Bereich der Vorsatzstraftaten erstaunt es nicht, dass spätere Strömungen im Bereich der Lehren von der strafbaren Handlung überwiegend auf der finalen Handlungslehre aufbauen.[92] **109**

Die so entwickelte Struktur der strafbaren Handlung weist – der finalen Auffassung folgend – den *Vorsatz* als Element der Tatbestandsmäßigkeit aus. Die *Kausalität* wird um das Element der *objektiven Zurechnung* ergänzt (näher dazu § 4 RN 85 ff.). Hinsichtlich der besonderen personalen Merkmale (Gesinnungsmerkmale) wird zwischen unwertkonstituierenden und schuldkonstituierenden differenziert,[93] wobei es mehr überzeugt, diese Merkmale innerhalb sowohl der Tatbestandsmäßigkeit als auch der Schuldhaftigkeit zu verorten (s. u. vor § 4 RN 4 ff.). **110**

Die Fahrlässigkeit wird ebenfalls als unwert- bzw. unrechtsbezogene Erscheinungsform der Straftat verstanden (näher dazu § 12 RN 10 ff.) und materiell von der überwiegenden Meinung als „Verletzung einer Sorgfaltspflicht" (näher dazu § 12 RN 28 ff.), vorzugswürdiger als „Verwirklichung einer vom Täter geschaffenen über das erlaubte (i. S. v. gesellschaftlich hingenommene [näher dazu § 12 RN 116 ff.]) Risiko hinausgehenden Gefahr im Rahmen des Schutzzwecks der Norm" beschrieben.[94] **111**

Im Bereich der Schuldhaftigkeit finden – in Anlehnung an die kausale Handlungslehre – Vorsatz und Fahrlässigkeit als (mit den entsprechenden Unwertelementen korrespondierende) *Schuldformen* Berücksichtigung.[95] **112**

---

[90] Vgl. *Roxin* AT 1 § 8/23; ähnlich liegen die Probleme des finalen Handlungsbegriffs mit automatisierten Handlungen, die ebenfalls strafrechtsrelevantes Unrecht darstellen können, obwohl sie nicht bewusst gesteuert sind, vgl. *Roxin* AT 1 § 8/24 aber auch *Hirsch* ZStW 93 (1981), 831 ff. und ZStW 94 (1982), 239 ff.

[91] Vgl. *Roxin* AT 1 § 8/19; vgl. auch AK-*Schild* RN 79 vor § 13.

[92] Umfassend zur Gesamtentwicklung *Hirsch* FS Köln, S. 399 ff.; *Roxin* GA 2011, 678 ff.

[93] Vgl. *Jescheck/Weigend* AT § 42 II 3 a; *Roxin* AT 1 § 10/78 ff.; *Stratenwerth/Kuhlen* AT § 8/131 ff.

[94] *Roxin* AT 1 § 24/5.

[95] Näher LK^{11}-*Jescheck* RN 82 ff. vor § 13.

113 Unter Inkaufnahme von Vereinfachungen ergibt sich so auf der Basis der finalen Handlungslehre eine zwischen kausaler und finaler Handlungslehre „*vermittelnde*" Struktur der strafbaren Handlung, wie sie heute als Rahmen vorwiegend Verwendung findet:[96]

114 ▶ *Struktur der strafbaren Handlung (als Grundlage eines „vermittelnden" Begriffs* von der strafbaren Handlung) nach *vermittelnden Handlungslehren*[97]

I. *Tatbestandsmäßigkeit:*
- *objektive Elemente* (Sachverhaltsunwert)
  - Handlung (gewillkürtes Körperverhalten)
  - Veränderung in der Außenwelt entsprechend der gesetzlichen Vorschrift (Erfolg)
  - Kausalität (Äquivalenztheorie, näher § 4 RN 30 ff.) und Zurechenbarkeit
- *subjektive Elemente* (personaler Unwert)
  - Vorsatz
  - bes. personale Merkmale (Gesinnungsmerkmale)/unwertbegründend, z. B. Zueignungsabsicht beim Diebstahl, Rücksichtslosigkeit bei der Straßenverkehrsgefährdung

II. *Rechtswidrigkeit*

III. *Schuldhaftigkeit* (normativ)
- Schuldfähigkeit
- Vorsatz-Schuld
- bes. personale Merkmale (Gesinnungsmerkmale)/schuldbegründend, z. B. Vorwerfbarkeit der Zueignungsabsicht beim Diebstahl, der Rücksichtslosigkeit bei der Straßenverkehrsgefährdung
- Unrechtsbewusstsein
- Fehlen von Entschuldigungsgründen

115 Die holzschnittartig als „vermittelnde" Handlungslehren zusammengefassten Strukturmodelle profilieren sich weniger in ihrem jeweiligen Einfluss auf die Gesamtstruktur der strafbaren Handlung als darin, die Struktur aus einer spezifischen Perspektive heraus zu interpretieren. Die grundlegende Unterscheidung zwischen einem kausalen und einem finalen Begriff der strafbaren Handlung vermögen sie jedoch nicht ernstlich in Frage zu stellen.

116 Im Bereich der *Schuldhaftigkeit* werden so z. B. Grundströmungen erkennbar, Strafzweckerwägungen fruchtbar zu machen. *Roxin* ergänzt die Schuld um die Erforderlichkeit der Strafsanktion

[96] Vgl. zunächst *Gallas* ZStW 67 (1955), 1 ff.; *Gallas* FS Bockelmann, S. 155 ff.; zur weiteren Entwicklung – auch rechtsvergleichend *Jescheck* ZStW 98 (1986), 1 ff.; LK[11]-*Jescheck* RN 22 vor § 13.

[97] Vgl. *Jescheck/Weigend* AT § 21 III, 23 VI; *Kindhäuser* AT § 5/10; *Krey/Esser* AT RN 285 ff.; *Lackner/Kühl* RN 6, 6a, 7 vor § 13; *B. Heinrich* AT RN 101–103; *Rengier* AT § 7/4; *Roxin* AT 1, §§ 8 C, 10 C II.

(Beispiel: § 35) und nimmt nur beim Vorliegen beider Elemente eine die Strafe legitimierende *„Verantwortlichkeit“* an.[98] *Jakobs* lehnt einen ontologisch geprägten Schuldbegriff ganz ab und macht die Annahme von Schuld abhängig von einem *generalpräventiven* Bedürfnis nach *Einübung in Rechtstreue.*[99] Der Verbrechensaufbau orientiert sich damit nicht mehr an Gegebenheiten der Seinswelt, sondern wird zur Funktion juristischer Regelungsbedürfnisse. Dieses Vorgehen hat den Vorteil, nicht von vornherein mit den Unzulänglichkeiten und Unmöglichkeiten behaftet zu sein, die dem Versuch innewohnen, die Seinswelt erkennen zu wollen. Andererseits hat Recht die Aufgabe, ein friedliches Miteinder-*„Sein“* zu ermöglichen, was ein Mindestmaß an Affinität zwischen dem Gegenstand und dem Instrument der Regelung voraussetzt. Anders ausgedrückt: die Überzeugungskraft des Rechts schwindet mit seiner zunehmenden *Funktionalisierung.*

Schon aus Raumgründen – aber auch in Rücksicht auf die studentischen Erfordernisse – kann hier nur auf die wichtigsten Vorschläge zu einer vermittelnden Struktur der strafbaren Handlung, und selbst insoweit ohne jeden Anspruch auf Vollständigkeit, eingegangen werden: **117**

a) Die Struktur der strafbaren Handlung nach der sozialen Handlungslehre[100]

Die soziale Handlungslehre verlangt für die Verwirklichung eines strafrechtsrelevanten Unwertes ein Handeln des Täters als gewillkürtes, die Lebenssphäre von Mitmenschen berührendes[101] *sozial erhebliches* menschliches Verhalten.[102] Die strafbare Handlung ist damit nicht nur wie im Rahmen der kausalen und der finalen Handlungslehre ein naturwissenschaftlichen Maßstäben folgendes Phänomen, sondern eine *soziale* Erscheinung. Sie ist nur gegeben, wenn und soweit der Täter einen sozial erheblichen Sachverhaltsunwert bewirkt. **118**

Die *Stärke* eines an der sozialen Handlungslehre ausgerichteten Handlungsbegriffs liegt in seiner Funktion als *Grundelement.* Denn er vermag alle Erscheinungsformen der Straftat zwanglos in sich aufzunehmen: Vorsatz- und Fahrlässigkeitstat, Vollendung und Versuch, Täterschaft und Teilnahme, aktives Tun und Unterlassen. All jene Erscheinungsformen der Straftat können als sozialerhebliches menschliches Verhalten eingeordnet werden. Auch als *Verbindungselement* besteht der soziale Handlungsbegriff die Bewährungsprobe: Als Straftat muss das sozialerhebliche menschliche Verhalten tatbestandsmäßig, rechtswidrig und schuldhaft sein. **119**

An seine Grenze stößt der soziale Handlungsbegriff indessen als *Grenzelement*: Denn sozial erheblich ist auch ein Verhalten, welches durch vis absoluta erzwungen wird, ebenso Akte juristischer Personen oder u. U. Bewegungen im Schlaf. **120**

Auch der Wirkungsbereich eines sozialen Handlungsbegriffs bereitet Kopfzerbrechen. Denn über das, was sozial erheblich sein soll, wird primär nicht mit Hilfe des Handlungsbegriffs, sondern durch den Gesetzgeber mittels der Ausgestaltung der strafrechtlichen Verbotsvorschriften entschieden. Ein Verhalten wird dadurch **121**

---

[98] *Roxin* AT 1 § 19; vgl. auch *Roxin* GA 2011, 680 ff.

[99] *Jakobs* AT 17/18, 22.

[100] Vgl. u. a. *Eb. Schmidt* JZ 1956, 188 ff.; *Maihofer* 1953, S. 62 ff.; *Wessels/Beulke/Satzger* AT RN 93.; sowie *Jescheck/Weigend* AT § 23 VI m w N FN 27; vgl. auch *E. A. Wolff,* GS Radbruch, S. 291 ff./299 ff.

[101] Vgl. *Eb. Schmidt* JZ 1956, 188/190.

[102] *Jescheck/Weigend* AT § 23 VI 1.

als sozial erheblich eingestuft, dass es strafgesetzlich vertypt wird. Es ist tatbestandsmäßig, weil es sozial unerträglich und damit sozialerheblich ist.[103]

122 Die soziale Handlungslehre kann somit nur dort Wirkung zeigen, wo Handlungen strafgesetzlich erfasst sind, denen vom sozialen Sinn her eine strafrechtliche Erheblichkeit abgesprochen werden müsste. Betroffen ist davon vor allem der *ärztliche Heileingriff*, den Vertreter der sozialen Handlungslehre aus dem Bereich der Körperverletzungs- und Tötungsstraftaten (§§ 223, 211 ff.) ausgeklammert sehen wollen.[104] Damit kommt der sozialen Handlungslehre letztlich die Funktion als Grundlage für eine einschränkende Interpretation von Strafvorschriften zu.

b) Die Struktur der strafbaren Handlung nach der negativen Handlungslehre[105]

123 Nach der negativen Handlungslehre soll die strafrechtsrelevante Handlung darin bestehen, dass der Täter eine Veränderung in der Außenwelt *nicht* vermeidet, obwohl er zur Vermeidung verpflichtet und in der Lage ist. Die Verpflichtung zur Vermeidung der Straftatverwirklichung besteht auch bei der Begehungsstraftat. Denn es wird verstanden als das Unterlassen der Vermeidung der sich aus der Begehung ergebenden Gefahren.

124 Anliegen der negativen Handlungslehre ist es, einen Handlungsbegriff zu entwickeln, der sowohl das Tun als auch das Unterlassen erfasst: das *Nicht-Vermeiden*. Ihre Stärke scheint damit in seiner Funktion als *Grundelement* zu liegen.

125 Die *Kritik* setzt jedoch gerade am *Nicht-Vermeiden* an. Denn es erfasse in der Tat zwar sowohl das aktive Tun als auch das Unterlassen, nicht jedoch beide Modalitäten in gleicher Weise.[106] Das Nichtvermeiden durch Tun sei etwas anderes als das Nichtvermeiden durch Unterlassen. Denn das Nichtvermeiden der Veränderung in der Außenwelt bei der Begehungsstraftat sei ein Nicht-Nichtherbeiführen, also ein Nicht-Unterlassen. Das Nichtvermeiden der Veränderung in der Außenwelt bei der Unterlassungsstraftat hingegen sei ein Unterlassen. Damit stünde ein Nichtunterlassen einem Unterlassen gegenüber, was der Einheitlichkeit des Handlungsbegriffs widerspricht.

126 Aber auch als *Verbindungselement* zeige der negative Handlungsbegriff Schwächen.[107] Denn als Handlungsbegriff werde er im Bereich der Tatbestandsmäßigkeit als *Äußerung menschlicher Destruktivität* verstanden. Dies aber beinhalte bereits eine Wertung, die im Falle der Rechtfertigung voreilig erscheint. Der negative Handlungsbegriff wird damit der Differenzierung zwischen Unwert und Unrecht nicht gerecht.

---

[103] Vgl. auch die Kritik von *Küpper* 1990, S. 60 ff.; AK-*Schild* RN 80 vor § 13.

[104] Vgl. *H.v. Weber* FS Engisch, S. 345 f.

[105] Vgl. *Herzberg* 1972, S. 156–189; *Herzberg* JZ 1988, 573/576; *Herzberg* GA 1996, 1 ff. mit Erwiderung *Schmidhäuser* GA 1996, 303 ff.; *Behrendt* 1979, S. 177.

[106] Vgl. *Roxin* AT 1 § 8/35; *Schmidhäuser* GA 1996, 304; vgl. auch *Kühl* AT § 2/1a.

[107] Vgl. *Roxin* AT 1 § 8/36.

Der dritte Einwand betrifft die Funktion des negativen Handlungsbegriffs als *Grenzelement*, weil auch rein gedankliche Vorgänge bereits als Nichtvermeiden in den Bereich des Strafbaren gelangen könnten.[108] 127

c) Die Struktur der strafbaren Handlung nach der machtorientierten Handlungslehre[109]

Die machtorientierte Handlungslehre nach *Sinn* versteht die strafbare Handlung als *Machtmissbrauch*. Die Macht des Täters besteht aus seiner *Handlungsmacht* und der auf seinem Wissen beruhenden *Normverletzungsmacht*. 128

Der machtorientierte Handlungsbegriff vermag als *Grundelement* auch die *fahrlässige* Straftat zu erfassen als „Ausdruck von Inkompetenz zur Organisation der eigenen Machtsphäre", indem die Möglichkeit der Voraussicht der Folgen eigener Handlungsmacht zum Machtbereich des Täters gehört. *Unterlassen* bedeutet die Nichtausübung einer aktualisierten Handlungsmacht trotz der individuell bestehenden Möglichkeit, der *Versuch* wird als „Folgenkenntnis aktualisierter Handlungsmacht" beschrieben.[110] Als *Grenzelement* scheidet der machtorientierte Handlungsbegriff Handlungen ohne eigene Steuerungsfähigkeit aus.[111] 129

Die machtorientierte Handlungslehre und ihr Handlungsbegriff (Verbindungselement) hat Auswirkungen auf die Tatbestandsmäßigkeit (Wissen als Machtmissbrauch), Rechtswidrigkeit (Ausschluss des Machtmissbrauchs durch Rechtfertigungsgründe als Gestaltungsbefugnisse) und Schuldhaftigkeit (Vorwurf des individuellen Machtmissbrauchs).[112] Der machtorientierte Handlungsbegriff eignet sich speziell zur Begründung und Erklärung der Beziehungen bei Mitwirkung mehrerer. Auf seiner Grundlage gelingt es unschwer, in Mehrpersonenverhältnissen „den Gestalter des Machtverhältnisses ausfindig zu machen."[113] Seine Vorzugswürdigkeit im Übrigen gilt es noch vertieft zu erarbeiten. 130

[108] Vgl. *Roxin* AT 1 § 8/39.

[109] Vgl. *Sinn* 2007.

[110] *Sinn* 2007, S. 307.

[111] *Sinn* 2007, S. 308 f.

[112] Näher *Sinn* 2007, 309 ff.

[113] *Sinn* 2007, S. 312; daher auch der Titel der Monografie Sinns „Straffreistellung aufgrund von Drittverhalten".

d) Die Struktur der strafbaren Handlung nach der personalen Handlungslehre[114]

131 Die heute ganz überwiegend vertretene personale Handlungslehre nach *Roxin*[115] interpretiert die strafbare Handlung als Persönlichkeits-Äußerung.[116] Diese Formulierung ist sehr wörtlich zu nehmen als *Äußerung* einer *Persönlichkeit*.

132 Als Äußerung einer *Persönlichkeit* vermag der auf der personalen Handlungslehre aufbauende Handlungsbegriff nicht beherrschbare Geschehensabläufe aus dem Bereich der Handlungen auszuschließen. Als *Äußerung* der Persönlichkeit sieht sich der personale Handlungsbegriff außerdem in der Lage, rein gedankliche Vorgänge als Nicht-Handlungen zu kennzeichnen (Grenzelement).

133 Seine Bewährungsprobe dürfte der personale Handlungsbegriff aber auch als Grundelement bestehen. Denn zum einen umfasst die Äußerung der Persönlichkeit alle Erscheinungsformen strafbaren Verhaltens und zwar einschließlich des Unterlassens, wenn eine Verhaltenserwartung besteht und deshalb das Nichtverhalten einer bestimmten Person zugerechnet wird.[117]

134 Mit Hilfe jener Äußerung durch Unterlassen kann auch der o. g. Bademeisterfall (Beispiel 2.6.) zufriedenstellend als Versuch durch Unterlassen beurteilt werden.[118]

135 *Verbindungselement* ist der personale Handlungsbegriff insoweit, als die Persönlichkeitsäußerung tatbestandsmäßig, rechtswidrig und schuldhaft sein kann und als Voraussetzung der Strafbarkeit auch sein muss.

136 Man wird nicht bestreiten können, dass der personale Handlungsbegriff mit der *Persönlichkeits-Äußerung* im Zentrum in der Tat die an ihn gestellten Erwartungen erfüllt. Erkauft wird seine Universalität freilich mit einer gewissen Konturenlosigkeit. Sie rührt daher, dass die „Persönlichkeitsäußerung“ – ebenso wie die Willkürlichkeit in der kausalen Handlungslehre – keinerlei spezifischen Bezug zur gesetzlichen Beschreibung der Straftat aufweist. Auch der Roman des Schriftstellers oder das Bild des Malers sind Persönlichkeitsäußerungen, ohne irgendetwas mit Strafrecht zu tun zu haben. So besehen ist der personale Handlungsbegriff nicht spezifisch strafrechtlicher Natur.

---

[114] Vgl. *Roxin* AT 1 § 8/44 ff.: Handlung als „Persönlichkeitsäußerung“; *Arth. Kaufmann* FS H. Mayer, S. 116: Handlung als „verantwortliche sinnhafte Gestaltung der Wirklichkeit mit vom Willen beherrschbaren (dem Handelnden daher zurechenbaren) kausalen Folgen (im weitesten Sinne)“.

[115] Zum personalen Handlungsbegriff *Arth. Kaufmanns* krit. vor allem im Hinblick auf die „Handlungen“ Geisteskranker *Lenckner/Eisele* in: Schönke/Schröder RN 36 vor § 13.

[116] Vgl. *Roxin* AT 1 § 8/44.

[117] Vgl. *Roxin* AT 1 § 8/51, 64.

[118] Ob durch den Bezug auf die aus der Tatbestandsmäßigkeit folgende Verhaltenserwartung der vorrechtliche Charakter des Handlungsbegriffs beim Unterlassen verloren zu gehen droht (vgl. *Lenckner/Eisele* in: Schönke/Schröder RN 36 vor § 13) muss bezweifelt werden. Denn jeder noch so vorrechtliche Handlungsbegriff kann eine strafrechtliche Funktion überhaupt erst durch *Bezugsetzung* auf die Strafrechtsdogmatik erlangen.

4. Bilanz und eigene Überlegungen – der rechtsgutsbezogene Handlungsbegriff als Äußerung der Nichtbeachtung rechtlich geschützter Werte

Wir stehen somit vor einer eigenartigen Situation: die auf den vermittelnden Handlungslehren und ihren Modifizierungen aufbauenden Begriffe von der strafbaren Handlung erfüllen in unterschiedlicher Weise ihre jeweilige Funktionen als Grund-, Grenz- und Verbindungselement. Der personale Handlungsbegriff nach *Roxin* bietet den Vorzug, dass er diese Funktionen am universellsten erfüllt, wenn auch um den Preis einer nicht unerheblichen Verallgemeinerung. Der kausale und der finale Handlungsbegriff beeindrucken hingegen durch ihre unmittelbare Korrespondenz mit der Struktur der *gesetzlich beschriebenen* strafbaren Handlung. 137

Ein Begriff der strafbaren Handlung, welcher einerseits den Bezug zur *Straftat* als einer Rechtsgutsverletzung berücksichtigt, andererseits aber auch hinreichend allgemein ist, um sowohl auf vorsätzliche wie auf fahrlässige Handlungen zuzutreffen, ließe sich konstruieren, indem man den Handlungsbegriffs auf den gesetzlich beschriebenen Unwert der jeweils betroffenen Straftat bezieht. Dann lässt sich – in Entsprechung zur Rechtsgutslehre (s. o. RN 12 ff.) – die strafbare Handlung begrifflich fassen als eine *Kundgabe* (bzw. in der Terminologie *Roxins* eine *Äußerung*) der *Nichtbeachtung* des *Geltungsanspruchs* eines *rechtlich geschützten Wertes*. Ein solcher Handlungsbegriff enthielte *ontologische* und *rechtliche Elemente*. Unter „Nichtbeachtung" ist dabei nicht nur das Fehlen von Beachtung zu verstehen, wie es auch bei Bewusstlosen vorliegen würde, sondern eine geistige Beziehung, eine *Geisteshaltung*. 138

Als *Grenzelement* würde jene *Äußerung* der *Nichtbeachtung* das *willentliche* Tun bzw. Unterlassen beschreiben. 139

Auf der Ebene der *Tatbestandsmäßigkeit* würde die Äußerung der Nichtbeachtung den *Vorsatz* als subjektives Element der Tatbestandsmäßigkeit tragen, bei der *Fahrlässigkeitsstraftat* darin bestehen, dass der Täter sich sorglos verhält, obwohl er vorhersehen kann, dass aus seinem Verhalten eine rechtsgutsbeeinträchtigende Veränderung in der Außenwelt entstehen kann. Äußerung der Nichtbeachtung eines *strafgesetzlich geschützten Wertes* kann auch ein *Unterlassen* sein. Denn die Äußerung ergibt sich hier aus dem bewussten Untätigbleiben des besonders verpflichteten Täters trotz unmittelbarer Gefährdung eines strafrechtlich geschützten Wertes. 140

Die Äußerung der *Nichtbeachtung* kann sich trotz ihres Bezuges auf den Geltungsanspruch strafrechtlich geschützter Werte durch das Eingreifen von *Rechtfertigungsgründen* als rechtskonform erweisen, rechtmäßig sein. Denn die Nichtbeachtung im Einzelfall schließt die generelle Achtung nicht aus. 141

Soweit dem Täter die Nichtbeachtung zum Vorwurf gemacht werden kann, kommt dies als Form der Schuldhaftigkeit zum Ausdruck. Die subjektive Vorhersehbarkeit und das vorsätzliche Handeln sind damit Merkmale sowohl der gesetzlich beschriebenen Unwertverwirklichung als auch der Schuldhaftigkeit. Der Begriff der strafbaren Handlung als *Äußerung der Nichtbeachtung des durch die gesetzliche Unwertbeschreibung geschützten Wertes* harmoniert somit mit der vermittelnden Auffassung zum Verbrechensbegriff, wie er heute von der überwiegenden Meinung vertreten wird, und bewährt sich damit auch als *Verbindungselement*. 142

143 **Hinweise zum Leitfall**

Der 4. Strafsenat, welcher den Sachverhalt dem Großen Strafsenat des BGH vorgelegt hatte, hatte das Element „Heimtücke" in Zweifel gezogen, weil der Täter ohne eigene Schuld durch eine ihm von dem später Getöteten zugefügte schwere Beleidigung zu der Tat veranlasst worden und die Art der Tatausführung nicht Ausdruck von Verschlagenheit gewesen sei. Die Tat des Angeklagten könne deshalb nicht als besonders verwerflich (tückisch oder hinterhältig) gewertet werden und die bei Mord obligatorische lebenslange Freiheitsstrafe nicht rechtfertigen.[119]

144 Der 4. Strafsenat folgte mit dieser Ansicht einer Tradition, die der Große Strafsenat 1956 im *Vollziehungsbeamten*-Fall selbst begründet hatte, in dem er das *Merkmal* der Heimtücke als nicht erfüllt betrachtete:

145 **Beispiel 2.8.**

Vollziehungsbeamten-Fall BGH GSSt 1/56 v. 22.9.1956 BGHSt 9, 385/390: Ein Vollziehungsbeamter hatte den Entschluss gefasst, Frau und Tochter zu töten, um ihnen die Schmach von Entehrung und Not zu ersparen. Denn es war entdeckt worden, dass er mit kriminellen Manipulationen versucht hatte, sich eine ihm vermeintlich rechtswidrig vorenthaltene Zulage zu verschaffen. Die Tochter starb, der Frau gelang die Flucht zur Polizei. Heimtücke wurde hier vom Großen Strafsenat verneint, weil der Angeklagte nicht in feindseliger Willensrichtung gehandelt habe.

146 Im Schrifttum hatte man sogar versucht, im Wege einer sog. negativen *Typen-* oder *Tatbestandskorrektur* trotz heimtückischer Begehungsweise Mord dann zu verneinen, wenn eine Tötungshandlung aufgrund umfassender Gesamtwürdigung aller Tatumstände und der Täterpersönlichkeit als nicht besonders verwerflich erscheint.[120] Eine andere Lösung ging dahin, Heimtücke jedenfalls dann abzulehnen, wenn der Täter durch seine Tat keinen *„besonders verwerflichen Vertrauensbruch"* begangen hat.[121] An jene „Vermeidungsstrategien"[122] anknüpfend hatte das Bundesverfassungsgericht 1977[123] entschieden, dass die in § 211 vorgesehene lebenslange Freiheitsstrafe jedenfalls dann verfassungskonform sei, wenn eine „am verfassungsrechtlichen Verhältnismäßigkeitsgrundsatz orientierte restriktive Auslegung" der Tatmodalitäten der „Heimtücke" und der Tötung „zur Verdeckung einer anderen Straftat" erfolge.[124]

147 Der Große Senat für Strafsachen (GSSt 1/81 BGHSt 30, 105/119 ff.) wählte hingegen eine andere Lösung. Anstatt das Mordmerkmal der Heimtücke

119 Näher zur Auffassung des vorlegenden 4. Strafsenats BGH GSSt 1/81 BGHSt 30, 107 ff.

120 Vgl. statt aller *Eser* in: Schönke/Schröder § 211 RN 10 m w N; krit. *Küpper* BT 1 Teil I § 1/32, 34.

121 Vgl. *Eser* in: Schönke/Schröder § 211 RN 26; *Otto* GK BT § 4/25 f.; krit. *Küpper* BT 1 Teil I § 1/49.

122 Vgl. *Eser* Gutachten D zum 53. Deutschen Juristentag Berlin 1980, S. D 53 ff.

123 BVerfG 1 BvL 14/76 BVerfGE 45, 187.

124 BVerfGE 45, 187 Leitsätze 1 und 4.

einschränkend auszulegen, eröffnete er einen Weg, im Rahmen der *Strafzumessung,* d. h. nach Bejahung der Tatbestandsmäßigkeit, Rechtswidrigkeit und Schuldhaftigkeit, zu einer gerechten Entscheidung zu kommen: Der BGH räumte die Möglichkeit ein, beim *Vorliegen außergewöhnlicher Umstände* die Strafe nach Versuchsgrundsätzen zu mildern. Dies bedeutet, dass nach § 49 I Nr. 1 an die Stelle einer lebenslangen Freiheitsstrafe Freiheitsstrafe nicht unter drei Jahren tritt. Diese Lösung habe den Vorteil, dass das Element der Heimtücke nicht weiter eingeengt und dadurch seine Bestimmtheit und die Gleichmäßigkeit der ihn betreffenden Rechtsanwendung nicht in Frage gestellt werde.[125]

Die *Lösung des Leitfalls* geht nach der Rechtsprechung des BGH somit dahin, **148**
dass der Angeklagte zwar wegen Mordes verurteilt wird, jedoch nicht zu einer lebenslangen, sondern nach § 49 zu einer Freiheitsstrafe, die aus einem Strafrahmen zwischen drei und 15 Jahren zu entnehmen ist.

D. Zur Wiederholung

Kontrollfragen

1. Wie wird die Straftat *formal* definiert? (RN 7)
2. Weshalb ist die gesellschaftliche Anerkennung eines werthaften Zustandes *notwendige*, nicht hingegen *hinreichende* Bedingung für seine Anerkennung als Rechtsgut des Strafrechts? (RN 13 f.)
3. Um B zu ärgern, will A mit einem Stein die Fensterscheibe des B einwerfen. Jedoch verfehlt A sein Ziel und der Stein prallt von der Hauswand ab. Liegt eine Rechtsgutsverletzung vor? (RN 15)
4. Wann beschreibt eine Strafvorschrift ein Verbrechen, wann ein Vergehen? Welche praktische Bedeutung kommt dieser Unterscheidung zu? (RN 30 ff.)
5. Was ist ein Regelbeispiel? (RN 54 ff.)
6. Worin besteht der Unterschied zwischen Regelbeispielen und unbenannten besonders schweren Fällen oder Qualifizierungen? (RN 55)
7. Wie heißen die wichtigsten Handlungslehren zur Strukturierung der strafbaren Handlung? (RN 79 ff.)
8. Worin liegt der maßgebliche Unterschied zwischen der (neo)klassischen und der finalen Struktur der strafbaren Handlung? (RN 93 f., 95 f.)

Literatur

AK-*Bearbeiter* = Alternativkommentar zum Strafgesetzbuch, Bd. 1, 1990, hrsg. von Wassermann

Ambos Ernst Belings Tatbestandslehre und unser heutiger „postfinalistischer" Verbrechensbegriff, JA 2007, 1 ff.

[125] Krit. hierzu *Günther* NJW 1982, 353 ff.; *Küpper* BT 1 Teil I § 1/33; *Müller-Dietz* FS Nishihara, S. 248 ff./251 ff.; vgl. auch mit zahlr. Nachw. *Eser* in: Schönke/Schröder § 211/57, *Lackner/Kühl* RN 20 vor § 211; *Fischer* § 211 RN 4.

Arzt Die Neufassung der Diebstahlsbestimmungen. Gleichzeitig ein Beitrag zur Technik der Regelbeispiele, JuS 1972, 385, 515, 576 jew. ff.
Baumann Hat oder hatte der Handlungsbegriff eine Funktion?, in: Dornseifer u. a. (Hrsg.), GS für Armin Kaufmann 1989, S. 181 ff.
Baumann/Weber/Mitsch Strafrecht, Allgemeiner Teil, 11. Aufl. 2003
Behrendt Die Unterlassung im Strafrecht: Entwurf eines negativen Handlungsbegriffs auf psychoanalytischer Grundlage, 1979
Beling Die Lehre vom Verbrechen, 1906, S. 8 ff.
Binding Die Normen und ihre Übertretung, 2. Aufl. 1890, Bd. 1
Bloy Unrechtsgehalt und Strafbarkeit des grob unverständigen Versuchs, ZStW 113 (2001), 82 ff.
Callies Der Rechtscharakter der Regelbeispiele im Strafrecht, NJW 1998, 929 ff.;
Cramer Ein Sonderstraftatbestand für die eigenmächtige Heilbehandlung, in: Eser u. a. (Hrsg.), FS für Lenckner 1998, S. 761 ff.
Dencker/Struensee/Nelles/Stein Einführung in das 6. Strafrechtsreformgesetz 1998: examensrelevante Änderungen im Besonderen Teil des Strafrechts, 1998
Eckstein Besitz als Straftat, 2001
Eser Empfiehlt es sich, die Straftatbestände des Mordes, des Totschlags und der Kindestötung… neu abzugrenzen?, Gutachten D zum 53. Deutschen Juristentag Berlin 1980, 1980
Fischer Das Verhältnis der Bekenntnisbeschimpfung (§ 166 StGB) zur Volksverhetzung (§ 130 StGB), GA 1989, 445 ff.
Fischer Strafgesetzbuch und Nebengesetze, 60. Aufl. 2013
Freund Erfolgsdelikt und Unterlassen, 1990
Freund Strafrecht, Allgemeiner Teil (AT), 2. Aufl. 2009
Frisch Tatbestandsmäßiges Verhalten und Zurechnung des Erfolgs, 1988
Gallas Zum gegenwärtigen Stand der Lehre vom Verbrechen, ZStW 67 (1955), 1 ff,
Gallas Zur Struktur des strafrechtlichen Handlungsbegriffs, FS für Bockelmann 1979, S. 155 ff.
Gössel Über die sog. Regelbeispielstechnik und die Abgrenzung zwischen Straftat und Strafzumessung, FS für Hirsch 1999, S. 183 ff.
Gropp Der Diebstahlstatbestand unter besonderer Berücksichtigung der Regelbeispiele, JuS 1999, 1041 ff.
Gropp Besitzdelikte und periphere Beteiligung – Zur Strafbarkeit der Beteiligung an Musiktauschbörsen und des Besitzes von Kinderpornografie, FS für Otto 2007, S. 249 ff.
Günther Lebenslang für „heimtückischen Mord"? Das Mordmerkmal „Heimtücke" nach dem Beschluß des Großen Senats für Strafsachen, NJW 1982, 353 ff.;
Hassemer Einführung in die Grundlagen des Strafrechts, 2. Aufl. 1990
Hefendehl (Hrsg.) Empirische Erkenntnisse, dogmatische Fundamente, und kriminalpolitischer Impetus. Symposium für Bernd Schünemann zum 60. Geburtstag, 2005
Hefendehl Mit langem Atem: Der Begriff des Rechtsguts, GA 2007, 1 ff.
Heinrich, B. Strafrecht - Allgemeiner Teil (AT), 3. Aufl. 2012
Heinrich, M. Strafrecht als Rechtsgüterschutz - ein Auslaufmodell?, FS für Roxin 2011, S. 131 ff.
Herzberg Die Unterlassung im Strafrecht und das Garantenprinzip, 1972
Herzberg Das Wollen beim Vorsatzdelikt und dessen Unterscheidung vom bewußt fahrlässigen Verhalten, JZ 1988, 573 ff.
Herzberg Gedanken zum strafrechtlichen Handlungsbegriff und zur „vortatbestandlichen" Deliktsverneinung, GA 1996, 1 ff.
Hirsch Der Streit um Handlungs- und Unrechtslehre, insbesondere im Spiegel der Zeitschrift für die gesamte Strafrechtswissenschaft, ZStW 93 (1981), 831 ff., Teil II, ZStW 94 (1982), 239 ff.
Hirsch Die Entwicklung der Strafrechtsdogmatik nach Welzel, FS der Rechtswissenschaftlichen Fakultät zu Köln, 1988
Hirsch in: Kühne/Miyazawa (Hrsg.), Neue Strafrechtsentwicklungen im deutsch-japanischen Vergleich, 1995, S. 11 ff.
Hirsch Zum 100. Geburtstag von Hans Welzel, ZStW 116 (2004), 1 ff.
Hirsch, A.v. (Hrsg.), Mediating Principles: Begrenzungsprinzipien bei der Strafbegründung, 2006

Hochmayr Strafbarer Besitz von Gegenständen: zur Reichweite der Strafdrohungen für den (bloßen) Besitz von Waffen, Suchtmitteln, Kinderpornographie etc., 2005
Hochmayr Wert- und Schadensqualifikationen versus Regelbeispiele, FS für Szwarc 2009, S. 235 ff.
Hoyer (Hrsg.) Friedrich-Christian Schroeder. Beiträge zur Gesetzgebungslehre und zur Strafrechtsdogmatik, 2001
Ida Nowakowskis Lehre von der Rechtswidrigkeit. - Ein Beitrag zur Dogmengeschichte der strafrechtlichen Unrechtslehre, Keio Law Review Nr. 5 1985, S. 105 ff.
Jakobs Strafrecht. Allgemeiner Teil (AT), 2. Aufl. 1991
Jescheck Neue Strafrechtsdogmatik und Kriminalpolitik in rechtsvergleichender Sicht, ZStW 98 (1986), 1 ff.
Jescheck/Weigend Lehrbuch des Strafrechts, Allgemeiner Teil (AT), 5. Aufl. 1996
Kahlo Die Handlungsform der Unterlassung als Kriminaldelikt: eine strafrechtlich-rechtsphilosophische Untersuchung zur Theorie des personalen Handelns, 2001
Kaufmann, Armin Die Dogmatik der Unterlassungsdelikte, 1959
Kaufmann, Armin Zum Stande der Lehre vom personalen Unrecht, FS für Hans Welzel, 1974, S. 393 ff.
Kaufmann Arthur Unrecht und Schuld beim Delikt der Volltrunkenheit, JZ 1963, 432 ff.
Kaufmann, Arthur Die ontologische Struktur der Handlung. Skizze einer personalen Handlungslehre, FS für Hellmuth Mayer 1966, S. 79 ff.
Kaufmann, Arthur Die finale Handlungslehre und die Fahrlässigkeit, JuS 1967, 145 ff.
Kindhäuser Zur Anwendbarkeit der Regeln des Allgemeinen Teils auf den besonders schweren Fall des Diebstahls, FS für Triffterer 1996, S. 123 ff.
Kindhäuser Strafrecht, Allgemeiner Teil (AT), 6. Aufl. 2013
Köhler Strafrecht Allgemeiner Teil (AT), 1996
Koriath Zum Streit um die Gefährdungsdelikte, GA 2001, 51 ff.
Krahl Tatbestand und Rechtsfolge, 1999.
Krey/Esser Deutsches Strafrecht, Allgemeiner Teil (AT), 5. Aufl. 2012
Kühl Fragmentarisches und subsidiäres Strafrecht, FS für Tiedemann 2008, S. 29 ff.
Kühl Strafrecht, Allgemeiner Teil (AT), 7. Aufl. 2012
Kuhlen Rechtsgüter und neuartige Deliktstypen, in v. Hirsch u. a. (Hrsg.), Mediating Principles, 2006, S. 148 ff.
Küpper Grenzen der normativierenden Strafrechtsdogmatik, 1990
Küpper Zur Entwicklung der erfolgsqualifizierten Delikte, ZStW 111 (1999), 785 ff.;
Küpper Strafrecht Besonderer Teil 1 (BT 1), 2. Aufl. 2000
Lackner/Kühl Strafgesetzbuch, Kommentar, 27. Aufl. 2011
Lesch Der Verbrechensbegriff: Grundlinien einer funktionalen Revision, 1999
Lesch Unrecht und Schuld im Strafrecht, JA 2002, 602 ff.
LK-*Bearbeiter* = Laufhütte/Rissing-van Saan/Tiedemann (Hrsg.), Leipziger Kommentar, Strafgesetzbuch, 12. Aufl. 2007 ff.
Maihofer Der Handlungsbegriff im Verbrechenssystem, 1953
Maiwald Zur Problematik der „besonders schweren Fälle" im Strafrecht, NStZ 1984, 433 ff.
Maiwald Zur allgemeinen Verbrechenslehre in der Strafrechtswissenschaft des 19.Jahrhunderts, FS für Sellert 2000, S. 427 ff.
Maurach Deutsches Strafrecht Allgemeiner Teil (AT), 1. Aufl. 1954
Maurach/Zipf Strafrecht: Allgemeiner Teil (AT) Teilbd. 1, Grundlehren des Strafrechts und Aufbau der Straftat, 8. Aufl. 1992
Mayer, M. E. Der Allgemeine Teil des deutschen Strafrechts (AT), 1915
Müller-Dietz Prävention durch Strafrecht. Generalpräventive Wirkungen, KrimZ Bd. 17, Kriminalprävention und Strafjustiz, 1996, S. 228 ff.
Müller-Dietz Das Verhältnis von Gesetz und Richter – am Beispiel des § 211 StGB, FS für Nishihara 1998, S. 248 ff.
Naucke Strafrecht: eine Einführung, 10. Aufl. 2002

NK-StGB-*Bearbeiter* = Kindhäuser/Neumann/Paeffgen (Gesamtredaktion), Nomos-Kommentar zum StGB, 4. Aufl. 2013
Otto Grundkurs Strafrecht. Die einzelnen Delikte (GK BT), 7. Auflage 2005
Paeffgen Das „Rechtsgut" - ein obsoleter Begriff?, FS für Wolter 2013, S. 125 ff.
Rengier Erfolgsqualifizierte Delikte und verwandte Erscheinungsformen, 1986
Rengier Strafrecht Allgemeiner Teil (AT), 5. Aufl. 2013
Renzikowski Pflichten und Rechte - Rechtsverhältnis und Zurechnung, GA 2007, 561 ff.
Rieß Die Behandlung von Regelbeispielen im Strafverfahren, GA 2007, 377 ff.
Rössner Was kann das Strafrecht im Rahmen der Sozialkontrolle leisten?, KrimZ Bd. 17 1996, 203 ff.
Roxin Vorzüge und Defizite des Finalismus. Eine Bilanz, FS für Androulakis 2003, S. 573 ff.
Roxin Rechtsgüterschutz als Aufgabe des Strafrechts? in Hefendehl (Hrsg.) Empirische und dogmatische Fundamente, kriminalpolitischer Impetus Symposium für Bernd Schünemann zum 60. Geburtstag, 2005, 135 ff.
Roxin Strafrecht, Allgemeiner Teil, Band 1 (AT 1), Grundlagen, der Aufbau der Verbrechenslehre, 4. Aufl. 2006
Roxin Zur neueren Entwicklung der Strafrechtsdogmatik in Deutschland, GA 2011, 678 ff.
Roxin Der gesetzgebungskritische Rechtsgutsbegriff auf dem Prüfstand, GA 2013, 433 ff.
Schmidhäuser Gesinnungsmerkmale im Strafrecht, 1958
Schmidhäuser Strafrecht Allgemeiner Teil. Lehrbuch (AT LB), 1970
Schmidhäuser Gedanken zum strafrechtlichen Handlungsbegriff - Ein Wort zu Herzbergs gleichnamigen Aufsatz, GA 1996, 303 ff.
Schmidt, Eberhard Besprechung Maurach, Deutsches Strafrecht, Allgemeiner Teil, 1. Aufl. 1954, JZ 1956, 188 ff.
Schönke/Schröder-*Bearbeiter* = Schönke/Schröder. Strafgesetzbuch, 28. Aufl. 2010, fortgeführt von *Lenckner, Cramer, Eser, Stree, Heine, Perron, Sternberg-Lieben, Eisele, Boch, Hecker und Kinzig* und unter Mitarbeit von *Schittenhelm*
Schroeder Die Entwicklung der Gliederung der Straftat in Deutschland, in: Hoyer (Hrsg.) Friedrich-Christian Schroeder. Beiträge zur Gesetzgebungslehre und zur Strafrechtsdogmatik, 2001, S. 106 ff
Schroeder Verborgene Probleme der erfolgsqualifizierten Delikte, FS für Lüderssen 2002, S. 599 ff.;
Schünemann Moderne Tendenzen in der Dogmatik der Fahrlässigkeits- und Gefährdungsdelikte JA 1975, 435, 511, 575, 647, 715, 787 jew. ff.
Schünemann Einführung in das strafrechtliche Systemdenken, in Schünemann (Hrsg.) Grundfragen des modernen Strafrechtssystems, 1984, S. 1 ff./19 ff.
Sinn/Gropp/Nagy (Hrsg.), Grenzen der Vorverlagerung in einem Tatstrafrecht, 2011
SK-*Bearbeiter* = Systematischer Kommentar zum Strafgesetzbuch, Grundwerk mit 136. Ergänzungslieferung, von *Rudolphi, Horn, Samson* (Stand: Oktober 2012)
Stollwerck Subjektive Tatbestandsmerkmale zwischen Unrecht und Schuld, in: Hoyer (Hrsg.) Friedrich-Christian Schroeder. Beiträge zur Gesetzgebungslehre und zur Strafrechtsdogmatik, 2001, S. 103 ff.
Stratenwerth Zum Begriff des „Rechtsgutes", FS für Lenckner 1998, S. 377 ff.
Stratenwerth/Kuhlen Strafrecht Allgemeiner Teil, Die Straftat, 6. Aufl. 2011
Swoboda Die Lehre vom Rechtsgut und ihre Alternativen, ZStW 122 (2010), 24 ff.
Ünver Das Rechtsgut im Strafrecht, in: Annales de la Faculté de Droit d'Istanbul, 2001, S. 93 ff.
v. Liszt Lehrbuch des deutschen Strafrechts, 2. Aufl. 1884; 4. Aufl. 1891, S. 128 f.; 14./15 Aufl. 1905; 21./22. Aufl. 1919
Weber, H. v. Bemerkungen zur Lehre vom Handlungsbegriff, FS für Engisch 1969, S. 328 ff.
Weigend, Th. Wohin bewegt sich das Strafrecht? FS für Frisch 2013, S. 17 ff.
Welzel Studien zum System des Strafrechts ZStW 58 (1939), 491 ff.;
Welzel Die deutsche strafrechtliche Dogmatik der letzten 100 Jahre und die finale Handlungslehre, JuS 1966, 421 ff.;

Welzel Ein unausrottbares Mißverständnis? Zur Interpretation der finalen Handlungslehre NJW 1968, 425 ff.
Welzel Das deutsche Strafrecht: Eine systematische Darstellung (LB), 11. Aufl. 1969
Wessels/Beulke/Satzger Strafrecht, Allgemeiner Teil: Die Straftat und ihr Aufbau (AT), 43. Aufl. 2013
Wohlers Deliktstypen des Präventionsstrafrechts - zur Dogmatik „moderner" Gefährdungsdelikte, 2000
Wolff, E. A. Das Problem der Handlung im Strafrecht, in: Kaufmann, Arthur (Hrsg.), GS für Radbruch 1968, S. 291 ff.
Zieschang Die Gefährdungsdelikte, 1998
Zieschang Besonders schwere Fälle und Regelbeispiele - ein legitimes Gesetzgebungskonzept?, Jura 1999, 561 ff.
Zieschang Der Gefahrbegriff im Recht: Einheitlichkeit oder Vielgestaltigkeit?, GA 2006, 1 ff.

§ 3 Prinzipien des Strafrechts

A. Das Gesetzlichkeitsprinzip (Art. 103 II GG = § 1 StGB) als formale Komponente des Rechtsstaatsprinzips

Leitfall 3.1 1

Rollsplitt-Fall BVerfG 2 BvR 2273/06 Beschluss der 1. Kammer des 2. Senats vom 19.3.2007, NJW 2007, 1666: A hatte mit seinem PKW beim verbotswidrigen Überholen auf einem Baustellenabschnitt Rollsplitt aufgewirbelt. Dadurch entstand an dem Fahrzeug des überholten Geschädigten G ein Schaden in Höhe von knapp 1900 €. G folgte A, bis dieser auf das Gelände einer ca. 500 m entfernten Tankstelle einbog, wo er ihn auf den Unfall aufmerksam machte. A bestritt den Überholvorgang und entfernte sich, ohne G nach § 142 I Nr. 1 StGB die Feststellung seiner Person, seines Fahrzeugs und die Art seiner Beteiligung zu ermöglichen. A wurde vor dem Amtsgericht Herford wegen eines Verstoßes gegen § 142 I Nr. 1 angeklagt. Zwar konnte A nicht nachgewiesen werden, dass er das schadensverursachende Ereignis bemerkt hatte. Jedoch entschied das Amtsgericht in Befolgung der Rechtsprechung des BGH[1]dass das unvorsätzliche Sich-Entfernen vom Unfallort dem berechtigten oder entschuldigten in § 142 II Nr. 2 gleichzusetzen sei, und verurteilte A nach § 142 II Nr. 2, weil er die Feststellungen nicht unverzüglich nachträglich ermöglicht hatte. A legte daraufhin Revision vor dem Oberlandesgericht Hamm ein und trug vor, dass er sich nicht, wie in § 142 II Nr. 2 vorausgesetzt, berechtigt oder entschuldigt, sondern unvorsätzlich entfernt habe. Das OLG[2] schloss sich jedoch der Rechtsprechung des Bundesgerichtshofs an und bestätigte die Entscheidung des Amtsgerichts.

A erhob deshalb beim Bundesverfassungsgericht Verfassungsbeschwerde und 2
trug vor, dass die Anwendung des § 142 II Nr. 2 StGB auf Fälle, in denen der

[1] Sog. *Baustellen*-Fall, BGH 4 StR 682/77, BGHSt 28, 129

[2] Beschluss des OLG Hamm vom 12.09.2006, 3 Ss 297/06.

W. Gropp, *Strafrecht Allgemeiner Teil*, Springer-Lehrbuch,
DOI 10.1007/978-3-642-38126-3_3

Unfallbeteiligte über das Vorliegen eines Unfalls in Unkenntnis ist, gegen das strafrechtliche Analogieverbot in Art. 103 II des Grundgesetzes verstoße.

Ist die Verfassungsbeschwerde des A begründet?

3 **Art. 103 II GG = § 1 StGB** Eine Tat kann nur bestraft werden, wenn die Strafbarkeit gesetzlich bestimmt war, bevor die Tat begangen wurde.

I. Entstehungsgeschichte[3]

4 Das in Art. 103 II GG festgeschriebene[4] und in § 1 StGB bekräftigte Gesetzlichkeitsprinzip garantiert die Rechtsstaatlichkeit der Strafrechtspflege (*Garantiefunktion* des Strafgesetzes). Es bildet die *formale Komponente* eines der Menschenwürde, der Freiheit, der Gleichheit, der Verhältnismäßigkeit und dem Vorbehalt des Gesetzes verpflichteten rechtsstaatlichen Strafrechts. Als sein Begründer gilt *Feuerbach* (näher § 1 RN 183 f.), der es in seinem Lehrbuch des peinlichen Rechts von 1801 auf die romanisierende Kurzformel „nullum crimen, nulla poena sine lege" brachte.[5] Für *Feuerbach* war jene Formel von der *Selbstbindung der Staatsgewalt* deshalb von ausschlaggebender Bedeutung, weil seine *Straftheorie des psychologischen Zwangs* nur dann funktionieren konnte, wenn der Bereich des Verbotenen möglichst genau umschrieben war. Denn der bei Strafe auferlegte Zwang, sich bestimmter Verhaltensweisen zu enthalten, wirkt nur, wenn jene Enthaltsamkeit auch verbindlich mit Straffreiheit verbunden ist.

5 Freilich lässt sich eine Gesetzesbindung im Strafrecht bereits vor Feuerbach erkennen, wenn auch nicht als Freiheitsrecht der Normadressaten. So waren bereits die säkularisierten Naturrechtslehren nach *Pufendorf*, *Thomasius* und *Christian Wolff* um einen klaren Gesetzesbegriff bemüht, und der aufgeklärte Absolutismus war zu der Erkenntnis gelangt, dass ein positives Gesetz ein effektives Steuerungsinstrument für den Landesherren sei. Auch konnten die Gerichte durch eine strenge Gesetzesbindung besser kontrolliert werden.[6]

6 Im Übergang zwischen Kontrolle und Selbstbindung dürften dabei das österreichische Strafgesetzbuch Josefs II. von 1787 und das Allgemeine Landrecht für die Preußischen Staaten von 1794 einzuordnen sein.[7] Und dass das Gesetzlichkeitsprinzip selbst in dem von *Feuerbach* verfassten bayerischen StGB von 1813 nicht *nur* dem Adressaten als Garantie gegeben wurde, zeigt sich daran, dass sich der Monarch durch ein ausdrückliches Kommentierungsverbot die Auslegung der Strafvorschriften durch die Richter in seinem Sinne sicherte.[8]

---

[3] Vgl. auch *Krey* 1983.

[4] Zurückgehend auf Art. 116 Weimarer Reichsverfassung (1919); vgl. auch Art. 7 I EMRK.

[5] Vgl. *Feuerbach* 1801, S. 18 ff.

[6] Vgl. *Otto* GK AT § 2/30 sowie *Gropp* 1992, S. 91.

[7] Vgl. *Roxin* AT 1 § 5/14.

[8] Vgl. *Gropp* 1992, S. 94.

II. Inhalt

Die Garantien des Gesetzlichkeitsprinzips beziehen sich auf jede geschriebene Rechtsnorm, neben dem förmlichen Gesetz also auch auf Bußgeldvorschriften,[9] sanktionsbewehrte Satzungen und Rechtsverordnungen. Bei geschriebenen Rechtsnormen unterhalb des förmlichen Gesetzes ist jedoch erforderlich, dass die Ermächtigungsnorm bereits die Voraussetzungen der Strafbarkeit und die Art der Strafe erkennen lässt.[10] Im Einzelnen verlangt das Gesetzlichkeitsprinzip, dass die geschriebene Rechtsnorm *certa* (bestimmt), *stricta* (streng, d. h. ohne Analogiebildung zustande gekommen), *praevia* (vorherig, d. h. nicht rückwirkend) sowie *scripta* (geschrieben, d. h. nicht nur als Gewohnheitsrecht gültig) sein muss. 7

Bezugspunkte des Gesetzlichkeitsprinzips sind zum einen das *crimen*, die Straftat, d. h. die *gesetzliche Beschreibung des Unwerts*, welchem der fragliche Lebenssachverhalt entsprechen muss, damit Strafbarkeit eintritt, zum andern die *Strafe* (*poena*) als Rechtsfolge, nicht aber die Maßregeln der Besserung und Sicherung[11]. Dies ergibt sich aus der Formulierung „Strafbarkeit" in Art. 103 II GG, weshalb § 2 insoweit nur deklaratorischer Natur ist. 8

Art. 103 II schützt davor, dass die Bewertung des Unrechtsgehalts einer Tat nachträglich zum Nachteil des Täters geändert wird.[12] Dem Gesetzlichkeitsprinzip unterfallen nach der Rechtsprechung des BVerfG zur Strafbarkeit der Todesschüsse an der innerdeutschen Grenze deshalb auch Rechtfertigungsgründe.[13] 9

Vorschriften *verfahrensrechtlicher* Natur unterfallen hingegen nicht dem Gesetzlichkeitsprinzip.[14] Denn insoweit liegt von Natur aus eine Vielgestaltigkeit vor, welche nur begrenzt vorhersehbar ist. 10

Seine Wirkung entfaltet das Gesetzlichkeitsprinzip unterschiedlich stark, je nachdem, auf welche Vorschriften es sich bezieht. Generell lässt sich die Regel aufstellen, dass an die Genauigkeit der Voraussetzungen der Strafbarkeit umso höhere Anforderungen gestellt werden können, je geringer die Variabilität der Fälle ist, die einer Regel unterfallen. So beziehen sich die Beschreibungen in den Vorschriften des Besonderen Teils des StGB auf zumindest dem *Typus* nach feststehenden Sachverhalten. Die Vorschriften des Allgemeinen Teils hingegen sind bereits auf eine *Vielzahl* typisierend umschriebener Verhaltensformen – vor allem im Besonderen Teil des StGB – ausgerichtet. Schon von daher können sie nicht so genau formuliert 11

[9] Vgl. BVerfG 2 BvL 2/73 BVerfGE 41, 314/319; BVerfG 1 BvR 1053/82 BVerfGE 71, 108.

[10] Näher und mwN zur Rechtsprechung des BVerfG *Jakobs* AT 4/11.

[11] Näher *Dannecker* FS Otto, S. 25 ff.; *Frister* AT 4/39 f.

[12] Vgl. BVerfG 2 BvR 689/76 BVerfGE 46, 188/193; zum Verhältnis des verfassungsrechtlichen Tatbegriffs des Art. 103 II GG zum materiell-rechtlichen Tatbegriff des § 11 II Nr. 5 BGH 2 StR 520/96 BGHSt 43, 252/257.

[13] Vgl. BVerfG 2 BvR 1851, 1853, 1875 u. 1852/94 BVerfGE 95, 96 ff./131 f.; vgl. auch *Erb* ZStW 108 (1996), 266 ff.; näher zu den Rechtfertigungsgründen unten § 5.

[14] Vgl. *Jescheck/Weigend* AT § 15 IV 4 sowie die Nachweise bei SSW-*Satzger* § 1 Rn. 60; a. A. mit beachtlichen Argumenten aber *Frister* AT 4/38, *Jäger* GA 2006, 615, 627.

werden wie die Strafvorschriften des Besonderen Teils.[15] Jene Einschränkung stellt die Geltung des Gesetzlichkeits*prinzips* freilich nicht in Abrede. Sie zeigt nur, dass es sich auch hier um ein *Prinzip*, ein *Optimierungsgebot*[16] handelt.

12 Eine weitere Einschränkung des Gesetzlichkeitsprinzips lässt sich der erwähnten Rechtsprechung des BVerfG zur Strafbarkeit der Todesschüsse an der innerdeutschen Grenze entnehmen. Zwar sei Art. 103 II GG eine Ausprägung des Rechtsstaatsprinzips, welches den Gebrauch der Freiheitsrechte fundiert, „indem es Rechtssicherheit gewährt, die Staatsgewalt an das Gesetz bindet und Vertrauen schützt".[17] Da das Rechtsstaatsprinzip aber auch die Forderung nach materieller Gerechtigkeit umfasst, habe der absolute und strikte Vertrauensschutz nach Art. 103 II GG als Regelfall das Strafrecht im Blick, das unter den Bedingungen der Demokratie, der Gewaltenteilung und der Verpflichtung auf die Grundrechte zustande gekommen ist und damit den Forderungen materieller Gerechtigkeit prinzipiell genügt. Diese besondere Vertrauensgrundlage entfalle aber, wenn die ehemalige DDR für den Bereich schwersten kriminellen Unrechts zwar Strafvorschriften normiert, aber die Strafbarkeit gleichwohl durch Rechtfertigungsgründe für Teilbereiche ausgeschlossen habe, indem sie „über die geschriebenen Normen hinaus zu solchem Unrecht aufforderte, es begünstigte und so die in der Völkerrechtsgemeinschaft allgemein anerkannten Menschenrechte in schwerwiegender Weise missachtete. Hierdurch setzte der Träger der Staatsmacht extremes staatliches Unrecht, das sich nur solange behaupten kann, wie die dafür verantwortliche Staatsmacht faktisch besteht."[18] Diese Rechtsprechung wurde durch die Entscheidung des Europäischen Gerichtshofs für Menschenrechte (EGMR) vom 22.3.2001 bestätigt.[19]

13 Getragen wird das Gesetzlichkeitsprinzip im Wesentlichen von vier Säulen:[20]

- *Freiheit*

14 Freiheit ist nur möglich, wenn der Normadressat sich darauf verlassen kann, dass nur das, was vorher als solches festgelegt und gekennzeichnet ist, auch strafbar ist. Ohne diese Sicherheit wäre Handlungsfreiheit nicht mehr wahrnehmbar, weil die Konsequenzen eines Verhaltens nicht vorhersehbar wären.

---

[15] Vgl. *Jakobs* AT 4/15, 43 f.; zur Anwendbarkeit des Bestimmtheitsgrundsatzes auf den Allgemeinen Teil *Dannecker* FS Otto, S. 25/30 ff.

[16] Vgl. *Alexy* in: MacCormick, Neil u. a. (Hrsg.) 1985, S. 13–29/19; vgl. auch *Penski* JZ 1989, 106/109 f.; *Grünwald* FS Arth. Kaufmann, S. 433 ff.; eine faktisch nur untergeordnete Rolle spielt der Bestimmtheitsgrundsatz in der höchstrichterlichen Rechtsprechung nach *Krahl* 1986, S. 402 ff.

[17] BVerfG 2 BvR 1851, 1853, 1875 u.1852/94 BVerfGE 95, 96/130.

[18] BVerfG 2 BvR 1851, 1853, 1875 u.1852/94 BVerfGE 95, 96/95, 96/133; zustimmend u. a. *Marxen/Werle/Schäfer* 2007, S. 58; *Starck* JZ 1997, 147 mwN, vgl. aber auch krit. *Arnold* JuS 1997, 400 ff *Arnold* FS Grünwald, S. 31 ff.; *Gropp* NJ 1996, 393 ff., *Luther* FS Bemmann, S. 202 ff./222 ff.; *Seidel* 1999; *Zielinski* FS Grünwald, S. 811 ff., jew. mwN; ausführlich zur Mauerschützenproblematik *Lackner/Kühl* § 2/16 ff.; *Rosenau* 1998; rechtsphilosophisch *Adomeit* 1995, S. 152 ff.; differenzierend zwischen Mauerschützen und Hintermännern *Ebert* FS Hanack, S. 501 ff., 530, 534; zur Situation in Korea *Cho* FS Nishihara, S. 339 ff.

[19] EGMR Urt. v. 22.3.2001, Beschw. Nr. 34044/96, 35532/97 und 44801/98 mit Bespr. *Kadelbach* Jura 2002, 329 ff.; dazu und zur gerichtlichen Aufarbeitung der Todesschüsse an der innerdeutschen Grenze *Starck* JZ 2001, 1102 ff.

[20] Vgl. hierzu *Roxin* AT 1 § 5/18 ff.

- *Gewaltenteilung*
Der freiheitliche Rechtsstaat fordert, dass die ihn tragenden Gewalten geteilt und damit begrenzt sind. Die Strafverfolgung und -verhängung durch Judikative und Exekutive bedarf daher einer Begrenzung durch die Legislative. Es muss der Legislative vorbehalten bleiben, was unter welchen Umständen strafbar sein soll. 15
- *generelle Erkennbarkeit* der Ziele (Prävention)
Wenn Strafrecht die zukünftige Vermeidung strafbaren Verhaltens bezweckt, dann muss der angestrebte Zweck überhaupt erkennbar sein. Ein nicht verständlich beschriebenes Ziel kann nicht vermieden werden. Dies gilt sowohl hinsichtlich der Orientierung für jene, welche als potentielle Straftäter „abgeschreckt" werden (Generalprävention) als auch für den Täter (Spezialprävention), der zukünftig keine Straftaten mehr begehen soll. 16
- *individuelle Erkennbarkeit* der Ziele (Schuldprinzip)
Wenn Strafe die schuldhafte Verwirklichung eines verbotenen Lebenssachverhalts voraussetzt, dann muss dem Normadressaten der Inhalt des Verbots auch möglichst genau mitgeteilt werden. Wer den Befehl der Norm gar nicht erkennen kann, von dem kann auch nicht erwartet werden, dass er sich normgerecht verhält. 17

III. Die vier Forderungen des Gesetzlichkeitsprinzips im Einzelnen

1. Lex scripta: Ausschluss strafbegründenden und strafschärfenden Gewohnheitsrechts

Als Gebot der lex scripta stellt das Gesetzlichkeitsprinzip das Erfordernis einer *schriftlichen Fixierung* der Strafbarkeit vor der Tat auf. 18

Damit ist Gewohnheitsrecht als Rechtsquelle – beruhend auf der opinio necessitatis (Überzeugung bezüglich seiner Geltung als Recht) und der consuetudo (Übung) – ausgeschlossen, soweit es um die strafbegründenden Unwertbeschreibungen im Strafrecht/Besonderer Teil und im Nebenstrafrecht geht, aber auch soweit Vorschriften des Allgemeinen Teils strafbegründend wirken. Dass viele der allgemeinen strafbegründenden Strafrechtslehren durch den Gesetzgeber offen gelassen und der Entscheidung durch Rechtsprechung und Literatur überlassen worden sind, verstößt nicht gegen die lex scripta. Denn hier handelt es sich um Auslegung aus dem systematischen Zusammenhang,[21] nicht hingegen um Gewohnheitsrecht.[22] 19

Gewohnheitsrechtliche Ausdehnungen der Strafbarkeit werden jedoch dort für zulässig gehalten, wo in Elemente der Tatbestandsmäßigkeit und Rechtfertigungsgründe Begriffe aus anderen Rechtsgebieten übernommen werden. Erfahren diese Begriffe gewohnheitsrechtliche Ausdehnun- 20

[21] Vgl. *Jakobs* AT 4/46; *Lackner/Kühl* § 1 RN 3: „gewohnheitsrechtliche Verfestigung der Auslegung strafrechtlicher Begriffe".

[22] Gewohnheitsrecht müsste auch deshalb verneint werden, weil angesichts der Umstrittenheit vieler Probleme eine *allgemeine* Rechtsüberzeugung fehlt, vgl. *Roxin* AT 1 § 5/47 f.; vgl. aber auch *Rudolf Schmitt* FS Jescheck, S. 223 ff.; *Maurach/Zipf* AT 1 § 8/40 ff.

gen oder Einschränkungen, kann die Strafbarkeit Ausdehnungen erfahren. So erweitert sich z. B. mit der gewohnheitsrechtlichen Anerkennung eines Tieres als *jagdbar* die Wildereivorschrift.[23]

2. Lex stricta: Analogieverbot – Auslegung und Analogie

21 Der Satz „nullum crimen sine lege scripta – keine Straftat ohne geschriebenes Gesetz" enthält bereits die Aussage, dass eine Strafbarkeit außerhalb der *im Gesetz* be*schriebenen* Fälle unzulässig ist. Das Analogieverbot präzisiert das Gebot der lex scripta, indem es festlegt, dass eine *belastende* gesetzliche Regelung auch auf solche Fälle *nicht* zur Anwendung kommen darf, die zwar vom Wortlaut her nicht von ihr erfasst werden, die jedoch mit den ihr unterfallenden Sachverhalten *vergleichbar* sind (analogia in malam partem[24]). Die analoge Anwendung einer *begünstigenden* Regelung (analogia in bonam partem) ist hingegen zulässig.

22 Die Unzulässigkeit der analogia in malam partem im Strafrecht ist unbestritten und unproblematisch. Kopfzerbrechen bereitet vielmehr die Frage, *ob* die Regelung auf einen Sachverhalt anwendbar ist, ob man sie ohne Überschreitung der Wortlautgrenze so *auslegen* kann, dass ihr der Sachverhalt unterfällt. Denn erst wenn dieser Bereich der *Auslegung* verlassen ist, beginnt überhaupt die Frage nach einer unzulässigen Analogie. Weil sich die Frage nach der Analogie somit erst stellt, wenn jene nach der Auslegung beantwortet ist, kann das Problem der Analogie (b) nicht erörtert werden, ohne auf die Methode der Auslegung (a) einzugehen.

a) Die Auslegung als Gegenstand der juristischen Methodenlehre

Johann Wolfgang von Goethe:

> Im Auslegen seid frisch und munter! Legt ihrs nicht aus, so legt was unter.[25]

23 Als Bindeglied zwischen rechtlicher Regelung und Lebenswirklichkeit stellt die Auslegung den Kern einer jeden Rechtsanwendung dar. Sie bedarf daher der besonderen methodischen Durchdringung, eine Aufgabe, die im Mittelpunkt der *juristischen Methodenlehre*[26] steht.

aa) Rechtssatz, Subsumtion und conclusio als Syllogismus

24 Was wir bisher eher unspezifisch „rechtliche Regelung" genannt haben, heißt im Sprachgebrauch der juristischen Methodenlehre *Rechtssatz.*

---

[23] Vgl. *Roxin* AT 1 § 5/49.

[24] Von lat. malus = schlecht, pars = der Teil.

[25] *Goethe, Johann Wolfgang von,* Zahme Xenien, in: Werke. Neue Gesamtausgabe des Originalverlages. Erster Band. Stuttgart (ohne Jahresangabe), S. 646, zitiert in: Deutsche Epigramme, Reclam-Verlag Stuttgart 1969, S. 163.

[26] Hierzu insbesondere *Larenz* 1991; vgl. auch *Lagodny* 2013, S. 36 ff.; *Murmann* GK § 20; *Rengier* AT § 5; *Tiedemann* 1997, S. 74 ff.

Beispiel 3.1

Die Formulierung in § 212 „Wer einen Menschen tötet,...wird mit Freiheitsstrafe nicht unter 5 Jahren bestraft“ stellt einen Rechtssatz dar, bestehend aus einem *Tatbestand* („Wer einen Menschen tötet“) und einer *Rechtsfolge* („wird mit Freiheitsstrafe nicht unter 5 Jahren bestraft“).[27]

Der Rechtssatz in § 212 enthält die Aussage, dass für einen konkreten *Lebenssachverhalt* die *Rechtsfolge* „Freiheitstrafe nicht unter 5 Jahren“ gilt, wenn es sich um einen *Fall des Tatbestandes*, also um die Tötung eines Menschen handelt. 25

Beispiel 3.2 26

Wenn der A den B am Samstag, dem 19. Oktober 1996, um 9.58 Uhr mit einem Messer erstochen hat und wir wissen wollen, was nun mit A passieren soll, dann gibt uns § 212 die Auskunft, dass A mit Freiheitsstrafe nicht unter 5 Jahren bestraft werden soll, wenn das Erstechen des B mit dem Messer die Tötung eines Menschen darstellt. Bezüglich unserer Frage, was konkret mit A passieren soll, bildet § 212 den sogenannten *Obersatz*:

Wenn Tatbestand x, dann Rechtsfolge y.

Ob das Erstechen des B durch den A zur Folge hat, dass A mit einer Freiheitsstrafe nicht unter 5 Jahren bestraft wird, hängt also davon ab, ob das Erstechen des B durch A die „Tötung eines Menschen“ im Sinne von § 212 ist. 27

Nun verstehen wir unter dem „Töten eines Menschen“ jedes Verhalten, welches zu dessen Tod führt, z. B. das Überfahren mit dem Auto, das Ertränken, das Erhängen u. ä.. Dem § 15, der bestimmt, dass strafbar nur vorsätzliches Handeln ist, wenn nicht das Gesetz fahrlässiges Handeln ausdrücklich mit Strafe bedroht, können wir außerdem entnehmen, dass § 212 nur das *vorsätzliche* zu Tode Bringen eines Menschen meint. 28

Wenn wir also davon ausgehen, dass A nicht nur unglücklich gestürzt ist und dabei dem B versehentlich den tödlichen Stich versetzt, sondern dieses Messer wissentlich und willentlich in den Körper des B gestoßen hat, dann können wir sagen, dass die Tötung des B durch A mit Hilfe des Messers dem Töten eines Menschen im Sinne von § 212 entspricht, anders ausgedrückt: dass die Tötung des B durch den A mit Hilfe des Messers *ein Fall* von § 212 ist, *tatbestandsmäßig* ist, d. h. den *Tatbestand* des § 212, den *Obersatz, erfüllt*. 29

Die Aussage, dass ein Lebenssachverhalt (die Tötung des B durch den A mit Hilfe des Messers) ein Fall des Obersatzes (§ 212: „Wer einen Menschen tötet,...wird... bestraft“) ist, den Tatbestand des Obersatzes (§ 212: „Wer einen Menschen tötet...“) erfüllt, nennt man *Untersatz*. 30

Die Prüfung, ob der in Frage stehende Lebenssachverhalt ein Fall des Tatbestandes im Obersatz ist, d. h., ob man den konkreten Sachverhalt unter die abstrakten Fälle des Obersatzes *„nehmen“* kann, nennt man *Subsumtion* (sub = darunter; sumtion = das Nehmen). Hauptaufgabe des Rechtsanwenders – Studierende lernen, wie 31

[27] Näher zum Rechtssatz *Coing* 1985, S. 277; *Dubischar* 1974, S. 65 ff.; *Engisch* 1997, S. 12 ff.; *Larenz* 1991, S. 241; *Zippelius* 2012, S. 24 ff.

man Recht anwendet – ist jene *Technik der Subsumtion*, das „Darunternehmen" eines Lebenssachverhalts unter den in dem jeweiligen Rechtssatz formulierten Tatbestand, die Frage also, ob ein Lebenssachverhalt ein *Fall* eines gesetzlich umschriebenen Tatbestandes, d. h. der gesetzlichen Vorschrift, ist. Um dies zu beantworten, muss man wissen, welche Bedeutung den Begriffen innerhalb der gesetzlichen Strafvorschriften zukommt.[28]

32 Wenn wir die Bedeutung des Obersatzes kennen und den Untersatz bilden können (Subsumtion), dann können wir *schlussfolgern*, welche Rechtsfolge für den Lebenssachverhalt eintreten soll.

33 Wenn „wer einen Menschen (vorsätzlich) tötet" mit Freiheitsstrafe nicht unter 5 Jahren bestraft werden soll (Obersatz) und wenn die Tötung des B durch den A ein Fall der Tötung eines Menschen ist, dann wird A mit Freiheitsstrafe nicht unter 5 Jahren bestraft.

34 Jene Schlussfolgerung mittels der Bildung eines Obersatzes und der Feststellung, dass der konkrete Fall ein Fall des Obersatzes ist (Untersatz) und deswegen auf ihn die Rechtsfolge des Obersatzes zutrifft, nennt man *conclusio*. Das methodische Vorgehen mittels Obersatzes, Untersatzes und conclusio nennt man *Syllogismus*.

bb) Die Auslegung der Elemente der Tatbestandsmäßigkeit

35 Der entscheidende Schritt bei der juristischen Subsumtion ist nun aber interessanterweise nicht *erst* die Frage, ob der konkrete Lebenssachverhalt ein Fall des Tatbestandes als Teil des Obersatzes ist, sondern *schon* die abstrakte Frage, ob der Tatbestand des Obersatzes *Fälle dieser Art* regelt, ob der Sachverhalt den im Gesetz beschriebenen *Elementen der Tatbestandsmäßigkeit* entspricht. Um dies beurteilen zu können, haben sich im Laufe der Zeit im Wesentlichen vier Kriterien für die Auslegung dieser Elemente herausgebildet: der *Wortlaut*, die Gesetzes- und Rechts*systematik*, die *historische* Auslegung sowie die *objektiv-teleologische* Auslegung.[29]

aaa) Wortlaut (grammatische Auslegung)

36 Ob die Elemente der Tatbestandsmäßigkeit ihrem Wortlaut nach den zu prüfenden Sachverhalt erfassen, wird an Hand des Sprachgebrauchs ermittelt, wobei hier sowohl die Alltags- als auch die jeweilige *Fachsprache* eine Rolle spielen. Ein Sachverhalt entspricht nur dann einem Element der Tatbestandsmäßigkeit, wenn er von dessen *noch möglichem Wortsinn*[30] erfasst wird. In der Praxis hat sich gezeigt, dass die Gerichte dazu neigen, den „noch möglichen" Wortsinn recht weit zu fassen – nicht selten unter Hinweis auf die ratio legis (unten ddd).

---

[28] Vgl. auch *Lagodny* 2013, S. 87 ff. zum „Kennen" der allgemeinen „Vokabeln".

[29] Zur vergleichbaren Methodik der Auslegung in Japan *Ida* FS Szwarc, S. 3 ff.

[30] Vgl. *Eser/Hecker* in: Schönke/Schröder § 1 RN 37; BVerfG 1 BvR 718/89, 1 BvR 179/89, 1 BvR 722/89, 1 BvR 723/89 BVerfGE 92, 1/12 (zum Begriff der Gewalt bei der Nötigung); zur Wortsinngrenze der Empfängnisfähigkeit *Scheffler* Jura 1996, 505 ff.; zu deren Überschreitung in einem Fall eigennütziger Strafvereitelung durch den BGH *Seebode* JZ 1998, 781 ff.

Beispiel 3.3 37

„PKW keine Waffe im Sinne von § 113 II Nr. 1 a.F." – BVerfG 2 BvR 2238/07 v. 19.3.2007, NStZ 2009, 83: Als die Polizei den leicht alkoholisierten B anhalten und kontrollieren wollte, startete er sein Fahrzeug und fuhr los. Die Polizeibeamten verfolgten ihn sodann und stellten ihn. Trotz Anweisung der Beamten, aus dem Pkw auszusteigen, blieb B sitzen. Einer der Beamten versuchte, durch das geöffnete Fahrerfenster hindurch den Zündschlüssel vom Fahrzeug des B abzuziehen. Während der Beamte sich mit seinem Oberkörper noch im Fahrzeuginnenraum befand, wehrte B den Griff des Polizeibeamten nach dem Zündschlüssel ab, legte den Rückwärtsgang ein und fuhr mit Vollgas rückwärts. Der Beamte wurde hierdurch mit dem Kopf im Fahrzeug einige Meter mitgerissen, wobei er neben dem Pkw mitlaufen konnte. Zunächst verblieb er mit seinem gesamten Oberkörper im Fahrzeug, rutschte dann aber bis auf den Kopf heraus. Weitere 10–15 m rutschte der Beamte auf seinen Schuhen mit, bis er sich vom Fahrzeug des B abdrückte und so von dem Fahrzeug freikam. Verletzt wurde der Beamte nicht. Mit seinen Handlungen bezweckte B, die Polizeibeamten an der Ausführung ihrer – von ihm als rechtmäßig erkannten – Amtshandlungen zu hindern.

Aufgrund dieser Geschehnisse wurde B in letzter Instanz wegen Widerstands 38
gegen Vollstreckungsbeamte in einem besonders schweren Fall (§ 113 I und II 2 Nr. 1 StGB) verurteilt. Der Pkw stelle eine Waffe im untechnischen Sinne dar, die B zur Gewaltanwendung eingesetzt habe.

Die Verfassungsbeschwerde des B gegen diese Entscheidung war erfolgreich. 39
Das BVerfG führte aus, dass die Auslegung „PKW = Waffe im Sinne von § 113 II 2 Nr. 1" mit Art. 103 II GG nicht zu vereinbaren ist.

Der Gesetzgeber hat daraufhin durch das 44. Gesetz zur Änderung des Straf- 40
gesetzbuchs vom 1.11.2011[31] den Wortlaut in § 113 II 2 Nr. 1 dahin ergänzt, dass der Täter oder ein anderer Beteiligter eine Waffe *oder ein anderes gefähriches Werkzeug bei sich führt* [....].

bbb) Systematische Auslegung

Hinweise darauf, wie eine Strafvorschrift als Tatbestand des Obersatzes zu verste- 41
hen ist, gibt auch die *Gesetzes*- sowie die *Rechts*systematik. Von Gesetzessystematik spricht man, wenn sich die Auslegung an den systematischen Zusammenhang mehrerer Rechtsnormen anlehnt, von Rechtssystematik, wenn die Auslegung die systematischen Besonderheiten eines gesamten Rechtsgebietes berücksichtigt.

Beispiel 3.4 42

für eine *gesetzessystematische Auslegung*: Wenn A an die Geldbörse des B in der Weise kommt, dass er B niederschlägt und dem hilflos am Boden Liegenden die Geldbörse aus der Tasche zieht, um sie sich rechtswidrig zuzueignen, dann ist fraglich, ob dieser Sachverhalt ein Fall des § 255 (räuberische Erpressung)

[31] BGBl I S. 2130.

ist. Der Wortlaut des § 255 würde dies nicht ausschließen. Denn A hätte den B durch Gewalt gegen eine Person (Niederschlagen) dazu genötigt, die Wegnahme der Geldbörse zu dulden. Er hätte auch dem Vermögen des B einen Nachteil zugefügt, um sich zu Unrecht zu bereichern. Und dennoch würden Rechtsprechung und Lehre in einem solchen Fall die Anwendung der §§ 255, 253 ablehnen. Denn beim Herausholen der Brieftasche handelt es sich um ein Wegnehmen i. S. von § 249 (Raub), nicht aber um ein Weggeben i. S. von § 255, für das die h. L. zudem eine Vermögensverfügung verlangt. Die Einordnung als Raub schließt in diesem Fall somit die Einordnung als räuberische Erpressung aus.[32]

ccc) Historische Auslegung[33]

43 Nicht selten geben die Gesetzgebungsmaterialien und die rechtspolitische Diskussion im Zuge der Entstehung einer Rechtsvorschrift darüber Auskunft, ob ein Lebenssachverhalt ein Fall des Obersatzes ist.

44 **Beispiel 3.5**

Wenn A mit Hilfe gefälschter Euro-Münzen einem Automaten eine Schachtel Zigaretten entnimmt, um sich dieselbe rechtwidrig zuzueignen, dann fragt es sich, ob dies ein Fall des § 265a, Erschleichen von Leistungen, ist. Denn man könnte ja davon ausgehen, dass es sich hier um das Erschleichen der Leistungen eines Automaten handelt, in der Absicht, das Entgelt nicht zu entrichten. Die Gesetzgebungsgeschichte lehrt uns jedoch, dass § 265a eingeführt worden war, um die Überlistung sog. *Leistungs*automaten (z. B. Münzfernsprecher, Wiegeautomaten u. ä.) mittels Falschgeldes gesetzlich zu erfassen. Denn hier hatte das Reichsgericht (RGSt 68, 65) entschieden, dass diese Fälle insbesondere keine Betrugsfälle seien, weil es an einer Täuschung des Leistungsautomaten fehlt. Da es sich beim Zigarettenautomaten jedoch um einen sog. *Waren*automaten handelt, ist der hier geschilderte Sachverhalt kein Fall von § 265a. Er ist allerdings ein Fall von § 242, weil man davon ausgeht, dass der Täter den Gewahrsam des Automatenaufstellers an den Zigaretten bricht, also die Zigaretten wegnimmt, weil der Automatenaufsteller nur unter der Bedingung mit der Wegnahme durch den Bediener des Automaten einverstanden ist, dass echte Münzen eingeworfen werden.

ddd) Objektiv-teleologische Auslegung (ratio legis)

45 Weil sich der Wille des historischen Gesetzgebers indessen oft nicht mehr klären lässt und weil sich die gesellschaftlichen Verhältnisse in einer Weise ändern können,

---

[32] Vgl. *Lackner/Kühl* § 255 RN 2 mwN; vgl. auch den Fall bei *Mitsch* BT 2/1 § 3/16.

[33] Zur Unterscheidung zwischen historischer und genetischer Auslegung *Müller/Christensen* 2013, S. 360 f. Die genetische Auslegung hat danach die Gesetzgebungsmaterialien und die rechtspolitische Diskussion des für den konkreten Fall einschlägigen Normtextes zum Gegenstand. Die historische bezieht frühere, nicht mehr geltende Wortlaute des einschlägigen Normtextes in die Auslegung mit ein.

welche es zweifelhaft erscheinen lässt, ob er an seinem Willen würde festhalten wollen, kommt der Auslegung an Hand des *Sinnes und Zweckes des Gesetzes*, der ihm unter den gegenwärtigen Verhältnissen beigegeben werden kann, eine gewichtige Bedeutung zu.

Beispiel 3.6 46

Diebstahl eines Sparbuches: Nimmt der A dem B ein Sparbuch weg, um das dort vorhandene Guthaben abzuheben und das Sparbuch anschließend wieder zurückzugeben, so fragt es sich, ob darin ein Diebstahl zu sehen ist. Zweifelhaft ist es deshalb, weil der A ja nicht die Absicht hat, sich das fremde Sparbuch seiner Substanz nach zuzueignen. Und das im Sparbuch verkörperte Geld ist nicht identisch mit der Substanz des Buches. Die h. M. behilft sich damit, dass Gegenstand der beabsichtigten Zueignung nicht die Sache selbst in ihrer Substanz, sondern auch der spezifisch in ihr verkörperte Wert sein könne. Das Element der Tatbestandsmäßigkeit „Sache" in § 242 wird somit auch als der spezifische Sachwert interpretiert. Denn Sinn des § 242 müsse es sein, nicht nur die Sache ihrer Substanz nach, sondern auch ihrem Wert nach vor Wegnahme zu schützen. Diese Interpretation erscheint beim Sparbuch deswegen noch vertretbar, weil dieses Buch als sog. „hinkendes" Inhaberpapier einen bestimmtem Wert *verkörpert.* Jene Körperlichkeit stellt die gedankliche Brücke zur Sacheigenschaft her. Der Fall des vorübergehend entwendeten Sparbuches wäre dann nicht anders zu beurteilen als jener, in welchem der Täter eine fremde bewegliche Sache wegnimmt, um sie zu verkaufen. Auch hier würde sich die Zueignungsabsicht auf den Wert der Sache beziehen. Deshalb wird auch hier ein Diebstahl angenommen.[34]

Obwohl sich innerhalb der verschiedenen Auslegungsmethoden eine strenge Rei- 47
hen- und Rangfolge nicht aufstellen lässt,[35] kann man sagen, dass – vor allem aufgrund der sich rasch verändernden gesellschaftlichen Verhältnisse und mit fortschreitendem Alter einer gesetzlichen Regelung – der objektiv-teleologischen Auslegung ein ausschlaggebendes Gewicht zuerkannt wird (sog. objektive Theorie).[36]

b) Dogmatik als Hilfsdisziplin der Auslegung

Wo die Methodenlehre Zweifel an der richtigen Anwendung des Rechts nicht besei- 48
tigen kann, beginnt das Reich der Dogmatik. Rechtliche Dogmen[37] sind Lehrmeinungen, Lehr-Sätze, die mit unterschiedlichem Erfolg um Anerkennung ringen, die kommen, bleiben und gehen.[38] Strafrechtsdogmatik ist die wissenschaftliche „Disziplin, die sich mit der Auslegung, Systematisierung und Fortbildung der gesetz-

[34] Vgl. *Eser/Bosch* in: Schönke/Schröder § 242 RN 50; *Mitsch* BT 2/1 § 1/144.

[35] Vgl. aber auch MK-*Schmitz* § 1 Rn. 90 ff.

[36] Vgl. *Jescheck/Weigend* AT § 17 IV 2 mwN.

[37] Von griechisch τό δόγμα = to dogma = die Lehrmeinung.

[38] Lesenswert hierzu *Engisch* 1984, S. 88 ff. insb. S. 120 f.

lichen Anordnungen und wissenschaftlichen Lehrmeinungen im Bereich des Strafrechts befasst".[39] Dogmatik ist damit vor allem eine Hilfsdisziplin der Auslegung, indem sie anerkannte Obersätze analysiert und ihnen erforderlichenfalls so lange weitere hinzufügt, bis der Untersatz gebildet oder ausgeschlossen werden kann.[40]

49 **Beispiel 3.7**

Im berühmten *Blutübertragungs*-Fall (näher § 5 RN 264 f.) etwa lautet die Frage, ob von einem zufällig anwesenden Dritten mit Gewalt Blut übertragen werden darf, um dadurch das Leben eines schwer verletzten Unfallopfers zu retten. Der Wortlaut des § 34 gibt hier als Obersatz die Auskunft, dass der lebensrettende Eingriff vorgenommen werden darf, wenn das Interesse an der Lebenserhaltung des Unfallopfers das Interesse an der körperlichen Unantastbarkeit des potentiellen Blutspenders wesentlich überwiegt und die gewaltsame Blutentnahme ein angemessenes Mittel ist. Dass zumindest jene Angemessenheit fehlt, ergibt sich aus der ganz überwiegend anerkannten Lehrmeinung, wonach in die körperliche Unantastbarkeit vor dem Hintergrund des Grundrechts auf körperliche Unversehrtheit aus Art. 2 II 1 GG auch im Falle eines abstrakten Überwiegens des zu rettenden Interesses jedenfalls dann nicht eingegriffen werden darf, wenn der Betroffene keinerlei Anlass zur Notstandslage – etwa als Unfallverursacher – gegeben hat.[41]

50 *Grundlage und Grenze* der Strafrechtsdogmatik ist das Strafgesetz. Ihre *Methode* besteht darin, den Rechtsstoff in einem *System* zu ordnen, in welchem neben dem gesetzten Recht auch Gerichtsentscheidungen und Lehrmeinungen einen Standort finden.

51 Als *Mittel* zur Entscheidungsfindung bedient sie sich *formal* anerkannter *Schlussverfahren*,[42] etwa des

- argumentum *a fortiori* (erst-recht-Schluss), bestehend aus dem argumentum *a maiore ad minus* (Schlussfolgerung vom Größeren zum Kleineren) *und dem* argumentum *a minore ad maius* (Schlussfolgerung vom Kleineren zum Größeren)

---

[39] *Roxin* AT 1 § 7/1; vgl. auch *Otto* GK AT § 2/62 ff. und *Zaczyk* FS Küper, S. 723 ff.; zur Dogmatik als „Exportartikel" der deutschen Strafrechtswissenschaft *Roxin* in Eser u. a. (Hrsg.) 2000, S. 370 ff., vgl. auch *Kindhäuser* ZStW 121 (2009), 954 ff.

[40] Zur juristischen Methodenlehre, insbesondere der Lehre vom Rechtssatz oben RN 24 ff.; zu Strafrechtsdogmatik und Strafrechtsdidaktik *Lagodny* FS Amelung, S. 51 ff.

[41] Vgl. *Roxin* FS Jescheck, S. 456 ff./471.

[42] Anschaulich und mit weiteren Beispielen hierzu *Koch/Rüßmann* 1982, § 23 2; vgl. zur Juristischen Argumentationslehre auch *Tiedemann* 1997, S. 86 ff.

Beispiel 3.8 52
für ein argumentum *a maiore ad minus*: Weil man einem anderen zu dessen Suizid *vorsätzlich* Hilfe leisten darf, ohne sich strafbar zu machen (der Suizid ist keine tatbestandsmäßige Haupttat im Sinne der Teilnahmevorschriften §§ 26, 27), ist auch die *fahrlässige* Verursachung eines Suizids nicht strafbar, so BGH 5 StR 56/72 BGHSt 24, 342,

- argumentum *a simili* oder *a pari* (Analogieschluss),
- argumentum *e contrario* (Umkehrschluss).

Materiell wirkt Dogmatik als Argumentationstechnik auf der Grundlage der geschützten Werte. Sie liefert so Begründungen für fachgerechte, plausible, d. h. der Zustimmung fähige, einleuchtende, vertretbare Sachentscheidungen, ohne freilich die rechtsphilosophische Frage nach der Richtigkeit der Entscheidung beantworten zu können.[43] 53

c) Analogie

Analogie und Analogieverbot spielen erst dann eine Rolle, wenn die Auslegung ergibt, dass ein Lebenssachverhalt *kein* Fall des Tatbestandes ist, obwohl er mit den dort geregelten Sachverhalten vergleichbar ist. Man spricht dann davon, dass das Gesetz *lückenhaft*, d. h. *planwidrig unvollständig*[44] sei. Im Unterschied zu den Fällen, in denen der Gesetzgeber einen vergleichbaren Sachverhalt trotz vergleichbarer Prämissen der Regel *bewusst* nicht zuordnen wollte oder wo der Gesetzgeber „vergleichbare" Fälle in „gesetzlicher Analogiegestattung" in den Tatbestand einordnen will,[45] liegt eine *echte, ausfüllungsbedürftige Lücke* nur dann vor, wenn der vergleichbare Sachverhalt unbeabsichtigt ungeregelt geblieben ist. 54

Hier besagt nun das strafrechtliche Analogieverbot, dass die Grenze für die Anwendung des Tatbestandes auf einen Lebenssachverhalt dort liegt, wo der *mögliche Wortsinn* (oben RN 36 ff.) überschritten würde. 55

Abstriche am strafrechtlichen Analogieverbot müssen aus rechtsstaatlicher Sicht auf größte Skepsis stoßen. Nicht zufällig war es in Deutschland der nationalsozialistische Gesetzgeber, der das Analogieverbot nicht nur aufhob, sondern die Möglichkeit der Analogiebildung ausdrücklich in § 2 StGB a.F. vorsah: 56

> § 2 StGB i. d. F. auf Grund des Änderungsgesetzes vom 28.06.1935 lautete:
> **§ 2. [Entsprechende Anwendung der Strafgesetze]** Bestraft wird, wer eine Tat begeht, die das Gesetz für strafbar erklärt oder die nach dem Grundgedanken eines Strafgesetzes und nach gesundem Volksempfinden Bestrafung verdient. Findet auf die Tat kein bestimmtes Strafgesetz unmittelbar Anwendung, so wird die Tat nach dem Gesetz bestraft, dessen Grundgedanke auf sie am besten zutrifft. 57

[43] Vgl. *Naucke* 2000, RN 5 ff.; *Rath* 2004, S. 104 f.

[44] Zur Lücke als „planwidriger Unvollständigkeit" *Canaris* 1983, S. 39.

[45] Zu diesen in Bezug auf das *Bestimmtheitsgebot* höchst problematischen gesetzlichen Analogiegestattungen *Greco* GA 2012, 453 ff., *Kuhlen* FS Otto 2007, S. 89/98 f.

Die Folgen dieses Verfalls strafrechtlicher Kultur zeigt anschaulich

58 **Beispiel 3.9**

Leichenbeschimpfungs-Fall, RG 5 D 578/37 RGSt 71, 323 vom 13. September 1937: Die Leiche des Vaters der Angeklagten befand sich in der Leichenhalle des Friedhofs. Die Beschwerdeführer hatten den Deckel vom Sarg ihres Vaters heruntergehoben, „tranken in lauter und lärmender Weise Schnaps, prosteten dem Toten zu und schickten sich an, der Leiche einen Becher mit Schnaps einzuflößen. Nur mit Mühe konnten sie von ihrer Schwester an der Durchführung ihres Vorhabens gehindert werden".[46]

59 Aus dem Urteil des Tatgerichts ergab sich nicht, dass die Leichenhalle zugleich als Friedhofskapelle, also als ein Ort gedient hatte, der i. S. von § 168 StGB a.F. zu religiösen Versammlungen bestimmt gewesen war. Auch hatten die Angeklagten ihren beschimpfenden Unfug nicht „an einem Grabe" verübt, wie dies § 168 StGB a.F. vorausgesetzt hatte.

60 Obwohl das Reichsgericht letztlich somit keine Strafvorschrift fand, welchen die Angeklagten erfüllt hatten, bestätigte es die Verurteilung der Angeklagten durch das Landgericht aus § 168 StGB a.F. Zur Begründung führte das Gericht aus, dass § 168 zwar eine Lücke enthalte, dass der Gesetzgeber aber einen Vorgang wie den dargelegten, „der nach dem Grundgedanken des § 168 StGB und nach gesundem Volksempfinden Strafe verdient, in § 168 StGB mit Strafe bedroht haben (würde), wenn er an diesen Fall gedacht hätte. Die unbeabsichtigte Lücke des § 168 StGB ist somit, wie es das LG getan hat, gemäß dem § 2 StGB durch entsprechende Anwendung des § 168 StGB zu schließen, dessen Grundgedanke auf die Tat am besten zutrifft."[47]

3. Lex certa: Bestimmtheitsgebot

61 Adressat des Bestimmtheitsgebots ist der Gesetzgeber. Er ist gehalten, die Voraussetzungen, unter denen bestraft werden darf („ob") und die Qualität der Rechtsfolge „Strafe" („wie") möglichst genau festzulegen. Verstößt der Gesetzgeber gegen jene Verpflichtung, formuliert er also außerhalb der Bandbreite optimaler Bestimmtheit, so ist die betreffende Straf-„Bestimmung" wegen Unbestimmtheit verfassungswidrig. Dies schließt es nicht aus, dass der Strafgesetzgeber *ausfüllungsbedürftige* Begriffe benutzt.[48] Zulässig sind aber jene Begriffe nur dann, wenn sich eine genauere Formulierung nicht verwirklichen lässt. Dabei kommt dem Gesetzgeber eine gewisse Einschätzungsprärogative zu. Letzteres ist im Zusammenhang mit der Verwendung von Generalklauseln zu beachten.[49]

[46] RGSt 71, 324.

[47] RGSt 71, 325.

[48] Vgl. *Jakobs* AT 4/43 f.; *Roxin* AT 1 § 5/69; instruktiv zum Begriff der Verwerflichkeit in § 240 II StGB *Frister* AT 4/15 ff.

[49] Näher hierzu *Roxin* AT 1 § 5/68.

Die *verfassungsgerichtliche Rechtsprechung* geht dahin, dass die gesetzliche Formulierung umso bestimmter sein müsse, je schwerwiegender die angedrohten Rechtsfolgen sind.[50] Im Bereich der Bußgeldvorschriften mag dies angehen. Hinsichtlich der Formulierung von Strafvorschriften können vom Bestimmtheitserfordernis jedoch keine Abstriche gemacht werden, weil auch im Bereich weniger schwerwiegender Rechtsfolgen der Spielraum der garantierten Handlungsfreiheit infolge der Gefahr einer Stigmatisierung als Straftäter ohne triftigen Grund eingeschränkt würde. Auch eine Weitergabe an die Judikative vermag als Übergang von der gesetzgebenden auf die rechtsprechende Gewalt keine Lösung darzustellen.[51] 62

Roxin[52] schlägt vor, die Einhaltung des Bestimmtheitsgebotes aus hermeneutischer Sicht zu beurteilen: hinreichende Bestimmtheit der Vorschrift dann, „wenn und soweit sich ihr ein klarer gesetzgeberischer Schutzzweck entnehmen lässt und der Wortlaut einer beliebigen Ausdehnung der Interpretation immerhin noch Grenzen setzt“. Man wird dem zustimmen, jedoch hinzufügen müssen, dass der Gesetzgeber gehalten ist, jenen Regelungsrahmen *möglichst* (Rechts*prinzip*!) eng zu halten. 63

Das Bestimmtheitsgebot gilt auch im Bereich der Straftatfolgen.[53] Im Vergleich zur Formulierung der Elemente der Tatbestandmäßigkeit sind hier die Spielräume jedoch weiter, weil die Ausgestaltung der Straftatfolgen sehr stark von den Verhältnissen des Täters abhängt. Hier liegt die Festlegung eines Rahmens in der Natur der Sache. Und selbst was die richterliche Straffestsetzung im Einzelfall anbelangt, bleibt trotz aller Bemühungen um Nachvollziehbarkeit und Transparenz ein Rest von Unabwägbarkeit, der sich auch einer gerichtlichen Nachprüfbarkeit entzieht. Wenn also schon im Einzelfall bei der Strafzumessung ein Maß an Unbestimmtheit unvermeidbar ist, dann muss dies erst recht für die *gesetzliche* Bestimmtheit gelten. 64

4. Lex praevia: Rückwirkungsverbot – zeitliche Geltung – Günstigkeitsprinzip

§ 2 Zeitliche Geltung 65

1. Die Strafe und ihre Nebenfolgen bestimmen sich nach dem Gesetz, das zur Zeit der Tat gilt.
2. Wird die Strafdrohung während der Begehung der Tat geändert, so ist das Gesetz anzuwenden, das bei Beendigung der Tat gilt.
3. Wird das Gesetz, das bei Beendigung der Tat gilt, vor der Entscheidung geändert, so ist das mildeste Gesetz anzuwenden.
4. Ein Gesetz, das nur für eine bestimmte Zeit gelten soll, ist auf Taten, die während seiner Geltung begangen sind, auch dann anzuwenden, wenn es außer Kraft getreten ist. Dies gilt nicht, soweit ein Gesetz etwas anderes bestimmt.

---

[50] Vgl. BVerfG 2 BvL 4/62 BVerfGE 14, 245/251; BVerfG 2 BvR 238/68 BVerfGE 26, 41/43 (zum Begriff des „groben Unfugs“); näher auch hierzu *Roxin* AT 1 § 5/70.

[51] Vgl. *Roxin* AT 1 § 5/70.

[52] AT 1 § 5/75.

[53] Vgl. *Dannecker* FS Roxin 2011, 285 ff.

5. Für Verfall, Einziehung und Unbrauchbarmachung gelten die Absätze 1 bis 4 entsprechend.
6. Über Maßregeln der Besserung und Sicherung ist, wenn gesetzlich nichts anderes bestimmt ist, nach dem Gesetz zu entscheiden, das zur Zeit der Entscheidung gilt.

a) Rückwirkungsverbot im materiellen Strafrecht

66 Das Rückwirkungsverbot ist in Art. 103 II GG und in § 1 StGB normiert, in § 2 StGB ist es näher ausgeführt. Es bedeutet, dass weder eine Tat, die zur Zeit ihrer Begehung nicht strafbar war, rückwirkend unter Strafe gestellt noch rückwirkend eine schwerere Strafart angedroht (z. B. Freiheits- anstatt Geldstrafe) noch dass die Strafdrohung rückwirkend verschärft werden darf (z. B. Erweiterung des Strafrahmen nach oben). Wegen der Maßgeblichkeit des Begehungszeitpunktes der Tat lässt sich die Einhaltung des Rückwirkungsverbots nur feststellen, wenn man weiß, welches Gesetz zur Zeit der Tat gilt. Die zeitliche Geltung des Strafgesetzes ist damit eine Vorfrage für Überlegungen zum Rückwirkungsverbot.

67 Hinsichtlich der *zeitlichen Geltung* legt § 2 I als Grundsatz fest, dass sich die Strafe und die Nebenfolgen nach dem Gesetz bestimmen, das zur *Zeit der Tat* – nach § 8 der Zeitpunkt, zu welchem der Täter oder der Teilnehmer gehandelt hat oder im Falle des Unterlassens hätte handeln müssen – gilt. § 2 II präzisiert dahin, dass das bei der Beendigung[54] der Tat geltende Gesetz anzuwenden ist, wenn sich die Strafdrohung während der Begehung der Tat ändert. Das Risiko für eine Verschärfung der Strafdrohung während der Tatbegehung trägt damit der Täter.

68 Bei Gesetzesänderungen zwischen der Beendigung der Tat und der Entscheidung über die Tat ist gem. § 2 III das mildeste Gesetz anzuwenden (*Günstigkeitsprinzip*). Milder ist das Gesetz, das nach den besonderen Umständen des Einzelfalls die mildere Beurteilung zulässt.[55]

69 Eine Ausnahme hiervon gilt nach § 2 IV bei sog. *Zeitgesetzen*, Gesetzen, die nur für eine bestimmte Zeit gelten sollen. Sie sind selbst dann anwendbar, wenn sie zum Zeitpunkt der Entscheidung nicht mehr in Kraft sind.[56] Umstritten ist, ob ein Zeitgesetz nur ein solches ist, dessen Geltung kalendermäßig begrenzt ist, oder ob ein solches genügt, das seinem Inhalt nach eine nur als vorübergehend gedachte Regelung für wechselnde Zeitverhältnisse treffen will.[57]

70 Ausdrücklich gilt das Rückwirkungsverbot gem. § 2 V auch für *Verfall, Einziehung* und *Unbrauchbarmachung*.

71 § 2 VI ordnet an, dass über Maßregeln der Besserung und Sicherung nach dem Gesetz zu entscheiden ist, das zur Zeit der Entscheidung gilt. Ausnahmen gelten nur, wenn sie gesetzlich bestimmt sind. Nach Art. 303 und 305 des Einführungsge-

---

[54] Vgl. hierzu § 9/9.

[55] Vgl. *Lackner/Kühl* § 2 RN 3 f.; zum Begriff des „milderen Rechts" auch BGH 1 StR 326/98 BGHSt 44, 175/176 ff. sowie grundlegend *Satzger* Jura 2006, 748 ff.

[56] Vgl. hierzu auch *Tiedemann* 1985, insbes. S. 30 ff.

[57] So die Rechtsprechung; vgl. zum Streitstand *Lackner/Kühl* § 2 RN 8.

setzes zum Strafgesetzbuch (EGStGB) vom 2. März 1974[58] ist für die *Führungsaufsicht* (§ 68) und das *Berufsverbot* (§ 70) eine Rückwirkung ausgeschlossen, nicht hingegen für die Unterbringung in einem psychiatrischen Krankenhaus (§ 63), in einer Entziehungsanstalt (§ 64) und in der Sicherungsverwahrung (§ 66) sowie für die Entziehung der Fahrerlaubnis (§ 69). Die rückwirkende Möglichkeit der Einführung bestimmter Maßregeln wird damit gerechtfertigt, dass die Verhängung von Maßregeln auch Sicherungscharakter habe und damit der Gefahrenabwehr diene. Dieses Ziel könnte allerdings auch mit den Mitteln des Polizeirechts verfolgt werden. Als *Rechtsfolge* für eine tatbestandsmäßige und rechtswidrige Handlung sollten hingegen auch Maßregeln der Besserung und Sicherung am Gesetzlichkeitsprinzip teilhaben.[59]

Nach vorangegangenen Entscheidungen des EGMR, dass die Regelung der Si- 72
cherungsverwahrung in Deutschland gegen Bestimmungen der EMRK verstoße[60], erklärte das BVerfG im Mai 2011 die Regelungen des StGB und des JGG über die Anordnung und die Dauer der (nachträglichen) Sicherungsverwahrung für verfassungswidrig: Diese verletzten das Freiheitsgrundrecht der Untergebrachten (Art. 2 II 2 i. V. m. Art. 104 I GG), da sie nicht dem verfassungsrechtlichen Abstandsgebot zwischen Freiheitsstrafe und Maßregelvollzug genügten.[61] Insbesondere bei sog. *Altfällen* bestünden außerdem Bedenken im Hinblick auf den Vertrauensschutz aus Art. 20 II GG, wobei es hier auf eine Beurteilung im Einzelfall ankomme.[62] Einen Verstoß gegen das Rückwirkungsverbot aus Art. 103 II GG nahm das Verfassungsgericht hingegen nicht an, da dieses nur für Strafen, nicht jedoch für Maßregeln gelte.[63]

Eine partielle Einschränkung hat das Gesetzlichkeitsprinzip als Rückwirkungs- 73
verbot durch die Rechtsprechung des BVerfG zur Strafbarkeit der Todesschüsse an der innerdeutschen Grenze erfahren (s. o. RN 12).

b) Rückwirkungsverbot im Strafverfahrensrecht?

Im Unterschied zum materiellen Recht wird im Verfahrensrecht eine Rückwirkung 74
prinzipiell für möglich gehalten.[64] Ordnet man außer dem Fehlen eines *Strafantrags*

[58] BGBl. I S. 469.

[59] Vgl. *Roxin* AT 1 § 5/56 mwN.

[60] EGMR 19359/04 NJW 2010, 2495, mit Anm. *Eschelbach*.

[61] Vgl. BVerfG 2BvR 2365/09 NJW 2011, 1931 (RN 85 ff. sowie 95 ff).

[62] Vgl. BVerfG NJW 2011, 1931 (RN 85 ff.) zum Vertrauensschutz, insb. zur Abwägung bei sog. *Altfällen* vgl. *Hörnle* NStZ 2011, S. 488, 489 f.

[63] Abweichend vom EGMR, der urteilte, dass die nachträgliche Verlängerung der Sicherungsverwahrung gegen Art. 7 I EMRK (Rückwirkungsverbot) verstößt, vgl. EGMR 19359/04 NJW 2010, 2495. Allerdings legt das BVerfG den Begriff der *Strafe* anders als der EGMR aus, da die EMRK anders als die deutsche Rechtsordnung kein *zweigleisiges System* von Strafe und Maßregel kennt, vgl. *Hecker* Europäisches Strafrecht § 3/37.

[64] Vgl. *Jescheck/Weigend* AT § 15 IV 4; *Fischer* § 2 RN 7; einschränkend *Jakobs* AT 4/57 hinsichtlich der Erweiterung der Katalogtaten bei Untersuchungshaft sowie zum griechischen Recht *Fitrakis* 1998.

auch den Eintritt der *Verjährung*[65] als *Verfahrens*hindernis ein, würde das strafrechtliche Rückwirkungsverbot folglich insoweit nicht eingreifen.

75 In seiner Entscheidung vom 26.2.1969 über die Zulässigkeit der Verlängerung der Verjährungsfrist für Beihilfe zum Mord an jüdischen Mitbürgern, begangen im Juni und Juli 1941,[66] entschied das Bundesverfassungsgericht, dass auch *Verjährungsvorschriften* nicht vom Gesetzlichkeitsprinzip erfasst werden, und zwar ungeachtet der Frage, ob es sich hierbei um Vorschriften über das Straf*verfahren* handelt (Verjährung als Verfahrenshindernis). Denn Art. 103 II GG betreffe die *Strafbarkeit*, Verjährungsvorschriften hingegen die *Verfolgbarkeit* einer Tat. Da der Unrechtscharakter einer strafbaren Handlung durch ihre Verfolgbarkeit aber nicht berührt werde, könne eine Änderung der Verjährungsvorschriften auch nicht gegen Art. 103 II GG verstoßen. Dies gehe auch aus der Entstehungsgeschichte jener Vorschrift hervor.[67]

76 Durch das 9. StrÄG vom 4.8.1969[68] wurde daraufhin die Verjährungsfrist für Mord von 20 auf 30 Jahre verlängert und durch das 16. StrÄG vom 16.7.1979[69] ganz aufgehoben. Die Wiedereröffnung *abgelaufener* Verjährungsfristen ist hingegen unzulässig.

77 Ob der nachträgliche Wegfall eines *Strafantragserfordernisses* gegen das Rückwirkungsverbot verstößt, ist umstritten. Die h. M. erhebt keine Einwände.[70]

c) Rückwirkungsverbot bezüglich der Änderung höchstrichterlicher Rechtsprechung?

78 Da höchstrichterliche Entscheidungen der Einheitlichkeit der Rechtsprechung dienen, können sie zum Orientierungspunkt für die Normadressaten werden und dadurch faktisch wie gesetzliche Regelungen wirken. Jedoch ist selbst höchstrichterliche Rechtsprechung nicht unabänderlich. Es fragt sich daher, was geschehen soll, wenn sich zwischen Tatbegehung und Aburteilung eine gefestigte höchstrichterliche Auffassung zu ungunsten des Täters ändert.

79 **Beispiel 3.10**

Promillegrenze: Durch die Entscheidung BGH NStZ 1990, 491 vom 28. 6. 1990–1994 StR 297/90 – wurde die Grenze für die absolute (d. h. die ohne Nachweis über ihr konkretes Vorliegen anzunehmende) Fahruntüchtigkeit von 1,3 ‰ auf 1,1 ‰ Blutalkoholkonzentration (BAK) gesenkt. Während ein Autofahrer

[65] Näher *Jescheck/Weigend* AT § 15 IV 4 mit FN 48.

[66] BVerfG 2 BvL 15/68, 2 BvL 23/68 BVerfGE 25, 269; vgl. auch *Clausnitzer* The International and Comparative Law Quarterly 1980, S. 473 ff.

[67] Vgl. BVerfGE 25, 286 ff; im übrigen vermochte das Gericht auch keine Verfassungswidrigkeit des Berechnungsgesetzes aus Gründen einer rechtsstaatswidrigen unzulässigen rückwirkenden Enttäuschung schutzwürdigenVertrauens festzustellen, vgl. BVerfGE 25, 289 ff.

[68] BGBl. I 1065.

[69] BGBl. I 1046.

[70] Vgl. BGH 3 StR 836/53 BGHSt 6, 155; *Wessels/Beulke/Satzger* AT Rn. 48; krit. hingegen *Eser/Hecker* in: Schönke/Schröder § 2 Rn. 6; *Roxin* AT 1 § 5/59 f. mwN.

bis zur Senkung dieser Promille-Grenze davon ausgehen konnte, dass ihm bei einer BAK von 1,2 ‰ seine Fahruntüchtigkeit für eine Strafbarkeit nach § 316 nachgewiesen werden musste, gehen die Gerichte seither bei diesem Wert von einer absoluten Fahrtuntüchtigkeit aus. Könnte sich der Autofahrer A in einer entsprechenden Situation gegen die Annahme seiner absoluten Fahruntüchtigkeit unter Hinweis auf das Rückwirkungsverbot erfolgreich zur Wehr setzen?

Eine solche Wirkung des Rückwirkungsverbots ist nicht anerkannt.[71] Hatte sich der Normadressat allerdings auf eine bestimmte Rechtsprechung verlassen und eigens Rechtsrat eingeholt, kann ihn u. U. § 17 (Verbotsirrtum) vor Strafe bewahren.[72] **80**

Hinweise zum Leitfall 3.1

Zunächst wies das Bundesverfassungsgericht das Argument zurück, dass die Begriffe „*berechtigt oder entschuldigt*" über ihre formal-dogmatische Bedeutung in der Rechtssprache hinaus auch auf *nicht vorsätzliche* Verhaltensweisen Anwendung finden könnten. Schon die Umgangssprache unterscheide zwischen unvorsätzlichen (i. S. v. nicht absichtlichen) und berechtigten oder entschuldigten Verhaltensweisen. Wer sich „berechtigt oder entschuldigt" vom Unfallort entfernt habe, handele zudem objektiv und subjektiv unter ganz anderen Voraussetzungen als derjenige, der das mangels Kenntnis des Unfallgeschehens tue.[73] **81**

Aber auch *historische*, *systematische* und *teleologische* Auslegungsgesichtspunkte" sprechen nach Ansicht des BVerfG gegen eine Gleichsetzung:[74] „Den Gesetzgebungsmaterialien lassen sich keine klaren Anhaltspunkte dafür entnehmen, dass der Gesetzgeber darauf bedacht gewesen sei, möglichst alle Fälle des ‚aus welchen Gründen auch immer' (…) straflosen Sich-Entfernt-Habens vom Unfallort durch die nachträgliche Meldepflicht zu erfassen." In *systematischer* Hinsicht sei zu berücksichtigen, dass die Pflichten nach dem berechtigten oder entschuldigten Sich-Entfernt-Haben weiter reichen als die Pflichten nach dem Unfallgeschehen nach § 142 I. Denn das nachträgliche Ermöglichen nach § 142 II verpflichte zu selbstbelastenden Handlungen, deren Gebotenheit und Reichweite derjenige nicht überblicken kann, der erst nachträglich von dem Geschehen des Unfalls erfährt. Schließlich lasse sich auch mit dem *Schutzzweck* des § 142, die Durchsetzbarkeit zivilrechtlicher Ansprüche der Unfallbeteiligten untereinander zu sichern, die Umdeutung von „berechtigt oder entschuldigt" in „unvorsätzlich" nicht begründen. Die Schwierigkeit des Nachweises der Kenntnis vom Unfallgeschehen dürfe nicht durch den Hinweis auf die kriminalpolitische Bedeutsamkeit eines Verbots umgangen werden.[75] **82**

---

[71] Vgl. *Neumann* ZStW 103 (1991), 331 ff.; *Eser/Hecker* in: Schönke/Schröder § 2 RN 8 f. mwN; vorsichtig einschränkend RN 9; a. A. *Ha* 1996; *Hettinger/Engländer* FS Meyer-Goßner, S. 145 ff.

[72] So *Roxin* AT 1 § 5/61; näher zum Verbotsirrtum unten § 13 RN 27 ff., 34 ff., 42 ff., 56 ff., 232 ff.

[73] BVerfG 2 BvR 2273/06 NJW 2007, 1666 (1667 RN 20).

[74] BVerfG NJW 2007, 1667 RN 21 ff.

[75] BVerfG NJW 2007, 1668 RN 24.

83 Man kann die Ausführungen des Bundesverfassungsgerichts auch deutlicher formulieren: Die Kenntnis des Lebenssachverhalts, den eine Strafnorm voraussetzt, ist unabdingbare Voraussetzung für eine Strafbarkeit entsprechend dieser Norm. Lücken in der Nachweisbarkeit dieser Kenntnis können nicht dadurch ausgefüllt werden, dass man auf die kriminalpolitische Bedeutsamkeit der Verbotsnorm hinweist. Es kann ein Verbot somit noch so gewichtig sein – wer den Lebenssachverhalt nicht kennt, an den jenes Verbot anknüpft, darf nicht bestraft werden.

IV. Zur Wiederholung

84 **Kontrollfragen**

1. Nennen Sie die „vier Säulen" des Gesetzlichkeitsprinzips. (RN 13 ff.)
2. Nennen Sie die vier Forderungen des Gesetzlichkeitsprinzips. (RN 18, 21, 61, 65 jew. ff.)
3. Nennen Sie die vier wichtigsten Auslegungskriterien. (RN 35 ff.)
4. Was versteht man unter Strafrechtsdogmatik? (RN 48 ff.)
5. Welcher Schlussverfahren als Mittel zur Entscheidungsfindung bedient sich die juristische Logik? (RN 51 f.)

B. Das Schuldprinzip als materielle Ausformung des Rechtsstaatsprinzips

85 **Leitfall 3.2**

Vollrausch-Fall: Um die Jahreswende 1996/1997 feuerte in Berlin ein betrunkener Kraftfahrer K bei einer Polizeikontrolle mehrere Schüsse auf Polizeibeamte ab. Ein Polizeibeamter starb, zwei weitere wurden verletzt. Eine Blutprobe ergab eine Blutalkoholkonzentration zum Tatzeitpunkt von 3 Promille. Weil nicht auszuschließen war, dass K schuldunfähig war, kam nur eine Verurteilung nach § 323a in Betracht. § 323a sieht eine Höchststrafe von 5 Jahren Freiheitsstrafe vor.

86 Im Februar 1997 legte der Bundesrat einen auf einen Vorschlag des Landes Berlin zurückgehenden Gesetzesentwurf zur Verschärfung des § 323a StGB vor.[76] Der Bundesrat verfolgte diesen Entwurf auch in der folgenden Legislaturperiode weiter.[77] Der Entwurf des Bundesrates sah vor, § 323a StGB um eine Qualifikation zu erweitern. In Fällen, in denen der Täter im Rausch eine beson-

[76] Vgl. BR-Dr. 123/97.

[77] Vgl. BR-Dr. 97/99=BT-Dr. 14/759.

ders schwerwiegende Straftat begeht, sollte eine Strafe zwischen drei Monaten und zehn Jahren verhängt werden können. Darüber hinaus brachte die CDU/CSU-Fraktion den Entwurf eines Rauschtaten-Strafschärfungsgesetzes ein.[78] Hiernach sollte die Strafe zukünftig der im Rausch erfüllten Strafvorschrift entnommen werden, wobei jedoch eine obligatorische Strafmilderung nach § 49 vorgesehen war.

Zur Begründung führten beide Gesetzesentwürfe übereinstimmend an, dass die absolute Strafobergrenze des § 323a StGB von fünf Jahren Freiheitsstrafe dem Gebot des gerechten Strafens sowie dem Gedanken der positiven Generalprävention nicht gerecht würden. So sei beispielsweise in Fällen, in denen ein drogenabhängiger Amokläufer im Rausch mehrere Menschen lebensgefährlich verletze oder gar töte, weder den Opfern noch der Rechtsgemeinschaft die Verhängung einer Freiheitsstrafe unter fünf Jahren zu vermitteln.[79] 87

Der Rechtsausschuss des Bundestages empfahl dem Bundestag die Ablehnung beider Gesetzesentwürfe mit der Begründung, dass diese einen Bruch mit dem *Schuldprinzip* darstellten,[80] da sich die Strafdrohung an der Schwere bzw. am Strafrahmen der im Zustand der Schuldunfähigkeit begangenen Rauschtat orientiere. 88

I. Nulla poena sine culpa – keine Strafe ohne Schuld[81]

Das Schuldprinzip bildet die materielle Komponente eines der Menschenwürde, der Freiheit, der Gleichheit, der Verhältnismäßigkeit und dem Vorbehalt des Gesetzes verpflichteten rechtsstaatlichen Strafrechts. „Der Schuldgrundsatz hat Verfassungsrang; er ist in der Garantie der Würde und Eigenverantwortlichkeit des Menschen (Art. 1 Abs. 1 GG und Art. 2 Abs. 1 GG) sowie im Rechtsstaatsprinzip verankert (vgl. BVerfGE 45, 187/259 f.; 86, 288/313; 95, 96/140; 120, 224/253 f.; 130, 1/26)".[82] Er besagt, dass der Täter einer tatbestandsmäßigen und rechtswidrigen Handlung nur bestraft werden darf, wenn ihm auch ein Schuldvorwurf gemacht werden kann. 89

Denn wenn Strafe ihren legitimierenden Sinn daraus schöpft, dass sie im Falle einer normverletzenden Aktion als Re-Aktion und Ver-Geltung die Geltung der Norm zum Ausdruck bringt, dann hat Strafe dort keinen Sinn mehr, wo der Normadressat gar nicht in der Lage war, den Normbefehl zu erkennen bzw. zu befolgen. Denn dieser Normadressat stellt die Geltung der Norm nicht in Frage. Auch wäre er infolge seiner Unfähigkeit nicht in der Lage, sich in einer die Norm respektierenden 90

[78] Vgl. BT-Dr. 14/545.

[79] Vgl. BR-Dr. 97/99 mit Verweis auf BR-Dr.123/97 (Beschluss); BT-Dr. 14/759.

[80] Vgl. BT-Dr. 14/9148, S. 4.

[81] Umfassend *Hirsch* ZStW 106 (1994), 746 ff.; vgl. auch *Hassemer* in Baumgartner/Eser (Hrsg.) 1983, S. 89 ff.; *Jakobs* 1993; *Arth. Kaufmann* 1976; *Roxin* FS Arth. Kaufmann, S. 519 ff.

[82] BVerfG 2 BvR 2628/10, 2 BvR 2883/10, 2 BvR 2155/11 NJW 2013, 1058/1059. vgl. auch *Hörnle* FS Tiedemann, S. 325/334 ff.

Weise zu verhalten. Seine Bestrafung würde damit nicht mehr von seinem vernunftgetragenen Willen abhängen. Durch die Verhängung einer staatlichen Strafe würde er zum *Objekt staatlichen Handelns* gemacht werden, was einen Verstoß gegen die Menschenwürde bedeutet.[83]

91 Wollte man hingegen auf die an der Menschenwürde orientierte Schuld als Voraussetzung der Strafe verzichten, dann würde kein prinzipieller Unterschied bestehen zwischen der *Dressur* eines Tieres und der *Bestrafung* eines Menschen. Auch würde nichts entgegenstehen, ein Tier anzuklagen und zu bestrafen.[84]

92 Neben der Menschenwürde ist es vor allem der *Gleichheitssatz*, welcher Schuld als Bedingung für Strafe fordert. Denn wenn Strafe *ausgleichende* Ver-Geltung sein soll, dann muss es eine quantifizierbare Größe geben, an der sich dieser Ausgleich orientiert. Diese Größe besteht aber wiederum in der Schuld des Täters. Straftheoretisch bildet die Schuld damit nicht nur die *Grundlage*, sondern auch die *Grenze*, an der sich die Strafe zu orientieren hat.

93 Dass sich der deutsche Gesetzgeber für ein Strafrecht entschieden hat, in dem der Schuld jene begründende und begrenzende Funktion zukommt, lässt sich § 46 I 1 entnehmen: „Die Schuld ist die Grundlage für die Zumessung der Strafe."

94 Umstritten ist, ob die Schuld nicht nur die Ober-, sondern auch die Untergrenze für die Strafe bildet. Die Antwort hängt auch hier davon ab, wie man die Strafe begründet: legt man – wie die Rechtsprechung – den Schwerpunkt auf den Gesichtspunkt der Tat-*Vergeltung*, dann ist eine Unterschreitung der schuldangemessenen Strafe nicht möglich.[85] Je mehr man hingegen einer relativen Begründung der Strafe zuneigt, desto eher lässt sich eine Unterschreitung der „theoretisch" schuldangemessenen Strafe mit general- oder spezialpräventiven Argumenten begründen.[86] Gegen das Schuldprinzip verstößt die Unterschreitung der an sich schuldangemessenen Strafe nicht. Denn das Schuldprinzip lautet

keine Strafe ohne Schuld

und nicht umgekehrt.

95 Während die *Strafe* von der Schuld abhängt, hängt die *Schuld* wiederum vom rechtswidrig verwirklichten *Unwert* der Tat ab, sei es vom objektiven Verhaltens- und Veränderungssunwert (Sachverhaltsunwert) oder von der Vorstellung (Wissen und Wollen), den Absichten und Motiven des Täters (personaler Unwert).

96 Die *Quantifizierbarkeit* dieser Unwertverwirklichungen bringt es mit sich, dass auch die Schuld eine quantifizierbare Größe ist.

97 Mit diesen Überlegungen haben wir uns aber nur einen ersten Überblick über die rechtsstaatliche Funktion des Schuld*prinzips* verschafft. Über den Schuld*begriff* ist damit noch nichts ausgesagt (dazu näher § 6 RN 6 ff.).

---

[83] Zur „Objektformel" BVerfG 1 BvR 197/53 BVerfGE 9, 167/171; BVerfG 1 BvR 698/89 BVerfGE 87, 209/228; vgl. auch *Pieroth/Schlink/Kingreen/Poscher* 2013, RN 374 ff. mwN.

[84] Zu Strafverfahren gegen Tiere *Schild* 1989, S. 66.

[85] Vgl. BGH 2 StR 355/80 BGHSt 29, 319/320 f; BGH GSSt 1/86 BGHSt 34, 345.

[86] So *Roxin* AT 1 § 3/54; vgl. auch *Amelung* JZ 1982, 617 ff./621; *Schünemann* GA 1986, 293/300.

II. Maßregeln der Besserung und Sicherung[87]

Wenn der Satz „keine Strafe ohne Schuld" ausnahmslos gelten soll, darf Strafe nicht (bzw. nicht in vollem Umfang) in Fällen verhängt werden, in denen jemand eine tatbestandsmäßige und rechtswidrige Handlung im Zustand der Schuldunfähigkeit (bzw. der verminderten Schuldfähigkeit) begangen hat. Das Strafgesetz knüpft daher insoweit nicht an die Schuld, sondern an die *Gefahr* an, die von solch einem Täter ausgeht, und sieht in den §§ 61 ff. eine Reihe sog. „Maßregeln" der Besserung und Sicherung vor (u. a. Unterbringung in einem psychiatrischen Krankenhaus, § 63, oder in einer Entziehungsanstalt, § 64,[88] Entziehung der Fahrerlaubnis, § 69). **98**

Während die in den §§ 38 ff. ihrer Art nach festgelegten Strafen einen Schuldausgleich anstreben und somit auch hinsichtlich ihrer präventiven Zwecke durch die persönliche Schuld getragen und zugleich begrenzt werden, ist bei den in den §§ 61 ff. festgelegten Maßregeln die *Gefährlichkeit* entscheidend. Im Unterschied zur allgemeinen Gefahrenabwehr nach Polizeirecht[89] setzen die Maßregeln der Besserung und Sicherung die Begehung einer tatbestandsmäßigen und rechtswidrigen Handlung *voraus* und nehmen auf sie auch Bezug. **99**

Die Ausgestaltung von Maßregeln neben den Strafen erfolgte durch das sog. Gewohnheitsverbrechergesetz vom 24.11.1933[90], ohne dass es sich dabei um ein typisches nationalsozialistisches Gesetz gehandelt hätte.[91] **100**

Die Existenz von Strafen und Maßregeln als Rechtsfolgen einer rechtswidrigen Tat nennt man die *Zweispurigkeit der strafrechtlichen Sanktionen.* **101**

Vom Sprachgebrauch her unglücklich ist im *Jugendstrafrecht* die Bezeichnung der Weisungen und Erziehungshilfen nach den §§ 9 ff. JGG als Erziehungs*maßregeln* im Unterschied zur freiheitsentziehenden Jugendstrafe. Denn wenn auch primär als erzieherische Maßnahmen und nicht als Vergeltung schuldhaft verwirklichten Unrechts gedacht, setzen diese Rechtsfolgen doch ebenso wie die Jugendstrafe und die Strafen des Erwachsenenstrafrechts eine *schuldhaft* begangene Straftat voraus.[92] **102**

Hinweise zum Leitfall 3.2

Die Gesetzesentwürfe des Bundesrates und der CDU/CSU-Fraktion sahen übereinstimmend in der Schwere der im Zustand der Schuldunfähigkeit begangenen Rauschtat den Grund für die angestrebte Strafschärfung des § 323a StGB n.F. Nur so könne eine „gerechte Strafe" für die Tat erreicht werden. Der Maßstab für eine gerechte Strafe ergibt sich jedoch aus der vom Täter durch die konkrete **103**

[87] Vgl. näher *Naucke* 1998, § 3.

[88] Vgl. hierzu *Dessecker* NStZ 1995, 318; *Müller-Gerbes* StV 1996, 633 ff.

[89] Standardmaßnahmen der Gefahrbeseitigung sind Sicherstellung und Beschlagnahme, Gewahrsam und Festnahme sowie Platzverweisung, vgl. *Gusy* Polizeirecht, 2014, S. 89.

[90] RGBl. I 995.

[91] Näher zum Gewohnheitsverbrechergesetz *Jescheck/Weigend* AT § 9 I, dort FN 6 mwN; LK-*Tröndle* vor § 38 RN 9.

[92] Näher zur Natur der Erziehungs*maßregeln* *Schaffstein/Beulke* 2002, S. 104 ff.

Straftat verwirklichten Schuld.[93] Im Rahmen des § 323a StGB stellt die Herbeiführung der Schuldunfähigkeit selbst das gesetzliche Unrecht dar. Strafgrund ist bereits die besondere Gefährlichkeit des Sich-Berauschens. Aufgrund dessen kann sich die Strafe beim Vollrausch allein aus der Schuld des Täters hinsichtlich des Berauschens und den Umständen, unter denen dies geschieht, bemessen. Die Schwere der Rauschtat, die der Täter im Zustand der Schuldunfähigkeit begeht, muss hingegen bei der Bemessung der Strafe außer Betracht bleiben. Denn bezüglich der Rauschtat kann den Täter gerade kein Schuldvorwurf treffen. Indem beide Gesetzesentwürfe hinsichtlich der zu verhängenden Strafe an die Schwere einer Tat anknüpften, die im Zustand der Schuldunfähigkeit begangen wurde, stellten sie somit einen Bruch mit dem Schuldprinzip dar.[94]

III. Zur Wiederholung

104 **Kontrollfragen**

1. Was versteht man unter der „Zweispurigkeit" der strafrechtlichen Sanktionen? (RN 101)
2. Worin liegt der wesentliche Unterschied zwischen einer Strafe und einer Maßregel? (RN 99)

C. Weitere Ausformungen des Rechtsstaatsprinzips

105 Neben dem Gesetzlichkeitsprinzip als formaler und dem Schuldprinzip als materieller Komponente des Rechtsstaatsprinzips seien die folgenden, das Strafrecht ebenfalls prägenden Ausformungen des Rechtsstaatsprinzips wenigstens kurz erwähnt:

106 Nicht nur als Grundlage des Schuldbegriffs, sondern auch als Grundlage eines *humanen*, der gegenseitigen Verbundenheit der Menschen und der Bereitschaft zur sozialen Verantwortung für den straffälligen Menschen verpflichteten Strafrechts kommt der *Menschenwürde*, Art. 1 I GG, zentrale Bedeutung zu. Sie konkretisiert sich in dem Streben nach Rückgewinnung verurteilter Straftäter für die Gesellschaft selbst im Falle der Verurteilung zu einer lebenslangen Freiheitsstrafe,[95] in der Abschaffung der Todesstrafe, der Zwangskastration sowie in dem Verzicht

---

[93] Vgl. *Freund/Renzikowski* ZRP 1999, 497 f.

[94] Informativ hierzu und zu weiteren Reformvorschlägen auch *Renzikowski* ZStW 112 (2000), 475 ff.

[95] Vgl. das Urteil des Bundesverfassungsgerichts vom 21.6.1977, 1 BvL 14/76 BVerfGE 45, 187, dem der Gesetzgeber durch die Möglichkeit der Aussetzung des Strafrestes bei lebenslanger Freiheitsstrafe nach § 57a Rechnung getragen hat.

auf entehrende Strafen.[96] Die Wahrung der *Handlungsfreiheit*, Art. 2 I GG, bringt eine Beschränkung der staatlichen Strafe auf notwendige Eingriffe mit sich. Das *Gleichheitsprinzip*, Art. 3 GG, verbietet die Diskriminierung entlassener Strafgefangener. Das in Konkretisierung des *Verhältnismäßigkeitsprinzips*, Art. 20 III GG, entwickelte *Übermaßverbot* beeinflusst das gesamte Strafrecht und findet sich in besonders sensiblen Bereichen wie etwa im Maßregelrecht (§ 62) oder im Recht der Untersuchungshaft (§ 112 I StPO) ausdrücklich formuliert.[97]

Literatur

Adomeit Rechts- und Staatsphilosophie Bd. II: Rechtsdenker der Neuzeit, 1995

Alexy Rechtsregeln und Rechtsprinzipien, in: MacCormick, Neil u. a. (Hrsg.), Geltungs- und Erkenntnisbedingungen im modernen Rechtsdenken, 1985, Beiheft 25 Archiv für Rechts- und Sozialphilosophie.

Amelung Zur Kritik des kriminalpolitischen Strafrechtssystems von Roxin JZ 1982, 617 ff.

Arnold Einschränkung des Rückwirkungsverbotes sowie sorgfältige Schuldprüfung bei den Tötungsfällen an der DDR-Grenze – BVerfG, NJW 1997, 929, JuS 1997, 400 ff.

Arnold Überpositives Recht und Andeutungen völkerrechtsfreundlicher Auslegung von Strafrecht, FS für Grünwald 1999, S. 31 ff.

Canaris Die Feststellung von Lücken im Gesetz, 2. Aufl. 1983

Cho, Byung-Sun Die Vergangenheitsaufarbeitung und die koreanische Strafjustiz, FS für Nishihara 1998, S. 339 ff.

Clausnitzer The statute of limitations for murder in the Federal Republic of Germany, The International and Comparative Law Quarterly 1980, S. 473 ff.

Coing Grundzüge der Rechtsphilosophie, 4. Aufl. 1985

Dannecker Nullum crimen, nulla poena sine lege und seine Geltung im Allgemeinen Teil des Strafrechts, FS für Otto 2007, S. 25 ff.

Dannecker Das Verbot unbestimmter Strafen, FS für Roxin 2011, 285 ff.

Dessecker Hat die strafrechtliche Unterbringung in einer Entziehungsanstalt eine Zukunft? NStZ 1995, 318 ff.

Dubischar Vorstudium zur Rechtswissenschaft, 1974

Ebert Strafrechtliche Bewältigung des SED-Unrechts zwischen Politik, Strafrecht und Verfassungsrecht, FS für Hanack 1999, S. 501 ff.

Engisch Sinn und Tragweite juristischer Systematik, in: Bockelmann/Kaufmann/Klug, Beiträge zur Rechtstheorie, 1984, S. 88 ff.

Engisch Einführung in das juristische Denken, 9. Aufl. 1997

Erb Die Schutzfunktion von Art. 103 Abs. 2 GG bei Rechtfertigungsgründen, ZStW 108 (1996), 266 ff.

Eser u. a. (Hrsg.) Die deutsche Strafrechtswissenschaft vor der Jahrtausendwende, 2000.

Feuerbach, P.J.A. Lehrbuch des gemeinen in Deutschland geltenden Peinlichen Rechts, 1801

Fischer Strafgesetzbuch, 60. Aufl. 2013

Fitrakis I apagorefsi tis anadromikotitas stin piniki dikonomia (Das Rückwirkungsverbot im Strafprozessrecht), Athen-Komotini 1998

Freund/Renzikowski Zur Reform des § 323a StGB, ZRP 1999, 497 ff.

96 Vgl. Art. 102 GG, dazu BVerfG 1 BvR 93/64 BVerfGE 18, 112/116–121; BGH 4 StR 379/63 BGHSt 19, 201 sowie die §§ 1, 2 KastrG vom 15.08.1969, BGBl. I S. 1143; zur Möglichkeit der Verwirkung von Grundrechten vgl. Art. 18 GG, zum Verlust der Amtsfähigkeit, der Wählbarkeit und des Stimmrechts als strafrechtliche Nebenfolge vgl. § 45 StGB.

97 Vgl. zu § 62 BVerfG 1 BvR 513/65 BVerfGE 19, 343.

Frister Strafrecht Allgemeiner Teil (AT), 5. Aufl., 2011
Greco Ist der Strafgesetzgeber an das Analogieverbot gebunden? GA 2012, 453 ff.
Gropp Deliktstypen mit Sonderbeteiligung, 1992
Gropp Naturrecht oder Rückwirkungsverbot? – Zur Strafbarkeit der Berliner „Mauerschützen" NJ 1996, 393 ff.
Grünwald Die Entwicklung der Rechtsprechung zum Gesetzlichkeitsprinzip, FS für Arthur Kaufmann 1993, S. 433 ff.
Gusy Polizeirecht, 9. Aufl. 2014
Ha, Tae-Young Belastende Rechtsprechungsänderungen durch die Strafgerichte unter dem Gesichtspunkt der positiven Generalprävention, 1996
Hassemer Alternativen zum Schuldprinzip?, in Baumgartner/Eser (Hrsg.), Schuld und Verantwortung, 1983, S. 89 ff.
Hecker Europäisches Strafrecht, 4. Aufl. 2012
Hettinger/Engländer Täterbelastende Rechtsprechungsänderungen im Strafrecht, in: Strafverfahrensrecht in Theorie und Praxis, FS für Lutz Meyer-Goßner 2001, S. 145 ff.
Hirsch Das Schuldprinzip und seine Funktion im Strafrecht, ZStW 106 (1994), 746 ff.
Hörnle Die verfassungsrechtliche Begründung des Schuldprinzips, FS für Tiedemann 2008, S. 325 ff.
Hörnle Der Streit um die Sicherungsverwahrung – Anmerkung zum Urteil des 2. Senats des BVerfG vom 4.5.2011, NStZ 2011, S. 488 ff.
Ida Methodik der Rechtsfindung – insbesondere im japanischen Strafrecht, FS für Szwarc 2009, S. 3 ff.
Jäger Grund und Grenzen des Gesetzlichkeitsprinzips im Strafprozessrecht, GA 2006, S. 615 ff.
Jakobs Strafrecht, Allgemeiner Teil: die Grundlagen und die Zurechnungslehre, (AT) 2. Aufl. 1991.
Jakobs Das Schuldprinzip, 1993
Jescheck/Weigend Lehrbuch des Strafrechts, Allgemeiner Teil (AT), 5. Aufl., 1996
Kadelbach Menschenrechte als übergesetzliches Recht?, Jura 2002, 329 ff.
Kaufmann, Arthur Das Schuldprinzip, 2. Aufl. 1976
Kindhäuser Die deutsche Strafrechtsdogmatik zwischen Anpassung und Selbstbehauptung – Grenzkontrolle der Kriminalpolitik durch die Dogmatik?, ZStW 121 (2009), 954 ff.
Koch/Rüßmann Juristische Begründungslehre, 1982
Krahl Die Rechtsprechung des Bundesverfassungsgerichts und des Bundesgerichtshofs zum Bestimmtheitsgrundsatz im Strafrecht (Art. 103 Abs. 2 GG), 1986
Krey Keine Strafe ohne Gesetz, 1983
Kuhlen Zum Verhältnis von Bestimmtheitsgrundsatz und Analogieverbot, FS für Otto 2007, 89 ff.
Lackner/Kühl Strafgesetzbuch: Kommentar, 27. Aufl. 2011
Lagodny Strafrechtsdogmatik und Strafrechtsdidaktik auf der Suche nach dem Wortlaut des Gesetzes, FS für Amelung 2009, S. 51 ff.
Lagodny Juristisches Begründen, 2013
Larenz Methodenlehre der Rechtswissenschaft, 6. Aufl. 1991
LK-*Bearbeiter* = Laufhütte/Rissing-van Saan/Tiedemann (Hrsg.), Leipziger Kommentar, Strafgesetzbuch, 12. Aufl. 2007 ff.
Luther Zum Gesetzlichkeitsprinzip im Strafrecht, FS für Bemmann 1997, S. 202 ff.
Marxen/Werle/Schäfer Strafverfolgung von DDR-Unrecht, 2007
Maurach/Zipf Strafrecht: Ein Lehrbuch, Allgemeiner Teil 1 (AT 1), 7. Aufl. 1987
Mitsch Strafrecht Besonderer Teil 2 Teilband 1 (BT 2/1), 2. Aufl. 2002
MK-*Bearbeiter* = Münchener Kommentar zum Strafgesetzbuch, 2. Aufl. 2011 ff.
Müller-Gerbes Auf dem Prüfstand des BVerfG: das Recht der Unterbringung in einer Entziehungsanstalt, StV 1996, 633 ff.
Müller/Christensen Juristische Methodik, 11. Aufl. 2013
Murmann Grundkurs Strafrecht (GK), 2. Aufl. 2013
Naucke Strafrecht: eine Einführung, 8. Aufl. 1998
Naucke Rechtsphilosophische Grundbegriffe, 4. Aufl. 2000

Neumann Rückwirkungsverbot bei belastenden Rechtsprechungsänderungen der Strafgerichte? ZStW 103 (1991), 331 ff.
Otto Grundkurs Strafrecht – Allgemeine Strafrechtslehre (GK-AT), 6. Aufl., 2000
Penski Rechtsgrundsätze und Rechtsregeln, JZ 1989, 106 ff.
Pieroth/Schlink/Kingreen/Poscher Grundrechte. Staatsrecht II, 29. Aufl. 2013
Rath Das Verhältnis des Wertes und des Sollens zum Sein, 2004
Rengier Strafrecht Allgemeiner Teil (AT), 5. Aufl. 2013
Renzikowski Die Verschärfung des § 323a StGB – Preisgabe des Schuldprinzips?, ZStW 112 (2000), 475 ff.
Rosenau Tödliche Schüsse im staatlichen Auftrag: die strafrechtliche Verantwortung von Grenzsoldaten für den Schusswaffengebrauch an der deutsch-deutschen Grenze, 2. Aufl. 1998
Roxin Der durch Menschen ausgelöste Defensivnotstand, FS für Jescheck 1985, S. 456 ff.
Roxin Das Schuldprinzip im Wandel, FS für Arthur Kaufmann 1993, S. 519 ff.
Roxin Die Strafrechtswissenschaft vor den Aufgaben der Zukunft, in: Eser, Albin u. a. (Hrsg.) Die deutsche Strafrechtswissenschaft vor der Jahrtausendwende, 2000, S. 369 ff.
Roxin Strafrecht, Allgemeiner Teil Band I (AT I), 4. Aufl. 2006
Satzger Die zeitliche Geltung des Strafgesetzes – ein Überblick über das „temporale Strafrecht", Jura 2006, S. 746 ff.
Schaffstein/Beulke Jugendstrafrecht, 14. Aufl. 2002
Scheffler Die Wortsinngrenze bei der Auslegung, Jura 1996, 505 ff.
Schild, Wolfgang Alte Gerichtsbarkeit, 2. Aufl. 1989
Schmitt, Rudolf Der Anwendungsbereich des § 1 StGB (Art. 103 Abs. 2 Grundgesetz), FS für Jescheck 1985, S. 223 ff.
Schönke/Schröder, *Bearbeiter* in: = Schönke/Schröder. Strafgesetzbuch, 28. Aufl. 2010, fortgeführt von *Lenckner, Cramer, Eser, Stree, Heine, Perron, Sternberg-Lieben, Eisele, Bosch, Hecker und Kinzig* und unter Mitarbeit von *Schittenhelm*
Schünemann Die deutschsprachige Strafrechtswissenschaft...GA 1986, 293 ff.
Seebode Wortlautgrenze und Strafbedürfnis, JZ 1998, 781 ff.
Seidel Rechtsphilosophische Aspekte der Mauerschützenprozesse, 1999
Starck Zum Rückwirkungsverbot bei der strafrechtlichen Beurteilung der Todesschüsse an der innerdeutschen Grenze, JZ 1997, 147 ff.
SSW-*Bearbeiter* = *Satzger/Schmitt/Widmaier* Strafgesetzbuch. Kommentar, 2009
Tiedemann in Zusammenarbeit mit *Dannecker* Die gesetzliche Milderung im Steuerstrafrecht: dargestellt am Beispiel der Abzugsfähigkeit von Parteispenden, 1985
Tiedemann Die Anfängerübung im Strafrecht, 1997, S. 74 ff.
Wessels/Beulke/Satzger Strafrecht Allgemeiner Teil (AT), 43. Aufl. 2013
Zaczyk Was ist Strafrechtsdogmatik?, FS für Küper 2007, S. 723 ff.
Zielinski Das strikte Rückwirkungsverbot gilt absolut im Rechtssinne auch dann, wenn es nur relativ gilt, FS für Grünwald 1999, S. 811 ff.
Zippelius Juristische Methodenlehre, 11. Aufl. 2012

Teil II
Die Lehre von der strafbaren Handlung
Erscheinungsform: die vorsätzlich herbeigeführte Veränderung in der Außenwelt (sog. vorsätzliches Erfolgsdelikt)

In § 2 RN 109 ff., 114 ff. hatte sich die folgende *Grundstruktur der strafbaren Handlung* als Basis für einen „vermittelnden" Handlungsbegriff ergeben: 1

Um wegen einer vorsätzlichen Veränderung in der Außenwelt strafbar zu sein, muss eine Handlung

I. Tatbestandsmäßig 2

sein, d. h. der in einer gesetzlichen Vorschrift beschriebenen Verwirklichung eines Unwertes, die mit *Strafe* bedroht ist, entsprechen.

Als

- *objektive Elemente* der Tatbestandsmäßigkeit (Sachverhaltsunwert) sind deshalb erforderlich 3
  - eine *Handlung* einer *Person* im Sinne eines willentlichen Körperverhaltens (Tun oder Unterlassen), das
  - eine *Veränderung in der Außenwelt* (Erfolg) entsprechend der gesetzlichen Vorschrift
  - *verursacht* und der handelnden Person als ihre Tat
  - *zugerechnet*

  werden kann.

  Als
- *subjektive Elemente* der Tatbestandsmäßigkeit (personaler Unwert) muss die handelnde Person das in einer gesetzlichen Vorschrift beschriebene Verhalten 4
  - *vorsätzlich* verwirklichen und dort ggf. beschriebene
  - *besondere personale Merkmale* (Gesinnungsmerkmale)

  aufweisen.

Strafbar kann eine solche tatbestandsmäßige Handlung aber nur sein, wenn sie

II.Rechtswidrig 5

ist. Dies ist dann der Fall, wenn keine Gründe gegeben sind, welche die Verwirklichung des Sachverhalts- und des personalen Unwertes - trotz der gesetzlichen Kennzeichnung als strafbar – als rechtmäßig erscheinen lassen.

Ist I und II zu bejahen, ist strafrechtliches *Unrecht* verwirklicht.

Um strafbar zu sein, muss die handelnde Person die rechtswidrige Handlung auch

6 *III. Schuldhaft (= vorwerfbar)*

verwirklicht haben. Die ist der Fall, wenn der handelnden Person *vorgeworfen* werden kann, dass sie

- wusste bzw. zumindest hätte wissen können, dass ihr Verhalten rechtswidrig ist ([zumindest potenzielles] Bewusstsein der *Rechtswidrigkeit* bzw. des *Unrechts)*,
- dennoch *wissentlich und willentlich* gegen die Vorschrift verstoßen hat *(Vorsatz)*,

und wenn sie

- *schuldfähig* war und sie
- die besonderen personalen Merkmale (*Gesinnungsmerkmale*) aufweist und
- *keine* Gründe gegeben sind, welche die Verwirklichung des Unrechts auf Grund besonderer Umstände in der Person des Täters als nicht strafwürdig erscheinen lassen *(Entschuldigungsgründe, Strafausschließungsgründe)*.

7 *IV. Außerhalb der in I – III beschriebenen Struktur der strafbaren Handlung*, behält sich der Gesetzgeber die Möglichkeit vor, aus *kriminalpolitischen Gründen* zusätzliche besondere Rechtsfolgevoraussetzungen und –hindernisse für die grundsätzlich als strafwürdig beschriebene Handlung zu formulieren:

8 • *objektive Bedingungen* der Strafbarkeit, z. B. die Nicht-Erweislichkeit der behaupteten ehrenrührigen Tatsache bei der üblen Nachrede (§ 186). Fehlen sie, kann trotz der rechtswidrigen und schuldhaften Begehung der Tat keine Strafe verhängt werden.

9 • *persönliche* oder *objektive Strafausschließungsgründe*, z. B. dass es die Schwangere ist, die den Versuch begeht als Grund für die Straffreiheit des versuchten Schwangerschaftsabbruchs (§ 218 IV). Sind sie gegeben, kann der Täter nicht bestraft werden.

Teil II stellt die unter I–IV beschriebenen Elemente der strafbaren Handlung in den §§ 4–7 nun näher dar.

§ 4 Tatbestandsmäßigkeit

Leitfall 4 1

frei nach BGH 2 StR 391/51 BGHSt 1, 332 *Gesichtsschlag*-Fall:[1] Als B gerade beim sonntäglichen Frühschoppen in der Gartenwirtschaft sitzt, nimmt ihm gegenüber der Durchreisende D Platz. Man kommt sich näher und diskutiert über Gott und die Welt. Alsbald jedoch wird die Diskussion heftig. Als D die Argumente ausgehen, versetzt er B mit der flachen rechten Hand einen kräftigen Schlag gegen die linke Gesichtshälfte. B bleibt zunächst völlig erstarrt sitzen. Bald aber senkt sich sein Körper nach rechts, und er kippt vom Stuhl. Dabei gleitet die Geldbörse des B aus seiner Jackentasche und fällt in den Kies. D nutzt die sich ihm bietende Gelegenheit, zu Geld zu kommen, nimmt die Geldbörse des röchelnd am Boden liegenden B an sich und verschwindet unerkannt.

Der regungslos am Boden liegende B wird vom Gaststättenpersonal nach wenigen Minuten gefunden. Der herbeigerufene Notarzt kann jedoch nur noch seinen Tod feststellen. Bei der Obduktion stellt sich heraus, dass B durch den Schlag des D eine Gehirnerschütterung erlitten hatte, die zum Einriss von Blutadern der weichen Hirnhäute und dadurch zu seinem alsbaldigen Tode führte.

Hat sich D hinsichtlich des Todes des B strafbar gemacht?

Die die Strafbarkeit begründende Unwertverwirklichung eines Handelns ist nur dann gegeben, wenn der Täter alle erforderlichen *Elemente der Tatbestandsmäßigkeit* verwirklicht. Dem heute überwiegend vertretenen vermittelnden Aufbau der strafbaren Handlung folgend (s. o. § 2 RN 114 ff. sowie RN 2-6 vor § 4), wird bei der vorsätzlichen Straftat zwischen objektiven (A) und subjektiven (B) Elementen der Tatbestandsmäßigkeit unterschieden. 2

[1] Vom 28.9.1951.

W. Gropp, *Strafrecht Allgemeiner Teil*, Springer-Lehrbuch,
DOI 10.1007/978-3-642-38126-3_4

A. Objektive Elemente der Tatbestandsmäßigkeit (Sachverhaltsunwert)

3 Der Sachverhaltsunwert der strafbaren Handlung besteht darin, dass eine Person als Tatsubjekt (I) handelt (II) und dadurch eine Veränderung in der Außenwelt (III) u. U. durch Einwirkung auf ein Tatobjekt (IV) in einer Weise verursacht (V), dass ihr diese Veränderung als ihr Werk zugerechnet (VI) werden kann.

I. Die Handlung einer Person (Tatsubjekt)

1. Natürliche Personen

4 Tatsubjekt muss ein *Mensch* sein („wer"), der „Täter" oder die „Täterin"[2], wobei es in der Regel keine Rolle spielt, ob das Tatsubjekt männlich oder weiblich ist. Unter Umständen ist es jedoch erforderlich, dass das Tatsubjekt bestimmte Eigenschaften aufweist, um Täter sein zu können.

5 Dies ist zum einen bei den *Sonderstraftaten* (*Sonderdelikten*) der Fall, bei denen nur solche Personen Tatsubjekt sein können, die über bestimmte Eigenschaften verfügen. Nur ein Amtsträger oder ein für den öffentlichen Dienst besonders Verpflichteter bzw. ein Richter oder Schiedsrichter kann z. B. Täter einer Vorteilsannahme (§ 331 I, II) oder einer Bestechlichkeit (§ 332) sein. Auch die Körperverletzung im Amt (§ 340 I) kann nur von einem Amtsträger begangen werden.

6 Eine besondere Form der *Tatbegehung* erfordern die sog. *eigenhändigen* Straftaten.[3] Tatsubjekt kann hier nur sein, wer das tatbestandsmäßige Verhalten in eigener Person erfüllt. Deshalb kann Täter einer Aussagestraftat nur sein, wer *selbst* aussagt (vgl. §§ 153, 154 I), einer Straßenverkehrsgefährdung nur (§ 315 c I, III), wer *selbst* ein Fahrzeug führt, was die Beteiligungsformen der mittelbaren Täterschaft (vgl. § 10 RN 99 ff.) und der Mittäterschaft (vgl. § 10 RN 168 ff.) ausschließt.

2. Juristische Personen und Personenvereinigungen

a) Keine Strafbarkeit de lege lata

7 Nach geltendem deutschem Recht kann *Täter* einer Straftat nur eine *natürliche Person* sein. Eine Strafbarkeit juristischer Personen kennt das deutsche Strafrecht nicht, weil *juristische Personen* und *Personenvereinigungen* im straf*rechtlichen* Sinne handlungsunfähig sind,[4] denn sie können nach (noch) herrschender Auffassung keinen natürlichen Willen bilden. Auch kann ihnen gegenüber eine Kriminalstrafe

[2] Dem allgemeinen Sprachgebrauch folgend wird der Begriff des „Täters" grundsätzlich auch für weibliche Personen gebraucht, zumal ohnehin ca. 85 % aller Verurteilten männlichen Geschlechtes sind (2011 männlich/weiblich=653.272/154.543 2012 635.513/153.363) vgl. Statistisches Bundesamt Wiesbaden (Hrsg.), Fachserie 10, Rechtspflege, Reihe 3, Strafverfolgung, 2012, S. 16.

[3] Vgl. *Herzberg* ZStW 82 (1970), 896 ff.; *Roxin* AT 2 § 25/297 ff.; *Schall* JuS 1979, 104 ff.; kritisch und lesenswert zu den eigenhändigen Straftaten *Schubarth* ZStW 110 (1998), 827 ff.

[4] Vgl. *Dannecker* in: Ulsamer (Hrsg.), 1996, Stichwort „Juristische Personen und Personenvereinigungen"; *Heine* ÖJZ 1996, 211 ff.; *Roxin* AT 1 § 8/58; *Wessels/Beulke/Satzger* AT RN 94; umfassend *Achenbach* in: Achenbach/Wannenmacher 1979, § 3.

nach herkömmlichem Verständnis keine Funktion und somit keinen Sinn entfalten, weil ihnen auch ein Verhalten ihrer Vertreter nicht zum Vorwurf gemacht werden kann. Man ist folglich darauf angewiesen, statt der Personenvereinigung ihre Vertreter verantwortlich zu machen,[5] wobei die strafbegründenden Eigenschaften der Personenvereinigung nach § 14 auf die Vertreter projiziert werden.

Die Unfähigkeit juristischer Personen und Verbände, Täter einer Straftat zu sein, schließt indessen die Verhängung *nicht-strafrechtlicher Sanktionen* als Folge von Zuwiderhandlungen natürlicher Personen im Namen juristischer Personen und Verbände nicht aus. Nach § 30 I OWiG können *Geldbußen* gegen juristische Personen und Personenvereinigungen als selbständige Rechtsfolgen einer Straftat oder Ordnungswidrigkeit ihrer Organe verhängt werden, wenn durch das Organhandeln Pflichten verletzt worden sind, welche die juristische Person oder die Personenvereinigung treffen.[6] Über die §§ 29 und 29a II OWiG können sich auch *Einziehung* und *Verfall* gegen juristische Personen und Verbände richten. Dass zumindest de facto ein Sanktionierungsbedarf und eine Sanktionierungs*praxis* vorhanden sind, zeigt auch die Existenz sog. „schwarzer Listen" im Bereich der Korruptionsbekämpfung: Unternehmen, die der Bestechung überführt oder hinreichend verdächtig sind, werden in einigen Bundesländern von der Vergabe öffentlicher Aufträge ausgeschlossen. 8

Wenn man die Verhängung von *Geldbußen* gegen juristische Personen und Personenvereinigungen anerkennt,[7] dann setzt dies die Anerkennung einer sanktionsrechtlichen Handlungsfähigkeit juristischer Personen im Grunde aber voraus. Denn *Ordnungswidrigkeiten* unterscheiden sich von Straftaten nicht dadurch, dass vom Täter der Ordnungswidrigkeit keine Handlungsfähigkeit verlangt würde.[8] Es ist vielmehr die fehlende sozialethische Missbilligung, welche die Ordnungswidrigkeit von der Kriminalstrafe unterscheidet.[9] Dann jedoch kann nicht im Ordnungswidrigkeitenrecht Handlungsfähigkeit angenommen, im Strafrecht aber abgelehnt werden. Man wird folglich zu dem Ergebnis kommen müssen, dass auch juristische Personen und Personenvereinigungen strafrechtlich handlungsfähig sind.[10] 9

International lässt sich eine deutliche Entwicklung hin zur Einführung einer Strafbarkeit juristischer Personen feststellen,[11] ohne dass jedoch internationale und supranationale Regelungen die Einführung einer strafrechtlichen Unternehmens- 10

[5] Informativ hierzu der *Lederspray*-Fall BGH 2 StR 549/89 BGHSt 37, 106 ff. und der *Holzschutzmittel*-Fall BGH 2 StR 221/94 BGHSt 41, 206 ff. Auch in seiner späteren Rechtsprechung knüpft der BGH jeweils an die individuelle Verantwortlichkeit der handelnden natürlichen Personen an, vgl. BGH 2 StR 339/96 BGHSt 43, 219 ff.; vgl. auch *Jescheck/Weigend* AT § 23 VII 1; *Otto* 1993; *Otto* Jura 1998, 409 ff.; zur Situation im Strafrecht der DDR *Arnold* in: Schünemann (Hrsg.), 1996, S. 33/35 ff.

[6] *Achenbach* GA 2004, 569 ff.; *Bundesjustizministerium* (Referat II A 1), in: Hettinger (Hrsg.), 2002, S. 198 f.; *Peglau* JA 2001, 607; *Scholz* ZRP 2000, 437.

[7] Kritisch aber auch insoweit *von Freier* GA 2009, 98 ff.

[8] Vgl. *Mitsch* OWi, § 6/1 ff.

[9] Vgl. *Mitsch* OWi § 3/10.

[10] Vgl. auch NK-StGB-*Schild*, RN 129 vor § 25 ff.

[11] Vgl. hierzu MK-*Joecks*, Vor § 25 RN 16; *Heine* FS Lampe, S. 577 ff.; zum österreichischen Verbandsverantwortlichkeitsgesetz von 2006 *Schmoller* 2006, 180 ff.; *Schmoller* FS Otto, S. 453 ff.;

sanktionierung zwingend gebieten würden.[12] Im Recht der *Europäischen Union* stellen Geldbußen gegen Unternehmen ein unentbehrliches Sanktionsmittel dar. Vor allem im Bereich des Wettbewerbsrechts ist die Kompetenz des Rates der Europäischen Union zur Einführung von Bußgeldtatbeständen und der EU-Kommission zur Verhängung der Geldbußen von großer Bedeutung.[13]

b) Überlegungen zu einer Strafbarkeit de lege ferenda

11 Neben eher skeptischen Stimmen[14] gibt es daher auch zum deutschen Strafrecht beachtliche Überlegungen, wie juristische Personen und Personenvereinigungen als solche zukünftig mit Strafe belegt werden könnten.[15] Das sog. *Zurechnungsmodell*[16] knüpft an die Konstruktion in § 30 OWiG an und rechnet die Schuld eines Individualtäters dem Personenverband nach bestimmten Kriterien als eigene Schuld zu. Ein sog. *Maßnahmenmodell*[17] zieht die Zweispurigkeit des Strafrechts heran. Es verzichtet mangels Schuldfähigkeit des Unternehmens auf eine Bestrafung und sieht stattdessen die Verhängung von neu zu schaffenden Maßnahmen gegen Unternehmen vor.

12 Am weitesten geht das *Modell der originären Verbandshaftung*[18]: Weil sich die Begriffe der für Menschen entwickelten (Straf)Rechtsdogmatik nicht unmodifiziert auf Unternehmen übertragen lassen, werden sie unternehmensgerecht angepasst.[19] Das Ergebnis jener *„funktions-analogen Übertragung* der Zurechnungskategorien des Individualstrafrechts"[20] wäre eine spezifische „Unternehmens-Ver-

---

Scholz ZRP 2000, 435; vgl. auch die Nachweise bei *Szwarc* in: Szwarc/Wąsek, (Hrsg.), 1998, S. 192 ff., 207 ff./211; *Jescheck/Weigend* § 23 VII FN 42; *Otto* Jura 1998, 409 jew. mwN.

[12] Arbeitsgruppe „Strafbarkeit juristischer Personen", Bericht an die Kommission zur Reform des strafrechtlichen Sanktionensystems, in: *Hettinger* 2002, S. 8.

[13] Vgl. *Dannecker* in: Schünemann/González (Hrsg.), 1994, S. 331 ff./334 ff.

[14] Vgl. *Peglau* JA 2001, 608 f.: fehlende Schuld- und Straffähigkeit; MK-*Joecks*, RN 18 vor § 25 sowie *Krekeler* FS Hanack, S. 639 ff. und *Wehnert* FS Rieß, S. 813; zu strafprozessrechtlichen Implikationen *Arzt* JZ 2003, 456 ff.; *Drope* 2002; *Schlüter* 1999.

[15] Vgl. hierzu insbesondere *Heine* 1995; vgl. auch *Achenbach* JuS 1990, 601 ff.; *Alwart* ZStW 105 (1993), 752 ff.; *Burgstaller* JBl 1996, 362/365 f.; *Dannecker* FS Böttcher, 465/482 ff.; *Hirsch* 1993; *Hirsch* ZStW 107 (1995a), 285 ff.; *Hirsch* in: Kühne/Miyazawa (Hrsg.), S. 11 ff./24 ff.; informativ zum Diskussionsstand *Heine* in: Schönke/Schröder RN 118 ff. vor § 25; *Otto* Jura 1998, 415 f. jew. mwN.

[16] Ausführlich dazu: *Bundesjustizministerium*, Zurechnungsmodell, in: Hettinger 2002, S. 155 ff., *Scholz* ZRP 2000, 438 f.

[17] Arbeitsgruppe „Strafbarkeit juristischer Personen", Bericht an die Kommission zur Reform des strafrechtlichen Sanktionensystems, in: Hettinger 2002, S. 22 ff., allerdings wurde dieses Modell nach der 1. Sitzung der Arbeitsgruppe nicht mehr weiterverfolgt; vgl. auch den Vorschlag einer Unternehmenskuratel von *Schünemann* FS Tiedemann, S. 446.

[18] Ausführlich dazu: *Heine* in: Hettinger 2002, S. 121 ff; *Heine* FS Lampe, S. 577, insbes. S. 588 ff.; vgl. auch *Böse* FS Jakobs, S. 15 ff.; *Dannecker* GA 2001, 101 ff.

[19] Vgl. *Heine* 1995, S. 263 f.; *Heine* in: Schönke/Schröder RN 129 vor § 25; *Tiedemann* in: Schoch/Stoll/Tiedemann (Hrsg.) 1996, S. 30/45 ff.; *Hirsch* 1993, S. 16 („Verbandsschuld"); krit. *Otto* Jura 1998, 416 f., der stattdessen für eine Weiterentwicklung des Ordnungswidrigkeitenrechts plädiert.

[20] *Heine* in: Schönke/Schröder RN 129 vor § 25; vgl. auch *Kremnitzer/Ghanayim* ZStW 113 (2001), 539 ff., insbes. 551 ff.; krit. NK-StGB-*Schild* RN 129 vor §§ 25 ff.

antwortlichkeits-Dogmatik“ mit einer spezifischen Unternehmens-„Handlung“, Unternehmens-„Schuld“ und Unternehmens-„Sühne“. Dass diese Überlegungen nicht utopisch, sondern bereits durch die Wirklichkeit vorweggenommen sind, zeigen Ent-„Schuldigungen“ von Erdöl-, Chemie- und Energiekonzernen für die Ölverseuchung von Küsten, die Vergiftung von Flüssen oder die Verstrahlung ganzer Regionen. Nach dem Modell einer originären Verbandshaftung sind „Strafen“ gegen Verbände keine klassischen Kriminalstrafen, sondern eigenständige Rechtsfolgen im Kriminalrecht.[21] Grund der „Bestrafung“ ist nicht die eigentliche Zuwiderhandlung, die unmittelbar zur Schädigung Dritter führt, sondern die dieser Handlung vorgelagerte Außerachtlassung der notwendigen Vorsorge für ein normgemäßes Verhalten der Unternehmensangehörigen. Der Verband kann demnach nur bestraft werden, wenn sich Rechtsgutsgefährdungen Dritter realisiert haben, die bei ordnungsgemäßer Einhaltung der Sorgfaltspflichten nicht eingetreten wären.[22] Dem Verband wird mit der Verhängung der Verbandsstrafe der Vorwurf mangelnder Richtigkeit im Sinne einer unzulänglichen Unternehmensphilosophie oder einer defizitären Organisationsstruktur gemacht.[23]

II. Die Tathandlung und weitere Tatmodalitäten

Das Tatsubjekt muss *willensgetragen* handeln, wie dies von allen Handlungsbe- **13**
griffen als Kriterium für die *Abgrenzung* von den *Nicht-Handlungen* gefordert wird (Vgl. § 2 RN 69 ff.). Die Tat*handlung* besteht dann in einem Tun oder Unterlassen, wie es in den Vorschriften des Besonderen Teils und des Nebenstrafrechts beschrieben ist.

Die Tathandlung fällt nicht bei jeder Strafvorschrift sofort ins Auge. Beim Dieb- **14**
stahl z. B. (§ 242 I) besteht sie in der *Wegnahme*, bei der Unterschlagung (§ 246 I) in der *Zueignung*, beim Betrug (§ 263 I) in der *Täuschung* des Betrugsopfers. Die Tathandlung kann auch aus mehreren Teilakten bestehen, wie zum Beispiel beim *Ausüben* einer geheimdienstlichen Agententätigkeit (§ 99 I Nr. 1). Das Erkennen der Tathandlung ist deshalb besonders wichtig, weil vor allem von ihrer Verwirklichung abhängt, ob die tatbestandsmäßige Handlung noch vorbereitet wird, ob sie bereits versucht wird oder ob sie schon vollendet ist.

Zur Tathandlung treten nun je nach Strafvorschrift weitere *Tatmodalitäten* hinzu, **15**
z. B. beim Hausfriedensbruch (§ 123 I) zum Eindringen das *räumliche Element* der *Wohnung*, der *Geschäftsräume* oder des *befriedeten Besitztums* eines anderen. Auch der *Zeitfaktor* kann bei der Verwirklichung der beschriebenen strafbaren Handlung eine Rolle spielen: Beim räuberischen Diebstahl (§ 252) z. B. ist es erforderlich, dass der Täter bei einem Diebstahl „auf frischer Tat betroffen“ worden ist. Andere Strafvorschriften stellen darauf ab, dass der Täter ein bestimmtes *Tatmittel* verwen-

[21] Vgl. *Dannecker* GA 2001, 108.

[22] *Dannecker* GA 2001, 115; vgl. auch *Heine* FS Lampe, S. 577 ff.

[23] *Dannecker* GA 2001, 113; *Kremnitzer/Ghanayim* ZStW 113 (2001), 563.

det oder verwenden will, etwa einen falschen Schlüssel in § 244 I Nr. 3 (Wohnungseinbruchsdiebstahl).

16 Nicht zu den objektiven Elementen der Tatbestandsmäßigkeit gehören Tatort (§ 9) und Tatzeit. Denn sie bilden nicht Voraussetzungen der Straftat, sondern betreffen die Frage, ob und wie eine Straftat durch die deutschen Behörden (noch) verfolgt werden darf.[24]

III. Die Veränderung in der Außenwelt entsprechend der gesetzlichen Vorschrift (Erfolg)

17 Die der gesetzlichen Vorschrift entsprechende Veränderung in der Außenwelt wird in der Regel als „Erfolg" bezeichnet. Diese Bezeichnung ist aus zwei Gründen erörterungsbedürftig:

18 Zum einen ist der Begriff „Erfolg" in der Alltagssprache positiv „besetzt": „das Fußballteam hat Erfolg", „die Jurastudentin hat ihr Studium mit großem Erfolg absolviert". Nichtjuristen sind deshalb erstaunt, wenn Juristen z. B. die Tötung eines Menschen als „Erfolg" der Tat bezeichnen. Dieses Auseinanderfallen der Fachsprache und der Alltagssprache kann durch die neutrale Formulierung „Veränderung in der Außenwelt" ohne Einbußen an Genauigkeit aufgelöst werden.

19 Zum zweiten ist nicht jede Veränderung in der Außenwelt der gesetzliche „Erfolg" der Tathandlung. Das äußere Tatbild des Betruges z. B. besteht aus der Kausalkette „Täuschung-Irrtum-Vermögensverfügung-Vermögensschaden". Jedes dieser Kettenglieder geht in der Regel mit einer Veränderung in der Außenwelt einher. Den „Erfolg" im Sinne eines Schadens bildet aber allein der Vermögensschaden. Solange dieser nicht eingetreten ist, liegt nur ein Versuch des Betruges vor. Der Sachverhaltsunwert des versuchten Betruges liegt somit z. B. in der „erfolglosen" Täuschung als Veränderung in der Außenwelt. In der folgenden Darstellung wird daher in der Regel von einer „Veränderung in der Außenwelt" die Rede sein. Nur wenn der in der gesetzlichen Vorschrift beschriebene typische Schaden gemeint ist, wird auch die Bezeichnung „Erfolg" verwandt.

20 Die gesetzliche Vorschrift kann die *Herbeiführung eines typischen unerwünschten Zustandes* als Veränderung in der Außenwelt beschreiben (sog. *Erfolgsstraftaten*): beim Totschlag (§ 212 I, II) den Tod eines Menschen, bei der Sachbeschädigung (§ 303 I) den Eingriff in die Sachsubstanz bzw. die Einschränkung der Gebrauchstauglichkeit, beim Betrug (§ 263) den Vermögensschaden, beim Schwangerschaftsabbruch (§ 218 I, III) den Tod des ungeborenen Kindes im Mutterleib oder das Herbeiführen einer lebensunfähigen Frühgeburt. Eine zeitliche Grenze für den Eintritt des Zustandes besteht nicht. Auch der Rechenfehler des Statikers, der das Gebäude nach 30 Jahren zum Einsturz bringt, erfüllt die Strafvorschrift des § 222.[25]

---

[24] Die zeitliche Verfolgbarkeit ist in den Verjährungsvorschriften, §§ 78 ff., festgelegt bzw. eine Frage des Rückwirkungsverbots, s. o. § 3 RN 65 ff. Die Zuständigkeit der deutschen Strafverfolgungsbehörden regelt das internationale Strafrecht, vgl. §§ 3 ff. StGB sowie oben § 1 RN 101 ff.

[25] Für eine besondere Verjährungsfrist mit Abschluss der Tathandlung in diesen Fällen *Gleß* GA 2006, 689 ff.

Es gibt aber auch Strafvorschriften, bei denen auf eine Veränderung in der Außenwelt (Erfolg) eine weitere Folge eintreten muss wie etwa bei der in § 227 beschriebenen Körperverletzung mit Todesfolge. *Grundstraftat* innerhalb des § 227 ist eine Körperverletzung nach den §§ 223–226. Die *qualifizierende Folge* besteht in der Herbeiführung des Todes des Verletzten als weiterer Zustand. Die qualifizierende Folge muss nach § 18 zumindest fahrlässig herbeigeführt worden sein (näher zu den erfolgsqualifizierten Straftaten unten § 8). **21**

Die Veränderung in der Außenwelt kann schließlich auch in einer schlichten *Tätigkeit* bestehen (*Tätigkeitsstraftaten*), z. B. die Tatmodalität des *Nachstellens* bei der Jagdwilderei (§ 292 I) oder das *Führen* eines Fahrzeugs im fahruntüchtigen Zustand nach § 316. **22**

IV. Einwirkung auf ein Tatobjekt (im Unterschied zum Rechtsgut)

Nicht wenige Strafvorschriften setzen voraus, dass sich die Aktivitäten des Täters gegen einen bestimmten Gegenstand richten (Tatobjekt). Das Tatobjekt der Sachbeschädigung (§ 303) ist die *fremde Sache*, der *Körperverletzung* (§ 223) der *Körper* eines Menschen, der Urkundenfälschung in Form der *Herstellung einer unechten Urkunde* (§ 267 I 1. Mod.) die manipulierte *körperlich fixierte Gedankenerklärung*. **23**

Vom Tatobjekt ist das *Tatwerkzeug* oder -mittel zu unterscheiden, dessen sich der Täter zur Begehung der Tat bedient. Beim Nachschlüsseldiebstahl (§§ 242 I, 243 I Nr. 1) wäre dies der falsche Schlüssel, bei der Urkundenfälschung in Form des Gebrauchs einer falschen Urkunde zur Täuschung im Rechtsverkehr (§ 267 I 3. Mod.) die falsche Urkunde, während der Getäuschte Tatobjekt ist. **24**

Schließlich darf das Tatobjekt auch nicht mit dem gesetzlich geschützten *Rechtsgut* verwechselt werden. Leider ist nicht selten von „Rechtsgut" die Rede, wo in Wahrheit „Tat- oder Angriffsobjekt" gemeint ist.[26] Das Rechtsgut bildet den ideellen Wertanruf und Achtungsanspruch, der die Strafvorschrift ausfüllt und legitimiert (näher oben § 2 RN 12 ff.). Beim Diebstahl etwa ist das *Angriffsobjekt* die fremde bewegliche *Sache*, das *Rechtsgut* hingegen das *Eigentum* als das Recht, mit einer Sache grundsätzlich tun zu dürfen, was man will. **25**

Manche Strafgesetze verlangen, dass das geschützte Tatobjekt besondere Eigenschaften aufweisen muss. So ist das Tatobjekt des § 225 (Misshandlung von Schutzbefohlenen) nicht einfach ein Mensch, sondern ein Mensch *unter achtzehn Jahren* oder ein wegen *Gebrechlichkeit oder Krankheit wehrloser* Mensch, das Tatobjekt des Diebstahls nicht nur eine Sache im Sinne eines beweglichen Gegenstandes, sondern eine bewegliche Sache, die zudem in fremden Eigentum steht. **26**

Es gibt auch Strafvorschriften, die kein Tatobjekt erfordern, z. B. die Straßenverkehrsgefährdung (§ 316). **27**

---

[26] So z. B. BGH 4 StR 328/08 BGHSt 53, 55/63, wo „Tatobjekt" gemeint und „Rechtsgut" formuliert ist.

28 **Zu Leitfall 4**

In *Leitfall 4.* ist bezüglich der *Körperverletzung* die Tathandlung der Schlag mit der flachen Hand. Tatsubjekt ist D als jedermann, Tatobjekt das Opfer B. Die schädigende Veränderung in der Außenwelt besteht in der vorsätzlich herbeigeführten Gesundheitsbeschädigung des B, die qualifizierende Folge im Tod des B, wenn man von Fahrlässigkeit des D insoweit ausgehen kann.

29 Hinsichtlich der Mitnahme der *Geldbörse* besteht die Tathandlung in der Wegnahme, d. h. im Bruch des Gewahrsams des B. Tatsubjekt wäre auch hier D als jedermann, Tatobjekt die Geldbörse als fremde bewegliche Sache. Die schädigende Veränderung in der Außenwelt besteht in der Begründung neuen Gewahrsams durch D.

V. Kausalität zwischen der Handlung und der Veränderung in der Außenwelt – Kausalitätstheorien

30 Wenn in *Leitfall 4.* D für den Tod des B verantwortlich gemacht werden soll, dann muss es eine *besondere Beziehung* zwischen dem Verhalten des D und dem Tod des B geben, welches uns veranlasst, gerade den D heranzuziehen.[27] Diese besondere Beziehung liegt zunächst darin, dass D eine *Ursache* für den Tod des B gesetzt hat, dass er für den Tod des B *kausal* geworden ist. Die Kausalität als Begründung dafür, dass man eine Person für den Eintritt einer schädigenden Veränderung in der Außenwelt *verantwortlich* macht, erscheint zunächst plausibel und einfach. Bei genauem Hinsehen ergeben sich allerdings zwei Fragen:

31 Zum einen wissen wir nicht, was Kausalität *ist.*

Beispiel 4.1

Wenn A dem B Blausäure in ein Getränk gibt und B nach der Einnahme des Getränkes stirbt, ist es nur unsere Lebenserfahrung, die uns sagt, dass der Tod des B durch die Wirkung der Blausäure hervorgerufen worden ist. Denn wir wissen, dass bisher alle Menschen, die eine bestimmte Menge Blausäure zu sich genommen haben, gestorben sind. *Weshalb* dies so ist, bleibt uns verborgen. Ein Chemiker könnte uns zwar erklären, dass aufgrund der Berührung der Schleimhäute des B mit dem Gift im Stoffwechsel des B bestimmte Vorgänge ablaufen, die zum Tod führen. Aber auch diese Aussagen beruhen ihrerseits wieder auf Erfahrungswissen. Über das „Wesen" der Kausalvorgänge geben sie keine Auskunft.

32 Aber selbst darüber, ob und gegebenenfalls welche weiteren Eigenschaften der auf Erfahrungswissen gegründete Kausalnexus aufweisen muss, damit der Täter für die schädigende Veränderung in der Außenwelt *verantwortlich* gemacht werden kann,

[27] Zu Grundfragen der Zurechnung vgl. *Hassemer* FS Bemmann, S. 175 ff.

gehen die Meinungen auseinander. Die genannten Unsicherheiten sind Gegenstand unterschiedlicher *Kausalitätstheorien.*[28]

1. Äquivalenztheorie – condicio sine qua non:[29] Kausalität als Ergebnis einer hypothetischen Elimination

Ihrer Bezeichnung entsprechend – lat. aequus=gleich; valere=gelten – besagt die Äquivalenz-Theorie, dass alle Faktoren, die zu einer Veränderung in der Außenwelt beigetragen haben, gleichwertig sind. Die Folge ist, dass *jede* Bedingung (condicio), ohne die (sine qua) die Veränderung in der Außenwelt nicht (non) eingetreten wäre, *ursächlich* ist – *condicio sine qua non.*[30] 33

Die Äquivalenztheorie ist auch heute noch – trotz mancher berechtigter Kritik[31] – die *Grundlage* aller Zurechnungstheorien der herrschenden Lehre und Rechtsprechung. Auf eine Formel gebracht bedeutet sie: 34

- Kausal ist jedes Handeln, das nicht hinweg gedacht werden kann, ohne dass die Veränderung in der Außenwelt/der Erfolg in ihrer/seiner konkreten Gestalt entfiele – sog. condicio sine qua non-Formel. 35

Der Äquivalenztheorie liegt die naturwissenschaftlich orientierte Vorstellung zugrunde, dass alle raum-zeitlichen Erscheinungen in der Welt kausal erklärbar sind. Die Äquivalenztheorie führt somit zu einer unendlichen Verursachungskette. Wenn z. B. der S mit seinem Motorrad einen Fußgänger anfährt und verletzt, so sind dafür nicht nur S, sondern auch seine Eltern und deren Eltern und deren Eltern und deren Eltern [...] kausal. 36

Trotz dieser Grenzenlosigkeit hat sich die Äquivalenztheorie bis heute als Begründung für die Zurechnung von Veränderungen in der Außenwelt durchgesetzt. Dies hat insoweit seine Berechtigung, als sie das *Minimum* dessen darstellt, was für die Zurechnung einer Veränderung in der Außenwelt erforderlich ist. Die äquivalente Kausalität ist somit eine *notwendige* Bedingung für die strafrechtliche Zurechnung tatbestandsmäßiger Veränderungen in der Außenwelt. Sie ist freilich keine hinreichende Bedingung. Dies zeigen schon die unten VI RN 89 ff. dargestellten vielfältigen Überlegungen zu ihrer Einschränkung. 37

Die Stärke der Äquivalenz-Theorie ist die Griffigkeit der condicio sine qua non-Formel, ihre Schwäche die Tatsache, dass auch jene Formel Kausalität nicht eigentlich beweist, sondern sie voraussetzt.[32] Denn nicht die condicio-Formel führt in 38

---

[28] Vgl. zum Ganzen NK-StGB-*Puppe* RN 83 ff., 98 ff. vor § 13; *Heinrich, B.* AT § 10/217 ff.

[29] Vgl. *Baumann/Weber/Mitsch* AT § 14/8 ff.; *Kühl* AT § 4/9 ff. mwN sowie *Hoyer* AT S. 34 ff.

[30] Vgl. RGSt 44, 137/139; condicio=Bedingung, Vertrag kommt von condicere=verabreden, bestimmen, zusagen. Die Schreibweise „conditio" ist zwar verbreitet, aber dennoch nicht richtig, und geht auf condire=würzen, conditio=das Würzen zurück, vgl. Der kleine Stowasser, Lateinisch-deutsches Schulwörterbuch, bearb. von Michael Petschenig, München 3. unveränderte Aufl. 1991, S. 124 linke Spalte „condicio", „conditio"; wie hier *Freund* AT § 2 RN 63; *Kindhäuser* AT § 10 II; *Zieschang* AT 1. Kap. RN 56 ff.

[31] Vgl. *Puppe* GA 2010, 551 ff.

[32] Vgl. *Jakobs* AT 7/9; AK-*Schild* RN 186 vor § 13; *Lackner/Kühl* RN 10 vor § 13 mwN.

Leitfall 4 zu dem Ergebnis, dass der Schlag mit der Hand nicht hinweggedacht werden kann, ohne dass die schädigende Veränderung in der Außenwelt – der Tod des B – entfiele. Vielmehr sagt uns die Lebenserfahrung, dass B wohl noch am Leben wäre, wenn D ihm nicht den Schlag versetzt hätte. Die Anwendung der condicio-Formel ist somit nur deshalb möglich, weil wir aufgrund unserer Erfahrungen *unterstellen,* wie sich das Geschehen abgespielt hätte, wenn das fragliche Verhalten nicht geschehen wäre. Auf diese Weise werden anhand unserer Lebenserfahrung *hypothetisch* solche Geschehensabläufe *eliminiert*, die diese Veränderung in der Außenwelt ebenfalls hätten herbeiführen können, so dass letztendlich nur noch das fragliche Verhalten als Ursache übrig bleibt.

39 **Zu Leitfall 4**

Denken wir uns in *Leitfall 4.* den Schlag mit der Hand als Ursache hinweg, so hätte z. B. auch ein durch Bluthochdruck verursachter Schlaganfall den Einriss der Blutadern im Gehirn des B bewirken können. Vielleicht hätte aber auch eine heftige Kopfbewegung des B die tödliche Folge auslösen können. Schließlich wäre es auch denkbar, dass nicht erst die Blutung im Gehirn des B dessen Tod hervorgerufen hatte, sondern bereits die Aufregung zu einem Herzstillstand geführt hatte, der unmittelbar vor dem Ansetzen des D zum Schlag eingetreten war. Weil uns die Lebenserfahrung jedoch sagt, dass jene alternativen Ursachen sehr unwahrscheinlich sind, kommen wir zu dem Ergebnis, dass der Schlag des D nicht hinweggedacht werden kann, ohne dass die schädigende Veränderung in der Außenwelt in Form des Todes des B entfiele.

40 Die Natur der condicio-Formel als hypothetisches Eliminationsverfahren wird in Fällen besonders deutlich, in denen über die fraglichen Ursachenzusammenhänge wenig Klarheit besteht:

41 **Beispiel 4.2**

Lederspray-Fall BGH 2 StR 549/89 BGHSt 37, 106:[33] Bei einigen Personen, die ein von der Firma „Erdal" in den Handel gebrachtes Lederspray zum Reinigen von Schuhen benutzt hatten, stellten sich jeweils innerhalb einer halben Stunde nach Anwendung des Sprays vorübergehende Lungenschädigungen ein. Dennoch beschlossen die Geschäftsführer der Firma „Erdal" zunächst nicht, das Spray aus dem Verkehr zu nehmen.

42 **Beispiel 4.3**

Holzschutzmittel-Fall BGH 2 StR 221/94 BGHSt 41, 206: Die Geschäftsführer der Firma F brachten Holzschutzmittel in den Verkehr bzw. verhinderten die Verwendung in Verkehr gebrachter Holzschutzmittel nicht, obwohl Personen,

[33] Dazu *Puppe* AT § 2/9 ff.

die diesen Mitteln längere Zeit ausgesetzt waren, an unterschiedlichen Krankheitssymptomen litten.

Im *Lederspray*-Fall nahm der BGH eine Kausalität an. Denn mangels anderer Fak- 43
toren kam das Gericht mittels eines „Alternativenausschlussverfahrens“[34] zur Überzeugung, dass die Krankheitsbilder nur durch das Lederspray hervorgerufen sein könnten.[35]

Auch im *Holzschutzmittel*-Fall sah der BGH Kausalität als gegeben an. Auch 44
wenn diese nicht naturwissenschaftlich nachweisbar sei, so könne der Richter angesichts der generellen Giftigkeit der Holzschutzmittel nach einer Gesamtbewertung der naturwissenschaftlichen Erkenntnisse und anderer Indiz-Tatsachen zumindest die *Mit*verursachung des Holzschutzmittels zweifelsfrei feststellen.[36]

Die condicio sine qua non-Formel ist aber auch als „Denk-Formel“ für die hypo- 45
thetische Elimination nur ein erster Schritt. Sie bedarf der Spezifizierung (a, b, d) und Modifizierung (c, e).

a) „Abgebrochene“ Kausalität

In Fällen abgebrochener Kausalität *fehlt* der Kausalzusammenhang zwischen dem 46
Verhalten des Täters und der Veränderung in der Außenwelt. Dem Täter kann deshalb die Veränderung nicht zugerechnet werden (Abb. 1).

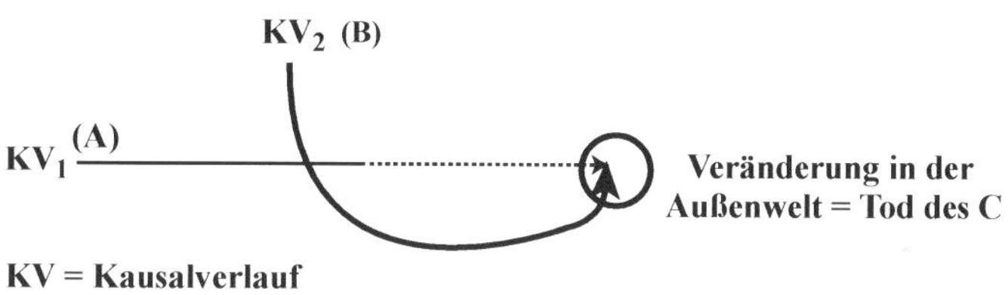

Abb. 1 „Abgebrochene“ Kausalität 47

Beispiel 4.4 48

Agenten-Fall: Agent A trifft mit dem gegnerischen Agenten C in einem Straßencafé zusammen. In einem unbemerkten Augenblick schüttet er in die Kaffeetasse

[34] So *Schulz* JA 1996, 186 rechts.

[35] Krit. zur Entscheidung *Beulke/Bachmann* JuS 1992, 737 ff.; *Kühne* NJW 1997, 1951 ff./1951: „Der Versuch der Rechtsprechung, fehlendes Wissen um Kausalbezüge in komplexen biochemischen Bezügen mit Anleihen aus der Statistik zu kompensieren, muss wegen mangelnder Beachtung der einschlägigen methodischen Voraussetzungen als gescheitert angesehen werden“; vgl. auch *Puppe* JR 1992b, 30 ff.; *Schulz* JA 1996, 185 ff.; zur Frage der Kausalität des Abstimmungsverhaltens von Mitgliedern in Gremien und der Frage einer Zurechnung über Mittäterschaft vgl. *Dencker* in: Amelung (Hrsg.), S. 63 ff.

[36] Krit. *Hoyer* GA 1996b, 160 ff./168 ff. mit dem Vorschlag eines „probabilistischen Kausalbegriffs“; *Puppe* JZ 1996, 318 ff.; *Schulz* JA 1996, 185 ff.

des C eine tödliche Dosis Gift. C trinkt. Bevor das Gift seine tödliche Wirkung entfalten kann, wird C aus dem Hinterhalt von B erschossen.

Der Tod des C ist durch A nicht kausal herbeigeführt worden, ein Ergebnis, dessen Herleitung auch die condicio-Formel zu leisten vermag. Denn die Giftgabe des A kann hinweggedacht werden, ohne dass die Veränderung in der Außenwelt (Tod des C) entfiele. A ist somit nur wegen eines Tötungs-*Versuchs* strafbar.

49 **Beispiel 4.5**

Rücklichter-Fall BGH 3 StR 854/52 BGHSt 4, 360: Im *Rücklichter*-Fall wird die Unterbrechung des Kausalzusammenhangs vom BGH diskutiert und – im Ergebnis zu Recht – abgelehnt:

50 Der Angeklagte A lenkte bei völliger Dunkelheit einen Lastzug, an dessen Anhänger das linke Rücklicht, das Bremslicht und der Rückstrahler fehlten, und wurde deshalb von der Polizei angehalten. Zur Sicherung gegen von hinten kommende Fahrzeuge legte ein Polizeibeamter eine rot brennende Taschenlampe auf die Fahrbahn. Nachdem der Angeklagte gebührenpflichtig verwarnt worden war, erhielt er die Weisung, zur nächsten Tankstelle zu fahren. Die Polizeistreife wollte bis dahin hinter dem Lastzug herfahren und diesen sichern. Noch bevor sich der Lastzug wieder in Bewegung gesetzt hatte, nahm der Polizeibeamte die Taschenlampe von der Fahrbahn auf. Unmittelbar darauf näherte sich von hinten ein weiterer Lastkraftwagen, dessen Fahrer in dem Lastzug des Angeklagten ein parkendes Motorrad vermutete. Erst bei einem Abstand von nur noch 25m nahm er die Umrisse des Anhängers wahr, konnte aber ein Auffahren nicht mehr verhindern. Dabei wurde der Beifahrer im Lastkraftwagen tödlich verletzt.

51 Der BGH bejahte zutreffend die Ursächlichkeit des Verhaltens von A für den Tod des Beifahrers. Denn das Fahren mit defekter Beleuchtung kann nicht hinweggedacht werden, ohne dass der Tod des Beifahrers entfiele.[37]

b) „Überholende" Kausalität

52 **Beispiel 4.6**

Der Sachverhalt entspricht zunächst dem in *Beispiel 4.4.* mitgeteilten *Agenten*-Fall. Bevor jedoch in C das von A dem Kaffee beigegebene Gift zu wirken beginnt, stirbt C an einem schnellwirkenden Gift, das der ebenfalls am Tisch sitzende Agent B in den Kaffee gegeben hat. Ein vom Gericht bestellter Sachverständiger trägt in der Hauptverhandlung vor, dass eine gegenseitige Beeinflussung der Gifte ausgeschlossen werden könne.

[37] Der BGH rechnete außerdem A den Tod des Beifahrers des auffahrenden Lkw zu. Denn A habe darüber wachen müssen, dass die Sicherung durch die Polizeibeamten bestehen blieb, bis sich das Polizeifahrzeug hinter seinen Lastwagen gesetzt hatte; näher zur objektiven Zurechnung unten RN 85 ff.

Auch bei der überholenden Kausalität funktioniert die condicio-Formel. Denn auch hier gilt, dass die Giftgabe des A hinweggedacht werden kann, ohne dass die Veränderung in der Außenwelt (Tod des C) entfiele. A kann deshalb nur für den *Versuch* einer Tötungsstraftat verantwortlich gemacht werden.[38] 53

Die überholende Kausalität ist ein Unterfall der abgebrochenen Kausalität: eine *abgebrochene* Kausalität durch ein *überholendes* Ereignis (Abb. 2). 54

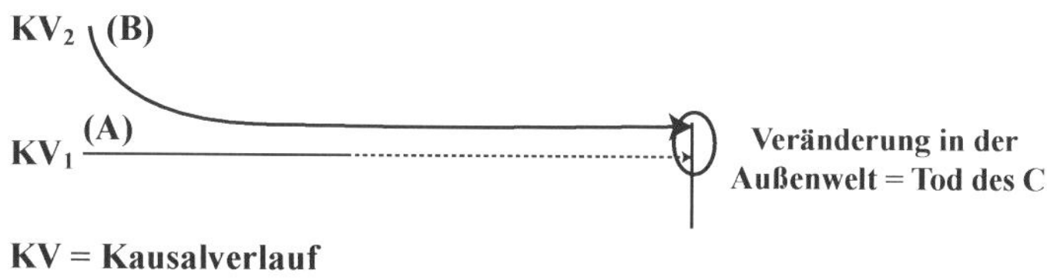

Abb. 2 „Überholende" Kausalität

c) Alternative Kausalität 55

Beispiel 4.7 56

Mafia-Fall: Ohne voneinander zu wissen, lassen die Mafia-Bosse A und B unter dem Fahrzeug des Mafia-Fahnders F Bomben anbringen, die jeweils geeignet sind, das Fahrzeug total zu zerstören und den Tod des F herbeizuführen. Der von A Beauftragte bringt die Bombe unter dem Fahrersitz an, der von B Beauftragte in der Nähe des Fahrzeugtanks. Beide Beauftragten konstruieren den Zündmechanismus so, dass die Bombe mit dem Einschalten des Motors hochgeht. Als F seinen Wagen besteigt und den Zündschlüssel betätigt, wird er durch eine riesige Explosion getötet.

In diesem (zugegebenermaßen sehr konstruierten) Fall lässt sich sowohl die Bombe des A als auch die Bombe des B hinwegdenken, ohne dass der Tod des F entfiele, weil ja sowohl die Bombe des B als auch die Bombe des A für sich allein zu diesem Zeitpunkt den F getötet hätten. Weil die Grundform der condicio-Formel im Fall der alternativen Kausalität die Ursächlichkeit nicht begründen kann, wird sie ergänzt. Sie lautet nun: 57

- Von mehreren Handlungen, die zwar alternativ, nicht hingegen kumulativ hinweggedacht werden können, ohne dass die Veränderung in der Außenwelt/der „Erfolg" entfiele, ist jede ursächlich.[39] 58

---

[38] Gegen die Verneinung der Kausalität des A ließe sich hier nicht einwenden, dass unzulässigerweise das Verhalten des B als Reserveursache herangezogen werde, B hinzugedacht werde. Denn B ist nicht Reserveursache, weil A nicht Ursache ist, und er wird auch nicht hinzugedacht, weil er schon da ist.

[39] Vgl. *Wessels/Beulke/Satzger* AT RN 157 mwN sowie *Kindhäuser* GA 2012, 134/146; *Zieschang* AT Kap. 1 RN 73 ff.

59 Für den Tod des F (Beispiel 4.7.) sind danach die Handlungen sowohl des A als auch des B kausal.

60 Ob Fälle alternativer Kausalität überhaupt anerkannt werden können, ist fraglich.[40] Denn man wird regelmäßig davon ausgehen müssen, dass sich das Zusammenwirken mehrerer Tathandlungen auch auf die Herbeiführung der Veränderung in der Außenwelt auswirkt. In *Beispiel 4.7.* etwa dürfte die Explosion der gesamten Menge des Sprengstoffes den Tod minimal beschleunigen. Dann jedoch wäre jede Tathandlung schon nach der Grundform der condicio-Formel *kumulativ* kausal. Dementsprechend handelt es sich auch bei den in diesem Zusammenhang genannten Beispielen nicht um Fälle alternativer, sondern kumulativer Kausalität.[41]

d) Kumulative Kausalität

61 Kumulative Kausalität liegt vor, wenn von mehreren Handlungen keine hinweggedacht werden kann, ohne dass die Veränderung in der Außenwelt entfiele.

62 **Beispiel 4.8**

A und B geben C unabhängig voneinander Gift in den Tee. C trinkt und stirbt. Allein hätten die Giftmengen nicht ausgereicht, um den Tod des C herbeizuführen.

63 Dass es auch im Bereich der kumulativen Kausalität Abgrenzungsprobleme gibt, zeigt

64 **Beispiel 4.9**

Bratpfannen-Fall BGH 1 StR 291/66 NJW 1966, 1823: Die Angeklagte F schlug mit einer schweren Bratpfanne ihrem Stiefvater V von hinten mit voller Wucht mindestens dreimal auf den Hinterkopf. Dieser fiel schon nach dem ersten Schlag zu Boden. Während F fortlief, um die Polizei anzurufen, schlug M mindestens einmal mit der Bratpfanne auf V ein. Als F vom Telefonieren zurückgekehrt war, schlug sie ihrem – noch röchelnden – Stiefvater weiterhin „mindestens einmal" mit der Pfanne heftig ins Gesicht. Danach starb V.

65 Das Schwurgericht hat M wegen Totschlags und F wegen Mordes verurteilt. Auf die Revision der F hin hat der BGH das Urteil aufgehoben und zurückverwiesen. In der Begründung führte er u. a. aus, zugunsten der F müsse davon ausgegangen werden, dass die Mutter mehrmals zugeschlagen habe. Bei dieser Beweislage sei die Möglichkeit offen geblieben, dass die Schläge der M den Tod des Opfers beschleunigt haben könnten, dass also der Tod des Verletzten seine Ursache nicht in den Handlungen der F, sondern in den Schlägen der M hatte.

[40] Kritisch auch *Frister* AT Kap. 9/9 ff.

[41] Dies gilt auch für den *Mandanten*-Fall BGH 5 StR 720/92 BGHSt 39, 195 ff. mit Anm. *Rogall* JZ 1993, 1066 ff., *Rotsch* FS Roxin 2011, S. 377 ff., wo der Eintritt des Todes durch den zweiten Schuss beschleunigt worden sein dürfte; zu Fällen sukzessiv-hinreichender Tathandlungen desselben Täters *Lenckner/Eisele* in: Schönke/Schröder RN 82 vor § 13.

Diese Möglichkeit habe zwar fern gelegen, da F außer den ersten Hieben auch den letzten Schlag geführt habe, sie sei jedoch nicht völlig ausgeschlossen worden. Dann gelte der Grundsatz in dubio pro reo.

Die Entscheidung des BGH ist nicht zu Unrecht auf Kritik gestoßen.[42] Denn im Sinne einer condicio sine qua non lassen sich die drei Schläge der F auf den Hinterkopf des Opfers nicht hinwegdenken, ohne dass der Tod entfiele. Auch hätte die M ohne die Schläge der F nicht zuschlagen können. Selbst wenn man also annimmt, dass die Schläge der F für die Herbeiführung des Todes des Opfers nicht hinreichend gewesen wären, so haben sie doch zusammen mit den Schlägen der M den Tod verursacht. Diese „Anhäufung" der Tatbeiträge bedeutet *kumulative* Kausalität. 66

Davon zu unterscheiden ist allerdings die Frage, ob F der Tod des V auch *zugerechnet* werden kann. Dies wäre dann nicht der Fall, wenn man zugunsten der F davon ausgehen musste, dass ihr Tatbeitrag für die Herbeiführung des Todes nicht hingereicht hätte und das Dazwischentreten der M eine wesentliche Abweichung des eingetretenen vom vorgestellten Kausalverlauf bedeutet hätte (näher unten RN 125). 67

e) Irrelevanz der Reserveursache

Die condicio-Formel setzt voraus, dass eine Handlung nicht hinweggedacht werden kann, ohne dass die tatbestandsmäßige Veränderung in der Außenwelt entfiele. Dies bedeutet, dass das Hinzudenken einer sog. „Reserveursache", d. h. der Ausschluss der Kausalität aufgrund eines hypothetischen Kausalverlaufs, nicht erlaubt ist. 68

Beispiel 4.10 69

Bevor der Scharfrichter mit dem Richtschwert zum tödlichen Schlag ausholt, wird der Delinquent von einem aufgebrachten Zuschauer erstochen. Obwohl der Delinquent alsbald getötet worden wäre, ist das Verhalten des Zuschauers für den Tod ursächlich. Denn mittels der condicio-Formel darf nur das Verhalten des Zuschauers *hinweg*gedacht, es darf jedoch *nicht* das Verhalten des Scharfrichtes *hinzu*gedacht werden.

Die Eliminierung von Reserveursachen ergibt sich von selbst, wenn man mit der h.M. auf das Entfallen der Veränderung in der Außenwelt *in ihrer konkreten Gestalt* abstellt (vgl. oben RN 35). Denn dann ist der Tod durch das Messer ein anderer als jener durch das Richtschwert. 70

Bei der *Verhinderung rettender Kausalverläufe* ist das Hinzudenken eines hypothetischen Kausalverlaufs hingegen ausnahmsweise erlaubt.[43] 71

[42] Vgl. *Wessels/Beulke/Satzger* AT RN 165 mwN.

[43] Vgl. *Roxin* AT 1 § 11/53 sowie unten RN 94 ff.; differenzierend *Kindhäuser* AT § 11/14 ff.

72 **Beispiel 4.11**

Krankenhausschwester A hat für die Patientin P eine lebenserhaltende Spritze mit einem Herzmittel bereitgelegt. B, die Nebenbuhlerin der P, hat die Spritze durch eine solche mit Kochsalzlösung vertauscht. A verabreicht der P diese Spritze und P stirbt alsbald.

73 Denkt man hier die Gabe der Kochsalzspritze hinweg, würde die schädigende Veränderung in der Außenwelt *nicht* entfallen, weil die lebenserhaltende Spritze zugunsten des P nicht hinzugedacht werden darf. Jedoch macht man hier eine *Ausnahme*, indem man die condicio-Formel einschränkt, wenn rettende Kausalverläufe verhindert werden.[44] Der eigentliche Grund für diese Ausnahme liegt in der „*Quasikausalität*" bei der Unterlassungsstraftat, die ohnehin nur funktioniert, wenn man den hypothetischen Kausalverlauf *hinzudenkt,* der bei Vornahme der Handlung eingetreten wäre, die zur Verhinderung der schädigenden Veränderung in der Außenwelt erforderlich gewesen wäre (näher hierzu § 11 RN 161 ff.).

2. Die Formel von der gesetzmäßigen Bedingung[45]

74 Die Formel von der *gesetzmäßigen Bedingung* geht ebenfalls von der Gleichwertigkeit aller Faktoren aus. Sie versucht jedoch, der Technik der hypothetischen Elimination – die darauf hinausläuft, dass ein Verhalten ursächlich ist, weil nach allgemeiner Lebenserfahrung ein anderes nicht in Frage kommt – dadurch zu entgehen, dass die Gesamt-Schlussfolgerung der Äquivalenztheorie durch eine möglichst kleingliedrige Kette gesetzmäßiger Bedingungen ersetzt wird. Eine Handlung ist danach kausal, wenn sich an sie *zeitlich nachfolgende Veränderungen in der Außenwelt anschließen, die mit der Handlung gesetzmäßig verbunden sind und sich als tatbestandsmäßig darstellen.*

75 **Zu Leitfall 4**

In *Leitfall 4.* wäre die Ursächlichkeit des Schlages etwa so zu begründen: Infolge des Auftreffens der Hand des D auf die linke Schläfe des B kam es zu einer Erschütterung und einer Rechtsbewegung des Kopfes von B. Infolge der Trägheit des Gehirns bewegte sich dieses nach links. Es stieg die Zugbelastung in der rechten Gehirnhälfte. Infolgedessen entstand ein Riss in der weichen Hirnhaut. Es kam zu einer Blutung, die […] zum Tode durch Herzstillstand und nachfolgendem Ausfall der Gehirnfunktion führte.

76 Freilich stellt sich hier sogleich die Frage, ob die gesetzmäßige Verbindung der zeitlich nachfolgenden Veränderungen in der Außenwelt etwas anderes ist als wiederum eine Vielzahl hypothetischer Eliminationen. Die „große Unbekannte" in Form der condicio sine qua non-Formel der Äquivalenztheorie wird nicht dadurch bekannter, dass man sie durch eine Vielzahl kleiner Unbekannter ersetzt.

[44] Vgl. *Kühl* AT § 4/17 f.

[45] Vgl. *Engisch* 1931, insbes. S. 21, 25 f.; *Jescheck/Weigend* AT § 28 II 4 mwN FN 25.

Vermag die Lehre von der gesetzmäßigen Bedingung über die Natur der Kausalität somit auch nicht mehr Auskunft zu geben als die Lehre von der condicio sine qua non, so ist sie der Äquivalenztheorie doch in Teilbereichen überlegen: In Fällen alternativer Kausalität (vgl. oben 1 c) führt die Formel von der gesetzmäßigen Bedingung unmittelbar zu zutreffenden Ergebnissen, weil nur auf die Gesetzmäßigkeit innerhalb des untersuchten Geschehensablaufs abgestellt wird. Auch sind die erzielten Ergebnisse sicherer, weil die Gefahr von Fehlentscheidungen bei der Verkürzung der „nicht hinwegdenkbaren Bedingungen", d. h. der Verkleinerung der hypothetischen „Sprünge" geringer wird. 77

Mit der condicio sine qua non-Formel hat die Lehre von der gesetzmäßigen Bedingung aber auch gemeinsam, dass sie nur eine *notwendige* Voraussetzung dafür darstellt, ob dem Täter die Herbeiführung einer Veränderung in der Außenwelt zugerechnet werden kann. Als hinreichende Zurechnungsformel würde sie viel zu weit geraten. 78

3. Adäquanztheorie[46]

Anliegen der Adäquanztheorie ist es, die unendliche Verursachungskette der condicio sine qua non-Formel in beherrschbare Abschnitte aufzuteilen. Eine Handlung soll nach der Adäquanzlehre deshalb nur dann als Ursache einer Veränderung in der Außenwelt anzusehen sein, wenn sie *allgemein und erfahrungsgemäß dazu geeignet ist*, die Veränderung herbeizuführen. Kausal soll also nur ein solches Verhalten sein, welches die Veränderung nach *allgemeiner Lebenserfahrung* herbeizuführen vermag. 79

Die Adäquanztheorie hat den Vorteil, dass sie solche Veränderungen aus der Kausalität ausschließt, die nicht vorhersehbar sind und die sich für den Handelnden nicht als Unrecht, sondern als *Unglück* darstellen. Sie ist deshalb auch gängige Formel im zivilen Deliktsrecht.[47] 80

Jedoch würde man die Adäquanztheorie verkennen, wenn man in ihr eine *Kausalitätstheorie* ontologischer Prägung sehen wollte, während sie eine Denkformel für *normative* Zurechnung ist. Denn der Ausschluss von Zurechnung mangels Vorhersehbarkeit lässt nicht die Kausalität entfallen, sondern er ist das Ergebnis der *Wertung*, dass eine nichtvorhersehbare Kausalität nicht Grundlage einer strafrechtlichen Zurechenbarkeit sein *soll*. Aber auch dann kann die Adäquanztheorie nicht die Frage beantworten, ob und wann jene Vorhersehbarkeit angenommen werden kann. 81

Zu Leitfall 4 82

Für die tödlichen Folgen des Schlages wird man D in *Leitfall 4* nach der Adäquanzformel kaum verantwortlich machen können, wenn nicht bestimmte Umstände auf die naheliegende Möglichkeit einer Hirnblutung hingedeutet haben.

---

[46] Vgl. RG VI 399/01 RGZ 50, 219/222; näher, wenn auch i. Erg. abl. Maurach/*Zipf* AT 1 § 18/30 ff.

[47] Vgl. *Brox/Walker* 2014, § 30 Rn. 8 ff., 15; *Teichmann* in: Jauernig (Hrsg.) 2014, § 823 RN 25; aber auch hier ist die Tendenz zu erkennen, ähnlich einer objektiven Zurechnung Fallgruppen zu bilden, in denen eine haftungsbegründende Kausalität nicht vorliegen soll.

4. Relevanztheorie[48]

83 Im Unterschied zur Adäquanztheorie unterscheidet man bei der Relevanztheorie offen zwischen der Seins-Kategorie der Kausalität und der Sollens-Kategorie der Zuschreibung einer Veränderung in der Außenwelt: Im Sinne der condicio-Formel ist für die Veränderung in der Außenwelt jede Bedingung kausal, die nicht hinweggedacht werden kann, ohne dass die Veränderung entfiele. Jedoch soll die Veränderung und die Art ihrer Herbeiführung nur dann *tatbestandsmäßig* sein, wenn sie durch *generell geeignete*, d. h. tatbestandsmäßig relevante Bedingungen herbeigeführt wurde.

84 **Zu Leitfall 4**

In *Leitfall 4.* käme die Relevanzformel zu demselben Ergebnis wie die Adäquanzformel. Sie würde jedoch gegebenenfalls nicht die *Kausalität* verneinen, sondern mangels genereller Eignung des Gesichtsschlags die *Zurechnung* der schädigenden Veränderung in der Außenwelt.

VI. Objektive Zurechnung[49]

85 Die bewusste Trennung zwischen Kausalität und normativer Zurechnung durch die Relevanz-Theorie leitet über zur Lehre von der *objektiven Zurechnung*. Diese Lehre ist bestrebt, die Sonderbeziehung zwischen dem Täter und der tatbestandsmäßigen Veränderung in der Außenwelt normativ zu begründen und zu gestalten. Basis, d. h. *notwendige Bedingung* für jene Sonderbeziehung ist die condicio-Formel.[50] Für die *Zurechnung* der Folge müssen jedoch weitere Faktoren hinzutreten, die im weitesten Sinne unter den Begriff der *Risiko-Beherrschbarkeit* fallen.[51] Jene Überlegungen haben ihre Ausprägung in der heute bevorzugten Lehre von der *objektiven Zurechnung* gefunden.

86 Die Lehre von der objektiven Zurechnung stellt eine *Komplettierung* der Relevanz-Theorie dar. Denn wie diese geht sie von der condicio sine qua non-Formel als Indikator für die Kausalität und als Zurechnungs-*Regel* aus, um diese sogleich mittels objektiver Zurechnungs-*Ausnahmen* wieder einzuschränken. Im Rahmen eines offenen Systems[52] werden *Fallgruppen* gebildet, innerhalb derer die Zurech-

---

[48] Näher *Blei* AT § 28 IV, V; vgl. auch *Wessels/Beulke/Satzger* RN 172 ff. sowie *Welzel* LB, S. 45 f.

[49] Eingehend *Kühl* AT § 4/36 ff.; *Erb* JuS 1994, 449 ff.; *Wolter* in: Gimbernat u. a. (Hrsg.) 1995, S. 5 ff.; vgl. auch *Frister* AT Kap. 9/1 ff.; *Heinrich* AT § 11/243 f.; *Kahlo* FS Küper, S. 249 ff.; *Roxin* AT 1 § 11/44 ff.; *Wessels/Beulke/Satzger* AT RN 176 ff.; zur Entwicklungsgeschichte *F.-C. Schroeder* FS Androulakis, S. 651 ff.; krit. *Freund* AT § 2 RN 75; *Hilgendorf* FS Weber, S. 33 ff.; *Hirsch* FS Lenckner, S. 119 ff.; *Küpper* 1990, S. 83 ff.; zu fragwürdigen Aspekten der Lehre von der objektiven Zurechnung *Frisch* GA 2003, 719/733 ff.; zur Genesis *F.-C. Schroeder* 2009, S. 39 ff.

[50] Vgl. auch *Frisch* FS Gössel, S. 70.

[51] Vgl. *Roxin* FS Honig, S. 131 ff.

[52] Zur Erstreckung auf Rechtfertigungsgründe *Kuhlen* FS Müller-Dietz, S. 431 ff.

nung der Veränderung in der Außenwelt trotz eines bestehenden Kausalnexus nach Plausibilitätsgesichtspunkten *abgelehnt* wird.

Positiv ausgedrückt wird für die Zurechnung eine *rechtlich relevante Gefährdung* des geschützten Tatobjekts vorausgesetzt, die sich in der tatbestandsmäßigen Veränderung in der Außenwelt verwirklicht. Aus der Perspektive der Äquivalenztheorie besehen ist die Lehre von der objektiven Zurechnung jedoch eine Lehre von der *Nicht-Zurechnung*. Dementsprechend stellen die Fallgruppen der objektiven Zurechnung weitgehend Fallgruppen einer *negativen Abschichtung* dar. Über ihnen steht der Leitgedanke, dass eine Handlung nur dann zurechenbar ist, wenn sie ein *rechtlich verbotenes Risiko für das geschützte Angriffsobjekt geschaffen und dieses Risiko sich in der tatbestandsmäßigen schädigenden Veränderung in der Außenwelt verwirklicht hat.*[53] **87**

„Objektiv" ist jene Zurechnung deshalb, weil sie unabhängig von Umständen auf Seiten des Täters bereits im Rahmen der objektiven Elemente der Tatbestandsmäßigkeit die Zurechnung auszuschließen vermag. Selbstverständlich ist auch eine *subjektive* Zurechnungslehre möglich, die dann als „Unkenntnis des Geschehensablaufs" der Irrtumslehre zuzuordnen ist und so auch von der Rechtsprechung praktiziert wird (vgl. unten RN 119 ff. sowie § 13 RN 133 ff.). Der *normative* Bereich jener subjektiven Zurechnung liegt dann dort, wo über die Beachtlichkeit jenes Irrtums zu entscheiden ist. *Im Ergebnis* unterscheiden sich objektive und subjektive Zurechnung nicht. Allerdings muss man bedenken, dass der Anwendungsbereich der subjektiven Zurechnungslehre viel begrenzter ist, weil nicht jede Verneinung der objektiven Zurechnung eine subjektive Parallele aufweist: so lässt sich z. B. der Ausschluss der Zurechnung mangels eines Risikozusammenhangs (sogleich unten RN 91 ff.) nicht als Ausschluss der subjektiven Zurechnung formulieren. **88**

1. Fehlen eines rechtlich relevanten Risikos

Trotz äquivalenter Kausalität wird eine Veränderung in der Außenwelt nicht zugerechnet, wenn der Beteiligte kein rechtlich relevantes, das allgemeine Lebensrisiko übersteigendes Risiko für die Veränderung geschaffen hat.[54] Konkret werden dieser Fallgruppe nicht vorhersehbare, unbeherrschbare atypische Kausalverläufe zugeordnet, wie sie auch durch die oben (V 4) dargestellte Relevanz-Theorie ausgeschlossen werden sollen. **89**

Beispiel 4.12 **90**

Flugreise-Fall:[55] Neffe N überredet Erbonkel O zu häufigen Flugreisen, weil er hofft, durch den Absturz eines Flugzeuges schneller in den Genuss der Erbschaft

---

[53] Vgl. *Kühl* AT § 4/43 „Grundformel"; SK-*Rudolphi* RN 57 vor § 1; *Jescheck/Weigend* AT § 28 IV mwN.

[54] Nach *Kindhäuser* GA 2007, 447/466 fehlt es in Fällen dieser Art bereits an einer Vorsatzgefahr, nach *F.-C. Schroeder*, 2009, S. 31, an einer Täterschaft des Neffen.

[55] Der *Flugreise*-Fall wird auch nicht selten als „Gewitter"-Fall formuliert, in dem der Neffe den Erbonkel zu Spaziergängen bei Gewitter überredet in der Hoffnung, dass der Onkel vom Blitz

zu kommen. Beim dritten Flug stürzt das Flugzeug wirklich ab. O kommt ums Leben.

2. Fehlender Risikozusammenhang (fehlender Schutzzweck der Norm)

91 Das Fehlen des Risikozusammenhangs mit der Folge des Wegfalls der objektiven Zurechnung ist dann gegeben, wenn der Täter eine Veränderung in der Außenwelt verursacht, die *außerhalb des Schutzbereichs* der verletzten Verhaltensnorm liegt, in der sich also gar nicht jenes Risiko realisiert, dessen Verhinderung die entsprechende Strafvorschrift bezweckt.

92 **Beispiel 4.13**

Der verunglückte Rettungswagen: Bei einem Verkehrsunfall erleidet der Radfahrer R einen Beinbruch. Beim Transport ins Krankenhaus verliert der den Rettungswagen lenkende Sanitäter wegen eines Herzinfarkts die Kontrolle über das Fahrzeug. Der Rettungswagen stürzt einen Abhang hinab, R erleidet tödliche Verletzungen.

93 Im Beispielsfall ist der Unfall des Rettungswagens ein Risiko, dessen Vermeidung nicht der Zweck der Körperverletzungsvorschriften ist.

3. Risikoverringerung?

94 In jene Fallgruppe werden Fälle eingeordnet, in denen der Täter die durch einen Dritten in Gang gesetzte strafbedrohte Veränderung in der Außenwelt abschwächt oder zeitlich hinausschiebt und so kausal dafür wird, dass jene Veränderung abgeschwächter oder später Wirklichkeit wird (sog. „Ablenkungs“ und „Umschichtungs“-Fälle).[56]

95 **Beispiel 4.14**

T will O töten, indem er mit einer Eisenstange zum Schlag gegen den Kopf des O ausholt. Im letzten Moment lenkt A die Eisenstange auf die Schulter des O ab. Dadurch wird O an der Schulter verletzt. Hier ist A für die Schulterverletzung zwar ursächlich geworden. Weil A jedoch durch seine Handlung die noch gefährlichere Kopfverletzung abgewendet hat, wird ihm diese Veränderung in der Außenwelt nicht zugerechnet.

---

erschlagen werde, was auch geschieht; umfassend und amüsant zu dieser Variante *F.-C. Schroeder*, 2009.

[56] Für eine Anwendung der Grundsätze der *mutmaßlichen Einwilligung* im Hinblick auf die individuell höchst unterschiedliche Bedeutung der unterschiedlichen Körperteile *F.-C. Schroeder* Schünemann-Symposium, S. 151 ff.

Mit überzeugenden Argumenten wendet sich *Kindhäuser* gegen die Begründung der Straffreiheit in den Fällen der Risikoverringerung mit dem Ausschluss der Unwertverwirklichung mittels objektiver Zurechnung: Die abgeschwächte Veränderung in der Außenwelt sei dem Täter durchaus zurechenbar. Jedoch sei sein Handeln *gerechtfertigt* wegen der Abwendung der drohenden schwerwiegenderen Veränderung in der Außenwelt.[57] Bei Gütern derselben Person erfordere die Autonomie des Opfers, die Präferenzen des Betroffenen zu berücksichtigen. Die Rechtfertigung folgt dann den Regeln der *mutmaßlichen Einwilligung*.[58] 96

4. Fehlender Pflichtwidrigkeitszusammenhang (rechtmäßiges Alternativverhalten)

Ein Ausschluss der objektiven Zurechnung aufgrund eines fehlenden Pflichtwidrigkeitszusammenhangs wird bei Fahrlässigkeitsstraftaten dann angenommen, wenn die Veränderung in der Außenwelt auch bei *pflichtgemäßem* Verhalten eingetreten wäre. Denn in diesen Fällen wird die Veränderung nicht „durch Fahrlässigkeit" (vgl. § 222) herbeigeführt. 97

Beispiel 4.15 98

Radfahrer-Fall BGH 4 StR 354/57 BGHSt 11, 1 (Näher hierzu unten § 12): Der Lastwagenfahrer L überholt den Radfahrer R, ohne den erforderlichen Seitenabstand einzuhalten. Beim Überholvorgang schert R nach links aus, wird vom Lastwagen überrollt und getötet. Ein Sachverständiger stellt fest, dass R betrunken war und es deshalb nicht auszuschließen ist, dass er auch bei Einhaltung des vorgeschriebenen Seitenabstands überrollt worden wäre.

Dabei gilt der Grundsatz in dubio pro reo.[59] Jedoch reicht die bloße *gedankliche Möglichkeit* einer *gleichen Veränderung* in der Außenwelt auch bei *pflichtgemäßem* Verhalten nicht aus, vernünftige Zweifel daran zu wecken, dass die Veränderung in der Außenwelt bei Vornahme der gebotenen Handlung *ausgeblieben* wäre. Vielmehr muss sich die Möglichkeit der gleichen Veränderung „aufgrund bestimmter Tatsachen so verdichten, dass die Überzeugung vom Gegenteil mit an Sicherheit grenzender Wahrscheinlichkeit vernünftigerweise ausgeschlossen ist."[60] 99

Nach der abzulehnenden sog. *Risikoerhöhungslehre*[61] soll es für eine Zurechnung hingegen genügen, dass der Täter durch sein Verhalten das Risiko der Verän- 100

[57] Vgl. *Kindhäuser* ZStW 120 (2008), 481/495.

[58] Vgl. *Kindhäuser* ZStW 120 (2008), 481/496 f. und unten § 5 RN 370 ff.

[59] Vgl. *Rengier* AT § 52 RN 33; *Sternberg-Lieben* in: Schönke/Schröder § 15 RN 177; *Jakobs* AT 7/98 ff./103; SK-*Hoyer* Anh. § 16 RN 66 ff.; *Schlüchter* JA 1984, 676; LK-*Schroeder* § 16 RN 190; *Fischer* RN 26 vor § 13.

[60] BGH 1 StR 272/09 NStZ 2011, 31

[61] Ausführlich und mwN zur Risikoerhöhungslehre *Roxin* AT 1 § 11/88 ff.; vgl. auch die Nachweise bei *Wessels/Beulke/Satzger* AT RN 198; näher und kritisch hierzu unten § 12 RN 86 ff.

derung in der Außenwelt vergrößert hat, was in Beispiel 4.15. bei Nichteinhaltung des Seitenabstandes der Fall wäre.

5. Zurechnungsverlagerung auf Dritte (eigenverantwortliche Selbstgefährdung und -verletzung; Regressverbot)

101 Die Zurechnung einer Veränderung in der Außenwelt wird schließlich dann abgelehnt, wenn die Herbeiführung der Veränderung in ihrer Wirksamkeit durch den *freien Eintritt eines vorsätzlich oder in Kenntnis der Gefahrensituation selbst zurechenbar Handelnden* überlagert wird. Hierdurch wird die Kausalität der Erst-Handlung allerdings nicht abgebrochen,[62] sondern durch eine Zurechnung überlagert, welche auf ein Dritt- bzw. Opferverhalten zurückgeht. Es verwirklicht sich hier somit nicht das vom Erstverursacher, sondern das vom Dritten oder vom Opfer verursachte Risiko.

102 Jene Fallgruppe ist besonders dort von Bedeutung und unumstritten, wo es ein freies und vollverantwortliches Verhalten des *Geschädigten* ist, das die Veränderung in der Außenwelt herbeiführt (Selbstverletzungs-Fälle).[63]

103 **Beispiel 4.16**

Heroinspritzen-Fall BGH 1 StR 808/83 BGHSt 32, 262 (näher dazu auch § 12 RN 108): A hatte Heroin, aber keine Spritze. Deshalb besorgte ihm der Angeklagte B eine Spritze und gab sie ihm mit dem Hinweis, dass das Heroin sehr rein und damit sein Genuss besonders gefährlich sei. Trotz dieser Warnung injizierte sich A eine Heroinmenge, die tödlich wirkte.

Hier kann B der Tod des A nicht zugerechnet werden, weil sich dieser als eigenverantwortliche Selbstverletzung darstellt.

104 Von einer eigenverantwortlichen Selbstgefährdung und -verletzung kann man allerdings nur dann sprechen, wenn der sich selbst Verletzende die wesentlichen Umstände kennt[64] und die „Tatherrschaft" hat.[65] Dies kann auch dadurch geschehen, dass er den Fremdverletzenden täuscht.[66] Strafbefreiende Tatherrschaft ist in den

[62] Vgl. *Lenckner/Eisele* in: Schönke/Schröder RN 77 vor § 13.

[63] Eingehend hierzu *S. Walther* 1991; *Frisch* NStZ 1992, 1 ff., 62 ff.; zur Straflosigkeit der fahrlässigen Mitwirkung an einer Tötung auf Verlangen *Roxin* FS Schreiber, S. 399 ff.; zu den sog. „Retterfällen" *Beckemper* FS Roxin 2011, S. 377 ff.; *Furukawa* GA 2010, 169 ff., *Geppert* Jura 2001, 494 f., speziell bei Brandstiftungsstraftaten *Thier* 2008.

[64] Zu einem rechtserheblichen Irrtum (Überlassung von Heroin statt Kokain) BGH 1 StR 518/08 BGHSt 53, 288; zu einem vergleichbaren Fall des tödlichen *Wetttrinkens*, bei dem der Überlebende zunächst nur vortäuschte, Alkohol zu trinken, LG Berlin (522) 1 Kap Js 603/07 Ks (1/08), ZJJ 2010, 78 ff., bestätigt durch BGH 5 StR 31/10 BGH Mitteilung der Pressestelle Nr. 66/2010.

[65] Vgl. BGH 4 StR 328/08 BGHSt 53, 55/60 zur fahrlässigen Tötung eines Mitfahrers im Rahmen eines illegalen Autorennens; dazu *Hauck* GA 2012, 203 ff.; *Beulke* FS Zoll, S. 735 ff; *Roxin* JZ 2009, 399 ff.; auf die *Steuerbarkeit* zur Abgrenzung zwischen eigenverantwortlicher Selbst- und einverständlicher Fremdgefährdung abstellend *Duttge* FS Otto, S. 227 ff.

[66] Allerdings haben der BGH im sog. *Muskeldystrophie*-Fall (BGH 5 StR 66/03 NJW 2003, 2326 sowie bei *Rautenkranz* JA 2004, 190 ff.) und das OLG Nürnberg im *Pistolen*-Fall (Ws 867/02

„Heroin-Fällen" somit umgekehrt abzulehnen, wenn das Heroin dem Süchtigen von einem Dritten *verabreicht* wird, auch wenn der Süchtige die damit verbundenen Gefahren kennt und billigt. In diesen Fällen kommt nur eine Einwilligung in Frage.[67]

Von einer Entscheidungs*freiheit* kann dann nicht mehr die Rede sein, wenn sich die „Selbstverletzung" nur durch Inkaufnahme eines nicht unerheblichen, vom Fremdverletzenden gesetzten Risikos hätte vermeiden lassen.[68] **105**

Der freie Eintritt des vorsätzlich oder in Kenntnis der Gefahrensituation selbst zurechenbar Handelnden kann aber auch in Fällen von Fremdverletzung die Zurechnung ausschließen (sog. Regressverbots-Fälle):[69] **106**

Beispiel 4.17 **107**

A will B umbringen. Sein Schuss streift jedoch nur den B. B kommt schwer verletzt mit einer Kopfwunde ins Krankenhaus. Dort wird er von seinem Widersacher C entdeckt, der ihm – als Krankenpfleger verkleidet – eine tödliche Giftdosis injiziert. Zwar ist A kausal für den Tod des B. Der Tod des B in Form des Totschlages seitens des C ist jedoch eine Veränderung in der Außenwelt, die nicht mehr das Werk des A ist und A deshalb nicht zugerechnet werden kann.

Von der h.M. wird die Lehre vom „Regressverbot" als Fallgruppe einer mangelnden objektiven Zurechnung[70] insoweit abgelehnt, als die *vorhersehbare* eigenverantwortliche Tatbegehung bzw. die erkennbare Tatgeneigtheit eines Dritten den Erstverursacher jedenfalls nicht aus einer Haftung wegen Fahrlässigkeit entlassen kann.[71] **108**

Wie in sonstigen Fällen der Verursachung eines eigenverantwortlichen tatbestandsmäßigen Drittverhaltens[72] wird die Zurechnung des Drittverhaltens auch hier davon abhängen, ob der Erstverursacher das Drittverhalten provoziert oder zumindest rechtswidrig und schuldhaft herbeigeführt hat. Hier kann ihn auch ein eigenverantwortliches Drittverhalten nicht entlasten, weil es nur Teil seiner eigenen Tat ist. Dann allerdings bleiben außerhalb der Zurechnung nur Fälle wie *Beispiel 4.12.*, in denen das Handeln des Dritten nicht vorhersehbar und auch nicht beherrschbar ist. Sie unterscheiden sich nicht von der Fallgruppe des fehlenden rechtlich relevanten Risikos. **109**

JZ 2003, 745 ff.) eine fahrlässige Fremdverletzung angenommen, weil der Irrtum nicht auch zu einem Ausschluss der Gefährdungsherrschaft des Fremdverletzenden geführt habe, zust. *Herzberg* NStZ 2004, 1 ff.

[67] Vgl. BGH 3 StR 120/03 BGHSt 49, 34 ff., 39 f.

[68] So das OLG Celle 32 Ss 78/00 StV 2002, 366 mit krit. Anm. *S. Walther* StV 2002, 367 ff. im sog. *Aortendissektions*-Fall.

[69] Differenzierend und mit eindrucksvollen Beispielen *Schmoller* FS Triffterer, S. 223 ff.

[70] Zur berechtigten Ablehnung der Regressverbotslehre als Kausalitätslehre (so *Frank* 1931 § 1 Anm. III 2 a) *Jescheck/Weigend* AT § 28 II FN 15.

[71] Vgl. *Lenckner/Eisele* in: Schönke/Schröder RN 101 e vor § 13; *Jescheck/Weigend* AT § 28 II 3 mwN; gegen eine Zurechnung hingegen *Jakobs* AT 7/59.

[72] Vgl. z. B. zur Notwehrprovokation unten § 6/92 ff.

B. Subjektive Elemente der Tatbestandsmäßigkeit (personaler Unwert)

I. Arten subjektiver Elemente der Tatbestandsmäßigkeit

110 Als Errungenschaft des vermittelnden Handlungsbegriffs sind heute der *Vorsatz* zum Zeitpunkt der Tatbegehung sowie sonstige *besondere subjektive Merkmale* des Täters (z. B. die *Zueignungsabsicht* bei Diebstahl und Raub, §§ 242, 249; die Täuschungsabsicht bei der Urkundenfälschung, § 267 oder die Bereicherungsabsicht beim Betrug, § 263) als unwertbegründende subjektive Elemente der Tatbestandsmäßigkeit anerkannt. Die subjektiven Elemente der Tatbestandsmäßigkeit spiegeln die *geistige Haltung des Täters als Person* im Hinblick auf die Verwirklichung der objektiven Elemente der Tatbestandsmäßigkeit wider. Da damit auch sie ein Bestandteil des tatbestandsmäßigen Unwertes und im Falle der Rechtswidrigkeit auch des Unrechts der strafbaren Handlung sind, spricht man von einer *personalen Unwert- bzw. Unrechtslehre.*[73]

111 Als Kennzeichen einer geistigen Haltung des Täters im Hinblick auf die objektiven Elemente der Tatbestandsmäßigkeit bilden die subjektiven Elemente der Tatbestandsmäßigkeit einen Bestandteil der Straftat, der hier *personaler Unwert* genannt werden soll. Dieser Begriff wird hier in einem weiten, neutralen Sinne verstanden. Er umfasst auch den Vorsatz und alle täterbezogenen Elemente der Straftat und damit mehr als das, was sich seit Mitte des 20. Jahrhunderts als Lehre von den „Gesinnungsmerkmalen"[74] etabliert hat.

112 Innerhalb jener Lehre wird angenommen, dass Gesinnungsmerkmale als „echte" Gesinnungsmerkmale – z. B. niedrige Beweggründe beim Mord (§ 211 II 1. Gruppe), Rücksichtslosigkeit bei der Straßenverkehrsgefährdung (§ 315c I Nr. 2) oder Böswilligkeit in den §§ 90a, 130 Nr. 3 und 225– ausschließlich und unmittelbar den Unwert der strafbaren Handlung betreffen,[75] während „unechte" Gesinnungsmerkmale teils den Unwert teils die Schuldhaftigkeit der strafbaren Handlung begründen wie z. B. das Mordmerkmal der „Grausamkeit" als Kennzeichen für eine Tötung sowohl unter Zufügung „besonderer Schmerzen oder Qualen" als auch „aus gefühlloser unbarmherziger Gesinnung".[76]

113 Hat man aber einmal erkannt, dass die geistige Haltung des Täters bereits die subjektiven Elemente der Tatbestandsmäßigkeit betrifft *und* dass dem Täter diese geistige Haltung zum Vorwurf gereichen muss, dann sind Gesinnungsmerkmale Bestandteil sowohl der subjektiven Elemente der Tatbestandsmäßigkeit als auch der Wertung als vorwerfbar innerhalb der Schuldhaftigkeit.[77] Damit erübrigt sich die Unterscheidung von echten und unechten Gesinnungsmerkmalen.[78]

---

73 Vgl. dazu *Hirsch* JZ 2007, 499.

74 Grundlegend zu den Gesinnungsmerkmalen *Schmidhäuser* 1958.

75 Vgl. *Lenckner/Eisele* in: Schönke/Schröder RN 122 vor § 13.

76 BGH 1 StR 243/52 BGHSt 3, 180; dazu *Roxin* AT 1 § 10/79.

77 Vgl. treffend *Kindhäuser* GA 2007, 449; *Jakobs* AT 8/98 mwN.

78 Vgl. auch *Hirsch* FS Lüderssen, S. 258.

Über jene „traditionellen“ Gesinnungsmerkmale hinaus sind aber auch sonstige *Motive* und *persönliche Eigenschaften*, welche die geistige Haltung des Täters zur Verwirklichung der objektiven Elemente der Tatbestandsmäßigkeit ausdrücken, subjektive Elemente der Tatbestandsmäßigkeit. Auch Mordmerkmale wie z. B. *Habgier* oder *Verdeckungsabsicht* begründen dann nicht nur die besondere *Vorwerfbarkeit* der Tötung, sondern bereits den *personalen Unwert*.[79] **114**

II. Der Vorsatz

Unabhängig davon ob man den Vorsatz mit der überwiegenden Lehre[80] als subjektives Element der Tatbestandsmäßigkeit (und zugleich als Element der Schuldhaftigkeit) oder mit einer Mindermeinung[81] ausschließlich als Element der Schuldhaftigkeit auffasst: hinsichtlich seines Gehaltes ist man sich doch weitgehend einig. **115**

1. Struktur und Stufen

Nach h.M. liegt Vorsatz vor, wenn der Täter mit *Wissen und Wollen* hinsichtlich der Verwirklichung der objektiven Elemente der Tatbestandsmäßigkeit handelt.[82] Der Vorsatz besteht somit strukturell aus einem *Wissenselement* (cognitive Seite) und einem *Wollenselement* (voluntative Seite). Der Vorsatz ist Hauptbestandteil des *personalen Unwertes* der vorsätzlich begangenen strafbaren Handlung.[83] **116**

Je nach Intensität der beiden Vorsatzelemente unterscheidet man drei Stufen des Vorsatzes:[84] **117**

▶
- dolus directus I (Absicht),
- dolus directus II (sicheres Wissen),
- dolus eventualis (billigende Inkaufnahme).

[79] Der personale Unwert vereint damit alle subjektiven Elemente, ohne dass es auf die klassischen Streitfragen zu den sog. Gesinnungsmerkmalen i.e.S., wie sie etwa bei *Frister* AT Kap. 8 RN 33, Maurach/*Zipf* AT 1 § 22 V RN 55, *Schmidhäuser* 1958 oder *Kelker* 2007, S. 157 ff. dargestellt werden, ankommen würde.

[80] Vgl. *Rengier* AT § 7 RN 2; *B. Heinrich* AT RN 256 ff.; *Jakobs* AT 8/1 ff.; *Jescheck/Weigend* AT § 24 III 4, 5; *Lackner/Kühl* RN 15 vor § 13 sowie § 15 RN 8; *Roxin* AT 1 § 10/62 ff.; *Wessels/Beulke/Satzger* AT RN 202 ff.

[81] Vgl. *Baumann/Weber/Mitsch* AT § 12/9, 16, § 18/24; *Naucke* 2002, § 7/123 ff.

[82] Vgl. *B. Heinrich* AT RN 264; *Roxin* AT 1 § 12/4; *Sternberg-Lieben* in: Schönke/Schröder § 15 RN 9 ff., BGH 1 StR 262/88 BGHSt 36/1, 10 f.; jew. mwN; zum allgemeinen Begriff des Vorsatzes *Schroth* 1998, S. 4 ff.

[83] Vgl. auch *Hirsch* GS Meurer, S. 3 ff.

[84] Näher unten RN 158 ff.; vgl. auch *Spendel* FS Lackner, S. 167 ff./174; zur duplex-effectus-Lehre *Joerden* FS Jakobs, S. 235 ff..

2. Das Wissens-Element (cognitive[85] Seite) des Vorsatzes

118 Zum Wissen des Täters um die Verwirklichung der objektiven Elemente der Tatbestandsmäßigkeit sind vor allem die folgenden Fragen zu stellen:

- *Was* muss der Täter wissen? (a)
- Inwiefern beeinflussen *Abweichungen des Tatobjekts und des Kausalverlaufs* die Zurechnung als vorsätzliche vollendete Tat? (b)
- Inwieweit ist ein Wissen des Täters *entbehrlich*? (c)
- In welcher *Intensität* muss das Wissen des Täters vorhanden sein? (d)

a) Die Tatumstände i.S.v. § 16 als Gegenstand des cognitiven Vorsatzelementes

119 Gegenstand des Wissens müssen die in § 16 genannten *Tatumstände* sein, d. h. die Merkmale, die den spezifischen Unwert einer Straftat – und zwar sowohl den Sachverhalts- als auch den personalen Unwert[86] – *charakterisieren*. Diesbezügliche Wissenslücken lassen den Vorsatz entfallen.

120 Jedoch kann das Wissen des Täters über die den Tatumständen zugrunde liegenden Tatsachen nicht lückenlos sein. So wird der Täter z. B. nicht jede (unwichtige) Einzelheit des Tathergangs kennen. Es muss somit eine Auswahl getroffen werden, welche Umstände so wesentlich sind, dass der Täter sie kennen *muss*.

121 **Beispiel 4.18**

Blutrausch-Fall 4 StR 552/54 BGHSt 7, 325: Die A schlug der B einen Hammer mit Körperverletzungsvorsatz mehrfach auf den Kopf. Aus Furcht, B werde sie anzeigen, fasste sie darauf den Entschluss zur Tötung der bereits schwer verletzten B. In Ausführung des Entschlusses versetzte sie der B erneut Hammerschläge. Erst hierdurch geriet sie in einen Blutrausch, in dem sie – ohne die folgenden Handlungen in ihr Bewusstsein aufzunehmen – ein zufällig dastehendes Beil ergriff und auf B einschlug. B wurde so schwer verletzt, dass sie nach kurzer Zeit verstarb. Es war nicht feststellbar, ob die tödlichen Schläge schon vor dem Stadium des Blutrausches oder erst im Stadium des Blutrausches geführt worden waren.

122 Das Schwurgericht verurteilte A wegen einer versuchten Tötungsstraftat. Eine Verurteilung wegen Vollendung scheide aus, denn es sei nicht feststellbar, welche Schläge für B tödlich gewesen seien. In dubio pro reo sei daher anzunehmen, dass dies die Schläge während des die Verantwortlichkeit ausschließenden Blutrausches waren.

123 Der BGH hob auf die Revision der Staatsanwaltschaft hin die Entscheidung des Landgerichts auf und verwies zur erneuten Verhandlung zurück.

[85] Von lat. cognoscere = erkennen.

[86] Z. B. die Umstände, die die Beweggründe für eine Tötung als „niedrig" i.S.v. § 211 II erscheinen lassen.

In der Urteilsbegründung spielt das Wissen der A um den tödlichen Kausalverlauf eine ausschlaggebende Rolle: Zunächst komme es darauf an, so das Gericht, dass sich der Vorsatz des Täters auf den *Geschehensablauf* erstrecke. Habe die A zum Zeitpunkt der Fassung des Tötungsentschlusses die Entwicklung vorausgesehen oder zumindest doch mit ihr gerechnet und sie gebilligt, dann habe sie den Tod wissentlich herbeigeführt. Falls dies nicht der Fall sei, komme es darauf an, ob die *Unkenntnis* der A über den Geschehensablauf *erheblich* sei. Da nicht alle Einzelheiten eines Geschehensablaufs vorhersehbar seien, könne auch nicht jeder Irrtum über den Geschehensablauf beachtlich sein. Als Kriterium für die Unbeachtlichkeit des Irrtums mit der Folge der Annahme eines Vorsatzes hinsichtlich des Geschehensablaufs entwickelt der BGH die folgende, bis heute in der Rechtsprechung noch anerkannte Formel: 124

Die Abweichung des wirklichen Geschehensablaufs von dem vorgestellten müsse sich noch innerhalb der Grenzen des nach allgemeiner Lebenserfahrung Voraussehbaren halten und dürfe keine andere Bewertung der Tat rechtfertigen. 125

Im Hinblick auf eine Beachtlichkeit der Unkenntnis des Geschehensablaufs umformuliert bedeutet dies:

➤ Der Irrtum über den Kausalverlauf ist beachtlich und lässt den Vorsatz entfallen, wenn die Abweichungen des wirklichen Geschehensablaufs gegenüber dem vorgestellten *wesentlich* sind, d. h. 126

- **außerhalb der Grenzen des nach allgemeiner Lebenserfahrung Vorhersehbaren liegen**
  oder
- **eine andere Bewertung der Tat erfordern.**

Obwohl diese Formel im Ergebnis durchaus überzeugt, hat sie mit der Entwicklung der Lehre von der objektiven Zurechnung in deren Regelungsbereich an Bedeutung verloren. Denn wenn eine Kausalabweichung dazu führt, dass die schädigende Veränderung in der Außenwelt dem Verursacher schon objektiv nicht als sein Werk zugerechnet werden kann (zur obj. Zurechung vgl. oben RN 85 ff.), dann stellt sich die Frage nach dem Vorsatz nicht mehr. Ist eine objektive Zurechnung hingegen zu bejahen, hängt die subjektive Zurechnung davon ab, ob das Tatgeschehen dem Plan des Täters entspricht (Tatplankriterium). Ist dies nicht der Fall, weil die eingetretene Veränderung in der Außenwelt eine andere Bewertung der Tat erfordert, dann kann diese Veränderung dem Täter nicht zum Vorsatz zugerechnet werden.[87] 127

b) Der Einfluss von Abweichungen des Kausalverlaufs und des Tatobjekts auf die Zurechnung als vorsätzliche vollendete Tat – dolus generalis/aberratio ictus

Hinsichtlich des *Tatobjekts* gilt zunächst, dass Abweichungen/Fehlvorstellungen unbeachtlich sind, solange sie nur dessen Identität oder Eigenschaften betreffen und die Grenzen des gattungsmäßig festgelegten Elementes der Tatbestandsmäßigkeit 128

[87] Vgl. zum Ganzen *Roxin* AT 1 § 12/151 ff.; zur Zurechnung zur *Fahrlässigkeit* durch den BGH krit. *Puppe* GA 2008, 569 ff.

nicht überschreiten (sog. error in obiecto/error in persona, näher hierzu § 13 RN 159 ff.).

129 Abweichungen im Bereich des Kausalverlaufs lassen sich an Hand der unter (a) genannten *Kriterien* nach allgemeinen Regeln beurteilen (vgl. unten § 13 RN 127 ff.). Jedoch sollen hier zwei Fallgruppen einer Kausalabweichung genauer betrachtet werden.

130 Die erste Fallgruppe betrifft ausschließlich den Kausalverlauf (aa), die zweite erstreckt sich auch auf das Tatobjekt (bb).

aa) Dolus generalis-Fälle

131 Im Mittelpunkt der dolus generalis-Fälle stehen zunächst Sachverhalte, in denen der Täter zuerst unwissentlich weniger erreicht als das, was er will, dann jedoch in Unkenntnis des wahren Sachverhalts die erstrebte Veränderung in der Außenwelt herbeiführt und damit genau das erreicht, was er erreichen wollte:

132 **Beispiel 4.19**

A will B töten und schießt auf ihn. B bricht schwer verletzt zusammen. A hält B für tot und wirft die vermeintliche Leiche in einen Fluss, um die Spuren seiner Tat zu beseitigen. Dadurch ertrinkt B.

133 Die Lehre vom dolus generalis[88] lehnt hier eine beachtliche Kausalabweichung ab. A habe B töten wollen und dies auch erreicht.

134 Eine vorzugswürdige Mindermeinung nimmt hingegen an, dass zunächst ein Tötungsversuch vorliegt, an den sich eine fahrlässige Tötung anschließt.[89]

135 Zunächst ist hier zu prüfen, ob von einem Ausschluss der objektiven Zurechnung ausgegangen werden kann.[90] Ist dies der Fall, kann die schädigende Veränderung in der Außenwelt nicht zugerechnet werden und es kommt nur eine Strafbarkeit wegen Versuchs in Frage. Ist ein Ausschluss der objektiven Zurechnung hingegen nicht gegeben, will eine Meinung mittels des oben RN 127 genannten Tatplankriteriums[91] danach entscheiden, ob der eingetretene Kausalverlauf noch als Verwirklichung des Tatplans bewertet werden kann. In *Beispiel 4.19.* wäre dies wohl zu bejahen, was eine Strafbarkeit des A wegen einer vorsätzlichen Tötung des B zur Folge hätte.

[88] Vgl. *Roxin* AT 1 § 12 RN 174 ff.; *Sternberg-Lieben* in: Schönke/Schröder § 15 RN 58; *Welzel* LB, S. 74; i.E. ebenso *Baumann/Weber/Mitsch* AT § 20/25; im sog. *Jauchegrube*-Fall BGH 5 StR 77/60 BGHSt 14, 193, dem das Beispiel 4.19. nachempfunden ist, lehnte der BGH die dolus generalis-Lehre ab. Dennoch nahm er eine vollendete Tötung an. Es habe zunächst eine vorsätzliche Tötungshandlung vorgelegen. Diese habe einen Kausalverlauf in Gang gesetzt, der zum Tod geführt habe. Dass der Tod nicht durch die Tötungshandlung, sondern durch das Ertrinken eingetreten sei, sei eine *unwesentliche Kausalabweichung*; vgl. hierzu auch *Puppe* AT § 10/25 ff.

[89] Vgl. *Frisch* 1988, S. 621 f.; *Kühl* AT § 13/47 f.; *Maiwald* ZStW 78 (1966), 30 ff.; *Schild* FS Triffterer, S. 213; *Sowada* Jura 2004, 814 ff.; umfassend *Hettinger* GA 2006, 289 ff.; *Zieschang* AT 1. Kap. RN 170 f.; differenzierend *Hoyer* AT S. 61.

[90] Vgl. auch *Frister* AT Kap. 11/52 ff.

[91] Vgl. *Roxin* AT 1 § 12/177.

Gegen das Tatplankriterium spricht allerdings, dass in den dolus generalis-Fällen *zwei Handlungen* vorliegen: eine Handlung mit Tötungsvorsatz (in *Beispiel 4.19.* das Schießen), die nicht zur tödlichen Veränderung in der Außenwelt führt, und eine zweite Handlung, hier das Versenken im Fluss, die zwar den Tod herbeiführt, aber unvorsätzlich geschieht. Einer personalen, am Willen des Täters und am Prinzip der Einheit der strafbaren Handlung ausgerichteten Handlungslehre, würde es widersprechen, den Gesinnungsunwert der ersten Handlung mit dem Sachverhaltsunwert der zweiten Handlung zusammenzubauen.[92] Die Lehre vom dolus generalis nimmt diese zweite *Handlung* nicht als solche zur Kenntnis. Gleiches gilt für die Auffassung des BGH von der unwesentlichen Abweichung des Kausalverlaufs. Die besseren Argumente sprechen somit für die genannte Mindermeinung.

Umstritten sind auch die Fälle des *vorzeitig ausgelösten Kausalverlaufs*: Entgegen der Vorstellung des Täters wird das Opfers bereits durch gefährliche Handlungen im *Vorbereitungsstadium* oder im *Versuchsstadium* der angedachten strafbaren Handlung getötet. Der BGH[93] nimmt nur im Fall des Versuchsstadiums eine vorsätzliche vollendete Tötung an, unabhängig davon, ob der Täter glaubt, alles für die Herbeiführung des Todes Erforderliche getan zu haben (beendeter Versuch) oder nicht (unbeendeter Versuch). Dem ist zuzustimmen, und zwar auch im Falle des unbeendeten Versuchs.[94] Denn auch im Stadium des unbeendeten Versuchs handelt der Täter mit Tötungsvorsatz.[95] Tritt der Tod hingegen im Vorbereitungsstadium ein, kommt nur eine Verurteilung wegen fahrlässiger Verursachung dieser Veränderung in Betracht.[96] **136**

Kein dolus-generalis-Fall ist gegeben, wenn der Täter zunächst unwissentlich *mehr*, nach einer *Zäsur* jedoch *weniger* erreicht als er weiß und will: **137**

Beispiel 4.20 **138**

A schlägt mit *Körperverletzungsvorsatz* heftig auf B ein. Dadurch kommt B zu Tode, ohne dass A dies bemerkt. Als B nun regungslos am Boden liegt, wirft A den vermeintlich noch lebenden B in einen Fluss, um die Tat zu verdecken.

---

[92] Vgl. auch *Hettinger* GA 2006, 289 ff./294; *Jerouschek/Kölbel* JuS 2001, 417 ff. mwN.

[93] Zum Vorbereitungsstadium BGH 3 StR 303/01 NStZ 2002, 309 (*Kofferraum*-Fall mit Bespr. *Sowada* Jura 2004, 814 ff. und *Gaede* JuS 2002, 1058 ff.), zum Versuchsstadium 5 StR 613/01 NStZ 2002, 475 (*Luftembolie*-Fall), beiden Entscheidungen zustimmend *Roxin* GA 2003, 257 ff.

[94] A.A. zum unbeendeten Versuch *Küper* ZStW 112 (2000), 35 mwN.

[95] Darin unterscheidet er sich von dem zurücktretenden Täter, der sich über die Wirksamkeit seiner Handlung irrt, vgl. § 9 RN 130 ff.

[96] BGH 3 StR 303/01 NStZ 2002, 309 2 a).

139 **Ergebnis**

Weil A zunächst nur verletzen wollte, liegt eine wesentliche Abweichung des Geschehensablaufs vor. Es folgt daraus eine Strafbarkeit wegen Körperverletzung mit Todesfolge (§ 227) und wegen versuchten Mordes (§§ 211/Verdeckungsabsicht, 22, 23).

bb) Aberratio ictus-Fälle

140 Bei der aberratio ictus (hierzu § 13 RN 147 ff.) tritt die Veränderung in der Außenwelt nicht an dem vom Täter gewählten Tatobjekt, sondern an einem anderen, ebenfalls *tatbestandsmäßigen* Objekt ein: A zielt in Tötungsabsicht auf B, der Schuss trifft jedoch versehentlich den daneben stehenden C. Obwohl sich das Geschehen hier *innerhalb der Grenzen des nach allgemeiner Lebenserfahrung Voraussehbaren* hält, ist nach h.M. eine abweichende Bewertung sachgerecht, welche eine Zurechnung des Erreichten als vorsätzlich bewirkt ausschließt und zu einer Strafbarkeit wegen Versuchs bezüglich des Gewollten (B) und gegebenenfalls Fahrlässigkeit bezüglich des Erreichten (Tod des C) führt.[97]

141 Die h.M. verdient Zustimmung. Sie beruht auf dem Prinzip, dass der *Zufall* (bzw. Glück und Unglück) nicht zu Lasten des Täters berücksichtigt werden darf, wohl aber zu seinen Gunsten berücksichtigt werden muss. Bei der aberratio ictus unterfällt das ohne Vorsatz getroffene Tatobjekt (hier: C) nur *zufällig* demselben Element der Tatbestandsmäßigkeit („anderer Mensch" in § 212) wie das anvisierte. Der Tod des C kann dem Täter deshalb nicht zu seinen Lasten als vorsätzlich verwirklicht zugerechnet werden.[98]

c) Vorsatzunabhängige Elemente der strafbaren Handlung

142 Zu den vorsatz*unabhängigen* Elementen der strafbaren Handlung gehören zunächst schon begrifflich die *objektiven* Bedingungen der Strafbarkeit: die Rauschtat in § 323a, die Nichterweislichkeit der behaupteten Tatsache bei der üblen Nachrede in § 186 sowie die schwere Folge bei der Schlägerei (§ 231).[99] Es spielt deshalb keine Rolle, ob der Täter z. B. zum Zeitpunkt der Tatsachenbehauptung i.S.v. § 186 der Meinung war, die behauptete Tatsache auch beweisen zu können.

143 Auch *persönliche Strafausschließungsgründe* greifen nach überwiegender Meinung unabhängig von der Kenntnis des Täters von ihrem Vorliegen ein.[100]

144 Nicht vom Vorsatz erfasst sein müssen weiterhin *qualifizierende Tatfolgen,* wie z. B. die schwere Folge bei § 226 oder – wie in *Leitfall 4.* – der Tod als Folge der

---

[97] Vgl. *B. Heinrich RN* 1108; *Lackner/Kühl* § 15 RN 12.

[98] Näher hierzu *Gropp* FS Lenckner, S. 55 ff. sowie unten § 13 RN 150 ff.

[99] Näher unten § 7 RN 6; umstritten ist die Einordnung der Rechtmäßigkeit der Diensthandlung nach § 113 III als objektive Bedingung der Strafbarkeit, vgl. im Zusammenhang mit einem hierauf gerichteten Irrtum des Täters gem. § 113 IV *Lackner/Kühl* § 113 RN 17; *Sternberg-Lieben*, in: Schönke/Schröder § 15 RN 57 mwN.

[100] Vgl. *Jescheck/Weigend* AT § 29 V 7 d; *Otto* GK AT § 20/4; SK-*Rudolphi* § 16 RN 8; *Fischer* § 16 RN 27; umfassend *Bloy* 1976.

Körperverletzung in § 227. Allerdings schreibt § 18 vor, dass dem Täter hinsichtlich dieser Folge wenigstens *Fahrlässigkeit* zur Last fallen muss.

Vorsatzunabhängig sind schließlich grundsätzlich die Merkmale, welche die Schuldhaftigkeit begründen wie z. B. die Schuldfähigkeit oder das Unrechtsbewusstsein. Es kommt deshalb nicht darauf an, dass der Täter seine Schuldfähigkeit *kennt*, sondern dass er schuldfähig *ist.* 145

d) Intensität und Aktualität des cognitiven Elementes

Die intensivste Form der Kenntnis ist das *Wissen.* Soweit diese Form der Kenntnis erforderlich ist, ist es in den Strafvorschriften ausdrücklich vermerkt, so z. B. in § 164 (falsche Verdächtigung), in § 187 (Verleumdung) oder in § 258 (Strafvereitelung). 146

Im Übrigen reicht es aus, dass der Täter das Vorliegen jener objektiven Elemente *für möglich hält.* 147

Nicht erforderlich ist es, dass der Täter zur Zeit der Tat sich jener Elemente *bewusst* ist. Ausreichend ist vielmehr ein „sachgedankliches" Mitbewusstsein zur Tatzeit.[101] 148

Beispiel 4.21 149

Wenn der Kardiologe K während eines abendlichen Empfangs seinem befreundeten Kollegen und Hals-Nasen-Ohren-Spezialisten Privatdozent Dr. H über die Coronarsklerose des von ihm behandelten HNO-Professors und Lehrstuhlleiters P berichtet, dann macht er sich nach § 203 I Nr. 1 auch dann strafbar, wenn er zu diesem Zeitpunkt gar nicht daran denkt, dass es sich um ein Geheimnis handelt, das ihm als Arzt anvertraut worden ist. Dennoch handelt er vorsätzlich, denn auf Befragen wäre er durchaus in der Lage, die Tatbestandsmäßigkeit seines Handelns zu erkennen.

3. Das Willens-Element (voluntative Seite) des Vorsatzes

Die *Funktion* des voluntativen Vorsatzelementes besteht vor allem in der Abgrenzung des vorsätzlichen vom fahrlässigen Handeln: wer nicht gegen die Strafvorschrift verstoßen *will,* handelt nicht vorsätzlich. Wann aber soll solch ein Nicht-Wollen vorliegen? *In welchen Fällen natürlichen* Nicht-Wollens soll ein *rechtliches* Nicht-Wollen des Täters anerkannt werden? 150

Beispiel 4.22 151

Der in Vermögensverfall geratene A hat die 3-jährige B als Geisel genommen, um von den Eltern eine hohe Lösegeldsumme zu erpressen. Er hat sie in einer kleinen Gartenhütte eingesperrt, wo er sie notdürftig versorgt und ihr verspricht,

---

[101] Vgl. *Welzel* JZ 1954, 276/279; krit. zum „sachgedanklichen Mitbewusstsein" *Schild* FS Stree/Wessels, S. 241 ff.

dass sie bald wieder nach Hause dürfe, wenn sie nur ruhig bleibe. Nach ein paar Stunden beginnt die verzweifelte B jedoch, nach ihrer Mama zu rufen. Vergeblich versucht A, B zu beruhigen. Vor Angst, entdeckt zu werden, erdrosselt A schließlich die B.

152 In der Hauptverhandlung erklärt er, dass es ihm immer nur um das Lösegeld gegangen sei. Den Tod der B habe er nie „gewollt".

153 Mit dem Argument, den Tod der B *nicht gewollt* zu haben, wird A nicht gehört werden. Vielmehr wird man ihm vorhalten, er habe genau gewusst, dass er in der aktuellen Situation die B tötet, und habe trotzdem gehandelt. Dem ist zuzustimmen, denn das Bedauern über den Eintritt des Todes nach der Tat kann den Willen zur Herbeiführung des Todes zum Zeitpunkt der Tat nicht aufheben.

154 Man kann die Ableitung des voluntativen Vorsatzelementes aus dem cognitiven auch in der Faustformel zusammenfassen: „*Wer die Folgen seiner Handlung kennt und dennoch handelt, will diese Folgen in der Regel auch.*"[102]

155 Nach anderen, im Einzelnen unterschiedlich begründeten Ansichten, soll auf ein voluntatives Element im Vorsatzbegriff verzichtet werden können.[103] Damit würde bereits jedes *Wissen* um die Möglichkeit der Veränderung in der Außenwelt, also jede bewusste Fahrlässigkeit, zum Vorsatz.[104] Dem ist jedoch entgegenzuhalten, dass sich durchaus Fälle bilden lassen, in denen der Täter eine Veränderung in der Außenwelt nicht will, obwohl er die Möglichkeit ihres Eintritts kennt.

156 Jedoch zeigen diese Überlegungen zum Ausschluss voluntativer Elemente aus dem Vorsatz zumindest, dass jenes *Wollen normativ* zu sehen ist. Dann läuft die Diskussion darauf hinaus, wieviel natürliches Nicht-Wollen dem Täter als rechtliches Nicht-Wollen zugute kommen soll. Der Einwand gegen den Ausschluss voluntativer Elemente müsste dann lauten, dass die Abschaffung der bewussten Fahrlässigkeit aus kriminalpolitischen Erwägungen nicht hingenommen werden kann. Der Streit um die voluntativen Vorsatzelemente wird damit zur kriminalpolitischen Frage und läuft auf die Abwägung hinaus, *wieviel* entlastendes Nicht-Wollen des Täters noch tolerabel erscheint:

a) Gegenstand des voluntativen Vorsatzelementes

157 Das voluntative Element des Vorsatzes bezieht sich vor allem auf den Eintritt der tatbestandsmäßigen *schädigenden Veränderung in der Außenwelt*, aber auch auf das Vorliegen sonstiger Elemente der Tatbestandsmäßigkeit. Wer eine fremde bewegliche Sache einem anderen wegnimmt, um sich dieselbe zuzueignen, der will nicht nur die Wegnahme, sondern die Wegnahme einer *fremden beweglichen Sache.*

b) Intensitätsgrade der voluntativen Seite

158 Die Wollensseite des Vorsatzes ist eine quantifizierbare Größe und tritt daher in unterschiedlicher Intensität in Erscheinung. Je nach *Intensitätsgrad* der volunta-

---

[102] Lesenswert *Ragués I Vallès* GA 2004, 257 ff.; zur prinzipiellen Unmöglichkeit des Nachweises innerpsychischer Vorgänge näher und mwN *Ling* JZ 1999, 335 ff.

[103] Vgl. *Frisch* 1983, S. 255 ff.; *Jakobs* AT 8/21 ff.; *Schumann* JZ 1989, 427/430, 433; zur Kenntnis einer „unabgeschirmten Gefahr" *Herzberg* JZ 1988, 575, dazu *Weigend* FS Herzberg, S. 997 ff.

[104] Vgl. *Roxin* AT 1 § 12/41 ff.

tiven Seite werden drei Vorsatzstufen[105] unterschieden: dolus directus I=*Absicht* (aa), dolus directus II=*Wollen* aufgrund sicheren Wissens (bb) sowie dolus eventualis=billigende Inkaufnahme (cc). Der Intensitätsgrad des Wollens wird relevant, wenn eine Strafvorschrift das Vorliegen eines Mindest-Intensitätsgrades erfordert.

aa) Dolus directus I (Absicht)

Der dolus directus I setzt eine *besondere voluntative* Verknüpfung des Handelnden mit der Verwirklichung der betreffenden Elemente der Tatbestandsmäßigkeit voraus, die cognitive Seite ist hingegen zweitrangig und kann in einem für möglich Halten bestehen. Voluntativ muss es dem Täter auf die Verwirklichung der betreffenden Elemente *ankommen* – unabhängig von der Wahrscheinlichkeit des Eintritts jener Veränderung in der Außenwelt. Die Verwirklichung der Veränderung in der Außenwelt kann dabei Beweggrund für das Handeln des Täters sein, sie kann aber auch nur ein Zwischenschritt für das Erreichen eines entfernteren Zieles sein. **159**

Beispiel 4.23 **160**

Will der A den B töten, und stellt sich C ihm in den Weg, dann handelt A bezüglich einer Verletzung des C absichtlich, wenn er die Tötung des B nicht anders als durch Verletzung des C glaubt erreichen zu können.

Für dolus directus I spricht es, wenn in einer Strafvorschrift von „Absicht" die Rede ist oder Redewendungen wie „um zu" gebraucht werden. Kommt es dem Täter in diesem Sinne auf die Erlangung eines Zieles an, dann ist es nicht einmal mehr erforderlich, dass insoweit ein sicheres Wissen gegeben ist. Es genügt vielmehr, dass sich der Täter das Erreichen des Zieles als möglich vorstellt. **161**

Einen der wenigen Fälle, in denen das Erfordernis eines Handelns mit dolus directus I unumstritten ist, stellt die *Absicht der Aneignung* als Komponente der *Zueignungsabsicht* beim Diebstahl (§ 242) dar.[106] Im Übrigen besteht reichlich Diskussionsbedarf. Denn es ist jeweils eine Frage der Auslegung, ob dolus directus I erforderlich ist. **162**

Zur Auslegung der Betrugsvorschrift (§ 263) insoweit der

Beispiel 4.24 **163**

Fahrkarten-Fall BGH 4 StR 7/61 BGHSt 16, 1 (aktualisiert), bei dem die Bedeutung der Bereicherungsabsicht als subjektives Element der Tatbestandsmäßigkeit im Mittelpunkt steht: Der Angeklagte A wollte mit dem Zug von Bochum nach Dortmund fahren, um beim dortigen Finanzamt als Anwärter für den gehobenen Finanzdienst an einem wöchentlich einmal stattfindenden Kurs teilzunehmen.

[105] Zur Beeinflussung dieser Vorsatzstufen im österreichischen Strafrecht durch das Wissen um notwendige Durchgangsstadien und notwendige Nebenfolgen *Hochmayr* JBl. 1998, 205 ff.

[106] Für die Komponente der Enteignung genügt hingegen dolus eventualis, vgl. *Eser/Bosch* in: Schönke/Schröder § 242 RN 64.

Drei Minuten vor Abfahrt des Zuges bemerkte er, dass er seine Wochenkarte vergessen hatte, aber auch nicht genügend Geld bei sich hatte, um eine Fahrkarte für die Fahrt nach Dortmund zu lösen. Weil er dennoch zu dem für ihn bedeutsamen Kurs gelangen wollte, setzte er sich in den Zug und hoffte, vielleicht während der Fahrt die vermisste Fahrkarte noch zu finden. Jedoch war auch dieses Suchen vergeblich. Um nicht infolge der Besprechung und Regelung seines Falles zu viel Zeit zu verlieren, entschloss er sich, sich schlafend zu stellen, um so der Fahrkartenkontrolle zu entgehen. Jedoch fiel er dem kontrollierenden Bahnbediensteten auf, der ihn zur Rede stellte.

164 Die Strafbarkeit des A wegen Betruges (§ 263) setzt die *Absicht* voraus, *sich […] einen rechtswidrigen Vermögensvorteil zu verschaffen.* Das als Revisionsgericht angerufene OLG Hamm wollte jene Absicht verneinen. Denn das von A in erster Linie erstrebte Ziel sei es gewesen, rechtzeitig zu seinem Ausbildungskurs zu kommen. Sein Wille habe zwar die aus einer gelungenen Täuschung des Fahrkartenkontrolleurs ohne weiteres folgende Bereicherung um den Fahrpreis als Mittel zur Erreichung jenes Endzweckes (rechtzeitiges Eintreffen beim Kurs) mit umfasst. Eine solche untergeordnete, mit dem in erster Linie leitenden Beweggrund allerdings unmittelbar und notwendig verknüpfte Vorstellung genüge aber dem Merkmal der Bereicherungsabsicht im Sinne des § 263 nicht. Da sich das OLG Hamm mit dieser Rechtsauffassung in Widerspruch zur Auffassung der Oberlandesgerichte in Braunschweig und Oldenburg sah, legte es die Frage dem BGH gem. § 121 II GVG zur Entscheidung vor.

165 Der BGH gelangte mittels einer grammatikalischen Auslegung und unter Berücksichtigung kriminalpolitischer Erwägungen zu dem Ergebnis, es müsse für die Absicht im Sinne der Betrugsvorschrift genügen, „dass es dem Täter auf den rechtswidrigen Vermögensvorteil als sichere und erwünschte Folge seines Handelns ankommt, mögen ihn daneben auch andere Zielvorstellungen und Regungen erfüllen, ja mag jene Folge für ihn nur das Mittel zu einem anderen Zweck sein."[107] Insoweit seien die tatsächlichen Feststellungen noch nicht hinreichend geklärt, weshalb die Sache zurückzuverweisen sei.[108]

166 Das *Erwünschtsein* fehlt hingegen nach der Auffassung des BGH, wenn der Täter die Veränderung in der Außenwelt als peinliche oder lästige Folge seines Handelns, das auf ein anderes Ziel oder mehrere andere Ziele gerichtet ist, hinnimmt, weil er glaubt, sonst sein Ziel zu verfehlen.

167 Für das vorsatzausschließende Unerwünschtsein einer schädigenden Veränderung in der Außenwelt im Sinne von § 263:

168 **Beispiel 4.25**

Reisekosten-Fall KG NJW 1957, 882: B, ein Berliner Polizeibeamter, fuhr entgegen der Dienstvorschrift, ein Flugzeug zu benutzen, mit dem Kraftwagen

---

[107] BGH 4 StR 7/61 BGHSt 16, 1 ff./7; zust. *Mitsch* BT 2/1 § 7/116.

[108] Kritisch zu jener Entscheidung *Jescheck/Weigend* AT § 29 III 1 a.

durch die ehemalige DDR in die Bundesrepublik. Um ein Disziplinarverfahren zu vermeiden, gab er nach seiner Rückkehr wahrheitswidrig an, geflogen zu sein. Deshalb wurden ihm die höheren Flugkosten erstattet.

bb) Dolus directus II (Handeln trotz sicheren Wissens)

Steht beim dolus directus I das voluntative Element des Vorsatzes ganz im Vordergrund mit der Folge der Reduzierung des cognitiven Elementes bis hin zum für möglich Halten, so ist es im Bereich des dolus directus II gerade umgekehrt: Der Täter handelt trotz des sicheren Wissens um die Erfüllung des betreffenden Elementes der Tatbestandsmäßigkeit. Das Willensmoment braucht infolgedessen nicht mehr positiv untersucht zu werden. Es kann von ihm *ausgegangen* werden. In diesem Bereich trifft die Auffassung von *Frisch* (s. o. RN 154) uneingeschränkt zu. **169**

Beispiel 4.26 **170**

Alexander Keith (= *Thomas*)-Fall:[109] Alexander Keith wollte im Dezember 1875 eine Höllenmaschine mit in Gang gesetztem Uhrwerk auf ein Schiff bringen, das von Southhampton nach New York fuhr. Nach Ablauf des Uhrwerks sollte am achten Tage eine Explosion bewirkt werden. Auf diese Weise dachte Keith in den Genuss der Versicherungssumme zu kommen. Jedoch explodierte das Fass bereits bei der Verladung in Bremerhaven.

Hier wäre – so *Binding*[110] – Tötungsvorsatz anzunehmen. Denn dass es Keith auf die Gewinnung der Versicherungsgelder angekommen sei, schließe den Tötungsvorsatz nicht aus. Wer dies verkenne, „verwechselt den Vorsatz zum Verbrechen mit dem für die juristische Beurteilung der Tat ganz gleichgültigen subjektiven Zweck des Täters."[111] **171**

Auch die eingangs genannten *Beispiele 5.22.* und *5.23.* wären hier einzuordnen. Wer sicher weiß, dass die schädigende Veränderung in der Außenwelt eintritt und dennoch handelt, will diese Veränderung auch. **172**

Das Fehlen der Willentlichkeit kann daher erst dann als beachtlich in Erwägung gezogen werden, wenn das Wissenselement des Vorsatzes unterhalb der Stufe des sicheren Wissens bleibt. Die trifft bei der Vorsatzstufe des dolus eventualis zu: **173**

cc) Dolus eventualis (billigende Inkaufnahme trotz Ernstnahme)

Im Unterschied zur Situation bei dolus directus II muss beim dolus eventualis eine Grenze markiert werden, an der das voluntative Element beginnt. Unterhalb dieser Grenze liegt bewusste Fahrlässigkeit vor. **174**

[109] Nach *Binding* Die Normen und ihre Übertretung, Bd. 2, 2. Aufl. 1916, S. 851 ff.; vgl. auch *Jescheck/Weigend* AT § 29 III 2; *Roxin* AT 1 § 12/18.

[110] AaO S. 855.

[111] *Binding* aaO.

175 Zur Konkretisierung jener Grenze haben sich verschiedene Ansichten herausgebildet, die sich sowohl auf voluntative als auch auf cognitive Kriterien stützen. Dazu

176 **Beispiel 4.27**

Benzin-Fall BGH 4 StR 162/00 NStZ 2000, 583:[112] Die Angeklagte A hatte D gegen 4 Uhr aufgesucht und den Rest der Nacht bei ihm verbracht. Sie wollte bei ihm – wie schon bei früheren Gelegenheiten – „Trost und Rat" suchen.

177 Nachdem sie gegen 10 Uhr in der nahegelegenen Tankstelle einen Kanister Benzin gekauft hatte, fesselte sie D mit Stoffstreifen an sein Bett und schüttete etwa 3 l Benzin über den nackten und unbedeckten Körper des D, insbesondere im Bereich der unteren zwei Drittel des Bettes, sowie auf den Teppichboden vor dem Bett. Die Angeklagte entzündete – möglicherweise mehrfach – ein Feuerzeug. Sie wusste, dass das Entzünden des Feuerzeugs mit der Gefahr verbunden war, dass das verschüttete Benzin in Brand geraten, dass D dadurch zu Tode kommen und das Feuer Bestandteile des Wohnhauses ergreifen konnte. Das Benzin geriet in Brand; es entstand ein Feuerball, der Temperaturen von mehreren 100 Grad Celsius mit sich brachte. D verstarb nach wenigen Atemzügen infolge des Einatmens heißer Gase an einem Hitzeschock. Die nur mit einem Büstenhalter und einem Slip bekleidete Angeklagte erlitt Verbrennungen von mehr als 20 % der Hautoberfläche.

178 Bei ihrer Exploration durch den psychiatrischen Sachverständigen gab sie an, erst nach anfänglichem Widerstreben sei sie der Aufforderung D´s nachgekommen, ihn mit Benzin zu übergießen. D habe geäußert: „So gefällt es mir, der Geruch, die Kälte!" und sie dann aufgefordert, mit einem Feuerzeug zu spielen. Sie habe das Feuerzeug in die Luft über seinen Körper gehalten und es mehrfach gezündet. Dabei sei sie sich der Gefahr, einen Brand zu verursachen, durchaus bewusst gewesen. Sie habe den D nicht töten wollen; sie sei vielmehr seinem Ansinnen aus Naivität und Leichtgläubigkeit nachgekommen. Sie sei froh gewesen, als bei den ersten Zündungen nichts passiert sei, und habe angenommen, dass die Gefahr eines Feuers immer geringer werde.

179 Das LG verneinte einen Tötungsvorsatz und verurteilte die A wegen fahrlässiger Brandstiftung. Der BGH hingegen vermochte einen Tötungsvorsatz nicht auszuschließen.

180 Zu der Frage, in welcher Weise voluntatives und cognitives Element des Vorsatzes vorhanden sein müssen, damit man von dolus eventualis sprechen kann, werden unterschiedliche Ansätze erwogen, die sich im Wesentlichen in folgende Fallgruppen einteilen lassen:[113]

[112] Vgl. auch *Puppe* AT § 9/26.

[113] Vgl. zur Abgrenzung von Vorsatz und Fahrlässigkeit auch *Hillenkamp* 32 Probleme, Problem 1 mwN; *Gropp/Küpper/Mitsch* 2012, Fall 2.

aaa) Möglichkeitstheorie[114]

Nach der Möglichkeitstheorie handelt vorsätzlich, wer die Veränderung in der Außenwelt *für möglich* hält und trotzdem handelt. Die Möglichkeitstheorie setzt damit wie beim dolus directus II am cognitiven Element an. Dieses wird jedoch reduziert auf das Wissen um die *Möglichkeit* des Eintritts der Veränderung. Wenn dieses gegeben ist, bedarf es eines voluntativen Elementes nicht mehr bzw. wird der Täter mit dem Einwand des Nicht-Wollens nicht mehr gehört. **181**

Zu Beispiel 4.27 **182**

Wendet man die Möglichkeitstheorie im *Beispiel 4.27. Benzin*-Fall an, so hätte A den D vorsätzlich getötet.

Kritisch wird gegen die Möglichkeitstheorie deren weite Ausgangsposition eingewandt, vor allem bestehe kaum ein Unterschied zum dolus directus II. Solch ein Unterschied sei aber tatsächlich gegeben und deshalb normativ zu berücksichtigen.[115] **183**

bbb) Wahrscheinlichkeitstheorie

Nach dieser vor allem zunächst von *Hellmuth Mayer*[116] vertretenen Abgrenzungsformel soll dolus eventualis vorliegen, wenn der Täter die Rechtsgutsverletzung für wahrscheinlich gehalten hat. Dabei bedeute „wahrscheinlich" mehr als nur „möglich". Das Wahrscheinlichkeitskriterium ist damit enger gefasst als das Möglichkeitskriterium. Andererseits bedeute „wahrscheinlich" aber auch weniger als „überwiegend wahrscheinlich", um den Anwendungsbereich des dolus eventualis nicht allzusehr einzuschränken. Ein leichtsinniges Verhalten wäre auch nach der Wahrscheinlichkeitstheorie nicht vorsätzlich. **184**

Hinter der nicht leicht zu erfassenden Formel *Mayers* steht der Versuch, das „Rechnen mit dem Eintritt" (Vorsatz) und das „Vertrauen auf das Ausbleiben" (Fahrlässigkeit) der Veränderung in der Außenwelt abzugrenzen. Auf ein Ausbleiben der Veränderung – so die Konkretisierung der Mayer'schen Formel durch *Welzel*[117] – kann der Täter vertrauen, wenn er entweder aufgrund eigener Fähigkeiten glaubt, die Veränderung vermeiden zu können, oder wenn er den Eintritt der möglichen Nebenfolge nicht beeinflussen zu können glaubt, aber mit ihrem Eintritt dennoch nicht rechnet, sondern nur entfernte Zweifel hat. **185**

---

[114] Vgl. *Jakobs* AT 8/21 ff./23; *Schmidhäuser* JuS 1987, 373 ff.; *Schröder* FS Sauer, S. 207 ff.

[115] Vgl. *Roxin* AT 1 § 12/39; sowie *Kindhäuser* AT § 14/27 auf Basis der Möglichkeitstheorie (in Form der Risikotheorie).

[116] Vgl. *Mayer* AT, S. 121.

[117] *Welzel* LB, S. 68 f.

186 **Zu Beispiel 4.27**

Nach der Wahrscheinlichkeitstheorie würde die Annahme von bewusster Fahrlässigkeit im *Beispiel 4.27. Benzin*-Fall davon abhängen, dass die Angeklagte entweder darauf vertraut hätte, dass die Veränderung in der Außenwelt ausbleiben würde, oder trotz entfernter Zweifel mit ihrem Eintritt nicht gerechnet hätte.

187 Zwar gelingt es der Wahrscheinlichkeitstheorie, die Hauptschwäche der Möglichkeitstheorie insofern zu beheben, als das voluntative Element in Form des Vertrauens auf das Ausbleiben zum Tragen kommt und dadurch der Anwendungsbereich des Vorsatzes eingeschränkt wird. Die Schwäche der Wahrscheinlichkeitstheorie besteht – trotz der o.g. Konkretisierung durch *Welzel* – hingegen in der mangelnden Praktikabilität. Denn es lässt sich nicht nur schwer feststellen, ob ein Täter mit dem Eintritt der Veränderung in der Außenwelt rechnete bzw. auf ihr Ausbleiben vertraute, vielmehr besteht die Schwierigkeit darin, dass der Täter jederzeit behaupten kann, auf das Ausbleiben der Veränderung vertraut zu haben, ohne dass ihm das Gegenteil nachgewiesen werden könnte.[118]

188 *ccc) Die Theorie von der Manifestation des Vermeidewillens*[119]

Die Theorie von der Manifestation des Vermeidewillens sucht die Schwäche der Wahrscheinlichkeitstheorie unter Praktikabilitätsgesichtspunkten auszugleichen. Ein Vertrauen auf das Ausbleiben der Veränderung in der Außenwelt und die Annahme von Fahrlässigkeit soll nur dann angenommen werden können, wenn sich die Manifestation eines entsprechenden Vermeidewillens feststellen lässt.

189 **Beispiel 4.28**

Aids-Fall: Wenn der HIV-Infizierte A in Kenntnis seiner Erkrankung mit einer Person geschlechtlich verkehrt, könnte die Manifestation des Vermeidewillens bezüglich einer Körperverletzung oder Tötung in der Benutzung eines Kondoms gesehen werden.[120]

190 **Zu Beispiel 4.27**

Im *Beispiel 4.27. Benzin*-Fall wäre Fahrlässigkeit nach der Theorie von der Manifestation des Vermeidewillens nur dann anzunehmen, wenn die A Vorsichtsmaßnahmen getroffen hätte, um eine Entzündung des Benzins zu vermeiden. Mangels solcher Vorsichtsmaßnahmen wäre nach dieser Theorie eine Strafbarkeit wegen vorsätzlicher Tötung anzunehmen.

[118] Näher *Frister* AT Kap. 11/28 f.

[119] Vgl. *Arm. Kaufmann*, ZStW 70 (1958), 64 ff. und *Behrendt* JuS 1989, 950 sowie *Hillenkamp* GS Arm. Kaufmann, S. 351 ff.; *Schlehofer* NJW 1989, 2017/2020.

[120] Näher zur Vorsätzlichkeit des Handelns AIDS-Infizierter *Frisch* JuS 1990, 366 f.; vgl. auch *Küpper* BT 1 Teil I § 2/16.

Obwohl die Theorie von der Manifestation des Vermeidewillens für sich beanspruchen kann, zur Praktikabilität des *Strafverfahrens* beizutragen, hat sie doch einen großen Nachteil: Sie führt zu einer Beweislastumkehr, indem nicht die Anklage das Vorliegen des Vorsatzes, sondern der Angeklagte dessen Nichtvorliegen mittels Manifestation des Vermeidewillens beweisen muss. Ist dies nicht möglich, geht die Entscheidung zu seinen Lasten. Die zweite Schwäche der Theorie von der Manifestation des Vermeidewillens liegt darin, dass der positive Wille des Täters keine Rolle mehr spielt, sondern dass er mangels Manifestation des Vermeidewillens schlicht unterstellt wird.[121] **191**

ddd) Einwilligungs- oder Billigungstheorie trotz Ernstnahme, Gleichgültigkeitstheorie

Nach der von der Rechtsprechung und h.L. vertretenen Einwilligungs- oder Billigungstheorie handelt mit **192**

- dolus eventualis, wer die schädigende Veränderung in der Außenwelt trotz *Erkennens* und *Ernstnehmens* der naheliegenden Möglichkeit ihres Eintritts *billigend in Kauf nimmt* oder sich um des erstrebten Ziels willen zumindest mit ihr *abfindet.*[122] **193**

Hinter jener Kurzformel steht eine Gesamtschau aller objektiven und subjektiven Tatumstände. Bei *Tötungsstraftaten* durch aktives Tun verlangt der BGH in diesem Rahmen vor der *Bejahung* eines Vorsatzes, dass das Tatgericht in seine Beweiserwägungen alle Umstände einzubeziehen hat, welche die Überzeugung von einem Handeln mit (bedingtem) Tötungsvorsatz – trotz einer offen zutage tretenden Lebensgefährlichkeit zugefügter Verletzungen – in Frage stellen könnten, vor dessen Verneinung die Feststellung tragfähiger Anhaltspunkte dafür, dass der Täter ernsthaft darauf vertraut haben könnte, der Geschädigte werde nicht zu Tode kommen.[123] Das *cognitive* Element der Einwilligung- oder Billigungstheorie besteht im Erkennen der naheliegenden Möglichkeit und *Ernstnehmen* der Gefahr des Eintritts der schädigenden Veränderung in der Außenwelt. *Voluntativ* verlangt sie, dass der Täter die Gefahr bzw. das Risiko der Veränderung billigend in Kauf nimmt, sich zumindest mit ihr *abfindet.* Damit liegt unter voluntativem Aspekt Vorsatz auch dann vor, wenn dem Täter der Eintritt der schädigenden Veränderung unerwünscht ist. **194**

---

[121] Beide Gesichtspunkte sucht die von *Puppe* entwickelte Lehre von der *Vorsatzgefahr* zu vermeiden. Danach liegt Eventualvorsatz vor, wenn der Täter Faktoren setzt oder sich vorstellt, die generell geeignet sind, eine Verletzung herbeizuführen, und er sich dabei vorstellt, dass im Einzelfall keine zwingenden Gegenfaktoren vorhanden sind, die den Eintritt der Veränderung in der Außenwelt unmöglich machen, vgl. GA 2006, 65 ff./75.

[122] Vgl. *Rengier* AT § 14 RN 26 ff.; *Geppert* Jura 86, 610 ff. (Überblick); *B. Heinrich* AT RN 300; *Jescheck/Weigend* AT § 29 III 3 a, S. 299 ff.; *Küpper* ZStW 100 (1988), 758/766; *Kühl* AT § 5/85; *Lackner/Kühl* § 15 RN 24; *Roxin* AT 1 § 12/27; SK-*Rudolphi* § 16 RN 43; *Wessels/Beulke/Satzger* AT RN 214; BGH 4 StR 87/80 VRS 59, 184; BGH 4 StR 558/11 BGHSt 57, 183/186; krit. NK-StGB-*Puppe* § 15 RN 26 ff; einschränkend *Krey/Esser* AT RN 396.

[123] Vgl. dazu unter dem Schlagwort von der „Hemmschwellentheorie" BGH 4 StR 558/11 BGHSt 57, 183/190 f. mwN sowie *Streng* FS Kühne, S. 53.

195 **Zu Beispiel 4.27**

Vor dem Hintergrund der Einwilligungs- oder Billigungstheorie stellte der BGH im *Beispiel 4.27. Benzin*-Fall folgende Erwägungen an:[124]

196 • Wenn A „froh" war, „als bei den ersten Zündungen nichts passierte", folge daraus im Umkehrschluss, dass A beim Entzünden des Feuerzeuges wegen des ihr bekannten „besonders großen Gefahrenpotentials" gerade nicht auf einen glücklichen Ausgang vertraut habe. Halte der Täter aber den Eintritt der schädigenden Veränderung in der Außenwelt für möglich und setzte er sein Handeln dennoch fort, liege es bei äußerst gefährlichem Tun nahe, dass er den Eintritt der schädigenden Veränderung in der Außenwelt billigend in Kauf nimmt.

197 • Zwar mag es A unerwünscht gewesen sein, dass es zur Entzündung des Benzins und den damit verbundenen Folgen kam. Dies hindere aber die Annahme eines bedingten Tötungsvorsatzes nicht. Denn angesichts des Bewusstseins des „besonders großen Gefahrenpotentials" liege es nahe, dass A die weitere Entwicklung dem Zufall überlassen habe. Dann genüge aber die „Hoffnung, es werde nichts passieren" nicht, eine Billigung der für möglich gehaltenen schädigenden Veränderung in der Außenwelt zu verneinen.

198 Der BGH verwies zur Klärung eines bedingten Tötungsvorsatzes der A an das Landgericht zurück.

199 Die Ergebnisse der Einwilligungs- oder Billigungstheorie lassen sich mittels der Faustformel überprüfen, dass dolus eventualis jedenfalls dann vorliegt, wenn sich der Täter mit dem möglichen Eintritt der schädigenden Veränderung in der Außenwelt unter der Bedingung abfindet, dass er das von ihm erstrebte Ziel nicht anders erreichen kann, und man sein Vertrauen auf das Ausbleiben der Veränderung nur noch mit einem realitätsfernen *Gottvertrauen* erklären kann.

200 An jener Faustformel kann man erkennen, dass die sog. *Gleichgültigkeitstheorie*[125] eine enge Verwandtschaft mit der Einwilligungs- oder Billigungstheorie aufweist. Beide Ansätze setzen ein voluntatives Element voraus. Die Gleichgültigkeitstheorie, die das Billigen durch Gleichgültigkeit ersetzt, ist nur insofern wirklichkeitsnäher, als sie nicht Vorgänge „im Kopf" des Täters zu diagnostizieren vorgibt, sondern aus dem Handeln des Täters, obwohl er die Verwirklichung der Elemente der Tatbestandsmäßigkeit für möglich hält, auf sein Wollen *schließt.* Sie kann sich in der Schlussfolgerung des voluntativen Elementes bei dolus directus II (vgl. oben RN 169 ff.) bestätigt sehen.

Hinweise zum Leitfall

I. Strafbarkeit wegen des Todes des B

201 Eine Strafbarkeit nach § 212 scheidet mangels Tötungsvorsatzes aus. Es könnte aber eine Strafbarkeit nach § 227 gegeben sein.

[124] BGH 4 StR 162/00 NStZ 2000, 584.

[125] Vgl. *Sternberg-Lieben* in: Schönke/Schröder § 15 RN 82, 84 mwN.

Eine Körperverletzung in Form des Schlages liegt hier in beiden Alternativen des § 223 vor. Jedoch wäre zu fragen, ob die tödliche Folge dem D zugerechnet werden kann. § 227, Körperverletzung mit Todesfolge, berücksichtigt diesen Gesichtspunkt bereits, indem § 18 bestimmt, dass die tödliche Folge *mindestens fahrlässig* herbeigeführt sein, d. h. *vorhersehbar* und *vermeidbar* gewesen sein muss. **202**

§ 18 geht auf den durch das Gesetz vom 4.8.1953 (BGBl. I S. 735) eingefügten § 56 zurück. Während sich die Praxis bis dahin mit der bloßen Kausalität zwischen der Handlung und der qualifizierenden Veränderung in der Außenwelt im Sinne einer condicio sine qua non begnügt hatte, erfüllte § 56 a.F. eine Forderung des Schrifttums auf Einschränkung der strafrechtlichen Verantwortlichkeit. **203**

Der BGH konnte zum Zeitpunkt der Entscheidung im Jahr 1951 jedoch noch nicht auf § 56/§ 18 zurückgreifen. Er war deshalb auf eine restriktive Interpretation von § 227 angewiesen. Der BGH entschied, dass es keineswegs außerhalb jeder Erfahrung liege, dass ein kräftiger Schlag gegen den Schädel tödlich verlaufe. **204**

Methodischer Hinweis: Die separate Prüfung einer Strafbarkeit gem. § 222 StGB empfiehlt sich nicht, da § 222 hinter § 227 zurücktritt und hier als Gefahrschaffungshandlung an die Körperverletzung anzuknüpfen ist. In einem Gutachten sollte am Ende der Prüfung des § 227 jedoch die fahrlässige Tötung als gleichfalls verwirklicht erwähnt werden. **205**

II. Strafbarkeit wegen der Entwendung der Geldbörse

§ 251 StGB (Raub mit Todesfolge) scheidet aus, weil sich der Vorsatz bezüglich der Wegnahme der Geldbörse erst bildete, als die Körperverletzung bereits verübt war und die Gewalt somit nicht eingesetzt wurde, um eine Wegnahme zu bewirken. D hat jedoch einen Diebstahl (§ 242) begangen, weil er dem noch lebenden B die Geldbörse wegnahm, um wie ein Eigentümer über sie zu verfügen. Dieser Diebstahl ist jedoch nicht zu problematisieren, weil die Fallfrage sich nicht auf ihn bezieht. **206**

C. Zur Wiederholung

Kontrollfragen

1. Nennen Sie die wichtigsten objektiven Elemente der Tatbestandsmäßigkeit. (RN 3 vor § 4; § 4 RN 3 ff.)
2. Welche Kausalitätstheorie ist im Strafrecht vorherrschend? (RN 33 ff.)
3. Nennen Sie wenigstens drei Fallgruppen eines Ausschlusses der objektiven Zurechnung. (RN 89 ff.)
4. Nennen Sie die drei Intensitätsgrade des Vorsatzes. (RN 158 ff.)
5. Nennen Sie drei Theorien zur Abgrenzung der bewussten Fahrlässigkeit vom dolus eventualis und versuchen Sie deren Vor- und Nachteile zu erklären. (RN 174 ff.)
6. Unter welchen Voraussetzungen führt die Abweichung des Geschehensablaufs zur Verneinung des Vorsatzes? (RN 126)

Literatur

Achenbach In: Achenbach/Wannenmacher (Hrsg.), Beraterhandbuch zum Steuer- und Wirtschaftsrecht, 1979

Achenbach Die Sanktionen gegen Unternehmensdelinquenz im Umbruch, JuS 1990, 601 ff.

Achenbach Zur aktuellen Lage des Wirtschaftsstrafrechts in Deutschland, GA 2004, 559 ff.

AK-*Bearbeiter* = Alternativkommentar zum Strafgesetzbuch, Bd. 1, 1990, hrsg. von Wassermann

Alwart Strafrechtliche Haftung des Unternehmers – vom Unternehmenstäter zum Täterunternehmer, ZStW 105 (1993), 752 ff.

Arnold Unternehmenskriminalität und Strafrecht in der DDR, in: Schünemann, Bernd (Hrsg.), Deutsche Wiedervereinigung, Bd. III, Unternehmenskriminalität, 1996, S. 35 ff.

Arzt Schutz juristischer Personen gegen Selbstbelastung, JZ 2003, 456 ff.

Bannenberg/Schaupensteiner Korruption in Deutschland: Portrait einer Wachstumsbranche, 2. Aufl. 2004

Baumann/Weber/Mitsch Strafrecht Allgemeiner Teil (AT), 11. Aufl. 2003

Beckemper Unvernunft als Zurechnungskriterium in den „Retterfällen", FS Roxin 2011, S. 377 ff.

Behrendt Die Rechtsbeugung, JuS 1989, 945 ff.

Beulke Fahrlässige Mitwirkung an eigenverantwortlicher Selbstgefährdung, FS Andrej Zoll, 2012 (Piotr Kardas u. a., Panstwo prawa i prawo karne, Warszawa 2012), Bd. II, S. 735 ff;

Beulke/Bachmann Die Lederspray-Entscheidung – BGHSt 37, 106, JuS 1992, 737 ff.

Binding Die Normen und ihre Übertretung: eine Untersuchung über die rechtmäßige Handlung und die Arten des Delikts, Bd. 2, 2. Aufl. 1916

Blei Strafrecht I Allgemeiner Teil (AT), 18. Aufl. 1983

Bloy Die dogmatische Bedeutung der Strafausschließungs- und Strafaufhebungsgründe, 1976

Böse Die Strafbarkeit von Verbänden und das Schuldprinzip, FS Jakobs 2007, S. 15 ff.

Brox/Walker Allgemeines Schuldrecht, 38. Aufl. 2014

Burgstaller Aktuelle Wandlungen im Grundverständnis des Strafrechts, JBl 1996, S. 362.

Dannecker Sanktionen und Grundsätze des Allgemeinen Teils im Wettbewerbsrecht der Europäischen Gemeinschaft, in: Schünemann/González (Hrsg.), Bausteine des europäischen Wirtschaftsstrafrechts, 1994, S. 331 ff.

Dannecker Strafrecht der Europäischen Gemeinschaft, 1995 (Beiträge und Materialien aus dem Max-Planck-Institut für Strafrecht, Freiburg i.Br. Band S 40/3)

Dannecker in: Ulsamer (Hrsg.), Lexikon des Rechts, 2. Aufl. 1996, Stichwort „Juristische Personen und Personenvereinigungen"

Dannecker Zur Notwendigkeit der Einführung kriminalrechtlicher Sanktionen gegen Verbände, GA 2001, 101 ff.

Dannecker Die Ahndbarkeit von juristischen Personen im Wandel, FS Böttcher 2007, 465 ff.

Dencker Mittäterschaft in Gremien, in: Amelung (Hrsg.), Individuelle Verantwortung und Beteiligungsverhältnisse bei Straftaten in bürokratischen Organisationen des Staates, der Wirtschaft und der Gesellschaft, 2000, S. 63 ff.

Drope Strafprozessuale Probleme bei der Einführung einer Verbandsstrafe, 2002

Duttge Erfolgszurechnung und Opferverhalten, FS Otto 2007, S. 227 ff.

Ebert/Kühl Kausalität und objektive Zurechnung, Jura 1979, 561 ff.

Engisch Die Kausalität als Merkmal der strafrechtlichen Tatbestände, 1931

Erb Die Zurechnung von Erfolgen im Strafrecht, JuS 1994, 449 ff.

Fischer Strafgesetzbuch, 60. Aufl. 2013

Frank Das Strafgesetzbuch für das Deutsche Reich, 18. Aufl. 1931

Freund Strafrecht, Allgemeiner Teil (AT): personale Straftatlehre, 2. Aufl. 2009

Frisch Vorsatz und Risiko, 1983

Frisch Tatbestandsmäßiges Verhalten und Zurechnung des Erfolgs, 1988

Frisch Riskanter Geschlechtsverkehr eines HIV-Infizierten als Straftat? – BGHSt 36, 1, JuS 1990, 362

Frisch Selbstgefährdung im Strafrecht, NStZ 1992, 1 ff.

Frisch Faszinierendes, Berechtigtes und Problematisches der Lehre von der objektiven Zurechnung des Erfolgs, FS für Roxin 2001, S. 213 ff.

Frisch Die Conditio-Formel: Anweisung zur Tatsachenfeststellung oder normative Aussage?, FS für Gössel 2002, S. 51 ff.

Frisch Zum gegenwärtigen Stand der Diskussion und zur Problematik der objektiven Zurechnungslehre, GA 2003, 719 ff.

Frister Strafrecht Allgemeiner Teil (AT), 5. Aufl. 2011

Furukawa Tödlicher Unfall bei Feuerwehreinsatz nach Brandstiftung, GA 2010, 169 ff.

Gaede Mord ohne Leiche? – Koinzidenz, unmittelbares Ansetzen zum Versuch und die Ausschaltung der Verteidigungsmöglichkeit des Opfers – BGH NJW 2002, 1057, JuS 2002, 1058 ff.

Geppert Zur Abgrenzung von bedingtem Vorsatz und bewusster Fahrlässigkeit, Jura 1986, 610 ff.

Geppert Zur Unterbrechung des strafrechtlichen Kausalzusammenhangs bei Eigenschädigung/-gefährdung des Opfers oder Fehlverhalten Dritter, Jura 2001, 490 ff.

Gleß Zeitliche Differenz zwischen Handlung und Erfolg – insbesondere als Herausforderung für das Verjährungsrecht, GA 2006, 689 ff.

Gropp Der Zufall als Merkmal der aberratio ictus, FS für Lenckner 1998, S. 55 ff.

Gropp/Küpper/Mitsch Fallsammlung zum Strafrecht, 2. Aufl. 2012

Hassemer Person, Welt und Verantwortlichkeit. Prolegomena einer Lehre von der Zurechnung im Strafrecht, FS für Bemmann 1997, S. 175 ff.

Hauck Rechtfertigende Einwilligung und Tötungsverbot, GA 2012, 202 ff.

Heine Die strafrechtliche Verantwortlichkeit von Unternehmen, 1995

Heine Die strafrechtliche Verantwortung von Unternehmen; internationale Entwicklung – nationale Konsequenzen, ÖJZ 1996, S. 211 ff.

Heine Modelle originärer (straf-)rechtlicher Verantwortlichkeit von Unternehmen, in: Hettinger, 2002, S. 121 ff.

Heine Kollektive Verantwortlichkeit als neue Aufgabe im Spiegel der aktuellen europäischen Entwicklung, FS für Lampe 2003, S. 577 ff.

Heinrich, B. Strafrecht – Allgemeiner Teil (AT), 3. Aufl. 2012

Herzberg Das eigenhändige Delikt, ZStW 82 (1970), 896 ff.

Herzberg Das Wollen beim Vorsatzdelikt und dessen Unterscheidung vom bewußt fahrlässigen Verhalten – Teil 1, JZ 1988, 573 ff.

Herzberg Vorsätzliche und fahrlässige Tötung bei ernstlichem Sterbebegehren des Opfers, NStZ 2004, 1 ff.

Hettinger (Hrsg.), Verbandsstrafe: Bericht der Arbeitsgruppe „Strafbarkeit juristischer Personen“ an die Kommission nebst Gutachten sowie Auszug aus dem Abschlußbericht der Kommission zur Reform des strafrechtlichen Sanktionenrechts, Teilband. 3 (Verbandsstrafe), 2002.

Hettinger Notiz zum „dolus generalis“, GA 2006, 289 ff.

Hilgendorf Wozu brauchen wir die „objektive Zurechnung“? Skeptische Überlegungen am Beispiel der strafrechtlichen Produkthaftung, FS für Weber 2004, S. 33 ff.

Hillenkamp Dolus eventualis und Vermeidewille, GS für Armin Kaufmann, 1989, S. 351 ff.

Hillenkamp 32 Probleme aus dem Strafrecht Allgemeiner Teil, 14. Aufl. 2012

Hirsch Die Frage der Straffähigkeit von Personenverbänden, 1993

Hirsch Strafrecht als Mittel zur Bekämpfung neuer Kriminalitätsformen, in: Kühne/Miyazawa (Hrsg.), Neue Strafrechtsentwicklungen im deutsch-japanischen Vergleich, 1995, S. 11 ff.

Hirsch Strafrechtliche Verantwortlichkeit von Unternehmen, ZStW 107 (1995), 285–323

Hirsch Zur Lehre von der objektiven Zurechnung, FS für Lenckner 1998, S. 119 ff.

Hirsch Handlungs-, Sachverhalts- und Erfolgsunwert, GS für Meurer 2002, S. 3 ff.

Hirsch Tatstrafrecht – ein hinreichend beachtetes Grundprinzip?, FS für Lüderssen 2002, S. 253 ff.

Hirsch Die subjektive Versuchstheorie, ein Wegbereiter der NS-Strafrechtsdoktrin, JZ 2007, 494 ff.

Hochmayr Die Vorsatzform bei notwendigen Nebenfolgen, JBl. 1998, S. 205 ff.

Hoyer Strafrecht Allgemeiner Teil, 1996, S. 34 ff.

Hoyer Die traditionelle Strafrechtsdogmatik vor neuen Herausforderungen: Probleme der strafrechtlichen Produkthaftung, GA 1996, 160 ff.

Jakobs Strafrecht, Allgemeiner Teil: die Grundlagen und die Zurechnungslehre, (AT) 2. Aufl. 1991
Jauernig, *Bearb.* in: = Jauernig (Hrsg.), Bürgerliches Gesetzbuch, 15. Aufl. 2014
Jerouschek/Kölbel Zur Bedeutung des so genannten Koinzidenzprinzips im Strafrecht, JuS 2001, 417 ff.
Jescheck/Weigend Lehrbuch des Strafrechts, Allgemeiner Teil (AT), 5. Aufl. 1996
Joerden Spuren der duplex-effectus-Lehre im aktuellen Strafrechtsdenken, FS Jakobs, 2007, S. 235 ff.
Kahlo Überlegungen zum gegenwärtigen Stand der objektiven Zurechnungslehre im Strafrecht, FS Küper, 2007, 249 ff.
Kaufmann, Armin Der dolus eventualis im Deliktsaufbau, ZStW 70 (1958), 64 ff.
Kelker Zur Legitimität von Gesinnungsmerkmalen im Strafrecht: eine strafrechtlich-rechtsphilosophische Untersuchung, 2007
Kindhäuser Der subjektive Tatbestand im Verbrechensaufbau, GA 2007, 447 ff.
Kindhäuser Risikoerhöhung und Risikoverringerung ZStW 120 (2008), 481 ff.
Kindhäuser Zurechung bei alternativer Kausalität, GA 2012, 134
Kindhäuser Strafrecht, Allgemeiner Teil (AT), 6. Aufl. 2013
Krekeler Brauchen wir ein Unternehmensstrafrecht?, FS für Hanack 1999, S. 639 ff.
Kremnitzer/Ghanayim Die Strafbarkeit von Unternehmen, ZStW 113 (2001), 539 ff
Krey/Esser Deutsches Strafrecht, Allgemeiner Teil (AT): Studienbuch in systematisch-induktiver Darstellung, 5. Aufl. 2012
Kühl Strafrecht, Allgemeiner Teil (AT), 7. Aufl. 2012
Kuhlen Ausschluss der objektiven Zurechnung bei Mängeln der wirklichen und der mutmaßlichen Einwilligung, FS für Müller-Dietz 2001, S. 431 ff.
Kühne Strafrechtliche Produkthaftung in Deutschland, NJW 1997, 1951 ff.
Küper Der Rücktritt vom Versuch des unechten Unterlassungsdelikts, ZStW 112 (2000), 1 ff.
Küpper Zum Verhältnis von dolus eventualis, Gefährdungsvorsatz und bewusster Fahrlässigkeit, ZStW 100 (1988), 758 ff.
Küpper Grenzen der normativierenden Strafrechtsdogmatik, 1990
Küpper Strafrecht Besonderer Teil (BT) 3. Aufl. 2007
Lackner/Kühl Strafgesetzbuch: Kommentar, 27. Aufl. 2011
Ling An den Grenzen rationaler Aufhellbarkeit, JZ 1999, 335 ff.
LK-*Bearbeiter* = Laufhütte/Rissing-van Saan/Tiedemann (Hrsg.), Leipziger Kommentar, Strafgesetzbuch, 12. Aufl. 2007 ff.
Maiwald Der „dolus generalis“ Ein Beitrag zur Lehre von der Zurechnung, ZStW 78 (1966), 30 ff.
Maurach/Zipf Strafrecht: Ein Lehrbuch, Allgemeiner Teil 1 (AT 1), 7. Aufl. 1987.
Mayer, H. Strafrecht Allgemeiner Teil (AT) 1967.
Mitsch Kollektive Verantwortlichkeit als neue Aufgabe im Spiegel der aktuellen europäischen Entwicklung, FS Lampe, 2003, S. 577 ff.
Mitsch Recht der Ordnungswidrigkeiten (OWi), 2. Aufl. 2005
MK-*Bearbeiter* = Münchener Kommentar zum Strafgesetzbuch, 2. Aufl. 2011 ff.
Naucke Strafrecht: eine Einführung, 10. Aufl. 2002.
NK-StGB-*Bearbeiter* = *Kindhäuser/Neumann/Paeffgen* (Gesamtredaktion), Nomos-Kommentar zum StGB, 4. Aufl. 2013
Otto Die Strafbarkeit von Unternehmen und Verbänden, 1993
Otto. Die Haftung für kriminelle Handlungen in Unternehmen, Jura 1998, 409 ff.
Otto Grundkurs Strafrecht – Allgemeine Strafrechtslehre (GK-AT), 6. Aufl. 2000
Otto Die Unterbrechung des Zurechnungszusammenhangs als Problem der Verantwortungszuschreibung, FS für Lampe 2003, S. 491 ff.
Peglau Strafbarkeit von Personenverbänden – Problematik und Entwicklungen, JA 2001, 607 ff.
Puppe Vorsatz und Zurechnung, 1992
Puppe Zur Kausalitätsproblematik bei der strafrechtlichen Produkthaftung, JR 1992, 30 ff.
Puppe Zur Kompetenz des Tatrichters über die Gültigkeit eines zweifelhaften Kausalgesetzes zu entscheiden, JZ 1996, 318 ff.
Puppe Begriffskonzeptionen des dolus eventualis, GA 2006, 65 ff.

Puppe Vorsatz und Kausalabweichung – Zugleich Besprechung von BGH, Urteil vom 26.07.2007, GA 2008, 569 ff.
Puppe Lob der Conditio-sine-qua-non-Formel, GA 2010, 551 ff.
Puppe Strafrecht Allgemeiner Teil im Spiegel der Rechtsprechung (AT), 2. Aufl. 2011
Ragués I Vallès Überlegungen zum Vorsatzbeweis, GA 2004, 257 ff.
Rath Zur strafrechtlichen Behandlung der *aberratio ictus* und des *error in objecto* des Täters, 1993
Rautenkranz § 222 StGB: Fahrlässige aktive Sterbehilfe, JA 2004, 190 ff.
Rengier Erfolgsqualifizierte Delikte und verwandte Erscheinungsformen, 1986
Rengier Strafrecht Allgemeiner Teil (AT), 5. Aufl. 2013
Rogall Zur Annahme einer alternativen Kausalität und zur strafrechtlich relevanten kausalen Verknüpfung von Handlungen und Erfolg bei mehreren selbständig zum tatbestandsmäßigen Erfolg führenden Täterhandlungen, JZ 1993, 1066 ff.
Rotsch Objektive Zurechnung bei „alternativer Kausalität", FS Roxin 2011, 377 ff.
Roxin Gedanken zur Problematik der Zurechnung im Strafrecht, FS für Honig 1970, S. 131 ff.;
Roxin Fahrlässige Tötung durch Nichtverhinderung einer Tötung auf Verlangen?, FS für Schreiber 2003, S. 399 ff.
Roxin Strafrecht Allgemeiner Teil Bd. 2 (AT 2), 2003
Roxin Zur Erfolgszurechnung bei vorzeitig ausgelöstem Kausalverlauf, GA 2003, 257 ff.
Roxin Zur Normativierung des dolus eventualis und zur Lehre von der Vorsatzgefahr, FS für Rudolphi 2004, S. 243 ff.
Roxin Strafrecht, Allgemeiner Teil Bd. 1 (AT 1), 4. Aufl. 2006
Roxin Zur einverständlichen Fremdgefährdung, JZ 2009, 399 ff.
Schall Auslegungsfragen des § 179 StGB und das Problem der eigenhändigen Delikte – KG, NJW 1977, 817, JuS 1979, 104 ff.
Schild Vorsatz als „sachgedankliches Mitbewußtsein", FS für Stree/Wessels 1993, S. 241 ff.
Schild Die Strafbarkeit als „actio libera in causa" Bemerkungen zum grundsätzlichen Problem der Zurechnung von Unfreiheit im Strafrecht, FS für Triffterer 1996, S. 203 ff.
Schlehofer Risikovorsatz und zeitliche Reichweite der Zurechnung beim ungeschützten Geschlechtsverkehr des HIV-Infizierten, NJW 1989, 2017 ff.
Schlüchter Zusammenhang zwischen Pflichtwidrigkeit und Erfolg bei Fahrlässigkeitstatbeständen, JA 1984, 676 ff.
Schlüter Die Strafbarkeit von Unternehmen in einer prozessualen Betrachtung, 1999
Schmidhäuser Gesinnungsmerkmale im Strafrecht, 1958
Schmidhäuser Die Grenze zwischen vorsätzlicher und fahrlässiger Straftat („dolus eventualis" und „bewusste Fahrlässigkeit"), JuS 1980, 241 ff.
Schmidhäuser Über einige Begriffe oder teleologischen Straftatlehre, JuS 1987, 373 ff.
Schmoller Fremdes Fehlverhalten im Kausalverlauf, FS für Triffterer 1996, S. 223 ff.
Schmoller Criminal Responsibility of Corporations. A new Regulation in Austria, in: The Operation of the Serbian Legal System, 2006, 180 ff.
Schmoller Strafe ohne Schuld? – Überlegungen zum neuen österreichischen Verbandsverantwortlichkeitsgesetz, FS für Otto 2007, S. 453 ff.
Scholz Strafbarkeit juristischer Personen?, ZRP 2000, 437 ff.
Schönke/Schröder, *Bearbeiter* in: = Schönke/Schröder. Strafgesetzbuch, 28. Aufl. 2010, fortgeführt von *Lenckner, Cramer, Eser, Stree, Heine, Perron, Sternberg-Lieben, Eisele, Bosch, Hecker und Kinzig* und unter Mitarbeit von *Schittenhelm*
Schröder Aufbau und Grenzen des Vorsatzbegriffs, Festschrift für Sauer, 1949, S. 207 ff.
Schroeder, F.-C. Die Genesis der Lehre von der objektiven Zurechnung, Festschrift für Androulakis, 2003, S. 651 ff.
Schroeder, F.-C. Die so genannte Risikoverringerung, in: Roland Hefendehl (Hrsg.), Empirische Erkenntnisse, dogmatische Fundamente, und kriminalpolitischer Impetus. Symposium für Bernd Schünemann zum 60. Geburtstag, 2005, S. 151 ff.
Schroeder, F.-C. Der Blitz als Mordinstrument, 2009
Schroth, U. Vorsatz und Irrtum, 1998
Schubarth Binnenstrafrechtsdogmatik und ihre Grenzen, ZStW 110 (1998), 827 ff.

Schulz Entscheidungsbesprechung zu BGH, Urteil vom 02.08.1995–2 StR 221/94 (LG Frankfurt/M), JA 1996, 185 ff.

Schumann Zur Wiederbelebung des „voluntativen" Vorsatzelements durch den BGH – Zugleich Anmerkung zu dem Urteil des BGH vom 15–11-1987, 3 StR 449/87, JZ 1989, 427 ff.

Schünemann Strafrechtliche Sanktionen gegen Wirtschaftsunternehmen?, FS Tiedemann, 2008, S. 429 ff.

SK-Bearbeiter = Systematischer Kommentar zum Strafgesetzbuch, Grundwerk mit 136. Ergänzungslieferung, von *Rudolphi, Horn, Samson* (Stand: Oktober 2012)

Sowada Der umgekehrte dolus generalis: Die vorzeitige Erfolgsherbeiführung als Problem der subjektiven Zurechnung, Jura 2004, 814 ff.

Spendel Zum Begriff des Vorsatzes, FS für Lackner 1987, S. 167 ff.

Streng Hemmschwellentheorie, Vorsatz und Schuldfähigkeit, FS für Kühne 2013, S. 47 ff.

Szwarc Die Strafbarkeit juristischer Personen, S. 192 ff., 207 ff. in: Szwarc/Wasek, (Hrsg.), Das erste deutsch-japanisch-polnische Strafrechtskolloquium der Stipendiaten der Alexander von Humboldt-Stiftung, Poznan 1998

Thier Zurechenbarkeit von Retterschäden bei Brandstiftungsdelikten nach dem Sechsten Gesetz zur Reform des Strafrechts, 2008

Tiedemann Strafbarkeit von juristischen Personen?, in: Schoch/Stoll/Tiedemann (Hrsg.), Freiburger Begegnung, 1996, S. 30 ff.

von Freier Zurück hinter die Aufklärung: Zur Wiedereinführung von Verbandsstrafen, GA 2009, 98 ff.

Walther, S. Eigenverantwortlichkeit und strafrechtliche Zurechnung, 1991

Walther, S. Fahrlässige Tötung bei eigenverantwortlicher Selbstgefährdung des Opfers, StV 2002, 367 ff.

Wehnert Überlegungen zur Entwicklung der strafrechtlichen Risiken im Unternehmensmanagement, Festschrift für Rieß, 2002, S. 811 ff.

Weigend Vorsatz und Risikokenntnis – Herzbergs Vorsatzlehre und das Völkerstrafrecht, FS für Herzberg 2008, S. 997 ff.

Welzel Der Parteiverrat und die Irrtumsproblematik (Tatbestands-, Verbots- und Subsumtionsirrtum) JZ 1954, 276 ff.

Welzel Das Deutsche Strafrecht (LB), 11. Aufl. 1969

Wessels/Beulke/Satzger Strafrecht, Allgemeiner Teil, 43. Aufl. 2013

Wolter Objektive Zurechnung und modernes Strafrechtssystem, in: Gimbernat u. a. (Hrsg.), Internationale Dogmatik der objektiven Zurechnung und der Unterlassungsdelikte, 1995, S. 3 ff.

Wolters Stichwort „Vorsatz", Lexikon des Rechts, 2003

Zieschang Strafrecht Allgemeiner Teil (AT), 4. Aufl. 2014

§ 5 Rechtswidrigkeit und Rechtfertigungsgründe

A. Tatbestandsmäßigkeit, Rechtswidrigkeit und Rechtfertigung

Leitfall 5.1

A zieht einen Revolver und erschießt B. 1

Var. a.: Er tut dies, weil er auf B, der ein Liebesverhältnis mit A's Ehefrau unterhält, eifersüchtig ist.

Var. b.: Er tut dies, weil B seinerseits in Tötungsabsicht einen Revolver auf A gerichtet hatte, um A, der ein Liebesverhältnis mit Frau B unterhielt, aus Eifersucht zu töten, und A keine anderen Abwehrmittel zur Verfügung stehen.

I. Zum Verhältnis von Tatbestandsmäßigkeit und Rechtswidrigkeit

Nach der Tatbestandsmäßigkeit bildet die Rechtswidrigkeit die *zweite Stufe* der Struktur der strafbaren Handlung. Fragt man nach dem Verhältnis von Tatbestandsmäßigkeit und Rechtswidrigkeit, so stößt man sehr schnell auf mehrere, sich scheinbar widersprechende Aussagen: 2

- Die Tatbestandsmäßigkeit ist die *ratio essendi*[1] (lat. esse = sein) der Rechtswidrigkeit. 3
- Die Tatbestandsmäßigkeit *indiziert* (lat. indicare = anzeigen) die Rechtswidrigkeit.[2] 4

[1] Vgl. *Mezger* FS Traeger, S. 190 f.

[2] Vgl. *Fischer* RN 46 vor § 13; *B. Heinrich*, AT RN 313; *Krey/Esser* AT RN 286 ff.; SK-*Rudolphi* RN 37 vor § 1; *Welzel* LB, S. 53, 80; *Wessels/Beulke* AT bis zur 28. Aufl. RN 298; eine Aussage, die sich in Klausuren und mündlichen Prüfungen großer Beliebtheit erfreut; and. *Wessels/Beulke/Satzger* AT RN 270.

W. Gropp, *Strafrecht Allgemeiner Teil*, Springer-Lehrbuch,
DOI 10.1007/978-3-642-38126-3_5

5 • Die Tatbestandsmäßigkeit ist die *ratio cognoscendi*[3] (lat. cognoscere = erkennen) der Rechtswidrigkeit.

6 Die genannten Beziehungen lassen sich überprüfen, wenn man ihren Prämissen auf den Grund geht:[4]

1. Die Tatbestandsmäßigkeit als ratio essendi der Rechtswidrigkeit? – Die Lehre von den negativen Elementen der Tatbestandsmäßigkeit (Tatbestandsmerkmalen)

7 Wenn die Tatbestandsmäßigkeit *ratio essendi* der Rechtswidrigkeit ist, ist mit der Feststellung der Tatbestandsmäßigkeit ein Verhalten zugleich rechtswidrig. Dem scheint es zu widersprechen, dass in *Leitfall 5.1. Var. b* ein Rechtfertigungsgrund, § 32 (Notwehr), eingreift, aufgrund dessen die Tötung des B nicht rechtswidrig ist, weil sie erforderlich war, um den Angriff des B abzuwehren (unten RN 147 ff.). Denn wenn die Tatbestandsmäßigkeit die ratio essendi der Rechtswidrigkeit *ist*, würde dies bedeuten, dass das Verhalten des A *rechtswidrig ist*, dass es aber aufgrund des Eingreifens von § 32 doch *nicht rechtswidrig ist* – ein Widerspruch in sich. Indessen lässt er sich auflösen, wenn man den Begriff der Tatbestandsmäßigkeit so weit fasst, dass sie erst dann gegeben ist, wenn die Tat auch rechtswidrig ist, d. h. wenn keine Rechtfertigungsgründe vorliegen.

8 Die Tatbestandsmäßigkeit umfasst dann sowohl jene Elemente, die in den Strafvorschriften des Besonderen Teils und des Nebenstrafrechts beschrieben werden, z. B. in § 212 die (vorsätzliche) Tötung eines Menschen. Er umfasst aber auch die Rechtfertigungsgründe in der Weise, dass das Nichtvorliegen von Rechtfertigungsgründen die Tatbestandsmäßigkeit begründet. Damit werden die Voraussetzungen der Rechtfertigungsgründe Elemente der Tatbestandsmäßigkeit. Weil die Voraussetzungen von Rechtfertigungsgründen für die Begründung jener „Tatbestandsmäßigkeit i.w.S." aber gerade nicht vorliegen dürfen, bilden sie *negative* Elemente der Tatbestandsmäßigkeit („negative Tatbestandsmerkmale"). Diese Ansicht – die sog. „Lehre von den negativen Tatbestandsmerkmalen" – wird von einer nicht unbedeutenden Mindermeinung in der Tat vertreten.[5]

9 **Zu Leitfall 5.1**

Nach ihr müsste man die Elemente der Tatbestandsmäßigkeit in § 212 in *Leitfall 5.1. Var. a* so formulieren:

- Vorsatz
- Töten (Tathandlung)

[3] Vgl. *M. E. Mayer* AT, S. 185.

[4] Vgl. zum Ganzen *Otto* Jura 1995, 468 ff.

[5] Vgl. *Merkel* LB, S. 82 sowie *Engisch* ZStW 70 (1958), 565 ff., 583 ff.; *Engisch* FS 100 Jahre Deutscher Juristentag, Bd. 1, S. 406 ff.; *Freund* AT § 3/24; *Arth. Kaufmann* JZ 1956, 353 ff.; *Arth. Kaufmann* ZStW 76 (1964), 543 ff., 564 ff.; *Arth. Kaufmann* FS Lackner, S. 187 f.; *Schünemann* GA 1985, 341 ff., 347 ff.; *Schünemann/Greco* GA 2006, 777 ff.; *U. Schroth* FS Arth. Kaufmann, S. 595 ff.; weit. Nachw. bei *Lenckner/Eisele* in: Schönke/Schröder RN 16 vor § 13.

- eines anderen Menschen (Tatobjekt)
- *Nichtvorliegen* eines gegenwärtigen rechtswidrigen Angriffs, der nicht anders abgewehrt werden kann (Notwehr), oder einer sonstigen rechtfertigenden Situation.

Beim Vorliegen dieser Elemente der Tatbestandsmäßigkeit i.w.S. ist die Tötung rechtswidrig. Es gilt: Tatbestandsmäßigkeit *ist* (die ratio essendi der) Rechtswidrigkeit. **10**

Zu Leitfall 5.1 **11**

Leitfall 5.1. Var. b wäre nach der Lehre von den negativen Tatbestandsmerkmalen so zu lösen:

Es liegen vor die Elemente der Tatbestandsmäßigkeit **12**

- Vorsatz
- Töten (Tathandlung)
- eines anderen Menschen (Tatobjekt).

Es fehlt hingegen das (negative) Element der Tatbestandsmäßigkeit **13**

- „Nichtvorliegen eines gegenwärtigen rechtswidrigen Angriffs, der nicht anders abgewehrt werden kann (Notwehr), oder einer sonstigen rechtfertigenden Situation",

weil eine Notwehrsituation gegeben ist. Folglich ist die Tatbestandsmäßigkeit wegen Eingreifens eines Rechtfertigungsgrundes nicht gegeben.

Die Lehre von den negativen Elementen der Tatbestandsmäßigkeit bedeutet somit, dass zwischen Tatbestandsmäßigkeit und Rechtswidrigkeit nicht mehr abgestuft zu werden braucht, dass die Struktur der strafbaren Handlung aus den Stufen des Unrechts (bestehend aus Tatbestandsmäßigkeit und Rechtswidrigkeit) und der Schuldhaftigkeit besteht, also *zweistufig* ist. **14**

Zwar ist zuzugeben, dass die Lehre von den negativen Elementen der Tatbestandsmäßigkeit den großen Vorzug hat, die irrige Annahme der Voraussetzungen eines Rechtfertigungsgrundes (sog. Erlaubnistatumstandsirrtum, § 13 RN 189 ff.) unkompliziert über § 16 I lösen zu können. **15**

Die h.M. ist der Idee eines zweistufigen Aufbaus der strafbaren Handlung mit negativen Elementen der Tatbestandsmäßigkeit dennoch mit gutem Grund nicht gefolgt. Denn sie liefe darauf hinaus, die Unterscheidung von „nicht straftatbestandsmäßig" und „gerechtfertigt" aufzuheben.[6] Diese Unterscheidung ist aber von Bedeutung. Denn während das Eingreifen eines Rechtfertigungsgrundes *rechtfertigend* wirkt, gibt es Verhaltensweisen, die zwar nicht straftatbestandsmäßig, aber dennoch rechts*widrig* sind. **16**

[6] Grundlegend zur Kritik *Hirsch* 1957, passim; *Lenckner/Eisele* in: Schönke/Schröder RN 18 vor § 13; *Roxin* AT 1 § 10/21 f.; *Tiedemann* 1999, S. 116.

17 **Beispiel 5.1**

Autofahrer A nimmt auf einem Autobahnparkplatz aus dem Kofferraum seines Nachbarn B eine Wolldecke weg,

Var. a. um sie vorübergehend als Picknickdecke zu benutzen.

Var. b. um einen Kabelbrand in seinem Motor zu ersticken.

18 In Var. a verstößt A gegen keine Strafvorschrift. Insbesondere begeht er keinen Diebstahl, weil er sich die Decke zwar aneignen, indessen den B nicht auf Dauer enteignen will.[7] Dennoch braucht sich B die Wegnahme nicht gefallen zu lassen. Denn indem A den B im Besitz stört, begeht er eine sog. verbotene Eigenmacht gem. § 858 I BGB, deren sich B mit Gewalt erwehren darf, § 859 I BGB, insbesondere durch Wegnahme der entwendeten Sache, § 859 II BGB.

19 In Var. b. hingegen ist A nach § 904 BGB bzw. § 34 StGB (unten RN 243) gerechtfertigt, weil der Verlust seines Fahrzeugs unverhältnismäßig ist im Vergleich mit der Beschädigung der Decke bzw. das Interesse am Wagen das Interesse an der Decke wesentlich überwiegt. Obwohl A jetzt eine Sachbeschädigung begeht (§ 303) und damit straftatbestandsmäßig handelt, ist B zur Duldung verpflichtet. Denn nunmehr gestattet das Gesetz die Besitzstörung (vgl. § 858 I BGB) und rechtfertigt die Sachbeschädigung.

20 Wollte man die Voraussetzungen von Rechtfertigungsgründe nur als negative Elemente der Tatbestandsmäßigkeit begreifen, würde der Unterschied zwischen Eingriffs*recht* (*Beispiel 5.1. Var. b*) und schlichter Tatbestandslosigkeit (*Beispiel 5.1. Var. a*) verloren gehen. Es würde – mit *Welzel*[8] gesprochen – „die Tötung eines Menschen in Notwehr rechtlich genau dasselbe sein wie die Tötung einer Mücke: beides nicht tatbestandmäßige Vorgänge". Es sei denn, man proklamierte Elemente der Tatbestandsmäßigkeit unterschiedlichen Wirkungsgehaltes. Dann indessen würde sich die Lehre von den negativen Elementen der Tatbestandsmäßigkeit im Grunde nicht mehr vom dreistufigen Aufbau der strafbaren Handlung nach der herrschenden Lehre unterscheiden und hätte allenfalls terminologischen Charakter.

21 Lehnt man die „Lehre von den negativen Tatbestandsmerkmalen" somit ab, lässt sich der Satz, dass die Tatbestandsmäßigkeit die ratio essendi der Rechtswidrigkeit sei, nicht aufrechterhalten.

2. Die Tatbestandsmäßigkeit als Indiz der Rechtswidrigkeit[9]

22 Ein Indiz ist ein Umstand, dessen Vorhandensein mit einer gewissen Wahrscheinlichkeit auf das Vorliegen eines Sachverhaltes schließen lässt. Die Wahrscheinlichkeit, mit der im konkreten Fall ein tatbestandsmäßiges Verhalten auch rechtswid-

[7] Vgl. zur Zueignungsabsicht *Eser/Bosch* in: Schönke/Schröder § 242 RN 46 ff.; Mitsch BT 2/1 § 1/96 ff.

[8] *Welzel* ZStW 67 (1955), S. 210; vgl. auch den Hinweis auf die selbständige Wertungsstufe der tatbestandsbezogenen Verhaltensnorm gegenüber Rechtswidrigkeit und Schuldhaftigkeit von *Gössel* FS Triffterer, S. 102 sowie *Kindhäuser* GA 2010, S. 495.

[9] Vgl. BGH 1 StR 5/88 BGHSt 35, 270/275; *Ebert* AT, S. 58; *Fischer* RN 13, 46 vor § 13; Maurach/*Zipf* AT 1 § 25/7 ff.

rig ist, variiert jedoch von Strafvorschrift zu Strafvorschrift. So dürfte der größte Teil der Freiheitsberaubungen und Körperverletzungen gerechtfertigt sein, weil jede Form der Straf- oder Untersuchungshaft formal eine Freiheitsberaubung und – jedenfalls nach Ansicht der Rechtsprechung – auch jeder ärztliche Heileingriff eine „Körperverletzung" darstellt. Andererseits dürfte es sehr selten vorkommen, dass z. B. ein Betrug gerechtfertigt ist. Die Tatbestandsmäßigkeit besagt damit nicht einmal, dass ein entsprechendes Verhalten *in der Regel* auch rechtswidrig ist.[10] Sie bildet lediglich einen *Anhaltspunkt* für die Rechtswidrigkeit, gibt *Anlass,* über die Rechtswidrigkeit eines Verhaltens nachzudenken.

Damit ist die Indiz-Formel missverständlich, entbehrt eines eigenständigen Aussagegehaltes[11] und ist trotz einer gebetsmühlenhaften Verwendung in der universitären Klausurpraxis abzulehnen. 23

3. Die Tatbestandsmäßigkeit als ratio cognoscendi der Rechtswidrigkeit

Die von der h.M.[12] vertretene Ansicht, die Tatbestandsmäßigkeit sei *ratio cognoscendi* der Rechtswidrigkeit, besagt, dass die Feststellung der Tatbestandsmäßigkeit nur das Mittel ist, um ein *typischerweise* rechtswidriges Verhalten zu *erkennen.* Die Tatbestandsmäßigkeit reduziert sich damit auf eine *Prüfungsstufe.* Die *Bewertung* eines Verhaltens als rechtswidrig ist hingegen erst nach der Prüfung der Rechtswidrigkeit, d. h. nach der Erörterung und Verneinung in Frage kommender Rechtfertigungsgründe, möglich. 24

Hinsichtlich der Beziehung zwischen der *Funktion* der Tatbestandsmäßigkeit als *ratio cognoscendi der Rechtswidrigkeit* und dem materiellen *Gehalt* der Tatbestandsmäßigkeit (näher dazu § 2 RN 12 ff., 18 ff.) gilt Folgendes. 25

Die Verwirklichung der Elemente der Tatbestandsmäßigkeit stellt einen *strafrechtserheblichen Unwert* dar. *Ohne* zusätzliche Bewertungsgesichtspunkte ist jene Un*wert*verwirklichung auch Un*rechts*verwirklichung.[13] Jedoch können Wertungsgesichtspunkte hinzutreten, welche die Unwertverwirklichung als solche zwar nicht aufzuheben vermögen[14] (das Opfer eines vollendeten Totschlags ist und bleibt tot), sie jedoch in ein anderes rechtliches Licht setzen, weil die Unwertverwirklichung mit einer Werterhaltung einhergeht, welche das Verhalten des Täters bei Abwägung der betroffenen Werte insgesamt als *rechtmäßig* erscheinen lässt: Hat z. B. wie in *Leitfall 5.1. Var. b* A den B getötet, um einen nicht anders abwendbaren lebensge- 26

---

[10] Vgl. *Schmidhäuser* LB Kap. 9/10; *Schmidhäuser* StB AT 6/15.

[11] Vgl. auch die Aussage von *Beling* 1906, S. 145, dass der Tatbestand „rein" sei von allen Rechtswidrigkeitsmomenten. Nicht gefolgt werden kann der Auffassung von *Beling* aaO, S. 147, wonach der Tatbestand kein Werturteil enthalte. Zeigt die Tatbestandsmäßigkeit doch, dass ein Zustand tangiert worden ist, dessen Erhaltung gesellschaftlich als so werthaft angesehen wird, dass er strafrechtlichen Schutz genießt. Die Tatbestandsmäßigkeit beschreibt insoweit einen Werteverlust. Ob er auch rechtswidrig ist, ist eine Frage der Rechtswidrigkeit.

[12] Vgl *Lenckner/Eisele* in: Schönke/Schröder RN 17 vor § 13 mwN.

[13] Die Tatbestandsmäßigkeit bedeutet dann zugleich Rechtswidrigkeit, sie „indiziert" sie aber nicht.

[14] Vgl. auch *Kindhäuser* 1989, S. 112.

fährlichen Angriff des B auf sich abzuwehren, dann würde die Werterhaltung durch A in Form der Verteidigung seines Leibes und Lebens und der Rechtsordnung gegen den Angriff des B – wie aus § 32, Notwehr, ersichtlich – so hoch eingeschätzt, dass sein Verhalten trotz der Unwertverwirklichung zu Lasten des B als rechtskonform, d. h. *rechtmäßig* bewertet wird.

27 Typisierende Beschreibungen von wertschöpfenden bzw. -erhaltenden Sachverhalten, welche in Strafvorschriften vertypte Unwertverwirklichungen rechtfertigen, nennt man *Rechtfertigungsgründe. Rechtfertigungsgründe* müssen *nicht gesetzlich* und erst recht *nicht strafrechtlich* vertypt sein. Es gibt deshalb auch keine abgeschlossene Anzahl, *keinen numerus clausus* der Rechtfertigungsgründe. Trotz dieser prinzipiellen Offenheit steht die Einräumung und Ausgestaltung von Rechtfertigungsgründen, vor allem von Notrechten, nicht im Belieben des Gesetzgebers steht, sondern wird durch die Grundrechte der Betroffenen begrenzt.[15]

II. Suche nach allgemeinen Rechtfertigungsprinzipien

28 Gerade weil es keine abgeschlossene Gruppe von Rechtfertigungsgründen gibt, macht man sich Gedanken über Kriterien, mit deren Hilfe sich die Eigenschaft eines Sachverhalts als Rechtfertigungsgrund erkennen lässt. Da diese Kriterien jedoch allenfalls sehr abstrakt und grundsätzlich beschrieben werden können, spricht man insoweit zurückhaltend von Rechtfertigungs*prinzipien.*

1. Monistische[16] Ansätze

29 Nach dem sog. *Zweckprinzip*[17] soll ein Rechtfertigungsgrund immer dann vorliegen, wenn das tatbestandsmäßige Verhalten ein angemessenes Mittel ist, um einen angemessenen *Zweck* zu verfolgen. Ähnlich der *utilitaristische* Ansatz nach *Sauer*[18], wonach ein tatbestandsmäßiges Verhalten rechtmäßig ist, wenn es *mehr nützt als schadet.* Eng verwandt mit jenem Utilitarismusgedanken ist die Überlegung, nach der ein Sachverhalt dann rechtfertigend wirkt, wenn das *gewahrte Interesse* (sog. *Erhaltungsinteresse*[19]) das *beeinträchtigte Interesse* (sog. *Eingriffsinteresse*) *überwiegt* (sog. *Interessenabwägungsprinzip*[20]).

2. Pluralistische Ansätze

30 Einwände gegen eine monistische Deutung von Rechtfertigungsgründen werden vor allem im Hinblick auf die Einwilligung erhoben. Denn wenn der Interessenträger auf die Wahrung seines Interesses gar keinen Wert legt, sei es, dass er dies

---

[15] Vgl. *Lagodny* 1996, S. 264 ff.

[16] Von griech. μονοσ=monos=einzeln, allein.

[17] *Dohna* 1905, S. 48.

[18] *Sauer* AT, S. 56.

[19] Vgl. zur Terminologie *Küper* JZ 1976, 516 links, der bei der Kollision von Vermögenswerten die Bezeichnungen *Eingriffsgut* und *Erhaltungsgut* eingeführt hat.

[20] Vgl. *Roxin* JuS 1988, S. 426 links.

ausdrücklich erklärt hat, sei es, dass dies offensichtlich ist, dann liegt in der Tat die Frage nahe, inwiefern man hier von einem überwiegenden Interesse soll sprechen können.

Beispiel 5.2 31

Der Vater gibt seinem 6jährigen Sohn S einen alten mechanischen Reisewecker, weil dieser mit Hilfe seines Geburtstagsgeschenkes, eines Schraubenziehers, gerne einmal erkunden möchte, wie ein solcher Wecker innen aussieht. Die „Operation" des Weckers endet mit dessen Zerstörung.

Variante: Die Mutter händigt dem Sohn den Reisewecker aus, weil sie annimmt, dass der Vater ohnehin kein Interesse mehr an ihm habe. 32

33 Von Fällen wie Notwehr unterscheidet sich der *Wecker*-Fall (*Beispiel 5.2.*) dadurch, dass hier nicht Interessen *kollidieren* und kein Eingriffsinteresse *weichen* muss, sondern dass es an einem Eingriffsinteresse überhaupt *mangelt*. Die Differenzierung zwischen Rechtfertigungsgründen, welche auf dem *Mangel* eines Eingriffsinteresses beruhen und solchen, welchen das *Weichen* des Eingriffsinteresses zugrunde liegt, erscheint daher sachgerecht und erweist die Unterscheidung zwischen den Rechtfertigungsprinzipien vom *mangelnden* und vom *weichenden Interesse*[21] als überlegen.

3. Rechtfertigungsprinzipien als Rechtfertigungsstrukturen

34 Die Erwartungen, welche an den Erkenntnisgewinn aus den Rechtfertigungsprinzipien gestellt werden, dürfen freilich nicht zu hoch angesetzt werden.[22] Denn die genannten Prinzipien vermögen nur Strukturen zu beschreiben und Prämissen wie

- Angemessenheit des Mittels,
- Überwiegen des Nutzens,
- Überwiegen des Erhaltungsinteresses,
- Interessenmangel

zu formulieren.[23] Ob und wann diese Prämissen jeweils erfüllt sein sollen, wird von den Rechtfertigungsprinzipien nicht festgesetzt, sondern vorausgesetzt.

Beispiel 5.3 35

Ob ein Schwangerschaftsabbruch zur Erhaltung der Gesundheit der Schwangeren gerechtfertigt werden kann, entscheidet nicht das eine oder andere Rechtfer-

[21] Vgl. AnwK-*Hauck* vor § 32 RN 7; *Lenckner/ Sternberg-Lieben* in: Schönke/Schröder RN 7 vor § 32.

[22] Vgl. *Roxin* JuS 1964, 373 ff.

[23] Vgl. auch die *fünf Ordnungsprinzipien* zur Rechtswidrigkeit und den Rechtfertigungsgründen „Schutzprinzip", „Rechtsbewährungsprinzip", „Verhältnismäßigkeitsprinzip", „Güterabwägungsprinzip", „Autonomieprinzip" bei *Roxin* AT I § 14/42 f.

tigungsprinzip, sondern im Rahmen der Verfassung der Gesetzgeber (vgl. § 218a II) mittels Bewertung der kollidierenden Interessen.

III. Strukturelle Grundtypen der Rechtfertigung

36 Den strukturellen Grundtypen der Rechtfertigung lassen sich die unterschiedlichen Rechtfertigungsgründe unschwer zuordnen:

▶ 1. Rechtfertigungsgrund aufgrund mangelnden Interesses

37 • Einwilligung[24]

2. Rechtfertigungsgründe aufgrund überwiegenden/weichenden Interesses

38 • Abwehrrechte: Notwehr (§ 32), Besitzwehr (§ 859 I BGB), Selbsthilfe (§§ 229, 859 II BGB)

39 • Notstandsrechte: rechtfertigender aggressiver/defensiver Notstand (§§ 34 StGB, 904/228 BGB)

40 • Amts- und Zwangsrechte: Eingriffsrechte von Amtsträgern (z. B. § 81a StPO betr. körperliche Eingriffe, Entnahme von Blutproben; §§ 112 ff. betr. Untersuchungshaft); rechtswidriger, verbindlicher Befehl; Handeln pro magistratu (vorläufige Festnahme, § 127 StPO; Selbsthilferecht, § 229 BGB), Besitzkehr (§ 859 II BGB); Erziehungsrecht

41 • Erlaubtes Risiko: mutmaßliche Einwilligung; Wahrnehmung berechtigter Interessen: §§ 186, 193; unvermeidbarer Erlaubnistatumstandsirrtum

3. Rechtfertigung trotz der Erhaltung eines nur gleichwertigen Interesses

42 • rechtfertigende Pflichtenkollision

IV. Wirkungsgehalt und ethische Aussagekraft der Rechtfertigungsgründe

43 *Der Wirkungsgehalt* der Rechtfertigungsgründe erstreckt sich nicht nur auf das Strafrecht, sondern auf alle Bereiche der Rechtsordnung (Prinzip von der *Einheit der Rechtsordnung*)[25].

44 *Günther*[26] hingegen stellt diesen umfassenden Wirkungsgehalt in Frage und trennt von den Rechtfertigungsgründen der h.M., die er *unechte Strafunrechtsausschließungsgründe* nennt, solche ab, die nur die *bei Strafe* verbotene Unrechtsverwirklichung ausschließen, im übrigen aber das Rechtswidrigkeitsurteil bestehen lassen: die sog. *echten Strafunrechtsausschließungsgründe*.

---

[24] Zur Einwilligung als Unrechtsausschluss eigener Art (Normaufhebungsgrund) *Kindhäuser* GA 2010, 490/493/502 ff.

[25] Vgl. *Lenckner/Sternberg-Lieben* in: Schönke/Schröder RN 27 vor § 32.

[26] *Günther* 1983, insbes. S. 119 ff.; zur Lehre von einem strafrechtsspezifischen Unrecht in Japan *Ida* in Eser/Perron (Hrsg.), 1993, S. 93 ff.

Allerdings scheint die Kategorie der echten Strafunrechtsausschließungsgründe weniger auf den Wirkungsgehalt als auf eine *ethische Aussagekraft* der Rechtfertigungsgründe abzuzielen, soll doch gerade die Indikation beim Schwangerschaftsabbruch (§ 218a II, III) solch einen ausschließlich strafrechtsbezogenen Rechtfertigungsgrund minderer Qualität darstellen.[27] Dahinter verbirgt sich das Unbehagen, dass mit der Einordnung der Indikation als Rechtfertigungsgrund der Eindruck erweckt werden könnte, als sei mit der Klassifizierung als „rechtmäßig" zugleich ein Gütesiegel verbunden, eine Ansicht, der nicht gefolgt werden kann.[28] Denn rechtliche Rechtfertigung heißt nicht unbedingt auch ethische Rechtfertigung.[29] 45

Auf einer engen Verknüpfung von ethischen und rechtlichen Verhaltenserwartungen beruht auch die Lehre vom *„rechtsfreien Raum"*.[30] Sie geht davon aus, dass in existentiellen Situationen – berühmt ist insoweit der Fall des Schiffbrüchigen, der, um sich zu retten, einen anderen von der nur einen Menschen tragende Schiffsplanke stößt („Brett des Karneades")[31] – alle rechtlichen Verhaltensappelle vergeblich sind. Das Recht solle sich hier zurückziehen und i.E. jede Entscheidung akzeptieren. Die Lehre vom rechtsfreien Raum mag *ethisch* überzeugen. *Dogmatisch* ist ein Rückzug des Rechts aus der Regelungspflicht nicht möglich, weil das Recht um des Friedens Willen für jede Lebenssituation eine Entscheidung darüber treffen *muss*, was rechtmäßig ist, was man *darf* und was *nicht*. Selbst Vertreter der Lehre vom rechtsfreien Raum sind deshalb zu einer dogmatischen Transformation bereit und kommen dann zu einem Rechtfertigungsgrund.[32] 46

V. Subjektives Rechtfertigungselement?[33]

Voraussetzung für das Eingreifen eines Rechtfertigungsgrundes ist nach ganz herrschender Meinung ein Handeln in Kenntnis und auf Grund der rechtfertigenden Situation.[34] Jenes *subjektive Rechtfertigungselement* wird als eine Folge der *perso-* 47

[27] Vgl. *Günther* 1983, S. 314 ff., wobei jedoch nachdenklich macht, dass eine Nothilfe zugunsten des Ungeborenen ausgeschlossen sein soll.

[28] Vgl. *Gropp* GA 1988, 24 f. mwN FN 120.

[29] Zum Verhältnis der theologischen Lehre von der Rechtfertigung zu unserem durch Aufklärung und Moderne geprägten Recht *Schapp* 2002, S. 81 ff.

[30] Vgl. *Arth. Kaufmann* 1964; *Arth. Kaufmann* FS Maurach, S. 327 ff.; *Arth. Kaufmann* JuS 1978, 361 ff.; *Schild* JA 1978, 449 ff., 570 ff., 630 ff.; *Schild* FS Gitter, S. 831/834 zum Brett des Karneades bei Kant sowie umfassend zum Diskussionsstand *Koriath* Jahrbuch für Recht und Ethik, 2003, S. 317 ff.

[31] Näher *Kant* 1991, S. 343; zum Brett des Karneades als Gegenstand der Notrechtslehre bei Immanuel Kant: *Küper* FS E.A. Wolff, S. 299 ff.; umfassend zum Brett des Karneades *Koriath* JA 1998, 250 ff.

[32] Vgl. *Arth. Kaufmann* JuS 1978, S. 366; zur Entschuldigung im Fall des Karneades ausführlich *Baumann/Weber/Mitsch* AT § 12/27 ff.

[33] Grundlegend *Rath* 2002.

[34] Vgl. BGH 4 StR 294/95 NStZ 1996, 29/30; näher zum subjektiven Rechtfertigungselement *Geppert* Jura 1995, 103 ff.; *Frisch* FS Lackner, S. 148.

nalen Unrechtslehre (§ 4 RN 110) gesehen: Weil sie voraussetzt, dass der Täter den für strafbar erklärten Sachverhalt auch *subjektiv* nachvollzieht, soll entsprechend umgekehrt eine Rechtfertigung nur eingreifen, wenn der Täter zumindest in Kenntnis des rechtfertigenden Sachverhalts handelt.[35] Man könnte daher von einer „personalen Rechtfertigungslehre" sprechen, die sich mit der umstrittenen und letztlich nicht überzeugenden Lehre von den negativen Tatbestandsmerkmalen (s. o. RN 8 ff.) erklären ließe. Danach würden die objektiven Voraussetzungen eines Rechtfertigungsgrundes negative objektive Elemente der Tatbestandsmäßigkeit bilden, auf die sich der „Rechtfertigungsvorsatz" des Täters beziehen muss, damit der Täter „rechtfertigungstatbestandsmäßig" und damit rechtmäßig handelt.

48 Jedoch lässt sich diese Parallele nicht überzeugend ziehen (1), weshalb das subjektive Rechtfertigungselement nur dort eine Funktion entfalten kann, wo der Täter irrtümlich eine rechtfertigende Situation annimmt oder im erlaubten Risiko handelt (2).

1. Unkenntnis der Rechtfertigungslage[36]

49 Die heute herrschende Meinung nimmt bei Unkenntnis des Täters bezüglich der rechtfertigenden Situation eine Strafbarkeit wegen Versuchs an, weil der Täter nach seiner *Vorstellung* (vgl. § 22) eine Straftat verwirklichen will, objektiv aber kein Unrecht verwirklichen kann. Diskutiert wird dabei, ob eine Versuchsstrafbarkeit unmittelbar oder nur analog § 22 anzunehmen ist.[37] In Verlegenheit gerät diese Auffassung allerdings, wenn sie die Frage beantworten soll, ob der angeblich versuchende Täter rechtmäßig oder rechtswidrig handelt. Insoweit ist man sich im Ergebnis einig, dass eine Notwehr gegen eine solchermaßen *objektiv rechtmäßige* Handlung trotz des fehlenden subjektiven Rechtfertigungselementes nicht anzuerkennen ist, weil objektiv die Notwehrvoraussetzungen jener „unbewussten" Verteidigungshandlung vorliegen und eine Notwehr dagegen der „Verteidigung des Unrechts" dienen würde.[38]

50 Der Glaube, man könne in diesen Fällen einerseits eine rechtmäßige Veränderung in der Außenwelt anerkennen, andererseits aber einen rechtswidrigen und sogar strafbaren Versuch annehmen, übersieht jedoch, dass auch ein Versuch nicht nur aus einer „irgendwie" in die Außenwelt gelangten Gesinnung, sondern auch aus einem *spezifischen, der Strafvorschrift entsprechenden Sachverhaltsunwert* bestehen muss. Es gilt daher zu prüfen, ob sich die von der h.M. favorisierte *Versuchsstrafbarkeit* auf jenen Sachverhaltsunwert stützen kann.[39]

51 Zuzugeben ist, dass die Situation beim Fehlen des subjektiven Rechtfertigungselementes vordergründig zunächst der Situation beim *untauglichen* (aber ex ante nicht ungefährlichen) *Versuch aus grobem Unverstand nach § 23 III* zu entsprechen scheint.

---

[35] Umfassend LK[11]-*Hirsch* RN 50 vor § 32; vgl. auch *Krey/Esser* AT 1 RN 458; *Rath,* S. 194 ff., 576 ff.; *Wessels/Beulke/Satzger* AT RN 277 ff.

[36] Vgl. *Hillenkamp* 4. Problem.

[37] Instruktiv und mwN *Streng* FS Otto, S. 474.

[38] *Kühl* AT § 7/136; vgl. auch *Roxin* AT 1 § 15/130 m.w.N.

[39] Näher dazu *Gropp* FS Kühl, S. 247 ff.

Beispiel 5.4 52

Frau F will ihren Ehemann M töten und schüttet auf einer Reise zu diesem Zweck im Frühstücksraum des Hotels aus einem Beutelchen ohne Aufschrift eine weiße pulvrige Substanz in seine Kaffeetasse, während sich M gerade ein Bircher Müsli holt. Bei der Substanz handelt es sich um „verhexten" Staubzucker, den sich F im Glauben um seine tödliche Wirkung bei einem Wunderheiler besorgt hatte. Wegen des äußeren Anscheins, dass es sich bei dem Pulver auch um eine gefährliche Substanz handeln könnte, liegt hier ein zwar untauglicher, ex ante aber nicht ungefährlicher Versuch vor.

Aus der Tatsache, dass der untaugliche Versuch aus grobem Unverstand vom Gesetzgeber als rechtswidrig eingestuft wird und eine Bestrafung nur im Rahmen der Strafzumessung vermieden werden kann, könnte man schließen, dass dann auch ein „Versuch", der wegen einer objektiv gegebenen Rechtfertigungslage untauglich bleiben muss, rechtswidrig und strafbar sein müsse. Diese Schlussfolgerung legt weiterhin auch die Einordnung des *ex ante völlig ungefährlichen* Versuchs durch die h.M. als strafbar nahe. Bei dieser Form des Versuchs, der z. T. auch der Fallgruppe des untauglichen Versuchs aus grobem Unverstand zugeordnet werden kann, setzt der Täter zu einem Verhalten unmittelbar an, das aus der Sicht eines mit den Plänen des Täters vertrauten objektiven durchschnittlich informierten Betrachters *ex ante völlig ungefährlich* ist.[40] 53

Beispiel 5.5 54

A schickt sich an, mit einer Schrotflinte den drei Kilometer entfernten B zu erschießen. Dass das nicht funktionieren kann, weiß jeder.

Allerdings entspricht die Situation beim Fehlen des subjektiven Rechtfertigungselementes hinsichtlich des Sachverhaltsunwertes weder dem *ex ante ungefährlichen* noch dem *aus grobem Unverstand untauglichen* Versuch. Denn nicht nur das, was Frau F und der Schütze A sich vorstellen (Tötung des M, Tötung des B) als *personaler Unwert*, sondern auch das, was sie nach außen zu erkennen geben (Verabreichung des Pulvers, Schuss mit der Schrotflinte) als *Sachverhaltsunwert* ist rechts*widrig, gegen* das Recht gerichtet. Der Täter hingegen, der in einer rechtfertigenden Situation trotz Unkenntnis der Rechtfertigungslage rechtfertigungskonform handelt, weist zwar einen entsprechenden *personalen Unwert* auf, der *Sachverhaltsunwert (z. B.* die Verletzung des Angreifers) wird aber *rechtmäßig* verwirklicht, *entspricht* der *Rechtsordnung*, ist nicht „destruktiv", sondern „konstruktiv", nicht „rechts-*widrig*" sondern „*rechtmäßig*", nicht nur rechtsneutral, sondern rechts*wahrend*, „rechts*treu*". *Jürgen Rath* hat in einer umfangreichen Untersuchung aus dem Jahr 2002 diesen wesentlichen Unterschied zwischen den Fällen des ex 55

[40] Umfassend zum ungefährlichen Versuch *Hirsch*, FS Roxin 2001, S. 711 ff.

ante *ungefährlichen* Versuchs und den Fällen des fehlenden subjektiven Rechtfertigungselements überzeugend herausgearbeitet.[41]

56 Den Irrenden wegen Versuchs zu bestrafen, verkennt oder verbiegt damit die Struktur des Versuchsunrechts, das nicht nur ein *personales*, sondern auch ein (im Unterschied zur vollendeten Straftat vermindertes) *Sachverhaltsunrecht* aufweisen *muss*. Vernachlässigte man das auch beim Versuch erforderliche Sachverhaltsunrecht, würde man den Täter ohne Rechtfertigungswillen nur dafür bestrafen, dass er *Rechtswidriges*, „*Böses*", *denkt*, während er *Rechtmäßiges*, „*Gutes*", *tut*, und man könnte ihn nur bestrafen, wenn man ihm seine bösen Gedanken zufällig auch nachweisen kann. Dies widerspricht einem Strafrecht, das nicht durch den „irgendwie" betätigten bösen Willen des Täters, sondern nur durch den Schutz von Rechtsgütern legitimiert wird. Eine Bestrafung wegen Versuchs beim Fehlen des subjektiven Rechtfertigungselementes bedeutet ein mit einem Tatstrafrecht unvereinbares *Gesinnungsstrafrecht*.

57 Dass es im Sinne der personalen Unrechtslehre Unrecht nur als Unrecht des Täters gibt und er die unrechtsbegründenden Tatsachen kennen muss, damit man ihn bestrafen kann, berechtigt folglich nicht zu dem Umkehrschluss, dass ein *nach außen ausschließlich rechtswahrendes* Verhalten nur dann rechtmäßig ist, wenn es auf einem rechtstreuen Willen beruht, und dass es als oder wie ein Versuch oder sogar wie eine vollendete Tat strafwürdig ist, wenn es auf einem bösen Willen beruht. Diesem Umkehrschluss steht die Unrechtsstruktur der versuchten und der vollendeten Straftat *entgegen*, weshalb mangels Vergleichbarkeit selbst für eine analoge Anwendung der Versuchsvorschriften keine Möglichkeit besteht.

58 Die Einordnung eines Handelns im Rahmen eines Rechtfertigungsgrundes, jedoch in Unkenntnis des rechtfertigenden Sachverhalts als rechtmäßig bedeutet keine Verneinung des subjektiven Rechtfertigungselementes als Bestandteil der personalen Unrechtslehre. Denn dieses Element ist *hilfreich* zur *Erklärung* der Rechtfertigungsgründe und in diesem Rahmen *notwendig* zur *Kompensation* objektiver Rechtfertigungs*defizite*, sei es etwa beim Erlaubnistatumstandsirrtum (s. u. § 13 RN 189 ff.) oder bei Rechtfertigungsgründen, die auf dem *Prinzip des erlaubten Risikos* beruhen (s. u. RN 366 ff.). Bei denjenigen Rechtfertigungsgründen, die nicht auf dem Prinzip des erlaubten Risikos beruhen, ist die ausdrückliche Prüfung des subjektiven Rechtfertigungselementes beim Vorliegen der objektiven Elemente damit entbehrlich. Sie wird in den folgenden Aufbauschemata deshalb nur noch als „zweifelhafte" h.M. berücksichtigt.

2. Irrige Annahme der Rechtfertigungslage und Handeln im erlaubten Risiko

59 Stellt sich der Täter den rechtfertigenden Sachverhalt irrtümlich vor, ist ein Erlaubnistatumstandsirrtum gegeben (s. u. § 13 RN 189 ff.). Das auf einer Tatsachenverkennung beruhende subjektive Rechtfertigungselement lässt das Unrechtsbewusstsein entfallen und führt nach der eingeschränkten Schuldtheorie dazu, dass der Tä-

[41] Vgl. *Rath*, S. 263.

ter nicht wegen vorsätzlicher Verwirklichung der Strafvorschrift bestraft werden kann (näher § 13 RN 206 ff.).

Lässt sich – wie z. B. bei der mutmaßlichen Einwilligung (näher unten RN 370 ff.) nicht klären, ob eine rechtfertigende Sachlage gegeben ist, so handelt der Täter im erlauben Risiko rechtmäßig, wenn die Umstände unvermeidbar für eine Rechtfertigung sprechen und er davon ausgeht, rechtmäßig zu handeln. Dieses subjektive Rechtfertigungselement vermag eine in Wahrheit nicht gegebene Rechtfertigungslage zu kompensieren und führt zu einer Rechtfertigung, solange sich der Täter unvermeidbar im Irrtum befindet. 60

3. Zweifel hinsichtlich des Gegebenseins einer Rechtfertigungslage

Ein bislang wenig beachtetes Problem stellt die Frage dar, wann und unter welchen Voraussetzungen der Täter rechtstreu handelt, der die tatsächlichen Voraussetzungen eines Rechtfertigungsgrundes nur für möglich hält, sich ihrer aber nicht sicher ist.[42] Auf die für die Abgrenzung von bedingtem Vorsatz und bewusster Fahrlässigkeit herangezogenen Kriterien[43] kann hierbei nicht zurückgegriffen werden. Denn Element der Tatbestandsmäßigkeit und tatsächliche Voraussetzungen einer Rechtfertigung sind als Bezugspunkte für die subjektive Seite nicht strukturell gleich.[44] Es ist vielmehr davon auszugehen, dass Zweifel stets – aber auch nur dann – unschädlich sind, wenn der Täter subjektiv von solchen Wahrscheinlichkeiten ausgeht, die mit den objektiven Anforderungen des entsprechenden Rechtfertigungsgrundes übereinstimmen. In diesem Sinne lassen sich insbesondere durch eine flexible Anwendung von § 34 sachgerechte Ergebnisse auch bei Zweifeln über das Vorliegen eines Angriffs erzielen.[45] 61

Lösung des Leitfalls 5.1 (Gutachtenstil)

Variante a:

A könnte sich wegen eines Totschlags gemäß § 212 strafbar gemacht haben.[46] 62

I. A hat einen anderen Menschen, den B, wissentlich und willentlich getötet. Damit hat er die objektiven und subjektiven Elemente der Tatbestandsmäßigkeit verwirklicht. 63

II. Die Tat könnte aber durch Notwehr nach § 32 gerechtfertigt sein. Voraussetzung dafür wäre ein gegenwärtiger rechtswidriger Angriff seitens des 64

---

[42] Vgl. hierzu umfassend *Schüler* 2004; *Roxin* AT 1, § 14/90; *Warda* FS Welzel S. 499 ff.; *Warda* FS Lange, S. 119 ff.; *U. Schroth*, FS Arth. Kaufmann, S. 595 ff.; *Frisch* 1983, S. 415 ff.; für ein an der Gewährung einstweiligen Rechtsschutzes ausgerichtetes Modell *Frister* FS Rudolphi, S. 52 ff.

[43] So aber wohl *Lenckner/Sternberg-Lieben* in: Schönke/Schröder RN 14 vor § 32, *Sternberg-Lieben* in: Schönke/Schröder § 16 RN 22; SK-*Günther* RN 53 vor § 32.

[44] Dazu ausführlich *Schüler* 2004, S. 97 ff.

[45] Vgl. *Frister* AT Kap. 14/16 ff.; *Schüler* 2004, S. 159 ff.

[46] Für die Prüfung eines Mordes nach § 211 enthält der Sachverhalt keine hinreichenden Anhaltspunkte.

B. Rechtswidrig ist ein Angriff, der rechtlich geschützte Interessen verletzt und nicht seinerseits gerechtfertigt ist. Als Interessenverletzung könnte der Umstand in Betracht kommen, dass B ein Liebesverhältnis zu Frau A unterhält. Man mag darüber streiten, ob Ehebruch ein moralisch verwerfliches Verhalten darstellt. Die Sicherheit, nicht von einem Dritten die Frau ausgespannt zu bekommen, wird aber durch das Recht nicht geschützt. Das Verhalten des B ist daher nicht rechtswidrig. Deshalb ist in der ehewidrigen Beziehung von B zu Frau A kein für § 32 erforderlicher rechtswidriger Angriff zu sehen.

65 A ist nicht gem. § 32 gerechtfertigt, sondern strafbar gemäß § 212.

Variante b:

66 In Betracht kommt wiederum eine Strafbarkeit wegen Totschlags nach § 212.

67 I. Die Tatbestandsmäßigkeit liegt vor.

68 II. Fraglich ist aber, ob hier ein gegenwärtiger rechtswidriger Angriff seitens des B gegeben ist. Wie oben festgestellt wurde, berechtigt eine ehebrecherische Beziehung nicht zu strafbaren Handlungen. Andere Umstände, die B dazu berechtigen könnten, A mit einer Waffe zu bedrohen, sind nicht ersichtlich. Es liegt demnach ein rechtswidriger Angriff seitens des B vor. Dieser ist auch gegenwärtig.

69 Fraglich ist, ob die Verteidigung des A mittels eines tödlichen Schusses im Sinne des § 32 II erforderlich gewesen ist. Mangels anderer Abwehrmittel ist dies der Fall. Da A schließlich auch zur Abwehr des Angriffs handelte, wäre sein Tun durch Notwehr gerechtfertigt.

In Erwägung zu ziehen ist jedoch, ob eine Einschränkung des Notwehrrechts anzunehmen ist, weil A für die Handlungen des B ursächlich geworden ist, indem er zu dessen Ehefrau ein Liebesverhältnis unterhielt. Man wird aber in einer solchen Handlung zumindest so lange keine Provokation sehen können, wie nicht weitere Umstände, z. B. eine Beleidigung, hinzutreten.

70 A ist somit nach § 32 gerechtfertigt. Eine Strafbarkeit nach § 212 entfällt.

B. Rechtfertigungsgründe im Einzelnen

I. Die erklärte Einwilligung

71 **Leitfall 5.2**

Mensur-Fall BGHSt 4, 24–5 StR 408/52 vom 29. 1. 1953: „Der Angeklagte hat Anfang 1951 drei Bestimmungsmensuren mit Schlägern gefochten. Die Klingen waren scharf geschliffen; jedoch waren die Kämpfer durch Binden, Bandagen und andere Schutzvorrichtungen gegen lebensgefährliche Verletzungen gesichert."

72 Das Landgericht hatte den Angeklagten von der Anklage des Zweikampfes (§ 205 StGB a.F.) aus Rechtsgründen freigesprochen, weil wegen der Schutzmaßnahmen nicht mit „tödlichen" Waffen gekämpft worden war. Der BGH schloss sich dieser Sichtweise an, prüfte jedoch eine Strafbarkeit des Angeklag-

ten aus § 223 a a.F. (gefährliche Körperverletzung/Begehung mittels einer Waffe), begangen zulasten seiner Gegner.

Der Angeklagte berief sich demgegenüber auf eine Einwilligung seines jeweiligen Gegners. Mit Recht? 73

Die *rechtfertigende Wirkung* der Einwilligung beruht darauf, dass es an einem Erhaltungsinteresse des Rechtsgutsinhabers *mangelt,* weil dieser auf die Erhaltung seines Gutes keinen Wert legt. Der rechtfertigende Charakter der Einwilligung lässt sich bis ins römische Recht zurückverfolgen. Bereits in den Digesten findet sich der Satz des Ulpian (um 170–228): „Nulla iniuria est, quae in volentem fiat": „kein Unrecht liegt vor, wenn es dem Wollenden zugefügt wird." 74

Wann aber liegt ein solches Wollen vor und *was* darf Gegenstand des Wollens sein? Die Antwort geben die folgenden *Wirksamkeitsvoraussetzungen* der Einwilligung: 75

1. Disponibilität des Eingriffsguts

Disponibilität bedeutet die Befugnis, über ein Interesse frei zu verfügen. Sie ist in der Regel bei individuellen Vermögens- und Freiheitsinteressen vorhanden, fehlt jedoch bezüglich solcher Interessen, die der *Gemeinschaft* zugeordnet sind, wie etwa die staatliche Rechtspflege. Deshalb ist eine Einwilligung z. B. in eine falsche Verdächtigung (§ 164) nicht möglich. *Keine* Dispositionsbefugnis besteht – obwohl Individualinteresse – hinsichtlich des menschlichen *Lebens*, was sich aus § 216, der *Strafbarerklärung* der Tötung auf Verlangen, ergibt. 76

Allerdings macht sich grundsätzlich nicht strafbar, wer das zu einer *Selbsttötung* oder *Selbstverletzung* führende eigenverantwortliche Handeln des Selbstschädigers vorsätzlich oder fahrlässig veranlasst, ermöglicht oder fördert oder an der Realisierung eines entsprechenden vom Opfer bewusst eingegangenen Risikos mitwirkt.[47] Diese Straffreiheit beruht dann aber nicht auf einer Einwilligung, sondern auf einer nicht tatbestandsmäßigen „*Teilnahme*" an einer nicht tatbestandsmäßigen Selbstverletzung.[48] 77

Beherrscht jedoch nicht der sich selbst Verletzende, sondern der ihn Fremdverletzende die Sachlage, kommt in einem engen Bereich eine Einwilligung in Betracht. So nimmt der BGH im Straßenverkehr eine rechtfertigende Einwilligung in riskantes Verhalten an, soweit Individualrechtsgüter (§§ 222, 229) betroffen sind. Bei konkreter *Todesgefahr* scheidet eine rechtfertigende Einwilligung allerdings schon *mangels Dispositionsbefugnis* – nach der abzulehnenden Auffassung des BGH statt dessen infolge von *Sittenwidrigkeit* – aus.[49] 78

---

[47] Vgl. BGH 4 StR 328/08 BGHSt 53, 55/60 sowie *Puppe* GA 2009, 487 ff.

[48] Näher *Grünewald* GA 2012, 365 f.

[49] Vgl. *Gropp* ZJS 2012, 602 ff.; *Hauck* GA 2012, 202/204 ff. jew. krit. zu BGH 4 StR 328/08 BGHSt 53, 55/63; vgl. auch *Grünewald* GA 2012, 364/371 ff., *Stefanopoulou* ZStW 124 (2012), 689 ff. und unten 6. Für die Einordnung der einverständlichen Fremdgefährdung als Zurechnungsfrage *Roxin* GA 2012, 655 ff.; vgl. auch § 4 RN 101 ff.

79 Schützt eine Strafvorschrift mehrere Rechtsgüter, führt die Disposition über eines von ihnen zur Straffreiheit, wenn die Strafbarkeit kumulativ die Verletzung *aller* geschützten Rechtsgüter voraussetzt.[50]

2. Einsichtsfähigkeit – Aufklärung – hypothetische Einwilligung?

80 Einsichtsfähigkeit liegt vor, wenn der Einwilligende *generell* in der Lage ist, eine vernünftige Entscheidung zu treffen und wenn er *konkret* erkennt, welche Interessen er in welchem Umfang und unter welchen Risiken preisgibt.[51] Irrelevant ist, ob der Einwilligende dann auch eine Entscheidung trifft, die Dritten „vernünftig" erscheint.[52] Es kommt daher nicht – wie etwa bei der zivilrechtlichen Geschäftsfähigkeit, die mit der Vollendung des 18. Lebensjahres eintritt – auf das Erreichen eines bestimmten Alters an.[53] Einsichtsfähigkeit kann somit durchaus auch bei Kindern und Jugendlichen vorhanden sein und bei Erwachsenen fehlen. Allerdings bedarf es bei der Einwilligung Minderjähriger einer eingehenden Prüfung der Einsichtsfähigkeit.[54] Weil Einsichtsfähigkeit Kenntnis von der Tragweite der Einwilligung bedeutet, fehlt sie, wenn der Betroffene darüber *getäuscht* worden ist.

81 Kennt der Betroffene die Tragweite seiner Interessenpreisgabe nicht, bedarf es einer entsprechenden *Aufklärung,* um ihn in den Zustand der Einsichtsfähigkeit zu bringen. Praktisch relevant wird dies besonders bei ärztlichen Heileingriffen, weil der Patient als medizinischer Laie hier in der Regel nicht wissen wird, welche Maßnahmen an ihm vorgenommen werden, welche Chancen sich ihm eröffnen und welche Risiken er dabei eingeht.[55] Die Aufklärung muss dabei auch die Umstände umfassen, welche die Indikation des Eingriffs betreffen.[56]

82 Auch ohne Aufklärung soll nach der Rechtsprechung des BGH die Rechtswidrigkeit in den Fällen der sog. *hypothetischen Einwilligung* entfallen. „Die Rechtswidrigkeit entfällt [...], wenn der Patient bei wahrheitsgemäßer Aufklärung in die tatsächlich durchgeführte Operation eingewilligt hätte."[57] Denn dann sei die

---

[50] Vgl. *Frister* AT Kap. 15/24 f.; AnwK-*Hauck* Vor § 32 RN 14; *Paul* 1997.

[51] Zu den konkreten Anforderungen an die Einsichtsfähigkeit bei der Einwilligung in eine gefährliche Körperverletzung mittels Reizgases BGH 1 StR 417/99 NStZ 2000, S. 87.

[52] So zu Recht *Amelung* JR 1999, 45 ff. mwN; anders hingegen der BGH 2 StR 372/77 NJW 1978, 1206 im sog. *Zahnextraktions*-Fall, wo eine wirksame Einwilligung mangels Rationalität der Entscheidung abgelehnt wurde.

[53] Vgl. *B. Heinrich* AT RN 465 ff.; *Lenckner/Sternberg-Lieben* in: Schönke/Schröder RN 39 vor § 32; *Wessels/Beulke/Satzger* AT RN 374 f. jeweils mwN; a. A. *Lenckner* ZStW 72 (1960), 456; MK-*Schlehofer* RN 148 vor §§ 32 ff.: Erfordernis der Geschäftsfähigkeit bei Preisgabe von Vermögensinteressen; vgl. auch *Hillenkamp* 6. Problem.

[54] Vgl. BGH NStZ 1999, S. 458 mit Anm. *Amelung* NStZ 1999, 458 ff.; BGH NStZ 2004, 442; zu einem mitwirkungsorientierten Ansatz bei der Einwilligung Minderjähriger in ärztliche Heileingriffe *Rothärmel* 2004.

[55] Zum Erfordernis einer umfassenden ärztlichen Aufklärung über die Risiken einer Strahlenbehandlung BGH 3 StR 271/97 BGHSt 43, 306/309; zur Einwilligungsfähigkeit am Lebensende *Spickhoff* NJW 2000, 2297 ff.

[56] Vgl. den *Bohrerspitzen*-Fall BGH 1 StR 319/03 NStZ 2004, 442.

[57] BGH 1 StR 300/03 JZ 2004, S. 800 rechts m. Anm. *Rönnau* JZ 2004, 801 ff. sowie *Eser* in: Schönke/Schröder § 223 RN 40 mwN.

unterbliebene Aufklärung nicht kausal für die erfolgte Einwilligung. Dabei sei im Zweifel – in dubio pro reo – davon auszugehen, dass die Einwilligung auch bei ordnungsgemäßer Aufklärung erfolgt wäre. Eine vermittelnde Auffassung[58] will den Arzt im Falle der hypothetischen Einwilligung wegen Versuchs bestrafen, wenn er die Möglichkeit des Fehlens der dann doch anzunehmenden Einwilligung zumindest billigend in Kauf genommen hat.

Jedoch ist die hypothetische Einwilligung im Wesentlichen aus zwei Gründen **83**
abzulehnen: Zum einen ist zum Zeitpunkt des ärztlichen Eingriffs nicht entschieden, ob das Vorgehen rechtswidrig oder rechtmäßig ist („Rückwirkungsfiktion"[59]), denn darüber entscheidet der Zeitpunkt, zu dem der Patient befragt oder sonst darüber entschieden wird, ob „der Patient bei wahrheitsgemäßer Aufklärung in die tatsächlich durchgeführte Operation eingewilligt hätte." Zum zweiten könnte Ärzte die Möglichkeit der Rechtfertigung mittels hypothetischer Einwilligung dazu verleiten, sich weniger um die Aufklärung von Patienten zu bemühen. Insoweit leistet die „hypothetische Einwilligung" dem Selbstbestimmungsrecht des Patienten einen Bärendienst.[60]

3. Die Freiheit der Willensbildung und -entschließung

Um wirksam zu sein, darf die Einwilligung weder auf einem spezifischen, i.d. R **84**
rechtsgutsbezogenen[61] *Irrtum* noch auf *Zwang* beruhen.[62]

Ein rechtsgutsbezogener Irrtum fehlt etwa im folgenden

Beispiel 5.6 **85**

Dem alkoholkranken Patienten wird wahrheitswidrig vorgespiegelt, dass nach der strapaziösen, aber erfolgreichen Entziehungskur seine Frau zu ihm zurückkehren werde. Die daraufhin erfolgende Einwilligung in die medikamentöse Behandlung wäre wirksam. Denn die unzutreffende Vorstellung des Patienten, nach der Kur würde seine Ehefrau zu ihm zurückkehren, wäre als bloßer *Motivirrtum* unbeachtlich.

Ein Irrtum über den Heilerfolg ist hingegen rechtsgutsbezogen, so in

---

[58] *Kuhlen* FS Müller-Dietz, S. 436 unter Anwendung der objektiven Zurechnung auf rechtfertigungsgründe, gegen diese Argumentation *Hefendehl* FS Frisch, S. 465 ff.

[59] *Jäger* FS Jung, S. 354; *Jäger* 2006, S. 25.

[60] Näher *Duttge* FS Schroeder, S. 188; *Gropp* FS Schroeder, S. 201; *Sickor* JA 2008, S. 16; abl. auch *Otto* Jura 2004, S. 683, *Puppe* JR 2004, S. 471, *B. Heinrich* AT RN 278c m. zahlr. w. Nachw.

[61] Zur Rechtsgutsbezogenheit *Arzt* 1970, S. 19 ff. sowie die Nachw. bei *Roxin* AT 1 § 13/98; vgl. auch *Hillenkamp* 7. Problem; gegen das Kriterium der Rechtsgutsbezogenheit und für die „Autonomie der Entscheidung" als Wirksamkeitsmaßstab *Amelung* ZStW 109 (1997), 514 ff.; *Mitsch* 2004, S. 507 ff., 515; Weiterführung der Überlegungen in *Amelung* 1998; vgl. auch *Rönnau* 2001 mit Bespr. *Amelung* ZStW S. 115 (2003), 710 ff.

[62] Umfassend zu Wissensmängeln und zum Zwang bei der Einwilligung *Mitsch* 2004, §§ 33–39.

86 **Beispiel 5.7**

Dem alkoholkranken Patienten wird wahrheitswidrig vorgespiegelt, dass er nach einer strapaziösen, aber erfolgreichen Entziehungskur wieder Alkohol in üblichen Mengen zu sich nehmen könne. Die daraufhin erfolgende Einwilligung in die medikamentöse Behandlung wäre unwirksam.

87 Obwohl nicht rechtsgutsbezogen sind Irrtümer aber auch in den folgenden Fallgruppen als beachtlich anerkannt[63]

- Vorspiegelung eines altruistischen Zwecks,
- Vorspiegelung einer notstandsähnlichen Lage.

88 Inwieweit eine *Drohung* oder gar eine *Nötigung* die Wirksamkeit der Einwilligung ausschließt, ist umstritten.

89 Die überwiegende Meinung geht dahin, dass jede Drohung zur Unwirksamkeit der Einwilligung führt.[64] Dagegen nehmen *Kühl* und *Roxin*[65] erst im Falle der Nötigung Unwirksamkeit an, *Rudolphi*[66] sogar erst dann, wenn die in § 35 genannten Erhaltungsgüter betroffen sind.

90 Das Abstellen auf Nötigung hat den Vorzug, dass einerseits nicht *jede* Beeinträchtigung der Willensfreiheit die Einwilligung unwirksam macht, dass andererseits aber an jene Willensfreiheit zur Disposition über ein Rechtsgut und nicht wie in § 35 an dieses selbst angeknüpft wird. Dass auf diesem Wege auch vertretbare Ergebnisse erzielt werden können, zeige

91 **Beispiel 5.8**

Die T droht, den herzkranken Vater wegen einer Trunkenheitsfahrt anzuzeigen, wenn er sich nicht schleunigst einer Bypass-Operation unterziehe. Als Genötigter könnte V hier nicht wirksam in die Operation einwilligen.

92 Der Operateur würde im Erlaubnistatumstandsirrtum handeln und bliebe straffrei, wenn die Nötigung durch die T für ihn nicht erkennbar war.

4. Einwilligungserklärung

93 Nach der herrschenden sog. *vermittelnden Auffassung*[67] genügt es, wenn die Erklärung nach *außen erkennbar*, zumindest konkludent, abgegeben worden ist. Der

[63] Näher und mit erhellenden Beispielen *Roxin* AT 1 § 13/104; für Wirksamkeit der Einwilligung auch in diesen Fällen hingegen *Kühne* JZ 1979, 241 ff., *Jakobs* AT 7/118 ff., 14/7 ff.

[64] *Frister* AT Kap. 15/22; AnwK-*Hauck* vor § 32 RN 16; *B. Heinrich* AT § RN 461; *Krey/Esser* AT RN S. 661.

[65] *Kühl* AT § 9/36; *Roxin* AT 1 § 13/78.

[66] ZStW 86 (1974), S. 85.

[67] Vgl. *Roxin* AT 1 § 13/71 mwN.

Qualität einer zivilrechtlichen Willenserklärung (so aber die sog. *Rechtsgeschäftstheorie*[68]) bedarf die Einwilligungserklärung als Wahrnehmung der allgemeinen, auch Geschäftsunfähigen zustehenden Handlungsfreiheit nicht. Allerdings reicht die innere Zustimmung allein (sog. *Willensrichtungstheorie*[69]) aus Gründen der Rechtssicherheit nicht hin.

Die Einwilligungserklärung muss nicht dem Täter gegenüber abgegeben werden. Auch muss der Erklärende nicht der Träger des Eingriffsgutes sein, wie im Falle der Stellvertretung. **94**

5. Subjektives Rechtfertigungselement

Nach h.M. muss der Täter in *Kenntnis des rechtfertigenden Sachverhaltes* handeln (s. o. RN 47 ff.). Dabei muss ihm die Erklärung der Einwilligung nicht unmittelbar zugegangen sein. Es genügt, wenn er sie kennt. **95**

Nach der hier bevorzugten Ansicht genügt es hingegen, dass der Betroffene wirksam eingewilligt hat. **96**

6. Nichtvorliegen von Sittenwidrigkeit, § 228

Wie der Wortlaut des § 228 besagt, ist eine Körperverletzung trotz Einwilligung rechtswidrig, wenn *die Tat* gegen die guten Sitten verstößt. **97**

Gegen die guten Sitten verstoßen jedenfalls *menschenunwürdige* Behandlungen. Eine Schönheitsoperation ist hingegen nicht deswegen sittenwidrig, weil sie vorgenommen werden soll, damit der Operierte im Fall einer Gegenüberstellung wegen einer früher begangenen Straftat nicht erkannt wird. Im Übrigen ist die Frage, was man in einer pluralistischen Gesellschaft unter Sittenwidrigkeit verstehen soll, kaum zu beantworten.[70] Mit überzeugenden Gründen schlägt *Niedermair*[71] deshalb vor, das Kriterium der Sittenwidrigkeit bis hin zur Unbeachtlichkeit restriktiv zu interpretieren. **98**

Mittlerweile sieht der BGH in einverständlich vorgenommenen sadomasochistischen Praktiken, die zu Körperverletzungen führen, als solchen keinen Verstoß gegen die „guten Sitten", solange der Einwilligende durch die Körperverletzung nicht in konkrete Todesgefahr gebracht wird.[72] Damit schafft der BGH in der Sache das Merkmal der Sittenwidrigkeit bei der Einwilligung in Körperverletzungen ab **99**

---

[68] Vgl. *Zitelmann* AcP 99 (1906), 1 ff./51 ff.

[69] Vgl. *Jakobs* AT 7/115.

[70] Vgl. *Stree* in: Schönke/Schröder[27] § 228 RN 6; zweifelnd an der Verfassungsmäßigkeit deshalb SK-*Horn/Wolters* § 228 RN 8 mwN; für eine Interpretation der Sittenwidrigkeit in der Weise, dass die Einwilligung nicht als Ausdruck der Entscheidung eines Vernünftigen begriffen werden kann, *Frisch* FS Hirsch, S. 485 ff.

[71] 1999; vgl. auch *Duttge* GS Schlüchter, S. 775 ff.

[72] BGH 2 StR 505/03 BGHSt 49, 166=StV 2004, S. 655 (LS) anschaulich hierzu *Jäger* AT RN 136a ff.; vgl. auch *Hirsch* FS Amelung, S. 181 ff.; zur Einwilligung in eine Körperverletzung mittels intravenöser Verabreichung illegaler Betäubungsmittel BGH 3 StR 120/03 BGHSt 49, 34 ff., 39 f.=mit krit. Anm. *Sternberg-Lieben* JuS 2004, 954 ff.; zu einer schweren Körperverletzung als Voraussetzung für die Aufnahme in eine Jugend-Gang BayObLG 5 StRR 153/98, 5 StRR 153/98a, 5 StRR 153/98b NStZ 1999, 458 mit krit. Anm. *Amelung* NStZ 1999, 460.

und ersetzt es unbewusst (aber sachgerecht) durch das Merkmal der Dispositionsbefugnis.[73]

100 Für das Zivilrecht (vgl. § 138 BGB) hat das Reichsgericht[74] die „Sittenwidrigkeit" definiert als

101 ▶ Verstoß gegen das Anstandsgefühl aller billig und gerecht Denkenden.

102 Mit dieser Umschreibung ist immerhin gewonnen, dass es auf die Einschätzung *aller* billig und gerecht Denkenden ankommt, also ein breiter Konsens bestehen muss, damit eine Tat als sittenwidrig bezeichnet werden kann. Die Auswirkungen dieser restriktiven Auslegung werden in

103 **Leitfall 5.2. deutlich**

Um über die Sittenwidrigkeit der Schlägermensur urteilen zu können, hinterfragt der BGH die Motive der Studenten: „Die Beweggründe der schlagenden Studenten können nicht nur im Sportlichen gesucht werden. Der studierenden Jugend stehen überaus zahlreiche Sportarten zur Verfügung, auch solche, die den persönlichen Mut ausbilden. Als einzige dieser Sportarten wird die Schlägermensur von weiten Kreisen des Volkes missbilligt, und zwar eben wegen ihrer geschichtlichen und gesellschaftlichen Besonderheiten, nämlich wegen ihres geschichtlichen Zusammenhanges mit dem Vorrechtsanspruch einzelner Stände. Die studierende Jugend erhebt nach ihrer Berufswahl den Anspruch, später die geistige Führung der Nation zu übernehmen. Es ist schwer vorstellbar, dass gerade sie sich aus rein *sportlichen* Gründen eine derart umstrittene Betätigung auswählen sollte."[75]

104 Nicht überraschend kommt der BGH letztlich zu einer Ablehnung der Sittenwidrigkeit:

105 „Eine derart unbestimmte Vorschrift [§ 228] muss, um in einem Rechtsstaat erträglich zu sein, zugunsten des Angeklagten eng ausgelegt werden. Als Verstoß gegen die guten Sitten kann deshalb in diesem *strafrechtlichen* Sinne nur das angesehen werden, was nach dem Anstandsgefühl aller billig und gerecht Denkenden zweifellos kriminell *strafwürdiges* Unrecht ist. Das ist bei der Bestimmungsmensur nicht der Fall. Auch unter ihren Gegnern befinden sich angesehene Persönlichkeiten, die sie aus den verschiedensten Gründen nicht mit krimineller Strafe bedroht sehen wollen. Es kann nicht die Rede davon sein, dass *alle* billig und gerecht Denkenden über die Sittenwidrigkeit der Bestimmungsmensur einig seien."[76]

106 Als Grenze der Rechtfertigung bei Einwilligung bezieht sich § 228 nur auf Körperverletzungen i.S. der §§ 223 ff.[77]

---

[73] Näher dazu *Gropp* ZJS 2012, 602 ff., *Hauck* GA 2012, 204 ff.; vgl. auch *Kühl* FS Jakobs, S. 303.

[74] RGZ 80, 221.

[75] BGH 5 StR 408/52 BGHSt 4, 31.

[76] BGHSt 4, 32; krit. *Eb. Schmidt* JZ 1954, 373 ff.

[77] Vgl. auch *Sternberg-Lieben* in: Schönke/Schröder § 228 RN 12.

7. Aufbau der Prüfung der erklärten Einwilligung

I. Tatbestandsmäßigkeit 107
II. Rechtswidrigkeit
Rechtfertigung infolge
ausdrücklicher Einwilligung, wenn
a. Disponibilität des Rechtsguts
b. Einsichtsfähigkeit
c. Freiheit der Willensbildung und -entschließung
d. Einwilligungserklärung
e. h.M. (zw.): Vorliegen des subjektiven Rechtfertigungselementes
f. bei Körperverletzungen nach §§ 223 ff.: keine Sittenwidrigkeit der Tat (§ 228)

8. Die systematische Einordnung der Einwilligung als Rechtfertigungsgrund[78]

Die aktuell erklärte wirksame Einwilligung ist ein Rechtfertigungsgrund.[79] 108

Es mehren sich jedoch die Stimmen, nach denen sie als Ausschluss der Tatbe- 109
standsmäßigkeit verstanden werden soll.[80] Dahinter steht der Gedanke, dass die Einwilligung als Verzicht des Berechtigten auf Achtung seiner disponiblen Rechtsgüter in Wahrnehmung seines Selbstbestimmungsrechts den gesetzlich umschriebenen Gehalt der strafbaren Handlung erst gar nicht entstehen lasse.

Daran ist zwar richtig, dass eine wirksame Einwilligung den *Gehalt* einer *straf-* 110
baren Handlung nicht entstehen lässt, weil der *Eingriff* in das geschützte Rechtsgut in Folge der Einwilligung *nicht* dessen *Verletzung* (Missachtung), sondern im Gegensatz dessen Respektierung bedeutet. Der Irrtum besteht jedoch darin, dass nicht zwischen dem bestehenden *Eingriff in das* Rechtsgut und der *Verletzung des* Rechtsguts unterschieden wird.

Es wird auch überlegt, die fehlende Voraussetzung der Strafbarkeit auf der Ebene 111
der Tatbestandsmäßigkeit in einem ungeschriebenen Merkmal der „freien Selbstbestimmung über disponible Rechtsgüter" zu suchen. Nach den §§ 223 ff. z. B. handelte dann nur tatbestandsmäßig, wer einen anderen *unter Eingriff in sein Selbstbestimmungsrecht* körperlich misshandelt oder an der Gesundheit beschädigt. Jedoch schützen die betreffenden Tatbestände des Strafrechts nicht die Selbstbestimmung im Hinblick auf bestimmte Lebensgüter, sondern bestimmte Lebensgüter „als Voraussetzung und Bezugsobjekt möglicher Selbstbestimmung".[81]

Auch bei wirksamer Einwilligung liegt damit ein *Eingriff* in das geschütz- 112
te Rechtsgut und die Verwirklichung des in den Strafvorschriften umschriebenen

---

[78] Vgl. *Rengier* AT § 23 II.

[79] Vgl. *Wessels/Beulke/Satzger* AT RN 363, 370 ff. mwN.

[80] Vgl. MK-*Schlehofer* RN 127 vor §§ 32 ff.; *Maiwald* FS Tateishi, S. 18 ff.; *Roxin* FS Amelung, S. 181 ff. sowie die Übersicht bei *Roxin* AT 1 § 13/12 ff.; für einen Unrechtsausschluss eigener Art (Normaufhebungsgrund) *Kindhäuser* GA 2010, 490/493/502 ff.

[81] *Lenckner/Sternberg-Lieben* in: Schönke/Schröder 33a vor § 32 mwN; vgl. auch *Amelung/Eymann* JuS 2001, 938 links.

Un*wertes* vor.[82] Der substanzverletzende ärztliche Heileingriff stellt sich so zunächst als ein *Eingriff* in das Rechtsgut der körperlichen Unversehrtheit in Form einer Gesundheitsschädigung als *Unwertverwirklichung* dar. Dass dies dennoch keine Rechtsguts*verletzung* und Un*rechts*verwirklichung bedeutet, ergibt sich durch den Ausschluss der Rechtswidrigkeit infolge Einwilligung. Wer eine Sache des Eigentümers ohne Einwilligung zerstört, greift nicht nur unspezifisch in dessen Autonomie ein, sondern spezifisch in die aus dem *Eigentum* fließenden, durch § 303 vor vorsätzlicher Missachtung geschützen Rechte.

9. Einwilligung und Einverständnis

113 Zum Ausschluss der Tatbestandsmäßigkeit führt die Interessenpreisgabe unbeschadet der Ausführungen unter Punkt 8 aber dort, wo das umschriebene Verhalten insgesamt gerade ein Handeln *gegen* oder *ohne den Willen des Verletzten* verlangt, z. B. bei der Entführung gegen den Willen des Opfers (§ 237), beim Gebrauch eines Fahrzeugs gegen den Willen des Berechtigten (§ 248 b), bei der Freiheitsberaubung (§ 239), der Nötigung (§ 240) oder beim Raub (§ 249), aber auch beim Diebstahl (§ 242: „Wegnahme") und beim Hausfriedensbruch (§ 123: „Eindringen"). In diesen Fällen spricht man von einem tatbestandsausschließenden Einverständnis.

Beispiel 5.9

Diebesfalle-Fall BayObLG RReg. 3 St 230/78 NJW 1979, S. 729:[83] Die Ang. A, die als Schwesternhelferin tätig war, entwendete aus einer in einem Krankenzimmer abgestellten Handtasche eine Geldbörse mit DM 110.- Inhalt. Zur Aufklärung des Diebstahls wurde die Polizei eingeschaltet. Diese präparierte ihr zur Verfügung gestellte Geldscheine und ließ sie in einem anderen Krankenzimmer in eine Geldbörse legen, die in eine auf dem Nachtkästchen abgestellte Toilettentasche gesteckt wurde. Sodann beauftragte die Stationsschwester die A, die Nachtkästchen abzustauben. „Bei dieser Gelegenheit entnahm die Angeklagte der Geldbörse einen präparierten 50-DM-Schein und verstaute ihn zunächst in einer Tasche ihres Kittels....".

115 Die Vorinstanzen verurteilten A wegen Diebstahls des 50-DM-Scheins. Die Revision der A hatte insoweit Erfolg. Weshalb?

116 Das BayObLG verneinte hier zutreffend einen vollendeten Diebstahl, weil die Krankenpflegehelferin die Sachherrschaft erlangen sollte, sie somit *mit Wissen und Wollen* des Berechtigten erlangt hatte. Weil sie das Einverständnis mit der Wegnahme aber nicht kannte und den Entschluss gefasst hatte, das Geld wegzunehmen, liegt ein Versuch vor (s. auch unten c). Ein scheinbar paradoxes Ergebnis: die Täterin konnte keinen vollendeten Diebstahl begehen, weil sie einen Diebstahl begehen *sollte*.

114 [82] Vgl. auch *Köhler* AT, S. 245; *Wessels/Beulke/Satzger* AT RN 363; Einwände gegen die Rechtfertigungslehre beruhen nicht selten auf einer unzulässigen Gleichsetzung von Un*wert* und Un*recht*, vgl. z. B. *Kindhäuser* AT § 12/3.

[83] Hierzu auch *Mitsch* BT 2/1 § 1/71 ff.

Das *tatbestandsausschließende Einverständnis* unterscheidet sich von der rechtfertigenden Einwilligung auch hinsichtlich der Voraussetzungen beim *Betroffenen*:[84] 117

a) Willensfähigkeit anstatt Einsichtsfähigkeit

Das Vorliegen der natürlichen Fähigkeit, einen Willen zu bilden, die sog. „*Willensfähigkeit*", ist ausreichend. Das Erkennen der Tragweite des Einverständnisses (Einsichtsfähigkeit) ist nicht erforderlich. Ausschlaggebend ist die *Existenz* eines tatbestandsausschließenden Willens. 118

b) Entbehrlichkeit der Einverständniserklärung und Unbeachtlichkeit von Willensmängeln

Eine *Erklärung* des Einverständnisses ist *nicht erforderlich*. Es genügt die Tatsache einer bewussten Zustimmung. *Mängel* in der Willens*bildung* (insbesondere durch Täuschung) sind unbeachtlich. 119

c) Bemerkung zum Aufbau

Weil das Einverständnis *tatbestandsausschließend wirkt*, ist sein Vorliegen im Rahmen des auszuschließenden Tatbestandsmerkmals zu erörtern, im *Beispiel 5.9.* somit bei der Wegnahme. Die Unkenntnis des Täters vom Vorliegen des Einverständnisses bedeutet die *irrtümliche Annahme eines Merkmals der Tatbestandsmäßigkeit*. Die Situation unterscheidet sich vom Fehlen des subjektiven Rechtfertigungselementes in Folge Unkenntnis der rechtfertigenden Situation insoweit, als das Einverständnis *kein Recht* zum Eingriff gibt und das Verhalten des Täters der Unrechtsstruktur des Versuchs entspricht (s. o. RN 51 ff.). Deshalb kommt eine Strafbarkeit wegen *Versuchs* in Frage.[85] 120

Hinweise zum Leitfall 5.2. (Information)

Nachdem der BGH die Sittenwidrigkeit der Schlägermensur abgelehnt hatte, war von einer wirksamen Einwilligung auszugehen. Der Freispruch des Angeklagten durch das Landgericht hatte daher Bestand. Näher oben B I 6 RN 52 f. 121

II. Notwehr (§ 32 StGB) und andere Abwehrrechte (§§ 229, 859 I, II BGB)

§ 32. Notwehr 122

1. Wer eine Tat begeht, die durch Notwehr geboten ist, handelt nicht rechtswidrig.
2. Notwehr ist die Verteidigung, die erforderlich ist, um einen gegenwärtigen rechtswidrigen Angriff von sich oder einem anderen abzuwenden.

---

[84] A.A. freilich jene Meinung, die auch die Einwilligung als Tatbestandsausschluss einordnet, aber auch Anhänger der verbrechenssystematischen Differenzierung, näher *Roxin* AT 1 § 13/11 mwN.

[85] Näher hierzu die Irrtumslehre, § 13 RN 94 f., 113 f.

123 **Leitfall 5.3**

Obstdieb-Fall RG I 384/20– RGSt 55, 82 vom 20. September 1920: „Der Angeklagte hat während der Nacht in einer Schutzhütte bei seinen Obstbäumen Wache gehalten; er war von seinem Hunde begleitet und mit geladenem Gewehr ausgerüstet. Am frühen Morgen bemerkte er zwei Männer, die Obst von den Bäumen entwendeten. Auf seinen Anruf ergriffen beide unter Mitnahme des Obstes, das sie gepflückt hatten, die Flucht und leisteten der Aufforderung des Angeklagten, stehen zu bleiben, obwohl er sie durch die Drohung, er werde schießen, unterstützt hatte, keine Folge. Darauf gab der Angeklagte ‚in der Richtung' der Fliehenden einen Schrotschuss ab, traf einen von ihnen und verletzte ihn nicht unerheblich."

124 Die Strafkammer sprach den Angeklagten von der Anklage der vorsätzlichen gefährlichen Körperverletzung frei. Dagegen legte die Staatsanwaltschaft Revision ein und begründete dies mit zwei Argumenten: Durch die Wendung der Obstfrevler zur Flucht sei der Angriff schon nicht mehr gegenwärtig gewesen, zumindest aber habe der Angeklagte angesichts des geringen Wertes des Obstes das Maß der Abwehr nicht eingehalten. Das Reichsgericht wies das Rechtsmittel zurück. Zu Recht?

125 Die rechtfertigende Wirkung der Notwehr beruht auf dem Prinzip des *überwiegenden Interesses*. Der tatbestandsmäßig handelnde Täter muss innerhalb einer *Interessenkollision* das *überwiegende Interesse* wahrnehmen. Dieses kann ein eigenes Interesse des Täters sein (Not*wehr*), es kann sich aber auch um das Interesse eines Dritten handeln (Not*hilfe*[86]).

126 Die objektiven Elemente der Notwehr bilden die Notwehr*lage* und die Notwehr*handlung*. Nach h.M. (zw.) erfordert die Notwehr als subjektives Rechtfertigungselement einen *Verteidigungswillen*.

1. Notwehrlage

127 Die Notwehrlage besteht in einem *Angriff* (a) gegen ein *notwehrfähiges Rechtsgut* (b), der *rechtswidrig* (c) und *gegenwärtig* (d) sein muss.

a) Angriff

128 Unter einem Angriff versteht man die *Handlung* eines *Menschen*, welche in ein *rechtlich geschütztes Interesse* einzugreifen droht oder eingreift.[87] Auch ein Unterlassen kann einen Angriff darstellen.[88]

129 Zu den *rechtlich geschützten Interessen* zählen nicht nur strafrechtlich geschützte Rechtsgüter, sondern *alle Verhältnisse und Zustände*, die überhaupt *rechtlich be-*

---

[86] Grundlegend zur Nothilfe *Engländer* 2008.

[87] Vgl. *Wessels/Beulke/Satzger* AT RN 325; In der Regel kann man hier lesen, dass der Angriff ein rechtlich geschütztes Interesse *„verletzt"*. Dass eine Verletzung vorliegt, kann aber erst gesagt werden, wenn der Eingriff rechtswidrig ist; zur Einschränkung der Angriffsqualität auf mindestens bewusst fahrlässiges Verhalten *Sinn* GA 2003, 96 ff., 100 ff.; vgl. auch *Freund* AT § 3/98.

[88] Vgl. *Lagodny* GA 1991, 300 ff.

gründet sind.[89] Der Besitzer darf sich deshalb auch dann gegen die Wegnahme einer Sache zur Wehr setzen, wenn der Wegnehmende ohne Zueignungsabsicht handelt, also keinen Diebstahl begeht.

b) Notwehrfähigkeit des Rechtsguts

Nicht jedes Rechtsgut ist notwehrfähig. In der Regel können nur Angriffe gegen *Individualrechtsgüter* in Notwehr abgewehrt werden. 130

Beispiel 5.10 131

Fernlicht-Fall OLG Düsseldorf (2) Ss 101/61 NJW 1961, 1783: A überholte auf der Bundesstraße mit seinem PKW den VW des Sch. Da diesem der Wagen des A „irgendwie auffällig" vorkam, blendete er nicht ab. Durch die Rückspiegelung verschiedener Gegenstände im Inneren seines Fahrzeugs wurde A so geblendet, dass er nicht schnell davonzufahren wagte. Nach mehreren gegenseitigen Überholvorgängen zwischen A und Sch fuhr A „mit überhöhter Geschwindigkeit voraus, brachte so einen Abstand von etwa 40 bis 60 m zwischen sich und Sch. und stellte dort sein Fahrzeug quer zur Fahrbahn, um Sch. zum Anhalten zu bringen und ihn alsdann zum Abblenden aufzufordern." Sch. brachte sein Fahrzeug etwa 5 m vor dem Wagen des A zum Stehen. Nach einem scharfen Wortwechsel fuhren beide weiter, Sch. jetzt mit abgeblendeten Scheinwerfern.

Könnte sich A gegen den Vorwurf der Nötigung damit verteidigen, in Notwehr gehandelt zu haben? 132

Das OLG lehnte Notwehr mangels eines Angriffs ab. Denn dieser erfordere ein Vorgehen, „das in die Rechtssphäre eines bestimmten anderen Menschen eingreift". Deshalb sei der Verstoß gegen das Abblendgebot der Straßenverkehrsordnung für A nicht notwehrfähig. „Güter, die nur dem Staat als Träger der Staatshoheit zustehen, sind… für den einzelnen Staatsbürger in aller Regel nicht notwehrfähig." Aber auch die Störung seines körperlichen Wohlbefindens berechtige nicht zur Gewaltanwendung, sondern verpflichte wegen des Rücksichtsgebots in § 1 StVO zu einer „rücksichtsvollen Anpassung an die jeweilige Verkehrslage".[90] 133

Das OLG konnte sich auf die Rechtsprechung des BGH im berühmten *„Sünderin"*-Fall BGH 3 StR 151/53 BGHSt 5, 245 berufen. Dort hatten die Angeklagten die Vorführung eines ihrer Meinung nach sittlich anstößigen[91] Filmes gestört. Auch hier hatte der BGH eine Rechtfertigung der Nötigung wegen Notwehr abgelehnt: „Einer Störung der *öffentlichen* Ordnung im allgemeinen, wie sie durch die Aufführung sittlich oder religiös anstößiger Filme ausgelöst werden könnte, kann […] der Staatsbürger, solange nicht auch zugleich *seine* Rechte verletzt werden, in der Regel nicht mit der Notwehr entgegentreten."[92] 134

[89] Vgl. *Perron* in: Schönke/Schröder § 32 RN 4.

[90] NJW 1961, 1784 links.

[91] Anstoß erregte Anfang der 50er Jahre in dem Film „Die Sünderin" jene Szene, in der die Filmschauspielerin Hildegard Knef für wenige Augenblicke unbekleidet zu sehen ist.

[92] BGH 3 StR 151/53 BGHSt 5, 245/247.

135 Aber auch eine *Nothilfe* zugunsten der Theaterbesucher war abzulehnen, weil das rechtlich geschützte Interesse nur dann nothilfefähig ist, wenn sein Inhaber mit der Abwehr des Angriffs einverstanden ist. Hier jedoch waren die Theaterbesucher ja gerade deshalb gekommen, um den Film zu sehen. Es läge deshalb allenfalls eine *aufgedrängte* Nothilfe[93] vor, die nicht zu rechtfertigen vermag.

c) Rechtswidrigkeit des Angriffs

136 Rechtswidrig ist jeder Angriff, der *nicht* seinerseits durch einen *Erlaubnissatz* (=Rechtfertigungsgrund) *gedeckt* ist. Das Rechtsgebiet, welchem der Erlaubnissatz angehört, spielt keine Rolle.[94] Die Prüfung, ob ein Rechtssatz ein Verhalten *rechtfertigt* und damit mangels eines *rechtswidrigen* Angriffs eine Notwehr gegen dieses Verhalten ausschließt, nennt man „Notwehrprobe".[95]

137 Ob ein rechtswidriger Angriff auch dann vorliegt, wenn der Angreifende die tatsächlichen Voraussetzungen eines Rechtfertigungsgrundes irrtümlich annimmt (Erlaubnistatumstandsirrtum, näher unten § 13 RN 189 ff.) und dieser Irrtum sowohl allgemein als auch individuell unvermeidbar ist, ist umstritten und in einer Entscheidung des Bundessozialgerichts aktuell geworden:

138 **Beispiel 5.11**

Hilferuf-Fall BSG B9 VG 1/98 R=BSGE 84,54=JZ 2000, *S.* 96:[96] Die Ehefrau des P lernte den L auf dem Heimweg von einem Straßenfest kennen und nahm ihn mit nach Hause. Beide waren alkoholisiert. P, der bereits geschlafen hatte, wachte auf und forderte L energisch auf, das Haus zu verlassen, was L auch tat. Es kam nun zu einer Auseinandersetzung zwischen P und Frau P. P packte seine Frau, um sie in das Obergeschoss zu bringen. Frau P wehrte sich, ließ sich im Flur des Erdgeschosses auf den Boden fallen und rief „grundlos" um Hilfe. P ging in die Küche, um sich mit einem 20 cm langen und 4 cm breiten Messer eine Portion rohen Schinkens abzuschneiden, weil er sich ein Brot zubereiten wollte.

139 Da entschloss sich L., der vor dem Haus stehen geblieben war und das Rufen von Frau P gehört hatte, in das Haus zurückzukehren.

140 P, der annahm, einer seiner Bekannten suche ihn nach Rückkehr von dem Fest noch auf, öffnete, ohne das Messer wegzulegen. L drang sofort in den Flur ein, sah P mit dem Messer und Frau P schreiend am Boden liegen. In Verkennung der Situation ging er auf Herrn P los, der vor ihm zurückwich und die linke Hand schützend vor seinen Kopf hielt. Mit der rechten Hand machte P zunächst ungezielte Abwehrbewegungen, mit denen er L oberflächlich Schnittverletzungen zufügte. Als L weiterhin versuchte, P mit Faustschlägen zu treffen, stieß P zweimal das Messer in L´s Oberkörper. L sank zusammen und verstarb kurze Zeit später.

141 Stand Herrn P gegen die Faustschläge des L ein Notwehrrecht zu?

---

[93] Näher *Sternberg-Lieben/Sternberg-Lieben* JuS 1999, 444 ff.

[94] Vgl. aber zu echten und unechten Strafunrechtsauschließungsgründen *Günther* oben RN 44.

[95] Vgl. auch *A. Lange* 1994, mit Bespr. *Mitsch* ZStW S. 110 (1998), 166 ff.

[96] M. Anm. *Roxin* JZ 2000, 99 f.; vgl. auch *Gropp/Küpper/Mitsch* Fallsammlung Fall 6 sowie *Simon* JuS 2001, 639 ff.

Nach der Meinung des BSG soll die Tatsache, dass objektiv kein rechtswidriger Angriff des P gegen Frau P vorlag, ausreichen, um den Angriff des L als *rechtswidrig* zu erachten und P ein Notwehrrecht zuzuerkennen. Weil L aber – für P erkennbar – einen rechtswidrigen Angriff des P nur irrig annahm, sei das Notwehrrecht *mangels Gebotenheit* der Verteidigung eingeschränkt und P zu einer tödlichen Trutzwehr nicht berechtigt gewesen.[97] **142**

Mit guten Gründen wird allerdings erwogen,[98] dass ein Verhalten wie das des L rechtmäßig ist, wenn der Irrtum angesichts der Umstände (hier: Messer des P, Schreien der Frau P) unvermeidbar ist.[99] „Notwehr scheidet auch dort aus, wo ein Handeln, ohne dass ihm ein Eingriffsrecht zur Seite stünde, lediglich die im Verkehr erforderliche Sorgfalt nicht verletzt", liest man bei *Roxin*,[100] und „auch wer ohne objektive Sorgfaltspflichtverletzung [irrtümlich][101] die Voraussetzungen der Notwehr annimmt, handelt nicht rechtswidrig".[102] **143**

Hinter diesen Überlegungen verbirgt sich – ohne dass dies m. W. bisher freilich ausgesprochen würde – eine *Rechtfertigung* im Rahmen des *erlaubten Risikos*, die bei der mutmaßlichen Einwilligung (näher unten RN 370 ff.) anerkannt ist. Kommt der Täter dort auf Grund der Umstände und einer gewissenhaften Prüfung unvermeidbar zu dem Ergebnis, dass die tatsächlichen Voraussetzungen einer Einwilligung gegeben sind, handelt er auch dann rechtmäßig, wenn sich seine Einschätzung später als falsch erweisen sollte. So liegen die Verhältnisse auch hier: So lange objektiv und individuell[103] unvermeidbar der (unrichtige) Eindruck andauert, dass P seine Frau mit dem Messer gegenwärtig angreift, liegt eine (Anscheins-)Gefahr vor, die dem irrenden L das Recht gibt, zum Schutz von Frau P einzugreifen. Sein *Angriff* ist deshalb *nicht rechtswidrig*, solange der wahre Sachverhalt nicht erkennbar ist. **144**

d) Gegenwärtigkeit des Angriffs

Der Angriff ist gegenwärtig, wenn er *unmittelbar bevorsteht*,[104] *stattfindet* oder noch *andauert*. Ein Angriff liegt damit so lange vor, bis die Gefahr für das Angriffsobjekt bzw. Rechtsgut entweder völlig abgewendet ist oder nicht mehr ohne obrigkeitliche Hilfe abgewendet werden kann bzw. darf. Ist der Angriff noch nicht gegenwärtig, kommt eine Rechtfertigung nach § 34 oder eine Entschuldigung nach § 35 in Frage, **145**

---

[97] So das BSG JZ 2000, 97.

[98] Vgl. *Hirsch* FS Dreher, S. 211 ff.; *Perron* in: Schönke/Schröder § 32 RN 21; *Roxin* AT 1 § 14/112; *Simon* JuS 2001, 652 links; *Sinn* GA 2003, 96 ff., 103 ff.; *Sinn* FS Roxin 2011, S. 678 f.

[99] Vgl. *Roxin* JZ 2000, 99 mwN.

[100] *Roxin* AT 1 § 15/14.

[101] Eingefügt vom Verfasser.

[102] *Roxin* AT 1 § 15/15.

[103] Dies bedeutet, dass ein durchschnittlich informierter Beobachter der Szene einen rechtfertigenden Sachverhalt annehmen würde. Jedoch müssen (wie beim individuellen Fahrlässigkeitsbegriff, s. u. § 12 RN 135 ff.) Sonderfähigkeiten eingesetzt werden. Ist der unrichtige Eindruck hingegen nur *individuell* unvermeidbar, liegt ein Angriff eines Irrenden vor, der nur eingeschränkt wie eine Gefahr im defensiven Notstand abgewendet werden darf, s. u. RN 160.

[104] Insoweit ablehnend *Freund* AT § 3/101.

wenn die *Gefahr* eines Angriffs vorliegt und das Aufschieben von Verteidigungshandlungen die Abwehrchancen erheblich verschlechtern würde („Präventiv-Notwehr" bzw. „notwehrähnliche Lage").[105] Hier ist jedoch zu beachten, dass eine Notstandslage nur gegeben ist, wenn die Gefahr *nicht anders abwendbar* ist, also insbesondere keine staatliche Hilfe herbeigerufen werden kann.[106]

146 **Zu Leitfall 5.3**

In *Leitfall 5.3.* war der Angriff auf das Eigentum (Obst) des Angekl. gegenwärtig, sobald die Wegnahmehandlung unmittelbar bevorstand, während sie durchgeführt wurde und solange die Gefährdung der Eigentümerbefugnisse weder abgewehrt noch endgültig in den Verlust umgeschlagen war, etwa durch ein Verstecken in der Wohnung. Weil der Angriff während der Flucht somit noch andauerte, nahm das RG zu Recht einen gegenwärtigen Angriff an.

2. Notwehr- oder Verteidigungshandlung

147 Eine Rechtfertigung mittels Notwehr ist nur dann möglich, wenn das Verhalten des Angegriffenen eine *erforderliche* Verteidigung darstellt.

a) Erforderlichkeit

148 Erforderlichkeit bedeutet *Geeignetheit* und *Notwendigkeit. Geeignet* ist die Verteidigungshandlung dann, wenn sie – objektiv und ex ante[107] – ein taugliches Mittel darstellt, den Angriff sofort und ohne Gefährdung eigener Interessen abzuwehren.[108] *Notwendig* ist sie, wenn sie das *schonendste* Mittel zur Abwehr des Angriffs ist. Dabei sind lebensgefährliche Abwehrmittel grundsätzlich nicht ausgeschlossen.[109] Denn auf einen Kampf unter Verwendung weniger gefährlicher Mittel, dessen Ausgang dadurch eher ungewiss ist, braucht sich niemand einzulassen.[110] In Fällen „vorbereiteter Notwehr" durch Selbstschüsse u.ä.m. trägt der Verteidiger das Risiko der Überschreitung des schonendsten Mittels.[111] Kann staatliche Hilfe

---

[105] Vgl. *Frister* AT Kap. 16/15 sowie BGH 1 StR 483/02 BGHSt 48, 256, 258 f.; für eine analoge Anwendung des § 32 hingegen *Suppert* Studien zur Notwehr und „notwehrähnlichen Lage", S. 356 ff.

[106] Vgl. BGH 3 StR 356/92 BGHSt 39, 133 m. Anm. *Roxin* NStZ 1993, 335; zu den hohen Anforderungen des BGH an die Gegenwärtigkeit BGH 3 StR 503/01 JZ 2003, 50 m. Anm. *Walther* JZ 2003, 52 ff.; AnwK-*Hauck* § 32 Rn. 4; zum Verhältnis von gegenwärtigem Angriff und gegenwärtiger Gefahr näher *Otto* Jura 1999, 552 f.; anschaulich zur „notwehrähnlichen Lage" *Rudolphi* Fälle zum Strafrecht, S. 32 f. mwN.

[107] Vgl. *Perron* in: Schönke/Schröder § 32 RN 34; BGH 3 StR 186/98 StV 1999, 145; krit. *Chr. Schröder* JuS 2000, 235 ff.

[108] Zur Tauglichkeit der Abwehr im Hinblick auf alle Rechtsgüter des Angegriffenen und nicht nur des tatbestandlichen Erfolgs der Angriffstat *Joecks*, FS Grünwald, S. 251 ff.

[109] Vgl. BGH StV 1999, 143 ff.

[110] Vgl. BGH 4 StR 114/98 NStZ 1998, 508=JuS 1999, 85 f.; BGH 1 StR 435/01 StV 2002, 422.

[111] Zur Erforderlichkeit der Abwehr durch *Selbstschutzanlagen* wie Fußangeln und Selbstschüsse vgl. *Herzog* GS Schlüchter, S. 209 ff.; LK-*Spendel* § 32 RN 248 ff.; *Schlüchter* FS Lenckner, S. 313 ff.

ohne Gefährdung eigener Interessen in Anspruch genommen werden, ist private Notwehr nicht erforderlich.[112] Da die Verteidigungshandlung zu den objektiven Elementen der Notwehr zählt, beurteilt sich die Erforderlichkeit objektiv und *aus der Verteidigungssituation* (ex ante = aus vorheriger Sicht). Maßstab ist das Urteil eines besonnenen Dritten in der Lage des Angegriffenen.[113] Überschreitet der Täter die Grenzen der Erforderlichkeit, ist eine Rechtfertigung nach § 32 ausgeschlossen. Jedoch kommt eine *Entschuldigung* über § 33, sog. *Notwehrexzess*, in Frage (§ 6 RN 155 ff.).

Die Rechtfertigung durch Notwehr beruht auf dem Gedanken, dass das *Recht dem Unrecht nicht zu weichen braucht*.[114] Das durch Notwehr geschützte Interesse muss das beeinträchtigte Interesse des Angreifers deshalb nicht überwiegen. Denn die Legitimation für die Verteidigung beruht auch auf der Verteidigung der Rechtsordnung. Der in der Verletzung der Güter des Angreifers liegende Unwert wird also nicht nur dadurch ausgeglichen, dass der Verteidiger Individualgüter schützt, sondern auch dadurch, dass er für die Geltung der Rechtsordnung eintritt. 149

Zu Leitfall 5.3 150

In *Leitfall 5.3.* kommt dieser Gesichtspunkt deutlich zum Ausdruck: „ [...] kann eine [...] Rücksicht auf die Verhältnismäßigkeit der Güter unmöglich da gerechtfertigt sein, wo das Recht im Kampf gegen das Unrecht geschützt werden soll; hier dem Verteidiger zuzumuten, bei der Wahrung seiner Rechte darauf zu achten, dass er dem widerrechtlich angreifenden Gegner keinen Schaden zufügt, der höher bewertet wird, als der ihm selbst aus dem rechtswidrigen Angriffe drohende, ist nicht angängig. Freilich wird dann, wenn sich die Notwendigkeit ergibt, zum Schutz von Eigentum und Besitz, vielleicht solchem von ganz geringem Werte, das Leben oder die körperliche Unversehrtheit des Angreifers zu gefährden, die Entschließung zur Aufnahme des Kampfes... von den sittlichen Anschauungen [...] des Verteidigers abhängen [...]. Ihm aber als Voraussetzung für die Zulässigkeit der Notwehrausübung eine solche Prüfung und Abwägung der Wertverhältnisse in einem Augenblicke zuzumuten, in dem rascher Entschluss und rasches Handeln geboten sein kann, ist nicht zu fordern."[115]

Weil es auf das Überwiegen des geschützten Interesses grundsätzlich nicht ankommt, kann auch eine Tötung des Angreifers durch § 32 gerechtfertigt werden. Fraglich ist, inwieweit hier Art. 2 II a EMRK[116] einschränkend wirkt. Nach Art. 2 II a EMRK ist die absichtliche Tötung eines Menschen nur zulässig, wenn sie sich 151

[112] Vgl. *Perron* in: Schönke/Schröder § 32 RN 41.

[113] Vgl. *Lackner/Kühl* § 32 RN 10; *Fischer* § 32 RN 28.

[114] Vgl. *Wessels/Beulke/Satzger* AT RN 339; dazu *Lüderssen* 1995, S. 159 ff., insbes. S. 160 ff.

[115] RGSt 55, 85 f.

[116] Vgl. auch *Hillenkamp* 3. Problem; vgl. zu den Einschränkungen hinsichtlich des Schutzes von Sachgütern *Koriath* 2002, S. 47 ff.

als unbedingt erforderliche Gewaltanwendung ergibt, um die Verteidigung eines Menschen gegen rechtswidrige Gewaltanwendung sicherzustellen. Daraus wird zum Teil gefolgert, dass eine notfalls tödliche Abwehr unzulässig ist, wenn sie dem Schutz etwa nur von Vermögensinteressen dient.[117]

152 Indessen ist zu berücksichtigen, dass die EMRK als völkerrechtlicher Vertrag nur die vertragsschließenden Parteien, also die Mitgliedsstaaten des Europarates, bindet, nicht aber die Bürger dieser Staaten.[118] Die Grenzen *ihres* Notwehrrechts zum Schutz u. a. von Sachwerten werden durch das allgemeine Verhältnismäßigkeitsprinzip (vgl. unten RN 153 ff.)gezogen. Aber auch insoweit lassen sich die Grenzen des Notwehrrechts durchaus mit Art. 2 II a EMRK in Einklang bringen, wie *Zieschang*[119] anhand einer rechtsvergleichenden Analyse des englischen und des französischen Wortlauts der EMRK überzeugend dargelegt hat: Bezüglich des Verbotes einer absichtlichen Tötung eines Angreifers zur Verteidigung einer Sache ist die Notwehr auch nach § 32 sozialethisch eingeschränkt, und eine mit Eventualvorsatz oder fahrlässig erfolgte Tötung wird von Art. II a („intention“, „l'intension“) nicht erfasst und zur Sachverteidigung nach § 32 gerechtfertigt, soweit die übrigen Voraussetzungen vorliegen.

b) Sozialethische Schranken der Notwehr[120]

153 Obwohl Einigkeit darin besteht, dass für die Zulässigkeit der Notwehr eine Proportionalität der betroffenen Güter grundsätzlich nicht Voraussetzung ist, ist inzwischen anerkannt, dass dieses Prinzip nicht lückenlos gilt, sondern sozialethischer Einschränkungen bedarf. Umstritten ist, wo diese Einschränkungen im Gesetzeswortlaut ihre Grundlage finden.

154 Teilweise wird vertreten, dass bereits das Merkmal der *Erforderlichkeit* durch das in Art. 20 GG niedergelegte Verfassungsprinzip der *Verhältnismäßigkeit* geprägt wird. Erforderlich kann daher nur diejenige Verteidigung sein, die auch verhältnismäßig ist.[121]

155 Die überwiegende Meinung[122] will hingegen auf das Merkmal des „Gebotenseins“ in § 32 I zurückgreifen. Während das Abstellen auf die Erforderlichkeit systematisch eher zu überzeugen ver-

[117] Vgl. *Frister* GA 1985, 553 ff.

[118] Vgl. *Ambos* 2014, § 10 RN 78 f.; AnwK-*Hauck* StGB § 32 RN 22; *Hecker* 2012, § 3/21 ff.; *B. Heinrich* AT RN 367; *Jescheck/Weigend* AT § 32 V jew. mwN.

[119] GA 2006, 415 ff.

[120] Umfassend *Roxin* ZStW 93 (1981), 68 ff. und MK-*Erb* § 32 RN 201 ff.; sowie AnwK-*Hauck* StGB § 32 RN 12 ff.; *B. Heinrich* AT RN 361 ff.; *Maiwald* FS Marinucci, S. 1579 ff.; zur restriktiven Auslegung des § 32 am Maßstab der Gerechtigkeitsformenlehre Kants: *Klescewski* FS E.A. Wolff, S. 244 ff.; rechtsvergleichend zum österreichischen und schweizerischen Recht sowie rechtshistorisch zur deutschen Notwehrregelung *Kühl* FS Triffterer, S. 149 ff.; vgl. auch *Kühl* FS Hirsch, S. 259 ff.; *Kühl* AT § 7/157 ff.

[121] Vgl. dazu umfassend und mit zahlreichen Nachweisen *Lilie* FS Hirsch, S. 277 ff.; *Lenckner* GA 1968, 1 ff.

[122] Vgl. *Amelung* GA 1982, S. 381/389; *Baumann/Weber/Mitsch* AT § 17/34; *Fischer* § 32 RN 36; *Frister* AT Kap. 16/25 ff.; *Jäger* AT RN 121 ff.; *Kindhäuser* AT § 16/35; *Krey/Esser* AT RN 528 ff.; *Lackner/Kühl* § 32 RN 13 ff.; *Rengier* AT § 18/54; *Wessels/Beulke/Satzger* AT RN 342 ff. mwN; BGH 5 StR 493/93 BGHSt 39, 374/377; für eine allgemeine Verhältnismäßigkeitsprüfung de lege ferenda hingegen *Bülte* GA 2011, 145/163 ff.

mag, hat das „Gebotensein" klausurtechnisch den Vorzug als „Erinnerungsposten". Unter dem Gesichtspunkt des Gesetzlichkeitsprinzips (nullum crimen sine lege scripta) bedarf es des Rückgriffs auf das Gebotensein hingegen nicht, weil insoweit die Auslegung der Erforderlichkeit bereits eine hinreichende gesetzliche Grundlage darstellt.

Sozialethische Einschränkungen der Notwehr werden in den folgenden Fallgruppen diskutiert: **156**

aa) Bagatellfälle

Zwischen dem verteidigten und dem beeinträchtigten Rechtsgut besteht ein *krasses Missverhältnis.*[123] **157**

Beispiel 5.12 **158**

Sirup-Fall OLG Stuttgart 1 Ss 30/48 DRZ 1949, S. 42: Der Angeklagte schoss auf einen Dieb, der mit einer Sirupflasche im Wert von 0,10 Reichsmark fliehen wollte. Das OLG lehnte eine Rechtfertigung infolge Notwehr ab: „Das gesunde Rechtsgefühl[124] müsste es beleidigen, wenn man zwar einen wertvollen Hund, der mit einem wertlosen Stück Fleisch davonläuft, nicht töten dürfte (§ 228 BGB), wohl aber einen Menschen, der eine derart wertlose Sache wegnimmt und nicht anders abgewehrt werden kann."[125]

Für eine Erweiterung dieses Verhältnismäßigkeitsgedankens[126] im Sinne eines Ausschlusses tödlicher Notwehr gegen nicht lebensbedrohliche Angriffe spricht sich *Bernsmann*[127] *aus.* **159**

bb) Geltungsangriff[128]

Überwiegend abgelehnt wird ein Notwehrrecht gegenüber Angriffen von *Kindern,*[129] *Geisteskranken, Irrenden und Betrunkenen.* Denn da ein solcher Angriff die Geltung der Rechtsordnung nicht in Frage stellt, scheide das scharfe Notwehrrecht aus. Das Verhalten des Angreifers wird dann wie eine *Gefahr* im Sinne des § 34 bewertet. Gegenüber Angreifern, die sich in einem *objektiv und subjektiv unvermeid-* **160**

---

[123] Vgl. *Kühl* Jura 1990, S. 249; *Lackner/Kühl* § 32 RN 14; *Perron* in: Schönke/Schröder § 32 RN 50; *Fischer* § 32 RN 39.

[124] Die Lingua Tertii Imperii ist noch präsent! Nur wird das „Volksempfinden" durch das „Rechtsgefühl" ersetzt!; vgl. *V. Klemperer* 1998.

[125] OLG Stuttgart DRZ 1949, 43 links.

[126] Dazu näher *Maiwald* FS Marinucci, S. 1579 ff.

[127] Vgl. *Bernsmann* ZStW 104 (1992), 306 ff.; für einen Ausschluss tödlicher Notwehr zum Schutz selbst gewichtiger Sachwerte *Stiller* 1999.

[128] So *Jescheck/Weigend* AT § 32 III 3 a mwN.

[129] Zur Notwehr gegen verbale ehrverletzende Angriffe von Kindern BayObLG RReg. 5 St 14/91 JR 1992, S. 162 mit abl. Anm. *Mitsch* JuS 1992, 289 ff., *Vormbaum* JR 1992, 163 ff.

baren Erlaubnistatumstandsirrtum befinden, scheidet Notwehr schon deshalb aus, weil ihr Angriff *nicht rechtswidrig* ist (s. o. RN 137 ff. und u. RN 389 ff.).

cc) Notwehr innerhalb enger persönlicher Beziehungen und Garantieverhältnisse

161 Umstritten sind jene Fallgruppen, in denen dem Angegriffenen das Recht zur Abwehr beschränkt werden soll, weil er mit dem Angreifer in einem *Lebenskreis mit engen persönlichen Beziehungen* steht.

162 **Beispiel 5.13**

BGH 3 StR 159/74 NJW 1975, S. 62: Die Ang. A ergriff im Verlauf einer tätlichen Auseinandersetzung mit ihrem Ehemann E ein Messer und stieß es ihm in die linke Brustseite. Der Mann war sofort tot. Nach den Urteilsfeststellungen war E der A nicht wesentlich überlegen. Beide hatten schon häufiger tätliche Auseinandersetzungen gehabt und A brauchte „bei der langjährigen Kenntnis des Verhaltens ihres Ehemannes" mit schwereren körperlichen Verletzungen ersichtlich nicht zu rechnen.

163 Unter Fortführung der Entscheidung BGH 3 StR 322/68 NJW 1969, S. 802 schränkte der BGH das Notwehrrecht der E ein: An die Erforderlichkeit des Verteidigungsmittels seien erhöhte Anforderungen zu stellen. Habe der Angegriffene nur leichtere Körperverletzungen zu befürchten, so dürfe er seinem Ehegatten gegenüber ein möglicherweise tödlich wirkendes Abwehrmittel nicht einsetzen.

164 Diese Rechtsprechung des BGH stieß zu Recht auf Kritik.[130] Denn zum einen endete eine Verpflichtung zur Hinnahme leichterer körperlicher Beeinträchtigungen auch unter Ehegatten dort, wo die Aufopferung eigener Interessen nicht mehr zugemutet werden kann (verprügeln lassen muss sich seit Abschaffung der Körperstrafen niemand mehr), und zum anderen wäre es widersprüchlich, wenn der Nutznießer der Verpflichtung Schutz gerade von demjenigen erwarten könnte, den er wissentlich und willentlich angreift.[131] Schließlich bleibt zu bedenken, dass es dem jeweils Betroffenen innerhalb der auf Gleichberechtigung aufgebauten Lebensbeziehung überlassen bleiben muss, ob er sich gegen Angriffe seines „Partners" zur Wehr setzen möchte. Dazu bedarf es jedoch der Erlaubnis zu wirkungsvoller Abwehr.[132]

165 Auch der BGH hat sich inzwischen in diese Richtung bewegt:

---

[130] Vgl. *Geilen* JR 1976, 314 ff.; LK[11]-*Spendel* § 32 RN 310.

[131] Vgl. auch *Frister* GA 1988, 308 f.; für eine äußerst restriktive Handhabung von Notwehreinschränkungen auf Grund von Solidaritätspflichten auch *Wohlers* JZ 1999, 434 ff.; gegen jede Einschränkung des Notwehrrechts bei engen persönlichen Beziehungen mit überzeugenden Gründen *Montaner Fernández/Ortiz de Urbina Gimeo* GA 2013, S. 648, *Zieschang* Jura 2003, 527 ff.

[132] Zur Behandlung des Problemkreises in der Fallbearbeitung *Amelung/Boch* JuS 2000, 261 ff.

Beispiel 5.14 166

Schulerstreit-Fall BGH 1 StR 249/79 NJW 1980, S. 2263: „Der 18jährige Angekl. war über einen längeren Zeitraum hin Ziel provokatorischer Angriffe eines Mitschülers. Nachdem er am Tattage von diesem wiederum verprügelt worden war, stach er mit einem Dolch, den er bei sich zu tragen pflegte, zu und tötete den Angreifer."

Hier lehnte der BGH eine sozialethische Einschränkung des Notwehrrechts 167
ab. Nicht nur dass dem 18jährigen Angekl. nicht zuzumuten gewesen sei, bei einer Lehrkraft Schutz zu suchen. Das Mitschüler-Verhältnis stelle auch keine enge persönliche Beziehung dar.

Beispiel 5.15 168

„*Du liebst mich ja*"-Fall BGH 2 StR 541/83 NJW 1984, S. 986:[133] Der Ehemann griff seine Frau widerrechtlich tätlich an. „Schließlich ergriff sie ein auf der Spüle liegendes Küchenmesser und richtete es drohend gegen ihren Mann. Dieser rief ihr wiederholt zu: „Du tust es ja doch nicht, Du liebst mich ja" und holte erneut zu einem Schlag aus. Die Angekl. hielt sich daraufhin die linke Hand zur Abwehr vor das Gesicht, stieß mit dem Messer zu und traf ihren Ehemann ins Herz."

Auch hier gestand der BGH der Angekl. ein Notwehrrecht zu. Der Ehemann 169
habe kein „verständnisvolles Eingehen und Rücksichtnehmen" erwarten können.

dd) Menschenunwürdige Behandlung des Angreifers – Verbot der (Rettungs)Folter

Wie jede rechtliche Befugnis finden auch Notwehr und Nothilfe – sowohl durch 170
Private als auch durch staatliche Organe – ihre Grenze in der Menschenwürde des Angreifers. Diese würde zwar nicht unbedingt durch eine erforderliche Tötung verletzt, weil der Angreifer hier nicht zum „Mittel" der Abwehr gemacht wird. Sie wird aber verletzt, wenn der Angreifer durch *Folter* dazu gebracht werden soll, eine nur ihm als Menschen mögliche und von seinem Willen abhängige Handlung zu tätigen, z. B. das Versteck des Opfers zu verraten.[134] Auch die sog., im Fall *Daschner*[135] heftig diskutierte, „Rettungsfolter" ist daher als Verstoß gegen die Menschenwürde,

---

[133] Mit zust. Anm. *Montenbruck* JR 1985, S. 115, *Spendel* JZ 1984, 507.

[134] So zutreffend *Ebel* Kriminalistik 1995, 827; *Kinzig* ZStW 115 (2003), 791 ff.; *Lüderssen* FS Rudolphi, S. 691 ff.; *Neuhaus* GA 2004, 521 ff./527 ff., 535; *Roxin* AT 1 § 15/113 mit FN 183; *Saliger* ZStW 116 (2004), 47, vgl. auch *Hilgendorf* JZ 2004, 331 ff./337 ff.; *Perron* FS Weber, S. 143 ff.; a. A. für Fälle, in denen das absolute Folterverbot „zu widersinnigen und ungerechten Ergebnissen, zu einem ‚ethischen Skandalon' führen würde *Brugger* JZ 2000, 165/172, vgl. auch *Eser* FS Hassemer, S. 713 ff.; MK-*Erb* § 32 RN 173, *Erb* NStZ 2005, 593 ff. und Jura 2005, 24 ff., *Erb* in Nitschke (Hrsg.), S. 149 ff.; *Jerouschek* JuS 2005, 301; *Jerouschek/Kölbel* JZ 2003, 619 f.

[135] Fall *Daschner* LG Frankfurt 5/27 KLs 7570 Js 203814/03 (4/04) NStZ 2005, S. 276; näher dazu *Anders* in Goerlich (Hrsg.), 2007, S. 13 ff.; *Lüderssen* FS Rudolphi, S. 691 ff.; *Neuhaus* GA 2004, 521 ff./527 ff., 535; *Saliger* ZStW 116 (2004), 47, 49.

die weder verwirkbar ist noch unter einem Nützlichkeitsvorbehalt steht, unzulässig.[136] Nach *Jäger*[137] sind Folter und Folterdrohungen mit der Würde des Staates unvereinbar.

c) Notwehr gegen Erpressung?

171 **Beispiel 5.16**

A sind Unterlagen in die Hände gefallen, aus denen es sich ergibt, dass Bauunternehmer B illegal Arbeitnehmer beschäftigt hat. Er schickt B einen Brief, in dem er ihm anbietet, ihm die Unterlagen gegen Zahlung von 10.000.- € auszuhändigen. Andernfalls werde er das Material der Polizei zukommen lassen. B bricht daraufhin gewaltsam die Wohnungstür des A auf und entwendet die Unterlagen aus dem Schreibtisch.

172 Zwar stellt das Vorgehen des A gegen B einen Angriff auf das Vermögen des B (§ 253) dar. Fraglich ist jedoch, ob der Hausfriedensbruch und die Sachbeschädigung des B *erforderlich* sind, um diesen Angriff abzuwehren. Denn als milderes Mittel würde sich der Gang zur Polizei anbieten. Dann jedoch bestünde die Gefahr, dass gerade jene Tatsache, um deren Verheimlichung es dem A geht, offenbar wird, weshalb dieser Weg keine taugliche Alternative darstellt, selbst bei Einstellung des Verfahrens nach § 154c StPO.

173 Einigkeit besteht darüber, dass der mit der Enthüllung kompromittierender Tatsachen, namentlich mit einer Strafanzeige wegen einer von ihm begangenen Straftat, Erpresste (sog. Schweigegelderpressung oder „Chantage") sich zwar wehren darf, dass ihm aber nicht jedes Abwehrmittel erlaubt sein soll. Denn vor allem wenn das Vorverhalten des Erpressten nicht nur peinlich, sondern rechtswidrig oder gar strafbar ist, kann er nicht als ein besonders glaubwürdiger „Verteidiger der Rechtsordnung" gelten. In diesen Fällen soll dem Erpressten lediglich die Aufzeichnung erpresserischer Anrufe (§ 201!) erlaubt sein, ebenso kommunikative Gegenwehr oder das Ablisten oder Entwenden des kompromittierenden Materials. Tötungen oder schwere Misshandlungen des Erpressers sollen hingegen nicht zulässig sein.[138]

---

[136] So mit erfreulicher Deutlichkeit *Greco* GA 2007, 628 ff.; gegen eine Rechtfertigung der Rettungsfolter auch *Anders* in Goerlich (Hrsg.), 2007, S. 13 ff.; *Hilgendorf* Zeitschrift für Evangelische Ethik S. 57 (2013), 258 ff./263; *Kreuzer* in Nitschke (Hrsg.), 2005; *Merkel* FS Jakobs, S. 375 ff.; *Prittwitz* FS Herzberg, S. 515 ff., *Roxin* FS Eser, S. 461 ff.; *Roxin* FS Nehm, S. 205 ff.; *Schild* in Nitschke, Rn. 69 ff.; *Schmoller* in Fischer/Strasser (Hrsg.), Rechtsethik, 2007, 203/217; zu den verfahrensrechtlichen Folgen eines Verstoßes gegen das Folterverbot *Seebode* FS Otto, S. 999 ff.; überlegenswert zur Zulässigkeit von Rettungsfolter gegen folternde Angreifer durch Private *Engländer* 2008, S. 331 ff.

[137] FS Herzberg, S. 539 ff.

[138] Vgl. *Amelung* GA 1982, 381 ff.; *Roxin* AT 1 § 15/100 f.; zu einer Entscheidung des Obersten Gerichtshofs der Republik Kroatien *Novoselec* NStZ 1997, 218 mit Entgegnung *Amelung* NStZ 1998, 70 ff.; zur Strafbarkeit des Erpressungsopfers im Bereich von Schutzgelderpressungen *Arzt* JZ 2001, 1052 ff.

Eine solche Einschränkung des Notwehrrechts kommt nach der Rechtsprechung des BGH im *Halsabschneider*-Fall[139] allerdings dann nicht in Betracht, wenn nicht mehr nur eine Schweigegelderpressung, sondern eine „gemischte Drohkulisse" einschließlich Angriffen auf das Vermögen und die körperliche Integrität des Erpressungsopfers gegeben ist. Hier kommt es auf die Verhältnisse im Augenblick des konkreten Angriffs (sog. „Auseinandersetzungslage") an. **174**

3. Verteidigungswille?

Aus dem Gesetzeswortlaut, dass die Verteidigung erforderlich sein muss, „um einen gegenwärtigen rechtswidrigen Angriff von sich oder einem anderen abzuwenden", schließt die h.M., dass eine Rechtfertigung einen Verteidigungswillen als subjektives Rechtfertigungselement erfordere.[140] Indessen lässt sich der Gesetzeswortlaut auch in einem objektiven Sinne verstehen. Danach genügt es, dass der Täter ein Verhalten aufweist, das erforderlich, aber auch hinreichend ist, den gegenwärtigen rechtswidrigen Angriff abzuwehren. Dass er die Rechtfertigungslage u. U. gar nicht kennt, ist unschädlich. Hier wie die h.M. zwecks Vermeidung einer Strafbarkeit wegen Versuchs einen Verteidigungswillen zu verlangen, verstößt aus den oben (RN 49 ff., 55 ff.) genannten Gründen gegen das Verbot eines Gesinnungsstrafrechts und ist abzulehnen.[141] **175**

4. Ausschluss/Einschränkung der Notwehr durch Verursachung der Notwehrlage[142]

Sowohl die Verteidigung der Rechtsordnung als auch der Interessenschutz des Angegriffenen verlieren an Gewicht, wenn gerade er für die Notwehrsituation *verantwortlich* ist. **176**

Obwohl dieser Zusammenhang im Prinzip einleuchtet, lässt sich darüber streiten, *wann* das Opfer des Angriffs für die Notwehrlage verantwortlich gemacht werden soll und *in welchem Maße* infolgedessen die Schutzwürdigkeit seiner Erhaltungsinteressen gemindert ist.[143] **177**

a) Absichtsprovokation

Eine Absichtsprovokation liegt vor, wenn der Provokateur die Notwehrlage in der Absicht herbeiführt, die Interessen des Angreifers durch die erforderliche Abwehr zu verletzen. Unumstritten ist, dass eine *Absichtsprovokation* mittels eines *rechtswidrigen* Verhaltens zum Verlust des Notwehrrechts führt. Dahinter steht der Gedanke des Rechtsmissbrauchs. Denn in Wahrheit ist der Provokateur der Angreifer. Durch sein Vorverhalten hat er sich disqualifiziert und kann nicht mehr als Bewah- **178**

---

[139] 1 StR 403/02, JZ 2003, 961 m. Anm. *Otto* Jura 2003, 612 ff.; *Roxin* JZ 2003, 966 ff., *H. Schneider* NStZ 2003, 428; *Sowada* FS Herzberg, 460 ff.; *Zaczyk* JuS 2004, 750 ff.

[140] Vgl. statt aller *Kühl* Jura 1993, 233 sowie *Kühl* AT § 6/11a ff.

[141] Vgl. auch *Rath* 2002 und i.E. LK[11]-*Spendel* § 32 RN 138 ff.

[142] Vgl. auch *Hillenkamp* 2. Problem; *Kühl* AT § 7/207 ff.; *Rudolphi* Fälle zum Strafrecht, S. 18 f.; zur Entwicklungsgeschichte der Notwehrprovokation *Stuckenberg* JA 2001, 895 f.

[143] Umfassende Einführung gibt *Kühl* Jura 1991, 57 ff., 175 ff.

rer der Rechtsordnung anerkannt werden. Er repräsentiert nicht mehr das Recht, das dem Unrecht nicht zu weichen braucht. Seine „Abwehr" ist deshalb rechtswidrig, selbst wenn er nicht ausweichen kann.[144]

179 **Beispiel 5.17**

A weiß, dass der cholerische „Häusle"-Besitzer B sich furchtbar aufregt, wenn ein Falschparker die Einfahrt zu seiner Garage blockiert. Um es dem B einmal so richtig zu zeigen, stellt A seinen Wagen demonstrativ vor der Garageneinfahrt des B ab. B stürmt wie erwartet mit erhobener Faust aus dem Haus und droht, A einen Kinnhaken zu versetzen – ein rechtswidriger Angriff, weil das Verprügeln des A nicht dazu taugt, den Angriff des A auf die Freiheit des B abzuwehren. Hier ist es A verwehrt, den B seinerseits niederzuschlagen.

b) Rechtmäßige sozialadäquate Verursachung des Angriffs

180 Auf der anderen Seite schließt ein zwar provozierendes, jedoch sozialadäquates und rechtmäßiges Verhalten Notwehr weder aus, noch schränkt es sie ein,[145] und zwar selbst im Falle der Absichtsprovokation.[146]

181 **Beispiel 5.18**

für ein rechtmäßiges Provokativverhalten: Im oben geschilderten Fall parkt A sein Fahrzeug zwar ordnungsgemäß, er versperrt dadurch jedoch dem B die freie Sicht vom Wohnzimmerfenster in das Elbetal, was B zur Raserei treibt.[147]

182 **Beispiel 5.19**

für ein sozialadäquates Provokativverhalten: Der an seinem sommerlichen Reizhusten leidende R nimmt sein Opernabonnement wahr, obwohl er genau weiß, dass sich sein Opern-Nachbar B sehr über hustende Opernbesucher aufregt und dann sogar zu Tätlichkeiten neigt. Solange sich das Husten des A hier noch im Rahmen des Üblichen hält, darf er sich gegen B wehren. Sobald A indessen zum „Störer" wird, wäre sein Notwehrrecht eingeschränkt.

c) Rechtmäßige, aber sozialethisch fragwürdige Verursachung des Angriffs

183 Zu einer Notwehreinschränkung kommt der BGH jedoch im Falle eines zwar nicht rechtswidrigen, wohl aber „sozialethisch zu beanstandenden" Vorverhaltens:

---

[144] Vgl. *Roxin* AT 1 § 15/65 mwN; zu abweichenden und abzulehnenden Auffassungen, insbesondere zur actio illicita in causa mit überzeugenden Argumenten *Roxin* AT 1 § 15/66–68.

[145] Vgl. *Kühl* AT § 7/213 a.E., 215, 222.

[146] Vgl. *Grünewald* ZStW 122 (2010), S. 83.

[147] Vgl. hierzu auch den *Amateurboxer*-Fall OLG Hamm NJW 1965, 1928.

Beispiel 5.20 184

Abteilfenster-Fall BGH 5 StR 432/95 BGHSt 42, 97: In einem überfüllten Eilzug setzte sich J zu dem Ang. A in ein Abteil der 1. Klasse, obwohl J nur eine Fahrkarte für die 2. Klasse hatte. J war „durch Alkohol leicht bis mittelgradig berauscht und hatte eine geöffnete Bierdose bei sich; Biergeruch breitete sich im Abteil aus." Obwohl A nach nur wenigen Minuten aussteigen musste, wollte er den nur leicht bekleideten J aus dem Abteil „hinausekeln", indem er das Abteilfenster öffnete und Kaltluft hereinließ. J schloss das Fenster und drohte A, A öffnete es wieder und drohte J mit einem Messer. Ob J das Messer im Halbdunkel wahrnahm, ließ sich nicht klären. Es kommt zur Eskalation und zum Kampf, der mit einer tödlichen Stichverletzung des J endet.

Das LG sah seitens des A die Straftat der Körperverletzung mit Todesfolge verwirklicht, nahm aber eine Rechtfertigung des A infolge Notwehr an. Der BGH lehnte eine Rechtfertigung nach § 32 ab. A habe kein Recht und aufgrund der verbliebenen kurzen Reisezeit auch keinen Anlass gehabt, das Fenster zu öffnen. Dieses Vorverhalten wirke sich in der Weise aus, dass das Zustechen des A mit dem Messer als Verteidigungshandlung bei Würdigung aller Umstände nicht *geboten* gewesen sei. Denn „ein für den Umfang des Notwehrrechts bedeutsames Vorverhalten, das ‚von Rechts wegen vorwerfbar' ist (BGHSt 24, 356,359)" liege jedenfalls auch dann vor, wenn dieses Vorverhalten seinem „Gewicht nach einer schweren Beleidigung gleichkommt."[148] Im wiederholten Öffnen des Fensters sei eine solche, ihrem Gewicht nach einer schweren Beleidigung gleichkommende Missachtung zu sehen. 185

Diese Parallele zu den Rufschädigungsstraftaten mag im konkreten Fall die Entscheidung tragen, indem ein Brückenschlag zu *rechtlichen* Maßstäben wenigstens versucht wird. Sie kann jedoch nicht verdecken, dass außerhalb dieses Bereichs Maßstäbe für die Bejahung und für den Umfang einer Restriktion des Notwehrrechts aufgrund eines „sozialethisch zu beanstandenden" Provokativverhaltens fehlen.[149] Die Rechtsprechung zum sozial ethisch verwerflichen Vorverhalten ist durch die Entscheidung im *Teleskop-Schlagstock*-Fall bestätigt worden.[150] 186

d) Rechtswidrige und schuldhafte Verursachung des Angriffs

Abwägungsbedürftig sind die Fälle, in denen der in Notwehr Handelnde die Notwehrlage zwar nicht absichtlich provoziert, sie aber *rechtswidrig* und *schuldhaft* herbeigeführt hat.[151] Die Einschränkung des Notwehrrechts hängt hier vor allem davon ab, ob das Vorverhalten den Angriff als eine adäquate und voraussehbare Fol- 187

[148] BGH 5 StR 432/95 BGHSt 42, 101.

[149] Daher zu Recht krit. *Grünewald* ZStW 122 (2010), S. 81; *Kühl* FS Bemmann, S. 199 f.; *Martin* JuS 1997, 177 f.; vgl. auch *Freund* AT § 3/117 f.; *Köhler* AT S. 274.

[150] BGH, 2 StR 237/05 v. 2.11.2005, StV 2006, 234 m. Anm. *Roxin* StV 2006, 235 ff.

[151] Vgl. hierzu den sog. *Tomatenmesser*-Fall BGH 3 StR 490/01, NStZ 2002, 425 sowie bei *Heger* JA 2003, 8 ff.

ge der Pflichtverletzung des Angegriffenen erscheinen lässt (sog. *Veranlassungszusammenhang*[152]).

188 **Beispiel 5.21**

Finnendolch-Fall BGH 2 StR 679/71 BGHSt 24, 356:[153] Der Angeklagte A wollte mit einem zuvor von ihm gestohlenen Kraftwagen von einem Parkplatz wegfahren. Dabei streifte er einen daneben geparkten PKW und stieß mit einem vorbeifahrenden weiteren Wagen des R zusammen. Um sich der Feststellung seiner Personalien zu entziehen, fuhr er davon, wurde jedoch von R verfolgt. R verfolgte A auch noch, als dieser wegen einer roten Ampel zu Fuß weiterfloh. R rief A bei der Verfolgung nach, dass er ihn umbringen werde. R konnte A schließlich erreichen und schlug mit den Fäusten auf ihn ein. „Bei der folgenden Auseinandersetzung stach der Angeklagte mit einem Finnendolch auf R ein und verletzte ihn tödlich."

189 Die Strafkammer nahm an, dass von A im Hinblick auf sein vorausgegangenes Verhalten (Verkehrsverstöße, Unerlaubtes Sichentfernen vom Unfallort) habe verlangt werden können, dass er zunächst weniger gefährliche Maßnahmen – wie etwa lediglich die Drohung mit dem Messer – ergreife, und lehnte Notwehr ab.

190 Nach Auffassung des BGH wirkt sich das Vorverhalten hingegen nicht auf das Abwehrmittel, sondern auf die Ausweichpflicht aus:

191 In den Fällen einer vorwerfbaren Provokation, bei der der Herausforderer die Möglichkeit des späteren Angriffs nicht in Rechnung stellt oder gar beabsichtigt, darf die Verteidigung nur dann als Rechtsmissbrauch gewertet werden, „wenn und soweit der Täter dem Angriff ausweichen oder über ein Ausweichen zum Einsatz eines weniger gefährlichen Verteidigungsmittels gelangen kann. Bietet sich ihm diese Möglichkeit nicht, so bleibt er zu der erforderlichen Verteidigung befugt."[154] Allerdings hat der BGH im sog. *Schrotschuss*-Fall[155] den Provokateur hinsichtlich des Erfolges der als solcher rechtmäßigen Verteidigungshandlung aus der fahrlässigen Straftat bestraft.[156]

---

[152] Vgl. zum Veranlassungszusammenhang auch den *Pfadfindermesser*-Fall BGH StV 1996, S. 87.

[153] M. Anm. *Roxin* NJW 1972, 1821.

[154] BGH 2 StR 679/71 BGHSt 24, 356/358 f.; vgl. auch den *Rache*-Fall BGH NJW 1983, 2267 m. Anm. *Berz* JuS 1984, 340, *Lenckner* JR 1984, 206, den *Abteilfenster*-Fall BGH 5 StR 432/95 BGHSt 42, 97 sowie den *Diskotheken*-Fall BGH 5 StR 589/96 NStZ-RR 1997, 194 mit krit. Bespr. *Otto* JK 1998 § 32/24; zu Meinungsunterschieden innerhalb der BGH-Strafsenate *Otto* JK 1999 § 32/25 Bespr. zu BGH 4 StR 309/98 NStZ-RR 1999, 40.

[155] BGH 3 StR 331/00 v. 22.11.2000 NStZ 2001, 143 ff.; dazu *Mitsch* JuS 2001, 751 ff.; krit. *Jäger* JR 2001, 514; *Roxin* JZ 2001, 666 f.

[156] I.E. zustimmend *Mitsch* JuS 2001, 754 f.; *Engländer* Jura 2001, 534 ff. sieht darin einen Verstoß gegen das Zurechnungskriterium der eigenverantwortlichen Selbstgefährdung des Provozierten; vgl. auch MK-*Duttge* § 15 RN 194; *Stuckenberg* JA 2002, 175 f.

Ist ein Ausweichen nicht möglich, so gilt im Rahmen der Erforderlichkeit: *Schutzwehr vor Trutzwehr.*[157] Der Verteidiger darf daher zur Trutzwehr übergehen, wenn sich der Angreifer durch die Schutzwehr nicht von weiteren Angriffen abbringen lässt.[158] 192

5. Wirkung der Notwehr

Die Notwehr entfaltet ihre rechtfertigende Wirkung zugunsten dessen, der sich selbst (Notwehr) oder einen Dritten (Nothilfe) gegen einen gegenwärtigen rechtswidrigen Angriff verteidigt. Sie wirkt aber nur gegen Angreifer, *nicht gegen* Dritte.[159] 193

6. Aufbau der Notwehr-Prüfung

194

- I. Tatbestandsmäßigkeit
- II. Rechtswidrigkeit
  Rechtfertigung infolge
  Notwehr, wenn
  - a. Notwehr-*Lage*
    - Angriff
    - gegenwärtig
    - rechtswidrig
  - b. Notwehr-*Handlung*
    - Verteidigungshandlung gegen den Angreifer
    - erforderlich (=tauglich *und* notwendig),
      Ausschluss einer sozialethischen Einschränkung
  - c. h.M. (zw.): Subjektives Rechtfertigungs-Element
  - d. Kein Notwehrausschluss infolge Provokation

7. Zivilrechtliche Abwehrrechte – §§ 229, 859 I, II BGB

a) Selbsthilfe, §§ 229, 230 BGB[160]

Die Selbsthilfe in § 229 BGB dient der Abwehr der Anspruchsvereitelung, gibt aber kein Recht zur eigenmächtigen Anspruchserfüllung und ist deshalb *nicht „Selbstjustiz"*. § 229 verlangt keinen gegenwärtigen Angriff und ist deshalb weiter als § 32. Die Vorschrift ist enger, soweit im Übrigen spezifischere Voraussetzungen gegeben sein müssen. § 229 geht § 32 somit vor, ohne jedoch lex specialis zu sein. 195

Objektiv erfordert die Selbsthilfe das Bestehen eines *Anspruchs* und der *Gefahr,* dass dessen Verwirklichung vereitelt oder wesentlich erschwert werden könnte, wenn nicht sofort eingegriffen wird. Schließlich darf obrigkeitliche Hilfe nicht rechtzeitig zu erlangen sein (Subsidiarität). Selbsthilfe*handlungen* sind die Wegnahme, Zerstörung oder Beschädigung einer Sache, die Festnahme eines der Flucht verdächtigen Verpflichteten oder die Beseitigung des Widerstands eines Duldungsverpflichteten. Selbsthilfe rechtfertigt nur im Rahmen des Erforderlichen, § 230 I. 196

[157] Vgl. BGH 2 StR 28/92 NStZ 1992, 327, 1 StR 532/92 NStZ 1993, 133.
[158] Vgl. BGH 2 StR 451/75 BGHSt 26, 256/257; *Küpper* JA 2001, 439; *Roxin* AT 1 § 15/64.
[159] Vgl. hierzu auch den sog. *Wanderstock*-Fall RGSt 58, 27 unten § 13 RN 147 ff.
[160] Näher und mwN hierzu *Baumann/Weber/Mitsch* AT § 17 VIII; *Kühl* AT § 9/3 ff.

197 Die Selbsthilfehandlung muss „zum Zwecke der Selbsthilfe“ erfolgen. Die h.M. sieht hierin ein *subjektives Rechtfertigungselement.* Indessen lässt sich der Gesetzeswortlaut auch in einem objektiven Sinne verstehen. Danach genügt es, dass der Täter eine Handlung vornimmt, die objektiv dem Zweck der Selbsthilfe dient (näher oben RN 47 ff.).

b) Besitzwehr und Besitzkehr, § 859 I, II BGB

198 § 859 I berechtigt den Besitzer, sich gegen Besitzentziehung oder Besitzstörung mit Gewalt zur Wehr zu setzen. § 859 II ist ein spezielles Selbsthilferecht für den Besitzer einer beweglichen *Sache*, die ihm mittels verbotener Eigenmacht (§ 858 I BGB) weggenommen worden ist. Es berechtigt zur Abwehr eines Angriffs auf den Besitz mit *Gewalt.*[161] Voraussetzung ist jedoch, dass der Wegnehmende auf frischer Tat betroffen oder verfolgt worden ist.[162]

Lösung des Leitfalls 5.3. (Gutachtenstil)

Strafbarkeit des A gem. §§ 223, 224?

199 A könnte sich dadurch, dass er mit der Schrotflinte einen Schuss in Richtung der fliehenden Obstdiebe abgab, wegen einer gefährlichen Körperverletzung gem. §§ 223, 224 strafbar gemacht haben.

I. Tatbestandsmäßigkeit

1. Objektive Elemente der Tatbestandsmäßigkeit

200 Für die Verwirklichung der *objektiven Elemente der Tatbestandsmäßigkeit* des § 224 müsste die einfache Körperverletzung nach § 223 als Grundstraftat vorliegen [...]

2. Subjektive Elemente der Tatbestandsmäßigkeit

201 A müsste vorsätzlich gehandelt haben. Bedingter Vorsatz ist nach h.M. dann gegeben, wenn der Täter die Veränderung in der Außenwelt (den Erfolg) trotz Erkennens und Ernstnehmens der naheliegenden Möglichkeit billigend in Kauf nimmt [...] *Die subjektiven Elemente der Tatbestandsmäßigkeit liegen vor.*

II. Rechtswidrigkeit

202 A müsste rechtswidrig gehandelt haben. Die Rechtswidrigkeit ist in der Regel bei Tatbestandsmäßigkeit eines Verhaltens gegeben (§ 5 RN 26). Hier könnte A jedoch durch Notwehr gem. § 32 gerechtfertigt sein.

203 a. Hierzu müsste eine *Notwehrlage* (§ 5 RN 127 ff.) gegeben sein. Diese erfordert einen gegenwärtigen rechtswidrigen Angriff. Ein *Angriff* ist eine mensch-

[161] Zur Rechtfertigung einer Körperverletzung BGH 2 StR 328/98 JA 2000, S. 188.

[162] Näher und mwN *Kühl* AT § 9/10.

liche Handlung, die in ein rechtlich geschütztes Interesse einzugreifen droht oder eingreift. Die Diebe haben durch das Wegnehmen der Äpfel in das Individualrechtsgut „Eigentum" des A eingegriffen. Ein Angriff liegt somit vor. Der Angriff müsste rechtswidrig gewesen sein. Die *Rechtswidrigkeit* eines Angriffs ist dann gegeben, wenn er nicht seinerseits durch einen Erlaubnissatz gedeckt, d. h. gerechtfertigt ist. Gründe, die das Verhalten der Obstdiebe rechtfertigen könnten, sind nicht ersichtlich. Der Angriff war demnach auch rechtswidrig.

Weiterhin müsste der Angriff *gegenwärtig* gewesen sein. *Gegenwärtig* ist ein Angriff dann, wenn er unmittelbar bevorsteht, stattfindet oder noch andauert. Für die Gegenwärtigkeit einer Wegnahmehandlung in Zueignungsabsicht ist daher maßgebend, ob der Täter die tatsächliche Sachherrschaft derart erlangt hat, dass ihrer Ausübung keine wesentlichen Hindernisse mehr entgegenstehen und der bisherige Gewahrsamsinhaber seine Eigentümerbefugnisse an der Sache endgültig verloren hat. Abzustellen ist hier auf die Anschauungen des täglichen Lebens.[163] Als A auf die Obstdiebe schoss, befanden sie sich gerade auf der Flucht, noch in Reichweite der Schrotflinte des A. Sie hatten daher noch nicht einmal eine den A ausschließende Verfügungsgewalt über die Äpfel erlangt. Die Gefahr für das Rechtsgut „Eigentum" war somit noch nicht in dessen Verlust umgeschlagen. Vielmehr dauerte der Angriff auf das Eigentum des A noch an, weswegen die Gegenwärtigkeit zu bejahen ist. Demzufolge ist ein rechtswidriger, gegenwärtiger Angriff, die Notwehrlage, gegeben. **204**

b. Das Schießen mit der Schrotflinte müsste eine *Notwehrhandlung* (§ 5 RN 147 ff.) i.S.d. § 32 gewesen sein. Das Verhalten des A müsste daher eine *erforderliche Verteidigung* darstellen. Eine Verteidigung ist erforderlich, wenn sie geeignet und notwendig ist. *Geeignet* ist die Verteidigungshandlung dann, wenn sie ein taugliches Mittel zur Abwehr des Angriffs darstellt. *Notwendig* ist diejenige Verteidigung, welche das schonendste Mittel zur Abwehr des Angriffs darstellt. Für die Beurteilung der Erforderlichkeit ist die Sicht eines besonnenen Dritten in der Lage des Angegriffenen maßgebend (ex ante-Betrachtung). Der Schrotflintenschuss war ein geeignetes Mittel, den Angriff auf das Eigentum an den Äpfeln abzuwehren. **205**

Fraglich ist, ob der Schrotflintenschuss das schonendste Mittel zur Angriffsabwehr darstellte. Dem in Notwehr Handelnden kann grundsätzlich keine Prüfungspflicht oder Abwägung unter den besonderen, rasche Entscheidungen erfordernden Umständen aufgebürdet werden. Der Angegriffene verteidigt hier die Rechtsordnung und kann deshalb jedes Mittel wählen, ohne besondere Rücksicht auf eventuelle Rechtsgutsverletzungen bei dem Angreifer nehmen zu müssen. Verteidigt der Angegriffene das angegriffene Rechtsgut mit der Waffe, so ist zu fordern, dass der Waffengebrauch vorher angedroht wird. A hatte den Obstdieben angekündigt, mit der Schrotflinte zu schießen. Das Schießen war somit die notwendige Verteidigung. **206**

Das Notwehrrecht des A könnte hier aber *sozialethischen Einschränkungen* (§ 5 RN 153 ff.) unterliegen. Besteht zwischen dem beeinträchtigten und dem **207**

[163] Vgl. BGH 2 StR 289/61 BGHSt 16, 271 sowie die Fallgruppen bei *Mitsch* BT 2/1 § 1/85 ff.

verteidigten Rechtsgut ein krasses Missverhältnis, liegt also ein Bagatellfall vor, so muss der Angegriffene in eine Art Verhältnismäßigkeitsprüfung eintreten. Über den Wert der entwendeten Äpfel enthält der Sachverhalt keine Angaben. Verneint man einen Bagatellfall, so ist zu berücksichtigen, dass A die Schüsse angedroht hatte. Weitere Beeinträchtigungen seines Eigentums brauchte er nicht mehr hinnehmen. Eine unverhältnismäßige Verteidigung ist hiernach nicht festzustellen, eine Notwehrhandlung i.S.d. § 32 ist demnach gegeben.

208 A hatte auf die Obstdiebe geschossen, um den Angriff auf sein Eigentum an den Äpfeln abzuwehren. Er kannte daher die rechtfertigende Situation und hatte aufgrund dieser Kenntnis gehandelt. Der von der h.M. geforderte *Verteidigungswille* war somit gegeben. Auf die Beantwortung der Frage, ob das Verlangen eines subjektives Rechtfertigungselementes bei objektiv gegebener Rechtfertigungslage überhaupt zulässig ist (§ 5 RN 47 ff.), kommt es daher nicht an.

209 Die für eine Rechtfertigung durch Notwehr nach § 32 erforderlichen Voraussetzungen sind erfüllt. A handelte folglich nicht rechtswidrig.

210 Eine Strafbarkeit des A gem. §§ 223, 224 scheidet somit aus. Die Rechtfertigung des Schusswaffen*gebrauchs* erstreckt sich auch auf das damit einhergehende *Führen* der Schusswaffe.[164]

211 Nimmt man einen Bagatellfall an, ist Notwehr hingegen ausgeschlossen. Sollte A geglaubt haben, im Rahmen der Notwehr gehandelt zu haben, kommt allenfalls eine Strafmilderung infolge eines (vermeidbaren) Verbotsirrtums (§ 17 S. 2) in Frage (§ 13 RN 34 ff., 74 ff.).

III. Rechtfertigender Notstand (§ 34 StGB, §§ 228, 904 BGB)[165]

212 **§ 34. Rechtfertigender Notstand**

Wer in einer gegenwärtigen, nicht anders abwendbaren Gefahr für Leben, Leib, Freiheit, Ehre, Eigentum oder ein anderes Rechtsgut eine Tat begeht, um die Gefahr von sich oder einem anderen abzuwenden, handelt nicht rechtswidrig, wenn bei Abwägung der widerstreitenden Interessen, namentlich der betroffenen Rechtsgüter und des Grades der ihnen drohenden Gefahren, das geschützte Interesse das beeinträchtigte wesentlich überwiegt. Dies gilt jedoch nur, soweit die Tat ein angemessenes Mittel ist, die Gefahr abzuwenden.

213 **§ 904 BGB. [Notstand]**

Der Eigentümer einer Sache ist nicht berechtigt, die Einwirkung eines anderen auf die Sache zu verbieten, wenn die Einwirkung zur Abwendung einer gegenwärtigen Gefahr notwendig und der drohende Schaden gegenüber dem aus der Einwirkung dem Eigentümer entstehenden Schaden unverhältnismäßig groß ist. Der Eigentümer kann Ersatz des ihm entstehenden Schadens verlangen.

---

164 Vgl. BGH 5 StR 45/99 NStZ 1999, S. 347 sowie BGH 1 StR 285/96 StV 1996, 660 mit Bespr. *Otto* JK 1997, § 32/23.

165 Vgl. auch *Zieschang* JA 2007, 679 ff.

§ 228 BGB. [Notstand] 214

Wer eine fremde Sache beschädigt oder zerstört, um eine durch sie drohende Gefahr von sich oder einem anderen abzuwenden, handelt nicht widerrechtlich, wenn die Beschädigung oder die Zerstörung zur Abwendung der Gefahr erforderlich ist und der Schaden nicht außer Verhältnis zu der Gefahr steht. Hat der Handelnde die Gefahr verschuldet, so ist er zum Schadensersatze verpflichtet.

Leitfall 5.4. Var. a 215

Der dem E gehörende Hund droht den 68-jährigen Rentner A zu beißen: A bricht aus einem Lattenzaun des D eine Latte heraus und vertreibt den Hund damit. Strafbarkeit des A nach § 303 wegen der Beschädigung des Zaunes?

Leitfall 5.4. Var. b 216

Der Hund aus Var. a droht den A zu beißen. A nimmt seinen Regenschirm und schlägt ihn dem Hund auf den Kopf. Dieser erleidet eine Gehirnerschütterung. Strafbarkeit des A nach § 303 wegen Verletzung des Hundes?

Wie die Notwehr leitet auch der rechtfertigende Notstand seine rechtfertigende Wirkung aus dem Rechtfertigungsprinzip des *überwiegenden Interesses* ab.[166] Er ist sogar die Verkörperung des Rechtfertigungsprinzips „überwiegendes Interesse" schlechthin. Zu seinen Vätern gehört *Lenckner*[167], seine Grenzen hat vor allem *Küper*[168] deutlich gemacht. Praktische Relevanz erlangte der rechtfertigende Notstand erstmals durch die Entscheidung des Reichsgerichts im sog. *Indikations*-Fall I StS 105/26 vom 11. März 1927, RGSt 61, 242 als damals noch „übergesetzlicher" Rechtfertigungsgrund (vgl. § 1 RN 91 ff.). 217

Wie § 32 berechtigt auch § 34 im Interesse der Rettung höherwertiger Interessen (Erhaltungsgüter) zum Eingriff in geringerwertige (Eingriffsgüter). Im Unterschied zur Notwehr setzt § 34 jedoch nicht einen Angriff des Trägers des Eingriffsgutes voraus, sondern eine *Gefahr*, die nicht anders als durch *Inanspruchnahme des Eingriffsgutes* abgewendet werden kann. Falls eine Notwehrlage im Sinne des § 32 gegeben ist, ist es wegen der beherrschenden Rolle des Angriffs innerhalb der Interessenabwägung in § 32 deshalb unergiebig und somit methodisch verfehlt, § 34 218

[166] Zu § 34 als Ausdruck des utilitaristischen Prinzips des größtmöglichen Gesamtnutzens oder als Ausdruck des Solidaritätsprinzips *Engländer* GA 2010, 15/19 f.

[167] Grundlegend *Lenckner* 1965; zur Reform der Notstandsvorschriften *Zieschang* in Hilgendorf/Weitzel, S. 177 ff.

[168] Vgl. *Küper* JuS 1971, 474 ff., JZ 1976, 515 ff.; JZ 1980, 755 ff.; JuS 1981, 745 ff.; GA 1983, 289 ff.

zu prüfen.[169] Nach h.M. rechtfertigt § 34 grundsätzlich auch hoheitliche Eingriffe in Individualrechtsgüter.[170]

219 Die Gefahr muss nicht einmal vom in Anspruch genommenen Eingriffsgut ausgehen wie z. B. in *Leitfall 5.4. Var. a*: Die Inanspruchnahme des Zaunes bedeutet eine Aggression gegen den Eigentümer. Man spricht deshalb hier von einem Handeln im *aggressiven* Notstand. Geht sie vom Eingriffsgut aus, so vom Hund in *Leitfall 5.4. Var. b*, liegt ein *defensiver* Notstand vor.

220 Weil beim rechtfertigenden Notstand nur eine Gefahr und nicht wie bei der Notwehr ein Angriff vorliegen muss, reicht die Erforderlichkeit der Inanspruchnahme des Eingriffsinteresses zum Zwecke der Gefahrenabwehr nicht hin, um den Eingriff zu rechtfertigen. Die Rechtfertigung setzt vielmehr voraus, dass das Erhaltungsinteresse das Eingriffsinteresse (wesentlich) *überwiegt*.

221 Wie bei der Notwehr lässt sich auch beim rechtfertigenden Notstand eine Notstands*lage* (1) von einer Notstands*handlung* (2) unterscheiden. Auch das *subjektive Rechtfertigungselement* (3) wird uns wieder begegnen.

1. Notstandslage

a) Gegenwärtige Gefahr für ein Rechtsgut

222 Die Notstandslage erfordert zunächst eine *gegenwärtige Gefahr für ein Rechtsgut*. Maßstab ist dabei eine *objektive Betrachtung* aus der Notstandssituation (ex ante).

223 Unter einer *Gefahr* versteht man die auf festgestellte, tatsächliche Umstände gegründete, über die allgemeinen Lebensrisiken hinausgehende *Wahrscheinlichkeit eines schädigenden Ereignisses*.[171] *Gegenwärtig* ist die Gefahr, wenn die Dynamik des Lebenssachverhalts auf das schädigende Ereignis unmittelbar zusteuert.

In *Leitfall 5.4. Var. a* rennt der bissige Hund auf das Opfer zu.

224 Eine Gegenwärtigkeit ist aber auch zu bejahen, wenn aus einer eher statischen Situation heraus jederzeit mit dem Eintritt des schädigenden Ereignisses gerechnet werden muss: Der seidene Faden, an dem das *Schwert des Damokles* hängt, kann jederzeit reißen.[172]

225 Als *notstandsfähige Rechtsgüter* nennt § 34 zwar Leben, Leib, Freiheit, Ehre und Eigentum, der Zusatz „oder ein anderes Rechtsgut" lässt jedoch erkennen, dass es sich hier nur um eine Aufzählung von Beispielen handelt. Folglich kann jedes

---

[169] Vgl. *Gropengießer* Jura 2000, S. 266; zur subsidiären Anwendbarkeit von § 34: *Schüler* 2004, S. 164 ff.

[170] Vgl. *Wessels/Beulke/Satzger* AT RN 288; krit. und mwN zum Ganzen LK[11]-*Hirsch* § 34 RN 6 ff.

[171] Vgl. auch *Gropengießer* Jura 2000, 262 sowie *Schüler*, 2004, S. 57 ff.; zur Präzisierung des Gefahrbegriffs mittels des Kriteriums einer „intentionalen Nichtvermeidbarkeit" *Koriath* GA 2001, 51 ff.

[172] Näher zur gegenwärtigen Gefahr *Otto* Jura 1999, 552 f.; *Küper* FS Rudolphi, S. 151 ff.

Individualrechtsgut[173] Erhaltungsgut des rechtfertigenden Notstands sein. Rechtsgüter der Allgemeinheit können dann Erhaltungsgut des rechtfertigenden Notstands sein, wenn die Notstandshandlung *zugleich* dem Schutz von Individualinteressen dient.[174]

Umstritten ist, ob § 34 auch dann Anwendung finden kann, wenn der Träger der kollidierenden Interessen identisch ist (sog. intrapersonale Interessenkollision).[175] Eine Ablehnung führt zu Schwierigkeiten, wenn eine Rechtfertigung über eine Einwilligung an der fehlenden Dispositionsbefugnis des Interessenträgers scheitert. Betroffen ist insbesondere die sog. indirekte Sterbehilfe, d. h. die Verabreichung von Schmerzmitteln an schwer kranke und leidende Patienten auf die Gefahr hin, dass eine Lebensverkürzung eintritt. Gerade diese Konsequenz ist Anlass genug, § 34 auch auf intrapersonale Interessenkollisionen anzuwenden, zumal der Wortlaut des Gesetzes nicht entgegensteht.[176] Bezüglich des überwiegenden Interesses ist dabei allerdings die Selbstbestimmung des Betroffenen und nicht die Vernünftigkeit Dritter entscheidend.[177] **226**

b) Nichtabwendbarkeit der Gefahr auf andere Weise

Die Nichtabwendbarkeit der Gefahr auf andere Weise (ultima-ratio-Erfordernis) enthält zwei Gesichtspunkte: **227**

Zum einen muss die Inanspruchnahme des Eingriffsguts überhaupt ein *taugliches* Mittel sein, um die Gefahr abzuwenden: **228**

Der Hund in *Leitfall 5.4. Var. a* lässt sich mit der Zaunlatte abwehren. **229**

Darüber hinaus enthält das ultima-ratio-Erfordernis den Gesichtspunkt der *Notwendigkeit*: die Inanspruchnahme des Eingriffsguts ist nur dann das letzte Mittel, wenn es kein anderes, milderes Mittel gibt: **230**

In *Leitfall 5.4. Var. a* die Wahrung der körperlichen Unversehrtheit *nur* durch Beschädigung des Zaunes. **231**

Nimmt man beide Gesichtspunkte zusammen, so ergibt sich das von der Notwehrhandlung her bekannte Element der *Erforderlichkeit*. **232**

[173] Vgl. *Frister* AT Kap. 17/2; differenzierend NK-StGB-*Neumann* § 34 RN 22 ff.; für die Einbeziehung von Allgemeinrechtsgütern MK-*Erb* § 34 RN 57; *B. Heinrich*, AT RN 410; *Kindhäuser* AT § 17/17; *Krey/Esser* AT RN 588; *Perron* in: Schönke/Schröder § 34 RN 10; *Roxin* AT 1 § 16/13; *Stratenwerth/Kuhlen* AT § 9/104; *Wessels/Beulke/Satzger* AT RN 300 f.

[174] Vgl. OLG Frankfurt/Main 3 Ss 116/95 NStZ-RR 1996, 136.

[175] Umfassend dazu *Engländer* GA 2010, 15 ff.; *Neumann* FS Herzberg, S. 575 ff., jew. mwN.

[176] Vgl. auch AnwK-*Hauck* § 34 RN 17.

[177] Vgl. *Neumann* FS Herzberg, S. 583.

233 **Zu Leitfall 5.4**

Die Möglichkeit, ein anderes Mittel zur Anwendung zu bringen, ist dabei schon deshalb normativ[178] zu sehen, weil das *mildeste, konkret zur Verfügung stehende* und *zumutbare* Mittel zu wählen ist. Auf unzumutbare Alternativen braucht sich der im Notstand Handelnde nicht einzulassen: In *Leitfall 5.4. Var. a* würde man dem A deshalb nicht zumuten, die drohende Gefahr des Hundebisses durch einen Sprung über den Gartenzaun abzuwenden, selbst wenn A noch rüstig ist.

c) Überwiegen des Erhaltungsguts

234 § 34 verlangt, dass *bei Abwägung der widerstreitenden Interessen*, namentlich der betroffenen Rechtsgüter und des Grades der ihnen drohenden Gefahren, das geschützte Interesse (sog. Erhaltungsinteresse) das beeinträchtigte (sog. Eingriffsinteresse) *wesentlich überwiegt.*

235 Hinter dieser scheinbar schlichten Formulierung verbergen sich zwei Probleme: die Frage, *welche Kriterien* über das Überwiegen des einen Interesses entscheiden (aa) und was unter der „Wesentlichkeit" jenes Überwiegens zu verstehen sein soll (bb).

aa) Interessenabwägung

236 Zu den Kriterien des Überwiegens weist § 34 zunächst auf die betroffenen Rechtsgüter hin. Einstiegskriterium ist folglich das *allgemeine Rangverhältnis* der betroffenen Rechtsgüter. Einen groben Anhaltspunkt hierfür bietet der den Strafvorschriften des Besonderen Teils jeweils zugeordnete *Strafrahmen.* Deshalb ist es z. B. grundsätzlich erlaubt, zur Erhaltung der körperlichen Unversehrtheit eine Sache zu zerstören.

237 **Zu Leitfall 5.4**

In *Leitfall 5.4. Var. a* bildet der Strafrahmen des § 223 (Freiheitsstrafe bis zu 5 Jahren) ein Indiz dafür, dass die Gesundheit des A die in § 303 (Freiheitsstrafe bis zu 2 Jahren) geschützte Gebrauchstauglichkeit des Zaunes überwiegt.

238 Bei den jeweils betroffenen Rechtsgütern kann es sich auch um ganze *Güterkomplexe* handeln. So kann es z. B. für das Überwiegen eines Interessenkomplexes darauf ankommen, dass einer der Interessenträger in den Eingriff einwilligt. Dies ist insbesondere im Bereich des Medizinrechts (Kastration, Transplantation, Arzneimittelprüfung) von Bedeutung.[179]

239 Dieser Anhaltspunkt wird jedoch relativiert durch den *Grad* der den Gütern drohenden *Gefahr*:

---

[178] Vgl. *Perron* in: Schönke/Schröder § 34 RN 18.

[179] Näher *Dölling* FS Gössel, S. 209 ff.

Zu Leitfall 5.4 240

Erscheint in *Leitfall 5.4. Var. a* die Körperverletzung eher unwahrscheinlich, weil der bissige Hund den A noch gar nicht entdeckt hat und zudem offensichtlich an einem Bein lahmt, so würde zu diesem Zeitpunkt das Interesse des A an seiner körperlichen Unversehrtheit das Interesse des D an der Erhaltung seines Zaunes nicht überwiegen.

Da § 34 die Abwägung der betroffenen Rechtsgüter und den Grad der ihnen drohenden Gefahren aber nur als Beispiele nennt („namentlich..."), sind mittlerweile weitere Abwägungskriterien entwickelt worden: die *Schutzwürdigkeit* des Erhaltungsgutes in der *konkreten Situation*, die *Art* der konkreten Verletzung des Erhaltungsguts und der *Umfang* des konkreten Schadens beim Eingriffsgut. Daneben wären auch die jeweils gegebenen *Rettungschancen* und -risiken zu berücksichtigen. 241

Wichtig ist darüber hinaus, ob die Gefahr gerade vom Eingriffsgut *ausgeht* (sog. *defensiver Notstand*),[180] was zu erhöhten Gefahrtragungspflichten des „angreifenden" Interesses führt. Diese Gefahrtragungspflicht endet im Falle einer Gefährdung durch Sachen nach § 228 BGB erst dort, wo der durch den Eingriff drohende Schaden im Vergleich zum Erhaltungsgut unverhältnismäßig hoch wäre. 242

Die Möglichkeiten des Eingriffs in „unbeteiligte" Interessen (sog. *aggressiver* Notstand) schränkt § 904 BGB beim Sacheingriff hingegen insoweit ein, als ein Überwiegen des Erhaltungsinteresses erst dann angenommen werden kann, wenn der durch Untätigbleiben entstehende Schaden *unverhältnismäßig* wäre. 243

Obwohl in § 34 StGB nicht ausdrücklich erwähnt, spielen die Modifizierungen des BGB für den defensiven (§ 228 BGB) und den aggressiven Notstand (§ 904 BGB) auch bei der Abwägung in § 34 eine Rolle. Innerhalb ihres Anwendungsbereichs (Beschädigung einer/Einwirkung auf eine *Sache*) sind die §§ 228, 904 BGB sogar leges speciales zu § 34 und gehen § 34 daher vor,[181] im Übrigen – insbesondere bei der Einwirkung auf Menschen, von denen Gefahren ausgehen[182] – bilden sie Abwägungsfaktoren innerhalb der Gesamtabwägung. 244

Zu Leitfall 5.4 245

In *Leitfall 5.4. Var. a* wäre die Beschädigung des Zaunes nach § 904 BGB deshalb erst dann zulässig, wenn bei A ein unverhältnismäßig hoher Schaden zu befürchten wäre.

In *Leitfall 5.4. Var. b* dürfte A mit seinem Schirm hingegen auf den Hund losschlagen, solange nicht zu befürchten ist, dass der am Hund zu erwartende 246

[180] Näher *Kindhäuser* AT § 17/45 ff.; *Pawlik* Jura 2002, 26 ff.

[181] Vgl. *Jescheck/Weigend* § 33 I 2; *Perron* in: Schönke/Schröder § 34 RN 6, auch zur Frage der Begrenzung der speziellen Notstandsregelungen durch § 34.

[182] Vgl. *Köhler* FS Schroeder, S. 257/263, 265; *Ladiges* 2007, 414 mwN; krit. im Hinblick auf Verhältnismäßigkeitsfragen insoweit *Hirsch* FS Küper, S. 149/157, S. 159.

Schaden[183] im Vergleich mit der Verletzung des A i.S.v. § 228 BGB unverhältnismäßig ist.

247 Eine heftige Kontroverse[184] hatte sich 2005 um die Frage entwickelt, ob ein von Terroristen gekapertes voll besetztes Passagierflugzeug über unbewohntem Gebiet abgeschossen werden darf, um den von den Entführern beabsichtigten Absturz auf Menschen am Boden zu verhindern.[185] Die entsprechende (rechtfertigende) Rechtsgrundlage in § 14 III Luftsicherheitsgesetz a.F.[186] erklärte das BVerfG u. a. wegen Verstoßes gegen die Menschenwürde der (angeblich unbeteiligten) Passagiere für verfassungswidrig.[187] Dies mag im Hinblick auf ein *staatliches* Eingreifen zu Gunsten der Menschen am Boden und zum Nachteil der Passagiere vertretbar sein.[188] Eine strafrechtlich gerechtfertigte, für die Passagiere tödlich endende Rettung der *Menschen* am Boden durch Ablenkung oder Abschießen des entführten Flugzeugs nach dem Maßstäben des *defensiven Notstandes* ist dadurch aber nicht ausgeschlossen.[189] Denn die Gefahr des Absturzes geht (auch) von den zwar unschuldigen, aber keineswegs unbeteiligten Flugzeugpassagieren aus. Sie setzen, indem sie den Flug des Flugzeugs gemeinsam verursachen,[190] einen auch bei ungestörtem Fortgang gefährlichen Vorgang in Gang, dessen Risiken nicht auf Dritte abgewälzt werden dürfen. Droht ein Absturz, dürfen die Menschen am Boden, von denen – im Unterschied selbst zu evtl. mitfliegenden Kindern[191] – keinerlei Gefahr ausgeht, die für sie tödliche Gefahr abwehren.[192] Dies gilt unabhängig davon, wie es zum Absturz kommt, so lange der Absturz der Sphäre der Fliegenden zuzurechnen ist,[193] und unabhängig davon, ob die Passagiere ohnehin todgeweiht sind[194] oder sich durch eine für die Menschen am Boden tödliche Notlandung retten könnten.

---

[183] Zum Hund als Sache im strafrechtlichen Sinn vgl. § 90 a BGB sowie *Küpper* JZ 1993, 435 ff.

[184] Für Rechtfertigung *Gropp* GA 2006, 284 ff., *Köhler* FS Schroeder, S. 257 ff.; *Rogall* NStZ 2008, 1 ff.; *Sinn* NStZ 2004, 585/591 ff.; dagegen *Mitsch* GA 2006, 11/23 ff.; zahlr. wN zum Streitstand bei *Ladiges* ZIS 2008, 130 Fn. 16–20, *Streng* FS Stöckel S. 136 Fn 8.

[185] Umfassend *Ladiges* 2007; ohne nähere Begründung für Aggressivnotstand hier jedoch *Günther* FS Amelung, S. 147/153.

[186] § 14 III Luftsicherheitsgesetz, Gesetz vom 11. Januar 2005 (BGBl. I S. 78): „Die unmittelbare Einwirkung mit Waffengewalt ist nur zulässig, wenn nach den Umständen davon auszugehen ist, dass das Luftfahrzeug gegen das Leben von Menschen eingesetzt werden soll und sie das einzige Mittel zur Abwehr dieser gegenwärtigen Gefahr ist."

[187] BVerfG Urt. v. 15.2.2006 1 BvR 357/05 BVerfGE 115, 118 ff.

[188] Kritisch hiergegen jedoch *Isensee* FS Jakobs, S. 221: über der grundrechtlichen Position der Personen an Bord vernachlässige das BVerfG die Position der Menschen am Boden.

[189] Vgl. auch *Ladiges* ZIS 2008, S. 131.

[190] a. A. *Ladiges* ZIS 2008, S. 132, der wenig überzeugend meint, die fliegenden Passagiere stellten keinen Gefahrenherd dar; ablehnend unter Verkennung der kumulativen Kausalität *Streng* FS Stöckel S. 147; ähnlich *Hörnle* New Criminal Law Review 2007, 582/588, *Stübinger* ZStW 123(2011), S. 421.

[191] Vgl. aber *Streng* FS Stöckel S. 147; auf die Schuld(un)fähigkeit derer, von denen tödliche Gefahren ausgehen, kommt es freilich nicht an, vgl. *Köhler* FS Schroeder, S. 257/266 sowie *Gropp* GA 2006, 287 mwN.

[192] Näher dazu der *Radartechniker*-Fall, *Gropp* GA 2006, 284.

[193] Grundlegend dazu *Köhler* FS Schroeder, S. 267 ff.

[194] Für eine Rechtfertigung der Tötung der Passagiere im Falle ihrer Unrettbarkeit über § 34 aber *Ladiges* 2007, 475, *Sinn* NStZ 2004, 585/588.

Auch das Bestehen einer besonderen *Gefahrtragungspflicht* (Feuerwehr) gilt es bei der Abwägung zu berücksichtigen. 248

Zusammengefasst ergibt sich somit eine umfassende *Gesamtinteressenabwägung*,[195] an deren Ende das Urteil über das Überwiegen des Erhaltungsinteresses steht. 249

bb) Wesentliches Überwiegen[196]

Als Ergebnis der Interessenabwägung verlangt § 34, dass das Erhaltungsinteresse das Eingriffsinteresse *wesentlich* überwiege. Den Gesetzesmaterialien kann insoweit entnommen werden, dass man hier an ein *deutliches* Wertungsgefälle zwischen den beteiligten Interessen dachte.[197] Indessen kann jenem Kriterium allenfalls die „*Klarstellungsfunktion*"[198] zukommen, ein Eingriffsrecht *in Zweifelsfällen* auszuschließen. Dies lässt sich damit erklären, dass nach dem Rechtfertigungsprinzip vom überwiegenden Interesse die Rechtfertigung bei *jedem* Überwiegen eintreten müsste. Aus Gründen der *Praktikabilität* und der Interessen des *Eingriffsgutes* kann daher das Wesentlichkeitserfordernis eine Rechtfertigung nur für Fälle ausschließen, in denen am Überwiegen des Erhaltungsgutes für einen informierten Beobachter *Zweifel* bestehen.[199] 250

Nicht zugestimmt werden kann dem Satz, nach dem ein Eingriff in das Leben eines Dritten *nicht* nach § 34 gerechtfertigt werden könne.[200] Denn auch hier gilt es, die Fälle des defensiven Notstandes zu berücksichtigen. Danach ist der hinsichtlich seines Lebens Gefährdete nach § 34 gerechtfertigt, „wenn er den Gefahrverursacher schwer verletzt oder äußerstenfalls sogar tötet."[201] 251

Beispiel 5.22 252

Die Tötung des wasserköpfigen Kindes während der Geburt durch *Perforation* ist als einziges Mittel zur Rettung der Mutter nach den Regeln des defensiven Nostandes rechtmäßig.[202]

Auf eine weitere Fallgruppe hat *Mitsch* zu Recht aufmerksam gemacht: auch eine Tötung auf Verlangen, bei der sich der Getötete in einer ausweglosen Situation aufopfern will (Opfertod auf Ver- 253

---

[195] Vgl. auch NK-StGB-*Neumann* § 34 RN 68 ff.; abl. *Pawlik* 2002, S. 131 ff.

[196] Umfassend *Küper* GA 1983, 289 ff.

[197] Näher zur Entstehungsgeschichte *Küper* GA 1983, 290 f.

[198] *Küper* GA 1983, 289.

[199] Vgl. *Perron* in: Schönke/Schröder § 34 RN 45.

[200] Vgl. aber *Wessels/Beulke/Satzger* AT RN 316.

[201] *Roxin* AT 1 § 16/69; vgl. *Roxin* FS Jescheck, S. 457 ff.; *Ebert* AT 3. Abschn. C II 3 e aa; *Jescheck/Weigend* AT § 33 IV 3 a, 5; *Küper* JuS 1981, 785 ff./789; *Lackner/Kühl* § 34 RN 9; umfassend NK-StGB-*Neumann* § 34 RN 87 ff. mwN.

[202] Vgl. *Roxin* FS Jescheck, S. 457/475 ff.

langen), kann das Gewicht des Erhaltungsinteresses so weit reduzieren, dass eine Rechtfertigung nach § 34 möglich erscheint.[203]

254 Außerhalb des defensiven Notstandes und des Opfertodes auf Verlangen kann eine aktive Tötung eines Menschen in Fällen der Kollision von Menschenleben nicht gerechtfertigt werden. Im Fall des „Brettes des Karneades" (s. o. RN 46) – um nicht zu ertrinken stößt ein Schiffbrüchiger einen anderen von einer rettenden Planke, die nur einen Menschen trägt – kommt daher nur eine Entschuldigung nach § 35 in Frage (vgl. § 6 RN 126 ff.).

d) Schuldhafte Herbeiführung der Notstandslage

255 Bei schuldhafter Herbeiführung der Notstandslage sind im Grunde zwei Lösungsansätze denkbar:

256 Man kann die *Notstandsabwägung unberührt* lassen und das Verschulden „vor die Klammer" ziehen (actio illicita in causa[204]-Ansatz). Die rechtfertigende Notstandssituation ist dann praktisch das „Werkzeug", mit dem der Täter den die Veränderung in der Außenwelt rechtswidrig und schuldhaft herbeiführt. Dementsprechend hat der BGH im sog. *Schrotschuss*-Fall[205] den Provokateur hinsichtlich des Erfolges der als solcher rechtmäßigen Verteidigungshandlung aus der Fahrlässigkeitsvorschrift bestraft. Man kann das Verschulden aber auch bei der Abwägung der kollidierenden Interessen berücksichtigen (Abwägungs-Ansatz), was eine Reduzierung des Eingriffsinteresses bewirkt.[206]

257 **Beispiel 5.23**

Fäkalien-Fall BayObLG NJW 1978, S. 2046: Der Fahrer F eines mit Fäkalien beladenen Tankzuges bog von der Hauptstraße in einen Feldweg ein, der für ein Befahren durch den Lastzug erkennbar zu schmal war. Nachdem F ca. 30 m zurückgelegt hatte, sackte das Fahrzeug mit den rechten Rädern vom Weg in den Graben ab, so dass es umzukippen drohte. Um eine Beschädigung des Fahrzeugs im Wert von 60.000 DM zu vermeiden, ließ der Fahrer die Fäkalien aus dem Tank auf ein anliegendes landwirtschaftliches Grundstück ab und verteilte sie mit einem Schlauch, um eventuelle Schäden möglichst gering zu halten. Mit dem leichter gewordenen Fahrzeug konnte F die Fahrt fortsetzen.

258 Das BayObLG hatte zu entscheiden, ob das Verhalten des Täters eine gegen das Abfallgesetz verstoßende rechtswidrig und schuldhaft begangene Ordnungswidrigkeit sei. Das Gericht bevorzugte hinsichtlich der Frage einer Rechtferti-

[203] Vgl. *Mitsch* FS Weber, S. 66 f.

[204] Lat. „actio illicita in causa" = die bei der Verursachung rechtswidrige Handlung; für Anwendbarkeit der actio illicita in causa auch auf Vorsatzstraftaten als Form der mittelbaren Täterschaft durch ein gerechtfertigtes Werkzeug *Puppe* FS Küper, S. 443 ff.

[205] BGH 3 StR 331/00 v. 22.11.2000 NStZ 2001, 143 ff.; dazu *Mitsch* JuS 2001, 751 ff.; krit. *Roxin* JZ 2001, 666 f.

[206] So *Küper* 1983, S. 25 ff. m. Besprechung *Gropp* GA 1984, S. 485.

gung nach Notstandsgesichtspunkten den *actio illicita-Ansatz*: Es nahm an, dass das Ablassen der Fäkalien als solches angesichts des hohen Wertes des LKW unter Berufung auf § 34 StGB bzw. § 16 OWiG gerechtfertigt sei. Jedoch knüpfte es an das Einfahren in den Feldweg an, was eine Verantwortlichkeit wegen eines fahrlässigen Verstoßes gegen das Abfallgesetz zur Folge hatte.

Nach dem *Abwägungsmodell* wäre im Zeitpunkt der Entscheidung über das Ablassen zu erwägen gewesen, inwiefern das Verschulden des Fahrers beim Einfahren in den Feldweg ein Überwiegen des Erhaltungsinteresses (Rettung des LKW) gegenüber dem Eingriffsinteresse (Umweltzerstörung) noch zulässt. **259**

Die Berücksichtigung des Verschuldens im Rahmen der Interessenabwägung verdient den Vorzug. Denn der Zeitpunkt der Tat und derjenige der Abwägung fallen zusammen, der Täter kann *zum Zeitpunkt der Tat bewusst* darüber entscheiden, sich rechtmäßig zu verhalten. Verhält er sich rechtswidrig, liegt eine vorsätzliche Herbeiführung der Veränderung in der Außenwelt vor. Demgegenüber hat der actio illicita in causa-Ansatz den Nachteil, dass die Strafbarkeit an eine Tat angeknüpft wird (Einfahren in den zu schmalen Feldweg), welche – um strafbar zu sein – erst noch zum Schutzgut in eine konkrete Beziehung gesetzt werden muss. In der Notstandssituation selbst wird indessen so getan, als ob die Vorgeschichte gar nicht vorliege, wird nicht mehr an das Schuldbewusstsein des Täters appelliert, kurz: alle Einwände gegen die actio illicita in causa-Konstruktion bei der Notwehr gelten auch hier.[207] Der Vorzug gebührt daher auch hier der Abwägungslösung.[208] **260**

2. Notstandshandlung

Nachdem – im Unterschied zur Notwehrprüfung – die Erforderlichkeitsprüfung beim rechtfertigenden Notstand als „Nicht-anders-Abwendbarkeit" (ultima ratio-Erfordernis) bereits innerhalb der Notstandslage zu prüfen ist, bleiben für die Notstandshandlung nur noch wenige Elemente: **261**

a) Abwendung der dem Erhaltungsgut drohenden Gefahr

Zunächst muss der Täter das überwiegende Interesse wahren, d. h. die *Gefahr vom Erhaltungsgut abwenden*. **262**

b) Angemessenheit des Mittels

Nach h.M. handelt es sich bei der *Angemessenheit des Mittels* um ein zusätzliches Korrektiv, um eine Übereinstimmung der Notstandshandlung mit den Wertvorstellungen der Allgemeinheit zu gewährleisten (sozialethische Einschränkung der Notstandshandlung).[209] **263**

---

[207] Sie betreffen vor allem die Umwandlung der Vorhandlung zur Tathandlung, vgl. insoweit auch zur actio libera in causa § 7/49 ff. Zur Ablehnung der actio illicita in causa bei der verschuldeten Notwehrsituation *Roxin* AT 1 § 15/68 sowie § 16/64; vgl. aber auch *Freund* GA 2006, 271 ff.; *Lenckner/Sternberg-Lieben* in: Schönke/Schröder RN 23 vor § 32 mwN.

[208] Vgl. auch MK-*Erb* § 34 RN 143 mwN.

[209] Vgl. MK-*Erb* § 34 RN 176 f.; NK-StGB-*Neumann* § 34 RN 21 ff.; *Roxin* AT § 16/91 ff.

264 **Beispiel 5.24**

Blutübertragungs-Fall: Y ist schwer verunglückt und kann nur durch eine sofortige Bluttransfusion gerettet werden. Zufälligerweise hat der anwesende Z die seltene Blutgruppe des Y. Z weigert sich jedoch, die Blutübertragung vornehmen zu lassen. Könnte Z notfalls mit Gewalt Blut entnommen werden?

265 Obwohl das Leben die körperliche Unversehrtheit als Rechtsgut wesentlich überwiegt, ist man sich im Blutübertragungsfall zu Recht darin einig, dass die Blutübertragung seitens des Z nicht durch einen Eingriff erzwungen werden darf.[210] Die körperliche Unversehrtheit sei vielmehr eine Schranke, die auch um abstrakt höherwertiger Interessen Willen aus *sozialethischen* Gesichtspunkten nicht durchbrochen werden dürfe. Dies ist eine Ausprägung des Gedankens, dass zur Abwehr der Gefahr – selbst im defensiven Notstand – nicht jedes Mittel recht sein darf. Insbesondere Mittel, die gegen die Menschenwürde verstoßen, wie etwa das Zufügen oder Androhen körperlicher Qualen sind bereits zur Abwehr eines Angriffs[211] und damit erst recht zur Abwendung einer Gefahr unzulässig. Auseinander gehen die Meinungen nur darüber, ob jene sozialethischen Aspekte bereits Eingang in die Notstands*lage (Gesamtabwägung)* finden sollten[212] oder ob es hier einer Prüfung innerhalb der Notstands*handlung* im Rahmen des Merkmals der „Angemessenheit" bedürfe.[213]

266 Noch weitgehend ungeklärt ist jedoch, inwieweit ein Lebens- oder Leibes-Garant berechtigt oder gar verpflichtet sein kann, eine gegen materielle Güter gerichtete Straftat zu begehen: Darf bzw. muss der Täter ein sehr teures Medikament notfalls stehlen, um das Leben seiner Frau zu retten?[214]

267 Zwar unterfallen alle im Zusammenhang mit der Angemessenheitsklausel genannten Elemente *sachlich* der Gesamtabwägung, weshalb es der Angemessenheitsklausel in § 34 Satz 2 nicht mehr bedurft hätte. Da der Gesetzgeber aber die Angemessenheitsklausel in den Wortlaut des § 34 aufgenommen hat, bietet es sich an, sie als *Merkposten* zu benutzen, falls die genannten Gesichtspunkte gegen einen Eingriff mittels rechtfertigenden Notstandes sprechen.[215] Über diese *Aufbaufrage* hinaus kommt jenem Meinungsstreit zu § 34 bei der Falllösung aber keine Bedeutung zu.

---

[210] Anders *Roxin* AT 1 § 16/49; zur Legitimation einer Blut*entnahme* durch Bestehen eines Tatverdachtes vgl. § 81 a StPO.

[211] Vgl. hierzu den Fall *Daschner* (oben RN 170), näher dazu *Lüderssen* FS Rudolphi, S. 691 ff.; *Neuhaus* GA 2004, 521 ff./527 ff., 535; *Saliger* ZStW 116 (2004), 47, 49.

[212] So *Kühl* AT § 8/167 ff.; *Perron* in: Schönke/Schröder § 34. RN 46 mwN.

[213] So als Ausprägung des Autonomie- bzw. Zweckprinzips *Jescheck/Weigend* AT § 33 IV 3 d; *Fischer* § 34 RN 26 jew. mwN.

[214] So die Frage in dem berühmten „Heinz-Dilemma" nach *Kohlberg* 1996, S. 495 f., ausführlich erörtert durch *Lampe* FS Lenckner, S. 159 ff.

[215] *Kühl* AT § 8/167.

Unter dem Aspekt der Angemessenheit werden im Übrigen die Berücksichtigung von *Gefahrtragungspflichten,* die Unanwendbarkeit von § 34 auf *staatliches Handeln*[216], soweit nicht abschließende öffentlich rechtliche Sondervorschriften eingreifen bzw. die Pflicht zur *Einhaltung rechtlich geordneter Verfahren* bei der Gefährdung durch staatliches Handeln erörtert. 268

3. Subjektives Rechtfertigungselement

Umstritten ist insoweit zunächst, ob der im rechtfertigenden Notstand Handelnde die Voraussetzungen der Rechtfertigung *gewissenhaft prüfen* muss.[217] 269

Beispiel 5.25 270

Blutungs-Fall BGH 1 StR 552/51 NJW 1952, S. 312: Der Angeklagte hatte einen Schwangerschaftsabbruch vorgenommen, ohne die Frau eingehend und gewissenhaft zu untersuchen, die kollidierenden Interessen abzuwägen und die Patientin angemessen ärztlich zu betreuen. Deshalb war ihm die schwangerschaftsbedingte Suizidneigung der Patientin ebenso unbekannt wie die Tatsache, dass die Patientin infolge der (Blut)Krankheiten, an denen sie litt, die Frucht nur unter ernster Gefährdung von Leben oder Gesundheit austragen konnte.

Der BGH lehnte eine Rechtfertigung trotz objektiv gegebener Rechtfertigungslage mangels gewissenhafter Prüfung der Rechtfertigungsvoraussetzungen ab. 271

Indessen kann es für die Straflosigkeit nach § 34 nicht darauf ankommen, *dass* der Täter das Vorliegen der objektiven Rechtfertigungsvoraussetzungen gewissenhaft prüft. Nach den allgemeinen Überlegungen zum subjektiven Rechtfertigungselement (oben RN 47) genügt das Vorliegen der Notstandslage und der Notstandshandlung für eine Rechtfertigung im Notstand. 272

Allerdings ist zuzugeben, dass der Wortlaut des § 34 eindeutig ein Handeln des Täters verlangt, „um die Gefahr von sich oder einem anderen abzuwenden". Der Gesetzgeber des 2. StrRG lässt es somit nicht genügen, dass der Notstandstäter des § 34 rechtskonform handelt, er verlangt auch noch eine entsprechende Gesinnung des Täters. Aus der Sicht eines Strafrechts, das die Freiheit der Gedanken respektieren will, muss dies auf Bedenken stoßen. Abhilfe schaffen könnte eine restriktive Interpretation des § 34 oder eine Umformulierung des § 34 etwa mit dem folgenden Wortlaut: 273

„Wer in einer gegenwärtigen, nicht anders abwendbaren Gefahr für Leben, Leib, Freiheit, Ehre, Eigentum oder ein anderes Rechtsgut eine Tat begeht, **welche geeignet ist, die Gefahr von sich oder einem anderen abzuwenden**, handelt nicht rechtswidrig, wenn … 274

[216] Hierzu *Hillenkamp* 5. Problem.

[217] Für jene Prüfungspflicht vor allem die Rechtsprechung zum früheren übergesetzlichen Notstand, vgl. die Nachweise bei *Perron* in: Schönke/Schröder § 34 RN 49; zu Recht abl. LK[11]-*Hirsch* § 34 RN 77; *Kindhäuser* LPK-StGB § 34 RN 43.

275 **4. Aufbau der Notstands-Prüfung**

- I. Tatbestandsmäßigkeit
- II. Rechtswidrigkeit
  Rechtfertigung infolge
  Notstands, wenn
  - a. Notstands-*Lage*
    - gegenwärtige Gefahr für ein Rechtsgut
    - Nichtabwendbarkeit der Gefahr auf andere Weise (Erforderlichkeit des Eingriffs)
    - Überwiegen des Erhaltungsgutes als Ergebnis der Interessenabwägung
  - b. Notstands-*Handlung*
    - Erhaltung des überwiegenden Interesses
    - Angemessenheit des Mittels
  - c. Wtlt und h.M. (zw.) Subjektives Rechtfertigungs-Element

5. Lösung des Leitfalls 5.4. (Gutachtenstil)

Variante a:

276 Indem A eine Latte aus dem Zaun brach, könnte er sich wegen Sachbeschädigung gem. § 303 I StGB strafbar gemacht haben.

277 I. A hat eine fremde Sache (§ 90 BGB) wissentlich und willentlich beschädigt.

278 II. Die Tat könnte aber durch aggressiven Notstand nach § 904 BGB gerechtfertigt sein. Die Inanspruchnahme des Zaunes, von dem keine Gefahr ausgeht, bedeutet eine Aggression gegen den Eigentümer.

279 Voraussetzung für eine Rechtfertigung wäre eine Notstandslage. Die gegenwärtige Gefahr besteht darin, dass der bissige Hund auf den A zurennt und ihn zu beißen droht. Um rechtfertigend zu wirken, müsste die Abwehrhandlung mit der Zaunlatte ultima ratio, d. h. zur Gefahrenabwehr erforderlich sein. Der Hund lässt sich mit der Zaunlatte abwehren. Die Wahrung der körperlichen Unversehrtheit kann auch nur durch die Beschädigung des Zaunes gewährleistet werden. Dem A ist es insbesondere nicht zuzumuten, die drohende Gefahr des Hundebisses durch einen Sprung über den Gartenzaun abzuwenden, selbst wenn A noch rüstig ist.

280 Schließlich müsste der dem A aus dem Hundebiss drohende Schaden unverhältnismäßig größer sein als der durch die Beschädigung des Zaunes drohende. Der Vergleich der Strafrahmen (§ 223, Freiheitsstrafe bis zu 5 Jahren; § 303, Freiheitsstrafe bis zu zwei Jahren) lässt auf eine solche Unverhältnismäßigkeit schließen. A hat bei der Notstandshandlung somit das überwiegende Interesse gewahrt.

Da A die entsprechenden Tatsachen der rechtfertigenden Situation kennt und sich verteidigen will, ist auch das von § 34 geforderte und von der h.M. akzeptierte subjektive Rechtfertigungselement gegeben. **281**

Ergebnis: Das Verhalten des A ist gerechtfertigt. Allerdings kann D gem. § 904 BGB von A Ersatz des ihm entstandenen Schadens verlangen. **282**

Variante b:

Indem A den Hund verletzte, könnte er sich wegen Sachbeschädigung gem. § 303 I strafbar gemacht haben. **283**

I. A hat eine fremde Sache (Tier gem. § 90a BGB) wissentlich und willentlich beschädigt. **284**

II. Die Tat könnte aber gerechtfertigt sein. Da kein Angriff vorliegt, weil der Hund nicht von E als Werkzeug verwandt worden ist, wäre hier Notstand zu prüfen. Die Gefahr geht vom Hund aus. Es könnte demzufolge ein defensiver Notstand gem. § 228 BGB vorliegen. **285**

Voraussetzung dafür wäre zunächst eine Notstandslage. Die gegenwärtige Gefahr besteht darin, dass der bissige Hund auf A zurennt und ihn zu beißen droht. Weiterhin müsste der Schlag mit dem Schirm die erforderliche Notstandshandlung sein. Dies ist der Fall, weil A den Hund nicht anders abwehren kann. Außerdem dürfte nach § 228 BGB der Schaden am Hund nicht außer Verhältnis zur drohenden Gesundheitsbeschädigung des A stehen. Der Strafrahmen des § 223 (Freiheitsstrafe bis zu 5 Jahren) ist ein Indiz dafür, dass die Gesundheit des A die in § 303 (Freiheitsstrafe bis zu zwei Jahren) geschützte Unversehrtheit des Hundes überwiegt und damit eine Unverhältnismäßigkeit erst recht nicht gegeben ist. **286**

A hat somit die Voraussetzungen von § 228 BGB erfüllt und rechtmäßig gehandelt. **287**

Da A die entsprechenden Tatsachen der rechtfertigenden Situation kannte und sich verteidigen wollte, liegt auch ein subjektives Rechtfertigungselement vor. **288**

Das Verhalten des A ist gem. § 228 BGB gerechtfertigt. **289**

IV. Rechtfertigende Pflichtenkollision

Leitfall 5.5. Var. a **290**

Zwillingssohn-Fall: Vater V ist mit seinen beiden 5jährigen Zwillingen S 1 und S 2 an den Ostseestrand gefahren. Während V S 1 über alles liebt, hasst er S 2 zutiefst. Als sich die Gruppe im flachen Strandbereich aufhält, geraten S 1 und S 2 plötzlich in eine nicht erkennbare Untiefe und drohen zu ertrinken. Aufgrund der Distanz zwischen S 1 und S 2 und der Begrenztheit seiner körperlichen Kräfte erkennt V sofort, dass er nur einen der beiden Nichtschwimmer retten kann. Er entschließt sich daher, S 1 zu retten und den ihm verhassten S 2 ertrinken zu lassen, was auch geschieht. Hat V sich wegen des Todes von S 2 strafbar gemacht?

291 **Leitfall 5.5. Var. b**

Respirator-Fall: In eine Unfallklinik wird der Schwerverletzte S eingeliefert. Durch künstliche Beatmung könnte sein Leben gerettet werden, weshalb er auf die Intensivstation gebracht wird. Dort stellt sich jedoch heraus, dass alle Beatmungsgeräte belegt sind. Um das Leben des S zu retten, entschließt sich der ärztliche Leiter der Intensivstation, Dr. D, den Patienten P, einen alten Mann, dessen Lebenserwartung er auf allenfalls noch drei Monate schätzt, vom Beatmungsgerät abzuhängen und S anzuschließen. S wird gerettet und kann nach drei Wochen zu seiner Frau und den drei Kindern zurückkehren. P stirbt nach wenigen Minuten. Hat sich Dr. D wegen des Todes des P strafbar gemacht?

292 Die rechtliche Bewertung der Kollision von Pflichten gehört trotz umfassender Aufarbeitung durch *Otto* und *Küper*[218] zu jenen Problembereichen der Strafrechtsdogmatik, in denen sich ein Konsens der Meinungen erst nach und nach finden lässt. Der Grund hierfür liegt darin, dass zu wenigen dogmatischen Gebilden so viele Missverständnisse bestanden wie zur rechtfertigenden Pflichtenkollision.[219]

293 Es bedarf daher zunächst einer Klärung des Begriffs und der Art der kollidierenden *Größen* (1). Es folgt die Herausarbeitung und genauere Darstellung jener Konstellation, der gegenüber sonstigen Rechtfertigungsgründen eine eigenständige Struktur zukommt: die Pflichtenkollision i.e.S. (2, 3).[220]

1. Pflichtenkollisionen i.w.S. als Interessenkollisionen

294 Die ganz überwiegende Anzahl der Rechtssätze des Straf- und Ordnungswidrigkeitenrechts beruht auf *Verbots*normen.

295 **Beispiele:**

§ 212: „Du sollst nicht töten";
§ 242: „Du sollst nicht stehlen".

296 Nur die Strafvorschriften, die ein Unterlassen beschreiben (näher hierzu unten § 11) verstärken *Gebots*normen.

297 **Beispiele:**

§ 323c: „Du sollst in Unglücksfällen Hilfe leisten";
§ 138: „Du sollst der Behörde oder dem Bedrohten von dem Vorhaben oder der Ausführung näher bestimmter Straftaten rechtzeitig Anzeige machen."

298 Mit den *Verbots*normen korrespondieren *Unterlassungs*pflichten, mit den *Gebots*normen *Handlungs*pflichten: Indem es verboten ist, einen anderen Menschen zu töten, besteht eine *Pflicht*, die Tötung eines anderen Menschen zu *unterlassen.* Indem es geboten ist, bei Unglücksfällen zu helfen, besteht die *Pflicht*, in einer bestimmten Weise aktiv zu *handeln.*

---

[218] *Küper* 1979; *Otto* 1978.

[219] Vgl. auch die Nachweise bei *Fischer* RN 11 vor § 32.

[220] Näher zum Ganzen *Gropp* FS Hirsch, S. 207 ff.

Freilich zeigt uns die Existenz von § 13, dass Verbote/Unterlassungspflichten auch in Gebote/Handlungspflichten umformuliert werden können. Weil jedoch diese Umformulierung mit zusätzlichen, in § 13 formulierten Voraussetzungen verknüpft ist, bildet hier das Verbot die *Grundform* im Vergleich zum Gebot. Insoweit überwiegt die Anzahl der Verbotsnormen die der Gebotsnormen bei Weitem. 299

Dieses zahlenmäßige Übergewicht sanktionsbewehrter Verbote bzw. Unterlassungspflichten ist indessen nicht eine Frage der Formulierung oder des Zufalls, sondern es ergibt sich aus der Funktion der (Straf)Rechtsordnung als *Friedens*ordnung. Denn Frieden und Ordnung lassen sich durch eine Verpflichtung zum Unterlassen augenscheinlich eher gewährleisten, als durch eine Verpflichtung zum Tun:[221] Wer begeht, läuft eher Gefahr, die Interessen Dritter zu beeinträchtigen, was dann zu einer Legitimationsbedürftigkeit führt. Wer unterlässt bedarf indessen in der Regel keiner Legitimation hierfür, weil er dadurch nicht in die Rechte Dritter eingreift.[222] 300

Wenn aber die Statuierung einer Handlungspflicht einer besonderen Legitimation bedarf – sei es durch Formulierung einer spezifischen Vorschrift wie etwa in § 323c, sei es über die zusätzlichen Voraussetzungen in § 13 (Garantenstellung und Garantenpflicht, Entsprechensklausel, Möglichkeit und Zumutbarkeit des Handelns), dann kommt bei einer „Kollision" einer Unterlassungspflicht mit einer Handlungspflicht die Handlungspflicht nicht zum Entstehen, solange es nicht gelingt, jene besondere Legitimation, d. h. das Überwiegen der Handlungspflicht, darzulegen. 301

Zu Leitfall 5.5 302

Auf diesen prinzipiellen *Vorrang der Unterlassungspflicht* vor der Handlungspflicht[223] kommt es in *Leitfall 5.5. Var. b* an: Hier verdrängt die durch § 212 repräsentierte Unterlassungspflicht zugunsten des Patienten P die aus der Aufnahme in die Klinik herrührende Handlungspflicht aus § 212 i.V.m. § 13 gegenüber S. Bezüglich des S mag die Garantenstellung und -pflicht zwar ein Tun formal gebieten, den Eingriff in die Rechte des P vermag sie indessen nicht zu legitimieren. Dies gilt jedenfalls dann, wenn man es (mit Recht) ablehnt, Menschenleben nach der mutmaßlichen Lebenserwartung und der Lebensqualität abzuwägen. Denn dann spielt es keine Rolle, dass S jung und kräftig, P hingegen alt und gebrechlich ist.

Aus dem soeben genannten Beispiel kann man erkennen, dass die verschiedenen Pflichten in Wahrheit gar nicht rechtlich kollidieren, sondern dass sie in einem Rangverhältnis stehen, das nur eine von ihnen rechtlich zur Wirkung kommen lässt.[224] Was kollidiert, sind Interessen[225] bzw. formale Handlungs- oder Unterlas- 303

[221] Vgl. insoweit zur „Bescheidenheit" des Strafrechts *Arzt* FS Rudolphi, S. 3.

[222] Vgl. auch *Neumann* FS Roxin, S. 426.

[223] So bereits *Chr. Wolff*, 1738 § 210.; vgl. auch *Isensee* 1997, S. 7; *Jakobs* AT 15/8; a. A. *Otto* GK AT § 8/206 (rechtliche Gleichwertigkeit).

[224] Vgl. auch *Joerden* Jahrbuch für Recht und Ethik Bd. 5 (1977), S. 43 ff.

[225] So treffend SK-*Günther* § 34 RN 38 ff.; NK-StGB-*Neumann* § 34 RN 125; *Neumann* FS für Roxin, S. 422.

sungspflichten, formale *Gebote/Verbote*[226] des StGB. Eine materielle Rechtspflicht entsteht erst, wenn die Vorrangfrage geklärt ist. Andernfalls würde man Rechtspflichten statuieren, deren Befolgung rechtswidrig wäre. Da sich der Vorrang, das Überwiegen eines Interesses aber nach dem Maßstab des § 34 richtet, entscheiden sich auch alle formalen „Pflichtenkollisionen" zunächst nach den Maßstäben des *rechtfertigenden Notstandes*. In welchen Fällen lässt sich danach ein Vorrang feststellen?

2. Konstellationen formaler „Pflichtenkollisionen"

304 Das Zusammentreffen von formalen Handlungs- und Unterlassungspflichten ist in folgenden Konstellationen kombinierbar: Handlungspflicht und Unterlassungspflicht (a), Unterlassungspflicht und Unterlassungspflicht (b), Handlungspflicht und Handlungspflicht (c).

a) „Kollision" einer formalen Handlungspflicht mit einer formalen Unterlassungspflicht

305 Insofern wurde bereits oben (RN 301) ausgeführt, dass die Pflicht zum Handeln nur dann materiell besteht, wenn für einen damit verbundenen Eingriff in Rechte Dritter eine spezifische Legitimation vorliegt. Ist dies der Fall, ist ein *besonderer* Fall des rechtfertigenden Notstandes gegeben, weil der im Notstand Handelnde hier nicht nur *berechtigt*, sondern *verpflichtet* ist, zugunsten des Erhaltungsgutes einzuschreiten. Ansonsten überwiegt die Unterlassungspflicht.[227]

306 **Beispiel 5.26**

Wegen des Vorrangs des formalen Unterlassungsgebots und der daraus resultierenden Unterlassungspflicht ist die Ablehnung einer Rechtfertigung der sog. „Euthanasieärzte" in den *Anstaltstötungs*-Fällen durch den OGH für die britische Zone[228] zutreffend: Um Menschenleben zu retten, hatten Ärzte Kandidaten aus „Todeslisten" gestrichen, dadurch aber indirekt zur Erstellung der Listen beigetragen. Da hier die Handlungspflicht gegenüber der Gesamtheit der auf den Listen Befindlichen den Eingriff in das Lebensrecht der auf den Listen Verbleibenden nicht zu legitimieren vermochte, lag ein Überwiegen der Unterlassungspflicht gegenüber der Handlungspflicht vor.

307 **Beispiel 5.27**

In den sog. *Weichensteller*-Fällen[229] droht der nicht mehr abbremsbare Schnellzug eine Gruppe von Gleisarbeitern zu erfassen. Der Weichensteller könnte ihn durch Umstellen der Weiche jedoch so umleiten, dass nur ein vorher ungefährdeter Arbeiter getötet würde. Die mangelnde Legitimation zum aktiven Eingriff

---

[226] Vgl. LK[11]-*Hirsch* RN 71 ff. vor § 32.

[227] Vgl. *Küper* 1979, S. 32 ff.

[228] Vgl. OGH StS 19/49 OGHSt 1, 321 sowie BGH 4 StR 23/50 NJW 1953, 513 näher unten § 6 RN 183 ff.

[229] Vgl. hierzu umfassend *Mitsch* GA 2006, 11 ff.; *Kühl* AT § 12/104 f.; *Maurch/Zipf* AT 1 § 27/26.

in das Lebensrecht Dritter ist auch der Grund dafür, dass die Weiche nicht umgestellt werden darf.

Hingegen würde der Weichensteller i.S. von § 34 das überwiegende Interesse wahrnehmen, wenn er die Weiche so stellt, dass der Zug anstatt der Gleisarbeiter nun mehrere Tiere einer Schafherde erfasst und tötet, weil die Handlungspflicht zugunsten von Menschenleben die Unterlassungspflicht zugunsten von Tieren überwiegt. **308**

Da auch in *Leitfall 5.5. Var. b* Dr. D keine Legitimation zum Eingriff in das Lebensrecht des P hat, handelt er rechtswidrig, wenn er P vom Beatmungsgerät nimmt. **309**

Weil die Fälle einer „Kollision" formaler Handlungs- mit Unterlassungspflichten über den rechtfertigenden Notstand zu entscheiden sind, liegt hier folglich gar keine Kollision materieller Pflichten vor. Denn die Kollisionsregeln des rechtfertigenden Notstandes entscheiden den Interessenkonflikt und verhindern eine materielle Pflichtenkollision.[230] **310**

b) Kollision von Unterlassungspflichten?[231]

Jeder von uns sieht sich jederzeit unzähligen Unterlassungspflichten ausgesetzt. Wir sollen es z. B. unterlassen, zu stehlen (§ 242), zu betrügen (§ 263), zu töten (§§ 211 ff.) und ohne Führerschein Auto zu fahren (§ 21 StVG). Diese Unterlassungspflichten bestehen – im Unterschied zu Handlungs- und Unterlassungspflichten – gleichzeitig. Wir können sie auch alle gleichzeitig erfüllen, indem wir *unterlassen.* Weil wir sie aber gleichzeitig erfüllen können, *kollidieren* auch sie in Wahrheit *nicht. Es gibt keine Kollision von Unterlassungspflichten, und es kann sie nicht geben.*[232] Das Gegenteil scheinen hingegen Beispiele zu beweisen: **311**

Beispiel 5.28 **312**

Der *„Hamburger Elbtunnel*-Fall":[233] Im Hamburger Autobahn-Elbtunnel wird der Verkehr in der mittleren der drei Röhren so geregelt, dass mit der Rush-Hour wechselnd zwei Fahrspuren einmal in die eine, einmal in die andere Richtung führen. Eine „Kollision" von Unterlassungspflichten soll vorliegen, wenn (wohl aufgrund eines Defektes der Steuerungsanlage oder eines Versehens der Polizei) durch Lichtzeichen die Fahrtrichtung der mittleren Spur gewechselt würde, während sich ein Autofahrer noch in der alten Fahrtrichtung durch den Elbtunnel bewegt. Würde der Autofahrer im Tunnel umkehren bzw. stehenbleiben, würde er jeweils gegen folgende Unterlassungspflichten (Verbote) verstoßen:

- in der falschen Richtung zu fahren **313**
- anzuhalten
- zu wenden.

---

[230] Näher *Gropp* FS Hirsch, S. 211 ff.; vgl. auch *Kindhäuser* LPK-StGB § 34 RN 56.

[231] Näher *Gropp* FS Hirsch, S. 217 ff.

[232] Zustimmend AnwK-*Hauck* RN 22 vor §§ 32 ff.; *Satzger* Jura 2010, 754 f.; a. A. *Fischer* Vorbem. zu § 32 RN 11c; *B. Heinrich* AT RN 514 mit FN 171; *Kindhäuser* AT § 18/1; *Lenckner/Sternberg-Lieben* in: Schönke/Schröder 76 vor § 32; *Stratenwerth/Kuhlen* AT § 9/126.

[233] Vgl. *Hruschka* FS Larenz, S. 261.

314 **Beispiel 5.29**

Der *Autobahn-Schnellfahrer*-Fall:[234] Der schnelle Autobahnfahrer gerät an das Ende eines Staus. Bremst er, wird er einen Auffahrunfall des Hintermannes verursachen. Fährt er weiter, wird er auf den Vordermann auffahren. Dieser Fahrer hätte das Anhalten und das Weiterfahren gleichzeitig zu unterlassen. Beides sei ihm verboten.

315 **Beispiel 5.30**

Geisterfahrer-Fall:[235] Der die Autobahn in falscher Fahrtrichtung benutzende „Geisterfahrer" darf weder halten noch weiterfahren noch wenden.

316 Wendet man sich diesen Beispielen mit den klassischen Instrumenten der Methodenlehre zu, so ergibt sich, dass „kollidierende" Unterlassungspflichten in Wirklichkeit nicht bestehen.

317 Nehmen wir als Beispiel den *Geisterfahrer* auf der Autobahn. Er soll angeblich verpflichtet sein, sowohl das *Anhalten* als auch das *Wenden* zu unterlassen. Indessen bestehen diese Pflichten für den Geisterfahrer in Wirklichkeit nicht in Kollisionsform, was sich unschwer erkennen lässt, wenn man nach dem *Sinn* der entsprechenden Unterlassungspflichten bzw. -verbote fragt:

318 Sinn aller Verhaltensregeln auf der Autobahn ist es, den Verkehrsfluss in optimaler Weise, d. h. bei minimaler Gefährdung zu gewährleisten. Dies ist der Fall, wenn auf dem jeweiligen Richtungsstreifen alle Fahrzeuge mit einer Mindestgeschwindigkeit fahren, und zwar in die vorgegebene Richtung. Unter diesen Voraussetzungen gewinnt sowohl ein Anhalteverbot als auch Wendeverbot erst seine Berechtigung. Es soll verhindert werden, dass ein Fahrzeug ohne triftigen Grund anhält oder sich entgegen der angeordneten Fahrtrichtung bewegt. § 18 VIII StVO ist daher dahingehend teleologisch zu reduzieren, dass einen Geisterfahrer bereits keine Pflicht trifft, das Anhalten zu unterlassen. Denn es ist für den fließenden Verkehr viel gefährlicher, wenn der Geisterfahrer in der falschen Fahrtrichtung weiterfährt, als wenn er lediglich steht. Der anhaltende Geisterfahrer handelt somit gar nicht pflichtwidrig, wenn er unter Wahrung des Rücksichtsgebots in § 1 II StVO anhält. Ist ein anschließendes Wendemanöver zu gefährlich, ergibt sich die entsprechende – durchaus erfüllbare – Unterlassungspflicht ebenfalls aus § 1 II StVO. Sie ergibt sich nicht aus dem Wendeverbot in § 18 VII i.V.m. § 49 I Nr. 18 StVO. Denn fährt ein Fahrer ohnehin bereits in der falschen Fahrtrichtung, so kann für ihn das Wendeverbot als solches nicht gelten, weil das Wenden den sicheren Verkehrsfluss erst ermöglicht.[236]

319 Man kommt im Geisterfahrerfall somit zu folgendem Ergebnis: Die Unterlassungspflicht, gegen welche der Geisterfahrer zunächst verstößt, besteht in dem Verbot, die Fahrbahn entgegen der vorgegebenen Fahrtrichtung zu benutzen. Diese Unterlassungspflicht muss und kann er befolgen, indem er anhält, weil eine Pflicht, das Anhalten zu unterlassen, in seiner spezifischen Situation nicht besteht. Ist ein „Wenden" i.S. eines Verbringens des Fahrzeugs in die richtige Fahrtrichtung gefahrlos möglich (menschenleere Autobahn in einer ferienlosen Herbstnacht um 3.30 Uhr), würde dem Wenden das genannte Wendeverbot nicht entgegenstehen, weil es die Fälle des Geisterfahrers nicht betrifft. Wäre ein Wenden hingegen zu gefährlich, müsste der Geisterfahrer sein Fahrzeug in seiner Fahrtrichtung möglichst weit rechts abstellen und die Polizei verständigen.

[234] Vgl. *Lenckner/Sternberg-Lieben* in: Schönke/Schröder 76 vor § 32.

[235] Frei nach *Jescheck/Weigend* AT § 33 V 1.

[236] Vgl. hierzu auch OLG Karlsruhe 2 Ss 127/83 JZ 1984, 240 m. Anm. *Hruschka*.

Das Beispiel des Geisterfahrers auf der Autobahn lässt erkennen, dass die Konstruktion einer Kollision von Unterlassungspflichten entgegen der Logik nur dann möglich ist, wenn man die entsprechenden Unterlassungspflichten bewusst entgegen der ratio legis interpretiert. Bei sachgerechter Pflichteninterpretation ist eine Kollision von Unterlassungspflichten hingegen ausgeschlossen. 320

Die gilt auch für das von *Neumann*[237] gebildete Beispiel des in einer Menschenmenge nach vorn geschobenen X, der die „Wahl" hat, entweder auf den vor ihm gestürzten A oder den B zu treten. Müsste X *nach Lage der Dinge* auf den A treten, bestünde insoweit eine Handlungspflicht, dies zu vermeiden. Einer Entscheidung zum Nachteil des B stünde jedoch eine (überwiegende) Unterlassungspflicht entgegen – eine typische „Weichensteller"-Konstellation, vgl. oben Beispiel 5.27. 321

Es bleibt also dabei: Es ist zwar ein Nebeneinander mehrerer Unterlassungspflichten möglich. Jedoch können diese Unterlassungspflichten nicht derart kollidieren, dass die Erfüllung der einen Unterlassungspflicht die Verletzung der anderen mit sich bringt: „Leges prohibitivae nunquam inter se colliduntur"[238] – Verbotsgesetze kollidieren niemals miteinander. Falls dies doch der Fall sein sollte, hätte der Gesetzgeber durch widersprüchliche Aufstellung von Unterlassungspflichten einen Fehler gemacht, eine *absurde Rechtslage* produziert.[239] 322

c) „Kollision" von Handlungspflichten?

Auch Handlungspflichten können nur *formal* in der Weise kollidieren, dass an den Adressaten der Verpflichtung gleichzeitig Anforderungen gestellt werden, die dieser nicht gleichzeitig erfüllen kann, vgl. *Leitfall 5.5. Var. a.* Stehen die Handlungspflichten in einem *Stufenverhältnis*,[240] gelten auch hier die Regeln des rechtfertigenden Notstandes und nur die höherrangige Pflicht kommt materiell zur Wirkung. 323

Beispiel 5.31 324

Drohen ein Mensch und ein Hund zu ertrinken, so muss der Mensch gerettet werden. Die Sachbeschädigung bezüglich des Hundes durch Unterlassen ist nach § 34 gerechtfertigt, weil das überwiegende Interesse wahrgenommen wurde.

Der eigenständige Wirkungsbereich der rechtfertigenden Pflichtenkollision liegt jedoch dort, wo zwei *gleichrangige* formale Handlungspflichten kollidieren:[241] 325

---

[237] *Neumann* FS Roxin, S. 430.

[238] *Chr. Wolff* 1738, § 212.

[239] Z. B. Verbot 1: Wer redet wird bestraft; Verbot 2: Wer schweigt, wird bestraft. Hier scheinen in der Tat zwei Unterlassungspflichten zu kollidieren. Aber nur scheinbar. Denn das Schweigen ist zugleich ein Unterlassen des Redens. Es kollidiert somit die Unterlassungspflicht bezüglich des Redens mit der Handlungspflicht bezüglich des Redens. Eine absurde Pflichtenkollision, aber keine Kollision von Unterlassungspflichten.

[240] Zu diesem Stufenverhältnis zwischen der allgemeinen Hilfeleistungspflicht aus § 323c und der Handlungspflicht des Garanten bei der unechten Unterlassungsstraftat *Beulke* FS Küper, S. 1 ff.

[241] Vgl. AnwK-*Hauck* RN 22 vor §§ 32 ff.; *Murmann* GK § 25 V.

326 Es drohen wie in *Leitfall 5.5. Var. a* zwei Menschen zu ertrinken, von denen nur einer gerettet werden kann. Hier helfen die Maßstäbe des rechtfertigenden Notstandes nicht weiter, weil keines der betroffenen Interessen/keine der formalen Pflichten überwiegt.

3. Die rechtfertigende „Kollision" gleichrangiger formaler Handlungspflichten (rechtfertigende Pflichtenkollision i.e.S.)

327 In diesen Fällen liegt materiell nur *eine* Rechtspflicht vor. Sie gebietet, eine der beiden Handlungsmöglichkeiten zu ergreifen, und rechtfertigt das Unterlassen im Übrigen.[242]

328 Bei der Kollision gleichrangiger formaler Handlungspflichten wird zuweilen die Meinung vertreten, dass die Befolgung *einer* Pflicht keine rechtfertigende, sondern nur entschuldigende Wirkung habe[243]. Dem stehen jedoch folgende Überlegungen entgegen:

329 Der im Rahmen der formalen Kollision mehrerer gleichrangiger Handlungspflichten Handelnde hat die folgenden Alternativen: er kann entweder *eine* der Handlungspflichten *erfüllen* oder untätig bleiben. Die Untätigkeit ist jedoch eine Alternative, welche die Rechtsordnung um des Schutzes der Angriffsobjekte willen nicht hinnehmen kann. Deshalb müsste man den Täter in diesen Fällen wegen Nichterfüllung der einen *oder* der anderen Handlungspflicht zur Rechenschaft ziehen. Diesem Ergebnis kann der Täter nur entgehen, wenn er handelt. Wenn der Täter nun aber dergestalt aktiv werden *soll*, dann kann dies nicht gleichzeitig rechtswidrig sein, weil die Rechtsordnung nicht die Begehung rechtswidriger Handlungen vorschreiben kann.[244] Die Befolgung einer von mehreren gleichrangigen scheinbar kollidierenden Handlungspflichten wirkt daher als Rechtfertigungsgrund. Denn materiell besteht nur die Pflicht, *eine* der formalen Handlungspflichten (Handlungsgebote) zu erfüllen. Als Rechtfertigungsgrund für die Wahrnehmung eines *gleichrangigen* Interesses kommt der rechtfertigenden Pflichtenkollision eine eigenständige dogmatische Funktion zu.[245] Im Übrigen gelten die Regeln des rechtfertigenden Notstandes.

330 Problematisch ist im Bereich der rechtfertigenden Pflichtenkollision somit nur noch die Frage, *wann* eine Gleichrangigkeit der kollidierenden Interessen/formalen Handlungsgebote vorliegt. Die Dogmatik der Pflichtenkollision kann hier jedoch keine Anhaltspunkte liefern. Sie bildet nur ein formales Konzept, wie Kollisionen der genannten Art zu lösen sind. Die inhaltliche Bewertung der kollidierenden Interessen ist der Dogmatik der Pflichtenkollision vorgelagert.

---

242 So jetzt auch die h.M., vgl. *Frister* AT Kap. 22/59; *B. Heinrich* AT RN 514; LK[11]-*Hirsch* RN 71 ff. i.V.m. RN 6 vor § 32; *Kindhäuser* AT § 18/6 f.; *Krey/Esser* AT RN 633; *Kühl* AT § 18/134 ff.; *Roxin* AT 1 § 16/125.

243 Vgl. *Jescheck/Weigend* AT § 33 V 1 c, 2 mwN.

244 Vgl. auch NK-StGB-*Neumann* § 34 RN 133.

245 Vgl. auch LK[11]-*Hirsch* § 34 RN 5; *Roxin* AT § 16/122.

Lösung des Leitfälle 5.5. (Gutachtenstil)

Leitfall 5.5. Variante a Zwillingssohn-Fall:

V könnte wegen einer vorsätzlichen Tötung seines Sohnes S 2 durch Unterlassen strafbar sein (§§ 212,13). 331

Die tatbestandsmäßige Veränderung in der Außenwelt – Tod des S 2 durch Ertrinken – liegt ebenso vor wie ein wissentliches und willentliches Unterlassen des V. Zwischen dem Nichthandeln des V und dem Tod des S 2 besteht Quasikausalität, denn bei einem entsprechenden Handeln des V wäre mit an Sicherheit grenzender Wahrscheinlichkeit eine Rettung des S 2 möglich gewesen. 332

Fraglich ist aber, ob V rechtswidrig gehandelt hat. 333

Es kollidieren hier zwei gleichrangige formale Handlungspflichten, denn V ist für seinen Sohn S 1 ebenso wie für seinen Sohn S 2 Garant aufgrund Gesetzes. Auch wäre es V nicht möglich gewesen, beide Kinder zu retten. Im Widerstreit gleichrangiger formaler Handlungspflichten kann sich V für eine der beiden Möglichkeiten entscheiden und handelt damit nach überwiegender Meinung nicht rechtswidrig. 334

Leitfall 5.5. Variante b Respirator-Fall:

Dr. D könnte sich wegen einer vorsätzlichen Tötung (§ 212) des P strafbar gemacht haben, indem er die Behandlung des P durch Abschalten des Beatmungsgerätes abbrach. 335

Für Dr. D kollidieren eine formale Handlungspflicht und eine formale Unterlassungspflicht. Er müsste einerseits die Behandlung des P fortsetzen, andererseits wäre er zur Aufnahme der Behandlung des S verpflichtet. Jedoch erstarkt bei Gleichrangigkeit der betroffenen Interessen allein die formale Unterlassungspflicht zur materiellen Unterlassungspflicht. 336

Die von Dr. D getroffene Entscheidung ist wegen des Verstoßes gegen diese Unterlassungspflicht rechtswidrig, da menschliches Leben als höchstes Gut nicht abwägbar ist und auch nicht unter prognostischen Gesichtspunkten bewertet werden darf. 337

V. Rechtfertigung straftatbestandsmäßiger Grundrechtseingriffe durch Amts- und Zwangsrechte

Leitfall 5.6 338

Nach einem Mord wird X in der Nähe des Tatortes als Tatverdächtiger festgenommen. Haftrichter R erlässt einen Haftbefehl nach § 112 II Nr. 2 StPO wegen *Fluchtgefahr*. Er begründet dies aufgrund des Aktenstudiums damit, dass X unverheiratet ist und Verwandte im Ausland hat.

Zwar ist X in der Tat unverheiratet und hat Verwandte im Ausland. Jedoch ist er das Opfer einer Verwechslung geworden, weil er sich zur Tatzeit in der Nähe des Tatorts aufgehalten hatte. In Wirklichkeit ist Y der Täter. Hat Richter R in diesem Falle rechtmäßig gehandelt? 339

1. Eingriffsrechte von Amtsträgern, insbesondere im Rahmen der Strafverfolgung

340 Gerade die Strafrechtspflege erfordert vor allem im Rahmen der Strafverfolgung in weiten Bereichen hoheitliche Eingriffe, die eine Strafvorschrift erfüllen: Sei es § 239 (Freiheitsberaubung) im Rahmen der Untersuchungshaft nach §§ 112 ff. StPO oder des Vollzugs der Freiheitsstrafe, sei es § 340 (Körperverletzung im Amt) bei der Entnahme einer Blutprobe beim Beschuldigten (§ 81a StPO). Alle diese Maßnahmen bedürfen der *Rechtfertigung*, um straffrei zu bleiben. Entsprechende Rechtfertigungsgründe finden sich insbesondere in Form spezieller Eingriffsgrundlagen in der StPO. Ihre Wirkung unterscheidet sich nicht von sonstigen Rechtfertigungsgründen. Dennoch weisen sie Besonderheiten auf:

341 Da bis zur Fällung des Urteils nicht und auch danach *nur zur richterlichen Überzeugung* feststeht, dass der Verdächtige, Beschuldigte, Angeschuldigte und Angeklagte die Tat schuldhaft begangen hat, tragen alle jene tatbestandsmäßigen Eingriffe das Risiko in sich, *tatsächlich fehlerhaft* zu sein. Um jedoch die Strafrechtspflege nicht deshalb zum Erliegen kommen zu lassen, berücksichtigt der Gesetzgeber diese Risiken, indem er Eingriffsgrundlagen formuliert, die gerade jene *Ungewissheit einbeziehen.* Dementsprechend sind gesetzliche Formulierungen wie „Verdacht" oder „Gefahr" (vgl. z. B. § 112 StPO) beredter Ausdruck dafür, dass in tatsächlicher Hinsicht Unsicherheit besteht:

342 „Verdacht" verlangt zum Entscheidungszeitpunkt eine gewisse Wahrscheinlichkeit dafür, dass die betreffende Person eine Straftat begangen hat, „Gefahr" die Wahrscheinlichkeit, dass ein bestimmtes schädigendes Ereignis eintreten wird. Dass die betreffende Person die Straftat in Wahrheit *nicht* begangen *hat* bzw. das schädigende Ereignis *nicht* eintreten *wird*, ändert nichts daran, dass ein *Verdacht* und eine *Gefahr* bei Vorliegen bestimmter Indizien *bestehen.*

343 **Zu Leitfall 5.6**

So beruht in *Leitfall 5.6.* der *Tatverdacht* gegen X darauf, dass er in der Nähe des Tatortes angetroffen wurde, auch wenn er letztlich nicht der Täter ist. Auch das Merkmal der Fluchtgefahr als Voraussetzung für die Anordnung von Untersuchungshaft wäre aufgrund der familiären Verhältnisse des X erfüllt. Obwohl also X nicht der Täter ist, sind die Voraussetzungen für eine Anordnung der Untersuchungshaft nach § 112 I, II Nr. 2 StPO gegeben. R handelt somit rechtmäßig, § 112 StPO stellt einen Rechtfertigungsgrund zu § 239 StGB dar. Der Irrtum des R über die Täterschaft des X ist unbeachtlich. Denn für die Untersuchungshaft nach § 112 I, II Nr. 2 StPO genügt das Bestehen eines Tat-*Verdachts* und einer Flucht-*Gefahr*.

344 Wie § 112 StPO sind auch alle anderen Rechtsgrundlagen, welche zu hoheitlichen Eingriffen ermächtigen, Rechtfertigungsgründe. Zu nennen wären hier vor allem die *Identitätsfeststellung* sowie die *vorläufige Festnahme* nach § 127 I 2, II StPO.

Auch diese Eingriffsrechte knüpfen an einen *Tatverdacht* an und sind nur subsidiär und im Rahmen der Verhältnismäßigkeit einsetzbar.[246]

2. Handeln pro magistratu – §§ 229 bis 231 BGB, § 127 StPO[247]

a) Selbsthilferecht, §§ 229 bis 231 BGB[248]

Die §§ 229 bis 231 BGB dienen der Geltendmachung *zivilrechtlicher* Ansprüche. 345 Da sie notfalls auch die Anwendung von Gewalt zulassen und der Einsatz solcher Mittel in einem freiheitlichen Rechtsstaat grundsätzlich nur dem Staat vorbehalten ist, setzen sie voraus, dass

- obrigkeitliche Hilfe nicht rechtzeitig zu erlangen ist oder zu Unrecht verweigert wird und
- ohne sofortiges Eingreifen die Gefahr besteht, dass die Verwirklichung eines Anspruchs vereitelt oder wesentlich erschwert werden würde.

Betroffen von der rechtfertigenden Wirkung des Selbsthilferechts sind insbesondere 346 tatbestandsmäßige Handlungen nach §§ 239, 240 und 303 StGB. Spezielle Ausformungen des Selbsthilferechts finden sich in den §§ 561, 581 II, 704, 859 II-IV, 860, 910, 962 und 1029 BGB.

b) Das Recht zur vorläufigen Festnahme für jedermann, § 127 I 1 StPO[249]

§ 127 I 1 StPO räumt jedermann das Recht ein, einen Fluchtverdächtigen unter be- 347 stimmten Voraussetzungen vorläufig festzunehmen. Durch § 127 I 1 StPO überträgt der Staat damit eine öffentliche Funktion – die Ermöglichung strafgerichtlicher Verfolgung durch Festnahme – auf den Bürger.

Voraussetzung für eine Rechtfertigung nach § 127 I 1 StPO sind das Betroffen- 348 oder Verfolgtwerden auf frischer Tat sowie ein Fluchtverdacht oder die Unmöglichkeit der sofortigen Identitätsfeststellung.

Die „Tat“ muss i.S.v. § 11 I Nr. 5 StGB tatbestandsmäßig sein. Tatfrische ist 349 gegeben, wenn die gerade ausgeführte oder die soeben beendete Handlung für den Beobachter als Straftat erkennbar ist. Die Tatfrische bezieht sich aber auch auf das Verfolgen. Der Berechtigte muss deshalb unmittelbar nach Wahrnehmung der Tat mit den Verfolgungsmaßnahmen begonnen haben.

Umstritten ist, ob die „Tat“ i.S.v. § 127 I 1 StPO wirklich begangen sein muss, 350 oder ob die „Annahme der Tatbegehung ohne Fahrlässigkeit“[250] oder bereits dringender Tatverdacht genügt. Die überwiegende Meinung[251] lässt dringenden Tatverdacht genügen und bürdet dadurch dem Verdächtigen das Risiko eines Irrtums auf.

[246] Vgl. die Verweise auf § 163b StPO bzw. auf die Voraussetzungen eines Haft- oder Unterbringungsbefehls (§§ 112 ff., 126 a StPO).

[247] Zu § 229 BGB und § 127 I 1 StPO in der Fallbearbeitung *Schauer/Wittig* JuS 2004, 107 ff.

[248] Zur Selbsthilfe als *Abwehrrecht s. o.* RN 195 ff.

[249] Vgl. zum Ganzen auch *Bülte* ZStW 121 (2009), 377 ff.; *Sickor* JuS 2012, 1074 ff.; zu § 127 II StPO s. u. Beispiel 5.34. RN 395.

[250] *Freund* AT § 3/13.

[251] Vgl. BGH VI ZR 151/78 NJW 1981, 745/746; OLG Hamm 2 Ss 1526/96 NStZ 1998, 370; *Kargl* NStZ 2000, 8 ff.

Da jedoch Private – im Unterschied zu Polizeibeamten, vgl. § 127 II StPO – keine Rechtspflicht zur Festnahme Verdächtiger trifft, sprechen die besseren Argumente dafür, dass die Straftat tatsächlich begangen sein muss.[252]

351 Fluchtverdacht ist gegeben, wenn die äußeren Anzeichen dafür sprechen, dass sich der Betroffene seiner Strafverfolgung entziehen will, unabhängig davon, ob eine solche Absicht wirklich besteht. Entnimmt der Festnehmende den äußeren Umständen hingegen irrtümlich die tatsächlichen Voraussetzungen eines Fluchtverdachts, so ist ein Erlaubnistatumstandsirrtum gegeben, welcher die Vorsatzschuld entfallen lässt, der Tat nach h.M. jedoch ihre Rechtswidrigkeit nicht nimmt.[253]

352 Die Rechtfertigung nach § 127 StPO erfasst insbesondere Beeinträchtigungen der persönlichen Freiheit (§§ 239, 240). Da § 127 StPO durch den verfassungsrechtlichen Grundsatz der Verhältnismäßigkeit begrenzt wird, sind absichtliche Verletzungen von Leben und Leib des Festzunehmenden unzulässig.[254]

VI. Militärischer Befehl und dienstliche Anordnung (Weisungen)

353 Die rechtfertigende Wirkung von *Weisungen*, d. h. militärischen *Befehlen* sowie dienstlichen *Anordnungen,* dient der Funktionstüchtigkeit hierarchisch aufgebauter Systeme. Privilegierter der Rechtfertigung ist der Befehls- bzw. Anordnungs*empfänger*: Er handelt in einem begrenzten Umfang selbst dann rechtmäßig, wenn der empfangene Befehl *rechtswidrig* ist.[255] Dies erklärt sich folgendermaßen:

354 Das Prinzip der Über- und Unterordnung als Kern einer funktionierenden militärischen oder zivilen beamtenrechtlichen Hierarchie setzt voraus, dass der Untergeordnete dem Übergeordneten zum *Gehorsam* verpflichtet ist. Diese Gehorsamspflicht bringt es mit sich, dass *nicht jeder* Zweifel des Untergebenen an der Rechtmäßigkeit der Anordnungen bzw. Befehle beachtlich ist. Andernfalls würde die Funktionstüchtigkeit des Systems aufgehoben. Diese Unbeachtlichkeit von Zweifeln besteht, wenn die Anordnung oder der Befehl *verbindlich* sind. Der Empfänger handelt dann trotz (u. U. letztlich sogar begründeter) Zweifel an der Rechtmäßigkeit einer Anordnung oder eines Befehls rechtmäßig.

355 Die Verbindlichkeit des Befehls oder der Anordnung ist somit das Eingangstor zum rechtmäßigen Handeln auf Befehl. Die *Verbindlichkeit* des Befehls/der Anordnung besteht unter folgenden Voraussetzungen:

---

[252] So mit weiteren beachtlichen Argumenten *Schlüchter* AT Kap. 8 B Frage 51; *Beulke* 2012 RN 235 mwN.

[253] Näher hierzu *Hillenkamp* 8. Problem; *Meurer/Kahle* JuS 1993, Lernbogen L 60 ff.; für volle Rechtfertigung bei unvermeidbar irriger Annahme der Voraussetzungen eines Tatverdachts jedoch *Jescheck/Weigend* AT § 35 I 3 sowie hier RN 389.

[254] Vgl. näher *Jescheck/Weigend* AT § 35 IV 2; zu einem Fall fahrlässiger Tötung vgl. den *Hausdetektiv*-Fall BGH 4 StR 558/99 NJW 2000, 1348, dazu *Mitsch* JuS 2000, 850, *Trüg/Wentzell* Jura 2001, 30 ff.

[255] Bedenkenswert kritisch hierzu *Meyer* GA 2012, 560.

1. *Formale* Verbindlichkeit 356
   - *Zuständigkeit* des Vorgesetzten für eine Weisung dieser Art
   - Einhaltung der *Formvorschriften*
2. *Materielle* Verbindlichkeit
   - *Rechtmäßigkeit oder*
   - *keine offensichtliche Rechtswidrigkeit*

     Offensichtliche Rechtswidrigkeit der *Weisung* liegt insbesondere vor, wenn das angewiesene Verhalten
     - ordnungswidrig oder
     - strafbar oder
     - menschenrechtswidrig oder
     - völkerrechtswidrig (vgl. Art. 25 GG)

     ist.

     Vorsicht Ausnahme!!: auch
     - die *ordnungswidrige* dienstliche Anordnung an *Vollzugsbeamte* zur Anwendung unmittelbaren Zwangs
     - der ordnungswidrige Befehl an Soldaten

     lassen die materielle Verbindlichkeit unberührt.[256]

Eine grafische Darstellung in diestlichen Anordnung/Befehl findet sich in Abb. 1. 357
Weil sich eine *verbindliche* Weisung nicht auf ein straftatbestandsmäßiges und nur 358
ausnahmsweise auf ein ordnungswidriges Handeln beziehen kann, besteht ihre Funktion darin, ein *sonst rechtliche Interessen beeinträchtigendes* Verhalten zu rechtfertigen und dadurch eine Notwehr nach § 32 ausschließen.[257]

VII. Erziehungsrecht

Beim Züchtigungsrecht, dem Vorläufer des Erziehungsrechts, gedacht als Legitima- 359
tion zur Verhängung einer Strafe im weitesten Sinne, handelt es sich zumindest insoweit um einen „aussterbenden" Rechtfertigungsgrund,[258] als in einem modernen, der Menschenwürde verpflichteten Rechtsstaat ein *entwürdigendes* Strafen nicht akzeptiert werden kann.

1. Kein „Züchtigungsrecht" als Amtsrecht des Lehrers

Eine Rechtfertigung körperlicher Misshandlungen und Gesundheitsschädigungen 360
(§§ 223, 340) als „körperliche Züchtigung" durch Lehrer aus pädagogischen Grün-

---

[256] Anschauliche Beispiele bei *Jescheck/Weigend* AT § 35 II 2 b,u. a.: „Der Soldat muß den Befehl, ein möglicherweise dringendes Fernschreiben auf der Kommandantur mit einem Fahrrad abzuholen, dessen Beleuchtung nicht funktioniert, trotz der damit verbundenen Verkehrsordnungswidrigkeit [...] ausführen."; vgl. auch § 22 I WStG.

[257] Vgl. auch *Jescheck/Weigend* AT § 35 II 3 a.E.

[258] Dass das „Züchtigungsrecht", auch international gesehen, faktisch noch immer eine nicht unbedeutende Rolle spielt, zeigt der Beitrag von *Frehsee* FS Schneider, S. 277 ff.

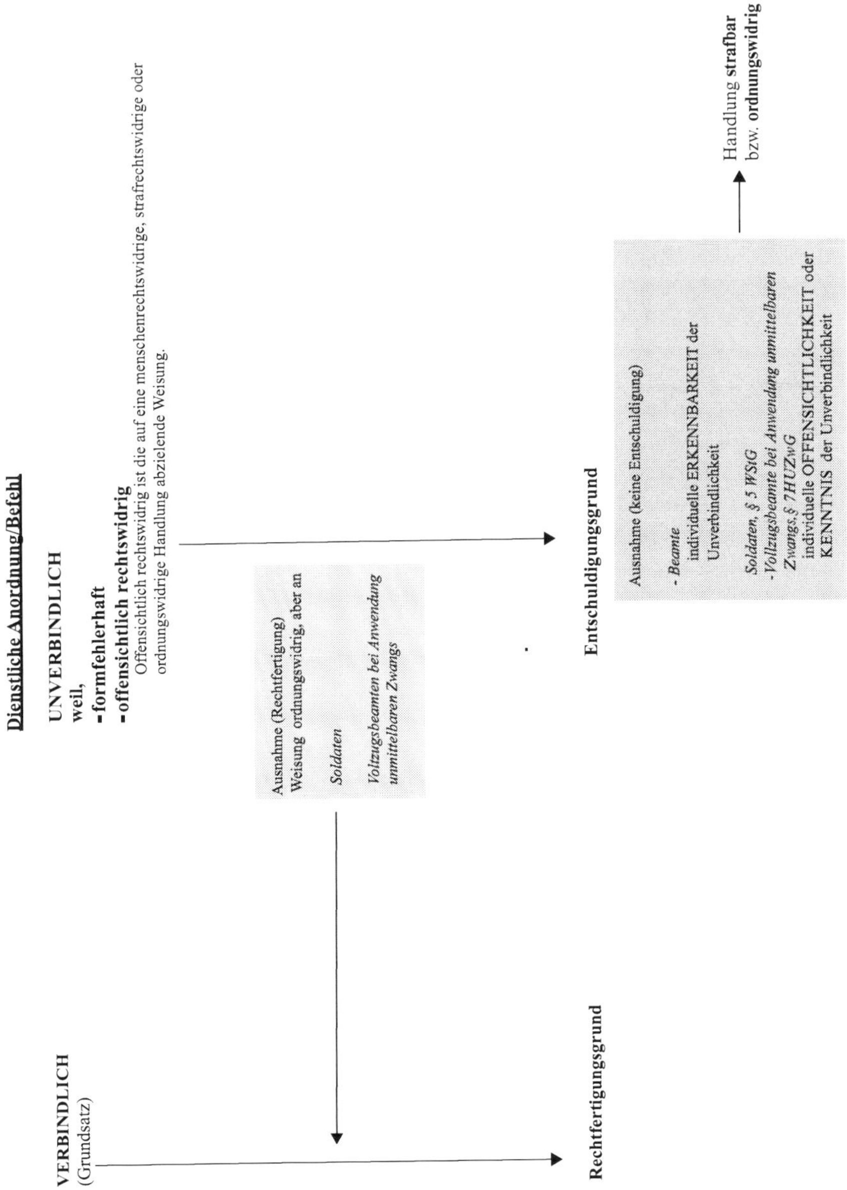

Abb. 1 „Dienstliche Anordnung/Befehl"

den ist heute nicht mehr anerkannt.[259] Die ausdrückliche gesetzliche Untersagung der körperlichen Züchtigung von Schülern auf Landesebene hat daher nur noch deklaratorische Bedeutung.

Eingriffe in die Körperintegrität von Schülern lassen sich daher nur nach allgemeinen Regeln (Notwehr, Notstand, Nothilfe) rechtfertigen. **361**

Wenn überhaupt, so spielt eine Rechtfertigung straftatbestandsmäßigen Verhaltens aufgrund eines Amtsrechts des Lehrers vor allem bei der Freiheitsberaubung, § 239, eine Rolle, wenn der Lehrer einen Schüler wegen einer Verfehlung nicht nach dem Ende des Unterrichts nach Hause, sondern „nachsitzen" lässt. **362**

2. Das Erziehungsrecht der Eltern und anderer Personensorgeberechtigter

Dass ein Erziehungsrecht der Eltern anerkannt ist,[260] lässt sich aus einem Umkehrschluss aus § 1631 II BGB entnehmen, der körperliche Bestrafungen, seelische Verletzungen und andere entwürdigende Maßnahmen verbietet. Klapse und Ohrfeigen sowie kurzzeitige Freiheitsberaubungen (Hausarrest) sollen damit nach h.M. gerechtfertigt sein, solange man darin noch *kein entwürdigendes* Verhalten zu sehen vermag, was hinsichtlich von Körperverletzungen angesichts der Abschaffung der Prügelstrafe zumindest fraglich erscheint. **363**

Die Erwägung einer restriktiven Auslegung des Merkmals „körperliche Misshandlung" zwecks Eliminierung angemessener körperlicher Beeinträchtigungen[261] ist indessen nicht überzeugend, zumal auch nicht weiterführend. Denn auch die Verneinung der Tatbestandsmäßigkeit im Sinne von § 223 schlösse die Rechtswidrigkeit nicht aus. Auch leichte, nicht tatbestandsmäßige körperliche Beeinträchtigungen wären Angriffe, die man sich nicht gefallen lassen muss – auch nicht als Kind.[262] Es ist daher sachgerecht, dass mittlerweile schon die Verabreichung von Ohrfeigen seitens der Gerichte als rechtswidrige Körperverletzung gewertet wird. Wenn Eltern mit Stöcken und Gürteln zuschlagen, liegt eine gefährliche Körperverletzung vor.[263] **364**

Aber selbst wenn man – trotz massiver straftheoretischer Bedenken[264] – eine maßvolle körperliche Züchtigung für rechtmäßig halten wollte, dürften die wenigsten Misshandlungen von Kindern mit einem rechtfertigenden Züchtigungsrecht auch nur gedanklich in Verbindung gebracht werden können. Denn wenn Kinder geschlagen werden, hat dies nur in den seltensten Fällen mit „Strafe" i.S.v. Süh- **365**

---

[259] Näher zur Entwicklung und zur Abschaffung des Züchtigungsrechts *Jescheck/Weigend* AT § 35 III 1; *Wessels/Beulke/Satzger* AT RN 391 f.

[260] Näher *Wessels/Beulke/Satzger* AT RN 386 ff. mwN; zur Ersetzung des Begriffs „Züchtigungsrecht" durch „Erziehungsrecht" *Maurach/Zipf* AT 1 § 28/27.

[261] Vgl. *Beulke* FS Hanack, S. 539 ff.; *Beulke* FS Schreiber, S. 29 ff.; AnwK-*Hauck* RN 23 vor §§ 32 ff.

[262] And. noch *Beulke* FS Hanack, S. 549.

[263] Informativ zum Ganzen mit Rechtsprechungskasuistik *Riemer* FPR 2006, 387 ff.

[264] Vgl. *Priester* 1999, insbes. S. 141 ff.

ne, Vergeltung und Spezial- bzw. Generalprävention etwas zu tun.[265] Es handelt sich vielmehr um völlig irrationale Affekttaten, durch welche sich die verzweifelten und ratlosen Erziehungsberechtigten „Luft“ zu verschaffen versuchen. Dann dürfte eine Straffreiheit jedoch nicht im Bereich der Rechtfertigung, sondern allenfalls auf Schuldebene zu suchen sein.[266]

VIII. Erlaubtes Risiko

366 Soweit das erlaubte Risiko nicht als „Fehlen eines rechtlich relevanten Risikos“ und damit als Fallgruppe der fehlenden objektiven Zurechnung verstanden wird,[267] beruht es als Rechtfertigungsstruktur[268] auf dem Prinzip des überwiegenden Interesses. Jedoch erfolgt die Rechtfertigung auf einer *unsicheren Tatsachenbasis*.

367 Aufgrund der Unsicherheit in tatsächlicher Hinsicht ist der Täter nur gerechtfertigt, wenn er sich zuvor nach Möglichkeit bemüht hat, die wahre Sachlage zu klären bzw. die prognostische Unsicherheit zu minimieren. Dem im erlaubten Risiko Handelnden obliegt somit eine *Prüfungspflicht.* Weil aber eine Vergewisserung insoweit ohne intellektuelle Befassung mit der rechtfertigenden Situation nicht denkbar ist, setzt die Rechtfertigung eines Handelns im erlaubten Risiko ein subjektives Rechtfertigungselement zur Kompensation der unsicheren Tatsachengrundlage voraus.

368 Gerade weil der im erlaubten Risiko Handelnde sich seiner Sache nicht ganz sicher sein kann, gibt ihm das erlaubte Risiko *kein uneingeschränktes, sondern nur ein vorläufiges, hypothetisches Recht zum Eingriff*, welches erlischt, sobald erkennbar wird, dass die Annahme einer rechtfertigenden Sachlage unrichtig ist.[269]

369 Weil es sich beim erlaubten Risiko nur um eine besondere Ausformung des Rechtfertigungsprinzips vom „überwiegenden Interesse“ handelt, bedarf es zur Konkretisierung dieses Formalbegriffs[270] der Bildung von *Fallgruppen*, deren wichtigste nun betrachtet werden sollen.

1. Mutmaßliche Einwilligung

370 **Leitfall 5.7**

In die Notaufnahme des Unfallkrankenhauses wird ein 35jähriger Mann eingeliefert, der bei einem Verkehrsunfall schwere Verletzungen und einen hohen

[265] Anschaulich hierzu jedoch der strafende Bischof *Edvar Vergérus* in Ingmar Bergmanns Film „Fanny und Alexander“, 1982.

[266] Vgl. auch *Schneider* 1987, S. 202 ff.; für einen persönlichen Strafausschließungsgrund de lege ferenda *Roxin* JuS 2004, 180.

[267] Vgl. *Jakobs* AT 7/4 b.

[268] Es handelt sich hier um das „im strengen Sinne erlaubte Risiko“, vgl. LK[11]-*Hirsch* RN 33 vor § 32, zum erlaubten Risiko i.w.S. RN 30 ff.

[269] Vgl. *Lenckner/Sternberg-Lieben* in: Schönke/Schröder RN 11 vor § 32.

[270] Näher zum erlaubten Risiko als Formalbegriff *Maiwald* FS Jescheck, S. 405/420.

Blutverlust erlitten hat. Ohne eine sofortige Bluttransfusion droht der Patient zu sterben. Trotz intensiver Bemühungen gelingt es Dr. D nicht, die Identität des Mannes festzustellen, um den Willen des Patienten bezüglich einer Blutübertragung zu klären. Da keine Umstände erkennbar sind, welche der Bluttransfusion entgegenstehen, nimmt Dr. D den Eingriff vor und rettet P. Später macht P Dr. D größte Vorwürfe, weil es ihm seine religiöse Überzeugung verbiete, eine Bluttransfusion zu erhalten, und zwar selbst unter Inkaufnahme des eigenen Todes. Hat Dr. D sich strafbar gemacht?

Variante: Gerade als Dr. D mit der Bluttransfusion beginnen will, tritt die **371**
Krankenschwester K hinzu, die den P sehr gut kennt und von dessen religiöser Überzeugung weiß. Darf K nach erfolgter Information des Dr. D notfalls mit Gewalt gegen ihn vorgehen, um ihn an der Bluttransfusion zu hindern?

Die mutmaßliche Einwilligung ist – von den Bagatellfällen des mangelnden Inter- **372**
esses abgesehen – eine Geschäftsführung ohne Auftrag, bei der der Täter das Interesse wahrnimmt, welches dem mutmaßlichen Willen des Berechtigten entspricht.[271] Dies gilt auch für die Erprobung neuer Behandlungsmethoden an Notfallpatienten. Therapeutische Versuche kommen daher nur bei eindeutiger Interessenpräferenz in Betracht.[272] Stellt sich nach der Tat heraus, dass die Mutmaßungen über den Willen des Betroffenen falsch waren, wird die Tat dadurch aber nicht rechtswidrig. Der Handelnde bleibt in Wahrnehmung eines *erlaubten Risikos* vielmehr straffrei, wenn die Voraussetzungen der mutmaßlichen Einwilligung vorlagen und eine gewissenhafte Prüfung hinsichtlich der Erwartbarkeit der Einwilligung erfolgt war.

Die rechtfertigende Wirkung der mutmaßlichen Einwilligung kann auf unter- **373**
schiedlichen Konstellationen beruhen:

- Es wird ein Erhaltungsinteresse des Betroffenen angenommen, welches höher- **374**
wertig ist als *sein* Eingriffsinteresse. Das Interesse am Eingriffsgut des Betroffenen weicht dann dem mutmaßlich überwiegenden Interesse am Eingriff (sog. interne Interessenkollision).

Beispiel 5.32 **375**

Im Schlafzimmer des Hauseigentümers A ist ein Schwelbrand ausgebrochen, weil A wieder einmal im Bett geraucht hatte und eingeschlafen war. N im Nachbarhaus bemerkt den Brand. Weil er aber keinen Schlüssel zum Haus des A hat, wirft er mit einem Stein die Scheibe zum Schlafzimmer des A ein. Dadurch wird A vor dem sicheren Erstickungstod gerettet und von der herbeigerufenen Feuerwehr alsbald geborgen.

- Die Rechtfertigung ist aber auch dann möglich, wenn das Interesse eines Dritten **376**
in Anspruch genommen wird, so falls in *Beispiel 5.31.* A nur Mieter ist und zu

[271] Vgl. *Lackner/Kühl* RN 19 vor § 32; *Otto* GK AT § 8/129.

[272] Näher *Köhler* NJW 2002, 853 ff.

seinen Gunsten die Scheiben des Hauseigentümers E eingeworfen werden (sog. externe Interessenkollision).

377 • Schließlich kann es sein, dass ein Interesse des Berechtigten am Erhaltungsgut gar nicht anzunehmen ist (Bagatellfälle).

378 **Beispiel 5.33**

A gibt B ein neues Buch. B möge es C, dem A es schenken will, übergeben. B behält das Buch jedoch, ohne A etwas zu sagen (Unterschlagung nach § 246) und kauft ein anderes Exemplar, das er C übergibt.

379 Voraussetzungen der mutmaßlichen Einwilligung sind:

a) Die Nichteinholbarkeit der Einwilligungserklärung

380 Von den Bagatellfällen abgesehen kommt eine mutmaßliche Einwilligung nur in Frage, wenn eine aktuelle Einwilligungserklärung nicht zu erhalten ist (*Subsidiarität* der mutmaßlichen Einwilligung).

b) Die Erwartbarkeit der Einwilligung

381 Da die Inanspruchnahme des Eingriffsgutes dem mutmaßlichen Willen des *Berechtigten* entsprechen muss, kommt es nicht auf ihre „Vernünftigkeit" an.[273] Ist mit der Einwilligung erfahrungsgemäß nicht zu rechnen – wie etwa bei den Zeugen Jehovas im Falle einer Bluttransfusion – kann auch eine mutmaßliche Einwilligung nicht herangezogen werden. Allerdings schließt dies die Inanspruchnahme sonstiger Rechtfertigungsgründe, wie z. B. rechtfertigenden Notstand (§ 34), nicht aus.

c) Alle sonstigen Voraussetzungen der Einwilligung

382 Insoweit wären Dispositionsbefugnis, Einsichtsfähigkeit[274] und das Fehlen der Sittenwidrigkeit der Tat zu nennen. Darüber hinaus bedarf es zum Ausgleich der Unsicherheit hinsichtlich des Vorliegens der rechtfertigenden Sachlage eines subjektiven Rechtfertigungselementes einschließlich der gewissenhaften Prüfung des mutmaßlichen Willens.

d) Aufbau der Prüfung der mutmaßlichen Einwilligung

383 ▶ I. Tatbestandsmäßigkeit
II. Rechtswidrigkeit
Rechtfertigung infolge
mutmaßlicher Einwilligung, wenn
  a. Disponibilität des Rechtsguts
  b. Nichteinholbarkeit der erklärten Einwilligung (Subsidiarität)

---

[273] So der BGH im sog. „*Myom*"-Fall BGH 4 StR 525/57 BGHSt 11, 111; vgl. auch zur mutmaßlichen Einwilligung bei Operationserweiterung BGH 5 StR 712/98 BGHSt 45, 219.

[274] Vgl. *Jescheck/Weigend* AT § 34 IV; *Roxin* AT 1 § 13/51; Maurach/*Zipf* AT 1 § 28/ 11.

c. Erwartbarkeit der Einwilligung
d. Mutmaßliche Einsichtsfähigkeit
e. Vorliegen des subjektiven Rechtfertigungselementes
f. Gewissenhafte Prüfung des mutmaßlichen Willens für den Fall seiner irrigen Annahme
g. Keine Sittenwidrigkeit der Tat (§ 228)

Lösung des Leitfalls 5.7

Grundfall (Gutachtenstil)

Dr. D könnte sich wegen Körperverletzung gem. § 223 strafbar gemacht haben. 384

I. Zunächst müsste die Bluttransfusion gegen die Strafvorschrift der vorsätzlichen Körperverletzung verstoßen. Da die Transfusion mit einem Eingriff in die körperliche Unversehrtheit verbunden ist (Anlegen des Transfusionsbesteckes), liegt nach h.M. insoweit eine Gesundheitsschädigung vor. 385

II. Die Tat könnte aber durch mutmaßliche Einwilligung gerechtfertigt sein. Voraussetzung dafür wäre, dass Dr. D das Erhaltungsinteresse des Patienten (Leben) als höherwertig gegenüber dem Eingriffsinteresse (körperliche Unversehrtheit) angenommen hat. Das Interesse des Betroffenen an der Unversehrtheit des Eingriffsguts weicht dann dem mutmaßlich überwiegenden Interesse am Eingriff (sog. interne Interessenkollision). Aufgrund der Unsicherheit in tatsächlicher Hinsicht ist der Täter nur gerechtfertigt, wenn er sich zuvor nach Möglichkeit bemüht hat, die wahre Sachlage zu klären. 386

Da Dr. D diese Voraussetzungen erfüllt, ist sein Verhalten gerechtfertigt. 387

Variante (Hinweise)

In Wahrnehmung eines erlaubten Risikos hat Dr. D kein uneingeschränktes sondern nur ein hypothetisches Recht zum Eingriff. Es erlischt, sobald die wahre Sachlage erkennbar ist. Aufgrund des Hinweises der K ist dies der Fall. 388

2. Unvermeidbar irrige Annahme der tatsächlichen Voraussetzungen eines Rechtfertigungsgrundes (unvermeidbarer Erlaubnistatumstandsirrtum)

Leitfall 5.8 389

Insoweit kann auf den oben (RN 138 ff.) geschilderten *Hilferuf*-Fall zurückgegriffen werden. Falls man annimmt, dass die irrige Annahme einer Nothilfelage ohne eine entsprechende Aufklärung durch P objektiv und individuell unvermeidbar war, ist das Handeln des L als erlaubtes Risiko gerechtfertigt.[275]

[275] And. die 3. Aufl. § 6 RN 200.

390 So lange in Leitfall 5.8. sowohl aus der Sicht eines objektiven Beobachters als auch für den Täter unvermeidbar der (unrichtige) Eindruck andauert, dass P seine Frau mit dem Messer gegenwärtig angreift, besteht ein Recht des irrenden L, zum Schutz von Frau P einzugreifen. Die Unvermeidbarkeit des Irrtums bringt es mit sich, dass während seines Vorliegens auf Grund des äußeren Anscheins davon ausgegangen werden kann, darf, ja muss, dass P seine Frau wirklich mit dem Messer angreift. Auf Grund der Unsicherheit liegt somit eine objektiv gefährliche Situation vor. Das Eingreifen des L ist deshalb *nicht rechtswidrig* und es läge an P, L über die wahre Sachlage aufzuklären.

3. Irrige Annahme der tatsächlichen bzw. normativen Voraussetzungen eines Eingriffsrechts durch Amtsträger

391 **Leitfall 5.9**

Der der Unterschlagung in größerem Umfang verdächtige A wird dem Haftrichter H vorgeführt. Die Staatsanwaltschaft beantragt den Erlass eines Haftbefehls wegen Fluchtgefahr. Den Akten entnimmt H, dass A ledig ist und einen Bruder im Ausland hat. Auf Grund einer gewissenhaften Prüfung dieser Tatsachen und der Würdigung der weiteren Umstände kommt H unvermeidbar zu dem Ergebnis, dass Fluchtgefahr vorliege, und ordnet gegen A Untersuchungshaft nach § 112 II Nr. 2 StPO an, eine Maßnahme, die auch jeder andere gewissenhaft arbeitende Haftrichter getroffen hätte. In Wirklichkeit ist die Angabe in den Ermittlungsakten über die familiären Verhältnisse des A aber unrichtig. A ist verheiratet und Vater von drei Kindern. Auch hat A keine Verwandten im Ausland.

Handelt H rechtswidrig?

392 Im Rahmen hoheitlicher Grundrechtseingriffe wird der Rückgriff auf das erlaubte Risiko dann diskutiert, wenn der Amtsträger tatsächliche Voraussetzungen der Eingriffsnorm irrig annimmt (a) oder trotz zutreffender Tatsachenkenntnis aufgrund einer falschen Wertung irrtümlich von einem Eingriffsrecht ausgeht (b).[276]

a) Irrige Annahme tatsächlicher Eingriffsvoraussetzungen

393 Bei der irrigen Annahme der tatsächlichen Voraussetzungen einer Berechtigung zum Eingriff wäre nach den Maßstäben der allgemeinen Irrtumslehre ein Erlaubnistatumstandsirrtum gegeben (vgl. § 13 RN 189 ff.). Nach der herrschenden eingeschränkten Schuldtheorie könnte der Amtsträger nicht wegen vorsätzlicher Verwirklichung einer Straftat verantwortlich gemacht werden. Eine Strafbarkeit wegen fahrlässiger Tatbegehung (z. B. § 229 StGB bei Anordnung einer Blutentnahme nach

[276] Im Unterschied hierzu ist es unbeachtlich, wenn der Amtsträger aufgrund der festgestellten Tatsachen eine Eingriffsvoraussetzung zum Entscheidungszeitpunkt (ex ante) zutreffend bzw. vertretbar bejaht (z. B. Tatverdacht oder Fluchtverdacht), sich diese Eingriffsvoraussetzung zu einem späteren Zeitpunkt (ex post) aber als materiell nicht gegeben erweist (z. B. weil der „richtige" Verdächtige gefunden ist), vgl. § 5 RN 340 f.

§ 81a StPO) schiede aus, wenn der Irrtum nicht einmal auf Fahrlässigkeit beruht. Hier hätte der Amtsträger bis zur objektiven oder individuellen Erkennbarkeit seines Erlaubnistatumstandsirrtums sogar ein Eingriffsrecht auf Grund erlaubten Risikos.

b) Irrige Annahme eines Eingriffsrechts

Nach den Regeln der Irrtumsdogmatik liegt ein Verbotsirrtum in Form eines *Erlaubnisgrenzirrtums* vor (vgl. § 13 RN 217 ff.), wenn der Amtsträger zwar von zutreffenden Tatsachen ausgeht, sie jedoch *unrichtig bewertet*. Straffrei bliebe der rechtswidrig handelnde Amtsträger nach § 17 nur, wenn der Irrtum unvermeidbar war. **394**

Beispiel 5.34 **395**

Der Haftrichter nimmt Fluchtgefahr an, obwohl die Umstände hierfür keine hinreichenden Anhaltspunkte geben.

c) Strafrechtlicher oder „prozessualer" Rechtmäßigkeitsbegriff?

Dem *Betroffenen* würde gegen den im objektiv und individuell unvermeidbaren Erlaubnistatumstandsirrtum Handelnden mangels Rechtswidrigkeit des Angriffs kein Notwehrrecht zustehen, solange der Irrtum nicht erkennbar ist (s. o. RN 137 ff., 144). Gegen den im Verbotsirrtum oder im vermeidbaren Erlaubnistatumstandsirrtum handelnden Amtsträger steht ihm hingegen eine eingeschränkte Notwehr (oben RN 160) zu.[277] **396**

Um den Amtsträger zu schützen, behandelt die Rechtsprechung[278] und ein Teil der Lehre[279] den Erlaubnistatumstandsirrtum – ein anderer Teil der Lehre auch den Verbotsirrtum[280] – auf der Grundlage des erlaubten Risikos mittels eines *strafrechtlichen Rechtmäßigkeitsbegriffs*[281] generell so, als wenn die rechtfertigenden Voraussetzungen wirklich vorgelegen hätten. Voraussetzung ist jedoch, dass diese *pflichtgemäß geprüft* worden sind und objektiv eine Zuständigkeit sowie die Einhaltung der wesentlichen Förmlichkeiten gegeben sind. **397**

Beispiel 5.35 **398**

Bei der Feststellung der Identität einer Person durch die *Staatsanwaltschaft* oder die Beamten des *Polizeidienstes* nach § 127 I 2 StPO sowie der vorläufigen Festnahme bei Gefahr im Verzug nach § 127 II StPO wäre unter den genannten Voraussetzungen das hoheitliche Handeln auch dann nicht rechtswidrig, wenn der Festnehmende irrig Tatsachen annimmt, welche die gesetzlichen Voraussetzungen erfüllen.

[277] Vgl. *Lenckner/Sternberg-Lieben* in: Schönke/Schröder 21 vor § 32.

[278] Vgl. BGH 3 StR 189/70 BGHSt 24, 125/130 sowie die Rspr.-Nachweise bei *Roxin* AT 1 § 17/5 ff.

[279] Vgl. *Jescheck/Weigend* AT § 35 I 3; *Lackner/Kühl* § 113 RN 12.

[280] Vgl. LK *v. Bubnoff* § 113 RN 34.

[281] Vgl. zum Ganzen *Lackner/Kühl* § 113 RN 10 ff.; *Vitt* ZStW 106 (1994), 581 ff.

399 Gegen solche Grundrechtseingriffe nach pflichtgemäßer Prüfung sollen dem Betroffenen nunmehr keine Notwehr- und Notstandsrechte zustehen.[282] Er sei vielmehr darauf verwiesen, sich der möglichen Rechtsbehelfe zu bedienen. Man spricht hier vom Irrtums-Privileg des Staates, vom sog. strafrechtlichen Rechtmäßigkeitsbegriff.[283]

400 Dem Einwand, der strafrechtliche Rechtmäßigkeitsbegriff trage dazu bei, dass sich Amtsträger mittels einer pflichtgemäßen Prüfung in Wahrheit nicht vorhandene Eingriffsrechte schaffen würden,[284] könnte man partiell damit begegnen, dass das auf einem Rechtsschein beruhende Eingriffsrecht auf Grund erlaubten Risikos endet, sobald der Irrtum objektiv oder individuell erkennbar wird.

401 Trotzdem bleibt zu bedenken, dass sich der allein am Erlaubnistatumstandsirrtum orientierte strafrechtliche Rechtmäßigkeitsbegriff nicht mit Bedürfnissen der Praxis begründen lässt.[285] Denn der Betroffene wird in der Hektik der Situation kaum danach unterscheiden können, ob der Amtsträger tatsächliche Eingriffsvoraussetzungen irrtümlich annimmt oder nur falsch wertet. Wenn man sich schon für einen strafrechtlichen Rechtmäßigkeitsbegriff entscheidet, verdiente daher eher die Lösung den Vorzug, die auch den trotz pflichtgemäßer Prüfung verbleibenden Verbotsirrtum in den strafrechtlichen Rechtswidrigkeitsbegriff einbezieht. Es gälte dann die Regel, dass trotz pflichtgemäßer Prüfung irrtumsbedingt-unrichtige hoheitliche Eingriffe immer ertragen werden müssten und nur mittels Rechtsbehelfen angegangen werden könnten – eine recht „obrigkeitsstaatliche" Lösung, die aber immerhin Gewalt vermeidet und akzeptabel erscheint, wenn beim staatlichen Eingriff die Transparenz gewahrt wird – indem z. B. Polizisten bei Demonstrationen Namensschilder oder Identifikationsmarken tragen – damit der Betroffene wenigstens im Nachhinein seine Rechte wahren kann.

402 Die auf ein erlaubtes Risiko aufbauende Lösung auf der Grundlage der allgemeinen Irrtumslehre weist ihrerseits den Vorteil auf, dass sie systematisch stimmt und nicht mit Rechtmäßigkeitsfiktionen arbeiten muss.[286] Auch ist sie praktikabler, als man auf den ersten Blick meinen könnte. Denn sie überlässt es dem Betroffenen, den Amtsträger aufzuklären und so den den Eingriff rechtfertigenden Rechtsschein zu beseitigen. Auch diese Lösung stößt freilich an ihre Grenzen, weil sie auf den Verbotsirrtum von vornherein nicht anwendbar ist und weil sie ins Leere geht, wenn sich der Amtsträger trotz Erkennbarkeit des Irrtums durch glaubhafte Gegenvorstellungen nicht überzeugen lässt. Denn dann soll eine Abwehr der „hoheitlich-irrenden Gefahr" notfalls mit sanfter Gewalt erlaubt sein. Da dann aber auch die „Praktiker-Lösung" kaum noch von einer pflichtgemäßen Prüfung wird ausgehen können, dürften im Interesse der systematischen Folgerichtigkeit die besseren Gründe gegen einen strafrechtlichen Rechtmäßigkeitsbegriff sprechen.

---

[282] Vgl. *Jescheck/Weigend* AT § 35 I 3.

[283] Vgl. *Seebode* 1988, S. 195 ff.; *Lackner/Kühl* § 113 RN 10 ff.; vgl. auch BGH 4 StR 51/266 BGHSt 21, 334/363.

[284] Vgl. *Roxin* AT 1 § 17/9.

[285] Vgl. aber *Jescheck/Weigend* AT § 35 I 3 a.E.

[286] Vgl. *Lenckner/Sternberg-Lieben* in: Schönke/Schröder RN 11 vor § 32.

Für die Entbehrlichkeit eines strafrechtlichen Rechtmäßigkeitsbegriffs sprechen schließlich zwei Beschlüsse des 1. Senats des BVerfG[287], die zwischen der Situationsebene und der Sanktionsebene trennen und dadurch für Rechtsklarheit und Rechtssicherheit auf der Situationsebene sorgen: Auf der Situationsebene muss der Betroffene danach selbst materiell unrichtige, aber verwaltungs[288]- bzw. straf-*prozessual durchsetzbare* hoheitliche Eingriffe ertragen.[289] Leistet er dennoch Widerstand, ist sein Verhalten zwar ein rechtswidriger Angriff gegen den Hoheitsträger, die Sanktionierbarkeit des Betroffenen hängt jedoch vom Ergebnis der in aller Ruhe zu treffenden Entscheidung ab, ob das Amtsträgerverhalten materiell richtig war.[290] Es wird so der wenig überzeugende „strafrechtliche Rechtmäßigkeitsbegriff" abgeschafft und durch einen verwaltungs- bzw straf-„*prozessualen*" Rechtmäßigkeitsbegriff zum Zeitpunkt des Eingriffs ersetzt, der durch die materielle „Richtigkeit" des Amtsträgerverhaltens als Voraussetzung für eine Sanktionierbarkeit ergänzt wird.[291] 403

Hinweise zum Leitfall 5.9

In *Leitfall 5.9.* nimmt Haftrichter H objektiv und individuell unvermeidbar irrtümlich Voraussetzungen an, welche die Anordnung von Untersuchungshaft wegen Fluchtgefahr rechtfertigen würden (Erlaubnistatumstandsirrtum). Nach der herrschenden eingeschränkten Schuldtheorie (§ 13 RN 206, 210 ff.) schließt dies eine Strafbarkeit wegen vorsätzlicher Freiheitsberaubung (§ 239) aus. Aufgrund der Unvermeidbarkeit des Irrtums handelt H sogar im erlaubten Risiko so lange rechtmäßig, bis der Irrtum in Folge von Gegenvorstellungen des A erkennbar wird. Danach dürfte sich A als ultima ratio gegen den nunmehr rechtswidrigen Eingriff im Rahmen der Verhältnismäßigkeit mit Gewalt wehren, indem er z. B. gegen die abführenden Beamten passiven Widerstand leistet. Aggressive körperliche Gewalt wäre allerdings angesichts des (auf Fahrlässigkeit beruhenden) Irrtums des H nicht mehr verhältnismäßig. Auf der Sanktionsebene wäre eine Strafbarkeit des A wegen der materiellen Rechtswidrigkeit des Vorgehens des H jedoch ausgeschlossen. 404

Nach der Lehre vom *strafrechtlichen Rechtmäßigkeitsbegriff* würde H hingegen rechtmäßig handeln, selbst nach Erkennbarkeit seines Irrtums auf Grund von Gegenvorstellungen des A. A wäre dann darauf verwiesen, vom jederzeit möglichen Rechtsbehelf der *Haftprüfung* nach §§ 117 ff. StPO Gebrauch zu machen. 405

---

[287] BVerfG 1 BvR 88/91; 1 BvR 576/91 NJW 1993, 581 und 1 BvR 1564/92 NJW 1995, 3110; vgl. hierzu auch *Erb* FS Gössel, S. 232 f.

[288] Vgl. § 80 II Nr. 2 VwGO sowie die Gefahr- oder verdachtsbezogenen Eingriffsrechte nach der StPO, s. o. RN 344.

[289] Vgl. BVerfG NJW 1993, S. 581.

[290] Vgl. BVerfG NJW 1995, 3110/3111 rechts f.

[291] Informativ zum Ganzen *Reinhart* StV 1995, 101 ff.; *Reinhart* NJW 1997, 911 ff.

4. Wahrnehmung berechtigter Interessen, § 193 StGB

406 **Leitfall 5.10. Var. a**

Professor A entdeckt in einer Fachzeitschrift den Aufsatz seines Kollegen X, der große Ähnlichkeit mit einer Veröffentlichung besitzt, welche er selbst vor zwei Jahren in einer ausländischen Zeitschrift in englischer Sprache publiziert hat. Nach einem erfolglosen Gesprächsversuch bezichtigt A seinen Kollegen X daraufhin des Plagiats.[292] Später stellt sich heraus, dass die Ähnlichkeit nur auf Zufall beruht.

407 **Leitfall 5.10. Var. b**

A schreibt ein Buch, in dem B zu Unrecht – aber durch § 193 gerechtfertigt[293] – einer Straftat verdächtigt wird. B bricht in die Wohnung des A ein und entwendet das Manuskript. Hat sich B nach §§ 242, 244 I Nr. 3 strafbar gemacht?[294]

a) Anwendungsbereich[295]

408 § 193 eröffnet einen straffreien Raum bei Rufschädigungsstraftaten, soweit es um die Behauptung ehrenrühriger Tatsachen geht, von denen zum Zeitpunkt ihrer Behauptung nicht sicher ist, ob sie wahr sind. Trotz jener Unsicherheit dürfen diese Tatsachen nach § 193 in Wahrnehmung des Grundrechts auf freie Meinungsäußerung[296] behauptet werden, wenn daran ein berechtigtes Interesse besteht.

409 § 193 enthält damit zum einen Elemente des *rechtfertigenden Notstands*, weil die Wahrnehmung der berechtigten Interessen höher bewertet wird als die Gefahr einer Rufschädigung. Zum anderen rechtfertigt § 193 aber nur die Eingehung eines *Risikos* und stellt sich damit als ein *Fall* des *erlaubten Risikos* und damit als schlichte Handlungsbefugnis dar. Weil nur die *Gefahr* in Kauf genommen werden darf, dass die behaupteten Tatsachen unwahr sind, scheidet eine Anwendung von § 193 bei § 187 (Verleumdung) aus, weil der Täter hier die Wahrheitswidrigkeit der behaupteten Tatsachen kennt.[297]

410 Der Anwendungsbereich von § 193 erstreckt sich damit auf die §§ 185, 186 und 188 I.

---

[292] Vgl. § 106 I UrhG (Gesetz über Urheberrecht und verwandte Schutzrechte vom 9.9.1965 BGBl. I 1273.

[293] Zur Rechtfertigung einer üblen Nachrede (§ 186) in Form der Äußerung eines nicht erweislichen Tatverdachtes über § 193 vgl. *Lenckner/Eisele* in: Schönke/Schröder § 193 RN 20.

[294] Vgl. *Perron* in: Schönke/Schröder § 34 RN 31 i.V.m. *Lenckner/Sternberg-Lieben* in: Schönke/Schröder RN 11, 12 vor § 32.

[295] Näher *Puppe* AT § 14/7 ff., auch zum Fall *Stolpe* BVerfG 1 BvR 1696/98 BVerfGE 114, 339.

[296] Zur Rechtsprechung des BVerfG insoweit *Fischer* § 193 RN 17 f.

[297] Str., a. A. RGSt 48, 414; 63, 94; differenzierend *Küpper* BT 1 Teil I § 4/34.

b) Voraussetzungen einer Straffreiheit nach § 193 im Einzelnen

- Vorliegen eines tatbestandsmäßigen Verhaltens i.S.d. §§ 185, 186 oder 188 I durch Behauptung ehrenrühriger Tatsachen, deren Wahrheitsgehalt nicht erwiesen werden kann; **411**
- ultima-ratio-Erfordernis: Die Interessenwahrung darf nur durch die Äußerung des betreffenden Vorwurfs möglich sein. **412**
- Wahrnehmung berechtigter Interessen: Es kommen sowohl eigene Interessen des Handelnden, aber auch Interessen der Allgemeinheit in Betracht, die den Einzelnen als Bürger nahe berühren. Die Interessen müssen nach Rang und Gewicht in einem vertretbaren Verhältnis zur Rufschädigung stehen. Sie dürfen außerdem weder rechts- noch sittenwidrig sein. **413**
- pflichtgemäße Prüfung: Um das Risiko einer unberechtigten Rufschädigung zu mindern, muss der Täter vorher pflichtgemäß prüfen, ob die von ihm behauptete Tatsache wahr ist.[298] **414**
- subjektives Rechtfertigungselement zur Kompensation der unsicheren Tatsachengrundlage: Der Täter muss zumindest wissen, dass er zur Wahrnehmung berechtigter Interessen handelt, insbesondere muss er von der Wahrheit der behaupteten ehrenrührigen Tatsache ausgehen. **415**

Zu Leitfall 5.10 **416**

In *Leitfall 5.10. Var. a* handelt Professor A somit wohl rechtmäßig im Rahmen des erlaubten Risikos nach § 193, vor allem, weil sein Interesse als Autor an der Aufklärung des Sachverhaltes berechtigt ist. Außerdem ist seine Prüfungspflicht eingeschränkt, weil eine sog. „Aufklärungsanzeige" bei der zuständigen Behörde vorliegt.[299]

Die Wahrnehmung berechtigter Interessen stellt für den von ihr Betroffenen eine im Rahmen des § 34 abwendbare Gefahr dar, wenn die Wahrnehmung im Ergebnis unbegründet ist.[300] **417**

Zu Leitfall 5.10 **418**

In *Leitfall 5.10. Var. b* wäre der Diebstahl über § 34 gerechtfertigt, wenn es keine andere Möglichkeit der Gefahrenabwehr gibt.[301]

---

[298] Anschaulich insoweit zu den Sorgfaltspflichten der Presse AG Mainz 302 Js 14.658/91 NStZ 1995, 347 m. Anm. *Otto* NStZ 1995, 349.

[299] Vgl. *Lenckner/Eisele* in: Schönke/Schröder § 193 RN 20; *Fischer* § 193 RN 32.

[300] Vgl. *Lenckner/Sternberg-Lieben* in: Schönke/Schröder RN 11 f. vor § 32.

[301] Vgl. *Lenckner/Sternberg-Lieben* in: Schönke/Schröder RN 11 f. vor § 32.

c) *Beleidigende Werturteile*

419 Erfolgt die Rufschädigung nicht durch eine Behauptung von Tatsachen, kommt eine Rechtfertigung nach § 193 nicht in Frage. Ob eine mit der Äußerung eines Werturteils verbundene Beleidigung gerechtfertigt werden kann, hängt vielmehr davon ab, ob im konkreten Fall der Freiheit der Kunst sowie der Freiheit der Meinungsäußerung ein höheres Gewicht beigemessen werden kann als dem Achtungsanspruch des Betroffen.[302]

4. Riskante Rettungshandlungen (vgl. auch § 12 RN 177 ff.)[303]

420 Als Fälle des „erlaubten Risikos" sind auch Rettungshandlungen anerkannt, welche mit einer Gefahrerhöhung verbunden sind, bei denen die völlige Untätigkeit aber noch gefährlicher erscheint. Selbst wenn die Rettung misslingen sollte, ist der Handelnde gerechtfertigt, wenn er sich um eine Minimierung der Gefahr bemüht hat

IX. Soziale Adäquanz als Rechtfertigungsgrund?

421 Der Begriff der sozialen Adäquanz ist bis heute nicht vollends geklärt. *Otto* hat ihn 2009 als *Auslegungsprinzip* bezeichnet und vor seiner „Beliebigkeit" gewarnt.[304] *Welzel* hatte 1939 als sozialadäquat solche Verhaltensweisen eingeordnet, die sich „völlig im Rahmen der ‚normalen', geschichtlich gewordenen sozialen Ordnung des Lebens" bewegen,[305] wie z. B. der Zeugungsakt, der den späteren Mörder hervorbringt, die Aufforderung zur Flugreise in der Hoffnung, dass das Flugzeug zum Absturz komme oder die Beifügung unerheblicher körperlicher Verletzungen. Es liege dann nicht etwa z. B. eine „sozialadäquate Körperverletzung" vor, sondern eine Verletzung, die noch keine „Körperverletzung" i.S. der §§ 223 ff. ist.

422 Die Beispiele zeigen, dass es *Welzel* bei der Sozialadäquanz um die heutige Abschichtung *objektiv zurechenbarer* Verhaltensweisen[306] von der reinen Verursachung einerseits und dem Bereich der Bagatellunwertverwirklichungen andererseits ging. Im Zeugungs- und im Flugreisebeispiel ist ein rechtlich relevantes Risiko für die Herbeiführung der Veränderung in der Außenwelt und damit die objektive Zurechnung auf der Ebene der Tatbestandsmäßigkeit zu verneinen.[307] „Die Ausscheidung geringfügiger sozial allgemein tolerierter Handlungen aus dem Tatbestand,"[308] z. B. das kleine Neujahrsgeschenk an den Polizeibeamten[309], das § 331 nicht unterfallen

[302] Näher hierzu und mwN zur Rechtsprechung des Bundesverfassungsgerichts *Jescheck/Weigend* AT § 36 II 2 a.E.

[303] Vgl. näher Maurach/*Zipf* AT 1 § 28/20 ff./23 ff.

[304] FS Amelung, S. 225 ff.

[305] *Welzel* LB, S. 56.

[306] Vgl. auch *Otto* FS Amelung, S. 230.

[307] Vgl. § 5/43; vgl. auch *Roxin* AT 1 § 10/38.

[308] *Roxin* AT § 10/40; vgl. auch *Lenckner/Eisele* in: Schönke/Schröder RN 70a vor § 13; zur Fallgruppe der *mangelnden Sozialschädlichkeit: Moos* FS Trechsel, S. 484.

[309] Beispiel nach *Welzel* LB, S. 56.

soll, ist eine an der *ratio legis* orientierte *einschränkende Interpretation* der Tatbestandsmäßigkeit.[310] Ein Prinzip des überwiegenden oder des weichenden Interesses, wie es Grundlage der Rechtfertigungsgründe ist, lässt sich hinter den genannten Straffreiheitsgruppen indessen nicht erkennen.

Soweit eine Straffreiheit für Verhaltensweisen angestrebt wird, die sich zwar in- **423**
nerhalb der „‚normalen', geschichtlich gewordenen sozialen Ordnung des Lebens" bewegen, die aber einen strafgesetzlich beschriebenen Unwert *zurechenbar* verwirklichen und *außerhalb des Bagatellbereichs* liegen, scheidet somit der Weg über eine Verneinung der Tatbestandsmäßigkeit aus und es muss nach die Straffreiheit legitimierenden Rechtfertigungsgründen gesucht werden.

Betroffen hiervon ist insbesondere der Bereich des *Sports*. Will man hier ein **424**
allgemein akzeptiertes sportspezifisches riskantes Normalverhalten, das mit einer Körperverletzungen verbunden sein kann, ohne auf diese wie etwa bei Kampfsportarten abzuzielen, aus der *Tatbestandsmäßigkeit* der fahrlässigen Körperverletzung ausklammern,[311] so ist dies somit nur in der Weise möglich, dass man Regeln aufstellt, welche ein solch risikobesetztes Verhalten noch als sorgfaltsgemäß bzw. als im Rahmen des allgemeinen Lebensrisikos liegend akzeptabel gefahrerhöhend einordnet.[312] Nach *Hirsch* soll dies bei „Kontaktsportarten" wie etwa Fußball sogar für Verletzungen mit dolus eventualis im Rahmen der sportarttypischen Risiken gelten.[313] Im Bereich von Kampfsportarten, in denen der Sportler durch ein *vorsätzliches*, wenn auch regelgerechtes Verhalten Körperverletzungen herbeiführt,[314] bedarf es jedoch der Rechtfertigung:

Beispiel 5.36 **425**

Boxer A schlägt seinen Gegner B durch eine gezielte rechte Gerade k.o. Später stellt sich heraus, dass B durch diese Aktion einen Nasenbeinbruch erlitten hat, was A als notwendige Begleiterscheinung des Boxsports billigend in Kauf genommen hat. Ist A nach § 223 strafbar?

Faustschläge, mit entsprechenden Handschuhen ausgeführt, sind im Boxring ein **426**
von vornherein und generell akzeptiertes, ja erwartetes Verhalten, obwohl man weiß, dass sie zu Verletzungen und bei Ausführung gegen den Kopf auf die Dauer zu nicht unerheblichen Hirnschädigungen führen können. Sollte deshalb auch ein Nasenbeinbruch keine Gesundheitsschädigung i.S.v. § 223 darstellen? Nimmt man an, dass eine *Einwilligung* des Gegners nur die Gefährdung, nicht aber die Verlet-

[310] Vgl. LK[11]-*Hirsch* RN 26 vor § 32; für eine weiterreichende Bedeutung auf der Ebene der Tatbestandsmäßigkeit *Eser* FS Roxin, S. 199 ff., insbes. S. 211.

[311] So *Dölling* ZStW 96 (1984), 36 ff./55.

[312] Vgl. *Hirsch* FS Szwarc, S. 566; *Rössner* FS Hirsch, S. 321 ff.; a. A. *Schild* 2002, S. 52 ff.: die Spielregeln regeln das Spiel, nicht das Verhältnis der Freiheitssphären der Spieler.

[313] *Hirsch* FS Szwarc, S. 567.

[314] Vgl. hierzu *Schmoller* in Urnig (Hrsg.), S. 199, 203 f.; vgl. auch *Zipf* ZStW 82 (1970), 634 f.

zung rechtfertigt,[315] dann könnte allenfalls eine Rechtfertigung mittels eines die Interessen der Sporttreibenden überwiegenden öffentlichen Interesses an gefährlichen Sportarten („panem et circenses“) in Frage kommen.

427 Einem Ausschluss der Tatbestandsmäßigkeit würde in diesen Fällen erst recht die Verwirklichung des tatbestandstypischen Unwertes entgegenstehen.[316] Dazu das zwar krasse, aber durchaus realitätsnahe

428 **Beispiel 5.37**

Boxer A schlägt seinen Gegner B durch eine gezielte rechte Gerade k.o.. B verliert das Bewusstsein und stirbt zwei Tage später an einer Gehirnblutung. A erklärt, dass er den Tod des B um des Sieges Willen in Kauf genommen habe. Boxen sei eben ein gefährlicher Sport. Das habe auch B gewusst.

429 Eine Strafbarkeit des A wegen vorsätzlicher Tötung (§ 212) ließe sich hier allenfalls (und wenig überzeugend) damit ausschließen, dass der Tod eines Boxers im überwiegenden Interesse der Attraktivität des Boxsportes in Kauf genommen werden müsse.[317]

430 Die in der 3. Aufl.[318] geäußerte Ansicht, dass auch eine *Beschneidung* männlicher Personen aus religiösen Gründen nicht sozialadäquat ist, sondern eine tatbestandsmäßige Körperverletzung gem. § 223 darstellt, sieht sich durch das Aufsehen erregende[319] Urteil des LG Köln[320] vom Mai 2012 bestätigt. Die Beschneidung des nicht einwilligungsfähigen 4jährigen Jungen entspreche – so das LG – weder unter dem Blickwinkel der Vermeidung einer Ausgrenzung innerhalb des jeweiligen religiös gesellschaftlichen Umfeldes noch unter dem des elterlichen Erziehungsrechts dem Wohl des Kindes. Die Grundrechte der Eltern aus Artt. 4 I, 6 II GG würden ihrerseits durch das Grundrecht des Kindes auf körperliche Unversehrtheit und Selbstbestimmung gemäß Art. 2 I und II 1 GG begrenzt. Der Eingriff sei daher tatbestandsmäßig und rechtswidrig gewesen. Der angeklagte muslimische Arzt sei aber wegen eines unvermeidbaren Verbotsirrtums (§ 17 2) frei zu sprechen. Er habe sich zwar keinen sachkundigen Rechtsrat eingeholt, ein entsprechender Versuch habe aber angesichts der unklaren Rechtslage nicht erfolgreich sein können, weshalb der Irrtum unvermeidbar gewesen sei.

431 Die Diskussion um das Urteil des LG Köln betraf vor allem die Frage, ob eine nicht medizinisch indizierte, sondern aus religiösen Gründen erfolgende Beschnei-

---

[315] Vgl. *Schild* 2002, S. 78.

[316] Vgl. *Klug* FS Eb. Schmidt, S. 264; *Schmidhäuser* LB 9/26; vgl. aber auch *Schild* 2002, S. 116 ff. zu einer „Sportadäquanz“ als „Tatbestandsausschließungsgrund“ für Handlungen im Rahmen der Sportbetätigung.

[317] Vgl. auch *Herzog* GA 2006, 678 ff.

[318] § 6 RN S. 231.

[319] Eine Recherche bei „Juris“ ergab im September 2013 35 Literaturnachweise.

[320] LG Köln 151 Ns 169/11 vom 7.5.2012, NStZ 2012, 449; zur früheren Rechtslage *Putzke* FS Herzberg, S. 669 ff.; *Putzke* NJW 2008, 1568 ff.

dung von Jungen außer durch eine Einwilligung des Betroffenen, die bei der Beschneidung im Frühkindesalter verständlicherweise nicht eingeholt werden kann, durch sonstige Gründe gerechtfertigt werden kann.[321]

Der Gesetzgeber hat Rechtsklarheit zu schaffen gesucht, indem er in das Familienrecht des BGB in rekordverdächtiger Geschwindigkeit § 1631d BGB eingefügt hat:[322] **432**

§ 1631d BGB

1. Die Personensorge umfasst auch das Recht, in eine medizinisch nicht erforderliche Beschneidung des nicht einsichts- und urteilsfähigen männlichen Kindes einzuwilligen, wenn diese nach den Regeln der ärztlichen Kunst durchgeführt werden soll. Dies gilt nicht, wenn durch die Beschneidung auch unter Berücksichtigung ihres Zwecks das Kindeswohl gefährdet wird. **433**
2. In den ersten sechs Monaten nach der Geburt des Kindes dürfen auch von einer Religionsgesellschaft dazu vorgesehene Personen Beschneidungen gemäß Absatz 1 durchführen, wenn sie dafür besonders ausgebildet und, ohne Arzt zu sein, für die Durchführung der Beschneidung vergleichbar befähigt sind. **434**

Die als Rechtfertigungsgrund zu verstehende Regelung gewährt jüdischen und muslimischen *Familien* nun zwar Rechtssicherheit bei rituellen Beschneidungen. Denn der Gesetzgeber räumt hier der Religionsausübung der *Familie*[323] und dem mutmaßlichen *Interesse des Kindes*, als Mitglied seiner Glaubensgemeinschaft anerkannt zu werden,[324] Vorrang ein vor der körperlichen Unversehrtheit. Die Vorschrift schießt aber aus mehreren Gründen weit über dieses berechtigte Anliegen hinaus: Sie ermöglicht es Eltern, ihre Söhne auch ohne jeden religiösen Hintergrund und ohne eine medizinische Indikation aus Gründen der „Optik" beschneiden zu lassen, solange dies lege artis geschieht und dadurch nicht das Kindeswohl gefährdet wird. Auch die dem Medizinrecht widersprechende *Durchführbarkeit ritueller Beschneidungen durch Nichtärzte* ist nicht akzeptabel, ganz zu schweigen von Eingriffen ohne fachgerechte Anästhesie. Nicht akzeptabel ist des Weiteren ein Ein- **435**

[321] Instruktiv *Goerlich/Zabel* JZ 2012, 1058 ff.; *Herzberg* JZ 2009, 332 ff.; *Jerouschek* NStZ 2008, 313 ff.; *Schwarz* JZ 2008, 1125 ff.

[322] Gesetz über den Umfang der Personensorge bei einer Beschneidung des männlichen Kindes vom 20.12.2012, BGBl. I S. 2749.

[323] In einem Fall aus dem Jahr 2006 wollte ein geschiedener Vater seine Zwillingssöhne beschneiden lassen. Die Mutter hingegen, eine Ärztin, der das Personensorgerecht über die Kinder zugesprochen war, wehrte sich gegen die Absicht ihres Ex-Mannes, weil sie befürchtete, dass es zu Verletzungen kommen könnte. Sie beantragte vor dem Familiengericht Izmir, dass die Söhne erst nach ihrer Volljährigkeit selbst über ihre Beschneidung entscheiden sollten. Das Familiengericht İzmir gab der Klage statt; vgl. auch *Hakeri* 2012, S. 346 sowie http://arsiv.sabah.com.tr/2006/07/15/gun127.html (zuletzt besucht am 13.6.2014).

[324] Vgl. zu den rechtlichen Interessen jüdischer und muslimischer Jungen, beschnitten zu werden, *Beulke/Dießner* ZIS 2012, 338 ff.

griff gegen den Willen eines Kindes, das sich – wenn auch nur in kindlicher Weise – verbal artikulierten kann, auch wenn es im Sinne einer wirksamen Einwilligung nicht „einsichts- und urteilsfähig" sein mag. Und schließlich ist die *Nichtbeachtung der Interessen derjenigen selbst, individuell und „hautnah" betroffenen Personen* zu kritisieren, die unter ihrer Beschneidung leiden und sie rückgängig zu machen versuchen.[325] Die Gewährung eines Schadensersatzanspruchs trotz *Rechtmäßigkeit des Eingriffs* wäre kein novum gewesen.[326]

X. Konkurrenz von Rechtfertigungsgründen

436 Rechtfertigungsgründe sind grundsätzlich nebeneinander anwendbar. Jedoch ist zu beachten, dass auch hier die besondere bzw. speziellere Regelung der allgemeineren vorgeht.[327]

437 So beurteilt sich die Rechtfertigung des indizierten Schwangerschaftsabbruchs nach § 218a und nicht nach § 34. Die gerechtfertigte Beeinträchtigung einer fremden Sache muss den Voraussetzungen der §§ 228, 904 BGB genügen. Die Abwehr eines *Angreifers* beurteilt sich nach *Notwehr*gesichtspunkten. Falls eine Notwehrlage im Sinne des § 32 gegeben ist, ist die Prüfung von § 34 deshalb methodisch verfehlt.[328] Droht eine *Gefahr*, sind hingegen die Maßstäbe des *Notstandes* entscheidend.

C. Zur Wiederholung

Kontrollfragen

1. Woher erhält die Lehre von den negativen Elementen der Tatbestandsmäßigkeit bzw. Tatbestandmerkmalen ihre Bezeichnung? (RN 8)
2. Welche strukturellen Grundtypen der Rechtfertigung kennen Sie? (RN 36 ff.)
3. Nennen Sie fünf Rechtfertigungsgründe! (RN 37 ff.)
4. Was versteht man unter Einsichtsfähigkeit? (RN 80 ff.)
5. Worin unterscheiden sich die Einwilligung und das Einverständnis? (RN 113 ff.)
6. Nennen Sie die objektiven und subjektiven Elemente der Notwehr (§ 32)! (RN 126 ff.)

[325] Siehe z. B. The National Organization of Restoring Men – NORM – www.norm.org.

[326] Zum Beispiel eines Schadensersatzanspruchs aus einem rechtmäßigen Eingriff vgl. § 904 2 BGB.

[327] Näher *Seelmann* 1978; *Warda* FS Maurach, S. 143 ff.; vgl. auch *Mitsch* JuS 2000, 848 ff.; LK[11]-*Hirsch* § 34 RN 93, *Jescheck/Weigend* AT § 31 VI 2 FN 43 mwN.

[328] Vgl. *Gropengießer* Jura 2000, 266.

7. Wodurch unterscheiden sich Notwehrlage und Notstandslage? (RN 127 ff., 222 ff.)
8. Was versteht man unter einer rechtfertigenden Pflichtenkollision i.e.S.? (RN 327 ff.)
9. Ist Selbsthilfe Selbstjustiz? (RN 195 ff.)
10. Was versteht man unter einer mutmaßlichen Einwilligung? (RN 372
11. Nennen Sie die Voraussetzungen einer mutmaßlichen Einwilligung! (RN 379 ff.)
12. Gibt es klausurtechnisch zu beachtende Konkurrenzregeln bei den Rechtfertigungsgründen? (RN 436 f.)

Literatur

Ambos Internationales Strafrecht, 4. Aufl. 2014

Amelung Das Problem der heimlichen Notwehr gegen die erpresserische Androhung kompromittierender Enthüllungen, GA 1982, 381 ff.

Amelung Über die Einwilligungsfähigkeit, ZStW 104 (1992), 525 ff., 821 ff.

Amelung Willensmängel bei er Einwilligung als Tatzurechnungsproblem, ZStW 109 (1997), 490 ff.

Amelung Irrtum und Täuschung als Grundlage von Willensmängeln bei der Einwilligung des Verletzten, 1998

Amelung Noch einmal: Notwehr gegen sog. Chantage, NStZ 1998, 70 ff.

Amelung Einwilligungsfähigkeit und Rationalität, JR 1999, 45 ff.

Amelung/Boch Hausarbeitsanalyse – Strafrecht – Ein Ehestreit mit dem Hockeyschläger, JuS 2000, 261 ff.

Amelung/Eymann Die Einwilligung des Verletzten im Strafrecht, JuS 2001, 937 ff.

Anders Aktuelles Forum – Die Diskussion zur rechtlichen Zulässigkeit staatlicher Folter in Ausnahmesituationen, in: Goerlich (Hrsg.), Staatliche Folter – heiligt der Zweck die Mittel?, 2007, S. 13 ff.

AnwK-*Bearbeiter* in: Leipold/Tsambikakis/Zöller (Hrsg.), AnwaltKommentar StGB, 2011

Arzt Willensmängel bei der Einwilligung, 1970

Arzt Zur Strafbarkeit des Erpressungsopfers, JZ 2001, 1052 ff.

Arzt Dolus eventualis und Verzicht, FS für Rudolphi 2004, S. 3

Baumann/Weber/Mitsch Strafrecht Allgemeiner Teil (AT), 11. Aufl., 2003

Beling Die Lehre vom Verbrechen, 1906

Bernsmann Überlegungen zur tödlichen Notwehr bei nicht lebensbedrohlichen Angriffen, ZStW 104 (1992), 290 ff.

Beulke Züchtigungsrecht – Erziehungsrecht – strafrechtliche Konsequenzen der Neufassung des § 1631 Abs. 2 StGB, FS für Hanack 1999, S. 539 ff.

Beulke Neufassung des § 1631 Abs. 2 BGB und Strafbarkeit gemäß § 223 StGB, FS für Schreiber 2003, S. 29 ff.

Beulke „Pflichtenkollisionen" bei § 323c StGB?, FS für Küper 2007, 1 ff.

Beulke Strafprozessrecht, 12. Aufl. 2012

Beulke/Dießner „(…) ein kleiner Schnitt für einen Menschen, aber ein großes Thema für die Menschheit", ZIS 2012, 338 ff.

Brugger Vom unbedingten Verbot der Folter zum bedingten Recht auf Folter?, JZ 2000, 165 ff.

Bülte § 127 Abs. 1 Satz 1 StPO als Eingriffsbefugnis für den Bürger und als Rechtfertigungsgrund, ZStW 121 (2009), 377 ff.

Bülte Der Verhältnismäßigkeitsgrundsatz im deutschen Notwehrrecht aus verfassungsrechtlicher und europäischer Perspektive, GA 2011, 145 ff.

Dohna Die Rechtswidrigkeit, 1905

Dölling Die Behandlung der Körperverletzung im Sport im System der strafrechtlichen Sozialkontrolle, ZStW 96 (1984), 36 ff.

Dölling Einwilligung und überwiegende Interessen, FS für Gössel 2002, S. 209 ff.

Duttge Abschied des Strafrechts von den „guten Sitten"?, GS für Schlüchter 2002, S. 775 ff.

Duttge Die „hypothetische Einwilligung" als Strafausschlußgrund: wegweisende Innovation oder Irrweg?, FS für Schroeder 2006, S. 179 ff.

Schmidt, Eb. Schlägermensur und Strafrecht JZ 1954, 369 ff.

Ebel Notwehrrecht der Polizei bei Vernehmungen (Befragungen) zum Zwecke der Gefahrenabwehr?, Kriminalistik 1995, 825 ff.

Ebert Strafrecht Allgemeiner Teil (AT) 4. Aufl. 2007

Engisch Tatbestandsirrtum und Verbotsirrtum bei Rechtsfertigungsgründen, ZStW 70 (1958), 566 ff.

Engisch Der Unrechtstatbestand im Strafrecht. Eine kritische Betrachtung zum heutigen Stand der Lehre von der Rechtswidrigkeit im Strafrecht, FS zum hundertjährigen Bestehen des Deutschen Juristentages 1960, Bd. 1, S. 401 ff.

Engländer Vorwerfbare Notwehrprovokation, Jura 2001, 534 ff.

Engländer Grund und Grenzen der Nothilfe, 2008

Engländer Die Anwendbarkeit von § 34 StGB auf intrapersonale Interessenkollisionen, GA 2010, 15 ff.

Erb Notwehr gegen rechtswidriges Verhalten von Amtsträgern, FS für Gössel 2002, S. 232 f.

Erb Folterverbot und Notwehrrecht, in Nitschke (Hrsg.), Rettungsfolter im modernen Rechtsstaat? 2005, Rn. 149 ff.

Erb Nothilfe durch Folter, Jura 2005, 24 ff.

Erb Notwehr als Menschenrecht, NStZ 2005, 593 ff.

Eser „Sozialadäquanz": eine überflüssige oder unverzichtbare Rechtsfigur?, FS für Roxin 2001, S. 199 ff.

Eser Zwangsandrohung zur Rettung aus konkreter Lebensgefahr – Gegenkritische Rückfragen zur sogenannten „Rettungsfolter", FS für Hassemer 2010, S. 713 ff.

Fischer Strafgesetzbuch, 60. Aufl. 2013

Frehsee Einige Daten zur endlosen Geschichte des Züchtigungsrechts, FS für Schneider 1998, S. 277 ff.

Freund Actio ilicita in causa, GA 2006, 267 ff.

Freund Strafrecht, Allgemeiner Teil (AT) personale Straftatlehre, 2. Aufl. 2009

Frisch Grund- u. Grenzprobleme des sog. subjektiven Rechtfertigungselements, FS für Lackner 1987, S. 113 ff.

Frisch Zum Unrecht der sittenwidrigen Körperverletzung (§ 228 StGB), FS für Hirsch 1999, S. 485 ff.

Frisch Vorsatz und Risiko, 1983

Frister Zur Einschränkung des Notwehrrechts durch Art. 2 der Europischen Menschenrechtskonvention, GA 1985, 553 ff.

Frister Die Notwehr im System der Notrechte, GA 1988, 291 ff.

Frister Erlaubnistatbestandszweifel, FS für Rudolphi 2004, S. 45 ff.

Frister Straftrecht Allgemeiner Teil (AT), 5. Aufl. 2011

Geilen Eingeschränkte Notwehr unter Ehegatten, JR 1976, 314 ff.

Geppert Die subjektiven Rechtfertigungselemente, Jura 1995, 103 ff.

Goerlich (Hrsg.) Staatliche Folter, 2007

Goerlich/Zabel Säkularer Staat und religiöses Recht, JZ 2012, 1058 ff.

Gössel Überlegungen zum Verhältnis von Norm, Tatbestand und dem Irrtum über das Vorliegen eines rechtfertigenden Sachverhalts, FS für Triffterer 1996, S. 93 ff.

Greco Die Regeln hinter der Ausnahme. Gedanken zur Folter in sog. ticking time bomb-Konstellationen, GA 2007, 628 ff.

Gropengießer Das Konkurrenzverhältnis von Notwehr § 32 StGB) und rechtfertigendem Notstand (§ 34 StGB), Jura 2000, 262 ff.
Gropp Küper, Der „verschuldete" rechtfertigende Notstand, GA 1984, 485 ff.
Gropp § 218a als Rechtfertigungsgrund – Grundfragen zum rechtmäßigen Schwangerschaftsabbruch, GA 1988, 24 ff.
Gropp Die „Pflichtenkollision": weder eine Kollision von Pflichten noch Pflichten in Kollision, FS für Hirsch 1999, S. 207 ff.
Gropp Der Radartechniker-Fall – ein durch Menschen ausgelöster Defensivnotstand? GA 2006, 284 ff.
Gropp Hypothetische Einwilligung im Strafrecht?, FS für Schroeder 2006, S. 197/201
Gropp Indisponibilität statt Sittenwidrigkeit. Überlegungen zu BGHSt 49, 166, ZJS 2012, 602 ff.
Gropp An der Grenze der Lehre vom personalen Unrecht, FS für Kühl 2014, S. 247 ff.
Gropp/Küpper/Mitsch Fallsammlung zum Strafrecht, 2. Aufl. 2012
Grünewald Notwehreinschränkung – insbesondere bei provoziertem Angriff, ZStW 122 (2010), 51 ff.
Grünewald Selbstgefährdung und einverständliche Fremdgefährdung, GA 2012, 364
Günther Strafrechtswidrigkeit und Strafunrechtsausschluß, 1983
Günther Defensivnotstand und Tötungsrecht, FS Amelung 2009, 147 ff.
Hakeri Tıp Hukuku, 4. Aufl. 2012
Hauck Rechtfertigende Einwilligung und Tötungsverbot, GA 2012, 202 ff.
Hecker Europäisches Strafrecht 4. Aufl. 2012
Hefendehl Objektive Zurechnung bei Rechtfertigungsgründen, FS Frisch 2013, S. 465 ff.
Heger Eingeschränkte Verteidigungsrechte bei selbstverschuldeter Notwehrlage, JA 2003, 8 ff.
Heinrich, B. Strafrecht – Allgemeiner Teil (AT), 3., Aufl. 2012
Herzberg Rechtliche Probleme der rituellen Beschneidung, JZ 2009, 332 ff.
Herzog Feuerspeiende Luxuslimousinen, GS für Schlüchter 2002, S. 209 ff.
Herzog Der Boxer – ein Schläger?, GA 2006, 678 ff.
Hilgendorf Folter im Rechtsstaat?, JZ 2004, 331 ff.
Hilgendorf Problemfelder der Menschenwürdedebatte in Deutschland und Europa und die Ensembletheorie der Menschenwürde, Zeitschrift für Evangelische Ethik 57 (2013), 258 ff.
Hillenkamp 32 Probleme aus dem Strafrecht – Allgemeiner Teil, 14. Aufl. 2012
Hirsch Die Lehre von den negativen Tatbestandsmerkmalen: Der Irrtum über einen Rechtfertigungsgrund, 1957
Hirsch Die Notwehrvoraussetzung der Rechtswidrigkeit des Angriffs, FS für Dreher 1977, S. 211 ff.
Hirsch Defensiver Notstand gegenüber ohnehin Verlorenen, FS für Küper 2007, 149 ff.
Hirsch Einwilligung in sittenwidrige Körperverletzung, FS für Amelung 2009, 181 ff.
Hirsch Zu strafrechtlichen Fragen des Sportrechts, FS für Szwarc, 2009, 559 ff.
Hörnle Hijacked Airplanes: May they be shot down? New Criminal Law Review 2007, 582 ff.
Hruschka Pflichtenkollisionen und Pflichtenkonkurrenzen, FS für Larenz 1983, S. 257 ff.
Ida Die Stellung von Rechtfertigung und Entschuldigung im System der Strafbarkeitsvoraussetzungen, in Eser/Perron (Hrsg.), Rechtfertigung und Entschuldigung IV, 1993, S. 93 ff.
Isensee „Die Begründungslast hat der Veränderer", Die Welt, 30. Juni 1997, S. 7
Isensee Leben gegen Leben, FS für Jakobs 2007, 205 ff.
Jäger Zurechnung und Rechtfertigung als Kategorialprinzipien im Strafrecht, 2006
Jäger Die hypothetische Einwilligung – ein Fall der rückwirkenden juristischen Heilung in der Medizin, FS für Jung 2007, S. 345 ff.
Jäger Examens-Repetitorium, Strafrecht, Allgemeiner Teil, 6. Aufl. 2013
Jakobs Strafrecht, Allgemeiner Teil: die Grundlagen und die Zurechnungslehre, (AT) 2.Aufl., 1991
Jerouschek Gefahrenabwendungsfolter – Rechtsstaatliches Tabu oder polizeirechtlich legitimierter Zwangseinsatz?, JuS 2005, 296 ff.
Jerouschek Beschneidung und das deutsche Recht, NStZ 2008, 313 ff.
Jerouschek/Kölbel Folter von Staats wegen?, JZ 2003, 619 f.

Jescheck/Weigend Lehrbuch des Strafrechts, Allgemeiner Teil (AT), 5. Aufl. 1996
Joecks Erfolglose Notwehr, FS für Grünwald 1999, S. 251 ff.
Joerden Der Widerstreit zweier Gründe der Verbindlichkeit, Jahrbuch für Recht und Ethik Bd. 5 (1977), S. 43 ff.
Kant Werkausgabe in 12 Bänden, hrsg. von Wilhelm Weischedel, Bd. 8, Die Metaphysik der Sitten, 9. Aufl. 1991
Kargl Inhalt und Begründung der Festnahmebefugnis nach § 127 I StPO, NStZ 2000, 8 ff.
Kaufmann, Arthur Tatbestand, Rechtfertigungsgründe und Irrtum, JZ 1956, S. 353 ff.
Kaufmann, Arthur Die Irrtumsregelung im Strafgesetz-Entwurf 1962, ZStW 76 (1964), 543 ff.,
Kaufmann, Arthur Recht und Sittlichkeit, 1964
Kaufmann, Arthur Strafrechtspraxis und sittliche Normen, JuS 1978, 361 ff.
Kaufmann, Arthur Einige Anmerkungen zu Irrtümern über den Irrtum, FS für Lackner 1987, S. 185 ff.
Kaufmann, Arthur Rechtsfreier Raum und eigenverantwortliche Entscheidung, FS für Maurach 1972, S. 327 ff.
Kindhäuser Gefährdung als Straftat, 1989
Kindhäuser Zur Unterscheidung von Einverständnis und Einwilligung, FS für Rudolphi 2004, S. 135 ff.
Kindhäuser Normtheoretische Überlegungen zur Einwilligung im Strafrecht, GA 2010, 490 ff.
Kindhäuser Strafgesetzbuch. Lehr-und Praxiskommentar (LPK-StGB), 5. Aufl. 2013
Kindhäuser Strafrecht, Allgemeiner Teil (AT), 6. Aufl., 2013
Kinzig Not kennt kein Gebot? ZStW 115 (2003), 791 ff.
Klemperer, Victor LTI – Notizbuch eines Philologen, 17. Aufl. 1998
Klescewski Ein zweischneidiges Recht – Zu Grund und Grenzen der Notwehr in einem vorpositiven System der Erlaubnissätze, FS für E.A. Wolff 1998, S. 225 ff.
Klug Sozialkongruenz und Sozialadäquanz im Strafrechtssystem, FS für Eb. Schmidt 1961, S. 249 ff.
Kohlberg Die Psychologie der Moralentwicklung, 1996
Köhler Strafrecht Allgemeiner Teil (AT), 1996
Köhler Medizinische Forschung in der Behandlung des Notfallpatienten, NJW 2002, 853 ff.
Köhler Die objektive Zurechnung der Gefahr als Voraussetzung der Eingriffsbefugnis im Defensivnotstand, FS für Schroeder 2006, S. 257 ff.
Koriath Das Brett des Karneades, JA 1998, 250 ff.
Koriath Einige Gedanken zur Notwehr, FS für Müller-Dietz 2001, S. 361 ff.
Koriath Zum Streit um die Gefährdungsdelikte, GA 2001, 51 ff.
Koriath Einschränkung des deutschenNotwehrrechts (§ 32 StGB) durch Art. 2 II a EMRK?, in: Filippo Ranieri (Hrsg.), Die Europäisierung der Rechtswissenschaft, 2002, S. 47 ff.
Koriath Über rechtsfreie Räume in der Strafrechtsdogmatik, Jahrbuch für Recht und Ethik, 2003, S. 317 ff.
Kreuzer Zur Not ein bisschen Folter?, Diskussionen um Ausnahmen vom absoluten Folterverbot anlässlich polizeilicher Rettungsfolter, in Nitschke (Hrsg.), Rettungsfolter im modernen Rechtsstaat? Eine Verortung, 2005, Rn. 69 ff.
Krey/Esser Deutsches Strafrecht, Allgemeiner Teil (AT), 5. Aufl., 2012
Kühl „Sozialethische" Einschränkungen der Notwehr, Jura 1990, 244 ff.
Kühl Die „Notwehrprovokation", Jura 1991, 57 ff., 175 ff.
Kühl Angriff und Verteidigung bei der Notwehr, Jura 1993, 57, 119, 233 jew. ff.
Kühl Die Notwehr: Ein Kampf ums Recht oder Streit, der missfällt?, FS für Triffterer 1996, S. 149 ff.
Kühl Gebotene Verteidigung gegen provozierte Angriffe, FS für Bemmann 1997, S. 193 ff.
Kühl Freiheit und Solidarität bei den Notrechten, FS für Hirsch 1999, S. 259 ff.
Kühl Der Abschied des Strafrechts von den guten Sitten, FS für Jakobs 2007, S. 293 ff.
Kühl Strafrecht Allgemeiner Teil (AT), 7. Aufl., 2012
Kuhlen Ausschluss der objektiven Zurechnung bei Mängeln der wirklichen und der mutmaßlichen Einwilligung, FS für Müller-Dietz 2001, S. 433 ff.

Kühne Die strafrechtliche Relevanz eines auf Fehlvorstellungen gegründeten Rechtsgutverzichts, JZ 1979, 241 ff.
Küper Noch einmal: Rechtfertigender Notstand, Pflichtenkollision und übergesetzlicher Notstand, JuS 1971, 474 ff.
Küper Zum rechtfertigenden Notstand bei Kollision von Vermögenswerten, JZ 1976, 515 ff.
Küper Grund- und Grenzfragen der rechtfertigenden Pflichtenkollision im Strafrecht, 1979
Küper Die sog „Gefahrtragungspflichten" im Gefüge des rechtfertigenden Notstandes, JZ 1980, 755 ff.
Küper Tötungsverbot und Lebensnotstand Zur Problematik der Kollision „Leben gegen Leben", JuS 1981, 745 ff.
Küper Tötungsverbot und Lebensnotstand, JuS 1981, 785 ff.
Küper Das „Wesentliche" am „wesentlich überwiegenden Interesse", GA 1983, 289 ff.
Küper Der „verschuldete" rechtfertigende Notstand, 1983
Küper Grundsatzfragen der „Differenzierung" zwischen Rechtfertigung und Entschuldigung, JuS 1987, 81 ff.
Küper „Es kann keine Not geben, welche, was unrecht ist, gesetzmäßig machte.", FS für E.A. Wolff 1998, S. 285 ff.
Küper Notstand und Zeit. Die „Dauergefahr"beim rechtfertigenden und entschuldigenden Notstand, FS für Rudolphi 2004, S. 151 ff.
Küpper Die „Sache mit den Tieren" oder – Sind Tiere noch „Sachen"?, JZ 1993, 435 ff.
Küpper Die „Abwehrprovokation", JA 2001, 438 ff.
Küpper Strafrecht Besonderer Teil 1 (BT 1) 3. Aufl., 2007
Lackner/Kühl Strafgesetzbuch: Kommentar, 27. Aufl. 2011
Ladiges Die Bekämpfung nicht-staatlicher Angreifer im Luftraum, 2007
Ladiges Die notstandsbedingte Tötung von Unbeteiligten im Fall des § 14 Abs. 3 LuftSiG – ein Plädoyer für die Rechtfertigungslösung, ZIS 2008, 129 ff.
Lagodny Notwehr gegen Unterlassen, GA 1991, 300 ff.
Lagodny Strafrecht vor den Schranken der Grundrechte, 1996
Lampe Zum Verhältnis von Handlungsrecht und Handlungspflicht, FS für Lenckner 1998, S. 159 ff.
Lange, A. Zum Bewertungsirrtum über die Rechtswidrigkeit des Angriffs bei der Notwehr, 1994 (mit Bespr. *Mitsch* ZStW 110 (1998), 166 ff.)
Lenckner Die Einwilligung Minderjähriger und deren gesetzlicher Vertreter, ZStW 72 (1960), 446 ff.
Lenckner Der rechtfertigende Notstand, 1965
Lenckner „Gebotensein" und „Erforderlichkeit" der Notwehr, GA 1968, 1 ff.
Lenckner Zum Notwehrrecht des Angreifers, JR 1984, 206 ff.
Lilie Zur Erforderlichkeit der Verteidigungshandlung, FS für Hirsch 1999, S. 277 ff.
LK^{11}-*Bearbeiter*=Jähnke/Laufhütte/Odersky (Hrsg.), Leipziger Kommentar, Strafgesetzbuch, 11. Aufl. 1992 ff
LK-*Bearbeiter*=Laufhütte/Rissing-van Saan/Tiedemann (Hrsg.), Leipziger Kommentar, Strafgesetzbuch, 12. Aufl. 2007 ff
Lüderssen Notwehrelemente in der Strafe – Strafelemente in der Notwehr, in: Institut für Kriminalwissenschaften Frankfurt a. M. (Hrsg.), Vom unmöglichen Zustand des Strafrechts, 1995, S. 159 ff.
Lüderssen Die Folter bleibt tabu, FS für Rudolphi 2004, S. 691 ff.
Maiwald Zur Leistungsfähigkeit des Begriffs „erlaubtes Risiko" für die Strafrechtssystematik, FS für Jescheck 1985, S. 405 ff.
Maiwald Die Einwilligung im deutschen Strafrecht, in: Eser/Perron, Rechtfertigung und Entschuldigung III, 1991, S. 165 ff.
Maiwald Das Prinzip der Verhältnismäßigkeit zwischen Angriff und Verteidigung im Recht der Notwehr, FS für Marinucci, 2006, S. 1579 ff.
Maiwald Probleme der heutigen Tatbestandslehre in Deutschland, FS für Tateishi 2010, S. 11 ff.
Martin Einschränkung der Notwehr in einem Fall sozialethisch zu beanstandenden Vorverhaltens, JuS 1997, 177 ff.

Maurach/Zipf Strafrecht: Ein Lehrbuch, Allgemeiner Teil 1 (AT 1), 7. Aufl., 1987
Mayer, M. E. Der Allgemeine Teil des deutschen Strafrechts (AT), 1915
Merkel, A. Lehrbuch des deutschen Strafrechts (LB), 1889
Merkel, R. Folter und Notwehr, FS für Jakobs 2007, S. 375 ff.
Meyer, Frank Ausschluss und Minderung strafrechtlicher Verantwortung bei Handeln auf Weisung, GA 2012, 556 ff.
Mezger Vom Sinn der strafrechtlichen Tatbestände, FS für Traeger 1926, S. 187 ff.
Mitsch Nothilfe gegen provozierte Angriffe, GA 1986, 533 ff.
Mitsch Trunkenheitsfahrt und Notstand, JuS 1989, 965 ff.
Mitsch Rechtfertigung einer Ohrfeige (BayObLG, NJW 1991, 2031) JuS 1992, 289 ff.
Mitsch Festnahme mit Todesfolge – BGH, NJW 2000, 1348, JuS 2000, 848 ff.
Mitsch Notwehr gegen fahrlässig provozierten Angriff – BGH, NStZ 2001, 143, JuS 2001, 751 ff.
Mitsch Strafrecht Besonderer Teil 2 Teilband 1 (BT 2/1), 2. Aufl. 2002
Mitsch „Nantucket Sleighride" – der Tod des Matrosen Owen Coffin, FS für Weber 2004, S. 49 ff.
Mitsch Rechtfertigung und Opferverhalten, 2004
Mitsch Flugzeugabschüsse und Weichenstellungen, GA 2006, 11 ff.
MK-*Bearbeiter*; = Münchener Kommentar zum Strafgesetzbuch, 2. Aufl. 2011 ff.
Montaner, Fernández/Ortiz, de Urbina Gimeo Einwirkung einer Garantenstellung auf die Reichweite von Rechtfertigungsgründen?, GA 2013, 641 ff.
Moos Objektive Zurechnung und sozialadäquates Verhalten bei wertneutraler Gehilfenschaft, FS für Trechsel 2002, S. 484
Murmann Grundkurs Strafrecht (GK), 2. Aufl. 2013
Neumann Der strafrechtliche Nötigungsnotstand – Rechtfertigungs- oder Entschuldigungsgrund?, JA 1988, 329 ff.
Neumann Der Rechtfertigungsgrund der Kollision von Rettungsinteressen, FS für Roxin 2001, S. 421 ff.
Neuhaus Die Aussageerpressung zur Rettung des Entführten -strafbar!, GA 2004, 521 ff.
Neumann Sterbehilfe im rechtfertigenden Notstand (§ 34 StGB), FS für Herzberg 2008, 575 ff.
Niedermair Körperverletzung mit Einwilligung und die Guten Sitten. Zum Funktionsverlust einer Generalklausel, 1999
NK-StGB-*Bearbeiter* = *Kindhäuser/Neumann/Paeffgen* (Gesamtredaktion), Nomos-Kommentar zum StGB, 4. Aufl. 2013
Novoselec Notwehr gegen Erpressung i.e.S. und Chantage, NStZ 1997, 218
Otto Pflichtenkollision und Rechtswidrigkeitsurteil, 3. Aufl., 1978
Otto Die Rechtsfolgen der Straftat, Jura 1995, 468 ff.
Otto Gegenwärtiger Angriff (§ 32) und gegenwärtige Gefahr (§§ 34, 35, 249, 255), Jura 1999, 552 f.
Otto Grundkurs Strafrecht, Allgemeine Strafrechtslehre (GK-AT), 7. Aufl. 2004, § 18
Otto Einwilligung, mutmaßliche, gemutmaßte und hypothetische Einwilligung, Jura 2004, 683 ff.
Otto Soziale Adäquanz als Auslegungsprinzip, FS für Amelung 2009, 225 ff.
Paul Einwilligung und zusammengesetztes Delikt, 1997
Pawlik Der rechtfertigende Defensivnotstand, Jura 2002, 26 ff.
Pawlik Der rechtfertigende Notstand, 2002
Perron Foltern in Notwehr?, FS für Weber 2004, S. 143 ff.
Priester Das Ende des Züchtigungsrechts, 1999
Prittwitz Strafwürdigkeit und Strafbarkeit von Folter und Folterandrohung im Rechtsstaat, FS für Herzberg 2008, S. 515 ff.
Puppe Hypothetische Einwilligung bei medizinischen Eingriffen, JR 2004, 470 ff.
Puppe Das sog. gerechtfertigte Werkzeug, FS für Küper 2007, S. 443 ff.
Puppe Mitverantwortung des Fahrlässigkeitstäters bei Selbstgefährdung des Verletzten, GA 2009, 487 ff.
Puppe Strafrecht Allgemeiner Teil im Spiegel der Rechtsprechung (AT), 2. Aufl. 2011
Putzke Die strafrechtliche Relevanz der Beschneidung von Knaben, FS für Herzberg 2008, S. 669 ff.

Putzke Juristische Positionen zur religiösen Beschneidung, NJW 2008, 1568 ff.
Rath Das subjektive Rechtfertigungselement, 2002
Reinhart Das Bundesverfassungsgericht wechselt die Pferde – Der strafrechtliche Rechtmäßigkeitsbegriff, StV 1995, 101 ff.
Reinhart Abschied vom strafrechtlichen Rechtmäßigkeitsbegriff, NJW 1997, 911 ff.
Rengier Strafrecht Allgemeiner Teil (AT), 5. Aufl. 2013
Riemer Auswirkung des Gewaltverbots in der Erziehung nach § 1631 II BGB auf das Strafrecht, FPR 2006, 387 ff.
Rogall Ist der Abschuss gekaperter Flugzeuge widerrechtlich?, NStZ 2008, 1 ff.
Rönnau Willensmängel bei der Einwilligung im Strafrecht, 2001
Rothärmel Einwilligung, Veto, Mitbestimmung – Die Geltung der Patientenrechte für Minderjährige, 2004
Roxin Verwerflichkeit und Sittenwidrigkeit als unrechtsbegründende Merkmale im Strafrecht, JuS 1964, 373 ff.
Roxin Die „sozialethischen Einschränkungen" des Notwehrrechts, ZStW 93 (1981), 68 ff.
Roxin Der durch Menschen ausgelöste Defensivnotstand, FS für Jescheck 1985, S. 457 ff.
Roxin Rechtfertigungs- und Entschuldigungsgründe in Abgrenzung zu sonstigen Strafausschließungsgründen, JuS 1988, 425 ff.
Roxin Gewaltopferentschädigung – vorsätzlich rechtswidriger Angriff – Irrtum – Einschränkung des Notwehrrechts aus sozialethischen Gründen – Notstand, JZ 2000, 99 f.
Roxin Anmerkung zu BGH, Urteil v. 22.11.2000-3 StR 331/00, JZ 2001, 666 f.
Roxin Kann staatliche Folter in Ausnahmefällen zulässig oder wenigstens straflos sein?, FS für Eser 2005, S. 461 ff.
Roxin Strafrecht Allgemeiner Teil Bd. 1 (AT 1), 4. Aufl. 2006
Roxin Einwilligung, Persönlichkeitsautonomie und tatbestandliches Rechtsgut, FS für Amelung 2009, S. 269 ff.
Roxin Der Streit um die einverständliche Fremdgefährdung, GA 2012, 655 ff
Rudolphi Fälle zum Strafrecht, Allgemeiner Teil, 5. Aufl. 2000
Saliger Absolutes im Strafprozessrecht – Über das Folterverbot, seine Verletzung und die Folgen seiner Verletzung, ZStW 116 (2004), 47
Satzger Die rechtfertigende Pflichtenkollision, Jura 2010, 753 ff.
Sauer Allgemeine Strafrechtslehre (AT), 3. Aufl. 1955
Schapp Rechtfertigung und Recht, in: Gerechtigkeit, Glauben und Erfahren, Veröffentlichungen der Kirchlichen Hochschule Wuppertal, Neue Folge Bd. 7, 2002
Schauer/Wittig Rechtfertigung des Fahrausweisprüfers nach § 127 I 1 StPO oder § 229 StGB, JuS 2004, 107 ff.
Schild Die strafrechtsdogmatischen Grenzen des rechtsfreien Raumes, JA 1978, 449 ff., 570 ff., 630 ff.
Schild Anmerkungen zur Straf- und Verbrechensphilosophie Immanuel Kants, FS für Gitter 1995, S. 831 ff.
Schild Sportstrafrecht, 2002
Schild Folter einst und jetzt, in Nitschke (Hrsg.), Rettungsfolter im modernen Rechtsstaat? Eine Verortung, 2005, Rn. 69 ff.
Schlüchter Antizipierte Notwehr, FS für Lenckner 1998, S. 313 ff.
Schlüchter Fit im Recht. Strafrecht Allgemeiner Teil (AT), 3. Aufl. 2000
Schmidhäuser Strafrecht Allgemeiner Teil. Lehrbuch (LB), 2. Aufl. 1975
Schmoller Ethische Dispute im Strafrecht, in Fischer/Strasser (Hrsg.), Rechtsethik, 2007, 203 ff.
Schmoller Verletzung oder Tötung des Gegners im Kampf- und Wettkampfsport: (k)ein Fall des Strafrechts? in Urnik (Hrsg.) Sport und Gesundheit in Wirtschaft und Gesellschaft, 2007
Schneider, Ursula Körperliche Gewaltanwendung in der Familie, 1987
Schönke/Schröder, *Bearbeiter* in: = Schönke/Schröder. Strafgesetzbuch, 28. Aufl. 2010, fortgeführt von *Lenckner, Cramer, Eser, Stree, Heine, Perron, Sternberg-Lieben, Eisele, Bosch, Hecker und Kinzig* und unter Mitarbeit von *Schittenhelm*

Schröder, Chr. Angriff, Scheinangriff und die Erforderlichkeit der Abwehr vermeintlich gefährlicher Angriffe, JuS 2000, 235 ff.

Schroth, U. Die Annahme und das „Für-Möglich-halten" von Umständen, die einen anerkannten Rechtfertigungsgrund begründen, FS für Arthur Kaufmann 1993, S. 595 ff.

Schüler Der Zweifel über das Vorliegen einer Rechtfertigungslage, 2004

Schünemann Die deutschsprachige Strafrechtswissenschaft nach der Strafrechtsreform im Spiegel des Leipziger Kommentars und des Wiener Kommentars, GA 1985, 341 ff.

Schünemann/Greco Der Erlaubnistatbestandsirrtum und das Strafrechtssystem, GA 2006, 777 ff.

Schwarz Verfassungsrechtliche Aspekte der religiösen Beschneidung, JZ 2008, 1125 ff.

Seebode Die Rechtmäßigkeit der Diensthandlung in § 113 III, IV StGB, 1988; S. 195 ff.

Seebode Folterverbot und Beweisverbot, FS für Otto 2007, 999 ff.

Seelmann Das Verhältnis des § 34 StGB zu anderen Rechtfertigungsgründen, 1978

Sickor Die Übertragung der hypothetischen Einwilligung auf das Strafrecht, JA 2008, 11 ff.

Sickor Das Festnahmerecht nach § 127 I 1 StPO im System der Rechtfertigungsgründe, JuS 2012, 1074 ff.

Simon Einschränkung des Notwehrrechts bei unvermeidbar irrendem Angreifer – BSGE 84, 54, JuS 2001, 639 ff.

Sinn Notwehr gegen nicht sorgfaltswidriges Verhalten, GA 2003, 96 ff.

Sinn Tötung Unschuldiger auf Grund § 14 III Luftsicherheitsgesetz – rechtmäßig?, NStZ 2004, 585 ff.

Sinn Recht im Irrtum, FS für Roxin 2011, S. 673 ff.

SK-*Bearbeiter* = Systematischer Kommentar zum Strafgesetzbuch, Grundwerk mit 136. Ergänzungslieferung, von *Rudolphi, Horn, Samson* (Stand: Oktober 2012)

Sowada Sind zwei Halbe ein Ganzes? – Zur Addierbarkeit teilverwirklcihter Fallgruppen bei den sozialethischen Notwehrbeschränkungen, FS für Herzberg 2008, 459 ff.

Spickhoff Die Patientenautonomie am Lebensende: Ende der Patientenautonomie?, NJW 2000, 2297 ff.

Stefanopoulou Einwilligung in die Lebensgefährdung: Rechtfertigung der fahrlässigen Tötung?, ZStW 124 (2012), 689 ff.

Sternberg-Lieben/Sternberg-Lieben Zur Strafbarkeit der aufgedrängten Nothilfe, JuS 1999, 444 ff.

Stiller Grenzen des Notwehrrechts bei der Verteidigung von Sachwerten, 1999

Stratenwerth/Kuhlen Strafrecht Allgemeiner Teil, Die Straftat, 6. Aufl. 2011

Streng Das subjektive Rechtfertigungselement und sein Stellenwert, FS für Otto 2007, S. 469 ff.

Streng Gerechtfertigte Aufopferung Unbeteiligter? FS für Stöckel 2010, S. 135 ff.

Stübinger „Not macht erfinderisch" – Zur Unterscheidungsvielfalt in der Notstandsdogmatik – am Beispiel der Diskussion über den Abschuss einer sog. „Terrormaschine", ZStW 123(2011), 403 ff.

Stuckenberg Provozierte Notwehrlage und Actio illicita in causa: Der Meinungsstand im Schrifttum, JA 2001, 894 ff.

Stuckenberg Provozierte Notwehrlage und Actio illicita in causa – Die Entwicklung der Rechtsprechung bis BGH NJW 2001, 1075, JA 2002, 172 ff.

Suppert Studien zur Notwehr und „notwehrähnlichen Lage", 1973

Tiedemann Anfängerübung, 4. Aufl. 1999

Trüg/Wentzell Grenzen der Rechtfertigung und Erlaubnistatbestandsirrtum, Jura 2001, 30 ff.

Vitt Gedanken zum Begriff der "Rechtmäßigkeit der Diensthandlung" bei § 113 StGB, ZStW 106 (1994), 581 ff.

Warda Zur Konkurrenz von Rechtfertigungsgründen, FS für Maurach 1972, S. 143 ff.

Warda Schuld und Strafe beim Handeln mit bedingtem Unrechtsbewusstsein, FS für Welzel 1974, S. 499 ff.

Warda Vorsatz und Schuld bei ungewisser Tätervorstellung über das Vorliegen strafbarkeitsausschließender Umstände, FS für Lange 1976, S. 119 ff.

Welzel Die Regelung von Vorsatz und Irrtum als legislatorisches Problem, ZStW 67 (1955), 196 ff.

Welzel Das Deutsche Strafrecht (LB), 11. Aufl. 1969

Wessels/Beulke/Satzger Strafrecht Allgemeiner Teil (AT), 43. Aufl. 2013

Wohlers Einschränkungen des Notwehrrechts innerhalb sozialer Näheverhältnisse, JZ 1999, 434 ff.

Wolff, Christian Philosophia practica universalis, 1738

Zieschang Einschränkung des Notwehrrechts bei engen persönlichen Beziehungen?, Jura 2003, 527 ff.

Zieschang Tödliche Notwehr zur Verteidigung von Sachen und Art. II 2 a EMRK, GA 2006, 415 ff.

Zieschang Der rechtfertigende und der entschuldigende Notstand, JA 2007, 679 ff.

Zieschang Die deutsche Strafrechtsentwicklung zwischen 1945 und 1975 am Beispiel der Vorschriften über den Notstand, in: Hilgendorf/Weitzel, Der Strafgedanke in seiner historischen Entwicklung, 2007, S. 173 ff.

Zipf Rechtskonformes und sozialadäquates Verhalten im Strafrecht, ZStW 82 (1970), 633 ff.

Zitelmann Ausschluss der Widerrechtlichkeit, AcP 99 (1906), 1 ff./51 ff.

§ 6 Schuldhaftigkeit und Schuld -Schuldausschließungsgründe -Entschuldigungsgründe

Leitfall 6.1 1

Lieferwagen-Fall BGHSt 42, 235 = NStZ 1997, 228 – BGH Urt. vom 22.8.1996– 4 StR 217/96:[1] Der Angeklagte A, der keine gültige Fahrerlaubnis besaß, fuhr mit seinem Lieferwagen von Dänemark durch das Bundesgebiet in die Niederlande, um dort Kunden aufzusuchen. Unmittelbar nach der Einreise in die Niederlande, wo er für die Nacht ein Hotel suchen wollte, kaufte der bis dahin nüchterne A kurz nach 18 Uhr alkoholische Getränke. In der Folgezeit trank er etwa fünf Liter Bier sowie Schnaps in nicht feststellbarer Menge. Zwischen 21.15 und 21.30 Uhr fuhr der zu dieser Zeit erheblich alkoholisierte A in deutlichen Schlangenlinien auf der niederländischen Autobahn in Richtung der deutschen Grenze. Gegen 21.30 Uhr erreichte er den Grenzübergang Bad Bentheim. Er fuhr mit einer Geschwindigkeit von mindestens 70 km/h auf die Kontrollstelle zu. Dabei überfuhr er zunächst einige Leitkegel, mit denen die rechte Fahrspur abgesperrt war. Sodann stieß er – mit unverminderter Geschwindigkeit – mit der rechten vorderen Seite seines Fahrzeugs gegen die hintere linke Seite eines auf der rechten Spur stehenden Personenkraftwagens. Dabei erfasste er zwei Grenzschutzbeamte, die dieses Fahrzeug kontrollierten. Die Beamten erlitten tödliche Verletzungen und starben an der Unfallstelle. Eine dem A um 22.30 Uhr entnommene Blutprobe ergab eine Blutalkoholkonzentration von 1,95 ‰.

Das Landgericht Osnabrück verurteilte den Angeklagten wegen fahrlässiger Tötung (§ 222), vorsätzlicher Gefährdung des Straßenverkehrs (§ 315 c I Nr. 1 a) und vorsätzlichen Fahrens ohne Fahrerlaubnis (§ 21 I StVG). Zu Recht? 2

[1] Mit krit. Anm. *Hirsch* NStZ 1997, S. 230 ff.; vgl. auch *Geppert* JK 1997 § 20/2; *Hruschka* JZ 1997, S. 22 ff.; *Otto* Jura 1999, S. 217 ff.

W. Gropp, *Strafrecht Allgemeiner Teil,* Springer-Lehrbuch,
DOI 10.1007/978-3-642-38126-3_6

A. Grundlagen: Schuldhaftigkeit und Schuld

3 Die dritte Stufe des Begriffs von der strafbaren Handlung dient der Klärung, ob die *Handlung* des Täters *schuldhaft* war, ob der *Täter schuldig ist*. Genau besehen gilt es hier, zwei Fragen zu beantworten:[2] Die erste lautet, *ob* dem Täter sein Verhalten zum Vorwurf gemacht werden kann, ob er *schuldhaft* gehandelt hat, ob er sich *strafbar* gemacht hat Diese Frage betrifft die persönliche Zurechenbarkeit,[3] die sog. Straf*begründungsschuld*,[4] *d. h.* die schuldhafte Begehung (*Schuldhaftigkeit*) der strafbaren Handlung (I). Die zweite Frage lautet, *was* dem Täter vorgeworfen werden soll, was als Kriterium für seine Bestrafung dienen soll, *wie* er *bestraft* werden kann. Hier wird nach der Straf*zumessungsschuld*[5] gefragt (II 1).

4 Überlegungen, die Unterscheidung von Unrecht und Schuld (als Maßstäben des Strafens) bzw. von Rechtswidrigkeit und Schuldhaftigkeit (als Eigenschaften der strafbaren Handlung) in Frage zu stellen, weil ein „objektives", auch von einem nicht ansprechbaren Normadressaten zu verwirklichendes Unrecht im Strafrecht auf Bedenken stößt, wurden im 19. Jh. diskutiert, traten jedoch durch die im bürgerlichen Recht herrschende Erkenntnis von einem schuldlosen Unrecht in Verbindung mit der Lehre von der Einheit der Rechtsordnung in den Hintergrund.[6] Die gegenwärtige Trennung von Unrecht und Schuld durch den Strafgesetzgeber lässt sich u. a. an der gesetzgeberischen Unterscheidung zwischen *Strafen und Maßregeln* und am Erfordernis eines *Bewusstseins des Unrechts bzw. der Rechtswidrigkeit* als Voraussetzungen strafbaren Verhaltens (vgl. §§ 17, 20, 21) erkennen.[7]

I. Die Schuldhaftigkeit der tatbestandsmäßigen und rechtswidrigen Handlung (Strafbegründungsschuld)

5 Spricht man nicht vereinfachend von „Schuld", sondern unterscheidet man genauer zwischen „Schuld" und „Schuldhaftigkeit",[8] so wird deutlich, dass auch die dritte Stufe des Aufbaus der Straftat durch die strafrechtsrelevante *Handlung* geprägt ist. Welche Eigenschaften jene Handlung haben muss, um als *schuldhaft* bezeichnet werden zu können, ist Gegenstand der Diskussion zum *Schuldbegriff*, der somit

---

[2] Vgl. zur Strafbegründungs- und Strafzumessungsschuld auch MK-*Schlehofer* vor § 32 RN 226 ff.

[3] Maurach/*Zipf* AT 1 § 30 RN 2.

[4] *Hirsch* ZStW 106 (1994), S. 746 ff.

[5] Maurach/*Zipf* AT 1 § 30 RN 2.

[6] Näher *Sinn* FS Gießen, S. 321 ff.

[7] Hierzu mwN *Greco* GA, S. 636 ff.; vgl. auch *Roxin* GA 2011, S. 692 ff.

[8] Vgl. auch *Gropp* FS Puppe, S. 483 ff.; *Jakobs* AT 17/20; AK-*Schild* RN 161, S. 204 vor § 13; *Schild* GA 1995, S. 102; die Überlegung, zwischen Schuldhaftigkeit und Schuld zu unterscheiden, ist naheliegend und findet sich bereits bei *Beling* 1906, S. 42; näher zum Ganzen *Schild* 1979, insbes. S. 104 ff., S. 124 ff.; ob die heutige Unterscheidung der h.M. zwischen *Strafbegründungsschuld* und *Strafzumessungsschuld* (vgl. dazu die Nachweise bei *Hörnle* JZ 1999, S. 1082) zur Begriffsklarheit beiträgt, muss bezweifelt werden.

auch und vor allem ein *Schuldhaftigkeitsbegriff* ist (2, 3). Die Schuldhaftigkeit der Handlung ist dabei *rechtlich* zu beurteilen (1).

1. Die Schuldhaftigkeit als Rechtsbegriff

Die Schuldhaftigkeit der tatbestandsmäßigen und rechtswidrigen Handlung ist ein *strafrechtlicher* Begriff. Folglich ist z. B. eine Betrugshandlung nicht etwa deshalb ein schuldhaftes Verhalten, weil sie – wie etwa die Lüge – *unsittlich* ist, sondern weil sie Bestandteil eines Verhaltens ist, das von einer *Strafvorschrift* (§ 263) erfasst wird. Weil nur die Schuldhaftigkeit der *tatbestandsmäßigen* Handlung interessiert, fehlt jede Schuldhaftigkeit der Handlung dort, wo der Handelnde – aus welchen Motiven und wie trickreich auch immer – die Verwirklichung tatbestandsmäßigen Verhaltens vermeidet, mag er auch einen noch so üblen Charakter haben. 6

Was die tatbestandsmäßige und rechtswidrige Handlung zu einer schuldhaften macht, ist umstritten und hängt von der jeweiligen Handlungslehre ab.[9] 7

2. Schuld(haftigkeits)begriffe[10] und Handlungslehren oder: die Voraussetzungen der Schuldhaftigkeit vor dem Hintergrund der Handlungslehren

a) Psychologischer Schuld(haftigkeits)begriff[11]

Nimmt man mit der *kausalen Handlungslehre* an, dass das Unrecht der vorsätzlichen strafbaren Handlung allein durch die *willentliche Verursachung* der rechtswidrigen Verwirklichung einer tatbestandsmäßigen Handlung begründet wird, dann werden Vorsatz und Fahrlässigkeit als subjektive Beziehungen des Täters zur Tat zu Elementen der Schuldhaftigkeit. Die tatbestandsmäßige und rechtswidrige Handlung ist schuldhaft begangen, wenn und weil der Täter die objektiven Elemente der Tatbestandsmäßigkeit *vorsätzlich* oder *fahrlässig* verwirklicht hat. 8

Die Schuldhaftigkeit als Vorsätzlichkeit und damit als *psychische Beziehung* zwischen Täter und Tat gab jener Grundform der Schuldhaftigkeit im Rahmen der kausalen Handlungslehre ihren Namen als *psychologisch* begründete Schuldhaftigkeit, kurz: *psychologischer Schuld(haftigkeits)-begriff:* 9

> Die Schuldhaftigkeit innerhalb der Struktur der strafbaren Handlung nach der *kausalen Handlungslehre* als Grundlage des klassischen Begriffs von der strafbaren Handlung[12] (§ 2 RN 81) 10
> I. Tatbestandsmäßigkeit
> II. Rechtswidrigkeit
> III. *Schuldhaftigkeit* (psychologisch)

---

[9] *Naucke* 1998, § 7/123 ff.

[10] Vgl. auch *Baumann/Weber/Mitsch* § 18/7 ff. , *Koriath* GA 2011, S. 618 ff., *Moos* FS Triffterer, S. 169 sowie *Schild* Widmungsschrift Rehbinder, S. 119 ff.

[11] Vgl. *Beling* 1906, S. 10, S. 178 ff.; *v. Liszt* LB 1905, §§ 36 ff. (= S. 157 ff.); *Radbruch* 1903; vgl. auch *Naucke* 1998, § 7/136.

[12] Dargestellt am Beispiel einer vorsätzlichen, eine Veränderung in der Außenwelt bewirkenden Straftat.

Zurechnungsfähigkeit als „Schuld(haftigkeits)voraussetzung"[13]
Schuld(haftigkeits)bestandteile:
- Vorsatz (Unrechtsbewusstsein str. [14]) u.ä.m.
- Fehlen von „Schuldausschließungsgründen" (Notstand u.ä.m.)

11 Jener psychologisch-naturwissenschaftlich begründete Schuld(haftigkeits)begriff war jedoch in dreierlei Hinsicht angreifbar:[15]

12 • Zunächst konnte man nicht erklären, weshalb die Handlung eines *Geisteskranken* nicht schuldhaft sein sollte, obwohl der Geisteskranke in einem natürlichen Sinne *vorsätzlich* handeln kann: Der geisteskranke Amokläufer weiß durchaus, dass er Menschen tötet, und will dies auch. So war man gezwungen, die Zurechnungsunfähigkeit von Geisteskranken als „Voraussetzung" der Schuldhaftigkeit vor die Klammer zu ziehen.

13 • Vorsätzlich handelt auch derjenige, der sich im *Notstand* befindet. Auch seine Straffreiheit ließ sich mit dem psychologischen Schuld(haftigkeits)begriff allein nicht erklären.

14 • Schließlich war der rein psychologische Schuld(haftigkeits)begriff umgekehrt nicht in der Lage, die Schuldhaftigkeit einer *unbewusst fahrlässigen Handlung* zu erklären, da insoweit eine psychische Beziehung zwischen Täter und Tat nicht vorhanden ist.

b) Der psychologisch-normative Schuld(haftigkeits)begriff[16]

15 Die Lücken des psychologischen Schuld(haftigkeits)begriffs suchte *Reinhard Frank*[17] durch eine Auswahl relevanter Gesichtspunkte auszufüllen, welche im Rahmen eines neoklassischen Verbrechensbegriffs die *Bewertung* der tatbestandsmäßigen und rechtswidrigen Handlung als „schuldhaft" rechtfertigten. Jene Elemente waren:

16 • die normale geistige Beschaffenheit des Täters („Zurechnungsfähigkeit", nach heutiger Terminologie: Schuldfähigkeit),

17 • die konkrete psychische Beziehung des Täters zur Tat (Vorsatz) oder die Möglichkeit einer solchen (Fahrlässigkeit),

18 • die „normale Beschaffenheit der Umstände" (nach heutiger Terminologie: Fehlen von Notstand und anderen Entschuldigungsgründen).

---

[13] Vgl. *v. Liszt* LB 1888, § 35: Die Zurechnungsfähigkeit, § 36: Die Fälle der Zurechnungsunfähigkeit, § 37: Die Schuld (Vorsatz und Fahrlässigkeit).

[14] Für Anerkennung des Bewusstseins der Rechtswidrigkeit als notwendigem Bestandteil des Vorsatzes *Beling* 1906, S. 180 ff.; dagegen *v. Liszt* LB 1888, § 28 II (S. 109).

[15] Näher *Frank* FS Giessen 1907, S. 522 ff.; *Roxin* AT 1 § 19/11.

[16] Vgl. *Mezger*, AT 1949, S. 247 ff.

[17] *Frank* FS Giessen 1907, S. 530; vgl. auch *Jescheck/Weigend* AT § 22 III 2 d, *Roxin* AT 1 § 19/12; zur weiteren Entwicklung *Moos* ZStW 116 (2004), S. 893.

19 Zusammengenommen bilden die drei Elemente die *Bewertung* der *Handlung* als schuldhaft. Damit wird dem *Täter* zum *Vorwurf* gemacht, dass er die Handlung trotz seiner normalen geistigen Beschaffenheit und der normalen Beschaffenheit der Umstände vorsätzlich oder fahrlässig begangen hat.

20 Über die Bewertung der Handlung hinaus gelingt es dem von *Frank* gebildeten Begriff der Schuld(haftigkeit), die Schwächen des rein psychologischen Schuld(haftigkeits)begriffs zu überwinden:

- Trotz Vorsatzes entfällt die Schuldhaftigkeit als Vorwerfbarkeit, wenn der Täter schuldunfähig ist oder im entschuldigenden Notstand handelt.
- Trotz objektiver Verletzung der Sorgfaltspflicht entfällt die Schuldhaftigkeit, wenn der Täter nicht die Möglichkeit hatte, die Sorgfaltspflicht subjektiv zu erfüllen.

21 ▶ Die Schuldhaftigkeit innerhalb der Struktur der strafbaren Handlung nach der *kausalen Handlungslehre* als Grundlage des neo-klassischen Begriffs von der strafbaren Handlung (§ 2 RN 94)

I. Tatbestandsmäßigkeit
II. Rechtswidrigkeit
III. *Schuldhaftigkeit* (normativ-psychologisch)
- Schuldfähigkeit
- die konkrete psychische Beziehung zur Tat (Vorsatz, einschl. Unrechtsbewusstsein str.) bzw. die Möglichkeit dazu
- Fehlen von Entschuldigungsgründen

c) Der rein normative Schuld(haftigkeits)begriff

22 Nach der *finalen Handlungslehre* ist menschliches Handeln Zwecktätigkeit, weshalb der Unwert der strafrechtserheblichen Handlung auch durch Zwecktätigkeit begründet wird. Der Vorsatz wird damit als subjektives *Unwertelement* zum Bestandteil der *Tatbestandsmäßigkeit*, der tatbestandsmäßige Unwert wird *personaler Unwert*. Durch Eliminierung des Vorsatzes aus den Elementen, welche die Schuldhaftigkeit konstituieren, enthält diese nur noch *normative*, d. h. wertende Elemente, deren *Objekt* der personale Unwert und dessen rechtswidrige Verwirklichung ist.[18]

23 ▶ Die Schuldhaftigkeit innerhalb der Struktur der strafbaren Handlung nach der *finalen Handlungslehre* als Grundlage des finalen Begriffs von der strafbaren Handlung (§ 2 RN 97)

I. Tatbestandsmäßigkeit:
II. Rechtswidrigkeit:
III. *Schuldhaftigkeit* (rein normativ)
- Schuldfähigkeit
- Unrechtsbewusstsein
- Fehlen von Entschuldigungsgründen

---

[18] Vgl. *Dohna* 1947, S. 22, 39; *Dohna* ZStW 32 (1911), S. 323, 66 (1954), S. 505.

d) Der normative Schuld(haftigkeits)begriff der h.M.

24 Der Begriff der strafbaren Handlung auf der Grundlage der *vermittelnden Handlungslehre* der h.M. ordnet zwar Vorsatz und Fahrlässigkeit als Elemente der Tatbestandsmäßigkeit und damit als Objekt der *Wertung* der Handlung als schuldhaft ein. Er bewertet Vorsatz und Fahrlässigkeit aber auch *innerhalb* der Strafzumessungsschuld als Schuld*formen*. Es wird dem Täter *vorgeworfen*, dass er vorsätzlich oder fahrlässig gehandelt hat. Daneben bilden besondere subjektive Merkmale Elemente der Schuldhaftigkeit, insbesondere sog. *Gesinnungsmerkmale*.[19]

25 ▶ Die Schuldhaftigkeit innerhalb der Struktur der strafbaren Handlung nach der vermittelnden Handlungslehre als Grundlage des vermittelnden Begriffs von der strafbaren Handlung (§ 2 RN 114)

I. Tatbestandsmäßigkeit
II. Rechtswidrigkeit
III. *Schuldhaftigkeit* (normativ)
   - Schuld*fähigkeit* (§§ 19–21)
   - Vorsatz bzw. Fahrlässigkeit als Schuld(haftigkeits)*formen*
   - bes. personale Merkmale (Gesinnungsmerkmale)/schuldbegründend
   - (potenzielles) Unrechtsbewusstsein[20]
   - Fehlen von *Entschuldigungsgründen*

e) Modifikationen des Schuld(haftigkeits)begriffs der h.M. durch funktionale Elemente

26 Im Sinne einer funktionalen Betrachtungsweise werden die Elemente der Schuldhaftigkeit der Handlung in der Weise modifiziert, dass Schuldhaftigkeit nur dann vorliegen soll, wenn dies mit den Strafzwecken vereinbar ist.

27 Nach *Roxin* verlangt strafrechtliche *Verantwortlichkeit* mehr als nur die Schuldhaftigkeit der Handlung. Zur Schuldhaftigkeit müsse die *präventive Notwendigkeit* der Strafe hinzutreten.[21] Diese fehle z. B. beim entschuldigenden Notstand (§ 35) sowie bei sonstigen Entschuldigungsgründen. Sie fehle aber auch bei den Schuldausschließungsgründen wie etwa bei der Schuldunfähigkeit (§ 20) oder beim unvermeidbaren Verbotsirrtum (§ 17), wenn man zu einer quantitativen Abschichtung der Einsichtsfähigkeit oder der Unvermeidbarkeit bereit ist.[22]

28 Das Hinzufügen der präventiven Notwendigkeit ermöglicht es *Roxin*, die Straflosigkeit infolge entschuldigenden Notstandes oder Verbotsirrtums zu begründen,

---

[19] Näher oben § 4 RN 111 ff.; vgl. auch *Lenckner/Eisele* in: Schönke/Schröder RN 122 vor § 13; *Hake* 1994, S. 118 ff.; grundlegend zu den Gesinnungsmerkmalen *Schmidhäuser* 1958.

[20] Näher zum Unrechtsbewusstsein unten § 13 RN 76 ff. Da auch der im *vermeidbaren* Verbotsirrtum nach § 17 S. 2 handelnde Täter als vorsätzlich-schuldhaft Handelnder klassifiziert wird, genügt für die Begründung der Schuldhaftigkeit ein potenzielles Unrechtsbewusstsein, vgl. *Wessels/Beulke/Satzger* AT RN 429.

[21] *Roxin* AT 1 § 19/3 ff.; *Roxin* FS Kaiser, S. 885 ff., S. 889 ff.; *Roxin* GA 2011, S. 684 ff.

[22] Vgl. *Roxin* AT 1 § 19/5, 57, § 21/40 ff.; vgl. auch *Roxin* FS für Arthur Kaufmann, S. 519 ff.

auch wenn in diesen Fällen die Schuld nur vermindert und nicht restlos beseitigt ist: Der Gesetzgeber hält eine Bestrafung in Fällen dieser Art für *nicht erforderlich.*

Fraglich ist jedoch, ob die präventive Notwendigkeit ein *Element* der Schuldhaftigkeit ist. Es hat eher den Anschein, dass sie als Element der *Strafbedürftigkeit* zur Schuldhaftigkeit hinzutritt, ohne selbst Teil der Schuldhaftigkeit zu sein:[23] 29

- Strafrechtliche Verantwortlichkeit = 30
  Schuldhaftigkeit der Handlung + präventive Notwendigkeit der Strafe

Bildet die präventive Notwendigkeit der Strafe bei *Roxin* eine *zusätzliche* Bestrafungsvoraussetzung neben der Schuldhaftigkeit der Handlung, so findet bei *Jakobs* eine *Modifizierung* der Schuldhaftigkeit durch *generalpräventive Gesichtspunkte,* durch „Einübung in Rechtstreue“,[24] statt. Das generalpräventive Erfordernis der Einübung in Rechtstreue ist das Ergebnis der Bewertung der tatbestandsmäßigen und rechtswidrigen Handlung: Einübung in Rechtstreue ist nicht erforderlich, wenn dem Täter die Schuldfähigkeit fehlt und der gesellschaftliche Frieden durch Einweisung in eine Heilanstalt wiederhergestellt werden kann. Sie ist auch dann nicht erforderlich, wenn der Täter weder vorsätzlich noch fahrlässig gehandelt hat oder wenn ein Entschuldigungsgrund gegeben ist. 31

Das Erfordernis der Einübung in Rechtstreue ist dann nur eine andere Bezeichnung für die *Eigenschaft* der vorsätzlichen und rechtswidrigen Handlung als *schuldhaft.* Es drückt die Skepsis gegenüber der Auffassung aus, „Schuld“ empirisch feststellen zu können. Die Einübung in Rechtstreue verselbständigte sich jedoch, wenn der schuldunfähige Täter im Interesse der Einübung in Rechtstreue deshalb für „schuldig“ erklärt würde, weil er nicht behandlungsfähig ist und der gesellschaftliche Frieden nur durch eine „Bestrafung“ erhalten werden kann.[25] 32

f) Die Schuldhaftigkeit als Element des Begriffs von der strafbaren Handlung

Aus den heute anerkannten Elementen der Schuldhaftigkeit lässt sich zweierlei ablesen: 33

Zum einen wird erkennbar, dass die Schuldhaftigkeit der tatbestandsmäßigen und rechtswidrigen Handlung die *Regel* darstellt. Die Elemente der Schuldhaftigkeit sind somit grundsätzlich als vorliegend anzunehmen. Der Begründung bedarf folglich der Ausnahmefall ihres Fehlens. In der Fallprüfung wirkt sich dies so aus, dass auf die Elemente der Schuldhaftigkeit der Handlung nur eingegangen wird, wenn Anlass zur Annahme besteht, dass ein Element fehlt bzw. Entschuldigungs- oder Schuldausschließungsgründe vorliegen. 34

Zum anderen zeigen die Elemente der Schuldhaftigkeit, dass mit der Schuldhaftigkeit als *Eigenschaft* der strafbaren Handlung eine materielle, quantifizierbare Größe korrespondieren muss, wie dies auch bei der *Rechtswidrigkeit* der Fall ist, 35

---

[23] Vgl. auch *Hirsch* ZStW 106 (1994), S. 757.

[24] *Jakobs* 1976, S. 10; vgl. auch *Jakobs* AT 17/1 ff.; krit. *Köhler* AT, S. 317.

[25] Vgl. *Jakobs* 1976, S. 11 f., *Jakobs* AT 17/18 ff.; krit. hierzu *Kaufmann, Arthur* Jura 1986, S. 229; *Roxin* Ehrengabe Brauneck, S. 391; *Roxin* FS Mangakis, S. 243.

mit der das *Unrecht* korrespondiert. Denn wenn z. B. beim entschuldigenden Notstand etwas vermindert wird, so kann dieses „Etwas" nicht die Schuld*haftigkeit* sein, weil eine Eigenschaft als klassifikatorische Größe entweder vorliegt oder nicht: die Schuldhaftigkeit kann nicht vermindert werden, sie kann nur entfallen. Die gesuchte Größe ist die *Schuld.*

36 Damit korrespondieren auf den Stufen des Begriffs der strafbaren Handlung folgende klassifikatorischen und quantifizierbaren Größen miteinander:[26]

37

	Eigenschaft der Handlung *strafbarkeits*bezogen	**Gehalt** *straf(zumessungs)*bezogen
1. Stufe	Tatbestandsmäßigkeit	Unwert
2. Stufe	Rechtswidrigkeit	Unrecht
3. Stufe	Schuldhaftigkeit	Schuld

3. Die Schuldhaftigkeit als Schuldhaftigkeit der Tat

38 Indem wir zwischen Schuldhaftigkeit und Schuld unterschieden haben und die Schuldhaftigkeit als Eigenschaft der tatbestandsmäßigen und rechtswidrigen Handlung erkannt haben, bezieht sich die Schuldhaftigkeit auf die jeweilige konkrete *Tat*, einschließlich der *Gesinnungsfaktoren*[27], die in der Einzeltat zum Ausdruck gekommen sind.

39 **Zu Leitfall 6.1**

In *Leitfall 6.1.* war A zum Zeitpunkt der Tötungshandlung schuldunfähig. A kann seine Tat folglich nicht als schuldhaft verwirklicht vorgeworfen werden.

40 „*Schuld*" ist hingegen das, was dem Täter als seine Tat zum Vorwurf gemacht wird.

II. Schuld als Vorwurf der tatbestandsmäßigen, rechtswidrigen und schuldhaften Verwirklichung eines Unwertes (Strafzumessungsschuld)

41 Trotz aller Unsicherheit über den Begriff der materiellen Schuld[28] (im Unterschied zur Schuldhaftigkeit der strafbaren Handlung) kann man sich ihm nähern, wenn man sich an Hand der oben nach RN 37 dargestellten Übersicht in Erinnerung ruft, wie die Schuld als Strafrechtsbegriff Bestandteil des Straftatbegriffs ist. Dann gilt aber Folgendes:

---

[26] Vgl. AnwK-*Hauck* RN 1 vor §§ 32 ff.

[27] Vgl. *Gallas* ZStW 67 (1955), 45 ff; *Jescheck/Weigend* AT § 38 II 5.

[28] Vgl. zum materiellen Schuldbegriff *Cerezo Mir* ZStW 108 (1996), 9 ff.; *Hirsch* ZStW 106 (1994), S. 746 ff.

- Weil *Unrecht* die tatbestandsmäßige und *rechtswidrige* Verwirklichung eines Unwertes darstellt und 42
- *Schuld* die *schuldhafte* Verwirklichung von Unrecht ist,
- ist Schuld die tatbestandsmäßige, rechtswidrige und schuldhafte Verwirklichung eines Unwertes

Beispiel 6.1 43

Wenn A den B vorsätzlich tötet und keine Anhaltspunkte vorliegen, welche die Rechtswidrigkeit und die Schuldhaftigkeit dieser Handlung ausschließen, dann besteht die Schuld des A darin, dass er den Unwert „Tod des B" tatbestandsmäßig, rechtswidrig und schuldhaft verwirklicht hat. Es wird ihm die Tötung des B *vorgeworfen*. A ist des Totschlags zum Nachteil des B *schuldig*.

Schuld ist somit Unwertverwirklichung, wenn diese Unwertverwirklichung tatbestandsmäßig, rechtswidrig und schuldhaft erfolgt. Man kann dieser Überlegung keine Zirkelschlüssigkeit vorwerfen. Denn ebenso wie Unrecht darauf beruht, dass eine tatbestandsmäßige Handlung *rechtswidrig* ist, beruht Schuld darauf, dass eine tatbestandsmäßige und rechtswidrige Handlung das Prädikat „*schuldhaft*" trägt. Schuld ist schuldhafte Unrechtsverwirklichung.[29] Sie ist *nicht* Vorwerf*barkeit* als Eigenschaft des Unrechts, sondern der *Vorwurf*, dessen Objekt das Unrecht ist.[30] Was dem Täter vorgeworfen wird, ist die *schuldhafte rechtswidrige Tat, z. B.* die Tötung eines Menschen. Wir werfen ihm den Leichnam vor die Füße und *beschuldigen* ihn seiner Tat. 44

Oft wird Schuld als *Vorwerfbarkeit* von etwas, als ein „Dafür-Können", also klassifikatorisch und nicht quantitativ beschrieben.[31] *Vorwerfbar* ist indessen die *Handlung*. Die *Vorwerfbarkeit* beschreibt somit gar nicht die Schuld, sondern die tatbestandsmäßige und rechtswidrige Handlung. Wer von Tatbestandsmäßigkeit, Rechtswidrigkeit und „Schuld" als den Stufen des Aufbaus der strafbaren Handlung spricht, benutzt somit nur eine ungenaue Bezeichnung für „Tatbestandsmäßigkeit, Rechtswidrigkeit und Schuldhaftigkeit".[32] 45

Als Vorwurf des schuldhaft verwirklichten *Unrechts* ist Schuld ein substantieller *quantifizierbarer* Vorwurf, dessen Maß vom Maß des verwirklichten Unrechts *abhängig* ist.[33] 46

Weil das in der Tat verwirklichte Unrecht aber auch *personales* Unrecht ist, hängt die Schuld auch von der Person des Täters ab. Dies ist insoweit unproblema- 47

---

[29] Nicht zu Unrecht spricht sich *Hörnle* JZ 1999, S. 1087 f., daher für eine Anbindung des Strafzumessungsrechts an die Verbrechenslehre aus.

[30] Vgl. auch *Lenckner/Eisele* in: Schönke/Schröder RN 114 vor § 13; Maurach/*Zipf* AT 1 § 30/2; AK-*Schild* RN 129 vor § 13: „Schuld' ist nur die Strafbarkeit als Ganzes."

[31] Vgl. *Welzel* LB, S. 140; *Wessels/Beulke/Satzger* AT RN 400 sowie die Nachweise bei *Roxin* AT 1 § 19/18.

[32] Vgl. auch *Lenckner/Eisele* in: Schönke/Schröder RN 114 vor § 13; *Roxin* AT 1 § 19/15.

[33] Vgl. auch *Puppe* FS Otto, S. 392 f.

tisch, als die Person und die Persönlichkeit des Täters in der gesetzlichen Unwertbeschreibung – etwa als Mordmerkmal – zum Ausdruck kommt. Außerhalb dieses Bereichs ist die Berücksichtigung der Täterpersönlichkeit jedoch nicht möglich, weil die Einzeltat nicht nur den Anknüpfungsgrund, sondern auch die Grenze der Bewertung der Tat als schuldhaft bildet. Man überlegt deshalb, neben der Einzeltatschuld auf eine Lebensführungsschuld oder Charakterschuld[34] bzw. eine „Dispositionsschuld"[35] zurückzugreifen.

48 Überlegungen dieser Art sind insofern berechtigt, als die quantifizierbare Schuld die „Grundlage für die Zumessung der Strafe" (§ 46 I) ist und in diesem Zusammenhang auch die „Umstände, die für und gegen den Täter sprechen", gegeneinander abzuwägen sind (§ 46 II). Dennoch dürfen diese Umstände nicht dazu führen, dass die Grenze der aus der Verwirklichung der *gesetzlich beschriebenen Tat* resultierenden Schuld und Strafe überschritten wird.[36] Sie können und müssen jedoch *innerhalb* dieser Grenze bei der Festsetzung der für den konkreten Täter *erforderlichen* Strafe berücksichtigt werden.[37]

49 Für die Strafzumessungsschuld spielt es schließlich auch eine Rolle, ob die gesetzlich geforderte Veränderung in der Außenwelt vorsätzlich oder fahrlässig herbeigeführt worden ist. Es ist deshalb der h.M. zuzustimmen, die Vorsatz und Fahrlässigkeit nicht nur als Elemente des Unrechts, sondern auch als Kriterien für die Größe des Schuldvorwurfs versteht. Der Vorwurf vorsätzlichen Handelns wird daher nach der herrschenden sog. eingeschränkten Schuldtheorie zu Recht verneint, wenn der Täter zwar vorsätzlich die objektiven Elemente der Tatbestandsmäßigkeit verwirklicht hat, dies aber in der irrigen Annahme geschehen ist, dass die tatsächlichen Voraussetzungen eines Rechtfertigungsgrundes vorliegen, wie z. B. bei Putativnotwehr (§ 13/110 ff.).

III. Willensfreiheit als Voraussetzung von Schuld?

50 Strafe setzt Schuld voraus (*nulla poena sine culpa,* Schuldprinzip), keine Strafe ohne schuldhafte Verwirklichung tatbestandsmäßigen Unrechts (§ 3 RN 85 ff.).

51 Als *Vorwurf* an den Täter, gesetzliches Unrecht schuldhaft verwirklicht zu haben, setzt Schuld als Größe innerhalb eines an Vernunft und Menschenwürde orientierten Strafrechts voraus, dass der Täter die Tat überhaupt hätte vermeiden *können*. Dies wiederum ist aber nur möglich, wenn ein Mensch überhaupt in der Lage ist, sich frei für oder gegen ein Handeln zu entscheiden, wenn von einer *Willensfreiheit* auszugehen ist.[38]

---

[34] Vgl. *Mezger* ZStW 57 (1938), S. 688 ff.; *Engisch* ZStW 61 (1942), S. 170 ff.

[35] Vgl. *Maihofer* FS Hellmuth Mayer, S. 215: objektive Schuldelemente als Gegenindikationen für bestimmte Fälle der Anormalität von „Umwelt" und „Anlage" nach dem Prinzip der Sozialschuld und Dispositionsschuld.

[36] Sog. *strafbegrenzende* Wirkung des Schuldprinzips, *Hirsch* ZStW 106 (1994), S. 748.

[37] *Otto* GK AT § 12/23.

[38] Umfassend zu Determinismus und Indeterminismus *Dreher* 1987; vgl. auch *Lenckner/Eisele* in: Schönke/Schröder RN 108 ff. vor § 13, *Mezger* AT 1949, S. 251 ff.; *Welzel* LB, S. 142 ff.

Gegen eine freie Willensentscheidung spricht – unter Hinweis auf die Hirnforschung[39] – die Auffassung des *Determinismus*, wonach alles Geschehen in der Welt durch Vorbedingungen eindeutig festgelegt ist. Auch die Entscheidung eines Menschen beruht immer auf Vorbedingungen. Selbst Spontanreaktionen sind nicht Ausdruck von Willensfreiheit, sondern das Ergebnis zwangsläufiger Stoffwechselvorgänge im Gehirn des Menschen. Die Straftat wäre danach ein naturhafter Vorgang, der menschliche Wille nicht frei, sondern Ausdruck von Zwang. Die Straftat könnte dem Täter nicht zum Vorwurf gemacht werden, weil er sein Verhalten gar nicht vermeiden kann. Dass jedes menschliche Handeln auf hirnorganischen Prozessen beruht, überrascht indessen nicht. Und ebenso wenig ist diese Erkenntnis ein Beweis dafür, dass menschliches Handeln *allein* darauf beruht.[40] 52

Deshalb vertreten Anhänger eines sog. *Indeterminismus* die Ansicht, dass Kausalvorgänge die Natur betreffen, die Willensfreiheit hingegen ein Ausdruck menschlichen Gestaltens ist, welches der Natur entzogen ist. Ob dies eine überzeugende Argumentation darstellt, mag ebenfalls bezweifelt werden. Denn sie widerlegt nicht, dass auch Spontaneität, Kreativität und Persönlichkeit naturgesetzlich erklärbar sind. 53

Burkhardt[41] versucht deshalb, Willensfreiheit – gestützt auf *Haddenbrock*[42] – subjektiv-prospektiv mit dem *Bewusstsein* des Anderskönnens zu begründen: Wir sind frei, weil wir in dem Bewusstsein leben, in der jeweils konkreten Situation auch anders handeln zu können. Nach *Schild*[43] hat Freiheit immer mit Verantwortung vor sich selbst (seinem Gewissen) oder vor den anderen, mit denen man in Rechtsverhältnissen lebt, zu tun. Indeterminismus und Determinismus stellen als abstrakte Theorien jeweils ein Moment der wirklichen, endlichen, sich selbstbestimmenden Freiheit als Praxis einseitig heraus. Sie theoretisieren und verfehlen daher die immer vorausgesetzte Einheit der Freiheit als Praxis. *Tiemeyer*[44] kommt zu dem Ergebnis, dass das strafrechtliche Normengefüge eine Systematik aufweise, die es vom Indeterminismus unabhängig mache. 54

Überwiegend geht man heute davon aus, dass eine Entscheidung zwischen den abstrakten Theorien des Determinismus und des Indeterminismus nicht getroffen werden kann und auch nicht getroffen werden muss, zumal keine der beiden Auffassungen inhaltlich beweisbar ist.[45] Stattdessen eliminiert man die Freiheitsfrage 55

[39] Vgl. *Libet* 2004, S. 268 ff., dazu *Schnabel* Die Zeit Nr. 17 2008, S. 37 ff.; kritisch zu Methodik und Validität der Untersuchung Libets *Kröber* in Kröber u. a. (Hrsg.) 2007, S. 179; *Roth* Forschung und Lehre 2004, S. 132 f.; *Roth* FS Lampe, S. 43 ff.; *Singer* 2003; *Soon* et alt. 2008, S. 545; krit. zur Verneinung der Willensfreiheit *Rath*, Zeitschrift für Rechtsphilosophie 2004, S. 164 ff.

[40] Vgl. auch *Schreiber/Rosenau* in Foerster/Dreßing, S. 81 rechts.

[41] FS Lenckner, S. 6, 24 sowie in *Eser/Burkardt* StK I Nr. 14 A 25 f., 31; vgl. auch *Hirsch* ZStW 106 (1994), S. 763.

[42] *Haddenbrock* 1972, S. 886 ff./105 ff., S. 116, S. 244 ff.; *Haddenbrock* GA 2003, S. 529.

[43] AK Vorbemerkungen zu §§ 20, 21 RN 68 ff.

[44] ZStW 105 (1993), S. 519 ff.; vgl. auch *Griffel* GA 1996, S. 457 ff.; *Haddenbrock* NStZ 1995, S. 581; *Krümpelmann* GA 1983, S. 337 ff.

[45] Vgl. auch *Lenckner/Eisele* in: Schönke/Schröder RN 110 vor § 13; *Naucke* 1998, § 7/32 ff.; *Weißer* GA 2013, 26 ff.

aus den Überlegungen, indem man das Schuldhaftigkeitsurteil als Vorwurf zu begründen sucht, ohne auf den Nachweis der Willensfreiheit angewiesen zu sein.[46] Die Lösung liegt darin, dass man nicht mehr auf Freiheit als absolute Größe abstellt, sondern sich strafzweckorientiert mit einer *vergleichend* feststellbaren und beweisbaren *Beeinflussbarkeit*[47] durch Normen begnügt und auf die bisher zumindest *nicht vollständige Erklärbarkeit von Kriminalität* verweist, was auch als eine Folge menschlicher Entscheidungsfreiheit gedeutet werden könnte.[48] Es genügt somit die Möglichkeit einer *Überdetermination*,[49] „eine von Freiheitsbewusstsein umfasste Handlungsfreiheit oder Steuerungsfähigkeit",[50] die nicht als Freiheit *von* äußeren Einflüssen, wohl aber als Freiheit *zu* eigener Mitgestaltung der Zukunft aufzufassen ist.[51]

56 **Beispiel 6.2**

Wenn durch entsprechende Schilder die Höchstgeschwindigkeit in einer Straße von 50 auf 30 km/h reduziert wird, lässt sich durch Geschwindigkeitsmessungen feststellen, dass ein gewisser Anteil der Kraftfahrer die Geschwindigkeit in der Tat reduziert. Sekundär ist es nun, ob diese Kraftfahrer freiwillig oder unfreiwillig ihre Geschwindigkeit reduzieren, ob sie unter einem Zwang handeln oder nicht. Entscheidend bleibt, dass man durch die Geschwindigkeitsbegrenzung das Verhalten der Kraftfahrzeugführer beeinflussen kann.

57 Wenn man somit von einer Beeinflussbarkeit ausgehen kann, dann kann man dem tatbestandsmäßig und rechtswidrig Handelnden, bei dem sonstige, die Schuldhaftigkeit einschränkende Gesichtspunkte nicht vorliegen, in der Tat vorwerfen, dass er sein Handeln nicht durch die strafrechtlich verstärkte Verhaltensnorm hat beeinflussen lassen, obwohl ihm dies möglich gewesen wäre. *Schreiber/Rosenau*[52] sprechen deshalb von einem „pragmatischen" Schuldbegriff, der auf die normale, vorausgesetzte Bestimmbarkeit durch soziale Normen abstellt.

46 Vgl. *Donna* ZStW 123 (2011), S. 387 ff.; *Herzberg* ZStW 124 (2012), 12 ff.; *Lüderssen* 2003, S. 33; MK-*Streng* § 20 RN 53; *Lüderssen* FS-Jakobs, S. 680 ff.

47 Vgl. *Hillenkamp* in Gestrich/Wabel 2005, S. 71 ff.; *Lampe* ZStW 118 (2006), S. 42; *Roxin* FS *Kaufmann, Arthur* , S. 519 ff.; *Schöch* in Kröber u. a. (Hrsg.) 2007, S. 94 ff.; *Schreiber/Rosenau* in Foerster/Dreßing (Hrsg.) 2009, S. 81, 83; zur Diskussion in Japan *Ida* 1991, S. 151 f.

48 So *Dölling* in Lampe u. a. 2008, S. 390.

49 *Kaufmann, Arthur* Jura 1986, S. 226.

50 *Streng* FS Jakobs, S. 687.

51 Vgl. auch *Müller-Dietz* GA 2006, S. 341 ff; *Jäger* GA 2013, 7 ff. unter Hinweis auf die „psychisch vermittelte Kausalität".

52 *Schreiber/Rosenau* in Foerster/Dreßing (Hrsg.) 2009, S. 84.

B. Schuldausschließungs- und -minderungsgründe

Um schuldhaft zu handeln, dürfen keine Schuldausschließungsgründe eingreifen. *Schuldausschließungsgründe* sind vom Gesetzgeber *abschließend* (numerus clausus) festgelegte Sachverhalte, bei deren Vorliegen zugunsten des Täters *Nachsicht* geübt werden und die tatbestandsmäßige und rechtswidrige Handlung deshalb von vornherein nicht schuldhaft sein soll (§§ 17 S. 1, 20). Bei den Schuld*minderungsgründen* ist die Handlung zwar schuldhaft, der Schuldvorwurf an den Täter jedoch gemindert (§§ 17 S. 2, 21). **58**

Der numerus clausus der Schuldausschließungs- und -minderungsgründe hat seinen Grund darin, dass die *gesetzliche* Anerkennung der Fälle, in denen dem Täter sein rechtswidriges Handeln dennoch nicht oder nur eingeschränkt zum Vorwurf gemacht werden soll, das Ergebnis eines in Gesetzesform gegossenen *gesellschaftlichen Konsenses* bildet. Die Erweiterung oder Einschränkung ist ohne jene förmliche Konsensbildung nicht möglich, weil sich ein natürlicher Konsens in Fragen des Übens von Nachsicht erfahrungsgemäß nicht ergibt. **59**

I. Schuldunfähigkeit und verminderte Schuldfähigkeit (§§ 19, 20, 21; § 1 II JGG)

Das Strafgesetz geht von der Schuldfähigkeit des Menschen *als Regel* aus und beschränkt sich auf die Beschreibung von Sachverhalten in den §§ 20 und 21, bei deren Vorliegen die Schuldfähigkeit ausnahmsweise nicht gegeben ist. Dementsprechend wird bei gegebenem Anlass nur geprüft, ob die Schuldhaftigkeit der Tatbegehung im konkreten Fall entsprechend den gesetzlichen Vorgaben *ausnahmsweise verneint* werden muss.[53] Dies kann darauf beruhen, dass der *individuelle Täter* unfähig ist, das Unrecht der Tat einzusehen (*Einsichtsfähigkeit*) oder nach dieser Einsicht zu handeln (*Steuerungsfähigkeit* als Fähigkeit, seinen Willen unter Aufbietung aller Widerstandskräfte durch vernünftige Erwägungen zu bestimmen) (s. u. RN 86 ff.). Die Ausnahme kann ihre Grundlage aber auch darin haben, dass das Gesetz bei bestimmten Personengruppen *generell* von einer Schuldunfähigkeit ausgeht (s. u. 1). **60**

1. Altersabhängige Schuld(un)fähigkeitsstufen

Nach § 19 sind *Kinder*, d. h. Personen, die bei Begehung der Tat noch nicht 14 Jahre alt sind, schuldunfähig.[54] Ausschlaggebend ist allein das Alter. **61**

Jugendliche, d. h. Personen, die z. Z. der Tat 14, aber noch nicht 18 Jahre alt sind (vgl. § 1 II JGG) sind gemäß § 3 S. 1 JGG nur dann strafrechtlich verantwortlich, wenn sie z. Z. der Tat nach ihrer „sittlichen und geistigen Entwicklung" reif genug sind, das Unrecht der Tat einzusehen und nach dieser Einsicht zu handeln. § 3 S. 1 JGG ist so formuliert, dass die Schuldfähigkeit eines Jugendlichen an Hand der gesetzlichen Kriterien (sittliche und geistige Entwicklung, Charakter der begange- **62**

[53] *Hirsch* ZStW 106 (1994), S. 750 ff; *Schreiber/Rosenau* in Foerster/Dreßing (Hrsg.) 2009, S. 79.

[54] Zum Hintergrund dieser Altersgrenze *Wolfslast* FS Bemmann, S. 274 ff.

nen Straftat) *positiv* festgestellt werden muss.[55] Ist jene Feststellung nicht möglich, muss von Schuldunfähigkeit ausgegangen werden. Man spricht insoweit von einer *bedingten Schuldfähigkeit* Jugendlicher.

63 Personen, die z. Z. der Tat 18, aber noch nicht 21 Jahre alt sind (*Heranwachsende*, vgl. § 1 II JGG) sind *schuldfähig* wie Erwachsene. Zwar kann auf sie nach den §§ 105, 106 JGG Jugendstrafrecht angewandt bzw. die Rechtsfolgen nach allgemeinem Strafrecht gemildert werden, ihre Schuldfähigkeit bleibt von diesen Vorschriften jedoch unberührt.

2. §§ 20, 21, psychisch bedingte Schuldunfähigkeit und verminderte Schuldfähigkeit[56]

64 **§ 20 Schuldunfähigkeit wegen seelischer Störungen**

> Ohne Schuld handelt, wer bei Begehung der Tat wegen einer krankhaften seelischen Störung, wegen einer tiefgreifenden Bewusstseinsstörung oder wegen Schwachsinns oder einer schweren anderen seelischen Abartigkeit unfähig ist, das Unrecht der Tat einzusehen oder nach dieser Einsicht zu handeln.

65 **§ 21 Verminderte Schuldfähigkeit**

> Ist die Fähigkeit des Täters, das Unrecht der Tat einzusehen oder nach dieser Einsicht zu handeln, aus einem der in § 20 bezeichneten Gründe bei der Begehung der Tat erheblich vermindert, so kann die Strafe nach § 49 Abs. 1 gemildert werden.

66 In den §§ 20 und 21, den Bestimmungen zur Schuldunfähigkeit und zur verminderten Schuldfähigkeit, bedient sich der Gesetzgeber einer *zweistufigen Methode*. Auf der *ersten* Stufe werden *vier psychische Befunde* („die in § 20 bezeichneten Gründe") genannt, die sich – einzeln oder zu mehreren[57] – auf die *zweite Stufe*, die *Fähigkeit* des Täters zur *Einsicht* und *Steuerung*, auswirken müssen.

67 Die vier psychischen Befunde der ersten Stufe sind:

1. krankhafte seelische Störungen
2. tiefgreifende Bewusstseinsstörungen
3. organisch befundlose Oligophrenien (Gesetzeswortlaut: „Schwachsinn")
4. nichtkrankhafte schwere seelische Störungen (Gesetzeswortlaut: „andere schwere seelische Abartigkeit").

---

[55] Vgl. *Schreiber/Rosenau* in Foerster/Dreßing (Hrsg.) 2009, S. 105.

[56] Die folgende Darstellung stützt sich im Wesentlichen auf die Darstellungen von *Müller* in Nedopil/J. L. Müller 2012, S. 37 ff., *Schöch* und *Kröber* in Kröber/Dölling/Leygraf/Sass, S. 92 ff., S. 159 ff. sowie *Schreiber/Rosenau* in Foerster/Dreßing (Hrsg.) 2009, S. 77 ff. Herrn Prof. Dr. med. *Wolfgang Maier*, Präsident der Deutschen Gesellschaft für Psychiatrie und Psychotherapie, Psychosomatik und Nervenheilkunde (DGPPN), Berlin, danke ich für wertvolle Literaturhinweise sowie Herrn stud. iur. *Jan-Paul Mosch* für die Herstellung der Gesprächsverbindung nach Berlin.

[57] Vgl. *Schreiber/Rosenau* in Foerster/Dreßing (Hrsg.) 2009, S. 85.

Um einen Dammbruch von Freisprüchen wegen Schuldunfähigkeit zu vermeiden, hatte man im Rahmen der Strafrechtsreform zunächst vorgesehen, dass die nicht krankhaften seelischen Störungen nur zu einer verminderten Schuldfähigkeit nach § 21 sollten führen können (sog. „differenzierende Lösung“).[58] Im Hinblick auf Grenzfälle, in denen aus psychiatrischer Sicht aber auch bei *nicht krankhaften seelischen Störungen* Schuldunfähigkeit gegeben sein kann, beließ man die Fallgruppe letztlich doch in § 20. Dadurch sind die vier psychischen Befunde in den §§ 20 und 21 identisch (sog. „Einheitslösung“). 68

Die Prüfung der psychischen Befunde der ersten Stufe ist eine „genuin psychiatrische Aufgabe“.[59] Wird ein Befund bejaht, „ist gutachterlich in einem zweiten Schritt zu prüfen, ob eine relevante Kausalbeziehung zwischen der Störung und der konkret vorgeworfenen Tat besteht.“[60] Dies ist der Fall, wenn die Störung zu einer Aufhebung oder zumindest erheblichen Beeinträchtigung der Einsichts- oder der Steuerungsfähigkeit geführt hat. Im Zentrum der praktischen Begutachtung steht dabei in der Regel die Steuerungsfähigkeit.[61] 69

Von ihrem Anteil her spielen die Aburteilungen bei Schuldunfähigkeit zwar nur eine geringe Rolle,[62] bei 960.225 Abgeurteilten im Jahr 2012 waren es aber immerhin 792 Personen, bei denen Schuldunfähigkeit angenommen wurde.[63] Größer ist die Zahl der Fälle verminderter Schuldfähigkeit mit 18 826 vermindert schuldfähig Verurteilten.[64] Bedenkt man, dass auch bei einer Bejahung einer fraglichen Schuldfähigkeit in der Regel eine psychiatrische Begutachtung erforderlich sein wird, so wird deutlich, dass die §§ 20, 21 StGB die Psychiatrie vor eine gewaltige Aufgabe stellen. 70

a) Die vier psychischen Befunde

aa) Krankhafte seelische Störung[65]

Unter einer „Störung“ werden erworbene oder angeborene, vorübergehende oder dauernde Abweichungen von einem Normalzustand verstanden.[66] 71

Eine *seelische* Störung liegt vor, wenn das *intellektuelle Vermögen* oder das *emotionale Befinden* (Willens-, Gefühls- und Triebleben) des Täters betroffen ist.[67] 72

Krankhaft ist die seelische Störung nicht schon bei einer pathologischen Abweichung vom Normalzustand. Mit Rücksicht auf die Gesetzgebungsgeschichte[68] 73

[58] Vgl. *Schreiber/Rosenau* in Foerster/Dreßing (Hrsg.) 2009, S. 86 mwN.

[59] *Kröber* in Kröber u. a. (Hrsg.) 2007, S. 184.

[60] *Kröber* in Kröber u. a. (Hrsg.) 2007, S. 184.

[61] Vgl. *Kröber* in Kröber u. a. (Hrsg.) 2007, S. 184.

[62] Vgl. *Nedopil/Müller* 2012, S. 38.

[63] Vgl. Statistisches Bundesamt Fachserie 10, Reihe 3, 2012, S. 16, 337.

[64] Vgl. Statistisches Bundesamt Fachserie 10, Reihe 3, 2012, S. 337; *Nedopil/Müller* 2012, S. 42; umfassend *Schöch* in Kröber u. a. (Hrsg.) 2007, S. 103 ff.

[65] Näher hierzu *Schreiber/Rosenau* in Foerster/Dreßing (Hrsg.) 2009, S. 85.

[66] Vgl. *Schreiber/Rosenau* in Foerster/Dreßing (Hrsg.) 2009, S. 85 mwN.

[67] Vgl. *Lackner/Kühl* § 20 RN 3; *Schreiber/Rosenau* in Foerster/Dreßing (Hrsg.) 2009, S. 85 mwN.

[68] Näher *Schild* 2009, S. 23 ff., 32 ff.; insbesondere auch zu Rolle des sog. psychiatrischen Krankheitsbegriffs, entwickelt durch den Psychiater Kurt Schneider.

wird vielmehr ein *körperlicher* (somatischer) Krankheitsbegriff zu Grunde gelegt (sog. „psychiatrischer Krankheitsbegriff"). Der Anwendungsbereich der krankhaften seelischen Störung ist dadurch stark eingeschränkt auf *organisch* bedingte oder zumindest als *organisch bedingt postulierbare* psychische Befunde. Durch ihre organische Bedingtheit erscheinen sie der Verantwortung des Täters entzogen und damit schicksalhaft. Daher ist ihre Bejahung – im Unterschied zu den nicht krankhaften seelischen Störungen – für die Frage der Schuldunfähigkeit auch im Hinblick auf die zweite Stufe (unten b) praktisch schon (vor)entscheidend.

74 Unter die Störungen mit einer hirnorganischen Ursache fallen *exogene* („von außen kommende") Psychosen nach Hirnverletzungen, Intoxikations- und Infektionspsychosen, Epilepsie, Stoffwechseldefekte, Psychosen auf Grund von Hirntumoren und hirnorganisch bedingter Persönlichkeitsabbau. Auch toxisch oder traumatisch bedingte Durchgangssyndrome wie Rauschzustände auf Grund von Alkohol- oder Drogenkonsum können als Vergiftungen krankhafte seelische Störungen sein.[69] Anlass zur Prüfung insoweit wird ab einer BAK von 2 ‰ angenommen mit einer möglichen Steuerungsunfähigkeit ab 3 ‰.[70] Jedoch besteht seit der Entscheidung BGHSt 43, 66 ff.[71] Einigkeit darüber, dass es keinen Erfahrungssatz gibt, nach dem ab einem bestimmten Grenzwert der Blutalkoholkonzentration eine alkoholbedingt erheblich verminderte Schuldfähigkeit vorliegt. Vielmehr bedarf es einer Gesamtwürdigung von Tatablauf und Tatumständen unter Berücksichtigung psychodiagnostischer Kriterien.[72]

75 Zumindest *postulierbar*[73] *organisch bedingt* gelten *endogene* („von innen kommende") *Psychosen,* insbesondere *Schizophrenie* (Bewusstseinsspaltung) und *affektive* Störungen (früher so genannte Zyklothymie = manisch-depressives Irresein).[74] Auch sie werden den krankhaften seelischen Störungen zugerechnet, weil sie sich in gleicher Weise wie die exogenen Psychosen auf die *Fähigkeit* des Täters zur *Einsicht* und *Steuerung* auswirken.

76 Die an der zumindest postulierbaren Körperlichkeit orientierte Abschichtung zwischen krankhaften und nicht krankhaften seelischen Störungen wird zu Recht kritisiert, weil auch nicht körperlich begründete oder postulierbare psychische Störungen die Bestimmbarkeit des Täters durch soziale Normen, d. h. seine Schuldfähigkeit, beeinträchtigen bzw. ausschließen können,[75] was für einen einheitlichen Krankheitsbegriff spricht. Ein solcher wird jedoch – wie von *Schreiber/Rosenau* zutreffend formuliert – durch den „Wortlaut des Gesetzes blockiert".[76] Es sollte

---

[69] Vgl. *Lackner/Kühl* § 20 RN 4; *Fischer* § 20 RN 11; *Nedopil/Müller* 2012, S. 40; bis zur Entscheidung BGH 1 StR 511/95 v. 29.4.1997 BGHSt 43, 66 bestand eine Tendenz der Praxis, den Alkoholrausch bzw. die Alkohol-Intoxikationspsychose in die tiefgreifende Bewusstseinsstörung einzuordnen.

[70] Vgl. *Schreiber/Rosenau* in Foerster/Dreßing (Hrsg.) 2009, S. 89 links mwN.

[71] BGH 1 StR 511/95 v. 29.4.1997 BGHSt 43, 66 ff.

[72] Näher *Schreiber/Rosenau* in Foerster/Dreßing (Hrsg.) 2009, S. 89 rechts mwN.

[73] Umfassend und krit. zum „somatischen" Ansatz AK-*Schild* § 20 RN 4, zu den Psychosen RN 111 ff; *Schild* 2009, S. 23 ff.

[74] Vgl. *Nedopil/Müller* 2012, S. 40; *Schöch* in Kröber u. a. (Hrsg.) 2007, S. 109 f.; *Schreiber/Rosenau* in Foerster/Dreßing (Hrsg.) 2009, S. 88 rechts mwN.

[75] Vgl. *Schreiber/Rosenau* in Foerster/Dreßing (Hrsg.) 2009, S. 87.

[76] *Schreiber/Rosenau* in Foerster/Dreßing (Hrsg.) 2009, S. 87.

auch zu denken geben, dass in der psychiatrischen Praxis nicht mehr der Begriff der „Krankheit“, sondern die „Störung“ den Grundbegriff bildet.[77]

bb) Tiefgreifende Bewusstseinsstörungen[78]

Da die *krankhaften* seelischen Störungen bereits der ersten Fallgruppe zugeordnet werden, hat die tiefgreifende Bewusstseinsstörung nur bei *nichtkrankhaften* Zuständen Bedeutung, d. h. Bewusstseinsveränderungen, die nicht auf nachweisbaren oder postulierbaren organischen Defekten beruhen. 77

Eine *Bewusstseinsstörung* ist die Beeinträchtigung der Fähigkeit zur Vergegenwärtigung des intellektuellen und emotionellen Erlebens,[79] ohne dass das Bewusstsein völlig fehlen darf. *Tiefgreifend* ist die Störung dann, wenn sie einen solchen Grad erreicht hat, dass das seelische Gefüge des Täters zerstört bzw. erheblich erschüttert ist[80] und die Fähigkeit des Täters zu sinnvollem, normgemäßem Handeln wie bei einer Psychose in Frage gestellt ist.[81] Damit sollte eine Vergleichbarkeit mit der krankhaften seelischen Störung erreicht werden.[82] Die praktische Bedeutung der tiefgreifenden Bewusstseinsstörung liegt in den psychischen Beeinträchtigungen, die beim gesunden Menschen in extremen Belastungs- und Bedrängnissituationen auftreten.[83] 78

Tiefgreifende Bewusstseinsstörungen sind in der Regel „Folgen von massiven affektiven Belastungen, wie Angst und Zorn, oder auch von Gefühlsabstumpfung“,[84] wobei die Einzelheiten umstritten sind.[85] Diskutiert wird auch, ob das vorwerfbare Nichtvermeiden des Affekts eine Exkulpation ausschließt.[86] Dem steht jedoch der Wortlaut „bei Begehung der Tat“ entgegen. Allenfalls im Rahmen der actio libera in causa (dazu unten RN 99 ff.) wird man eine Exkulpation ablehnen können. 79

---

[77] Näher *Schreiber/Rosenau* in Foerster/Dreßing (Hrsg.) 2009, S. 87 und f. mwN. auch zum ICD-10 = 10th Revision of the International Classification of Diseases als Ausgangspunkt für die als Grundlage der ersten psychischen Stufe der §§ 20, 21 dienenden Diagnose.

[78] Näher hierzu *Schöch* in Kröber u. a. (Hrsg.) 2007, S. 115 ff.

[79] Vgl. *Nedopil/Müller* 2012, S. 40; LK-*Schöch* § 20 RN 61.

[80] Vgl. BT-Drs. V/4095, 11 sowie BGH 3 StR 500/82 NStZ 1983, 280; 3 StR 370/89 NStZ 1990, 231.

[81] So *Lenckner* 1972, S. 117.

[82] Vgl. *Schreiber/Rosenau* in Foerster/Dreßing (Hrsg.) 2009, S. 90; die Rechtsprechung verlangt insoweit eine Störung „mit Krankheitswert“ als Maßbegriff, zur Ungeeignetheit dieses Merkmals jedoch mit guten Gründen *Schreiber/Rosenau* aaO.

[83] Vgl. *Nedopil/Müller* 2012, S. 40.

[84] *Nedopil/Müller* 2012, S. 40.

[85] Näheres bei *Schreiber/Rosenau* in Foerster/Dreßing (Hrsg.) 2009, S. 90 f.; zur Problematik der forensischen Begutachtung von Affektstraftaten *Endres* JZ 1998, S. 674 ff.; zum Affekt aus rechtsphilosophischer Sicht *Köhler*, in: Klesczewski (Hrsg.), S. 9 ff.

[86] Näher hierzu *Lackner/Kühl* § 20 RN. 7; *Theune* NStZ 1999, S. 273 ff.

cc) Organisch befundlose Oligophrenien (Gesetzeswortlaut: „Schwachsinn")

80 Bei der Oligophrenie handelt es sich um eine angeborene oder auf seelischer Fehlentwicklung beruhende Intelligenzschwäche. Graduell werden traditionell Idiotie (geistige Entwicklung eines Kindes im 6. Lebensjahr wird nicht erreicht), Imbezillität (Geisteszustand eines Kindes zu Beginn der Pubertät) und Debilität (Geisteszustand eines Menschen beim Abschluss der Pubertät) unterschieden. Vorzugswürdig erscheint hingegen eine Abschichtung nach der Entwicklungsfähigkeit: Schwerstgeschädigte Pflegefälle – Trainierbare – Bildungsfähige – Grenzfälle.[87]

81 Die organisch befundlosen Oligophrenien (Gesetzeswortlaut: „*Schwachsinn*") sind eine Form der nichtkrankhaften schweren seelische Störungen (Gesetzeswortlaut: „andere schwere seelische Abartigkeit"), s. u. RN 82 ff. Durch die Einheitslösung, nach der auch die nichtkrankhaften seelischen Störungen in die Gruppe der psychischen Störungen in § 20 aufgenommen worden sind, wäre eine gesonderte Nennung der organisch befundlosen Oligophrenien in § 20 nicht erforderlich gewesen. Jedoch lässt sich die Nennung mit der deutlichen Abgrenzbarkeit und der Bedeutung für die forensische Praxis rechtfertigen.[88]

dd) Nichtkrankhafte schwere seelische Störungen (Gesetzeswortlaut: „andere schwere seelische Abartigkeit"[89])

82 Unter dem „Sammelbegriff"[90] der nichtkrankhaften schweren seelischen Störungen[91] werden alle Störungen erfasst, die nicht den ersten zwei psychischen Befunden zugeordnet werden können.[92] Es handelt sich um psychische Auffälligkeiten, die „nicht wie eine Krankheitsepisode eine Persönlichkeit vorübergehend befallen, sondern das Verhalten eines Individuums ständig oder über längere Zeiträume bestimmen, auch wenn dieses Verhalten nicht unabhängig von zusätzlichen Umständen ist".[93] Die Störung muss ein solches Gewicht haben, dass sie den Täter im Kern seiner Persönlichkeit beeinträchtigt und damit seine Fähigkeit zu sinnvollem Handeln völlig oder in gewissen Beziehungen zerstört.[94] Zu den nichtkrankhaften Persönlichkeitsstörungen zählen insbesondere *Psychopathien*, *Neurosen* und *Triebstörungen.*[95]

---

[87] Näher *Schreiber/Rosenau* in Foerster/Dreßing (Hrsg.) 2009, S. 92 mwN.

[88] Vgl. *Wolfslast* JA 1981, S. 467 sowie *Schreiber/Rosenau* in Foerster/Dreßing (Hrsg.) 2009, S. 93.

[89] Ein Ausdruck, dessen Verwendung auch als Fachterminus unerträglich sein sollte; vgl. auch *Jakobs* AT 18/19 mit FN 47; Nedopil/Müller 2012, S. 39.

[90] *Nedopil/Müller* 2012, S. 41.

[91] Zur Terminologie vgl. *Schreiber/Rosenau* in Foerster/Dreßing (Hrsg.) 2009, S. 93.; vgl. auch BGH 5 StR 605/97 vom 19.2.1998, NStZ–RR 1998, 194/196.

[92] *Nedopil/Müller* 2012, S. 41.

[93] *Schreiber/Rosenau* in Foerster/Dreßing (Hrsg.) 2009, S. 93 unter Hinweis auf *Rasch/Konrad* 2004.

[94] Vgl. BGH 4 StR 153/97 StV 1997, S. 628 f.

[95] So die Terminologie nach *Schreiber/Rosenau* in Foerster/Dreßing (Hrsg.) 2009, S. 93 f.; *Nedopil/Müller* 2012 sprechen von Persönlichkeitsstörungen, neurotischen Entwicklungen und sexuellen Verhaltensabweichungen; für eine breiter gefächerte Differenzierung *Schöch* in Kröber u. a. (Hrsg.) 2007, S. 121 ff.

Unter *Psychopathien* werden Persönlichkeitsabweichungen verstanden, „die sich im Charakter, Willens- und Gefühlsleben zeigen, an deren Abnormität der Betroffene selbst und die Gesellschaft leiden".[96] Die Defizite des Psychopathen liegen im Bereich der sittlichen und sozialen Persönlichkeit.[97] Ob eine nichtkrankhafte Persönlichkeitsstörung vorliegt, hängt davon ab, ob die Schwere der Störung und ihr Einfluss auf das Handlungsgefüge des Täters[98] in ihrem Gewicht den krankhaften seelischen Störungen entspricht und in ihrer Gesamtheit das Leben des Täters vergleichbar schwer und mit ähnlichen – auch sozialen – Folgen stört, belastet oder einengt.[99] **83**

Bei *Neurosen* handelt es sich um psychische „Störungen bei geistesgesunden, weitgehend normalen Personen, die unter besonderen äußeren Bedingungen ausnahmsweise und vorübergehend zu einem abnormen Verhalten kommen."[100] Genannt werden z. B. paranoische und querulatorische Entwicklungen, depressive Reaktionen und neurotische Depressionen.[101] Wie bei den Psychopathien hängt auch bei den Neurosen die Einordnung als nichtkrankhafte Persönlichkeitsstörung von der Schwere der Störung und ihrem Einfluss auf das Handlungsgefüge des Täters ab. **84**

Triebstörungen sind dann als nichtkrankhafte Persönlichkeitsstörungen einzuordnen, wenn sie mit einer das Hemmungsvermögen betreffenden Persönlichkeitsveränderung verbunden sind,[102] der Sexualtrieb derart gesteigert ist, dass der Täter ihm „selbst bei Aufbietung aller ihm eigenen Willenskräfte nicht zu widerstehen vermag".[103] Relevant für die Anerkennung als nichtkrankhafte Persönlichkeitsstörung ist die Stärke und die Ausprägung des Triebs „und das Maß der dadurch bedingten Beeinträchtigungen des Verhaltensspielraums".[104] Anhaltspunkt dafür kann es sein, wenn die Triebstörung Suchtcharakter erreicht.[105] **85**

b) Die Unfähigkeit des Täters zu Einsicht und Steuerung, § 20

Die zweite, normativ zu bestimmende[106] Stufe der Schuldunfähigkeit verlangt als Auswirkung der psychischen Störungen der ersten Stufe in § 20 die *Unfähigkeit des Täters*, **86**

- das Unrecht der Tat einzusehen (mangelnde *Einsichtsfähigkeit*) oder
- nach dieser Einsicht zu handeln (mangelnde *Steuerungsfähigkeit*).

Ob die zweite Stufe der Schuldunfähigkeit, die Unfähigkeit des Täters zu Einsicht und Steuerung, gegeben ist, entscheidet der Richter in Zusammenarbeit mit dem Sachverständigen im konkreten Einzelfall. Feste Maßstäbe gibt es insoweit nicht. **87**

---

[96] *Schreiber/Rosenau* in Foerster/Dreßing (Hrsg.) 2009, S. 93 unter Hinweis auf *Kurt Schneider* Klinische Psychopathologie, 1950, und LK-*Schöch* 2007 § 20 RN 169 ff.

[97] Vgl. Maurach/*Zipf* AT 1 § 36 II B 4.

[98] *Schreiber/Rosenau* in Foerster/Dreßing (Hrsg.) 2009, S. 95 mwN.

[99] *Schreiber/Rosenau* in Foerster/Dreßing (Hrsg.) 2009, S. 96 unter Hinweis auf BGH NStZ RR 1998, 174. Diese Formulierung verdient gegenüber der missverständlichen Formel vom „Krankheitswert" – vgl. *Perron* in: Schönke/Schröder § 20 RN 23– den Vorzug.

[100] *Schreiber/Rosenau* in Foerster/Dreßing (Hrsg.) 2009, S. 96 unter Verweis auf *Witter* in *Göppinger/Witter* 1972, S. 996.

[101] Vgl. *Schreiber/Rosenau* in Foerster/Dreßing (Hrsg.) 2009, S. 96.

[102] Näher *Perron* in: Schönke/Schröder § 20 RN 21 ff.; MK-*Streng* § 20 RN 40 ff.

[103] SK-*Rudolphi* 2003, § 20 RN 17; *Schreiber/Rosenau* in Foerster/Dreßing (Hrsg.) 2009, S. 97.

[104] *Schreiber/Rosenau* in Foerster/Dreßing (Hrsg.) 2009, S. 97.

[105] Näher zum Suchtbegriff *Giese* 1973, S. 155 ff.

[106] Näher *Nedopil/Müller* 2012, S. 41.

Die Abschätzung der psychischen Verfassung des Täters an Hand der aus der klinischen Erfahrung bekannten psychischen Störungsbilder lässt hier einen gewissen Beurteilungsspielraum.[107] Dabei strahlen die normativen Elemente innerhalb der ersten Stufe (krankhaft, tiefgreifend, schwer) auf die Abwägung auf der zweiten Stufe aus. *Schreiber/Rosenau* empfehlen daher, über die Schwere der psychischen Befunde der ersten Stufe und die Unfähigkeit zu Einsicht und Steuerung der zweiten Stufe in *einem* Schritt zu entscheiden.[108]

88 Die Unfähigkeit des Täters zu Einsicht und Steuerung kann beim tateinheitlichen Zusammentreffen mehrerer Straftaten unterschiedlich ausfallen, je nachdem welche Fähigkeiten des Täters mit welchen Elementen der betreffenden Strafvorschriften konfrontiert werden.[109]

aa) Unfähigkeit, das Unrecht der Tat einzusehen (mangelnde Einsichtsfähigkeit)

89 „Einsichtsunfähigkeit besteht, wenn die *kognitiven Funktionen nicht ausreichen, eine Einsicht in das Unrecht eines Handelns zu ermöglichen.*“[110] Dies kann bei schwerwiegenden intellektuellen Einbußen, aber auch bei „psychotischen Realitätsverkennungen“ der Fall sein.[111]

90 Vom Verbotsirrtum in § 17, der voraussetzt, dass dem Täter die Einsicht fehlt, Unrecht zu tun, unterscheidet sich die mangelnde Einsichtsfähigkeit als erste Alternative der zweiten Stufe der Schuldunfähigkeit darin, dass § 20 besonders naheliegende Ausschlussgründe für die Einsichtsfähigkeit nennt und dass nur unter den zweistufigen Voraussetzungen der §§ 20 f. die Maßregeln nach den §§ 63, 64 und 69 I in Frage kommen.[112]

bb) Unfähigkeit, entsprechend der Unrechtseinsicht zu handeln (mangelnde Steuerungsfähigkeit)

91 Eine Unfähigkeit, „entsprechend der Unrechtseinsicht“ zu handeln, setzt zunächst voraus, dass der Täter Unrechtseinsicht hat. Deshalb kann die mangelnde Steuerungsfähigkeit erst geprüft werden, wenn die Unrechteinsicht bejaht worden ist.[113] Unter mangelnder Steuerungsfähigkeit versteht man die Unfähigkeit, seinen Willen trotz Aufbietung aller Widerstandskräfte durch vernünftige Erwägungen zu bestimmen, zu einer „normgemäßen Motivation“[114] im Stande zu sein. Den Hintergrund mangelnder Steuerungsfähigkeit bilden „in der Regel *Einbußen voluntativer Fähig-*

---

[107] Vgl. auch *Schreiber/Rosenau* in Foerster/Dreßing (Hrsg.) 2009, S. 98 f.

[108] *Schreiber/Rosenau* in Foerster/Dreßing (Hrsg.) 2009, S. 100.

[109] Vgl. *Schöch* in Kröber u. a. (Hrsg.) 2007, S. 135; *Schreiber/Rosenau* in Foerster/Dreßing (Hrsg.) 2009, S. 100 mwN.

[110] *Nedopil/Müller* 2012, S. 41, Hervorhebungen dort.

[111] *Nedopil/Müller* 2012, S. 41.

[112] Vgl. *Schöch* in Kröber u. a. (Hrsg.) 2007, S. 132 f.; *Schreiber/Rosenau* in Foerster/Dreßing (Hrsg.) 2009, S. 98 mwN.

[113] Vgl. *Nedopil/Müller* 2012, S. 41; *Schreiber/Rosenau* in Foerster/Dreßing (Hrsg.) 2009, S. 98.

[114] *Schöch* in Kröber u. a. (Hrsg.) 2007, S. 133.

keiten, die zu einem Handlungsentwurf beitragen.“[115] Die psychische Störung kann sich somit bereits bei der Bestimmung der Zielvorstellung, d. h. bei der Motivationsbildung, auswirken.[116]

c) Die erheblich verminderte Fähigkeit des Täters zu Einsicht und/oder Steuerung, § 21

Die vier psychischen Befunde des § 20 bilden nach der sog. „Einheitslösung“ auch **92** die Basis für die erheblich verminderte Fähigkeit des Täters zu Einsicht und/oder Steuerung in § 21. Fälle erheblich verminderter Einsichts- und/oder Steuerungsfähigkeit sind mit über 2,2 % der Abgeurteilten in der Praxis häufiger vertreten als Fälle von Schuldunfähigkeit.[117]

Die Feststellung der verminderten Schuldfähigkeit beruht auf zwei „Quantifi- **93** zierungsschritten“.[118] Zunächst muss die *Schwere* der psychischen Störung (erste Stufe) festgestellt und bewertet werden. Mit dem zweiten Schritt muss „begründet werden, wie sich die Störung konkret auf die psychischen Funktionen des Täters ausgewirkt und zu einer Beeinträchtigung […] der Steuerungsfunktion geführt hat“.[119] Entscheidend für § 21 ist dabei, dass die psychischen Befunde die Fähigkeit des Täters zu Einsicht und/oder Steuerung nicht ausschließen, sondern nur vermindern. Nach § 21 ist der Täter *schuldfähig*, seine Handlung *schuldhaft*, jedoch ist der gegen den Täter erhobene Schuldvorwurf gemindert, was zu der *Möglichkeit* einer Strafmilderung nach § 49 I führt.[120]

Die Strafmilderung nach § 21 wird von der herrschenden Meinung – im Rahmen **94** einer vom Schuldgrundsatz gebotenen engen Interpretation – im Hinblick auf die vier psychischen Befunde nicht nur als *Möglichkeit,* sondern als *Regel* interpretiert, es sei denn

- dass *schulderhöhende Umstände* wie eine besondere Verwerflichkeit der Tat oder eine Intensität des verbrecherischen Willens vorliegen, die die an sich gebotene Milderung wieder kompensieren, oder
- dass der Täter den *Zustand der verminderten Schuldfähigkeit* (außerhalb der actio libera in causa (dazu unten RN 99 ff.) *selbst verschuldet* hat,[121] insbesondere in Fällen des Affektes, der Sucht und bei Rauschzuständen, bei letzteren vor allem bei Kenntnis des Täters von seiner Neigung zu Straftaten nach Alkoholgenuss.[122]

---

[115] *Nedopil/Müller* 2012, S. 42.

[116] Vgl. *Nedopil/Müller* 2012, S. 42.

[117] Vgl. *Nedopil/Müller* 2012, S. 42; umfassend *Schöch* in Kröber u. a. (Hrsg.) 2007, S. 103 ff.

[118] Vgl. *Nedopil/Müller* 2012, S. 42.

[119] *Nedopil/Müller* 2012, S. 42.

[120] Näher zur Diskussion um die Kann-Bestimmung *Schreiber/Rosenau* in Foerster/Dreßing (Hrsg.) 2009, S. 103 mwN.

[121] Vgl. BGH 3 StR 435/02 NStZ 2003, 480 sowie bei *Baier* JA 2004, S. 104 ff.

[122] Ausführlicher *Schreiber/Rosenau* in Foerster/Dreßing (Hrsg.) 2009, S. 103 f.; krit. hierzu *Schild* 2009, S. 112.

95 § 21 ist nach h.M. nicht anwendbar, wenn der Täter trotz erheblich verminderter Einsichts- und/oder Steuerungsfähigkeit tatsächlich über die entsprechende Unrechtseinsicht und das erforderliche Steuerungsvermögen verfügt hat.[123] Umgekehrt formuliert: die verminderte Schuldfähigkeit setzt nach h.M. voraus, dass dem Täter Unrechtseinsicht und/oder Steuerungsvermögen zur Zeit der Tat tatsächlich fehlen. Dies entspricht hinsichtlich der fehlenden Unrechtseinsicht der Sachlage beim vermeidbaren Verbotsirrtum in § 17 S. 2. In diesem Sinne versteht die h.M. die §§ 20 und 21 in der Tat als Unterfälle des Verbotsirrtums nach § 17.[124] § 21 würde danach nur dort eine eigenständige Wirkung entfalten, wo bei gegebener Unrechtseinsicht die Steuerungsfähigkeit vermindert und kein Steuerungsvermögen gegeben ist.

96 Dem Täter würde damit – entgegen dem Wortlaut – die mögliche Strafmilderung nach § 21 versagt, wenn auf Grund der psychischen Befunde zwar seine Einsichts- und Steuerungsfähigkeit erheblich *vermindert* war, er aber dennoch über Einsichtsfähigkeit und ein Hemmungsvermögen verfügt hat. Diese Versagung der Strafmilderung übersieht aber, dass für die Anwendbarkeit der §§ 20, 21 die vier psychischen Befunde des § 20 die Grundlage sind, während § 17 keine weiteren Voraussetzungen für die mangelnde Unrechtseinsicht fordert.[125] Es gibt keinen zwingenden Grund, weshalb die für die Strafmilderung in § 21 erforderliche Schuldminderung nicht bereits auf den psychischen Befunden und der darauf beruhenden *verminderten* Einsichts*fähigkeit* soll beruhen können.[126] Die h.M. ist daher zu Recht abzulehnen.[127]

97 Der Schwerpunkt des Anwendungsbereichs von § 21 liegt im Bereich alkoholbedingter Rauschzustände.[128] Die Höhe der Blutalkoholkonzentration stellt dabei ein nach den Umständen des Einzelfalls gewichtiges, aber keinesfalls allein maßgebliches Beweisanzeichen (Indiz) für eine verminderte Schuldfähigkeit dar. Für die Beurteilung der Schuldfähigkeit maßgeblich ist vielmehr eine „Gesamtschau aller wesentlichen objektiven und subjektiven Umstände, die sich auf das Erscheinungsbild des Täters vor, während und nach der Tat beziehen." Der Beweiswert der BAK ist umso geringer, je mehr sonstige aussagekräftige psychodiagnostische Kriterien zur Verfügung stehen.[129] Dies bedeutet eine Aufgabe der Entscheidung BGH 4 StR 117/90 BGHSt 37, 231, die noch davon ausging, dass ohne Rücksicht auf psycho-

---

[123] Vgl. *Lackner/Kühl* § 21 RN 1, *Nedopil/Müller* 2012, S. 42; *Schreiber/Rosenau* in Foerster/Dreßing (Hrsg.) 2009, S. 101 jew. mwN; a. A. *Frister* AT Kap. 18/14.

[124] Vgl. *Keiser* Jura 2001, S. 376/378 links sowie MK-*Streng* § 20 RN 17 mwN.

[125] Vgl. auch *Schild* 2009, S. 269, der für § 17 entsprechend der Entstehungsgeschichte auf Sozialisationsdefekte abstellt; für eine Differenzierung auch *Frister* AT Kap. 18 RN 14.

[126] Anders aber BGH 2 StR 529/65 BGHSt 21, 27/28: die Schuld des Täters werde nicht gemindert, wenn er trotz erheblich verminderter Einsichtsfähigkeit das Unrecht tatsächlich eingesehen hatte.

[127] So *Frister* AT Kap. 18 RN 14; *Schild* 2009, S. 269.

[128] Vgl. *Lackner/Kühl* § 21 RN 2; *Perron* in: Schönke/Schröder § 21 RN 9 mwN. Weil die Blutentnahme nach der Tat erfolgt, muss die BAK für den Tatzeitpunkt rückgerechnet werden. Lässt sich der individuelle Abbauwert nicht feststellen, muss zu Gunsten des Angeklagten von einem möglichst hohen (0,2 ‰ pro Stunde, z. B. bei Zweifeln über die Schuldfähigkeit) bzw. von einem möglichst niedrigen (0,1 ‰ pro Stunde, z. B. beim Verdacht einer Trunkenheitsfahrt) Abbauwert ausgegangen werden, vgl. *Wessels/Beulke/Satzger* AT RN 412.

[129] Vgl. BGH 1 StR 59/12 BGHSt 57, 247/252.

diagnostische Beurteilungskriterien allein wegen einer bestimmten Blutalkoholkonzentration zur Tatzeit in aller Regel das Vorliegen einer erheblich verminderten Steuerungsfähigkeit anzunehmen sei. So kann sich aus den konkreten Umständen eine erheblich verminderte Steuerungsfähigkeit auch bei einer BAK von unter 2‰ ergeben und bei errechneten Maximalwerten von über 3‰ ausschließen lassen.[130]

Zu Leitfall 6.1 98

In *Leitfall 6.1.* nahm der BGH an, dass der Täter zur Tatzeit schuldunfähig war. Denn die Blutalkoholkonzentration von 1,95‰ habe bei A zu einer *tiefgreifenden Bewusstseinsstörung*[131] geführt,auf der wiederum die Unfähigkeit beruht habe, das Unrecht einzusehen oder nach dieser Einsicht zu handeln.

3. Scheinbare Ausnahmen von der Straflosigkeit bei Schuldunfähigkeit

a) Actio libera in causa[132]

Beispiel 6.3 99

A will B umbringen, trinkt sich Mut an und tötet wie erwartet B im schuldunfähigen Zustand aufgrund mangelnder Einsichtsfähigkeit infolge einer durch eine Blutalkoholkonzentration von 3,3‰ verursachten krankhaften psychischen Störung.

Unter einer *actio libera in causa* versteht man das verantwortliche Ingangsetzen 100
eines Verhaltens, das zur Verwirklichung der Straftat im Zustand der Schuldunfähigkeit führt.[133] Die Bestrafung erfolgt dann so, als ob der Täter zum Tatzeitpunkt einsichts- und steuerungsfähig gewesen wäre.

Zu Beispiel 6.3 101

Im *Beispiel 6.3.* beruht diese Erstreckung des strafrechtlichen Vorwurfs darauf, dass der Täter in noch verantwortlichem Zustand eine *vorwerfbare innere Beziehung* zur späteren Tat hergestellt hat. Denn er ließ sich trotz der Vorstellung,

---

[130] BGH 1 StR 59/12 BGHSt 57, 247/252.

[131] Seit BGH 1 StR 511/95 BGHSt 43, 66/69 ordnet der BGH alkoholbedingte Rauschzustände als krankhafte seelische Störungen ein.

[132] Wörtlich übersetzt: die in der Ursache freie Handlung. Umfassend zur actio libera, auch unter Einbeziehung des rechtshistorischen und des rechtsvergleichenden Aspektes *Hettinger* 1988; vgl. auch *Ebert* AT S. 99 ff.; *Hillenkamp* 13. Problem; *Jerouschek* JuS 1997, S. 385 ff.; *Kühl* AT § 11/6 ff.; *Perron* in: Schönke/Schröder § 20 RN 33 ff.; kritisch und i.E. ablehnend *Sydow* 2002.

[133] Vgl. BGH 4 StR 500/67 BGHSt 21, S. 381; zur Rolle des actio libera-Gedankens auch im Bereich „alltäglicher" Straftatbegehung *Schild* FS Triffterer, S. 215 ff.

dass er im Rausch voraussichtlich eine bestimmte Straftat begehen werde, nicht vom übermäßigen Alkoholgenuss abhalten.[134]

102 Die Anknüpfung der Verantwortlichkeit an den Zeitpunkt der Schuldfähigkeit droht freilich mit dem *Schuldprinzip* zu kollidieren, dessen Konkretisierung in § 20 verlangt, dass der Täter *„bei Begehung der Tat"* schuldhaft gehandelt hat. Nach einem Ausweg suchen im wesentlichen folgende Begründungsansätze:[135]

aa) Mittelbare Täterschaft

103 Bei der mittelbaren Täterschaft (§ 10 RN 46 ff.) bedient sich der Täter eines Werkzeugs zur Begehung der Tat. Bei der actio libera in causa würde der Täter sich selbst als Werkzeug benutzen.[136] Jene Konstruktion ist dann unproblematisch, wenn sich der Täter eines Dritten bedient.

104 **Zu Beispiel 6.3**

So könnte A im *Beispiel 6.3.* seine Tat auch dadurch begehen, dass er den infolge Trunkenheit schuldunfähigen C mit einer Pistole versieht und ihn auf den Weg schickt, den B zu töten.

105 Dass der Täter sich selbst als Werkzeug benutzt, bildet inhaltlich keinen wesentlichen Unterschied. Und dennoch ist die Konstruktion über die mittelbare Täterschaft nicht unproblematisch, widerspricht sie doch dem Wortlaut von § 25 I 2. Alt. Denn dieser „mittelbare Täter" begeht die Tat eben nicht „durch einen anderen" sondern durch sich selbst. Wenn man mittels eines streng restriktiven Täterbegriffs (§ 10 RN 26 ff.) § 25 I 2. Alt. als Strafausdehnungsgrund versteht, dann hätte die Konstruktion einer mittelbaren Täterschaft „durch sich selbst" in § 25 I 2. Alt. keine gesetzliche Grundlage. Die Konstruktion „mittelbare Täterschaft" erscheint aber auch bei eigenhändigen und Sonderstraftaten nicht tragfähig und sie stimmt auch nicht mit der Struktur der actio libera in causa überein, die unter Tatherrschaftsgesichtspunkten eine „Selbst-*Anstiftung*" darstellt.[137] Im Zusammenhang mit der actio libera in causa kann es somit nur um die *übertragene* Anwendung des Lösungsansatzes der Rechtsfigur der mittelbaren Täterschaft gehen,[138] die letztlich zur überwiegend vertretenen sog. Tatbestandslösung (bb) führt.

[134] Vgl. BGH 4 StR 217/96 NJW 1997, S. 138/139; vgl. auch BGH 4 StR 88/62 BGHSt 17, S. 333/334 f.; *Perron* in: Schönke/Schröder § 20 RN 33.

[135] Vgl. *Hettinger* 1988, S. 436 ff.; LK-*Schöch* § 20 RN 194 ff.; *Sydow* 2002, S. 49 ff.

[136] Vgl. RGSt 22, 413, 415; *Jakobs* AT 17/64; kritisch jedoch *Eser/Burkhardt* StK I Nr. 17 A 8; *Roxin* AT 1 § 20/61 mit FN 124.

[137] So überzeugend *Mitsch* FS Küper, S. 347 ff.

[138] Vgl. *Hirsch* FS Nishihara, S. 95 ff.

bb) Tatbestandslösung

Nach der Tatbestandslösung stellt das Sichbetrinken die eigentliche Tathandlung dar.[139] Die Elemente der Tatbestandsmäßigkeit werden um des sich Betrinken erweitert. **106**

Zu Beispiel 6.3 **107**

Im *Beispiel 6.3.* würde A mit der Tötung des B beginnen, indem er sich Mut antrinkt.

Im Vergleich betrachtet scheint die Tatbestandslösung noch am ehesten mit dem Schuldprinzip in Einklang zu stehen, weil sie dem Wortlaut von § 20 nicht offen widerspricht. Auch findet sie in sonstigen Fällen eine Parallele, in denen der Täter im schuldfähigen Zustand ein Geschehen zurechenbar in Gang setzt, das in der tatbestandsmäßigen Veränderung in der Außenwelt (Erfolg) endet: Das Töten mittels Betätigung des Abzugs am Gewehr unterscheidet sich nicht wesentlich vom Töten in *Beispiel 6.3.*. Es ist als solches ebenso wenig ein Töten wie das sich Betrinken. Und dennoch sind beide Handlungen ein vorsätzlich-zurechenbares Verursachen des Todes eines Menschen.[140] Andererseits vermag diese Argumentation bei denjenigen Straftaten nicht zu überzeugen, deren Tatbestandsmäßigkeit nicht (nur) die Verwirklichung einer Veränderung in der Außenwelt verlangt, sondern ein spezifisches Verhalten. Deshalb lehnte der BGH im *Leitfall 6.1.* auch die Anwendbarkeit der Tatbestandslösung ab (RN 120). **108**

cc) Ausdehnungsmodell

Die „Ausdehnung" im Rahmen dieses Modells bezieht sich auf den Begriff der „Tat" i.S. von § 20. Während die h.M. hierunter das tatbestandsmäßige Verhalten, die *Tathandlung* im Sinne von § 8 versteht,[141] soll der Begriff im prozessualen Sinne auf den Lebensvorgang ausgeweitet werden, der Gegenstand der Anklage ist. Damit würde das auf die Verwirklichung der tatbestandsmäßigen Handlung bezogene Vorverhalten und schließlich sogar das Vorbereitungsstadium der „Tat" zugerechnet werden.[142] **109**

Dagegen ist jedoch einzuwenden, dass solch eine Ausdehnung dem in den §§ 16 und 17 verwendeten Tatbegriff widerspricht und – weit gravierender – eine starke Einschränkung der Anwendbarkeit von § 20 zur Folge hätte. Denn aufgrund der **110**

---

[139] Vgl. BGH 4 StR 88/62 BGHSt 17, 333/335; BayObLG bei Janiszewski NStZ 1988, S. 264; vgl. auch *Hirsch* NStZ 1997, S. 230 ff.; *Jakobs* FS Nishihara, S. 117 ff., 120 f.; *Lackner/Kühl* § 20 RN 25; SK-*Rudolphi* § 20 RN 28 d.; Maurach/*Zipf* AT 1 § 36/57; *Puppe* JuS 1980, 347 ff.; *Roxin* AT 1 § 20/59 ff.; *Schlüchter* FS Hirsch, S. 345 ff./348 ff.; *Spendel* FS Hirsch, S. 379 ff.

[140] Vgl. auch *Jakobs* FS Nishihara, S. 109 ff.; *Schild* FS Triffterer, S. 204, S. 206; bemerkenswert in diesem Zusammenhang auch der Vergleich zwischen § 17 und actio libera in causa bei *Streng* JZ 2000, 20 ff. – allerdings im Rahmen des von ihm bevorzugten Ausdehnungsmodells.

[141] Vgl. *Fischer* § 20 RN 2a.

[142] Vgl. *Streng* JZ 1994, S. 709/711; a. A. *Roxin* AT 1 § 20/70; *Neumann* FS Arthur Kaufmann S. 581/587 ff.

weiten Ausdehnung des Tatbegriffs wären kaum noch Sachverhalte vorstellbar, bei denen der Täter nicht zu irgend einem Zeitpunkt der „Tat" schuldfähig i.S. von § 20 gewesen ist.

dd) Ausnahmemodell

111 Das Ausnahmemodell nimmt eine Vorverlagerung des Schuldvorwurfs an und gibt damit den Grundsatz vom Erfordernis der Schuldfähigkeit *bei Begehung der Tat* (sog. Koinzidenz) in § 20 auf. Auf diesem Wege wird dem Täter das schuldhafte Vorverhalten als schuldhafte Tatbegehung angelastet.[143]

112 Gegen das Ausnahmemodell spricht der Wortlaut des § 20. Würde man unter der „Begehung der Tat" auch deren Vorfeld verstehen, dürfte die Grenze von Art. 103 II GG (Wortlautgrenze, Verbot strafbegründenden Gewohnheitsrechts) überschritten sein.[144]

b) Vollrausch, § 323a[145]

113 **§ 323 a. Vollrausch**

> (1) Wer sich vorsätzlich oder fahrlässig durch alkoholische Getränke oder andere berauschende Mittel in einen Rausch versetzt, wird... bestraft, wenn er in diesem Zustand eine rechtswidrige Tat begeht und ihretwegen nicht bestraft werden kann, weil er infolge des Rausches schuldunfähig war oder weil dies nicht auszuschließen ist.

114 Eine Ausnahme vom Erfordernis der Schuldfähigkeit stellt § 323a gerade nicht dar. Denn die Strafwürdigkeit des Vollrausches wird bereits darin gesehen, dass sich der Täter in einen Rausch versetzt. Die Rauschtat ist demgegenüber nur sog. objektive Bedingung der Strafbarkeit (§ 7 RN 6 ff.). Der Unterschied zur actio libera in causa besteht darin, dass zwischen dem Sichbetrinken und der Rauschtat kein psychischer Zusammenhang besteht. Die Rauschtat bildet nur den Anlass, die Trunkenheit als solche zu bestrafen.

II. Der unvermeidbare Verbotsirrtum, § 17 S. 1

115 Wie die Schuldunfähigkeit bildet auch der unvermeidbare Verbotsirrtum einen Schuldausschließungsgrund, weil er die Handlung von vornherein als nicht schuld-

---

[143] Vgl. LK-*Schöch* § 20 RN 199 ff.; *Jescheck/Weigend* § 40 VI 1; *Perron/Weißer* in: Schönke/Schröder § 20 RN 35 a; *Wessels/Beulke/Satzger* AT RN 415.

[144] a. A. *Kühl* AT § 11/18; *Otto* Jura 1986, S. 426 ff., S. 431; deshalb nur für eine Anwendbarkeit auf § 21 durch Verzicht auf die *fakultative* Strafmilderung *Perron/Weißer* in: Schönke/Schröder § 20 RN 35 a.

[145] Vgl. zu § 323a auch *Küpper* BT 1 Teil II § 5/62 ff.

haft einstuft.[146] Neben der Unvermeidbarkeit des Verbotsirrtums setzt § 17 S. 1 voraus, dass dem Täter bei Begehung der Tat die Einsicht fehlt, Unrecht zu tun (näher zum Verbotsirrtum unten § 13 RN 27 ff, 56 ff.).

Der Verbotsirrtum hat keine Schuldunfähigkeit zur Folge, wenn er für den Täter vermeidbar (näher § 13 RN 62 f.) war. In diesen Fällen wird dem Täter zum Vorwurf gemacht, dass er den Irrtum nicht vermieden hat (zum Verhältnis zwischen § 17 S. 2 und § 21 s. o. RN 95 f.). 116

Hinweise zum Leitfall 6.1 117

In *Leitfall 6.1.* stützte sich das Landgericht Osnabrück auf die actio libera in causa und verurteilte A wegen fahrlässiger Tötung (§ 222), vorsätzlicher Gefährdung des Straßenverkehrs (§ 315c I Nr. 1 a) sowie vorsätzlichen Fahrens ohne Fahrerlaubnis (§ 21 I StVG).

Der BGH bestätigte allein die Verurteilung nach § 222, die jedoch einer Anwendung der actio libera in causa nicht bedürfe, weil Gegenstand des strafrechtlichen Vorwurfs bei einer fahrlässigen Straftat, die eine Veränderung in der Außenwelt voraussetzt, „jedes in Bezug auf den tatbestandsmäßigen ‚Erfolg' sorgfaltswidrige Verhalten des Täters" sei.[147] Es bestünden deshalb keine Bedenken, den Fahrlässigkeitsvorwurf an ein zeitlich früheres Verhalten anzuknüpfen, das dem Täter – anders als das spätere – auch als schuldhaft verwirklicht vorgeworfen werden kann. Hingegen könne die Verurteilung wegen vorsätzlicher Gefährdung des Straßenverkehrs und vorsätzlichen Fahrens ohne Fahrerlaubnis keinen Bestand haben. Denn zum Zeitpunkt der Tat sei A laut Gutachten des Sachverständigen mangels Steuerungsfähigkeit schuldunfähig gewesen, und ein Vorgehen über eine actio libera in causa sei nicht möglich. 118

Denn wegen Verstoßes gegen das Schuldprinzip lasse sich die actio libera in causa weder über das Ausdehnungs- noch das Ausnahmemodell begründen. Die Tatbestandslösung sowie das Vorgehen über mittelbare Täterschaft seien zwar noch akzeptabel, jedoch im vorliegenden Fall nicht tragfähig: 119

Die *Tatbestandslösung* sei nicht auf Strafvorschriften anwendbar, die wie die hier fraglichen ein Verhalten verbieten, das nicht auch als die Herbeiführung eines vom Verhalten trennbaren *„Erfolges"* begriffen werden kann.[148] Ein Fahrzeug *Führen* sei nicht gleich bedeutend mit *Verursachen der Bewegung*. Denn für die Tatbestandsmäßigkeit sei nach der Rechtsprechung des BGH der Bewegungsvorgang *selbst* erforderlich. Das Anlassen und das Einschalten des Abblendlichtes genügten hingegen nicht.[149] 120

Nach dem Ansatz über *mittelbare Täterschaft* müsste das tatbestandsmäßige Handeln letztlich das Sichberauschen sein. Ein *Führen eines Fahrzeugs* könne 121

[146] Für einen Wegfall der Vorsatzschuld *Lenckner/Eisele* in: Schönke/Schröder RN 121 vor § 13.

[147] BGH 4 StR 217/96 NJW 1997, 139 links; vgl. auch *Sternberg-Lieben* GS Schlüchter, S. 217 ff.

[148] Vgl. auch *Hettinger* 1988, S. 451 ff.

[149] Vgl. BGH 4 StR 259/88 BGHSt 35, S. 390/394.

darin aber auch nicht gesehen werden.[150] Schließlich ist auch zu berücksichtigen, dass es sich bei der Straßenverkehrsgefährdung um eine eigenhändige Straftat handelt, das nicht in mittelbarer Täterschaft begangen werden kann.

122 Im Ergebnis kommt der BGH zu einer Strafbarkeit wegen Vollrausches nach § 323 a. Die Folgen der Entscheidung des BGH für sonstige Tätigkeitsstraftaten sind noch nicht abzusehen.[151]

C. Entschuldigungsgründe

123 Von den individuellen Schuldausschließungs- und -minderungsgründen unterscheiden sich die Entschuldigungsgründe dadurch, dass die Schuldminderung hier aufgrund einer *Unrechtsminderung* in Verbindung mit dem Bestehen eines generell berücksichtigungswürdigen *Motivationsdrucks*[152] eintritt. Da dieser Motivationsdruck aber voraussetzt, dass sich der Täter der Konfliktlage bewusst ist, setzen die Entschuldigungsgründe ein entsprechendes *subjektives Entschuldigungselement* voraus.

124 Die Schuldminderung braucht nicht bis zum Ausschluss der Schuld zu reichen. Es genügt, wenn die Schuld auf ein solches Maß gemindert wird, dass eine Bestrafung trotz Schuldhaftigkeit der Handlung nicht mehr erforderlich ist.

125 Wie bei den Schuldausschließungs- und minderungsgründen besteht auch hinsichtlich der Entschuldigungsgründe ein numerus clausus (oben RN 58 f.).

I. Entschuldigender Notstand, § 35

126 **§ 35. Entschuldigender Notstand**

(1) Wer in einer gegenwärtigen, nicht anders abwendbaren Gefahr für Leben, Leib oder Freiheit eine rechtswidrige Tat begeht, um die Gefahr von sich, einem Angehörigen oder einer anderen ihm nahestehenden Person abzuwenden, handelt ohne Schuld. Dies gilt nicht, soweit dem Täter nach den Umständen, namentlich weil er die Gefahr selbst verursacht hat oder weil er in einem besonderen Rechtsverhältnis stand, zugemutet werden konnte, die Gefahr hinzunehmen; jedoch kann die Strafe nach § 49 Abs. 1 gemildert werden, wenn der Täter nicht mit Rücksicht auf ein besonderes Rechtsverhältnis die Gefahr hinzunehmen hatte.

---

[150] Vgl. BGH 4 StR 217/96 NJW 1997, 139 rechts; vgl. aber auch mit bedenkenswerten Argumenten *Hirsch* NStZ 1997, S. 231.

[151] Vgl. *Hruschka* JZ 1997, 22 ff.; vgl. auch *Salger* NStZ 1993, S. 561 ff.; auf die begrenzte Reichweite der Entscheidung macht allerdings zu Recht *Otto* Jura 1999, S. 217 ff. aufmerksam.

[152] Sog. „doppelte Schuldminderung", krit. dazu *Pawlik* Jahrbuch für Recht und Ethik, 2003, S. 294 ff.; zum sachlichen Unterschied zwischen Schuldausschließungs- und Entschuldigungsgründen auch *Tiedemann* 1997, S. 139; krit. *Frister* AT Kap. 20/3.

(2) Nimmt der Täter bei Begehung der Tat irrig Umstände an, welche ihn nach Absatz 1 entschuldigen würden, so wird er nur dann bestraft, wenn er den Irrtum vermeiden konnte. Die Strafe ist nach § 49 Abs. 1 zu mildern. 127

Leitfall 6.2 128

A hat X im Streit getötet. Um nicht wegen Totschlags verurteilt zu werden, droht A der B, sie ebenfalls umzubringen, falls sie nicht vor Gericht aussage, mit A am Tatabend im Kino gewesen zu sein. Aus Angst vor der Drohung des A sagt B falsch aus.

B's Verhalten erfüllt die Elemente der Tatbestandsmäßigkeit des § 153 (falsche uneidliche Aussage). Eine Rechtfertigung nach § 32 scheidet aus, weil die Abwehr sich nicht gegen den Angreifer A richtet. Auch § 34 ist nicht einschlägig, weil das Erhaltungsinteresse (Leben der B) das Eingriffsinteresse (Funktionstüchtigkeit der Rechtspflege) nicht überwiegt, da B – wenn auch gezwungenermaßen – auf die Seite des Unrechts tritt.[153] Schließlich greift auch § 157 (Aussagenotstand) nicht ein, weil B nicht gehandelt hat, um die Gefahr abzuwenden, bestraft zu werden. 129

Könnte eine Straffreiheit über entschuldigenden Notstand, § 35, in Frage kommen? 130

Der entschuldigende Notstand weist insoweit Parallelen zum rechtfertigenden Notstand auf,[154] als auch hier eine *Gefahr für ein Erhaltungsgut* vorliegt, welche die Inanspruchnahme eines *Eingriffsgutes* erforderlich macht. Im Unterschied zu § 34 liegt jedoch *kein Überwiegen* des Erhaltungsgutes vor. Da die Tat jedoch im Interesse des Erhaltungsgutes begangen wird, ist ihr Unwert und damit auch das *Unrecht vermindert*. Mangels eines Überwiegens ist das Verhalten rechtswidrig. Der zweite Unterschied zum rechtfertigenden Notstand besteht im *Motivationsdruck* des im entschuldigenden Notstand Handelnden. 131

Wie beim rechtfertigenden Notstand ist auch beim entschuldigenden Notstand zwischen einer Notstandslage (1) und einer Notstandshandlung (2) zu unterscheiden. Als subjektives Element ist ein auf der Kenntnis der Notstandslage beruhender Motivationsdruck zur Rettung des Erhaltungsgutes erforderlich (3). Umstritten ist, ob die Straffreiheit auf Grund entschuldigenden Notstandes eine pflichtgemäße Prüfung voraussetzt (4). 132

1. Notstandslage

a) Gefahr für Leib, Leben oder Freiheit des Täters, eines Angehörigen oder nahestehender Personen

Die Herkunft jener Gefahr[155] ist irrelevant. Auch Naturgewalten oder Sachen können „Gefahren" i.S. von § 35 sein. Sogar von Menschen kann Gefahr ausgehen, 133

[153] Vgl. *Perron* in: Schönke/Schröder § 34 RN 41 b.

[154] Vgl. auch *Zieschang* JA 2007, S. 679 ff.

[155] Zum Begriff der Gefahr s. o. § 5 RN 222 f.

solange kein Angriff i.S. von § 32 vorliegt. Soweit die Gefahr für die Freiheit des Täters bestehen muss, ist die *Bewegungsfreiheit* gemeint.[156] Die Angehörigeneigenschaft wird in § 11 Nr. 1 definiert. Auch der Begriff der nahestehenden Person orientiert sich am Angehörigenbegriff, indem die Person mit dem Täter in Hausgemeinschaft leben oder mit ihm in ähnlicher Weise wie ein Angehöriger persönlich verbunden sein muss.[157]

134 Wie beim rechtfertigenden Notstand ist somit auch bei § 35 eine *Rechtsgüterkollision* erforderlich.

b) Nichtabwendbarkeit der Gefahr auf andere Weise (Erforderlichkeit)

135 Wie beim rechtfertigenden Notstand muss auch bei § 35 der Eingriff in das Eingriffsgut *erforderlich* sein (ultima-ratio-Erfordernis). Er muss somit zur Gefahrenabwehr *geeignet* und das *mildeste* der konkret zur Verfügung stehenden Mittel sein.

136 Probleme bereitet das ultima-ratio-Erfordernis insbesondere in den Fällen der Tötung des gewalttätigen „Haustyrannen" im Schlaf durch ein Mitglied der verzweifelten Familie.

137 Im *Haustyrannen*-Fall – BGH 1 StR 483/02, BGHSt 48, 255[158] – hatte die Angeklagte gegen Mittag ihren schlafenden Ehemann mit dessen Revolver erschossen. „Dieser hatte sie über viele Jahre hinweg durch zunehmend aggressivere Gewalttätigkeiten und Beleidigungen immer wieder erheblich verletzt und gedemütigt. Als sie die Tat beging, sah sie keinen anderen Ausweg mehr um sich und auch die beiden gemeinsamen Töchter vor weiteren Tätlichkeiten zu schützen." Nachdem der BGH einen gegenwärtigen Angriff des Opfers wegen der Tötung im Schlaf und einen rechtfertigenden Notstand mangels eines überwiegenden Erhaltungsinteresses (Tötung zwecks Wahrung der körperlichen Unversehrtheit) zu Recht abgelehnt hatte, kam es für eine Entschuldigung nach § 35 darauf an, ob die Täterin die von ihrem Mann ausgehende Dauergefahr „nicht anders" als durch dessen Tötung abwenden konnte. Der BGH verneinte dies unter Hinweis auf behördliche Hilfe, die Flucht in ein Frauenhaus oder eine Anrufung der Polizei (BGHSt 48, 260),[159] verwies jedoch auf die Möglichkeit eines entschuldigenden oder strafmildernden Irrtums der Ehefrau wegen der irrigen Annahme der Nicht-anders-Abwendbarkeit nach § 35 II.

138 **Zu Leitfall 6.2**

In *Leitfall 6.2.* wäre zu überlegen, ob die Zeugin B anstatt durch eine Falschaussage durch Anrufung gerichtlichen oder polizeilichen Schutzes oder durch Verweigerung der Aussage die Gefahr hätte beseitigen können.

139 **Beispiel 6.4**

Zeugeneinschüchterungs-Fall – RGSt 66, 222: Fragen dieser Art hat auch das Reichsgericht im sog. *Zeugeneinschüchterungs-Fall*[160] erörtert. Hinsichtlich der Anrufung gerichtlichen und polizeilichen Schutzes verwies es darauf, dass es

[156] Vgl. LK-*Zieschang* § 35 RN 14.

[157] Vgl. LK-*Zieschang* § 35 RN 33–35 mwN.

[158] Mit Anm. *Hillenkamp* JZ 2004, 48 ff.

[159] Zu Recht kritisch zur Bereitwilligkeit, mit der Gerichte das ultima-ratio-Erfordernis verneinen, *Ringelmann* in Mona/Seelmann (Hrsg.), S. 210, S. 212.

[160] RGSt 66, 222; hierzu *Eser/Burkhardt* StK I Nr. 18.

sich hier nur um eine vorübergehende Möglichkeit gehandelt habe, welche die Gegenwärtigkeit der Gefahr nicht ausgeschlossen hätte. Die Verweigerung der Aussage auf die Gefahr der Verhängung von Zwangsmitteln nach § 70 StPO (Ordnungsgeld, -haft) sah das Reichsgericht hingegen als das kleinere Übel gegenüber der Verletzung der Eidespflicht und damit wohl auch der Wahrheitspflicht an, was aus heutiger Sicht wohl bezweifelt werden müsste.

c) Mangelndes Überwiegen des Erhaltungsgutes – Proportionalität

Im Unterschied zum rechtfertigenden Notstand muss die Abwägung der kollidierenden Interessen beim entschuldigenden Notstand nicht zu einem Überwiegen des Erhaltungsgutes führen. Dies bedeutet indessen nicht, dass die Gewichtigkeit des Erhaltungsgutes nicht an eine Untergrenze stoßen würde. Denn da die Straffreiheit aufgrund entschuldigenden Notstandes auch auf einer Unrechtsminderung beruht, darf jene Unrechtsminderung nicht völlig unbedeutendes Gewicht haben. Maßstab ist insoweit das verfassungsrechtliche *Verhältnismäßigkeitsprinzip*, das auch den entschuldigenden Notstand mitprägt. Es darf somit das Gewicht des Erhaltungsgutes gegenüber dem Verlust beim Eingriffsgut nicht unverhältnismäßig gering sein. Konkret bedeutet dies z. B., dass Tötungen im Notstand nicht bereits aufgrund geringfügiger Leibesgefahren entschuldigt werden können. 140

Beispiel 6.5 141

Meineid-Fall – RGSt 66, 397: Die Angeklagte A hatte den von ihr geleisteten Meineid im Rahmen eines Verfahrens wegen Beamtenbeleidigung damit entschuldigt, dass der wegen Beamtenbeleidigung angeklagte H ihr gedroht habe, er werde sie schlagen und nicht mehr für den Unterhalt ihres von ihm erzeugten Kindes sorgen, wenn sie zu seinen Ungunsten aussage. Wie erheblich die Leibesgefahr sein müsse, um die Begehung eines Meineids zu entschuldigen, hänge von den tatsächlichen Umständen ab, führte das Reichsgericht aus. Da jedoch im Verhältnis der A zu dem Angeklagten H die Drohung mit Schlägen nichts Außergewöhnliches gewesen sei, sei die Annahme eines Notstandes nicht möglich.

Zu Leitfall 6.2 142

Indem in *Leitfall 6.2.* der B nicht nur mit Schlägen, sondern mit dem Tode gedroht wurde und der von B gesuchte Ausweg nur in einer uneidlichen Falschaussage bestand, darf von der Proportionalität der kollidierenden Güter ausgegangen werden.

2. Notstandshandlung

Die Notstandshandlung besteht in einem *rechtswidrigen* Verhalten, „um die Gefahr von sich, einem Angehörigen oder einer anderen [...] nahestehenden Person abzuwenden." 143

3. Rettungswille als subjektives Entschuldigungselement

Schon die gesetzliche Formulierung der Notstandshandlung lässt erkennen, dass der Täter *zur Gefahrabwendung* handeln muss. Nachsicht wird somit nur gewährt, 144 wenn der Täter auf Grund eines Motivationsdruckes die Rettung des Erhaltungsgutes anstrebt, was die Kenntnis der Notstandslage voraussetzt. Bei Kenntnis der Sachlage ist jener Gefahrabwendungswille anzunehmen.[161]

4. Prüfungspflicht?

145 Im *KZ-Wachmann*-Fall ging der BGH – BGH 4 StR 500/62 BGHSt 18, 311 – von einer Prüfungspflicht aus: „Wer sich darauf beruft, durch unwiderstehliche Drohung (§ 52 StGB [a.F.]) zu der Straftat genötigt worden zu sein, ist nur entschuldigt, wenn er sich nach dem Maß aller seiner Kräfte bemüht hat, der (hier vermeintlichen) Gefahr auf andere, die Straftat vermeidende Weise zu entgehen. In dieser Richtung muss er alle Möglichkeiten gewissenhaft geprüft haben. [...] Je schwerer die ihm (vermeintlich) abgenötigte Straftat ist, umso sorgfältiger muss die Prüfung sein."[162] Findet der Täter trotz jener Prüfung aus Fahrlässigkeit keinen gangbaren Ausweg „so mag er, was den Vorwurf vorsätzlichen Handelns angeht, entschuldigt sein."[163]

146 Da hier die irrige Annahme der tatsächlichen Voraussetzungen des entschuldigenden Notstandes zur Diskussion steht, ist die Frage der Prüfungspflicht im Rahmen der *Irrtumsregeln* zu erörtern, wobei beim entschuldigenden Notstand § 35 II als lex specialis zu berücksichtigen ist.[164] Danach spielt die Prüfungspflicht bei der Frage eine Rolle, ob die irrige Annahme der tatsächlichen Voraussetzungen des entschuldigenden Notstandes *vermeidbar* war.[165] Fehlt die gewissenhafte Prüfung der Voraussetzungen, wird man nicht von einer Unvermeidbarkeit des Irrtums ausgehen können.[166] Ist umgekehrt die Notstandslage hingegen gegeben, schadet das Nichtvorliegen der Prüfung nicht.[167] Denn bezüglich des Motivationsdrucks genügt es, wenn der Täter in *Kenntnis* der Notstandslage handelt.

147 Befindet sich der Täter hingegen in Unkenntnis der Notstandslage, kann ihm § 35 mangels einer entsprechenden Motivation nicht zu Gute kommen.[168]

5. Wirkung

148 Die Rechtsfolge des § 35 besteht zunächst in einer vollständigen strafbefreienden Entschuldigung, wenn Notstandslage, Notstandshandlung und Rettungswille gegeben sind. Jene Entschuldigung beruht auf der aus der *Unrechtsminderung* und dem *Motivationsdruck* herrührenden *doppelten Schuldminderung*.

149 Lediglich eine obligatorische Strafmilderung nach Versuchsgrundsätzen tritt im Falle des vermeidbaren „Entschuldigungs-Tatumstands-Irrtums" nach § 35 II ein.

[161] Vgl. *Perron* in: Schönke/Schröder § 35 RN 16.

[162] BGH 4 StR 562 BGHSt 18, S. 311 f.

[163] BGHSt 18, 311/312.

[164] Instruktiv dazu der o.g. *Haustyrannen*-Fall BGH 1 StR 483/02 BGHSt 48, 255.

[165] Vgl. *Jescheck/Weigend* AT § 44 V 1 b; *Perron* in: Schönke/Schröder § 35 RN 43.

[166] *Roxin* AT 1 § 22/59.

[167] *B. Heinrich* RN 579; *Kühl* AT § 12/58; *Perron* in: Schönke/Schröder § 35 RN 17.

[168] Vgl. oben RN 123.

6. Einschränkung der Entschuldigung durch § 35 I 2

Die entschuldigende Wirkung wird zunächst eingeschränkt, wenn der Täter die Gefahr „selbst verursacht" hat. Einigkeit besteht darüber, dass jene Formulierung zumindest i.S. von *„objektiv pflichtwidrig herbeigeführt"* zu verstehen ist.[169] Hat der Täter die Gefahr pflichtwidrig herbeigeführt, ist ihm zuzumuten, die Gefahr hinzunehmen. **150**

Gleiches gilt, wenn der Täter in einem besonderen Rechtsverhältnis steht. Erforderlich ist, dass ihm infolge dieses Rechtsverhältnisses eine Schutzpflicht gegenüber der Allgemeinheit auferlegt ist. Dies trifft z. B. auf Angehörige der Feuerwehr oder auf Soldaten zu. Da dem in einem besonderen Rechtsverhältnis Stehenden aber nur die Hinnahme der *Gefahr* zugemutet wird, endet die Zumutbarkeitsgrenze, wo das Bestehen der Gefahr den sicheren Tod bedeuten würde.[170] **151**

Ein besonderes Rechtsverhältnis wird nicht dadurch begründet, dass sich der Täter dem Opfer gegenüber in einer Garantenstellung befindet. Denn die daraus resultierende Garantenpflicht ist *die Pflicht zum Tätigwerden*, *nicht* hingegen eine erhöhte *Gefahrtragungspflicht*. **152**

Beispiel 6.6 **153**

Wenn der mit seinem Sohn im Meer badende und in eine gefährliche Strömung geratene Vater es unterlässt, den Sohn aus den Wogen zu retten, dann macht die Garantenstellung den Vater zum *Täter* einer Unterlassungsstraftat, sie verpflichtet ihn jedoch nicht zu einer *erhöhten* Gefahrtragung.

7. Aufbauschema zum entschuldigenden Notstand (§ 35)

1. Notstands*lage* **154**
   a. *Gefahr* für eines der in § 35 genannten Erhaltungsgüter
   b. *Nichtabwendbarkeit* der Gefahr auf andere Weise (Erforderlichkeit des Eingriffs)
   c. *Nicht-Überwiegen* des Erhaltungsgutes, *Proportionalität* der kollidierenden Rechtsgüter
2. Notstands*handlung*
   Erhaltung des gefährdeten Interesses durch eine rechtswidrige Handlung
3. *Rettungswille* als subjektives Entschuldigungselement

[169] Vgl. LK-*Zieschang* § 35 RN 49; im Hinblick auf die Entstehungsgeschichte fordern objektive *und* subjektive Pflichtwidrigkeit *Perron* in: Schönke/Schröder § 35 RN 20; *Jescheck/Weigend* AT § 44 III 2 a mwN; zu weiteren Restriktionen vgl. die Nachweise bei NK-StGB-*Neumann* § 35 RN 34 FN 140–142.

[170] Vgl. auch *Momsen* 2006, S. 359 ff. zur absolut-individuellen Grenze strafrechtlicher Rechtspflichten.

II. Notwehrexzess, § 33

155 **§ 33. Überschreitung der Notwehr**

Überschreitet der Täter die Grenzen der Notwehr aus Verwirrung, Furcht oder Schrecken, so wird er nicht bestraft.

156 **Beispiel 6.7**

Die rüstige Rentnerin R sieht sich plötzlich dem Angriff des Handtaschenräubers H gegenüber. Obwohl sie dadurch ganz furchtbar erschrickt, kann sie gerade noch ihren Spazierstock umklammern und H damit einen kräftigen Schlag auf den Kopf versetzen. H bricht daraufhin besinnungslos zusammen und bleibt am Boden liegen. Obwohl H sich nicht mehr bewegt, versetzt R ihm noch zwei kräftige Schläge mit dem Spazierstock in die Rippengegend. Dann ruft sie laut um Hilfe. Bei H hat der erste Stockschlag eine Gehirnerschütterung, die beiden folgenden Rippenbrüche hervorgerufen.

157 Im Unterschied zur Notwehr als Rechtfertigungsgrund kann der Täter beim Notwehrexzess nicht gerechtfertigt sein, weil er über die Grenzen der zulässigen Notwehr hinausgeht.

158 Welche Grenze der Notwehr beim Notwehrexzess überschritten wird, ist umstritten. Die h.M.[171] geht davon aus, dass § 33 die Fälle regelt, in denen der Täter innerhalb der Notwehrhandlung die Erforderlichkeit der Abwehr überschreitet (sog. *intensiver* Notwehrexzess). Aufgrund der damit verbundenen Unrechts- und Schuldminderung handelt es sich beim Notwehrexzess um einen Entschuldigungsgrund.[172] Nach anderer Ansicht soll § 33 auch dann eingreifen, wenn der Täter zu einem Zeitpunkt handelt, zu dem eine Notwehr*lage* nicht mehr besteht (*nachzeitiger extensiver* Notwehrexzess).[173] Dieser Streit wirkt sich auf die Elemente der Notwehrexzess-Lage aus.

1. Notwehrexzess-Lage

159 Die Notwehrexzess-Lage setzt zunächst einen *rechtswidrigen Angriff* voraus. Mit der h.M., welche die Anwendung von § 33 auf den extensiven Notwehrexzess verneint, müsste der Angriff *gegenwärtig* sein, d. h. unmittelbar bevorstehen, stattfinden oder noch andauern. Das Hauptargument der h.M. besteht darin, dass § 33, als Entschuldigungsgrund gedacht, eine Unrechtsminderung in Form der Abwehr eines

[171] Vgl. *Jescheck/Weigend* AT § 45 II 3; BGH 3 StR 356/92 BGHSt 39, 133/139; BGH 3 StR 269/86 NStZ 1987, 20; vgl. auch *Hillenkamp* 12. Problem.

[172] So zu Recht auch MK-*Erb* § 33 RN 1; *B. Heinrich* AT RN 582; *Hoffmann-Holland* AT RN 399; *Jäger* AT RN 195; *Krey/Esser* AT RN 764; *Kühl* AT § 12/128; *Perron* in: Schönke/Schröder § 33 RN 2; *Rengier* AT § 27/1; *Roxin* AT § 22/69; *Wessels/Beulke/Satzger* AT RN 446; für eine Einordnung als Schuldausschließungsgrund hingegen *Fischer* § 33 RN 3.

[173] Vgl. *Baumann/Weber/Mitsch* AT § 23/42 f.; NK-StGB-*Kindhäuser* § 33 RN 9 ff.; *Köhler* AT S. 423 f.; *Motsch* 2003, S. 92 ff.; *Otto* Jura 1987, S. 604; *Perron* in: Schönke/Schröder § 33 RN 7; *Roxin* AT 1 § 22/88; *Wessels/Beulke/Satzger* AT RN 447.

Angriffes voraussetze. Dem wird entgegnet, dass es unter kriminalpolitischen Gesichtspunkten keinen wesentlichen Unterschied mache, ob der Täter während des Angriffs oder erst nach dessen Beendigung über die Grenzen der Notwehr hinausgeht.

Gegen die Anerkennung eines extensiven Notwehrexzesses sprechen indessen neben dem Erfordernis der Unrechtsminderung bei Entschuldigungsgründen, die *zum Zeitpunkt der Handlung* gegeben sein muss, folgende Überlegungen: **160**

Ist sich der Täter der Beendigung des Angriffs *bewusst*, so ist nicht einzusehen, dass er hinsichtlich eines erneuten Zuschlagens straffrei bleiben soll. **161**

Zu Beispiel 6.7 **162**

Hat die R im *Beispiel 6.7.* erkannt, dass der Angreifer zu einem weiteren Angriff nicht mehr fähig ist, dann kann ein erneutes Zuschlagen nicht entschuldigt werden.

Hat der Täter die Beendigung des Angriffs hingegen *nicht erkannt*, so können die Regeln des Erlaubnistatumstands-Irrtums angewandt werden. Die Strafbarkeit wegen fahrlässiger Körperverletzung bei Vermeidbarkeit des Irrtums erscheint hier als sachgerechte Lösung. Die Erstreckung des Notwehrexzesses nach § 33 auf diese Fälle ist somit *nicht erforderlich.* **163**

Gegen die Anwendbarkeit von § 33 auf den extensiven Notwehrexzess spricht auch, dass § 33 unbestrittenermaßen auf Fälle der *Putativnotwehr nicht anwendbar* ist. Nimmt der Täter also nur irrig an, dass ein Angriff vorliege, gelten die Regeln des Erlaubnistatumstandsirrtums.[174] **164**

2. Notwehrexzess-Handlung

a) Verteidigungshandlung gegen den Angreifer

Insofern unterscheidet sich die Handlung beim Notwehrexzess nicht von der Handlung bei der Notwehr. **165**

b) Erforderlichkeit

Der Unterschied zur Notwehr liegt hier darin, dass die Straffreiheit nach § 33 auch dann eintritt, wenn der Täter hinsichtlich der Notwehrhandlung über das Maß der Erforderlichkeit hinausgeht. **166**

Zu Beispiel 6.7 **167**

Hätte im *Beispiel 6.7.* die R die beiden Schläge in die Rippengegend des H während der Fortdauer des Angriffs geführt, obwohl sie zur Abwehr nicht erforderlich waren, so wäre § 33 insoweit anwendbar.

[174] Andernfalls entstünden Widersprüche zur eingeschränkten Schuldtheorie beim Erlaubnistatumstandsirrtum in Form der sog. *Putativ-Notwehr, s. u.* § 13 RN 189 ff., S. 206 ff.

c) Vorliegen der asthenischen Affekte

168 Um straffrei zu bleiben, muss der im Notwehrexzess Handelnde aus Verwirrung, Furcht oder Schrecken die Grenzen der Notwehr überschreiten. Es handelt sich hierbei um sog. *asthenische*,[175] d. h. *Schwäche*-Affekte.[176] Umstritten ist, ob diese Affekte nur im Falle einer *un*bewussten Überschreitung der Notwehrgrenzen angenommen werden können.[177] Entscheidend dürfte insoweit sein, dass die in § 33 genannten Affekte als solche jedenfalls gegeben sein müssen.[178] Da asthenische Affekte aber ohnehin mit einer Bewusstseinstrübung einhergehen, dürfte mit dem Erfordernis des Affektes gleichzeitig auch dem Erfordernis des unbewussten Vorgehens Genüge getan sein: Wer dem Angreifer kaltblütig einen zusätzlichen Schlag versetzt, handelt nicht aus Verwirrung, Furcht oder Schrecken.

3. Subjektives Entschuldigungselement

169 Wie alle Entschuldigungsgründe erfordert auch der Notwehrexzess, dass der Täter in Kenntnis der Notwehrexzess-Lage als Grundlage des Motivationsdrucks handelt.

4. Ausschluss von § 33 bei verschuldetem Notwehrexzess?

170 **Beispiel 6.8**

Bordell-Fall BGH 3 StR 306/92 BGHSt 39, 133: Die angeklagten Zuhälter A und B hatten sich entschlossen, einen bevorstehenden Angriff mehrerer rechtsradikaler Jugendlicher auf das Bordell nicht mit Hilfe der Polizei, sondern selbst abzuwehren. Dies gelang zwar zunächst mittels Drohens mit einer Schrotflinte. Als A und B in ihrem Fahrzeug wieder wegfahren wollten, näherte sich jedoch S – mit einem Messer in der Hand – dem halb auf dem Beifahrersitz sitzenden A bis auf 1 m. Auch mehrere Anhänger von S waren aus der Deckung bis auf wenige Meter an das Fahrzeug herangekommen. Um den offensichtlich bevorstehenden Angriff abzuwehren, sprühte B an A vorbei zunächst Reizgas auf S. Gleich darauf schoss A mit bedingtem Tötungsvorsatz auf den Kopf von S und verletzte ihn tödlich.

171 Den Freispruch durch das Tatgericht auf Grund von § 33 hob der BGH auf. Denn die Ang. hätten die Konfrontation planmäßig gesucht, um gegen die Rechtsradikalen vorzugehen. Ursache für die Notwehrüberschreitung seien daher nicht asthenische Affekte in der Notwehrsituation, sondern sthenische Affekte bei deren Herbeiführung.

---

[175] Von griech. ἀσθενής =asthenäs=schwach.

[176] Im Unterschied zu den sthenischen Affekten wie Wut oder Zorn, die nicht § 33 unterfallen; vgl. BGH 3 StR 306/92 BGHSt 39, 133/139 f.

[177] So *Frister* 1993, S. 229 ff.; vgl. auch *Welzel* LB, S. 88; zur Anwendbarkeit bei bewusster Überschreitung BGH 1 StR 244/94 NStZ 1995, 76.

[178] Zur „Furcht" bei bewusster Überschreitung der Notwehrgrenzen BGH 1 StR 244/94 NStZ 1995, 76.

Als Parallele zur Einschränkung der Notwehr bei Notwehrprovokation ist die Entscheidung des BGH immerhin folgerichtig.[179] 172

5. Aufbauschema zum (intensiven) Notwehrexzess, § 33

▶ 1. Notwehrexzess-*Lage* 173
  a. Angriff, rechtswidrig
  b. gegenwärtig (str., h.M. +)
2. Notwehrexzess-*Handlung*
  a. Verteidigungshandlung gegen den Angreifer
  b. Überschreitung der erforderlichen Abwehr
  c. Asthenische Affekte: Verwirrung, Furcht, Schrecken
3. Subjektives Entschuldigungselement

III. Befolgung einer unverbindlichen Weisung (militärischer Befehl/ dienstliche Anordnung), §§ 5, 22 WStG, § 63 BBG[180]

Die verbindliche Weisung (dazu § 5 RN 353 ff.) wirkt *rechtfertigend*. Als Entschuldigungsgrund kommt eine Weisung daher erst dann in Frage, wenn ihre *Verbindlichkeit* ausgeschlossen worden ist. 174

1. Unverbindlichkeit

Grundsätzlich[181] *unverbindlich* sind dienstliche Anordnung und militärischer Befehl, wenn sie *formfehlerhaft* oder auf ein *offensichtlich rechtswidriges* Verhalten gerichtet sind. 175

Von einer *offensichtlichen Rechtswidrigkeit* ist auszugehen, wenn das angeordnete Verhalten menschenrechtswidrig ist oder gegen eine Strafvorschrift verstößt. 176

2. Entschuldigung

Trotz der Unverbindlichkeit der dienstlichen Anordnung bzw. des Befehls ist der Ausführende grundsätzlich entschuldigt. Denn der Untergebene handelt mit dem Willen, eine ihm obliegende Gehorsamspflicht zu erfüllen, weshalb sein Verhalten ihm nicht zum Vorwurf gemacht wird. 177

---

[179] Gegen eine solche Einschränkung hier wie dort aus dem Prinzip der Eigenverantwortlichkeit des Angreifers jedoch *Renzikowski* FS Lenckner, S. 264, da die vorangegangene Provokation die Eigenverantwortlichkeit des Angreifers nicht aufhebe.

[180] Vgl. auch § 36 BeamtStG, § 30 ZDG, § 11 SG, § 97 StVollzG, § 3 VStGB, § 124 SeeArbG, sowie § 56 HSOG.

[181] Ausnahmsweise kann auch die auf ein offensichtlich rechtswidriges Verhaltens gerichtete Weisung verbindlich sein, wenn dieses Verhalten in einer *Ordnungswidrigkeit* besteht und der Empfänger ein *Soldat* ist oder ein *Vollzugsbeamter*, der unmittelbaren Zwang anwendet, s. o. § 5 RN 356.

3. Ausnahmen von der Entschuldigung

178 Allerdings gibt es hiervon wiederum Ausnahmen:

179 • Einen *Beamten* vermag die unverbindliche dienstliche Anordnung *nicht zu entschuldigen*, wenn für ihn die Unverbindlichkeit *individuell erkennbar* war. Führt der Beamte die dienstliche Anordnung trotz individueller Erkennbarkeit ihrer Unverbindlichkeit aus, handelt er schuldhaft.

180 • Einen *Soldaten* (§ 5 I WStG; § 11 II 2 SG) bzw. einen *Vollzugsbeamten bei Anwendung unmittelbaren Zwangs* (§ 7 II 2 UZwG)[182] entschuldigt der unverbindliche Befehl/ die unverbindliche dienstliche Anordnung (*nur*) *dann nicht*, wenn die Unverbindlichkeit *nach den ihm bekannten Umständen offensichtlich* war[183] oder er *in Kenntnis der Unverbindlichkeit* gehandelt hat.[184]

181 Soweit eine Entschuldigung Kraft einer unverbindlichen Weisung nicht möglich ist, kommt im militärischen Bereich jedoch noch eine *Strafmilderung* nach § 49 I in Betracht (§ 5 II WStG). Im übrigen schließt das Scheitern einer Entschuldigung aufgrund einer unverbindlichen Weisung/eines unverbindlichen Befehls eine Entschuldigung nach § 35 bzw. einen Schuldausschluss nach § 17 nicht aus.

4. Entschuldigungsgrund „eigener Art"?

182 Vergleicht man die Entschuldigung aufgrund einer unverbindlichen Weisung mit den Entschuldigungsgründen in den §§ 33 und 35, liegt insofern eine strukturelle Abweichung vor, als ein Handeln unter *Motivationsdruck nicht verlangt* wird, was eher für eine Einordnung als Schuldausschließungsgrund sprechen könnte. Jedoch überzeugt dies nicht.[185] Denn die Schuldausschließungsgründe beruhen gerade nicht auf einer Unrechtsminderung. Bei der Befolgung des unverbindlichen Befehls liegt die Unrechtsminderung jedoch im Willen zur Erfüllung einer Gehorsamspflicht. *Jescheck/Weigend* sprechen deshalb von einem Entschuldigungsgrund *eigener Art*, zugleich einer *Sonderregelung* für den *Verbotsirrtum*.[186]

IV. Übergesetzlicher entschuldigender Notstand

183 **Beispiel 6.9**

Anstaltstötungen OGH StS 19/49 OGHSt 1, 321 v. 5. März 1949 (vgl. auch BGH 4 StR 23/50 NJW 1953, 513):[187] „Zur Vorbereitung der von Hitler am 1.9.1939

[182] Vgl. auch § 97 II 2 StVollzG, § 56 II 2 HSOG.

[183] Zur Entschuldigung der Grenzsoldaten an der Berliner Mauer für tödliche Schüsse auf fliehende DDR-Bürger und zur Offensichtlichkeit der Unverbindlichkeit des Schießbefehls *Eser* FS Odersky, S. 337 ff.; *Miehe* FS Gitter, S. 647 ff.

[184] Näher zu Kenntnis und Offensichtlichkeit BGH 1 StR 158/08 BGHSt 53 145/161 ff.

[185] So aber *Lackner/Kühl* RN 27 vor § 13.

[186] *Jescheck/Weigend* AT § 46 I 4 mwN FN 5.

[187] Vgl. zum Ganzen auch *Eser/Burkhardt* StK I Nr. 18 A 48 ff.; zum OGH *Rüping* NStZ 2000, S. 355 ff.

befohlenen Anstaltstötungen hatten die in Betracht kommenden Heil- und Pflegeanstalten gemäß einem Erlass des Reichsinnenministers für jeden Insassen schriftliche Angaben über die Krankheit, das Verhältnis des Kranken zu seinen Angehörigen, den Kostenträger und vor allem über die Arbeitsfähigkeit des Kranken zu machen, angeblich für Zwecke der Reichsverteidigung...In Westfalen, wie überall im Reiche, waren diese Meldungen im Sommer 1940 an den Reichsinnenminister gegangen. Eine Ausnahme bildeten einige konfessionelle Anstalten, wo man ihren Zweck erkannt hatte...Nach diesen schriftlichen Meldungen entschieden zwei Unter- und ein Obergutachter im Rahmen der „Reichsarbeitsgemeinschaft Heil- und Pflegeanstalten" in Berlin über die Tötung. Die zu Tötenden wurden listenmäßig zusammengefaßt.

Im Januar 1941 wurde der Angeklagte Dr. P., seit 1934 ärztlicher Leiter der Anstalt W., Parteimitglied seit 1933, SA-Sanitätssturmführer und formell seit 1934 Mitarbeiter beim rassepolitischen Amt des Kreises, zur besonderen Verwendung in der Kanzlei des Führers' ohne sein Vorwissen uk[188]-gestellt und übernahm die Anstaltsleitung wieder. Den Grund der Uk-Stellung – Mitarbeit bei den geplanten Tötungen – vermutete er. Vom Frühjahr 1941 ab gingen bei den Anstalten dann die erwähnten Verlegungsanweisungen ein. Anfang Juni 1941... wurde die Provinzialverwaltung vom Reichsinnenminister aber angewiesen, aus den zu verlegenden...Fälle auszusondern. Der Landeshauptmann...bestimmte hierzu den Angeklagten Dr. P. und den Landesrat Dr. Po.... Po. zog zu seiner Unterstützung den angeklagten Landesverwaltungsrat Dr. Sch. heran. 184

Diese Kommission P.-Po.-Sch. überprüfte im Juni, Juli und bis Anfang August 1941 die den Anstalten in D., E., G. und W. zugegangenen Verlegungslisten, also die ursprünglich durch die Gutachter zur Tötung bestimmten Kranken, und zwar nach den Anstaltsunterlagen und nach Vorschlägen der jeweiligen Anstaltsärzte in gemeinsamer Beratung mit diesen. In W. war der Angeklagte Dr. S. hieran beteiligt... Nach den Urteilsfeststellungen haben sich Dr. P. und Dr. S. hierbei bemüht,... unter bewusster Überschreitung der engen Richtlinien möglichst viele Kranke von den Listen zu streichen. Das ist ihnen in zahlreichen Fällen gelungen."[189] 185

Beispiel 6.10 186

Der Vergnügungsdampfer „Europa" hat einen Felsen gerammt und ist am Kiel leckgeschlagen. Das Wasser hat bereits das unterste Deck gefüllt und droht weiter nach oben zu steigen. Die Feriengäste stürmen von den untersten Decks nach oben. Das Schiff ist aber so beschädigt, dass es alsbald zu sinken droht, wenn nicht die Sicherheitstüren (Schotten) zu den Decks unterhalb der Wasseroberfläche geschlossen werden. Um zu verhindern, dass alle Passagiere den sicheren Tod finden, entschließt sich Kapitän K, die Sicherheitstüren im Unterschiff schließen zu lassen („Schotten dicht!"), so dass das Wasser nicht weiter als bis

[188] „uk"=Abkürzung für „unabkömmlich".

[189] OGH StS 19/49 OGHSt 1, S. 321 f.

zum dritten Deck (vom Kiel des Schiffes aus gesehen) steigen kann. Zwar werden auf diese Weise alle Passagiere, die sich im vierten Deck des Schiffes und den weiter oben gelegenen Decks befinden, gerettet. Jedoch wird durch die Aktion vielen der Passagiere die Flucht in das vierte Deck abgeschnitten. Ist Kapitän K strafbar?

187 In Fällen wie diesen gerät die Strafrechtsdogmatik an die Grenzen ihrer Leistungsfähigkeit. Einmütigkeit herrscht wohl nur über die Struktur des Sachverhalts. Diese besteht im wesentlichen darin, dass der Täter die Möglichkeit hat, aus einer Gesamtzahl todgeweihter Personen eine Anzahl auszuwählen, um sie vor dem Tod zu bewahren. Gleichzeitig trägt der Täter aber durch seine Rettungsaktion dazu bei, dass die übrigen getötet werden.

188 Betrachtet man zunächst die kollidierenden *Interessen*, so ist der Täter denjenigen gegenüber, die er retten kann, formal zum *Handeln* verpflichtet, den Preisgegebenen gegenüber zum *Unterlassen.*

189 In den Fällen der *Anstaltstötungen* traf die Angeklagten *den zu Tötenden* gegenüber die formale Pflicht, *jede Mitwirkung* an den Tötungsaktionen, sei es durch gutachtliche Stellungnahmen, durch Anordnung, Vorbereitung, Absendung und Begleitung von Transporten, *zu unterlassen.* Im Verhältnis zur formalen Handlungspflicht den Rettbaren gegenüber geht jene Unterlassungspflicht vor und erstarkt nach Notstandsgesichtspunkten zur materiellen Unterlassungspflicht (§ 5 RN 303 ff.), weil das Erhaltungsinteresse, das Leben der geretteten Menschen, das Eingriffsinteresse, das Leben der *zu Tötenden*, nicht überwiegt:

190 Das Gesetz wertet „das menschliche Leben selbst gleichmäßig, und das mit Recht. Jeder andere Maßstab wäre unerträglich und entwürdigend. Selbst die Zulässigkeit der Todesstrafe bei schwersten Verbrechen ist mit gewichtigen Gründen umstritten. Jede rechtliche Wertung und Abwägung des Menschenlebens nach dessen Wert für andere, nach Gesundheit, Nützlichkeit, Lebensbewährung, nach, gut' oder, böse' ist ausgeschlossen. Auch das Leben des zum Tode Verurteilten, der der Vollstreckung entgegensieht, ist nicht, wertlos' und nicht der eigenmächtigen Vorwegnahme der Vollstreckung ausgesetzt. Dass das bloße günstige Zahlenverhältnis zwischen den Geretteten und den zur Rettung Aufgeopferten deren Tötung für sich allein niemals zu rechtfertigen vermag, ergibt sich danach von selbst und außerdem auch bereits aus dem Umstande, dass nicht der – vom Täter gar nicht beherrschte – später eintretende, mehr oder weniger zufällige Erfolg über die Rechtmäßigkeit der Tat entscheiden kann.“[190]

191 Es besteht folglich nur jene Unterlassungspflicht. Auch eine *rechtfertigende Pflichtenkollision* scheidet aus. Denn diese ist nur bei der Kollision von gleichrangigen Handlungspflichten anerkannt (§ 5 RN 290 ff., 327 ff.).

192 Betrachtet man nach dem Ausscheiden einer Rechtfertigung die Anstaltstötungen unter dem Blickwinkel einer Entschuldigung nach § 35, so wäre die Mitwirkung an der Preisgabe der *zu Tötenden* ein Handeln, um eine Gefahr für die *Rettbaren* abzuwenden. Indessen handelt es sich bei den zu Rettenden nicht um nahestehende

[190] OGH StS 19/49 OGHSt 1, 321/334.

Personen i.S. von § 35, weshalb eine direkte Anwendung dieses Entschuldigungsgrundes nicht in Frage kommt. Nimmt man aber an, dass die Gefahr für die Rettbaren nicht anders abwendbar war als durch die Mitwirkung an der Preisgabe der anderen und nimmt man weiterhin eine Notstandshandlung, d. h. eine Handlung *zur Abwendung der Gefahr*, seitens der Angeklagten an, dann würde sich die Frage einer analogen Anwendung von § 35 stellen, wenn man eine Lückenhaftigkeit der Vorschrift annehmen könnte.

Könnte man davon ausgehen, dass der Gesetzgeber bei der Einführung der „nahestehenden Person" in § 35 Fälle wie die „Anstaltstötungen" schlicht übersehen hat, dann würde gegen eine vorsichtige Analogie nichts sprechen. Insbesondere wäre eine *Unrechtsminderung* durch Rettung der Rettbaren und eine doppelte Schuldminderung durch die Unrechtsminderung und durch den Motivationsdruck auf Seiten der Ärzte gegeben. In den Materialien finden sich keine Hinweise auf eine bewusste Ausklammerung der Problematik. Eine analoge Anwendung von § 35 wäre folglich nicht ausgeschlossen. **193**

Der Oberste Gerichtshof für die britische Zone vermied eine Analogiebildung und nahm aufgrund der Exzeptionalität der Umstände einen *persönlichen Strafausschließungsgrund* zugunsten der Ärzte an – eine verständliche, dogmatisch zunächst aber doch eher an den „Gordischen Knoten" erinnernde Lösung: **194**

„Der Tötungserlass Hitlers hat zu der bereits gekennzeichneten, kriminalpolitisch einzigartigen Lage geführt, dass ein rücksichtsloser, mächtiger, Menschwert und Menschenwürde missachtender Staat die Ausrottung einer ganzen, nach Hunderttausenden zählenden Menschengruppe von Kranken und Hilflosen anstrebte und offensichtlich weitgehend auch verwirklichte. Die staatliche Planung und Durchführung eines solchen Verbrechens unter solchen Gesichtspunkten und Formen ist in der Geschichte der gesitteten Menschheit auf der heutigen Erkenntnisstufe einzigartig. Sie stellt den Tatrichter vor Tatformen, Täterpersönlichkeiten und Tatbeweggründe, denen die für normale Tatverhältnisse in einem Rechtsstaate geschaffenen Rechtsregeln nicht immer und nicht in jeder Beziehung gerecht werden können. Gleichwohl genügen die allgemeinen Regeln des Strafrechts fast durchweg auch zur Aburteilung der Anstaltstötungen. Indessen fordert die Gerechtigkeit, einen Beteiligungsfall auszunehmen, in welchem der Täter zwar nicht als gerechtfertigt oder entschuldigt gelten kann, wohl aber einen persönlichen Strafausschließungsgrund zur Seite hat."[191] **195**

Dass die Ablehnung einer Entschuldigung durch den OGH letztlich aber doch Zustimmung verdient, ergibt der Unterschied zwischen der Problematik der Anstaltstötungen und der Situation des Kapitäns im *Schulbeispiel 7.9*. Er liegt darin, dass das Unterlassen einer Mitwirkung der Anstaltsärzte nur dann die tödliche Folge herbeigeführt hätte, wenn andere, „willfährigere Helfer an deren Stelle getreten wären".[192] Der OGH will damit sagen, dass die Anstaltsärzte es auf das Eingreifen jener „willfährigeren Helfer" hätten ankommen lassen müssen, anstatt dem Zeitgeist entsprechend im vorauseilenden Gehorsam zur „Selektion" zu schreiten. Im Falle des Schiffskapitäns würde der Tod aller hingegen mit *naturgesetzlicher Sicherheit* eintreten. Angesichts dieses naturgesetzlichen Ablaufs wäre es wenig verständlich, wenn man dem Kapitän sein Rettungshandeln zum Schuldvorwurf machen würde. **196**

[191] OGH StS 19/49 OGHSt 1, 321/335.

[192] OGH StS 19/49 OGHSt 1, 321/330.

In Fällen wie dem Kapitänsfall erscheint es daher vertretbar, trotz des numerus clausus der Entschuldigungsgründe in vorsichtiger Analogie zu § 35 einen Entschuldigungsgrund des übergesetzlichen entschuldigenden Notstands anzunehmen.[193]

197 V. Unzumutbarkeit als allgemeiner Entschuldigungsgrund?

Die Unzumutbarkeit ist als Entschuldigungs*prinzip* anerkannt, auf welches sich die Entschuldigungsgründe stützen. Hingegen bildet sie keinen allgemeinen Entschuldigungsgrund.[194] Als Prinzip steht die Unzumutbarkeit dogmatisch somit im Hintergrund. Eine Funktion der Unzumutbarkeit innerhalb des Verbrechensaufbaus wird bei der *Unterlassungs-* und bei der *Fahrlässigkeitsstraftat* diskutiert (näher § 11 RN 107 ff.; § 12 RN 185 ff.).

Lösung des Leitfalls 6.2

Strafbarkeit der B wegen uneidlicher Falschaussage, § 153

I./II. Tatbestandsmäßigkeit/Rechtswidrigkeit (siehe hierzu oben RN 129)

III. Schuldhaftigkeit

198 B könnte allerdings gem. § 35 I 1 StGB *entschuldigt* sein. Dies setzt voraus, dass für B eine gegenwärtige Gefahr für Leben, Leib oder Freiheit bestand. Eine solche Gefahr könnte in der Drohung des A liegen, die B umzubringen, falls diese vor Gericht nicht seinen Vorstellungen gemäß aussage.

199 Die Ankündigung des A, B zu töten, stellt für diese eine *Gefahr* für *ihr Leben* dar, unabhängig davon, ob A seine Drohung überhaupt in die Tat umgesetzt hätte. Entscheidend ist allein, dass A den Eindruck der Ernsthaftigkeit bei B erwecken konnte (ex-ante Urteil, vgl. *Lenckner/Perron* in: Schönke/Schröder § 35 RN 11). Die Besonderheit dieser Gefahr liegt darin, dass sie für B eine Nötigung i.S.v. § 240 StGB darstellt, weshalb man bei diesen Fällen auch von einem Nötigungsnotstand spricht (vgl. BGH 4 StR 140/92 NStZ 1992, 487).

200 Fraglich ist, ob für B die Gefahr zum Zeitpunkt der Gerichtsverhandlung überhaupt *gegenwärtig* war. Der Begriff der Gegenwärtigkeit wird in § 34 und § 35 StGB gleich bestimmt und besagt, dass die Gefahr „alsbald oder in allernächster Zeit in einen Schaden umschlagen kann." Erfasst sind davon auch die Fälle der sog. Dauergefahr, bei der die Möglichkeit der Gefahrverwirklichung sich über einen längeren Zeitraum erstreckt (zum Ganzen *Perron* in: Schönke/Schröder § 34 RN 17). Da B nach der Gerichtsverhandlung jederzeit damit rechnen musste, dass A seine Ankündigung wahr machen würde, lag eine gegenwärtige Gefahr in Form einer Dauergefahr vor.

[193] Vgl. auch *Roxin* AT 1 § 22/146 ff. und *Hirsch* FS Küper, S. 149/151.

[194] Vgl. auch *Frister* AT Kap. 20/23; *Moos* ZStW 116 (2004), S. 891 ff.; *Roxin* AT 1 22/142; LK-*Zieschang* RN 323 ff. vor § 32; zur Anerkennung als allgemeiner übergesetzlicher Schuldausschließungsgrund in Japan *Ida* Die heutige japanische Diskussion über das Strafrechtssystem, S. 139 f.

Dass die Falschaussage der B erforderlich und die auf dem Spiel stehenden Rechtsgüter (staatliche Rechtspflege – vgl. dazu BGH GSSt 1/55 BGHSt 8, 301/309– versus Leben) sich zueinander *proportional* verhielten, wurde bereits ausgeführt. Ebenfalls, dass B darüber hinaus eine *rechtswidrige Tat* in der Form einer uneidlichen Falschaussage (§ 153 StGB) beging. **201**

Schließlich müsste das subjektive Entschuldigungselement bei B gegeben sein. Da B die Tat in *Kenntnis* der Gefahrenlage und zu dem *Zweck* verübte, der Gefahr zu entgehen, ist auch diese Voraussetzung gegeben und eine Entschuldigung nach § 35 I 1 zu bejahen. **202**

Fraglich ist, ob eine Einschränkung der Entschuldigung gem. § 35 I 2 in Betracht kommt. Dies ist jedoch nicht der Fall, weil B kein *Eigenverschulden* traf und sie keine *Gefahrtragungspflicht* hatte. **203**

Ergebnis: B bleibt straffrei.

D. Zur Wiederholung

Kontrollfragen

1. Welchem Ziel dient die dritte Stufe des Verbrechensbegriffs? (RN 5)
2. Was besagt das Schuldprinzip? (RN 50 ff., § 3 RN 89 ff.)
3. Nennen Sie die Elemente der Schuldhaftigkeit nach dem heute vertretenen normativen Schuldbegriff der vermittelnden Handlungslehre. (RN 25)
4. Was ist am „psychologischen" Schuld(haftigkeits)begriff psychologisch? (RN 8 ff.)
5. Weshalb korrespondiert der rein normative Schuldbegriff mit der finalen Handlungslehre? (RN 22)
6. Was sind Schuldausschließungs- und Schuldminderungsgründe? (RN 58)
7. Weshalb setzen die Entschuldigungsgründe ein subjektives Entschuldigungselement voraus? (RN 123)
8. Nach welchen Kriterien entscheidet das Gesetz über die Schuldunfähigkeit? (RN 61 ff., 64 ff.)
9. Nennen Sie die beiden scheinbaren Ausnahmen von der Straflosigkeit bei Schuldunfähigkeit!. (RN 99 ff., 113 f.)
10. Wodurch unterscheiden sich die Entschuldigungsgründe von den Schuldausschließungs- und -minderungsgründen? (RN 123)
11. Setzt die Entschuldigung nach § 35 die Erfüllung einer Prüfungspflicht voraus? (RN 145 ff.)
12. Worin unterscheidet sich der intensive vom extensiven Notwehrexzess und von welcher Form des Notwehrexzesses geht § 33 aus? (RN 158 ff.)

Literatur

AK-*Bearbeiter* = Alternativkommentar zum Strafgesetzbuch, Bd. 1, 1990, hrsg. von Wassermann.
Baier Strafzumessung bei Trunkenheit, JA 2004, 104 ff.
Baumann/Weber/Mitsch Strafrecht, Allgemeiner Teil (AT), 11. Aufl. 2003
Beling Die Lehre vom Verbrechen, 1906
Burkhardt Freiheitsbewußtsein und strafrechtliche Schuld, FS für Lenckner 1998, S. 1 ff.
Cerezo Mir Der materielle Schuldbegriff, ZStW 108 (1996), 9 ff. = Leipziger Juristische Vorträge, Heft 31 1997
Dohna Zum neuesten Stand der Schuldlehre, ZStW 32 (1911), 323 ff.
Dohna Aufbau der Verbrechenslehre, 3. Aufl. 1947
Dohna Ein unausrottbares Mißverständnis, ZStW 66 (1954), 505 ff.
Dölling Willensfreiheit und Verantwortungszuschreibung unter kriminalitätstheoretischen Aspekten, in Lampe u. a. (Hrsg.), Willensfreiheit und rechtliche Ordnung, 2008, S. 371 ff.
Donna Die Schuldfrage und die Problematik des menschlichen Genoms – Zwischen dem Sein und dem Sein-Müssen, ZStW 123 (2011), 387 ff.
Dreher Die Willensfreiheit, 1987
Ebert Strafrecht, Allgemeiner Teil, 4. Aufl. 2001
Endres Zur Problematik der forensischen Begutachtung von Affektdelikten, JZ 1998, 674 ff.
Engisch Zur Idee der Täterschuld, ZStW 61 (1942), 166 ff.
Eser/Burkhardt Juristischer Studienkurs Strafrecht I (StK I), 4. Aufl. 1992
Eser Schuld und Entschuldbarkeit von Mauerschützen und ihren Befehlsgebern, Festschrift für Odersky 1996, S. 337 ff.
Fischer Strafgesetzbuch, Kommentar, 60. Aufl. 2013
Frank Über den Aufbau des Schuldbegriffs, Festschrift für die juristische Fakultät in Gießen 1907, S. 519 ff.
Frister Die Struktur des „voluntativen Schuldelements“, 1993
Frister Strafrecht, Allgemeiner Teil (AT), 5. Aufl. 2011
Gallas Zum gegenwärtigen Stand der Lehre vom Verbrechen, ZStW 67 (1955), 45 ff.
Geppert Jura Kartei (JK) 1997
Giese Zur Psychopathologie der Sexualität, 1973
Göppinger/Witter Handbuch der forensischen Psychiatrie, Band 2, 1972
Greco Wider die jüngere Relativierung der Unterscheidung von Unrecht und Schuld, GA 2009, 636 ff.
Griffel Willensfreiheit und Strafrecht, GA 1996, 457 ff.
Haddenbrock Strafrechtliche Handlungsfähigkeit und „Schuldfähigkeit“ (Verantwortlichkeit), in: Göppinger/Witter (Hrsg.), Handbuch der forensischen Psychiatrie, Bd. II, 1972
Haddenbrock Geistesfreiheit und Geisteskrankheit, NStZ 1995, 581 ff.
Haddenbrock Das rechtliche Schuldprinzip in wissenschaftlich-anthropologischer (= global akzeptabler) Sicht, GA 2003, 521 ff.
Hake Beteiligtenstrafbarkeit und „besondere persönliche Merkmale“, 1994
Heinrich, B. Strafrecht, Allgemeiner Teil (AT), 3. Aufl. 2012
Herzberg Setzt Strafrechtliche Schuld Vertreten–müssen voraus?, ZStW 124 (2012), 12 ff.
Hettinger Die „actio libera in causa“: Strafbarkeit wegen Begehungstat trotz Schuldunfähigkeit?, 1988
Hillenkamp Willensfreiheit ist Illusion – oder: Was lässt die Hirnforschung vom Strafrecht übrig?, in Gestrich/Wabel (Hrsg.), Freier oder unfreier Wille?, 2005, S. 72 ff.
Hillenkamp 32 Probleme aus dem Strafrecht, Allgemeiner Teil, 14. Aufl. 2012
Hirsch Das Schuldprinzip und seine Funktion im Strafrecht, ZStW 106 (1994), 746 ff.
Hirsch Anwendbarkeit der Grundsätze der actio libera in causa, NStZ 1997, 230 ff.
Hirsch Zur actio libera in causa, FS für Nishihara 1998, S. 88 ff.
Hirsch Defensiver Notstand gegenüber ohnehin Verlorenen, FS Küper 2007, S. 149 ff.
Hoffmann-Holland Strafrecht, Allgemeiner Teil (AT), 2. Aufl. 2011

Hörnle Das antiquierte Schuldverständnis der traditionellen Strafzumessungsrechtsprechung und –lehre, JZ 1999, 1080 ff.
Hruschka Die actio libera in causa bei Vorsatztaten und bei Fahrlässigkeitstaten, JZ 1997, 22 ff.
Ida Die heutige japanische Diskussion über das Strafrechtssystem, 1991
Jäger Strafrecht, Allgemeiner Teil (AT), 6. Aufl. 2013
Jakobs Schuld und Prävention, 1976
Jakobs Strafrecht, Allgemeiner Teil (AT): Die Grundlagen und die Zurechnungslehre, 2. Aufl. 1993
Jakobs Die sogenannte actio libera in causa, FS für Nishihara 1998, S. 105 ff.
Jerouschek Die Rechtsfigur der actio libera in causa: Allgemeines Zurechnungsprinzip oder verfassungswidrige Strafbarkeitskonstruktion?, JuS 1997, 385 ff.
Jescheck/Weigend Lehrbuch des Strafrechts, Allgemeiner Teil (AT), 5. Aufl. 1996
Kaufmann, Arthur Unzeitgemäße Betrachtungen zum Schuldgrundsatz im Strafrecht, Jura 1986, 225 ff.
Keiser Schuldfähigkeit als Voraussetzung der Strafe, Jura 2001, 376 ff.
Köhler Strafrecht, Allgemeiner Teil (AT), 1997
Köhler Zur Zurechnung von Affekt und Leidenschaft – Gesichtspunkte der praktischen Philosophie, in: Klesczewski (Hrsg.), Affekt und Strafrecht, 2004, S. 9 ff.
Koriath Zum Streit um den Schuldbegriff. Eine Skizze, GA 2011, 618 ff.
Krey/Esser Deutsches Strafrecht, Allgemeiner Teil (AT), 5. Aufl. 2012
Kröber Steuerungsfähigkeit und Willensfreiheit aus psychiatrischer Sicht, in Kröber/Dölling/Leygraf/Sass (Hrsg.), Handbuch der forensischen Psychiatrie, Bd. 1, 2007, S. 159 ff.
Krümpelmann Dogmatische und empirische Probleme des sozialen Schuldbegriffs, GA 1983, 337 ff.
Kühl Strafrecht, Allgemeiner Teil (AT), 7. Aufl. 2012
Küpper Strafrecht, Besonderer Teil 1 (BT 1), 3. Aufl. 2006
Lackner/Kühl Strafgesetzbuch, Kommentar, 27. Aufl. 2011
Lampe Willensfreiheit und strafrechtliche Unrechtslehre, ZStW 118 (2006), 1 ff.
Lenckner Strafe, Schuld und Schuldfähigkeit, in: Göppinger/Witter (Hrsg.), Handbuch der forensischen Psychiatrie, Bd. 1, 1972, S. 3 ff.
Libet Haben wir einen freien Willen? in Geyer (Hrsg), Hirnforschung und Willensfreiheit – Zur Deutung der neuesten Experimente, 2004, S. 268 ff.
Liszt v. Lehrbuch des Deutschen Strafrechts, 3 Aufl. 1888; 14. u. 15. Aufl. 1905
LK-*Bearbeiter* = Laufhütte/Rissing-van Saan/Tiedemann (Hrsg.), Leipziger Kommentar, Strafgesetzbuch, 12. Aufl. 2007 ff.
Lüderssen Ändert die Hirnforschung das Strafrecht?, Frankfurter Allgemeine Zeitung v. 4.11.2003, S. 33
Maatz Schuldfähigkeit süchtiger und alkoholisierter Straftäter, StV 1998, 279 ff.
Maihofer Objektive Schuldelemente, FS für Hellmuth Mayer 1966, S. 185 ff.
Maurach/Zipf Strafrecht, Allgemeiner Teil, Teilband 1, 8. Aufl. 1992
Merkel, G. Hirnforschung, Sprache und Recht, Festschrift für Herzberg 2008, S. 3 ff.
Mezger Die Strafe als Ganzes, ZStW 57 (1938), 675 ff.
Mezger Strafrecht, Allgemeiner Teil (AT), 3. Aufl. 1949, 5. Aufl. 1954
Miehe Rechtfertigung und Verbotsirrtum, FS für Gitter 1995, S. 647 ff.
MK-*Bearbeiter* = Münchener Kommentar zum Strafgesetzbuch, 2. Aufl. 2011 ff.
Momsen Die Zumutbarkeit als Begrenzung strafrechtlicher Pflichten, 2006
Moos Der Schuldbegriff im österreichischen StGB, FS für Triffterer 1996, S. 169 ff.
Moos Der allgemeine übergesetzliche Entschuldigungsgrund der Unzumutbarkeit in Deutschland und Österreich, ZStW 116 (2004), 891 ff.
Motsch Der straflose Notwehrexzess, 2003
Müller-Dietz Hirnforschung und Schuld, GA 2006, 338 ff.
Naucke Strafrecht, Eine Einführung, 8. Aufl. 1998
Nedopil/Müller Forensische Psychiatrie. Klinik, Begutachtung und Behandlung zwischen Psychiatrie und Recht, 4. Aufl. 2012, Strafrecht S. 37 ff.

Neumann Konstruktion und Argument in der neueren Diskussion zur actio libera in causa, in: Neumann u. a. (Hrsg.), FS für Arthur Kaufmann 1993, S. 581 ff.
NK-StGB-*Bearbeiter* = *Kindhäuser/Neumann/Paeffgen* (Gesamtredaktion), Nomos-Kommentar zum StGB, 4. Aufl. 2013
Otto Actio libera in causa, Jura 1986, 426 ff.
Otto Grenzen strafloser Überschreitung der Notwehr, § 33 StGB, Jura 1987, 604 ff.
Otto BGHSt 42, 235 und die actio libera in causa, Jura 1999, 217 ff.
Otto Grundkurs Strafrecht, Allgemeine Strafrechtslehre (GK AT), 7. Aufl. 2004
Pawlik Eine Theorie des entschuldigenden Notstandes: Rechtsphilosophische Grundlagen und dogmatische Ausgestaltung, Jahrbuch für Recht und Ethik, 2003, S. 287 ff.
Puppe Grundzüge der actio libera in causa, JuS 1980, 346 ff.
Puppe Der Aufbau des Verbrechens, FS Otto 2007, S. 389 ff.
Radbruch Der Handlungsbegriff in seiner Bedeutung für das Strafrechtssystem, 1903
Rasch/Konrad Forensische Psychiatrie, 3. Aufl. 2004
Rath Freiheit der Hirnforschung, Zeitschrift für Rechtsphilosophie 2004, 164 ff.
Rengier Strafrecht Allgemeiner Teil (AT), 5. Aufl. 2013
Renzikowski Der „verschuldete" Notwehrexzess, FS für Lenckner 1998, S. 249 ff.
Ringelmann Mord an der Grenze von Unrecht und Schuld. Der Haustyrannenmord zwischen Unrecht, Schuld und Strafe, in: Mona/Seelmann (Hrsg.), Grenzen des rechtfertigenden Notstands, 2006
Rönnau Dogmatisch-konstruktive Lösungsmodelle zur actio libera in causa, JA 1997, 707 ff.
Roth Willensfreiheit, Verantwortlichkeit und Verhaltensautonomie des Menschen aus Sicht der Hirnforschung, FS für Lampe 2003, S. 43 ff.
Roth Kant und die Hirnforschung, Forschung und Lehre 2004, S. 132 f.
Roxin Das Schuldprinzip im Wandel, FS für Arthur Kaufmann 1993, S. 519 ff.
Roxin Zur kriminalpolitischen Fundierung des Strafrechtssystems, FS für Günther Kaiser 1998, S. 885 ff.
Roxin Die strafrechtliche Verantwortlichkeit zwischen Können und Zumutbarkeit, Ehrengabe für Brauneck 1999, S. 385 ff.
Roxin Schuld und Schuldausschluß im Strafrecht, FS für Mangakis 1999, S. 243 ff.
Roxin Strafrecht, Allgemeiner Teil Band 1 (AT 1), 4. Aufl. 2006
Roxin Zur neueren Entwicklung der Strafrechtsdogmatik in Deutschland, GA 2011, 678 ff.
Rüping Das „kleine Reichsgericht", NStZ 2000, 355 ff.
Salger Die actio libera in causa – eine rechtswidrige Rechtsfigur NStZ 1993, 561 ff.
Schild Die „Merkmale" der Straftat und ihres Begriffs, 1979
Schild Der strafrechtliche Vorsatz zwischen psychischem Sachverhalt und normativem Konstrukt, Widmungsschrift für Rehbinder 1995, S. 119 ff.
Schild Strafrechtsdogmatik als Handlungslehre ohne Handlungsbegriff, GA 1995, 102 ff.
Schild Die Straftat als „actio libera in causa", FS für Triffterer 1996, S. 203 ff.
Schild Dimensionen der Schuldunfähigkeit. Eine alternative Kommentierung der §§ 20, 21 StGB aus 1990, 2009
Schlüchter Zur vorsätzlichen actio libera in causa bei Erfolgsdelikten, FS für Hirsch 1999, S. 345 ff.
Schmidhäuser Gesinnungsmerkmale im Strafrecht, 1958
Schnabel Der unbewusste Wille, DIE ZEIT Nr. 17/2008, S. 37 ff.
Schöch Die Schuldfähigkeit, in in Kröber/Dölling/Leygraf/Sass (Hrsg.), Handbuch der forensischen Psychiatrie, Bd. 1, 2007, S. 92 ff.
Schönke/Schröder, *Bearbeiter* in: = Schönke/Schröder. Strafgesetzbuch, 28. Aufl. 2010, fortgeführt von *Lenckner, Cramer, Eser, Stree, Heine, Perron, Sternberg-Lieben, Eisele, Bosch, Hecker* und *Kinzig* und unter Mitarbeit von *Schittenhelm.*
Schreiber/Rosenau Rechtliche Grundlagen der psychiatrischen Begutachtung, in Foerster/Dreßing (Hrsg), Psychiatrische Begutachtung, 5. Aufl. 2009, S. 78 ff.
Singer Ein neues Menschenbild? Gespräche über Hirnforschung, 2003

Sinn Die Unterscheidung von Unrecht und Schuld und ihre Bedeutung für die Lehre von der Straftat, FS für Gießen 2007, S. 321 ff.
SK-*Bearbeiter* = Systematischer Kommentar zum Strafgesetzbuch, Grundwerk mit 136. Ergänzungslieferung, von *Rudolphi, Horn, Samson* (Stand: Oktober 2012)
SK-*Rudolphi* 2003 = Systematischer Kommentar zum Strafgesetzbuch, von *Rudolphi, Horn, Samson* (Stand 2003)
Soon, Chun Siong u. a. Unconscious determinants of free decisions in the human brain, Nature Neuroscience 11 (2008), 543 ff.
Spendel Actio libera in causa und kein Ende, FS für Hirsch 1999, S. 379 ff.
Sternberg-Lieben Grenzen fahrlässiger actio libera in causa, GS für Schlüchter 2002, S. 217 ff.
Streng Der neue Streit um die actio libera in causa, JZ 1994, 709 ff.
Streng Actio libera in causa und Vollrauschstrafbarkeit – rechtspolitische Perspektiven, JZ 2000, 20 ff.
Streng Schuldbegriff und Hirnforschung, FS für Jakobs 2007, S. 675 ff.
Sydow Die actio libera in causa nach dem Rechtsprechungswandel des Bundesgerichtshofs, 2002
Theune Auswirkungen des normalpsychologischen (psychogenen) Affektes auf die Schuldfähigkeit sowie den Schuld- und Rechtsfolgenausspruch, NStZ 1999, 273 ff.
Tiedemann Die Anfängerübung im Strafrecht, 1997
Tiemeyer Der „relative Indeterminismus" und seine Bedeutung für das Strafrecht, ZStW 105 (1993), 483 ff.
Vogler Der Irrtum über Entschuldigungsgründe im Strafrecht, GA 1969, 103 ff.
Welzel Das Deutsche Strafrecht: Eine systematische Darstellung (LB), 11. Aufl. 1969
Wessels/Beulke/Satzger Strafrecht, Allgemeiner Teil, 43. Aufl. 2013
Wolfslast Die Regelung der Schuldfähigkeit im StGB, JA 1981, 464 ff.
Wolfslast Strafrecht für Kinder? Zur Frage einer Herabsetzung der Strafmündigkeitsgrenze, FS für Bemmann, 1997, S. 274 ff.
Zenker Actio libera in causa, 2003

§ 7 Besondere Rechtsfolgevoraussetzungen und -hindernisse

Leitfall 7 1

Verlobten-Fall – RGSt 61, 270; I 227/27 vom 25. März 1927:[1] A und B hatten sich „verlobt“. Allerdings wusste die A nicht, dass B noch verheiratet war. Im Zusammenhang mit einer Straftat des B beging A in der folgenden Zeit in der Annahme eines wirksamen Verlöbnisses mehrere *Strafvereitelung*shandlungen zugunsten von B. Gegen die Anklage der Staatsanwaltschaft verteidigte sich A mit dem Hinweis, dass eine Strafvereitelung zugunsten Angehöriger gem. § 257 II a.F. = § 258 VI straffrei bleibe.

Ist die Verteidigung von A stichhaltig?

Von den bisher erörterten Elementen der strafbaren Handlung unterscheiden sich die besonderen *Rechtsfolgevoraussetzungen* und *-hindernisse* dadurch, dass sie außerhalb von Tatbestandsmäßigkeit, Rechtswidrigkeit und Schuldhaftigkeit eingeordnet werden. 2

Die Einordnung – oder besser: „Ausordnung“ – der besonderen Rechtsfolgevoraussetzungen und -hindernisse aus den drei Stufen des *Liszt/Beling*schen Aufbaus der strafbaren Handlung hat zur Folge, dass jene Elemente an den Rückbezüglichkeiten innerhalb von Tatbestandsmäßigkeit, Rechtswidrigkeit und Schuldhaftigkeit – vor allem an der Verknüpfung des Vorsatzes mit den objektiven Elementen der Tatbestandsmäßigkeit – nicht teilhaben. Für die Nichterweislichkeit der behaupteten ehrenrührigen Tatsache in § 186 als objektiver Bedingung der Strafbarkeit spielt es deshalb z. B. keine Rolle, ob der Täter zum Zeitpunkt der Tatsachenbehauptung der Meinung war, die behauptete Tatsache auch beweisen zu können. 3

Die besonderen Rechtsfolgevoraussetzungen und -hindernisse erwecken den Anschein einer *dogmatischen Zirkelschlüssigkeit*. Denn ihre Besonderheiten werden mit ihrer besonderen Stellung begründet, welche wiederum den Zweck hat, genau jene Besonderheiten hervorzurufen. 4

[1] Vgl. auch *Eser/Burkhardt* StK I Nr. 19.

W. Gropp, *Strafrecht Allgemeiner Teil*, Springer-Lehrbuch,
DOI 10.1007/978-3-642-38126-3_7

A. Besondere Rechtsfolgevoraussetzungen

5 Die besonderen Rechtsfolge*voraussetzungen* müssen *zusätzlich* vorliegen, damit die für die tatbestandsmäßige, rechtswidrige und schuldhafte Tat vorgesehenen Rechtsfolgen eintreten können. Zu den besonderen Rechtsfolge*voraussetzungen* zählen die *objektiven Bedingungen der Strafbarkeit* (I), der *Strafantrag* (II) und die *Ermächtigung* (III).

I. Objektive Bedingungen der Strafbarkeit

6 Objektive Bedingungen der Strafbarkeit sind

- die Rauschtat in § 323 a,
- der Tod eines Menschen oder die schwere Körperverletzung bei der Beteiligung an einer Schlägerei nach § 231,
- die Nichterweislichkeit der behaupteten ehrenrührigen Tatsache in § 186 sowie
- die Zahlungseinstellung, die Eröffnung des Insolvenzverfahrens oder die Abweisung des Eröffnungsantrags mangels Masse in §§ 283 VI, 283b III, 283c III, 283d IV.[2]

7 Infolge ihrer systematischen Ausordnung gelten für die objektiven Bedingungen der Strafbarkeit folgende Besonderheiten:

1. Sie sind *bedeutungslos* für die *Tatbestandsmäßigkeit, Rechtswidrigkeit* und *Schuldhaftigkeit* der Tat.
2. Sie sind *bedeutungslos* für die *Vollendung* der Tat.
3. Sie sind *bedeutungslos* für die Bestimmung der *Tatzeit* nach § 8.[3]
4. Sie brauchen nicht vom Vorsatz erfasst zu sein und sind deshalb *resistent gegenüber Irrtümern.*

8 Punkt 4 erweckt Zweifel bezüglich der Vereinbarkeit der objektiven Bedingungen der Strafbarkeit mit dem *Schuldprinzip.* Diesen Zweifeln begegnet die h.M. mit dem prinzipiell zutreffenden Argument, dass der Unrechtsgehalt jener Strafvorschriften unabhängig vom Vorliegen der Bedingung erfüllt ist:[4] Bereits das Sich-Berauschen in § 323a z. B. ist ein gefährliches Verhalten, das der Gesetzgeber – wenn es etwa in der Öffentlichkeit geschieht – bei Strafe verbieten könnte. Jedoch wird das an sich strafwürdige Verhalten toleriert und nicht bestraft, so lange nicht eine Rauschtat begangen wird. Das Begehen der Rauschtat muss aber nicht vom Vorsatz umfasst

---

[2] Umstritten ist die Einordnung der Rechtmäßigkeit der Diensthandlung nach § 113 III als objektive Bedingung der Strafbarkeit, vgl. im Zusammenhang mit einem hierauf gerichteten Irrtum des Täters gem. § 113 IV *Lackner/Kühl* § 113 RN 17 *Sternberg-Lieben* in: Schönke/Schröder § 15 RN 57 mwN.

[3] Bedeutung kommt ihnen jedoch für den Tatort nach § 9 zu, vgl. Leitfall 6.1. BGH 4 StR 217/96 NJW 1997, 228/230: die Tat ist dort begangen, wo die Rauschtat begangen wird.

[4] Vgl. hierzu *Lagodny* 1996, S. 233 ff.; *Satzger* Jura 2006, 110 f.; nach *Geisler* GA 2000, 166 ff. ist sogar das Vorliegen strafbedürftigen Unrechts erforderlich.

sein, weil schon das Sich-Berauschen einen hinreichenden Unwert darstellt und dessen Strafwürdigkeit gerade nicht von einer subjektiven Beziehung des Täters zur Rauschtat abhängt.

Zweifelhaft ist allerdings, ob von der Unwertgelöstheit der objektiven Bedingungen der Strafbarkeit wirklich ausnahmslos ausgegangen werden kann.

Beispiel 7 9

Kommt es bei einer Schlägerei nach § 231 zu der objektiv vorausgesetzten *schweren Folge,* so braucht sich der Vorsatz der Beteiligten nicht auf diese schwere Folge zu beziehen. Man geht davon aus, dass jeder Beteiligte zur schweren Folge beigetragen haben kann und damit zum Unrecht einen Beitrag geleistet hat. Hat ein Beteiligter erst an der Schlägerei teilgenommen, *nachdem* die schwere Folge eingetreten war, kann er die schwere Folge folgerichtig nicht verursacht haben. Nach überwiegender Lehre soll er deshalb auch nicht nach § 231 strafbar sein.[5] Dies wird damit begründet, dass die von § 231 verlangte Gefährlichkeit der Beteiligung an der Schlägerei für die schwere Folge zwar nur abstrakt, aber doch zumindest denkmöglich ursächlich sein muss. Dann allerdings kann die „schwere Folge" nicht völlig losgelöst vom Unrecht der Strafvorschrift über die Schlägerei gesehen werden.

Auch im Hinblick auf die subjektive Seite werden Zugeständnisse gemacht. 10
So wird neben dem Eintritt der objektiven Bedingung der Strafbarkeit zusätzlich gefordert, dass der Täter das Risiko ihres Eintritts habe *erkennen* können.[6]

Umstritten ist, ob objektive Bedingungen der Strafbarkeit über den *Tatort,* der nach 11
§ 9 I auch durch den Eintritt des *Erfolgs* bestimmt wird, entscheiden. Dann müsste der Eintritt der objektiven Bedingungen der Strafbarkeit der „Erfolg" der strafbaren Handlung sein. Weil die objektiven Bedingungen jedoch gerade nicht Elemente der Tatbestandsmäßigkeit sein sollen, können sie auch nicht der „zum Tatbestand" gehörende Erfolg im Sinne von § 9 I sein.[7]

II. Strafantrag, §§ 77 – 77d

Bei manchen Straftaten ist die Stellung eines Strafantrags neben der Tatbestands- 12
mäßigkeit, Rechtswidrigkeit und Schuldhaftigkeit der Tat eine zusätzliche Voraussetzung ihrer Verfolgbarkeit. Die Erforderlichkeit eines Strafantrags beruht im Wesentlichen auf drei voneinander unabhängigen Grundgedanken: 13

[5] Vgl. *Stree/Sternberg-Lieben* in: Schönke/Schröder § 231 RN 9; LK-*Hirsch* § 227 RN 8; SK-*Horn* § 231 RN 8, 8a; *Küpper* BT 1 Teil I § 2/50; and. die Rechtsprechung – vgl. BGH 1 StR 139/61 BGHSt 16, 130 – und Teile des Schrifttums, vgl. MK-*Hohmann* § 231 RN 24; *Lackner/Kühl* § 231 RN 5; *Fischer* § 231 RN 8.

[6] Vgl. LK-*Hirsch* § 227 RN 1, 15.

[7] So zutreffend *Satzger* Jura 2006, 111 mwN; and. die überw. Meinung und der BGH z. B. oben § 6 Leitfall 6, BGH 4 StR 217/96 BGHSt 42, 235.

1. Der Bagatellgedanke
   - z. B. Hausfriedensbruch, § 123; Vermögensstraftaten mit geringwertigen
14 Sachen als Angriffsobjekt, § 248a;
2. Der Versöhnungsgedanke
   - z. B. Einfache vorsätzliche und fahrlässige Körperverletzung, § 230; Beleidi-
15 gung, § 194; Haus- und Familiendiebstahl, § 247;
3. Der Intimitätsgedanke
   - z. B. Geheimnisverletzung, § 205; Nachstellung, § 238 IV; Verletzungen des Urheberrechts, § 109 UrhG.[8]

16 Strafantragsberechtigt ist primär der Verletzte,[9] in bestimmten Fällen auch der Dienstvorgesetzte. Relativiert wird das Strafantragserfordernis teilweise dadurch, dass die Staatsanwaltschaft in Fällen des besonderen öffentlichen Interesses auch ohne Strafantrag ermitteln darf, so etwa im Falle der Sachbeschädigung, vgl. § 303c. Man spricht dann von *unechten* Antragsstraftaten.

17 Die Aufgabe des Antragserfordernisses in Fällen der Sachbeschädigung bei Bejahung eines „besonderen öffentlichen Interesses" erfolgte 1985 zur effektiveren Verfolgung organisiert begangener Straftaten, vor allem von Schutzgelderpressungen im Bereich des Gaststättengewerbes.[10] Zahlt das Erpressungsopfer nicht, droht ihm die Zerstörung des Gaststättenmobiliars. Aus Angst vor weiteren Gewaltanwendungen, auch gegen Personen, nahmen die Betroffenen davon Abstand, wegen der Zerstörungen einen Strafantrag zu stellen, und be- bzw. verhinderten dadurch die weiteren Ermittlungen der Strafverfolgungsorgane.

III. Ermächtigung, § 77e

18 Die Ermächtigung ist mit dem Strafantrag nahe verwandt, was schon die Verweisung in § 77e auf die §§ 77 und 77d zeigt. Aus jener nur teilweisen Verweisung ergibt sich andererseits, dass die Ermächtigung nicht befristet ist.

19 Die Ermächtigung spielt bei Straftaten gegen den demokratischen Rechtsstaat und seine Organe (§§ 90 IV, 90b II), Straftaten zum Schutze der äußeren Sicherheit (§ 97 III), Straftaten zum Schutz der diplomatischen Beziehungen mit ausländischen Staaten (§ 104a) und solchen zum Schutz des Rufes von Gesetzgebungsorganen des Bundes oder eines Landes oder anderer inländischer politischer Körperschaften eine Rolle.

[8] Näher *Jescheck/Weigend* AT § 85 I 1.

[9] Näher zum Begriff des Verletzten – allgemein und bei einzelnen Straftaten – LK-*Jähnke* § 77 RN 23 ff.

[10] Vgl. 22. Strafrechtsänderungsgesetz (StÄG) vom 18.7.1985 BGBl. I 1510 betr. §§ 303 III, 303c.

B. Besondere Rechtsfolgehindernisse

Charakteristisch für die besonderen Rechtsfolgehindernisse ist *ihr persönlicher Anwendungsbereich*. Dritte, bei denen die persönlichen Hindernisse nicht gegeben sind, partizipieren somit nicht an der Straffreiheit (§ 28 II). Die Strafbarkeitshindernisse lassen sich einteilen in *Strafausschließungsgründe*, bei denen die Strafbarkeit von vornherein nicht eintritt (I), und *Strafaufhebungsgründe*, bei denen die bereits vorhandene Strafbarkeit wieder beseitigt wird (II). 20

I. Persönliche Strafausschließungsgründe

Auch *persönliche Strafausschließungsgründe* greifen nach überwiegender Meinung unabhängig von der Kenntnis des Täters von ihrem Vorliegen ein.[11] Sieht man von der persönlichen Geltung ab, so unterscheiden sich die persönlichen Strafausschließungsgründe von den objektiven Strafbarkeitsbedingungen nur hinsichtlich der Formulierung. Anstatt z. B. bei der üblen Nachrede (§ 186) auf die Nichterweislichkeit der ehrenrührigen Tatsache abzustellen, wäre auch eine Formulierung möglich, nach welcher „straffrei bleibt, wer die ehrenrührige Tatsache nachweisen kann […]". 21

Die Straffreiheit als Folge persönlicher Strafausschließungsgründe beruht auf zwei Grundgedanken: auf *sachlichen Gründen*, welche an einer Person lediglich *anknüpfen* (1), und auf *schuldbezogenen Gründen*, die in den betroffenen Personen *selbst* liegen (2). 22

1. Persönliche Strafausschließungsgründe mit sachbezogenem Hintergrund

a) Art. 46 I GG; §§ 36, 37, Indemnität von Abgeordneten

Die freie Diskussion vor dem Forum eines Parlaments soll dadurch geschützt werden, dass Äußerungen und Berichte nicht strafrechtlich verfolgt werden dürfen, solange es sich nicht um verleumderische, d. h. bewusst wahrheitswidrige Beleidigungen handelt.[12] 23

b) §§ 18–20 GVG, Nichtverfolgung Exterritorialer

Die Befreiung der Mitglieder ausländischer diplomatischer Missionen im Inland, ihrer Familienmitglieder und ihrer privaten Hausangestellten von der deutschen Gerichtsbarkeit, der Mitglieder ausländischer konsularischer Vertretungen im Inland und der Staatsgäste der Bundesrepublik dient der Wahrung der diplomatischen Beziehungen der Bundesrepublik Deutschland mit dem Ausland.[13] 24

---

[11] Vgl. *Jescheck/Weigend* AT § 29 V 7 d; *Otto* GK AT § 20/4; SK-*Rudolphi* § 16 RN 8; *Fischer* § 16 RN 27; umfassend *Bloy* 1976.

[12] Im Unterschied zur Indemnität bezieht sich die *Immunität* auf sonstige strafbare Handlungen von Abgeordneten und bedeutet, dass eine strafrechtliche Verfolgung und jede Beschränkung der persönlichen Freiheit der Genehmigung des Bundestages bedarf, Art. 46 II, III GG und Strafverfahren auf Verlangen des Bundestages auszusetzen sind, Art. 46 IV GG. Die Immunität dient dem Schutz der Handlungsfähigkeit des Bundestages.

[13] Vgl. hierzu den *Fall Taba-Tabai* OLG Düsseldorf 1 Ws 1102/85 NStZ 1987, 87 m. Anm. *Jakobs*.

2. Persönliche Strafausschließungsgründe mit schuldbezogenem Hintergrund

25 Bei dieser Fallgruppe persönlicher Strafausschließungsgründe wird davon ausgegangen, dass der Betroffene unter einem besonderen Motivationsdruck steht, was den Schuldgehalt der Tat vermindert und die Rechtsfolge „Strafe" unzweckmäßig erscheinen lässt.

26 Beispiele:

- § 173 III, die Straffreiheit aufgrund jugendlichen Alters des am Inzest Beteiligten;
- § 218 IV 2, die Straffreiheit der Frau, die einen illegalen Schwangerschaftsabbruch *versucht;*
- § 258 VI, die Straffreiheit dessen, der eine Strafvereitelung zugunsten eines *Angehörigen* begeht.

3. Schuldbezogene persönliche Strafausschließungsgründe und Irrtumslehre

27 Die Schuldbezogenheit bestimmter persönlicher Strafausschließungsgründe nimmt eine Mindermeinung[14] zum Anlass, einen beachtlichen Irrtum anzunehmen, wenn der Täter die tatsächlichen Voraussetzungen des Strafausschließungsgrundes nur irrig annimmt.

28 **Zu Leitfall 7**

Jene Mindermeinung ist im Zusammenhang mit *Leitfall 7.* von Interesse: Nach der Auffassung des Reichsgerichts und der auch heute noch h.M. soll für die Straffreiheit der Strafvereitelung zugunsten Angehöriger allein die *objektive Lage* entscheidend sein. Da kein wirksames Verlöbnis zustande kommt, wenn einer der Partner verheiratet ist,[15] liegt objektiv keine Angehörigeneigenschaft vor. Damit käme A der Strafausschließungsgrund in § 258 VI nicht zugute. „Mit diesen Bestimmungen hat nach der Auffassung des Gesetzgebers [...] den nahen natürlichen Beziehungen Rechnung getragen werden sollen, die zwischen Blutsverwandten und anderen durch ähnliche Verhältnisse miteinander verbundenen Personen bestehen und die Möglichkeit des Widerstreits von Rechtspflichten mit natürlichen Pflichten begründen. Im Hinblick darauf hat anerkannt werden sollen, dass bei dem Vorliegen der bezeichneten nahen Beziehungen bei gewissen strafbaren Handlungen das [...] Strafverfolgungsrecht des Staates zurücktreten müsse gegenüber den durch das Bestehen des Angehörigenverhältnisses gebotenen Rücksichten [...] Dementsprechend kommt es [...] nur auf das tatsächliche („objektive") Vorhandensein des Umstandes [...], nicht aber darauf an, ob der Täter irrigerweise das Bestehen eines derartigen Verhältnisses annahm."[16]

[14] Vgl. *Eser/Burkhardt* StK I Nr. 19 A 26 ff.; *Sternberg-Lieben* in: Schönke/Schröder § 16 RN 34 mwN; vgl. auch *Hillenkamp* 11. Problem.

[15] Vgl. hierzu auch *Eser/Hecker* in: Schönke/Schröder § 11 RN 9.

[16] RG I 277/27RGSt 61, 270, 271.

Geht man indessen von einer Schuldbezogenheit des Angehörigenprivilegs in § 258 VI aus, dann ist nicht einzusehen, weshalb „natürlichen Beziehungen" nicht auch dann Rechnung getragen werden muss, wenn diese nur irrig angenommen werden. Denn unter Schuldgesichtspunkten unterscheidet sich die Situation nicht von jener, bei der diese Beziehungen auf Tatsachen beruhen, [17] wofür insbesondere die Irrtumsregelung in § 35 II spricht. 29

Ob allerdings umgekehrt die Unkenntnis der Angehörigeneigenschaft zum Wegfall des Privilegs führt, erscheint fraglich.[18] Jene Auslegung wäre nur dann möglich, wenn die Formulierung „zugunsten eines Angehörigen" nur subjektiv verstanden werden kann. Dafür spricht zwar, dass die Straffreiheit nach § 258 VI auf eine Schuldminderung infolge eines Motivationsdruckes zurückgeht. [19] Im Hinblick auf den Wortlaut des § 258 würde dies allerdings auf Bedenken stoßen. [20] 30

II. Persönliche Strafaufhebungsgründe

Den persönlichen Strafaufhebungsgründen liegen Sachverhalte zugrunde, bei denen eine zunächst gegebene Strafbarkeit des Täters wieder beseitigt wird. Im Einzelnen seien genannt 31

- der *Rücktritt* vom Versuch und vom Versuch der Beteiligung, §§ 24, 31 sowie
- die *tätige Reue* bei Straftaten mit vorverlagertem Vollendungszeitpunkt, vgl. §§ 83a, 98 II, 129 VI, 149 II, 264a III, 265b II, 306e und 314a;[21]
- § 56 g, Straferlass nach Ablauf der Bewährungszeit;
- Art. 60 II GG, Begnadigung;[22]
- §§ 78 ff. Verjährung.

Hinweise zum Leitfall

Siehe zunächst oben RN 28 f. 32

---

[17] Vgl. auch *Frister* AT Kap. 21/13; *Roxin* AT 1 § 22/139, § 23/16: Ausschluss der Verantwortlichkeit.

[18] So aber *Sternberg-Lieben* in: Schönke/Schröder § 16 RN 34; *Stree/Hecker* in: Schönke/ Schröder § 258 RN 41 mwN.

[19] Vgl. *Lackner/Kühl* § 258 RN 17; SK-*Samson* § 258 RN 55; *Stree/Hecke*r in: Schönke/Schröder § 258 RN 41; zur Berücksichtigung der irrigen Annahme der Verwandteneigenschaft zugunsten des Täters vgl. § 13 RN 254.

[20] Vgl. *Eser/Burkhardt* StK I Nr. 19 A 31. *Baumann/Weber/Mitsch* AT § 24/6; LK-*Ruß* § 258 RN 37.

[21] Zum Teil handelt es sich hier um echte Strafaufhebung, z. T. nur um ein Absehen von Strafe, d. h. eine Reduzierung des Strafmaßes auf Null, indem der Täter schuldig gesprochen, jedoch keine Strafe verhängt wird.

[22] Näher *Jescheck/Weigend* AT § 88.

33 Da aufgrund der noch bestehenden Ehe des B kein wirksames Verlöbnis zustande gekommen war, lag objektiv keine Angehörigeneigenschaft vor. Infolge des Abstellens auf diese objektive Lage verneinte das Reichsgericht den Strafausschließungsgrund nach § 258 VI.

34 Geht man indessen von einer Schuldbezogenheit des Angehörigenprivilegs in § 258 VI aus, dann liegt ein beachtlicher Irrtum vor, wenn der Täter die tatsächlichen Voraussetzungen des Strafausschließungsgrundes nur irrig annimmt. A wäre bei analoger Anwendung von § 35 II straffrei.

C. Zur Wiederholung

Kontrollfragen

1. Welche systematische Stellung haben die besonderen Rechtsfolgevoraussetzungen und -hindernisse im Aufbau der strafbaren Handlung? (RN 2 f.)
2. Nennen Sie drei objektive Bedingung der Strafbarkeit. (RN 6)
3. Kann der Eintritt der objektiven Bedingung der Strafbarkeit für den Ort, an dem die Tat nach § 9 I begangen worden ist, von Bedeutung sein? (RN 11)

Literatur

Bloy Die dogmatische Bedeutung der Strafausschließungs- und Strafaufhebungsgründe, 1976
Eser/Burkhardt Juristischer Studienkurs Strafrecht I (Stk I), 4. Aufl. 1992
Fischer Strafgesetzbuch, 60. Aufl. 2013
Frister Strafrecht Allgemeiner Teil (AT), 5. Aufl. 2011
Geisler Objektive Strafbarkeitsbedingung und „Abzugsthese" – Methodologische Vorüberlegungen zur Vereinbarkeit objektiver Strafbarkeitsbedingungen mit dem Schuldprinzip, GA 2000, 166 ff.
Hillenkamp 32 Probleme aus dem Strafrecht – Allgemeiner Teil, 14. Aufl. 2012
Jescheck/Weigend Lehrbuch des Strafrechts, Allgemeiner Teil (AT), 5. Aufl. 1996
Küpper Strafrecht Besonderer Teil 1 (BT 1) 3. Aufl., 2007
Lackner/Kühl Strafgesetzbuch: Kommentar, 27. Aufl. 2011
Lagodny Strafrecht vor den Schranken der Grundrechte, 1996
LK-*Bearbeiter* = Laufhütte/Rissing-van Saan/Tiedemann (Hrsg.), Leipziger Kommentar, Strafgesetzbuch, 12. Aufl. 2007 ff.
MK-*Bearbeiter* = Münchener Kommentar zum Strafgesetzbuch, 2. Aufl. 2011 ff.
Otto Grundkurs Strafrecht – Allgemeine Strafrechtslehre (GK-AT), 6. Aufl., 2000
Roxin Strafrecht, Allgemeiner Teil Bd. 1 (AT 1), 4. Aufl. 2006
Satzger Die objektive Bedingung der Strafbarkeit, Jura 2006, 108 ff.
SK-*Bearbeiter* = Systematischer Kommentar zum Strafgesetzbuch, Grundwerk mit 136. Ergänzungslieferung, von *Rudolphi, Horn, Samson* (Stand: Oktober 2012)

Teil III
Weitere Erscheinungsformen der strafbaren Handlung

Alle bisherigen Überlegungen zum Aufbau und zur Struktur der strafbaren Handlung haben an eine Form der Straftat angeknüpft, bei der die handelnde Person eine gesetzlich beschriebene Veränderung in der Außenwelt vorsätzlich herbeiführt *(vorsätzliche vollendete Begehungsstraftat).* 1

Beispiel 8.1

A will B töten und schießt auf B. B wird durch den Schuss getötet. 2

A hat den *Vorsatz* gefasst, B umzubringen, d. h. den Tod des B als Veränderung in der Außenwelt herbeizuführen. Diese Veränderung ist auch eingetreten, die Elemente der Tatbestandsmäßigkeit des § 212 somit erfüllt, die Tat *vollendet.* Weil A die Veränderung in der Außenwelt durch aktives Tun herbeigeführt hat, spricht man von einer *Begehungsstraftat* (*Begehungsdelikt*). 3

Eine strafbare Handlung kann aber durchaus auch anders in Erscheinung treten. So ist es beispielsweise möglich, dass der Täter die Veränderung in der Außenwelt nicht durch aktives Tun herbeiführt, sondern dass er es *unterlässt*, die tatbestandsmäßige Veränderung zu verhindern. Weiterhin kann es vorkommen, dass die Veränderung nicht wissentlich und willentlich, sondern nur infolge Unachtsamkeit, also *fahrlässig* herbeigeführt wird. Auch kann es sein, dass das strafbare Verhalten gar nicht in der Verwirklichung der Elemente der Tatbestandsmäßigkeit besteht, sondern darin, dass zu der tatbestandsmäßigen Handlung Hilfe geleistet oder zu ihr angestiftet wird. Es liegt in diesem Fall eine strafbare Handlung in Form der *Teilnahme* vor. Schließlich kann bei einer Straftat die tatbestandsmäßige Veränderung in der Außenwelt ausbleiben. Dann stellt sich die Frage nach einer Strafbarkeit wegen *Versuchs.* 4

Alle genannten Sachverhalte fasst man unter der Bezeichnung *„Erscheinungsformen der strafbaren Handlung“* zusammen. 5

Alle Erscheinungsformen der strafbaren Handlung folgen dem dreistufigen Aufbau von Tatbestandsmäßigkeit, Rechtswidrigkeit und Schuldhaftigkeit. Bei 6 genauer Betrachtung jedoch werden innerhalb dieser Prüfungsstufen Besonderheiten erkennbar, denen wir uns jetzt zuwenden wollen.

7 Zunächst sollen die Voraussetzungen der strafbaren Handlung in einer „theoretisch schwierigen und praktisch wichtigen Sondergruppe der Erfolgsdelikte“[1] erörtert werden, der Erscheinungsform der durch eine *besondere Folge* der Tat *qualifizierten strafbaren Handlung* (sog. „erfolgsqualifiziertes Delikt“).

[1] *Jescheck/Weigend* AT § 26 II 1 a; zu Sonderformen der durch eine besondere Folge qualifizierten Straftat *Schroeder* FS Lüderssen, S. 599 ff.Teil III

§ 8 Qualifikation durch eine besondere Folge der Tat (Erfolgsqualifizierte Straftat)

Leitfall 8. 6

Hochsitz-Fall BGH 2 StR 226/82 BGHSt 31, 96 ff. Der Angeklagte A warf am 13. November 1980 im Wald bei W den Hochsitz um, auf dem sein Onkel, der später verstorbene D, saß, um die Jagd auszuüben. Der Abstand zwischen der Sitzfläche des Hochsitzes und dem Waldboden betrug etwa 3,50 m. D fiel herunter und brach sich dabei den rechten Knöchel. „Der Bruch wurde in den Städtischen Kliniken D operativ behandelt und mit Metallschrauben sowie einer Metalllasche stabilisiert. Am 2. Dezember 1980 wurde D aus dem Krankenhaus entlassen. Weder hierbei noch vorher waren ihm blutverflüssigende Mittel gegeben oder Anweisungen darüber erteilt worden, wie er sich zuhause verhalten solle. Auch eine Nachbehandlung fand nicht statt. Zuhause war der Verletzte fast ausschließlich bettlägerig. Am 19. Dezember 1980 wurde er mit akuter Atemnot in die Städtischen Kliniken W eingeliefert, wo er noch am Morgen desselben Tages verstarb. Todesursache war – wie die Obduktion ergab – Herz-Kreislauf-Versagen infolge des Zusammenwirkens einer doppelseitigen Lungenembolie mit einer herdförmigen Lungenentzündung in beiden Lungenunterlappen; Embolie und Lungenentzündung hatten sich in Abhängigkeit zu dem verletzungsbedingten längeren Krankenlager entwickelt. Darüber hinaus wurden bei dem Verstorbenen altersbedingte Verschleißerscheinungen am Herz- und Kreislaufsystem festgestellt."

Hat sich A wegen einer Körperverletzung mit Todesfolge nach § 227 strafbar gemacht?

A. Struktur

Durch eine besondere Folge der Tat qualifizierte strafbare Handlungen (erfolgsqualifizierte strafbare Handlungen) setzen sich aus einer *Grundstraftat* und einer *qualifizierenden Folge* (Veränderung in der Außenwelt) zusammen. Grundstraftat z. B. in 7

W. Gropp, *Strafrecht Allgemeiner Teil*, Springer-Lehrbuch,
DOI 10.1007/978-3-642-38126-3_8

§ 227 ist die Körperverletzung nach §§ 223–226. Die qualifizierende Veränderung in der Außenwelt besteht im Tod des Verletzten und muss nach § 18 zumindest fahrlässig herbeigeführt worden sein. Es handelt sich bei den durch eine besondere Folge der Tat qualifizierten strafbare Handlungen somit zunächst um *Vorsatz-Fahrlässigkeits-Kombinationen*, die der Gesetzgeber in § 11 II den Vorsatzstraftaten zugeordnet hat und die somit grundsätzlich nach den Regeln der Vorsatzstraftat zu behandeln sind. Deshalb ist auch der Versuch einer durch eine besondere Folge qualifizierten Straftat anerkannt (näher § 9 RN 90 ff.). In der Regel ist – wie bei § 227 – bereits die tatbestandsmäßige Verwirklichung der „Veränderung in der Außenwelt" der Grundstraftat für sich besehen eine Straftat (§§ 223 bis 226), und die Fahrlässigkeitskomponente wirkt strafschärfend (sog. *uneigentliche* Vorsatz-Fahrlässigkeits-Kombinationen).[1] Es ist aber auch möglich, dass die Fahrlässigkeitskomponente selbst im Hinblick auf den Vorsatz-Bestandteil *strafbegründend* wirkt (sog. *eigentliche* Vorsatz-Fahrlässigkeits-Kombinationen). So ist etwa die grob verkehrswidrige und rücksichtslose Nichtbeachtung der Vorfahrt erst dann strafbar, wenn dadurch zumindest fahrlässig Leib oder Leben eines anderen Menschen oder fremde Sachen von bedeutendem Wert gefährdet werden (§ 315 c I Nr. 2 a, III Nr. 1).[2]

B. Legitimation des erweiterten Strafrahmens

8 Im Vergleich mit der tateinheitlichen (unten § 14 RN 46 ff.) Begehung der vorsätzlich verwirklichten Grundstraftat und der fahrlässig herbeigeführten Folge wird die durch die besondere Folge qualifizierte Straftat erheblich höher bestraft. So sieht etwa die Körperverletzung mit Todesfolge (§ 227)

9 **Beispiel 8.2. (Var. a)**

A schießt B mit Körperverletzungsvorsatz in den Bauch, B stirbt jedoch an der Schussverletzung.

10 einen Strafrahmen von drei bis 15 Jahren Freiheitsstrafe vor. Werden hingegen Körperverletzung (z. B. § 224 I Nr. 2) und fahrlässige Tötung (§ 222) in sonstiger Weise durch eine Handlung verwirklicht,

11 **Beispiel 8.2. (Var. b)**

Wie Var. a, die Kugel durchschlägt jedoch den Körper des B und verletzt dadurch den C, der sich hinter dem B versteckt hatte, tödlich.

12 dann ist der Strafrahmen nach § 52 II 1 aus § 224 zu entnehmen. Er beträgt somit sechs Monate bis 10 Jahre. Rechtspolitisch ist diese Erhöhung des Strafrahmens

[1] Vgl. *Jescheck/Weigend* AT § 26 II 1; *Rengier* 1986.

[2] Vgl. *Jescheck/Weigend* AT § 26 II 1 a.

unter dem Aspekt des Gleichheitssatzes zu Recht auf Kritik gestoßen.[3] Man versucht, dieser Kritik durch die Formulierung von Umständen zu begegnen, die auf ein erhöhtes Maß an Strafwürdigkeit der Tat hindeuten. De lege ferenda wird erwogen, durchgehend zumindest eine *leichtfertige* Herbeiführung der schweren Folge zu verlangen.[4] Bereits jetzt strebt man eine Restriktion dahingehend an, dass sich in der qualifizierenden Folge eine gerade in der vorsätzlichen Grundstraftat angelegte spezifische, besonders naheliegende Gefahr realisiert und der Täter das entsprechende Risiko zumindest hätte erkennen können.[5]

C. Der spezifische Gefahrzusammenhang zwischen Grundstraftat und qualifizierender Folge

Im RStGB von 1871 wurde die Strafschärfung der durch eine besondere Folge qua- **13**
lifizierten strafbaren Handlung allein an die *Verursachung* der besonderen Folge geknüpft.[6] Dies führte jedoch zu unverhältnismäßig harten Strafen, wenn etwa die schwere Folge nicht auf der *spezifischen* Gefährlichkeit der Vorsatzhandlung beruhte, sondern das Ergebnis *zufälliger, nicht einmal vorhersehbarer* Umstände war, wie etwa im sog. *Gesichtsschlag*-Fall (oben § 4 Leitfall 4).[7] Um dem abzuhelfen, wurde § 18 (= § 56 a.F.) durch das 3. StRÄG vom 4.8.1953[8] dahin geändert, dass die erhöhte Strafe den Täter nur trifft, wenn er die Folge *wenigstens fahrlässig* herbeigeführt hat.[9]

Heute ist sich die Lehre zumindest darin einig, dass der Anwendungsbereich der **14**
durch eine besondere Folge qualifizierten strafbaren Handlung über § 18 hinaus möglichst eng zu halten ist.[10] Keine Einigkeit besteht jedoch hinsichtlich der Frage, worin die strafbarkeitsbegrenzenden unrechts- und schulderhöhenden Umstände im Einzelnen bestehen sollen.

Ein Teil der Lehre[11] interpretiert die Formulierung in § 18 „besondere Folge der **15**
Tat" dahingehend, dass die *Veränderung in der Außenwelt* der Grundstraftat („Erfolg") die Grundlage für die qualifizierende Folge (besondere Folge) bilden muss

---

3 Vgl. *Roxin* AT 1 § 10/110 f.; *Küpper* ZStW 111 (1999), 801 ff.; zur noch deutlicheren Schieflage vor dem 6. StrRG *Paeffgen* JZ 1989, 221, *Wolter* JuS 1981, 168 ff.

4 Vgl. *Paeffgen* JZ 1989, 222; *Roxin* AT 1 § 19/110.

5 *Wolter* JuS 1981, 169.

6 *Jescheck/Weigend* AT § 26 II 1; zur historischen Entwicklung insgesamt vgl. z. B. *Chr. Köhler* 2000, S. 6 ff.; *Sowada* Jura 1994, 643/644.

7 Vgl. auch *Jescheck/Weigend* AT § 26 II 1.

8 BGBl. I S. 735 ff.

9 Vgl. auch *Küpper* ZStW 111 (1999), 797 ff.; NK-StGB-*Paeffgen* RN 1 ff. vor § 18; krit. *Chr. Köhler* 2000, S. 32 ff.

10 Näher *Chr. Köhler* 2000, S. 106 ff., 138; vgl. auch *Sowada* Jura 1994, 646 mwN; zu Unsicherheiten bei der Begriffsbestimmung *Duttge* FS Herzberg, S. 309 ff.

11 Vgl. *Küpper* 1982, S. 98, 101, 109 jew. ff.; *Paeffgen* JZ 1989, 225 ff. sowie die Nachweise bei *Otto* GK AT § 11/5.

(sog. Letalitätsthese). Der Tod des Verletzten muss danach auf der Tödlichkeit der Verletzung beruhen.

16 Ein anderer Teil der Lehre hält diesen Ansatz für zu eng und knüpft an die spezifische Gefährlichkeit der Verwirklichung der *gesamten Grundstraftat* an. Damit wird auch und bereits der Zusammenhang zwischen der spezifischen Gefährlichkeit der Verwirklichung der Grundstraftat und der qualifizierenden Folge (besondere Folge) zum haftungskonstituierenden Element.[12] Auch die Rechtsprechung,[13] die zunächst eher konturlos die Unmittelbarkeit und die Vorhersehbarkeit als Verknüpfung zwischen der Verwirklichung der Grundstraftat und der besonderen Folge verlangte,[14] fordert nunmehr auf Grund zweifelhafter und z. T. heftig kritisierter Ergebnisse[15], dass sich in der qualifizierenden Folge gerade diejenige Gefahr realisiert, die die spezifische Gefährlichkeit der Grundstraftat bildet.[16]

17 **Zu Leitfall 8**

Dass die Rechtsprechung dabei auf die *generelle Gefährlichkeit* der Grundstraftat abstellt, zeigt *Leitfall 8.*: Während das Landgericht als Tatgericht Zweifel hatte, dass der Tod des D ausschließlich oder mindestens überwiegend auf die der zugefügten Körperverletzung eigentümlichen Gefahren zurückgehe, nahm der BGH einen solchen Zusammenhang an. Denn der Begriff der „Körperverletzung" innerhalb der Grundstraftat umfasse *auch das Handeln des Täters, das zu der Körperverletzungsfolge geführt* hat. Liege der tatsächliche Geschehensablauf, der Körperverletzung und Todesfolge miteinander verknüpft, nicht außerhalb jeder Lebenswahrscheinlichkeit wie etwa bei der außergewöhnlichen Verkettung unglücklicher Zufälle, dann könne sich im Tod des Opfers jene Gefahr verwirklicht haben, die bereits der Körperverletzungshandlung anhaftete; dies gelte auch dann, wenn diese Gefahr in der zunächst eingetretenen Verletzungsfolge als solcher noch nicht zum Ausdruck gekommen war. So verhalte es sich hier: Der Angeklagte habe, indem er den Hochsitz umwarf, um seinen Onkel zu verletzen, eine Handlung begangen, die für das Opfer das Risiko eines tödlichen Ausgangs in sich barg. Die Gefahr für das Leben des Verletzten habe sich im tödlichen Ausgang niedergeschlagen. Daran ändere es nichts, dass die zunächst verursachte Verletzung (Knöchelbruch) für sich genommen nicht lebensbedrohlich erschien. Der Tod des Verletzten sei auf Grund eines Geschehensablaufs eingetreten, der *nicht außerhalb jeder Lebenswahrscheinlichkeit* lag. Dass eine Sprunggelenkfraktur zu einem längeren Krankenlager des Verletzten führt,

[12] Vgl. *Otto* GK AT § 11/6 ff.; vgl. auch das Erfordernis der „Todes-Leichtfertigkeit" nach NK-StGB-*Paeffgen* § 18 RN 45 ff.

[13] Vgl. die Nachweise bei *Sowada* Jura 1994, 643 ff. FN 47.

[14] RG III 746/10 RGSt 44, 137/139; BGH 1 StR 14/60 BGHSt 14, 112; 1 StR 216/64 BGHSt 19, 382/387; 3 StR 146/71 BGHSt 24, 213 ff.; 4 StR 143/78 BGHSt 28, 18/20; 5 StR 407/81 NStZ 1982, 27; vgl. hierzu auch *Sowada* Jura 1994, 646 ff.

[15] Vgl. die Analyse der Rechtsprechung durch *Roxin* AT 1 § 10/111 ff.

[16] Vgl. BGH 2 StR 150/83 BGHSt 32, 25/28; *Otto* GK AT § 11/9 mit Rspr.-Nachweisen.

stelle sich nicht als ein außergewöhnlicher Verlauf dar.[17] Das Landgericht habe deshalb prüfen müssen, ob der Angeklagte bei der Vornahme der Körperverletzungshandlung selbst, also vor Eintritt der Verletzungsfolge, vorhergesehen habe oder zumindest habe vorhersehen können, dass seine Handlung den Tod des Opfers nach sich ziehen werde.

Deshalb verwies der BGH den Fall zur neuerlichen Verhandlung an das Landgericht zurück. 18

Die Entscheidung ist im Hinblick darauf zu Recht auf Kritik gestoßen, dass nicht die generelle Gefährlichkeit des Sturzes, sondern das *Fehlverhalten der Ärzte* zum Tode des Verletzten geführt hatte.[18] Denn wenn man schon auf die Gefährlichkeit der Grundstraftat abstellen will, so müsste es die konkrete Gefährlichkeit sein, die sich auch in der besonderen Folge der Tat realisiert. Die besondere Gefährlichkeit des Sturzes tritt im Tod des Verletzten aber nicht in Erscheinung. Dies bedeutet, dass eine Strafbarkeit aus der durch eine besondere Folge qualifizierten Strafvorschrift über die Voraussetzungen des § 18 hinaus nur möglich ist, wenn dem Täter der Grundstraftat die besondere Veränderung in der Außenwelt auch *als sein Werk objektiv zurechenbar* ist.[19] 19

Das Abstellen auf die Realisierung der spezifischen Gefahr der Grundstraftat – sei es deren Handlung oder die sich daraus ergebende Veränderung in der Außenwelt – in der schweren Folge ist allerdings nur eine von mehreren Fallgruppen, ohne dass sich mit hinreichender Deutlichkeit ein System erkenne ließe. Es dürfte daher kaum möglich sein, eine abschließende Antwort auf die Zurechnungsvoraussetzungen der durch eine besondere Folge der Tat qualifizierten Straftaten zu formulieren.[20] 20

Nach BGH 3 StR 66/98 NJW 1998, 3361 etwa soll ein versuchter Raub mit Todesfolge (§§ 251, 22) auch dann vorliegen, wenn die den Tod des Opfers herbeiführende Handlung zwar nicht mehr in finaler Verknüpfung mit der *Wegnahme* steht, mit dem Raubgeschehen aber derart eng verbunden ist, dass sich in der Todesfolge die dem Raubversuch eigentümliche besondere Gefährlichkeit verwirklicht. 21

Die genannte Entscheidung lässt darüber hinaus erkennen, dass auch die Möglichkeit einer durch eine besondere Folge qualifizierten strafbaren Handlung bei einer nur *versuchten* Grundstraftat anerkannt ist (durch die besondere Folge qualifizierter [„erfolgsqualifizierter"] Versuch). Diese und weitere Versuchskonstellationen bei der durch eine besondere Folge qualifizierten strafbaren Handlung einschließlich der Frage eines Rücktritts sind Gegenstand der Erörterungen zum Versuch (§ 9 RN 90 ff. und RN 155 f.). 22

---

[17] Vgl. BGH 2 StR 226/82 BGHSt 31, 96/100.

[18] Vgl. *Roxin* AT 1 § 19 RN 116.

[19] Vgl. *Paeffgen* JZ 1989, 226; zur Rolle der objektiven Zurechnung insbesondere auch bei Eigenverantwortlichkeit des selbstschädigenden Opferverhaltens *Kühl* Jura 2002, 814.

[20] Vgl. auch *Kühl* Jura 2002, 811 f.; *Sowada* Jura 1994, 645.

D. „Wenigstens fahrlässige" Verursachung der qualifizierenden Folge

23 Hinsichtlich des Zusammenhangs der qualifizierenden Folge mit der Grundstraftat ist zu beachten, dass die unwerterhöhenden Umstände, insbesondere die Gefahrerhöhung bzw. Sorgfaltspflichtverletzung (näher unten § 12 RN 28 ff., 121 ff.) mit der Begehung der vorsätzlichen Grundstraftat regelmäßig schon vorliegen. Dementsprechend wird sich bei durch eine besondere Folge qualifizierten Straftaten die Prüfung zumeist auf die Vorhersehbarkeit der besonderen Folge beziehen.[21] Teilweise wird darüber hinaus in Rücksicht auf das Schuldprinzip zu Recht gefordert, dass beim Täter hinsichtlich der der Grundstraftat innewohnenden spezifischen Gefahr Vorsatz und hinsichtlich des Zusammenhangs mit der qualifizierenden Veränderung in der Außenwelt (Folge 2) konkrete Vorhersehbarkeit gegeben sein muss.[22]

24 Hinsichtlich der qualifizierenden Folge schreibt § 18 vor, dass dem Täter *wenigstens Fahrlässigkeit* zur Last fallen muss. § 18 geht auf den durch das Gesetz vom 4.8.1953 (BGBl. I S. 735) eingefügten § 56 zurück. Während sich die Praxis bis dahin mit der bloßen Kausalität zwischen der Handlung und der qualifizierenden Veränderung in der Außenwelt im Sinne einer condicio sine qua non begnügt hatte, erfüllte § 56 a.F. eine Forderung des Schrifttums auf Einschränkung der strafrechtlichen Verantwortlichkeit.

25 Sofern das Gesetz eine *leichtfertige* Herbeiführung der besonderen Tatfolge voraussetzt – hiervon macht der Gesetzgeber zunehmend Gebrauch –, ist eine gesteigerte auf die besondere Folge bezogene Gefahrerhöhung bzw. Sorgfaltspflichtverletzung zu fordern.[23]

26 Selbst die *vorsätzliche* Herbeiführung der qualifizierenden Folge durch den Täter erfüllt die Voraussetzungen der durch die besondere Folge qualifizierten Straftat, weil § 18 „wenigstens" Fahrlässigkeit verlangt.[24]

E. Beteiligung mehrerer Personen[25]

27 Sind an der Verwirklichung der Grundstraftat mehrere Personen beteiligt, trifft nach dem Wortlaut des § 18 nur denjenigen die Strafschärfung der durch die besondere Folge qualifizierten Straftat, der hinsichtlich der schweren Folge wenigstens fahrlässig gehandelt hat. Ist z. B. für den Täter, nicht aber für den Anstifter, der Tod des

[21] *Jescheck/Weigend* AT § 26 II; BGH 3 StR 146/71 BGHSt 24, 213.

[22] *Wessels/Beulke* AT RN 693; SK-*Rudolphi* § 18 RN 3; *Wolter* JuS 1981, 168 ff./170 ff.; *Rengier* 1986, S. 151; vgl auch *Küpper* ZStW 111 (1999), 796.

[23] Vgl. *Wessels/Beulke/Satzger* AT RN 693.

[24] Vgl. BGH GSSt 1/92 BGHSt 39, 100, *Kühl* Jura 2002, 811; sog. *Konkurrenzlehre*, im Gegensatz zur *Exklusivitätslehre*, nach der eine vorsätzliche Verursachung der schweren Folge die Anwendbarkeit der Erfolgsqualifikation ausschließen soll, vgl. dazu *Paeffgen* JZ 1989, 223 mwN.

[25] Ausführlich zur Teilnahme an der durch eine besondere Folge qualifizierten Straftat *Kudlich* JA 2000, 511 ff.; *Chr. Köhler* 2000, S. 140 ff.

Opfers vorhersehbar gewesen, so ist der Täter nach § 227, der Anstifter dagegen nach §§ 223, 26 strafbar. Im umgekehrten Fall ist der Täter gem. § 223, der Anstifter gem. §§ 227, 26 strafbar.[26] Die Beteiligungsform richtet sich somit nach der Mitwirkung an der Grundstraftat, die Haftung des Beteiligten für die schwere Folge ausschließlich nach *seiner* Fahrlässigkeit.[27]

E. Aufbauschema für die durch die besondere Folge qualifizierte Straftat – am Beispiel des § 227

I. *Tatbestandsmäßigkeit* 28
   1. Grundstraftat, §§ 223–226
      - *Objektive Elemente* (Sachverhaltsunwert)
         - Handlung
         - Veränderung in der Außenwelt (Erfolg) etc.
         - Kausalität
         - *Spezifische Gefährlichkeit* der Verwirklichung der Grundstraftat bzw. der durch sie bewirkten Veränderung in der Außenwelt (str.) für die qualifizierende Folge
      - *Subjektive Elemente* (personaler Unwert)
         - Vorsatz bezüglich aller (str.) objektiven Elemente
   2. Besondere Folge
      - *Objektive Elemente* (Sachverhaltsunwert)
         - Eintritt der qualifizierenden Veränderung in der Außenwelt (§ 227, Tod)
         - Kausalität und objektive Zurechnung
         - Realisierung der *spezifischen Gefährlichkeit* aus der Grundstraftat (im Einzelnen str.) in der besonderen Folge
      - *Subjektive Elemente* (personaler Unwert)
         - mindestens Fahrlässigkeit (§ 18) bezüglich der besonderen Folge

II. *Rechtswidrigkeit*

III. *Schuldhaftigkeit*
   - Schuldfähigkeit
   - Vorsatzschuld→Grundstraftat
   - Vorsatz-/Fahrlässigkeitsschuld→besondere Folge
   - kein Vorliegen von Entschuldigungsgründen
   - Unrechtsbewusstsein

[26] Vgl. *Wessels/Beulke/Satzger* AT RN 693; *Jescheck/Weigend* AT § 54 III 2.

[27] Vgl. *Chr. Köhler* 2000, S. 57; *Sowada* Jura 1995, 644 ff.

F. Zur Wiederholung

Kontrollfragen

1. Aus was sind die durch eine besondere Folge qualifizierten Straftaten zusammengesetzt. (RN 7 ff.)
2. Wie versucht man es zu legitimieren, dass die durch die besondere Folge qualifizierte Straftat im Vergleich mit der tateinheitlichen Begehung der vorsätzlich verwirklichten Grundstraftat und der fahrlässig herbeigeführten Folge erheblich höher bestraft wird? (RN 8 ff.)
3. Was bedeutet die sog. Letalitätsthese? (RN 15 f.)
4. Erfüllt auch die *vorsätzliche* Herbeiführung der qualifizierenden Folge durch den Täter die Voraussetzungen der durch die besondere Folge qualifizierten Straftat? (RN 26)
5. Wie muss die besondere Folge mit der Grundstraftat verknüpft sein? (RN 23 ff.)

Literatur

Duttge Zum Begriff des erfolgsqualifizierten Delikts, FS für Herzberg 2008, S. 309 ff.
Jescheck/Weigend Lehrbuch des Strafrechts, Allgemeiner Teil (AT), 5. Aufl. 1996
Köhler, Chr. Beteiligung und Unterlassen beim erfolgsqualifizierten Delikt am Beispiel der Körperverletzung mit Todesfolge (§ 227 I StGB), 2000
Kudlich Die Teilnahme am erfolgsqualifizierten Delikt, JA 2000, 511 ff.
Kühl Das erfolgsqualifizierte Delikt (Teil I): Das vollendete erfolgsqualifizierte Delikt, Jura 2002, 810 ff.
Küpper Der „unmittelbare" Zusammenhang zwischen Grunddelikt und schwerer Folge beim erfolgsqualifizierten Delikt, 1982
Küpper Zur Entwicklung der erfolgsqualifizierten Delikte, ZStW 111 (1999), 785 ff.
NK-StGB-*Bearbeiter* = *Kindhäuser/Neumann/Paeffgen* (Gesamtredaktion), Nomos-Kommentar zum StGB, 4. Aufl. 2013
Otto Grundkurs Strafrecht – Allgemeine Strafrechtslehre (GK-AT), 6. Aufl., 2000
Paeffgen Die erfolgsqualifizierten Delikte – eine in die allgemeine Unrechtslehre integrierbare Deliktsgruppe? JZ 1989, 220 ff.
Rengier Erfolgsqualifizierte Delikte und verwandte Erscheinungsformen, 1986
Roxin Strafrecht, Allgemeiner Teil Band 1 (AT 1), 4. Aufl. 2006
Schroeder, F.-Chr. Verborgene Probleme der erfolgsqualifizierten Delikte, FS für Lüderssen 2002, S. 599 ff.
SK-*Bearbeiter* = Systematischer Kommentar zum Strafgesetzbuch, Grundwerk mit 136. Ergänzungslieferung, von *Rudolphi, Horn, Samson* (Stand: Oktober 2012)
Sowada Das sog. „Unmittelbarkeits"-Erfordernis als zentrales Problem der erfolgsqualifizierten Delikte, Jura 1994, 643 ff.
Wessels/Beulke/Satzger Strafrecht Allgemeiner Teil (AT), 43. Aufl. 2013
Wolter Zur Struktur der erfolgsqualifizierten Delikte, JuS 1981, 168 ff.

§ 9 Versuch und Rücktritt – strafbare Vorbereitungshandlungen – tätige Reue

Leitfall 9 1

Bauer B, der in Geldnöte geraten ist, beschließt, von der mehrere Kilometer entfernten, abgelegenen Weide des C einen Jungbullen zu entwenden und ihn dem Wurstfabrikanten W als „eigenen" zu „verkaufen". B holt seinen Viehtransporter aus der Garage und fährt zur Weide des C.

Var. a. Bei der Weide angekommen treibt er einen Jungbullen auf den Viehtransporter und bringt ihn zu W, der ihm einen guten Preis zahlt. 2

Var. b. Als er an der Weide angekommen und gerade dabei ist, das Gatter zu öffnen, stellt er zu seiner Überraschung fest, dass gar keine Rinder zu sehen sind. Auch der große Holzschuppen, der den Tieren zum Schutz gegen schlechtes Wetter dient, ist leer. C hatte die Jungbullen am Tag zuvor bereits abtransportiert. Enttäuscht schließt B das Gatter, setzt sich in den Wagen und fährt nach Hause. 3

A. Der Versuch als Verwirklichungsstufe der Straftat

Als raum-zeitlicher Lebensvorgang hat jede strafbare Handlung einen Beginn und ein Ende. In *Leitfall 9.* beginnt der mit der Entwendung des Jungbullen zusammenhängende Lebenssachverhalt mit dem Entschluss des B, einen Jungbullen abzutransportieren. Er endet, sobald der nichtsahnende W gesicherten Gewahrsam an dem Tier erlangt hat. Denn dieser kann dem W von C nicht mehr ohne weiteres streitig gemacht werden. Vielmehr müsste C, der aufgrund von § 935 I 1 BGB Eigentümer geblieben ist, gegen W auf Herausgabe klagen (§ 985 BGB). 4

W. Gropp, *Strafrecht Allgemeiner Teil*, Springer-Lehrbuch,
DOI 10.1007/978-3-642-38126-3_9

5 Um sich darüber zu verständigen, von welchem Stadium an dieser Lebenssachverhalt Strafrechtsrelevanz besitzt, insbesondere strafbar ist, werden die verschiedenen Stadien, die sog. *Verwirklichungsstufen* der Straftat mit Fachbegriffen belegt:

- Vorbereitung,
- Versuch,
- Vollendung,
- Beendigung.

6 Fixpunkt für die Einordnung des Lebenssachverhalts in das Raster der Verwirklichungsstufen ist die Stufe der *Vollendung*. Denn indem sie vorliegt, wenn alle Elemente der Tatbestandsmäßigkeit erfüllt sind, korrespondiert sie unmittelbar mit den Strafvorschriften des Besonderen Teils des StGB.

7 *Beendet* ist die Tat nach h. M., wenn das auf die Verletzung des Rechtsguts bezogene Handeln des Täters nach der Vollendung zum Abschluss gekommen ist.[1] Die Beendigung ist nicht nur als Zeitpunkt für den Beginn der *Verjährung* von Bedeutung (§ 78 a S. 1). Vielmehr können bis zu diesem Zeitpunkt *qualifizierende Merkmale* erfüllt werden, kann eine *Beteiligung*, insbesondere Beihilfe, stattfinden und können Straftaten begangen werden, die die Vollendung einer Straftat als *Vortat* voraussetzt.[2]

8 **Beispiel 9.1**

Der räuberische Diebstahl (§ 252) setzt voraus, dass der Täter „bei einem Diebstahl auf frischer Tat betroffen" wird und gegen eine Person Gewalt verübt oder Drohungen mit gegenwärtiger Gefahr für Leib oder Leben anwendet, um sich den Besitz des gestohlenen Gutes zu erhalten. Dabei muss der Diebstahl als Vortat vollendet, d. h. die Wegnahme der Sache erfolgt sein. Vor diesem Zeitpunkt würde der Einsatz der Gewalt usw. als *Mittel zur Wegnahme* dienen und damit die Strafvorschrift des Raubes, § 249, verwirklichen

9 Die strafschärfende Anknüpfung an den *unbestimmten* Zeitraum zwischen Vollendung und Beendigung ist angesichts des Fehlens einer *gesetzlichen* Grundlage und im Hinblick auf das Bestimmtheitsgebot in Art. 103 II GG nicht unproblematisch. Eine strafbegründende bzw. -schärfende Funktion des Zeitraums bis zur Beendigung wird deshalb von einer beachtlichen Mindermeinung nur bei solchen Straftaten anerkannt, bei denen auch nach der Vollendung ein *tatbestandsmäßiges* Verhalten vorliegt (sog. *tatbestandsbezogene Beendigung*).[3] Dies trifft insbesondere auf Dauerstraftaten wie z. B. die Freiheitsberaubung nach § 239 zu.

10 *Versucht* ist die Tat, sobald der Täter zumindest „nach seiner Vorstellung von der Tat zur Verwirklichung des Tatbestandes [=der gesetzlich beschriebenen strafbaren

[1] Vgl. *Eser* in: Schönke/Schröder RN 4 vor § 22; vgl. auch LK-*Hillenkamp* RN 19 ff. vor § 22.

[2] Vgl. zum Ganzen *Eser in:* Schönke/Schröder RN 4 ff. vor § 22 mwN.

[3] Ausführlich und mwN hierzu *Kühl* FS Roxin, S. 665 ff., 671 ff.

Handlung, d. Verf.] unmittelbar an(ge)setzt“ (hat) (§ 22).[4] Dabei genügt es, dass der Täter nach seiner Vorstellung zur Verwirklichung der strafbaren *Handlung* unmittelbar ansetzt, mag die Vollendung auch erst später eintreten sollen.[5]

Bei den sog. Unternehmensstraftaten (vgl. z. B. § 81, Hochverrat gegen den Bund: „Wer es unternimmt, [...] den Bestand der Bundesrepublik Deutschland zu beeinträchtigen [...]“; § 82, Hochverrat gegen ein Land)[6] sind Versuch und Vollendung zusammengezogen. Denn nach § 11 I Nr. 6 bedeutet „Unternehmen“ Versuch und Vollendung. Von den echten Unternehmensstraftaten, bei denen schon der Wortlaut entsprechend formuliert ist, werden nach h. M.[7] die sog. unechten Unternehmensstraftaten unterschieden. Bei ihnen lässt die Formulierung erkennen, dass das materielle Versuchsstadium einbezogen ist (vgl. z. B. das „Nachstellen“ bei der Wilderei, § 292). Die Gleichstellung von Vollendung und Versuch hat zu Folge, dass die (fakultative) Strafmilderung nach § 23 II ausgeschlossen ist.[8] Außerdem kann eine Unternehmensstraftat nicht noch einmal „versucht“ werden. Umstritten ist, ob der Täter einer Unternehmensstraftat nach § 24 strafbefreiend zurücktreten kann, solange die Vollendung noch nicht eingetreten ist. Während dies überwiegend unter Verweis auf die formelle Vollendung abgelehnt wird, soweit nicht jeweils besondere Rücktrittsregelungen bestehen,[9] wird nicht zu Unrecht eine analoge Anwendung jener Rücktrittsregelungen gefordert.[10] Auf Grund einer eingehenden historischen Analyse plädiert *Wolters* sogar für eine unmittelbare Anwendung der Rücktrittsvorschriften.[11] **11**

Hat der Täter nach seiner Vorstellung von der Tat noch nicht zur Verwirklichung der objektiven Elemente der Tatbestandsmäßigkeit unmittelbar angesetzt, liegt nur eine *Vorbereitungshandlung* vor. **12**

Zu Leitfall 9 **13**

Betrachtet man die Verwirklichungsstufen in *Leitfall 9.*, so kommt zunächst als Strafvorschrift Diebstahl, § 242, in Frage. Die objektiven Elemente der Tatbestandsmäßigkeit verlangen die Wegnahme einer fremden beweglichen Sache. Wegnahme bedeutet den Bruch fremden und die Begründung neuen, nicht unbedingt eigenen Gewahrsams. Indem B den Jungbullen in *Leitfall 9. Var. a* auf den Viehtransporter geladen hat, hat er den Gewahrsam des C, dessen tatsächliches, von einem Beherrschungswillen getragenes Herrschaftsverhältnis, gebrochen

[4] Missverständlich die Formulierung der 3. Aufl.: „versucht ist die Tat, wenn [...] noch keine Vollendung vorliegt“. Auch die vollendete Tat ist zunächst versucht. Nur tritt eine Strafbarkeit insoweit hinter die Vollendung zurück und wird deshalb in der Regel nicht eigens geprüft; vgl. hierzu überzeugend MK-*Herzberg/Hoffmann-Holland* § 22 RN 28 f.

[5] Vgl. *Frister* FS Wolter, S. 376 ff.

[6] Umfassend *Wolters* 2001; *Mitsch* Jura 2012, 526.

[7] Vgl. *Eser/Hecker* in: Schönke/Schröder § 11 Rdn. 47; zur Unterscheidung von *formellen* und *materiellen* Unternehmensstraftaten *Wolters* 2001, S. 25 ff.

[8] A.A. mit beachtlichen Gegenargumenten allerdings *Wolters* FS Rudolphi, S. 347 ff.; für eine Strafmilderung beim untauglichen Versuch sowie nach § 23 III *Mitsch* Jura 2012, 528.

[9] Vgl. LK-*Hillenkamp* § 11 RN 84 und RN 124 vor § 22 jew. mwN.

[10] Vgl. *Eser/Hecker* in: Schönke/Schröder § 11 RN 46.

[11] *Wolters* 2001, S. 184 ff., 254.

und neuen begründet. Es liegt somit eine Vollendung vor. Beendet ist der Diebstahl nach h. M. mit der Ablieferung bei W. Der Entschluss zur Entwendung eines Jungbullen sowie die Anfahrt mit dem Viehtransporter sind zunächst Vorbereitungshandlungen. In das Versuchsstadium tritt das Verhalten von B, wenn keine weiteren wesentlichen Zwischenschritte mehr zur Verwirklichung der objektiven Elemente der Tatbestandsmäßigkeit erforderlich sind. Beim Diebstahl ist dies der Fall, wenn die *Wegnahme* als *Tathandlung* beginnt, indem z. B. der Gewahrsam des C durch Öffnen des Gatters gelockert wird.

14 In *Leitfall 9. Var. b* lässt sich darüber streiten, ob das Versuchsstadium bereits erreicht ist, obwohl gar keine Rinder da sind, oder ob nur eine Vorbereitungshandlung gegeben ist.

15 Von der Beurteilung als Vorbereitungshandlung oder Versuch hängt sehr oft zugleich die Strafbarkeit oder die Straffreiheit des Betroffenen ab. Der Grund dafür liegt darin, dass der *Versuch* einer Straftat *ganz überwiegend* für *strafbar* erklärt ist, während dies auf *Vorbereitungshandlungen* nur *selten*[12] zutrifft.

16 Die *Abgrenzung* zwischen der (in der Regel) *straflosen Vorbereitung* und dem (ganz überwiegend) *strafbaren Versuch* ist deshalb die *zentrale Fragestellung* innerhalb der Dogmatik des Versuchs. Der Gesetzgeber hat die Antwort durch eine Formulierung des Versuchsstadiums in § 22 vorgezeichnet.

I. „Vorstellung von der Tat" und „unmittelbares Ansetzen" als unwertbegründende Elemente des Versuchs (§ 22 StGB)

17 **§ 22. Begriffsbestimmung**

Eine Straftat versucht, wer nach seiner Vorstellung von der Tat zur Verwirklichung des Tatbestandes unmittelbar ansetzt.

18 Wie der Unwert einer vorsätzlich-vollendeten Straftat wird auch derjenige einer versuchten Straftat durch objektive und subjektive Elemente begründet. Nur bildet den Ausgangspunkt der strafrechtlichen Würdigung des Lebenssachverhaltes jetzt die subjektive Seite, insbesondere die *Vorstellung von der Straftat,* der *Tatentschluss*. Denn ohne Kenntnis des Tatentschlusses – d. h. allein aufgrund des äußeren Erscheinungsbildes der Tat – ließe sich oft gar nicht feststellen, gegen welche Strafvorschrift der Täter hatte verstoßen wollen. Nach dem Tatentschluss beurteilt sich dann, ob der Täter zur Verwirklichung der objektiven Elemente der Tatbestandsmäßigkeit *unmittelbar ansetzt.* Man spricht deshalb von einer *subjektiv-objektiven Versuchslehre,* obwohl es sich im Grunde um eine primär *subjektive Begründung* des Versuchsunwertes handelt.[13]

---

[12] Vgl auch *Frister* AT Kap. 23/42 ff.; *Knobloch* in: Sinn u. a. (Hrsg.), 2011, S. 197 ff.

[13] Zur Entscheidung des Gesetzgebers für eine subjektive Versuchslehre LK-*Hillenkamp* RN 60 ff. vor § 22; rechtshistorisch aufschlussreich *Safferling* ZStW 118, 682 ff.

So würde sich das Geschehen hinsichtlich des äußeren Erscheinungsbildes von *Leitfall 9. Var. b* nicht unterscheiden, wenn B anlässlich einer Fahrt zur Viehauktion an der Weide des C vorbeigekommen wäre und aus Gefälligkeit dem C gegenüber bei dieser Gelegenheit nachgeschaut hätte, ob das Gatter auch gut verriegelt ist. Ohne Information über die Vorstellung des B sind wir folglich nicht in der Lage, sein Verhalten überhaupt einer Strafvorschrift zuzuordnen. 19

1. Die Vorstellung von der Tat (Tatentschluss) und weitere subjektive Elemente der Tatbestandsmäßigkeit des Versuchs (personaler Unwert)

a) Die Vorstellung von der Tat (Tatentschluss)

aa) Bestandteile und Unbedingtheit des Tatentschlusses

Der Tat-*Entschluss* besteht aus dem Vorsatz und ggf. weiteren subjektiven Unrechtselementen der vom Täter beabsichtigten Straftat.[14] Der Vorsatz muss sich auf eine *Tat*, d. h eine *Straftat*, d. h. ein *tatbestandsmäßiges* Verhalten, richten, d. h. auf die *objektiven Merkmale* der intendierten Straftat. 20

Als Bestandteil des Tatentschlusses ist der Vorsatz mit dem *Vorsatz* der *vollendeten strafbaren Handlung* identisch,[15] was sich schon daraus ergibt, dass sich Versuch und Vollendung nicht subjektiv, sondern nur objektiv darin unterscheiden, ob die tatbestandsmäßige Veränderung in der Außenwelt eingetreten ist. Deshalb muss der Vorsatz hinsichtlich seiner Intensität auch den Anforderungen genügen, welche die jeweilige Strafvorschrift an den Vorsatz des Täters stellt. 21

Beispiel 9.2 22

Ein Entschluss zur falschen Verdächtigung (§ 164) liegt nur vor, wenn der Täter weiß, dass die rechtswidrige Tat, der er einen Dritten verdächtigen will, nicht begangen worden ist, weil die falsche Verdächtigung ein Handeln des Täters „wider besseres Wissen" verlangt.[16] Umgekehrt liegt ein Entschluss zum Totschlag bereits dann vor, wenn der Täter bezüglich des Todes mit Eventualvorsatz handelt, weil § 212 insoweit dolus eventualis ausreichen lässt.

Bestandteil des Tatentschlusses sind aber auch *besondere subjektive Elemente der Tatbestandsmäßigkeit*, wenn sie zur angestrebten Straftat gehören: wer einen Diebstahl begehen will, muss auch in Zueignungsabsicht handeln. 23

Obwohl in § 22 nicht eigens erwähnt, setzen die subjektiven Elemente der Tatbestandsmäßigkeit des Versuchs nach h. M. schließlich voraus, dass der *Wille* des Täters zur Verwirklichung der Tat nicht an den Eintritt weiterer Bedingungen geknüpft sein darf, „unbedingt" sein muss. 24

Zu Leitfall 9 25

Nehmen wir z. B. an, in *Leitfall 9.* wolle sich der Täter erst einmal einen Überblick über die Rinder auf der Weide verschaffen, um dann ein besonders ge-

[14] Vgl. *Hillenkamp* FS Roxin, S. 690, 701.

[15] Vgl. auch *Roxin* AT 2 § 29/71 mwN.

[16] Vgl. *Küpper* BT 1 § 3/26.

eignetes Tier auszuwählen, dann fehlt ein Tatentschluss i. S. v. § 22, solange diese Auswahl nicht erfolgt ist. Denn bis zu diesem Zeitpunkt hat der Täter noch keinen Willen hinsichtlich des Tatobjektes gebildet. Es liegt bloße *Tatgeneigtheit* vor.[17]

26 Hingegen ist ein unbedingter Tatentschluss gegeben, wenn nicht der Wille des Täters, sondern nur die Verwirklichung der Tat von einer weiteren Bedingung abhängt. Eine solche Sachlage wäre in *Leitfall 9.* anzunehmen, wenn der Täter es von vornherein auf ein bestimmtes Tier abgesehen hätte,[18] das er beim Auffinden hätte mitnehmen wollen.

bb) Entschluss zum untauglichen Versuch einschließlich des grob unverständigen und des ex ante ungefährlichen Versuchs

27 Weil es für die Konstituierung des subjektiven Versuchs-Unwertes genügt, dass sich der Täter die Verwirklichung eines tatbestandsmäßigen Verhaltens *vorstellt*,[19] ist es grundsätzlich unbeachtlich, aus welchen Gründen es nicht zur Verwirklichung dieser Vorstellung kommt.

28 Deshalb schließt die Definition in § 22 auch den *untauglichen Versuch* ein und bildet somit die Grundlage für dessen Strafbarkeit.[20] Ein untauglicher Versuch liegt vor, wenn das betreffende Tatsubjekt oder Tatobjekt zur Verwirklichung der tatbestandsmäßigen Veränderung in der Außenwelt ungeeignet ist: Die Täterin des § 218 ist gar nicht schwanger; der zum Öffnen der Tür vorgesehene Nachschlüssel passt nicht; der im Halbdunkel „erschossene" Nebenbuhler entpuppt sich als Vogelscheuche.[21]

29 Und auch die in § 23 Abs. 3 beschriebenen Fälle des *grob unverständigen Versuchs*

30 (3) Hat der Täter aus grobem Unverstand verkannt, dass der Versuch nach der Art des Gegenstandes, an dem, oder des Mittels, mit dem die Tat begangen werden sollte, überhaupt nicht zur Vollendung führen konnte, so kann das Gericht von Strafe absehen oder die Strafe nach seinem Ermessen mildern (§ 49 Abs. 2).

---

[17] Vgl. auch *Joecks* StK § 22/7.

[18] Sog. „Entschluss auf bewusst unsicherer Tatsachengrundlage", *Roxin* AT 2 § 29/84; vgl. hierzu auch BGH 4 StR 303/87 StV 1987, 528 sowie den sog. *Lenkradschloss*-Fall BGH 4 StR 559/67 BGHSt 22, 80 und dazu *Eser* StK II Nr. 32 A 10–12, 27–34.

[19] Zu dieser Ausrichtung der „Vorstellungs"-Formel auf die Strafbarkeit des untauglichen Versuchs *Hillenkamp* FS Roxin S. 690 ff.; krit. *Wörner* in: Sinn u. a. (Hrsg.), 2011, S. 138 ff., 153.

[20] Dazu lesenswert *Bloy* ZStW 113 (2001), 79 ff. sowie *Herzberg* GA 2001, 257 ff., MK-*Herzberg/Hoffmann-Holland* § 22 RN 53 ff. mwN.

[21] Rechtsvergleichend zum untauglichen Versuch *Jung* ZStW 117 (2005), 937 ff. sowie – in den Grundsätzen immer noch gültig – *Frank* in: v. Birkmeyer u. a. (Hrsg.), 1908, S. 243 ff.; vgl. etwa auch *Zoll* FS Eser, S. 655.

setzen einen Entschluss i. S. v. § 22 voraus. Nur handelt es sich dabei um völlig abwegige Vorstellungen über Ursachenzusammenhänge, die für jeden *durchschnittlich informierten* Menschen *offensichtlich* sind:

Beispiel 9.3 31

Die Schwangere A glaubt, mittels Kamillentee einen Schwangerschaftsabbruch herbeiführen zu können.

Hier räumt der Gesetzgeber nur auf der Rechtsfolgenseite fakultativ eine Strafmilderung ein. 32

Noch unterhalb der Schwelle des Versuchs aus grobem Unverstand sind die Fälle des *ex ante ungefährlichen Versuchs* einzuordnen, bei dem der Täter zu einem Verhalten unmittelbar ansetzt, das aus der Sicht sowohl eines mit den Plänen des Täters vertrauten objektiven durchschnittlich *informierten* Betrachters als auch eines *außenstehenden* Beobachters *völlig ungefährlich* erscheint.[22] 33

Beliebtes Beispiel 9.4 34

A schickt sich an, mit einer Schrotflinte den drei Kilometer entfernten B zu erschießen. Auch für den, der die Pläne des A nicht kennt, ist die Ungefährlichkeit dieses Versuchs offensichtlich.

Die h. M. hält den ex ante objektiv ungefährlichen Versuch zwar für nicht strafwürdig, unter Verweis auf § 23 III und den Willen des Gesetzgebers jedoch für strafbar.[23] Eine Mindermeinung[24] will hingegen bereits einen Entschluss i. S. v. § 22 verneinen. Nun stimmt der ex ante objektiv ungefährliche Versuch mit dem Versuch aus grobem Unverstand insoweit überein, als der Täter trotz Kenntnis der Tatsachen (Schrotflinte als Tatmittel zum Abschießen des Flugzeugs; Kamillentee zum Herbeiführen des Schwangerschaftsabbruchs) die Gefährlichkeit seines Tuns nur irrig annimmt. Man wird deshalb im Hinblick auf § 23 III den Entschluss auch beim ex ante objektiv ungefährlichen Versuch nicht verneinen können. 35

cc) Kein Entschluss bei der Wahnstraftat (Wahndelikt), beim abergläubischen Versuch und beim Fehlen eines Vollendungswillens

Da dem im Entschluss zum Ausdruck kommenden personalen Unwert des Versuchs die geistige Vorwegnahme eines *tatbestandsmäßigen* Verhaltens zu Grunde liegt, liegt weder bei der Wahnstraftat (Wahndelikt) noch beim abergläubischen Versuch ein Entschluss i. S. v. § 22 vor. 36

Bei der *Wahnstraftat* irrt der Täter *nur* über das Verbotensein, während er den Sachverhalt kennt. Er nimmt irrig an, dass sein in Wirklichkeit strafloses Verhalten 37

---

[22] Umfassend zum ungefährlichen Versuch *Hirsch*, FS Roxin, S. 711 ff.; *Hirsch* JZ 2007, 501.

[23] Vgl. *Roxin* FS Jung, S. 834 f.

[24] Vgl. *Hirsch* FS Roxin, S. 711 ff.; *Zieschang* 1998, 127 ff.

strafbar sei.[25] Er stellt sich deshalb nicht etwas vor, was strafbar *ist*. Ihm *fehlt der Entschluss* zu einer strafbaren Handlung:

38 **Beispiel 9.5**

Wenn der alternative Philosophiestudent für die mündliche Prüfung vorübergehend die Krawatte seines Zimmernachbarn entwendet, weil er selbst keine hat, so liegt schon deshalb kein Diebstahl vor, weil es an einem auf eine dauernde Enteignung gerichteten Willen fehlt. Der Student begeht vielmehr eine nicht tatbestandsmäßig vertypte und deshalb straflose *Sachentziehung*. Selbst wenn der Student nun infolge einer fehlerhaften Beurteilung annimmt, einen Diebstahl begangen zu haben, so liegt dennoch kein Versuch vor. Denn er hat sich keinen Sachverhalt, der die Elemente des Diebstahls erfüllen würde, vorgestellt, sondern die Strafbarkeit einer in Wahrheit nicht tatbestandsmäßigen Handlung. Er wird dadurch „Täter" einer von ihm nur „gewähnten" Straftat, einer in Wirklichkeit aber straflosen, weil nicht tatbestandsmäßigen „Wahnstraftat" in Form einer Sachentziehung.[26]

39 Die Straffreiheit des *abergläubischen Versuchs* rührt ebenfalls daher, dass der Täter einer versuchten Straftat sich die Verwirklichung eines *strafbaren* Sachverhalts vorstellen muss.

40 **Beispiel 9.6**

Wenn der Täter T sich vorstellt, eine tatbestandsmäßige Veränderung in der Außenwelt – den Tod seines Erbonkels – dadurch herbeizuführen zu können, dass er durch übersinnliche Kräfte das Flugzeug zum Absturz bringt, mit dem der Onkel gerade in die Karibik fliegt, dann mag die angestrebte *Veränderung* tatbestandsmäßig sein. Ihr Eintreten würde T aber *nicht* als Ergebnis seines *Handelns zugerechnet*.[27] T's Handeln richtet sich deshalb auf einen nicht tatbestandsmäßigen Sachverhalt und bleibt als abergläubischer Versuch straffrei.[28]

41 Auch der Täter, der ohne Vollendungswillen handelt, fasst keinen Tatentschluss, weil dazu auch der Vorsatz bezüglich der gesetzlich beschriebenen Veränderung in der Außenwelt (Tat*erfolg*) gehört.

42 **Beispiel 9.7**

Wenn die betrogene Ehefrau E ihre Ehe und materielle Versorgung dadurch zu erhalten trachtet, dass sie ihren Mann mittels einer Giftdosis vorübergehend bett-

[25] Ausführlich und überzeugend hierzu – auch zu den Streitfragen – *Burkhardt* GA 2013, 346 ff.

[26] Näher zur Wahnstraftat *Putzke* JuS 2009, 898; *Struensee* ZStW 102 (1990), 41 f.

[27] Näher hierzu im Rahmen der objektiven Zurechnung § 4 RN 89 f.

[28] Vgl. auch *Herzberg* Jura 1990, 19 sowie *Jakobs* AT 25/22.

lägerig machen und ihn dadurch an weiteren Seitensprüngen hindern will, dann handelt sie gerade *ohne* Tötungsvorsatz. Sollte ihr Mann die Giftgabe doch nicht überleben, käme bezüglich des Todes allenfalls Fahrlässigkeit in Frage.

b) Weitere subjektive Elemente der Tatbestandsmäßigkeit

Obwohl in § 22 nicht ausdrücklich genannt, gehören zu den subjektiven Elementen der Tatbestandsmäßigkeit des Versuchs auch jene Absichten und Motive des Täters, die er sich nicht vorstellen kann und die deshalb auch nicht Gegenstand seines Entschlusses sein können, die er aber *aufweisen* muss. Wer z. B. einen Diebstahl begehen will, muss mit *Zueignungsabsicht* handeln. Wer einen Betrug begehen will, muss in der *Absicht* handeln, sich oder einem Dritten einen *rechtswidrigen Vermögensvorteil* zu verschaffen. Wer einen Verdeckungsmord begehen will, muss sich zur Tötung entschließen in der *Absicht,* dadurch eine Straftat zu verdecken. Zwar muss der Täter die Umstände kennen, aus denen sich seine Absicht ergibt. Diese Umstände sind daher Bestandteil der Vorstellung von der Tat. Die Absicht als solche kann der Täter indessen nicht kennen, er muss sie vielmehr *haben.* 43

2. Das unmittelbare Ansetzen als objektives Unwertelement des Versuchs (Sachverhaltsunwert)

Dass § 22 ein strafbares Versuchen erst dann annimmt, wenn der Täter nach seiner Vorstellung von der Tat zur Verwirklichung der objektiven Elemente der Tatbestandsmäßigkeit *unmittelbar ansetzt,* trägt dem Satz des römischen Juristen *Ulpian* Rechnung, dass die Gedanken frei sind, auch wenn sie sich auf Verbotenes beziehen.[29] 44

So unangefochten das unmittelbare Ansetzen als objektives Unwertelement des Versuchs ist, so umstritten und kaum lösbar ist die Frage, *wann* ein unmittelbares Ansetzen angenommen werden kann.[30] Die unterschiedlichen Auffassungen hierzu unterscheiden sich darin, dass die subjektive Seite (die Vorstellung des Täters) als Grundlage für die Entscheidung[31] und die objektive Seite (die Verwirklichung der objektiven Elemente der Tatbestandsmäßigkeit) unterschiedlich gewichtet werden.[32] Erwähnt seien insoweit die folgenden Ansätze: 45

a) Die formal-objektive Theorie[33]

Die formal-objektive Sichtweise schob – unter Vernachlässigung der Vorstellung des Täters – den Beginn des Versuchsstadiums am weitesten hinaus und ließ es erst 46

---

[29] Zitiert in den Digesten des Justinian Dig. 48, 19, 18.

[30] Umfassend *Vogler* FS Stree/Wessels, S. 285 ff.; vgl. auch *Hippel* LB, § 46 IV; zur Uneinheitlichkeit der Rechtsprechung in den sog. „Haustürfällen" *Wessels/Beulke/Satzger* AT RN 609.

[31] Vgl. LK-*Hillenkamp* § 22 RN 87.

[32] Zu einem an den unterschiedlichen Straftattypen orientierten Ansatz jedoch *Meyer* GA 2002, 367 ff.

[33] Nachweise bei *Jescheck/Weigend* AT § 49 II 1.; zum ungarischen Strafrecht *Szomora* in: Sinn u. a. (Hrsg.), 2011, S. 156 ff.

dann anfangen, wenn der Täter ein *objektives Element* der Tatbestandsmäßigkeit zu verwirklichen begann.

47 **Zu Leitfall 9**

In *Leitfall 9.* würde Bauer B erst dann zum Versuch des Diebstahls ansetzen, wenn geeignete Rinder vorhanden sind und B den Riegel des Gatters zurückschiebt. Denn dann beginnt die Wegnahme des Jungbullen, weil der Gewahrsam des C an den Rindern gelockert und damit der Gewahrsamsbruch als erstes Teilelement der Wegnahme eingeleitet wird.

48 Die Schwäche dieser Sichtweise zeigt sich allerdings bei Strafvorschriften, die einfach strukturiert sind und letztlich nur *einen* Erfolg als Veränderung in der Außenwelt beschreiben, wie z. B. die Tötungsstraftaten. Hier wäre das Versuchsstadium unter einer formal-objektiven Betrachtungsweise erst dann erreicht, wenn das Herbeiführen des Todes begonnen hat, indem etwa der tödliche Schuss abgefeuert worden ist. Versuch und Vollendung fallen dann praktisch zusammen. Als Versuch verbleiben so im Wesentlichen nur die Fälle, in denen der Täter zwar trifft, die Verletzung aber nicht tödlich ist. Der Bereich der Strafbarkeit bleibt hinter dem Bereich der Opfergefährdung zurück, was im Hinblick auf den Opferschutz unerwünscht ist.

b) Die materiell-objektive Theorie

49 Die von *Reinhard Frank* entwickelte materiell-objektive Theorie versucht diese Folgen zu vermeiden, indem sie bereits alle Tätigkeitsakte dem unmittelbaren Ansetzen zuordnet, die „vermöge ihrer notwendigen Zusammengehörigkeit mit der Tatbestandshandlung für die natürliche Auffassung als deren Bestandteile erscheinen“.[34] Dadurch unterfallen auch solche Handlungen dem Versuchsstadium, die zwar noch nicht einmal partiell tatbestandsmäßig sind, aber dennoch eine *Gefährdung* des Tatobjekts darstellen.

50 Das Versuchsstadium würde danach nicht erst mit dem Abfeuern des Schusses, sondern bereits mit dem Anlegen des Fingers an den Abzug beginnen.

51 Ob die Auffassung *Franks* solche Versuche nicht zu erfassen vermag, die das Angriffsobjekt objektiv nicht gefährden, weil sie absolut untauglich sind (die Pistole erweist sich nach Betätigung des Abzugs als ungeladen), kann dahinstehen. Denn die Frage der Strafbarkeit des untauglichen Versuchs gründet nicht im unmittelbaren Ansetzen, sondern im *Strafgrund* des Versuchs (RN 85 ff.). Auch zum untauglichen Versuch wird unmittelbar angesetzt.

---

[34] *Frank* 1931, § 43 Anm. II 2 b.

c) Die subjektive Theorie

Den Gegenpol zu den objektiven Theorien bildete die vor allem in der früheren Rechtsprechung[35] vorherrschende subjektive Theorie. Danach sollte das *Vorstellungsbild des Täters* der alleinige Maßstab für den Eintritt in das Versuchsstadium sein. Das entsprechende Vorstellungsbild sollte der Täter im Sinne eines „Jetzt geht's los“[36] z. B. haben, wenn er sich zwecks Begehung eines Raubes vorstellte, dass „das Opfer jeden Augenblick komme“.[37] 52

Freilich hatte auch diese Auffassung ihre Schwächen: Zum einen löste sie durch die Tätervorstellung als Kriterium für den Tatbeginn den Zusammenhang zwischen dem Beginn der Tat und der Verwirklichung der Elemente der Tatbestandsmäßigkeit auf. Je nach Vorstellung des Täters geriet der Bereich des strafbaren Versuchens eng oder weit. Es sollte deshalb nicht die Vorstellung des *individuellen* Täters entscheidend sein, sondern die „natürliche Auffassung“.[38] Damit erhielt aber auch die subjektive Versuchstheorie normativen Charakter, ohne allerdings den Makel der Unbestimmtheit zu verlieren. 53

d) Die heute herrschende gemischt subjektiv-objektive Theorie

Die soeben aufgezeigten Lücken sucht die heute herrschende gemischt subjektiv-objektive Theorie auszugleichen. Sie nimmt ein unmittelbares Ansetzen an, wenn nach der „Vorstellung von der Tat“[39] nach dem Gesamtplan des Täters (subjektiv) eine so enge *Verknüpfung* des Täterverhaltens mit der tatbestandsmäßigen Ausführungshandlung besteht *(Frank!)*, 54

- **dass es bei ungestörtem Fortgang der Dinge ohne weitere wesentliche Zwischenschritte *unmittelbar* zur Verwirklichung der Elemente der Tatbestandsmäßigkeit kommt** (zeitlicher Aspekt der objektiven Komponente). 55

Das Ansetzen zum Versuch ist damit der letzte Teilakt vor der vorgestellten Verwirklichung der objektiven Elemente der Tatbestandsmäßigkeit, gekennzeichnet durch einen engen zeitlichen Zusammenhang und eine „Sphärenberührung“.[40] Handlungen, wie sie in der Strafvorschrift beschrieben werden, müssen einerseits 56

[35] Vgl. BGH 4 StR 274/54 BGHSt 6, 302; 2 StR 282/55 BGHSt 9, 62; Modifizierung in BGH 4 StR 76/99 NStZ 1999, 395 = JuS 1999, 1134: subjektiv „jetzt geht´s los“ und objektiv Ansetzen zur tatbestandsmäßigen Angriffshandlung, so dass der Übergang in die Elemente der Tatbestandsmäßigkeit ohne weitere Zwischenschritte erfolgt.

[36] Zu dieser Formel als subjektive Komponente in der Rspr. BGH 1 StR 351/86 NStZ 1987, 20; vgl. auch BGH 3 StR 108/80 NJW 1980, 1759.

[37] Vgl. BGH bei *Dallinger* MDR 1966, 726 links.

[38] Vgl. BGHSt 9, 62/64.

[39] Vgl. zu dieser Ausrichtung der „Vorstellungs“-Formel auf das unmittelbare Ansetzen *Hillenkamp* FS Roxin, S. 696 ff.

[40] So die „konkretisierte Teilaktstheorie“ nach *Roxin* FS Herzberg, S. 341 ff.

noch nicht begangen worden sein,[41] der Vollzug der gesetzlich beschriebenen Tathandlung schließt den Versuchsbeginn indessen andererseits ein.[42]

57 ► Indiz für eine enge Verknüpfung und Unmittelbarkeit ist eine **konkrete Gefährdung des Angriffs-Objekts aus Tätersicht** (Gefährdungsaspekt der objektiven Komponente).[43]

58 Bei jener Tätersicht kann es im Rahmen der Gefährdung als Beurteilungsmaßstab jedoch nicht auf die Vorstellung des Täters zum Zeitpunkt der Planung ankommen, sondern auf die Vorstellung zum Zeitpunkt der *Ausführung* der Tat. Wie es im Falle des Rücktritts auf den sog. „Rücktrittshorizont" (RN 118 ff.) ankommt, kann im Falle des Versuchs erst dann ein unmittelbares Ansetzen angenommen werden, wenn sich der Täter zum Zeitpunkt der Tatausführung vorstellt, das Angriffsobjekt unmittelbar zu gefährden (sog. *Versuchshorizont*[44]).

59 Mit der gemischt subjektiv-objektiven Theorie ist somit eine Formel gefunden, welche zwar auf der *Vorstellung* des Täters aufbaut, das Stadium des Versuchs jedoch möglichst eng an die *Verwirklichung* der *Elemente der Tatbestandsmäßigkeit* anbindet. Sie ermöglicht es außerdem, im Interesse des Rechtsgüterschutzes einen Versuch auch dann anzunehmen, wenn im Falle einer vom Täter *vorgestellten Gefährlichkeit* objektiv weder ein Element der Tatbestandsmäßigkeit betroffen noch eine wirkliche Gefährdung des Angriffsobjekts eingetreten ist.

60 **Beispiel**

Betrachtet man daraufhin *Leitfall 9. Var. a,* so ist das Versuchsstadium nicht erst mit dem Öffnen des Gatters erreicht, sondern bereits dann, wenn B auf das Gatter zuschreitet, um es zu öffnen. Auch bei *Variante b* hat B unmittelbar angesetzt. Denn nach seiner *Vorstellung* hat durch das Öffnen des Gatters die Verwirklichung der Wegnahme beim Diebstahl in Form einer Gewahrsamslockerung bereits begonnen (zeitlicher Aspekt) und auch die konkrete Gefährdung eines geeigneten Jungbullen ist nach seiner Vorstellung gegeben (Gefährdungsaspekt).[45]

e) Kein unmittelbares Ansetzen beim ex ante offensichtlich ungefährlichen und beim (unerkannt) rechtmäßigen Versuch

61 Nach der h. M. findet die Strafbarkeit des Versuchs ihre Legitimation darin, dass er „durch die Betätigung des rechtsfeindlichen Willens den Eindruck eines Angriffs

[41] Vgl. BGH 1 StR 234/97 StV 1997, 632.

[42] Vgl. *Kühl* FS Küper, S. 289.

[43] Vgl. auch *Roxin* AT 2 § 29/139.

[44] *Vgl. Gropp* FS Gössel, S. 175 ff., insbes. 186 ff.

[45] Vgl. als Beispiel für die Abgrenzung zwischen Vorbereitung und Versuch auch den *Lenkradschloss*-Fall BGH 4 StR 559/67 BGHSt 22, 80 (näher *Eser* StK II Nr. 32, insbes. A 1–12, 27–34) sowie den *Schlüsselbeschaffungs*-Fall BGH 4 StR 429/78 BGHSt 28, 162 (näher *Eser* StK II Nr. 21 A 41 a).

auf die Rechtsordnung erweckt und dadurch das Vertrauen der Rechtsgemeinschaft in den Rechtsfrieden erschüttert".[46] Diese Formel berücksichtigt auch § 23 III, die Strafbarkeit des untauglichen Versuchs aus grobem Unverstand, der trotz seiner Ungefährlichkeit strafwürdig ist. Eine Strafbarkeit des ex ante offensichtlich ungefährlichen Versuchs vermag die Formel indessen nicht zu tragen. Denn der Unterschied zu § 23 III liegt darin, dass die *Ausführung* beim Versuch nach § 23 III durchaus den Eindruck eines gefährlichen Verhaltens erwecken kann: die Schwangere nimmt eine für den Außenstehenden unbekannte Flüssigkeit zu sich, um das ungeborene Kind zu töten. Der *ex ante* ungefährliche Versuch – das „Abschießen" eines Flugzeugs mit einer Schrotflinte – ist hingegen auch in der Ausführung ein für jedermann als offensichtlich ungefährlich erkennbares Verhalten. Ein nach der Vorstellung des Täters nur irrtümlich für gefährlich *gehaltenes*, selbst nach dem von ihm vorgestellten Sachverhalt indessen objektiv *offensichtlich ungefährliches* Ausführungsverhalten (ex ante objektiv ungefährlicher Versuch) vermag den Eindruck eines Angriffs auf die Rechtsordnung nicht zu erwecken und auch das Vertrauen der Rechtsgemeinschaft in den Rechtsfrieden schwerlich zu erschüttern. Das unmittelbare Ansetzen muss somit auf der Grundlage der Vorstellung des Täters zumindest auch *objektiv gefährlich erscheinen*. Das ist bei dem Schuss mit der Schrotflinte zwecks Abschießens eines Flugzeugs indessen nicht der Fall. Denn es fehlt der Gefährdungsaspekt der objektiven Komponente des Versuchsunwerts.[47]

Ein unmittelbares Ansetzen ist nach den Ausführungen zum ex ante offensichtlich ungefährlichen Versuch erst recht weiterhin auch dann abzulehnen, wenn ein dem unmittelbaren Ansetzen entsprechendes Sachverhaltsunrecht nicht gegeben ist, weil das Handeln des Täters (wenn auch für ihn unerkannt) *rechtmäßig* ist. Diese Problematik wurde im Rahmen des Fehlens des subjektiven Rechtfertigungselementes eingehend erörtert. Auf jene Ausführungen sei verwiesen (§ 5 RN 49 ff.). 62

Zu Leitfall 9 63

In *Leitfall 9. Var. b erscheint* das Handeln des B auf der Grundlage seiner Vorstellung objektiv *gefährlich*, weil zunächst nicht klar ist, ob die Rinder auf der Weide sind. Ein ex ante objektiv ungefährlicher Versuch liegt daher nicht vor.

f) Das unmittelbare Ansetzen bei erweiterten Strafvorschriften, insbesondere Qualifikationen, Regelbeispielen und Strafvorschriften mit mehreren Tathandlungen

Die gemischt subjektiv-objektive Theorie beurteilt das unmittelbare Ansetzen nach einem *raum-zeitlichen* Maßstab aus Tätersicht. Zusätzliche Elemente der Tatbestandsmäßigkeit können daher nur insoweit von Bedeutung für das unmittelbare Ansetzen sein, als sie sich auf die vorgestellte raum-zeitliche Gefährdung des Angriffsobjekts beziehen. Elemente, die Qualifikationen begründen oder die Grundla- 64

[46] *Eser* in: Schönke/Schröder § 22 RN 65 mwN.

[47] Ausführlich und lesenswert zum ungefährlichen Versuch *Hirsch* GS Vogler, S. 31 ff. mwN; vgl. auch *Roxin* AT 2 § 29/139.

ge für Regelbeispiele darstellen, können daher nur dann das unmittelbare Ansetzen beeinflussen, wenn sie sich auf die vorgestellte raum-zeitliche Gefährdung des Angriffsobjekts auswirken, d. h. die *Vornahme der Tathandlung* betreffen.[48] Das Mitführen eines gefährlichen Werkzeuges nach § 244 I Nr. 1a hat folglich keine Auswirkungen auf den Beginn des Versuchs. Hingegen liegt ein Versuch des § 244 I Nr. 3 bereits mit dem Einbrechen oder Einsteigen in eine Wohnung vor, wenn dies eine Lockerung des Gewahrsams als Element der Wegnahmehandlung darstellt.

65 Gleiches gilt für die Regelbeispiele in § 243 I. Zwar hat der BGH angenommen, dass das unmittelbare Ansetzen zur Verwirklichung eines Regelbeispiels die Schwelle zum strafbaren Versuchsstadium überschreitet.[49] Von der h. L. wird dies aber im Hinblick darauf zu Recht abgelehnt, dass die Regelbeispiele keine Elemente der *Tatbestandsmäßigkeit* sind und daher ein unmittelbares Ansetzen erst recht nicht begründen können.[50]

66 Nicht so eindeutig ist die Lage bei Strafvorschriften mit mehreren Tathandlungen wie z. B. § 249, Raub, mit den Komponenten „Nötigung mit Raubmitteln" und „Wegnahme". Hier wird überwiegend vertreten, dass mit dem unmittelbaren Ansetzen zu *einer* Tathandlung bereits das unmittelbare Ansetzen zur gesamten Straftat vorliege.[51] Jedoch wird man darauf abstellen müssen, ob nach der Vorstellung des Täters ein unmittelbarer Eingriff in *alle* durch die zusammengesetzte Strafvorschrift geschützten Rechtsgüter gegeben ist. Ist im unmittelbaren Ansetzen zur Nötigung bei § 249 aus Tätersicht zugleich auch ein Eingriff in das Eigentums durch Gewahrsamslockerung zu sehen, dann liegt ein Versuch des Raubes vor. Hat der Täter hingegen mit der Wegnahme begonnen, ohne dass nach seiner Vorstellung eine unmittelbare Gefährdung der Person gegeben ist (weil z. B. der Berechtigte die Wegnahme der Sache noch gar nicht entdeckt hat), dann scheidet ein Versuch des Raubes insoweit aus, was den Versuch eines Diebstahl aber nicht ausschließt.

67 Nicht um Strafvorschriften mit mehreren Tathandlungen handelt es sich, wenn eine Strafvorschrift die Verwirklichung einer anderen Stafvorschrift voraussetzen, wie z. B. der räuberische Diebstahl nach § 252. Denn hier wird an einen vollendeten Diebstahl als Vortat angeknüpft. Zum räuberischen Diebstahl setzt daher nicht schon an, wer zum Diebstahl ansetzt, sondern erst der, der nach der Vollendung des Diebstahls nach seiner Vorstellung dazu ansetzt, sich gem. § 252 den Besitz der Sache mittels Raubmitteln zu erhalten.

---

[48] Vgl. *Kühl* FS Küper, S. 303; *Putzke* JuS 2009, 989.

[49] Vgl. BGH 3 StR 291/85 BGHSt 33, 370.

[50] Vgl. *Kühl* AT § 15 RN 52 f. sowie *Arzt* JuS 1972, 518 links: Die Behandlung der Regelbeispiele wie Elemente der Tatbestandsmäßigkeit habe ihre Begründung darin, dass der Vorsatz des Täters auf jene Merkmale bezogen sein muss. Im Übrigen jedoch könnten die Regelbeispiele in ihrer Wirkung nicht über das hinausgehen, was unbenannte minder schwere oder besonders schwere Fälle hinsichtlich des Versuchsstadiums vermögen. Insoweit bestehe jedoch Einigkeit, dass die unbenannten schweren Fälle auf den Beginn des Versuchsstadiums keine Auswirkung haben. Dies könne nicht deshalb anders sein, weil jene Sachverhalte, auf denen die besondere Schwere beruhen kann, eigens beispielhaft beschrieben werden.

[51] Vgl. *Kühl* AT § 15/48 mwN.

g) Das unmittelbare Ansetzen bei notwendiger Mitwirkung des Opfers

Beispiel 9.8 68

Bayerwaldbärwurz-Fall (auch „*Giftfallen*“-Fall genannt) – BGH 1 StR 234/97 BGHSt 43, 177=NStZ 1998, 241:[52] In das Einfamilienhaus des A waren Unbekannte eingedrungen, hatten sich in der Küche warme Speisen zubereitet und auch dort vorhandene Flaschen mit verschiedenen Getränken ausgetrunken. Auch war Beute in das Dachgeschoss des Hauses verbracht worden. Die von A verständigte Polizei ging deshalb davon aus, dass die Täter in den folgenden Tagen noch einmal zurückkehren würden, um die Beute abzuholen. In der Nacht vom 8. zum 9. 3. 1994 hielten sich deshalb vier Polizeibeamte in dem Haus auf, um dort mögliche Einbrecher ergreifen zu können.

A hatte zugleich am Nachmittag des 8.3. aus Verärgerung über den Einbruch 69 im Flur des Erdgeschosses eine handelsübliche Steingutflasche mit der Aufschrift „Echter Hiekes Bayerwaldbärwurz“ aufgestellt, die er mit einer hochgiftigen Flüssigkeit gefüllt und wieder verschlossen hatte. A, der im Haus blieb, wusste, dass bereits der Konsum geringster Mengen rasch zum Tode führen konnte. Er nahm es beim Aufstellen dieser Flasche aber in Kauf, dass möglicherweise erneut Einbrecher im Haus erscheinen, aus der Flasche trinken und tödliche Vergiftungen erleiden könnten.

Hat sich A wegen einer versuchten Tötungsstraftat strafbar gemacht?

Der *Bayerwaldbärwurz*-Fall betrifft die Frage, wann ein unmittelbares Ansetzen 70 zum Versuch anzunehmen ist, wenn zur Verwirklichung der Straftat die Mitwirkung des Opfers zwingend erforderlich ist.

In der *Lehre* wird hier ein Versuch bejaht, wenn der Täter entweder den Gesche- 71 hensverlauf aus seinem eigenen Herrschaftsbereich entlassen hat oder das Opfer nach seiner Vorstellung in der Weise gefährdet wird, dass in engem raumzeitlichem Zusammenhang mit der Verwirklichung der Tatbestandsmäßigkeit auf seine Sphäre eingewirkt wird.[53] Strukturell ist die Vergleichbarkeit mit dem Versuchsbeginn bei mittelbarer Täterschaft offensichtlich (§ 10 RN 133 ff.). Beide Kriterien vermögen im Beispielsfall eine Versuchsstrafbarkeit nicht zu begründen.

Auch der *BGH* lehnt einen Versuch ab. Die vorgestellte Opfergefährdung sei 72 maßgeblich, wenn der Täter das Erscheinen des Opfers lediglich für möglich, aber noch ungewiss hält. Steht für den Täter das Erscheinen des Opfers hingegen fest, liege eine unmittelbare Gefährdung bereits mit Abschluss der Tathandlung vor.

Die Kriterien der Lehre erscheinen überzeugender, weil sie – ausgehend von der 73 Vorstellung des Täters – auf einer objektiv zu beurteilenden *Gefährdungsintensität* des Opfers als Grundlage einer jeden Versuchsstrafbarkeit aufbauen. Diese entsteht

[52] Hierzu *Böse* JA 1999, 342 ff.; *Geppert* JK 1998 § 22/18; *Heckler* NStZ 1999, 79 f.; *Kudlich* JuS 1998, 596 ff.; *Otto* NStZ 1998, 243 f.; *Puppe* AT § 20/28; *Roxin* JZ 1998, 211 f.; *Wolters* NJW 1998, 578 ff.

[53] Vgl. *Roxin* JZ 1998, 211.

entweder mangels Kontrolle durch den Täter oder infolge der Annäherung durch das Opfer. Das Abstellen auf die Intensität des Vorsatzes seitens des Täters beim Abschluss der Tathandlung lässt jene Gefährdung dagegen außer Acht. Denn die Vorstellung des sicheren Erscheinens gefährdet das noch abwesende Opfer nicht, wohl aber der Verlust von Kontrolle. Und die Vorstellung von der Ungewissheit des Erscheinens verringert die Gefährdung nicht, wenn der Täter die Kontrolle aufgibt.[54]

h) Das unmittelbare Ansetzen zum Unterlassen

74 Auch der Täter eines Versuchs durch Unterlassen muss nach seiner Vorstellung unmittelbar zur Verwirklichung des Unterlassens ansetzen. Die Feststellung dieses Zeitpunktes ist jedoch nicht unproblematisch:[55]

75 **Beispiel 9.9**

Kemptener Tee-Fall – BGH 1 StR 357/94 BGHSt 40, 257:[56] Der behandelnde Arzt A beschloss, die alte, hirngeschädigte Patientin, die nicht ansprechbar war, auf Schmerzreize nur mit Lidbewegungen, auf Lichtreize mit einer Blickwendung und auf starke Lautreize mit einem Zusammenzucken reagierte, künftig nicht mehr mit Sondennahrung, sondern nur noch mit Tee zu versorgen und sie dadurch verhungern zu lassen. Freilich blieb es beim Versuch, weil sich das Pflegepersonal weigerte, die Sondennahrung abzusetzen.

76 Hat A zum Versuch des Totschlags durch Unterlassen unmittelbar angesetzt, wenn er

a. zum ersten Mal anstatt der Sondennahrung hätte Tee verabreichen lassen?
b. nach fortdauernder Absetzung der Sondennahrung nicht die letzte Möglichkeit wahrgenommen hätte, das Leben der Patientin durch Wiederaufnahme der Sondenernährung zu retten?
c. die Patientin infolge des Absetzens der Sondenernährung nach seiner Vorstellung in eine konkrete Lebensgefahr gebracht hätte?

77 Die überwiegend vertretene Variante (c) – Eintritt einer konkreten Lebensgefahr nach der Vorstellung des Täters – hat den Vorteil, dass sie mit dem Gefährdungskriterium beim aktiven Tun korrespondiert. Die Annahme eines unmittelbaren Ansetzens mit der ersten Unterlassungshandlung (a) dehnt demgegenüber den Bereich der Strafbarkeit sehr weit nach vorne aus, während die Nichtwahrnehmung der letzten Möglichkeit nach der Vorstellung des Täters als Zeitpunkt für das unmittelbare Ansetzen (b) den Bereich des Versuchs durch Unterlassen auf Fälle beschränken

[54] Zu weiteren Kritikpunkten *Roxin* JZ 1998, 212; vgl. auch *Streng* GS Zipf, S. 330 ff.

[55] Ausführlich hierzu *Roxin* AT 2 § 29/271 ff.; zu diesem Problem in der Fallbearbeitung *Frisch/Murmann* JuS 1999, 1196 ff./1199; vgl. auch *Stein* GA 2010, 129 ff.

[56] Dazu *Schöch* NStZ 1995, 153 ff.; vgl. auch *Lilie* FS Steffen, S. 285; *Stoffers* Jura 1998, 580 ff. mwN FN 2; aus ärztlicher Sicht *Hiersche* FS Hanack, S. 697 ff.; zum Versuch des Unterlassens auch *Hillenkamp* 14. Problem.

würde, in denen die Vorstellung des Täters fehlgeht, also ein untauglicher Versuch vorliegt, weil ja ansonsten die Vollendung eintreten müsste.[57]

Zu Beispiel 9.9 78

Die 1. Strafkammer des Landgerichts Kempten verurteilte A wegen eines versuchten Totschlags durch Unterlassen[58] in einem minderschweren Fall, §§ 212, 213, 22, 23, 13. Der BGH konnte darin keinen Rechtsfehler erkennen, verwies aber zur weiteren Sachaufklärung an die 2. Strafkammer des Landgerichts Kempten zurück. Die 2. Strafkammer sprach A frei, weil das Vorgehen des A dem Willen der Patientin entsprochen habe.[59]

II. Formale Begrenzungen der Versuchsstrafbarkeit (§ 23)

Nicht jede Verwirklichung eines unter I beschriebenen materiellen Versuchsunwerts ermöglicht eine Bestrafung, und selbst im Falle der Strafbarkeit bestehen Einschränkungen gegenüber der vollendeten Straftat. Begrenzend wirkt hier § 23: 79

§ 23. Strafbarkeit des Versuchs 80

(1) Der Versuch eines Verbrechens ist stets strafbar, der Versuch eines Vergehens nur dann, wenn das Gesetz es ausdrücklich bestimmt.
(2) Der Versuch kann milder bestraft werden als die vollendete Tat (§ 49 Abs. 1).
(3) Hat der Täter aus grobem Unverstand verkannt, dass der Versuch nach der Art des Gegenstandes, an dem, oder des Mittels, mit dem die Tat begangen werden sollte, überhaupt nicht zur Vollendung führen konnte, so kann das Gericht von Strafe absehen oder die Strafe nach seinem Ermessen mildern (§ 49 Abs. 2).

§ 23 I legt den Bereich fest, innerhalb dessen Obersätze aus einer Kombination von gesetzlicher Strafvorschrift und Versuchstrafbarkeit überhaupt gebildet werden können. Außerhalb dieses Bereichs ist die Verwirklichung eines Versuchsunwertes folglich schon nicht *tatbestandsmäßig*. So bleibt z. B. derjenige, der den Versuchsunwert einer uneidlichen Falschaussage (§ 153) verwirklicht, deshalb straffrei, weil infolge von § 23 I ein aus den §§ 153 und 22 gebildeter Rechtssatz 81

„Wer nach seiner Vorstellung von der Tat unmittelbar ansetzt, vor Gericht…als Zeuge oder Sachverständiger uneidlich falsch auszusagen, wird bestraft"

nicht existiert.

[57] Vgl. zum Meinungsspektrum auch *B. Heinrich* AT RN 752 ff.; *Maurach/Gössel* AT 2 § 40/98 ff.; *Joecks* StK § 13/70 f.; *NK- StGB-Wohlers/Gaede* § 13 RN 22 ff. jew. mwN.

[58] Zweifelnd an der Einordnung als Unterlassen *Stoffers* Jura 1998, 580 ff.

[59] Näher *Hiersche* FS Hanack, S. 700 f., 714 f.

82 Die Absätze 2 und 3 beziehen sich hingegen auf die *Rechtsfolgen* versuchter Straftaten. Die generelle fakultative Strafmilderung beim Versuch (Abs. 2) rührt daher, dass dem Täter der versuchten Straftat schon definitionsgemäß kein Unwert für die Vollendung zugerechnet werden kann, was die Straf*würdigkeit* herabsetzt.

83 Die Strafmilderung beim Versuch aus grobem Unverstand, die bis zum Absehen von Strafe (§ 60, Schuldspruch ohne Strafausspruch) reichen kann, beruht hingegen auch auf Straf*bedürftigkeit*serwägungen und hat damit auch einen *(general)präventiven* Hintergrund: gerade weil der Täter hier aus grobem Unverstand handelt, ist sein Angriff auf das Rechtsgut und die Geltung der Rechtsordnung für jedermann sichtbar nicht ernst zu nehmen: Die Schwangere (*Beispiel 9.3.* oben RN 31), die meint, mittels Kamillentees abtreiben zu können, wird ebenso wenig ernst genommen wie der Bauer beim Giftmordversuch mittels einer weißen Substanz aus einer Dose mit der Aufschrift „Dextrose“ (= Traubenzucker).

84 Es bedarf hier daher nur abgeschwächter oder gar keiner Anstrengungen, um die Geltung der Rechtsnorm deutlich zu machen.

III. Der Strafgrund des Versuchs[60]

85 Mit Hilfe des in den §§ 22 und 23 festgelegten gesetzlichen Rahmens der Versuchsstrafbarkeit lassen sich nun Erkenntnisse darüber gewinnen, weshalb und wann eine Tat strafbar sein soll, obwohl die als Erfolg gesetzlich beschriebene Veränderung in der Außenwelt überhaupt nicht eingetreten ist.

86 In Widerspruch zu den §§ 22, 23 stehen *objektive* Versuchslehren, welche den Strafgrund des Versuchs jedenfalls auch in der konkreten Gefährdung des geschützten Handlungsobjekts erblicken.[61] Nach ihnen hätte der Versuch die Struktur einer konkreten Gefährdungsstraftat, der „Erfolg“ des Versuchs wäre die Verursachung einer konkreten Gefahr für das Angriffsobjekt. Gegen diese Auffassung spricht vor allem die Strafbarkeit des untauglichen (§ 23 I, II) und die des grob unverständigen Versuchs (§ 23 III). Denn in diesen Fällen liegt eine objektive Gefährdung eines Angriffsobjekts als Element der Tatbestandsmäßigkeit der §§ 211 ff. nicht vor – man denke nur an den Schuss auf die Vogelscheuche (Sache, § 303), die der Täter in der Dunkelheit für einen Menschen (§§ 211 ff.) hält –, und dennoch werden sie mit Strafe bedroht.

87 Man könnte daraus schließen, dass der Strafgrund eines Tötungsversuchs in Form eines Schusses auf die Vogelscheuche zwar nicht in der Gefährdung des Angriffsobjektes „*Sache*“, wohl aber darin zu sehen sei, dass der Täter das *Leben* als abstraktes *Rechtsgut* (§ 2 RN 12 ff.) durch Nichtbeachtung angreife. Aber auch diese am *Täterwillen* orientierte *subjektive* Versuchstheorie vermag nicht zu überzeugen. Denn

[60] Umfassend hierzu *Zaczyk* 1989, der das angegriffene Rechtsgut, das Verhältnis des Täters zu diesem, den die Nichtvollendung begründenden Mangel und den den Mangel ausgleichenden Willen als Kriterien für die Konstituierung des Versuchsunrechts entwickelt.

[61] Informativ zur objektiven Versuchslehre im *japanischen* Strafrecht *Kawaguchi* ZStW 110 (1998), 561 ff.

dann müsste – selbst bei Wahrung der Freiheit der rechtsgutsfeindlichen Gedanken – schon *jede betätigte Nichtbeachtung eines strafrechtlich geschützten Rechtsguts*, d. h. die betätigte rechtsgutsfeindliche Gesinnung des Täters, den Versuchsunwert begründen. Diese Sicht hingegen würde den Bereich der Versuchsstrafbarkeit auf *alle* Verhaltensweisen ausdehnen, mittels derer der Täter seine rechtsgutsfeindliche Gesinnung zu betätigen *meint*. Materielle Vorbereitungshandlungen würden so zu Versuchen umfunktioniert, weil die Betätigung der rechtsfeindlichen Gesinnung bereits vor der Gefährdung des Angriffsobjekts die Strafbarkeit begründete. Um dies zu vermeiden, bedarf es einer Restriktion, welche die Gesinnung des Täters in eine Beziehung zum Angriffsobjekt im Sinne eines unmittelbaren Ansetzens bringt.

Der Strafgrund des Versuchs wird deshalb angesichts der Strafbarkeit auch des **88**
untauglichen Versuchs[62] einerseits und des Erfordernisses eines unmittelbaren Ansetzens zur Verwirklichung der Straftat andererseits *gemischt subjektiv-objektiv* darin gesehen, dass der Täter sich aus einer rechtsfeindlichen Gesinnung heraus („nach seiner *Vorstellung*", subjektiv) in der Weise *nach außen* betätigt, dass das *tatbestandsmäßige Angriffsobjekt* – auf der Grundlage der Vorstellung des Täters – *unmittelbar gefährdet* erscheint (objektiv). Die zusätzliche Strafmilderungsmöglichkeit beim Versuch aus grobem Unverstand (§ 23 III, s. o. RN 83)[63], die unumstrittene Straffreiheit des abergläubischen Versuchs (s. o. RN 39) und die hier vertretene Straffreiheit des ex ante objektiv ungefährlichen Versuchs (s. o. RN 61 ff.) zeigen darüber hinaus, dass nur ein solches Versuchen strafbar sein soll, welches einen *Eindruck* hinterlässt, der das Vertrauen der Allgemeinheit auf die Geltung der Rechtsordnung erschüttern und den Rechtsfrieden beeinträchtigen kann. Die subjektiv-objektive Legitimation der Strafbarkeit des Versuchs wird daher auch als *Eindruckstheorie* bezeichnet.[64]

Ein so beschriebener Strafgrund des Versuchs entspricht nicht nur den §§ 22, 23, **89**
er vermag auch der Aufgabe des Strafrechts, der Achtung der Rechtsgüter durch den Schutz der Angriffsobjekte Geltung zu verschaffen, am ehesten gerecht zu werden. Denn soweit wir ex ante noch nicht wissen, ob ein Versuch untauglich ist oder nicht, stellt auch ein Versuch, von dem man später weiß, dass er untauglich war, zunächst eine *objektiv* gefährliche Situation dar. Und selbst wenn wir im Unterschied zum Täter wissen, dass sein Verhalten völlig ungefährlich ist, stellt auch das unmittelbare Ansetzen zu diesem untauglichen Versuch *ex ante* eine objektive Gefahr dar, so lange es außenstehenden Dritten gegenüber auch nur den *Anschein von Gefährlichkeit* erweckt.

[62] Zur Legitimation der Strafbarkeit des untauglichen Versuchs *Bloy* ZStW 113 (2001), 79 ff. mwN.

[63] Zum groben Unverstand als „Kriterium fehlender Rechtsfriedensstörung" *Bloy* ZStW 113 (2001), 79/98 ff.

[64] Vgl. *Eser* in: Schönke/Schröder § 22 RN 65; *Lackner/Kühl* § 22 RN 11; *Maurach/Gössel* AT 2 § 40 RN 41; nach der neueren *Gefährlichkeitstheorie* soll hingegen die konkrete Gefährlichkeit des Versuchs*verhaltens* die Strafbarkeit des Versuchs begründen, was sich einschränkend auf die Strafbarkeit des untauglichen Versuchs auswirkt, informativ und mwN hierzu *Bloy* GA 2000, 498 ff.

IV. Sonderfragen

1. Versuch bei der durch eine besondere Folge qualifizierten (erfolgsqualifizierten) Straftat[65]

90 Gem. § 11 II ist auch die durch eine besondere Folge qualifizierte Straftat eine *vorsätzliche* Tat, was eine Versuchsstrafbarkeit möglich macht.[66] Die dogmatische Kombination eines Versuchs mit einer durch eine besondere Folge qualifizierten Straftat ist daher grundsätzlich anerkannt,[67] wobei im Einzelnen folgende Fallgruppen unterschieden werden: Vollendung der Grundstraftat und Versuch der besonderen Folge (a), Versuch der Grundstraftat und Eintritt der besonderen Folge (b) sowie Versuch der Grundstraftat und Versuch der besonderen Folge (c).

91 *a) Vollendung der Grundstraftat und Versuch der besonderen Folge („Versuch der Erfolgsqualifikation")*

Ein sog. „Versuch der Erfolgsqualifikation" liegt vor, wenn der Täter bei der vollendeten Grundstraftat die besondere Folge in seinen Vorsatz aufgenommen hat, ihr Eintritt aber ausbleibt.[68] Der Versuch der Erfolgsqualifikation steht dann mit der vollendeten Grundstraftat in Tateinheit.[69]

b) Versuch der Grundstraftat und Eintritt der besonderen Folge („erfolgsqualifizierter Versuch")[70]

92 Schwieriger ist die Entscheidung in den Fällen des sog. „erfolgsqualifizierten Versuchs": Der Täter führt die besondere Folge fahrlässig bzw. leichtfertig schon durch den Versuch der Grundstraftat herbei.

93 Auszuscheiden sind hier zunächst die Fälle, in denen der Versuch der Grundstraftat als solcher nicht strafbar ist (z. B. § 221 III).[71] Denn dann wäre die besondere Folge *nicht strafschärfend* i. S. v. § 18, sondern straf*begründend.* Im Übrigen differenziert die h. M. hier zu Recht nach der Struktur der Strafvorschrift: Wenn die besondere Folge mit der Tat*handlung* verknüpft ist, ist Raum für einen erfolgsqualifizierten Versuch,[72] denn dann knüpft die Folge an einen Sachverhalt an, dessen

---

[65] Vgl. auch *Hardtung* 2002; *Hillenkamp* 16. Problem; *Jescheck/Weigend* AT § 49 VII; *Joecks* StK § 18/4 ff.; *Kühl* FS Gössel, S. 191 ff.; *Laue* JuS 2003, 743 ff.; Aufbauschemata bei *Schlüchter* AT Kap. 17 A.

[66] Vgl. *Kühl* FS Küper, S. 297.

[67] Vgl. *Baumann/Weber/Mitsch* AT § 26/41 f.; *Rengier* 1986, S. 234 ff.

[68] Vgl. BGH 3 StR 99/01 NStZ 2001, 534; *Wessels/Beulke/Satzger* AT RN 617; *Hillenkamp* 16. Problem.

[69] BGH 1 StR 640/66 BGHSt 21, 194.

[70] *Umfassend zum erfolgsqualifizierten Versuch – in kritischer Auseinandersetzung mit MK-Herzberg § 23 RN 8* f. mit Fn. 14 – *Küper* FS Herzberg, S. 323 ff.

[71] A.A. *Otto* GK AT § 18/88 f. mwN.

[72] So z. B. bei § 178, vgl. RG 3 D 705/35 RGSt 69, 332, oder bei § 251, vgl. RG II 1320/28 RGSt 62,422, BGH 1 StR 51/96 BGHSt 42, 158, BGH 4 StR 204/98 NStZ 1998, 511; zu § 227 instruktiv BGH 5 StR 42/02 BGHSt 48, 34 im sog. *Glasscheiben*-Fall mit Bespr. *Laue* JuS 2003, 743; vgl. dazu auch *Engländer* GA 2008, 669 ff.

spezifische Gefahr sich in ihr realisiert hat.[73] Ein durch die Folge qualifizierter Versuch scheidet indessen aus, wenn die Qualifikation nach der Konzeption der Strafvorschrift auf der *Veränderung in der Außenwelt* der Grundstraftat aufbaut (z. B. § 313 II i. V. m. § 308 III).[74]

c) Versuch der Grundstraftat und Versuch der besonderen Folge („Versuch des erfolgsqualifizierten Delikts")

Auch der „Versuch eines erfolgsqualifizierten Delikts" in der Form, dass sowohl die Grundstraftat als auch die qualifizierende Folge im Versuchsstadium steckenbleiben, ist anerkannt.[75] Über die unter b) genannten Voraussetzungen hinaus ist jedoch erforderlich, dass für beide Komponenten bereits das unmittelbare Ansetzen bejaht werden kann. **94**

2. Versuch und Regelbeispiel[76]

Auch in Bezug auf Grundstraftat und Regelbeispiel lässt die Verwirklichungsstufe des Versuchs drei Kombinationsmöglichkeiten zu (a.-c.): **95**

a) Vollendung der Grundstraftat und „Versuch" des Regelbeispiels

Eine vollendete Grundstraftat mit einem „versuchten" Regelbeispiel ist z. B. gegeben, wenn der Täter zur Begehung eines Diebstahls in ein Gebäude einbrechen will, die Tür jedoch wider Erwarten unverschlossen ist. Begeht der Täter den beabsichtigten Diebstahl, so nimmt die h. L. an, dass der Versuch des Regelbeispiels nicht eigens ins Gewicht fällt und allenfalls aufgrund einer Gesamtbewertung ein Diebstahl in einem besonders schweren Fall angenommen werden kann.[77] **96**

b) Versuch der Grundstraftat und Verwirklichung des Regelbeispiels

Ist die Grundstraftat versucht, das Regelbeispiel hingegen verwirklicht, nimmt die überwiegende Meinung den Versuch eines Diebstahls in einem besonders schweren Fall an, sieht die Regelwirkung folglich gegeben.[78] **97**

---

[73] Beim Versuch der Körperverletzung mit Todesfolge fordert *Engländer* GA 2008, 683 f. mit bedenkenswerten Argumenten als Grundstraftat eine *das Leben gefährdende* Körperverletzungshandlung nach § 224 I Nr. 5.

[74] Vgl. auch *Wessels/Beulke/Satzger* AT RN 617.

[75] Vgl. *Jescheck/Weigend* AT § 49 VII 2 b mwN.

[76] Vgl. auch *Graul* JuS 1999, 852 ff. zu BGH 5 StR 232/97 NStZ RR 1997, 293; umfassend zu den Regelbeispielen des Diebstahls in einem besonders schweren Fall *Wessels/Hillenkamp* BT 2 RN 211 ff.; *Maurach/Schroeder/Maiwald* BT 1 § 33 RN 105 ff., jew. mwN; vgl. auch *Arzt* JuS 1972, 517.

[77] Vgl. *Eser/Bosch* in: Schönke/Schröder § 243 RN 44 mwN; a. A. OLG Köln Ss 262/72 MDR 1973, 779; *Zipf* JR 1981, 121; krit. zur BGH-Rspr. auch *Zieschang* Jura 1999, 565.

[78] Vgl. Vgl. *Eser/Bosch* in: Schönke/Schröder § 243 RN 44 mwN.

98 **Beispiel 9.10**

Der Täter ist in ein Gebäude eingebrochen, findet aber nichts und verlässt unverrichteter Dinge den Tatort.

c) Versuch sowohl des Regelbeispiels als auch der Grundstraftat

99 **Beispiel 9.11**

Der Täter findet die Tür wider Erwarten unverschlossen, kann in dem Gebäude auch keine Diebesbeute finden und geht unverrichteter Dinge wieder von dannen.

100 Der BGH nimmt hier eine Regelwirkung an und verurteilt wegen eines versuchten Diebstahls in einem besonders schweren Fall.[79]

101 Eine sachgerechte Behandlung der in a.-c. beschriebenen Problematik hat zunächst zu berücksichtigen, dass es nur darum geht, ob ein besonders schwerer Fall als *Regel*wirkung angenommen werden kann oder ob seine Annahme einer besonderen Begründung bedarf. Da die Regelbeispiele, gleich ob tat- oder täterbezogen, einen Sachverhalt beschreiben, der einen gesteigerten Unwert aufweist, wird es zur Begründung der Regelwirkung darauf ankommen, ob jener Unwert im Verhältnis zur Grundstraftat ins Gewicht fällt. Das ist dann der Fall, wenn die Grundstraftat nicht vollendet ist. Es ist daher sachgerecht, in den Fallgruppen b) und c) eine Regelwirkung zu bejahen.

V. Der Aufbau der versuchten Straftat

102 ► Vorprüfung
- Die Straftat, die der Täter begehen wollte, ist nicht vollständig verwirklicht worden bzw. kann dem Täter nicht als vollständig verwirklicht zugerechnet werden.
- Ein Versuch dieser Straftat ist nach § 23 I strafbar.

I. *Tatbestandsmäßigkeit*
   1. *Subjektive Elemente der Tatbestandsmäßigkeit* (personaler Unwert)
      a. Die „Vorstellung von der Tat" (*„Entschluss")* =
         Vorsatz bezüglich der objektiven Elemente der Tatbestandsmäßigkeit
      b. Das Vorliegen persönlicher Merkmale (Absichten usw.)
   2. *Objektives Element der Tatbestandsmäßigkeit* (Sachverhaltsunwert)
      Unmittelbares Ansetzen =
      – auf der Grundlage des Tatentschlusses

[79] Vgl. BGH 3 StR 291/85 BGHSt 33, 370; ebs. *Maurach/Schroeder/Maiwald* BT 1, § 33 RN 107; gegen eine Indizwirkung hingegen die überwiegende Meinung, vgl. *Eser/Bosch* in: Schönke/Schröder, § 243 RN 44 mwN.

   - unmittelbare Gefährdung des Angriffsobjekts, da
   - keine weiteren wesentlichen Zwischenschritte zur Verwirklichung der Tatbestandsmäßigkeit

II. *Rechtswidrigkeit*
wie bei der vollendeten Straftat

III. *Schuldhaftigkeit*
wie bei der vollendeten Straftat, wobei jedoch der Vorsatz selbst nach der kausalen Handlungslehre den Entschluss bildet.

B. Rücktritt (§ 24)

§ 24 Rücktritt **103**

(1) Wegen Versuchs wird nicht bestraft, wer freiwillig die weitere Ausführung der Tat aufgibt oder deren Vollendung verhindert. Wird die Tat ohne Zutun des Zurücktretenden nicht vollendet, so wird er straflos, wenn er sich freiwillig und ernsthaft bemüht, die Vollendung zu verhindern.

I. Freiwilliges „Aufgeben der weiteren Tatausführung" bzw. „Verhindern der Tatvollendung" als unwertbegrenzende Elemente des Rücktritts

1. Die gesetzliche Unterscheidung zwischen unbeendetem und beendetem Versuch

a) Aufgeben der Tat oder Verhinderung der Tatvollendung

Nach § 24 I 1 wird der Täter der versuchten Straftat[80] straffrei, wenn er die Tat „aufgibt" bzw. deren „Vollendung verhindert". Mit dem Anknüpfen an das Aufgeben einerseits sowie das Verhindern der Tatvollendung andererseits als hinreichende Voraussetzungen für einen strafbefreienden Rücktritt macht § 24 I die Straffreiheit von dem Stadium des Versuchs abhängig. Dabei korrespondiert mit dem *Aufgeben* der sog. *unbeendete*, mit der Vollendungs*verhinderung* der sog. *beendete* Versuch. **104**

Unter „Aufgeben" ist die Abstandnahme von der weiteren Verwirklichung des Tatentschlusses zu verstehen. Das Motiv für das Aufgeben ist irrelevant. Nach BGH 2 StR 665/87 BGHSt 35, 184 ist es daher unschädlich, wenn der Täter nur deshalb aufgibt, um eine andere, gleich schwere oder schwerere Straftat zu begehen.[81] **105**

---

[80] Zum „Rücktritt" von Tatbeiträgen im *Vorbereitungsstadium* vgl. *Angerer* 2004. Nach *Angerer* beruht die Straffreiheit hier auf der fehlenden Zurechenbarkeit, fehlendem Vorsatz oder – falls es zum Versuch kommt – auf einer analogen Anwendung von § 24.

[81] Krit. hierzu *Schlüchter* AT 14. Kap. B Frage 47.

106 Eine „Verhinderung der Vollendung" liegt hingegen vor, wenn der Täter *Aktivitäten* entfaltet, welche die Vollendung zurechenbar abwenden, d. h. das Ausbleiben der Vollendung nicht als zufällig erscheinen lassen.[82]

107 Die reine Verhinderungskausalität genügt für den strafbefreienden Rücktritt folglich nicht. Nach der von *Roxin*[83] entwickelten sog. *Differenzierungstheorie*[84] wird man im Falle einer eigenhändigen Vollendungsverhinderung verlangen müssen, dass die Vollendung aufgrund einer vom Zurücktretenden eröffneten Rettungschance verhindert worden ist (Chanceneröffnungstheorie). Bei fremdhändiger Vollendungsverhinderung darf er sich nicht mit Rettungsmaßnahmen begnügen, die möglicherweise unzureichend sind.[85] Eine (aus seiner Sicht) optimale Leistung muss der Zurücktretende aber auch nicht erbringen (so aber die sog. Bestleistungstheorie[86]). Das Ergreifen *erforderlicher* Maßnahmen genügt.[87]

108 Nach § 24 I 2 ist auf der anderen Seite nicht erforderlich, dass das Ausbleiben der Vollendung gerade auf den Verhinderungsbemühungen des Zurücktretenden beruht. Denn es genügt hier bereits ein ernsthaftes[88] Bemühen, die Vollendung zu verhindern. Die irrtümliche Annahme der Verhinderungskausalität ist in diesem Rahmen folglich unschädlich, wenn die Vollendung nur anderweitig tatsächlich verhindert wird.[89]

b) Die Vorstellung des Täters als Maßstab für das Beendetsein

109 Beurteilungsmaßstab für die Einordnung des Versuchs als beendet oder unbeendet ist die *Vorstellung des Täters*. Dies ergibt sich schon aus § 22. Danach liegt ein unbeendeter Versuch zunächst dann vor, wenn der Täter glaubt, dass sein Vorhaben (noch) nicht gelungen sei,[90] dass er noch nicht alles getan habe, was für die Vollendung erforderlich ist. *Beendet* ist der Versuch hingegen, wenn der Täter der Ansicht ist, dass sein Vorhaben gelungen sei, dass er bereits alles für die Herbeiführung der Vollendung getan habe.

---

[82] *Zieschang* GA 2003, 358; umfassend zu den Anforderungen an das Verhindern *Boß* 2002.

[83] FS Hirsch, S. 327 ff./335 ff. mwN und erhellenden Beispielen sowie *Roxin* AT 2 § 30/243 ff.

[84] Krit. *Boß* 2002, S. 141 f.

[85] Ähnlich differenzierend zwischen einer quasi-täterschaftlichen und einer anstiftungsgleichen fremdhändigen Erfolgsabwendung *Engländer* JuS 2003, 641 ff.

[86] Vgl. auch BGH 4 StR 49/97 StV 1997, 518 sowie *Roxin* AT 2 § 30/247 f.

[87] So wohl BGH 5 StR 584/98 StV 1999, 204 und BGH 3 StR 112/04 (*Ukrainer*-Fall) JZ 2005, 203 m. Anm. *Rotsch/Sahan* JZ 2005, ff.; zum Rücktritt vom Unterlassungsversuch BGH 2 StR 251/02 BGHSt 48, 147 mit krit. Anm. *Jakobs* JZ 2003, 743 ff., zust. *Engländer* JuS 2003, 641 ff. und *Zwiehoff* StV 2003, 631 ff; vgl. auch *Boß* 2002, S. 143 ff., 196 f.; *Herzberg* NJW 1989, 862 ff.; *Puppe* AT § 21/38.

[88] Umfassend zur Ernsthaftigkeit *Maiwald* FS Wolff, S. 337 ff. Es wirken auch grob unverständige, nicht hingegen abergläubische Bemühungen strafbefreiend. Voraussetzung ist jedoch, dass das Bemühen nicht „halbherzig" ist. Auch ein Unterlassen kann genügen; zust. *Küpper* JuS 2000, 229 links.

[89] Vgl. *Luminal-Fall* BGH 5 StR 28/58 BGHSt 11, 324 (Rücktritt vom untauglichen Versuch), hierzu *Eser* StK II Nr. 34 A 23–35b; vgl. auch *Wessels/Beulke/Satzger* AT RN 646 f.

[90] Vgl. *Wörner* NStZ 2010, 71.

Beispiel 9.12 110

Stellt der Täter A sich vor, es sei die Beibringung von 10 Tropfen Gift erforderlich, um sein Opfer B zu töten, dann läge nach Beibringung von fünf Tropfen ein unbeendeter, nach der Gabe von 10 Tropfen ein beendeter Tötungsversuch vor. Anschließend verselbständigte sich nach der Vorstellung des Täters der Geschehensablauf und führte ohne weiteres Zutun zur Vollendung.

Allerdings wird die Vorstellung des Täters insoweit durch die allgemeine Lebens- 111
erfahrung „*normativ überlagert*": von einem Beendetsein wird ausgegangen, wenn der Täter die tatsächlichen Umstände erkannt hat, die die Vollendung nach der Lebenserfahrung nahelegen. An die Annahme eines Unbeendetseins werden deshalb strenge Anforderungen gestellt.[91] Macht der Täter sich *keine* Vorstellungen über die Folgen seines Tuns, nimmt der BGH einen beendeten Versuch an. Denn dann rechne der Täter auch mit der Möglichkeit, dass die angestrebte oder in Kauf genommene Vollendung eintritt.[92] Diese Rechtsprechung steht in Einklang mit der Annahme von dolus eventualis bei Gleichgültigkeit bezüglich des Eintritts der Vollendung.[93]

Wenn aber die Kenntnis der tatsächlichen Umstände zum Zeitpunkt des Rück- 112
trittsgeschehens über die Vorstellung des Täters vom Beendetsein des Versuchs und die Voraussetzungen des strafbefreienden Rücktritts mit entscheidet, dann kommt es darauf an, welches der *maßgebliche Zeitpunkt* für die Vorstellung des Täters sein soll. Diese Frage ist nicht unumstritten.

2. Der maßgebliche Bezugspunkt für die Vorstellung des Täters vom Beendetsein des Versuchs

Beispiel 9.13 113

In *Beispiel 9.12.* habe der Täter eine kleine Flasche Gift gekauft. Davon bringt er dem Opfer 10 Tropfen mit Tötungsvorsatz bei.

Var. a: Wider Erwarten reichen die 10 Tropfen nicht aus. A erkennt dies. Er könnte B weiteres Gift beibringen, nimmt davon jedoch Abstand, weil er ein besserer Mensch werden will, wodurch B völlig genest.

Var. b: A bricht sein Vorhaben nach 8 Tropfen ab, weil er Gewissensbisse bekommt. Sicherheitshalber alarmiert er sogar einen Arzt. Jedoch stirbt B wider Erwarten am nächsten Tag infolge des Giftes, weil dieses doch eine stärkere Wirkung gehabt hatte.

In Frage kommen insoweit im Wesentlichen zwei Bezugspunkte: die Planungspha- 114
se (a) und das Ende der Tatausführung (b).

[91] Vgl. BGH GSSt 1/93 BGHSt 39, 221; 5 StR 434/93 NStZ 1994, 76.

[92] Vgl. BGH 2 StR 449/94 BGHSt 40, 304 m. Anm. *Puppe* NStZ 1995, 403; BGH 3 StR 618/98 NStZ 1999, 300.

[93] Vgl. BGH 5 StR 131/60 NJW 1960, 1821/1822.

a) Die Lehre vom Tatplankriterium

115 Nach der Lehre vom *Tatplankriterium* soll es für das Beendetsein des Versuchs darauf ankommen, was der Täter geplant hat. Hat der Täter den Plan erfüllt, im *Beispiel 9.13. Var. a* die Beibringung von 10 Tropfen Gift, dann ist der Versuch beendet[94]. Um zurückzutreten, müsste der Täter die Vollendung aktiv verhindern, selbst wenn die 10 Tropfen gar nicht ausreichen und er dies erkennt.

116 Umgekehrt nützt es dem Täter nichts, wenn sein Plan wie in *Beispiel 9.13. Var. b* die Beibringung von 10 Tropfen vorsieht, er nach 8 Tropfen aufhört und das Opfer dennoch stirbt. Denn mit dem Eintritt der tatbestandsmäßigen Veränderung in der Außenwelt schneidet ihm die h. M. jede Rücktrittsmöglichkeit ab (s. u. RN 130 ff.), weshalb er sich nicht darauf berufen kann, dass seiner Vorstellung entsprechend ein unbeendeter Versuch vorgelegen habe, von dem er strafbefreiend durch Aufgeben zurückgetreten sei.

117 Die Lehre vom Tatplankriterium benachteiligt damit den Rücktrittswilligen in jeder Hinsicht. Außerdem privilegiert sie denjenigen, der schon zu Beginn seiner Aktivitäten einen weitreichenden Tatplan fasst. Denn je umfangreicher der Tatplan, desto eher bleibt der Versuch unbeendet. Die Tatplanlehre führt daher zu unsachlichen Ungleichbehandlungen und wird deshalb nicht mehr vertreten.

b) Die Lehre vom Rücktrittshorizont

118 Mittlerweile hat sich die Lehre vom *Rücktrittshorizont* etabliert[95]. Über das Beendetsein des Versuchs entscheidet danach die Vorstellung des Täters über die Möglichkeit des Eintritts der Vollendung *zum Zeitpunkt der Rücktrittshandlung*, genauer: zum Zeitpunkt der Entscheidung darüber, ob weitergehandelt werden soll oder nicht.

119 Der Täter muss sich zu diesem Zeitpunkt ein Urteil darüber bilden, ob die Vollendung ohne weitere Aktivitäten eintreten wird oder nicht (*Bewirkungshorizont*[96]). Danach richtet sich, ob der Versuch beendet ist oder nicht (Abb. 1):

120 Eine grafische Darstellung zum Beendetsein des Versuchs findet sich in Abbildung 1.

121 *Unbeendet* ist der Versuch, wenn der Täter zum Zeitpunkt der Entscheidung über das weitere Vorgehen auf Grund der Umstände den Eintritt de Vollendung (noch) nicht für möglich hält.[97] *Beendet* ist der Versuch, wenn der Täter zu jenem Zeitpunkt eine Vollendung auf Grund der Umstände für (nahe liegend) möglich hält.[98]

122 Der Vorteil der Lehre vom Rücktrittshorizont besteht darin, dass die Rücktrittsaktivitäten dem Entscheidungszeitpunkt angepasst sind und damit der Tatplan den

---

[94] Vgl. *Stilett-Fall* BGH 2 StR 537/68 BGHSt 22, 330.

[95] Vgl. *Würgungs-Fall* BGH 2 StR 550/82 BGHSt 31, 170; 4 StR 326/85 BGHSt 33, 295; 4 StR 541/87 BGHSt 35, 90; BGH 3 StR 25/86 NStZ 1986, 264; 1 StR 390/89 NStZ 1990, 30; 2 StR 540/98 NStZ 1999, 299 links/rechts, 300; 4 StR 56/99 StV 1999, 594.

[96] *Wörner* in: Gropp u. a. (Hrsg.), 2010, S. 321, 328; *Wörner* 2010, S. 94 ff.

[97] Ähnlich *Wörner* in: Gropp u. a. (Hrsg.) 2010, S. 321, 327; krit. zur Nichtumstellung der Definition durch die h. M. *Sözüer/Wörner* in: Gropp u. a. (Hrsg.) 2014, S. 363 ff., insbes. S. 376 ff.

[98] Vgl. *Wörner* 2010, S. 95 mwN; *Wörner* in: Gropp u. a. (Hrsg.) 2010, S. 321, 327 f. mit Verweis auf BGH 4 StR 308/86 v. 7.8.1986 und BGH 3 StR 259/86 v. 8.9.1986.

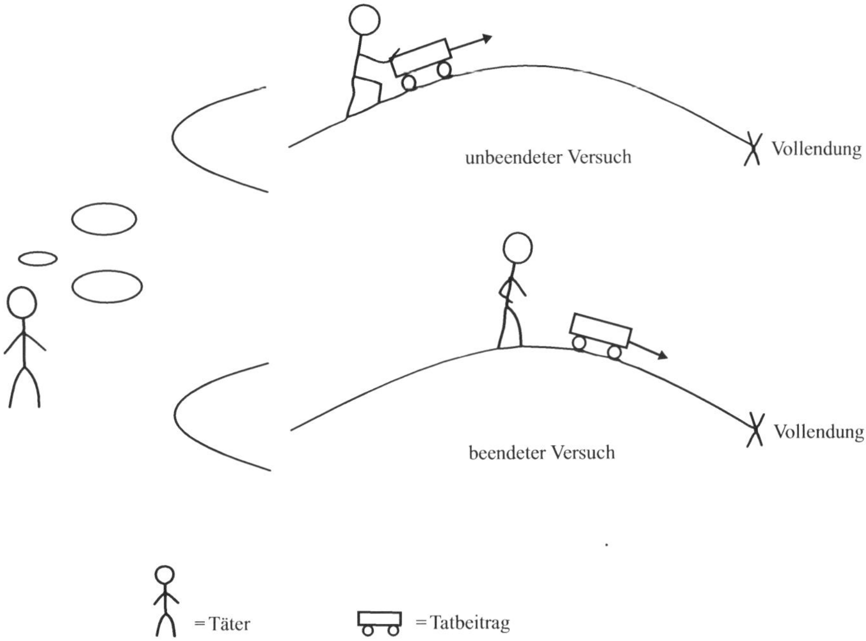

Abb. 1 „Beendetsein des Versuchs"

Täter weder unangemessen privilegiert noch einer Würdigung des Rücktrittsverhaltens im Wege steht. In *Beispiel 9.13. Var. a* kann der Täter deshalb auch nach der Verabreichung von 10 Tropfen durch Aufgeben strafbefreiend zurücktreten.

Aus der Flexibilität jenes Entscheidungszeitpunktes folgt, dass sich der Rück- 123
trittshorizont des Täters bei fortbestehender Tatsituation, d. h. solange eine zeitliche Zäsur noch nicht vorliegt, auch wieder verändern kann (sog. *Korrektur des Rücktrittshorizonts*). So liegt beispielsweise ein unbeendeter Tötungsversuch auch dann vor, wenn der Täter bei unverändert fortbestehender Handlungsmöglichkeit zunächst glaubt, eine Vollendung sei (naheliegend) möglich, aber unmittelbar darauf erkennt, dass mit einer tödlichen Wirkung doch nicht zu rechnen ist.[99]

c) Einzelaktstheorie und Gesamtbetrachtungslehre[100]

Tatplantheorie und Rücktrittshorizont beziehen sich auf Fälle, in denen die Aktivitä- 124
ten des Täters kumulativ auf die tatbestandsmäßige Veränderung in der Außenwelt

[99] Vgl. BGH 5 StR 189/98 NStZ 1998, 614 = NStZ 1999, 608 m. Anm. *Jäger*; vgl. auch LK-*Lilie/Albrecht* § 24 RN 116 ff.; *Otto* JK 2000 StGB § 24/29; zum umgekehrten Fall – späteres Erkennen der hinreichenden Wirkung – BGH NStZ 1998, 614 („Butterfly-Messer") mit Bespr. *Otto* JK 1999 § 24/26; einschränkend *Puppe* AT § 21/26; *Puppe* ZIS 2011, 524/525 f.

[100] Vgl. auch *Freund* AT § 9/27 ff.; *Frister* AT Kap. 24/13 ff.; *B. Heinrich* AT RN 819 ff.; *Kindhäuser* AT § 32/13 f.; *Kühl* AT § 16/18 ff.; *Rengier* AT § 37/41 ff.; *Wessels/Beulke/Satzger* AT RN 629 f.

zulaufen. Wählt der Täter hingegen ein Vorgehen, welches aus *mehreren, jeweils* zur Herbeiführung der Veränderung *geeigneten* Handlungen besteht,

125 **Beispiel 9.14**

A will B erschießen und lädt den Trommelrevolver mit sechs Patronen, nimmt sich also die Abgabe von erforderlichenfalls sechs Schüssen vor.

126 werden Tatplan und Rücktrittshorizont durch das Begriffspaar *Einzelaktstheorie* und *Gesamtbetrachtungslehre* abgelöst. Geht im genannten *Beispiel 9.14.* der erste Schuss fehl und schießt der Täter noch einmal vorbei, so wäre er vom ersten Tötungsversuch mangels einer Rücktrittshandlung nicht zurückgetreten und könnte auch nach dem zweiten Schuss nicht mehr zurücktreten. Dieses Ergebnis vermeidet die Gesamtbetrachtungslehre, indem sie – dem Rücktrittshorizont entsprechend – darauf abstellt, ob der Täter nach dem letzten Teilakt aufgibt, obwohl er meint, die Vollendung noch herbeiführen zu können. Voraussetzung ist jedoch, dass die vorausgegangenen wirkungslosen Teilakte mit dem neuen Anlauf, auf den der Täter verzichtet, einen einheitlichen Lebensvorgang bilden.[101]

127 **Beispiel 9.15**

Balkon Fall BGH 3 StR 470/06 v. 08.02.2007 = NStZ 2007, 399: Der Angeklagte A drang gewaltsam in die eheliche Wohnung ein, verfolgte Ehefrau E und ihre Tochter auf den Balkon und stürzte aus einem spontan gefassten Beschluss die Ehefrau vom Balkon. Der E, die sich gerade noch am Balkongeländer festhalten konnte, schlug A mit voller Kraft so lange gegen ihre Hände, bis E sich nicht mehr halten konnte und auf die ca. 4,70 m unterhalb liegende Rasenfläche stürzte. Nachdem A bemerkt hatte, das E entgegen seiner Vorstellung (sie könne sich das Genick brechen) kaum verletzt war, hangelte er sich von dem Balkon herunter, um E jetzt auf andere Weise zu töten. Er packte sie an den Haaren, zerrte sie zu dem die Rasenfläche begrenzenden gepflasterten Gehweg und versuchte ihren Kopf auf die Platten des Gehwegs zu schlagen. Dies gelang ihm auf Grund der heftigen Gegenwehr der E nicht. Zwei Nachbarn und die Tochter versuchten, den weiter auf die E eintretenden und einschlagenden A von seinem Vorhaben durch Rufen bzw. durch Werfen ihrer Rollerblades abzubringen. A ärgerte sich, dass er kein Messer dabei hatte und überlegte, ob er E mittels seines Gürtels erwürgen solle. Letztlich entschloss er sich, von ihr abzulassen, weil sich seine Wut durch den Stoß vom Balkon und die anschließenden Gewalttätigkeiten entladen hatte. Er zerrte E an den Haaren zu einer an den Gehweg anschließenden Böschung, ging ins Haus, um eine dort abgestellte Tüte mit ihm gehörenden Kleidungsstücken zu holen, und begab sich zu Fuß zur nächsten S-Bahn-Haltestelle. Am nächsten Tag stellte er sich der Polizei.

[101] Vgl. BGH 1 StR 33/94 NStZ 1994, 535 mit Anm. *Haft* NStZ 1994, 536; weitergehend BGH 5 StR 465/95 BGHSt 41, 368 mit Bespr. und wN. aus der Rspr. *Wörner* 2010, S. 230 ff.

Hier bildeten die vorausgegangenen Teilakte des Stoßens vom Balkon, des Schlagens auf die Hände von E, des Aufschlagens der E auf den gepflasterten Gehweg sowie das Schlagen und Treten einen insgesamt einheitlichen Lebensvorgang, bei dessen Abschluss der A erkannte, dass er die Vollendung nicht bewirkt hatte und im unmittelbaren raum-zeitlichen Zusammenhang des Geschehens auch nicht mehr bewirken würde. 128

Ein Rücktritt wie im *Balkon*-Fall ist allerdings nur möglich, wenn die Tat als einheitlicher Vorgang zu bewerten ist. Im Falle eines *mehraktigen* Geschehens muss die Frage des Rücktritts für jeden Teilakt gesondert beurteilt werden.[102] 129

3. Der Irrtum des Täters über die Wirksamkeit des Getanen[103] – beachtlich?

Noch keiner abschließenden Klärung ist die Frage zugeführt, ob und wie ein *Irrtum des Täters über die Wirksamkeit des Getanen* in Form der *Unkenntnis der Vollendungsgeeignetheit* beachtlich ist. Wegen der normativen Überlagerung der Vorstellung des Täters vom Beendetsein des Versuchs (s. o. RN 111) setzt die Beachtlichkeit eines solchen Irrtums freilich voraus, dass der Täter auf Grund der Kenntnis der Umstände vernünftigerweise davon ausgehen konnte, dass die Vollendung ohne ein weiteres Zutun seinerseits nicht eintreten würde. 130

Beispiel 9.16 131

Der Täter geht nachvollziehbar davon aus, dass zur Herbeiführung des Todes durch Vergiftung 10 Tropfen Gift erforderlich seien. Nach Gabe von fünf Tropfen stellen sich bei dem Opfer jedoch bereits deutliche Krankheitszeichen ein, was den reuigen Täter zur Aufgabe veranlasst. Wider Erwarten war jedoch bereits die Verabreichung der fünf Tropfen zur Herbeiführung des Todes ausreichend. Das Opfer stirbt.

Die h. M. hält den Irrtum für unbeachtlich, versagt dem Täter die Berufung auf § 24 und bestraft ihn wegen einer vorsätzlichen vollendeten Straftat, weil die Vollendung eingetreten ist und damit ein Rücktritt nicht mehr in Frage komme.[104] 132

Nach einer vorzugswürdigen Mindermeinung[105] hingegen ist der Irrtum jedenfalls dann beachtlich, wenn der Täter zu einem Zeitpunkt aufgibt, zu dem die Voll- 133

---

[102] Vgl. den *Lebensversicherungs*-Fall v. 19.3.2013 BGH 1 StR 647/12 NStZ-RR 2013, 273.

[103] Näher *Gropp* Jura 1988, 542, 546 links; *Rohnfelder* 2012; *Wessels/Beulke/Satzger* AT RN 627.

[104] Vgl. *Jescheck/Weigend* AT § 51 III 3; *Lackner/Kühl* § 24 RN 20; *Otto* Jura 2001, 341, 344; SK-*Rudolphi* § 24 RN 16.

[105] Vgl. *Bottke* 1979, S. 556 f.; *Eser* in: Schönke/Schröder § 24 RN 22 ff.; *Eser* StK II Nr. 33 A 45 ff.; *Herzberg* FS Oehler, S. 173; *Jakobs* AT 26/13; *Rohnfelder* 2012, S. 72, 91; LK[11]-*Schroeder* § 16 RN 34; *Wolter* GA 2006, 406 ff., für objektive Zurechnung als Abgrenzungsmaßstab *Kühl* AT § 16/79 ff.; krit. zur Lehre vom „Mangel des Vollendungsvorsatzes" *Küper* ZStW 112 (2000), 1 ff.

endung noch nicht eingetreten und ein Aufgeben erfahrungsgemäß noch möglich ist. Mit dem Aufgeben entfalle dann der Vorsatz, weshalb die Vollendung allenfalls als fahrlässig herbeigeführt zugerechnet werden könne.

134 Gegen diese Meinung wird wiederum geltend gemacht, dass auch bei sonstigen Erfolgsstraftaten ein Fortdauern des Vorsatzes bis zum Eintritt der Vollendung nicht gefordert werde: schicke der Täter z. B. eine Briefbombe mit Tötungsvorsatz an das Opfer ab, so entfalle die Zurechnung des Todes als vorsätzlich verursacht nicht deshalb, weil der Täter nach dem Absenden seine Tat bereut und vergeblich versucht hat, die Vollendung zu verhindern. Freilich vermag dieses Argument aus zwei Gründen nicht zu überzeugen:

135 Zum einen geht der Täter, der sich auf Grund der Umstände nachvollziehbar vorstellt, durch schlichtes Aufgeben zurücktreten zu können, im Gegensatz zum Bombenversender gerade *nicht* davon aus, dass die Vollendung eintreten wird. Er hat damit zum Zeitpunkt seines Handelns keinen Tötungsvorsatz mehr, was ihn von dem Briefbombenversender unterscheidet. Denn dieser geht davon aus, dass der Tod eintreten wird, wenn es ihm nicht gelingt, ihn zu verhindern. Sein subjektives Wissen (cognitives Element) verhindert aber ein Entfallen seines Vorsatzes, denn allein das Fehlen des voluntativen Elementes (das Unerwünschtsein der Veränderung in der Außenwelt) vermag den Täter nicht zu entlasten (näher § 4 RN 194 f.).

136 Zum zweiten lässt es sich nachweisen, dass es auf dieses Entfallen eines Tötungsvorsatzes ankommt. Denn die Basis für die Versuchsstrafbarkeit ist die *Vorstellung* des Täters, welche auch die Grundlage für die unmittelbare Gefährdung des tatbestandsmäßigen Angriffsobjekts bildet. Die nachvollziehbare Vorstellung des Täters ist aber auch für das Beendetsein des Versuchs maßgeblich. Stellt sich der Täter zum Zeitpunkt des Rücktritts („Rücktrittshorizont") nachvollziehbar vor, noch nicht alles Erforderliche für die Vollendung getan zu haben, so liegt folglich selbst dann ein unbeendeter Versuch vor, wenn der Täter in Wirklichkeit alles Erforderliche getan hat. Gibt der Täter in dieser Situation auf, endet der Unwert des strafbaren Versuchs an dieser Stelle, denn es endet der personale Unwert durch das Ende der Vorstellung von der Tat. Was bleibt, ist der Sachverhaltsunwert bestehend aus dem Kausalverlauf und dem Vollendungsunwert, die jedoch beide nicht mehr von der „Vorstellung von der Tat" getragen werden. War die Vollendung vorhersehbar, kommt eine Verantwortlichkeit wegen Fahrlässigkeit in Betracht. Andernfalls bleibt der Täter insoweit straffrei.

137 Wenn die h. M. demgegenüber wegen vorsätzlicher Vollendung bestraft, dann verknüpft sie unzulässigerweise einen durch Rücktritt *aufgehobenen* personalen Unwert einschließlich des bis zur Rücktrittshandlung verwirklichten *Sachverhaltsunwertes* mit einem *gesondert* zuzurechnenden Sachverhaltsunwert bestehend aus dem Kausalverlauf und dem Vollendungsunwert ohne einen zu Grunde liegenden vorsätzlichen personalen Unwert.

138 Die Ausführungen zur Beachtlichkeit des Irrtums über die Wirksamkeit des Getanen gelten nicht bei Irrtümern über die Wirksamkeit des Unterlassens. Nimmt in *Beispiel 9.18.* (RN 146) der Bademeister irrtümlich an, den N durch einfaches Bergen aus dem Wasser retten zu können, so fehlt bereits die Rücktrittshandlung „Verhindern der Vollendung" als notwendige Rücktrittsvoraussetzung.[106]

[106] So im Ergebnis auch *Küper* ZStW 112 (2000), 41, allerdings in Folge der Annahme eines Vollendungsvorsatzes.

4. Unbeendetsein des Versuchs trotz Erreichens des außertatbestandsmäßigen Ziels? 139

Eine rege Diskussion zu der Frage, ob auch der Täter, der bereits sein Ziel erreicht hat, von einem unbeendeten Versuch zurücktreten kann, obwohl die *tatbestandsmäßige* Veränderung in der Außenwelt noch nicht eingetreten ist, löste der 1993 entschiedene *Denkzettel*-Fall aus.

Beispiel 9.17 140

Denkzettel-Fall – BGH GSSt 1/93 BGHSt 39, 221:[107] Der Täter T stieß dem Opfer O, um ihm einen „Denkzettel" zu verpassen, mit Tötungsvorsatz (dolus eventualis) ein Messer in den Bauch. Weil er sein Ziel, den Denkzettel, erreicht sah, ließ er von O ab, wobei er (unwiderlegbar) davon ausging, noch nicht alles zur Herbeiführung des Todes Erforderliche getan zu haben. O überlebte.

Der Große Strafsenat des BGH nahm einen strafbefreienden Rücktritt durch 141
Aufgeben des Tötungsversuchs an.[108]

Da Orientierungspunkt für die Bewertung eines Verhaltens aus strafrechtlicher 142
Sicht dessen Tatbestandsmäßigkeit ist und da der Entschluss des T sich auch darauf bezog, ist der Entscheidung des BGH beizupflichten, soweit ein *unbeendeter Versuch* einer *Tötungsstraftat* angenommen wird. Denn die Vorstellung des T ging ja in der Tat dahin, noch nicht alles Erforderliche für die Herbeiführung des Todes des O getan zu haben.

Fraglich ist aber, ob T i. S. v. § 24 *aufgegeben* hat. Man müsste dies verneinen, 143
wenn sich das Aufgeben auch auf außertatbestandsmäßige Ziele erstreckte, was wegen der Bezogenheit des § 24 auf ein *tatbestandsmäßiges* Verhalten aber nicht zutrifft. Der Annahme eines Aufgebens steht auch nicht entgegen, dass T sein *tatbestandsmäßiges* Ziel, die Tötung des O, nur mit dolus eventualis verfolgte. Denn andernfalls wäre ein Rücktritt von einem mit dolus eventualis begangenen unbeendeten Versuch nie möglich. Von einem Aufgeben ist daher auch in Fällen dieser Art auszugehen.[109]

Da der strafbefreiende Rücktritt außer dem Aufgeben nur noch Freiwilligkeit 144
erfordert, war der Rücktritt des T wirksam. Dass T nicht aus Treue zum Recht, sondern wegen des erfolgreich verabreichten Denkzettels zurückgetreten war, mag dem Rechtsgefühl widersprechen, darf im Hinblick auf die Formulierung des Rück-

[107] Mit krit. Anm. *Roxin* JZ 1993, 896; gegen strafbefreienden Rücktritt BGH 2 StR 251/89 NStZ 1990, 77, BGH 5 StR 480/90 NStZ 1991, 127, dazu *Puppe* NStZ 1990, 433, *Puppe* JZ 1993, 361 und krit. AT 2 § 36/28, *Rudolphi* Anm. JZ 1991, 525; SK-*Rudolphi* § 24 RN 14 a, b; für strafbefreienden Rücktritt hingegen BGH 1 StR 273/92 JZ 1993, 359, BGH 1 StR 390/89 NStZ 1990, 30; BGH 1 StR 36/89 NStZ 1989, 317; vgl. zum Ganzen auch *Pahlke* 1993, S. 117; *Streng* NStZ 1993, 257.

[108] In diesem Sinne auch der *Portemonnaie*-Fall BGH 4 StR 29/02 NStZ 2002, 427.

[109] Ausführlich *Scheinfeld* 2006, S. 53 f., 140 ff.

tritts aber keine Rolle spielen. Außerdem ist zu bedenken, dass die Strafbarkeit des T wegen gefährlicher Körperverletzung (§ 224) nicht vom Rücktritt erfasst wird.

5. Rücktritt vom Unterlassungsversuch

145 Auch vom Unterlassungsversuch ist ein strafbefreiender Rücktritt möglich. Die Besonderheit besteht jedoch darin, dass das Rücktrittsverhalten hier in der Vornahme der zur Abwendung der Vollendung erforderlichen Handlung bestehen muss, weshalb nur die *Verhinderungs*alternative in Frage kommt.[110] Unbeendet ist der Versuch, wenn der Täter glaubt, die Vollendung durch Vornahme der *ursprünglich* erforderlichen Handlung verhindern zu können; beendet ist er, wenn der Täter nunmehr *weitere* Maßnahmen für erforderlich hält.[111] Vom Beendetsein des Unterlassungsversuchs hängt es ab, welche Aktivitäten vom Täter als Voraussetzung des Rücktritts vom Unterlassungsversuch zu fordern sind.

146 **Beispiel 9.18**

Der Bademeister B hat beschlossen, den ihm verhassten Nichtschwimmer N, der sich in der Wassertiefe verschätzt hat, ertrinken zu lassen. Eine schwimmbegeisterte Jurastudentin redet ihm jedoch ins Gewissen, den bereits auf den Boden des Hallenbades gesunkenen N zu retten.

Var. a: B rettet N sofort. N geht nach einem Hustenanfall nach Hause: Rücktritt vom unbeendeten Unterlassungsversuch.

Var. b: B gibt seinen todbringenden Entschluss erst nach Ablauf von 3 Min. auf. Dann rettet er N, indem er mittlerweile notwendig gewordene Wiederbelebungsmaßnahmen durchführt: Rücktritt vom beendeten Unterlassungsversuch.

147 In beiden Fällen erfolgt der Rücktritt zwar nach § 24 I 1 2. Alt. Der Unterschied besteht aber darin, dass der Täter beim beendeten Unterlassungsversuch davon ausgeht, weitere Verhinderungsaktivitäten entfalten zu müssen, wobei auch zwar nicht optimale,[112] aber erfolgreiche Aktivitäten genügen. Entfaltet er sie nicht, kommt ein Rücktritt entgegen § 24 I 2 selbst dann nicht in Frage, wenn N auf sonstige Weise gerettet wird.

148 Ein Irrtum des B über die Wirksamkeit des bisherigen Unterlassens ist – im Unterschied zur Situation beim unbeendeten Versuch durch aktives Tun (s. o. RN 130 ff.) – auch in Var. a unbeachtlich: Zwar geht B in Var. a davon aus, N durch einfaches Einschreiten noch retten zu können und handelt daher im Falle des Einschreitens ohne Vollendungsvorsatz.[113] Jedoch kann B die geforderte Rück-

[110] Vgl. BGH 2 StR 251/02 BGHSt 48, 147/149; *Jescheck/Weigend* § 60 II 3; *Kühl* AT § 18/152; *Maihofer* GA 1958, 289, 298; *Puppe* AT § 32 2.

[111] Vgl. *Eser* StK II Nr. 33 A 51; *Wessels/Beulke/Satzger* AT RN 743 f.; umfassend und krit. zu diesem differenzierenden Ansatz *Küper* ZStW 112 (2000), 1 ff; vgl. auch *Roxin* AT 2 § 29/270.

[112] Näher BGH 2 StR 251/02 BGHSt 48, 147.

[113] Für einen Vollendungsvorsatz hingegen *Küper* ZStW 112 (2000), 41.

trittshandlung, die Verhinderung der Vollendung (im Unterschied zum „Aufgeben“ beim aktiven Tun), nicht erbringen.

Umstritten ist, ob ein Rücktritt vom Unterlassungsversuch auch dann möglich ist, wenn es sich um einen untauglichen Unterlassungsversuch handelt, weil der Täter selbst bei sofortigem Eingreifen die Vollendung nicht mehr verhindern könnte: **149**

Beispiel 9.19 **150**

Heizkörper-Fall – BGH 5 StR 127/97 NStZ 1997, 485:[114] Das Opfer G hatte sich vor dem Ang. A in eine Nische hinter einem heißen Heizkörper geflüchtet, aus der sie sich nicht mehr selbst befreien konnte, weil A sie dort noch weiter hinuntergedrückt hatte. A ließ G stecken und legte sich schlafen. Am nächsten Morgen gegen 7 Uhr fand A die G in unveränderter Lage vor und verließ das Haus. G war zu diesem Zeitpunkt zwar noch am Leben, aber bereits tödlich verletzt. Dreieinhalb Stunden später ermöglichte A auf Zureden des E die Befreiung der G aus ihrer Lage. G verstarb am übernächsten Tag.

Das LG verurteilte A wegen Körperverletzung mit Todesfolge in Tateinheit **151** mit Freiheitsberaubung. Der BGH nahm u. a. eine Strafbarkeit wegen *versuchten* Mordes durch Unterlassen an. Denn als A sich um 7 Uhr der möglicherweise tödlichen Folge seines Verhaltens bewusst geworden sei, habe er den Tod nicht mehr verhindern können. Es fehle deshalb die Quasikausalität des Unterlassens, weshalb eine Vollendung durch Unterlassen ausscheide. Allerdings sei A vom Versuch durch Unterlassen trotz seiner Aktivitäten nicht strafbefreiend zurückgetreten, „weil er die Vollendung der Tat nicht mehr verhindern konnte“.

Küpper[115] wendet zu Recht ein, dass nach dieser Rechtsprechung ein Rücktritt vom **152** untauglichen Unterlassungsversuch generell nicht möglich wäre, und schlägt eine Lösung über § 24 I 2 vor. Voraussetzung wäre eine „Nichtvollendung der Tat ohne Zutun des Zurücktretenden“. Davon ist in der Tat auszugehen, denn der Unterlassungsversuch konnte den Tod der G nicht herbeiführen, weil dieser Tod ohnehin unvermeidbar war. So besehen trat der Tod der G in einer Weise ein, die dem Unterlassen des A um 7 Uhr nicht zurechenbar ist. Aus der Sicht des Täters kann es aber keinen Unterschied machen, ob die Tat „nicht vollendet“ wird, weil die Vollendung nicht eintritt oder weil sie nicht in einer dem Täter zurechenbaren Weise eintritt.[116]

Gegen die Verneinung einer Rücktrittsmöglichkeit durch den BGH spricht wei- **153** terhin, dass selbst nach der abzulehnenden Lehre vom fehlgeschlagenen Versuch (s. u. RN 161 ff.) das Fehlschlagen von der Vorstellung des Täters abhängt. Wer sich aber vorstellt, die Vollendung durch aktives Tun noch verhindern zu können, geht gerade nicht von einem fehlgeschlagenen Versuch aus und kann unter den Voraus-

[114] Vgl. *Jäger* AT § 8/327 sowie *Brand/Fett* NStZ 1998, 507; *Kudlich/Hannich* StV 1998, 370 ff.; *Küpper* JuS 2000, 225 ff.

[115] JuS 2000, 229 links.

[116] Vgl. auch *Kudlich/Hannich* StV 1998, 371 links.

setzungen des § 24 zurücktreten.[117] Allein die Untauglichkeit des Unterlassungsversuchs kann die Möglichkeit des Rücktritts somit nicht hindern.

154 Dies bedeutet indessen nicht zwingend, dass im *Heizkörper*-Fall A strafbefreiend zurückgetreten wäre. Denn vieles spricht gegen eine *Ernsthaftigkeit* und *Freiwilligkeit* der Rücktrittsbemühungen des A.[118]

6. Rücktritt vom Versuch einer durch eine besondere Folge qualifizierten (erfolgsqualifizierten) Straftat

155 Ein Rücktritt vom strafbaren Versuch einer durch eine besondere Folge qualifizierten (erfolgsqualifizierten) Straftat (s. o. § 8) ist möglich.[119] Dies gilt sogar dann, wenn der Täter in Kenntnis der eingetretenen besonderen Folge von der Grundstraftat zurücktritt. Dementsprechend nahm der BGH[120] eine Strafbarkeit lediglich nach § 222 (fahrlässige Tötung) und nicht nach § 251 (Raub mit Todesfolge) in einem Fall an, in dem der Täter einen Raub begehen wollte. Er hatte zur Tatausführung die Pistole auf das Opfer gerichtet, um den möglichen Widerstand gegen die beabsichtigte Wegnahmehandlung zu brechen. Dabei löste sich ein Schuss, der das Opfer tötete. Der Täter brach die weitere Tatausführung ab und verließ den Tatort ohne Beute.[121]

156 Ob dabei ein Rücktritt von *allen* Tathandlungsbestandteilen – im Beispielsfall *Wegnahme* und *Nötigung mit Raubmitteln* – zu fordern ist,[122] erscheint fraglich. Denn der Rücktritt nur vom Wegnahmeversuch schließt eine Strafbarkeit wegen Nötigung nicht aus, steht aber der Annahme eines strafbaren Raubversuchs im Wege.

7. Freiwilligkeit und Endgültigkeit des Rücktritts

157 Um strafbefreiend zu wirken, muss der Rücktritt *freiwillig* sein. Dies ist der Fall, wenn die Abstandnahme von der Tat aus *autonomen Motiven* erfolgt.[123] *Reinhard Frank*[124] hat hierzu die Faustformel geprägt, der Täter müsse sich sagen „Ich will nicht zum Ziele kommen, selbst wenn ich es könnte". Im konkreten Fall kann die

---

[117] Vgl. *Brand/Fett* NStZ 1998, 507 rechts f.

[118] So auch *Kudlich/Hannich* StV 1998, 372; *Küpper* JuS 2000, 229 links.

[119] So BGH 1 StR 61/96 BGHSt 42, 158; *Eser*, in: Schönke/Schröder, § 24 RN 26; *Kindhäuser* AT § 32/35; *Kühl* AT § 17a/56 f.; *Lotz/Reschke* Jura 2012, 484 f. sowie mwN. zum Streitstand *Frister* AT Kap. 24/10; *B. Heinrich* AT RN 845 ff.; anders *Roxin* AT 2 § 30/289 ff.; *Ulsenheimer* FS Bockelmann, S. 405, 414; vermittelnd auf der Grundlage eines allgemeinen personalen Rechtsbegriffs *Anders* GA 2000, 64 ff.

[120] BGHSt 42, 158; krit. zur Entscheidung des BGH *Jäger* NStZ 1998, 161 ff.; *Jäger* AT RN 328; *Wolters* GA 2007, 65 ff.

[121] Krit. dazu *Wolters* GA 2007, 65 ff.: nicht die versuchte Wegnahme, sondern die versuchte Nötigung sei Anknüpfungspunkt für den Tod. Hier sei die Nötigung aber nicht nur versucht.

[122] Vgl. *Streng* FS Küper, 636.

[123] Vgl. hierzu den *Lilo-Fall* BGH 5 StR 352/55 BGHSt 9, 48 sowie BGH 1 StR 402/03 StV 2004, 595 f.; zu an Täterschaftsgrundsätzen orientierten Fallgruppen ausgeschlossener Freiwilligkeit mangels Autonomie *Jäger* ZStW 112 (2000), 783 ff., 794 ff.

[124] *Frank* 1931, § 45/46 Anm. II.

Unterscheidung aber erhebliche Probleme aufwerfen. Letztendlich kommt es darauf an, dass der Täter sich nicht zum Rücktritt *gezwungen* sehen darf. Dass aber auch diese Umschreibung nicht einfach ein Sein beschreibt, sondern auf ein Sollen abstellt und damit auf einer *normativen Betrachtung* beruht,[125] zeigt die Angst vor Strafe, welche als Motiv zur Umkehr die Freiwilligkeit nach h. M. nicht ausschließt. Beherrschen den Täter hingegen heteronome Motive („Ich kann nicht zum Ziele kommen, selbst wenn ich es wollte"), ist Freiwilligkeit und damit ein strafbefreiender Rücktritt zu verneinen.

Ausgehend von dem *Zweck* des strafbefreienden Rücktritts als „Prämierung einer geltungsbestätigenden Gefährdungsumkehr"[126] hat *Amelung* die folgende Formel für die Freiwilligkeit des Rücktritts entwickelt: „Freiwillig tritt zurück, wer einen Versuch unabhängig von Rechtsdurchsetzungszwang[127] und vergleichbaren Zwängen sowie ohne die bestimmende Wirkung einer unbeherrschbaren Reaktion körperlicher oder seelischer Art abbricht."[128] **158**

Da § 24 I 1 das Aufgeben bzw. das Verhindern der Vollendung der *Tat* verlangt, genügt es nicht, dass der Täter nur von der konkreten Ausführungs*handlung* ablässt oder die Vollendung zum konkreten Zeitpunkt verhindert, um die Tathandlung durch eine andere Begehungsweise zu ersetzen oder die Vollendung auf eine andere Weise eintreten zu lassen. Die Rückkehr in die Legalität und der Opferschutz erfordern vielmehr, dass der Täter von der *Beeinträchtigung des konkreten Tatobjekts* zumindest so weit *Abstand* nimmt, dass im Falle späterer Angriffe das Geschehen nicht mehr als einheitlicher Lebensvorgang, sondern als neuer Entschluss erscheint.[129] **159**

Beispiel 9.20 **160**

Der Täter beschließt, die fremde bewegliche Sache nicht mit Gewalt gegen die Person, sondern mittels Täuschung wegzunehmen, indem er dem Opfer als angeblicher Kriminalbeamter vorgaukelt, zur Beschlagnahme der Sache berechtigt zu sein. Hier läge ein strafbefreiender Rücktritt vom versuchten Raub vor, die Strafbarkeit wegen versuchten Diebstahls bliebe freilich bestehen. Denn das getäuschte Opfer gibt die Sache nicht freiwillig, sondern nur wegen der angeblichen Beschlagnahme heraus.

[125] Dass aber auch die *psychologisierende* Betrachtung der Freiwilligkeit seitens der Rechtsprechung normative Züge aufweist, hat *Maiwald* GS Zipf, S. 255 ff. dargelegt; umfassend zur psychologisierenden und normativen Betrachtungsweise LK-*Lilie/Albrecht* § 24 RN 221 ff.

[126] *Amelung* ZStW 120 (2008), 220.

[127] Im Unterschied zu a) moralischen, religiösen und ähnlichen Zwängen und b) zum Androhungszwang der Strafnorm, vgl. *Amelung* ZStW 120 (2008), 244 f.

[128] *Amelung* ZStW 120 (2008), 244.

[129] Vgl. BGH 1 StR 33/94 BGHSt 40, 75/77; *Wessels/Beulke/Satzger* AT RN 641 mwN; vgl. auch *Hillenkamp* 17. Problem.

8. (Subjektiv) fehlgeschlagener Versuch[130]

161 Im Rahmen der vor allem von der früheren Rechtsprechung im Zusammenhang mit dem Tatplankriterium entwickelten[131] und inzwischen auch in weiten Teilen der Literatur[132] zu Unrecht[133] favorisierten Lehre vom *fehlgeschlagenen Versuch* stellt sich die Frage eines freiwilligen Aufgebens von vornherein nicht, weil der Rücktritt ausgeschlossen ist. *Fehlgeschlagen* soll der Versuch danach sein, wenn der Täter nach Abschluss der letzten Ausführungshandlung erkennt bzw. irrig annimmt, dass die Vollendung im unmittelbaren Handlungsfortgang und mit naheliegenden Mitteln nicht mehr möglich ist:[134] sei es, dass sich z. B. das Tatwerkzeug als untauglich erweist (die Pistole ist nicht geladen und andere Tötungsmittel stehen nicht zur Verfügung) oder die erstrebte Veränderung in der Außenwelt bereits eingetreten ist (das Opfer ist bereits von einem Dritten umgebracht worden).

162 **Beispiel 9.21**

Menses-Fall – BGH 1 StR 389/65 BGHSt 20, 279/280: Der Angeklagte sah sich an einer geplanten Vergewaltigung gehindert, weil das Opfer gerade seine Menses hatte. Dazu der BGH: „Dem Angeklagten erwies sich die Überfallene wegen ihres Zustandes für den von ihm […] erstrebten Geschlechtsverkehr als ungeeignet. Dieser Umstand war für ihn ein zwingender Grund, die Durchführung seines Vorhabens aufzugeben (Fall des fehlgeschlagenen Versuchs; délit manqué)."

163 Wie bei der Frage nach dem Beendetsein spielt auch beim Fehlschlagen der *Rücktrittshorizont* bzw. die Gesamtbetrachtung eine Rolle (s. o. RN 118 ff., 124 ff.). So betrifft die Lehre vom fehlgeschlagenen Versuch nur jene Fälle, in denen der Täter *zum Zeitpunkt des Rücktritts* meint, die Vollendung in keiner Weise mehr herbeiführen zu können, in denen ansonsten also ein unbeendeter Versuch vorläge, von dem der Täter mangels Freiwilligkeit nicht zurücktreten kann.

---

[130] Grundlegend *Wörner* 2010, passim.

[131] Zur Tatplanabhängigkeit der Lehre vom fehlgeschlagenen Versuch in der Rspr. *Wörner* 2010, S. 168–199 (frühere tatplanorientierte Rspr.), S. 199 ff., (Rücktrittshorizont, insbes. BGH 4 StR 89/86 BGHSt 34, 53; 4 StR 541/87 BGHSt 35, 90; 4 StR 33/93 BGHSt 39, 244); vgl. auch die Argumentation bei *Roxin* NStZ 2009, 319.

[132] *Eser* in Schönke/Schröder § 24 RN 7; *Freund* AT § 9/22; *B. Heinrich* AT RN 770 ff.; MK-*Herzberg/Hoffmann-Holland* § 24 RN 52; *Kindhäuser* AT § 32/4 ff.; *Krey/Esser* AT RN 1271 ff.; SSW-*Kudlich/Schuhr* § 24 RN 16 f.; *Kühl* AT § 16/9 ff.; LK-*Lilie/Albrecht* § 24 RN 84 ff.; *Otto* GA 1967, 154 ff.; *Otto* Jura 1992, 423 ff.; *Paeffgen* FS-Puppe, S. 791/809 ff.; *Rengier* AT § 37/15; *Roxin* JuS 1981, 1 ff.; *Roxin* AT 2 § 30/77 ff.; *Roxin* NStZ 2009, 319; SK-*Rudolphi* § 24 RN 8 ff.; NK-StGB-*Zaczyk* § 24 RN 19 ff.; Die Anerkennung eines darüber hinaus objektiv fehlgeschlagenen Versuchs fordert *Yamanaka* FS Roxin, S. 779 f.

[133] Näher *Gössel* GA 2012, 65 ff. mwN.

[134] Vgl. BGH 2 StR 336/07 NStZ 2008, 393.

Beispiel 9.22 164

A will B mittels eines Pistolenschusses töten. Der Schuss geht fehl. Eine weitere Möglichkeit, zum Ziel zu kommen, sieht der dem B körperlich unterlegene A nicht. Der Versuch ist fehlgeschlagen. Ein strafbefreiender Rücktritt kommt nicht in Frage.

Beispiel 9.23 165

A will B mittels eines Pistolenschusses töten. Der Schuss geht fehl. A könnte B aber auch mittels der Pistole erschlagen. Der Versuch ist daher nicht fehlgeschlagen. A kann vom unbeendeten Versuch durch freiwilliges Aufgeben zurücktreten.[135]

Weil die Lehre vom fehlgeschlagenen Versuch nur auf den unbeendeten Versuch anwendbar ist, bleibt auch ihr die Frage des Beendetseins faktisch nicht erspart. Ihr prüfungsökonomischer Vorteil besteht aber darin, dass Überlegungen, ob der Rücktritt freiwillig erfolgt ist, nicht eigens erforderlich sind. 166

Dieser geringfügige Vorteil vermag die Schwäche jener Lehre in der dogmatischen Begründung freilich nicht aufzuwiegen.[136] Denn begründet wird jene Lehre vor allem damit, dass ein Täter, nach dessen Vorstellung die Vollendung der Tat nicht mehr eintreten kann, die Tat gar nicht „aufgeben" könne,[137] weshalb ein eigentlicher Rücktritt hier nicht vorliege.[138] Denn der Täter entschließe sich nicht unfreiwillig zur Aufgabe, kehre nicht unfreiwillig in die Legalität zurück, sondern er füge sich schlicht in die aus seiner Sicht *unabänderliche* Sachlage. 167

Diese Argumentation wäre nur dann überzeugend, wenn ein Aufgeben „der weiteren Ausführung der Tat" (§ 24 I 1) nur als Aufgabe der „Verwirklichung der gesetzlichen Tatbestandsmerkmale" verstanden werden könnte[139] und wenn dem Merkmal des Aufgebens selbst ein (subjektives) Element des „*Rücktrittsentschlusses*"[140] oder des „*Fortsetzungsbewusstseins*"[141] innewohnen würde. Ein Aufgeben wäre dann deshalb nicht mehr möglich, weil sich der Täter mangels einer bestehen- 168

[135] Zur Bedeutungslosigkeit des fehlgeschlagenen Versuchs in der Praxis *Schlüchter* AT Kap. 14 B Frage 35.

[136] Krit. deshalb u. a. *Borchert/Hellmann* Jura 1982, 658 ff.; *Gössel* GA 2012, 65 ff.; *von Heintschel-Heinegg* ZStW 109 (1997), 29 ff.; *Scheinfeld* 2006, S. 23 f.; *Schroeder* NStZ 2009, 9 ff.; *Wörner* 2010, passim und S. 289 ff.; krit., wenn auch nicht insgesamt ablehnend, auch *Feltes* GA 1992, 422 ff.; befürwortend hingegen MK-*Herzberg/Hoffmann-Holland* § 24 RN 52; *Baumann/Weber/Mitsch* AT § 27/12; *Frister* AT Kap. 24/20; *Roxin* NStZ 2009, 319 ff.; *Stratenwerth/Kuhlen* AT § 11/78; zum Begründungsaufwand für einen fehlgeschlagenen Versuch im Vergleich mit der Verneinung der Freiwilligkeit beim Rücktritt *Brand/Wostry* GA 2008, 611 ff.

[137] Vgl. *Jescheck/Weigend* § 51 III 6; *Paeffgen* FS Puppe, S. 791/815 ff. mwN.

[138] Vgl. *Eser* in: Schönke/Schröder § 24 RN 7.

[139] BGH GSSt 1/93 BGHSt 39, 221.

[140] So *Bottke* JZ 1994, 71 ff.

[141] So *Kampermann* 1992, S. 208 ff.

den Wahlmöglichkeit *subjektiv* weder zum Rücktritt noch zur Fortsetzung der Tat entschließen könnte.

169 Jedoch erschöpft sich das objektive, rein deskriptive Element des Aufgebens der „weiteren Ausführung der Tat" nach § 24 I in dem Unterlassen weiterer Handlungen zum Erreichen der Vollendung. Denn bei dem „Aufgeben" selbst handelt es sich um einen „nur semantischen Begriff", dem es an einer Finalität fehlt.[142]

170 Auch nach dem *allgemeinen Sprachgebrauch* kann die Erkenntnis der Nicht-Erreichbarkeit zur Aufgabe führen: der Sportler gibt auf, weil er keine Kraft mehr hat, der Schachspieler, weil er keine Gewinnchance mehr sieht. Vermutlich findet ein Aufgeben sogar überwiegend in aussichtslosen Situationen statt. Gegenstand des Aufgebens ist das *Handeln, nicht das unerreichbare Ziel.*

171 Die Lehre vom fehlgeschlagenen Versuch übersieht damit, dass die entscheidende Wertungsfrage beim Rücktritt nicht ist, ob der Täter „aufgibt", sondern ob er dies „freiwillig" tut.[143] Sie ist der klassischen Konstruktion eines unfreiwilligen Rücktritts vom unbeendeten Versuch nicht überlegen und deshalb entbehrlich.[144]

172 Statt der Annahme eines fehlgeschlagenen Versuchs bleibt es somit beim Aufgeben im Rahmen eines unbeendeten Versuchs. Jedoch wäre dieses Aufgeben nicht freiwillig und ein strafbefreiender Rücktritt folglich ausgeschlossen.[145]

II. Der Straffreiheitsgrund des Rücktritts

173 Fragt man nach dem Grund für die strafbefreiende Wirkung des Rücktritts, so wird eine Vielzahl von Erklärungen angeboten,[146] die sich im Wesentlichen in zwei Gruppen einteilen lassen: Erklärungen, die die strafbefreiende Wirkung zum Zeitpunkt des Rücktritts verankern (1) und solche, die auf die Situation zum Zeitpunkt der Aburteilung eingehen (2):

1. „Rücktrittsorientierte" Ansätze

174 Zu den rücktrittsorientierten Ansätzen gehört insbesondere jene Ansicht, welche die Straffreiheit durch Rücktritt als eine *„goldene Brücke"* zum rechtstreuen Verhalten versteht, zu deren Überschreitung der Täter durch die Aussicht auf Straffreiheit *motiviert* werden soll.[147] Diese Ansicht vermag zwar die *Schutzwirkung*[148]

---

[142] Vgl. *Borchert/Hellmann* Jura 1982, 658/661; *Streng* NStZ 1993, 257/258; *Wörner* 2010, S. 117 f.

[143] Vgl. *Wörner* 2010, S. 117 ff.

[144] Vgl. *Gössel* GA 2012, 69 ff. mwN.

[145] So *Welzel* LB S. 197; *Wörner* 2010, S. 117 ff., 254 ff.; vgl. auch die Bespr. von BGH 1 StR 433/96 StV 1997, 128 durch *Otto* JK 1997 § 24/24; krit. *Roxin* AT 2 § 30/80.

[146] Umfassend *Eser* in: Schönke/Schröder § 24 RN 2 ff. mwN; vgl. auch *Haas* ZStW 123 (2011), 226/232 ff.

[147] So vor allem die Rechtsprechung des Reichsgerichts, vgl. RGSt 6, 341; 17, 244; 39, 39;63, 159; 72, 350; 73, 60.

[148] Zum Opferschutz als Legitimierung für das Rücktrittsprivileg LK-*Lilie/Albrecht* § 24 RN 23 ff.

des Rücktritts zugunsten des Angriffsobjekts und des dahinterstehenden Rechtsguts recht einleuchtend zu beschreiben. Ihr entscheidender Nachteil liegt indessen darin, dass sie die Wirklichkeit zum Zeitpunkt der Tat kaum angemessen wiedergibt. Denn es leuchtet wenig ein, dass sich der Täter z. B. durch das Tötungsverbot des § 212 zwar nicht von der Tat abhalten lässt, sich durch die In-Aussicht-Stellung von Straffreiheit durch Rücktritt hingegen von deren Vollendung abhalten lassen soll. Es wird deshalb zu Recht bezweifelt, dass der Täter in der Ausnahmesituation der Tat überhaupt motivierbar ist.

2. „Aburteilungsorientierte" Ansätze

Die aburteilungsorientierten Ansätze lassen sich wiederum in solche aufteilen, welche – rückwärtsgewandt – ein Verhalten *belohnen* („Prämientheorie": Belohnung für den Rücktritt [149]) und solche, die – vorwärtsgewandt – fragen, welchen *Zweck* eine Strafe angesichts des Rücktritts noch zu erfüllen vermag.[150] **175**

Zusammenhänge zwischen den aburteilungsorientierten Begründungen und den Straftheorien sind nicht zu übersehen. Bei konsequenter Anwendung dieses Ansatzes muss dann aber auch hier eine *Vereinigungstheorie* gelten.[151] Wie die Strafe mit absoluten und relativen Elementen begründet werden kann, so müsste dies auch hinsichtlich der Straffreiheit des Versuchs möglich sein: der Versuch bleibt straffrei, *weil* der Täter *zurückgetreten ist* (absolute Straftheorien, Vergeltungsgedanke), aber auch deshalb, weil der *Täter* seine rechtstreue Gesinnung unter Beweis gestellt hat und deshalb keiner Bestrafung bedarf (Spezialprävention) und weil er durch sein Verhalten die Geltungskraft der Norm bestätigt hat, was eine Dokumentation der Normgeltung der Allgemeinheit gegenüber nicht mehr erforderlich macht (Integrationsprävention). **176**

Die genannten Erklärungsversuche für die Straffreiheit durch Rücktritt wirken sich auf den *verbrechenssystematischen Standort* der Straffreiheit aus: Wer den Rücktritt als eine Art „Verrechnungsposten" innerhalb der Vorwerfbarkeitsbilanz aus Versuch und Rücktritt auffasst, gelangt zu einer Struktur, die wir bereits aus § 35 kennen: Reduktion der Schuld auf ein Maß, welches Strafe nicht mehr erforderlich macht.[152] So verstanden würde es sich beim Rücktritt um einen *Ent-Schuld*igungsgrund handeln.[153] **177**

---

[149] Vgl. *Amelung* ZStW 120 (2008), 245: „strafrechtliche Anerkennung eines nachträglichen Unrechtsausschlusses"; *Bockelmann/Volk* AT § 27 V 4; *Jescheck/Weigend* AT § 51 I 3; *Rengier* AT § 37/7; *Wessels/Beulke/Satzger* AT RN 626.

[150] Kriminalpolitische Begründung der Straffreiheit: Wegfall der *Strafwürdigkeit* oder der *Strafbedürftigkeit*, vgl. *Roxin* FS Heinitz, S. 269 ff.; SK-*Rudolphi* § 24 RN 4; *Eser* in: Schönke/Schröder § 24 RN 2 b. *Herzberg* FS Lackner, S. 349 favorisiert eine einheitliche Betrachtung von Versuch und Rücktritt, indem er den Versuch als Betätigung einer rechtsfeindlichen Gesinnung beschreibt, die subjektiv rechtsgutsgefährdend wirkt, den Rücktritt hingegen als zurechenbare Leistung zur Erfüllung der Schuld; dazu *Rudolphi* NStZ 1989, 508 ff. mit Entgegnung *Herzberg* NStZ 1990, 172 ff.

[151] Vgl. auch *Eser* in: Schönke/Schröder § 24 RN 2 b sowie *Baumann/Weber/Mitsch* AT § 27/8.

[152] Vgl. § 6 RN 123 ff. sowie *Roxin* AT 1 § 23/17.

[153] Vgl. SK-*Rudolphi* § 24 RN 6; *Schumann* 2006.

178 Legt man – wie die h. M.[154] – das Schwergewicht der Straffreiheitsbegründung hingegen *kriminalpolitisch* darauf, dass der Täter sowohl *spezial-* als auch *generalpräventiv* keiner Strafe mehr *bedürfe* (*Strafzweck-* oder *Indiztheorie* als Pendant zur strafbegründenden Eindruckstheorie), weil sich weder der verbrecherische noch der rechtserschütternde Eindruck als hinreichend stark erwiesen haben,[155] dann treten Schuldaspekte in den Hintergrund und der Rücktritt wäre ein bloßer Strafaufhebungsgrund. Für die h. M. dürfte folgende Überlegung sprechen: Zwar lässt es sich nicht leugnen, dass auch die Straffreiheit infolge Rücktritts auf Unrechts- und darauf beruhenden Schuld*minderungs*aspekten beruht. Jedoch fehlen im Unterschied zu § 35 ein straftatspezifischer *Vollendungsunwert* sowie ein schuldmindernder *Motivationsdruck*, welcher den Täter dazu bringt, das Erhaltungsgut auf Kosten des Eingriffsgutes zu bevorzugen. Die Entscheidung des Zurücktretenden wird daher nicht nur nachgesehen, sie ist im Ergebnis sogar erwünscht, geht also über eine bloße Entschuldigung hinaus.

III. Rücktritt bei Tatbeteiligung mehrerer (§ 24 II)

179 **§ 24. Rücktritt**

(2) Sind an der Tat mehrere beteiligt, so wird wegen Versuchs nicht bestraft, wer freiwillig die Vollendung verhindert. Jedoch genügt zu seiner Straflosigkeit sein freiwilliges und ernsthaftes Bemühen, die Vollendung der Tat zu verhindern, wenn sie ohne sein Zutun nicht vollendet oder unabhängig von seinem früheren Tatbeitrag begangen wird.

180 Weil der Rücktritt als *persönlicher* Strafaufhebungsgrund wirkt, ist die Straffreiheit jeweils auf den zurücktretenden Tatbeteiligten beschränkt. Um straffrei zu bleiben, muss ein Beteiligter folglich *selbst* zurücktreten. Da eine Tatbegehung durch mehrere jedoch eine komplexe *Eigendynamik* entwickeln kann, welche die Verhinderungskausalität wenig durchschaubar macht,[156] kann der Zurücktretende hier nicht mehr davon ausgehen, dass ein einfaches Aufgeben als Rücktrittsverhalten hinreicht, selbst wenn er sich vorstellt, *selbst* noch nicht alles für die Herbeiführung der Vollendung Erforderliche getan zu haben. Diesen Gesichtspunkt greift § 24 II auf, indem er bestimmt, dass der Rücktrittswillige bei der Tatbeteiligung mehrerer – Mittäter, Anstifter und Gehilfen – grundsätzlich die Tat *verhindern* muss.

181 Nimmt ein Mittäter noch während des Vorbereitungsstadiums von der Tat Abstand und wird die Tat von den übrigen Mittätern ohne seine Mitwirkung ausgeführt, scheidet ein Rücktritt aus. Umstritten ist die Form der Beteiligung an der

[154] Vgl. *Eser* in: Schönke/Schröder § 24 RN 2 b, 4; LK-*Lilie/Albrecht* § 24 RN 50; BGH 5 StR 352/55 BGHSt 9, 48/52.

[155] Konsequent unter diesem Gesichtspunkt die Auffassung von *Burkhardt* 1975, den Rücktritt als Element der *Strafzumessung* zu verstehen.

[156] Vgl. LK-*Lilie/Albrecht* § 24 RN 363.

Tat nach der Abstandnahme im Vorbereitungsstadium. Gegen eine Mittäterschaft spricht, dass der Ausgeschiedene die Tat nicht mehr mitbeherrscht. Jedoch kommt eine Beihilfe in Frage, wenn die Mitwirkung bei der Planung die Tat gefördert hat.[157]

Bei angestifteten oder unterstützten Einzeltätern wird § 24 II zugunsten einer Anwendung von § 24 I abgelehnt.[158] Im Hinblick auf den klaren Wortlaut des § 24 II erscheint es jedoch vorzugswürdig, § 24 II dahingehend restriktiv auszulegen, dass in jenen Konstellationen auch ein Aufgeben hinreicht. **182**

Ein Aufgeben genügt danach auch im Rahmen von § 24 II – ausnahmsweise – zunächst dann, wenn die mehreren Beteiligten gemeinschaftlich (u. U. durch konkludent erklärtes Einverständnis) vereinbaren, die Tat aufzugeben.[159] **183**

Beispiel 9.24 **184**

A, B und C lauern D auf, um ihn zu töten. D kommt aber nicht. Man beschließt deshalb, nicht mehr länger zu warten und das Vorhaben insgesamt aufzugeben.

Ein Rücktritt eines Tatbeteiligten durch einfaches Aufgeben ist weiterhin dann möglich, wenn der Beteiligte die Fäden so in der Hand hat, dass ohne sein Zutun die Tat nicht mehr vollendet werden kann (sog. „erfolgskontrolliertes" Unterlassen). **185**

Beispiel 9.25 **186**

Nur der Beteiligte B kennt die Kombination des Zahlenschlosses am fest eingebauten Tresor.

Schließlich ist diese Fallgruppe auch dann gegeben, wenn der Haupttäter die Tat so beherrscht, dass er davon ausgehen kann, sein Aufgeben werde auch den Anstifter oder Gehilfen von weiteren Aktivitäten abhalten.[160] **187**

Ansonsten gibt § 24 II dem Tatbeteiligten *drei Möglichkeiten* zum Rücktritt: **188**

1. § 24 II 1: Vollendungs*verhinderung*, z. B. durch Eingreifen der vom Beteiligten alarmierten Polizei oder durch erfolgreiches Abstiften der übrigen Beteiligten. Im Rahmen einer Tötungsanordnung innerhalb eines organisierten Systems kommt ein Rücktritt auf Grund einer Anordnung, das Opfer eines (beendeten) Tötungsversuchs möglichst zu retten, allen Beteiligten zugute.[161] **189**

2. § 24 II 2 1. Alt.: Entfaltung *nichtkausaler Verhinderungsbemühungen,* wenn die Tat aus sonstigen Gründen nicht vollendet wird. **190**

---

[157] Umfassend hierzu *Roxin* FS Frisch, S. 613 ff. mwN zum Streitstand.

[158] Vgl. LK-*Lilie/Albrecht* § 24 RN 366; *Roxin* FS Lenckner, S. 267 ff./269 f. mwN.

[159] Vgl. BGH 4 StR 125/89 NStZ 1989, 317; BGH 5 StR 176/98 BGHSt 44, 204, dazu krit. *Rotsch* GA 2002, 165, der zumindest eine mitkausale Rettungshandlung des Zurücktretenden fordert.

[160] Vgl. hierzu auch *Mitsch* FS Baumann, S. 89 ff. sowie BGH 4 StR 39/97 NStZ-RR 1997, 289 mit Bespr. *Otto* JK 1998 § 31/3.

[161] Vgl. BGH 5 StR 176/98 BGHSt 44, 204/206 f. mit Bespr. *Otto* JK 1999 § 24/27.

In diesen Fällen ist es für den Beteiligten einfach nur ein *glücklicher Zufall*, dass die Vollendung nicht eingetreten ist. Es genügt dann sein *ernstliches Bemühen*, um Straffreiheit zu erlangen. Ernstlich ist sein Bemühen dann, wenn er das aus seiner Sicht optimale Mittel einsetzt.[162]

§ 24 II 2 1. Alt. betrifft Fälle des Rücktritts vom *untauglichen Versuch*, der *Rettung von dritter Seite* sowie des *Rücktritts eines anderen* Tatbeteiligten.

191 3. § 24 II 2 2. Alt.: *Verhinderungsbemühungen* bei *Vollendung unabhängig* von *einem früheren Tatbeitrag*,

192 **Beispiel 9.26**

A stellt das Fluchtauto nicht mehr zur Verfügung und versucht, die Übrigen von der geplanten Tat abzubringen. Diese begehen die Tat aber am nächsten Tag mit einem anderen Fluchtauto.

IV. Folgen des Rücktritts

193 Sind die Voraussetzungen des § 24 erfüllt, bleibt der Zurücktretende obligatorisch straffrei. Diese Folge tritt aber nur hinsichtlich des Versuchs als solchem ein. Sonstige gleichzeitig verwirklichte vollendete Straftaten bleiben in der Regel strafbar.[163] Man spricht dann von einem sog. „*qualifizierten Versuch*". Der auf die versuchte Straftat gerichtete Vorsatz sowie ausschließlich darauf bezogene Tathandlungen dürfen nicht strafschärfend berücksichtigt werden.[164] Dies gilt auch beim Rücktritt von der Verwirklichung eines Regelbeispiels.

194 Als *persönlicher* Strafaufhebungsgrund wirkt der Rücktritt nur für denjenigen Beteiligten, der zurückgetreten ist.

V. Der Aufbau der Rücktrittsprüfung

195 Ordnet man den Rücktritt mit der h. M. *verbrechenssystematisch* zu Recht als *Strafaufhebungsgrund* ein, so erfolgt seine Prüfung, nachdem festgestellt worden ist, dass ein schuldhaft verwirklichter Versuch vorliegt.

196 Falls man der Lehre vom fehlgeschlagenen Versuch (RN 161 ff.) folgt, wäre vorab das Fehlschlagen zu prüfen und im Falle eines positiven Ergebnisses ein Rücktritt zu verneinen.

197 Die Prüfung erfolgt nach den folgenden Prüfungsschritten:

[162] Vgl. *Roxin* FS Lenckner, S. 280 f.

[163] Zur Frage der Strafbarkeit aus der vollendeten Gefährdungsstraftat (§ 310a I a.F. = § 306f n.F., Herbeiführen einer Brandgefahr) trotz Rücktritts von der versuchten Verletzungsstraftat (§ 308 a.F. = § 306 n.F., Brandstiftung) BGH 4 StR 638/92 StV 1994, 18 mit krit. Anm. *Gropengießer* StV 1994, 19 ff.

[164] Vgl. BGH 2 StR 225/00 StV 2000, 554.

- Ist der Rücktritt *eines* Tatbeteiligten zu prüfen? (dann weiter bei 1)
- Ist der Rücktritt unter *mehreren* Tatbeteiligten zu prüfen? (dann weiter bei 2)
  1. Ist der Versuch
     unbeendet? (dann weiter bei a) oder *fehlgeschlagen*? (dann Ablehnung eines Rücktritts an dieser Stelle)
     beendet? (dann weiter bei b)
     a. Hat der Zurücktretende *aufgegeben?*
        (falls nein, scheidet Rücktritt aus, falls ja, weiter bei c)
     b. Hat der Zurücktretende die Vollendung *verhindert?*
        (falls nein, scheidet Rücktritt aus, falls ja, weiter bei c)
     c. Hat der Zurücktretende *freiwillig* aufgegeben/verhindert?
        (falls ja, Straffreiheit im Rahmen des Versuchs; falls nein, scheidet Rücktritt aus)
  2. Hat der Zurücktretende die Vollendung *verhindert* – sei es durch aktives Tun, sei es durch Aufgeben in Form des „erfolgskontrollierten" Unterlassens? (falls nein, weiter bei 2 a; falls ja, weiter oben 1 c)
     a. Hat der Zurücktretende sich *ernstlich um die Vollendungsverhinderung bemüht, ohne dass* sein Verhalten jedoch *ursächlich* geworden wäre für die *Verhinderung* der Vollendung?
        (falls nein, weiter bei 2 b; falls ja, Straffreiheit im Rahmen des Versuchs)
     b. Hat der Zurücktretende sich *ernstlich um die Vollendungsverhinderung bemüht,* und *beruht die Vollendung nicht auf dem Tatbeitrag* des Zurücktretenden?
        (falls ja, Straffreiheit im Rahmen des Versuchs; falls nein, scheidet Rücktritt aus)

C. Strafbare Vorbereitungshandlungen/Versuch der Beteiligung (§§ 30 f.)

§ 30. Versuch der Beteiligung 198

(1) Wer einen anderen zu bestimmen versucht, ein Verbrechen zu begehen oder zu ihm anzustiften, wird nach den Vorschriften über den Versuch des Verbrechens bestraft. Jedoch ist die Strafe nach § 49 Abs. 1 zu mildern. § 23 Abs. 3 gilt entsprechend.

(2) Ebenso wird bestraft, wer sich bereit erklärt, wer das Erbieten eines anderen 199
annimmt oder wer mit einem anderen verabredet, ein Verbrechen zu begehen oder zu ihm anzustiften.

I. Zum Begriff der strafbaren Vorbereitungshandlungen[165]

200 Strafbare Vorbereitungshandlungen sind Verhaltensweisen, die mit Strafe bedroht sind, obwohl der Täter noch nicht einmal im Sinne des Versuchs (§ 22) unmittelbar zur Verwirklichung der Elemente der Tatbestandsmäßigkeit angesetzt hat. Die Strafbarkeit dieser Verhaltensweisen ist in § 30 als „Versuch der Beteiligung" gesetzlich festgelegt.

201 Zwar findet man im Besonderen Teil des StGB Strafvorschriften, welche ein Verhalten unter Strafe stellen, das das *Vorfeld* der Gefährdung des Angriffsobjekts betrifft, und die deshalb *materiell* ebenfalls als Vorbereitungshandlungen verstanden werden, z. B. § 80 (Vorbereitung eines Angriffskrieges), § 83 (Vorbereitung eines hochverräterischen Unternehmens), § 310 (Vorbereitung eines Explosions- oder Strahlungsverbrechens). Dennoch interessieren diese Vorbereitungshandlungen hier nicht. Denn formal sind sie als selbständige Tatbestände ausgestaltet, stellen folglich keine Verwirklichungsstufen dar. Deshalb können auch diese Tatbestände wiederum in der Erscheinungsform des Versuchs, ja sogar der Vorbereitung i. S. der §§ 30 f. vorliegen.

202 Da sich die Vorbereitungshandlungen definitionsgemäß noch im Vorfeld der eigentlichen Tathandlung abspielen, geht der Gesetzgeber bezüglich des Androhens von Strafe in diesem Bereich sehr zurückhaltend vor.[166] Jene Zurückhaltung bezieht sich zum einen auf die mit einem strafbaren Vorbereitungsstadium versehenen *Strafvorschriften* – nur die Vorbereitung *schwerwiegender Unrechtsverwirklichungen* soll unter Strafe gestellt werden - zum anderen auf die *Begehungsformen* der Vorbereitung.

203 Hinsichtlich der *Strafvorschriften* legt § 30 I, II fest, dass nur die Vorbereitung von *Verbrechen* (vgl. § 12)[167] strafbar ist. Für die Einordnung kommt es auf die Person des Ausführenden an. Dies ist z. B. beim Sichbereiterklären zur Anstiftung nach § 30 II nicht die Person des Anstifters, sondern die des Anzustiftenden.[168]

204 Darüber hinaus sind nur *bestimmte Formen* der Verbrechensvorbereitung strafbar: nach § 30 I die *versuchte Anstiftung* („Wer...zu bestimmen versucht") zum Verbrechen oder zu dessen Anstiftung, nach § 30 II das Sichbereiterklären, die Annahme des Erbietens und die Verabredung, nicht hingegen die versuchte Beihilfe.

1. Versuchte Anstiftung

205 Eine *versuchte Anstiftung* ist in drei Formen denkbar:

---

[165] Vgl. *Frister* AT Kap. 23/42 ff.; *B. Heinrich* AT RN 1362 ff.; *Kindhäuser* AT § 43; *Krey/Esser* AT RN 1334 ff.; *Kühl* AT § 20/243 ff.; *Murmann* GK § 28/1 ff.; *Rogall* FS-Puppe, S. 859 ff.

[166] Zur verfassungsrechtlichen Zulässigkeit von Vorbereitungshandlungen *Lagodny* 1996, S. 231 ff.

[167] Näher zum Begriff des Verbrechens i.e.S. oben § 2 RN 30 f.; hinsichtlich straf*begründender* täterbezogener Merkmale (§ 28 I) ist bezüglich des Verbrechenscharakters die Person des in Aussicht genommenen Täters maßgeblich, hinsichtlich straf*modifizierender* täterbezogener Merkmale (§ 28 II) die Person des Teilnehmers, vgl. *Wessels/Beulke/Satzger* AT RN 562, näher zur i.e. umstrittenen Problematik LK-*Schünemann* § 30 RN 35 ff.

[168] Vgl. BGH 2 StR 165/08 BGHSt 53, 174.

- Es gelingt nicht, im potentiellen Täter bzw. Anstifter des angesonnenen Verbrechens einen entsprechenden Tatentschluss hervorzurufen, weil dieser *sich nicht bestimmen lässt.* 206
- Es gelingt nicht, im potentiellen Täter bzw. Anstifter des angesonnenen Verbrechens einen entsprechenden Tatentschluss hervorzurufen, weil dieser *bereits* zur Begehung des Verbrechens *entschlossen ist* (sog. omnimodo facturus).[169] 207
- Zwar kann der Entschluss im potentiellen Täter bzw. Anstifter hervorgerufen werden, jedoch ist die vorbereitete *Haupttat nicht einmal bis zum Versuchsstadium verwirklicht* worden und scheidet deshalb als Haupttat i. S. v. § 26 aus. In dieser Fallgruppe füllt § 30 im Bereich der Verbrechen die Strafbarkeitslücke aus, die infolge der Akzessorietät der Teilnahme entsteht, wenn die Haupttat nicht einmal versucht wird. 208

Was die Bestimmtheit der angesonnen Tat anbelangt, genügt es, dass ein Tatplan vorliegt, der das Tatopfer, den Tatort, das Tatwerkzeug und den Täter so konkretisiert, dass der Haupttäter die Tat begehen könnte, wenn er wollte.[170] 209

In subjektiver Hinsicht genügt es, dass der erfolglose Anstifter hinsichtlich der Entschlussfassung und Tatbegehung durch den präsumtiven Haupttäter mit dolus eventualis handelt, d. h. die Verwirklichung des Verbrechens ernstlich für möglich hält und sich mit ihr abfindet. Ein darüber hinausgehendes, ungeschriebenes Merkmal der „Ernstlichkeit" des Anstiftungsversuchs ist nicht erforderlich.[171] 210

Wird die angesonnene Tat versucht oder vollendet, so tritt die versuchte Anstiftung in Gesetzeskonkurrenz dahinter zurück.[172] Anders hingegen im Fall BGH 1 StR 635/96 BGHSt 44, 91 ff.[173]: Hier war der Täter mit dem Versuch, einen Killer zu beauftragen, zunächst gescheitert. Auf Grund eines neuen Entschlusses ließ er einen anderen Killer beauftragen, der bezüglich desselben Opfers einen Mordversuch beging. Der BGH entschied, dass die versuchte Anstiftung und die Anstiftung zum Versuch trotz Identität des Opfers aufgrund des neuen Entschlusses und des neuen Adressaten der Anstiftung selbständige Handlungen in materieller (§ 53) und prozessualer Hinsicht seien. Obwohl der Ang. bereits rechtskräftig wegen versuchter Anstiftung zum Mord verurteilt worden war, konnte er in einem neuen Verfahren wegen Anstiftung zum versuchten Mord verurteilt werden. 211

---

[169] Krit. Zu dieser Fallgruppe *Puppe* AT § 2/48.

[170] Vgl. BGH 2 StR 239/97 NStZ 1998, 347 mit Anm. *J. Kretschmer* NStZ 1998, 401 ff.; *Graul* JR 1999, 249 ff.

[171] Vgl. den *Fußball-Hooligan-Fall* BGH 3 StR 113/98 BGHSt 44, 99/101 mit Anm. *Roxin* NStZ 1998, 616 f.; *Bloy* JZ 1999, 157 ff.; *Otto* JK 1999 § 30/5.

[172] Vgl. *Lackner/Kühl* § 30 RN 10.

[173] Mit zust. Anm. *Beulke* NStZ 1999, 26 ff.; vgl. dazu auch den Anfragebeschluss BGH 1 StR 635/96 NStZ 1998, 189 mit zust. Anm. *Geppert* NStZ 1998, 190 f.

2. Sonstige Vorbereitungshandlungen

212 Ein *Sichbereiterklären* liegt vor, wenn der Beteiligte *ernsthaft kund gibt,* zur Begehung *willens* zu sein, sei es, dass er *sich erbietet*, sei es, dass er eine *Aufforderung* zur Begehung *annimmt.*

213 Von der *Annahme eines Erbietens* spricht man, wenn der Beteiligte die erklärte *Bereitschaft* eines Dritten zur Begehung ausdrücklich und *ernstlich annimmt.*[174]

214 Eine *Verabredung* ist gegeben, wenn mindestens zwei Personen *ernstlich*[175] zumindest stillschweigend übereinkommen, ein bestimmtes Verbrechen als *Mittäter* zu begehen oder als *Mittäter* zu ihm anzustiften. Die Verabredung bildet damit eine Vorstufe zur Mittäterschaft.

215 Es bietet sich an, die bei RN 210 genannte Rechtsprechung des BGH zur „Ernstlichkeit" der versuchten Anstiftung auf die sonstigen Vorbereitungshandlungen zu übertragen.[176]

II. Aufbaufragen

216 Hinsichtlich der *versuchten Anstiftung* liegt der Aufbau als *Versuch* auf der Hand:

217 ➤ Vorprüfung:
- Nichtvorliegen einer Anstiftung/einer tauglichen Haupttat i. S. v. § 26
- Strafbarkeit der versuchten Beteiligung

I. *Tatbestandsmäßigkeit*
   1. *Subjektive Elemente der Tatbestandsmäßigkeit* (personaler Unwert) Die „Vorstellung von der Tat" (*„Entschluss"*) = Vorsatz[177] bezüglich der angesonnenen vollendeten Haupttat (einschließlich der persönlichen Merkmale des Haupttäters) und der Teilnahme an ihr
   2. *Objektives Element der Tatbestandsmäßigkeit* (Sachverhaltsunwert) unmittelbares Ansetzen zur Anstiftung

II. *Rechtswidrigkeit*

III. *Schuldhaftigkeit*

IV. *Strafaufhebungsgründe*
- Rücktritt gem. § 31 I Nr. 1

218 Hinsichtlich der *sonstigen Vorbereitungshandlungen* ist ebenfalls von einer Versuchsstruktur, d. h. einem an den subjektiven Elementen der Tatbestandsmäßigkeit

---

[174] Vgl. *Lackner/Kühl* § 30 RN 2.

[175] Näher zur Ernstlichkeit insoweit BGH 1 StR 801/97 NStZ 1998, 403; BGH 5 StR 581/10 NStZ 2011, 570 mit Anm. *Weigend*.

[176] Vgl. OLG Hamm Beschluß vom 05.11.1996-3 Ss 1180/96 NStZ-RR 1997, 133, aber auch MK-*Joecks* § 30 RN 42 ff.

[177] Zur Möglichkeit der versuchten Anstiftung mit bedingtem Vorsatz BGH 3 StR 113/98 BGHSt 44,99 mit Anm. *Roxin* NStZ 1998, 616 f.

orientierten Aufbau auszugehen.[178] Denn die *sonstigen Vorbereitungshandlungen* sind *Erscheinungsformen* von Strafvorschriften des StGB und nicht selbst Strafvorschriften.

Dafür spricht 219

- die Verankerung der versuchten Beteiligung im Allgemeinen Teil.
- dass § 30 II nur einen Teil des intendierten Unrechts beschreibt.
- dass § 30 II seinen typischen Unwertgehalt erst durch den Bezug auf eine Strafvorschrift des Besonderen Teils des StGB erhält.
- dass die Modalitäten in § 30 II auf Straftaten bezogen sind, die nicht einmal in der Verwirklichungsstufe des Versuchs vorliegen, weshalb sich das intendierte Unrecht nur beschreiben lässt, wenn zunächst geprüft wird, was sich der Beteiligte *vorgestellt* hat.

▶ Vorprüfung: 220

- Nichtvorliegen einer Beteiligung
- Strafbarkeit der versuchten Beteiligung

I. *Tatbestandsmäßigkeit*
   1. *Subjektive Elemente der Tatbestandsmäßigkeit* (personaler Unwert)
      a. Die „Vorstellung von der Tat" (*„Entschluss"*) =
         Vorsatz[179] bezüglich der angesonnenen vollendeten Haupttat einschließlich der persönlichen Merkmale des Haupttäters betr.
         – die Annahme des Erbietens
         – das Sichbereiterklären, anzustiften
         – das Sichverabreden, anzustiften
      b. Das Vorliegen persönlicher Merkmale (Absichten usw.) betr.
         – das Sichbereiterklären, zu begehen
         – das Sichverabreden, zu begehen
   2. *Objektive Elemente der Tatbestandsmäßigkeit* (Sachverhaltsunwert)
      Verwirklichung einer der *Beteiligungsformen* im Vorbereitungsstadium nach § 30 II.

II. *Rechtswidrigkeit*

III. *Schuldhaftigkeit*

IV. *Strafaufhebungsgründe*

- Rücktritt gem. § 31 I Nr. 2, 3

[178] Vgl. auch *Heine* in: Schönke/Schröder § 30 RN 2; LK-*Schünemann* § 30 RN 1; a. A. *Schlüchter* AT Kap. 15 A.

[179] Zur Möglichkeit der versuchten Anstiftung mit bedingtem Vorsatz BGH 3 StR 113/98 BGHSt 44, 99 mit Anm. *Roxin* NStZ 1998, 616 f.

III. Rücktritt vom Versuch der Beteiligung/tätige Reue

221 **§ 31. Rücktritt vom Versuch der Beteiligung**

(1) Nach § 30 wird nicht bestraft, wer freiwillig
1. den Versuch aufgibt, einen anderen zu einem Verbrechen zu bestimmen, und eine etwa bestehende Gefahr, dass der andere die Tat begeht, abwendet,
2. nachdem er sich zu einem Verbrechen bereit erklärt hatte, sein Vorhaben aufgibt oder
3. nachdem er ein Verbrechen verabredet oder das Erbieten eines anderen zu einem Verbrechen angenommen hatte, die Tat verhindert.

222 (2) Unterbleibt die Tat ohne Zutun des Zurücktretenden oder wird sie unabhängig von seinem früheren Verhalten begangen, so genügt zu seiner Straflosigkeit sein freiwilliges und ernsthaftes Bemühen, die Tat zu verhindern.

223 Weil § 30 die Strafbarkeit materiell in die Verwirklichungsstufe der Vorbereitung vorverlegt und die Regelungen des Rücktritts vom Versuch deshalb nicht anwendbar sind, sieht § 31 spezifische Rücktrittsregeln zur Aufhebung einer Strafbarkeit wegen versuchter Beteiligung vor.[180] Wie § 24 wirkt auch § 31 als Strafaufhebungsgrund.[181] Ein Rücktritt vom beendeten Versuch der Anstiftung nach § 31 II Alt. 1 setzt ein *ernsthaftes Bemühen* voraus, die *Vollendung* zu *verhindern*. Es liegt nur vor, wenn der Täter „alle Kräfte anspannt, um den vermeintlichen Tatentschluss des präsumtiven Täters rückgängig zu machen, und er dadurch die aus seiner Sicht bestehende Gefahr beseitigt, dass der Angestiftete die Tat begeht."[182]

224 Auch viele Strafvorschriften im Besonderen Teil, die *materiell* Vorbereitungshandlungen unter Strafe stellen und deshalb sehr frühzeitig formell vollendet sind, enthalten eigene „Rücktrittsklauseln" in Form „tätiger Reue" von der formal vollendeten Straftat, vgl. §§ 83a, 314a III Nr. 2, IV. Allerdings wirken diese Klauseln nur strafmildernd bis zum Absehen von Strafe.

225 Hinsichtlich des freiwilligen Aufgebens und Verhinderns als Rücktrittshandlungen gelten die Ausführungen zum Rücktritt vom Versuch entsprechend (RN 104 ff.).

Lösung des Leitfalls (Gutachtenstil)

Leitfall 9. Variante a:

Strafbarkeit wegen Diebstahls, § 242

226 Indem B den Jungbullen auf den Viehtransporter trieb, um ihn dem W zu verkaufen, könnte er einen Diebstahl gem. § 242 begangen haben.

[180] Zu Fragen der Abstandnahme von der Tat vor Versuchsbeginn bei mehreren Beteiligten außerhalb der „Sonderkonstellation" in § 31 *Eisele* ZStW 112 (2000), 745 ff.

[181] Zur Abgrenzung der Anwendungsbereiche von § 31 und 24, insbes. dessen Abs. 2, *Mitsch* FS Herzberg, 443 ff.

[182] BGH 1 StR 503/04 BGHSt 50, 142=ZIS 2005, 99 m. Anm. *Mosenheuer.*

1. Tatbestandsmäßigkeit

a. *Objektive Elemente*

B müsste zunächst eine fremde bewegliche Sache weggenommen haben. Der Jungbulle, der entsprechend § 90a BGB im strafrechtlichen Sinne Sachqualität besitzt, war für B fremd, denn er stand weder im Alleineigentum des B noch war er herrenlos. Vielmehr hatte C Eigentum an dem Tier. Weil man den Bullen abtransportieren kann, ist er eine bewegliche Sache. 227

Die Wegnahme des Bullen setzt voraus, dass der Gewahrsam des Berechtigten gebrochen und neuer begründet wird. Gewahrsam ist ein tatsächliches Herrschaftsverhältnis über die Sache. Ein solches Herrschaftsverhältnis über den Bullen lag bei C vor. Denn C konnte jederzeit über den Bullen verfügen. Dass das Tier auf der Weide stand, schadet nicht. Entscheidend ist die Möglichkeit des Berechtigten, seine Sachherrschaft jederzeit ungehindert ausüben zu können. B müsste den Gewahrsam gebrochen haben. Dies setzt voraus, dass der Gewahrsam gegen bzw. ohne den Willen des Berechtigten aufgehoben wird. C wollte seine Sachherrschaft über den Bullen nicht aufgeben. Ein Gewahrsamsbruch ist somit gegeben. 228

Die Vollendung des Diebstahls setzt die Begründung neuen, nicht notwendig tätereigenen, Gewahrsams voraus. Spätestens zu dem Zeitpunkt als B den Bullen auf den Viehtransporter getrieben hatte, hatte C die Sachherrschaft verloren und B neue begründet. 229

Die Wegnahme einer fremden beweglichen Sache liegt somit vor. 230

b. *Subjektive Elemente*

B müsste in Bezug auf die objektiven Elemente des § 242 vorsätzlich, d. h. willentlich und wissentlich gehandelt haben. B kannte den wesentlichen Sachverhalt und wollte den Bullen auch wegnehmen. 231

Außerdem müsste B in der Absicht gehandelt haben, den Bullen sich oder einem Dritten rechtswidrig zuzueignen. Zueignungsabsicht setzt voraus, dass es dem Täter darauf ankommt, sich die einem Eigentümer zustehenden Rechte an der Sache anzumaßen (mit dolus directus I erstrebte Aneignung) und er zumindest billigend in Kauf nimmt, dass die Eigentumsrechte dem/den Berechtigten auf Dauer vorenthalten werden (Enteignung mit dolus eventualis). 232

Die von B beabsichtigte Aneignung ist darin zu sehen, dass er so tat, als sei er Eigentümer des Bullen, vor allem, indem er gegenüber W als Berechtigter auftrat. Außerdem ging B bei der Wegnahme davon aus, dass C seine Eigentumsrechte an dem Tier nicht mehr würde ausüben können. 233

Somit ist auch eine Zueignungsabsicht gegeben. Sie ist rechtswidrig, wenn der Täter keinen fälligen und einredefreien Anspruch auf Übereignung der Sache hat. Dies ist bei B der Fall, denn C war nicht verpflichtet, B den Bullen zu übereignen. 234

2. Rechtswidrigkeit/Schuldhaftigkeit

Durch sein tatbestandsmäßiges Handeln hat B den Unwert eines Diebstahls verwirklicht. Weil kein Rechtfertigungsgrund zugunsten des B eingreift, ist seine 235

Tat auch rechtswidrig. Mangels eines einschlägigen Entschuldigungsgrundes ist auch Schuldhaftigkeit gegeben.

3. **Vorliegen eines besonders schweren Falls nach § 243 I Nr. 2**

236 Fraglich ist, ob bei der Zumessung der Strafe der Strafrahmen eines besonders schweren Falles nach § 243 I zu Grunde zu legen ist. Dies wäre der Fall, wenn B zur Begehung der Tat in einen umschlossenen Raum eingebrochen wäre. Dies ist jedoch nicht der Fall. Denn zum einen ist es Aufgabe des Weidezaunes des C, die Tiere zusammenzuhalten, nicht aber Diebe fernzuhalten. Dafür spricht vor allem die Tatsache, dass das Gatter nicht verschlossen ist. Zum anderen aber setzt ein Einbrechen das gewaltsame Öffnen von Umschließungen voraus. Da auch sonstige Regelbeispiele nicht vorliegen und B nicht mit besonderer krimineller Energie vorgegangen ist, kommt eine Anwendung von § 243 nicht in Betracht.

237 *Ergebnis:* B ist strafbar wegen eines Vergehens des Diebstahls nach § 242.

Leitfall 9. Variante b:
Strafbarkeit wegen eines versuchten Diebstahls, §§ 242 I, II, 22, 23 I

238 B könnte sich wegen eines versuchten Diebstahls, §§ 242 I, II, 22, 23 I strafbar gemacht haben, indem er den Riegel am Weidegatter zurückschob, um einen Jungbullen auf den Viehtransporter zu treiben.

Vorprüfung

239 Ein vollendeter Diebstahl liegt nicht vor, denn B hat keinen Bullen weggenommen, keinen neuen Gewahrsam begründet. Der Versuch des Diebstahls ist gem. §§ 23 I 2. Alt., 242 II strafbar.

1. **Tatbestandsmäßigkeit**

a. *Subjektive Elemente*

240 B müsste den Entschluss gefasst haben, einen Diebstahl zu begehen. Er müsste somit den Vorsatz gehabt haben, eine fremde bewegliche Sache einem anderen wegzunehmen. Außerdem müsste er die Absicht gehabt haben, sich die wegzunehmende Sache rechtswidrig zuzueignen.

241 Der zu stehlende Jungbulle, der entsprechend § 90a BGB im strafrechtlichen Sinne Sachqualität besitzt, wäre für B fremd gewesen, denn er hätte weder im Alleineigentum des B gestanden noch wäre er herrenlos gewesen … (vgl. oben I 1). Die beabsichtigte Zueignung wäre auch rechtswidrig gewesen, denn C war nicht verpflichtet, B den zu entwendenden Bullen zu übereignen.

242 Die subjektiven Elemente des versuchten Diebstahl liegen somit vor.

b. *Objektive Elemente*

243 B müsste nach seiner Vorstellung unmittelbar zur Verwirklichung der objektiven Elemente des Diebstahls angesetzt haben. Nach der herrschenden subjektiv-objektiven Versuchstheorie dürften nach der Vorstellung des B keine weiteren

wesentlichen Zwischenschritte zur Verwirklichung der Wegnahme der fremden beweglichen Sache „Jungbulle“ erforderlich gewesen sein und es müsste ein geeigneter Jungbulle nach der Vorstellung des B gefährdet gewesen sein.

Das Öffnen des Gatters bedeutete eine Lockerung des Gewahrsams des C, **244** denn dieser wird gerade dadurch begründet, dass sich die Bullen nicht von der Weide entfernen können. Die Gewahrsamslockerung würde bereits den Beginn der Wegnahmehandlung darstellen. Da B zunächst auch noch davon ausgeht, dass die Tiere vorhanden sind, liegt nach seiner Vorstellung auch eine Gefährdung vor. Damit hat B unmittelbar zum Diebstahl angesetzt.

2. **Rechtswidrigkeit/Schuldhaftigkeit**

Hier gelten die Ausführungen unter I 2 entsprechend. **245**

3. **Rücktritt?**

Indem B festgestellt hat, dass „gar keine Rinder mehr da sind“, das Gatter geschlossen hat und nach Hause gefahren ist, könnte er durch freiwilliges Aufgeben vom unbeendeten Versuch mit strafbefreiender Wirkung zurückgetreten sein. **246**

Unbeendet wäre der Versuch dann, wenn B zum Zeitpunkt der Entscheidung **247** über das weitere Vorgehen (Rücktrittshorizont) davon ausging, dass die Vollendung, die Wegnahme eines Jungbullen, ohne ein weiteres Zutun nicht eintreten würde. B stellte fest, dass keine Rinder auf der Weide waren. Er ging daher davon aus, dass sein Vorhaben (noch) nicht gelungen war und er noch nicht alles getan habe, was für die Herbeiführung dieses Erfolges erforderlich war. Damit war der Versuch unbeendet.

Um Strafbefreiung zu erlangen, müsste B freiwillig aufgegeben haben, d. h. **248** seinen Plan zur Wegnahme eines Bullen freiwillig endgültig verworfen haben. Allerdings gab B auf, weil keine Jungbullen da waren. Eine Rückkehr zur Legalität aus autonomen Motiven ist darin nicht zu sehen. Vielmehr machten es B die äußeren Umstände unmöglich, sein Ziel zu erreichen. B gab somit nicht freiwillig auf. Ein strafbefreiender Rücktritt scheidet somit aus.

Ergebnis: B hat sich eines versuchten Diebstahls gem. §§ 242 II, 22, 23 schuldig gemacht **249**

Hinweis: Nach der Lehre vom fehlgeschlagenen Versuch wäre ein strafbefreiender Rücktritt des B folgendermaßen abzulehnen: B erschien es mit keinem **250** der ihm zur Verfügung stehenden Mittel mehr möglich, die Vollendung – Wegnahme eines Bullen – herbeizuführen, denn er hatte feststellen müssen, dass sich gar keine Rinder mehr auf der Weide befanden. Danach ist sein „Tatplan“ – Wegnahme eines Jungbullen – „fehlgeschlagen“ und ein strafbefreiender Rücktritt nicht mehr möglich.

D. Zur Wiederholung

Kontrollfragen

1. Nennen Sie die vier Verwirklichungsstufen der Straftat. (RN 5)
2. Wann setzt der Täter nach der subjektiv-objektiven Theorie des § 22 zur Verwirklichung der tatbestandsmäßigen Handlung unmittelbar an? (RN 54 ff.)
3. Was versteht man unter einer Wahnstraftat? (RN 37 f.)
4. Nennen Sie die Aufgabe und die Bedeutung der Begriffe „Tatplankriterium" und „Rücktrittshorizont" (RN 115 ff., 118 ff.)
5. Wann liegt ein *freiwilliger* Rücktritt vor? (RN 157 ff.)
6. In welchen drei Formen ist eine versuchte Anstiftung i. S. v. § 30 denkbar? (RN 205 ff.)

Literatur

Amelung Zur Theorie der Freiwilligkeit eines strafbefreienden Rücktritts vom Versuch, ZStW 120 (2008), 205 ff.

Anders Zur Möglichkeit des Rücktritts vom erfolgsqualifizierten Versuch, GA 2000, 64 ff.

Angerer Rücktritt im Vorbereitungsstadium, 2004

Arzt Die Neufassung der Diebstahlsbestimmungen – Gleichzeitig ein Beitrag zur Technik der Regelbeispiele, JuS 1972, 515 ff.

Baumann/Weber/Mitsch, Strafrecht Allgemeiner Teil (AT), 11. Aufl. 2003

Bloy Besprechung von *Malitz*, Der untaugliche Versuch beim unechten Unterlassungsdelikt. Zum Strafgrund des Versuchs, 1998, GA 2000, 498 ff.

Bloy Unrechtsgehalt und Strafbarkeit des grob unverständigen Versuchs, ZStW 113 (2001), 76 ff.

Bockelmann/Volk Strafrecht Allgemeiner Teil (AT), 4. Aufl. 1987

Borchert/Hellmann Übungsklausur Strafrecht, Fall aus den Bereichen: Rücktritt vom Versuch; Tötungsdelikte, Jura 1982, 658 ff.

Böse Der Beginn des beendeten Versuchs: Die Entscheidung des BGH zur "Giftfalle", JA 1999, 342 ff.

Boß Der halbherzige Rücktritt, 2002

Bottke Strafrechtswissenschaftliche Methodik und Systematik bei der Lehre vom strafbefreienden und strafmildernden Täterverhalten, 1979

Bottke Misslungener oder fehlgeschlagener Vergewaltigungsversuch bei irrig angenommenem Einverständnis? – Zugleich Besprechung von BGH, Urteil v. 24.06.1993-4 StR 33/93, JZ 1994, 71 ff.

Brand/Fett Zum Rücktritt bei einem untaglichen versuchten Totschlag durch Unterlassen, NStZ 1998, 507 ff.

Brand/Wostry Kein Rücktritt vom beendeten „fehlgeschlagenen" Versuch?, GA 2008, 611 ff.

Burkhardt Der „Rücktritt" als Rechtsfolgenbestimmung – Eine Untersuchung anhand des Abgrenzungsproblems von unbeendetem und beendetem Versuch, 1975

Burkhardt Nachschlag zum Wahndelikt, GA 2013, 346 ff.

Eisele Abstandnahme von der Tat vor Versuchsbeginn bei mehreren Beteiligten, ZStW 112 (2000), 745 ff.

Engländer Die hinreichende Verhinderung der Tatvollendung – BGH, NJW 2003, 1058, JuS2003, 641 ff.

Engländer Der Gefahrenzusammenhang bei der Körperverletzung mit Todesfolge, GA 2008, 669 ff.
Eser Juristischer Studienkurs Strafrecht II (StK II), 3. Aufl. 1980
Feltes Der (vorläufig) fehlgeschlagene Versuch – Zur Abgrenzung von fehlgeschlagenem, beendetem und unbeendetem Versuch, GA 1992, 395 ff.
Frank Vollendung und Versuch, in: v. Birkmeyer u. a. (Hrsg.) Vergleichende Darstellung des Deutschen und Ausländischen Strafrechts, Allgemeiner Teil, Band V, 1908
Frank Das Strafgesetzbuch für das Deutsche Reich, 18. Aufl. 1931
Frisch/Murmann Der praktische Fall – Strafrecht: Ein folgenschwerer Denkzettel, JuS 1999, 1196 ff.
Frister Straftrecht Allgemeiner Teil (AT), 5. Aufl. 2011
Frister Der Begriff „Verwirklichung des Tatbestandes" in § 22 StGB, FS für Wolter 2013, S. 375 ff.
Geppert, Jura Kartei (JK) 1998 § 22/18
Gössel Der fehlgeschlagene Versuch: Ein Fehlschlag, GA 2012, 65 ff.
Graul „Versuch eines Regelbeispiels" – BayObLG, NStZ 1997, 442; BGH, NStZ-RR 1997, 293, JuS 1999, 852 ff.
Gropp Der verflixte Einkaufswagen, Jura 1988, 542 ff.
Gropp Vom Rücktrittshorizont zum Versuchshorizont, FS für Gössel 2002, S. 175 ff.
Gropp/Öztürk/Sözüer/Wörner (Hrsg.), Beiträge zum deutschen und türkischen Strafrecht und Strafprozessrecht, 2010
Gropp/Öztürk/Sözüer/Wörner (Hrsg.), Die Entwicklung von Rechtssystemen in ihrer gesellschaftlichen Verankerung, 2014
Haas Zum Rechtsgrund von Versuch und Rücktritt, ZStW 123 (2011), 226 ff.
Hardtung Versuch und Rücktritt bei den Teilvorsatzdelikten des § 11 Abs. 2 StGB, 2002
Heckler Versuchsbeginn bei Erforderlichkeit der Mitwirkung des Opfers – Giftfalle, NStZ 1999, 79 ff.
Heinrich, B. Strafrecht – Allgemeiner Teil (AT), 3., Aufl. 2012
Heintschel-Heinegg, v. Versuch und Rücktritt – Eine kritische Bestandsaufnahme, ZStW 109 (1997), S. 29 ff.
Herzberg Wegfall subjektiver Tatbestandsvoraussetzungen vor Vollendung der Tat, FS für Oehler 1985, S. 163 ff./173
Herzberg Grund und Grenzen der Strafbefreiung beim Rücktritt vom Versuch – Von der Strafzwecklehre zur Schulderfüllungstheorie, FS für Lackner 1987, S. 325 ff.
Herzberg Problemfälle des Rücktritts durch Verhindern der Tatvollendung, NJW 1989, 862 ff.
Herzberg Abergläubische Gefahrabwendung und mittelbare Täterschaft durch Ausnutzung eines Verbotsirrtums – BGHSt 35, 347, Jura 1990, 16, 19
Herzberg Theorien zum Rücktritt und teleologische Gesetzesdeutung - Erwiderung auf Rudolphi, NStZ 1989, 508 ff., NStZ 1990, 172 ff.
Herzberg Zur Strafbarkeit des untauglichen Versuchs, GA 2001, 257 ff.
Hiersche Der „Kemptener Fall"- cui bono? Aus der Sicht des Arztes, FS für Hanack 1999, S. 697 ff.
Hillenkamp Zur „Vorstellung von der Tat" im Tatbestand des Versuchs, FS Roxin 2001, S. 689 ff.
Hillenkamp 32 Probleme aus dem Strafrecht – Allgemeiner Teil, 14. Aufl. 2012
Hippel, v. Lehrbuch des Strafrechts (LB), 1932
Hirsch Untauglicher Versuch und Tatstrafrecht, FS für Roxin 2001, S. 711 ff.
Hirsch Zur Behandlung des ungefährlichen „Versuchs" de lege lata und de lege ferenda, GS für Vogler, 2004, S. 31 ff.
Hirsch Die subjektive Versuchstheorie, ein Wegbereiter der NS-Strafrechtsdoktrin, JZ 2007, 494 ff.
Jäger Der Rücktritt vom erfolgsqualifzierten Versuch, NStZ 1998, 161 ff.
Jäger Das Freiwilligkeitsmerkmal beim Rücktritt vom Versuch – Ein Beitrag zur Angleichung von Täterschafts- und Rücktrittslehre, ZStW 112 (2000), 783 ff.
Jäger Examens-Repetitorium, Strafrecht, Allgemeiner Teil (AT), 6. Aufl. 2013
Jakobs Strafrecht, Allgemeiner Teil: die Grundlagen und die Zurechnungslehre, (AT) 2. Aufl., 1991

Jescheck/Weigend Lehrbuch des Strafrechts, Allgemeiner Teil (AT), 5. Aufl. 1996
Joecks Studienkommentar (StK), 10. Auflage, 2012
Jung Zur Strafbarkeit des untauglichen Versuchs – ein Zwischenruf aus rechtsvergleichender Sicht, ZStW 117 (2005), 937 ff.
Kampermann Grundkonstellationen beim Rücktritt vom Versuch – Zur Abgrenzung von fehlgeschlagenem, unbeendetem und beendetem Versuch in § 24 Abs. 1 StGB, 1992
Kawaguchi Der untaugliche Versuch im japanischen Strafrecht – unter Berücksichtigung der deutschen Versuchslehre, ZStW 110 (1998), 561 ff.
Knobloch Die Bestrafung von Vorbereitungshandlungen aus deutscher Sicht – Eine Untersuchung insb. des § 30 dStGB, in: Sinn u. a. (Hrsg.), 2011, S. 197 ff.
Kudlich Ein Schnäpschen in Ehren – die Giftfalle des Apothekers – BGH, NJW 1997, 3453, JuS 1998, 596 ff.
Kudlich/Hannich Strafbefreiender Rücktritt auch vom untauglichen Versuch eines Unterlassungsdelikts StV 1998, 370 ff.
Kühl Grundfälle zu Vorbereitung, Versuch, Vollendung und Beendigung, JuS1979, 718, 874; 1980, 120, 273, 506, 650, 811; 1981, 193; 1982, 110, 189 jew. ff.
Kühl Die Beendigung des vollendeten Delikts, FS für Roxin 2001, S. 665 ff.
Kühl Der Versuch des erfolgsqualifizierten Delikts, FS für Gössel 2002, S. 191 ff.
Kühl Das erfolgsqualifizierte Delikt (Teil II): Versuch des erfolgsqualifizierten Delikts und Rücktritt, Jura 2003, 19 ff.
Kühl Versuchsstrafbarkeit und Versuchsbeginn, FS für Küper 2007, S. 289 ff.
Kühl Strafrecht Allgemeiner Teil (AT), 7. Aufl., 2012
Küper Versuchs- und Rücktrittsprobleme bei mehreren Tatbeteiligten, JZ 1979, 775 ff.
Küper Der Rücktritt vom „erfolgsqualifiziertenVersuch", JZ 1997, 229 ff.
Küper Der Rücktritt vom Versuch des unechten Unterlassungsdelikts, ZStW 112 (2000), 1 ff.
Küper „Erfolgsqualifizierter" oder „folgenschwerer" Versuch?, FS für Herzberg 2008, S. 323 ff.
Küpper Rücktritt vom Versuch eines Unterlassungsdelikts – BGH, NStZ 1997, 485, JuS 2000, 229
Küpper Strafrecht Besonderer Teil 1 (BT 1) 3. Aufl., 2007
Lackner/Kühl Strafgesetzbuch: Kommentar, 27. Aufl. 2011
Lagodny Strafrecht von den Schranken der Grundrechte, 1996
Laue Ist der erfolgsqualifizierte Versuch einer Körperverletzung mit Todesfolge möglich? – BGH, NJW 2003, 150, JuS 2003, 743 ff.
Lilie Hilfe zum Sterben, FS für Steffen 1995, S. 273 ff.
LK11-*Bearbeiter* = Jähnke/Laufhütte/Odersky (Hrsg.), Leipziger Kommentar, Strafgesetzbuch, 11. Aufl. 1992 ff.
LK-*Bearbeiter* = Laufhütte/Rissing-van Saan/Tiedemann (Hrsg.), Leipziger Kommentar, Strafgesetzbuch, 12. Aufl. 2007 ff.
Lotz/Reschke Giro d'Italia, Jura 2012, 481 ff.
Maihofer Der Versuch beim Unterlassungsdelikt, GA 1958, 289 ff.
Maiwald Das Erfordernis des ernsthaften Bemühens beim fehlgeschlagenen oder beendeten Versuch (§ 24 Abs. 1 Satz 2 StGB), FS für E.A. Wolff 1998, S. 337 ff.
Maiwald Psychologie und Norm beim Rücktritt vom Versuch, Gedächtnisschrift für Zipf 1999, S. 255 ff.
Maurach/Gössel Strafrecht, Allgemeiner Teil, Teilband 2 (AT 2), 7. Aufl. 1989
Maurach/Schroeder/Maiwald Strafrecht Besonderer Teil 1(BT 1), 10. Aufl. 2009
Meyer, M.-K. Das Unmittelbarkeitsprinzip am Beispiel des Versuchs, GA 2002, 367 ff.
Mitsch Der Rücktritt des Angestifteten oder unterstützten Täters, FS Baumann 1992, S. 89 ff.
Mitsch Zum Anwendungsbereich des § 31 StGB, FS für Herzberg 2008, S. 443 ff.
Mitsch Das Unternehmensdelikt, Jura 2012, 526 ff.
MK-*Bearbeiter* = Münchener Kommentar zum Strafgesetzbuch, 2. Aufl. 2011 ff.
Murmann Grundkurs Strafrecht (GK), 2. Aufl. 2013
NK-StGB-*Bearbeiter* = *Kindhäuser/Neumann/Paeffgen* (Gesamtredaktion), Nomos-Kommentar zum StGB, 4. Aufl. 2013
Otto Fehlgeschlagener Versuch und Rücktritt, GA 1967, 144 ff.

Otto Fehlgeschlagener Versuch und Rücktritt, Jura 1992, 423 ff.
Otto Versuchsbeginn bei Erforderlichkeit der Mitwirkung des Opfers – Giftfalle, NStZ 1998, 243 f.
Otto Jura Kartei (JK) StGB 1997 2000
Otto Rücktritt und Rücktrittshorizont, Jura 2001, 341 ff.
Otto Grundkurs Strafrecht, Allgemeine Strafrechtslehre (GK-AT), 7. Aufl. 2004
Paeffgen Rücktrittshorizont vs. Fehlgeschlagener Versuch, FS-Puppe 2011, S. 791 ff.
Pahlke Rücktritt bei dolus eventualis, 1993
Puppe Rücktritt vom Versuch des Totschlags, NStZ 1990, 433
Puppe Anmerkung zu BGH, Beschl. v. 27.10. 1992, 1 StR 273/92, JZ 1993, 361
Puppe, Die Rechtsprechung des BGH zum Rücktrittshorizont, ZIS 2011, 524 ff.
Puppe Strafrecht Allgemeiner Teil im Spiegel der Rechtsprechung (AT), 2. Aufl. 2011
Putzke Der strafbare Versuch, JuS 2009, 894 ff., 985 ff.
Rengier Erfolgsqualifizierte Delikte und verwandte Erscheinungsformen, 1986
Rogall Bemerkungen zum Versuch der Beteiligung, FS für Puppe 2011, S. 859 ff.
Rohnfelder Probleme der Diskongruenz von Kausalverlauf und Vorsatz, 2012
Rotsch Rücktritt durch Einverständnis, GA 2002, 165 ff.
Roxin Über den Rücktritt vom unbeendeten Versuch, FS für Heinitz 1972, S. 251 ff.
Roxin Der fehlgeschlagene Versuch, JuS 1981, 1 ff.
Roxin Zur Abgrenzung von Versuchsbeginn und Vorbereitungshandlung, JZ 1998, 211
Roxin Der Rücktritt bei Beteiligung mehrerer, FS für Lenckner 1998, S. 267 ff.
Roxin Die Verhinderung der Vollendung als Rücktritt vom beendeten Versuch, FS für Hirsch 1999, S. 327 ff.
Roxin Strafrecht Allgemeiner Teil Band 2 (AT 2), 2003
Roxin Zur Strafbarkeit des untauglichen Versuchs, FS für Jung 2007, S. 829 ff.
Roxin Zum unbeendeten Versuch des Einzeltäters, FS für Herzberg 2008, S. 341 ff.
Roxin Der fehlgeschlagene Versuch – eine Kapazität vergeudende, überflüssige Rechtsfigur?, NStZ 2009, 319 ff.
Roxin Der im Vorbereitungsstadium ausscheidende Mittäter, FS für Frisch 2013, S. 613 ff.
Rudolphi Rücktritt vom beendeten Versuch durch erfolgreiches, wenngleich nicht optimales Rettungsbemühen – Zugleich eine Besprechung der Entscheidung des BGH vom 1. 2. 1989 – 2 StR 703/88 -, NStZ 1989, 508 ff.
Safferling Die Abgrenzung zwischen strafloser Vorbereitung und strafbarem Versuch im deutschen, europäischen und im Völkerstrafrecht, ZStW 118 (2006), 682 ff.
Scheinfeld Der Tatbegriff des § 24, 2006
Schlüchter Fit im Recht. Strafrecht Allgemeiner Teil (AT), 3. Aufl. 2000
Schöch Beendigung lebenserhaltender Maßnahmen – Zugleich eine Besprechung der Sterbehilfeentscheidung des BGH vom 13. 9. 1994, NStZ 1995, 153 ff.
Schönke/Schröder, *Bearbeiter* in: = Schönke/Schröder. Strafgesetzbuch, 28. Aufl. 2010, fortgeführt von *Lenckner, Cramer, Eser, Stree, Heine, Perron, Sternberg-Lieben, Eisele, Bosch, Hecker und Kinzig* und unter Mitarbeit von *Schittenhelm*
Schroeder, F.-C. Rücktrittsunfähig und fehlerträchtig: der fehlgeschlagene Versuch, NStZ 2009, 9 ff.
Schumann, A. Zum Standort des Rücktritts vom Versuch im Verbrechensaufbau – eine Untersuchung anhand der Dogmatik zum System von Versuch und Rücktritt seit dem 19. Jahrhundert, 2006
Seier/Gaude Untaugliche, grob unverständige und abergläubische Versuche, JuS 1999, 456 ff.
Sinn/Gropp/Nagy (Hrsg.), Grenzen der Vorverlagerung in einem Tatstrafrecht – Eine rechtsvergleichende Analyse am Beispiel des deutschen und ungarischen Strafrechts, 2011
SK-*Bearbeiter* = Systematischer Kommentar zum Strafgesetzbuch, Grundwerk mit 136. Ergänzungslieferung, von *Rudolphi, Horn, Samson* (Stand: Oktober 2012)
Sözüer/Wörner Der unbeendete Versuch – eine systematische Verortung, in: Gropp u. a. (Hrsg.), 2014, S. 363 ff.
SSW-*Bearbeiter* = Satzger/Schmitt/Widmaier Strafgesetzbuch, Kommentar, 2009

Stein Beendeter und unbeendeter Versuch beim Begehungs- und Unterlassungsdelikt, GA 2010, 129 ff.
Stoffers Die Abgrenzung von Tun und Unterlassen in der neueren Rechtsprechung – eine Anmerkung zu BGHSt. 40, 257 – Jura 1998, 580 ff.
Streng Handlungsziel, Vollendungsneigung und „Rücktrittshorizont" – Anmerkung zum Vorlagenbeschluss des 1. Strafsenats des BGH vom 27.10.1982-1 StR 273/92, NStZ 1993, 280, NStZ 1993, 257 ff.
Streng Wie „objektiv" ist der objektive Versuchstatbestand?, Gedächtnisschrift für Zipf 1999, S. 330 ff.
Streng Rücktritt vom erfolgsqualifizierten Versuch?, FS für Küper 2007, S. 629 ff.
Struensee Verursachungsvorsatz und Wahnkausalität, ZStW 102 (1990), 21 ff.
Szomora Die ungarische Versuchsdogmatik – eine Frage der Vorverlagerung der Strafbarkeit im Strafrecht?, in Sinn u. a. (Hrsg.) 2011, S. 156 ff.
Ulsenheimer Zur Problematik des Rücktritts vom Versuch erfolgsqualifizierter Delikte, FS für Bockelmann 1978, S. 405 ff.
Vogler Der Beginn des Versuchs, FS für Stree/Wessels 1993, S. 285 ff.
Welzel, Das Deutsche Strafrecht (LB), 11. Aufl. 1969
Wessels/Hillenkamp BT 2, 36. Aufl. 2013
Wessels/Beulke/Satzger Strafrecht Allgemeiner Teil (AT), 43. Aufl. 2013
Wotter Zum umgekehrten dolus generalis, GA 2006, 406 ff.
Wolters Versuchsbeginn bei Einsatz eines sich selbstschädigenden Tatmittlers, NJW 1998, 578 ff.
Wolters Das Unternehmensdelikt, 2001
Wolters Die Milderung des Strafrahmens wegen versuchter Tat beim echten Unternehmensdelikt, FS für Rudolphi 2004, S. 347 ff.
Wolters Der Rücktritt beim „erfolgsqualifizierten" Delikt, GA 2007, 65 ff.
Wörner, L. Der fehlgeschlagene Versuch zwischen Tatplan und Rücktrittshorizont, 2010
Wörner, L. Der fehlgeschlagene Versuch zwischen Tatplan und Rücktrittshorizont – eine Rechtsprechungsanalyse, in: Gropp u. a. (Hrsg.), 2010, S. 321 ff.
Wörner, L. Der so genannte fehlgeschlagene Versuch zwischen Tatplan und Rücktrittshorizont – zugleich eine Besprechung von BGH 2 StR 576/08, Urteil vom 20. 5. 2009, NStZ 2010, 66 ff.
Wörner, L., Die deutsche Versuchsdogmatik – eine Frage der Vorverlagerung der Strafbarkeit?, in: Sinn u. a. (Hrsg.), 2011, S. 135 ff.
Yamanaka Betrachtungen über den Strafbefreiungsgrund des Rücktritts vom Versuch, FS für Roxin 2001, S. 773 ff.
Zaczyk Das Unrecht der versuchten Tat, 1989
Zieschang Die Gefährdungsdelikte, 1998
Zieschang Besonders schwere Fälle und Regelbeispiele – ein legitimes Gesetzgebungskonzept?, Jura 1999, 565
Zieschang Anforderungen an die Vollendungsverhinderung beim beendeten Versuch gemäß § 24 I 1, 2. Alt. StGB, GA 2003, 353 ff.
Zoll Der untaugliche Versuch im polnischen Strafrecht, FS für Eser 2005, S. 655
Zwiehoff Das Rücktrittsverhalten beim beendeten Versuch, StV 2003, 631 ff.

§ 10 Beteiligung

Leitfall 10 1

Katzenkönig-Fall BGHSt 35, 347 – 4 StR 352/88 vom 15.9.1988:[1] – Die Angeklagten H, P und R lebten in einem von „Mystizismus, Scheinerkenntnis und Irrglauben“ geprägten „neurotischen Beziehungsgeflecht“ zusammen. H und P gelang es schließlich, den leicht beeinflussbaren R von der Existenz eines „Katzenkönigs“ zu überzeugen, der seit Jahrtausenden das Böse verkörpere und die Welt bedrohe. R sei auserkoren, gemeinsam mit H und P den Kampf gegen den „Katzenkönig“ aufzunehmen. Als die Angeklagte H von der Heirat ihres früheren Freundes N erfuhr, entschloss sie sich aus Hass und Eifersucht, dessen Frau Annemarie N von R unter Ausnutzung seines Aberglaubens töten zu lassen. Im Einverständnis mit P spiegelte sie R vor, dass der Katzenkönig wegen der vielen von ihm begangenen Fehler ein Menschenopfer in Gestalt der Frau N fordere. Falls R die Tat nicht binnen kurzer Frist ausführe, würde die Menschheit oder Millionen von Menschen vom „Katzenkönig“ vernichtet. R erkannte zwar, dass die von ihm verlangte Tat Mord sei, und hatte starke Gewissensbisse. Jedoch wog er die Gefahr für Millionen Menschen ab, die er durch das Opfern von Frau N retten könne. Er suchte deshalb Frau N in ihrem Blumenladen auf und stach der ahnungs- und wehrlosen Frau entsprechend dem ihm von P im Einverständnis mit H gegebenen Rat mit einem ihm zu diesem Zweck von P überlassenen Fahrtenmesser hinterrücks in den Hals, in das Gesicht und den Körper, um sie zu töten. Dabei rechnete er mit dem Tod seines Opfers, der jedoch ausblieb.

In der bisherigen Erörterung der Straftat standen Fragen zu Tatbestandsmäßigkeit, Rechtswidrigkeit und Schuldhaftigkeit der Handlung im Vordergrund. Ob diese durch eine oder mehrere Personen verwirklicht wurde und in welchem Verhält- 2

[1] Anmerkungen hierzu u. a. von *Herzberg* Jura 1990, 16 ff.; *Küper* JZ 1989, 617 ff.; *Nibbeling* JA 1995, 216 f.; *Schaffstein* NStZ 1989, 153 ff.; *Schumann* NStZ 1990, 32 ff.; *Spendel* FS Lüderssen, S. 608 ff.

W. Gropp, *Strafrecht Allgemeiner Teil*, Springer-Lehrbuch,
DOI 10.1007/978-3-642-38126-3_10

nis mehrere Personen zusammenwirkten, war zweitrangig. Der Schwerpunkt der folgenden Überlegungen soll nun dem *Subjekt* der strafbaren Handlung gewidmet sein: *Wer* handelt tatbestandsmäßig, rechtswidrig und schuldhaft und wie sind bei mehreren Mitwirkenden die Rollen bei der Verwirklichung des strafbaren Sachverhalts verteilt?[2] Gerade weil der Eindruck besteht, dass sich die Lehre von der Beteiligung in einem Stadium der „Differenzierung, Diversifizierung und Divisionalisierung"[3] befinde, gilt es, die Begrifflichkeiten in ihren Grundstrukturen herauszuarbeiten.

3 *Oberbegriff* für die Mitwirkung an der Verwirklichung eines strafbaren Sachverhaltes ist die *Beteiligung*. Die Beteiligung zerfällt wiederum in die Unterbegriffe der *Täterschaft* und der *Teilnahme*. Die Lehre von Täterschaft und Teilnahme müsste daher *Beteiligungslehre* heißen und sie wird hier auch so bezeichnet. Jedoch nennt die überwiegende Meinung bis heute sie etwas ungenau „Teilnahmelehre". Im Folgenden soll jedoch von „Beteiligungslehre" gesprochen werden.

4 Zunächst sollen die Grundlagen der im Allgemeinen Teil des StGB vorzufindenden Beteiligungslehre dargestellt werden (A). Es schließt sich dann eine Betrachtung der Lehren zu Täterschaft (B) und Teilnahme i.e.S. (C) an.

A. Grundlagen

I. Gesetzliche Vorgaben

1. § 25, Täterschaft

5 **§ 25. Täterschaft.**

(1) Als Täter wird bestraft, wer die Straftat selbst oder durch einen anderen begeht.
(2) Begehen mehrere die Straftat gemeinschaftlich, so wird jeder als Täter bestraft (Mittäter).

6 § 25 I 1. Alt. ([…] wer die Straftat selbst […] begeht) regelt die *Alleintäterschaft* in Form der *Selbsttäterschaft*.

7 **Beispiel 10.1**

A erschießt B mit Tötungsvorsatz. A ist Alleintäter in Form der Selbsttäterschaft einer Tötungsstraftat zum Nachteil des B.

---

[2] Demgegenüber zweifelt NK-*Schild* § 25 RN 2 bereits den Sinn eines Täterbegriffs an, denn strafrechtsdogmatisch existierten nur Straf*taten*, nicht hingegen Straf*täter*.

[3] *Rotsch* ZIS 2007, 260 ff.

§ 25 I 1. Alt. bildet aber auch die gesetzliche Grundlage für die *Nebentäterschaft* in Form der *Selbsttäterschaft*. Hierunter versteht man ein tatbestandsmäßiges Verhalten mehrerer Personen im Hinblick auf dieselbe Veränderung in der Außenwelt, die jedoch unabhängig voneinander handeln. 8

Beispiel 10.2 9

A und B schießen mit Tötungsvorsatz auf C, ohne voneinander zu wissen. Hier sind A und B Nebentäter. Unwichtig ist, ob C getötet wird. Denn auch der Täter eines Versuchs ist Täter.

§ 25 I 2. Alt. ([...] wer die Straftat [...] durch einen anderen begeht) beschreibt die Alleintäterschaft in Form der *mittelbaren Täterschaft*. Der mittelbare Täter begeht die Tat durch einen Anderen. Den „Anderen" nennt man „Tatmittler" oder auch „Werkzeug". 10

Beispiel 10.3 11

A schüttet B mit Tötungsvorsatz Gift in den Tee. B trinkt den vergifteten Tee und stirbt.

§ 25 II enthält eine Legaldefinition der *Mittäterschaft*. Diese Form der Beteiligung ist gegeben, wenn mehrere *gemeinschaftlich* die Straftat begehen. Unter einem gemeinschaftlichen Begehen versteht man ein *bewusstes und gewolltes Zusammenwirken*. 12

Beispiel 10.4 13

A und B wollen C töten und ausrauben. A kauft eine Pistole, B die Munition. Dann gehen sie zur Wohnung des C. Wie verabredet, läutet A an der Wohnungstür. Als C öffnet, wird er von B erschossen. A und B betreten die Wohnung und nehmen das vorhandene Bargeld sowie eine Rolex-Uhr mit.

Zu Leitfall 10 14

In *Leitfall 10.* ist R Täter einer versuchten Tötung der N in Form der Selbsttäterschaft. H und P könnten in Bezug auf R mittelbare Täter sein, wenn sie die Tat *durch R* begangen haben, R ihr *Werkzeug* gewesen ist. Außerdem könnten H und P wegen ihres Zusammenwirkens in *Mittäterschaft* gehandelt haben. H und P wären dann *mittelbare Mittäter*.

15 § 25 enthält nur Festlegungen zu den *Formen* der Täterschaft. *Wer* Täter einer Straftat sein kann – natürliche Personen oder auch juristische Personen? – ist eine davon unabhängig zu erörternde Frage. Sie wird im Rahmen der Tatbestandsmäßigkeit beim Tatsubjekt aufgeworfen (§ 4 RN 4 ff.).

2. §§ 26, 27, Anstiftung und Beihilfe als gesetzliche Formen der Teilnahme – Akzessorietät

16 **§ 26. Anstiftung**

> Als Anstifter wird gleich einem Täter bestraft, wer vorsätzlich einen anderen zu dessen vorsätzlich begangener rechtswidriger Tat bestimmt hat.

17 **§ 27. Beihilfe**

> (1) Als Gehilfe wird bestraft, wer vorsätzlich einem anderen zu dessen vorsätzlich begangener rechtswidriger Tat Hilfe geleistet hat.
> (2) Die Strafe für den Gehilfen richtet sich nach der Strafdrohung für den Täter. Sie ist nach § 49 Abs. 1 zu mildern.

18 Unter einer Anstiftung versteht man das vorsätzliche *Hervorrufen des Tatentschlusses* in einem Anderen. Beihilfe bedeutet *Hilfeleisten* zur Tat.

19 Weil sowohl die Strafbarkeit des Anstifters als auch die Strafbarkeit des Gehilfen vom Vorliegen einer vorsätzlich begangenen rechtswidrigen Tat eines Anderen (= Haupttat) abhängen, spricht man von der Abhängigkeit, d. h. *Akzessorietät*, der Teilnahme. Weil die Haupttat nicht schuldhaft sein muss, ist diese Akzessorietät nicht vollständig, sondern begrenzt, d. h. *limitiert*.

20 Die Haupttat muss nicht vollendet sein. Ein rechtswidriger Versuch genügt. Ist sie nur versucht, liegt eine *Teilnahme am Versuch* – genauer: eine Teilnahme an einer „im Versuch steckengebliebenen" Haupttat – vor.[4]

21 **Zu Leitfall 10**

In *Leitfall 10.* wäre unter dem Gesichtspunkt der Teilnahme zu erwägen, ob H und P anstatt mittelbare Täter der versuchten Tötung der N durch R nur *Anstifter* zur Haupttat des R gewesen sind.

22 Weil das StGB bei den Beteiligungsformen der Straftat zwischen Erscheinungsformen täterschaftlicher Natur und solchen mit Teilnahmecharakter unterscheidet, spricht man von einem (*Täterschafts- und) Teilnahme-System*.

[4] Davon streng zu unterscheiden ist die *versuchte Beteiligung*, bei der eine vorsätzliche und rechtswidrige Haupttat (Versuch, Vollendung) gerade fehlt und die nur in Form der *versuchten Anstiftung* (s. o. § 9 RN 205 ff.) strafbar ist.

Ein solches System setzt voraus, dass man eine Beteiligung als Täter und eine Beteiligung als Teilnehmer *unterscheiden kann*. Dies hängt davon ab, ob die *gewählte* Beteiligungslehre für Beteiligungsformen nichttäterschaftlicher Art überhaupt Raum lässt. Denn selbst wenn man davon ausgeht, dass die Aufgliederung der Erscheinungsformen der Beteiligung durch feststehende Strukturen sozialer Beziehungen vorgeprägt ist,[5] ist die gesetzgeberische Entscheidung für ein Täterschafts- und Teilnahmesystem zwar eine gesellschaftlich naheliegende, aber keineswegs die einzig denkbare. 23

II. Beteiligungsprinzipien und Täterbegriffe

Wirken mehrere an einer Straftat mit, so lässt sich die Verwirklichung des tatbestandsmäßigen Unwertes grundsätzlich auf zwei Wegen zurechnen:[6] 24

- Jede Mitwirkung ist *Täterschaft*. Soll ein Mitwirkender *ausnahmsweise nicht* als Täter verantwortlich sein, so muss dies ausdrücklich festgelegt werden. Die Täterschaft wird somit als *Regelform* auf alle Erscheinungsformen strafbaren Verhaltens *ausgedehnt* (*extensiver Täterbegriff*). Nichttäterschaftliche Mitwirkungsformen bilden demgegenüber Beschränkungen der Zurechnung (*Strafeinschränkungsgründe*). Mit dem extensiven Täterbegriff korrespondiert ein *Einheitstätersystem*. 25
- Eine Mitwirkung ist *nur* in den Beteiligungsformen zurechenbar, die *ausdrücklich gesetzlich* festgelegt sind (*restriktiver* Täterbegriff). Dadurch werden die gesetzlich beschriebenen Beteiligungsformen zu *Strafausdehnungsgründen*. Mit dem restriktiven Täterbegriff korrespondiert ein *Täterschafts- und Teilnahmesystem*. 26

1. Einheitstätersystem – extensiver Täterbegriff[7]

§ 14 OWiG. Beteiligung 27

(1) Beteiligen sich mehrere an einer Ordnungswidrigkeit, so handelt jeder von ihnen ordnungswidrig.

§ 14 I 1 OWiG stellt den Versuch dar, ein Einheitstätersystem im deutschen Ordnungswidrigkeitenrecht zu formulieren. 28

Jede Beteiligung an einer Ordnungswidrigkeit ist Täterschaft. Da Beteiligung im Sinne von *Verursachung* verstanden wird, ist Täter der Ordnungswidrigkeit jeder, dessen Handlung für die Begehung einer vollendeten oder versuchten Ordnungs- 29

---

[5] Vgl. *Jescheck/Weigend* AT § 61 I 3.

[6] Zum restriktiven und extensiven Täterbegriff vgl. *B. Heinrich* AT RN 1174 ff.; *Maiwald* FS Bockelmann, S. 343 ff.; krit. hierzu jedoch NK-*Schild* § 25 RN 2.

[7] Näher *Mitsch* OWiG, § 13/10 ff., 28 ff.

widrigkeit kausal wird. Es wird also nicht danach gefragt, wer in welcher Intensität zur Verwirklichung der Elemente der Tatbestandsmäßigkeit beigetragen hat. Differenzierungen werden nicht auf der Unrechtsebene, sondern erst bei der Bemessung der Geldbuße vorgenommen.

30 **Zu Leitfall 10**

Auf der Grundlage eines Einheitstätersystems wären in *Leitfall 10.* H, P und R jeweils Täter einer versuchten Tötung zu Lasten der N.

31 Die undifferenzierte Ausdehnung der Täterschaft auf Mitwirkungen jeder Art zur Verwirklichung der Elemente der Tatbestandsmäßigkeit hat weitreichende Folgen:

32 • Eine *Akzessorietät* der Teilnahme existiert *nicht.*
33 • Es entstehen *keine Strafbarkeitslücken*, weil jeder, der irgendwie zur Verwirklichung der Elemente der Tatbestandsmäßigkeit beigetragen hat, Beteiligter ist.
34 • Das reale *Gewicht* der Beteiligung, insbesondere die Berücksichtigung des speziellen Sachverhalts- und des personalen Unwertes, liegt nicht auf Tatbestandsebene, sondern kann nur bei der Gestaltung der *Rechtsfolgen* Beachtung finden.
35 • Eine Unterscheidung zwischen *versuchter Teilnahme* (z. B. versuchte Anstiftung) und *Versuch* der Tat entfällt, weil versuchte Teilnahme versuchte Täterschaft (Verursachung) ist.
36 • Eine obligatorische *strafrahmenorientierte Strafmilderung* bei bestimmten Teilnahmeformen ist *nicht möglich*, weil diese Teilnahmeformen nicht gesetzlich vertypt werden können.

37 Insgesamt ist das auf dem extensiven Täterbegriff aufbauende Einheitstätersystem und die daraus folgende Vermeidung von Strafbarkeitslücken mit einem *Verlust an Differenzierung* verbunden, der im Bereich des Ordnungswidrigkeitenrechts hingenommen werden kann.

38 Ein praktisches Bedürfnis nach Differenzierung kann man indessen daraus ersehen, dass sogar im Bereich des Ordnungswidrigkeitenrechts das reine Einheitstäterprinzip durch die Rechtsprechung aufgelockert worden ist, indem auch dort für die „Beteiligung" an der Ordnungswidrigkeit eines Anderen gemäß § 14 I OWiG vorausgesetzt wird, dass der Andere vorsätzlich handelt.[8]

[8] So BGH 2 StR 547/82 BGHSt 31, 309; vgl. auch KK-OWiG *Rengier* § 14 RN 4 ff., 16 ff. sowie *Mitsch* OWiG, § 13/19.

Zu Leitfall 10 39

Auch *Leitfall 10.* lässt Differenzierungen sachgerecht erscheinen. So wäre zu würdigen, dass R in seiner Wahnidee Frau N nicht aus selbstsüchtigen Motiven töten will, sondern zur Rettung der Menschheit. Bei H und P liegen hingegen durchaus verachtenswerte Motive vor: Hass und Eifersucht. Außerdem haben H und P den „leicht beeinflussbaren" R durch die Vorspiegelung der Existenz des Katzenkönigs in der Hand. Die eigentlichen „Bösewichte" sind damit H und P. Diese *Verteilung* der Rollen müsste sich auch in einem strafrechtlichen *Beteiligungs*system widerspiegeln.

Als Einheitstätersystem sind auch die §§ 12–15 öStGB gedacht.[9] Da jedoch das Gesetz auch die für die Strafzumessung bedeutsamen Formen der Bestimmungstäterschaft und der Beitragstäterschaft kennt, ist auch diesem Einheitstätersystem eine abgestufte Strafwürdigkeit nicht fremd.[10] Es wird sogar lebhaft darüber diskutiert, ob die §§ 12–14 öStGB auch im Sinne eines akzessorischen Teilnahmesystems ausgelegt werden können.[11] 40

2. Täterschafts- und Teilnahme-System (§§ 25–27) – Restriktiver Täterbegriff

Aufbauend auf die Beteiligungsvorschriften des preußischen StGB von 1851 und somit auf die Beteiligungssystematik des französischen Code Pénal von 1810 (Art. 60) hatte schon das StGB von 1871 einem Täterschafts- und Teilnahmesystem den Vorzug gegeben, bei dem zwischen unterschiedlichen Formen der Beteiligung bereits auf der Ebene der Tatbestandsmäßigkeit differenziert wird. In der Vorbereitung der Reform des Allgemeinen Teils wurde die Wahl eines Einheitstätersystems ernsthaft und gründlich erwogen, letztendlich aber doch verworfen.[12] Einer der Gründe hierfür dürfte darin zu sehen sein, dass durch eine Differenzierung auf der Ebene der Tatbestandsmäßigkeit dem Unwert der verschiedenen Mitwirkungsformen Rechnung getragen werden kann, was letztendlich zu einer angemesseneren Bestrafung und damit zur Rechtssicherheit beiträgt. 41

Die Entscheidung für einen restriktiven Täterbegriff und eine Differenzierung zwischen Täterschaft und Teilnahme zeigt sich darin, dass *nicht jede Mitwirkung*, sondern nur eine der in den §§ 25 ff. festgelegten Formen zur Verantwortlichkeit des Beteiligten führt. Die §§ 25 ff. bilden somit „Strafbarkeits-Inseln". Mögen sich auch zwischen diesen Inseln allenfalls schmale Rinnsale der Straffreiheit finden, 42

[9] § 12 öStGB: „Nicht nur der unmittelbare Täter begeht die strafbare Handlung, sondern auch jeder, der einen Anderen dazu bestimmt, sie auszuführen, oder der sonst zu ihrer Ausführung beiträgt.; zum dänischen, italienischen und norwegischen Recht vgl. *B. Heinrich* AT RN 1174 mit FN 3.

[10] Näher und umfassend *Schmoller* GA 2006, 365 ff.

[11] Vgl. *Burgstaller* ÖRiZ 1975, 16; lesenswerte Gegenüberstellung der Systeme bei *Fuchs* AT I 32. Kap. II, III sowie instruktiv *Friedrich* FS Triffterer, S. 43 ff.

[12] Vgl. Niederschriften über die Sitzungen der Großen Strafrechtskommission, Bd. 2, 1958, S. 94 ff.; sowie LK-*Schünemann* RN 5 vor § 25.

so handelt es sich doch im Prinzip um klar voneinander abgegrenzte Beteiligungsformen, die eine „Architektur" bilden, die insbesondere durch eine extensive Interpretation der Täterschaft auf Kosten der Anstiftung in eine Schieflage zu geraten droht.[13]

43 Allerdings gilt auch im Bereich des Strafgesetzbuches der restriktive Täterbegriff nicht ausnahmslos, weil im Bereich der *Fahrlässigkeit* ohnehin jede Verursachung eines tatbestandsmäßigen Geschehens täterschaftlich geschieht.[14]

44 Der restriktive Täterbegriff des Täterschafts- und Teilnahmesystems ist zugleich ein *primärer Täterbegriff*. Denn es gilt der Satz:

45 ▶ *Wer Täter ist, ist nicht Teilnehmer,*[15]
oder:
Teilnehmer kann nur sein, wer nicht Täter ist.

46 Und wegen der Akzessorietät der Teilnahme gilt:

47 ▶ *Keine Teilnahme ohne Täterschaft.*

48 Der primäre Täterbegriff macht den Täter zur Zentralgestalt[16] des tatbestandsmäßigen Geschehens. Weil von der Zentralgestalt des Täters alle weiteren Einflüsse auf das Beziehungsgeflecht der Beteiligung ausgehen, steht am Anfang eines jeden Täterschaft- und Teilnahmesystems die Frage, wer Täter ist, genauer: Welche Kriterien darüber entscheiden, dass ein Beteiligter Täter ist.

49 Vor der Erörterung jener Kriterien sei angemerkt, dass gerade die Täterschaftsmäßigkeit einer Handlung untrennbar mit ihrer Tatbestandsmäßigkeit verbunden ist und umgekehrt. Es gilt:

50 ▶ *Keine Täterschaft(smäßigkeit) ohne Tatbestandsmäßigkeit,*
keine Tatbestandsmäßigkeit ohne Täterschaft(smäßigkeit).[17]

---

[13] Näher dazu *Puppe* GA 2013, 514 ff.; zu besorgniserregenden Ausweitungstendenzen den strafbaren Bereich betreffend auch *Satzger* FS Volk, S. 649 ff.

[14] Für eine Erstreckung des restriktiven Täterbegriffs auch auf die Fahrlässigkeit *Renzikowski* 1997; *S. Walther* 1991, S. 68 f.; Diskussionsbedarf signalisieren auch die Überlegungen von *Heine* in: Schönke/Schröder RN 112 ff. vor § 25; nach *Rotsch* 2009, S. 485, führt aber auch die als „Mischsystem" praktizierte Beteiligungsdogmatik bei der vorsätzlichen Straftat zu einer beliebig begründbaren Täterschaft und damit faktisch zu einem Einheitstätersystem. *Rotsch* ersetzt die Lehre von Täterschaft und Teilnahme deshalb durch ein Einheitstäterprinzip, bei dem die unmittelbare oder mittelbare Beeinträchtigung des Eingriffsgutes die Grundlage der Täterschaft bilden. Lässt sich die Beeinträchtigung über die objektive Zurechnung begründen, ist Täterschaft gegeben, andernfalls nicht, mit der Folge der Straffreiheit. Die täterschaftsbegründende Zurechnung ist zu bejahen, wenn der Täter die Wahrscheinlichkeit des Eintritts des tatbestandsmäßigen Erfolges relevant erhöht und diese Risikoerhöhung sich auch im tatbestandsmäßigen Erfolg niedergeschlagen hat.

[15] Im Hinblick auf dieselbe tatbestandsmäßige Handlung.

[16] Vgl. *Roxin* AT 2 § 25/10.

[17] Dabei wird Tatbestandsmäßigkeit unter Einschluss des subjektiven Tatbestandes verstanden, vgl. auch *Fischer* RN 14 vor § 13; die Täterschaft bedarf insoweit zu ihrer Begründung nicht der Tatherrschaft, vgl. auch *Schild* 1994, insbes. S. 47 f.

Dies bedeutet zum einen, dass Täterschaft ein (Straf-)Rechtsbegriff ist, der wie alles Strafrecht seine Grundlage in der Tatbestandsmäßigkeit hat.[18] Täterschaft im straf- bzw. ordnungsrechtlichen Sinne ist folglich nur gegeben, wenn das Handeln der in Frage stehenden Person tatbestandsmäßig ist, d. h. die objektiven und subjektiven Elemente der Handlungsbeschreibung erfüllt, sei es als Straftat, sei es als Ordnungswidrigkeit. Dass man durch das Spielen einer Bach-Sonate nicht zum Täter wird, leuchtet unmittelbar ein. Dass man aber auch nicht „Täter" eines Suizids sein kann, ist weniger selbstverständlich. 51

Zum anderen bedeutet der Satz „keine Tatbestandsmäßigkeit ohne Täterschaft(smäßigkeit)", dass es im Rahmen der Begehung einer tatbestandsmäßigen Handlung zumindest einen Beteiligten geben muss, der Täter ist. Keine Tat ohne Täter. Für die Täterschaftsmäßigkeit ist es dabei völlig irrelevant, ob der tatbestandsmäßig Handelnde darüber hinaus auch rechtswidrig oder schuldhaft handelt:[19] Auch der straflos Handelnde bleibt Täter, soweit er die Elemente der Tatbestandsmäßigkeit vorsätzlich bzw. fahrlässig verwirklicht. 52

Beispiel 10.5 53

A erschlägt B in Putativnotwehr. Nach der herrschenden eingeschränkten Schuldtheorie/Fallgruppe Rechtsfolgenanalogie zu § 16 I (§ 13 RN 210 ff.) ist A Täter eines Totschlags, für den er bei Vermeidbarkeit aus der Fahrlässigkeitsstraftat bestraft werden kann. Bei direkter Anwendung von § 16 I wäre A Täter einer fahrlässigen Tötung. Wie auch immer: A ist Täter, denn B kann nicht durch das tatbestandsmäßige Handeln eines Menschen zu Tode gekommen sein, ohne dass ein Täter zu dieser Tat existiert.[20]

III. Täterschaftstheorien

Die Suche nach Kriterien für die Bestimmung der Täterschaft steht im Mittelpunkt der Täterschaftstheorien. Die praktische Bedeutung jener Theorien erhellt das berühmte 54

[18] Umfassend zur Entwicklung der Täterschaftsdogmatik NK-StGB-*Schild* RN 1 ff. vor §§ 25 ff.; anders *Stein* 1988, insbes. S. 238 ff., der als Maßstab für die unterschiedlichen Beteiligungsformen nicht die Beschreibungen in den §§ 25 ff., sondern die unterschiedliche „Dringlichkeit" der hinter den Rechtssätzen stehenden Täter-, Anstifter- und Gehilfenverhaltensnormen heranzieht. Hinsichtlich der besseren Geeignetheit jener Kriterien zweifelnd LK[11]-*Roxin* § 25 RN 13; zu Unschärfen des Täterbegriffs im Ermittlungsverfahren, insbesondere in der Abgrenzung zum Verdächtigen, *Diercks* Anwaltsblatt 1999, 311 ff.

[19] Vgl. *Jescheck/Weigend* AT § 61 I 2: „Täter ist [...], wer in eigener Person alle Tatbestandsmerkmale der strafbaren Handlung verwirklicht [...]"; vgl. auch *Lackner/Kühl* RN 6 vor § 13; *Fischer* RN 1 vor § 13.

[20] Vgl. aber *Roxin* Täterschaft und Tatherrschaft, S. 329.

55 **Beispiel 10.6**

Badewannen-Fall (RG 3 D 69/40 RGSt 74, 84):[21] Auf Verlangen der M, die gerade ein nichteheliches Kind geboren hatte, ertränkte ihre Schwester S das Kind in der Badewanne, um der M die Schande zu ersparen.

56 Ist die S Täterin einer Tötungsstraftat und hat M hierzu angestiftet? Oder ist M Täterin einer Tötungsstraftat und S Gehilfin? Sind S und M Mittäterinnen?

57 Die Täterschaftstheorien lassen sich in objektive (1) und subjektive (2) einteilen.

1. Objektive Täterschaftstheorien

a) Die formal-objektive Theorie

58 Nach der vornehmlich von *v. Liszt/Schmidt*[22] und von *v. Hippel*[23] vertretenen formal-objektiven Theorie ist Täter *nur*, aber *jedenfalls*, wer die Straftat, d. h. die tatbestandsmäßige Handlung, (wenigstens zum Teil) *selbst* begeht. Auf das faktische Gewicht seiner Mitwirkung kommt es nicht an. Wer nicht Täter ist, kann Teilnehmer sein, wenn er die entsprechenden Voraussetzungen erfüllt.

59 Die *Stärke* der formal-objektiven Täterschaftstheorie besteht in der klaren Abgrenzung der Täterschaft. In der damit notwendig verbundenen *Lückenhaftigkeit* liegt zugleich ihre *Schwäche*:

60 • Eine *mittelbare* Täterschaft ist auf der Basis einer formal-objektiven Täterschaftslehre nicht möglich.[24]

61 **Beispiel 10.7**

A lässt sich von dem nichtsahnenden B aus dem Bücherregal des C ein Buch bringen, das er, A, dem C geliehen habe. In Wirklichkeit handelt es sich um ein Buch des C. Obwohl A den gutgläubigen B als Werkzeug benutzt, könnte er nicht mittelbarer Täter eines Diebstahls sein, weil er die Wegnahmehandlung nicht selbst ausführt.

62 • Bei *Mittäterschaft* könnte nur der Täter sein, der selbst Elemente der Tatbestandsmäßigkeit verwirklicht.

63 **Beispiel 10.8**

Wie mit C verabredet, lockt A den B an eine einsame Stelle, wo B von C ausgeraubt wird. Nach der formal-objektiven Theorie könnte A nur Gehilfe des C sein.

---

[21] Zu den Hintergründen der Entscheidung vgl. *Hartung* JZ 1954, 430.

[22] LB 1927, S. 334 f.

[23] *v. Hippel* 1930, S. 453 ff.

[24] Vgl. aber *Freund* AT § 10/35 ff.

Im *Badewannenfall* (Beispiel 10.6.) wäre nach der formal-objektiven Täterschaftslehre die Schwester S die Täterin der Tötungsstraftat. Die Mutter wäre Anstifterin.

In *Leitfall 10.* könnten auf der Grundlage der formal-objektiven Theorie nur R, nicht hingegen H und P Täter der versuchten Tötung der N sein.

b) Die materiell-objektive Theorie

Die *materiell-objektive Theorie*[25] vermeidet die Lückenhaftigkeit der formal-objektiven Theorie dadurch, dass anstatt auf die Ausführung der tatbestandsmäßigen Handlung auf die *Gefährlichkeit des Tatbeitrages* abgestellt wird. Dies ermöglicht die Anerkennung mittelbarer Täterschaft sowie die Anerkennung von Mittäterschaft auch desjenigen, der die Tathandlung nicht selbst begeht. 64

Die materiell-objektive Theorie würde in *Leitfall 10.* die Möglichkeit für eine mittelbare Täterschaft von H und P einräumen. 65

2. Der animus auctoris als Kriterium der subjektiven Täterschaftslehre

Die vor allem von der früheren Rechtsprechung favorisierte subjektive „animus-Theorie" baut zunächst objektiv auf einem *extensiven* Täterbegriff auf: Täter ist jeder, der für die Verwirklichung der Tatbestandsmäßigkeit *ursächlich* ist. Die Abschichtung erfolgt dann nach subjektiven Kriterien: Täter ist, wer mit *Täterwillen* (animus auctoris), Teilnehmer hingegen, wer nur mit *Teilnehmerwillen* (animus socii) verursacht hat. 66

Zu Beispiel 10.6 67

Im *Beispiel 10.6. Badewannen*-Fall betrachtete das Reichsgericht demgemäß die S als Gehilfin der M, weil sie nicht im eigenen Interesse handeln, sondern der M die Schande ersparen wollte.

Auch im

Beispiel 10.9 68

Staschinsky-Fall (BGH 9 StE 4/62 BGHSt 18, 87) spielte der animus socii die entscheidende Rolle. Auf Befehl des Ministeriums für Staatssicherheit beim Ministerrat der UdSSR ermordete Staschinsky zwei russische Emigranten. Die Tatmodalitäten waren durch die Auftraggeber in allen Einzelheiten festgelegt worden. Nach der Tat wurde Staschinsky mit einem Orden ausgezeichnet.

Auch hier nimmt der BGH eine Gehilfenschaft des S an: Maßgebend sei die innere Haltung zur Tat. Danach komme als Täter auch in Betracht, wer die Tat vollständig durch einen Anderen ausführen lässt, andererseits als bloßer Gehilfe 69

[25] Vgl. *Feuerbach* 1847, S. 80 ff. sowie die umfassende Darstellung bei *Roxin* Täterschaft und Tatherrschaft, S. 38 ff.

auch derjenige, der alle Tatbestandsmerkmale eigenhändig erfüllt. Die innere Haltung des Angeklagten bei beiden Attentaten ergebe unter Berücksichtigung aller Umstände, dass er diese Taten nicht als eigene gewollt, dass er kein eigenes Interesse an ihnen und keinen eigenen Tatwillen gehabt, dass er sich fremdem Täterwillen nur widerstrebend gebeugt, dass er sich letztlich der Autorität seiner damaligen politischen Führung wider seinem Gewissen unterworfen und dass er die Tatausführungen in keinem wesentlichen Punkt selber bestimmt habe. Ein eigenes materielles oder politisches Interesse als Indiz für seinen Täterwillen habe nicht bestanden. Es sei ihm kein Tatlohn versprochen worden, wie einem gedungenen Handlanger, und er habe auch keinen erhalten. Die Ordensverleihung habe ihn überrascht und abgestoßen. Er habe sich jedoch nicht entziehen können.[26]

70 In der im *Badewannen*-Fall sowie im *Staschinsky*-Fall in Erscheinung tretenden Stringenz wird die animus-Theorie heute selbst von der Rechtsprechung nicht mehr aufrechterhalten, sondern in einer Art „normativen Kombinationstheorie" weitergeführt.[27] Gegen die animus-Theorie spricht insbesondere § 25 I 1, wonach die Selbstbegehung der Tat, d. h. die Verwirklichung aller Tatbestandsmerkmale, zwingend Täterschaft ist.

71 Unabhängig davon ist auch in der Rechtsprechung seit jeher anerkannt, dass selbst ein noch so ausgeprägter animus auctoris nicht Täterschaft begründet, wenn der Handelnde bestimmte Elemente der Tatbestandsmäßigkeit gar nicht erfüllen kann. Dies trifft für die *eigenhändigen* sowie für die *Sonderstraftaten* zu.

72 **Beispiel 10.10**

Täter einer *Aussagestraftat* kann nur sein, wer selbst falsch aussagt, weil die §§ 153 ff. nur eigenhändig begangen werden können. Deshalb kann auch derjenige, der einen Anderen täuscht und dadurch zu einer Falschaussage veranlasst, nicht mittelbarer Täter dieser Falschaussage sein. Um die dadurch entstehende Lücke zu füllen, sieht § 160 die Strafbarkeit der *Verleitung zur Falschaussage* vor.

73 **Beispiel 10.11**

Straftaten im *Amt* kann nur begehen, wer selbst Amtsträger oder einem solchen gleichgestellt ist, weil es sich hier um *Sonderstraftaten* handelt. Deshalb ist auch hier eine mittelbare Täterschaft durch Nicht-Amtsträger nicht möglich. Wer eine Falschbeurkundung im Amt (§ 348) durch Täuschung des Amtsträgers verursacht, wird folglich nicht mittelbarer Täter dieser Falschbeurkundung, sondern er bleibt Täter einer mittelbaren Falschbeurkundung nach § 271.

[26] Vgl. BGH 9 StE BGHSt 18, 87/89 f., 95.

[27] Näher *Roxin* AT 2 § 25/22 ff.

Zu Leitfall 10 74

Im *Leitfall 10.* wären auf der Basis einer strengen animus-Theorie eine Täterschaft von H und P hinsichtlich der versuchten Tötung der N aus Hass und Eifersucht sowie eine Gehilfenschaft des leichtgläubigen R anzunehmen.

Mehr und mehr grenzt die Rechtsprechung indessen Täterschaft und Teilnahme anhand einer Gesamtbewertung der Tat ab und „weicht" so die animus-Theorie auf. 75
Die zu Grunde zu legenden Kriterien sind danach der Grad des eigenen Interesses an der gesetzlich beschriebenen Veränderung in der Außenwelt, der Umfang der Tatbeteiligung und die Tatherrschaft oder wenigstens der Wille zur Tatherrschaft,[28] ohne dass innerhalb dieser Kriterien eine Rangfolge festgelegt würde.[29]

Eine rechtsgutsorientierte Täterschaftslehre hat *Manfred Heinrich*[30] entwickelt. Auf Grund einer 76
Zusammenführung der Kriterien der *Einwilligungsdogmatik* und der tatherrschaftsorientierten *Täterschaftsdogmatik* kommt *Heinrich* zu dem Ergebnis, dass Täter ist, wer *Entscheidungsträger* ist. Entscheidungsträger ist, wer als Normadressat eine tatbestandsgerichtete Entscheidung trifft, „als gerade deren unmittelbare Umsetzung das in Rede stehende tatbestandsberührende Geschehen anzusprechen ist."[31] Täter ist aber auch (nur), wer einen *Rechtsgutszugriff,* d. h. ein gegen fremde Rechtsgüter gerichtetes Verhalten verwirklicht.[32] Dieser Ansatz ermöglicht es, die Täterschaft insbesondere für solche Konstellationen tragfähig zu begründen und abzugrenzen, in denen mehrere Personen zusammenwirken (Mitwirkung an einer Selbstverletzung oder mittelbare Fremdverletzung? [RN 151 ff sowie § 4 RN 101 ff.], Täter hinter dem Täter oder Anstiftung? [unten RN 146 ff.]). Freilich steht und fällt dieser Ansatz mit der nicht unumstrittenen und hier abgelehnten (§ 5 RN 108 ff.) Ansicht, dass eine Einwilligung bereits die Tatbestandsmäßigkeit und nicht erst die Rechtswidrigkeit entfallen lässt. Denn nur dann fehlt es in Folge der Entscheidungsträgerschaft des Einwilligenden an einem tatbestandsgerichteten Rechtsgutszugriff des Handelnden.[33]

[28] Vgl. 2 StR 300/03 NStZ-RR 2004, 40 f, 41; 3 StR 416/10 BGH NJW 2011, 2375 sowie weitere Nachweise bei *B. Heinrich*, RN 1207 FN 68.

[29] *Frister* AT Kap. 26/19; *Roxin* AT 2 § 25/25 mwN.

[30] Rechtsgutszugriff und Entscheidungsträgerschaft, 2002.

[31] *M. Heinrich* 2002, S. 182.

[32] *M. Heinrich* 2002, S. 352.

[33] Zu weiterer Kritik vgl. *Roxin* AT 2 § 25/183 ff., 263 ff.

3. Tatherrschaftslehre

77 **Beispiel 10.12**

Fahrtenschreiber[34]-Fall (OLG Stuttgart 3 Ss 497/77 NJW 1978, 715):[35] In einem Fuhrbetrieb mit mehreren Lastkraftwagen kam es in einer Vielzahl von Fällen zu Überschreitungen der vorgeschriebenen Lenkzeiten. Diese Überschreitungen konnten aus den Fahrtenschreiberblättern der einzelnen Lastkraftwagen ersehen werden. Als die Staatsanwaltschaft anlässlich von Ermittlungen gegen einen Fahrer der Firma, der Manipulationen an einem Fahrtenschreiber vorgenommen hatte, die Sicherstellung sämtlicher bei der Firma vorhandenen Fahrtenschreiberblätter anordnete, beauftragten die Inhaber der Firma die Angeklagte A, in alle Schaublätter, aus denen eine Überschreitung der Lenkzeit hervorging, den Namen eines zusätzlichen Fahrers einzutragen. Die A, der Sinn und Zweck dieser Anweisung klar war, verfuhr entsprechend und setzte in über 100 Schaublätter den Namen eines weiteren Aushilfsfahrers ein.

78 Das Amtsgericht verurteilte A wegen Beihilfe zur Urkundenfälschung, §§ 267, 27. Das OLG Stuttgart berichtigte den Schuldspruch dahingehend, dass A nicht nur einer gehilfenschaftlichen, sondern einer (mit)täterschaftlichen Urkundenfälschung schuldig sei.

79 Nach der zu ihrer heutigen Form[36] im Wesentlichen durch *Roxin* fortentwickelten[37] *Tatherrschaftslehre* ist im Mehrpersonenverhältnis Täter, wer die *Tatherrschaft* besitzt. Nach einer von *Maurach* geprägten Formel bedeutet Tatherrschaft in diesem Sinne

80 ▸ „das vom Vorsatz umfasste In-den-Händen-Halten des tatbestandsmäßigen Geschehensablaufes".[38]

81 Ausgangspunkt jener Formel ist ein restriktiver Täterbegriff, der mit der tatbestandsmäßigen Handlung als einer objektiv-subjektiven Sinneinheit korrespondiert. Die Tat ist das Werk eines das Geschehen steuernden Willens i.V.m. einer Mitbeherrschung des Tatablaufs. Der Träger des das Geschehen steuernden Willens und (Mit)Beherrscher des Tatablaufs ist der Täter.

[34] Ein Fahrtenschreiber war zur Tatzeit ein technisches Gerät, welches die Bewegungen des LKW (Zeit, aktuell gefahrene Geschwindigkeit) mittels einer Mechanik auf eine kreisförmige skalierte Papierscheibe übertrug und so ein Weg-Zeit-Geschwindigkeits-Diagramm herstellte. In diese Aufzeichnung trug der Fahrer seinen Namen ein, um zu dokumentieren, dass es sich um die Aufzeichnung der von ihm zurückgelegten Fahrt handelte.

[35] Näher hierzu auch *Eser* StK IV Nr. 19.

[36] Zu einzelnen Varianten der Tatherrschaftslehre und ihren Begründungen *Schild* 2009.

[37] *Roxin* Täterschaft und Tatherrschaft, 1. Aufl. 1963; mittlerweile erschienen in der 8. Aufl. 2006, LK-Roxin § 25 RN 30 ff.; krit. *Stein* 1988, S. 189 ff.

[38] *Maurach* AT 1. Aufl. 1954, § 47 III B 2 b, § 49 II C 2; vgl. auch *Maurach/Gössel* AT 2 § 47 RN 89; krit. *Haas* ZStW 119 (2007), 519 ff.; *Schild* 1994, insbes. S. 47 f.

In der Lehre hat sich die Tatherrschaftslehre durchgesetzt. *Beispiel 10.12.*, der *Fahrtenschreiber*-Fall, ist ein schöner Beleg dafür, dass auch die Rechtsprechung um eine Berücksichtigung von Tatherrschaftsgesichtspunkten nicht mehr herumkommt: **82**

Zu Beispiel 10.12 **83**

„Die Angekl. ist Täterin i.S. von § 25 StGB, weil sie alle Merkmale des § 267 StGB in eigener Person verwirklicht hat. Dass diese Tatbestandserfüllung aus ihrer Sicht nur ‚Hilfe' für die (früheren mitangekl.) Mittäter gewesen sein mag, rechtfertigt keine andere Beurteilung. Für eine rein subjektive Abgrenzung von Täterschaft und Teilnahme [...] lässt § 25 I StGB jedenfalls bei voller Tatbestandsverwirklichung in eigener Person keinen Raum mehr."[39]

Die Rechtsprechung stellt somit innerhalb einer Gesamtwertung auf das Tat*interesse und* die Tat*herrschaft* oder wenigstens den *Willen* zur *Tatherrschaft* als „Anhaltspunkte" für eine Täterschaft ab,[40] wobei die Selbsttäterschaft in § 25 I 1. Alt. den Kernbereich der Täterschaft bildet. **84**

Zu Leitfall 10 **85**

Auf der Basis der Tatherrschaftslehre wäre in *Leitfall 10.* von einer Tatbeherrschung durch H und P auszugehen. Allerdings ist zu bedenken, dass auch R trotz seines Glaubens an den Katzenkönig die Verwirklichung der Tötung der N „vom Tötungsvorsatz umfasst in den Händen hält". Sollten deshalb alle drei Personen Tatherrschaft besitzen und somit Täter sein? (Näher hierzu unten RN 110, 364 ff.).

Die Attraktivität der Tatherrschaftslehre als Maßstab für die Zuordnung der Täterschaft im Mehrpersonenverhältnis geht vor allem auf die Systematisierung durch *Roxin* in seiner Monographie „Täterschaft und Tatherrschaft" (RN 79) zurück. Nach jener als offenes System aufzufassenden Systematik ruht die Tatherrschaft auf folgenden Grundlagen: **86**

- *Handlungsherrschaft* (betreffend den Selbsttäter) **87**
- *Willensherrschaft* (betreffend den mittelbaren Täter), insbesondere kraft überlegenen Wissens infolge eines Irrtums des Werkzeugs
- *Funktionale* Handlungsherrschaft (betreffend Mittäterschaft)

[39] OLG Stuttgart NJW 1978, 715/716 links.

[40] Vgl. BGH 1 StR 35/84 GA 1984, 287 zu Mittäterschaft; näher hierzu und mwN *Jescheck/Weigend* AT § 61 III 4.

88 Neben jene Fallgruppen einer *faktisch* durch Tatherrschaft begründeten Täterschaft tritt eine *rechtlich* durch eine spezifische *Pflichtenstellung* begründete Täterschaft (betreffend Sonderstraftaten und Unterlassungsstraftaten).[41]

89 Die genannten Fallgruppen einer tatherrschafts- bzw. pflichtbegründeten Täterschaft bilden das *Programm* für die Spezifizierung der verschiedenen Täterschaftsformen in § 25 und ihre Abgrenzung zu den Teilnahmeformen in den §§ 26 f.

B. Formen der Täterschaft, § 25

I. Unmittelbare oder Selbst-Täterschaft, § 25 I 1. Alt. (Handlungsherrschaft)[42]

90 **§ 25. Täterschaft**

(1) Als Täter wird bestraft, wer die Straftat selbst [...] begeht.

91 Unmittelbarer Täter ist aufgrund seiner Handlungsherrschaft, wer die Tat selbst, d. h. ohne Mitwirkung eines Dritten, begeht, so § 25 I 1. Alt. Die objektiv geprägte Täterschaftslehre kann sich damit durch den Gesetzgeber bestätigt sehen.

92 Als Selbsttäter bzw. unmittelbarer Täter kommt zunächst der Alleintäter in Betracht, d. h. derjenige, der die Elemente der Tatbestandsmäßigkeit in eigener Person allein erfüllt. Täter ist aber auch der *unmittelbar handelnde Vordermann* bei mittelbarer Täterschaft, der *Tatmittler*, das *Werkzeug* des mittelbaren Täters. Voraussetzung ist allerdings, dass er trotz seiner Qualität als Werkzeug täterschaftliche Merkmale erfüllt (z. B. die Zueignungsabsicht beim Diebstahl) und die Verwirklichung des Tatbestandes bewusst in den Händen hält. Das getäuschte Werkzeug ist deshalb nicht Täter der Vorsatzstraftat, wenn die Täuschung den Verlust des Vorsatzes zur Folge hat, was auf das genötigte Werkzeug nicht zutrifft.

93 **Beispiel 10.13**

für Täterschaft trotz Nötigung: Eiskunstläuferin A droht B zu erschießen, falls B nicht die Konkurrentin C mittels eines Schlages mit einem Eisenrohr gegen das Knie „kampfunfähig" macht und dadurch die Chancen für Eiskunstläuferin A erhöht.

94 Hier ist B Täter einer gefährlichen Körperverletzung, mag er auch infolge entschuldigenden Notstandes straffrei bleiben. A ist mittelbare Täterin jener Körperverletzung.

[41] Krit. zur Unterscheidung zwischen Herrschafts- und Pflichtstraftaten *Putzke* FS Roxin 2011, S. 425 ff.

[42] Vgl. *Roxin* AT 2 § 25/38 ff.

Beispiel 10.14 95

für Täterschaft trotz Täuschung: A will B auf die Probe stellen und stiftet ihn scheinbar an, unter Vortäuschung eines Jagdunfalls den Nebenbuhler N zu töten. Als man im Gebüsch eine Gestalt entdeckt, redet A dem B ein, das sei der N, und überredet B zu schießen. Wie A erkannt hat, handelt es sich bei der Gestalt um eine Vogelscheuche.

Wenn B schießt und trifft, hat er als Täter eine versuchte Tötungsstraftat begangen. 96
Seine Unkenntnis bezüglich der Sachbeschädigung macht A zum mittelbaren Täter nur des § 303.[43]

Zu Leitfall 10 97

In *Leitfall 10.* befindet sich R zwar im Irrtum über die Existenz des Katzenkönigs und dessen Forderung nach einem Menschenopfer. Dennoch weiß R zum Zeitpunkt der Tat, dass er einen Menschen töten wird und will dies auch. R ist Täter einer versuchten Tötungsstraftat.

Unmittelbarer Täter ist schließlich auch der *Nebentäter*, der in unbewusstem Zu- 98
sammenwirken mit einem Dritten die tatbestandsmäßige Handlung verwirklicht.

II. Mittelbare Täterschaft, § 25 I 2. Alt. (Willensherrschaft)[44]

§ 25. Täterschaft 99

(1) Als Täter wird bestraft, wer die Straftat [...] durch einen anderen begeht.

1. Kriterien mittelbarer Täterschaft

a) Unterlegenheit des Tatmittlers

§ 25 I 2. Alt. ordnet denjenigen als Täter ein, der die Tat „durch einen Anderen“ 100
begeht. Der Täter bedient sich hier zur Ausführung der tatbestandsmäßigen Handlung einer weiteren Person, des *Tatmittlers*. Um mittelbare Täterschaft begründen zu können, muss das Wirken des Tatmittlers zumindest Handlungsqualität haben,[45]

[43] Eine Teilnahme des A am Tötungsversuch des B scheidet mangels Vollendungsvorsatzes aus, vgl. *Jescheck/Weigend* AT § 64 II 2 b sowie unten RN 275 ff.

[44] Vgl. *Roxin* AT 2 § 25/45 ff.; zu Fallgruppen mittelbarer Täterschaft *Beulke/Witzigmann* Ad Legendum 2013, 59 ff.; *Koch* JuS 2008, 496 ff.

[45] Vgl. *Küpper* GA 1998, 520.

weil es anderenfalls keinen Unterschied macht, ob sich der Täter eines Menschen oder einer Sache als Werkzeug bedient, um die Tat auszuführen.

b) Tatherrschaft des mittelbaren Täters

101 Da die mittelbare Täterschaft darauf beruht, dass der mittelbare Täter *faktisch* Tatherrschaft besitzt, muss der mittelbare Täter den Tatmittler *steuern*[46] können. Nach *Beulke/Witzigmann* muss der Hintermann beim Vordermann zumindest den *Entschluss* hervorrufen, die tatbestandsmäßige Handlung vorzunehmen.[47] Es gilt daher, den Bereich abzustecken, innerhalb dessen von der Unterlegenheit des Tatmittlers ausgegangen und eine Steuerung durch den mittelbaren Täter angenommen werden kann.[48]

aa) Straftatbezogene Irrtümer des Tatmittlers

102 Mittelbare Täterschaft liegt aufgrund überlegenen Wissens des Hintermanns[49] zunächst vor, wenn sich der Tatmittler gerade über solche straftatbezogenen Tatsachen im Irrtum befindet,[50] von denen er sein Verhalten abhängig macht (*Irrtumsherrschaft*). Dies war im sog. *Sirius-Fall* gegeben.

103 **Beispiel 10.15**

Sirius-Fall BGH 1 StR 168/83 BGHSt 32, 38/42: Der Täter hatte einen Suizidversuch des Opfers bewirkt, indem er der Frau vorgespiegelt hatte, dass sie sich – nach einem tödlichen Stromstoß in der Badewanne – als Künstlerin am Genfer See wiederfinden werde, wo in einem roten Raum für sie ein neuer Körper bereitstehe.

104 In der Täuschung darüber, dass das Opfer – obgleich es scheinbar als Leichnam in der Wanne liege – zunächst als Mensch seinen irdischen Lebensweg fortsetzen werde, wenn auch körperlich und geistig so gewandelt, dass die Höherentwicklung zum astralen Wesen gewährleistet sei, sah der BGH jenes überlegene Wissen, welches die Tatherrschaft als Grundlage der mittelbaren Täterschaft herstelle.[51]

[46] Vgl. *Eser* StK II Nr. 38 A 5 ff.: Steuerungselement.

[47] Ad Legendum 2012, 256, was bei voller Verantwortung des Vordermanns einer Anstiftung entspräche.

[48] Vgl. hierzu umfassend SK-*Hoyer* § 25 RN 42 ff.

[49] Vgl. aber auch *Jakobs* GA 1997, 553 ff.: Nicht die Vorsatzlosigkeit des Ausführenden entscheide über die mittelbare Täterschaft, sondern die Unzuständigkeit für seine Orientierung und umgekehrt die Zuständigkeit des Hintermanns für die Unzuständigkeit des Ausführenden. Mittelbare Täterschaft sei eine der Formen objektiver Zurechenbarkeit.

[50] Zum Erfordernis einer Aufklärungspflicht beim Ausnutzen eines bereits bestehenden Irrtums allerdings SK-*Hoyer* § 25 RN 105 f. mwN.

[51] BGH 1 StR 168/83 BGHSt 32, 38/42; gegen mittelbare Täterschaft hingegen *Spendel* FS Lüderssen, S. 605 ff.

Unproblematisch ist mittelbare Täterschaft auch dann gegeben, wenn der Tatmittler *Tatsachen* nicht kennt, die sein eigenes Verhalten tatbestandsmäßig bzw. rechtswidrig machen. **105**

bb) Nötigung des Tatmittlers

Anerkannt ist weiterhin die Willensherrschaft aufgrund einer *Nötigung*, die sich gegen die in § 35 genannten Erhaltungsgüter (Leib, Leben, Freiheit) richtet. Der Hintermann ist auch hier mittelbarer Täter, obwohl der Tatmittler in diesen Fällen weiß, was er tut, und von daher selbst unmittelbarer Täter ist. **106**

cc) Steuerbarkeit des Tatmittlers aufgrund (staatlicher) Organisationsherrschaft

Etabliert hat sich die mittelbare Täterschaft aufgrund einer sog. *Organisationsherrschaft*.[52] Jene zunächst von *Roxin*[53] entwickelte und verteidigte[54] Fallgruppe unterscheidet sich von den Fällen des Nötigungsnotstandes dadurch, dass in der konkreten Tatsituation eine Nötigung i.S. von § 240 nicht vorliegt. Jedoch erscheint der Tatmittler als Rädchen in einem „deliktsspezifisch rechtsgelösten"[55] staatlichen Organisationssystem so lenk- und manipulierbar, dass ihn der Hintermann mit Hilfe der Organisationsherrschaft jederzeit steuern kann.[56] Während *Roxin* hier ursprünglich an Fälle nationalsozialistischen Unrechts gedacht hatte, hat der BGH auf die Organisationsherrschaft zur Begründung mittelbarer Täterschaft im Zusammenhang mit der Verantwortlichkeit für die Tötung von Flüchtlingen an der Grenze zwischen der Bundesrepublik Deutschland und der DDR zurückgegriffen (sog. *Mauerschützen*-Fälle).[57] **107**

---

52 Umfassend zum Streitstand *Herzberg* in: Amelung (Hrsg.) 2000, S. 7 ff.; vgl. dazu auch *B. Heinrich* AT RN 1255; *Murmann* GA 1996, 269 ff.; zur Übertragbarkeit der Rechtsfigur auf das Völkerstrafrecht *Schlösser* Völkerstrafrecht 2004.

53 Vgl. *Roxin* Täterschaft und Tatherrschaft, S. 242 ff.; LK[11]-*Roxin* § 25 RN 128 ff.; Überlegungen zu einer Weiterentwicklung bei *Ambos* GA 1998, 226 ff.; zur unterschiedlichen Beurteilung von NS- und DDR-Unrecht insoweit *Heine* JZ 2000, 920 ff.

54 *Roxin* GA 2012, 395 ff.; näher zu den Merkmalen Anordnungsgewalt, Rechtsgelöstheit des Machtapparates, Fungibilität, wesentlich erhöhte Tatbereitschaft der Ausführenden *Roxin* SchwZStrR 2007, 1 ff.; zur Ausnutzung unbedingter Tatbereitschaft *Rotsch* ZIS 2007, 261.

55 Näher *Roxin* in: Amelung (Hrsg.) 2000, S. 55; gegen eine Ausdehnung der Organisationsherrschaft auf wirtschaftliche Unternehmungen *Roxin* AT 2 § 25/129 ff.

56 Zweifelnd *Herzberg* in: Amelung (Hrsg.) 2000, S. 39 ff.; während *Roxin* in einer Replik S. 55 auf eine „Verflechtung empirischer und normativer Gegebenheiten" verweist, wäre es überlegenswert, jedenfalls in den Fällen, in denen die Tatmittler geschossen haben, von einer Tatherrschaft der Hintermänner auszugehen.

57 Hier nimmt der BGH eine Organisationsherrschaft der Mitglieder des Nationalen Verteidigungsrats der DDR an, weil sie durch Organisationsstrukturen bestimmte Rahmenbedingungen ausgenutzt hätten, innerhalb derer der Tatbeitrag regelhafte Abläufe ausgelöst habe. „Derartige Rahmenbedingungen mit regelhaften Abläufen kommen insbesondere bei staatlichen, unternehmerischen oder geschäftsähnlichen Organisationsstrukturen und bei Befehlshierarchien in Betracht," (BGH 5 StR 98/94 BGHSt 40, 218/236; Anmerkungen hierzu u. a. von *Gropp* JuS 1996, 13; *Jakobs* NStZ 1995, 26; *Roxin* JZ 1995, 49; ebenfalls für mittelbare Täterschaft *Küpper* GA 1998, 523 f.; Bestätigung dieser Rechtsprechung durch BGH 5 StR 632/98 BGHSt 45, 270 sowie BGH 5 StR 281/01 JZ 2003, 575 m. krit. Anm. *Ranft* JZ 2003, 582) Demgegenüber sieht der

108 Vergleicht man die „mittelbare Täterschaft kraft Organisationsherrschaft" mit der Dogmatik der klassischen mittelbaren Täterschaft, so ist eine sehr weitgehende Normativierung dieser Täterschaftslehre nicht zu übersehen,[58] droht doch die Loslösung der Täterschaft von der strikten Orientierung an der gesetzlichen Formulierung der Strafvorschrift.[59]

dd) Verbotsirrtum des Tatmittlers

109 Nicht unumstritten ist die mittelbare Täterschaft auch dann, wenn der Tatmittler im *Verbotsirrtum* handelt. Während bei einem unvermeidbaren Verbotsirrtum hier überwiegend mittelbare Täterschaft angenommen wird,[60] gibt es Stimmen, die beim vermeidbaren Verbotsirrtum des Tatmittlers die Steuerung durch den mittelbaren Täter verneinen.[61] Ausschlaggebend ist jedoch der Irrtum des Tatmittlers und nicht dessen Vermeidbarkeit.

110 **Zu Leitfall 10**

Auch der BGH hat in *Leitfall 10.* zu Recht[62] eine mittelbare Täterschaft der Angeklagten H und P angenommen. Denn obwohl R als Werkzeug gewusst habe, dass er einen Menschen töte, und auch hinsichtlich des Verbotenseins der Tötung eines Menschen über die Einsichtsfähigkeit verfügt habe, hätten die Angeklagten H und P die Tatherrschaft gehabt. Denn sie hätten bei R die Wahnideen hervorgerufen, die sie später ausgenutzt hatten, und auf diese psychologische Weise die Tatplanung gesteuert. Auch hätten sie wesentliche Teile der Tatausführung bestimmt.[63]

ee) Keine mittelbare Täterschaft bei Irrtum des Werkzeugs außerhalb von Tatbestandsmäßigkeit, Rechtswidrigkeit und Schuldhaftigkeit

111 Keine mittelbare Täterschaft liegt vor, soweit der scheinbare Tatmittler Defekte aufweist, die mit der Begehung seiner tatbestandsmäßigen, rechtswidrigen und schuld-

BGH trotz der hierarchischen Struktur der DDR-Grenztruppen in der Vergatterung der Grenzsoldaten durch die Vorgesetzten lediglich eine Beihilfe zum Totschlag, da der Tatentschluss lediglich bestärkt worden sei (vgl. BGH 5 StR 259/01 BGHSt 47, 100 ff., 104). Hinsichtlich der Mitglieder des Politbüros der DDR bejahte der BGH eine Pflicht aus § 9 StGB-DDR, in diesem Gremium darauf hinzuwirken, dass Tötungen an der innerdeutschen Grenze unterbleiben. Dementsprechend erfolgte eine Verurteilung wegen Beihilfe durch Unterlassen zu den Tötungen an der innerdeutschen Grenze, vgl. BGH 5 StR 281/01 BGHSt 48, 77.

[58] Vgl. auch *Schlösser* GA 2007, 161 ff.

[59] Näher dazu *Zaczyk* GA 2006, 414.

[60] Vgl. *Frister* AT Kap. 27/10; *Jakobs* AT 21/94; *Jescheck/Weigend* § 62 II 5; *Kühl* AT § 20/69 mwN.

[61] Vgl. *Jakobs* AT 21/94; *Puppe* GA 2013, 526; vgl. auch *Maurach/Gössel* AT 2 § 48/ 81 mwN.

[62] Vgl. auch *Frister* AT Kap. 27/12 f.

[63] BGH 4 StR 352/88 BGHSt 35, 347/354.

haften Handlung in keiner Weise zusammenhängen, sondern sein volldeliktisches Verhalten unberührt lassen.

Beispiel 10.16 112

Jurastudent J holt seinen Kommilitonen C von der mündlichen Prüfung ab. Dieser ist völlig frustriert, weil er durchgefallen ist, und der Ansicht, dass dies nur auf den total unmöglichen Prüfungsstil des Prüfers P zurückzuführen sei. Als man nun gerade an dem nagelneuen Mercedes-Coupé des Zivilrechtsprofessors X vorbeikommt, über den J sich sehr geärgert hatte, spiegelt J dem C vor, dass dies „die neue Kutsche" des Prüfers P sei. Daraufhin zerkratzt C, wie von J erhofft, die Beifahrertür des Mercedes.

Da C trotz seines Irrtums über den Eigentümer des Wagens volldeliktisch 113
handelt, wird J nicht zum mittelbaren Täter einer Sachbeschädigung, sondern ist aufgrund seiner Vorspiegelung Anstifter.[64]

Gleiches gilt, wenn der Hintermann im Vordermann einen error in obiecto vel per- 114
sona verursacht.

Beispiel 10.17 115

A weiß, dass B den C töten will, sobald er seiner habhaft wird. A seinerseits hasst den D. An Fastnacht behauptet er nun B gegenüber, C werde zum Fastnachtsumzug unter einer Löwenmaske erscheinen. In Wahrheit kommt D als Löwe verkleidet und wird von B getötet.

c) Tätermerkmale des mittelbaren Täters

- *Mittelbarer* Täter kann nur sein, wer auch *unmittelbarer* Täter der durch 116
den Tatmittler begangenen Tat sein kann,

d. h. die erforderlichen Tätermerkmale aufweist. Ist dies der Fall, so ist der Hinter- 117
mann so zu behandeln, als ob er selbst die Tat ausgeführt hätte.

Beispiel 10.18 118

Der Amtsträger, der sich eines Nichtamtsträgers zur Begehung einer Körperverletzung im Amt bedient, ist wegen Körperverletzung im Amt in mittelbarer Täterschaft strafbar (§§ 340, 25 I 2. Alt.), obwohl der Tatmittler allenfalls wegen

[64] Vgl. auch *Heine* in: Schönke/Schröder § 26 RN 7 mwN; für mittelbare Täterschaft aufgrund eines weit verstandenen omnimodo facturus-Begriffes *Frister* AT Kap. 27/14, *Roxin* AT 2 § 25/102 ff. jew. mwN.

einfacher Körperverletzung strafbar sein kann. Umgekehrt kann nicht mittelbarer Täter einer Falschbeurkundung im Amt sein, wer nicht selbst Amtsträger ist.

2. Typische Fallgruppen mittelbarer Täterschaft

119 *a) Tatbestandslos handelndes Werkzeug*

120 **Beispiel 10.19**

Dr. A bewirkt mittels der bewussten Falschdiagnose „Krebs", dass sich sein Patient B schließlich, wie von Dr. A erhofft, das Leben nimmt.

B: Selbsttötung, nicht tatbestandsmäßig, keine Täterschaft, keine (Haupt-)Tat.

A: Totschlag in mittelbarer Täterschaft, §§ 212, 25 I 2. Alt.

121 *b) Vorsatzlos handelndes Werkzeug*

122 **Beispiel 10.20**

Bauunternehmer A bittet mit Zueignungsabsicht den nichtsahnenden Angestellten B, ihm von der Baustelle des C eine angeblich ihm (A) gehörende Tischkreissäge zu holen. In Wahrheit gehört die Kreissäge dem C.

A: Diebstahl in mittelbarer Täterschaft, §§ 242, 25 I 2. Alt.

B: Straffreiheit, da B davon ausgeht, die Kreissäge gehöre dem A (Ausscheiden von Beihilfe infolge Unkenntnis des B von der Fremdheit der für A entwendeten Sache).

c) Vorsätzlich, aber absichtslos handelndes Werkzeug (sog. „absichtslos-doloses Werkzeug")

123 Mit der Einfügung der Drittzueignung(sabsicht) in die Zueignungsstraftaten durch das 6. StrRG ist die Problematik des absichtslos-dolosen Werkzeugs für die Fälle weggefallen, in denen der Wegnehmende zwar nicht mit Selbst-, wohl aber mit Drittzueigungsabsicht handelt. In jenem vielzitierten *Gummiball*-Fall,[65] in dem A mit Zueignungsabsicht den B gebeten hatte, ihm aus dem Garten des C einen dem C gehörenden Gummiball zu holen, läge nach § 242 n.F. ein Diebstahl des B in Drittzueignungsabsicht und eine Anstiftung des A hierzu vor.

124 Dass sich die Problematik des absichtslos-dolosen Werkzeugs aber auch trotz Einfügung einer Drittzueignungsabsicht in die Zueignungsstraftaten nicht erledigt hat, zeigen Fälle, in denen die *Absicht* der Drittzueigung fehlt:

[65] RGSt 39, 37, hierzu *Eser* StK II Nr. 35, insbesondere A 1–4.

Beispiel 10.21 125

A, Inhaber einer schlecht laufenden Baufirma, beauftragt den Angestellten B, für ihn von der Großbaustelle des Unternehmers C heimlich die dem C gehörende Tischkreissäge zu entwenden. B nimmt den Auftrag des A nur mit Widerwillen entgegen. Er erfüllt ihn aber dennoch, um sich weitere Scherereien zu ersparen.

Weil es B *nicht darauf ankommt*, die Kreissäge *sich oder A zuzueignen*,[66] han- 126
delt er *ohne* Zueignungs*absicht* (absichtslos). Auf Grund seiner Kenntnis davon, dass A sich die fremde Maschine zueignen will, handelt er vorsätzlich (dolos). Weil A nicht selbst wegnimmt, ist Selbsttäterschaft bei ihm ausgeschlossen. Eine mittelbare Täterschaft des A würde voraussetzen, dass er B steuern kann. Dem widerspricht jedoch die Kenntnis des B von der Wegnahme einer fremden beweglichen Sache sowie die Tatsache, dass B von A nicht so unter Druck gesetzt worden ist, dass er ihn „in der Hand" hätte (hierzu oben RN 106).

Man könnte nun behaupten, dass zum Zeitpunkt der Wegnahme der Maschine 127
keiner der Beteiligten § 242 selbst erfüllt. Dies nimmt eine durchaus beachtenswerte Mindermeinung zum Anlass, ein strafbares Verhalten erst zum Zeitpunkt der Übergabe der Kreissäge an A anzunehmen, wobei A Täter einer Unterschlagung mittels Selbstzueignung (§ 246 I 1. Alt.) und B Täter einer Unterschlagung mittels Drittzueignung ist (§ 246 I 2. Alt.).[67] Auch eine Mittäterschaft von A und B erscheint nicht ausgeschlossen.[68]

Die h.M. zum absichtslos-dolosen Werkzeug nimmt eine Steuerbarkeit des B durch 128
A an. Allerdings sei diese nicht faktischer, sondern rechtlicher Art, indem sie in der Zueignungsabsicht des A bestehen soll, die bei B nicht vorliegt.[69] Jene *voluntativ-normative* Überlegenheit mutet denn doch eher wie eine Hilfskonstruktion an, wenn man die Tatherrschaft des mittelbaren Täters primär nach den tatsächlichen Umständen und nur bei den Sonderstraftaten und den eigenhändigen Straftaten nach rechtlichen Gesichtspunkten bestimmt.

---

[66] Zum dolus directus I bei Zueignungsabsicht *Mitsch* BT 2/1 § 1/96 ff.

[67] Vgl. *Maiwald* 1970, S. 236 ff.

[68] Vgl. *Lackner/Kühl* § 242 RN 26a; *Mitsch* BT 2/1 § 1 RN 127; für Teilnahme an der Unterschlagung des Hintermannes jedoch *Wessels/Hillenkamp* Strafrecht BT 2, RN 153.

[69] Vgl. *Lackner/Kühl* § 242 RN 26; *Wessels/Beulke/Satzger* AT RN 537; *Eser/Bosch* in: Schönke/Schröder § 242 RN 72 zur Rechtslage nach dem 6. StrRG; vgl. zum Ganzen auch LK-*Schünemann* § 25 RN 139 ff., auch zu dem ebenfalls zweifelhaften Vorschlag, eine Zueignung und damit Unterschlagung (§ 246) des Wegnehmenden bei Übergabe an den Hintermann anzunehmen.

d) Rechtmäßig handelndes Werkzeug[70]

129 **Beispiel 10.22**

Denunziantin-Fall BGH 1 StR 123/51 BGHSt 3, 110:[71] Die Angeklagte hatte im Jahre 1943 an die Luftwaffeneinheit, bei der ihr Schwiegersohn St als Unteroffizier und Flugzeugwart stand, geschrieben, „St. treibe Sabotage, er nehme Handgriffe an Flugzeugen vor, damit sie abstürzten, er gehöre an die Wand gestellt. St. wurde daraufhin von der geheimen Feldpolizei festgenommen und befand sich 15 bis 20 Tage in Haft. Vom Kriegsgericht wurde er dann freigesprochen. Die Angeklagte wusste, dass ihre Anzeige wahrscheinlich unbegründet war. Sie wollte durch sie ihrem Schwiegersohn Ungelegenheiten bereiten [...]"

130 Werden Strafverfolgungsorgane aufgrund falscher Anzeigen zu Aktivitäten veranlasst, die eine Strafvorschrift erfüllen (insbesondere Freiheitsberaubung, § 239), so handeln sie rechtmäßig, soweit sie entsprechend den gesetzlichen Grundlagen für strafprozessuale Grundrechtseingriffe vorgehen. An der mittelbaren Täterschaft des Anzeigeerstatters ändert dies allerdings nichts. Denn die Willensherrschaft liegt bei dem Täuschenden, unabhängig davon, ob der Getäuschte rechtmäßig oder rechtswidrig handelt. Voraussetzung für die mittelbare Täterschaft bei rechtmäßig handelnden Strafverfolgungsorganen ist jedoch, dass der Anzeigeerstatter hinsichtlich der Unrichtigkeit seiner Anzeige zumindest vorsätzlich handelt.

3. Ausschluss mittelbarer Täterschaft

131 Weil mittelbarer Täter nur sein kann, wer Täter sein kann, ist mittelbare Täterschaft bei eigenhändigen Straftaten und Sonderstraftaten ausgeschlossen (§ 4 RN 5 f.).

132 Ebenso kann nicht mittelbarer Täter sein, wer fahrlässig handelt. Denn die Bildung einer Willensherrschaft ist im Rahmen fahrlässigen Handelns nicht möglich. Im Übrigen bedarf es des Rückgriffs auf die mittelbare Täterschaft im Bereich der Fahrlässigkeit auch deshalb nicht, weil aufgrund des dort geltenden Einheitstäterbegriffs ohnehin jeder (unmittelbarer) Täter ist, der zur Verwirklichung der Elemente der Tatbestandsmäßigkeit einen ursächlichen Beitrag leistet.

[70] Zur Anwendbarkeit der actio illicita in causa (s. o. § 6 RN 256 ff) auf diese Fallgruppe *Puppe* FS Küper, S. 443 ff.

[71] Vgl. *Eser* StK II Nr. 38, insbes. A 20–24.

4. Sonderfragen

a) Versuch in mittelbarer Täterschaft[72]

Beispiel 10.23 133

Vergiftungs-Fall (RG II 337/24 RGSt 59, 1): Die Angeklagte hatte ohne Tötungsvorsatz die Absicht, ihrer Schwiegertochter einen Stoff beizubringen, den sie für geeignet und ausreichend hielt, deren Gesundheit zu zerstören. „Diesen Entschluss hat sie dadurch betätigt, dass sie dem für ihre erkrankte Schwiegertochter bestimmten Pfefferminztee, – den deren Mutter bereits auf dem Küchenherd bereit gestellt hatte, um ihn der Kranken zu bringen, – heimlich einen Aufguss von Nachtschattenbeeren zusetzte. Dabei erwartete sie, das Getränk werde alsbald durch einen gutgläubigen Dritten (durch die mit der Pflege befasste Mutter) der Kranken zum Genuss verabfolgt und von dieser getrunken werden. Hierzu ist es jedoch nicht gekommen."

Die Problematik des Versuchs in mittelbarer Täterschaft liegt in der Frage, wann die Verwirklichung des Sachverhaltsunwerts des Versuchs, das *unmittelbare Ansetzen,* beginnt und damit die Schwelle von der straflosen Vorbereitung zum strafbaren Versuch überschritten wird (§ 9 RN 44 ff., 54 ff.). 134

Zu Beispiel 10.23 135

Im *Beispiel 10.23. Vergiftungs*-Fall bestätigte das Reichsgericht die Ablehnung einer nur vorbereitenden Handlung durch das Schwurgericht. Denn die Angeklagte habe nach der natürlichen Auffassung durch die Herstellung des Tranks mit dessen Beibringung begonnen, und die von ihr entfaltete Tätigkeit hätte bei ungestörtem Fortgang *unmittelbar* zur Verwirklichung des Elementes der Tatbestandsmäßigkeit „Beibringen" geführt, dessen Vollendung nur durch die Entdeckung der Tat verhütet worden sei. Unter den festgestellten Umständen habe die Bereitstellung des Tranks als Bestandteil der Ausführungshandlung angesehen werden können.

Das Stadium strafbaren Versuchens beginnt für den mittelbaren Täter somit spätestens beim unmittelbaren Ansetzen des Tatmittlers (Gesamtlösung).[73] Es beginnt nach h.M. sogar schon dann, wenn der mittelbare Täter das Tatgeschehen derart aus der Hand gibt, dass es ohne längere zeitliche Unterbrechung oder andere Hemmnisse unmittelbar in die Tatbestandsverwirklichung einmünden *soll* (Einzellösung).[74] Letztlich kommt es darauf an, inwieweit die Tatteile des Tatmittlers dem mittel- 136

[72] Vgl. auch *Gropp/Küpper/Mitsch* 2012, Fall 4 sowie *Herzberg* FS Roxin, S. 749 ff.; *Hillenkamp* 15. Problem; *Joecks* StK § 25/54; zu Fragen des Rücktritts siehe § 9 RN 179 ff.

[73] Vgl. *Krack* ZStW 110 (1998), 625 ff. und die Situation bei der Mittäterschaft, unten RN 191.

[74] Vgl. *Wessels/Beulke/Satzger* AT RN 613; *Jescheck/Weigend* AT § 62 IV 1.

baren Täter nach seiner Vorstellung vom Tatgeschehen zurechenbar sind.[75] Deshalb genügt es auf der Grundlage der subjektiven Versuchstheorie sogar, wenn sich der mittelbare Täter nur irrtümlich vorstellt, den Vordermann zu steuern, während dieser in Wahrheit bösgläubig ist.[76]

137 Diese Auffassung stimmt mit der subjektiv-objektiven Theorie beim Versuch in Selbsttäterschaft überein, nach der die Vorstellung des Täters von der Tat die Basis für das Urteil über die Gefährdung des Tatobjekts bildet.

138 **Zu Leitfall 10**

In *Leitfall 10.* würde das strafbare Versuchsstadium für H und P als mittelbare Täter somit beginnen, sobald R mit dem Messer loszieht, um N zu töten. Aus der Sicht des R als Selbsttäter erfolgt das unmittelbare Ansetzen hingegen erst mit der Annäherung an N.

b) Mittelbare Täterschaft durch Unterlassen?

139 Weil Tatherrschaftsgesichtspunkte im Rahmen eines Unterlassens nicht zum Tragen kommen, könnte Täter und damit auch mittelbarer Täter durch Unterlassen nur sein, wer ein zur Abwendung der tatbestandsmäßigen Veränderung in der Außenwelt (Erfolg) durch aktives Tun *besonders Verpflichteter* ist.

140 Jedoch wäre zwischen mittelbarer Täterschaft *zum Unterlassen* und mittelbarer Täterschaft *durch Unterlassen* zu unterscheiden.

141 **Beispiel 10.24**

A täuscht dem Rettungssanitäter B vor, C sei bereits tot. Daraufhin unterlässt B weitere Rettungsmaßnahmen, wodurch C stirbt.

142 In diesem Fall liegt nicht mittelbare Täterschaft durch Unterlassen, sondern eine mittelbare Täterschaft *zum Unterlassen* vor, und zwar in Form des Tuns.

143 **Beispiel 10.25**

Psychiatriepfleger P lässt die strafbare Handlung eines Geisteskranken geschehen.

144 Nun handelt es sich in der Tat um eine Verwirklichung der Straftat seitens des Krankenpflegers *durch Unterlassen.* Allerdings ist die Täterschaft des Pflegers keine mittelbare, sondern eine unmittelbare Unterlassungstäterschaft, wobei der Pfleger als Überwachungsgarant zur Verhinderung der Straftat verpflichtet ist.[77]

[75] Vgl. auch *Kühl* FS Küper, S. 304.

[76] Krit. Hierzu jedoch *Krack* GS Eckert, S. 473.

[77] Vgl. *Jescheck/Weigend* AT § 62 IV 2.

Die Beispiele bestätigen, dass *mittelbare* Täterschaft *durch Unterlassen* nicht möglich ist. Denn die mittelbare Täterschaft beruht auf der *tatsächlichen* Tatherrschaft, die Unterlassungstäterschaft des Garanten hingegen auf der durch die *rechtliche* Sonderstellung begründeten Handlungspflicht.[78] 145

c) Der Täter hinter dem Täter[79] – Tatherrschaftslehre oder Verantwortungsprinzip?

Die Annahme einer mittelbaren Täterschaft bei gleichzeitiger Täterschaft des Tatmittlers (RN 106 ff.) stößt vor allem dann auf Kritik, wenn der Tatmittler nicht nur als Täter, sondern darüber hinaus *verantwortlich*, ja sogar *strafbar* handelt. Im Wesentlichen unumstritten sind die folgenden Fallgruppen:[80] 146

- Irrtum des Vordermanns über die Qualität (Wert, Identität) des Tatobjekts;[81] 147
- Handeln des Vordermanns im vermeidbaren Verbotsirrtum (§ 17 S. 2);[82]
- Tatherrschaft des Hintermanns mittels rechtsgelöster organisatorischer Machtapparate.[83]

Gegen eine Täterschaft des Hintermanns wird eingewandt, dass infolge der Verantwortlichkeit des Vordermanns nur dieser Täter sein könne, während der Hintermann anstiftet.[84] Begründet wird diese Auffassung mit normativen Überlegungen, insbesondere mit der Lehre vom Verantwortungsprinzip. 148

Nach der Lehre vom *Verantwortungsprinzip*[85] wird die Verantwortung für die Tat den verschiedenen Beteiligten streng nach den §§ 25 ff. *zugeteilt.* Sinn des Verantwortungsprinzips ist es, Verantwortung auf bestimmte zuständige Personen zu 149

---

[78] Vgl. auch *Roxin* AT 2 § 31/175; *Otto* Jura 2001, 759; a. A. *Beulke/Witzigmann* Ad Legendum 2012, 257 mwN.

[79] Grundlegend hierzu *Schroeder* 1965; vgl. auch *Schroeder* in: Hoyer (Hrsg.) 2001, S. 189 ff.

[80] Zu diesen und weiteren Fallgruppen *Schlüchter* AT Kap. 11 B Frage 33.

[81] Vgl. LK-*Schünemann* § 25 RN 97 ff.: Irrtümer über den konkreten Handlungssinn.

[82] S. o. *Leitfall 10.*; die Annahme von mittelbarer Täterschaft ist zutreffend, weil die Vermeidbarkeit des Verbotsirrtums ein Handeln *im Verbotsirrtum* nicht ausschließt, vgl. auch *Otto* FS Roxin, S. 501; *Zieschang* FS Otto, S. 505 ff.; für Anstiftung jedoch *Jescheck/Weigend* AT § 62 II 5 mwN.

[83] Hierzu *Roxin* JZ 1995, 49; für Mittäterschaft *Frister* AT Kap. 27/40; *Jescheck/Weigend* AT § 62 II 8; vgl. auch *Gropp* JuS 1996, 15 f.; BGH 5 StR 632/98 NJW 2000, 443; zur Übertragbarkeit der rechtsgelösten organisatorischen Machtapparate auf organisiert begangene Straftaten *Roxin* FS Grünwald, S. 549 ff.; zur Übertragbarkeit auf wirtschaftliche Organisationsstrukturen BGH 4 StR 323/97 NJW 1998, 767, 769 sowie *Hefendehl* GA 2004, 575/586; krit. *Muños Conde* FS Roxin, S. 624; *Rengier* AT § 43 RN. 67 ff.; *Rotsch* NStZ 1998, 491 ff.; *Rotsch* NStZ 2005 13 ff; *Koch* JuS 2008, 496, 498 f.; für Beihilfe des Vordermanns *Schlösser* JR 2006, 108.

[84] Vgl. z. B. *Herzberg* in: Amelung (Hrsg.) 2000, S. 50: „Zwischen-schaltung eines fremden Verhaltens […], welches als verantwortliche Begehung des Vorsatz-delikts erfasst werden kann;" vgl. auch *Krey/Esser* AT RN 932 f.

[85] Vgl. hierzu umfassend *Hillenkamp* 21. Problem mwN; *Lenckner/Eisele* in: Schönke/Schröder RN 100 ff. vor § 13; *Puppe* GA 2013, 526 ff.

bündeln und andere aus der Verantwortung zu entlassen. Zuordnungskriterium ist die grundsätzliche Verantwortlichkeit für eigenes Verhalten.

150 Als *Begrenzungsprinzip* vermag das Verantwortungsprinzip allerdings nicht positiv zu begründen, was Täterschaft ist: es wird nur gefragt, wer den „Schwarzen Peter" (die Verantwortung als Täter) *hat*, nicht, welche typischen *Eigenschaften* der „Schwarze Peter" hat. Nimmt man jedoch an, dass Täterschaft in jedem Fall durch ein tatbestandsmäßiges Handeln begründet wird, dann verstößt eine Anerkennung mehrerer Mitwirkender als verantwortliche Täter auch außerhalb der Mittäterschaft, d. h. eine „abgestufte" Täterschaft mehrerer, nicht gegen das Verantwortungsprinzip: an der Selbsttäterschaft des Vordermanns vermag auch das Verantwortungsprinzip nichts zu ändern, und die Verantwortlichkeit des den Vordermann beherrschenden Hintermanns als Täter widerspricht dem Verantwortungsprinzip nicht.

151 Der mittelbare Täter wird somit nicht dadurch Täter, dass der Tatmittler *nicht* Täter ist, sondern dadurch, dass er ihn beherrschen, steuern kann, unabhängig davon, ob der Tatmittler selbst Täter ist.[86]

152 Dass es für die Täterschaft des Hintermanns auf die fehlende Täterschaft des Tatmittlers nicht ankommen kann, zeigen im Übrigen die den Mittelpunkt der Verantwortungslehre bildenden Fälle, in denen der Tatmittler schon deshalb gar nicht Täter sein kann, weil aus seiner Sicht eine *tatbestandslose* Selbstverletzung[87] vorliegt:

153 **Beispiel 10.26**

A überredet B zum Suizid, B nimmt sich das Leben.

154 Obwohl in diesem Fall B mangels Tatbestandsmäßigkeit überhaupt nicht Täter sein kann, scheidet eine Tötung seitens des A in mittelbarer Täterschaft mit B als Werkzeug aus, wenn B sich *freiverantwortlich* zum Suizid entschlossen hat. Teils wird angenommen, dass die Freiverantwortlichkeit erst dann entfalle, wenn sich der Suizident im Zustand der Schuldunfähigkeit (§ 20) oder in einer dem entschuldigenden Notstand (§ 35) vergleichbaren Zwangslage befinde, teils wird auf die Regeln der wirksamen Einwilligung zurückgegriffen.[88] Die frei-

[86] Vgl. hierzu die – nach *Hillenkamp* 21. Problem II – „eingeschränkte Verantwortungstheorie"; ob der Tatmittler vollverantwortlich, ja sogar *strafbar* ist, hat mit seiner Täterschaft gar nichts zu tun. Nach dem von *Hassemer* FS für Lenckner, S. 97 ff./110 f. favorisierten Prinzip der Verteilung von Autonomie entscheidet über die Hierarchie innerhalb der strafrechtlichen Zurechnung die reale Chance, die eigene Entscheidung autonom zu bilden und sie folgenreich durchzusetzen; zum Verhältnis der Begriffe „Freiheit" und „Verantwortung" insbesondere im Rahmen einer „mittelbaren Täterschaft kraft sozialer Tatherrschaft" *Schlösser* Tatherrschaft 2004, F III 2.

[87] Vgl. *Lenckner/Eisele* in: Schönke/Schröder RN 101 vor § 13.

[88] Näher hierzu *Gropp* in: Pohlmeier (Hrsg.) 1996, S. 13 ff., insbes. S. 24 ff.; die Einwilligungslösung verdient Zustimmung, weil man in jenen Fällen existentieller Entscheidung nicht vom *Grundsatz* der Freiverantwortlichkeit ausgehen kann, sondern in jedem Einzelfall die Wirksamkeit der Entscheidung nach Einwilligungsmaßstäben wird feststellen müssen, vgl. auch *Amelung* in: Schünemann u. a. (Hrsg.) 1995, S. 247 ff.; *Otto* FS Tröndle, S. 157 ff.; *Wessels/Beulke/Satzger* AT RN 539; BGH 1 StR 168/83 BGHSt 32, 38.

verantwortliche Preisgabe seiner Interessen durch den Vordermann führt dazu, dem Hintermann den Tod des Vordermanns nicht als Fremdtötung zuzurechnen. Eine fehlende Freiverantwortlichkeit des Vordermanns führt hingegen zur Verantwortlichkeit des Hintermanns als mittelbarer Täter einer Fremdtötung.

d) Irrtumsfragen

Wie sonst im Bereich der Irrtumsdogmatik (§ 13 RN 15 ff.) ist auch im Rahmen von Irrtümern zur mittelbaren Täterschaft zwischen der Unkenntnis der Tatherrschaft als mittelbarer Täter (aa) und ihrer irrigen Annahme (bb) zu unterscheiden. **155**

aa) Unkenntnis des Hintermannes von der Beherrschung des Tatmittlers

Kennt der Hintermann seine faktische Beherrschung des Tatmittlers nicht, so nimmt die überwiegende Meinung eine Anstiftung als Minus im Verhältnis zur mittelbaren Täterschaft an, was allerdings wegen § 26 voraussetzte, dass der Tatmittler vorsätzlich handelt.[89] Soweit Anstiftung danach nicht in Frage kommt, wäre allenfalls noch die Möglichkeit einer versuchten Anstiftung oder einer fahrlässigen Herbeiführung der Veränderung in der Außenwelt zu erwägen.[90] **156**

Beispiel 10.27 **157**

A will die Krankenschwester B anstiften, den C mittels einer Giftspritze zu töten. Er glaubt, die B habe bemerkt, was er vorhat. B geht aber davon aus, dass die Spritze ein ungefährliches Kreislaufmittel enthalte.

Eine Strafbarkeit wegen versuchter Anstiftung, § 30 I, wäre damit zu begründen, dass sich der Vorsatz des A lediglich darauf bezog, die B anzustiften. Damit fehlte ihm die Kenntnis seiner eigenen beherrschenden Stellung, ein „Tatumstand" i.S. von § 16 I. **158**

bb) Irrige Annahme einer Tatherrschaft als mittelbarer Täter durch den Hintermann[91]

Beispiel 10.28 **159**

A übergibt der Krankenschwester B eine Tablette, die angeblich ein Kreislaufmittel enthält, um sie dem C zu verabreichen. In Wahrheit enthält die Tablette ein schnell wirkendes tödliches Gift, weil A den ihm verhassten C töten will. Obwohl B die Wahrheit erkannt hat, verabreicht sie C die Tablette, weil C sie tags zuvor beleidigt hat. C stirbt.

---

[89] Vgl. *Lackner/Kühl* RN 10 vor § 25; *Jescheck/Weigend* AT § 62 III 1 mwN.

[90] Vgl. auch *Kretschmer* Jura 2003, 536 links mwN.

[91] Vgl. *Küper* FS Roxin, S. 895 ff.

160 Nimmt ein Beteiligter nur irrig an, eine Tatherrschaft als mittelbarer Täter inne zu haben („Verleitungsversuch“[92]), so geht die überwiegende Meinung[93] von einer Anstiftung aus, weil der Anstifter-Vorsatz als Minus im Tätervorsatz enthalten sei. Dies ist jedoch fraglich.

161 Überzeugender dürfte deshalb die von *Herzberg*[94] favorisierte Annahme einer versuchten Tatbegehung in mittelbarer Täterschaft sein. Für die Strafbarkeit wäre insoweit jedoch Voraussetzung, dass der Beteiligte *nach seiner Vorstellung* als mittelbarer Täter zur Verwirklichung des *Tatbestandes* unmittelbar angesetzt hat (Einzellösung). Die früher vertretene Auffassung, dass allein aufgrund des Täterwillens des Beteiligten in Fällen dieser Art eine mittelbare Täterschaft angenommen werden könne,[95] ist hingegen nur auf der Grundlage einer subjektiven Täterschaftstheorie möglich, die vor dem Hintergrund der Tatherrschaftslehre nicht mehr zu überzeugen vermag. Falls der vermeintliche Tatmittler die Veränderung in der Außenwelt herbeiführt, ist dieser dem Hintermann als fahrlässig verursacht zuzurechnen.[96]

cc) Error in obiecto vel persona des Werkzeugs

162 **Beispiel 10.29**

Der Arzt A beauftragt die Krankenschwester S, der Patientin P eine „Insulinspritze“ zu verabreichen. Die von A an S übergebene Spritze enthält jedoch – was die S nicht weiß – ein tödliches Gift. Aufgrund einer Verwechslung der Patientinnen verabreicht S die tödliche Spritze jedoch nicht der P, sondern der Patientin X, die alsbald stirbt.

163 Ein Teil der Lehre[97] will im Falle des error in persona beim Werkzeug hinsichtlich des Hintermannes eine aberratio ictus annehmen, wenn das Werkzeug unvorsätzlich handelt. Nach h.M. soll dies sogar bei Bösgläubigkeit des Werkzeugs zutreffen.[98] Begründet wird diese Auffassung damit, dass der Vorsatz des Hintermannes den Erfolg mit umfassen müsse.[99]

164 **Zu Beispiel 10.29**

Im *Beispielsfall* 10.29. wäre Dr. A somit wegen eines versuchten Totschlags in mittelbarer Täterschaft zu Lasten der Patientin P und einer fahrlässigen Tötung zu Lasten der Patientin X strafbar.

---

[92] *Küper* FS Roxin, S. 912.

[93] Vgl. *Jescheck/Weigend* AT § 62 III 1; *Lackner/Kühl* § 25 RN 5 jew. mwN.

[94] *Herzberg* 1977, S. 45; ebenso *Kretschmer* Jura 2003, 537.

[95] Vgl. RG IV 653/22 RGSt 57, 274 f.; *Baumann* JZ 1958, 233 links.

[96] Näher *Küper* FS Roxin, S. 915.

[97] Vgl. *Welzel* LB S. 75; differenzierend *Jakobs* AT 21/106.

[98] Vgl. *Hillenkamp* 1971, S. 49 ff.; *Roxin* Täterschaft und Tatherrschaft, S. 215; *Jescheck/Weigend* AT § 62 III 2; diff. *Wessels/Beulke/Satzger* AT RN 550.

[99] So *Jescheck/Weigend* AT § 62 III 2.

Beide Auffassungen vermögen indessen nicht zu überzeugen. Denn hier gilt dasselbe wie hinsichtlich des Anstifters im Falle des error in persona beim Haupttäter (§ 13 RN 166 ff. sowie unten RN 283). Unabhängig davon, ob das Werkzeug gut- oder bösgläubig ist, hat Dr. A ein Werkzeug losgeschickt, welches ein Angriffsobjekt ansteuert, das der Hintermann hinsichtlich der Elemente der Tatbestandsmäßigkeit festgelegt hat: einen Menschen. Die von Dr. A bewerkstelligte Konstellation ist damit darauf angelegt, dass jenes durch Elemente der Tatbestandsmäßigkeit umschriebene Ziel erreicht wird. Dies unterscheidet die Situation grundlegend von der Lage bei der aberratio ictus, wo nur *zufällig* ein demselben Tatbestandsmerkmal unterfallendes Angriffsobjekt getroffen wird. Der error in persona des Tatmittlers ist folglich für die Strafbarkeit des Hintermannes unbeachtlich, wenn nicht sonst eine wesentliche Abweichung des Geschehensablaufs vorliegt. 165

Zu Beispiel 10.29 166

Im *Beispielsfall* 10.29. wäre Dr. A somit wegen eines vollendeten Totschlags in mittelbarer Täterschaft zu Lasten der Patientin X strafbar.

5. Prüfungsschema bei mittelbarer Täterschaft

Vorbemerkung Die Prüfung der mittelbaren Täterschaft kann wegen der Tatherrschaftsfragen erst nach der Prüfung des mutmaßlichen Tatmittlers erfolgen! 167

- a. Feststellung, dass die objektiven Merkmale der Tatbestandsmäßigkeit von dem als mittelbarer Täter in Frage kommenden Beteiligten nicht vollständig selbst erfüllt werden;
  b. Prüfung, ob die fehlenden Elemente der Tatbestandsmäßigkeit durch einen Dritten erfüllt werden, der Werkzeug des tatbeherrschenden Beteiligten ist; falls ja:
  c. Prüfung, ob der betreffende Beteiligte alle sonstigen Voraussetzungen für eine Täterschaft erfüllt (betrifft eigenhändige Straftaten, Sonderstraftaten); falls ja:

- mittelbare Täterschaft liegt vor.
  Falls b/c nein: Prüfung einer Anstiftung (§ 26) oder Beihilfe (§ 27) an der Tat des Dritten.

III. Mittäterschaft, § 25 II (funktionelle Tatherrschaft)

168 **§ 25. Täterschaft**

(1) [...]
(2) Begehen mehrere die Straftat gemeinschaftlich, so wird jeder als Täter bestraft (Mittäter).

169 Die Zurechnungsform der Mittäterschaft beruht auf dem Prinzip des *arbeitsteiligen Handelns* und der *funktionellen Rollenverteilung*. § 25 II beschreibt Mittäterschaft als „gemeinschaftliche" Tatbegehung. Auf eine Kurzformel gebracht, versteht man darunter ein

170 ➢ Handeln aller in bewusstem und gewolltem Zusammenwirken[100] aufgrund eines gemeinsamen Tatplans.

1. Allgemeine Kriterien

a) Gemeinsamer Tatentschluss (animus coauctoris)

171 Durch den gemeinsamen Tatentschluss – d. h. die Bildung eines Willens, die Elemente der Tatbestandsmäßigkeit der geplanten Straftat zu verwirklichen – machen die Mittäter sich die fremden Tatbeiträge jeweils gegenseitig zu eigen. Dass der Mittäter wie ein Täter bestraft wird, obwohl er nicht wie dieser die Tatherrschaft allein, sondern nur in Verbindung mit anderen ausüben kann, sieht *Puppe* zu Recht darin, dass die Mittäter sich im Tatentschluss in einer Art „Unrechtspakt" gegenseitig angestiftet haben.[101]

172 Der Tatentschluss muss auf die gemeinschaftliche Begehung „der Straftat" gerichtet sein. Es genügt daher nicht, dass sich die Täter entschließen, jeweils eine gesonderte Straftat zu begehen, z. B. unterschiedliche Opfer zu verprügeln.[102]

173 Das Erfordernis des gemeinsamen Tatentschlusses ist einer der Gründe dafür, dass bei *Fahrlässigkeit* eine Mittäterschaft bisher nicht anerkannt wird.[103] Denn während sich jener Tatentschluss auf das bewusste und gewollte Zusammenwirken bezieht, fehlt es bei der Fahrlässigkeit definitionsgemäß zumindest am *Willen* zur Verwirklichung des Tatbestandes.

174 Wegen des Exklusivitätsverhältnisses zwischen Mittäterschaft und mittelbarer Täterschaft ist ein gemeinsamer Tatentschluss auch dann nicht gegeben, wenn eine

---

[100] RG 2978/82 RGSt 8, 42/43; BGH 4 StR 350/54 BGHSt 6, 248/249; vgl. auch *B. Heinrich* AT RN 1218; *Jescheck/Weigend* AT § 63 II 1; *Jakobs* AT 21/40 ff.; *Kühl* AT § 20/98; *Murmann* in: SSW-StGB § 25 RN 31; AnwK-*Waßmer* § 25 RN 49; *Wessels/Beulke/Satzger* AT RN 524 ff.

[101] ZIS 2007, 234 ff.; GA 2013, 522.

[102] So aber BGH 4 StR 343/96 StV 1997, 581 f. mit zu Recht krit. Anm. *Stein* StV 1997, 582 f.

[103] And. *Renzikowski* 1997, S. 284 ff., 288 ff.; der einen gemeinsamen Tatentschluss als Voraussetzung der Mittäterschaft ablehnt; vgl. auch *Weißer* JZ 1998, 230 ff.; *Lesch* JA 2000, 78.

der beteiligten Personen einen Defekt aufweist, der die mittelbare Täterschaft einer anderen Person begründet.[104]

175 Der *Unterschied zur Beihilfe* (RN 290 ff.) liegt darin, dass der Mittäter

- 176 nicht *fremdes Tun fördern*, sondern sich im Gegenteil das fremde Tun zu eigen machen will.
- 177 keine untergeordnete Tätigkeit ausübt, sondern selbst bei einer Mitwirkung von geringerem Gewicht als *Gleichgeordneter* beteiligt ist.[105]

b) Gemeinsame Tatherrschaft

178 Auf der Basis der Tatherrschaftslehre müssen die Mittäter auch gemeinsam die Tatherrschaft ausüben. Es genügt daher jedenfalls nicht, dass ein Beteiligter aufgrund eines gemeinsamen Tatentschlusses für die Ausführung der Tat *ursächlich* ist, wie dies auf der Basis der subjektiven Beteiligungslehre möglich war.[106] Ansonsten geht die überwiegende Meinung davon aus, dass der Mittäter zumindest an der Verwirklichung eines wesentlichen Teilstückes des Gesamtplans beteiligt sein müsse.[107]

179 Praktische Bedeutung erlangen die Erfordernisse an die Tatherrschaft der Mittäter bei der Frage, ob Mittäterschaft eine Mitwirkung *an der Durchführung* voraussetzt. Von einer engeren Ansicht[108] wird dies im Interesse einer deutlichen Abgrenzung der Beteiligungsformen gefordert. Die überwiegende Meinung geht jedoch davon aus, dass die Gewichtung der Tatplanung und der Tatausführung bei der Mittäterschaft in einem Ergänzungsverhältnis stehen: Je stärker die Mitwirkung bei der Tatplanung, desto eher ist die Anwesenheit bei der Tatausführung verzichtbar und umgekehrt.[109] Jene Auffassung ermöglicht es, den Mafia-Boss im Hintergrund auch dann als Mittäter zur Verantwortung zu ziehen, wenn er aus der sicheren Deckung „die Fäden zieht", während sich die untergeordneten Mitglieder der Organisation „die Finger schmutzig machen". Die engere Auffassung würde hier wegen Anstiftung bestrafen unter Hinweis darauf, dass der Anstifter nach § 26 „gleich einem Täter bestraft" wird.

c) Eigener Tatbeitrag

180 Weil Mittäterschaft als bewusstes und gewolltes *Zusammenwirken* zu verstehen ist, muss jeder Mittäter einen eigenen Tatbeitrag leisten, der als Teil der Tätigkeit des Anderen erscheint.[110] Umstritten ist jedoch, in welchem Verwirklichungsstadium

---

[104] Vgl. *Schlösser* Tatherrschaft 2004, Teil G.

[105] Näher BGH 5 StR 153/86 BGHSt 34, 124/125; vgl. auch *Frister* AT Kap. 26/25 ff.

[106] Vgl. LK-*Schünemann* § 25 RN 182; vgl. auch *Zieschang* ZStW 107 (1995), 361.

[107] Vgl. *Jescheck/Weigend* AT § 63 I 1 a.

[108] *Vgl. Puppe* GA 2013, 522; *Roxin* AT 2 § 25/198 f.

[109] Vgl. *Jescheck/Weigend* AT § 63 III 1; *Wessels/Beulke/Satzger* AT RN 528 f.; BGH 2 StR 470/84 St 33, 50/53; BGH 3 StR 438/84 JZ 1985, 100; BGH 2 StR 482/94 NStZ 1995, 285; vgl. auch BGH 1 StR 769/93 NStZ 1995, 122 m. krit. Anm. *Küpper* NStZ 1995, 331 ff.

[110] Vgl. BGH 1 StR 430/97 StV 1998, 540.

und in welcher Tatnähe die Mitwirkung erfolgen muss.[111] Die Rechtsprechung und ein Teil der Literatur hält es für irrelevant, ob dieser Tatbeitrag im Vorbereitungsstadium, im Versuchsstadium, bei der Tatausführung oder zwischen Vollendung und Beendigung geleistet wird. Nach der Rechtsprechung des BGH soll dabei schon die Mitwirkung bei der Verabredung der Tat als Beitrag ausreichen können.[112] Nach anderer Ansicht muss der Tatbeitrag zwischen Versuchsbeginn und materieller Beendigung liegen, jedoch nicht unbedingt am Tatort geleistet werden, wenn der abwesende Mittäter die Durchführung der Tat koordinieren und steuern kann.[113]

181 Vorzugswürdig ist die letztgenannte Ansicht, weil sie dem Täterschafts- und Teilnahmesystem des StGB angemessen ist, Strafbarkeitslücken durch Rückgriff auf Teilnahmeformen vermeiden kann und nicht wie die erstgenannte Ansicht über eine extensive Annahme von Mittäterschaft zu einer Verwischung der Grenzen von Täterschaft und Teilnahme führt.[114]

d) Vorliegen der erforderlichen Täterqualifikationen

182 Wie bei der mittelbaren Täterschaft gilt auch bei der Mittäterschaft, dass Mittäter nur sein kann, wer Täter sein kann. Mittäter an einer eigenhändig zu begehenden Straftat kann folglich nur sein, wer die tatbestandsmäßige Handlung selbst mitbegeht, an einer Straftat, die eine besondere Eigenschaft des Täters voraussetzt nur, wer selbst diese Täterqualifikationen besitzt.[115] Auch täterschaftsbegründende Absichten müssen bei allen Mitwirkenden gegeben sein, damit Mittäterschaft angenommen werden kann.

183 **Beispiel 10.30**

Mittäter eines Raubes kann nur sein, wer mit Zueignungsabsicht handelt, die Sache also *sich oder einem Dritten zueignen* will.[116]

2. Zurechnung

a) Gesamtzurechnung

184 Die Annahme von Mittäterschaft hat zur Folge, dass das gesamte Tatgeschehen jedem der Mittäter zugerechnet wird. Weil das gesamte Tatgeschehen zugerechnet

[111] Umfassende Darstellung des Streitstandes bei *Zieschang* ZStW 107 (1995), 361 ff.; zu Fällen mit Lossagung im Vorbereitungsstadium *Graul* GS Meurer, S. 91 ff.

[112] Vgl. BGH 5 StR 492/90 St 37, 289/292, krit. hierzu *Puppe* NStZ 1991, 571; BGH 1 StR 769/93 NStZ 1995, 122 m. krit. Anm. *Küpper* NStZ 1995, 331.

[113] Vgl. LK-*Schünemann* § 25 RN 184; enger *Herzberg* 1977, S. 68.

[114] Vgl. auch *Zieschang* ZStW 107 (1995), 377 ff.

[115] Deshalb kann nicht Mittäter einer Unterlassungstat sein, wer nicht selbst Garant ist: auch der gemeinschaftlich mit dem Garanten gefasste Entschluss zum Unterlassen begründet eine Garantenstellung nicht, vgl. BGH 1 StR 430/97 StV 1998, 126.

[116] Vgl. BGH 4 StR 44/99 NStZ 1999, 510.

wird, können Mittäter sogar für Handlungen verantwortlich gemacht werden, die sie selbst nicht einmal begrifflich hätten begehen können.

Beispiel 10.31 185

Verfolger-Fall BGH 4 StR 613/57 BGHSt 11, 268:[117] Die Komplizen P, M und Th hatten versucht, nachts in ein Lebensmittelgeschäft einzudringen. Jeder von ihnen war dabei mit einer geladenen Pistole bewaffnet. Hinsichtlich der Verwendung der Pistolen hatten sie abgesprochen, dass auch auf Menschen gefeuert werden solle, wenn die Gefahr der Festnahme eines der Teilnehmer drohe. Als die Mittäter von dem Inhaber des Lebensmittelgeschäfts überrascht wurden, gaben M und Th je einen Schuss ab. Danach versuchten sich die Mittäter in Sicherheit zu bringen. „An der […] Hausecke bemerkte M rückwärtsschauend, dass ihm in einer Entfernung von nicht mehr als zwei bis drei Metern eine Person folgte. Diese war der Angeklagte P. Ihn hielt M aber für einen Verfolger und fürchtete, von ihm ergriffen zu werden. Um der vermeintlich drohenden Festnahme und der Aufdeckung seiner Täterschaft zu entgehen, schoss er auf die hinter ihm hergehende Person. Dabei rechnete er mit einer tödlichen Wirkung seines Schusses und billigte diese Möglichkeit. Das Geschoss traf P am rechten Oberarm, durchschlug aber nur den gefütterten Ärmel seines Rockes und verfing sich im aufgekrempelten Hemdsärmel."[118]

Der BGH bestätigte die Verurteilung des Angeklagten P durch das Landgericht wegen versuchten Mordes. Denn P müsse sich die Tat des M zurechnen lassen.[119] 186

Auch bei Verwirklichung unterschiedlicher Strafvorschriften durch die verschiedenen Beteiligten ist Mittäterschaft möglich, wenn zumindest das *gemeinsam* begangene Unrecht eine Straftat darstellt, wie etwa § 212 bei gemeinschaftlicher Begehung von Totschlag bzw. Mord[120] in Mittäterschaft. 187

b) Grenzen der Gesamtzurechnung

Der Verfolger-Fall überrascht zunächst, weil P – im Ergebnis zu Recht! – wegen einer Tat verantwortlich gemacht wird, die zu seinen Lasten geht. Fast wird dabei übersehen, dass die Entscheidung zugleich bilderbuchartig die Grenzen der Gesamtzurechnung für Mittäter deutlich macht. 188

Eine Grenze der Gesamtzurechnung liegt zunächst dort, wo der Mittäter nicht für Beiträge verantwortlich gemacht werden kann, die er in eigener Person nicht verwirklichen könnte. Dies trifft auch im Verfolger-Fall zu. Denn nur durch die spezifische Konstellation jenes Falles wird dem P das gesamte von M verwirklichte 189

[117] Vgl. auch *Puppe* AT § 20/25 ff.

[118] BGH 4 StR 613/57 BGHSt 11, 268/269.

[119] Für Verbrechensverabredung mangels eines Tatentschlusses hingegen *Jäger* AT § 6/225.

[120] So der *Tante*-Fall BGH 1 StR 479/88 BGHSt 36, 231, dazu *Beulke* NStZ 1990, 278 f.; *Hassemer* JuS 1990, 148 f.; *Küpper* JuS 1991, 639 ff.

Unrecht (dessen *Versuch*) zugerechnet. Hätte M den P hingegen *verletzt*, so wäre M wegen einer *vollendeten* gefährlichen Körperverletzung, P hingegen nur wegen einer *versuchten* gefährlicher Körperverletzung strafbar. Dies beruht darauf, dass P in Bezug auf sich selbst nie eine tatbestandsmäßige, d. h. fremdverletzende vollendete gefährliche Körperverletzung über M hätte begehen können. Insofern stellt sich aus der Sicht des P die Verletzung seiner eigenen Interessen durch M als eine tatbestandslose Selbstverletzung dar, die als *untauglicher Versuch* einer Fremdverletzung strafbar ist.[121]

190 Eine *weitere* Grenze der Gesamtzurechnung liegt darin, dass Mittäter für *Exzesse* anderer Mittäter nicht haften müssen. Was nicht verabredet ist, braucht sich der Mittäter nicht zurechnen zu lassen.

3. Sonderfragen

a) Versuch und Rücktritt

191 Die Gesamtzurechnung im Rahmen der Mittäterschaft hat unmittelbare Auswirkungen auf den Beginn des Versuchsstadiums i.S. von § 22. So beginnt das „unmittelbare Ansetzen" als Übergang von der straflosen Vorbereitung zum strafbaren Versuch dann, wenn von den *gesamten* Mittätern auch nur einer das Tatgeschehen soweit vorangebracht hat, dass die Verwirklichung des Tatbestandes ohne wesentliche weitere Zwischenschritte unmittelbar zu erwarten ist (sog. *Gesamtlösung*).[122] Nach der subjektiv-objektiven Versuchstheorie ist dieser Zeitpunkt unter Zugrundelegung des Tatplans zu bestimmen.[123] In Fällen des *untauglichen Versuchs in Mittäterschaft* genügt sogar die bloße Vorstellung vom unmittelbaren Ansetzen eines der vermeintlichen Mittäter. Aufschlussreich sind hierzu zwei vom BGH unterschiedlich bzw. widersprüchlich entschiedene Fälle:[124]

192 **Beispiel 10.32**

Münzhändler-Fall – BGH 4 StR 173/94 BGHSt 40, 299:[125] C erzählte dem B, der Münzhändler A wolle seine Versicherung betrügen. C und B könnten A daher mit A's Einverständnis überfallen und berauben. C versprach B für seine Mitwirkung 50.000.- DM, von denen 15.000.- im Voraus gezahlt werden sollten. Die restlichen 35.000.- DM sollte sich B aus dem Tresor des A nehmen dürfen. B erklärte sich daraufhin zum Überfall bereit. Die zum Schein zu raubenden Münzen sollten C übergeben werden. C wies den B an, A gegenüber nicht zu erkennen

[121] Auch insoweit anders *Jäger* AT RN 225.

[122] Vgl. *Kühl* AT § 20/123; *Wessels/Beulke/Satzger* AT RN 611; sowie *Buser* 1998; *Krack* ZStW 110 (1998), 611 ff.; krit. *Roxin* FS Odersky, S. 489 ff., insbes. S. 491 ff.

[123] Näher zur Gesamtlösung *Küper* 1978; zum unmittelbaren Ansetzen § 9 RN 44 ff.

[124] Lesenswert zu beiden Entscheidungen *Gropp* u. a. Fallsammlung Fall 1 sowie *Erb* NStZ 1995, 424; vgl. auch *Heckler* GA 1997, 72 ff., *Roxin* FS Odersky, S. 498 ff. sowie *Weber* FS Lenckner, S. 435 ff.

[125] Mit krit. Besprechung *Küpper/Mosbacher* JuS 1995, 488 ff. und Anfrage-Beschluss BGH 4 StR 173/94 NStZ 1994, 534.

zu geben, dass er die Zustimmung des A kenne. Einige Tage vor der Ausführung zahlte C dem B 15.000.- DM und teilte ihm Namen und Adresse des A mit. B überfiel zusammen mit einem Dritten den nichtsahnenden A unter Verwendung einer Scheinwaffe. A wurde gefesselt und in den Waschkeller des Hauses verbracht. Es wurde eine Beute im Wert von 350.000 bis 400.000.- DM gemacht. A konnte sich befreien und meldete seiner Versicherung den Schadensfall.

Der BGH bestätigte die Verurteilung des B wegen versuchten Betruges in **193**
Mittäterschaft zulasten der Versicherung.[126]

Dem wäre auf Grund der subjektiv-objektiven Versuchstheorie zuzustimmen, wenn **194**
bei ihr die Basis für die objektive Komponente allein die subjektive Vorstellung bildete. Denn dass objektiv A nicht Mittäter war und sein Versicherungsanspruch zu Recht bestand, ändert nichts an der *Vorstellung* des B, dass A Mittäter sei (*vorgestellte Mittäterschaft*). Indem A den Schaden der Versicherung meldete, setzte A – und nach der Gesamtzurechnung auch B und C – *nach*[127] der Vorstellung des B zum gemeinschaftlichen Betrug unmittelbar an.[128]

Anders liegt der Fall freilich, wenn man die Unrechtsstruktur des Sachverhalts- **195**
unrechts des Versuchs berücksichtigt: im Zusammenhang mit dem Fehlen des subjektiven Rechtfertigungselementes hatte es sich ergeben, dass es dem Sachverhaltsunrecht des Versuchs (dem unmittelbaren Ansetzen) widerspricht, wenn der verwirklichte Sachverhalt *rechtmäßig* ist (vgl. § 5 RN 50 ff.). So liegt die Sache aber hier: weil A wirklich überfallen worden und der Versicherungsfall gegeben war, hatte A einen Anspruch gegen die Versicherung. Das Verhalten des A war rechtmäßig. Es konnte damit das Sachverhaltsunrecht eines Versuchs von C und B nicht begründen. B hat somit trotz seiner Vorstellung nicht unmittelbar angesetzt.[129]

Eine Strafbarkeit wegen Versuchs lehnte der BGH ab im **196**

Beispiel 10.33 **197**

Türklingel-Fall – BGH 2 StR 158/93 BGHSt 39, 236: B und C hatten vereinbart, ein Ehepaar in dessen Haus zu überfallen und auszurauben. Später wollten sie A als Mittäter gewinnen. A sagte zunächst zu, offenbarte sich aber später der Polizei, die er über den Stand der Planung informierte. B und C ließ A im Glauben an seine Mittäterschaft (*Scheinmittäterschaft*). A sollte an der Haustür klingeln und die voraussichtlich öffnende Ehefrau überwältigen. B sollte dann den Ehemann in der Wohnung überwältigen, während C die Eheleute zur Herausgabe des Tre-

[126] In der Literatur ist die Entscheidung vorwiegend auf Ablehnung gestoßen, vgl. MK-*Joecks* § 25 RN 263; *Kindhäuser* AT § 40/18; *Kühl* AT § 20/123a sowie die Nachweise bei *Weber* FS Lenckner, S. 447 FN 36; der Lösung des BGH zustimmend hingegen Anwk-*Waßmer* § 25 RN 86.

[127] Da A wirklich auf die Versicherung zugeht, liegt nicht nur ein unmittelbares Ansetzen *in* der Vorstellung des B vor, so aber *Krack* ZStW 117 (2005), 555/561.

[128] Näher hierzu *Weber* FS Lenckner, S. 446 ff.; krit. zur Entscheidung des BGH im Münzhändler-Fall LK-*Hillenkamp* § 22 RN 176, *Mitsch* FS Kühne, S. 31 ff.; *Streng* GS Zipf, S. 325 ff.

[129] And. die 3. Aufl. auf der Grundlage der uneingeschränkt subjektiv-objektiven Versuchstheorie.

sorschlüssels und zur Offenbarung der Zahlenkombination zwingen sollte. Wie verabredet klingelte A. Dies war das Zeichen für die durch A alarmierte Polizei zur Festnahme von B, C und A.

198 Der BGH verneinte eine Strafbarkeit von B und C wegen versuchten Raubes. Denn als unmittelbares Ansetzen sei das Verhalten des A den anderen Tatbeteiligten nur zuzurechnen, sofern es sich für den Handelnden als mittäterschaftlicher Tatbeitrag darstelle, also von dem Willen getragen sei, gemeinschaftlich mit den anderen Beteiligten zum Zwecke der Tatausführung zusammenzuwirken.[130]

199 Ein unmittelbares Ansetzen müsste man annehmen, wenn man für die Versuchsstrafbarkeit von B und C als Mittäter nur auf *ihre Vorstellung* abstellen wollte. Dann hätten B und C auf Grund ihres Tatplans zum Versuch in Mittäterschaft unmittelbar angesetzt.[131] Das auf den objektiven Gehalt der Handlung des A abstellende Argument des BGH ist mit der auf die Vorstellung des Beteiligten aufbauenden Versuchstheorie jedoch nicht zu vereinbaren und wird in der Entscheidung auch nicht begründet.

200 Eine Begründung könnte indessen so lauten: B und C hatten sich zwar ein rechtswidriges unmittelbares Ansetzen durch A vorgestellt. Was sie erreicht hatten, war aber „nur" ein *rechtmäßiges* Vorgehen des A. Ein rechtmäßiger Sachverhalt genügt aber – wie im Fall des Münzhändlers – strukturell nicht dem Sachverhaltsunrecht des unmittelbaren Ansetzens zum Versuch. Mittels eines rechtmäßigen Verhaltens kann man nicht zum rechtswidrigen Versuch unmittelbar ansetzen.[132] Man wird dem BGH somit – jedenfalls im Ergebnis – zustimmen können.[133]

201 Die Voraussetzungen für einen wirksamen *Rücktritt* bestimmen sich nach den erhöhten Anforderungen bei Beteiligung mehrerer in § 24 II (Näher § 9 RN 179 ff.).

b) Unterlassen

202 Weil auf Unterlassungsstraftaten die Regeln über die Tatherrschaft nicht anwendbar sind, sondern die Täterschaft auf einer besonderen *Pflichtenstellung* beruht, kann sich auch ein mittäterschaftliches Unterlassen nur auf die gemeinschaftliche Pflichtenstellung beziehen. Ein anschauliches Beispiel für das mittäterschaftliche Nichterfüllen einer gemeinschaftlichen Handlungspflicht findet sich bei *Jescheck/Weigend*:[134]

203 Die zur Einkommenssteuer zusammen Veranlagten – z. B. Eheleute im gesetzlichen Güterstand – sind verpflichtet, eine *gemeinsame* Steuererklärung abzugeben. Entschließen sie sich in bewuss-

---

[130] I.E. zustimmend u. a. *Eser* in: Schönke/Schröder § 22 RN 55 a sowie die bei *Weber* FS Lenckner, S. 443 FN 24 Genannten.

[131] Vgl. auch *Weber* FS Lenckner, S. 441, 446 sowie *Buser* 1998, S. 114, 150 f.

[132] Vgl. insoweit auch die Argumentation zur Ablehnung einer Versuchsstrafbarkeit beim Fehlen des subjektiven Rechtfertigungselementes, § 5 RN 50 ff.

[133] And. noch die 3. Aufl.

[134] *Jescheck/Weigend* AT § 63 IV 2.

tem und gewolltem Zusammenwirken, diese Pflicht nicht zu erfüllen, liegt eine gemeinschaftliche Steuerhinterziehung durch Unterlassen vor.

In den meisten Fällen, in denen mehrere Personen scheinbar „gemeinschaftlich" unterlassen, liegt hingegen jeweils eine selbständige Selbsttäterschaft durch Unterlassen vor, ohne dass es der Zurechnung der beiderseitigen Unterlassungs-„Beiträge" bedürfte. 204

Beispiel 10.34 205

Die Eltern beschließen, ihr Kleinkind verhungern zu lassen. Zwar mag hier ein bewusstes und gewolltes Zusammenwirken vorliegen, zu einer Zurechnung einzelner Beiträge kommt es jedoch nicht. Vielmehr sind sowohl Vater als auch Mutter jeweils Täter einer Tötungsstraftat durch Unterlassen, wenn es zum Tode des Kindes kommt.

c) Sukzessive Mittäterschaft

Eine in ihrer praktischen Bedeutung kaum zu überschätzende Problematik der Zurechnung fremden Unrechts ist die Anerkennung der sog. *sukzessiven Mittäterschaft*. Darunter versteht man, dass Bestandteile des Tatgeschehens, an denen ein später Hinzutretender keinerlei Anteil hat, ihm auch dann zugerechnet werden, wenn er von ihnen Kenntnis hat, in dieser Kenntnis dem gemeinsamen Tatplan beitritt und einen für die Tatbestandsverwirklichung *ursächlichen* Tatbeitrag leistet.[135] 206

Beispiel 10.35 207

2. Verkaufsbuden-Fall:[136] P war unter Mitführung einer Handfeuerwaffe in eine Verkaufsbude eingebrochen, hatte eine größere Menge Lebensmittel entwendet und diese in die Wohnung des Angeklagten N gebracht. Er weckte den Angeklagten, teilte ihm den Diebstahl mit und bemerkte, dass in der Verkaufsbude noch weitere Ware lagere. Die Pistole wolle er zu Hause lassen, weil sich in der Verkaufsbude niemand befinde und offenbar auch keine Alarmanlage vorhanden sei. Daraufhin begaben sich P und der Angeklagte N an den Tatort und entwendeten dort gemeinsam größere Mengen Lebensmittel. Zu Hause wurde die Gesamtbeute, also auch der von P allein herbeigeschaffte Teil, zwischen beiden geteilt.

Die Problematik des geschilderten Sachverhalts liegt in der Frage, ob dem Angeklagten N durch das bewusste und gewollte Zusammenwirken mit P beim erneuten Aufsuchen der Verkaufsbude und dem Teilen der insgesamt erbeuteten Waren auch das Mitführen der Handfeuerwaffe des P beim ersten Aufsuchen der Verkaufsbude zugerechnet werden kann. In diesem Falle wäre N wegen eines 208

[135] Vgl. BGH 2 StR 664/97 NStZ 1998, 565 mit Bespr. *Geppert* JK 1999 § 25 II/12.

[136] Der Fall ist dem *Verkaufsbuden*-Fall BGH 3 StR 48/52 BGHSt 2, 344 nachgebildet und hinsichtlich der in Frage kommenden Tatbestände auf die heutige Rechtslage angepasst; zum 1. Verkaufsbuden-Fall näher *Eser* StK II Nr. 40.

gemeinschaftlichen Diebstahls mit Waffen, §§ 244 I Nr. 1 a, 25 II strafbar, anderenfalls nur wegen eines gemeinschaftlichen Diebstahls nach §§ 242, 25 II.[137]

209 Bei der Zurechnung von Tatbestandsverwirklichungen, die vor Eintritt des sukzessiven Mittäters geschehen sind, wird folgendermaßen unterschieden:

210 „Wenn jemand in Kenntnis und Billigung des bisher Geschehenen als Mittäter eintritt, so bezieht sich sein Einverständnis auf einen verbrecherischen Gesamtplan und das Einverständnis hat die Kraft, dass ihm auch das einheitliche Verbrechen als solches strafrechtlich zugerechnet wird. Nur für das, was schon vollständig abgeschlossen vorliegt, vermag das Einverständnis trotz Kenntnis, Billigung oder Ausnutzung der durch den anderen Mittäter geschaffenen Lage die strafbare Verantwortlichkeit nicht zu begründen. Besteht der Gesamtplan aus mehreren selbständigen, zeitlich aufeinanderfolgenden Straftaten und tritt der Mittäter erst nach vollständigen Abschluss der ersten dieser strafbaren Handlungen ein, so wird also hierfür keine strafrechtliche Haftung durch das Einverständnis herbeigeführt."[138] Dieser Rechtsprechung ist zumindest insoweit zuzustimmen, als eine sukzessive Mittäterschaft *nach der materiellen Beendigung* einer Straftat nicht mehr möglich ist.[139]

211 **Zu Beispiel 10.35**

Im *2. Verkaufsbuden*-Fall kam es somit darauf an, ob der P, als er mit dem Angeklagten beschloss, die Verkaufsbude erneut aufzusuchen und nochmals Lebensmittel zu stehlen, einen *neuen Entschluss* gefasst hatte, oder ob er die Absicht hatte, die Entwendung in Teilhandlungen durchzuführen. Im ersten Fall läge eine vollständig abgeschlossene Tat vor, was eine Zurechnung des Mitführens der Schusswaffe dem Angeklagten N gegenüber abschnitte. Im zweiten Fall würde N im Rahmen eines einheitlichen Diebstahls mit Schusswaffen der qualifizierende Umstand zugerechnet und er wäre wegen eines mittäterschaftlichen Diebstahls mit Schusswaffen strafbar.

212 In der Literatur wird eine sukzessive Mittäterschaft mit guten Gründen überwiegend hingegen nur bis zum Zeitpunkt der *Vollendung* für zulässig gehalten.[140] Und selbst dann wird die Möglichkeit einer sukzessiven Mittäterschaft insoweit enger gezogen, als dem später Hinzutretenden bereits vorgenommene Gewalttätigkeiten

---

[137] Wobei das Problem der Anwendbarkeit von § 243 I Nr. 1 auch auf N ausgeklammert sei. Da die h.M. die Strafzumessungsmerkmale in § 243 wie Tatbestandsmerkmale behandelt, dürfte sich auch insoweit die Frage einer Zurechnung jener Strafzumessungskriterien mittels sukzessiver Mittäterschaft stellen; vgl. hierzu *Eser/Bosch* in: Schönke/Schröder § 243 RN 47.

[138] BGHSt 2, 344/346; vgl. auch BGH 2 StR 620/96 NStZ 1997, 336.

[139] Vgl. *Roxin* AT 2 § 25/223.

[140] Vgl. *Murmann* GK § 27/61; *Roxin* AT 2 § 25/220 f., 227; LK-*Schünemann* § 25 RN 197; für sukzessive Mittäterschaft nach Vollendung bei Dauerstraftaten hingegen *Kühl* AT § 20/126; AnwK-*Waßmer* § 25 RN 69.

– insbesondere die Wegnahme mit Gewalt gegen die Person beim Raub – nicht zugerechnet werden. Stattdessen wird Beihilfe angenommen.[141] Auch nach dem tatbestandsbezogenen Beendigungsbegriff kommt eine sukzessive Beteiligung nur dann in Betracht, wenn auch nach der Vollendung tatbestandsmäßig gehandelt wird (§ 9 RN 9).

d) Keine fahrlässige Herbeiführung der Veränderung in der Außenwelt in Mittäterschaft

Beispiel 10.36[142] 213

Rolling Stones-Fall: Zwei Jugendliche Bergsteiger A und B vertreiben sich die Zeit damit, schwere Felsbrocken einen Steilhang hinunter zu werfen, ohne sehen zu können, wo die Steine auftreffen. Einer der Brocken trifft den X tödlich. Es lässt sich nicht feststellen, wer den tödlichen Stein geworfen hat.

Var. a.: A und B haben sich durch gegenseitiges Anspornen beim Spiel beeinflusst.

Var. b.: A und B haben unabhängig voneinander gehandelt

Die Strafbarkeit von A und B in *Var. a* wird zum Teil damit begründet, dass A und B 214 bewusst und gewollt, d. h. als *Mittäter*, gehandelt hätten. Der Tod sei deshalb beiden zuzurechnen, ohne dass die Einzelkausalität nachgewiesen werden müsse.[143]

Dem wird zunächst zu Recht entgegnet, dass im Rahmen eines restriktiven Tä- 215 terbegriffs § 25 II die einzige Grundlage für eine Mittäterschaft bildet. Jedoch lasse § 25 II die Konstruktion einer solchen Zurechnung im Bereich der Fahrlässigkeit selbst bei weitester Ausschöpfung des noch möglichen Wortsinns nicht zu.[144] Außerdem setzten alle Beteiligungsformen subjektiv Vorsatz voraus.[145] Beide Positionen überzeugen nur zum Teil. Richtig ist zwar, dass in *Var. a* das nicht tatbestandsbezogene[146] bewusste und gewollte Zusammenwirken die Verbindung bildete, mittels derer beiden „Beteiligten" der Tod zugerechnet werden könnte. Auch kann diese Zurechnung in der Tat nicht über die vorsatzbezogenen Beteiligungsformen der §§ 25 ff. erfolgen. Dennoch muss dies eine Zurechnung im Rahmen der Fahrlässig-

---

[141] Vgl. *Baumann/Weber/Mitsch* AT § 29/107 mwN; zur Unvereinbarkeit einer sukzessiven Beteiligung mit dem österreichischen Einheitstätersystem *Schmoller* GS Zipf, S. 295 ff.

[142] Nach *Renzikowski* 1997, S. 1.

[143] Vgl. *Frister* AT Kap. 26/4 ff.; SK-*Hoyer* § 25 RN 154; MK-*Joecks* § 25 RN 276; *Lesch* JA 2000, 73, 78; *Rengier* § 53 II; *Renzikowski* 1997, S. 288 ff.; *Renzikowski* FS Otto, S. 423 ff.; *Roxin* AT 2 § 25/242; LK-*Schünemann* § 25 RN 217; AnwK-*Waßmer* § 25 RN 75; nach *Kamm* 1999, soll indessen erforderlich sein, dass die Veränderung in der Außenwelt nur durch das Zusammenwirken der Mittäter verwirklicht werden konnte.

[144] Überzeugend *Bottke* GA 2001, 463 ff.

[145] Vgl. *Bringewat* Grundbegriffe des Strafrechts, RN 714.

[146] Zum außertatbestandlichen Handlungssinn der mittäterschaftlichen Komponente bei der fahrlässigen Erfolgsherbeiführung *Bloy* GA 2000, 394 f.

keit aber nicht ausschließen. Denn hier ist die *Vorhersehbarkeit* (und Vermeidbarkeit) als Zurechnungselement anerkannt:

216 Für A wie für B ist es in *Var. a* vorhersehbar, dass ihr Wetteifern im Steine Werfen zur Schädigung Dritter führen kann, unabhängig davon, wessen Stein gerade trifft. Beide könnten die Gefahr dadurch bannen, dass sie ihr „Spiel" beenden. Beide sind daher Täter einer fahrlässigen Tötung. Das Wetteifern begründet als „*faktisches*" Zusammenwirken außerhalb der Tatbestandsmäßigkeit folglich *rechtlich* die *Vorhersehbarkeit* im Rahmen der Fahrlässigkeit. Die Konstruktion einer „fahrlässigen Mittäterschaft" ist somit im Rahmen der Fahrlässigkeitsdogmatik weder zulässig noch erforderlich – auch nicht zur Begründung einer Kausalität – und deshalb abzulehnen.[147]

217 In *Var. b* fehlt die „faktische Verbindung" von A und B. In dubio pro reo könnten weder A noch B wegen fahrlässiger Tötung bestraft werden.

4. Aufbauschema zur Mittäterschaft

218 Die Vorschläge zum Prüfungsablauf bei Mittäterschaft sind nicht einheitlich. Nicht selten wird empfohlen, die Mittäterschaft im Bereich der objektiven Elemente der Tatbestandsmäßigkeit zu prüfen, sobald sich herausstellt, dass einer der Beteiligten zwar Täter ist, aber nicht alle Elemente der Tatbestandsmäßigkeit selbst verwirklicht.[148] Zweckmäßigerweise wird man den Aufbau danach ausrichten müssen, wie sich das bewusste und gewollte Zusammenwirken nach außen hin darstellt. Dabei lassen sich drei Fallgruppen unterscheiden:

219 *1. Fallgruppe*: Gemeinschaftliche Ausführung der Tathandlung

220 **Beispiel 10.37**

Wie besprochen begeben sich die Beteiligten gemeinsam zum Tatort und verprügeln dort ihr Opfer.

221 Hier empfiehlt sich zunächst eine Erörterung des Entschlusses zum bewussten und gewollten Zusammenwirken mit anschließender gemeinsamer Prüfung der Tatbeteiligten bezüglich Tatbestandsmäßigkeit, Rechtswidrigkeit und Schuldhaftigkeit ihrer Handlungen.

222 *2. Fallgruppe*: Bei allen Beteiligten ist nur eine anteilige Verwirklichung der tatbestandsmäßigen Handlung gegeben.

---

[147] Näher *Gropp* GA 2009, 265 ff.; vgl. auch *Baumann/Weber/Mitsch* AT § 29/90; *Bottke* GA 2001, 463, 479 ff.; *Fischer* § 25 RN 26; *Greco* ZIS 2011, 685 f.; *Heine* in: Schönke/Schröder, vor § 25 RN 115 f.; *Jescheck/Weigend* AT § 63 I 3a; *Kindhäuser* AT § 38/55; *Kraatz* 2006, S. 249 ff.; *Krey/Esser* AT RN 1342; *Kühl* AT § 20/116b ff.; *Lackner/Kühl* § 25 RN 13; *Mitsch* JuS 2001, 110 links; *Murmann* in: SSW-StGB § 25 RN 33 f.; *Murmann* GK § 30 I; *Puppe* GA 2004, 129 ff.; *Rotsch* FS Puppe S. 887, 905 ff.; NK-StGB-*Schild* § 25 RN 148; *Wessels/Beulke/Satzger* AT RN 659.

[148] Vgl. *Jäger* AT RN 234; *Wessels/Beulke/Satzger* AT RN 882.

Beispiel 10.38 223

Beim Raub (§ 249 = *Wegnahme* einer fremden beweglichen Sache *mit Gewalt gegen die Person* in Zueignungsabsicht) hält einer der Beteiligten das Opfer absprachegemäß fest (Gewalt), der Andere nimmt ihm die Beute weg (Wegnahme).

Hier ist es zweckmäßiger, die Strafbarkeit der Beteiligten getrennt zu prüfen. Die Prüfung beginnt mit dem Tatnäheren, d. h. mit dem Beteiligten, der die Elemente der Tatbestandsmäßigkeit in eigener Person am lückenlosesten verwirklicht: 224

a. Feststellung, dass die objektiven Elemente der Tatbestandsmäßigkeit nicht vollständig vom geprüften Beteiligten selbst erfüllt wird 225
b. Prüfung, ob die Tatbeiträge des/der weiteren Beteiligten dem geprüften Beteiligten aufgrund Mittäterschaft zugerechnet werden können, d. h. aufgrund eines
   - gemeinschaftlichen *Tatentschlusses* sowie einer
   - gemeinschaftlichen *Tatherrschaft*
c. Prüfung, ob der geprüfte Beteiligte alle sonstigen Voraussetzungen für eine Täterschaft erfüllt.

Falls die unter a-c genannten Voraussetzungen vorliegen, ist Mittäterschaft gegeben, und die Tatbeiträge der Mittäter können dem geprüften Beteiligten zugerechnet werden. 226

3. Fallgruppe: Mitwirkung von Beteiligten, die die Elemente der Tatbestandsmäßigkeit selbst oder durch einen Anderen verwirklichen und solchen, die ihn nur teilweise selbst oder durch einen Anderen verwirklichen. 227

Zunächst erfolgt die Prüfung derjenigen Beteiligten, die die Elemente der Tatbestandsmäßigkeit selbst oder durch einen Anderen verwirklichen. Dann werden die übrigen Beteiligten, wie in der 2. Fallgruppe unter a–c beschrieben, geprüft. 228

C. Teilnahme

I. Strafgrund der Teilnahme

1. Die akzessorietäts-orientierte Verursachung fremden Unrechts

Die Teilnahme ist strafbar, weil der Teilnehmer *fremdes Unrecht verursacht*,[149] indem er einen Tatentschluss weckt (Anstiftung) oder die fremde Tat mittels Rat oder Tat unterstützt (Beihilfe). 229

Im Rahmen eines restriktiven Täterbegriffs, der primär selbst verwirklichtes tatbestandsmäßiges Unrecht zurechnet, sind die Vorschriften über die strafbare Teilnahme *Strafausdehnungsgründe*. Denn nicht jede Verursachung fremden Unrechts 230

[149] Näher zu den Verursachungstheorien *Lüderssen*, 1967, S. 61 ff.; krit. auch *Stein* 1988, S. 100 ff.

ist strafbar, sondern nur die den §§ 26 ff. entsprechende. Da die Strafbarkeit der Teilnahme außerdem davon abhängt, dass eine Haupttat begangen worden ist, bildet den Strafgrund der Teilnahme eine eingeschränkte, *akzessorietäts-orientierte Verursachung* fremden Unrechts; (nur) akzessorietäts-*orientiert* (und nicht streng akzessorisch) deshalb, weil die Abhängigkeit der Teilnahme durch die §§ 28, 29 in spezifischer Weise durchbrochen wird.[150]

231 Das durch den Teilnehmer hervorgerufene Unrecht beim Haupttäter ist aber *auch Unrecht des Teilnehmers*.[151] Als ein solches Unrecht muss es dem Unrecht des Haupttäters *entsprechen*. Der Strafgrund der Teilnahme liegt somit darin, dass der Teilnehmer *eigenes*, dem Unrecht der Haupttat *entsprechendes* Unrecht, verwirklicht.[152] Aus diesem Grunde kann sich derjenige nicht strafbar machen, der einen Dritten i.S.v. § 216 bittet, ihn selbst umzubringen.

232 **Beispiel 10.39**

A bittet B, ihn zu erschießen. B will A die Bitte erfüllen, schießt aber versehentlich vorbei.

233 A macht sich nicht wegen Anstiftung zu einer im Versuch steckengebliebenen Tötung auf Verlangen des B (§§ 216, 22, 26) strafbar, weil A nicht ein der Tat des B *entsprechendes* Unrecht verwirklicht, sondern im Unterschied zu B eine nichtvertypte Selbsttötung begehen würde.

2. Die Verursachung fremder Schuld: kein Strafgrund der Teilnahme

234 Bereits *Beispiel 10.39.* macht deutlich, dass die Verstrickung des B in strafrechtliche Schuld (sog. Korrumpierungstheorie[153]) nicht den Strafgrund der Teilnahme bilden soll. Eine Teilnahme ist deshalb auch an der Haupttat eines Schuldunfähigen möglich.

235 **Beispiel 10.40**

Wenn A den schuldunfähigen B zum Diebstahl anstiftet, ist A dennoch strafbar, weil die Tat des B eine vorsätzliche und rechtswidrige Tat i.S. von § 26 darstellt. Die *Limitierung der Akzessorietät* durch Entbindung der Haupttat vom Erfordernis der Schuldhaftigkeit erfolgte 1943 (Einführung von § 50 I a. F. = § 29 n. F. durch Verordnung vom 29. 5. 1943 RGBl. I S. 341.) und entschied den Streit um den Strafgrund der Teilnahme im Sinne einer Unrechtsteilnahme.

---

[150] Näher hierzu *Lackner/Kühl* RN 8 vor § 25 mwN.

[151] Vgl. *Lüderssen* 1967, S. 25 f., 168.

[152] Vgl. auch die Formel vom akzessorischen Rechtsgutsangriff, LK-*Schünemann* RN 7 vor § 26 sowie *Roxin* FS Stree/Wessels, S. 370 ff.; *Schumann* 1986, S. 58, 60 legt das Schwergewicht insoweit auf die Solidarisierung mit dem Haupttäter, krit. hierzu *Niedermair* ZStW 107 (1995), 512 f.

[153] Näher *Jescheck/Weigend* AT § 64 I 1.

II. Akzessorietät der Teilnahme (§§ 26–29)

1. Die Limitierung der Akzessorietät

Die soeben erwähnte Limitierung der Akzessorietät von 1943 kommt in den §§ 26 und 27 als Erfordernis einer vorsätzlichen Haupttat und als Verzicht auf die Schuldhaftigkeit der Haupttat zum Ausdruck. Der Verzicht auf das Schuldhaftigkeitserfordernis beruht auf dem Gedanken, der heute § 29 zu entnehmen ist: „Jeder Beteiligte wird ohne Rücksicht auf die Schuld des Anderen nach seiner Schuld bestraft.“ 236

Im Unterschied zur limitierten Akzessorietät wäre auch eine Abhängigkeit von der *Strafbarkeit* der Haupttat oder von einer *schuldhaft* begangen Haupttat denkbar. Im ersten Fall würde der Rücktritt des Haupttäters dem Teilnehmer zugute kommen, im zweiten Fall bliebe der Teilnehmer bei fehlender Schuldhaftigkeit der Tat des Haupttäters straffrei. Dass der Gesetzgeber Abhängigkeiten dieser Art gerade nicht schaffen wollte, liegt daran, dass der Teilnehmer nicht aus einer Straffreiheit Vorteile ziehen soll, die in der Person des Haupttäters begründet ist und mit dem Teilnehmer nichts zu tun hat. 237

Die in §§ 26, 27 gewählte Limitierung der Akzessorietät führt zwar zu Lücken, wenn dem in eigener Person Handelnden nur Fahrlässigkeit zur Last fällt und der Mitwirkende nicht Täter sein kann, weil es sich z. B. um eine eigenhändige Straftat handelt. Diese Lücken werden jedoch im Sinne einer fragmentarischen Natur des Strafrechts als „Preis der Freiheit“ in Kauf genommen. 238

2. Die Berücksichtigung „besonderer persönlicher Merkmale“ (§ 28)[154]

Um jeden Beteiligten *nach seiner Schuld* zu bestrafen und so der unterschiedlichen Persönlichkeit des jeweiligen Beteiligten gerecht zu werden, schreibt § 28 die Berücksichtigung *besonderer persönlicher* (*täterbezogener*[155]) *Merkmale* vor. 239

Trotz des Verweises in § 28 I auf § 14 I ist die Bedeutung dieser Merkmale in § 28 und § 14 unterschiedlich.[156] § 14 bezieht sich auf einen besonderen *Status* des Vertretenen, der auf den Vertreter projiziert wird.[157] § 28 bezieht sich hingegen auf Merkmale von höchstpersönlichem Charakter[158] und greift daher nur bei *täterbezogenen* Merkmalen ein. Strafbegründend sind z. B. die Tätereigenschaften bei den echten Sonderstraftaten wie die Soldateneigenschaft bei militärischen Straftaten oder die Amtsträgerschaft, aber auch das Treueverhältnis in § 266 I. Strafschärfend wirken die Amtsträgerschaft bei den unechten Amtsstraftaten,[159] die gewohnheits- 240

---

[154] Vgl. auch *Hake* 1994, dazu *Mitsch* ZStW 110 (1998), 187 ff.; *Hirsch* FS Schreiber, S. 153 ff; zu § 28 I in der praktischen Fallbearbeitung instruktiv *Seier* JuS 2000, Lernbogen L 85 ff.; vgl. auch *Gaede* JA 2007, 757 ff. sowie zur Teilnahme an Mord und Totschlag *Engländer* JA 2004, 410 ff.

[155] Nähere Beispiele zur Tat-/Täterbezogenheit bei SK-*Rudolphi* § 28 RN 20 f.; zu den Merkmalen in § 28 I als „Sonderpflichtmerkmalen“ näher *Otto* Jura 2004, 472 f.

[156] Vgl. *Joecks* StK § 14/4 ff.; NK-StGB-*Böse* § 14 RN 13.

[157] Näher *Lackner/Kühl* § 14/1.

[158] H.M., vgl. *Heine* in: Schönke/Schröder § 28 RN 10–14; *Jescheck/Weigend* AT § 61 VII 4 a; *Lackner/Kühl* § 28 RN 4.

[159] Zur vergleichbaren nicht-akzessorischen Beteiligung an Sonderstraftaten im polnischen Strafrecht *Zoll* FS Triffterer, S. 275 ff.

mäßige oder die bandenmäßige Begehung, strafmildernd die Motivierung durch das ernstliche Verlangen in § 216.[160]

241 Als besondere persönliche täterbezogene Merkmale wären hier insbesondere auch die Mordmerkmale der ersten und dritten Gruppe in § 211 zu nennen.[161]

242 *Nicht* hierher gehören die Garantenstellungen, weil sich aus ihnen eine Handlungspflicht ergibt, welche lediglich der *allgemeinen* Unterlassungspflicht bei der Begehungsstraftatt entspricht, die sich jedoch an alle richtet und von der Persönlichkeit des Täters unabhängig ist.[162]

243 § 28 ist deshalb nicht ganz leicht zu verstehen, weil er trotz des sehr ähnlich klingenden Wortlauts in Abs. 1 und 2 völlig verschiedene Voraussetzungen und Rechtsfolgen aufweist.[163] Absatz 1 bezieht sich auf besondere persönliche täterbezogene Merkmale, welche die Strafbarkeit des Täters *begründen* und ist nur anwendbar, falls diese besonderen persönlichen Merkmale *fehlen.* Absatz 2 hingegen hat besondere persönliche täterbezogene Merkmale zum Gegenstand, welche die Strafe *schärfen, mildern* oder *ausschließen.*

244 *§ 28 I wahrt* die *Akzessorietät* der Teilnahme: Fehlen die besonderen persönlichen täterbezogenen *strafbarkeitsbegründenden* Merkmale beim Teilnehmer, so ist dieser dennoch wegen Teilnahme an der Tat des Haupttäters strafbar, wenn er dessen besondere persönliche täterbezogene Merkmale *kannte.* Allerdings ist seine Strafe nach § 49 I zu mildern.

245 *§ 28 II durchbricht* hingegen die *Akzessorietät* und sieht in Gestalt einer *Verschiebung der einschlägigen Strafvorschriften* eine Strafbarkeit entsprechend dem Vorliegen schärfender, mildernder oder strafausschließender besonderer persönlicher Merkmale bei dem Beteiligten vor, der sie *erfüllt.*[164]

246 Die Handhabung von § 28 wird dadurch erschwert, dass bei manchen besonderen persönlichen täterbezogenen Merkmalen umstritten ist, ob sie die Strafbarkeit des Täters begründen (§ 28 I) bzw. schärfen, mildern oder ausschließen (§ 28 II). Zu jenen hinsichtlich ihrer Einordnung umstrittenen Tatbestandsmerkmalen gehören vor allem die Mordmerkmale in § 211. Denn die Rechtsprechung geht davon aus, dass die Mordmerkmale Tatbestandselemente sind, die einen eigenständigen Tatbestandstypus des Mordes beschreiben. § 211 wäre danach delictum sui generis gegenüber § 212.[165] In der Lehre herrscht hingegen überwiegend die Auffassung,

[160] Vgl. *Lackner/Kühl* § 28 RN 9 f.

[161] Vgl. *Küpper* BT 1 Teil I § 1/72.

[162] Näher zu den besonderen persönlichen Merkmalen mit Beispielen *Jescheck/Weigend* AT § 61 VII 4 a; *Fischer/Gutzeit* JA 1998, 41 ff.

[163] Nicht ohne Grund wird daher bezweifelt, ob die beiden Absätze des § 28 überhaupt logisch in Einklang stehen, vgl. *Hake* 1994, S. 141 ff.: auch § 28 II sei als Strafzumessungsregel zu verstehen.

[164] Von einer abweichenden Auffassung wird § 28 II hingegen als bloße Strafzumessungsregel auf akzessorischer Grundlage verstanden; näher zur Streitfrage *Küper* FS Jakobs, S. 311 ff.; *Roger* GA 2013, 694 ff.

[165] Vgl. BGH 2 StR 296/51 BGHSt 1, 370; 4 StR 362/54 BGHSt 6, 330; 5 StR 658/68 BGHSt 22, 377.

dass § 211 eine Qualifikation zu § 212 ist, weshalb die Mordmerkmale die Strafbarkeit modifizieren und nicht begründen.

Diese Diskussion über die Zuordnung der Mordmerkmale zu § 28 I oder II betrifft jedoch nur die Merkmale der ersten und dritten Gruppe in § 211. Zu den Merkmalen der zweiten Gruppe (heimtückisch, grausam, mit gemeingefährlichen Mitteln) wird ganz überwiegend die Auffassung vertreten, dass sie keine besonderen persönlichen täterbezogenen Merkmale sind und deshalb dem Anwendungsbereich des § 28 gar nicht unterfallen.[166] **247**

Zur praktischen Wirkungsweise von § 28 zwei Beispiele: **248**

Beispiel 10.41 **249**

A beauftragt B, C gegen Zahlung von € 10.000,- umzubringen. Nehmen wir an, dass A keine Mordmerkmale erfüllt, während B aus Habgier handelt.

Strafbarkeit des B:

B ist strafbar wegen eines Mordes aus Habgier, § 211. **250**

Strafbarkeit des A:

Nimmt man mit der Rechtsprechung an, dass die Strafvorschrift des Mordes selbständig ist im Verhältnis zum Totschlag, dann wäre die Habgier des B ein strafbegründendes täterbezogenes persönliches Merkmal und die Strafbarkeit des A bestimmt sich nach § 28 I akzessorisch zum Mordmerkmal des B: A ist strafbar wegen Anstiftung zum Mord aus Habgier mit der obligatorischen Milderung nach §§ 28 I, 49 I.[167] **251**

Nach überwiegender Lehre ist Mord eine Qualifikation zum Totschlag, weshalb § 28 II anwendbar ist. Die Strafbarkeit des A ist nun nicht mehr akzessorisch gegenüber dem Mordmerkmal des B, sondern A wird entsprechend den besonderen persönlichen täterbezogenen Merkmalen bestraft, die *bei ihm selbst* vorliegen. A wäre deshalb wegen Anstiftung zum Totschlag, §§ 212, 26, strafbar, da er selbst keine Mordmerkmale erfüllt. **252**

Beispiel 10.42 **253**

C ist der Erbonkel des A. A beauftragt deshalb den B, den C zu töten, weil er an das Erbe kommen will, und handelt damit habgierig. B hingegen hat keinerlei Vorteile von seiner Tat, sondern erweist A „einen Freundschaftsdienst".

Strafbarkeit des B:

B ist strafbar wegen eines Totschlags, § 212. **254**

Strafbarkeit des A:

Nach Auffassung der *Rechtsprechung* richtet sich die Strafbarkeit des A akzessorisch nach der Strafbarkeit des B (§ 28 I). Weil B keine besonderen per- **255**

166 Vgl. *Küpper* BT 1 Teil I § 1/72; *Eser* in: Schönke/Schröder § 211 RN 5 f. mwN.

167 Sollte A in eigener Person ein täterbezogenes Mordmerkmal erfüllen – Fall sog. *gekreuzter Mordmerkmale* – lehnt die Rechtsprechung eine Milderung ab, vgl. *Nibbeling* JA 1995, 216.

sönlichen täterbezogenen Merkmale aufweist, ist A wegen Anstiftung zum Totschlag strafbar, obwohl er selbst aus Habgier handelt.

256 Nach der *Lehre* wird bezüglich der besonderen persönlichen täterbezogenen Mordmerkmale die Akzessorietät bezüglich der Tat des B nach § 28 II durchbrochen, weil die Mordmerkmale strafschärfende Merkmale darstellen. Dann kommt es nicht mehr darauf an, ob Täter B Mordmerkmale aufweist, sondern darauf, ob A als Anstifter selbst täterbezogene Mordmerkmale erfüllt. Indem A aus Habgier handelt, ist dies der Fall. A ist deshalb strafbar wegen einer Anstiftung zum Mord aus Habgier, §§ 211, 26, *obwohl* B keine Mordmerkmale erfüllt, weil A selbst habgierig handelt.

257 Wie auch immer man sich im Zusammenhang mit dem Vorliegen besonderer täterbezogener persönlicher Merkmale aber entscheidet: Es sind solche Merkmale einem Beteiligten nur dann zuzurechnen, wenn er die Tatsachen, auf denen sie beruhen, *kennt*. Wer nicht weiß, dass der Täter Mordmerkmale erfüllt, dem können diese auch bei aller Akzessorietät nicht nach § 28 I zugerechnet werden.

3. § 29

258 § 29 stellt den Grundsatz auf, dass jeder Beteiligte nach seiner Schuld zu bestrafen ist. Er bringt damit die limitierte Akzessorietät, die Unabhängigkeit der Schuld eines Beteiligten von der Schuld der Anderen, gesetzlich zum Ausdruck. § 29 bezieht sich unumstritten auf die allgemeinen Voraussetzungen von Schuldhaftigkeit und Schuld (§ 6 RN 24 ff.). Umstritten ist, ob sich § 29 auch auf die besonderen persönlichen täterbezogenen *Schuldmerkmale* (z. B. die Rücksichtslosigkeit in § 315 c I Nr. 2) in § 28 bezieht,[168] oder ob § 28 als lex specialis – so die h.M.[169] – vorgeht. Bei den straf*modifizierenden* Merkmalen in § 28 II spielt die Streitfrage im Ergebnis keine Rolle. Denn nimmt man mit der h.M. an, dass deren Berücksichtigung durch § 28 II geregelt wird, können sie dem Beteiligten, der sie nicht aufweist, nicht zugerechnet werden.

259 **Beispiel 10.43**

Stiftet A die B an, ihr ungeborenes Kind zu töten, so verwirklichte B § 218 III („Selbst"-Schwangerschaftsabbruch). A hingegen würde sowohl nach § 29 als auch nach § 28 II wegen Anstiftung zum „Fremd"-Schwangerschaftsabbruch bestraft, weil er über das besondere persönliche *strafmodifizierende Merkmal* der Schwangerschaft nicht verfügt.[170]

260 Fehlen hingegen besondere persönliche täterbezogene straf*begründende Schuldmerkmale* beim Teilnehmer, käme die h.M. zu einer gemilderten Strafbarkeit über § 28 I, die Gegenmeinung zu einer Straffreiheit über § 29. Für die Gegenmeinung

[168] Vgl. *Jescheck/Weigend* AT § 61 VII 4 c mwN.

[169] Vgl. *Heine* in: Schönke/Schröder § 28 RN 3 mwN.

[170] Vgl. *Stratenwerth/Kuhlen* AT § 12/184.

spricht, dass sie es vermeidet, den Teilnehmer mit fremder Schuld strafbegründend zu belasten.[171] Will man den Grundsatz von der limitierten Akzessorietät ernst nehmen, wird man jener Meinung zustimmen müssen. Die Problematik liegt dann darin, jeweils die *ausschließliche Schuldbezogenheit* eines besonderen persönlichen täterbezogenen Merkmals festzustellen.

III. Anstiftung, § 26

§ 26. Anstiftung 261

Als Anstifter wird gleich einem Täter bestraft, wer vorsätzlich einen anderen zu dessen vorsätzlich begangener rechtswidriger Tat bestimmt hat.

Der Unwert der Anstiftung unterscheidet sich vom Unwert der Täterschaft und der Mittäterschaft dadurch, dass der Anstifter „an der Tatausführung selbst nicht teilnimmt, die Entscheidung über das Ob und Wie der Tat also letztlich einem anderen überlassen muss."[172] 262

1. Haupttat

Wie jede Teilnahme ist auch die Anstiftung von einer rechtswidrigen und vorsätzlichen tatbestandsmäßigen Haupttat[173] abhängig. Auch ein rechtswidriger *Versuch* kann Haupttat sein. 263

2. „Bestimmen" zur Tat

Tathandlung der Anstiftung ist das „Bestimmen zur Tat". Es bedeutet das *Hervorrufen des Tatentschlusses*, d. h. des Vorsatzes, eine tatbestandsmäßige Handlung zu begehen. Auch die *Bestärkung* eines noch nicht fest Entschlossenen stellt ein „Bestimmen" dar. Liegt hingegen bereits ein Entschluss vor (*omnimodo facturus*[174]), ist kein Bestimmen gegeben.[175] 264

Umstritten ist die Behandlung der sog. *Aufstiftung*. Darunter versteht man Fälle, in denen der Teilnehmer im bereits Tatentschlossenen den zusätzlichen Entschluss hervorruft, die Tat so zu begehen, dass weitere qualifizierende Tatbestandsmerkmale erfüllt werden. 265

[171] Vgl. *Stratenwerth/Kuhlen* AT § 12/187; krit. *Roxin* AT 2 § 27/11 f.

[172] *Puppe* ZIS 2007, 246.

[173] Näher dazu *Frister* AT Kap. 28/1 ff.

[174] Lat. facturus=jemand, der im Begriff ist, etwas zu tun; omnimodo=ohnehin.

[175] *Puppe* AT § 2/48.

266 **Beispiel 10.44**

Stuhlbein-Fall (BGH 2 StR 14/64 BGHSt 19, 339):[176] – Der Angeklagte A und die Täter O und S beabsichtigten, aus der Wohnung der Ladeninhaberin M, einer alten Dame von 80 Jahren, Geld zu entwenden. A wollte sich (wegen einer Vorstrafe) an der Tat selbst nicht beteiligen, sollte jedoch an der Beute teilhaben. O und S rechneten damit, bei der Tat von Frau M bemerkt zu werden und wollten sie niederschlagen, um unerkannt entkommen zu können. Der Angeklagte A schlug ihnen vor, einen Knüppel mitzunehmen und Frau M auf den Hinterkopf zu schlagen, damit sie bewusstlos werde. Daraufhin nahmen O und S ein Stuhlbein mit und führten die Tat wie besprochen aus. Frau M starb infolge der ihr mit dem Stuhlbein zugefügten Hiebe auf den Schädel.

267 Da ein bloßes Bestimmen zur Änderung von Tatmodalitäten im Allgemeinen nicht zur Anstiftung ausreicht,[177] ist die Lösung der Aufstiftungs-Fälle umstritten.[178] Während der BGH eine Anstiftung zum schweren Raub (§ 250 I Nr. 1) unter Hinweis auf den erheblich erhöhten Unwertgehalt der Tat und damit verbundenen „Übersteigerung" des Tatentschlusses bejaht,[179] wird von der Gegenmeinung darauf hingewiesen, dass ein zur Tat Entschlossener nicht mehr angestiftet werden könne. Anstiftung komme deshalb nur in Betracht, wenn die qualifizierenden Umstände, zu denen angestiftet wird, selbständig strafbar sind, ansonsten komme eine psychische Beihilfe in Frage.[180] Dem ist zuzustimmen, weil dem Teilnehmer anderenfalls auch solche Umstände zugerechnet werden, die er nicht veranlasst hat.

268 **Zu Beispiel 10.44**

In *Beispiel 10.44.* kommt seitens des A eine Anstiftung zum Raub mit Todesfolge (§ 251) in Frage, wenn man von einer Vorhersehbarkeit der tödlichen Folge ausgeht. Der BGH bestätigte die Verurteilung des Angeklagten durch die Jugendkammer wegen Anstiftung zu § 251.[181] Nach der genannten und bevorzugten Mindermeinung wäre indessen nur die Unrechtssteigerung zuzurechnen. Es ergäbe sich dann eine Anstiftung zur Körperverletzung mit Todesfolge (§§ 227, 26) in Tateinheit mit Beihilfe zum Raub (§§ 249, 27).

---

[176] Hierzu auch *Eser* StK II Nr. 43.

[177] Vgl. BGH 1 StR 377/95 NStZ-RR 1996, 1 zur Abgrenzung zwischen psychischer Beihilfe und als Anstiftung zu bewertende „Umstiftung".

[178] Zusammenfassend *Küpper* JuS 1996, 23 ff./24; vgl. auch *Heine* in: Schönke/Schröder § 26 RN 8.

[179] Zustimmend *Frister* AT Kap. 28/18 f.; LK-*Schünemann* § 26 RN 34 ff. mwN.

[180] Vgl. *Eser* StK II Nr. 43 A 7 ff.; *B. Heinrich* RN 1302 mwN.

[181] Kritisch deshalb *Cramer* JZ 1965, 31.

3. Anstiftungsmittel

Die Mittel, deren sich der Anstifter bedient, sind beliebig. Der Anstifter kann den Entschluss unmittelbar hervorrufen, er kann auch einen Dritten bestimmen, der seinerseits den Entschluss des Täters hervorruft (*Kettenanstiftung*[182]). Wird der Dritte nur als Werkzeug benutzt, liegt mittelbare Anstiftung vor.[183] Geschieht die Anstiftung im bewussten und gewollten Zusammenwirken, ist Mitanstiftung gegeben. Wird der Entschluss im Anzustiftenden von mehreren unabhängig voneinander hervorgerufen, liegt Nebenanstiftung vor. 269

Umstritten ist, ob als Anstiftungsmittel die *schlichte Verursachung* des Entschlusses beim Haupttäter genügt,[184] ob es eines *geistigen*, tatbezogenen Kontaktes zwischen dem Täter der Haupttat und dem Anstifter bedarf[185] und welche Qualität dieser haben muss.[186] Nach *Puppe*[187] soll sogar die Schließung eines *Unrechtspaktes* in der Form erforderlich sein, dass der Angestiftete dem Anstifter gegenüber eine Art Verpflichtung zur Tatbegehung eingeht. 270

Die Überlegungen zur gedanklichen Verbindung zwischen Angestiftetem und Anstifter haben folgenden Hintergrund: Die Strafdrohung für den Anstifter entspricht derjenigen für den Täter. Dies veranlasst dazu, über eine restriktive Anwendung der Anstiftungsstrafbarkeit nachzudenken. Die Aufstellung jenes gedanklichen Zusammenhangs zwischen Anstifter und Täter ist indessen nur *eine* von vielen Möglichkeiten, auf Tatbestandsebene restriktiv vorzugehen. 271

Ungeachtet dessen müsste man auch überlegen, weshalb die Strafbarkeit des Anstiftenden enger umschrieben sein soll als die des Täters, zumal der Anstifter mit doppeltem Vorsatz handeln muss. Zwar ist es richtig, dass der Anstifter die Tat nicht selbst begeht und deswegen auch nicht einer so großen kriminellen Energie bedarf wie der Täter. Aus Opfersicht ist der Anstifter aber deshalb ein besonders gefährlicher Beteiligter, weil er der „Vater des bösen Gedankens" ist, denn ohne ihn wäre es zur Tat in der ausgeführten Form gar nicht gekommen. 272

4. Die doppelte Ausrichtung des Anstiftervorsatzes

Der Vorsatz des Anstifters bezieht sich zum einen auf die Haupttat (a) zum anderen auf das „Bestimmen" hierzu (b). In beiderlei Hinsicht genügt es, dass der Anstifter mit dolus eventualis handelt. 273

---

[182] Vgl. BGH 3 StR 796/53 BGHSt 6, 359 sowie *Joerden* 1988.

[183] Vgl. BGH 3 StR 266/55 BGHSt 8, 137.

[184] So *Bloy* 1985, S. 328; *Herzberg* JuS 1976, 40/41 f.; *Lackner/Kühl* § 26 RN 2.

[185] So z. B. *Jakobs* AT 22/22; *Jescheck/Weigend* AT § 64 II 2 a; *Otto* GK AT § 22/35.

[186] Vgl. etwa zum Anstiften durch Fragen *Riklin* GA 2006, 361 ff.

[187] *Puppe* GA 1984, 101/112 ff. und GA 2013, 517 f.; zust. SK-*Hoyer* § 26 RN 10 ff.

a) Vorsatz bezüglich der Haupttat

aa) Hinreichende Bestimmtheit, Vollendungsvorsatz

274 Der Anstifter muss sich eine *bestimmte* Haupttat[188] eines *bestimmten* Täters vorstellen. Bei der *Kettenanstiftung* ist es unschädlich, wenn es dem Angestifteten überlassen bleibt, den Haupttäter auszuwählen, oder wenn der Anstifter die Zahl der Zwischenglieder zwischen ihm und dem Haupttäter nicht kennt.[189]

275 Obwohl es objektiv genügt, wenn die Haupttat ins Versuchsstadium getreten ist, ist in subjektiver Hinsicht erforderlich, dass der Anstifter den Entschluss zu einer *vollendeten* Haupttat herbeiführen will. Denn nur dann liegt beim Anstifter das Handlungsunrecht in Form des Willens zum Angriff gegen das geschützte Rechtsgut vor.[190]

276 Das Erfordernis des Vorsatzes hinsichtlich einer *vollendeten* Haupttat ist im Zusammenhang mit dem Einsatz eines Verdeckten Ermittlers (§ 110a StPO) von größter praktischer Bedeutung, wenn dieser als *agent provocateur* eingesetzt wird.[191]

277 **Beispiel 10.45**

Der Verdeckte Ermittler V bestellt bei dem A nach längeren Verhandlungen 7 kg Heroin oder Kokain, je nach Verfügbarkeit, zum Gesamtpreis von € 700.000.-, das von einer syrisch-libanesischen Händlergruppe bzw. aus Paraguay bezogen werden soll.[192] Auch wenn V handelt, um die Bezugsquellen des A zu ergründen und ihn als Rauschgifthändler zu überführen, würde er sich wegen Anstiftung zum unerlaubten Handeltreiben mit Betäubungsmitteln[193] strafbar machen, wenn er die Vollendung der Straftat des A zumindest billigend in Kauf nimmt. Geht der Verdeckte Ermittler indessen davon aus, dass die Strafverfolgungsbehörden die Bezugsquellen des A bereits ermittelt haben, bevor die Tat des A vollendet ist, dann wäre V straffrei.

278 Die Schwierigkeit liegt darin, dass im Bereich des Betäubungsmittelrechts nahezu jede Aktivität unter Strafe gestellt ist.[194] Lösungen werden deshalb in der Weise gesucht, dass man als Gegenstand des Anstiftervorsatzes nicht nur eine formal, sondern eine materiell (i.S. von „irreparabel") vollendete Haupttat

[188] Vgl. BGH 2 StR 661/85 BGHSt 34, 63 näher *Roxin* FS Salger, S. 131: Erfassung des Tatbestandes und der wesentlichen Dimensionen des Unrechts.

[189] Vgl. BGH 1 StR 325/93 NStZ 1994, 29/30.

[190] Vgl. LK-*Schünemann* § 26 RN 60 ff.

[191] Vgl. auch *Hillenkamp* 24. Problem; *Mitsch* 1986.

[192] Vgl. BGH 2 StR 267/91 StV 1992, 517; m. Anm. *Roxin.*

[193] Vgl. § 29 I Nr. 1 BtMG.

[194] Exemplarisch die Entscheidungen BGH 1 StR 273/91 und 2 StR 267/91 StV 1992, 516 und 517 mit krit. Anm. *Roxin* StV 1992, 517 ff.

verlangt.[195] Die Straffreiheit des Einsatzes Verdeckter Ermittler sollte indessen nicht zum Anlass genommen werden, in fundamentale Bereiche der Teilnahmedogmatik mit unübersehbaren Folgen einzugreifen. Vielmehr gilt es, spezifische, den Verdeckten Ermittler rechtfertigende Eingriffsgrundlagen zu schaffen, die auch die Herbeiführung tatbestandsmäßiger Haupttaten in begrenztem Umfang rechtfertigen, soweit dadurch nicht höchstpersönliche Rechtsgüter beeinträchtigt werden.[196]

Wäre A in *Beispiel 10.45.* zunächst unverdächtig und nicht tatgeneigt und würde er von V erst zu einer Straftat verleitet, läge darin nach der Rechtsprechung des BGH ein Verstoß gegen den Grundsatz des fairen Verfahrens gem. Artikel 6 I 1 EMRK mit der Folge einer Strafmilderung.[197] **279**

bb) Hinreichende Kongruenz von Vorsatz und Haupttat

Hinsichtlich der Bestimmtheit der Haupttat ist weiterhin umstritten, wie *genau* die ausgeführte Haupttat den *Vorstellungen* des Anstifters *entsprechen* muss. Während in der Lehre z. T. für hinreichend erachtet wird, dass „wesentliche Dimensionen" des Unrechts im Vorsatz des Anstifters und in der Durchführung der Haupttat übereinstimmen,[198] soll nach überwiegender Auffassung erforderlich sein, dass der Anstiftervorsatz die in ihren wesentlichen Merkmalen oder Grundzügen konkretisierte Tat widerspiegelt.[199] Zeit, Ort, Opfer sowie Einzelheiten der Tatbegehung müssen indessen nicht endgültig festgelegt sein.[200] **280**

Liegt die erforderliche Übereinstimmung zwischen Anstiftervorsatz und ausgeführter Haupttat nicht vor, bleibt hilfsweise u. U. eine Strafbarkeit des Anstifters wegen öffentlicher Aufforderung zu Straftaten, § 111. **281**

Aktivitäten des Haupttäters, die vom Anstiftervorsatz nicht erfasst sind, muss sich der Anstifter nicht zurechnen lassen. Dies gilt sowohl in quantitativer wie auch in qualitativer Hinsicht (sog. quantitative bzw. qualitative Exzesse des Haupttäters). **282**

cc) Error in obiecto vel persona und Fahrlässigkeit des Angestifteten

Äußerst umstritten ist die Auswirkung eines error in obiecto/persona beim Haupttäter auf die Strafbarkeit des Anstifters.[201] Den Vorzug verdient jene Auffassung, nach **283**

---

195 Eine beendete Haupttat als Gegenstand des Anstiftervorsatzes verlangt hingegen *Krey* 1993, RN 531 ff.; vgl. auch *Heine* in: Schönke/Schröder § 26 RN 20 mwN; *Rudolphi* Fälle zum Strafrecht, S.106 f.

196 Näher hierzu *Gropp* in: Gropp (Hrsg.) 1993, S. 878 ff.

197 Vgl. BGH 1 StR 221/99 BGHSt 45, 321=JZ 2000, 363 mit Anm. *Roxin,* der mit guten Gründen für einen Strafausschließungsgrund zu Gunsten des Verleiteten plädiert; näher – auch zur Rechtsprechung des EGMR – *Beulke* Strafprozessrecht RN 288.

198 Vgl. LK-*Schünemann* § 26 Rn 7.

199 Vgl. BGH 2 StR 661, 85 BGHSt 34, 63/66 mit ablehnender Anmerkung *Roxin* JZ 1986, 908.

200 Vgl. *Jescheck/Weigend* AT § 64 III 2 b.

201 *B. Heinrich* RN 1307 mwN.

der der error in obiecto/persona des Haupttäters für die Strafbarkeit des Anstifters *unbeachtlich* ist.[202]

284 Ein vom Haupttäter *fahrlässig* herbeigeführter Erfolg ist dem Anstifter dann als fahrlässige Tat zuzurechnen, wenn der Erfolg auch für den Anstifter vorhersehbar war. Es liegt dann eine vorsätzliche Anstiftung zu einer im Versuchsstadium steckengebliebenen Haupttat in Tateinheit mit einer fahrlässigen Nebentäterschaft des Anstifters vor.

b) Vorsatz bezüglich des Bestimmens

285 Insoweit genügt, dass der Anstifter zumindest mit dolus eventualis davon ausgeht, im Haupttäter den Entschluss hervorzurufen.

5. Sonderfragen

a) Anstiftung mehrerer Personen

286 Erforderlich ist insoweit, dass ein individualisierter Personenkreis Adressat des Bestimmens ist. Ist eine Individualisierung nicht mehr möglich, muss auch hier auf das öffentliche Auffordern zu Straftaten, § 111, zurückgegriffen werden.

b) Anstiften durch Unterlassen?

287 Das Hervorrufen des Entschlusses in einem Anderen durch Unterlassen ist in Fällen denkbar, in denen der Anstifter erst nachträglich bemerkt, dass er durch sein Verhalten einen Dritten dazu bestimmt hat, eine Straftat zu begehen (*dolus subsequens*-Fälle). War das Verhalten des Anstifters pflichtwidrig, so wäre er aus Ingerenz verpflichtet, die Haupttat zu verhindern. Allerdings liegt auch in diesen Fällen streng genommen kein Anstiften durch Unterlassen vor, weil der Entschluss nicht durch das Unterlassen *hervorgerufen* wird. Jedoch hat der „fahrlässige Anstifter" hier eine Gefahrenquelle eröffnet, zu deren Überwachungsgaranten er wird. Unternimmt er nichts, wird er zum Gehilfen des Haupttäters durch Unterlassen.[203]

c) Abstiftung

288 Auch der Abstiftende, der dem Haupttäter die Begehung einer weniger schweren Straftat oder eine weniger schwerwiegende Tatausführung empfiehlt, „bestimmt" i.S. von § 26. Dennoch bleibt er strafrei, weil er im Interesse einer *Risikoverringerung* gehandelt hat.[204]

6. Aufbauschema für die Anstiftung

289 ▶ a. Objektive Elemente der Tatbestandsmäßigkeit
- (Zumindest versuchte) vorsätzliche rechtswidrige *Haupttat*
- *Bestimmen* (= Hervorrufen des Entschlusses zur Haupttat)

---

[202] Vgl. hierzu den Fall *Rose/Rosahl* Preußisches Obertribunal GA 7 (1859), 328 ff. und den *Hoferben*-Fall BGH 4 StR 371/90 BGHSt 37, 214; näher unten § 13/84 ff.

[203] Vgl. zu Täterschaft und Teilnahme bei der Unterlassungsstraftat § 11 RN 43.

[204] Zur Risikoverringerung als Rechtfertigungsgrund vgl. § 4 RN 94 ff.

b. Subjektive Elemente der Tatbestandsmäßigkeit:

Anstifter-Vorsatz mit *doppelter Ausrichtung*
- Bezüglich der vorsätzlichen rechtswidrigen vollendeten *Haupttat*
- Bezüglich des *Bestimmens*

IV. Beihilfe, § 27

§ 27. Beihilfe 290

(1) Als Gehilfe wird bestraft, wer vorsätzlich einem anderen zu dessen vorsätzlich begangener rechtswidriger Tat Hilfe geleistet hat.
(2) Die Strafe für den Gehilfen richtet sich nach der Strafdrohung für den Täter. Sie ist nach § 49 Abs. 1 zu mildern.

Der Unwert der Beihilfe unterscheidet sich von dem der Anstiftung dadurch, dass der Gehilfe weder selbst Tatherrschaft „noch einen bestimmenden Einfluss auf diejenigen hat, die sie ausüben".[205] 291

1. Abgrenzung zur Mittäterschaft

Im Unterschied zur Mittäterschaft hat der Gehilfe keine Tatherrschaft.[206] Seine Mitwirkung beschränkt sich auf das *Fördern* der Haupttat, sei es *physisch* (der Gehilfe besorgt z. B. die Tatwaffe), sei es *psychisch* (der Gehilfe bestärkt den Haupttäter hinsichtlich des schon vorhandenen Tatentschlusses). 292

2. Qualität der Haupttat

Wie die Anstiftung verlangt auch die Beihilfe das Vorhandensein einer vorsätzlichen rechtswidrigen Haupttat. Beihilfe ist jedoch nur gegeben, wenn der Täter auch die vom Gehilfen intendierte Haupttat begeht. 293

Beispiel 10.46 294

Um ein Kraftfahrzeug aus einem Verkaufsraum stehlen zu können, besorgt der A dem B einen Nachschlüssel. B traut sich jedoch nicht, das Fahrzeug aus dem Gebäude herauszuholen. Er wartet deshalb, bis das Fahrzeug auf dem Hof des Autohändlers abgestellt ist und entwendet es in einem günstigen Moment.

Hier ist die Entwendung des Wagens im Hof des Fahrzeughändlers nicht mehr 295
dieselbe Tat, zu der A Hilfe geleistet hat.[207] Die Tat, auf die sich die Beihilfe des

[205] *Puppe* ZIS 2007, 246.

[206] Zur Abhängigkeit der Tatherrschaft vom sozialen Kontext informativ BGH 4 StR 599/97 NJ 1998, 602 mit Anm. *Arnold* NJ 1998, 603 und Bespr. *Otto* JK 1999 § 25 II/13.

[207] Vgl. hierzu auch den „Pessar-Fall" RGSt 58, 113.

A bezog, ist demgegenüber nicht einmal bis in das Versuchsstadium gelangt. Insoweit liegt nur eine straflose versuchte Beihilfe vor.

Ergebnis: A bleibt straffrei.

3. Beihilfehandlung: „Hilfeleisten"

296 Unter „*Hilfeleisten*" wird jede *Förderung* der Haupttat verstanden, d. h. jedes Ermöglichen oder Erleichtern der Tat bzw. Verstärken der *tatbestandsmäßigen* Unwertverwirklichung im Sinne einer Gefahrerhöhung für das Tatobjekt.[208] Die Beihilfehandlung kann auch während des Vorbereitungsstadiums vorgenommen werden.[209] Ebenso ist Beihilfe nach h.M. auch nach der Vollendung bis zur Beendigung möglich (*sukzessive Beihilfe*).[210]

297 **Beispiel 10.47**

Wer dem Täter eines Diebstahls beim Bergen der Beute behilflich ist, leistet Beihilfe zum Diebstahl, obwohl die Tat mit der Begründung neuen Gewahrsams bereits vollendet ist.

298 Nach dem tatbestandsbezogenen Beendigungsbegriff (§ 9 RN 9) wäre in *Beispiel 10.45.* Beihilfe hingegen abzulehnen. Jedoch kommt eine Begünstigung, § 257, in Frage.

299 Geschieht das Hilfeleisten durch *psychisches* Mitwirken, spricht man von *psychischer/intellektueller Beihilfe bzw. Rathilfe,* ist die Unterstützung *physischer* Art, liegt eine *technische* Beihilfe oder *Tathilfe* vor. [211] Eine bloße Anwesenheit am Tatort kann ein Hilfeleisten sein, wenn darin eine Bestärkung im Tatentschluss zu sehen ist.[212]

4. Kausalität der Beihilfe

300 Äußerst umstritten ist, ob das Hilfeleisten im Rahmen der Beihilfe für den Erfolg der Haupttat kausal sein muss.[213]

---

[208] Vgl. auch *Zieshang* FS Küper, S. 733 ff.

[209] So für den Fall der Zusage einer Falschaussage BGH 2 StR 505/97 BGHSt 43, 356/357.

[210] Vgl. zum Ganzen *Lackner/Kühl* § 27 RN 3, *Heine* in: Schönke/Schröder, § 27 RN 17 jew. mwN; krit. zur sukzessiven Beihilfe *Rudolphi* FS für Jescheck, S. 559 ff.; *Rudolphi* 2000, S. 96; abl. LK-*Schünemann* § 27 RN 42 ff.; für eine sukzessive Beihilfe im Rahmen einer *kausalen* Mitwirkung *Schmoller* 2002, S. 35 ff./42.

[211] Vgl. *Heine* in: Schönke/Schröder § 27 RN 12, MK-*Joecks* § 27 RN 7 ff., NK-StGB-*Schild* § 27 RN 9 jew. mwN; *Roxin* FS Miyazawa, S. 501/505 ff.; *Stoffers* Jura 1993, 11 ff.; zur Frage einer psychischen Beihilfe durch Zusage von Rechtsschutz-Versicherungsschutz auch für nur vorsätzlich begehbare Straftaten *Backes* Ehrengabe für Brauneck, S. 239 ff.; zur Abgrenzung von Anstiftung und (Mit-)täterschaft *Charalambakis* FS Roxin, S. 633 f.

[212] Vgl. BGH 2 StR 84/95 NStZ 1995, 490 (491); BGH 5 StR 515/10 NStZ-RR 2011, 111 (112).

[213] Vgl. auch *Hillenkamp* 27. Problem; *Geppert* Jura 1999, 268 ff.; umfassend *B. Heinrich* AT RN 1325 ff.; MK-*Joecks*, § 27 RN 23 ff.; *Osnabrügge* 2002.

Beispiel 10.48 301

A hat sich entschlossen, in die Wohnung des X einzubrechen. Er nimmt einen Werkzeugkasten mit, in dem sich ein Kreuzschraubenzieher befindet, mit dem er den Schließmechanismus der Wohnungstür aufschrauben möchte. B, ein Freund des A, legt A einen Akkuschraubenzieher in den Werkzeugkasten mit der Bemerkung, dass es so doch viel besser gehe. A legt auf den Akkuschraubenzieher zwar überhaupt keinen Wert, fühlt sich durch B eher gegängelt und durch das Gewicht des Akkuschraubers behindert, möchte den B jedoch nicht kränken und legt den Akkuschraubenzieher ganz unten in den Werkzeugkasten. Am Tatort entnimmt er dem Werkzeugkasten den Handschraubenzieher, dreht die Schrauben auf und dringt in die Wohnung ein. Der Akkuschrauber kommt ihm erst zu Hause wieder in den Sinn.

Nach herrschender Lehre ist es für das Hilfeleisten i.S. von § 27 erforderlich, dass 302 die Handlung des Gehilfen für die Verwirklichung der Haupttat im Sinne einer Ermöglichung oder Erleichterung *kausal* geworden ist.[214] Unter dieser Voraussetzung wäre B im o. g. Fall nicht ursächlich für die Tat des A geworden. Er könnte nicht wegen Beihilfe bestraft werden. Auch eine Strafbarkeit wegen Versuchs scheidet aus, weil die versuchte Beihilfe nicht strafbar ist, wie man einem Umkehrschluss aus § 30 (Strafbarkeit allenfalls der versuchten *Anstiftung*) entnehmen kann (§ 9 RN 204 ff. und unten RN 314 f.).

Nach der *Rechtsprechung* soll ein Hilfeleisten hingegen bereits dann vorliegen, 303 wenn die Beihilfehandlung die Haupttat in ihrer konkreten Gestalt *gefördert* hat, ohne dass sie für den Erfolg ursächlich gewesen sein muss.[215] Hierfür genügt bereits die bloße Anwesenheit des Gehilfen bei der Haupttat, wenn der Täter dadurch in seinem schon gefassten Tatentschluss gestärkt und ihm ein erhöhtes Gefühl der Sicherheit vermittelt wird.[216] Die Auffassung der Rechtsprechung ist vor allen Dingen in Fällen relevant, in denen die Haupttat im Versuch stecken bleibt, z. B. weil ein vom Gehilfen geliefertes Tatwerkzeug nicht passt.[217]

Zu Beispiel 10.48 304

Ob B nach dieser Ansicht in *Beispiel 10.48.* wegen Beihilfe bestraft werden könnte, ist fraglich. Denn es lässt sich schwer sagen, ob das Beifügen des Akkuschraubers in den Werkzeugkoffer die Ausführung der Tat gefördert hat. Das Beispiel zeigt im Übrigen, dass auch das Förderungskriterium wenig griffig ist.

---

[214] Vgl. *Kühl* AT § 20/214 ff.; LK-*Schünemann* § 27 RN 2 mwN.

[215] BGH 4 StR 453/00 NStZ 2001, 364; zust. *Krey/Esser* AT RN 1079.

[216] Vgl. BGH 3 StR 516/92 StV 1993, 357; BGH 2 StR 641/95 NStZ-RR 1996, 290.

[217] Vgl. RG I. Strafsenat 580/82 RGSt 6, 169.

305 Nach einer im Zusammenhang mit der *Risikoerhöhungslehre* diskutierten Ansicht[218] soll eine Beihilfe indessen schon dann vorliegen, wenn der Tatbeitrag des Gehilfen generell zur Herbeiführung des Erfolges geeignet ist und das Risiko der Tatbegehung erhöht.

306 Die Auffassung der Rechtsprechung und die *Risikoerhöhungslehre* sind zu Recht auf Kritik gestoßen:[219] Denn sie überschreiten eine in der Beteiligungslehre bisher anerkannte absolute Grenze: Die *Verursachung* der Elemente der Tatbestandsmäßigkeit – sei es in Form des unmittelbaren Ansetzens zum Versuch, sei es in Form der Vollendung der Haupttat – *als Voraussetzung einer jeden Zurechnung* als Beteiligung. Selbst der extensive Täterbegriff setzt die Kausalität der Mitwirkung voraus. Die Lehre von der Risikoerhöhung geht innerhalb der Beteiligungslehre zudem weiter als der vom Gesetzgeber des StGB abgelehnte extensive Täterbegriff und würde die Teilnahmeformen in konkrete oder gar abstrakte Gefährdungsstraftaten umwandeln. Sie ersetzt die ohnehin schon „*unendliche*" Kausalität als Grundlage der Zurechnung durch eine *grenzenlose* Risikoerhöhung, rüttelt somit an der Garantiefunktion des Strafgesetzes und ist deshalb abzulehnen.

307 Nach h.M. findet trotz Kausalität auch bei der Beihilfe keine Zurechnung der verursachten Haupttat in Fällen der *Risikoverringerung* statt.[220] Nach der hier vertretenen Ansicht zur Risikoverringerung (§ 4 RN 94) ist die risikoverringernde Beihilfe hingegen in Folge Rechtfertigung straffrei.

5. Die doppelte Ausrichtung des Gehilfenvorsatzes

308 Wie bei der Anstiftung ist auch der Vorsatz des Gehilfen auf die *Haupttat* und auf das *Hilfeleisten* hierzu ausgerichtet. Bei der Unterstützung im Vorbereitungsstadium muss die Person des Haupttäters noch nicht feststehen.[221] Auch Opfer, Tatzeit und nähere Details der konkreten Begehungsweise müssen dem Gehilfen nicht bekannt sein. Es genügt, wenn der Gehilfe durch seine Handlung bewusst das Risiko erhöht, dass die Haupttat verübt wird.

309 **Beispiel 10.49**

Edelstein-Fall BGH 1 StR 14/96 BGHSt 42, 135: Ein Kunde hatte dem Ang., Sachverständiger für Juwelen, Edelsteine zur Schätzung vorgelegt. Es bestand stillschweigend Einigkeit darüber, dass der Ang. einen überhöhten Wert bescheinigen und der Kunde diese Feststellung zu betrügerischen Handlungen (im Zusammenhang mit Beleihungen bzw. Veräußerungen) ausnutzen sollte.

---

[218] Vgl. *Schaffstein* FS Honig, S. 176; *Herzberg* GA 1971, 6 ff.: Beihilfe als „Beistandsleisten"; vgl. auch *Murmann* JuS 1999, 551.

[219] Vgl. *Küpper* 1990, S. 112 ff.; LK-*Schünemann* § 27 RN 34 ff.; *Roxin* FS Miyazawa, S. 501 ff.; *Samson* FS Peters, S. 123 ff.; *Heine* in: Schönke/Schröder § 27 RN 10 mwN.

[220] Anschaulich hierzu der *Ehemakler*-Fall OLG Stuttgart 3 Ss (8) 237/79 NJW 1979, 2573 mit Anmerkung *Müller* JuS 1981, 255.

[221] BGH 1 StR 757/81 BGHSt 31, 93 f.

Der BGH begründete die Strafbarkeit wegen Beihilfe zum Betrug damit, dass der Ang. dem Täter ein entscheidendes Tatmittel an die Hand gegeben und damit bewusst das Risiko erhöht habe, dass eine durch den Einsatz gerade dieses Mittels typischerweise geförderte, mittels Täuschung gegen fremdes Vermögen gerichtete Haupttat verübt wurde.[222] 310

Ein Verhalten des Haupttäters, das vom Vorsatz des Gehilfen nicht umfasst ist (Haupttäterexzess), wird dem Gehilfen nicht zugerechnet. 311

6. Sonderfragen

a) Beihilfe durch Unterlassen

Beihilfe durch Unterlassen ist möglich, wenn der Gehilfe dazu verpflichtet ist, den Erfolg zu verhindern. Die Antwort auf die Frage, ob der Unterlassende Gehilfe oder Täter ist, ist äußerst umstritten[223] und richtet sich nach seinem Status als Garant. Gehilfe ist er, wenn er eine Gefahrenquelle geschaffen hat, aus der die Begehung der Straftat ihre „Nahrung" erhält.[224] 312

Der unterlassende *Beschützergarant* ist hingegen Unterlassungs*täter*, wenn dem von ihm zu schützenden Interesse durch Dritte Schaden zugefügt wird. 313

b) Versuchte Beihilfe?

Versuchte Beihilfe liegt vor, wenn es dem Täter nicht gelingt, zur Haupttat Hilfe zu leisten. Aus § 30, der die versuchte Anstiftung beim Verbrechen mit Strafe bedroht, ist zu schließen, dass die versuchte Beihilfe nicht strafbar ist. 314

Streng zu unterscheiden von der straflosen versuchten Beihilfe ist die strafbare Beihilfe zu der im Versuchsstadium steckengebliebenen Haupttat, weil auch ein Versuch eine taugliche Haupttat i.S. von § 27 darstellt. 315

c) Verselbständigte Beihilfe?

Nicht um Beihilfe i.S. von § 27, sondern um die täterschaftliche Ausführung einer Straftat handelt es sich, wenn der Täter gegen eine Strafvorschrift verstößt, die *materiell* ein Hilfeleisten zu einer anderen Bezugstat darstellt. Beispiele wären in diesem Zusammenhang die Gefangenenbefreiung in § 120 als „Hilfeleistung" zum Entweichen des Gefangenen sowie die Begünstigung nach § 257 als Hilfeleisten, um die Vorteile einer Straftat zu sichern. Trotz der materiellen Ausgestaltung als Hilfeleistungen gelten bei diesen Strafvorschriften die allgemeinen Regeln über Täterschaft und Teilnahme, insbesondere der Satz: *keine Tatbestandsmäßigkeit ohne Täterschaft(smäßigkeit)* (vgl. oben RN 50). 316

---

[222] Mit zust. Anm. *Kindhäuser* NStZ 1997, 273, *Otto* JK 1997 § 27/11, *Roxin* JZ 1997, 210 ff.; näher auch *Roxin* FS Salger, S. 136.

[223] *Kühl* AT § 20/229 ff. mwN.

[224] Vgl. hierzu den *Tanzbar*-Fall BGH 5 StR 280/66 NJW 1966, 1763, hierzu *Eser* StK II Nr. 27 A 16–22; siehe auch § 11 RN 43.

d) Neutrale Beihilfehandlungen?[225]

317 „Neutral" und deshalb straffrei sollen Beihilfehandlungen sein, die sich in Handlungen des „täglichen Lebens" erschöpfen: Der Verkäufer eines Haushaltswarengeschäfts verkauft dem T ein Küchenmesser, obwohl er genau weiß, dass T damit seine Schwiegermutter töten will. Die Hausfrau kauft Gemüse auf dem Wochenmarkt, obwohl sie (zutreffend) davon ausgeht, dass der Bauer das Entgelt nicht versteuert.

318 Versuche, die „neutralen Beihilfehandlungen" mittels objektiver oder subjektiver[226] Kriterien zu kategorisieren, werden mit beachtlichen Argumenten in Zweifel gezogen.[227] Gegen jene Kategorisierungen spricht vor allem die Überlegung, dass eine Handlung, die eine tatbestandsmäßige rechtswidrige Haupttat fördert, schon aus diesem Grund nicht mehr „neutral" ist.[228] Eine Lösung dürfte hier jedoch der Rückgriff auf die allgemeinen Kriterien der *objektiven Zurechnung* bieten:[229] Beihilfehandlungen sind danach vor allem so lange nicht tatbestandsmäßig, wie sie *kein* rechtlich *relevantes* Risiko setzen,[230] es nicht auf sie ankommt – der Schwiegersohn hatte viele weitere Möglichkeiten, ein Küchenmesser zu erwerben – oder wenn sie nicht dem Schutzbereich der Norm unterfallen: Die Hausfrau auf dem Wochenmarkt bleibt straffrei, weil es nicht der Schutzzweck der Steuerhinterziehungsvorschriften ist, Bargeschäfte des täglichen Lebens zu unterbinden.[231]

319 In subjektiver Hinsicht dürfte die Inkaufnahme des *generellen* Risikos, durch die „neutrale" Handlung eine Straftat zu fördern, nicht hinreichen, will man nicht das Wirtschaftsleben zum Erliegen bringen. Schlichter dolus eventualis genügt folglich nicht. Die Strafbarkeitsgrenze bildet jedoch die objektiv zurechenbare Förderung eines erkennbar tatgeneigten Täters.[232]

---

[225] Vgl. z. B. *B. Heinrich* AT RN 1330 ff.; *Otto* FS Lenckner, S. 193 ff./200 ff.; *Otto* JZ 2001, 436 ff.; *Hillenkamp* 28. Problem; MK-*Joecks* § 27 RN 48 ff.; *Ransiek* wistra 1997, 41 ff.; *Rotsch* Jura 2004, 14 ff.; *Roxin* FS Miyazawa, S. 512 ff.; *Wohlers* NStZ 2000, 169 ff.; krit. *Niedermair* ZStW 107 (1995), 507 ff.

[226] Vgl. BGH 5 StR 729/98 NStZ 2000, 34 rechts: Beihilfe nur bei *Kenntnis* des ausschließlich kriminellen Zwecks der Handlung des Täters.

[227] Vgl. FS Grünwald, S. 9 ff.; *Heine* in: Schönke/Schröder § 27 RN 10a; *Weigend* FS Nishihara, S. 197 ff./199 ff. mwN.

[228] So zutreffend *Niedermair* ZStW 107 (1995), 507 ff.; vgl. auch *Ambos* JA 2000, 724; zur Beihilfe zur Steuerhinterziehung durch Mitarbeiter von Geldinstituten BGH 5 StR 624/99 JZ 2000, 1175 mit Anm. *Kudlich* JZ 2000, 1178.

[229] Vgl. oben § 4 RN 85 ff. sowie *Schall* GS Meurer, S. 103 ff., 119; ausgehend von einer auch das Handlungsunrecht einbeziehenden objektiven Zurechnung *Freund* AT § 10/138 f.; *Moos* FS Trechsel, 2002, S. 477 ff., vgl. auch zur Diskussion in Japan *Yamanaka* FS Jakobs, S. 767 ff.

[230] *Weigend* FS Nishihara, S. 210: keine messbare Förderung; *Kindhäuser* FS Otto, S. 355/371: Erforderlichkeit einer „tatspezifischen Risikosteigerung".

[231] *Weigend* FS Nishihara, S. 210: keine messbare Erhöhung der Tatbereitschaft; für eine generelle Ausklammerung der Erzeugung eines Besteuerungstatbestandes *Amelung* FS Grünwald, S. 29.

[232] Vgl. *Amelung* FS Grünwald, S. 29; BGH 5 StR 746/97 NStZ-RR 1999, 184 mit Bespr. *Otto* JK 1999 § 27/13; BGH 5 StR 624/99 BGHSt 46, 107, zust. *Ambos* JA 2000, 724 und *Roxin* AT 2 § 26/247 ff.

7. Strafmilderung

Im Unterschied zur Anstiftung ist die Strafe des Gehilfen *obligatorisch* nach Versuchsgrundsätzen (§ 49 I) zu *mildern*. 320

8. Aufbauschema der Beihilfeprüfung

- a. Objektive Elemente der Tatbestandsmäßigkeit 321
  - (Zumindest versuchte) vorsätzliche rechtswidrige *Haupttat*
  - *Hilfeleisten*

- b. Subjektive Elemente der Tatbestandsmäßigkeit:
  - Gehilfenvorsatz mit *doppelter Ausrichtung*
  - Bezüglich der vorsätzlichen rechtswidrigen vollendeten *Haupttat*
  - Bezüglich des *Hilfeleistens*

V. Straffreie Sonderbeteiligung anstatt „Notwendige Teilnahme"

1. „Notwendige Teilnahme"

Nach bisheriger Lehre unterscheidet man im Rahmen der sog. „notwendigen Teilnahme" *Konvergenz-* (a) und *Begegnungsstraftaten* (b). 322

a) Konvergenzstraftaten

Bei den sog. Konvergenzstraftaten handelt es sich um Strafvorschriften, die nur erfüllt sind, wenn mehrere Beteiligte mitwirken. Dogmatisch kommt der Bildung einer solchen Gruppe von Straftaten allerdings kaum Aussagekraft zu. Denn auf die Strafbarkeit und Straffreiheit der Beteiligten hatte die Zuordnung einer Strafvorschrift zu den Konvergenzstraftaten bisher nicht mehr Auswirkungen als sonstige Kategorisierungen innerhalb des Besonderen Teils wie z. B. als Zueignungs-, als Vermögens- oder als Urkundenstraftaten. Jedoch unternimmt *Küper*[233] den begrüßenswerten Versuch, aus der Natur als Konvergenzstraftat eine restriktive Beurteilung der Beteiligung Extraner herzuleiten, ein Ansatz, der der Extranenbeteiligung an der Zentripetalstraftat (unten RN 348 ff.) nicht unähnlich ist. 323

Unter dem Gesichtspunkt der gegenseitigen Anstiftung sind die Konvergenzstraftaten vom Standpunkt der h.M. gesehen unergiebig. Schließlich stellt sich auch die Frage, ob bei den Konvergenzstraftaten alle Beteiligten strafbar sein müssen, damit Tatbestandsmäßigkeit gegeben ist,[234] angesichts der limitierten Akzessorietät nicht mehr. 324

Als Beispiele für Konvergenzstraftaten seien die *Gefangenenmeuterei*, § 121, bzw. der *Landfriedensbruch*, § 125, genannt. Ein weiteres oft genanntes Beispiel ist die *gefährliche Körperverletzung* „von mehreren gemeinschaftlich" nach § 224. 325

---

[233] *Küper* GA 1997, 301 ff.

[234] Vgl. die Nachweise bei *Gropp* 1992, S. 19.

b) Begegnungsstraftaten

326 Die *Begegnungsstraftaten* erfordern ein *denknotwendiges Zusammenwirken* mehrerer, ohne dass Mittäterschaft gegeben ist. Hinsichtlich des Status der Beteiligten lassen sich hier umgangssprachlich „Täter“ und „Opfer“, „Überlegene“ und „Unterlegene“ unterscheiden.

327 Es gibt scheinbare „*Teilnahme-Tatbestände*“, bei denen bestimmte Personen als Täter ausgeschlossen sind, so § 216 oder § 120 (ausgeschlossen sind der die Tötung Verlangende als Täter sowie der sich selbst befreiende Gefangene). Eine oft genannte Fallgruppe sind auch die *Sexualstraftaten*, insbesondere §§ 174, 180. Zu nennen wäre aber auch die *Begünstigung*, die den Täter der Bezugstat gerade nicht als tauglichen Täter vorsieht.

328 Auch die Fallgruppen innerhalb der Begegnungsstraftaten haben bisher eine überzeugende Konzeption nicht erkennen lassen.[235]

2. Straffreie Sonderbeteiligung

329 Trotz des Anscheins von Konzeptionslosigkeit innerhalb der „notwendigen Teilnahme“ und der Fallgruppen der Konvergenz- bzw. Begegnungsstraftaten lassen sich aber *Kriterien* bilden, mit denen eine *formal* an sich gegebene Teilnahme bzw. Beteiligung bestimmter Mitwirkender als *materiell* straffrei begründet werden kann. Bei diesen Fallgruppen handelt es sich insbesondere um folgende:[236]

a) Die selbstverletzende Teilnahme des Dispositionsbefugten[237]

330 **Beispiel 10.50**

F, die vor kurzem den schmächtigen Jagdgesellen A verlassen hat, besucht mit ihrem neuen Freund D ein Restaurant. Als man bereits bezahlt hat und allmählich aufbrechen will, kommt gerade A zur Tür herein. F und D beschließen nun, den eifersüchtigen A zu ärgern. Demonstrativ tauschen sie Zärtlichkeiten aus, was A wie erwartet die Zornesröte ins Gesicht treibt. Schließlich droht A dem D, ihn zu verprügeln, falls er sich nicht sofort hinausschere. Da müsse A wohl schon seinen großen Bruder mitbringen, meint D, und verlässt mit lautem Hohngelächter das Lokal.

Sind F und D wegen Anstiftung des A zur versuchten Nötigung strafbar?

331 „Schutzgut des Nötigungstatbestandes ist die Willensentschließungs- und Willensbetätigungsfreiheit.“[238] Mangels entgegenstehender rechtlicher Anhaltspunkte konnten F und D über dieses Individualgut disponieren. Durch das Vorgehen von A wurden sie in keiner Weise in der Disposition über ihre Freiheit eingeschränkt, vielmehr entsprach A's Verhalten genau den Erwartungen. A konnte folglich das

[235] Vgl. *Gropp* 1992, S. 10 f.

[236] Näher zu den Fallgruppen *Gropp* 1992, §§ 14–18; vgl. auch *Sowada* 1992.

[237] Vgl. *Gropp* 1992, § 14.

[238] *Eser/Eisele* in: Schönke/Schröder, § 240 RN 1 mwN.

Erfolgsunrecht einer Nötigung nicht verwirklichen,[239] weshalb eine Strafbarkeit wegen vollendeter Nötigung ausscheidet. Jedoch liegt eine – nach § 240 III strafbare – versuchte Nötigung am untauglichen Objekt vor, weil A den Entschluss gefasst hatte, D durch Drohung mit einem empfindlichen Übel zum Verlassen des Lokals zu nötigen, wobei die Androhung von Prügeln zum Zweck der Vertreibung aus dem Lokal und der Verhinderung des weiteren Austauschs von Zärtlichkeiten wohl als verwerflich anzusehen ist.

Einer strafbaren Teilnahme am Versuch des A steht jedoch die *Dispositionsbefugnis* von F und D entgegen, als Recht, ein strafrechtlich geschütztes Interesse (Freiheit) zugunsten eines Dritten seines strafrechtlichen Schutzes zu entkleiden. Wer disponiert, handelt folglich rechtmäßig, solange nicht ein weiterer Rechtssatz im Interesse Dritter die Dispositionsbefugnis spezifisch einschränkt.[240] Die Dispositionsbefugnis hat rechtfertigenden Charakter. Sie stellt einen Rechtfertigungsgrund zugunsten des Disponierenden dar. Der rechtmäßige Charakter des disponierenden Verhaltens ändert sich nun nicht dadurch, dass ein Dritter in Unkenntnis der Disposition das betreffende Rechtsgut angreift, also rechtswidrig handelt. 332

b) Die selbstverletzende Teilnahme des Nichtdispositionsbefugten[241]

Beispiel 10.51 333

A hat erfahren, dass er krebskrank ist und nur noch wenige Monate zu leben hat. Um seiner Frau jedoch die bei unnatürlichem Tod doppelt so hohe Lebensversicherungssumme zu sichern, dingt er Killer K gegen Bezahlung von 5.000,- €, eine von ihm genau beschriebene Person zu töten. Diese Person ist – ohne Wissen des K – A selbst.

Alles geschieht wie verabredet. Jedoch schießt K im entscheidenden Moment vorbei. Ist A wegen Anstiftung zum (versuchten) Totschlag oder gar Mord (Habgier), §§ 212, 211, 22, 23, 26 strafbar? 334

Während der Dispositionsbefugte berechtigt ist, frei darüber zu entscheiden, ob er ein strafrechtlich geschütztes Interesse zugunsten eines Dritten des Schutzes entkleidet oder unter dem Schutz des Strafgesetzes belässt, steht dem nunmehr zu betrachtenden Sonderbeteiligten dieses Wahlrecht gerade nicht zu: Der Träger des indisponiblen Individualgutes kann es nicht des schützenden Strafrechtsschirmes berauben, er kann Dritte nicht aus der sanktionsrechtlichen Verantwortung entlassen. Und dennoch bleibt seine Teilnahme straffrei. 335

Denn der sich selbst mittelbar verletzende Sonderbeteiligte ist nicht Adressat der Strafvorschrift der Haupttat, weil die durch diese Strafvorschrift geschützten Interessen die *eigenen* Interessen des Teilnehmers sind, die mangels Vertypung vor Angriffen ihres Trägers nicht strafrechtlich geschützt werden. Vor diesem Hinter- 336

---

[239] Vgl. *Weigend* ZStW 98 (1986), 61.

[240] Vgl. auch *Otto* FS Lange, S. 197/211.

[241] *Vgl. Gropp* 1992, § 15; ebenso *Sowada*, 1992, S. 62.

grund sind die Bemerkungen *Roxins*[242] zu sehen, wonach als Voraussetzung einer strafbaren Teilnahme zu fordern sei, dass die durch die Haupttat geschützten Interessen auch dem Teilnehmer gegenüber geschützt sind. Bezogen auf *Beispiel 10.51.* bedeutet dies:

337 Die §§ 211, 212 schützen das (wie aus § 216 ersichtlich[243]) *indisponible* Rechtsgut „Leben".

338 Um des Schutzes der in den §§ 211 ff. beschriebenen Personen willen wird die auch dem Rechtsgut Leben gegenüber prinzipiell bestehende allgemeine Handlungsfreiheit in der Weise eingeschränkt, dass die vorsätzliche Beendigung fremden Lebens mit Strafe bedroht wird, und zwar gegenüber *jedermann in jeder Beteiligungsform*, also auch gegenüber A.

339 Die vorsätzliche Beendigung des *eigenen* Lebens hingegen ist – bei aller sittlichen Umstrittenheit[244] – als solche jedenfalls *nicht bei Strafe* verboten. Der seine eigene Tötung Veranlassende ist deshalb ein wesentlich ungleicher Beteiligter, der ungleich behandelt werden muss. Denn er verwirklicht kein dem Unrecht der Haupttat *entsprechendes* Teilnahmeunrecht (vgl. oben RN 231). Die wesentliche Gleichheit besteht hingegen mit der Straffreiheit der Selbsttötung. A kann daher nicht wegen Teilnahme an einer versuchten (Fremd-)Tötungsstraftat bestraft werden.

c) Die periphere Beteiligung an der Zentrifugal- bzw. Zentripetalstraftat

340 Obwohl der Straftattypus der Zentrifugal- bzw. Zentripetalstraftaten eine klaffende Begründungslücke im Rahmen der sog. „Notwendigen Teilnahme" schließt, beginnt er sich in der deutschen Dogmatik erst zaghaft durchzusetzen. Immerhin erkennt auch *Roxin* eine „periphere Beteiligung unterhalb der Strafwürdigkeitsschwelle" an[245] und *Schlösser* begründet die Straffreiheit begünstigter Betriebsratsmitglieder von § 119 Betriebsverfassungsgesetz mit deren peripherer Beteiligung.[246] In Japan hat die Tragfähigkeit des Ansatzes inzwischen breiteren Anklang gefunden.[247]

aa) Zentrifugalstraftaten[248]

341 Zentrifugalstraftaten beschreiben Verhaltensweisen, bei denen von einem Mittelpunkt – dem Täter – Gegenstände in alle Richtungen losgeschickt werden, wodurch der Eindruck einer „Flucht" aus dem Zentrum entsteht. Den abgesandten Gegenständen wohnt eine Gefahr[249] inne, die insbesondere im Falle eines Kontaktes mit bestimmten Personen zu einem Schaden führt oder führen kann:

342 Die Abgabe pornographischer Schriften im Versandhandel[250] bildet eine abstrakte Gefahr für Jugendliche, weil so nicht gewährleistet werden kann, dass der Empfänger eine Person über 18

[242] LK[11]-*Roxin* RN 2 vor § 26, vgl. auch LK-*Schünemann* RN 2 vor § 26; Wolter JuS 1982, 345.
[243] Vgl. statt aller LK-*Jähnke* § 212 RN 9.
[244] Vgl. BGH GSSt 4/53 BGHSt 6, 147/153, sowie mwN *Bottke* 1982, S. 51.
[245] *Roxin* AT 2 § 26/55.
[246] *Schlösser* NStZ 2007, 566.
[247] Vgl. *Magata* Jura 1999, 252 f.; *Toyota* Ritsumeikan Law Review Nr. 265 = 1999 Nr. 3.
[248] Vgl. *Gropp* 1992, § 16 A.
[249] Vgl. *Horn* NJW 1977, 2330 links.
[250] § 184 Abs.1 Nr. 3.

Jahre ist. Ist der Empfänger tatsächlich ein Jugendlicher, würde sich die abstrakte Gefahr konkret realisieren.

Das spezifische Unrecht der Zentrifugalstraftat liegt in der typischen Multiplikatorwirkung. 343

Beispiel 10.52 344

Teilnahme an einer Zentrifugalstraftat: A hat Büroräume angemietet, in denen sich zuvor die Zentrale einer politischen Organisation befunden hatte. Beim Renovieren entdeckt er in einem Nebenraum einen riesigen Bücherstapel. Bei näherem Hinsehen erkennt er sogleich, dass es sich um Schriften handelt, die i.S. von § 131 „zum Rassenhass aufstacheln". Als sich A zwecks Beseitigung gerade telefonisch an eine Altpapiersammelstelle wenden will, rät ihm sein Freund F, für die Bücher doch per unzweideutiger Anzeige in einer einschlägigen Zeitung zu werben. Auf das Inserat hin bestellt und erhält B ein seinen Erwartungen entsprechendes Exemplar. Strafbarkeit des B wegen Anstiftung zu § 131 I Nr. 1?

Dass F wegen Anstiftung zur Verbreitung von Schriften, welche zum Rassenhass aufstacheln, strafbar ist, bedarf keiner weiteren Begründung, denn seine Aktivität trägt zur Multiplikatorwirkung gerade bei. Da bei einer Mehrzahl zur Verbreitung bestimmter Stücke aber schon die Ausgabe eines Exemplars genügt,[251] hat auch B in A den Entschluss zur Begehung des § 131 I Nr. 1 hervorgerufen, also formal zur Verbreitung der Schrift angestiftet. Und dennoch scheuen wir davor zurück, B entsprechend zu bestrafen, weil die Mitwirkung in Form des Bestellens und Inempfangnehmens von Hetzschriften nicht als strafbar vertypt ist.[252] 345

Gegen die Vertypung der peripher mitwirkenden Besteller bzw. Abnehmer spricht vor allem die Unverhältnismäßigkeit einer solchen Regelung. 346

Denn die Kriminalisierung mittels Vertypung der Besteller und Empfänger von Schriften, deren Verbreitung verboten ist, wäre vielleicht ein geeignetes Mittel zum Erreichen des Zwecks. Jedoch wäre dieses Vorgehen sicher nicht das schonendste Mittel. Kriminalisiert man hingegen nur den vertreibenden Täter, dann resultiert aus der Versendung von 1000 Büchern bei gleicher Gefahrenlage die Strafbarkeit nur eines Beteiligten. Dass dies unter dem Gesichtspunkt des Rechts auf Handlungsfreiheit der schonendere Weg ist, bedarf keiner näheren Begründung. Dennoch neigt 347

[251] Vgl. *Lenckner/Perron* in: Schönke/Schröder, § 184 RN 57; a. A. *Franke* GA 1984, 470.

[252] So auch die Begründung des Berliner Kammergerichts v. 1.12.1982, NStZ 1983, 561/562 rechts für die Straffreiheit des Erwerbers von Video-Raubkopien über den Versandhandel bezüglich einer Beihilfe zum Verbreiten (§ 106 UrheberrechtsG, § 27 I StGB): „Es handelt sich hier um einen Fall der straffreien notwendigen Teilnahme, weil der Tatbestand des Verbreitens nur den Veräußerer, nicht aber den Erwerber erfasst"; vgl. zu § 106 UrheberrechtsG auch *Ganter* NJW 1986, 1480 sowie *Friedrich* MDR 1985, 368 rechts mwN.

der moderne Gesetzgeber mehr und mehr dazu, periphere Beteiligungen als sog. „Besitzstraftaten" unter Strafe zu stellen.[253]

bb) Zentripetalstraftaten[254]

348 Zentripetalstraftaten beziehen sich auf Verhaltensweisen, bei denen der Täter als Mittelpunkt des Geschehens zur Begehung der Tat typischerweise Dritte anlockt.

349 Übereinstimmung besteht zwischen Zentrifugal- und Zentripetalstraftat hinsichtlich des *Gefährlichkeitsgefälles* zum Sonderbeteiligten, weil auch dieser nur peripher teilhat, weshalb sein Teilnahmeunrecht dem Täterunrecht qualitativ nicht mehr entspricht.

350 **Beispiel 10.53**

Zentripetalstraftat – Obwohl die zuständige Behörde gegen den an Hepatitis B erkrankten Chirurgen Dr. A gem. § 31 Infektionsschutzgesetz (ISchG)[255] ein berufliches Tätigkeitsverbot ausgesprochen hat, führt er weiterhin Operationen durch. Damit macht sich Dr. A nach § 75 I Nr. 1 ISchG (Zentripetalstraftat) strafbar. Patient P, der sich von Dr. A wegen dessen legendärer Berufserfahrung trotz Kenntnis der Ansteckungsgefahr operieren lässt, nimmt hingegen nur peripher an der Zentripetalstraftat teil und bleibt daher straffrei.[256]

351 Die Begründung der Straffreiheit infolge Wahrnehmens der zentripetal gebotenen Gelegenheit folgt jener bei der Zentrifugalstraftat.

d) Die Beteiligung des als Täter wegen einer persönlichen berücksichtigungswürdigen Zwangslage Ausgeschlossenen[257]

352 **Beispiel 10.54**

A verbüßt eine mehrjährige Freiheitsstrafe. Auf seine flehentliche Bitte hin lässt Wärter W eines Abends die Tür unverschlossen und ermöglicht so A die Flucht. Ist A wegen Anstiftung des W zur Gefangenenbefreiung (§ 120) strafbar?

353 Die Zwangslage von Gefangenen wird in der Weise berücksichtigt, dass die Flucht des Gefangenen in der Strafvorschrift der „Gefangenenbefreiung" (§ 120) gerade

[253] Dazu *Gropp* FS Otto, S. 249 ff.; *Böse* ZStW 116 (2004), 680 ff.

[254] Vgl. *Gropp* 1992, § 16 B.

[255] Infektionsschutzgesetz vom 20. Juli 2000 (BGBl. I S. 1045), zuletzt geändert durch Art. 2 Abs. 36 u. Art. 4 Abs. 21 des Gesetzes vom 7. August 2013 (BGBl. I S. 3154), vgl. http://www.gesetze-im-internet.de/bundesrecht/ifsg/gesamt.pdf, zuletzt besucht am 30.6.2014.

[256] Vgl. auch *Gropp* 1992, S. 225 f. sowie *Graalmann/Scherer* GA 1995, 349 f.

[257] *Vgl. Gropp* 1992, § 17.

nicht vertypt ist, weil der Gefangene insoweit gerade nicht Täter sein *soll* (spezifischer Täterausschluss).[258]

Der Gehalt der für die Straffreiheit der einfachen Selbstbefreiung gegebenen Begründung hat sich seit der Aufklärung nicht mehr wesentlich geändert: **354**

Der Drang des Menschen nach Freiheit liegt im Wesen seines Selbsterhaltungstriebes und ist daher etwas jedem Menschen von Natur aus Beigegebenes.[259] Ein eingesperrter Mensch befindet sich in einem durch diesen Freiheitsdrang aufgebauten Motivationsdruck.[260] Dass ein Gefangener zu entweichen sucht, ist somit als eine als natürlich zu respektierende Reaktion zu betrachten, deren Bestrafung mit einem an der Humanität orientierten Menschenbild nicht zu vereinbaren wäre.[261] **355**

Die soeben für die Straffreiheit der einfachen Selbstbefreiung dargelegten Gründe gelten in gleicher Weise für die „mittelbare" Selbstbefreiung durch Teilnahme an der Fremdbefreiung nach § 120. Denn wenn man in Ablehnung einer Schuldteilnahmetheorie[262] davon ausgeht, dass die Verführung eines Menschen zu strafbarem Tun als solche die Strafbarkeitsbilanz eines Verhaltens nicht beeinflusst, dann kann es keine Rolle spielen, ob der Gefangene den amtlichen Gewahrsam durch Selbstbefreiung oder durch eigennützige Anstiftung eines Dritten zur Fremdbefreiung verletzt.[263] **356**

e) Die Beteiligung des als Täter wegen einer strafbaren Bezugstat Ausgeschlossenen[264]

Die 5. Kategorie der Straftattypen mit Sonderbeteiligung bilden einige wenige, dafür aber mit vielen Streitfragen verknüpfte Strafvorschriften mit spezifischem Täterausschluss: die Nichtanzeige geplanter Straftaten (§ 138), die Begünstigung (§ 257), die Hehlerei (§ 259) sowie die damit nahe verwandte Steuerhehlerei (§ 374 AO): der Täter der Bezugstat kann nicht Täter dieser Straftattypen sein. Dieser Täterausschluss beruht im Wesentlichen auf dem Gedanken der straflosen Vor- bzw. **357**

---

[258] Vgl. *Eser* in: Schönke/Schröder § 120 RN 9; SK-*Horn* § 120 RN 13; *Lackner/Kühl* § 120, RN 2; umfassend und mwN auch aus der Rechtsprechung LK-*Rosenau* § 120 RN 2 f.; *Ulsenheimer* GA 1972, 19.

[259] Vgl. schon *Boehmer* 1770, S. 878 sowie Anmerkungen zum Strafgesetzbuche für das Königreich Baiern [...], 1814 Bd. 3, Anmerkung zu Art. 330, S. 86 f.

[260] Vgl. LK-*Rosenau* § 120 RN 2, 33.

[261] Vgl. *Herzberg* JuS 1975, 794 rechts; *Herzberg* 1977, S. 136; *Welzel* LB S. 123; vgl. auch *Jescheck/Weigend* AT § 4 III; zur Intensität des Motivationsdrucks und der Art der Entweichungsmotive aus empirischer Sicht *Diekmann* 1964, S. 28. Als mit Abstand häufigstes Motiv (23,41 %) nennt *Diekmann* die Sorge um Angehörige (Familie, Ehefrau, Braut), danach folgen die Beeinflussung durch Mitgefangene (18,25 %). 6,35 % der Befragten nannten Heimweh, ebenso viele „Feierlust" als Entweichungsmotiv. Der familienbezogen-kommunikative Einschlag der Entweichungsmotive zeigt sich auch an den jeweils gewählten Fluchtzielen: Elternhaus, Geschwister (31,64 %), Familie, Ehefrau (23,61 %), Verwandte (3,39 %) sowie Braut, Freundin (7,92 %), vgl. *Diekmann*, S. 63. Zur Rechtslage eingangs des 20. Jahrhunderts rechtsvergleichend *M. E. Mayer* 1906, S. 38 ff.

[262] Vgl. *Schmidhäuser* 1988, S. 19.

[263] So bereits überzeugend *Geyer* ZStW 2 (1882), 319 f.; vgl. auch *Deubner* NJW 1962, 2261 f.; *Eser* in: Schönke/Schröder § 120 RN 15; *Krey/Hellmann/Heinrich* BT 1 RN 713; *Maurach/Schroeder/Maiwald* BT 2, § 72/13; LK-*Rosenau* § 120 RN 33 mwN.

[264] Näher *Gropp* 1992, § 18.

Nachtat:[265] Fraglich ist, ob dadurch auch andere Beteiligungsformen ausgeschlossen sind.

358 **Beispiel 10.55**

Nach Verbüßung einer mehrjährigen Freiheitsstrafe wegen eines Banküberfalls werden Täter A und Gehilfe B aus der Haft entlassen. Die Beute hat A in der Nähe des alten Friedhofs vergraben. Weil der Friedhof jedoch demnächst erweitert wird, droht das Versteck entdeckt zu werden. A sind wegen der Beobachtung durch die Polizei freilich die Hände gebunden. Deshalb beauftragt er den B, das Geld in ein sicheres Versteck zu bringen, was auch geschieht.

359 A kann als Vortäter nicht Täter einer Begünstigung sein (vgl. § 257 I). Ist A wegen *Anstiftung* zur Begünstigung, §§ 257 I, 26 strafbar?

360 Die Fallfrage ist bereits gesetzlich entschieden: nach § 257 III 1 bleibt A straffrei. Warum?

361 Im Gegensatz zu den Tätern etwa der Tötungs- und Körperverletzungsstraftaten, die zumeist ja gerade nicht rational, sondern emotional agieren, handeln die Täter der Bezugstaten zu § 257 typischerweise rational: Sie begehen eine Tat, aus der sie sich einen Vorteil versprechen. Dieser Vorteil bzw. die ihn betreffende Absicht gibt der Tat überhaupt erst ihren Sinn, bildet nicht selten sogar schon von der Formulierung des Tatbestandes her eine notwendige Voraussetzung für die Strafbarkeit des Verhaltens.[266] Wer aber eine Tat trotz Strafdrohung um eines Vorteils willen begeht, lässt sich nicht allein durch eine Strafdrohung dazu motivieren, diesen Vorteil ohne Zwang wieder herauszugeben, weil er sein Vorverhalten damit seines Sinnes berauben würde, „alles umsonst" gewesen wäre.[267] Für den rational denkenden Verbrecher hat seine Tat nur Sinn, wenn sie sich lohnt. Und diesen Lohn lässt er sich auch durch eine zusätzliche Kriminalisierung allein nicht wieder abnehmen.

362 Als Mittel zur Wiederherstellung eines rechtmäßigen Zustandes wäre die Vertypung der Selbstbegünstigung dem Sonderbeteiligten gegenüber angesichts der Begehung der Bezugstat ein untaugliches Instrument, dessen Einsatz daher auch nicht notwendig ist. Sie verstieße damit gegen das Prinzip der Verhältnismäßigkeit.

363 Die mangelnde Beeinflussbarkeit bezieht sich aber nicht nur auf die unmittelbare Selbstbegünstigung in Täterschaft, sondern auch auf die mittelbare Selbstbegünstigung durch (Beteiligung an der) Fremdbegünstigung vgl. § 257 III S. 1.[268] Deshalb bleibt die Anstiftung des B durch A (§§ 257 I, 26) gem. § 257 III S. 1 straffrei.

[265] Vgl. *Herzberg* JuS 1975, 795 links; *Lackner/Kühl* § 257 RN 8; *Lenckner* JuS 1962, 303 links; SK-*Hoyer* § 257 RN 31 ff.; *Stree/Hecker* in: Schönke/Schröder § 257 RN 24; LK-*Walter* § 257 RN 79 mwN sowie BT-Drs. 7/550 S. 248 rechts.

[266] Vgl. z. B. §§ 242 ff.; 263 ff.

[267] Auf diese „besondere Situation" des Vortäters verweist *Herzberg* JuS 1975, 795 links; vgl. auch *Herzog* GerS 29 (1878), 161 ff., insbes. 175, 177.

[268] In diesem Sinne bereits *Geyer* ZStW 2 (1882), 318 f.; vgl. auch *Herzberg* JuS 1975, 795 links; SK-*Hoyer* § 257 RN 31 ff.; *Stree* JuS 1976, 138 links, *Stree* in: Schönke/Schröder § 257 RN

D. Vorstufen der Beteiligung, § 30

Vgl. hierzu § 9 RN 205 ff.

Hinweise zum Leitfall 10

Der BGH bestätigte die Verurteilung der Angeklagten H, P und R wegen eines *täterschaftlich* begangenen Mordversuchs. **364**

R habe Frau N heimtückisch zu töten versucht.[269] Dabei habe er auf Grund der erfolgreichen „Überzeugungsarbeit" von H und P in „Wahngewissheiten" gelebt, die durch Annahme einer eingeschränkten Schuldfähigkeit (§ 21) hinreichend gewürdigt worden seien. Notwehr liege nicht vor. Auch auf § 34 könne sich R nicht berufen, weil § 34 die Tötung von Menschen nicht gestatte. Indem R geglaubt habe, das überwiegende Interesse wahrzunehmen, unterliege er einem Verbotsirrtum nach § 17. **365**

Hinsichtlich H und P nahm der BGH einen gemeinschaftlichen Mordversuch (niedrige Beweggründe) in mittelbarer Täterschaft an.[270] Die Beherrschung des R durch die Mittäter H und P beruhe im Wesentlichen darauf, dass R aufgrund seines Verbotsirrtums die Unrechtseinsicht gefehlt habe. **366**

E. Zur Wiederholung

Kontrollfragen

1. Welche Formen der Beteiligung sehen die §§ 25 ff. vor? (RN 5 ff., 16 ff.)
2. Nennen Sie drei Täterschaftstheorien und geben Sie das jeweils täterschaftsbegründende Kriterium an! (RN 58 ff.)
3. Nennen Sie drei typische Fallgruppen der mittelbaren Täterschaft (RN 119 ff.)
4. Nennen Sie drei Fallgruppen des Täters hinter dem Täter! (RN 146 f.)
5. Was heißt „Bestimmen" in § 26? (RN 264)
6. Was ist der Strafgrund der Teilnahme? (RN 229 ff.)
7. Nennen Sie die Übereinstimmungen und Unterschiede in § 28 I und II! (RN 239 ff., 244 ff.)

31; auch hier wird der Gedanke der mitbestraften Nachtat bemüht, vgl. *Geppert* Jura 1980, 329; *Stree* JuS 1976, 138 rechts.

[269] Vgl. BGH 4 StR 352/88 BGHSt 35, 347/348 ff.

[270] Vgl. BGHSt 35, 351 ff.

Literatur

Ambos Täterschaft durch Willensherrschaft kraft organisatorischer Machtapparate, GA 1998, 226 ff.
Ambos Beihilfe durch Alltagshandlungen, JA 2000, 721 ff.
Amelung Zum Verantwortlichkeitsmaßstab bei der mittelbaren Täterschaft durch Beherrschung eines nicht verantwortlichen Selbstschädigers, in: Schünemann u. a. (Hrsg.), Bausteine des europäischen Strafrechts 1995, S. 247 ff.
Amelung Die „Neutralisierung" geschäftsmäßiger Beiträge zu fremden Straftaten im Rahmen des Beihilfetatbestands, FS für Grünwald 1999, S. 9 ff.
Amelung (Hrsg.) Individuelle Verantwortung und Beteiligungsverhältnisse bei Straftaten in bürokratischen Organisationen des Staates, der Wirtschaft und der Gesellschaft, 2000
Anmerkungen zum Strafgesetzbuche für das Königreich Baiern nach den Protokollen des königlichen geheimen Raths, 1814 Bd. 3
AnwK-*Bearbeiter* = Leipold/Tsambikakis/Zöller (Hrsg.), AnwaltKommentar StGB, 2011
Baumann Mittelbare Täterschaft oder Anstiftung bei Fehlvorstellungen über den Tatmittler?, JZ 1958, 230 ff.
Baumann/Weber/Mitsch Strafrecht Allgemeiner Teil (AT), 11. Aufl., 2003
Beulke Mittäterschaftliche Tötung in der Weise, daß der eine Täter einen Mord und der andere einen Totschlag begeht?, NStZ 1990, 278 f.
Beulke Strafprozessrecht, 12. Aufl. 2012
Beulke/Witzigmann Mittelbare Täterschaft – gesetzliche und dogmatische Grundlagen, Ad Legendum 2012, 251 ff.
Beulke/Witzigmann Fallgruppen mittelbarer Täterschaft, Ad Legendum 2013, 59 ff.
Bloy Die Beteiligungsform als Zurechnungstypus, 1985.
Bloy Besprechung *Kamm* GA 2000, 394 f.
Boehmer Meditationes in Constitutionem Criminalem Carolinam, 1770, S. 878
Böse Das Einschleusen von Ausländern, ZStW 116 (2004), 680 ff.
Bottke Suizid und Strafrecht, 1982
Bottke Mittäterschaft bei gemeinsam fahrlässiger oder leichtfertiger Erfolgswirkung, GA 2001, 463 ff.
Bringewat Grundbegriffe des Strafrechts, 2003
Burgstaller Zur Täterschaftsregelung im neuen StGB, ÖRiZ 1975, 13 ff.
Buser Zurechnungsfragen beim mittäterschaftlichen Versuch, 1998
Charalambakis Zur Problematik der psychischen Beihilfe, FS für Roxin 2001, S. 625 ff.
Cramer Straf- und Strafprozessrecht – Zugleich eine Anmerkung von BGH, Urteil v. 03.06.1964-2 StR 14/64, JZ 1965, 31 ff.
Deubner §§ 120, 48 (Gemeinsame Flucht von Gefangenen; Anstiftung zur Beihilfe zur Selbstbefreiung), NJW 1962, 2261 f.
Diekmann Das Entweichen Gefangener, 1964
Diercks Der verfassungsrechtlich anstößige Begriff „Täter" im Ermittlungsverfahren, Anwaltsblatt 1999, 311 ff.
Engländer Die Teilnahme an Mord und Totschlag, JA 2004, 410 ff.
Erb Zur Konstruktion eines untauglichen Versuchs der Mittäterschaft bei scheinbarem unmittelbarem Ansetzen eines vermeintlichen Mittäters zur Verwirklichung des Straftatbestandes, NStZ 1995, S. 424
Eser Juristischer Studienkurs, Strafrecht II (StK II), 3. Aufl. 1980
Eser Juristischer Studienkurs, Strafrecht IV (StK IV), 4. Aufl. 1983
Feuerbach Lehrbuch des gemeinen in Deutschland gültigen Peinlichen Rechts, 14. Aufl. 1847.
Fischer Strafgesetzbuch, 60. Aufl. 2013
Fischer/Gutzeit Grundfragen zu § 28 StGB, JA 1998, 41 ff.
Franke Strukturmerkmale der Schriftenverbreitungstatbestände des StGB, GA 1984, 470 ff.
Freund Strafrecht, Allgemeiner Teil (AT) personale Straftatlehre, 2. Aufl. 2009

Friedrich Strafbarkeit des Endabnehmers von Raubkopien, MDR 1985, 368 ff.
Friedrich Strafbare Beteiligung – akzessorische oder originäre Täterschaft?, FS für Triffterer 1996, S. 43 ff.
Fuchs Strafrecht Allgemeiner Teil I (AT I), 8. Aufl. 2012
Gaede Die strafbare Beihilfe und ihre aktuellen Probleme – Die gelungene Prüfung der §§ 27 und 28 StGB, JA 2007, 757 ff.
Ganter Strafrechtliche Probleme im Urheberrecht, NJW 1986, S. 1480
Geppert Begünstigung (§ 257 StGB), Jura 1980, S. 329
Geppert Die Beihilfe, Jura 1999, 266 ff.
Geyer Bemerkungen zu Entscheidungen des Reichsgerichts, ZStW 2 (1882), 319 f.
Graalmann/Scherer Die Privilegierung des Freiers im Straf- und Ordnungswidrigkeitenrecht, GA 1995, 349 f.
Graul Zur Haftung eines (potentiellen Mittäters für die Vollendung bei Lossagung von der Tat im Vorbereitungsstadium, GS für Meurer, 2002, S. 91 ff.
Gropp Deliktstypen mit Sonderbeteiligung, 1992
Gropp (Hrsg.), Besondere Ermittlungsmaßnahmen zur Bekämpfung der Organisierten Kriminalität, 1993
Gropp Rechtsvergleichender Querschnitt, in: Gropp (Hrsg.), Besondere Ermittlungsmaßnahmen zur Bekämpfung der Organisierten Kriminalität, 1993, S. 878 ff.
Gropp Die Mitglieder des Nationalen Verteidigungsrates als „Mittelbare Mit-Täter hinter den Tätern?", JuS 1996, 13 ff.
Gropp Zur Freiverantwortlichkeit des Suizids aus juristisch-strafrechtlicher Sicht, in Pohlmeier u. a. (Hrsg.), Suizid zwischen Medizin und Recht, 1996, S. 13 ff.
Gropp Besitzdelikte und periphere Beteiligung, FS für Otto 2007, S. 249 ff.
Gropp Die fahrlässige Verwirklichung des Tatbestandes einer strafbaren Handlung – miteinander oder nebeneinander, GA 2009, 265 ff.
Gropp/Küpper/Mitsch Fallsammlung zum Strafrecht, 2. Aufl. 2012
Greco Kausalitäts- und Zurechnungsfragen bei unechten Unterlassungsdelikten, ZIS 2011, 674 ff.
Haas Kritik der Tatherrschaftslehre, ZStW 119 (2007), 519 ff.
Hake Beteiligtenstrafbarkeit und „besondere persönliche Merkmale". Ein Beitrag zur Harmonisierung des § 28 StGB, 1994
Hartung „Der Badewannenfall", JZ 1954, 430 ff.
Hassemer Mord und Totschlag in Mittäterschaft, JuS 1990, 148 ff.
Hassemer, Freistellung des Täters aufgrund von Drittverhalten, FS für Lenckner 1998, S. 97 ff.
Heckler Versuchsbeginn bei vermeintlicher Mittäterschaft, GA 1997, 72 ff.
Hefendehl Tatherrschaft in Unternehmen vor kriminologischer Perspektive, GA 2004, 575 ff.
Heine Täterschaft und Teilnahme in staatlichen Machtapparaten, JZ 2000, 920 ff.
Heinrich, B. Strafrecht – Allgemeiner Teil (AT), 3. Aufl. 2012
Heinrich, M. Rechtsgutszugriff und Entscheidungsträgerschaft, 2002
Herzberg Anstiftung und Beihilfe als Straftatbestände, GA 1971, 1 ff.
Herzberg Die Akzessorietät der Teilnahme, JuS 1975, 794 ff.
Herzberg Grundfälle zur Lehre von Täterschaft und Teilnahme – Fallbeispiel: Der abgelistete Schuss, JuS 1976, 40 ff.
Herzberg Täterschaft und Teilnahme, 1977
Herzberg Abergläubische Gefahrabwendung und mittelbare Täterschaft durch Ausnutzung eines Verbotsirrtums, Jura 1990, 16 ff.
Herzberg Mittelbare Täterschaft und Anstiftung in formalen Organisationen, in: Amelung (Hrsg.) 2000, S. 7 ff.
Herzberg Der Versuch, die Straftat durch einen anderen zu begehen, FS für Roxin 2001, S. 749 ff.
Herzberg Täterschafts und Teilnahme: eine systematische Darstellung, JuS 1977, S. 136 ff.
Herzog Kann ein bei der Haupttat Beteiligter sich in Ansehung derselben Tat einer Begünstigung schuldig gemacht haben?, GerS 29 (1878), 161 ff.
Hillenkamp Die Bedeutung von Vorsatzkonkretisierungen bei abweichendem Kausalverlauf, 1971
Hillenkamp 32 Probleme aus dem Strafrecht Allgemeiner Teil, 14. Aufl. 2012
Hippel, v. Deutsches Strafrecht, Bd. II: Das Verbrechen. Allgemeine Lehren, 1930

Hirsch Zur Notwendigkeit der Auslegungsänderung und Neufassung der Teilnahmeregelung bei „besonderen persönlichen Merkmalen", FS für Schreiber 2005, S. 153 ff.
Horn Das „Inverkehrbringen" als Zentralbegriff des Nebenstrafrechts, NJW 1977, 2330 ff.
Jakobs Strafrecht, Allgemeiner Teil: die Grundlagen und die Zurechnungslehre, (AT) 2. Aufl., 1991
Jakobs Zur täterschaftlichen Verantwortlichkeit der Mitglieder des Nationalen Verteidigungsrates der früheren DDR für die Tötung von Flüchtlingen, NStZ 1995, 26
Jakobs Objektive Zurechnung bei mittelbarer Täterschaft durch ein vorsatzloses Werkzeug, GA 1997, 553 ff.
Jescheck/Weigend Lehrbuch des Strafrechts, Allgemeiner Teil (AT), 5. Aufl. 1996
Joecks Strafgesetzbuch, Studienkommentar (StK), 10. Aufl. 2012
Joerden Strukturen des strafrechtlichen Verantwortlichkeitsbegriffs: Relationen und ihre Verkettungen, 1988.
Kamm Die fahrlässige Mittäterschaft, 1999
Kamm Die fahrlässige Mittäterschaft, GA 2000, 392 ff.
Kindhäuser Zur Bestimmtheit des Gehilfenvorsatzes, NStZ 1997, 273 ff.
Kindhäuser, Zum Begriff der Beihilfe, FS für Otto 2007, S. 355 ff.
Kindhäuser Strafrecht, Allgemeiner Teil (AT), 6. Aufl., 2013
KK-OWiG-*Bearbeiter* = Karlsruher Kommentar zum Ordnungswidrigkeitengesetz, 4. Aufl. 2014
Koch Grundfälle zur mittelbaren Täterschaft, § 25 I Alt. 2 StGB, JuS 2008, 496 ff.
Krack Der Versuchsbeginn bei Mittäterschaft und mittelbarer Täterschaft, ZStW 110 (1998), 611 ff.
Krack Die Münzhändlerkonstellation – Eine Fallgruppe für die Unterlassungsdelikte?, ZStW 117 (2005), S. 555
Kraatz Die fahrlässige Mittäterschaft, 2006
Krack Unmittelbares Ansetzen duch einen nur vermeintlichen Tatmittler?, GS für Eckert 2008, S. 467 ff.
Kretschmer Mittelbare Täterschaft – Irrtümer über die tatherrschaftsbegründende Situation, Jura 2003, 535 ff.
Krey Rechtsprobleme des strafprozessualen Einsatzes Verdeckter Ermittler, 1993
Krey/Esser Deutsches Strafrecht, Allgemeiner Teil (AT), 5. Aufl., 2012
Krey/Hellmann/Heinrich, M. Strafrecht Besonderer Teil 1 (BT 1), 15. Aufl. 2012
Kudlich Zum Problem der „neutralen Beihilfe" im Rahmen der Mitwirkung eines Angestellten eines Kreditinstituts bei der Steuerhinterziehung durch Geldtransfer ins Ausland, JZ 2000, 1178 ff.
Kühl Strafrecht Allgemeiner Teil (AT), 7. Aufl., 2012
Küper Versuchsbeginn und Mittäterschaft, 1978
Küper Die dämonische Macht des „Katzenkönigs" oder – Probleme des Verbotsirrtums und Putativnotstandes an den Grenzen strafrechtlicher Begriffe, JZ 1989, 617 ff.
Küper Konvergenz: Die gemeinschaftliche Körperverletzung im System der Konvergenzdelikte, GA 1997, 301 ff.
Küper Die „Sphinx" des § 28 Abs. 2 StGB. Zurechnungs- oder Strafzumessungsnorm?, FS für Jakobs 2007, S. 311 ff.
Küper Anmerkungen zum Irrtum über die Beteiligungsform, FS für Roxin 2011, S. 895 ff.
Küpper Grenzen der normativierenden Strafrechtsdogmatik, 1990
Küpper Mord und Totschlag in Mittäterschaft, JuS 1991, 639 ff.
Küpper Mittäterschaft schon bei Beteiligung nur im Vorbereitungsstadium der Tat?, NStZ 1995, 331 ff.
Küpper Besondere Erscheinungsformen der Anstiftung, JuS 1996, 23 ff.
Küpper Zur Abgrenzung der Täterschaftsformen, GA 1998, 520 ff.
Küpper Strafrecht Besonderer Teil 1 (BT 1) 3. Aufl., 2007
Lackner/Kühl Strafgesetzbuch: Kommentar, 27. Aufl. 2011

Lenckner Das Zusammentreffen von strafbarer und strafloser Begünstigung, JuS 1962, 303 ff.

Lesch Gemeinsamer Tatentschluß als Voraussetzung der Mittäterschaft?, JA 2000, 73 ff.

Liszt, v/Schmidt, Lehrbuch des deutschen Strafrechts (LB), 25. Aufl. 1927

LK[11]-*Bearbeiter* = Jähnke/Laufhütte/Odersky (Hrsg.), Leipziger Kommentar, Strafgesetzbuch, 11. Aufl. 1992 ff.

LK-*Bearbeiter* = Laufhütte/Rissing-van Saan/Tiedemann (Hrsg.), Leipziger Kommentar, Strafgesetzbuch, 12. Aufl. 2007 ff.

Lüderssen Zum Strafgrund der Teilnahme, 1967

Magata Die Entwicklung der Lehre von der notwendigen Teilnahme, Jura 1999, 246 ff.

Maiwald Der Zueignungsbegriff im System der Eigentumsdelikte, 1970

Maiwald Historische und dogmatische Aspekte der Einheitstäterlösung, Festschrift für Bockelmann 1979, S. 343 ff.

Maurach Deutsches Strafrecht, Allgemeiner Teil (AT), 1. Aufl. 1954

Maurach/Gössel Strafrecht Allgemeiner Teil, Teilband 2 (AT 2), 7. Aufl. 1989

Maurach/Schroeder/Maiwald Strafrecht Besonderer Teil, Teilband 2 (BT 2), 10. Aufl. 2012

Mayer, M. E. Die Befreiung von Gefangenen, 1906

Mitsch Straflose Provokation strafbarer Taten, 1986

Mitsch Buchbesprechung: Zum Bewertungsirrtum über die Rechtswidrigkeit des Angriffs bei Notwehr, ZStW 110 (1998), 187 ff.

Mitsch Fahrlässigkeit und Straftatsystem, JuS 2001, 110 ff.

Mitsch Strafrecht Besonderer Teil, Teilband 2 (BT 2/1), 2. Aufl. 2003

Mitsch Recht der Ordnungswidrigkeiten (OWiG), 2. Aufl. 2005

Mitsch Nichts ging los im „Münzhändler-Fall", FS für Kühne 2013, S. 31 ff.

MK-*Bearbeiter* = Münchener Kommentar zum Strafgesetzbuch, 2. Aufl. 2011 ff.

Moos, Objektive Zurechnung und sozialadäquates Verhalten bei wertneutraler Gehilfenschaft, FS für Trechsel 2002, S. 477 ff.

Muños Conde Willensherrschaft kraft organisatorischer Machtapparate im Rahmen „nichtgelöster" Organisationen?, FS für Roxin 2001, S. 624

Murmann Tatherrschaft durch Weisungsmacht, GA 1996, 269 ff.

Murmann Zum Tatbestand der Beihilfe, JuS 1999, 548 ff.

Murmann Grundkurs Strafrecht (GK), 2. Aufl. 2013

Nibbeling Gekreuzte Mordmerkmale: Noch einmal – Der Klassiker „Katzenkönig-Fall" BGHSt 35, 347, JA 1995, 216 f.

Niedermair Straflose Beihilfe durch neutrale Handlungen?, ZStW 107 (1995), 507 ff.

NK-StGB-*Bearbeiter* = *Kindhäuser/Neumann/Paeffgen* (Gesamtredaktion), Nomos-Kommentar zum StGB, 4. Aufl. 2013

Osnabrügge Die Beihilfe und ihr Erfolg. Zur objektiven Beziehung zwischen Hilfeleistung und Haupttat in § 27 StGB, 2002

Otto Eigenverantwortliche Selbstschädigung und -gefährdung sowie einverständliche Fremdschädigung und -gefährdung, FS für Tröndle 1989, S. 157 ff.

Otto Jura-Kartei (JK) 1997, 1999

Otto Vorgeleistete Strafvereitelung durch berufstypische oder alltägliche Verhaltensweisen als Beihilfe, FS für Lenckner 1998, S. 193 ff.

Otto Das Strafbarkeitsrisiko berufstypischen, geschäftsmäßigen Verhaltens, JZ 2001, 436 ff.

Otto Mittelbare Täterschaft und Verbotsirrtum, FS für Roxin 2001, S. 483 ff.

Otto Täterschaft kraft organisatorischen Machtapparates, Jura 2001, 759 ff.

Otto Besondere persönliche Merkmale im Sinne des § 28 StGB, Jura 2004, 469/472 f.

Otto Grundkurs Strafrecht, Allgemeine Strafrechtslehre (GK-AT), 7. Aufl. 2004

Otto Straflose Teilnahme?, FS für Lange 1976, S. 197 ff.

Puppe Der objektive Tatbestand der Anstiftung, GA 1984, 101/112 ff.

Puppe Wie wird man Mittäter durch konkludentes Verhalten?, NStZ 1991, 571 ff.

Puppe Wider die fahrlässige Mittäterschaft, GA 2004, 129 ff.

Puppe Der gemeinsame Tatplan der Mittäter, ZIS 2007, 234 ff.
Puppe Das sog. gerechtfertigte Werkzeug, FS für Küper 2007, S. 443 ff.
Puppe Strafrecht Allgemeiner Teil im Spiegel der Rechtsprechung (AT), 2. Aufl. 2011
Puppe Die Architektur der Beteiligungsformen, GA 2013, 514 ff.
Putzke Pflichtdelikte und objektive Zurechnung, FS für Roxin 2011, S. 425 ff.
Ranft Zur strafrechtlichen Verantwortlichkeit der Mitglieder des Politbüros, JZ 2003, 582 ff.
Ransiek Pflichtwidrigkeit und Beihilfeunrecht, wistra 1997, 41 ff.
Rengier Strafrecht Allgemeiner Teil (AT), 5. Aufl. 2013
Renzikowski Restriktiver Täterbegriff und fahrlässige Beteiligung, 1997
Renzikowski Die fahrlässige Mittäterschaft, FS für Otto 2007, S. 423 ff.
Riklin Anstiftung durch Fragen, GA 2006, 361 ff.
Roger Die sog. Zumessungslösung zu § 28 II StGB: ihre (zweifelhafte) Berechtigung und ihre Bedeutung für die Vorfeldbestrafung (§ 30 StGB), GA 2013, 694 ff.
Rotsch Die Rechtsfigur des Täters hinter dem Täter bei der Begehung von Straftaten im Rahmen organisatorischer Machtapparate und ihre Übertragbarkeit auf wirtschaftliche Organisationsstrukturen, NStZ 1998, 491 ff.
Rotsch Tatherrschaft kraft Organisationsherrschaft?, ZStW 112 (2000), 518 ff.
Rotsch „Neutrale Beihilfe" Zur Fallbearbeitung im Gutachten, Jura 2004, 14 ff.
Rotsch Neues zur Organisationsherrschaft, NStZ 2005 13 ff.
Rotsch Der ökonomische Täterbegriff, ZIS 2007, 261 ff.
Rotsch „Einheitstäterschaft" statt Tatherrschaft, 2009
Rotsch „Gemeinsames Versagen" Zu Legitimität und Legalität der fahrlässigen Mittäterschaft, FS für Puppe 2011, S. 887 ff.
Roxin Zum Strafgrund der Teilnahme, FS für Stree/Wessels 1993, S. 365 ff.
Roxin Was ist Beihilfe?, FS für Miyazawa, 1995, S. 501 ff.
Roxin Zur Bestimmtheit des Teilnehmervorsatzes, Festschrift für Salger 1995, S. 129 ff.
Roxin Anmerkung von BGH, Urteil v. 26.07.1994-5 StR 98/94, JZ 1995, 49
Roxin Zur Mittäterschaft beim Versuch, Festschrift für Odersky 1996, S. 489 ff.
Roxin Anmerkung von BGH, Urteil v. 18.04.1996-1 StR 14/96, JZ 1997, 210 ff.
Roxin Probleme von Täterschaft und Teilnahme bei organisierter Kriminalität, FS für Grünwald 1999, S. 549 ff.
Roxin Die Abgrenzung von Täterschaft und Teilnahme in der höchstrichterlichen Rechtsprechung, in: C.-W. Canaris u. a. (Hrsg.), 50 Jahre Bundesgerichtshof, 2000, S. 177 ff.
Roxin Individuelle Verantwortung und Beteiligungsverhältnisse bei Straftaten in bürokratischen Organisationen des Staates, der Wirtschaft und der Gesellschaft, in: Amelung (Hrsg.) 2000, S. 55 ff.
Roxin Strafrecht Allgemeiner Teil Band 2 (AT 2), 2003
Roxin Täterschaft und Tatherrschaft, 8. Aufl. 2006
Roxin Organisationsherrschaft als eigenständige Form mittelbarer Täterschaft, SchwZStrR 2007, 1 ff.
Roxin Zur neuesten Diskussion über die Organisationsherrschaft, GA 2012, 395 ff.
Rudolphi Fälle zum Strafrecht, Allgemeiner Teil, 5. Aufl. 2000
Samson Die Kausalität der Beihilfe, FS für Peters 1974, S. 123 ff.
Satzger Die Ausweitung der (Mit-)Täterschaft – Besorgnis erregende Entwicklungen (nur) im Völkerstrafrecht?, FS für Volk 2009, S. 649 ff.
Schaffstein Die Risikoerhöhung als objektives Zurechnungsprinzip im Strafrecht, insbesondere bei der Beihilfe, FS für Honig 1970, S. 169 ff.
Schaffstein Der Täter hinter dem Täter bei vermeidbarem Verbotsirrtum und verminderter Schuldfähigkeit des Tatmittlers, NStZ 1989, 153 ff.
Schall Strafloses Alltagsverhalten und strafbares Beihilfeunrecht, GS für Meurer 2002, S. 103 ff.
Schild Täterschaft als Tatherrschaft, 1994
Schild Tatherrschaftslehren, 2009

Schlösser Soziale Tatherrschaft, 2004
Schlösser Mittelbare individuelle Verantwortlichkeit im Völkerstrafrecht, 2004
Schlösser Der Täter hinter dem Gehilfen, JR 2006, 102 ff.
Schlösser Organisationsherrschaft durch Tun und Unterlassen, GA 2007, 161 ff.
Schlösser Zur Strafbarkeit des Betriebsrates nach § 119 BetrVG – ein Fall straffreier notwendiger Teilnahme? NStZ 2007, 562 ff.
Schlüchter Fit im Recht. Strafrecht Allgemeiner Teil (AT), 3. Aufl. 2000
Schmidhäuser Form und Gehalt der Strafgesetze, 1988
Schmoller Sukzessive Beteiligung und Einheitstäterschaft, GS für Zipf 1999, S. 295 ff.
Schmoller Sukzessive Beteiligung, Kansai University Review of Law and Politics, 2002, 35 ff.
Schmoller Erhaltenswertes der Einheitstäterschaft, GA 2006, 365 ff.
Schönke/Schröder, *Bearbeiter* in: = Schönke/Schröder. Strafgesetzbuch, 28. Aufl. 2010, fortgeführt von Lenckner, Cramer, Eser, Stree, Heine, Perron, Sternberg-Lieben, Eisele, Bosch, Hecker und Kinzig und unter Mitarbeit von Schittenhelm.
Schroeder Der Täter hinter dem Täter, 1965
Schroeder Der Sprung des Täters hinter dem Täter aus der Theorie in die Praxis, in: Hoyer, Andreas (Hrsg.) Friedrich-Christian Schroeder. Beiträge zur Gesetzgebungslehre und zur Strafrechtsdogmatik, 2001, S. 189 ff.
Schumann Der Einheitstäterbegriff des § 14 OWiG, 1979
Schumann Strafrechtliches Handlungsunrecht und das Prinzip der Selbstverantwortung der Anderen, 1986
Schumann Zur Abgrenzung von mittelbarer Täterschaft und Anstiftung, wenn der Tatmittler sich in einem vermeidbaren Verbotsirrtum befindet, NStZ 1990, 32 ff.
Seier Der Einheitstäter im Strafrecht und im Gesetz über Ordnungswidrigkeiten, JA 1990, 142 ff., 382 ff.
Seier Der willfährige Arzt, JuS 2000, Lernbogen L 85 ff.
SK-*Bearbeiter* = Systematischer Kommentar zum Strafgesetzbuch, Grundwerk mit 136. Ergänzungslieferung, von *Rudolphi, Horn, Samson* (Stand: Oktober 2012)
Sowada Die „notwendige Teilnahme“ als funktionales Privilegierungsmodell im Strafrecht, 1992
Spendel Zum Begriff der Täterschaft, FS für Lüderssen 2002, S. 605 ff.
SSW-StGB-*Bearbeiter* = Satzger/Schmitt/Widmaier Strafgesetzbuch, Kommentar, 2009
Stein Die strafrechtliche Beteiligungsformenlehre, 1988
Stoffers Streitige Fragen der psychischen Beihilfe im Strafrecht, Jura 1993, 11 ff.
Stratenwerth/Kuhlen Strafrecht Allgemeiner Teil (AT), Die Straftat, 6. Aufl. 2011
Stree Begünstigung, Strafvereitelung und Hehlerei – Betrachtungen zur Neuregelung, JuS 1976, 138
Streng Wie „objektiv“ ist der objektive Versuchstatbestand?, GS für Zipf 1999, S. 325 ff.
Tiedemann Wirtschaftsstrafrecht: Einführung und Allgemeiner Teil mit wichtigen Rechtstexten, 4. Aufl. 2014
Toyota Hitsuyoteki Kyohan (Notwendige Teilnahme), Ritsumeikan Law Review Nr. 263 ff. = Ritsumeikan Law Review 1999 Nr. 1 ff.
Ulsenheimer Zumutbarkeit normgemäßen Verhaltens bei Gefahr eigener Strafverfolgung, GA 1972, 1 ff.
Walther, S. Eigenverantwortlichkeit und strafrechtliche Zurechnung, 1991.
Weber Probleme der Versuchsstrafbarkeit bei mehreren Tatbeteiligten, FS für Lenckner 1998, S. 435 ff.
Weigend Über die Begründung der Straflosigkeit bei Einwilligung des Betroffenen, ZStW 98 (1986), 61
Weigend Grenzen strafbarer Beihilfe, FS für Nishihara 1998, S. 197 ff.
Weißer Gibt es eine fahrlässige Mittäterschaft?, JZ 1998, 230 ff.
Welzel Das Deutsche Strafrecht (LB), 11. Aufl. 1969
Wessels/Beulke/Satzger Strafrecht Allgemeiner Teil (AT), 43. Aufl. 2013

Wessels/Hillenkamp BT 2, 36. Aufl. 2013
Wohlers Hilfeleistung und erlaubtes Risiko – zur Einschränkung der Strafbarkeit gemäß § 27 StGB, NStZ 2000, 169 ff.
Wolter Notwendige Teilnahme und straflose Beteiligung, JuS 1982, 345 ff.
Yamanaka Objektive Zurechnung bei neutralen Beihilfehandlungen, FS für Jakobs 2007, S. 767 ff.
Zaczyk Die „Tatherrschaft kraft organisatorischer Machtapparate" und der BGH, GA 2006, 411 ff.
Zieschang Mittäterschaft bei bloßer Mitwirkung im Vorbereitungsstadium?, ZStW 107 (1995), 36 ff.
Zieschang Der Begriff „Hilfeleisten" in § 27 StGB, FS für Küper 2007, S. 733 ff.
Zieschang Gibt es den Täter hinter dem Täter?, FS für Otto 2007, S. 505 ff.
Zoll Strafbare Beteiligung an Sonderdelikten im polnischen Strafrecht, FS für Triffterer 1996, S. 275 ff.

§ 11 Unterlassen

Leitfall 11

Dachgeschossbrand-Fall – BGH 1 StR 175/70, bei Dallinger MDR 1971, 361:[1] Im teilweise ausgebauten Dachgeschoss eines Hauses, in dem A mit seiner Familie zwei Zimmer bewohnte, war zu nächtlicher Stunde aus nicht aufzuklärender Ursache ein offener Brand ausgebrochen, und zwar in unmittelbarer Nähe eines Mansardenzimmers, in dem der zweijährige Sohn und die ein halbes Jahr alte Tochter des A schliefen. Auch A selbst hielt sich zu dem fraglichen Zeitpunkt wach und voll angekleidet [...] in dem Dachgeschosszimmer auf. Als der Brand um sich griff, nahm A die Kinder aus ihren Betten und trat [...] mehrfach an das offene (einzige) Fenster des Raumes und rief „Feuer" und „Wo ist die Feuerwehr?" Diese war inzwischen bereits alarmiert. Am Brandplatz fand sich eine Reihe von Menschen ein. Drei kräftige junge Männer stellten sich mit auffangbereiten Armen unter das Fenster und riefen dem A immer wieder laut zu, er solle das Kind herabwerfen. Dieses heulte und strampelte heftig, während es der Vater auf dem Arm hielt. Von dem Fenster ging es (gemessen vom unteren Fenstersims an) 6,30 m in die Tiefe bis zur asphaltierten, unbeleuchteten Straße, die ohne Gehsteig bis unmittelbar an das Wohnhaus heranreichte. A konnte sich zu keinem Entschluss durchringen. 1

Die Flammen breiteten sich rasch aus, zumal die Wände und die Decke des Mansardenzimmers aus leicht brennbaren Sperrholzplatten bestanden. Bald wurde eine Flucht aus dem Zimmer über den brennenden Vorraum und die in Flammen stehende Treppe unmöglich. Nach der sicheren Überzeugung des Tatrichters hätten jedoch die vor dem Hause stehenden Menschen, insbesondere die drei unter dem Fenster mit erhobenen Armen wartenden Männer, die Kinder so auffangen können, „dass sie mit fast absoluter Gewissheit jedenfalls am Leben geblieben wären", vorausgesetzt, dass A mit der von ihm zu fordernden Sorgfalt 2

[1] Mit Anm. *Geilen* JZ 1973, 321 f.; *Herzberg* MDR 1971, S. 881; *Schlüchter* JuS 1976, S. 793; *Spendel* JZ 1973, S. 137; *Ulsenheimer* JuS 1972, S. 252.

W. Gropp, *Strafrecht Allgemeiner Teil*, Springer-Lehrbuch,
DOI 10.1007/978-3-642-38126-3_11

gehandelt hätte. A erkannte, dass ein Belassen der Kinder in dem brennenden Zimmer in allerkürzester Zeit deren sicheren Tod bedeutete. Es war ihm bewusst, dass auf rechtzeitige andere Hilfe von außen nicht mehr zu hoffen war und „dass er als der mit seinen Kindern in dem brennenden Zimmer eingeschlossene Vater der einzige Mensch war, der mindestens noch eine mit ziemlicher Erfolgsaussicht verbundene Chance hatte, die beiden Kinder lebend zu bergen", indem er sie aus dem Fenster des Dachgeschosses fallen ließ. Trotzdem konnte sich A zu der – auch aus seiner Sicht – allein noch in Betracht kommenden Rettungshandlung wegen des damit verbundenen Risikos nicht entschließen. Möglicherweise hörte A von der Straße auch nur unbestimmte Rufe, ohne einzelne Worte zu verstehen, und sah wegen der Dunkelheit unten nicht die drei jungen Männer. Er fürchtete (unwiderlegt), „seine Kinder dadurch zu verletzen oder sogar ungünstigstenfalls ihren Tod herbeizuführen, dass er sie aus der ihm bekannten Höhe nach unten warf".

3 A war unschlüssig und ratlos. Als dann plötzlich dichter Qualm von hinten in das Zimmer drang und die Flammen bereits bis nahe an das Fenster heranschlugen, rannte er – infolge der starken Rauchentwicklung hustend – ans Fenster; die Kinder ließ er zurück. A bangte jetzt um sein eigenes Leben; er glaubte – wenn er nicht selbst in den Flammen umkommen wolle – keine Zeit mehr für irgendwelche Handlungen zur Rettung seiner Kinder zu haben. A kletterte aus dem Fenster und ließ sich nach unten fallen. Die unten stehenden Personen sprangen zur Seite, als sie bemerkten, dass A selbst herabstürzte. In diesem Augenblick fuhr das erste Löschfahrzeug der Feuerwehr vor. A erlitt neben einer leichten Gehirnerschütterung einige Verletzungen und blieb bewusstlos auf der Straße liegen. Die beiden Kinder kamen in dem Zimmer durch den Brand ums Leben.

A. Grundfragen

4 In den bisher besprochenen Fällen hatte der Täter die tatbestandsmäßige Veränderung in der Außenwelt (Erfolg) jeweils durch ein Tun bewirkt. Auch die ganz überwiegende Anzahl der im Strafgesetzbuch und im Nebenstrafrecht beschriebenen strafbaren Verhaltensweisen haben ein Tun zum Inhalt. Dies liegt daran, dass in einer Rechtsordnung, die sich als Friedensordnung versteht, das Unterlassen die Grundform *rechtskonformen* Verhaltens darstellt. Wer nichts tut, tut in der Regel auch nichts Unrechtes, „wer schläft, der sündigt nicht".[2] Auch kann eine Verpflichtung zu aktivem Handeln nicht jedermann beliebig auferlegt werden. Es finden sich deshalb nur ganz wenige Tatbestände, in denen ein strafbares Unterlassen beschrieben wird, z. B. die unterlassene Hilfeleistung (§ 323 c), die Nichtanzeige geplanter Straftaten (§ 138) oder das Unterlassen des Sichentfernens nach einer entsprechenden Aufforderung beim Hausfriedensbruch, § 123 I 2. Alt.

[2] Vgl. auch *Isensee* in „Die Welt" vom 30.6.1997, S. 7: „Die Begründungslast hat der Veränderer"; zur „Bescheidenheit" des Strafrechts insoweit *Arzt* FS Rudolphi, S. 3.

Nach *Jakobs*[3] ist die Haftung für Unterlassen mit der für Tun hingegen kongruent. Die Haftung für Tun wie für Unterlassen beruhe auf derselben Organisationszuständigkeit, sei es eine Zuständigkeit[4] wegen des negativen Status (die Pflicht, andere nicht zu verletzen), sei es diejenige wegen eines positiven Status (die Pflicht zu einer ganz oder ausschnittsweise gemeinsamen Weltgestaltung). *Jakobs* gelingt so eine bruchlose normative Begründung für die Gleichwertigkeit von Tun und Unterlassen in bestimmten Situationen. Davon unabhängig besteht jedoch nach wie vor Begründungsbedarf, *wann* eine Organisationszuständigkeit – sei es für Tun, sei es für Unterlassen – anzunehmen ist. 5

I. Echte und unechte Unterlassungsstraftaten

Von *echten* Unterlassungsstraftaten (delicta omissiva) spricht man, wenn das strafbare *Unterlassen unmittelbar in der Strafvorschrift beschrieben* wird. Dies ist bei den soeben genannten Strafvorschriften (§§ 323 c, 138, 123 I 2. Alt. und §§ 174 ff. [jeweils in der Tatmodalität „an sich vornehmen lassen“]) gegeben. Täter einer echten Unterlassungsstraftat kann jedermann sein. Insofern unterscheiden sie sich nicht von den Begehungsstraftaten. Ebenso wie bei den Begehungsstraftaten reicht auch die in den Strafvorschriften der echten Unterlassungsstraftaten enthaltene Verhaltensbeschreibung zur Begründung des rechtsrelevanten Unwertes hin. 6

Unechte Unterlassungsstraftaten (delicta commissiva per omissionem) sind als solche weder im Strafgesetzbuch noch im Nebenstrafrecht gesetzlich umschrieben.[5] *Inhaltlich* gehen sie daher aus Begehungsstraftaten hervor, die auf eine Veränderung in der Außenwelt gerichtet sind (*Erfolgs*straftaten), wobei die Veränderung jedoch nicht auf ein Tun, sondern auf ein *Unterlassen* bezogen wird.[6] 7

Beispiel 11.1 8

A kann den gelähmten B töten, indem er ihn erdrosselt. Er kann ihn aber auch dadurch töten, dass er es unterlässt, ihn mit Nahrung zu versorgen.

Wenn B verdurstet und verhungert, dann fragte es sich, ob A § 212 verwirklicht hat. Voraussetzung wäre, dass A i.S. von § 212 „getötet“ hat. Obwohl § 212 9

[3] *Jakobs* 1996, S. 36 f., 42 f.; vgl. auch *Freund* FS Herzberg, S. 225 ff.

[4] Vgl. auch *Kahlo* GA 1987, S. 71: begehungsgleiches *Bewirken* durch Entziehen einer nach der gemeinsamen praktischen Vernunft zustehenden Rettungsmöglichkeit trotz Zuständigkeit aus besonderem Grund für die Abwendung der Gefahr.

[5] Nach *Jescheck/Weigend* AT § 58 III charakterisiert die unechten Unterlassungsstraftaten, dass sie die Herbeiführung einer Veränderung in der Außenwelt durch Unterlassen voraussetzen. Dann gibt es auch gesetzlich formulierte Unterlassungsstraftaten, die dennoch unechte sind, vgl. § 315c I Nr. 2 g i.V.m. III (Straßenverkehrsgefährdung durch Nichtkenntlichmachen von haltenden und liegengebliebenen Fahrzeugen); dazu auch *Sternberg-Lieben/Hecker* in Schönke/Schröder § 315c RN 24 f.

[6] Die *formale* Unterscheidung, nach der echte Unterlassungsstraftaten als solche in den Strafgesetzen in Erscheinung treten, während dies bei den unechten nicht der Fall ist, tritt nach *Jescheck/Weigend* aaO als eher zufällige Begleiterscheinung in den Hintergrund.

die Aktivform „Töten“ als Tathandlung enthält, war man sich im deutschen Strafrecht darin einig, dass darunter auch die vorsätzliche Herbeiführung des Todes eines Menschen *durch Unterlassen* zu verstehen sei, wenn weitere *besondere Voraussetzungen* gegeben sind.

10 Diese „besonderen Voraussetzungen“ sind seit dem Allgemeinen Teil von 1975 in § 13 formuliert.

11 **§ 13. Begehen durch Unterlassen**

(1) Wer es unterlässt, einen Erfolg abzuwenden, der zum Tatbestand eines Strafgesetzes gehört, ist nach diesem Gesetz nur dann strafbar, wenn er rechtlich dafür einzustehen hat, dass der Erfolg nicht eintritt, und wenn das Unterlassen der Verwirklichung des gesetzlichen Tatbestandes durch ein Tun entspricht.
(2) Die Strafe kann nach § 49 Abs. 1 gemildert werden.

12 Der Obersatz einer unechten Unterlassungsstraftat setzt sich somit aus der gesetzlichen Unwertbeschreibung einer Straftat, die eine Veränderung in der Außenwelt beschreibt (Erfolgsstraftat) und den spezifischen Voraussetzungen in § 13 zusammen. § 13 enthält im Wesentlichen *zwei Komponenten*:

13 • Einen besonderen Status, der den Unterlassenden zum *Garanten* für den Nichteintritt des Erfolgs macht. Aus jener *Garantenstellung* folgt die *Erfolgsvermeidepflicht*, die sog. *Garantenpflicht* als Gegenstück zur Unterlassungspflicht bei den Begehungsstraftaten.

14 In *Leitfall 11.* ist es die Stellung als *Vater*, die A zur Vermeidung des Todeseintritts bei seinen beiden Kindern verpflichtete.

15 • Die Verwirklichung des tatbestandsmäßigen Unwertes durch Unterlassen muss derjenigen durch aktives Tun *entsprechen* (sog. *Entsprechensformel*). Jene Entsprechensformel erlangt bei sog. *verhaltensgebundenen* Straftaten Bedeutung (RN 178 ff.). Bei Straftaten, deren Unwertbeschreibung sich in der Herbeiführung einer Veränderung in der Außenwelt erschöpft, spielt sie hingegen keine Rolle.

16 **Zu Leitfall 11**

In *Leitfall 11.* entspricht daher das Verbrennenlassen der Kinder ohne Weiteres dem „Töten“ i.S. von § 212.

II. Verfassungsrechtliche Zulässigkeit unechter Unterlassungsstraftaten?

Bis zur Einfügung des § 13 durch das 2. StrRG von 1975 in das StGB stieß die Anerkennung und Anwendung unechter Unterlassungsstraftaten durch die Praxis in theoretischer Hinsicht unter zwei Gesichtspunkten auf Bedenken: 17

Zum einen ließ sich das Argument nicht ohne weiteres entkräften, dass hier durch Umformulierung der aktiven Handlungsbeschreibungen zu „Erfolgsverursachungen durch Unterlassen" gegen das *Analogieverbot* verstoßen werde, und zum anderen ließ sich das Fehlen einer schriftlichen Fixierung der näheren *Voraussetzungen* für eine Gleichstellung des Unterlassens mit dem aktiven Tun nur schwer mit dem Bestimmtheitsgrundsatz (*lex scripta* und *lex certa*) vereinbaren.[7] 18

Mit § 13 sind zumindest die Bedenken hinsichtlich des Analogieverbotes in den Hintergrund getreten. Eine Schwachstelle bildet indessen noch immer das Bestimmtheitserfordernis. Denn die Formulierung in § 13, *dass* der Täter rechtlich dafür *einzustehen* habe, dass der Erfolg nicht eintritt und dass das Unterlassen der Verwirklichung der Strafvorschrift („des gesetzlichen Tatbestandes") durch ein Tun *entsprechen* müsse, gibt noch keine Auskunft darüber, *wann* diese Voraussetzungen gegeben sind. 19

Indessen wird man einräumen müssen, dass der Gesetzgeber 1969/1975 noch kaum in der Lage war, genauere Maßstäbe zu formulieren. Durch Lehre und Rechtsprechung sind hier jedoch mittlerweile Kriterien in einem Umfang erarbeitet worden, der einem Mindesterfordernis an Rechtssicherheit gerecht werden dürfte. Wenn man nicht – wie dies etwa in Frankreich[8], der Schweiz und der Türkei der Fall ist[9]- unechte Unterlassungsstraftaten rundweg ablehnen will, wird man daher das Gesetzlichkeitsprinzip als noch gewahrt betrachten können.[10] 20

B. Die Tatbestandsmäßigkeit der Unterlassungsstraftaten – die wesentlichen unwertbegründenden Elemente

I. Die Garantenstellung des Täters – unechte Unterlassungsstraftaten als Sonderstraftaten

Im Unterschied zu den allgemeinen Begehungs- und den echten Unterlassungsstraftaten kann Täter einer unechten Unterlassungsstraftat *nicht jedermann* sein, sondern nur der, der dafür einzustehen hat, dass der tatbestandsmäßige Erfolg unterbleibt. 21

[7] Näher zur Garantie des Strafgesetzes bei den unechten Unterlassungsstraftaten *Jescheck/Weigend* AT § 58 IV 2; Welzel LB S. 209 f.; vgl. auch BT-Drs. V-4095 S. 8.

[8] Vgl. *Lelieur/Pfützner/Volz* in Sieber/Cornils (hrsg.) 2008, S. 516 ff.; *Bernardini* 2012, n° 328 f.; *Rassat* 2006, n° 260 ff.

[9] MK-*Freund* § 13 RN 37 f.; *Sözüer* ZStW 119 (2007), 719 f.

[10] Vgl. hierzu auch LK-*Weigend* § 13 RN 18 f.; *Stree/Bosch* in: Schönke/Schröder § 13 RN 5; *Fischer* § 13 RN 2; krit. *Lilie* JZ 1991,541 ff.; *Seebode* FS Spendel, S. 328 ff.; *Seebode* JZ 2004, 305 ff., Anm. zu BVerfG 2 BvR 2202/01, JZ 2004, 303; NK-StGB-*Wohlers/Gaede* § 13 RN 3 ff.; zum Ganzen *Roxin* AT 2 § 31/31 ff.

Unechte Unterlassungsstraftaten sind deshalb *Sonderstraftaten,* ihr Tatsubjekt ein besonders Gestellter, der Inhaber einer *Garantenstellung.*

1. Die Funktion der Garantenstellung

22 Die *Garantenstellung* hat die Funktion, aus der Vielzahl derer, denen durch ein Einschreiten die Abwendung der Veränderung in der Außenwelt (des Erfolgs) *möglich* gewesen wäre, denjenigen auszuwählen, dessen *Aufgabe* die Erfolgsabwendung gewesen wäre. Sie dient somit dazu, die beim Tatobjekt eingetretene Veränderung einem bestimmten Unterlassenden *zuzurechnen.* Die Garantenstellung bildet das zentrale objektive Gleichstellungskriterium des unechten Unterlassens mit dem aktiven Tun. Die reale Gleichwertigkeit sieht *Kahlo* in einer wirklichen verschlechternden Veränderung zum Nachteil des durch die Strafvorschrift Geschützten im gegenseitigen rechtlichen Verhältnis der beteiligten Personen.[11]

23 **Zu Leitfall 11**

In *Leitfall 11.* hätte zu Beginn des Feuers vielleicht auch der eine oder andere Straßenpassant noch die Möglichkeit gehabt, in das Haus zu gehen und die Kinder zu retten. Als Vater ist aber A für die Rettung der Kinder primär *zuständig,* wird er für den Tod als Täter einer Tötungsstraftat durch Unterlassen *verantwortlich* gemacht.

24 Aus der Garantenstellung folgt die Garanten*pflicht* als Erfolgsabwendungspflicht.[12] Sie ist eine *Rechtspflicht,* nicht nur eine sittliche Pflicht.

25 Die Garantenpflicht bildet als *Handlungspflicht* den normtheoretischen Hintergrund der unechten Unterlassungsstraftaten und entspricht damit – wie jedoch nicht selten verkannt[13] – der *Unterlassungspflicht* bei den Begehungsstraftaten.[14] Denn ebenso wenig wie die Unterlassungspflicht bei den Begehungsstraftaten eigenständiger Bestandteil der Tatbestandsmäßigkeit und des Verbrechensaufbaus ist, ist auch die Handlungspflicht als Grundlage der Unterlassungsstraftaten Tatbestandsmäßigkeits- oder Verbrechens-Bestandteil. Als Handlungspflicht ist sie vielmehr normative Voraussetzung für die Existenz unechter Unterlassungsstraftaten überhaupt.

26 Da die Garantenpflicht i.S. einer Handlungspflicht das „Gebotensein" als solches betrifft, ist der Irrtum über die Garantenpflicht ein „Gebots-Irrtum" und damit ein (umgekehrter) „Verbots-Irrtum" i. S. v. § 17.[15]

[11] Vgl. *Kahlo* 2001, S. 3 f., 250 ff.

[12] *Freund* AT § 6/8 f.; *Roxin* AT 2 § 32/1.

[13] *Joecks* StK § 13 RN 23 ff. *Kindhäuser* LPK § 13 RN 18 ff.; *Krey/Esser* AT RN 1126 ff.; *Murmann* GK § 29/28 f.; *Rengier* AT Kap. § 50/41; *Stratenwerth/Kuhlen* AT § 13/11; NK-StGB-*Wohlers/Gaede* § 13 RN 29 ff.; undeutlich bei *B. Heinrich* AT RN 913 ff., 923 ff.; LK-*Weigend* § 13 RN 24 ff.; *Wessels/Beulke/Satzger* AT RN 715.

[14] Vgl. *Sternberg-Lieben* in: Schönke/Schröder § 15 RN 96; *Jescheck/Weigend* AT § 59 VI 1 sowie *D. Albrecht* 1998, S. 19.

[15] Vgl. BGH GSSt 1/61 BGHSt 16, 155; BGH 5 StR 394/08 NStZ 2009, 686 mit zust. Anm. *Rotsch* ZJS 2009S. 712/715 sowie § 13 RN 27, 34 ff., 56 ff.

2. Voraussetzungen von Garantenstellungen

Zur Begründung der Garantenstellung als Grundlage für das „rechtlich dafür Einstehenmüssen" i.S. von § 13 haben sich unterschiedliche Ansätze herausgebildet. Den „klassischen" Ansatz stellt die Herleitung von Garantenstellungen aus *rechtlichen* bzw. *tatsächlichen* Gegebenheiten („weshalb") dar (a). Ein zweiter Ansatz hebt auf die *Schutzrichtung* der Garantenstellungen („wofür") ab (b). Beide Sichtweisen schließen sich nicht aus, sondern ergänzen sich. 27

a) Garantenstellungen aus rechtlichen bzw. tatsächlichen Gegebenheiten (erweiterte Garantentrias)

aa) Garantenstellungen auf Grund Gesetzes

Die Handlungspflicht des Unterlassenden kann sich daraus ergeben, dass er die Merkmale eines Rechtssatzes – nicht selten aus dem Bereich des Zivilrechts[16] – erfüllt, dessen Rechtsfolge jene Handlungspflicht enthält. 28

Als *Beispiele* wären hier die Personensorge der Eltern für die Kinder (§§ 1626, 1631 BGB), die elterliche Sorge der Mutter für das nichteheliche Kind (§ 1705 BGB), die Sorgepflicht des Vormundes für das Mündel (§§ 1793, 1800 BGB) oder die Verpflichtung zur Lebensgemeinschaft unter Eheleuten (§ 1353 BGB) zu nennen. 29

Zu Leitfall 11 30

In *Leitfall 11.* folgt die Pflicht des Vaters zur Rettung der Kinder aus der Personensorgepflicht (§ 1631 BGB).

bb) Garantenstellungen auf Grund Vertrages

Als Grundlage einer Garantenstellung kommen Verträge jeder Art in Betracht: gegenseitige, einseitige, Verträge zugunsten Dritter oder Verträge mit Schutzwirkung für Dritte. 31

Vereinbart z. B. die Krankenpflegerin mit dem bettlägerigen B, dessen Pflege zu übernehmen, so übernimmt sie damit zugleich die Verpflichtung, den B durch ein entsprechendes Handeln vor drohenden Gefahren zu schützen. Ein Vertrag mit Schutzwirkung für Dritte liegt etwa dann vor, wenn das Kindermädchen mit den Eltern[17] vertraglich vereinbart, auf die minderjährigen Kinder aufzupassen. Der Vertrag muss nicht entgeltlich sein, um die Handlungspflichten zu begründen. So ist es durchaus auch denkbar, dass sich eine Nachbarin gefälligkeitshalber verpflichtet, an einem Abend Babysitterdienste zu übernehmen. Auch hieraus erwächst die Pflicht, die Kinder vor Schaden zu bewahren. Die Nachbarin muss sie deshalb retten, falls im Haus ein Brand ausbrechen sollte.[18] 32

---

[16] Umfassend und kritisch zum Einfluss zivilrechtlicher Kriterien und Argumentationsfiguren bei der Begründung von Garantenstellungen im Strafrecht *Grünewald* 2001.

[17] Zur Garantenstellung aus familiärer Verbundenheit als Grundlage für eine soziale Rollenerwartung *Bülte* GA 2013, 389 ff.

[18] Zum Nichtvorliegen einer Erfolgsabwendungspflicht des Bankkunden beim Täuschen durch Unterlassen hinsichtlich eines zuviel überwiesenen Betrags BGH 4 StR 648/93 BGHSt 39, 392.

33 Im seinem Urteil zu den *Berliner Stadtreinigungsbetrieben* hat der BGH Leitlinien zur Garantenstellung von Personen entwickelt, denen in Betrieben die Überwachung regelkonformen Verhaltens obliegt (sog. *Compliance-Beauftragte*).[19]

cc) Garantenstellungen aus der tatsächlichen Herbeiführung einer Gefahrenlage (Ingerenz)

34 In den Fällen der *Ingerenz* entsteht die Garantenstellung durch ein pflichtwidriges Vorverhalten, das die nahe liegende Gefahr des Eintritts des konkret untersuchten tatbestandsmäßigen Erfolgs verursacht hat.[20]

35 **Beispiel 11.2**

Wenn A den B mit seinem Kraftfahrzeug versehentlich angefahren und verletzt hat, dann ist A verpflichtet, den infolge der Verletzung drohenden Tod des B durch Herbeirufen ärztlicher Hilfe zu verhindern. Anderenfalls würde er sich wegen eines Totschlags durch Unterlassen strafbar machen.

36 Die unter aa-cc genannten Garantenstellungen werden als sog. *Garanten-Trias* zusammengefasst.

dd) Garantenstellungen aus einer engen persönlichen Lebensbeziehung[21]

37 Zu denken ist hier etwa an Lebensgemeinschaften, die gerade zum Zweck des gemeinsamen Durchstehens gefährlicher Unternehmungen begründet werden, wie etwa der Zusammenschluss von Bergsteigern oder Teilnehmern einer gefährlichen Expedition. Die Fallgruppe der Garantenstellung aus einer engen persönlichen Lebensbeziehung hat sich neben der Garantentrias erst im Laufe der Zeit herausgebildet.

b) Kritik

38 Die klassische Herleitung der Garantenstellungen hat zwei Nachteile: Sie stellt einerseits zu sehr auf die rechtlichen und nicht hinreichend auf die tatsächlichen Verhältnisse ab, indem z. B. bei der vertraglich vereinbarten Handlungspflicht vernachlässigt wird, ob die vertraglich vereinbarte Handlung auch wirklich in die *Tat* umgesetzt, ob der Vertrag *vollzogen* wird.[22]

39 **Beispiele 11.3**

Das Kindermädchen wird nicht schon durch den Vertragsabschluss Garantin für das leibliche Wohl des zu behütenden Kindes, sondern erst dann, wenn es auf-

[19] BGH 5 StR 394/08, BGHSt 54, 44; kritisch dazu *Beulke* FS Geppert, S. 26 mwN.

[20] Vgl. BGH 5 StR 394/08 BGHSt 54, 44/47; näher hierzu unten RN 69 ff.

[21] Vgl. auch *Otto* FS Herzberg, S. 255 ff. sowie unten RN 45 ff.; krit. zur Garantenstellung aus enger Lebensgemeinschaft wegen Unvereinbarkeit mit dem Wortsinn von § 13 I *D. Albrecht* 1998, S. 167 ff.

[22] Vgl. auch *B. Heinrich* AT RN 941; *Stree/Bosch* in: Schönke/Schröder § 13 RN 28 jew. mwN.

grund des Vertrages auch wirklich vor Ort erscheint und die Überwachung des Kindes übernimmt.

Die Garantenpflicht aus § 1353 BGB endet, „wenn sich ein Ehegatte von dem anderen in der ernsthaften Absicht getrennt hat, die eheliche Lebensgemeinschaft nicht wieder herzustellen".[23] 40

Der zweite Nachteil der klassischen Betrachtungsweise liegt darin, dass sie die Interaktionen bei Beteiligung mehrerer allenfalls *selektiv wahrnimmt*. Sie ist nicht darauf angelegt, über die Form der Beteiligung des Unterlassenden nähere Angaben zu machen. Jedoch bedeutet nicht jedes Einstehenmüssen für das Ausbleiben eines Erfolges zugleich Täterschaft. 41

c) Die Unterscheidung von Beschützer- und Überwachungsgaranten

Den beiden unter b) genannten Kritikpunkten wird Genüge getan, wenn man die tatsächlichen Verhältnisse berücksichtigt und zusätzlich danach fragt, in welcher Richtung die zur Erfolgsabwendung verpflichtenden Sachverhalte wirken. Aus diesem Blickwinkel lassen sich Schutzpflichten von Überwachungspflichten unterscheiden. Letztlich nimmt die heute vorherrschende Lehre von den Garantenstellungen die Unterscheidung zwischen Beschützer- und Überwachungsgaranten als *Rahmen*, innerhalb dessen auf der Grundlage der formalen Unterscheidungsmerkmale das Bild der Garantenstellungen gezeichnet wird.[24] Zwar ist es möglich, dass eine Garantenstellung sowohl Schutz- als auch Überwachungsfunktion hat (der Aufsicht führende Lehrer hat auf dem Schulhof die Streithähne zu überwachen und ihre Opfer zu schützen). Durch die Ausrichtung auf die jeweiligen Bezugsobjekte kann von einer „beliebigen Austauschbarkeit" aber nicht gesprochen werden.[25] 42

Hinsichtlich der *Beteiligungsverhältnisse* kann als grobe Leitlinie gelten, dass der Beschützergarant in der Regel *Täter* durch Unterlassen ist, während der Überwachungsgarant in der Regel *Gehilfe* ist, wenn er Straftaten der zu überwachenden Personen zulässt.[26] Ergibt sich so keine klare Abgrenzung, dann kommt es – mangels eines möglichen Rückgriffs auf Tatherrschaftsgesichtspunkte – darauf an, ob das Unterlassen Ausdruck eines sich die Tat des anderen zu eigen machenden *Täterwillens* ist, oder ob sich der Unterlassende dem anderen im Willen unterordnet und das Geschehen ohne innere Beteiligung und ohne Interesse am drohenden Erfolg im Sinne eines bloßen *Gehilfenwillens* lediglich ablaufen lässt.[27] 43

[23] BGH 3 StR 153/03 BGHSt 48, 301 ff. sowie bei *Baier* JA 2004, S. 354.

[24] Vgl. die Übersichten bei *Frister* AT Kap. 22/47; *Kühl* AT § 18/46a.

[25] Vgl. aber *Pawlik* ZStW 111 (1999), S. 342.

[26] And. *Krüger* ZIS 2011, 1 ff.

[27] So BGH 3 StR 95/91 JR 1993, 159 mit Anm. *Neumann* JR 1993, 161 ff.; für eine Abschichtung an Hand der Direktheit der Steuerung des Angriffs auf den zu Beschützenden i.V.m. der Situationsabhängigkeit der Schutzpflicht *Hoffmann-Holland* ZStW 118 (2006), 620 ff.

aa) Beschützergaranten[28]

44 Beschützergarant ist, wer für den uneingeschränkten Bestand eines rechtlich geschützten Interesses – insbesondere für die körperliche Unversehrtheit einer Person – einzustehen hat. Der Status als Beschützer-Garant wird im Wesentlichen durch folgende Fallgruppen konkretisiert:

aaa) Stellung als Beschützer-Garant aus engen Gemeinschaftsbeziehungen auf einer familienrechtlichen Basis

45 Die Stellung als Beschützer-Garant beruht hier auf der Mitgliedschaft innerhalb der Familie als einer rechtlichen und tatsächlichen Lebensgemeinschaft. Dies gilt selbst dann, wenn zwischen dem zum Schutz verpflichteten Familienmitglied und dem zu Schützenden keine gesetzliche Verpflichtung zum Schutz besteht.

46 **Beispiel 11.4**

Familienkomplott-Fall BGH 4 StR 390/63 BGHSt 19, 167[29] ist hierfür typisch: Der jüngste Sohn hatte bemerkt, dass die übrigen Familienmitglieder den tyrannischen Vater mittels Giftes töten wollten. Dennoch unternahm er nichts, die Tat zu verhindern. Der Vater starb an dem beigebrachten Gift.

47 Ist der Sohn wegen einer strafbaren Tötung durch Unterlassen strafbar?

48 Der BGH nahm eine Garantenstellung des Sohnes an. Zwar bestehe eine gesetzliche Schutzbestimmung, wie sie für das Verhältnis der Eltern zu ihren Kindern (§ 1621 BGB) oder für die Ehegatten untereinander (§§ 1353, 1354 BGB) gegeben ist, im Verhältnis der Kinder zu den Eltern nicht. Auch werde man kaum die Verpflichtung zwischen Verwandten gerader Linie zum Unterhalt (§ 1601 BGB) zur Begründung einer solchen Schutzpflicht heranziehen können, weil die Unterhaltspflicht nur begrenzten Inhalt habe. Jedoch könnten auch ohne eine gesetzliche Bestimmung aus dem Grundgedanken der Rechtsordnung bestimmte enge Gemeinschaftsverhältnisse rechtliche Erfolgsabwendungspflichten begründen. Im Falle des Angeklagten sei davon auszugehen. Denn er habe als leiblicher Sohn in der Familie des Vaters gelebt und damit, trotz aller Familienzerwürfnisse, innerhalb einer der engsten Lebensgemeinschaften.[30]

49 *D. Albrecht*[31] hingegen sieht – vor allem im Bereich der Familien- und familienähnlichen Beziehungen – die Figur der *nahestehenden Person* als geeignete Grundlage für die Konstruktion von Garantenstellungen. Dieser Ansatz hat den Vorzug, dass jener Begriff bereits im geltenden StGB (§§ 35 I, 241) verankert ist und von daher über ein hinreichendes Maß an Bestimmtheit verfügt.

---

[28] Beispiele bei *Jescheck/Weigend* AT § 59 IV 3.

[29] Vgl. *Eser* StK II Nr. 26.

[30] Zu Garantenstellungen für nahestehende Personen auch *Lilie* JZ 1991, 541 ff.

[31] 1998, S. 183 ff.

bbb) Stellung als Garant aus engen Gemeinschaftsbeziehungen ohne familienrechtliche Basis 50

Unumstritten ist eine Garantenstellung in Fällen dieser Art dann, wenn es sich um eine *Gefahrgemeinschaft* handelt, für die ein gegenseitiges Vertrauens- und Abhängigkeitsverhältnis typisch ist, wie z. B. bei Expeditionen, gefährlichen Bergtouren oder gemeinsamen Tauchsportveranstaltungen. Innerhalb dieser Gemeinschaften bestehen sozialethische Beziehungen, welche die gegenseitige Hilfeleistung einbeziehen.

Beispiel 11.5 51

Im *Zecherei*-Fall BGH 1 StR 612/53 NJW 1954, 1047 fehlte eine solche Beziehung nach Ansicht des BGH: Der Angeklagte war von A aufgefordert, sogar fast genötigt worden, mit ihm zu essen und zu trinken. Im Anschluss daran kam es zu einer Trunkenheitsfahrt des A, bei der A einen Unfall verursachte und verletzt wurde. Der Angeklagte ließ den bewusstlosen A liegen, weil er ihn für tot hielt. A starb.

Eine Strafbarkeit des Angeklagten nach § 222 durch Unterlassen wurde vom 52 BGH abgelehnt: Nur wenn man davon ausgehen könne, dass der Angeklagte durch sein Mitfahren eine ihm erkennbare Gefahrenlage für den Verunglückten geschaffen habe, sei im Rahmen des für den Angeklagten Möglichen und Zumutbaren eine Pflicht zum Handeln entstanden. Diese könne indessen nicht durch das bloße gemeinsame Zechen begründet werden. Denn einer so losen und „jeder sittlichen Bedeutung entbehrenden Verbindung, wie sie die Zechgemeinschaft ist", fehle es an der verlangten sozialethischen Beziehung. Auch ein Fall von Ingerenz liege nicht vor, weil A völlig unbeeinflusst getrunken habe und der Angeklagte sich von jeder Aufforderung fern gehalten habe.

Die Garantenstellung aus *häuslicher Gemeinschaft* ist neben der Gefahrgemein- 53 schaft die zweite Form einer Garantenstellung aus einer engen Gemeinschaftsbeziehung. Auch hier ist die Garantenstellung zu bejahen, wenn die häusliche Gemeinschaft gerade zu dem Zweck begründet wird, Schutzbedürftigen Hilfe zu leisten. Allein die Tatsache des Zusammenlebens innerhalb einer häuslichen Gemeinschaft genügt für die Begründung einer Garantenstellung hingegen noch nicht:

Beispiel 11.6 54

Chantal-Fall BGH 2 StR 239/83 NStZ 1984, 163:[32] – Der Angeklagte hatte nach seiner Entlassung aus der Strafhaft durch seinen Freund L Aufnahme in der 3-Zimmer-Wohnung gefunden, die dieser zusammen mit seiner damaligen Lebensgefährtin S und ihrem neun Monate alten Kind Chantal bewohnte. Das Kind wurde zunächst ausschließlich von Frau S und L versorgt. Nach etwa acht Wochen wurde L verhaftet. Der Angeklagte A schrieb daraufhin an L einen Brief,

[32] Vgl. zu dieser Entscheidung auch *Rudolphi* NStZ 1984, 151 ff.

in dem er u. a. versprach, auf Chantal aufzupassen. In der Folgezeit verließ Frau S sich stillschweigend darauf, dass der Angeklagte während ihrer berufsbedingten Abwesenheit sich um Chantal kümmerte. Diese Zusammenarbeit verlief problemlos, bis der bis dahin arbeitslose A nach Ablauf von vier Monaten eine Beschäftigung fand. Obwohl A nun länger abwesend war, wurde zwischen ihm und Frau S keine besondere Vereinbarung über die Betreuung des Kindes getroffen. Nach etwa 20 Tagen wurde Chantal verhungert und verdurstet von Frau S aufgefunden.

55 Während das Landgericht A wegen fahrlässiger Tötung durch Unterlassen verurteilt hatte, hob der BGH das Urteil auf und verwies zur weiteren Sachverhaltsklärung zurück. Denn das tatsächliche Zusammenwohnen allein begründe noch keine Handlungspflicht i.S. von § 13, weil der Kreis der Handlungspflichtigen sonst in unüberschaubarer und teils unvertretbarer Weise ausgedehnt werde. Zudem müsse man zugunsten von A davon ausgehen, dass er seine berufsbedingte Abwesenheit Frau S angezeigt habe. Auch könne dem mitgeteilten Sachverhalt nicht mit der erforderlichen Sicherheit zu Lasten des A entnommen werden, dass seine Sorgepflicht für ihn erkennbar fortbestanden habe und dass er habe voraussehen können, Frau S werde ihre Pflicht weiterhin vernachlässigen. Den Vorwurf der fahrlässigen Tötung könne man gegenüber A im Übrigen allenfalls dann erheben, wenn der lebensbedrohliche Zustand schon vor seiner Berufstätigkeit vorhanden und für ihn erkennbar gewesen sei.

56 Mit der Entscheidung des *Chantal*-Falles führte der BGH die Rechtsprechung im *Jugendfreund*-Fall (BHG 2 StR 494/82 NStZ 1983, 117) weiter. Der BGH hatte in diesem Fall entschieden, dass durch die Aufnahme des Jugendfreundes in die Wohnung des Angeklagten keine Handlungspflicht dahingehend entstehe, das Sterben des Freundes zu verhindern. Der Angeklagte hatte den zunehmend verwahrlosenden Jugendfreund auch deshalb sterben lassen, weil dieser ärztliche Hilfe ablehnte und der Angeklagte annahm, dass ein Arzt ohnehin nicht mehr helfen könne.

57 *ccc) Garantenstellung kraft tatsächlicher Übernahme*

Die Anerkennung einer Garantenstellung aufgrund tatsächlicher Übernahme modifiziert die formale Fallgruppe der Garantenstellung aufgrund Vertrages. Denn zum einen bedarf es eines Vertrages nicht, wenn der Garant seine Verpflichtung ohne Rechtsgrund übernimmt. Zum anderen reicht auch der Abschluss eines Vertrages nicht hin, wenn nicht davon ausgegangen werden kann, dass der vertraglich Verpflichtete auch *tatsächlich* eine Schutzfunktion in der Weise übernimmt, dass darauf vertraut werden kann.

58 Dass die Freiwilligkeit der Übernahme jener Schutzfunktion unerheblich ist, wenn die Übernahme tatsächlich geschieht, zeigt

59 **Beispiel 11.7**

Bereitschaftsdienst-Fall BGH 5 StR 583/54 BGHSt 7, 211: – Der Angeklagte Arzt A hatte einen nächtlichen Bereitschaftsdienst übernommen, eine Einrichtung auf freiwilliger Grundlage. Aufgrund einer fehlerhaften Ferndiagnose lehnte es A ab, einen Hausbesuch bei einer Patientin durchzuführen. Diese starb aufgrund einer perforierten Eileiterschwangerschaft.

Die Strafkammer hatte den A wegen fahrlässiger Tötung verurteilt. Der BGH bestätigte diese Entscheidung. Denn wer als Bereitschaftsarzt den Schutz der Bevölkerung vor gesundheitlichen Gefahren übernehme, müsse schon deshalb für pflichtwidriges Unterlassen ebenso einstehen wie für tätiges Handeln, weil die Pflichten anderer Ärzte gegenüber ihren Patienten für die Dauer des Bereitschaftsdienstes mindestens erheblich eingeschränkt werden. Es komme aber noch nicht einmal entscheidend darauf an, dass A als Bereitschaftsarzt verpflichtet gewesen sei, die Behandlung der Patientin zu übernehmen. Denn er habe ja die Behandlung *faktisch* übernommen, indem er dem Ehemann ärztliche Ratschläge über die Behandlung seiner Frau gegeben habe. 60

Auf die tatsächliche Übernahme der Schutzpflicht stellt auch bereits das OLG Celle in 61

Beispiel 11.8 62

Streupflicht-Fall OLG Celle 1 Ss 12/61 NJW 1961, 1939[33] ab: Der Nebenkläger N stürzte vor einem Wohnhaus infolge von Schnee- und Eisglätte. Dabei zog er sich nicht unerhebliche Verletzungen zu. Zur Unfallzeit war auf dem Gehweg vor dem Haus nicht gestreut. In den Mietverträgen hatten die im Haus wohnenden Mieter – zwei Ehepaare, darunter die Angeklagte A mit ihrem Ehemann – die Pflicht zum Streuen übernommen. Diese Streupflicht hatten sie in Wechselschicht wahrzunehmen. Ihr waren sie sonst auch nachgekommen. Am Unfalltag waren A und ihr Ehemann mit dem Streuen an der Reihe. Die Angeklagte wurde vom Amtsgericht wegen fahrlässiger Körperverletzung verurteilt. Dieses Urteil wurde vom Landgericht bestätigt. Hiergegen legte A Revision ein. Mit Aussicht auf Erfolg?

Das Besondere an jenem Fall liegt darin, dass die Angeklagte sich nicht der Stadt, sondern nur dem Hauseigentümer gegenüber im Mietvertrag verpflichtet hatte, *für den Hauseigentümer* die Räum- und Streupflicht zu übernehmen. Als entscheidend sah das Gericht hier die „sozialethische Gebundenheit" der Angeklagten an, beruhend auf der durch die Verpflichtung dem Hauseigentümer gegenüber geschaffenen Vertrauenslage. Es sei so ein enges Lebensverhältnis naher Verbundenheit mit den zu schützenden Rechtsgütern, der körperlichen Unversehrtheit der am Hause vorbeigehenden Menschen, entstanden. 63

Der Garant, der den Schutz eines Gutes übernommen hat, ist *Täter* durch Unterlassen, wenn an dem zu schützenden Gut die zu vermeidende Veränderung eintritt, obwohl sie hätte vermieden werden können. Diese Täterschaft endet auch nicht dadurch, dass die Veränderung gerade durch einen Dritten in Täterschaft herbeigeführt wird. Es liegt dann Nebentäterschaft, bei bewusstem und gewolltem Zusammenwirken sogar Mittäterschaft vor. 64

[33] Näher *Eser* StK II Nr. 25.

65 *ddd) Garantenstellung als Amtsträger oder als Organ juristischer Personen*[34]

Die Stellung von Amtsträgern als Beschützergaranten hängt davon ab, ob der Schutz der betroffenen Interessen zu ihrem Aufgabenbereich gehört. So kann der Leiter der Innenrevision eines Stadtreinigungsbetriebes dafür verantwortlich sein, Betrügereien im Zusammenhang mit der Tarifkalkulation zu unterbinden.[35] Betroffen sind nicht nur hohe staatliche oder kommunale Repräsentanten mit einem entsprechenden Schutzauftrag, sondern auch Polizeibeamte,[36] Beamte der Ordnungsbehörde, Bedienstete im Maßregelvollzug, Mitarbeiter von kommunalen Jugendämtern und Sozialdiensten[37] sowie Beauftragte für Gewässer-, Immissions- und Strahlenschutz.[38]

bb) Überwachungsgaranten

66 Während der Beschützergarant Gefahren abwehren soll, die von außen her dem Schutzobjekt drohen, ist der Überwachungsgarant umgekehrt dafür verantwortlich, dass aus einer Gefahrenquelle[39] – sei es Mensch oder Sache – Dritte nicht mehr als den Umständen nach unvermeidbar gefährdet oder geschädigt werden.

67 Für menschliche „*Gefahrenquellen*" ist z. B. der Heimaufseher verantwortlich, der dafür zu sorgen hat, dass die Zöglinge des Heims nicht Dritte schädigen. Praktisch von größerer Bedeutung ist jedoch die Eröffnung von Gefahrensituationen durch Betreiber von Anlagen, die durch ein größeres Publikum genutzt werden, wie etwa der Betreiber eines Skiliftes, der dafür verantwortlich ist, dass die Anlage gefahrlos arbeitet. Dazu würde auch gehören, dass die Anlage bei Unglücksfällen abgeschaltet wird oder sich von selbst abschaltet.

68 Nach gegenwärtigem Meinungsstand betrifft der Status als Überwachungsgarant im Wesentlichen drei Fallgruppen: gefährdendes pflichtwidriges *Vorverhalten* (aaa), *Sachherrschaft* über eine *Gefahrenquelle* (bbb) sowie *Haftung für fremdes Handeln* (ccc).

69 *aaa) Garantenstellung aus vorangegangenem rechtswidrigem gefährdendem Handeln (Ingerenz)*

In den Fällen der *Ingerenz* entsteht die Garantenstellung durch ein pflichtwidriges Vorverhalten, das die nahe liegende Gefahr des Eintritts des konkret untersuchten

---

[34] Vgl. auch *B. Heinrich* AT RN 947 ff.; SK-*Rudolphi/Stein* § 13 RN 54 ff.

[35] Vgl. BGH 5 StR 394/08 BGHSt 54, 44.

[36] BGH 2 StR 326/99 NStZ 2000, 147 mit Anm. *Wollschläger* wistra 2000, 338 ff.; vgl. auch *Pawlik* ZStW 111 (1999), 335 ff.

[37] OLG Stuttgart 1 Ws 78/98 NJW 1998, 3131; vgl. auch zur Garantenstellung von Sozialarbeitern OLG Oldenburg Ss 249/96 NStZ 1997, 238 m. Anm. *St. Cramer* NStZ 1997, S. 238, *Bringewat* StV 1997, 135 ff. sowie *Otto* JK 1997 § 13/26; umfassend *Dießner* 2008; *Beulke/Swoboda* FS Gössel, S. 73 ff.; restriktiv differenzierend *Bohnert* ZStW 117 (2005), 320 f., *Zaczyk* FS Rudolphi, S. 361 ff.

[38] Nachweise in BGH 5 StR 394/08 BGHSt 54, 44/48.

[39] Zum Ansatz über die Destabilisierung eines Gefahrenherdes bei *Roxin* GA 2009, 73 ff.

tatbestandsmäßigen Erfolgs verursacht,[40] dessen Vermeidung gerade den Zweck der *übertretenen Norm* darstellt.[41]

Gefahrbegründend bzw. *-erhöhend* ist ein Verhalten dann, wenn es die Wahrscheinlichkeit eines Schadens hervorruft, die über das allgemeine Lebensrisiko hinausgeht. 70

Beispiel 11.9 71

Taxi-Fall: Der Taxifahrer, der einen Kunden irgendwo mitten in der Stadt des Fahrzeugs verweist, weil ihm dessen politische Ansichten nicht behagen, mag pflichtwidrig handeln. Er wird jedoch nicht zum Garanten für das Leben des Kunden, wenn dieser beim Überqueren der Fahrbahn von einem Fahrzeug angefahren wird. Denn in dieser Verletzung verwirklicht sich das allgemeine Lebensrisiko und nicht die durch das erzwungene Aussteigen erhöhte Gefährdung. Außerdem verpflichtet der Beförderungsvertrag mit dem Kunden den Taxifahrer nicht, ihn beim selbstverantwortlichen Überqueren der Fahrbahn vor Schaden zu bewahren.

Rechtswidrigkeit ist gegeben, wenn das vorangegangene Verhalten rechtlich geschützte Interessen verletzt, ohne seinerseits gerechtfertigt zu sein. An dieser Interessenverletzung kann es fehlen, wenn die Gefahrbegründung oder -erhöhung nicht einmal auf Fahrlässigkeit beruht oder rechtmäßig erfolgt. Als Rechtfertigungsgrund kommt insbesondere Notwehr in Frage.[42] 72

Beispiel 11.10 73

Notwehr-Fall: Lässt der Angegriffene den im Rahmen einer Notwehr verletzten Angreifer blutend liegen und tritt dadurch der Tod des Angreifers ein, ist der Angegriffene nicht wegen einer Tötungsstraftat durch Unterlassen strafbar, weil sein vorangegangenes Tun durch Notwehr gerechtfertigt war. Hier kommt nur eine Strafbarkeit wegen einer echten Unterlassungsstraftat (§ 323 c) in Frage, die keine Garantenstellung voraussetzt.[43]

Die Rechtswidrigkeit des Vorverhaltens lässt sich u. U. nur schwer von sozialadäquaten Verhaltensweisen abgrenzen. Besonders anschaulich tritt dies zutage im 74

[40] Vgl. BGH 5 StR 394/08 BGHSt 54, 44/47.

[41] Näher *Freund* JuS 1990, 215 f.; *Jescheck/Weigend* AT § 59 IV 4 a; SK-*Rudolphi/Stein* § 13 RN 38 f.; umfassend zum Meinungsstand *Hillenkamp* 29. Problem; zur Garantenstellung des Herstellers gesundheitsgefährdender Produkte vgl. BGH 2 StR 549/89 BGHSt 37, 106 ff. (*Lederspray*-Fall, siehe auch oben § 4 RN 41 ff.); deshalb keine Garantenstellung aus Ingerenz bei Planung eines Raubes, wenn die Mittäter das Opfer vergewaltigen, vgl. BGH 4 StR 116/97 NStZ-RR 1997, 292 mit Bespr. *Otto* JK 1998 § 13/27.

[42] Näher zur Rechtswidrigkeit des Vorverhaltens *Sowada* Jura 2003, 236 ff.

[43] So die Anhänger der sog. Pflichtwidrigkeitstheorie, vgl. zum Ganzen einschließlich abw. Auffassungen *Hillenkamp* 29. Problem; für eine „minimale Hilfspflicht" *S. Walther* FS Herzberg, S. 503 ff.

75 **Beispiel 11.11**

Ausschank-Fall BGH 4 StR 267/65 BGHSt 19, 152:[44] In der Gastwirtschaft des Angeklagten A knobelten drei Gäste zusammen mit diesem 10 bis 12 Runden Whisky aus. Gegen drei Uhr morgens wollten sie mit einem PKW wegfahren. A erkannte, dass keiner von ihnen mehr sicher fahren konnte und riet ihnen deshalb, eine Taxe zu nehmen. Sie folgten diesem Ratschlag nicht. Der Blutalkoholgehalt betrug bei dem, der den Wagen führte, 2,14 %, bei dem mitfahrenden Halter 1,97 %. Auf der Fahrt kam der Wagen infolge Fahruntüchtigkeit des Fahrers von der Straße ab und geriet auf einen Acker. Dort überschlug er sich. Zwei Personen wurden verletzt.

76 Das *Amtsgericht* verurteilte den Angeklagten wegen fahrlässiger Körperverletzung nach § 229. Seine *Berufung* wurde vom *Landgericht* verworfen. Denn A habe als Gastwirt das Wegfahren der Gäste mit dem fahruntüchtigen Fahrer am Steuer verhindern müssen, indem er den Zündschlüssel abzog oder die Polizei herbeirief.

77 Der Angeklagte legte *Revision* beim *OLG Braunschweig* ein. Dieses wollte der Revision stattgeben, weil es der Ansicht war, dass ein Wirt nur dann eingreifen müsse, wenn der Gast infolge offensichtlich hochgradiger Trunkenheit unfähig ist, die verantwortliche Entscheidung darüber selber zu treffen, ob sein Zustand das sichere Fahren eines Kraftfahrzeuges erlaubt. Das OLG in Braunschweig sah sich an seiner Entscheidung jedoch durch das Urteil des Bundesgerichtshofs BGH 4 StR 417/52 BGHSt 4, 20 gehindert. Dort hatte der BGH entschieden, dass ein Gastwirt, der einem Kraftfahrer so viel Alkohol ausschenke, dass dieser „völlig fahrunfähig" sei, die Fortsetzung der Fahrt verhindern müsse, wenn ihm dies möglich sei. Das OLG Braunschweig legte deshalb die Sache gemäß § 121 II GVG dem BGH zur Entscheidung vor.

78 Unter Einschränkung der Entscheidung BGHSt 4, 20 lehnte der BGH eine Garantenstellung des Gastwirtes ab. Zwar sei im Grundsatz daran festzuhalten, dass derjenige, der durch sein Verhalten die Gefahr eines Schadens geschaffen oder mitgeschaffen hat, rechtlich verpflichtet sei, den Schaden nach Kräften abzuwenden. Jedoch könne dies nicht bedeuten, dass dies auch für jedes *sozial übliche* und von der Allgemeinheit gebilligte Verhalten zu gelten hätte. Zu den allgemein als sozial üblich anerkannten Verhaltensweisen gehöre aber das Ausschenken und der Genuss alkoholischer Getränke in Gastwirtschaften. Wäre der Gastwirt für die Folgen, zu denen übermäßiger Alkoholgenuss seiner Gäste führen kann, allgemein strafrechtlich verantwortlich zu machen, so würde er in den meisten der Fälle auf dem Wege über die strafrechtliche Garantenpflicht gleichsam zum *Vormund oder Hüter seiner Gäste* bestellt. Jedoch entfalle eine Haftung des Gastwirtes dafür, dass Gäste, denen er Alkohol ausgeschenkt hat, einen Unfall verursachen, nicht schlechthin. Die Grenze liege vielmehr da, wo die Trunkenheit des Gastes offensichtlich einen solchen Grad erreicht hat, dass er nicht mehr verantwortlich handeln kann. Dies treffe allerdings nicht erst dann

[44] Näher hierzu *Eser* StK II Nr. 27.

zu, wenn der Gast sinnlos betrunken ist, sondern bereits im Zustand der Schuldunfähigkeit (§ 6 RN 73 f.).

79 Ein *rechtmäßiges* Vorverhalten – etwa durch Wahrnehmung zulässiger Verteidigungsmittel im Strafverfahren – kann eine Garantenstellung nicht begründen.[45] Im Rahmen des rechtfertigenden aggressiven Notstandes kann das Vorverhalten trotz seiner Rechtmäßigkeit eine Garantenstellung begründen, wenn es gefahrbegründend- bzw. erhöhend in die Rechtssphäre sonst Unbeteiligter eingreift.[46]

80 Umstritten ist, ob sich eine Garantenstellung auch aus einem vorsätzlichen Tatbeginn ergibt.

Beispiel 11.12 81

Der Täter schlägt zunächst mit Tötungsvorsatz auf das Opfer ein und lässt es dann in hilfloser Lage zurück. Der BGH[47] hat eine Garantenstellung zu Recht verneint. Denn das Unterlassen eines Rücktritts vom beendeten Begehungsversuch bedeutet keine Unterlassungsstraftat. Man ist als Adressat einer Begehungsstraftat nur verpflichtet, die Herbeiführung eines tatbestandsmäßigen Erfolges zu unterlassen, nicht indessen, denselben bevorstehenden Erfolg als Garant seiner selbst zu verhindern. Eine andere Entscheidung würde der Möglichkeit, nach § 24 freiwillig zurücktreten zu können, die Grundlage entziehen.[48]

bbb) Garantenstellung aufgrund einer Sachherrschaft über Gefahrenquellen 82

Wer eine Gefahrenquelle eröffnet, die Gelegenheit zur Gefährdung Dritter schafft, übernimmt die Garantie dafür, dass die Gefahr sich nicht bei Dritten durch Umschlag in einen Schaden realisiert. Dies gilt auch im Falle der Arbeitsteilung.[49]

83 Von praktischer Wichtigkeit sind hier zunächst jene Fälle, in denen der Täter *gefährliche Gegenstände* zum Einsatz bringt. Sei es, dass er Kraftfahrzeuge eines Betriebes auf ihre Verkehrssicherheit hin zu überwachen hat[50] oder dass er Fahrunfähige oder Fahrunkundige nicht am Führen eines Kraftfahrzeugs hindert.[51] Ähnliches gilt für die Halter gefährlicher Tiere, die dafür verantwortlich sind, dass diese Tiere keinen Dritten verletzen. Schließlich stellen auch Fahrgerätschaften auf

---

[45] Vgl. *Meurer/Kahle* JuS 1993 Lernbogen L 11 ff.; anders OLG Hamm 3 Ss 1128/91 NStZ 1993, 82 zur Garantenstellung bezüglich der Verhinderung einer erwarteten Falschaussage infolge der Benennung eines Mittäters als Entlastungszeugen; krit. hierzu mit überzeugenden Argumenten *Brammsen* StV 1994, 135 ff.; *Scheffler* GA 1993, 341 ff.; *Seebode* NStZ 1993, 83 ff.; a. A. LG Münster 7 Qs 216/91 StV 1994, 134.

[46] Vgl. *Roxin* AT 2 § 32/186 ff.; vgl. auch *Otto* FS Gössel, S. 115: es genüge, dass sich in einem bestimmten Erfolg die Gefahr realisier hat, für die der „Vortäter" verantwortlich ist.

[47] BGH 1 StR 465/95 NStZ-RR 1996, 131.

[48] Ausführlich zum Streitstand *Hillenkamp* FS Otto, S. 287 ff.

[49] Vgl. den Fall *Wuppertaler Schwebebahn* BGH 4 StR 289/01 BGHSt 47, 224 mit krit. Anm. *Freund* NStZ 2002, 424 f.

[50] Vgl. OLG Hamm 1 Ss 891/60 VRS 20, 465.

[51] Vgl. BGH 4 StR 96/63 BGHSt 18, 359/361; BGH VRS 14, 191/195; BGH VRS 20, 282.

Rummelplätzen Gefahrenquellen dar, welche eine Garantenstellung des die Gefahr Eröffnenden mit sich bringen. Ein weiterer wichtiger Bereich ist die Auslieferung gefährlicher Produkte.[52]

84 Die zweite Fallgruppe im Bereich der Eröffnung von Gefahrenquellen ist die *Öffnung von Räumlichkeiten für den Publikumsverkehr*, wenn dies zu gefährlichen Situationen führen kann. Insbesondere *Gaststätten* werden von der Rechtsprechung in diesem Sinne als Gefahrenherde angesehen.

85 **Beispiel 11.13**

Tanzbar-Fall BGH 5 StR 280/66 NJW 1966, 1763:[53] „Als Inhaberin einer Gastwirtschaft duldete die Angeklagte, daß vier männliche Stammgäste einer jungen Frau, die sich geweigert hatte, mit einem von ihnen zum zweiten Mal zu tanzen, gewaltsam das Haupthaar und einen Teil der Schamhaare abschnitten. Die Angeklagte und die vier mitangeklagten jungen Männer [...] sind wegen gefährlicher Körperverletzung in Tateinheit mit Nötigung und Beleidigung [...] verurteilt worden."

86 Der BGH bestätigte die Verurteilung durch das Landgericht. Denn die Angeklagte sei verpflichtet gewesen, das Treiben der vier jungen Männer zu unterbinden. Die Pflicht, in den Räumen für Ordnung zu sorgen, insbesondere ihre Gäste vor Ausschreitungen anderer Gäste zu schützen, leitet der BGH daraus ab, dass die Angeklagte eine Gaststätte betrieb.

87 Die Garantenstellung des Hausrechtsinhabers beginnt jedoch erst dort, wo die entstehenden Gefahren über das allgemeine Lebensrisiko hinausgehen. Deshalb ist der Gastwirt nicht verpflichtet, seine Gäste gegen schlechthin jede Straftat zu schützen, so etwa gegen geringfügige Beleidigungen oder kleine Betrügereien beim Kartenspiel. Die Garantenstellung wird jedoch wirksam, sobald die Grenze zur schweren Kriminalität überschritten wird.[54]

88 Bei *Privatwohnungen* ist es für die Annahme einer Garantenstellung zugunsten von Menschen, die sich dort aufhalten, erforderlich, dass zur Rolle als Wohnungsinhaber ein zusätzliches Kriterium hinzutritt. Andernfalls würde man den Wohnungsinhaber ohne weiteres in die Rolle des Beschützers aller in seiner Wohnung befindlichen Menschen und in die einer Aufsichtsperson gegenüber denjenigen von ihnen zwingen, die andere angreifen.

89 Dieses Kriterium kann darin bestehen, dass der Wohnungsinhaber dem Dritten die Wohnung speziell als *Schutzbereich* zur Verfügung stellt. Daran fehlt es, wenn Dritte ohne bzw. gegen den Willen des Hausrechtsinhabers Menschen in die Wohnung bringen, um an ihnen Straftaten zu begehen. In diesen Fällen kann der Hausrechtsinhaber nur dann zum Garanten werden, wenn die Wohnung wegen ihrer besonderen Beschaffenheit oder Lage als solche bereits eine Gefahrenquelle darstellt,

[52] Vgl. hierzu *Otto* FS Hirsch, S. 291 ff./301 ff.

[53] Vgl. *Eser* StK II Nr. 27 A 16 ff.

[54] Näher zu dieser Abgrenzung der BGH im *Rentner*-Fall BGH 3 StR 202/76 BGHSt 27, 10/13.

die der Wohnungsinhaber so zu sichern und zu überwachen hat, dass sie nicht zum Mittel für die leichtere Ausführung von Straftaten gemacht werden kann.[55]

Eine allgemeine, über die Nichtanzeige geplanter Straftaten (§ 138) hinausgehende Pflicht als Vermieter von Räumen, die Begehung von Straftaten Dritter in diesen Räumen zu verhindern, besteht nicht.[56] **90**

ccc) Garantenstellung als Grundlage einer Haftung für fremdes Handeln **91**

Eine Garantenstellung als Grundlage für eine Haftung für fremdes Handeln liegt im Rahmen von Autoritäts- und Aufsichtsstellungen vor, die gerade die Minimierung von Gefahren bezwecken, die von den Beaufsichtigten ausgehen. Typische Garanten sind insoweit die Eltern bezüglich der minderjährigen Kinder und Lehrer bezüglich der minderjährigen Schüler im Schulbereich.[57] Hingegen garantieren Angestellte einer Justizvollzugsanstalt nicht dafür, dass Straftaten, die Anstaltsbedienstete an Gefangenen verübt haben, bei den Strafverfolgungsbehörden zur Anzeige gebracht werden.[58] Jedoch kann ein Betriebsinhaber oder Vorgesetzter Garant dafür sein, dass Mitarbeiter keine betriebsbezogenen Straftaten begehen.[59]

II. Rechtlich relevantes Handeln in Form des Unterlassens

Wie bei den Begehungsstraftaten entfaltet der Handlungsbegriff auch bei den Unterlassungsstraftaten seine Funktion als *Grenzelement* (§ 2 RN 69 ff.). Damit das Unterlassen rechtlich relevante Verhaltensqualität besitzt, ist ein *bewusstes Untätigbleiben* erforderlich. **92**

Zu Leitfall 11 **93**

In *Leitfall 11.* besteht jenes Untätigbleiben darin, dass der Vater es unterlässt, die Kinder aus dem Fenster in die Arme der unten stehenden Retter zu werfen.

1. Ausscheiden von Sachverhalten ohne Handlungsqualität

Wie beim Tun werden auch beim Unterlassen zunächst Fallgruppen ausgeschieden, bei deren Vorliegen bereits die Handlungsqualität verneint wird. **94**

a) Schlaf oder Bewusstlosigkeit

Zunächst schließen auch bei der Unterlassungsstraftat *Schlaf* oder *Bewusstlosigkeit* des Täters die Handlungsqualität aus. **95**

---

55 Näher hierzu und mwN der BGH im *Türkin*-Fall BGH 3 StR 34/82 BGHSt 30, 391, insb. 394 ff.; vgl. auch KG 1 Ss 308/97 (196/97) NStZ 1998, 571 mit Bespr. *Otto* JK 1999 § 13/28.

56 Vgl. BGH 2 StR 397/92 StV 1993, 25 betreffend die Vermietung einer Garage, in der der Mieter gestohlene Wagen für den Verkauf mit falschen Typenschildern und Fahrgestellnummern versah.

57 Vgl. *Jescheck/Weigend* AT § 59 IV 4 c.

58 Vgl. BGH 2 StR 670/96 BGHSt 43, 82 mit Anm. *Klesczewski* JZ 1998, 313 ff.

59 Vgl. BGH 4 StR 71/11 BGHSt 57, 42.

b) Vis absoluta

96 Ein Nicht-Handeln infolge von *vis absoluta* liegt vor, wenn der Nichthandelnde durch unwiderstehliche Gewalt daran gehindert wird, Aktivitäten zur Verhinderung des tatbestandsmäßigen Erfolgs zu ergreifen.

97 **Beispiel 11.14**

Bademeister-Fall: Der Bademeister kann den Ertrinkenden nicht retten, weil er von D festgehalten wird.

c) Sonstige Unmöglichkeit der Erfolgsabwendung

98 Letztlich verbindet die Ausführungen in den RN 92 ff. aber die Frage, ob es dem nicht Eingreifenden *möglich* bzw. *unmöglich* ist, den Erfolg abzuwenden.[60] Diese Unmöglichkeit kann einerseits auf *objektiven* Ursachen beruhen (dem in Leipzig Weilenden ist es unmöglich, den in Berlin Ertrinkenden zu retten), sie kann aber auch *subjektiv* begründet sein.[61]

99 **Beispiel 11.15**

Bilanz-Fall BGH 3 StR 427/02 NStZ 2003, 546: Das Landgericht hatte den Angeklagten des Bankrotts nach § 283 Abs. 1 Nr. 7b i.V.m. § 14 StGB schuldig gesprochen, weil die von ihm geführten Gesellschaften für mehrere Geschäftsjahre keine Bilanz erstellt hatten.

100 Der BGH hob den Schuldspruch auf. § 283 Abs. 1 Nr. 7b StGB sei eine echte Unterlassungsstraftat. Eine Strafbarkeit entfalle daher, wenn der Täter aus fachlichen oder finanziellen Gründen zur Erstellung einer Bilanz nicht in der Lage ist. Nach den Feststellungen sei eine Erledigung der Buchhaltungsaufgaben weder „im eigenen Haus" möglich gewesen noch sei der Angeklagte im Hinblick auf seinen Werdegang selbst in der Lage gewesen, eine Bilanz aufzustellen. Es hätte daher der Feststellung bedurft, dass die vom Angeklagten geführten Gesellschaften im maßgeblichen Zeitraum noch über die finanziellen Mittel verfügten, einen Steuerberater mit der Erstellung der Bilanz zu beauftragen.

101 Dies entspricht der Nichthandlung im Falle der vis absoluta bei der Begehungsstraftat. Denn hier wird eine Nichthandlung schon dann angenommen, wenn es dem *Täter* nicht möglich war, sich der gewaltsamen Verwirklichung der Tatbestandsmäßigkeit zu widersetzen.

102 Vom Fehlen der Quasikausalität unterscheiden sich die Fälle der objektiven Unmöglichkeit und des subjektiven Unvermögens dadurch, dass sich eine erfolgsverhindernde Handlung nach menschlichen Maßstäben durchaus formulieren lässt, während dies im Falle einer fehlenden Quasikausalität nicht gelingt (vgl. unten RN 161 ff.).

---

[60] Vgl. LK-*Weigend* § 13 RN 65 f.; *Wessels/Beulke*/Satzger AT RN 708 mwN.

[61] Vgl. zur individuellen Handlungsfähigkeit als Voraussetzung des Unterlassens *Roxin* AT 2 § 31/8 ff.; SK-*Rudolphi* RN 2 vor § 13; *Stratenwerth/Kuhlen* AT § 13/58; *Stree/Bosch* in: Schönke/Schröder Vorbem. zu § 13 RN 142 f.

Die Unmöglichkeit der Erfolgsabwendung muss nicht unbedingt faktisch, sie kann auch *rechtlich* bestehen. 103

Beispiel 11.16 104

Terrier-Fall OLG Bremen 1 Ss 24/55 NJW 1957, 72:[62] Die Ehefrau des Angeklagten A hatte einen Airedale-Terrier von einem Dritten geschenkt bekommen. A war zunächst mit der Aufnahme des Hundes in seinen Haushalt einverstanden. Nachdem der Hund jedoch mehrere Personen angefallen hatte, bat er seine Frau, den Hund abzuschaffen oder außerhalb des Hauses in Pflege zu geben. Dem widersetzte sie sich jedoch. Bald darauf biss der Hund erneut zwei Menschen. A wurde deshalb wegen fahrlässiger Körperverletzung verurteilt.

Das als Revisionsgericht angerufene OLG Bremen stellte fest, dass A auf- 105
grund seiner Stellung als Haushaltsvorstand verpflichtet gewesen wäre, besondere Maßnahmen zur Beseitigung der von dem Hund ausgehenden Gefahren zu treffen. Fraglich sei jedoch, ob für A neben der festgestellten Rechtspflicht zum Einschreiten auch die *Möglichkeit* gegeben war, durch geeignete Maßnahmen Verletzungen zu vermeiden. Zu einer Fortgabe des nicht ihm gehörenden Hundes gegen den ausdrücklichen Willen seiner Frau als Eigentümerin des Tieres sei der Angeklagte schon aus *rechtlichen* Gründen nicht in der Lage gewesen.

Dass nicht nur vis absoluta, sondern auch jede andere faktische und auch die rechtli- 106
che *Unmöglichkeit* der Erfolgsabwendung bei der Unterlassungsstraftat eine Nicht-Handlung bedeutet, ergibt sich durch einen Vergleich mit der Begehungsstraftat: Dort ist eine Nichthandlung anzunehmen, wenn es dem Betroffenen unmöglich ist, das tatbestandsmäßige Verhalten zu unterlassen. Da man nicht *rechtlich* gezwungen werden kann, Unrecht zu tun, können hier nur die Fälle der vis absoluta einschlägig sein. Die Unmöglichkeit, durch Tun den Erfolg zu verhindern, muss hingegen nicht auf vis absoluta beruhen, sondern kann vielfältige Gründe haben.

2. Ausschluss der Tatbestandsmäßigkeit durch Unzumutbarkeit?

Überlegungen zur Unzumutbarkeit der unterlassenen Handlung setzen zunächst voraus, dass der 107
Täter überhaupt die *Möglichkeit* hat, jene Handlung vorzunehmen. Anderenfalls würde es bereits an einem rechtserheblichen Unterlassen fehlen (oben RN 94 ff.).

Beispiel 11.17 108

Nichtschwimmer-Fall: Der Nichtschwimmer kann den Ertrinkenden nicht retten. Sein Unterlassen ist nicht rechtserheblich i.S. der Unterlassungsstraftaten.

Hat der Unterlassende jedoch die Möglichkeit, die unterlassene, d. h. die erfor- 109
derliche Handlung vorzunehmen, dann betreffen Unzumutbarkeitserwägungen die

[62] Hierzu näher *Eser* StK II Nr. 28.

Frage, inwieweit der Unterlassende die Beeinträchtigung eigener Interessen in Kauf nehmen muss. Insofern wird ganz überwiegend vertreten, dass die Unzumutbarkeit der Erfolgsverhinderung bereits die Pflicht zum Tun begrenze und damit die *Tatbestandsmäßigkeit* des Unterlassens entfallen lasse.[63] Auch die Rechtsprechung scheint zuweilen den Gedanken der Unzumutbarkeit in einem die Garantenpflicht begrenzenden Sinne zu verstehen.[64]

110 Diesen Überlegungen ist jedenfalls insoweit zuzustimmen, als die Grenze der Unzumutbarkeit bei der Verpflichtung zum Handeln anders zu beurteilen ist als bei der Verpflichtung zum Unterlassen, wo Unzumutbarkeitserwägungen die Schuldhaftigkeit betreffen. Denn während es dem Täter der Begehungsstraftat durchaus zuzumuten ist, Aktivitäten zu unterlassen, sind dem Täter der Unterlassungsstraftat nicht alle zur Verhinderung des Erfolgs *möglichen* Aktivitäten zuzumuten, weil er durch die Handlungspflicht wesentlich stärker belastet wird als der Täter der Begehungsstraftat durch die Unterlassungspflicht.

111 **Beispiel 11.18**

Nierenspende-Fall: Sohn S leidet an akutem Nierenversagen. Vater V ist als Inhaber der Personensorge verpflichtet, drohende Schäden von seinem Sohn abzuwenden. Sollte sich herausstellen, dass der Vater als Nierenspender für den Sohn in Frage kommt, so könnte er durch die Nierenspende das Leben des Sohnes retten. Es wäre ihm somit durch jene Organspende *möglich*, den Erfolg zu verhindern. Obwohl V Garant ist, ist er jedoch nicht verpflichtet, eine Niere zu spenden. Denn einen derart massiven Eingriff in höchstpersönliche Rechtsgüter kann die Rechtsordnung von dem Vater nicht erzwingen.

112 Die aus der Garantenstellung hervorgehende Pflicht, den Erfolg zu verhindern, hat somit eine sozialethische Grenze in Form der *Opfergrenze.* Nicht das Mögliche, nur das *Erforderliche* und damit das *Verhältnismäßige* wird vom Garanten verlangt. Der h.M. ist deshalb zunächst durchaus zuzustimmen, wenn eine Handlungspflicht jenseits der Opfergrenze infolge Unzumutbarkeit verneint wird.[65]

113 Systematisch muss die h.M. jedoch in Frage gestellt werden. Denn wie die Unterlassungspflicht bei den Begehungsstraftaten eine Frage des Verbotenseins und damit der Rechtswidrigkeit insgesamt, nicht aber der Tatbestandsmäßigkeit als Verwirklichung eines Unwertes, darstellt, betrifft auch die Handlungspflicht das *Gebotensein insgesamt* und nicht nur die Elemente der Tatbestandsmäßigkeit als Unwert*beschreibung*.

[63] Vgl. *Stree/Bosch* in: Schönke/Schröder RN 155 vor § 13.

[64] Vgl. BGH 2 StR 294/93 NStZ 1994, 29, 1 StR 244/97 NStZ 1997, 545 sowie die Rechtsprechungsnachweise bei *Jescheck/Weigend* AT § 59 VIII 3.

[65] Anschaulich BGH 1 StR 325/93 NStZ 1994, 29.

Zu Beispiel 11.18 114

Der Tod des Sohnes ist im *Beispielsfall 11.18.* genau der dem Vater als Garant durch die §§ 212, 13 zugerechnete Unwert. Er ist aber kein Unrecht, weil der Vater ein *Recht* hat, die Nierenspende zu unterlassen.

Die Verneinung der Handlungspflicht ist damit ebenso eine Frage der Rechtswidrigkeit/Rechtfertigung wie die Verneinung der Unterlassungspflicht z. B. im Fall der Notwehr oder des rechtfertigenden Notstandes. Die Entpflichtung des Unterlassenden vom Tun erfolgt auf Rechtswidrigkeitsebene. Er hat ein *Recht zum Unterlassen*, sein Unterlassen ist *gerechtfertigt*. 115

Für *Rechtfertigung* infolge Unzumutbarkeit spricht auch eine weitere Überlegung: Die Handlungspflicht des Unterlassenden endet hier deshalb, weil ihm die Preisgabe eigener Interessen nicht mehr zugemutet werden kann, weil diese Interessen *höher* bewertet werden als die durch die Handlungspflicht geschützten. Wir haben es deshalb mit Interessenkollisionen in Form des *rechtfertigenden Notstandes* (§ 34) zu tun.[66] 116

Zu Beispiel 11.18 117

Indem der Vater im *Beispielsfall 11.18.* sich weigert, seine Niere zu spenden, nimmt er das überwiegende Interesse wahr und ist im rechtfertigenden Notstand straffrei. Ist das vom Garanten wahrgenommene Interesse nicht überwiegend im Verhältnis zum Interesse des aus der Garantenstellung Begünstigten, kommt eine Entschuldigung nach § 35, nicht aber ein Ausschluss der Tatbestandsmäßigkeit in Frage (RN 203 ff.).Gleiches gilt für die echten Unterlassungsstraftaten (RN 211).

3. Nichterfüllung der Pflicht zu einem bestimmten Handeln

a) Echte Unterlassungsstraftaten

Was der Täter zur Vermeidung der Tatbestandsmäßigkeit unternehmen soll, wird ihm bei den echten Unterlassungsstraftaten durch den Wortlaut der gesetzlichen Strafvorschrift mitgeteilt: Die Strafbarkeit nach § 138 lässt sich vermeiden, indem die geplante Straftat *angezeigt* wird. Wer in einer Wohnung ohne Befugnis verweilt, soll sich auf die Aufforderung des Berechtigten entfernen, will er eine Strafbarkeit nach § 123 vermeiden. Die Grenzen werden allerdings dort erreicht, wo es dem Gesetzgeber nicht möglich ist, genau zu beschreiben, wie sich der Täter verhalten soll. Bei der unterlassenen Hilfeleistung z. B. wird nicht ausgeführt, *wie* Hilfe geleistet werden soll. Nur bedingt einen Rahmen bildet die *Erforderlichkeit* der Hilfeleistung, die alle Handlungen einschließt, die eine reelle Chance zur Abwendung des drohenden Schadens bieten. 118

[66] Vgl. auch *Köhler* AT S. 207; *Küper* 1979, S. 87; für Entschuldigung hingegen LK-*Rönnau* RN 334 vor § 32.

b) Unechte Unterlassungsstraftaten

119 Bei den unechten Unterlassungsstraftaten ergibt sich der Inhalt der Handlungspflicht aus den konkreten Umständen,[67] insbesondere aus der Verpflichtung zur Vermeidung der gesetzlich beschriebenen Veränderung in der Außenwelt. Zwischen mehreren Handlungsmodalitäten, deren Vornahme das Ausbleiben der Veränderung erwarten lässt, kann der Täter wählen.[68] Gelingt ihm die Erfolgsvermeidung nicht, weil er sich für eine untaugliche Variante entschieden hat, kann er wegen fahrlässiger Herbeiführung der Veränderung zur Verantwortung gezogen werden.[69]

4. Abgrenzung von Tun und Unterlassen[70]

120 Wegen der zusätzlichen Voraussetzungen in § 13 kann die Strafbarkeit eines Handelns davon abhängen, ob man es als Tun oder als Unterlassen einordnet.

121 **Beispiel 11.19**

Insulin-Fall OLG Düsseldorf 2 Ss 91/83 JMBlNRW 1983, 199:[71] – Die Angeklagte behandelte ein Kind, das an Diabetes erkrankt war. Sie ordnete an, dass die dem Jungen täglich verordnete Insulinmenge zukünftig nicht mehr verabreicht werden solle, um dadurch die Bauchspeicheldrüse wieder zur Produktion eigenen Insulins anzuregen. Jedoch führte dieses Vorgehen nicht zur Gesundung, sondern zum Tod des Kindes.

122 Zur Unterscheidung zwischen Begehen und Unterlassen stellt das OLG entsprechend dem von der Rechtsprechung angewendeten Verfahren auf den *Schwerpunkt des Täterverhaltens* ab.[72] Danach habe zwar die *Mutter* im Vertrauen auf den Therapieerfolg den Behandlungsanweisungen der Angeklagten Folge geleistet und bei dem Jungen fortan jede Insulingabe *unterlassen*. Dennoch liege das Schwergewicht des Verhaltens der *Angeklagten* auf einem *Tun* in Form der Verhaltensanweisungen an die Eltern. Auch das Zerstreuen der Zweifel der Eltern an der Zweckmäßigkeit der vorgeschlagenen Behandlung sei als *aktive* Verhinderung einer offensichtlich erfolgversprechenden Rettungshandlung zu sehen.

123 **Beispiel 11.20**

Ziegenhaar-Fall RG I 1265/28 RGSt 63, 211: Der Angeklagte hatte für seine Pinselfabrik von einer Händlerfirma chinesische Ziegenhaare bezogen und die-

[67] Vgl. *Jescheck/Weigend* AT § 59 I.

[68] Vgl. *Jakobs* AT 29/12.

[69] Vgl. *Jakobs* AT 29/94; vgl. auch *Maiwald* JuS 1981, 473 ff.

[70] Näher zum Ganzen *Gropp* GS Schlüchter, S. 173 ff.; vgl. auch *Puppe* AT 2011 § 28 RN 4.; *Roxin* FS Spinellis, S. 945 ff.

[71] Näher *Eser* StK II Nr. 25 A 11–24.

[72] Unter Hinweis auf BGH GSSt 3/53 BGHSt 6, 46/46, 59; vgl. auch BGH 1 StR 390/99 NStZ 1999, 607; BGH 2 StR 239/02 NStZ 2003, 657.

se trotz der Mitteilung der Händlerfirma, dass sie zu desinfizieren seien, ohne vorherige Desinfektion durch seine Arbeiter zu Pinseln verarbeiten lassen. Ein Arbeiter und drei Arbeiterinnen, die mit der Herstellung der Pinsel beschäftigt waren, und eine Arbeiterin, die mit dem ersteren in Berührung kam, wurden durch Milzbrandbazillen, mit denen die Haare behaftet waren, angesteckt. Die vier Arbeiterinnen sind an Milzbrand gestorben.

Auch hier bedarf es einer Entscheidung darüber, ob der Tod der Opfer durch ein Tun (Übergabe nichtdesinfizierter Pinselhaare) oder durch ein Unterlassen (Unterbleiben der Desinfektion der Pinselhaare vor der Übergabe) herbeigeführt worden ist. Das Reichsgericht stellte diese Frage nicht, sondern ging stillschweigend von einem Tun aus. **124**

In den genannten Beispielen wurde eines der in diesem Zusammenhang erörternden Abgrenzungskriterien,[73] der *Schwerpunkt des Täterverhaltens*, bereits erwähnt. Darüber hinaus sucht man den *sozialen Sinn* des Verhaltens als Abgrenzungskriterium heranzuziehen,[74] verschiedentlich wird auch von einem Tun als *Regelfall* ausgegangen und nur in *Ausnahme*fällen ein Unterlassen angenommen.[75] Die genannten Abgrenzungsversuche mögen getroffene Einordnungen *nachträglich* plausibel *begründen*, es fehlt ihnen indessen ein hinlänglich zwingender Charakter, um eine Einordnung *im Voraus herzuleiten*.[76] Zu diesem Zweck bietet es sich an, zunächst das äußere Erscheinungsbild in Verbindung mit der äquivalenten Verursachung eines Erfolges als Grundlage heranzuziehen (a), und anschließend nach abweichenden Kriterien zu fragen (b). **125**

a) Regel: Äußeres Erscheinungsbild und Kausalität als Kriterien für die Unterscheidung von Tun und Unterlassen

Unter aktivem Tun versteht man ein Verhalten, welches durch Einsatz von Energie eine Veränderung der erlebten Wirklichkeit verursacht.[77] Ein Unterlassen liegt hingegen dann vor, wenn eine Veränderung der erlebten Wirklichkeit nicht verhindert wird, obwohl die Möglichkeit hierzu besteht, dh wenn man den Dingen „ihren Lauf lässt".[78] Als *strafrechtlich relevantes* Verhalten setzt sowohl das aktive Tun als auch das Unterlassen voraus, dass sich die bewirkte bzw. nicht verhinderte Veränderung der erlebten Wirklichkeit auf die Verwirklichung einer Strafvorschrift bezieht, sei es in Form des Versuchs oder der Vollendung. **126**

---

[73] Näher zu den Abgrenzungskriterien *Jescheck/Weigend* AT § 58 II 3; vgl. auch *Brammsen* GA 2002, 194 ff.; Kargl GA 1999, 459 ff.

[74] Vgl. *Eb. Schmidt* 1939, S. 160 ff.; ebs. *Geilen* JZ 1968, S. 151; *Meyer-Bahlburg* GA 1968, 49 ff.

[75] Vgl. *Jescheck/Weigend* AT § 58 II 2; MK-*Freund* § 13 RN 8 mwN.

[76] Krit. auch *Merkel* FS Herzberg, S. 196.

[77] Vgl. *Schlüchter* JuS 1976, 793, 795; *Sieber* JZ 1983, 431, 435; *Zieschang* AT Kap. 1 RN 47; sowie die zahlreichen Nachweise bei *Kühl* AT § 18/15.

[78] Vgl. *Kühl* AT § 18/15; *Küpper* 1990, S. 73.

127 **Beispiel 11.21**

Krankenschwester A verabreicht Patient B mittels einer intravenösen Injektion eine todbringende Substanz. B stirbt.

128 **Beispiel 11.22**

Krankenschwester C verabreicht dem an Diabetes mellitus erkrankten Patienten D die erforderliche lebensrettende Insulininjektion nicht. D stirbt.

129 Die Verbindung zwischen dem aktiven Tun (hier: der A) bzw. dem Unterlassen (hier: der B) und der Veränderung der erlebten Wirklichkeit entsprechend der gesetzlichen Strafvorschrift wird durch die Kausalität bzw. Quasi-Kausalität hergestellt. Die Begründung der Kausalität orientiert sich an der erlebten Wirklichkeit mittels der Formel von der „condicio sine qua non" (oben § 4 RN 33 ff.). Die Quasi-Kausalität des Unterlassens ergibt sich hingegen aus dem Hinzudenken nicht irgendeines, sondern gerade *jenes aktiven Tuns, das* – wie die Insulininjektion der C im zweiten Beispiel – *erfahrungsgemäß geeignet ist, die Verwirklichung der in der Strafvorschrift beschriebenen Veränderung in der Außenwelt zu verhindern.*[79] Die Hausfrau, die das Kind von der Schule abholt und vergisst, vor dem Verlassen des Hauses die Friteuse abzuschalten, wodurch es zu einem Hausbrand kommt, unterlässt, denn das Wegfahren allein ist nicht einmal kausal für den Hausbrand, kann es doch hinweggedacht werden, ohne dass der Erfolg entfiele.[80]

130 Die geschilderte Grundform der Unterscheidung zwischen Tun und Unterlassen bezieht sich sowohl auf vorsätzliches wie auf fahrlässiges Verhalten. Denn wie bei der vorsätzlichen ist es auch bei der fahrlässigen Straftat das aktive Verändern bzw. das Nichtverändern der erlebten Außenwelt, was für Tun und Unterlassen ausschlaggebend ist.

131 Dass ein aktives Tun von einem Unterlassen zusätzlicher Maßnahmen begleitet ist (sog. „ohne zu"-Fälle)[81], welche der Gefahrerhöhung entgegengewirkt hätten, lässt die Gefahrerhöhung durch aktives Tun unberührt.

132 **Beispiel 11.23**

Wer als Chirurg in einem der Infektion mit Hepatitis-B ausgesetzten Umfeld tätig ist und operiert, *ohne* sich vorsorglich auf Hepatitis-B untersuchen *zu* lassen, begeht fahrlässige Körperverletzungen durch aktives Tun, wenn es zu Infektionen an Patienten kommt.[82] Entsprechend würde auch niemand auf die Idee kommen, den Schützen S, der nicht nachkontrolliert hat, dass sein Gewehr keine Munition enthält, wegen einer fahrlässigen Tötung durch Unterlassen zur Verantwortung

[79] Vgl. auch Baumann/Weber/*Mitsch* AT § 15/23.

[80] Insofern sind die „ohne zu"-Fälle unproblematisch, vgl. *Kühl* AT § 18/23 ff.

[81] Vgl. *Engisch* FS Gallas, S. 184 ff.; *Kühl* AT § 18/23 ff.

[82] Vgl. BGH 2 StR 239/02 StV 2007, 76 m. Anm. *Ulsenheimer* StV 2007, S. 77.

zu ziehen, wenn S zum Scherz auf D gezielt und diesen dann versehentlich erschossen hat.

Zu Beispiel 11.20 133

Auch *Beispiel 11.20. – Ziegenhaar*-Fall – ist ein solcher „ohne zu"-Fall. Zwar besteht durch die Nichtdesinfektion der angelieferten Haare zunächst eine *Gefahr* fort. Diese Gefahr ist aber noch nicht tatbestandsmäßig i.S. von § 222. Erst wenn die Haare den Arbeiterinnen ausgehändigt werden, *ohne sie desinfiziert zu haben*, wird ein zum Tode führender Kausalvorgang in Gang gesetzt. Damit liegt ein tatbestandsmäßiges Tun vor, weshalb an das Unterlassen der Desinfektion nicht mehr zurückgegriffen werden muss.

Von der Einordnung eines Verhaltens als Tun oder Unterlassen ist die Frage zu 134 unterscheiden, ob die strafrechtliche *Verantwortlichkeit* des Täters für einen Erfolg an sein Tun, sein Unterlassen oder an beides angeknüpft werden kann.

Nur wenn der Täter für das aktive Tun nicht verantwortlich gemacht werden 135 kann, weil es für den eingetretenen Erfolg gar *nicht kausal* ist (die Verabreichung eines unwirksamen Medikamentes lässt sich hinwegdenken, ohne dass der Erfolg, der Tod des Patienten, entfiele)[83] oder weil der Täter gerechtfertigt oder entschuldigt ist, kommt eine Anknüpfung an ein Unterlassen in Frage.[84]

Beispiel 11.24 136

Wenn A im Zustand der Schuldunfähigkeit den B mit einem Messer schwer verletzt, so liegt dennoch ein strafrechtlich relevantes aktives Tun vor, für das A mangels Schuldhaftigkeit nicht zur Rechenschaft gezogen werden kann. Lässt A den B anschließend verbluten, ist eindeutig ein Unterlassen gegeben. Sollte A zum Zeitpunkt des Unterlassens wieder schuldfähig sein, kommt eine Verantwortlichkeit für dieses Unterlassen in Frage.

Beispiel 11.25 137

Wenn C den D mit dem Wagen fahrlässig erfasst und anschließend weiter fährt, obwohl er weiß, dass der schwerverletzte D sterben wird, dann hat er den Tod des D sowohl durch ein fahrlässiges Tun als auch durch ein vorsätzliches Unterlassen herbeigeführt. Die Strafbarkeit des A hängt dann davon ab, in welchem *Konkurrenzverhältnis*[85] die beiden Verhaltensweisen stehen.

---

[83] Vgl. *Gropp* GS Schlüchter, S. 173 ff; *Otto* Jura 2000, S. 550.

[84] Vgl. *Jescheck/Weigend* AT § 58 II 2.

[85] Vgl. auch *Jescheck/Weigend* AT § 58 II 2 am Ende; Baumann/Weber/*Mitsch* AT § 15/27.

138 Fragen der *objektiven Zurechnung*[86] schließen sich an die Klärung von Tun und Unterlassen erst an und sind unabhängig von der Verhaltensform zu beantworten.

139 Mit dem an der erlebten Wirklichkeit orientierten Abstellen auf die Alternative „Veränderung der Außenwelt" bzw. „den Dingen ihren Lauf Lassen" unter Berücksichtigung der „ohne zu"-Fälle und in Verbindung mit Kausalität und Quasi-Kausalität lässt sich die Abgrenzung von aktivem Tun und Unterlassen im Wesentlichen leisten.[87] Eines Rückgriffs auf die eher nichtssagende[88] und letztlich zirkuläre Zauberformel vom „Schwerpunkt der Vorwerfbarkeit" oder den sozialen Sinn eines Verhaltens bedarf es somit nicht.

b) Ausnahme: Bewertung aktiven Tuns als Unterlassen (Unterlassen durch Tun) in den so genannten Retterfällen[89]

140 Die Bewertung eines nach seinem äußeren Erscheinungsbild aktiven Tuns als Unterlassen wird dort erwogen, wo durch den Täter auf Kausalverläufe eingewirkt wird, die die *Verhinderung* einer Veränderung in der Außenwelt erstreben (Rettungshandlungen). Die Struktur von Rettungshandlungen entspricht in dem Bemühen um *Verhinderung einer Veränderung* dabei im Wesentlichen dem Rücktrittsverhalten beim Versuch: Hat der Retter bereits das Erforderliche getan, um den Eintritt der Veränderung für eine gewisse Zeit zu verhindern, liegt ein *„hinreichender Rettungs- bzw. Veränderungsverhinderungsversuch"*[90] vor. Müssen hingegen noch (weitere) Aktivitäten entfaltet werden, um die unmittelbar bevorstehende Veränderung zu verhindern, ist ein *„nicht hinreichender Veränderungsverhinderungsversuch"* gegeben. Die Frage eines Unterlassens durch Tun betrifft nur Fälle der Täterschaft. Die *Teilnahme folgt hingegen den allgemeinen Regeln.* Wer zum Unterlassen anstiftet, handelt aktiv. Wer durch Unterlassen anstiftet, unterlässt.

141 Die Bewertung eines aktiven Tuns als Unterlassen (sog. *Unterlassen durch Tun*) kommt *allerdings nur für das Abbrechen nicht hinreichender eigener oder fremder Rettungsmaßnahmen* in Frage. Um dies näher zu erklären, soll zwischen dem Abbruch eigener Rettungsversuche (aa) und denen eines Dritten (bb) unterschieden werden.

---

[86] Vgl. oben § 4 RN 85 ff.; zur objektiven Zurechnung beim unechten Unterlassen *Kölbel* JuS 2006, 309 ff.

[87] Vgl. auch *Struensee* FS Stree/Wessels, S. 133, 143 ff., 152 ff., krit. jedoch zur Kausalität S. 140 ff.

[88] Völlig zutreffend deshalb kritisch *Jescheck/Weigend* AT § 58 II 3; *Kühl* AT § 18/14; Baumann/Weber/*Mitsch* AT § 15/27; *Stoffers* JuS 1993, 27 ff.; *Stoffers* Die Abgrenzung von Tun und Unterlassen in der neueren Rechtsprechung, Jura 1998, S. 580, 582 f.; *Struensee* FS Stree/Wessels, S. 137 ff.

[89] Vgl. dazu auch *Gropp/Küpper/Mitsch* Fallsammlung Fall 3.

[90] Vgl. *Gropp* GS Schlüchter, S. 178 f. sowie den „beendeten Rettungsversuch" nach Baumann/Weber/*Mitsch* AT § 15/31 und den „beendeten Gebotserfüllungsversuch" bei *Samson* FS Welzel, S. 579, 598, ebenso *Stoffers* MDR 1992, 626 f.

aa) Abbruch eigener Rettungsversuche

Nicht hinreichende eigene Rettungsversuche können vom äußeren Erscheinungsbild her sowohl durch aktives Tun als auch durch schlichtes untätig Bleiben abgebrochen werden. Im Ergebnis liegt rechtlich immer ein Unterlassen vor. **142**

Beispiel 11.26 **143**

Krankenschwester F kann Patient G dadurch sterben lassen, dass sie es *unterlässt*, die leere Infusionsflasche durch eine bereit gestellte neue, volle, zu ersetzen, oder dadurch, dass sie die neue Infusionsflasche durch *aktives Tun* zerstört.

Das Beispiel zeigt, dass ein auf den Abbruch eines *nicht hinreichenden* Rettungsversuchs gerichtetes aktives Tun nicht kausal ist.[91] Denn nicht schon das Hinwegdenken der Vernichtung, sondern erst das *Hinzudenken* der Verabreichung der Infusion lässt den Tod entfallen. Aus diesem Hinzudenken ergibt sich die Quasikausalität des Unterlassens,[92] nicht die Kausalität des aktiven Tuns. **144**

Hinreichende Rettungshandlungen wie etwa das Anhängen der Infusion, welches das Überleben des Patienten für die nächsten 60 min garantiert, können dagegen nur durch aktives Tun abgebrochen werden. Denn könnte die Veränderung in der Außenwelt bereits durch Unterlassen herbeigeführt werden, wären die Rettungsversuche nicht hinreichend. Wer hinreichende Rettungsversuche verhindert, handelt aktiv. **145**

bb) Verhinderung/Abbruch fremder Rettungsversuche

Eine *Verhinderung fremder Rettungsversuche* kann zunächst in der Weise geschehen, dass dem Retter Mittel zur Rettung vorenthalten werden: **146**

Beispiel 11.27 **147**

Täter A weigert sich, dem Retter den Schlüssel zum Verbandskasten zur Verfügung zu stellen. Der Verunfallte verblutet.

In diesen Fällen liegt unstreitig ein *Unterlassen* des Täters vor.[93] Dies gilt auch dann, wenn der Täter Aktivitäten entfaltet: **148**

Beispiel 11.28 **149**

Täter B schließt den Verbandskasten ab, hindert den Retter so an der Versorgung einer stark blutenden Wunde und führt dadurch den Tod des Opfers herbei.

[91] Vgl. auch Baumann/Weber/*Mitsch* AT § 15/31.

[92] Vgl. *oben* § 4 RN 71 mwN.

[93] Vgl. *Samson* FS Welzel, S. 598.

150 Täter B vereitelt den *nicht hinreichenden* Rettungsversuch durch aktives Tun. Dieses aktive Tun ist nicht einmal kausal für den Tod, weil es hinweg gedacht werden kann, ohne dass der Eintritt des Todes entfiele. Kausal ist vielmehr das erzwungene Unterlassen des Retters. Weil aber der Hintermann als mittelbarer Täter die Tatherrschaft über den Retter hat, ist seine Tathandlung nicht die Einwirkung auf den Retter, sondern die Auswirkung auf den zu Rettenden. Die Tötungshandlung besteht hier in der erzwungenen Nichtversorgung der blutenden Wunde, nicht hingegen im Abschließen des Schrankes.[94] Dass wir das Verhalten des mittelbaren Täters trotz seines aktiven Handelns als Unterlassen bewerten, liegt somit in der Situation des Opfers, d. h. gerade im *nicht Hinreichen* des Rettungsversuchs begründet.

151 **Zu Beispiel 11.19**

In *Beispiel 11.19. Insulin*-Fall wird die strafrechtliche Verantwortlichkeit daher zu Unrecht an die Anordnung (als aktives Tun) geknüpft, das Insulin nicht mehr zu verabreichen.

152 Anders sind hingegen jene Fälle zu beurteilen, in denen ein *hinreichender* Rettungsversuch durch aktives Tun behindert wird:

153 **Beispiel 11.29**

Täter C droht den Retter zu erschießen, falls dieser den angelegten Druckverband nicht wieder entfernt. Der Retter fügt sich und der Verletzte verblutet.

154 Täter C findet das Opfer in einer gesicherten Position vor. Hier ist der Rettungsversuch *hinreichend*. Der Retter könnte – wie oben (aa) dargestellt – die eigene Rettungshandlung nur durch aktives Tun rückgängig machen. Dasselbe gilt für den (mittelbaren) Täter und dessen Einwirkung auf das Opfer mittels des Retters.

c) Das Abstellen des Respirators: ein Tun

Für das

155 **Beispiel 11.30**

Respirator-Fall – der Arzt schaltet das Beatmungsgerät ab, weil er die Patientin von einem weiteren qualvollen Leben erlösen will – ergibt sich aus den Überlegungen unter b), dass das Abschalten des Beatmungsgerätes ein Tun ist, weil

[94] So auch der BGH im *Kemptener Tee*-Fall BGH 1 StR 357/94 BGHSt 40, 257 bezüglich der Anordnung des Arztes, die Magensonde zu entfernen und die Patientin zukünftig nur noch mit Tee zu versorgen; der Entscheidung des BGH insoweit zustimmend *Lilie* FS Steffen, S. 285; *R. Merkel* ZStW 107 (1995), 552 f.; *Roxin* in: Roxin/Schroth (Hrsg.) 2001, S. 105; *Schöch* NStZ 1995, S. 154; *Vogel* MDR 1995, 338 f.; näher § 9 RN 75 ff; and. wohl die überwiegende Meinung, die jedes Abbrechen der Rettungshandlung eines Dritten als aktives Tun bewertet, vgl. *Kühl* AT § 18/20 mwN.

die künstliche Beatmung einen *hinreichenden Rettungsversuch* darstellt, indem dem Patienten die Möglichkeit gegeben wird, eine gewisse (u. U. nur kurze) Zeit zu überleben. Wer den Respirator abstellt, zerstört diese Möglichkeit und tötet damit durch aktives Tun.

Im Interesse einer straffreien „passiven" Sterbehilfe bewertete die ganz überwiegende Meinung das Abschalten des Respirators (sog. „technischer Behandlungsabbruch") jedoch als Unterlassen.[95] Denn dies gab insbesondere in Fällen, in denen ein unheilbar schwer kranker und leidender Patient das Abschalten im Sinne von § 216 (Tötung auf Verlangen) ernstlich verlangte, die Möglichkeit, die Garantenstellung des Arztes zu verneinen und so zu einer Straffreiheit bezüglich einer Tötung auf Verlangen durch Unterlassen (§§ 216, 13) zu kommen. Entsprechend war auch anerkannt, dass das Leben eines Menschen durch Unterlassen jedenfalls dann beendet werden dürfe, wenn mit an Sicherheit grenzender Wahrscheinlichkeit davon auszugehen ist, dass er nie mehr zum Bewusstsein kommen wird (sog. passive Sterbehilfe in Form des einseitigen Behandlungsabbruchs).[96] 156

Die Vordergründigkeit jener Hilfskonstruktion zeigt jedoch

Beispiel 11.31 157

Ravensburger-Sterbehilfe-Fall LG Ravensburg 3 Kls 31/86 NStZ 1987, 299:[97] Der Angeklagte hatte bei seiner an einer unheilbaren, im Endstadium begriffenen Krankheit leidenden Ehefrau auf deren Wunsch hin, sterben zu wollen, das Beatmungsgerät abgeschaltet. Dies führte zum alsbaldigen Tod der Ehefrau.

Das LG sah eine Rechtfertigung des Angeklagten deshalb gegeben, weil die Ehefrau das Recht gehabt habe, eine künstliche Beatmung abzulehnen und demgemäß auch das Recht, zu verlangen, dass eine künstliche Behandlung abgestellt werde. 158

Der *Ravensburger-Sterbehilfefall* deutet bereits deutlich darauf hin, dass es beim Abschalten des Respirators nicht die Frage von Tun oder Unterlassen ist, die in den Fällen der Beendigung der Behandlung eines todkranken Patienten auf sein Verlangen hin entscheidend sein darf. Vielmehr ist die Bedeutung entscheidend, die dem wirklichen oder mutmaßlichen Willen, d. h. dem *Selbstbestimmungsrecht* des Patienten zukommt. Wie sich niemand einen Herzschrittmacher gegen seinen Willen einpflanzen lassen muss, so sollte auch niemand gezwungen sein, das Gerät gegen seinen freien und ernstlichen Willen zu behalten. Gleiches gilt für die künstliche Beatmung. Gesetzentwürfe zur Regelung der Sterbehilfe von 1986 und 2005 haben versucht, dem Rechnung zu tragen,[98] ohne sich durchsetzen zu können. In 159

---

[95] Vgl. *Roxin* FS Engisch, S. 380/397 ff. sowie *Eser*, in: Schönke/Schröder RN 32 vor § 211 mwN.

[96] Näher *Eser* in: Schönke/Schröder RN 29 vor § 211.

[97] Vgl. auch *Puppe* AT 2 § 46 RN 9.

[98] Vgl. hierzu *Baumann* u. a. AE-Sterbehilfe, § 214: Abbruch oder Unterlassung lebenserhaltender Maßnahmen als Rechtfertigungsgrund; *Schöch/Verrel* Alternativ- Entwurf Sterbebegleitung GA

einer wegweisenden Entscheidung hat der 2 Strafsenat des BGH 2010 endlich entschieden, dass ein Behandlungsabbruch gerechtfertigt ist, wenn er dem Willen des Patienten entspricht und dazu dient, einem ohne Behandlung zum Tode führenden Krankheitsprozess seinen Lauf zu lassen.[99] Einer wirklichkeitsfremden Umdeutung des Tuns in ein Unterlassen bedarf es in den Respirator-Fällen damit nicht mehr.[100]

d) „Passives Tun" als Handlungsform[101]

160 Unter bestimmten Umständen kann ein faktisches Unterlassen rechtlich ein Tun bedeuten und die Zurechnung eines Erfolges bewirken, ohne dass der Täter eine Garantenstellung innehaben muss. In den Fällen des „beredten Schweigens" gibt der Täter durch sein Unterlassen in Form des Schweigens eine Erklärung ab: Beim Täuschen als Tathandlung des Betruges ist dies anerkannt.[102] Aber auch wer den Gruß eines Dritten demonstrativ nicht erwidert, „erklärt" seine Nichtachtung durch Unterlassen und begeht so eine Beleidigung (§ 185), auch ohne Garant zu sein. Eine Freiheitsberaubung durch passives Tun kommt z. B. in Frage, wenn die Gefesselte beim Fesselspiel nicht mehr mitmachen will, ihr Partner aber nicht daran denkt, sie wieder zu befreien.

III. Tatbestandsmäßige Veränderung in der Außenwelt („Erfolg") und Quasi-Kausalität

1. Anforderungen an die Quasi-Kausalität

161 Hinsichtlich der zu vermeidenden Veränderung in der Außenwelt bestehen keine Unterschiede zwischen den Begehungsstraftaten und den unechten Unterlassungsstraftaten. Jedoch liegt es in der Natur der Sache, dass die condicio sine qua non-Formel als gedankliche Verbindung zwischen dem Unterlassen und der tatbestandsmäßigen Veränderung in der Außenwelt nicht angewandt werden kann. Die „Verhinderungs-Kausalität" wird daher in eine Formel gekleidet, welche eine *Umkehrung* der condicio sine qua non-Formel darstellt:

162 ▶ Quasi-kausal ist ein Unterlassen dann, wenn „die unterlassene Handlung"[103] nicht hinzugedacht werden kann, ohne dass die tatbestandsmäßige Veränderung in der Außenwelt mit an Sicherheit grenzender Wahrscheinlichkeit entfiele.[104]

2005, 553 ff. sowie *Heine* u. a. Alternativ-Entwurf Leben GA 2008, 193 ff. jew. § 214: Beenden, Begrenzen oder Unterlassen lebenserhaltender Maßnahmen; vgl. auch *Hufen* NJW 2001, S. 855 rechts.

[99] BGH 2 StR 454/09 v. 25.6.2010, BGHSt 55, 191; dazu *Fischer* FS Roxin 2011, S. 557 ff.

[100] Vgl. *Gropp* GS Schlüchter, S. 183 ff. sowie *Brammsen* GA 2002, S. 210 mwN

[101] Umfassend hierzu *Streng* ZStW 122 (2010), 1 ff.

[102] Näher Streng ZStW 122 (2010), 19.

[103] Gemeint ist *„die für die Abwendung der Veränderung in der Außenwelt (des Erfolges) erforderliche Handlung"*.

[104] Vgl. RGSt 58, 130/131; BGH 2 StR 269/87 NJW 1987, 2940; *B. Heinrich* AT RN 888 mwN.

Zu Leitfall 11 163

In *Leitfall 11.* wäre deshalb eine Quasikausalität jedenfalls dann zu verneinen, wenn sich der Vater mit den beiden Kindern im 20. Stockwerk eines Hochhauses aufhalten würde. Denn dann würde es schon an der *Möglichkeit* fehlen, die Kinder durch Hinabwerfen zu retten, „die unterlassene Handlung", die eine Rettungshandlung ist, ließe sich hier nicht einmal formulieren.

Probleme tun sich jedoch auf, wenn eine Rettung möglich, aber nicht zweifelsfrei ist. Lässt sich nicht nachweisen, dass die unterlassene Handlung die tatbestandsmäßige Veränderung in der Außenwelt mit an Sicherheit grenzender Wahrscheinlichkeit hätte entfallen lassen, verneint die Rechtsprechung eine Quasi-Kausalität *in dubio pro reo*:[105] 164

Beispiel 11.32 165

Heustockbrand-Fall RGSt 75, 49/50: „Am 6. Oktober 1939 um 7½ Uhr brach im Wirtschaftsgebäude des [...] Angeklagten ein Brand aus, durch den dieses Gebäude, das zugleich zur Wohnung von Menschen diente, sowie erhebliche Vorräte an Heu, Öhmd[106] und Getreide, ferner landwirtschaftliche Geräte und andere Gegenstände vernichtet wurden. Die erste Ursache des Brandes lag in der Selbstentzündung des Öhmds."

Das *Landgericht* verurteilte den Angeklagten wegen fahrlässiger Brandstiftung. Denn er habe das Ausbrechen des Brandes durch fahrlässige Unterlassung verursacht, weil er nicht rechtzeitig die Heustocksonde zur Untersuchung des Öhmdstockes angefordert habe. 166

Zur *Ursächlichkeit* führt das *Reichsgericht* aus, dass diese dann zu bejahen sei, „wenn die unterlassene Handlung nicht hinzugedacht werden kann, ohne dass zugleich der Erfolg entfiele."[107] Jene Ursächlichkeit könne nur bejaht werden, wenn eine an Gewissheit grenzende Wahrscheinlichkeit dafür bestehe, dass der Brand nicht ausgebrochen wäre oder einen wesentlich geringeren Umfang angenommen hätte, falls der Angeklagte die Heustocksonde in dem Zeitpunkt angefordert hätte, in dem er [...] dazu verpflichtet war. Weil die Ausführungen des Landgerichts insoweit nicht hinreichend waren, verwies das Reichsgericht zur weiteren Sachaufklärung zurück. 167

Jene restriktive Rechtsprechung des Reichsgerichts zur Quasi-Kausalität ist vom BGH übernommen worden. 168

[105] Vgl. *Jescheck/Weigend* AT § 59 III 4; BGH 4 StR 266/84 StV 1985, 229; differenzierend *Kahlo* 1990, S. 319 ff.

[106] Südwestdeutsch: Heu vom zweiten Mähen.

[107] RG 1 D 223/40 RGSt 75, 49/50.

169 **Zu Leitfall 11**

Deshalb hat der BGH in *Leitfall 11.* als Voraussetzung für die Quasi-Kausalität des Unterlassens gefordert, dass der Tod der Kinder durch die unterbliebene Handlung verhindert worden wäre, wofür zumindest die Feststellung einer an Sicherheit grenzenden Wahrscheinlichkeit erforderlich sei.[108]

170 Zum Teil wird vertreten, dass Quasi-Kausalität bereits dann gegeben sei, wenn das Risiko des Eintritts der tatbestandsmäßigen Veränderung in der Außenwelt durch das Unterlassen erhöht worden ist (sog. *Risikoerhöhungslehre*).[109] Jedoch wird man hier dieselben Einwände geltend machen müssen, die gegen die Risikoerhöhungslehre im Bereich der fahrlässigen Straftaten erhoben werden (§ 12 RN 86 ff.).[110]

171 **Zu Leitfall 11**

Nicht ganz unproblematisch ist allerdings die Frage, was man in diesem Zusammenhang unter „Veränderung in der Außenwelt/Erfolg" verstehen soll. Die Rechtsprechung geht hier augenscheinlich *abstrakt* von der Verwirklichung der Elemente der Tatbestandsmäßigkeit aus.[111] In *Leitfall 11.* wird deshalb nicht zwischen dem Tod in den Flammen und dem Tod durch den Sturz unterschieden. Die Quasikausalität des Unterlassens wird deshalb verneint, wenn nicht auszuschließen ist, dass anstatt des Todes in den Flammen der Tod durch den Sturz eingetreten wäre.

172 Geht man jedoch von *der Veränderung in der Außenwelt in ihrer konkreten Gestalt* aus, so ließe sich der „Tod in den Flammen" durch das Hinabwerfen vermeiden, weil *dieser* Tod selbst durch den sicheren Tod in Form des Aufschlagens auf die Straße vermieden würde.[112] Jene Argumentation wirkt jedoch im konkreten Fall nicht nur lebensfremd und zynisch, sie übersieht auch die Funktion der Elemente der Tatbestandmäßigkeit. Denn diese beschreiben nicht konkrete Fälle, sondern legen einen abstrakten *Rahmen* fest, innerhalb dessen der jeweilige Lebenssachverhalt ein „Fall" dieser Elemente der Tatbestandsmäßigkeit ist. Solange deshalb beim Tun nicht eine *wesentliche* Abweichung des eingetretenen Kausalverlaufs vorliegt, ist die Zurechnung des Erfolgs zu bejahen bzw. ein diesbezüglicher Irrtum unbeachtlich. Solange beim Unterlassen durch die Vornahme der unterlassenen Handlung nicht mit an Sicherheit grenzender Wahrscheinlichkeit eine *wesentliche* Abweichung des Kausalverlaufs zu erwarten ist, ist die Quasi-Kausalität zu verneinen, weil auch durch ein Handeln die Veränderung in der Außenwelt nicht hätte vermieden werden können. Der Tod durch den Sturz

---

[108] BGH 1 StR 175/70 bei Dallinger MDR 1971, 361 rechts.

[109] Vgl. *Roxin* AT 1 § 11/76 ff.; umfassend zu den unterschiedlichen Spielarten Kahlo 1990, S. 55 ff.

[110] Krit. auch *Maiwald* FS Küper, S. 329 ff.

[111] Vgl. *Wessels/Beulke/Satzger* AT RN 712.

[112] Vgl. hierzu *Puppe* ZStW 92 (1980), 878 ff.

unterscheidet sich in *Leitfall 11.* aber nicht wesentlich vom Tod in den Flammen. Der Rechtsprechung ist daher zuzustimmen.

2. Ablehnung eines gesonderten Pflichtwidrigkeitszusammenhangs

Eng mit der Frage nach der Quasi-Kausalität des Unterlassens hängt das Schein-Erfordernis des *Pflichtwidrigkeitszusammenhangs*[113] zusammen: Während es bei der Quasikausalität darauf ankommt, ob das unterlassene Tun die Veränderung in der Außenwelt mit an Sicherheit grenzender Wahrscheinlichkeit verhindert hätte, ist die Fragestellung beim Pflichtwidrigkeitszusammenhang gerade umgekehrt: Die Zurechnung der Veränderung in der Außenwelt wird mangels eines Pflichtwidrigkeitszusammenhangs verneint, wenn *nicht auszuschließen* ist, dass die Veränderung in der Außenwelt auch bei pflichtgemäßem Verhalten – bei den Unterlassungsstraftaten mittels Vornahme des unterlassenen Tuns – eingetreten wäre.[114] Vergleicht man die Fragestellungen, so wird freilich deutlich, dass Quasikausalität und Pflichtwidrigkeitszusammenhang nur die beiden Seiten derselben Medaille sind. Anhand des *Leitfalles 11.* lässt sich dies unschwer nachweisen: 173

Zu Leitfall 11 174

In *Leitfall 11.* verlangt die Quasikausalität, dass das Hinabwerfen der Kinder nicht hinzugedacht werden kann, ohne dass der Tod der Kinder mit an Sicherheit grenzender Wahrscheinlichkeit entfiele. Sie ist zu verneinen, wenn nicht ausgeschlossen werden kann, dass der Tod auch durch das Hinabwerfen eingetreten wäre. Auch der Pflichtwidrigkeitszusammenhang ist zu verneinen, wenn nicht ausgeschlossen werden kann, dass der Tod auch bei (handlungs-)pflichtgemäßem Verhalten, d. h. beim Hinabwerfen der Kinder, eingetreten wäre. Das Beispiel zeigt:

- *Quasikausalität und Pflichtwidrigkeitszusammenhang sind identisch.* 175

Oder anders ausgedrückt:

Neben der Prüfung der Quasikausalität bedarf es der Prüfung eines Pflichtwidrigkeitszusammenhangs nicht.[115] 176

Der Grund hierfür liegt darin, dass schon innerhalb der Quasikausalität nach *„der unterlassenen Handlung"* gefragt wird. Diese Handlung ist aber gerade jene der Handlungs*pflicht gemäße*. Die Bejahung der Quasikausalität (=Verhinderung der Veränderung in der Außenwelt durch *pflichtgemäßes* Handeln) bedeutet damit bereits Bejahung des Pflichtwidrigkeitszusammenhangs.[116] 177

---

[113] Zum Pflichtwidrigkeitszusammenhang beim Unterlassungsdelikt *Kahlo* 1990, S. 306; *Wessels/Beulke/Satzger* AT RN 713; *Kühl* AT § 19/4a ff. mwN.

[114] Für eine Abgrenzung danach, ob das Unterlassen nachweisbar reale Chancen des Opfers, unverletzt zu bleiben, vernichtet hat, *Kahlo* GA 1987, S. 79.

[115] Zust. NK-StGB-*Wohlers/Gaede* § 13 RN 15.

[116] Vgl. auch *Burgstaller* 1974, S. 131 f.; krit. *Erb* 1991, S. 248 ff.

IV. Die Entsprechens-Formel, § 13

1. Handlungsäquivalenz

178 Um strafbar zu sein, muss das Bewirken der Unrechtsverwirklichung durch Unterlassen der Unrechtsverwirklichung durch Tun *entsprechen*. Bei Strafvorschriften, die sich in der Beschreibung eine Veränderung in der Außenwelt erschöpfen (z. B. § 212), sog. „reine Erfolgsstraftaten", wird jene Handlungs-Äquivalenz in der Regel gegeben sein.[117] Bedeutung erlangt sie nach h.M. jedoch bei sog. *„verhaltensgebundenen"* Straftaten.[118]

179 Hierzu zählt man vor allem

- § 263 bezüglich des *Täuschens,*[119]
- § 253 bezüglich des Nötigens *durch Gewalt oder Drohung mit einem empfindlichen Übel,*
- § 211 bezüglich der 2. Gruppe der Mordmerkmale,[120]
- § 224 bezüglich der Körperverletzung *mittels eines gefährlichen Werkzeugs.*

180 Die Handlungsäquivalenz soll sich zunächst auf die *Tathandlung* beziehen,[121] beim Betrug somit darauf, ob das Unterlassen einem *Täuschen* entspricht. Mit *Streng* würde insoweit vermutlich schon ein „passives Tun" vorliegen.[122]

181 **Beispiel 11.33**

Eigenbedarfs-Fall BayObLG JR 1988, 299 ff:[123] Aufgrund eines Prozessvergleichs hatten sich die Mieter verpflichtet, die Wohnung des Vermieters wegen Eigenbedarfs zu räumen. Auch als der Grund für den Eigenbedarf nachträglich weggefallen war, unterließ der Vermieter die Verständigung der Mieter, obwohl ihm dies ohne Hindernisse möglich gewesen wäre.

[117] Anders *Freund* 1992, insbes. S. 124 ff., der als tertium comparationis den das Handlungsunrecht prägenden Verhaltensnormverstoß fordert; vgl. auch *Kargl* ZStW 119 (2007), S. 281; für eine Anwendung der Entsprechensklausel auch bei erfolgsqualifizierten Unterlassungen *Köhler, C.* 2000, S. 126 ff.

[118] Vgl. BGH 3 StR 204/09 NStZ 2010, 87; *Kühl* AT § 18/123; *Roxin* AT 2 § 32/225 ff.; *Stree/Bosch* in: Schönke/Schröder § 13 RN 4; *Wessels/Beulke* AT RN 730; NK-StGB-*Wohlers/Gaede* § 13 RN 19.

[119] Dazu *Kargl* ZStW 119 (2007), 250 ff.

[120] *Rauber* 2008, insb. S. 42 f., 150.

[121] NK-StGB-*Wohlers/Gaede* § 13 RN 19 beziehen auch Fragen der Kausalität und des unmittelbaren Ansetzens mit ein.

[122] Vgl. oben RN 160 und *Kargl* ZStW 119 (2007), 286 f.

[123] Mit Anm. *Hillenkamp* JR 1988, 301 ff., zur Entsprechensklausel insbes. S. 303; vgl. auch *Fischer* § 263 RN 16a.

Dieses Verhalten entspreche bei Bejahung der subjektiven Tatseite der Verwirklichung des Täuschens durch ein Tun, so das BayObLG.[124] 182

Relevanz kommt hingegen dem zweiten Gesichtspunkt der Handlungsäquivalenz zu, der sich sich auf den *Garanten* bezieht: Es wird gefragt, *in wessen Sphäre* das spezifische Verhalten fällt. Handelt es sich um den Fall eines Beschützer-Garanten, so wird ihm die besondere verbrecherische Handlungsmodalität eines Angreifers nicht zugerechnet. Der Überwachungsgarant ist hingegen für den aus seiner „Gefahrenquelle" herrührenden besonderen Handlungsunwert zuständig.[125] 183

Beispiel 11.34 184

Messer-Fall für die Irrelevanz des externen Handlungsunwerts beim Beschützer-Garanten: Der Beschützer-Garant (z. B. der Vater) lässt es zu, dass sein Kind von einem Dritten mit einem Messer verletzt wird, obwohl er dies verhindern könnte. Als Beschützergarant ist der Vater Täter einer *einfachen* Körperverletzung durch Unterlassen, weil ihm das Handlungsunrecht der Begehungs-Tat nicht zugerechnet wird.

Beispiel 11.35 185

Passanten-Fall für die Relevanz des internen Handlungsunwerts beim Überwachungsgaranten: Der aufsichtsführende Lehrer im Schulhof schaut zu, wie der jugendliche Schüler S mit einem Messer einen den Pausenhof überquerenden Passanten P verletzt. In diesem Falle wird die Nichthinderung des Verhaltens des S dem aufsichtsführenden Lehrer zugerechnet. Da der Lehrer Überwachungsgarant ist, liegt eine Beihilfe zur gefährlichen Körperverletzung vor.

Zu Leitfall 11: 186

In *Leitfall 11.* ist der Vater Beschützergarant für die beiden Kinder. Da es sich bei dem Totschlag um eine Erfolgsstraftat handelt, ist das Unterlassen auch hinsichtlich der Handlungsäquivalenz wie ein Tun zu bewerten.

2. Fakultative Strafmilderung

Bei den unechten Unterlassungsstraftaten lässt § 13 II eine Strafmilderung nach § 49 I zu. Der Grund liegt darin, dass der Schuldgehalt der tatbestandsmäßigen, rechtswidrigen und schuldhaften Begehung durch Unterlassen geringer ist als eine 187

[124] Jedoch lässt sich – auch im Hinblick auf *Beispiel* 11.24. – zumindest bezüglich des Betruges und der Nötigung mit Recht bezweifeln, ob neben der Verwirklichung der Elemente der Tatbestandsmäßigkeit durch Unterlassen für eine zusätzliche Handlungsäquivalenz überhaupt noch Raum bleibt, vgl. *Roxin* AT 2 § 32/230 ff.

[125] Vgl. *Stree/Bosch* in: Schönke/Schröder § 13 RN 4; vgl. auch *Roxin* AT 2 § 32/239 ff. und *Roxin* FS Lüderssen, S. 583 ff. zu sog. „begehungstäterbezogenen Qualifikationsmerkmalen".

Begehung durch Tun. Denn indem der Täter nur unterlässt, ist seine rechtsfeindliche Gesinnung nicht so ausgeprägt wie beim Tun, weil die Schwelle zum Unterlassen viel niedriger ist als jene zum Tun.[126] Auch der *Unrechtsgehalt* der durch Unterlassen bewirkten Veränderung in der Außenwelt kann geringer sein als jener des durch Tun bewirkten, obwohl die Entsprechensformel dem gerade entgegen wirken soll.

V. Subjektive Elemente der Tatbestandsmäßigkeit

1. Besondere subjektive Elemente der Tatbestandsmäßigkeit

188 Wie bei der Begehungsstraftat spielen auch bei der Unterlassungsstraftat Absichten und Motive eine das Unrecht der Tat gestaltende Rolle. Man denke etwa an die Zueignungsabsicht beim Diebstahl oder die Verdeckungsabsicht beim Mord. Ein besonderes Augenmerk ist insoweit jedoch auf die Entsprechensformel zu legen.

2. Allgemeine subjektive Unrechtselemente

189 Insoweit ist *Vorsatz* hinsichtlich aller objektiven Elemente der Tatbestandsmäßigkeit erforderlich.[127] Dieser kann darin bestehen, dass der Täter in Kenntnis (cognitives Vorsatzelement) der objektiven Elemente einschließlich der Quasikausalität den *Entschluss* (voluntatives Vorsatzelement) fasst, untätig zu bleiben, *nichts zu tun.*[128] Es kann aber auch sein, dass sich der Täter in Kenntnis der Situation nur schlicht *nicht entschließt, etwas* zu tun.[129] In diesen Fällen lässt die h.M. die Kenntnis zur Begründung des Vorsatzes genügen,[130] die dogmatische Situation entspricht damit jener des dolus directus II bei den Begehungsstraftaten (§ 4 RN 169 ff.). Dolus eventualis liegt vor, wenn der Täter in *Kenntnis* der Situation sich mit der *Möglichkeit* des Eintritt der Veränderung in der Außenwelt *abfindet*, bewusste Fahrlässigkeit, wenn er auf das Ausbleiben der Veränderung vertraut (§ 4 RN 174 ff.).

190 **Zu Leitfall 11**

In *Leitfall 11.* verwies der BGH den Fall auch deshalb an die Strafkammer zurück, weil in den Urteilsgründen nicht hinreichend zum Ausdruck gekommen sei, dass der Angeklagte mit Kenntnis hinsichtlich der Herbeiführung des Todes der Kinder durch Unterlassen gehandelt habe.

191 Von Anhängern einer streng finalen Handlungslehre wird betont, dass die subjektiven Elemente der Tatbestandsmäßigkeit bei der Unterlassungsstraftat schon dann vorliegen, wenn der Ent-

[126] Vgl. BGH 4 StR 451/91 NStZ 1992, 125; abl. *Lerman* GA 2008, 78.

[127] Vgl. *Ebert* AT 5. Teil 2. Abschnitt A IV mit zahlr. Beispielen zur Unkenntnis; *Jescheck/Weigend* AT § 59 VI.

[128] Vgl. *Jescheck/Weigend* AT § 59 VI 2 a.

[129] Jedenfalls bedarf es zur Bejahung des Vorsatzes der Feststellung, dass der Täter im Bewusstsein *möglichen Handelns* untätig geblieben ist.

[130] Vgl. *Roxin* AT II, § 31/184 ff.; *Wessels/Beulke/Satzger* AT RN 732.

schluss, die gebotene Handlung vorzunehmen, trotz Erkennbarkeit ihrer Erforderlichkeit fehlt, d. h. dass ein Unterlassungswille als Gegenstück zu einem Verwirklichungswillen bei den Begehungsstraftaten nicht erforderlich sei.[131] Jedoch kann zum einen die Erkenn*barkeit* das cognitive Vorsatzelement nicht ersetzen. Zum anderen dürfte es sich hier insoweit um ein Scheinproblem handeln, als auch die h.M. als voluntatives Element des Vorsatzes bei den Unterlassungsstraftaten einen Verwirklichungswillen nicht verlangt.[132]

VI. Fahrlässiges Unterlassen

Wie Vorsatzstraftaten sind selbstverständlich auch Fahrlässigkeitsstraftaten durch Unterlassen begehbar. Der Kern der Unwertverwirklichung wird dabei nicht selten in der unvorsätzlichen Verletzung einer Sorgfaltspflicht durch Unterlassen gesehen.[133] **192**

Nach der hier zu den Fahrlässigkeitsstraftaten vertretenen Ansicht (§ 12 RN 121 ff.) besteht der Unwertgehalt der fahrlässigen Unterlassungsstraftat darin, dass durch Unterlassen unvorsätzlich, jedoch individuell vorhersehbar, vermeidbar und objektiv zurechenbar eine erhöhte Gefahr geschaffen und dadurch das strafbare Verhalten verwirklicht wird. **193**

Wie bei der Vorsatzstraftat lassen sich auch bei der Fahrlässigkeitsstraftat echte und unechte Unterlassungsstraftaten unterscheiden: **194**

- als echte fahrlässige Unterlassungsstraftat z. B. § 283 V Nr. 1 i. V. mit I Nr. 5 (Bankrott in Form des fahrlässigen Unterlassens der Führung von Handelsbüchern bei fahrlässiger Unkenntnis von der Überschuldung oder der drohenden oder eingetretenen Zahlungsunfähigkeit), **195**

- als unechte fahrlässige Unterlassungsstraftaten alle fahrlässigen Begehungsstraftaten i.V.m. der Entsprechensformel in § 13. **196**

C. Rechtswidrigkeit

Innerhalb der Elemente der Rechtswidrigkeit bestehen zwischen Begehungs- und Unterlassungsstraftaten zunächst keine Unterschiede. Hier wie dort gilt es, *Rechtfertigungsgründe* bei gegebenem Anlass zu erörtern. **197**

Nach h.M. soll auch die *Garantenpflicht* ein eigenständiges Element der Rechtswidrigkeit sein (RN 24). **198**

Beweggrund der h.M. ist der Wille, den Irrtum über die Garantenpflicht – vor allem in Form der Unkenntnis – befriedigend zu berücksichtigen. Die Unkenntnis der Garantenpflicht soll deshalb als Gebotsirrtum, zu behandeln als Verbotsirrtum nach § 17 (§ 13 RN 34 ff.), beachtlich sein. **199**

---

[131] Vgl. *Arm. Kaufmann* 1959, S. 66 ff., 110 ff. 309 ff.; *Welzel* LB S. 201.

[132] Vgl. LK-*Vogel* § 15 RN 59.

[133] Vgl. *Hoffman/Holland* AT RN 837; *Jescheck/Weigend* AT § 54 I 4 mit FN 17; *Krey/Esser* AT RN 1110; SSW-*Kudlich* § 13 RN 48; NK-StGB-*Wohlers/Gaede* § 13 RN 21.

200 Im Ergebnis ist der h.M. zuzustimmen. Jenes Ergebnis setzt jedoch nicht voraus, dass die Garantenpflicht ein gesonderter *Bestandteil* der Rechtswidrigkeit ist. Denn entsprechend der Sachlage bei den Begehungsstraftaten besagt die (auf der in die Tatbestandsmäßigkeit einzuordnenden Garanten*stellung* beruhende) Garantenpflicht nicht mehr, als dass der Täter zum Handeln *verpflichtet* ist. Die Garantenpflicht ist damit *Handlungspflicht* und entspricht somit der *Unterlassungspflicht* bei den Begehungsstraftaten.[134] Wie aber auch die Unterlassungspflicht bei den Begehungsstraftaten nicht als Element der Rechtswidrigkeit eigens in Erscheinung tritt, sondern das allgemeine Verbotensein des Verhaltens zum Ausdruck bringt, so geht auch die Garantenpflicht im *Gebotensein* der unterlassenen Handlung auf. Weiß der Täter somit nicht, dass die unterlassene Handlung *geboten* ist, befindet er sich in der Tat im *Gebots*irrtum, der § 17 folgt.

201 Nach der hier vertretenen Ansicht wird man auch die *Unzumutbarkeit* des Tätigwerdens innerhalb der Rechtswidrigkeit als Rechtfertigungsgrund einordnen müssen, soweit der Garant zur Abwendung der gesetzlichen Veränderung in der Außenwelt Interessen preisgeben müsste, die das Interesse an der Vermeidung ihres Eintritts überwiegen (RN 113 ff.).

202 **Zu Leitfall 11**

In *Leitfall 11.* hätte das überwiegende Interesse darin bestanden, die Kinder aus dem Fenster hinabzuwerfen, um auf diesem Wege die mit an Sicherheit grenzender Wahrscheinlichkeit gegebene Rettungschance wahrzunehmen. Bezüglich eingetretener Verletzungen, ja selbst des Todes der Kinder hätte sich A auf ein erlaubtes Risiko berufen können.

D. Schuldhaftigkeit

203 Auch bezüglich der Schuldhaftigkeit gelten für Unterlassungsstraftaten zunächst dieselben Grundsätze wie für Begehungsstraftaten.

204 Darüber hinaus bedarf es der Abklärung, inwieweit bei den Unterlassungsstraftaten die *Unzumutbarkeit* des Tuns auch entschuldigend wirken kann. Es müsste sich hier um Fälle handeln, in denen die Rechtswidrigkeit des Unterlassens feststeht, dem Täter sein Unterlassen jedoch nicht zum Vorwurf gemacht werden soll. Nicht betroffen sind somit jene Fälle, in denen bereits die Garanten*pflicht* eingeschränkt werden soll. Auch ein Rückgriff auf § 35 erscheint nur begrenzt möglich.[135] Denn unter Berücksichtigung einer an Verhältnismäßigkeitsgesichtspunkten orientierten Opfergrenze ist der Garant grundsätzlich nicht gezwungen, „Selbst-Eingriffe" in die in § 35 erwähnten höchstpersönlichen Interessen vorzunehmen. Eine Ausnahme bilden hier jedoch die nach § 35 zur *besonderen* Gefahrtragung Verpflichteten.

[134] Vgl. *Jescheck/Weigend* AT § 59 VI 1.

[135] Vgl. aber *Jescheck/Weigend* AT § 59 VIII 3.

Beispiel 11.36 205

Feuerwehrmann-Fall: Der Feuerwehrmann, der nicht bereit ist, beim Löschen des Hauses Menschen zu retten, weil er sich aus der Lebensgefahr begeben will, wäre nicht aufgrund eines überwiegenden eigenen Interesses gerechtfertigt, sondern nach § 35 nur entschuldigt.[136]

Fälle, in denen dem Unterlassenden sein rechtswidriges Unterlassen aus Gründen der Unzumutbarkeit nachgesehen wird, ohne dass ein Fall einer besonderen Gefahrtragungspflicht vorliegt, sind eher selten. 206

Beispiel 11.37 207

Die Hilfsargumentation des OLG Bremen im *Terrier*-Fall NJW 1957, S. 72: Nach dem Hinweis darauf, dass es dem Angeklagten weder tatsächlich noch rechtlich möglich gewesen sei, den nicht ihm gehörenden bissigen Hund gegen den ausdrücklichen Willen seiner Frau als Eigentümerin des Tieres fortzugeben,[137] führt das OLG ergänzend aus: „Dass er das nicht zu billigende Verhalten seiner Frau der Polizei meldete, war ihm nicht zuzumuten (RGSt 77, 126)". Angesichts der Verletzung Dritter durch die Bisse des Hundes wäre der Angeklagte durchaus *verpflichtet* gewesen, sich zur Beseitigung der Gefahr notfalls auch an die Polizei zu wenden. Sein Verhalten ist deshalb rechtswidrig. Dass es seine Ehefrau war, gegen die er bei der Polizei hätte Anzeige erstatten müssen, führt dazu, dass ihm aus Gründen der Unzumutbarkeit kein *Vorwurf* gemacht werden kann.

E. Besonderheiten bei den echten Unterlassungsstraftaten

§ 323c. Unterlassene Hilfeleistung 208
Wer bei Unglücksfällen oder gemeiner Gefahr oder Not nicht Hilfe leistet, obwohl dies erforderlich und ihm den Umständen nach zuzumuten, insbesondere ohne erhebliche eigene Gefahr und ohne Verletzung anderer wichtiger Pflichten möglich ist, wird mit Freiheitsstrafe von einem Jahr oder mit Geldstrafe bestraft.

Der inhaltliche Unterschied zwischen den unechten und den gesetzlich fixierten echten Unterlassungsstraftaten besteht darin, dass die echten Unterlassungsstraftaten nicht eine Pflicht zur Verhinderung einer bestimmten Veränderung in der Außenwelt, sondern nur eine *schlichte Handlungspflicht* statuieren und außerdem keine Garantenstellung voraussetzen. Sie bilden damit die Gegenstücke zu den reinen Tätigkeitsstraftaten.[138] 209

---

[136] Vgl. *Küper* 1979, S. 87 mit FN 204.

[137] Jene Unmöglichkeit der Fortgabe des Hundes würde bereits die rechtlich relevante Handlungsqualität des Unterlassens des Angeklagten entfallen lassen, vgl. oben RN 98 ff.

[138] Vgl. *Jescheck/Weigend* AT § 58 III.

210 Nach h.M. ist die Unzumutbarkeit des Handelns, in § 323c die Unzumutbarkeit der Hilfeleistung, im Bereich der *Tatbestandsmäßigkeit* einzuordnen.[139] Begründet wird dies damit, dass eine Rechtspflicht zum Handeln erst gar nicht entstehe, wenn dem Täter ein Handeln nicht zumutbar ist.[140]

211 Mit der hier vertretenen Auffassung von der Tatbestandsmäßigkeit als der Beschreibung einer *Unwertverwirklichung* (§ 2 RN 18 ff.) kann dem jedoch nicht ohne weiteres gefolgt werden. Denn der Sachverhaltsunwert in Form einer Gefährdung durch Unterlassen ist auch dann vorhanden, wenn dem Täter das Handeln unzumutbar ist. Dass bei Unzumutbarkeit die *Rechtspflicht* zum Handeln entfällt, wird dadurch nicht in Frage gestellt. Das Entfallen jener Handlungspflicht kann jedoch den Unterlassungsunwert nicht beseitigen, sie kann ihn nur für mit der Rechtsordnung vereinbar, also für *nicht rechtswidrig* erklären. Wie bei den unechten Unterlassungsstraftaten wäre daher auch bei den echten Unterlassungsstraftaten die Unzumutbarkeit des Tuns in den Fällen als Rechtfertigungsgrund einzuordnen, in denen die Interessen des Unterlassenden die Hilfeleistungsinteressen überwiegen.[141] Für diese Sicht spricht im übrigen, dass die Unzumutbarkeit in § 323c durch den Hinweis auf die erhebliche eigene Gefahr und die Verletzung anderer wichtiger Pflichten präzisiert wird, was sich als klassischer Fall der Kollision einer Handlungspflicht und einer Unterlassungspflicht bei Vorrang der Unterlassungspflicht und damit als Fall des rechtfertigenden Notstandes erweist.

212 Freilich kann zugunsten des Unterlassenden nur ein solches Interesse geltend gemacht werden, welches von der Rechtsordnung als berücksichtigungswürdig anerkannt ist. Als Beispiel für ein *nicht berücksichtigungswürdiges Interesse* sei

213 **Beispiel 11.38**

Taschenmesser-Fall BGH 1 StR 24/58 BGHSt 11, 353 genannt:[142] Nachdem S dem Opfer V ein Messer in die Brust gestochen hatte, liefen die Angeklagten K und R auf den Ruf des S, „abzuhauen", überstürzt davon und begaben sich nach Hause, ohne sich um den Schwerverletzten V zu kümmern. Gegen den Vorwurf der unterlassenen Hilfeleistung wandten K und R ein, dass sie sich durch ein Verbleiben am Tatort mit großer Wahrscheinlichkeit der Gefahr einer sofortigen Strafverfolgung mit vorläufiger Festnahme durch die alsbald zu erwartende Polizei ausgesetzt hätten.

214 Nach Auffassung des BGH macht eine solche Gefahr die Hilfeleistung nicht schlechthin und in jedem Falle unzumutbar. Vielmehr seien – wie in den sonstigen Fällen der Unzumutbarkeit – auch hier die widerstreitenden Interessen vor allem des Verletzten und des Dritten gegeneinander abzuwägen. In diesem Zusammenhang sei beachtlich, dass der Angeklagte K dem Mitangeklagten S das zur Tat benutzte Taschenmesser kurz vorher überlassen und damit das Leben des dann zu Tode gekommenen V, wenn auch unbewusst, in Gefahr gebracht habe. „Er musste deshalb, sobald er dies erkannte, alles ihm Mögliche und Zumutbare

[139] Vgl. *Jescheck/Weigend* AT § 59 VII 2.
[140] Vgl. *Seelmann* JuS 1995, 281/285 f.; *Stree/Bosch* in: Schönke/Schröder RN 155 ff. vor § 13.
[141] Vgl. auch *Köhler* AT, S. 298.
[142] Vgl. *Eser* StK II Nr. 30 A 7 ff.

zur Rettung des bedrohten Lebens tun, wenn er sich nicht an dem Verbrechen des S mitschuldig machen wollte. Zu dieser Erfolgsabwendung war er ohne Rücksicht darauf verpflichtet, ob er die für V entstandene Gefahr schuldhaft oder ohne Verschulden herbeigeführt hat."[143]

Ähnlich auch das bei *Jescheck/Weigend* § 59 VIII 2 genannte Beispiel: Der verfolgte Verbrecher kann gegenüber der Aufforderung des Hausherren, sich zu entfernen (§ 123 I 2. Alt.), nicht auf die Gefahr der Verhaftung verweisen. **215**

F. Irrtum über die Handlungspflicht: Gebotsirrtum

Wie bei den Begehungsstraftaten der Irrtum über das Verbotensein als Verbotsirrtum im Rahmen von § 17 beachtlich ist, gilt dies bei den Unterlassungsstraftaten für den Irrtum über das Gebotensein als Gebotsirrtum. Jedoch ist zu unterscheiden zwischen dem Gebotensein als solchem und den tatsächlichen Voraussetzungen des Gebotenseins, d. h. den Voraussetzungen der Garantenstellung. Ist der Täter in Unkenntnis über die tatsächlichen Voraussetzungen der Garantenstellung, befindet er sich in einem Irrtum über Elemente der Tatbestandsmäßigkeit, der nach § 16 den Vorsatz entfallen lässt. **216**

Bei Annahme eines Gebotsirrtums gelten hinsichtlich der *Unvermeidbarkeit* nach § 17 Besonderheiten: Während der Täter, der die Tat durch Tun begeht, das volle Rechtswidrigkeitsrisiko trägt und deshalb hohe Anforderungen zu stellen sind, um eine Unvermeidbarkeit des Verbotsirrtums anzunehmen, ist dies beim Unterlassungstäter anders: Er kann als Mitglied einer freiheitlichen Rechtsordnung davon ausgehen, dass ein Unterlassen grundsätzlich nicht rechtswidrig ist. Hat der Unterlassungstäter keinen Anlass, an der Rechtmäßigkeit seines Unterlassens zu zweifeln, kann man von ihm nicht verlangen, sich eigens über die Rechtmäßigkeit seines Verhaltens zu erkundigen. Die Pflichten zur Vermeidung des Verbotsirrtums sind daher gegenüber dem aktiven Tun *eingeschränkt*.[144] **217**

G. Aufbau der vorsätzlichen unechten Unterlassungsstraftat

Hinsichtlich der unterstrichenen Gliederungspunkte unterscheidet sich der hier dargestellte Aufbau der unechten Unterlassungsstraftat von der überwiegenden Meinung **218**

- *I. Tatbestandsmäßigkeit*
  - 1. *Objektive Elemente der Tatbestandsmäßigkeit* (Sachverhaltsunwert)
    - a. Untätigbleiben trotz *individueller Möglichkeit* der Abwendung der gesetzlich beschriebenen Veränderung in der Außenwelt

[143] BGH 1 StR 24/58 BGHSt 11, 353/355; zur Subsidiarität der unterlassenen Hilfeleistung gegenüber der Beteiligung an der Begehungstat BGH 5 StR 458/96 NStZ 1997, 127.

[144] Näher *Jescheck/Weigend* § 60 I 3.

b. Garantenstellung nach § 13
   - als Beschützergarant
   - als Überwachungsgarant
c. Gesetzlich beschriebene Veränderung in der Außenwelt
d. Quasi-Kausalität
e. Entsprechensformel (Gleichwertigkeit des Unterlassens mit dem Tun)
f. Objektive Zumutbarkeit der Erfolgsabwendung [h. M.]

2. *Subjektive Elemente der Tatbestandsmäßigkeit* (personaler Unwert)

II. Rechtswidrigkeit
   - Garantenpflicht [ü. M.]
   - Zumutbarkeit der Erfolgsabwendung (kein überwiegendes Unterlassungsinteresse)
   - keine sonstigen Rechtfertigungsgründe

III. Schuldhaftigkeit
   - Individuelle Zumutbarkeit des Handelns
   - keine Unzumutbarkeit des Tuns, insbes. im Rahmen des § 35

Hinweise zum Leitfall[145]

I. Tatbestandsmäßigkeit

219 Fraglich ist zunächst die Quasikausalität des Unterlassens von A für den Tod der Kinder. Das Landgericht als Tatgericht hatte festgestellt, dass der Tod der Kinder durch das unterbliebene Hinabwerfen mit an Sicherheit grenzender Wahrscheinlichkeit verhindert worden wäre. Da das Tatgericht somit keinen vernünftigen Zweifel an der Verhinderungskausalität des Hinabwerfens hatte und keine Fehler in der Beweiswürdigung zutage traten, musste der BGH von der Quasikausalität des Unterlassens ausgehen.

220 Die Garantenstellung des A ergibt sich aus der Pflicht zur Personensorge gem. § 1626 I 2 BGB.

221 Der Vorsatz des A setzt die Kenntnis der tatbestandsmäßigen Situation, insbesondere die an Sicherheit grenzende Wahrscheinlichkeit der Rettung der Kinder durch Hinabwerfen voraus. Ein solches Bewusstsein hatte das Tatgericht nicht festgestellt. Deshalb hatte der BGH das angefochtene Urteil mit den Feststellungen aufgehoben und die Sache zurückverwiesen.

II. Rechtswidrigkeit

222 Als Rechtfertigungsgrund zugunsten des A könnte allenfalls § 34, rechtfertigender Notstand, in Frage kommen. Zwar lag eine Notstandslage vor, wobei die kollidierenden Interessen der Kinder einerseits die Rettung vor dem Flammentod und andererseits die Bewahrung vor Schädigungen durch den Sturz auf die Straße bilden. Höherwertig ist die Bewahrung vor dem (sicheren) Tod in den

[145] Zum Unterlassungsdelikt in der Fallbearbeitung vgl. *Gropp/Küpper/Mitsch* Fallsammlung Fall 2.

Flammen durch Hinabwerfen. Dieses überwiegende Interesse hat A jedoch nicht wahrgenommen, weshalb eine Rechtfertigung nach § 34 ausscheidet.

III. Schuldhaftigkeit

Eine Entschuldigung kommt nicht in Frage. Insbesondere scheidet entschuldigender Notstand, § 35, aus. Zwar sprang A letztlich selbst aus dem Fenster, um **223**
sein Leben zu retten. Nicht jedoch an diese Handlung, sondern an das Unterlassen der Rettung der Kinder zu einem Zeitpunkt, zu dem dies noch möglich war, knüpft die Entscheidung des LG und des BGH an.

IV. Schlussbemerkung

Nach der Zurückweisung durch den BGH wurde A aufgrund einer neuen Haupt- **224**
verhandlung vom Schwurgericht wegen zweier tateinheitlicher Vergehen der fahrlässigen Tötung zu einem Jahr und sechs Monaten Freiheitsstrafe verurteilt (vgl. Spendel JZ 1973, S. 137; Ulsenheimer JuS 1972, S. 256). Offenbar hatte das Gericht A nicht nachweisen können, dass er sich der Situation, vor allem der einer Rettung der Kinder mit an Sicherheit grenzenden Wahrscheinlichkeit durch Hinabwerfen bewusst gewesen war.

H. Zur Wiederholung

Kontrollfragen

1. Welche zwei Grundtypen der Unterlassungsstraftaten kennen Sie und wodurch unterscheiden sie sich grundlegend? (RN 6 ff.)
2. Welche Funktion hat die Garantenstellung und wie entsteht die Garantenstellung? (RN 22, 27, 42 jew. ff.)
3. Wann sprechen wir beim Unterlassen von einer Verneinung der Handlungsqualität? (RN 94 ff.)
4. Wie wird bei den Unterlassungsstraftaten die gedankliche Verbindung zwischen dem Unterlassen und dem Erfolg hergestellt? (RN 161 ff.)
5. Gibt es ein fahrlässiges Unterlassen? (RN 192 ff.)

Literatur

Albrecht D. Begründung von Garantenstellungen in familiären und familienähnlichen Beziehungen, 1998

Arzt Dolus eventualis und Verzicht, FS für Rudolphi 2004, S. 3 ff.

Baier Garantenpflicht beim unechten Unterlassungsdelikt, JA 2004, 354

Baumann u. a., Alternativentwurf eines Gesetzes über Sterbehilfe (AE-Sterbehilfe) 1986

Baumann/Weber/Mitsch Strafrecht Allgemeiner Teil, 11. Aufl., 2003

Bernardini, Droit criminel, Volume 2: L'infraction et la responsabilité, 2012

Beulke Der „Compliance Officer" als Aufsichtsgarant?, FS für Geppert 2011, S. 23 ff.

Beulke/Swoboda Beschützergarant Jugendamt. Zur Strafbarkeit von Mitarbeitern des Jugendamtes bei Kindestod, Kindesmisshandlung oder-missbrauch innerhalb der betreuten Familie, FS für Gössel 2002, S. 73 ff.;
Bohnert Die Verletzung der Fürsorgepflicht und die Garantie der Sozialarbeiter, ZStW 117 (2005), 290 ff.
Brammsen Kann das Benennen eines Zeugen und Schweigen zu dessen Falschaussage eine strafbare Teilnahme an dem Aussagedelikt des Zeugen sein? StV 1994, 135 ff.
Brammsen Tun oder Unterlassen? Die Bestimmung der strafrechtlichen Verhaltensformen, GA 2002, 193 ff.;
Bringewat Zur Garantenstellung eines Angehörigen des Jugendamtes für das Leben von Kindern aus vom Jugendamt betreuten sozial schwierigen Familien, StV 1997, 135 f.
Bülte Garant aufgrund familiärer Verbundenheit: Haftung aus Verwandtschaft oder aus sozialer Rollenerwartung?, GA 2013, 389 ff.
Burgstaller Das Fahrlässigkeitsdelikt im Strafrecht, 1974
Cramer, St. Tod eines von Sozialarbeitern betreuten Kindes, NStZ 1997, 238 f.
Dießner Die Unterlassungsstrafbarkeit der Kinder- und Jugendhilfe bei familiärer Kindeswohlgefährdung, 2008.
Ebert Strafrecht Allgemeiner Teil (AT), 2. Aufl., 1993
Engisch Tun und Unterlassen, FS für Gallas 1973, S. 163 ff.
Erb Rechtmäßiges Alternativverhalten, 1991
Eser Juristischer Studienkurs, Strafrecht II (StK II), 3. Aufl. 1980
Fischer Direkte Sterbehilfe, FS Roxin 2011, S. 557 ff.
Fischer Strafgesetzbuch, 60. Aufl. 2013
Freund Der praktische Fall – Ein Kneipenbummel mit Folgen, JuS 1990, 213 ff.
Freund Erfolgsdelikt und Unterlassen, 1992
Freund Tatbestandsverwirklichungen durch Tun und Unterlassen, FS für Herzberg 2008, S. 225 ff.
Freund Strafrecht, Allgemeiner Teil (AT) personale Straftatlehre, 2. Aufl. 2009
Frister Straftrecht Allgemeiner Teil (AT), 5. Aufl., 2011
Geilen Neue juristisch-medizinische Grenzprobleme, JZ 1968, 145 ff.
Gropp Das Abschalten des Respirators – Ein Unterlassen durch Tun?, GS für Schlüchter 2002, S. 173 ff.
Grünewald Zivilrechtlich begründete Garantenpflichten im Strafrecht?, 2001
Heine u. a. Alternativ-Entwurf Leben, GA 2008, 193 ff.
Heinrich, B. Strafrecht – Allgemeiner Teil (AT), 3. Aufl., 2012
Herzberg Die Kausalität beim unechten Unterlassungsdelikt, MDR 1971, 881 ff.
Hillenkamp. Zur Bestrafung wegen Unterlassung in Fällen, in denen aktives strafwürdiges Tun nicht nachgewiesen werden kann – zum Betrug durch Unterlassen der nach dem Wegfall des Eigenbedarfs gebotenen Aufklärung des Mieters, JR 1988, 301 ff.
Hillenkamp Garantenpflichtwidriges Unterlassen nach vorsätzlichem Tatbeginn?, FS für Otto 2007, S. 287 ff.
Hillenkamp 32 Probleme aus dem Strafrecht: Allgemeiner Teil, 14. Aufl., 2012
Hoffmann-Holland Die Beteiligung des Garanten am Rechtsgutsangriff, ZStW 118 (2006), 620 ff.
Hufen In dubio pro dignitate, NJW 2001, S. 849 ff.
Jakobs Strafrecht, Allgemeiner Teil (AT), 2. Aufl. 1991
Jakob Die strafrechtliche Zurechnung von Tun und Unterlassen, Nordrhein-Westfälische Akademie der Wissenschaften, Vorträge G 344, 1996
Jescheck/Weigend Lehrbuch des Strafrechts, Allgemeiner Teil (AT), 5. Aufl. 1996
Joecks Strafgesetzbuch Studienkommentar, 10. Aufl., 2012
Kahlo Das Bewirken durch Unterlassen bei drittvermitteltem Rettungsgeschehen, GA 1987, 66 f.
Kahlo Das Problem des Pflichtwidrigkeitszusammenhangs bei den unechten Unterlassungsdelikten, 1990
Kahlo Die Handlungsform der Unterlassung als Kriminaldelikt, 2001
Kargl Zur kognitiven Differenz zwischen Tun und Unterlassen, GA 1999, 459 ff.
Kargl Die Bedeutung der Entsprechensklausel beim Betrug durch Schweigen, ZStW 119 (2007), 250 ff.

Kaufmann, Armin Die Dogmatik der Unterlassungsdelikte, 1959, 2. Aufl. 1988
Kindhäuser Strafgesetzbuch, Lehr- und Praxiskommentar (LPK), 5. Aufl. 2013
Köhler, M. Strafrecht Allgemeiner Teil (AT), 1997
Köhler, C. Beteiligung und Unterlassen beim erfolgsqualifizierten Delikt, 2000
Kölbel Objektive Zurechnung beim unechten Unterlassen, JuS 2006, 309 ff.
Krey/Esser Deutsches Strafrecht, Allgemeiner Teil (AT), 5. Aufl. 2012
Krüger Beteiligung durch Unterlassen an fremden Straftaten, ZIS 2011, 1 ff.
Kühl Strafrecht, Allgemeiner Teil (AT), 7. Aufl. 2012
Küper Grund- und Grenzfragen der rechtfertigenden Pflichtenkollision im Strafrecht, 1979
Küpper Grenzen der normativierenden Strafrechtsdogmatik, 1990
Lelieur/Pfützner/Volz, Objektive Tatseite – Frankreich, in: Sieber/Cornils (Hrsg.), Nationales Strafrecht in rechtsvergleichender Darstellung, Allgemeiner Teil, Teilband 3, 2008, S. 516 ff.
Lerman Die fakultative Strafmilderung für die unechten Unterlassungsdelikte, GA 2008, 78 ff.
Lilie Garantenstellungen für nahestehende Personen, JZ 1991, 541 ff.
Lilie Hilfe zum Sterben, FS für Steffen 1995, S. 273 ff.
LK-*Bearbeiter* = Laufhütte/Rissing-van Saan/Tiedemann (Hrsg.), Leipziger Kommentar, Strafgesetzbuch, 12. Aufl. 2007 ff.
Maiwald Grundlagenprobleme der Unterlassungsdelikte, JuS 1981, 472 ff.
Maiwald Risikoerhöhung oder an Sicherheit grenzende Wahrscheinlichkeit? – Rechtsvergleichende Bemerkungen zur „Kausalität“ des Unterlassens, FS für Küper 2007, S. 329 ff.
Merkel, R. Tödlicher Behandlungsabbruch und mutmaßliche Einwilligung bei Patienten im apallischen Syndrom, ZStW 107 (1995), 545 ff.
Merkel Die Abgrenzung von Handlungs- und Unterlassungsdelikt, FS für Herzberg 2008, S. 194 ff.
Meurer/Kahle JuS 1993 Lernbogen L 11 ff.
Meyer-Bahlburg Unterlassen durch Begehen, GA 1968, 49 ff.
MK-*Bearbeiter* = Münchener Kommentar zum Strafgesetzbuch, 2. Aufl. 2011 ff.
Murmann Grundkurs Strafrecht Allgemeiner Teil (GK), 2011
Neumann Zur Garantenstellung durch Gefahrerhöhung, JR 1993, 161 ff.
NK-StGB-Bearbeiter = *Kindhäuser/Neumann/Paeffgen* (Gesamtredaktion), Nomos-Kommentar zum StGB, 4. Aufl. 2013
Otto Jura-Kartei (JK) 1997
Otto Die strafrechtliche Haftung für die Auslieferung gefährlicher Produkte, FS für Hirsch 1999, S. 291 ff.
Otto Das Problem der Abgrenzung von Tun und Unterlassen, Jura 2000, 549 ff.
Otto Ingerenz und Verantwortlichkeit, FS für Gössel 2002, S. 99 ff.
Otto Entwicklungen im Rahmen der Garantenstellung aus enger menschlicher Verbundenheit, FS für Herzberg 2008, S. 255 ff.
Pawlik Der Polizeibeamte als Garant zur Verhinderung von Straftaten, ZStW 111 (1999), 335 ff.
Puppe Der Erfolg und seine kausale Erklärung im Strafrecht, ZStW 92 (1980), 863 ff.
Puppe Strafrecht Allgemeiner Teil im Spiegel der Rechtsprechung. Bd. 2 (AT 2), 1. Aufl. 2005, 2011
Puppe Strafrecht Allgemeiner Teil im Spiegel der Rechtsprechung, 2. Aufl. 2011 (AT 2011)
Rassat Droit pénal général, 2ème édition, 2006
Rauber Mord durch Unterlassen?, 2008
Rengier Strafrecht Allgemeiner Teil (AT), 4. Aufl., 2012
Roxin An der Grenze von Begehung und Unterlassung, FS für Engisch 1969, S. 380 ff.
Roxin Zur strafrechtlichen Beurteilung der Sterbehilfe in: Roxin/Schroth (Hrsg.), Medizinstrafrecht, 2. Aufl. 2001, S. 105 ff.
Roxin Die Abgrenzung von Begehung und Unterlassung, FS für Spinellis 2001, S. 945 ff.
Roxin Strafrecht Allgemeiner Teil Bd. 2(AT 2), 2003
Roxin Strafrecht Allgemeiner Teil Bd. 1 (AT 1), 4. Aufl., 2006
Roxin Kausalität und Garantenstellung bei den unechten Unterlassungen, GA 2009, 73 ff.
Roxin. Die Entsprechungsklausel beim unechten Unterlassen, FS für Lüderssen, S. 577 ff.
Rudolphi Häusliche Gemeinschaften als Entstehungsgrund für Garantenstellungen, NStZ 1984, 149 ff.

Samson Begehung und Unterlassung, FS für Welzel 1974, S. 579 ff.
Scheffler Beihilfe zur Falschaussage durch Unterlassen seitens des Angeklagten, GA 1993, 341 ff.
Schlüchter Grundfälle zur Lehre von der Kausalität, JuS 1976, 793 ff.
Schmidt, E. Der Arzt im Strafrecht, 1939
Schöch, Beendigung lebenserhaltender Maßnahmen, NStZ 1995, 153 ff.
Schöch/Verrel, Alternativ- Entwurf Sterbebegleitung (AE-StB), GA 2005, 553 ff.
Schönke/Schröder, Bearbeiter in: = Schönke/Schröder. Strafgesetzbuch, 28. Aufl. 2010, fortgeführt von *Lenckner, Cramer, Eser, Stree, Heine, Perron, Sternberg-Lieben, Eisele, Bosch, Hecker und Kinzig* und unter Mitarbeit von *Schittenhelm*
Seebode Zur gesetzlichen Bestimmtheit des unechten Unterlassungsdelikts, FS für Spendel 1992, S. 317 ff.
Seebode OLG Hamm, 29.01.1992–3 Ss 1128/91: Beihilfe zur Falschaussage durch Unterlassen, NStZ 1993, 82 ff.
Seelmann „Unterlassene Hilfeleistung" oder: Was darf das Strafrecht?, JuS 1995, 281/285 f.
Sieber Die Abgrenzung von Tun und Unterlassen bei der „passiven" Gesprächsteilnahme JZ 1983, 431 ff.
SK-*Bearbeiter* = *Systematischer Kommentar zum Strafgesetzbuch*, Grundwerk mit 136. Ergänzungslieferung, von *Rudolphi, Horn, Samson* (Stand: Oktober 2012)
Sowada Die Garantenstellung aus vorangegangenemTun, Jura 2003, 236 ff.
Sözüer Die Reform des türkischen Strafrechts, ZStW 119 (2007) S. 717 ff.
Spendel Zur Dogmatik der unechten Unterlassungsdelikte, JZ 1973, 137 ff.
Stoffers „Schwerpunkt der Vorwerfbarkeit" und die Abgrenzung von Tun und Unterlassen, JuS 1993, 23 ff.
Stoffers Die Abgrenzung von Tun und Unterlassen in der neueren Rechtsprechung, Jura 1998, 580 ff.
Stratenwerth/Kuhlen Strafrecht Allgemeiner Teil (AT), Die Straftat, 6. Aufl. 2011
Streng „Passives Tun" als dritte Handlungsform – nicht nur beim Betrug, ZStW 122 (2010), 1 ff.
Struensee Handeln und Unterlassen, Begehungs- und Unterlassungsdelikt, FS für Stree/Wessels 1993, S. 133 ff.
Ulsenheimer Strafbarkeit des Garanten bei Nichtvornahme der einzig möglichen, aber riskanten Rettungshandlung, JuS 1972, 252
Vogel Die versuchte „passive Sterbehilfe" nach BGH MDR 1995, 80, MDR 1995, 337 ff.
Vogel Norm und Pflicht bei den unechten Unterlassungsdelikten, 1993
Walther, S. Notwehr – und danach?, FS für Herzberg 2008, S. 503 ff.
Welzel Das Deutsche Strafrecht (LB), 11. Aufl. 1969
Wessels/Beulke/Satzger Strafrecht Allgemeiner Teil (AT), 43. Aufl. 2013
Zaczyk Zur Garantenstellung von Amtsträgern, FS für Rudolphi 2004, S. 361 ff.

§ 12 Fahrlässigkeit

Leitfall 12.1 1

Radfahrer-Fall: Ein LKW-Fahrer überholt einen Radfahrer, ohne den nach § 5 IV 2 StVO erforderlichen „ausreichenden" Seitenabstand einzuhalten. Dadurch wird der Radfahrer während des Überholvorgangs unsicher, fährt eine „Schlangenlinie", gerät unter den Anhänger und wird getötet.

Leitfall 12.2 2

BGH 4 StR 354/57 vom 25. 9. 1957 BGHSt 11,1:[1] Ein LKW-Fahrer überholt einen Radfahrer, ohne den nach § 5 IV 2 StVO erforderlichen „ausreichenden" Seitenabstand einzuhalten. Während des Überholvorgangs fährt der Radfahrer eine „Schlangenlinie", gerät unter den Anhänger und wird getötet.

In der Gerichtsverhandlung ergibt sich, dass der Radfahrer betrunken war und 3
der Unfall mit hoher Wahrscheinlichkeit auch bei Einhaltung des vorgeschriebenen Seitenabstandes eingetreten wäre.

§ 222. Fahrlässige Tötung. 4

Wer durch Fahrlässigkeit den Tod eines Menschen verursacht, wird mit Freiheitsstrafe bis zu fünf Jahren oder mit Geldstrafe bestraft.

[1] Vgl. auch *Puppe* AT § 3/18 ff.

W. Gropp, *Strafrecht Allgemeiner Teil*, Springer-Lehrbuch,
DOI 10.1007/978-3-642-38126-3_12

Vorbemerkung

5 Strafbarkeit infolge fahrlässigen Handelns ist eine typische Begleiterscheinung der modernen Industriegesellschaft. Die von den Menschen geforderten Aktivitäten sind nicht selten von so komplexer Natur, dass schon kleine Unvorsichtigkeiten Folgen herbeiführen, die nicht gewollt sind, die aber eine Strafvorschrift erfüllen. Im Bereich des Straßenverkehrs etwa dürfte die fahrlässige Verursachung von Schäden die Regel darstellen.

6 Im Gegensatz zur Bedeutung der Fahrlässigkeit als Grundlage für die Zuschreibung strafrechtlicher Verantwortlichkeit im Rechtsalltag[2] geht der Gesetzgeber auf die Spezifika der fahrlässigen Straftat nur sehr sporadisch ein. Anders etwa als beim Versuch enthält das deutsche StGB nirgends eine Definition dessen, was man unter Fahrlässigkeit verstehen soll. Es gibt keine *allgemeine* Vorschrift über die Voraussetzungen fahrlässiger Verstöße gegen Strafvorschriften. Das StGB legt vielmehr bei *jeder* Strafvorschrift fest, ob und inwieweit eine fahrlässige Begehungsform strafbar ist. Der Gesetzgeber hat insoweit also gerade davon Abstand genommen, strafbegründende Elemente der Fahrlässigkeitsstraftaten „vor die Klammer" zu ziehen – so ausdrücklich § 15 StGB. Erwähnungen der Fahrlässigkeit im Allgemeinen Teil des StGB sind daher modifizierender Natur: § 18 StGB legt fest, dass straferschwerende Folgen mindestens fahrlässig herbeigeführt sein müssen, § 16 I, dass die Unkenntnis von Elementen der Tatbestandsmäßigkeit zwar den Vorsatz entfallen lässt, eine Strafbarkeit wegen Fahrlässigkeit hiervon jedoch unberührt bleibt. Insgesamt kann man somit feststellen, dass das StGB – auch im Allgemeinen Teil von 1975– sich mit Festlegungen zur Strafbarkeit fahrlässig begangener Taten auffallend zurückhält – im Unterschied etwa zum StGB der Türkei von 2004.[3]

7 Die deutsche *Dogmatik* indessen hat sich der Erforschung der Fahrlässigkeit mittlerweile angenommen, wenn auch mit einer gewissen Verzögerung im Vergleich zum Vorsatz.[4] Denn die wichtigsten Impulse erhielt die deutsche Strafrechtsdogmatik im ersten Drittel des 20. Jahrhunderts durch die *finale Handlungslehre* (oben § 2 RN 95 ff.) und die damit zusammenhängende personale Unrechtslehre. Im Mittelpunkt dieser Lehre steht nun aber die Erkenntnis, dass nicht erst und nur die Schuld, sondern bereits das strafrechtserhebliche *Unrecht* von der psychischen Beziehung des Täters zum Sachverhaltsunwert der Straftat geprägt wird: die Straftat als *Willenshandlung*.

---

[2] Informativ hierzu *Schlüchter* FS Kaiser, S. 359 ff.

[3] Vgl. Art. 22 des türkischen StGB vom 26.9.2004 in der Übersetzung von *Tellenbach* 2008, S. 25:Abs. 2: „Fahrlässigkeit ist ein Verhalten, bei dem der im gesetzlichen Tatbestand bezeichnete Erfolg durch eine Sorgfaltspflichtverletzung verwirklicht wird, ohne dass er vorhergesehen wurde."
Abs. 3: „Tritt ein Erfolg ein, den eine Person vorhergesehen, aber nicht gewollt hat, so liegt bewusste Fahrlässigkeit vor; in diesem Fall wird die Strafe für die Fahrlässigkeitstat um ein Drittel bis um die Hälfte verschärft."

[4] Näher *B. Heinrich* AT RN 974 ff.

Weil eine psychische Beziehung des Täters zum Sachverhaltsunwert bei der fahrlässig begangenen Straftat jedoch in der Regel gerade *nicht* vorliegt – in den *Leitfällen 12.1./12.2.* hatte sich der Lastwagenfahrer ja gerade keine Gedanken über die Tötung des Radfahrers gemacht -, sieht die finale Handlungslehre die gesetzlich beschriebene Veränderung in der Außenwelt nicht von der Willenshandlung des Täters umspannt.[5] **8**

Dennoch besteht heute im wesentlichen Einigkeit dahingehend, dass auch das *Unrecht* der Fahrlässigkeitsstraftat über die bloße *Verursachung* der Veränderung in der Außenwelt *hinausgeht*, dass Fahrlässigkeit somit nicht nur eine Frage der Schuldhaftigkeit ist.[6] Wie sich das Unrecht bzw. der Unwert der fahrlässigen Straftat im Einzelnen zusammensetzt, ist freilich umstritten und bildet den Gegenstand der gegenwärtigen Auseinandersetzungen zur Fahrlässigkeitsstraftat. **9**

A. Der Unwert der Fahrlässigkeitsstraftat – am Beispiel der fahrlässigen Tötung (§ 222)

Die Elemente der Tatbestandsmäßigkeit von Straftaten, die eine fahrlässig herbeigeführte Veränderung in der Außenwelt erfordern, weisen zunächst starke *Parallelen zum Sachverhaltsunwert* entsprechender *Vorsatzstraftaten* auf:[7] **10**

- rechtsrelevantes *Tun* oder *Unterlassen (Handlung)*;
  in den *Leitfällen 12.1./12.2.* das *Überholen* des LKW-Fahrers.
- Eintritt der tatbestandsmäßigen *Veränderung in der Außenwelt* (Erfolg);
  in den *Leitfällen 12.1./12.2.* der *Tod* des Fahrradfahrers.
- *Ursächlichkeit* der *Handlung* für die *Veränderung in der Außenwelt*;
  in den *Leitfällen 12.1./12.2.* müsste der Tod des Radfahrers darauf beruhen, dass der Lastwagenfahrer ihn überholt hat.

Dennoch wird die Fahrlässigkeitsstraftat überwiegend als *besonderer*, d. h. einer *spezifischen* Unrechtsstruktur folgender Typus der strafbaren Handlung verstanden.[8] Den Grund sieht man darin, dass das Gesetz – z. B. in § 222– eine Herbeiführung der Veränderung in der Außenwelt *durch Fahrlässigkeit* verlangt. Dies deutet darauf hin, dass die Tatbestandsmäßigkeit fahrlässigen Handelns einen eigenständigen *Gehalt* haben muss.[9] Weil dieser Gehalt einer jeden Strafvorschrift angeblich erst noch hinzugefügt werden muss, um das gesetzliche Unrecht zu definieren, ist man überwiegend der Meinung, dass die Strafvorschriften über die Fahrlässigkeit **11**

---

[5] Vgl. *Hirsch* GS Meurer, S. 21.

[6] Mittlerweile h.M. vgl. MK-*Duttge* § 15 RN 89; *Kindhäuser* AT § 33/49 f.; *Lackner/Kühl* § 15 RN 36; SSW-*Momsen* § 15/16 RN 61; *Roxin* AT 1 § 24/3 ff.; *Wessels/Beulke/Satzger* AT RN 664 sowie bereits *Burgstaller* 1974, S. 21 ff. und *Laue* JA 2000, 666 links.

[7] Vgl. oben vor § 4 RN 3; *Roxin* AT 1 § 24/94.

[8] Vgl. auch LK-*Vogel* § 15 RN 153 mwN.

[9] Nach MK-*Schmitz* § 1 RN 51 mwN. verstößt das Schweigen des Gesetzgebers zur Beschreibung von „Fahrlässigkeit" sogar gegen das Bestimmtheitsgebot.

„offen“, d. h. der *Ergänzung* um eine Komponente namens „Sorgfaltspflichtverletzung“ *bedürftig* seien.[10]

12 Ob diese Sichtweise vollends überzeugt, sei mittels einer näheren Betrachtung des Sachverhaltsunwerts solcher Fahrlässigkeitsstraftaten erfragt, die eine Veränderung in der Außenwelt (Erfolg) beschreiben.

I. Handlung und Veränderung in der Außenwelt (Erfolg)

13 Was die *Handlungsqualität* anbelangt, so geht es – wie bei der Vorsatzstraftat – zunächst lediglich um die *Ausscheidung* sog. *Nichthandlungen*. Es genügt also insoweit, dass der Täter sich rechtserheblich verhält, dass er nicht durch *vis absoluta* bewegt *wird* oder eine *Reflexbewegung* vorliegt.

14 Hinsichtlich der *Veränderung in der Außenwelt* (Erfolg) ist man sich uneins, ob diese überhaupt Bestandteil des tatbestandsmäßigen Unrechts bzw. Unwertes ist.[11] Aber auch diese Diskussion dürfte letztlich auf partielle Begründungsschwächen der finalen Handlungslehre zurückgehen. Denn wenn eine psychische Beziehung des Täters zur Veränderung in der Außenwelt *fehlt*, liegt es nahe, den Unwert der Fahrlässigkeitsstraftat lediglich im willensgetragenen Verhalten und in dessen Bezug zu einer *möglichen* Veränderung in der Außenwelt, nicht aber in dieser selbst zu sehen.

15 Dass der Veränderung in der Außenwelt – ungeachtet des übrigen Sachverhaltsunwertes – eine Unwertrelevanz zukommt, zeigt sich dann, wenn sie – trotz einer auf sie gerichteten Willenshandlung – ausbleibt: Wäre die Willenshandlung und der in ihr verkörperte personale Unwert *allein* maßgebend, dann müsste es auch bei der *vorsätzlichen* Erfolgsstraftat unerheblich sein, ob die Veränderung in der Außenwelt eintritt oder nicht. Dass dem nicht so ist, zeigt die Strafmilderungsmöglichkeit beim *Versuch* nach § 23 II. Und auch bei der Fahrlässigkeitsstraftat ist es der Grad der Gefährlichkeit des fahrlässigen *Handelns*, der über den Eintritt der Veränderung in der Außenwelt mitentscheidet. Wenn man aber einen Unwert der Veränderung in der Außenwelt als solchen überhaupt anerkennt,[12] indem man wie die überwiegende Meinung die strafrechtlichen Normen nicht nur als *Bestimmungs-*, sondern auch als *Bewertungs*normen versteht,[13] dann ist es auch für den durch die Fahrlässigkeitsstraftat beschriebenen Unwert von *Bedeutung*, ob die Veränderung in der Außenwelt eintritt oder nicht.

16 Die Veränderung in der Außenwelt hat somit auch bei der Fahrlässigkeitsstraftat *unwertbegründenden* Charakter.

---

[10] Vgl. *Jescheck/Weigend* AT § 54 I 3; *Kühl* AT § 17/9; *Sternberg-Lieben* in: Schönke/Schröder § 15 RN 116.

[11] Vgl. *Jescheck/Weigend* AT § 55 II 1 a; *Welzel* LB, S. 136.

[12] Vgl. *Küpper* ZStW 111 (1999), 789; *Stratenwerth* FS für Schaffstein, S. 177 ff.

[13] Näher *Kühl* AT § 3/5 f. sowie *Jescheck/Weigend* AT § 24 II 2 mwN.

II. Fahrlässigkeit als Begrenzung einer reinen Haftung für eine Veränderung in der Außenwelt

Wie bei der Vorsatzstraftat bedarf auch bei der Fahrlässigkeitsstraftat die bloße *Verursachung* der Veränderung in der Außenwelt als Begründung des tatbestandsmäßigen Unwertes der Begrenzung. Nicht für *jede*, sondern nur für die *fahrlässig* herbeigeführte Veränderung in der Außenwelt soll der Täter verantwortlich sein. Während die Begrenzung der Verantwortlichkeit bei der Vorsatzstraftat mittels der *objektiven Zurechnung* erfolgt, besteht bei der Fahrlässigkeitsstraftat allenfalls Einigkeit darin, dass auch hier die Begrenzung schon auf der Ebene der Tatbestandsmäßigkeit[14] zu erfolgen hat, weil auch die Fahrlässigkeitsstraftat vor dem Hintergrund von Bestimmungsnormen zu sehen ist und einen Sachverhaltsunwert aufweist, der u. U. fehlen kann. Der Meinungsstreit beginnt jedoch bereits bei der Frage, wie die Begrenzung zu geschehen hat: 17

Die überwiegende Meinung versucht die Begrenzung der Zurechnung mittels des Erfordernisses eines *Sorgfaltspflichtverstoßes* herbeizuführen (RN 28 ff.). Nach einer anderen – vorzugswürdigen – Ansicht besteht der materielle Kern des Fahrlässigkeitsunwertes in der Schaffung einer *erhöhten Gefahr* (RN 116 ff.). Da aber – wie zu zeigen sein wird – auch diese Ansicht materiell letztlich Bestandteile der sog. Sorgfaltspflichtenverletzungen aufgreift, soll zunächst die überwiegende Meinung dargestellt werden. 18

1. Der Fahrlässigkeitsbegriff der überwiegenden Meinung: unvorsätzliche Verursachung eines objektiv vorhersehbaren und vermeidbaren tatbestandsmäßigen Sachverhaltsunwertes durch Verletzung einer Sorgfaltspflicht

Zu Leitfall 12.1 19

Um wegen fahrlässiger Tötung strafbar zu sein, müsste in *Leitfall 12.1.* der LKW-Fahrer den Tod des Radfahrers *fahrlässig* verursacht haben.

Über eine reine Haftung für eine Veränderung in der Außenwelt im Sinne einer condicio sine qua non hinaus setzt sich nach überwiegender Meinung der Unwert der Fahrlässigkeitsstraftat im Wesentlichen aus drei objektiv zu beurteilenden Komponenten zusammen: 20

- der *Verletzung einer Sorgfaltspflicht*, ergänzt durch das Erfordernis der
- *Vorhersehbarkeit* des Eintritts der Veränderung in der Außenwelt im Falle der Sorgfaltspflichtverletzung und der
- *Vermeidbarkeit* der Veränderung in der Außenwelt bei Erfüllung der Sorgfaltspflicht.[15]

[14] Vgl. *Roxin* AT 1 § 24/3.

[15] Vgl. *Lenckner* FS Engisch, S. 498.

21 Jene Fahrlässigkeitskomponenten werden von der überwiegenden Meinung nun folgendermaßen zum Fahrlässigkeitsunwert zusammengefügt:

22 ▶ • Fahrlässig handelt, wer gegen eine *Sorgfaltspflicht verstößt* (b, c) und *dadurch ungewollt* (a) den Sachverhaltsunwert eines Strafgesetzes verwirklicht, obwohl dies (d) nach allgemeiner Lebenserfahrung *vorhersehbar* und (e) *vermeidbar* ist.

a) Ungewollte Verwirklichung des Sachverhaltsunwerts: Unbewusste und bewusste Fahrlässigkeit, Leichtfertigkeit – Abgrenzung vom Eventual-Vorsatz (dolus eventualis) – Vorsatz-Fahrlässigkeits-Kombinationen

23 Die – im Unterschied zum Vorsatz – *ungewollte*[16] Verwirklichung des Sachverhaltsunwerts kann *unbewusst* oder *bewusst* erfolgen.

24 Bei der *unbewussten* Verwirklichung (negligentia) denkt der Täter zum Tatzeitpunkt gar nicht daran, dass er gegen eine Strafvorschrift verstoßen könnte. Anders bei der *bewussten* Fahrlässigkeit (luxuria): Hier ist sich der Täter der Möglichkeit der Verwirklichung eines strafbaren Sachverhaltsunwerts bewusst, sei es einer Verletzung (z. B. §§ 222, 229, Tod, Körperverletzung) oder einer Gefährdung (z. B. §§ 315 c I Nr. 2 b, III Nr. 1: riskantes Überholen). Trotz dieses Bewusstseins vertraut er jedoch darauf, dass der Sachverhaltsunwert nicht verwirklicht wird. Er *will* diese Verwirklichung *nicht*. Jenes Fehlen eines voluntativen Elementes unterscheidet somit die bewusste Fahrlässigkeit vom Eventualvorsatz.

25 Wegen der nur fragmentarisch vertypten Strafbarkeit fahrlässigen Verhaltens kommt der Abgrenzung zwischen dolus eventualis und *bewusster* Fahrlässigkeit größte Bedeutung zu. Insofern hat sich heute die Formulierung durchgesetzt, dass derjenige mit Eventualvorsatz handelt, der die Möglichkeit der Verwirklichung des tatbestandsmäßigen Sachverhaltsunwerts *erkennt*, sie *ernst nimmt* und sie *billigend in Kauf nimmt*, sich mit ihr *abfindet* (Vgl. oben § 4 RN 192 ff.).

26 Zum Teil verlangt das Gesetz auch *Leichtfertigkeit* (z. B. in § 251 bezüglich der tödlichen Folge). Darunter ist ein zur „Grobheit" gesteigertes Maß an Fahrlässigkeit zu verstehen. Für deren Bejahung soll entscheidend sein, wie leicht die Herbeiführung der Veränderung in der Außenwelt vermeidbar gewesen war.[17]

27 Auf Fahrlässigkeit kommt es auch dann an, wenn an vorsätzliche Taten qualifizierende Folgen geknüpft werden – sog. *Vorsatz-Fahrlässigkeits-Kombinationen*, vgl. z. B. § 227.[18] Dass hier zwischen der Folge und der Grundstraftat eine besondere Beziehung bestehen muss, ergibt sich daraus, dass die Strafdrohung der *Vorsatz-Fahrlässigkeits-Kombination* (in § 227 Freiheitsstrafe nicht unter drei Jahren)

[16] Vgl. zur Fahrlässigkeit als *besonderem Typus* im Vergleich zum Vorsatz *Burgstaller* 1974, S. 29.

[17] Vgl. *Jakobs* AT 9/23, 24; *Radtke* FS Jung, S. 737 ff.; zu unterschiedlichen Graden sorgfaltswidrigen Verhaltens im Straßenverkehr BGH 4 StR 638/96 BGHSt 43, 241/245 ff.

[18] Grundlegend zu den Vorsatz-Fahrlässigkeits-Kombinationen *Rengier* 1986; vgl. auch *Bloy* JuS 1995 Lernbogen L 17 ff., *Wessels/Beulke/Satzger* AT RN 693 sowie oben § 8 RN 7 ff.

wesentliche höher ist als die Kombination aus Grundstraftat (§ 224: Freiheitsstrafe von sechs Monaten bis zu zehn Jahren) und einer gesetzlichen Vertypung allein der Folge (§ 222: Freiheitsstrafe bis zu fünf Jahren). Die h.M. verlangt deshalb, dass sich die spezifische Gefahr aus der Handlung[19] oder aus der Veränderung der Außenwelt der Grundstraftat[20] in der qualifizierenden Folge realisieren muss.[21]

b) Verletzung einer Sorgfaltspflicht[22]

Die in Frage kommenden, objektiv formulierten (unten RN 29 ff.) Sorgfaltspflichten, deren Verletzung zur Begründung der Fahrlässigkeit erforderlich ist, unterliegen als Ergebnisse gesellschaftlicher Entwicklungen einem stetigen Veränderungsprozess und sind daher einer jederzeitigen Ergänzung zugänglich. Nur der Übersichtlichkeit halber werden sie in die folgenden – nicht als abschließend zu verstehenden – Fallgruppen eingeteilt: **28**

aa) Sorgfaltspflichten aus Rechtsnormen

Zu Leitfall 12.1 **29**

In *Leitfall 12.1.* hätte der Kraftfahrer nach § 5 IV 2 StVO beim Überholen einen „ausreichenden Seitenabstand zu anderen Verkehrsteilnehmern, insbesondere zu Fußgängern und Radfahrern", einhalten müssen.

bb) Sorgfaltspflichten aus Normen des Verkehrskreises (Vorsorgepflichten)

Z. B.: Berufsausübungsregeln, Unfallverhütungsvorschriften, Dienstvorschriften des Straßenbahnfahrers.[23] **30**

Auch wenn es sich hier nicht um Rechtsnormen handelt, so kommt Verstößen gegen jene Regelungen doch *Indizwirkung* insoweit zu, als im Schadensfalle jedenfalls der erste Anschein dafür spricht, dass gegen die im Verkehr erforderliche Sorgfalt verstoßen worden ist. **31**

[19] Vgl. BGH 2 StR 226/82 BGHSt 31, 96 ff. (*Hochsitz*-Fall); *Rengier* 1986, S. 214 ff, 217; *Wessels/Hettinger* BT 1, RN 297 ff. mwN.

[20] Vgl. LK-*Hirsch* § 226 RN 3; *Küpper* BT 1 Teil I § 2/29; *Lackner/Kühl* § 227 RN 2.

[21] Vgl. zum Ganzen auch *Sowada* Jura 1994, 643 ff. sowie oben § 8 RN 13 ff.

[22] Vgl. *Lackner/Kühl* § 15 RN 37.

[23] Weitere Beispiele bei *Roxin* AT 1 § 24/18.

cc) Prüfungspflichten bei Übernahme riskanter Tätigkeit („Übernahme-Fahrlässigkeit"[24])

32 **Beispiel 12.1**

Gesundbeterin-Fall RG II 318/25 RGSt 59, 355: Ein Junge hatte sich verletzt. In der Wunde befanden sich Fremdkörper. Die Mutter ging mit ihm zur D, einer Anhängerin der „Christlichen Wissenschaft des Gesundbetens". Trotz der Behandlung kam es zur Blutvergiftung und zum Tod des Jungen.

33 Das Reichsgericht sah die Sorgfaltspflichtverletzung der Gesundbeterin in Übereinstimmung mit dem Berufungsgericht darin, dass sie hätte prüfen müssen, ob sie angesichts der Möglichkeiten ihrer „Wissenschaft" einen solchen Fall überhaupt würde übernehmen können, weil sie „schon nach den Lehren ihrer ‚Christlichen Wissenschaft' unter den gegebenen Umständen (schwerer Fall, nicht genügend sicheres Vertrauen der Beteiligten zu ihr) stark mit der Erfolglosigkeit ihrer Behandlungsweise rechnen musste." Auch habe sie „nach ihrer Bildung und Ausbildung die bei erfolgloser Behandlung bestehende Gefahr einer Infektion der Wunde durch eingedrungene Fremdkörper erkennen müssen, auch nicht im Unklaren darüber sein können, dass solcher Infektion gegenüber nur ein sofortiges ärztliches Eingreifen den Tod des Verletzten an allgemeiner Blutvergiftung noch mit annähernder Sicherheit abzuwenden vermag."

34 Zwar wird man im *Beispiel 12.1.* nicht behaupten können, dass D ihre „Christliche Wissenschaft" nicht gewissenhaft ausgeübt hätte. Deshalb wird der Sorgfaltspflichtverstoß hier nicht in der *Ausübung* gesehen. Die mangelnde Sorgfalt liegt vielmehr darin, dass D glaubte, einen solchen Fall überhaupt *übernehmen* und mittels der Methoden der „Christlichen Wissenschaft" sachgerecht behandeln zu können.

35 *dd) Kontroll- und Überwachungspflichten*

Beispiel 12.2

Rouxhaken-Fall BGH 1 StR 632/54 NJW 1955, 1487/links: Während einer Kaiserschnittoperation „geriet ein zum Spreizen der geöffneten Bauchdecke verwendeter sog. Rouxhaken, ohne dass die Ärzte es wahrnahmen, in den Leib der Patientin (E) und wurde dort eingenäht. Zu seiner Entfernung wurde Frau E einen Monat später […] im Krankenhaus in H. ein zweites Mal operiert. Im Anschluss an diesen Eingriff entwickelte sich bei ihr eine Thrombose; diese führte zu einer Lungenembolie, der Frau E erlag. Aufgrund dieses Sachverhalts ist der Angeklagte wegen fahrlässiger Tötung zu vier Monaten Gefängnis verurteilt worden, für die ihm Strafaussetzung zur Bewährung bewilligt worden ist."

[24] Die h.M. spricht insoweit von Übernahme-*Verschulden*. Diese Terminologie ist jedoch dann ungenau, wenn man Fahrlässigkeit richtigerweise bereits als eine besondere Form des *Unrechts* begreift, vgl. auch *Wessels/Beulke/Satzger* AT RN 668.

Der BGH nahm Fahrlässigkeit des Arztes zu Recht an. Denn man hätte kontrollieren müssen, ob die Krankenschwester die Anzahl der Operationshaken überwacht: 36

Die dem Angeklagten als Operateur obliegende Aufsichts- und Überwachungspflicht „habe es ihm geboten, Anstalten zu treffen, die ein Abgleiten des Hakens in die Bauchhöhle der Patientin verhindert, zumindest aber zu dessen rechtzeitiger Entdeckung und Entfernung am Schluss der Operation geführt hätten. Als solche Maßnahmen kamen nach der Ansicht des LG in Betracht: Eine Belehrung der bei der Operation als zweiter Assistent mitwirkenden Schwester R über die Gefahr des Abgleitens kleiner Haken in die Bauchhöhle in Verbindung mit der Anweisung, diese Haken keinesfalls loszulassen und das etwaige Fehlen eines Hakens sofort anzuzeigen; ferner eine Überprüfung der Vollzähligkeit der bei der Operation verwendeten Instrumente unmittelbar nach dem Eingriff,…“[25] 37

Kontroll- und Überwachungspflichten entstehen vor allem auch dann, wenn Tätigkeiten auf Dritte übertragen werden. Wer sich eines Dritten zur Erledigung seiner eigenen Aufgaben bedient, handelt nur dann nicht fahrlässig, wenn er bei der *Auswahl*, der *Anleitung* und der *Überwachung* die Erfordernisse des Verkehrskreises erfüllt. 38

ee) Erkundigungspflichten 39

Beispiel 12.3

Zahnarzt-Fall BGH 2 StR 36/66 BGHSt 21, 59: Eine korpulente Patientin erschien zur Zahnbehandlung. Der behandelnde Zahnarzt stellte fest, dass eine Zahnextraktion erforderlich war. Obwohl ihm die Patientin mitgeteilt hatte, dass sie „etwas am Herzen“ habe, führte der Arzt die Extraktion ohne weiteres mittels einer Chloräthyl-Vollnarkose durch. Es kam infolge des Herzschadens zu einem Narkosezwischenfall mit Herzstillstand. Zwar waren Wiederbelebungsversuche zunächst erfolgreich. Schließlich trat aber doch der Tod der Patientin ein.

Die Annahme einer Sorgfaltspflichtverletzung des Zahnarztes seitens des LG fand Zustimmung durch den BGH. Auf die Bemerkung der Patientin hin, sie habe „etwas am Herzen“, habe sich der Angeklagte *erkundigen* müssen, um was es sich dabei handelte: 40

Es sei ihm vorzuwerfen, dass er es unterlassen habe, zunächst eine eingehende Untersuchung durch einen Internisten zu veranlassen. Wenn auch nicht zu erwarten gewesen sei, dass dabei die Myokarditis als solche diagnostiziert worden wäre, so hätte aber jedenfalls die Möglichkeit bestanden, dass sich Hinweise auf eine erhebliche Schädigung des Herzens ergeben hätten. Außerdem habe der Angeklagte angesichts der besonderen Umstände des Falles einen Anästhesiefachmann hinzuziehen müssen.[26] 41

[25] BGH NJW 1955, 1487.

[26] So BGH 2 StR 36/66 BGHSt 21, 60.

ff) Objektiv-generalisierender Maßstab

42 Nach überwiegender Meinung ist das Vorliegen der unrechtsbezogenen Sorgfaltspflichtverletzung anhand eines *objektiv-generalisierenden* Maßstabes festzustellen:

43 Fahrlässig handelt danach derjenige, der im Sinne von § 276 I 2 BGB „die im Verkehr erforderliche Sorgfalt außer acht lässt". Unter der *im Verkehr* erforderlichen Sorgfalt versteht man

44 - die Verkehrsgepflogenheiten der gewissenhaften und verständigen Angehörigen des Verkehrskreises.[27]

45 Dementsprechend werden an den Retter/die Retterin eines verunglückten Bergwanderers unterschiedliche Anforderungen abhängig davon gestellt, ob es sich um einen Jurastudenten, einen Medizinstudenten im ersten oder im sechsten Semester, einen Tierarzt, einen praktischen Arzt, einen Hautarzt, eine Krankenschwester aus der Hals-Nasen-Ohren-Abteilung oder der Unfallchirurgie, einen Rettungssanitäter, einen Orthopäden oder einen mit dem Rettungshubschrauber eingeflogenen Notarzt handelt.

46 Nicht-fahrlässig handelt von den Angehörigen des Verkehrskreises aber nur derjenige, der sich so verhält, wie sich die Angehörigen des Verkehrskreises verhalten *sollen.* Allerdings genügt „das Ergreifen solcher Maßnahmen, die nach den Gesamtumständen zumutbar sind und die ein verständiger und umsichtiger Mensch für notwendig und ausreichend hält, um Andere vor Schäden zu bewahren."[28] Ein innerhalb des Verkehrskreises eingetretener „Schlendrian" entlastet freilich nicht.

47 **Beispiel 12.4**

Der gewissenhafte Autofahrer vergewissert sich vor Fahrtantritt, dass die Beleuchtung seines Fahrzeugs funktioniert. Kommt es durch Ausfall des Bremslichtes während der Fahrt zu einem Auffahrunfall mit Personenschaden, scheidet eine Strafbarkeit wegen fahrlässiger Körperverletzung aus, weil keine Sorgfaltspflichtverletzung gegeben ist. Unterlässt der Autofahrer jedoch die Kontrolle vor Fahrtantritt und verursacht er dadurch einen Unfall, dann kann sich der Autofahrer nicht darauf berufen, dass andere Autofahrer die Kontrolle der Beleuchtung ebenfalls unterlassen.

48 *Unterdurchschnittliche* Fähigkeiten entlasten den Täter nicht („Generalisierung nach unten"). Jedoch müssen *Sonderwissen* und *Sonderfähigkeiten* eingesetzt werden („Individualisierung nach oben").[29] Denn zum einen gilt es, Schäden zu ver-

---

[27] Vgl. *Sternberg-Lieben* in: Schönke/Schröder § 15 RN 133; *Jescheck/Weigend* AT § 55 I 2 b; *Kühl* AT § 17/25; *Wessels/Beulke/Satzger* AT RN 669; näher und teils krit. zur Argumentation mit Maßstabsfiguren *Schmoller* JBl. 1990, 631 ff.

[28] BGH 4 StR 252/08 BGHSt 53, 38/42.

[29] Vgl. BGH VI ZR 68/86 JZ 1987, 877 (Sonderwissen); zum Sonderkönnen *Sternberg-Lieben* in: Schönke/Schröder § 15 RN 138 ff. mwN; für eine Begrenzung durch Zuständigkeitsbereiche

meiden, zum anderen bildet der Einsatz von Sonderfähigkeiten für den besonders Befähigten wiederum nur die Aktivierung einer *durchschnittlichen* Leistungsbereitschaft.[30]

Inhaltliche Unterschiede zwischen der h.L. und der Rechtsprechung bezüglich des Gehalts der Fahrlässigkeit bestehen nicht, obwohl die Rechtsprechung die Fahrlässigkeit als reines Schuld(haftigkeits)problem ausweist. Denn auch sie unterscheidet zwischen der Nichterfüllung der objektiv erforderlichen und der individuell möglichen Sorgfalt. **49**

c) Nichtvorliegen einer Sorgfaltspflichtverletzung in Fällen berechtigten Vertrauens auf die Rechtstreue Dritter (Vertrauensgrundsatz)[31]

In den folgenden Fällen wird bereits eine Sorgfaltspflicht verneint, obwohl es sich um Situationen handelt, in denen der Eintritt eines gesetzlich beschriebenen Schadens nach allgemeiner Lebenserfahrung im Bereich des Vorhersehbaren liegt. Dies hat seinen Grund darin, dass die betroffenen Lebensbereiche nur funktionieren können, wenn sich *alle* an diese Regeln halten. Deshalb soll auch der *einzelne* damit rechnen können, dass die anderen jene Regeln befolgen. Dieser sog. *Vertrauensgrundsatz* spielt vor allem in folgenden Lebensbereichen eine Rolle: **50**

aa) Straßenverkehr

Im Straßenverkehr bedeutet der Vertrauensgrundsatz, dass ein Verkehrsteilnehmer, der sich ordnungsgemäß verhält, grundsätzlich darauf vertrauen darf, dass auch andere dies tun. Wer z. B. auf der vorfahrtberechtigten Straße fährt, darf grundsätzlich damit rechnen, dass der wartepflichtige Einbieger anhält. Der Vorfahrtberechtigte braucht sein Tempo auch nicht zu drosseln, um notfalls anhalten zu können. Eine Haftung wegen Fahrlässigkeit scheitert im Falle einer Kollision hier daran, dass keine Verletzung der Sorgfaltspflicht vorliegt. **51**

Beispiel 12.5 **52**

Vorfahrt-Fall BGH VGS 1/54 BGHSt 7, 118: Der Angeklagte A befuhr mit seinem Fahrzeug eine vorfahrtberechtigte Straße, in welche eine wartepflichtige Straße einmündete. Als A mit einer Geschwindigkeit von 30 km/h an der Einmündung jener wartepflichtigen Straße anlangte, fuhr aus dieser ein Lastkraftwagen heraus, der die linke, dem A nähere Fahrbahn benutzte. Der LKW schleuderte das Fahrzeug des A nach links, wobei Sachschaden entstand.

Das Amtsgericht sah im Verhalten des A einen Verstoß gegen die Straßenverkehrsordnung. A legte Rechtsmittel ein und gelangte schließlich bis vor das Bayerische Oberste Landesgericht. Dieses war der Auffassung, dass auch der auf **53**

Jakobs GS Armin Kaufmann, S. 271 ff., 283 ff.; LK-*Vogel* § 15 RN 161 ff.; krit. LK[11]-*Schroeder* § 16 RN 147 ff.

[30] Vgl. *Roxin* AT 1 § 24/61, 62, 64 sowie *Murmann* FS Herzberg, 130 ff.

[31] Näher *Puppe* AT § 5; *Roxin* AT 1 § 24/21–28; *Sternberg-Lieben* in: Schönke/Schröder § 15 RN 149 ff.

einer Hauptstraße fahrende Fahrer seine Geschwindigkeit an einer unübersichtlichen Einmündung zumindest so herabsetzen müsse, dass er notfalls anhalten könne, falls der Wartepflichtige auf der *vorschriftsmäßigen* Fahrbahnseite der Querstraße einfahre.

54 Weil sich das BayObLG an seiner Rechtsauffassung durch die Rechtsprechung des Bundesgerichtshofs gehindert sah, legte es die Sache gemäß § 121 Abs. 2 GVG dem BGH vor. Der zur Entscheidung berufene 1. Strafsenat des BGH teilte zwar die Rechtsauffassung des BayObLG. Er sah sich aber in Kollision mit Urteilen des 3. Strafsenats (BGH 3 StR 755/52 BGHSt 4, 47) und des 6. Zivilsenats (VI ZR 32/52 NJW 1953, 583 Nr. 7) und rief deshalb gemäß § 136 Abs. 2 GVG die Entscheidung der Vereinigten Großen Senate an.

55 Die Vereinigten Großen Senate lehnten die Rechtsauffassung des BayObLG und des 1. Strafsenats ab. Denn „jene Forderung würde bedeuten, dass der Kraftfahrer auch auf der Vorfahrtsstraße fortlaufend gezwungen wäre, auf Geschwindigkeiten von 15 bis 25 km/h herunter zu gehen und seine Fahrweise genau so einzurichten, wie es der Kraftfahrer auf einer nichtbevorrechtigten Straße muss. Er hätte insoweit nichts mehr voraus. Macht man mit dem Grundsatz ernst, würde er auch gegenüber dem Seitenverkehr aus Stopstraßen gelten. Auch wäre nicht ohne weiteres selbstverständlich, dass sich der Vorfahrtberechtigte darauf verlassen könnte, der Wartepflichtige werde die rechte Fahrbahn der Seitenstraße benutzen.... Das Vorfahrtrecht wäre dann im städtischen Straßenverkehr weitgehend entwertet.“[32]

56 In ihrer Entscheidung sprechen die Vereinigten Großen Senate den Vertrauensgrundsatz ausdrücklich an: „... ist es gerade der Sinn der gesetzlichen Vorfahrtregelung (§ 13 Abs. 2 StVO)[33], dass der Vorfahrtberechtigte auf der Vorfahrtstraße bei Einmündungen und Kreuzungen Vertrauen haben und grundsätzlich durchfahren soll, während vom Wartepflichtigen verlangt wird, dass er mit Misstrauen an die Vorfahrtsstraße heranzufahren und im Zweifel zu warten hat.“

57 Die Entscheidung der Vereinigten Großen Senate des BGH ist plausibel, denn andernfalls wäre eine zügige Gestaltung des modernen Massenverkehrs nicht mehr möglich. Dabei darf sich auf den Vertrauensgrundsatz selbst der berufen, der sich *nicht verkehrsgerecht* verhält, solange sein Verhalten keine Auswirkungen auf den Dritten hat.[34]

Beispiel 12.6

Auch wer eine vorfahrtberechtigte Kreuzung mit 100 km/h anstatt mit 70 km/h passiert, darf darauf vertrauen, dass der Wartepflichtige anhält.

58 Eindrucksvoll hierzu auch

[32] BGH VGS 1/54 BGHSt 7, 121 f.

[33] § 8 StVO n.F.

[34] Vgl. auch *Roxin* AT 1 § 24/24.

Beispiel 12.7 59

Überhol-Fall BGH 3 StR 894/52 BGHSt 4, 182: Der Angeklagte A fuhr auf einer Bundesstraße und näherte sich mit einer Geschwindigkeit von 70 km/h einer voll übersichtlichen Kreuzung. Vor ihm in derselben Richtung fuhren scharf rechts nebeneinander zwei Radfahrer. Der linke dieser beiden Radfahrer wusste, dass der rechte nach links in die Kreuzung der Straße einbiegen wollte. Er verabschiedete sich von ihm etwa fünf Meter vor der Kreuzung, indem er ihm mit der Hand auf die Schulter klopfte. Als A, der sich inzwischen genähert und seine Geschwindigkeit etwas ermäßigt hatte, dies sah, gab er Signal und fuhr, da die Radfahrer zunächst ihre Richtung beibehielten, etwas nach links, um zu überholen. Unmittelbar darauf bog der rechte Radfahrer, der etwas zurückgeblieben war, scharf nach links ab, ohne seine Absicht vorher durch ein Zeichen anzukündigen. Mitten auf der Kreuzung wurde er vom Kraftwagen des A erfasst und getötet.

Im Verhalten des A sah der 3. Strafsenat des BGH keine Fahrlässigkeit im 60
Sinne von § 222 StGB. Zwar habe A gegen das Überholverbot aus § 10 Abs. 1 Satz 3 StVO a.F. (Verbot des Überholens an einer Straßenkreuzung) verstoßen, indessen begründe ein solcher Verstoß weder für sich allein und notwendig den Vorwurf der Fahrlässigkeit noch werde dieser Vorwurf durch die Einhaltung der Verkehrsvorschriften unbedingt ausgeschlossen. Freilich würden die Verkehrsvorschriften durch die Erfahrungen, die in ihnen niedergelegt sind, im Einzelfall einen wichtigen Anhaltspunkt für die Beurteilung der Voraussehbarkeit geben. Denn sie seien das Ergebnis einer auf Erfahrung und Überlegung beruhenden umfassenden Voraussicht möglicher Gefahren. Sie besagten schon durch ihr Dasein, dass durch ihre Übertretung die Gefahr eines Unfalls im Bereich des Möglichen liege. Die Übertretung gestatte deshalb häufig den Schluss auf die Voraussehbarkeit des Unfalls, selbst wenn die Verkehrslage einen bestimmten Anhalt für die Gefahr eines Unfalls nicht enthielt.

Weil das Überholen an einer völlig übersichtlichen Kreuzung bei sonst ord- 61
nungsgemäßer Fahrweise an sich ungefährlich sei und die Gefahr erst durch ein grobes Verschulden des Überholten eintreten könne, sei es nicht angängig, die Voraussehbarkeit des Unfalls schon allgemein wegen der Übertretung des Überholverbots zu bejahen. Vielmehr komme es darauf an, ob *nach der Verkehrslage bestimmte Anzeichen dafür vorlagen,* durch das Überholen werde die Gefahr eines Unfalls herbeigeführt. Bis zu den Zeitpunkt, in dem sich die Radfahrer verabschiedet hätten, habe sich A nach den Urteilsfeststellungen nicht der geringste Anhaltspunkt für die Annahme geboten, der rechte Radfahrer werde plötzlich nach links einbiegen. Dass dessen Verhalten auf einer Bundesstraße mit flüssigem und schnellem Verkehr in besonders hohem Maße leichtfertig und unvernünftig war, bedürfe keiner Begründung. Mit einer solchen Fahrweise habe der Angeklagte nicht zu rechnen brauchen.

Der *Überhol*-Fall macht deutlich, dass der Vertrauensgrundsatz dort endet, wo auf- 62
grund der Umstände erkennbar wird, dass der Dritte sich nicht ordnungsgemäß verhält, verhalten kann (Kinder, desorientierte Verkehrsteilnehmer) oder verhalten will

(rücksichtslose Verkehrsteilnehmer). Gleiches gilt, wenn auf Grund der besonderen Umstände nicht mit einem verkehrsgerechten Verhalten gerechnet werden kann.

63 **Beispiel 12.8**

Der Autofahrer, der kurz vor Beginn oder nach Beendigung einer Vorstellung des Gießener Stadttheaters vom Berliner Platz nach links in die Südanlage einbiegt, muss damit rechnen, dass der/die eine oder andere vergeistigte Besucher(in) der Vorstellung die Straße überquert, ohne auf die rote Fußgängerampel zu achten.

bb) Arbeitsteiliges Zusammenwirken

64 Hier ist zwischen gleichgeordnetem und unter-/übergeordnetem Zusammenwirken zu unterscheiden.

65 Bei *gleichgeordnetem* Zusammenwirken – wie etwa häufig im Ärzteteam[35] oder bei Baumaßnahmen[36] – gelten die unter aa) genannten Kriterien. Im Falle der Über-/Unterordnung sind die oben (RN 35) genannten Kontroll- und Überwachungspflichten des Übergeordneten zu beachten. Dabei erstrecken sich die Sorgfaltspflichten neben der *Auswahl* einer fachlich und persönlich geeigneten Person aus dem Bewerberkreis auch auf deren *Anleitung* und *Überwachung*. Bei Beachtung dieser Pflichten darf der Übergeordnete grundsätzlich darauf vertrauen, dass der/die Dritte ordnungsgemäß arbeitet.[37]

cc) Straftaten Anderer (Regressverbot)

66 Gegen die im Verkehr erforderliche Sorgfalt verstößt schließlich auch derjenige nicht, der im Vertrauen auf die Rechtstreue Dritter gefährliche Gegenstände weitergibt, seien es Messer, Pistolen oder Kraftfahrzeuge, solange er nicht gegen sonstige Normen (Waffengesetz u. a.) verstößt.[38]

67 Diese Einschränkung der Sorgfaltspflichten ist schon deshalb vonnöten, weil nahezu alles als Tatmittel benutzt werden kann. So kann man mit Stricknadeln stricken und mit Kochsalz salzen, man kann aber auch einen (höchst gefährlichen) Schwangerschaftsabbruch damit vornehmen.

[35] Zum Vertrauensgrundsatz im Fall einer misslungenen Strahlenbehandlung in einer Gemeinschaftspraxis BGH 3 StR 271/97 BGHSt 43, 306/310.

[36] Vgl. BGH 4 StR 252/08 BGHSt 53, 38/43.

[37] Zu den Anforderungen an ein arbeitsteiliges Zusammenwirken BGH 4 StR 289/01 BGHSt 47, 224 mit krit. Anm. *Freund* NStZ 2002, 424 f.

[38] Näher *Roxin* AT 1 § 24/26 ff.; vgl. hierzu im Bereich des Vorsatzes die sog. „neutralen Beihilfehandlungen", oben § 10 RN 317 ff.

Das berechtigte Vertrauen endet allerdings dort, wo der Täter erkennen kann, dass der Dritte die Sache zu einer vorsätzlichen Straftat verwenden will, d. h. erkennbar tatgeneigt[39] ist. 68

Bei *fahrlässigen* Drittschädigungseffekten kommt es darauf an, ob das Handeln des Dritten dem Handeln des Ersten zugerechnet werden kann. Dies ist nur dann der Fall, wenn der Schaden trotz des Drittverhaltens noch als adäquate Folge des Erst-Fehlverhaltens angesehen werden kann.[40] 69

d) Begrenzung der Fahrlässigkeitshaftung durch das Erfordernis der objektiven Vorhersehbarkeit der Veränderung in der Außenwelt[41]

Von Fahrlässigkeit geht die h.L. aber nur aus, wenn der Eintritt der Veränderung in der Außenwelt *objektiv* – d. h. für einen gewissenhaften und verständigen Angehörigen des Verkehrskreises nach allgemeiner Lebenserfahrung – *vorhersehbar* – gewesen ist. Wegen eines Sorgfaltsverstoßes soll man nur für das verantwortlich sein, was man als durchschnittlicher Angehöriger des Verkehrskreises vorhersehen kann. Allerdings müssen auch hier Sonderwissen und –fähigkeiten eingesetzt werden.[42] 70

Auch die Rechtsprechung, die Fragen der Vorhersehbarkeit vollständig innerhalb der Schuldhaftigkeit erörtert,[43] unterscheidet zwischen einer *allgemeinen* und einer *individuellen* Vorhersehbarkeit.[44] Deshalb kann auch die von der Rechtsprechung innerhalb der Schuldhaftigkeit behandelte *allgemeine* Vorhersehbarkeit bereits hier im Rahmen der objektiven Vorhersehbarkeit berücksichtigt werden. 71

Beispiel 12.9 72

Der vom LKW-Fahrer mit 50 cm Seitenabstand überholte Radfahrer ist herzkrank. Durch den Schrecken erleidet er einen Herzinfarkt und stirbt.[45]

Die Vorhersehbarkeit bezieht sich zunächst auf die Veränderung in der Außenwelt. Daneben muss aber auch der Kausalverlauf in seinen *wesentlichen Zügen* vorhersehbar sein. 73

---

[39] Vgl. *Roxin* AT 1 § 24/31.

[40] Näher *Hauck* GA 2009, 285 ff.

[41] Zur objektiven Voraussehbarkeit *Triffterer* FS Bockelmann, S. 201 ff.; Verknüpfung von Handlungs- und Erfolgsunwert bei der Fahrlässigkeitsstraftat mittels einer Adäquanzregel *Hauck* GA 2009, 280 ff.

[42] Vgl. *Murmann* FS Herzberg, S. 123 ff.

[43] Vgl. die Nachweise in OLG Stuttgart JZ 1980, 620 links.

[44] Vgl. RG I 211/20 RGSt 54, 349; BayObLG 4 St RR 221/97 NJW 1998, 3580 mit Bespr. *Otto* JK 1999 § 15/6.

[45] Zur Verneinung der Vorhersehbarkeit in Fällen dieser Art vgl. OLG Hamm 2 Ss 1107/59 VRS 18, 356 (Eunarkonnarkose), OLG Stuttgart 2 Ss 455/59 VRS 18, 365 (Herzinfarkt des überholten Kraftfahrers), OLG Karlsruhe 2 Ss 111/76 JuS 1977, 52 (Herzinsuffizienz des Unfallgegners).

74 **Beispiel 12.10**

Bluter-Fall RG I 211/20 RGSt 54, 349:[46] Der Angeklagte A hatte im Streit mit seinem Bruder nach diesem einen Stein geworfen und den in der Nähe vorbeigehenden Schüler G am Kopf getroffen. Trotz der Unerheblichkeit der dem G zugefügten blutenden Verletzung starb G, der ein „Bluter" war, am folgenden Tage.

75 Das Reichsgericht nahm eine fahrlässige Herbeiführung des Todes an. Denn es komme nicht darauf an, dass A die Blutereigenschaft des Opfers habe vorhersehen können. Vielmehr reiche aus, dass er die Möglichkeit der tödlichen Verletzung eines Menschen *überhaupt* habe erkennen können. Dies aber sei der Fall, weil der Angriff auf den Bruder an einem Ort erfolgte, an dem Menschen verkehrten, weshalb der Angeklagte damit habe rechnen müssen, dass solche in der Nähe seien und von dem Stein getroffen werden könnten. Da es nach den Umständen des Einzelfalles möglich sei, dass auch Menschen durch einen Steinwurf getötet werden können, die keine „Bluter" sind, könne die Blutereigenschaft des Opfers den Angeklagten nicht entlasten.

76 **Beispiel 12.11**

Im *Hirnödem*-Fall, OLG Stuttgart 3 Ss 886/79 JZ 1980, 618, war die Angeklagte A mit ihrem Fahrzeug mit überhöhter Geschwindigkeit in eine geschlossene Ortschaft eingefahren. Als ein Kind die Fahrbahn überquerte, konnte sie aufgrund der überhöhten Geschwindigkeit das Fahrzeug nicht mehr rechtzeitig zum Stillstand bringen. Das Mädchen wurde erfasst, zu Boden geworfen und erlitt ein Schädel-Hirn-Trauma. Im Krankenhaus verschlechterte sich der Zustand des Kindes nach eineinhalb Tagen dramatisch. Nach zwei Tagen verstarb das Mädchen an einem Hirn-Ödem.

77 Mit der Revision machte die A geltend, dass das Mädchen nicht durch den Unfall, sondern primär infolge eines ärztlichen Behandlungsfehlers ums Leben gekommen sei.

78 Diese Ansicht lehnte das OLG Stuttgart ab. Denn selbst wenn die Ärzte die Gefahr eines Hirn-Ödems infolge des Unfalls pflichtwidrig nicht erkannt haben sollten, hätte sich im tödlichen Verlauf doch die von der Angeklagten verbotenerweise gesetzte Gefahr realisiert. Sollten die Ärzte keine oder nicht die richtige Maßnahme getroffen haben, handele es sich allenfalls um die Modifizierung des bereits von der Angeklagten gesetzten Risikos, nicht aber um eine die Erstursache suspendierende Neueröffnung einer vom Ausgangsrisiko unabhängigen Ursachenkette.

[46] Näher *Eser* StK II Nr. 21 A 23 bis 26, Nr. 23 insbesondere A 7 ff.

e) Begrenzung der Fahrlässigkeitshaftung durch das Erfordernis der Vermeidbarkeit der Veränderung in der Außenwelt bei pflichtgemäßem Verhalten (Lehre vom Pflichtwidrigkeitszusammenhang/rechtmäßigen Alternativverhalten)

aa) Die Lehre vom Pflichtwidrigkeitszusammenhang/rechtmäßigen Alternativverhalten und die Risikoerhöhungslehre

Auch ein sorgfaltswidriges Verhalten, welches für die vorhersehbare Veränderung 79
in der Außenwelt condicio sine qua non ist, soll eine Haftung wegen Fahrlässigkeit nicht begründen, wenn die Veränderung in der Außenwelt nicht speziell *auf der Verletzung der Sorgfaltspflicht* beruht, d. h. wenn sie auch bei sorgfältigem Verhalten, einem *rechtmäßigen Alternativverhalten,* eingetreten wäre und damit *unvermeidbar* war. Denn die Veränderung in der Außenwelt muss *durch Fahrlässigkeit* (vgl. den Wortlaut von § 222) verursacht worden sein. Andernfalls fehlt der *Zusammenhang* zwischen Sorgfaltspflichtverletzung und Veränderung in der Außenwelt (deshalb *Pflichtwidrigkeitszusammenhang*).

Die Formel von der condicio sine qua non erfährt somit nicht nur bei der Unter- 80
brechung von Rettungshandlungen (vgl. oben § 4 RN 73), sondern auch beim Pflichtwidrigkeitszusammenhang eine Modifizierung. Denn wie dort wird auch hier nicht nur die pflichtwidrige Handlung hin*weg*-, sondern die erforderliche pflichtgemäße Handlung *hinzu*gedacht.

Beispiel 12.12 81

Kraftfahrer K fährt mit 60 km/h innerhalb einer geschlossenen Ortschaft. Er überfährt ein Kind, welches unvorhersehbar hinter einem geparkten Fahrzeug hervorgesprungen ist, und verletzt es tödlich. Hätte K auch bei Einhaltung der ordnungsgemäßen Geschwindigkeit von 50 km/h sein Fahrzeug nicht mehr hinreichend abbremsen können und das Kind tödlich verletzt, wäre der Schaden auch bei pflichtgemäßem Verhalten eingetreten. Damit beruht er nicht auf der Pflichtwidrigkeit des Verhaltens von K.

Zu Beispiel 12.3

Im *Beispiel 12.3. Zahnarzt*-Fall (vgl. oben RN 39) wäre der Pflichtwidrigkeits- 82
zusammenhang zu bejahen gewesen, wenn infolge der Behandlung, die nach Durchführung der für erforderlich gehaltenen Erkundigungs- und Untersuchungsmaßnahmen vorgenommen worden wäre, der Tod der Patientin hätte vermieden werden können.[47]

Freilich muss man sich darüber im Klaren sein, dass Aussagen über das Fehlen des 83
Pflichtwidrigkeitszusammenhangs nur *prognostischer* und damit *hypothetischer* Natur sein können. Denn es besteht immer nur eine gewisse *Wahrscheinlichkeit*, dass der Schaden auch bei pflichtgemäßem Verhalten eingetreten oder ausgeblieben wäre.[48]

[47] Vgl. BGH 2 StR 36/66 BGHSt 21, 61.

[48] Vergleichbar mit der Quasikausalität bei der Unterlassungsstraftat, s. o. § 11 RN 161 ff.

Obwohl man sich im Ergebnis hinsichtlich des Haftungsausschlusses bei fehlendem Pflichtwidrigkeitszusammenhang einig ist, wird deshalb heftig darüber diskutiert, *wie groß* die Wahrscheinlichkeit für ein Entfallen der Veränderung in der Außenwelt bei pflichtgemäßem Verhalten sein muss, vor allem, ob der *in dubio-Satz* auch hier *gilt*.

84 **Zu Leitfall 12.2**

Im *Leitfall 12.2.* konnte man *nicht zweifelsfrei* ausschließen, dass der Radfahrer auch bei gehörigem Seitenabstand infolge seiner Trunkenheit unter den LKW geraten wäre. Der BGH wandte in Übereinstimmung mit der h.L.[49] den *in dubio pro reo*-Satz an, ging zugunsten des LKW-Fahrers davon aus, dass der Tod auch bei rechtmäßigem Alternativverhalten eingetreten wäre und bestätigte die Aufhebung der Verurteilung durch das Landgericht. Denn „als ursächlich für den schädlichen Erfolg darf ein *verkehrswidriges* Verhalten nur dann angenommen werden, wenn sicher ist, dass es bei *verkehrsgerechtem* Verhalten nicht zu dem Erfolg gekommen wäre."[50]

85 Das bedeutet, dass eine ernsthaft in Erwägung zu ziehende *Möglichkeit* des Eintritts der Veränderung in der Außenwelt auch bei rechtmäßigem Verhalten die Verantwortlichkeit wegen Fahrlässigkeit entfallen lässt.[51] Die Möglichkeit der gleichen Veränderung in der Außenwelt muss sich dabei „aufgrund bestimmter Tatsachen so verdichten, dass die Überzeugung vom Gegenteil mit an Sicherheit grenzender Wahrscheinlichkeit vernünftigerweise ausgeschlossen ist."[52]

86 Um eine Entscheidung in dubio pro reo zu vermeiden, stellt die sog. *Risikoerhöhungslehre*[53] darauf ab, ob der Täter durch sein Verhalten ein *erhöhtes Risiko* für das Angriffsobjekt geschaffen habe. Dies reiche hin, um ihn für die Veränderung in der Außenwelt verantwortlich zu machen. Teilweise wird einschränkend verlangt, dass die Zurechnung der Veränderung in der Außenwelt nur dann zulässig sei, wenn das Risiko ihres Eintritts durch das Verhalten des Täters *nachweislich* gesteigert worden ist.[54]

87 Nun kann man gegen jene *Risikoerhöhungslehre* im Rahmen der Fahrlässigkeit nicht einwenden, dass sie eine nicht nachweisbare Kausalität durch Risikoerwägungen ersetze. Denn im Sinne einer condicio sine qua non kann das sorgfaltswidrige Verhalten in der Tat nicht hinweggedacht werden, ohne dass die Veränderung in der Außenwelt entfiele. Die Unsicherheit liegt folglich nicht beim Hinwegdenken des sorgfaltswidrigen, sondern bei der Wirkung des hinzugedachten sorgfältigen Verhaltens. An der Kausalität des sorgfaltswidrigen Verhaltens wird folglich gar nicht gezweifelt.[55]

---

[49] Vgl. *Baumann/Weber/Mitsch* AT § 22/50; *Jakobs* AT 7/103; LK-*Walter* RN 101 vor § 13.

[50] BGH 4 StR 354/57 BGHSt 11, 1 (Leitsatz).

[51] Vgl. hierzu *Hillenkamp* 31. Problem.

[52] BGH 1 StR 272/09 NStZ 2011, 31

[53] Vgl. *Lackner/Kühl* § 15 RN 44; umfassend *Roxin* AT 1 § 11/88 ff.

[54] Vgl. *Jescheck/Weigend* AT § 55 II 2 b aa sowie *Schmoller* FS Wolter, S. 492: Bestätigung der ex-ante-Prognose, nach der mit der Tathandlung ein höheres als das erlaubte Risiko verbunden war, durch eine ex-post-Betrachtung des konkret eingetretenen Schadens und aller nachträglich bekannt gewordenen Umstände.

[55] Vgl. auch *Kahlo* GA 1987, 75.

Und dennoch wird man der Risikoerhöhungslehre nicht folgen können, weil sie gegen den *Wortlaut*, z. B. des § 222 verstößt: Denn „*durch* Fahrlässigkeit" wird der Tod eines Menschen nur verursacht, wenn *ohne ernstliche Zweifel* feststeht, dass der Tod bei sorgfältigem Vorgehen nicht eingetreten wäre. Den Vorzug verdient daher die h.M.[56] 88

bb) Missverständnisse im Zusammenhang mit der Lehre vom Pflichtwidrigkeitszusammenhang

Die Lehre vom Pflichtwidrigkeitszusammenhang besagt, dass eine Haftung nach Fahrlässigkeitsmaßstäben entfällt, wenn nicht auszuschließen ist, dass die Veränderung in der Außenwelt auch bei pflichtgemäßem Verhalten eingetreten wäre. Die Pflichtwidrigkeit ist damit *notwendige Bedingung* für die Zurechnung der verursachten Veränderung in der Außenwelt (keine Zurechnung der Veränderung ohne Pflichtwidrigkeit). Die Lehre vom Pflichtwidrigkeitszusammenhang besagt indessen *nicht*, dass eine Zurechnung entfällt, wenn es Fälle gibt, in denen die Veränderung in der Außenwelt trotz Pflichtwidrigkeit nicht eintritt. Denn die Pflichtwidrigkeit ist *nicht hinreichende Bedingung* (keine Pflichtwidrigkeit ohne Veränderung in der Außenwelt) für die Herbeiführung der Veränderung in der Außenwelt. 89

Dies verkannte die Verteidigung im 90

Beispiel 12.13 91

Betonplatten-Fall OLG Hamm 5 Ss 1271/71 NJW 1972, 1531: Der Fahrer eines mit Betonplatten beladenen LKW durchfuhr eine Kurve mit 40 km/h, obwohl er sie nach dem Urteil des Sachverständigen allenfalls mit Schrittgeschwindigkeit – schon 25 km/h seien zu schnell gewesen – hätte passieren dürfen. Die Betonplatten stürzten vom Fahrzeug auf den Gehweg und erschlugen ein Mädchen, das gerade dort lief.

Die Verteidigung begründete die mangels Pflichtwidrigkeitszusammenhangs fehlende Verantwortlichkeit des LKW-Fahrers für den Tod des Mädchens damit, dass andere LKW-Fahrer die gleichen Betonplatten ohne Probleme mit einer Geschwindigkeit von 25 km/h transportiert hätten. Diese Argumentation konnte den Angekl. nicht entlasten. Denn sie beseitigte weder die Pflichtwidrigkeit seines Verhaltens noch vermochte sie zu beweisen, dass der Schaden auch bei pflichtgemäßem Verhalten (Schrittgeschwindigkeit) eingetreten wäre. Sie suchte nur darzulegen, dass der Schaden bei pflichtwidrigem Verhalten auch ausbleiben konnte, was den Pflichtwidrigkeitszusammenhang aber nicht auszuschließen vermag. 92

Bei der Prüfung des rechtmäßigen Alternativverhaltens ist der tatsächliche Geschehensablauf zugrunde zu legen. Hinwegzudenken und durch das korrespondierende sorgfaltsgemäße Verhalten zu ersetzen ist daher nur der dem Täter vorwerfbare Tatumstand. Darüber hinaus darf von der konkreten Risikolage nichts weggelassen, ihr nichts hinzugedacht und an ihr nichts verändert werden. 93

---

[56] Vgl. *Baumann/Weber/Mitsch* AT § 14/86 sowie § 22/50; MK-*Duttge* § 15 RN 181; *B. Heinrich* AT RN 1045; *Jakobs* AT 7/98 ff., 103; *Kindhäuser* LPK § 15 RN 70 f.; *Rengier* AT § 52/35 jew. mwN.

94 In Verkennung dieses Gesichtspunktes hatte im *Psychiatrie*-Fall[57] das Tatgericht den Freispruch des zuständigen Anstaltsarztes vom Vorwurf der fahrlässigen Tötung darauf gestützt, dass der untergebrachte Patient die fraglichen Tötungsstraftaten auch dann begangen hätte, wenn ihm nicht (sorgfaltswidrig) ein unbeaufsichtigter Ausgang gewährt worden wäre. Denn es sei nicht auszuschließen, dass der Patient im Falle der Verweigerung des Ausgangs gewaltsam aus der Klinik ausgebrochen wäre. Dies bedeutet eine unzulässige Ersetzung des Risikos „Ausgang" durch das Risiko „Ausbruch".

Ein weiterer häufig anzutreffender Denkfehler beim Pflichtwidrigkeitszusammenhang besteht in der Verkennung des Schutzzweckes der zur Sorgfalt verpflichtenden Norm:

f) Haftungsbegrenzung durch den Schutzzweck der die Sorgfaltspflicht begründenden Norm

95 Eine Begrenzung kann die Fahrlässigkeitshaftung auch durch den Schutzzweck der die Sorgfaltspflicht begründenden Norm erfahren.

96 **Beispiel 12.14**

Wenn ein Autofahrer mit überhöhter Geschwindigkeit ein Kind, das völlig unerwartet hinter einem geparkten Fahrzeug hervorgesprungen ist, um die Fahrbahn zu überqueren, überfährt und tödlich verletzt, dann beruht die Tötung nicht auf Fahrlässigkeit, wenn der Autofahrer auch bei Einhaltung der erlaubten Geschwindigkeit nicht mehr rechtzeitig hätte bremsen können.

97 Dagegen lässt sich nun *nicht einwenden*, dass der Kraftfahrer bei Einhaltung der erlaubten Geschwindigkeit zum fraglichen Zeitpunkt noch gar nicht an der Unfallstelle gewesen wäre. Denn dies ist nicht der *Schutzzweck* der Geschwindigkeitsbegrenzung. Dieser zielt darauf ab, Gefahren infolge zu schnellen Autofahrens zu minimieren, nicht aber auf die Anwesenheit zu einer bestimmten Zeit an einem bestimmten Ort.[58]

98 Ebenso ist es nicht Zweck der *Helmtragepflicht* auf Baustellen, vor „Querschlägern" eines Bauarbeiters zu schützen, der mangels Nachschubs mit seinem Luftgewehr gelangweilt auf Spatzen schießt.

99 **Zu Beispiel 12.3**

Dass jener Hinweis auf den Schutzzweck der Norm durchaus nicht zum wirklichkeitsfernen Inventar akademischer Elfenbeintürme gehört, zeigt sehr schön das oben erwähnte *Beispiel 12.3. Zahnarzt*-Fall (vgl. oben RN 39 ff.). Dort wollte die Strafkammer das Beruhen des tödlichen Ausgangs auf dem Unterlassen der erforderlichen Herzuntersuchung damit begründen, dass bei Vornahme

[57] BGH 5 StR 327/03 BGHSt 49, 4 = StV 2004, 484 mit Anm. *Roxin*; zu diesem Fall auch *Schatz* NStZ 2003, 585.

[58] Weitere Beispiele zur Begrenzung der Fahrlässigkeitshaftung durch den Schutzzweck der Sorgfaltspflichten bei *Roxin* AT I § 24/41–45.

der erforderlichen Untersuchung der Schaden auf jeden Fall um die Zeitspanne der Untersuchung hinausgezögert worden wäre. Jedoch haben die Sorgfaltsanforderungen, welche die Durchführung der Untersuchung vorsehen, nicht den Zweck, die Behandlung *aufzuschieben*, sondern den Schadenseintritt zu verhindern. Zur Verneinung des Pflichtwidrigkeitszusammenhangs hätte es hier i.ü. der Weckung von Zweifeln, d. h. der Darlegung einer ernsthaft in Erwägung zu ziehenden *Möglichkeit* des Schadenseintritts auch bei sorgfältigem Verhalten, bedurft.

g) Haftungsbegrenzung durch eigenverantwortliche Selbstgefährdung (Verantwortungsprinzip)[59]

Als weitere Situation, in welcher die Fahrlässigkeitshaftung trotz pflichtwidriger **100**
Herbeiführung einer tatbestandsmäßigen Veränderung in der Außenwelt ausgeschlossen wird, ist die *eigenverantwortliche Selbstgefährdung* anerkannt.[60] An die Eigenverantwortlichkeit werden jedoch hohe Anforderungen gestellt:

Beispiel 12.15 **101**

Illegales Autorennen-Fall BGH 4 StR 328/08 BGHSt 53, 55/60:[61] Die Angeklag- **102**
ten B. (mit dem später getöteten Opfer J.-P. Sim. als Beifahrer) und H. mit dem Angeklagten S. als Beifahrer führten auf einer autobahnähnlich ausgebauten Bundesstraße illegale Autorennen durch. Die Beifahrer zählten durch Handzeichen von 3 auf 0 und die Fahrer beschleunigten die Pkws auf über 200 km/h. Der Beschleunigungstest wurde von beiden Beifahrern gefilmt, wobei J.-P. Sim. die Videokamera des Angeklagten B. und der Ang. S. seine Handykamera benutzte.

Als die Fahrer einem mit vier Personen besetzten und knapp 120 km/h schnel- **103**
len Pkw Opel Astra ausweichen müssen, kommt es zu einem Unfall, bei dem J.-P. Sim. aus dem Wagen geschleudert wird und stirbt.

Der BGH lehnt zunächst eine *eigenverantwortliche Selbstgefährdung* des J.- **104**
P. Sim. ab. Maßgebliches Abgrenzungskriterium zwischen strafloser Beteiligung an einer Selbstschädigung und der – grundsätzlich tatbestandsmäßigen – Fremdschädigung eines anderen sei die Trennungslinie zwischen Täterschaft und Teilnahme. Liege die Tatherrschaft über die Gefährdungs- bzw. Schädigungshandlung nicht allein bei dem Gefährdeten bzw. Geschädigten, sondern zumindest auch bei dem sich hieran Beteiligenden, begehe dieser eine eigene Tat und könne nicht aus Gründen der Akzessorietät wegen einer fehlenden Haupttat des Geschädigten straffrei sein. Dies gelte auch bei fahrlässiger Selbst- bzw. Fremdgefährdung. Die Herrschaft über das Geschehen habe im vorliegenden Fall aber bei den Fahrzeugführern, nicht bei den Beifahrern gelegen.

[59] Vgl. *Roxin* AT 1 § 11/107 ff.; *Schumann* 1986, S. 70 f.; BayObLG 4 St RR 4/97 JZ 1997, 521 mit Anm. *Otto* JZ 1997, 521 f.

[60] Eingehend *Walther* 1991, insbes. S. 8 ff.; 144 ff.; *Frisch* NStZ 1992, 1 ff.

[61] Dazu *Hauck* GA 2012, 203 ff.

105 Auch habe J.-P. Sim. nicht in eine derart massive Lebensgefahr einwilligen können. Denn die Einwilligungsfähigkeit ende jedenfalls dort, wo der Einwilligende in konkrete Todesgefahr gebracht wird.[62]

106 Der BGH nahm deshalb eine Strafbarkeit der Angeklagten wegen fahrlässiger Tötung des J.-P. Sim. an.

107 Eine straffreie Teilnahme an fremder Selbstgefährdung liegt hingegen in den beiden folgenden Fällen nahe:

108 **Beispiel 12.16**

Heroinspritzen-Fall BGH 1 StR 808/83 BGHSt 32, 262:[63] Der Angeklagte und H waren sich seit langem freundschaftlich zugetan. „H sagte dem Angeklagten, er habe Heroin, „das man zusammen drücken könne". Der Angeklagte entschloss sich, die erforderlichen Spritzen zu besorgen, als H, der als Konsument harter Drogen bekannt war, ihm eröffnete, er bekomme „nirgends mehr" eine Spritze. Nachdem der Angeklagte drei Einwegspritzen gekauft hatte, gingen er und H auf die Toilette einer Gaststätte. H verschaffte sich einen Löffel und brachte drei „Hunderter-Hit" in diesem Löffel „zum Aufkochen". Den „aufgekochten Stoff" füllte er in zwei Spritzen und überließ eine dem Angeklagten. Alsbald nach der Injektion des Stoffes, der neben Heroin auch Koffein enthielt, wurden H und der Angeklagte bewusstlos. Lokalbesucher veranlassten nach einiger Zeit die Öffnung der Toilettentür und die Verständigung des Notarztes. Als der Arzt eintraf, war H bereits tot. Die Injektion hatte zu Atemstillstand und Herzkreislaufversagen geführt."

109 Der BGH sprach den Angeklagten vom Vorwurf der fahrlässigen Tötung frei, denn es liege lediglich eine *Beteiligung* an der vorsätzlichen Selbstgefährdung des H vor, der diese (möglicherweise) eigenverantwortlich gewollt habe. Es fehle daher eine tatbestandsmäßige Haupttat. Wenn aber eine vorsätzliche Beteiligung des Angeklagten straffrei wäre, dann müsse auch fahrlässige Verursachung straflos sein.[64]

110 **Beispiel 12.17**

Bando Mitsugoro-Fall:[65] *Bando Mitsugoro*, ein berühmter japanischer Kabuki-Schauspieler, war Stammgast in einem Lokal, das für seine *Fugu*-Gerichte bekannt war. „Fugu" ist der Name einer Kugelfisch-Art, deren Fleisch besonders schmackhaft ist. Der Genuss des Fugu ist indessen nicht ungefährlich. Denn die Gallenblase des Fugu enthält ein Gift, das in kleinsten Mengen genossen anregend, in nur geringfügig größeren Mengen indessen absolut tödlich wirkt. Der Fisch darf deshalb nur von besonders qualifizierten Personen zubereitet werden.

[62] Dazu auch oben § 5 RN 76 ff.

[63] Mit Anm. *Roxin* NStZ 1984, 410.

[64] Zu Recht kritisch zu dieser Argumentation *Puppe* GA 2009, 489 f.

[65] Für nähere Informationen zu diesem Fall danke ich den Kollegen *Harro Otto* (Bayreuth) und *Hirokazu Kawaguchi* (Osaka).

Mitsugoro wollte den Genuss steigern und bat den Fugu-Koch um eine minimale Erhöhung der Gift-Dosis. Der Koch lehnte unter Hinweis auf die tödliche Gefahr ab. Auf Mitsugoros dringende Bitte stellte ihm der Koch jedoch einen Fisch zur Verfügung, den Mitsugoro selbst zerlegte und zubereitete. Wie vom Koch befürchtet, war der Genuss für Mitsugoro so überwältigend, dass er mit dem blitzartigen Tode des Schauspielers endete.

Der *Saiko Sai,* der Oberste Gerichtshof Japans, verurteilte den Koch wegen fahrlässiger Tötung. Denn es sei vorhersehbar gewesen, dass Mitsugoro an dem Genuss des Fisches sterben werde. 111

Aus deutscher Sicht würde der Tod des Schauspielers dem Koch wohl nicht zugerechnet werden können, weil Mitsugoro das tödliche Risiko kannte und bewusst in Kauf nahm. 112

Dieser Zurechnungsausschluss beruhte hier wie auch im *Heroinspritzen*-Fall darauf, dass der Verantwortungsbereich des Täters dort endet, wo der Träger des Schutzgutes *eigenverantwortlich* selbstgefährdend oder -verletzend tätig wird und sich nur das mit der Selbstverletzung bewusst eingegangene Risiko verwirklicht. Die Haftungsbegrenzung durch eigenverantwortliche Selbstgefährdung ist deshalb zu verneinen, sobald der Täter infolge seiner Informationen das Risiko der Selbstverletzung besser einschätzen kann als das Opfer. 113

Die Fallgruppe der Haftungsbegrenzung durch eigenverantwortliche Selbstgefährdung wird oft auch als Fall der Gruppe f (Schutzzweck der Norm) gesehen. Da es sich jedoch um den die unterschiedlichsten Schutzgüter übergreifenden Aspekt der Beteiligung an einer nicht tatbestandsmäßigen Selbstverletzung handelt, sei hier eine eigene Fallgruppe gebildet. 114

2. Überlegungen zu einem gefahrbezogenen individuellen Fahrlässigkeitsbegriff

Kaum ein Bereich der Dogmatik des Allgemeinen Teils des StGB ist so umstritten wie die unwertbegründenden Elemente der Fahrlässigkeit.[66] Um den Rahmen dieser Darstellung in übersichtlichen Grenzen zu halten, seien daher nur die wichtigsten Gedanken herausgegriffen. Sie betreffen zum einen die Materialisierung der Verletzung der Sorgfaltspflicht (a) und zum anderen die Wahl zwischen einem generellen und einem individuellen Fahrlässigkeitsbegriff (b). 115

a) Verstoß gegen Sorgfaltspflichten oder Schaffung einer erhöhten Gefahr?[67]

Wie soeben (1) dargestellt wurde, füllt die „traditionelle" Meinung den Begriff der Fahrlässigkeit dadurch aus, dass der Täter gegen Sorgfaltspflichten verstoßen muss und dass dieser Pflichtverstoß nicht hinweggedacht bzw. das pflichtgemäße Verhalten nicht hinzugedacht werden kann, ohne dass die Veränderung in der Außenwelt entfiele. 116

[66] Vgl. die Übersichten bei *Schlüchter* 1996.

[67] Anschaulich zum Ganzen *Burkhardt* in: Wolter u. a. (Hrsg.) 1996, S. 114 ff.; vgl. auch *Schroeder* in: Hoyer 2001, S. 135 ff.

117 Dass neben Handlung, Veränderung in der Außenwelt und kausaler Verknüpfung ein weiteres Element hinzutreten muss, um den Unwert der fahrlässigen Straftat zu begründen, ist allgemeine Auffassung. Allerdings haben gewichtige Stimmen[68] zu Recht darauf aufmerksam gemacht, dass die Erfüllung einer Sorgfaltspflicht von den Fahrlässigkeitsvorschriften normtheoretisch gar nicht gefordert wird. Denn es besteht keine Pflicht zu sorgfältigem Verhalten. Es besteht nur die Pflicht, ein sorgfaltswidriges Verhalten zu *unterlassen. Roxin* bringt diesen Satz auf die einprägsame Kurzformel: Was man nicht kann, soll man lassen.[69] Dann aber ist nicht eine *Pflicht, sorgfältig zu handeln*, Element der Fahrlässigkeitsvorschriften des StGB, sondern die *Pflicht, sorgfaltswidriges Verhalten zu unterlassen.* Jene Unterlassungspflicht ist freilich nicht nur für die Fahrlässigkeitsstraftaten charakteristisch, sondern sie bildet den normativen Hintergrund einer jeden Begehungsstraftat.

118 Auch für Österreich dürfte die normtheoretische Situation trotz der Legaldefinition in § 6 öStGB nicht anders sein:[70]

119 **§ 6 öStGB**

> (1) Fahrlässig handelt, wer die Sorgfalt außer acht lässt, zu der er nach den Umständen verpflichtet und nach seinen geistigen und körperlichen Verhältnissen befähigt ist und die ihm zuzumuten ist, und deshalb nicht erkennt, dass er einen Sachverhalt verwirklichen könnte, der einem gesetzlichen Tatbestand entspricht.

120 Denn auch diese Definition enthält selbst keine Verpflichtung, stellt keinen mit einer Rechtsfolge versehenen Rechtssatz auf. Es ließe sich also auch zu § 6 öStGB vertreten, dass nur eine Pflicht zum Unterlassen sorgfaltswidrigen Handelns besteht.

121 Worin besteht nun der spezifische Unwert der fahrlässig begangenen Straftat? Es liegt nahe, wiederum bei der Sorgfaltspflicht anzusetzen, jedoch unter Vermeidung des normtheoretisch verfehlten Begriffs der „Pflicht". *Ida*[71] sieht in einem Gefährdungsverbot und einem Gefahrkontrollierungsgebot die beiden Normtypen der Vorschriften, die fahrlässige Veränderungen in der Außenwelt mit Strafe bedrohen. *Roxin*[72] schlägt vor, die Verletzung der Sorgfaltspflicht durch das Element der „Verwirklichung einer vom Täter geschaffenen, über das erlaubte Risiko hinausgehenden Gefahr im Rahmen des Schutzzwecks der Norm" zu ersetzen. Zuweilen ist auch nur in Kurzform von der „Schaffung einer unerlaubten Gefahr" die Rede.[73]

---

[68] Vgl. *Gössel* FS Bengl, S. 30; *Jakobs* AT 9/6; *Schöne* FS Hilde Kaufmann, S. 652 f.

[69] *Roxin* AT 1 § 24/36.

[70] Vgl. auch Art. 9 § 2 des polnischen StGB von 1997; näher dazu *Janiszewski* FS Nishihara, S. 122 ff./127 ff.

[71] *Ida* FS Hirsch, S. 225 ff./235 f.

[72] AT 1 § 24/5.

[73] *Roxin* AT 1 § 24/14 ff.; zustimmend *Weigend* FS Gössel, S. 134; vgl. auch *Schöne* JZ 1977, 150 ff.

Dieser Ansatz lässt sich sprachlich plausibel begründen. Denn im Wort *„fahrlässig"* steckt neben dem *mangelnden Vorsatz* der Begriff der Ge*fahr*.[74] Probleme bereitet jedoch die „Unerlaubtheit". Denn sie läuft Gefahr, ein Rechtswidrigkeitsurteil vorwegzunehmen, das auch bei der Fahrlässigkeit erst auf der zweiten Prüfungsstufe gefällt werden kann. Berücksichtigung findet jener Aspekt in der Definition der Sorgfaltspflichtverletzung durch *Burgstaller* zu § 6 öStGB: objektive Sorgfaltswidrigkeit als „sozialinadäquate Gefährlichkeit".[75] Um nicht verbrechenssystematisch missverstanden zu werden, sei deshalb nur von einer *nicht unerheblich erhöhten* Gefahr gesprochen, wobei hinsichtlich ihres Bestehens die objektive ex post-Perspektive maßgeblich ist.[76] Gemeint ist damit die Schaffung einer Gefahr, die *objektiv* über die im gesellschaftlichen Interesse generell hingenommenen, die im „Gesellschaftsplan" vorgesehenen Gefahren hinausgeht, „gesellschaftsplanwidrig" ist.[77] Ob der in der erhöhten Gefahrschaffung liegende Unwert auch rechtswidrig verwirklicht ist, Un*recht* ist, ist eine Frage der Rechtswidrigkeit.[78] 122

Beispiel 12.18 123

Der Kraftfahrer überschreitet die (laut „Gesellschaftsplan") innerörtlich zugelassene Höchstgeschwindigkeit von 50 km/h. Gefährlich ist sein Verhalten auch bei Einhalten der Höchstgeschwindigkeit. Ihre Überschreitung stellt somit eine *erhöhte* Gefahr dar, ein erhöhtes Risiko, den tatbestandsmäßigen Unwert. Ob die geschaffene Gefahr konkret un*erlaubt* war, ist eine Frage der Rechtswidrigkeit. Wäre die Schaffung der erhöhten Gefahr durch Überschreiten der zulässigen Höchstgeschwindigkeit z. B. erforderlich, um einen Menschen aus Lebensgefahr zu retten, dann wäre die Gefahrschaffung zwar noch immer ein Unwert, weil Dritte erhöht gefährdet werden, sie wäre aber nicht „unerlaubt". Die durch die fahrlässige Straftat hervorgerufene Gefahr ist somit nicht von vornherein unerlaubt, sie überschreitet nur die *Grenzen* des allgemeinen oder spezifisch durch Vorschriften geregelten Lebensrisikos. Wie bei der Vorsatzstraftat bildet jene erhöhte – nach *Burgstaller*[79] „sozialinadäquate" – Gefahr, d. h. die nach allgemeiner Lebenserfahrung durch die Handlung begründete *erhöhte Wahrscheinlichkeit eines Schadenseintritts* – zusammen mit der evtl. erforderlichen Veränderung in der Außenwelt den gesetzlich beschriebenen *Unwert* der Fahrlässigkeitsstraftat.

---

[74] Vgl. *Pfeifer* 1995, Stichwörter „fahren" i.V.m. „Gefahr"; vgl. auch die Überlegungen bei MK-*Duttge* § 15 RN 39.

[75] *Burgstaller* 1974, S. 39.

[76] So mit überzeugender Begründung *Burkhardt* in: Wolter u. a. (Hrsg.) 1996, S. 133; dieser Ansatz erlaubt auch die bruchlose Berücksichtigung von Sonderwissen und Sonderfähigkeiten, weil diese über das objektiv-nachträgliche Wissensoptimum nicht hinausgehen können.

[77] Vgl. auch *Gropp* FS Roxin 2011, S. 779 ff.

[78] Verkannt von *Dehne-Niemann* GA 2012, 90 f.

[79] *Burgstaller* 1974, S. 39.

124 Ob diese Unwertverwirklichung dem Täter zugerechnet werden kann, hängt nun aber zunächst genau von jenen Elementen ab, die uns in Form der *objektiven Zurechnung* bei der Vorsatzstraftat bereits bekannt sind.

125 Somit *entfällt* die Tatbestandsmäßigkeit der Fahrlässigkeitsstraftat zunächst dann, wenn die unvorsätzliche Verwirklichung des tatbestandsmäßigen Unwertes dem Täter nicht objektiv zugerechnet werden kann,[80] weil

- das Verhalten des Täters *keine rechtlich relevante Gefahr* für das Rechtsgut bzw. Angriffsobjekt geschaffen hat,
- der Täter durch sein Verhalten sich innerhalb der Grenzen des *erlaubten Risikos* gehalten hat, insbesondere der Täter auf ein ordnungsgemäßes Verhalten des Geschädigten *vertrauen* durfte,
- der Täter nur einen Beitrag zu einer *vorsätzlichen Selbstgefährdung* geleistet hat,
- die eingetretene Veränderung der Außenwelt nicht mehr im Rahmen des *Schutzzwecks* der betroffenen Norm liegt,[81]
- die eingetretene Veränderung der Außenwelt *nicht vorhersehbar* war,
- die eingetretene Veränderung der Außenwelt auch bei „normal-gefährlichem" Handeln *nicht vermeidbar* war.
- sonst ein Grund mangelnder Zurechenbarkeit gegeben ist.

126 Die Elemente, welche die Verletzung der von der überwiegenden Meinung bevorzugten Sorgfaltspflicht ausschließen, stimmen mit denen überein, welche die objektive Zurechnung trotz Verwirklichung einer erhöhten Gefahr *entfallen* lassen.[82]

127 Umgekehrt bedeutet dies aber, dass der Unwert der Fahrlässigkeitsstraftaten durch die gesetzliche Umschreibung einer *erhöht gefährlichen Handlung* und/oder einer eine solche Gefahrschaffung voraussetzenden *Veränderung in der Außenwelt vollständig* ist. Die gesetzlichen Vorschriften zur Strafbarkeit fahrlässiger Handlungen sind deshalb sind deshalb *nicht offen* (näher unten RN 158 ff.).

128 Wie § 212 die vorsätzliche Tötung eines Menschen als Unrechtstypus hinreichend beschreibt, geschieht dies durch § 222 für die fahrlässige Herbeiführung des Todes. § 222 unterscheidet sich von § 212 hinsichtlich des vertypten Unwertes *allein* dadurch, dass der Täter in § 222 den Sachverhaltsunwert *ohne Vorsatz aufgrund einer erhöhten Gefahrschaffung* verwirklicht. Wie es nun Fälle gibt, in denen bei § 212 der Tod dem Täter *nicht zugerechnet* wird, so gibt es auch Fälle, in denen dem Täter der *ohne Vorsatz aufgrund einer erhöhten Gefahrschaffung* herbeigeführte Tod nicht zugerechnet wird.

129 Verletzung einer Sorgfaltspflicht und erhöhte Gefahrschaffung sind somit nichts anderes als andere Bezeichnungen dafür, dass dem Täter der zwar unvorsätzlich,

---

[80] Vgl. *Roxin* AT 1 § 24/10 f.; *Seher* Jura 2001, 817 f.; zum österreichischen Recht *Burgstaller* 1974, S. 69 ff.

[81] Zum Erfordernis der generellen Eignung der verletzten Norm zur Verhinderung des tatbestandsmäßigen Schadens *Puppe* FS Bemmann, S. 227 ff.

[82] Vgl. *Jakobs* AT 9/7, 17 sowie aus der Rechtsprechung BayObLG 1St RR 81/96 NStZ-RR 1997, 51 zur Abgrenzung Fremdgefährdung/eigenverantwortliche Selbstgefährdung mit Bespr. *Otto* JK 1998 vor § 13/12.

jedoch *durch* seine (die Nichtbeachtung des gesetzlich geschützten Wertes zum Ausdruck bringende) *erhöht gefährliche Handlung* verursachte Sachverhaltsunwert zugerechnet wird.

Im Unterschied zur Verletzung der Sorgfaltspflicht hat der Maßstab der *erhöhten Gefahrschaffung* den Vorteil, dass er normtheoretisch stimmt, in der Fallbearbeitung einfach zu handhaben ist und durch das Abstellen auf die Gefahr auch begrifflich die Verbindung zur objektiven Zurechnung herstellt. **130**

Gegen die „Verletzung einer Sorgfaltspflicht" als Element des Sachverhaltsunwerts der Fahrlässigkeitsstraftaten spricht schließlich das Verhältnis von Tatbestandsmäßigkeit und Rechtswidrigkeit (Vgl. oben § 5 RN 2 ff., 24 ff.). Denn es ist widersprüchlich, dass ein Verhalten einerseits gegen eine Sorgfalts*pflicht verstößt*, also pflicht*widrig* ist, andererseits aber gerechtfertigt sein soll:[83] **131**

Beispiel 12.19 **132**

Wer ein Unfallopfer dadurch vor dem sicheren Tod zu retten versucht, dass er in aller Hast eine Herzmassage vornimmt, durch die das Opfer jedoch mehrere vermeidbare Rippenbrüche erleidet, handelt nicht zunächst sorgfaltspflichtwidrig. Man kann nicht im Rahmen der Tatbestandsmäßigkeit die sorgfalts*pflichtwidrige*(!) Herbeiführung des Schadens zunächst bejahen, um dann auf Rechtswidrigkeitsebene zu dem Ergebnis zu kommen, dass dieser Nachteil im Interesse der Lebensrettung erlaubt war. Vielmehr läge hier auf der Eben der Tatbestandsmäßigkeit die Schaffung einer erhöhten Gefahr für die Gesundheit vor, deren Herbeiführung jedoch im überwiegenden Interesse des Lebensschutzes hingenommen, d. h. gerechtfertigt wird.

Die Widersprüchlichkeit lässt sich auch nicht dadurch beseitigen, dass man in diesen Fällen die *Tatbestandsmäßigkeit* mangels Fahrlässigkeit verneint.[84] Denn die den Sachverhaltsunwert begründende Gefahrerhöhung liegt vor – auch im Falle einer Rechtfertigung.

b) Genereller oder individueller Fahrlässigkeitsbegriff? – die individuelle Vorhersehbarkeit als „personaler Fahrlässigkeitsunwert"

Auch wenn als anerkannt gelten kann, dass Fahrlässigkeit nicht nur ein Schuld-, sondern auch ein Unrechtsproblem darstellt (sog. *Zweistufigkeitslehre*), ist damit indessen noch nicht geklärt, ob hinsichtlich der *Vorhersehbarkeit* und der *Vermeidbarkeit* der Gefahrerhöhung innerhalb des Unrechts ein objektiver oder ein individueller Maßstab angelegt werden soll. **133**

---

[83] Die Argumentation mit der Sorgfaltspflicht zwingt dann in Rechtfertigungsfällen dazu, von einer „an sich sorgfaltswidrigen" Handlung zu sprechen, vgl. *Lenckner/Sternberg-Lieben* in: Schönke/Schröder RN 94 a.E. vor § 32.

[84] So aber MK-*Freund* vor § 13 RN 23; ebenso BayObLG RReg. 1 St 49/88 (*Bierglas*-Fall) NStZ 1988, 409 und BGH 2 StR 421/77 (*Pistolenknauf*-Fall) BGHSt 27, 313, wenn die ungewollte Auswirkung der Verteidigungshandlung zu den typischen Risiken der berechtigt gewählten Verteidigungsart gehört.

134 Die überwiegende Meinung legt einen objektiven Maßstab an und stellt damit die Sicherheit des Rechtsverkehrs in den Vordergrund. Es werden – entsprechend § 276 BGB – *Standards* formuliert, wann der Durchschnitts-Täter die „im Rechtsverkehr erforderliche Sorgfalt außer Acht lässt" (vgl. oben RN 42 ff.). Die Verpflichtung, überdurchschnittliche Kenntnisse und Fähigkeiten einzusetzen (vgl. oben RN 48 mwN.), ist zwar ebenfalls vor dem Hintergrund des Rechtsgüterschutzes zu sehen, passt allerdings nicht in das „standardisierte" System.

135 Nach einer vorzugswürdigen Mindermeinung[85] ist das Vorliegen fahrlässigen Handelns ausschließlich nach *individuellen* Kriterien zu beurteilen. Vorhersehbarkeit und Vermeidbarkeit sind danach an den individuellen Gegebenheiten auszurichten. Die individuelle Vorhersehbarkeit entspricht dem kognitiven Element des Vorsatzes (Wissen) bei der Vorsatzstraftat. Die individuelle Vermeidbarkeit bildet das Pendant zum voluntativen Element (Wollen) der Vorsatzstraftat (vgl. näher unten RN 152 ff.). Der Einwand hiergegen, dass so der besonders Sorglose privilegiert werde, überzeugt nicht. Denn wie es keine Verpflichtung für den Täter der Vorsatzstraftat gibt, die Verwirklichung des Sachverhaltsunwerts kognitiv zu erfassen, gibt es auch keine Pflicht, die der erhöhten Gefahrschaffung zugrundeliegenden Tatsachen zu (er)kennen. Entsprechend ist für die Vorhersehbarkeit und Vermeidbarkeit hinreichend, dass der Täter die der erhöhten Gefahrschaffung zugrundeliegende Tatsachen erkennen *kann*. Anderenfalls ist die Verwirklichung des Sachverhaltsunwerts nicht vorherseh*bar*.

136 Selbstverständlich trägt auch die individuelle Erkennbarkeit normativen Charakter, weil sie von dem ausgeht, was der individuelle Täter unter den konkreten Umständen leisten kann. Niemand ist gezwungen, für ihn/sie überdurchschnittliche Anstrengungen zu unternehmen, um zu erkennen. Deshalb ist das Argument, dass ein objektiver Maßstab erforderlich sei, um festzulegen, in welchem Umfang sich der Täter um die Erlangung nicht vorhandener Kenntnisse bemühen müsse, kein stichhaltiger Einwand gegen die rein individuelle Erkennbarkeit.[86] Wer angesichts der Umstände und seiner Fähigkeiten nur aus Nachlässigkeit nicht erkennt, der *kann* erkennen. Für ihn liegt Erkenn*barkeit* vor. Schon der Begriff der Erkennbarkeit zeigt den normativen Charakter – im Unterschied zum Wissen beim Vorsatz.

137 *Kann* der Täter vorhersehen, so trifft ihn die Pflicht, jene Verwirklichung zu *vermeiden*. Diese Pflicht ist freilich nichts anderes als die hinter jeder Begehungsstraftat stehende Pflicht, die Verwirklichung des Sachverhaltsunwerts zu unterlassen.

138 *Für* die Beurteilung der Erkennbarkeit und Vermeidbarkeit nach *individuellen* Kriterien sprechen im Übrigen vor allem folgende Argumente:

139 • Weil es Maßstäbe für die *Strafbarkeit* fahrlässigen Handelns zu formulieren gilt, ist die Orientierung an dem auf die *Sicherheit des Geschäftsverkehrs* aus-

---

[85] Vgl. *Freund* AT § 5/22 f.; *Frister* AT Kap. 12/8; SK-*Hoyer* Anh. zu § 16 RN 18; *Jakobs* AT 9/8 ff.; *Stratenwerth/Kuhlen* AT § 15/12 ff.; *Stratenwerth* FS Jescheck, S. 285 ff.; zustimmend *Weigend* FS Gössel, S. 138 ff.; krit. *Kaminski* 1992, S. 57 ff.

[86] So aber *Kindhäuser* LPK § 15 RN 60 f.

gerichteten Maßstab in § 276 BGB nicht zwingend.[87] Gleiches gilt für den an der Optimierung des Straßenverkehrs ausgerichteten Fahrlässigkeitsmaßstab in § 7 II StVG.

- Es gibt keine Tat ohne Täter. Damit gibt es auch keine tatbestandsmäßige Unwert- **140**
verwirklichung, die nicht an einen Täter gebunden ist. Jede tatbestandsmäßige Unwertverwirklichung ist damit individuelle Unwertverwirklichung.[88]
- Ob *Vorsatz* gegeben ist, hängt davon ab, ob *der Täter* wissentlich und willentlich **141**
handelt. Zwar ist das Opfer der vollendeten Tötungsstraftat auch dann tot, wenn der Täter unvorsätzlich gehandelt hat. Die Errungenschaft der Abkehr vom reinen Erfolgsstrafrecht liegt aber gerade darin, dass dieser Täter dennoch nicht wie ein vorsätzlich Handelnder bestraft wird. Aber auch die *Vorhersehbarkeit* ist die Vorhersehbarkeit *des Täters* und hängt davon ab, ob *dieser Täter* hätte vorhersehen können. Sie kann nicht einfach unterstellt werden, falls sie fehlt. Deshalb überzeugt die Bemerkung von *Jakobs*[89], dass die Annahme einer objektiven Vorhersehbarkeit ebenso unrichtig ist wie die eines objektiven Vorsatzes.
- Die objektive Vorhersehbarkeit geht bereits in der objektiven Zurechnung auf. **142**
Denn was objektiv nicht vorhersehbar ist, kann auch nicht objektiv zugerechnet werden.

Roxin[90] weist zutreffend darauf hin, dass die Unterschiede zwischen einem indi- **143**
viduellen und einem objektiven Fahrlässigkeitsbegriff im Ergebnis geringer ausfallen, als man dies erwarten mag. Denn auch nach der objektiven Lehre gelten für Spezialisten besondere Maßstabsfiguren. Da auch nach der objektiven Lehre somit Sonderwissen und Sonderfähigkeiten eingesetzt werden müssen, findet eine täterbezogene Steigerung der Anforderungen bereits statt.[91]

Der Unterschied zwischen dem objektiven und dem individuellen Fahrlässig- **144**
keitsbegriff besteht somit nur noch darin, dass nach dem individuellen Fahrlässigkeitsbegriff unterdurchschnittliche Fähigkeiten den personalen Unwert der Straftat mindern oder ausschließen: Wer aufgrund unterdurchschnittlicher Fähigkeiten nicht vorhersehen kann, verwirklicht schon nicht den personalen Unwert der fahrlässig begangenen Straftat.

[87] Vgl. *H. Mayer* AT, S. 130 f.

[88] Vgl. *Jakobs* AT 9/8 zur Individualität des Handlungsbegriffs.

[89] *Jakobs* AT 9/12; vgl. auch MK-*Duttge* § 15 RN 93, 95 zur „kategorialen Parallelität der Fahrlässigkeit zum Vorsatz".

[90] *Roxin* AT 1 § 24/56.

[91] Jene Annäherung lässt sich im übrigen auch dadurch erzielen, dass man seitens der objektiven Fahrlässigkeitslehre das Raster der „besonnenen und gewissenhaften Menschen in einer konkreten Situation" immer differenzierter gestaltet. Denn dann findet sich der Träger des Sonderwissens und der Sonderfähigkeit plötzlich innerhalb einer besonders befähigten Gruppe, deren Anforderungen er wiederum als „Durchschnittsangehöriger" erfüllen muss. Wenn man diesen Weg weiter geht, gibt es letztendlich überhaupt keine Sonderfähigkeiten mehr; zum „individuellen Leistungsoptimum" auch *Heine* 1995, S. 139 f.

145 Das Abstellen auf einen generellen Maßstab wird damit begründet, dass gegenüber der Rechtsgemeinschaft die Frage des Unrechts nicht davon abhängen könne, wozu der Täter der Fahrlässigkeitsstraftat fähig ist oder nicht. Hier müsse das Unrecht vielmehr nach bestimmten Standards festgelegt sein.[92]

146 Diese Meinung verkennt indessen, dass es im Strafrecht immer um die *Strafbarkeit* eines *Täters* geht. Wir empfinden es als selbstverständlich, dass der Täter einer Vorsatzstraftat, der hinsichtlich des Sachverhaltsunwerts nicht mit Wissen und Wollen handelt, auch nicht aus der Vorsatzstraftat bestraft werden kann, dass insoweit also ein straftattypischer Unwert, ein strafbares Unrecht fehlt. Es ist daher nur konsequent, dass auch ein strafbarer Unwert der Fahrlässigkeitsstraftat nur dann verwirklicht ist, wenn es für den *Täter nach seinen Fähigkeiten* vorhersehbar gewesen ist, dass aufgrund seines Verhaltens der Sachverhaltsunwert einer fahrlässig begangenen Straftat erfüllt werden kann.

147 **Beispiel 12.20**

Der unerkannt an morbus Alzheimer erkrankte Witwer A holt am Ostersonntag seinen alten gepflegten Opel „Kapitän" aus der Garage und fährt zum Gottesdienst. Am ersten Zebrastreifen ist es für ihn aufgrund seiner Krankheit nicht vorhersehbar, dass ein herannahender Fußgänger den Zebrastreifen benutzen will. Er setzt deshalb seine Fahrt mit unverminderter Geschwindigkeit fort. Am Zebrastreifen erfasst er den Fußgänger F und verletzt ihn schwer.

148 Selbstverständlich greift in diesem Fall die zivilrechtliche Gefährdungshaftung nach § 7 I StVG ein. Für eine Strafbarkeit nach § 229 fehlt aber nicht erst die Schuldhaftigkeit der Handlung, sondern bereits der personale Unwert in Form der individuellen Vorhersehbarkeit.

149 Es ist somit jener Meinung zuzustimmen, welche das Fahrlässigkeitsunrecht individuell bestimmt. Individuelle Fähigkeiten und individuelles Wissen müssen eingesetzt werden, individuelle *Defizite* lassen die Zurechnung und damit die Tatbestandsmäßigkeit entfallen. Dass das Verhalten deshalb insgesamt auch *rechtmäßig* wird, ist damit nicht gesagt.[93] Denn wie in § 5 erörtert, bedeutet Ausschluss der Tatbestandsmäßigkeit nicht zugleich Ausschluss der Rechtswidrigkeit.[94] Und schließlich stellt es auch keinen Widerspruch dar, ein Verhalten zwar nicht als tatbestandsmäßig im *strafrechtlichen* Sinne einzuordnen, dies aber im Bereich des *Zivilrechts* in Rücksicht auf die Gewährung von Qualitätsstandards zu tun.

150 Auch Einwände im Hinblick auf eine Unanwendbarkeit von Maßregeln der Besserung und Sicherung nach §§ 63 ff. und § 323a[95] schlagen letztlich nicht durch. Was die Maßregeln anbelangt, hat *Stratenwerth* dargelegt, dass sie – wegen des ausschließlichen Bezugs auf die Schuldfähigkeit – auch im Rahmen des objektiven Fahrlässigkeitsbegriffs in Fällen individueller Unfähigkeit nicht eingreifen.[96]

[92] Vgl. *Jescheck/Weigend* AT § 54 I 3; LK^{11}-*Schroeder* § 16 RN 147 ff.

[93] Näher *Weigend* FS Gössel, S. 142 f.

[94] Vgl. § 5 RN 16, 24 sowie *Stratenwerth* FS Jescheck, S. 293.

[95] Vgl. *Hirsch* ZStW 94 (1982), 272; *Jescheck/Weigend* AT § 54 I 3; *Sternberg-Lieben* in: Schönke/Schröder § 15 RN 142 am Ende; *Schünemann* JA 1975, 515.

[96] Vgl. *Stratenwerth* FS Jescheck, S. 298.

Außerdem bedarf es in den meisten Fällen auch deshalb nicht des Rückgriffs auf das Strafrecht, weil bereits die verwaltungsrechtliche Gefahrenabwehr eingreift. So könnte A im *Beispiel 12.20.* die Fahrerlaubnis mangels einer rechtswidrigen Tat zwar nicht auf strafrechtlicher Grundlage (§ 69 I) entzogen werden, wohl aber nach Verwaltungsrecht (§ 3 Straßenverkehrsgesetz) wegen Ungeeignetheit zum Führen von Kraftfahrzeugen.

Im Bereich der vorsätzlichen Rauschtat verlangt § 323a nach h.M. ein entsprechendes individuelles cognitives und voluntatives Element des rauschbedingt schuldunfähigen Täters.[97] Es ist daher nur konsequent, im Bereich der Fahrlässigkeit eine individuelle Vorhersehbarkeit und Vermeidbarkeit der Veränderung in der Außenwelt trotz Schuldunfähigkeit für eine *Strafbarkeit* nach § 323 a zu verlangen. Diesbezügliche Strafbarkeitslücken, die sich in der Praxis freilich äußerst selten zeigen dürften – sind nicht mittels Leugnung des individuellen Fahrlässigkeitsbegriffs zu schließen, sondern durch eine angemessene Interpretation des § 323a[98] sowie durch Maßnahmen außerhalb des strafrechtlichen Bereichs. **151**

III. Der personale Unwert der Fahrlässigkeitsstraftat

Wenn von einem *personalen Fahrlässigkeitsunwert* bzw. *-unrecht* die Rede ist, liegt die Frage nach subjektiven Elementen der Tatbestandsmäßigkeit, d. h. einem personalen Unwert der Fahrlässigkeitsstraftat, nahe. **152**

Der Erwähnung bedarf in diesem Zusammenhang der Vorschlag, bei *bewusster* Fahrlässigkeit hinsichtlich der gefahrbegründenden Umstände subjektive Elemente der Tatbestandsmäßigkeit anzunehmen.[99] Die Folge wäre, dass immer dann, wenn sich der Täter der gefahrbegründenden oder -steigernden Umstände *nicht* bewusst ist, jene subjektiven Elemente der Tatbestandsmäßigkeit entfielen. Weitergehend will *Struensee*[100] alle Umstände, die dem Urteil über das Vorhandensein einer erhöhten Gefahr zugrunde liegen, als Bezugspunkte für subjektive Elemente der Tatbestandsmäßigkeit auch bei unbewusster Fahrlässigkeit einordnen. **153**

Um *rechtlich* von Bedeutung zu sein, müssten die fraglichen Bezugspunkte freilich *Teil* der *Tatbestandsmäßigkeit sein* oder doch zumindest Elemente der Tatbestandsmäßigkeit *betreffen*. Denn auch bei der Vorsatzstraftat muss sich das *relevante* Wissen und Wollen auf *Tatumstände* beziehen, *„die zum gesetzlichen Tatbestand gehören"* (§ 16 I). Überträgt man diese Überlegungen auf die Fahrlässigkeitsstraftat, so kommen als mögliche Bezugspunkte für subjektive Elemente der Tatbestandsmäßigkeit die objektiven Elemente der Tatbestandsmäßigkeit „Handlung" und „Kausalität" sowie – nach der überwiegende Meinung – die „objektive Verletzung der Sorgfaltspflicht" und die „objektive Vorhersehbarkeit und Vermeid- **154**

---

[97] Vgl. *Sternberg-Lieben/Hecker* in: Schönke/Schröder § 323a RN 14.

[98] So *Stratenwerth* FS Jescheck, S. 299.

[99] Vgl. *Köhler* AT, S. 200; *Roxin* AT 1 § 24/73.

[100] *Struensee* JZ 1987, 53 ff./60 mit krit. Anmerkung *Herzberg* JZ 1987, 536 ff. und Replik *Struensee* JZ 1987, 541 ff.; vgl. auch *Mitsch* JuS 2001, 108 links; *Renzikowski* 1997, S. 323.

barkeit der Veränderung in der Außenwelt", – nach der hier vertretenen Ansicht – die „Schaffung einer erhöhten Gefahr" in Frage.

155 Im Unterschied zur Vorsatzstraftat, bei der die subjektiven Elemente der Tatbestandsmäßigkeit im *Wissen* und *Wollen des Täters* bezüglich der objektiven Elemente bestehen, erschöpfen sich die gesuchten subjektiven Elemente der Tatbestandsmäßigkeit bei der fahrlässig begangenen Straftat in der *Vorhersehbarkeit* und *Vermeidbarkeit* der Verwirklichung der objektiven Elemente der Tatbestandsmäßigkeit *durch den Täter.*

156 Die *individuelle Vorhersehbarkeit* der Verwirklichung der objektiven Elemente der Tatbestandsmäßigkeit (z. B. Verletzung eines Fußgängers) schließt die *Kenntnis* bzw. die individuelle *Möglichkeit* der Kenntnis jener Umstände ein, welche – nach der hier bevorzugten Meinung – der *Gefahrerhöhung* zugrunde liegen (cognitives Element), z. B. das Lenken eines PKW mit überhöhter Geschwindigkeit. Die *individuelle Vermeidbarkeit* der der Verwirklichung der objektiven Elemente der Tatbestandsmäßigkeit setzt neben der (potentiellen) *Kenntnis* der gefahrerhöhenden Umstände die *Möglichkeit* voraus, die Gefahrerhöhung zu beseitigen. Wer diese Möglichkeit nicht ergreifen *kann* (plötzlicher epileptischer Anfall), handelt nicht fahrlässig. Wer sie nicht ergreifen *will*, findet sich zumindest mit der Gefahrerhöhung ab (voluntatives Element) und handelt fahrlässig. Wer nicht einmal erkennen kann (und deshalb auch nicht vermeiden kann), handelt nicht fahrlässig.

157 *Individuelle* Vorhersehbarkeit und Vermeidbarkeit bilden damit die subjektiven Elemente der Tatbestandsmäßigkeit, den personalen Unwert der Fahrlässigkeitsstraftat.[101]

B. Rechtswidrigkeit

I. Fahrlässigkeitsunwert und Fahrlässigkeitsunrecht – Fahrlässigkeitsstrafvorschriften als „offene" Strafvorschriften?

158 Bei der vorsätzlichen Begehungsstraftat hatten wir gesehen, dass die Strafvorschriften Sachverhalte beschreiben, welche einen strafrechtserheblichen *Unwert* verwirklichen. Ob die Verwirklichung dieses Unwertes auch Unrecht darstellt, hing davon ab, ob Rechtfertigungsgründe vorliegen.

159 Ob jenes Verhältnis von Unwert und Unrecht auch bei der Fahrlässigkeitsstraftat gegeben ist, wird bezweifelt. Vor allem wird geltend gemacht, dass die fahrlässiges Verhalten verbietenden Strafvorschriften einen Unwert gar nicht hinreichend beschreiben würden. Es handele sich vielmehr um *offene* Vorschriften, die erst noch durch die Konkretisierung von Sorgfaltspflichten bzw. die Beschreibung einer

[101] Vgl. zur Vorhersehbarkeit auch *Gössel* FS Bengl, S. 35; *Kindhäuser* AT § 33/77 f.; *Kindhäuser* GA 2007, 447/461; *Maurach/Gössel* AT 2 § 43/7, 112; *Weigend* FS Gössel, S. 140; zur zunehmend vertretenen Annahme eines „subjektiven Tatbestandes" der Fahrlässigkeitsstraftat in Österreich *Schmoller* FS Frisch, S. 255 mit FN 45; krit. zum Ganzen *Hirsch* FS Lampe, S. 524 ff.

strafrechtsrelevanten Gefahr geschlossen werden müssten. Es sei die Bildung eines Straftattypus, der für Rechtfertigungsgründe Raum lässt, erschwert.[102]

Wie bei der vorsätzlichen, eine Veränderung in der Außenwelt betreffenden Straftat ist der Typus der entsprechenden fahrlässigen Straftat jedoch durch die folgenden Elemente abschließend festgelegt: **160**

- Handlung (als Äußerung der Nichtbeachtung der gesetzlich geschützten Werte),
- Schaffung einer erhöhten Gefahr,
- Veränderung in der Außenwelt,
- Kausalität,
- objektive Zurechenbarkeit,
- individuelle Vorhersehbarkeit und Vermeidbarkeit.

Dass dem Täter die Verwirklichung des Unwertes u. U. objektiv nicht zugerechnet werden kann, ändert an der abgeschlossenen Unwertbeschreibung der fahrlässigen Straftat nichts.[103] **161**

II. Rechtfertigungsgründe

Bei der Behandlung von Rechtfertigungsgründen bei Fahrlässigkeitsstraftaten empfiehlt es sich, zwei Grundkonstellationen zu unterscheiden: Die vorsatzlose Verwirklichung der Elemente der Tatbestandsmäßigkeit *in Unkenntnis* der rechtfertigenden Situation (1.) und die *ungewollte* Auswirkung beim Handeln in Kenntnis der rechtfertigenden Situation (2). **162**

1. Unvorsätzliche Verwirklichung der Elemente der Tatbestandsmäßigkeit in Unkenntnis der Rechtfertigungslage am Beispiel der Notwehr

Beispiel 12.21 **163**

Förster F sitzt gerade vor dem Forsthaus und putzt sein Gewehr. Entgegen der Dienstvorschrift hat er es beim Putzen nicht gesichert. Als er den Abzug reinigt, löst sich ein Schuss, welcher den A tödlich trifft. F wusste nicht, dass jener A, der sich hinter einem Busch versteckt hatte, gerade auf F angelegt hatte, um ihn aus Eifersucht zu töten.

Hätte F den A wissentlich und willentlich getötet, ohne zu bemerken, dass A gerade auf ihn selbst angelegt hatte, dann wäre ein Irrtum in Form der Unkenntnis der tatsächlichen Voraussetzungen eines Rechtfertigungsgrundes gegeben (Vgl. oben § 5 RN 49 ff. und unten § 13 RN 180 ff.). **164**

[102] Vgl. *Roxin* AT 1 § 24/98; *Schöne* GS Hilde Kaufmann, S. 656 ff.; vgl. auch *Struensee* GA 1987, 105.

[103] Vgl. auch *Jakobs* AT 9/12; *Lenckner/Eisele* in: Schönke/Schröder RN 66 vor § 13.

165 Hält man – wie die h.M. bei der vorsätzlichen – auch bei der fahrlässig verwirklichten Straftat einen konkreten Rechtfertigungswillen für erforderlich,[104] dann müsste F wegen fahrlässiger Tötung bestraft werden. Hält man mit einer Mindermeinung bei der vorsätzlich begangenen Straftat ein subjektives Rechtfertigungselement bei objektiv gegebener Rechtfertigungslage hingegen für nicht erforderlich (vgl. oben § 5 RN 55 ff.), dann müsste dasselbe auch im Falle der Fahrlässigkeit gelten und F gerechtfertigt sein.

166 Argumentiert man – wie die überwiegende Meinung bei der vorsätzlich begangenen Straftat – hingegen mit dem Zusammenspiel von personalem Unrecht und Sachverhaltsunrecht, dann lässt sich die Straffreiheit dessen, der unvorsätzlich eine gerechtfertigte Veränderung in der Außenwelt herbeiführt, mit Überlegungen begründen, die von *Roxin* aufgegriffen worden sind:[105] Liegen die tatsächlichen Voraussetzungen einer Notwehrlage vor, ist ein Sachverhaltsunrecht nicht gegeben. Was bleibt, wäre das personale Unrecht in Form einer nach außen nicht erkennbaren Haltung der Geringschätzung des gesetzlich geschützten Wertes – hier: des Lebens Dritter.

167 Bei der auf eine Veränderung in der Außenwelt bezogenen Fahrlässigkeitsstraftat liegt das Typische nun aber darin, dass die Strafbarkeit das Vorliegen des personalen *und* des Sachverhaltsunrechts voraussetzt. Liegt das Sachverhalts*unrecht* nicht vor, entfällt eine notwendige Voraussetzung für die Strafbarkeit nach § 222. Das verbleibende personale Unrecht ist aber ebenfalls nicht strafbar, nicht, weil ein Versuch der Fahrlässigkeitsstraftat nicht anerkannt ist, sondern weil sich der Täter nach außen in jeder Hinsicht *rechtmäßig* verhält.[106]

168 Selbst wenn man mit der üM der Versuchslösung beim Fehlen des subjektiven Rechtfertigungselementes bei der Vorsatzstraftat den Vorzug geben wollte (vgl. hierzu § 13 RN 184), ändert dies nichts an der Straffreiheit der unvorsätzlichen Herbeiführung einer tatbestandsmäßigen Veränderung in der Außenwelt in Unkenntnis der Notwehrlage.

2. Ungewollte Auswirkungen eines Verhaltens in Wahrnehmung eines Rechtfertigungsgrundes

169 In den hier zu behandelnden Fällen weiß der Täter, dass er in einer rechtfertigenden Situation handelt. Jedoch kommt es in Wahrnehmung des Rechtfertigungsgrundes zu ungewollten Auswirkungen. Die Folgen seien an Hand der wichtigsten Rechtfertigungsgründe dargestellt.

---

[104] Vgl. *Alwart* GA 1983, 455.

[105] Vgl. *Roxin* AT 1 § 24/103; *Jescheck/Weigend* AT § 56 I 3; *Lenckner/Sternberg-Lieben* in: Schönke/Schröder RN 97 ff. vor § 32.

[106] Näher dazu § 5 RN 55.

a) Notwehr, § 32

Beispiel 12.22 170

Warnschuss-Fall BGH 1 StR 48/01 NStZ 2001, 591:[107] Um weitere Körperverletzungshandlungen des V. gegen die P. zu verhindern, richtete der Angeklagte A. aus einer Entfernung von weniger als zwei Metern einen Revolver auf den Gesichtsbereich des V. und zog den Abzug schnell hintereinander durch. Er hoffte, V. werde erschrecken und von P. ablassen.

A ging fälschlicherweise davon aus, dass der Revolver nicht geladen sei. Ihm 171
war in der konkreten Situation nicht bewusst, dass er vor mehreren Jahren eine Patrone in den Revolver geladen hatte. Bei der wiederholten Betätigung des Abzugs löste sich ein Schuss, der V. unmittelbar unter der Nase traf und binnen kurzer Zeit zu dessen Tod führte.

Der BGH hob die Verurteilung durch das LG wegen fahrlässiger Tötung 172
auf. Die nur fahrlässige, aber letztlich ebenfalls vom Verteidigungswillen des A getragene Herbeiführung der Todesfolge beim Einsatz der Schusswaffe als Drohmittel könne nach § 32 gerechtfertigt sein, wenn A in der gegebenen besonderen Lage auch einen gezielten, möglicherweise tödlichen Schuss auf V hätte abgeben dürfen. Dann sei die Herbeiführung des Todes auch dann gerechtfertigt, wenn er konkret vom Abwehrenden nicht gewollt war und bei Anwendung der ihm möglichen Sorgfalt hätte vermieden werden könnte.

Nach h.M. genügt in Fällen dieser Art jedenfalls ein genereller Verteidigungswil- 173
le.[108] Bei bewusster Fahrlässigkeit wird man davon in der Regel ausgehen können. Gleiches gilt aber auch bei unbewusster Fahrlässigkeit. Denn unbewusst ist insoweit nur die ungewollte Folge, nicht hingegen die rechtfertigende Situation. Neben dem generellen Verteidigungswillen ist allerdings vorauszusetzen, dass sich auch die ungewollt herbeigeführte Folge noch im Rahmen des Erforderlichen hält.

b) Rechtfertigender Notstand, § 34

Beispiel 12.23[109] 174

Um einer schwerkranken Patientin das Leben zu retten, unternimmt der einzig verfügbare Arzt eine Trunkenheitsfahrt, in deren Verlauf er einen anderen Verkehrsteilnehmer verletzt.

Eine Rechtfertigung tritt hier wie bei der Vorsatzstraftat nach § 34 dann ein, 175
wenn das Erhaltungsinteresse (das Leben der Patientin) das Eingriffsinteresse (die Gefährdung anderer Verkehrsteilnehmer) wesentlich überwiegt. Dies wäre der Fall, wenn die Trunkenheit des Arztes nicht sehr erheblich ist.

[107] Mit Anm. *Otto*, vgl. auch *Kretschmer* Jura 2002, 114 ff. sowie den *Bierglas*-Fall BayObLG RReg. 1 St 49/88 und den *Pistolenknauf*-Fall BGH 2 StR 421/77 BGHSt 27, 313.

[108] Vgl. *Eser* StK II Nr. 21 A 21 b; *Lenckner/Sternberg-Lieben* in: Schönke/Schröder RN 97 f. vor § 32.

[109] Nach *Roxin* AT 1 § 24/104.

c) Mutmaßliche Einwilligung und Einwilligung in unvorsätzlich verwirklichte Straftaten[110]

176 Der besonderen Aufmerksamkeit bedarf hier die Frage, was Gegenstand der Einwilligung ist. So wird es viele Fälle geben, in denen das Opfer *nicht in die schädigende Veränderung in der Außenwelt*, sondern *nur in die Gefährdung* seiner Interessen einwilligt. In diesen Fällen kann auf die Einwilligung als Rechtfertigungsgrund für fahrlässig herbeigeführte Schädigungen nicht zurückgegriffen werden.[111]

d) Erlaubtes Risiko

177 Wenn man mit der überwiegende Meinung Fahrlässigkeit als Verletzung einer Sorgfaltspflicht definiert, dann müsste ein Handeln im erlaubten Risiko ausgeschlossen sein. Denn der Täter kann nicht gegen eine Sorgfaltspflicht verstoßen und zugleich über ein *erlaubtes* Risiko gerechtfertigt sein. Die Einhaltung des erlaubten Risikos würde einen Verstoß gegen eine Sorgfaltspflicht ausschließen. Die überwiegende Meinung lehnt daher – aus ihrer Sicht konsequent – das erlaubte Risiko als Rechtfertigungsgrund bei Fahrlässigkeitsstraftaten ab.[112]

178 Versteht man unter Fahrlässigkeit die unvorsätzliche, zurechenbare Verwirklichung einer Straftat durch Schaffung einer erhöhten Gefahr trotz individueller Vorhersehbarkeit und Vermeidbarkeit, dann wäre ein Rechtfertigungsgrund des erlaubten Risikos anzuerkennen.

179 Jedoch gilt es zu berücksichtigen, dass das erlaubte Risiko lediglich einen Oberbegriff für eine Reihe von Rechtfertigungsgründen darstellt, bei denen der Täter auf einer unsicheren Tatsachenbasis handelt (vgl. § 5 RN 366 ff.). Da das erlaubte Risiko die betreffenden Rechtfertigungsgründe nur klassifizieren, sie aber nicht ersetzen kann, ist auch im Rahmen der Rechtfertigung der Fahrlässigkeitstat das erlaubte Risiko als solches nicht als selbständiger Rechtfertigungsgrund anzuerkennen.

C. Schuldhaftigkeit

I. Übereinstimmungen mit der Vorsatzstraftat

180 Wie bei der vorsätzlichen Straftat sind auch bei der Fahrlässigkeitsstraftat die anerkannten Schuldausschließungs- und Entschuldigungsgründe anwendbar: Schuldunfähigkeit und verminderte Schuldfähigkeit (§§ 20, 21), Verbotsirrtum (§ 17), entschuldigender Notstand (§ 35) und Notwehrexzess (§ 33).

[110] Näher hierzu *Roxin* AT 1 § 24/107 f.; nach *Roxin* wirkt die Einwilligung allerdings tatbestandsausschließend.

[111] Vgl. auch *Lackner/Kühl* § 228 RN 2; krit. *Rudolphi* Fälle zum Strafrecht, S.181 mwN.

[112] Vgl. *Jescheck/Weigend* AT § 56 III; *Schünemann* GS Meurer, S. 40.

II. Besonderheiten

1. Fahrlässigkeit als Schuldform

181 Da die überwiegende Meinung die Vorhersehbarkeit und Vermeidbarkeit ausschließlich als *objektive* Elemente der Tatbestandsmäßigkeit der Fahrlässigkeitsstraftat beurteilt, wird im Rahmen der Schuldhaftigkeit fahrlässigen Handelns geprüft, ob es dem Täter zum Vorwurf gemacht werden kann. Dieser Vorwurf entfällt, wenn die Entwicklung für den Täter weder vorhersehbar noch vermeidbar war.[113]

182 Als *Beispiele* werden hier der unerfahrene Fahrschüler, der gegen Verkehrsvorschriften verstößt oder das altersbedingte Versagen des Kurzzeitgedächtnisses genannt.[114]

183 Die Grenze wird im Übernahmeverschulden bzw. in Charaktermängeln des Täters gesehen. Sonderwissen belastet.[115]

184 Aber auch die hier bevorzugte *individuelle* Interpretation von Vorhersehbarkeit und Vermeidbarkeit als subjektive Elemente der Tatbestandsmäßigkeit hindert nicht daran, auch hier im Rahmen der Schuldhaftigkeit eine Bewertung der individuellen Vorhersehbarkeit vorzunehmen. Die individuelle Vorhersehbarkeit bei fahrlässig begangenen Straftaten wäre dann sowohl als Element der Tatbestandsmäßigkeit als auch der Schuldhaftigkeit der Handlung zu verstehen.

2. Die Unzumutbarkeit pflichtgemäßen Verhaltens/der Unterlassung der Gefahrerhöhung als (übergesetzlicher) Entschuldigungsgrund bei der Fahrlässigkeitsstraftat?

185 **Beispiel 12.24.**

Leinenfänger-Fall RGSt 30, 25:[116] Der Angeklagte stand seit Oktober 1895 als Kutscher im Dienst eines Droschkenbesitzers. „Er führte während dieser Zeit eine mit zwei Pferden bespannte Droschke. Eines der Pferde war ein sog.‚Leinenfänger', d. h. es hatte zeitweise die Gewohnheit, den Schweif über die Fahrleine zu schlagen und diese mit demselben herunter- und fest an den Körper zu drücken. Dieser Fehler war sowohl dem Angeklagten als auch dem Dienstherren bekannt.

186 Bei einer am 19. Juli 1896 vom Angeklagten ausgeführten Fahrt gelang es dem erwähnten Pferde auf der Chaussee von P. nach G., die Leine mit dem Schwanze einzukneifen. Bei den vergeblichen Versuchen des Angeklagten, die Leine hervorzuziehen, wurden die Pferde wild; der Angeklagte verlor völlig die Herrschaft über das Gespann, welches beim Weitergaloppieren den an der Seite

---

[113] Vgl. *Jescheck/Weigend* AT § 57 II, III; *Kühl* AT § 17/89 ff.; zum österreichischen Recht *Burgstaller* 1974, S. 182 ff.

[114] Vgl. *Roxin* AT 1 § 24/114 ff.

[115] Vgl. *Jescheck/Weigend* AT § 57 III 2.

[116] Vgl. auch *Eser* StK II Nr. 24; *Maiwald* FS Schüler-Springorum, S. 474 ff./481 ff.

der Chaussee gehenden Schmied B. umwarf, so dass dieser unter den Wagen geriet und einen Beinbruch erlitt."

187 Das Reichsgericht nahm an, dass die Körperverletzung des Schmiedes für den Angeklagten durchaus vorhersehbar gewesen sei. Um den Begriff der Fahrlässigkeit herzustellen, müsse jedoch ein Weiteres hinzukommen: die Nichterfüllung desjenigen Maßes von Aufmerksamkeit und von Rücksicht auf das Allgemeinwohl, dessen Aufbringung von dem Handelnden gefordert werden darf. Danach sei zu erwägen, ob es dem Angeklagten als Pflicht zugemutet werden konnte, eher dem Befehle seines Dienstherren sich zu entziehen und den Verlust seiner Stellung auf sich zu nehmen, als durch Benutzung des ihm zugewiesenen Pferdes zum Fahren bewusst die körperliche Verletzung eines anderen zu riskieren. Das Reichsgericht bestätigte das freisprechende Urteil des Landgerichts Gleiwitz, welches der Pflicht, dem Befehl des Dienstherrn Folge zu leisten, den Vorzug gegeben hatte.

188 Die überwiegende Meinung tendiert dazu, in Fällen wie diesem einen Schuldvorwurf aus Gründen der Unzumutbarkeit zu verneinen[117] oder eine Analogie zu § 35 anzunehmen. Sie beruhe darauf, dass wie dort so auch hier eine Unrechtsminderung in Form eines Erhaltungsinteresses (hier: Erhaltung des Arbeitsplatzes) vorliegt und der Täter unter Motivationsdruck gehandelt hat.[118] Ähnliches soll für Fälle gelten, in denen die Schuld des Angeklagten nicht infolge einer Unrechtsminderung, sondern auch aus Gründen vermindert erscheint, welche in der Psyche des Täters liegen, so im Rahmen von Schock- und Paniksituationen.[119]

189 Fraglich ist allerdings, ob es sich hier um entschuldigende Situationen handelt,[120] oder ob nicht vielmehr die *unrechtsbezogene* Frage im Vordergrund steht, inwieweit eine Gefahrerhöhung gesellschaftlich akzeptabel ist oder nicht[121] bzw. minimales fahrlässiges Verschulden überhaupt strafrechtlich erfasst werden soll.[122]

D. Synopse: Aufbau der fahrlässigen Straftat

Zum Aufbau der fahrlässigen Straftat siehe die Synopse RN 190.

[117] Vgl. *Lackner/Kühl* § 15 RN 51 mwN zum mittlerweile extrem differenzierten Meinungsbild.

[118] Vgl. *Roxin* AT 1 § 24/123; für eine generelle Entschuldigung *Fischer* § 13 RN 80 ff.

[119] Vgl. *Roxin* AT 1 § 24/124.

[120] Gegen eine Entschuldigung auch *Momsen* 2006, S. 461 ff.

[121] Vgl. *Maiwald* FS Schüler-Springorum, S. 487, 491.

[122] Zu dieser bisher ungelösten Problematik näher *Schlüchter* 1996; vgl. auch *Koch* 1998.

190

D/1 Aufbau der fahrlässigen Straftat (überwiegende Meinung)

I. Tatbestandsmäßigkeit

- a. Handlung
- b. Unvorsätzliche Verwirklichung des tatbestandsmäßigen Sachverhalts
- c. Kausalität: c.s.q.n.
- d. „durch Fahrlässigkeit"(Grenze: *Vertrauensgrundsatz*)
  - Verletzung *der Sorgfaltspflicht*
  - *objektive Vorhersehbarkeit* des Geschehens (aber: Sonderwissen verpflichtet)
  - *objektive Vermeidbarkeit* des Geschehens durch Erfüllung der Sorgfaltspflicht (=*Pflichtwidrigkeitszusammenhang*) (aber: Sonderfähigkeiten verpflichten)
- e. objektiv zurechenbar
  - Pflichtverstoß im *Schutzberich der Norm*
  - keine *eigenverantwortliche Selbstgefährdung* (Verantwortungsprinzip)
  - Schaffung einer *rechtserheblichen Gefahr*

II. Rechtswidrigkeit

Rechtfertigungsgründe: „genereller Verteidigungswille" ausreichend

III. Schuldhaftigkeit

1. Elemente der schuldhaften Handlung
   - Schuldfähigkeit des Täters
   - Unrechtsbewusstsein des Täters
   - spezielle Merkmale der schuldhaften Handlung
   - Nichtvorliegen von *Entschuldigungsgründen*

   - Handeln trotz individueller *Vorhersehbarkeit* des Geschehens
   - Handeln trotz individueller *Vermeidbarkeit* der Sorgfaltspflichtverletzung
2. Zumutbarkeit pflichtgemäßen Verhaltens

D/2 Aufbau der fahrlässigen Straftat (Gefahrerhöhung/individueller Fahrlässigkeitsbegriff[a])-

I. Tatbestandsmäßigkeit

1. Objektive Elemente der Tatbestandsmäßigkeit (Sachverhaltsunwert)
   - a. Handlung
   - b. Unvorsätzliche Verwirklichung des tatbestandsmäßigen Sachverhalts
   - c. Kausalität: c.s.q.n.
   - d. Schaffung einer *erhöhten Gefahr* (Grenze: *Vertrauensgrundsatz*)
     - Beruhen des tatbestandsmäßigen Geschehens auf der Gefahrerhöhung (= *Gefahrerhöhungszusammenhang*)
   - e. objektiv zurechenbar
     - Gefahrschaffung im *Schutzbereich der Norm*
     - keine *eigenverantwortliche Selbstgefährdung* (Verantwortungsprinzip)
     - Schaffung einer *rechtserheblichen Gefahr*
2. Subjektive Elemente der Tatbestandsmäßigkeit (personaler Unwert)
   - a. *Individuelle Vorhersehbarkeit* des Geschehens
   - b. *Individuelle Vermeidbarkeit* der Gefahrerhöhung

II. Rechtswidrigkeit

Rechtfertigungsgründe: objektive Rechtfertigungslage ausreichend

III. Schuldhaftigkeit

1. Elemente der schuldhaften Handlung
   - Schuldfähigkeit des Täters
   - Unrechtsbewusstsein des Täters
   - spezielle Merkmale der schuldhaften Handlung
   - Nichtvorliegen von *Entschuldigungsgründen*
2. Fahrlässigkeit als Schuld*form*[b]
   - Handeln trotz individueller *Vorhersehbarkrit* des Geschehens
   - Handeln trotz individueller *Vermeidbarkrit* der Gefahrerhöhung
3. Zumutbarkeit der Vermeidung der Gefahrerhöhung

---

[a] Vgl. auch *Roxin* AT 1 § 24.

[b] Zur Doppelstellung von Straftatmerkmalen *Lenckner/Eisele* in: Schönke/Schröder RN 120 f. vor § 13.

Lösung der Leitfälle (Gutachtenstil)[123]

Leitfall 12.1.

191 LKW-Fahrer (L) könnte sich wegen fahrlässiger Tötung (§ 222) des Radfahrers R strafbar gemacht haben.

1. Darstellung auf der Basis einer nicht unerheblichen Gefahrerhöhung und eines individuellen Fahrlässigkeitsbegriffs

a) Tatbestandsmäßigkeit

192 L müsste den Tod des R „durch Fahrlässigkeit verursacht" haben. Das dichte Vorbeifahren an R kann nicht hinweggedacht werden, ohne dass die Veränderung in der Außenwelt, der Tod des R, entfiele, weshalb die Handlung des L für den Tod des R kausal ist. Die nicht unerhebliche Gefahrerhöhung ist darin zu sehen, dass L den nach § 5 IV 2 StVO erforderlichen „ausreichenden" Seitenabstand nicht einhielt. Jedoch müsste § 5 IV 2 StVO gerade den Sinn haben, Gefährdungen und Verletzungen von Zweiradfahrern zu vermeiden (*Schutzzweck der Norm*).

193 § 5 IV 2 StVO dient gerade auch dem Schutz von Fußgängern und Radfahrern. Indem der R wegen des zu geringen Abstands unsicher wurde und dadurch einen Fahrfehler beging, hat sich die Gefahr realisiert, deren Verhinderung die Abstandspflicht des § 5 IV 2 StVO bezweckt.

194 Schließlich müsste der eingetretene Kausalverlauf auch *für L vorhersehbar* und die Veränderung in der Außenwelt durch Unterlassen der Gefahrerhöhung *vermeidbar* gewesen sein (*Gefahrerhöhungszusammenhang*). Da L den Radfahrer als solchen erkennen konnte und wusste, dass Radfahrer Pendelbewegungen ausführen und von Fahrzeugen, die ohne ausreichenden Seitenabstand überholen, erfasst werden können, liegt die individuelle Vorhersehbarkeit vor. Auch hätte L den erforderlichen Seitenabstand einhalten können. Dadurch wäre der Unfall mit an Sicherheit grenzender Wahrscheinlichkeit vermieden worden. Auch die individuelle Vermeidbarkeit ist damit gegeben.

b) Rechtswidrigkeit und Schuldhaftigkeit

195 Rechtfertigungsgründe zugunsten des L sind nicht ersichtlich. Auch Entschuldigungsgründe oder Schuldausschließungsgründe liegen nicht vor. Hinsichtlich der Vorwerfbarkeit ist zu berücksichtigen, dass L mit zu geringem Seitenabstand an R vorbeifuhr, obwohl er die daraus erwachsenen Folgen hätte vorhersehen und durch Einhaltung des erforderlichen Abstandes vermeiden können.

Ergebnis: L ist wegen fahrlässiger Tötung gemäß § 222 strafbar.

2. Darstellung auf der Basis einer Sorgfaltspflichtverletzung (überwiegende Meinung)

a) Tatbestandsmäßigkeit

196 L müsste den Tod des R „durch Fahrlässigkeit verursacht" haben. Das dichte Vorbeifahren an R kann nicht hinweggedacht werden, ohne dass die Veränderung

[123] Vgl. zu Fahrlässigkeitsproblemen in der Fallbearbeitung auch *Gropp* u. a., Fallsammlung, Fall 5.

in der Außenwelt, der Tod des R, entfiele, weshalb die Handlung für des L für den Tod des R kausal ist. Eine Sorgfaltspflichtverletzung ist darin zu sehen, dass L den nach § 5 IV 2 StVO erforderlichen „ausreichenden" Seitenabstand nicht einhielt. Jedoch müsste § 5 IV 2 StVO gerade den Sinn haben, Gefährdungen und Verletzungen von Zweiradfahrern zu vermeiden (Schutzzweck der Norm).

§ 5 IV 2 StVO dient gerade dem Schutz von Fußgängern und Radfahrern. 197
Indem R wegen des zu geringen Abstands unsicher wurde und dadurch einen Fahrfehler beging, hat sich die Gefahr realisiert, deren Verhinderung die Abstandspflicht des § 5 IV 2 StVO bezweckt.

Schließlich müsste der eingetretene Kausalverlauf im Bereich objektiver Vor- 198
hersehbarkeit liegen, und die Veränderung in der Außenwelt müsste gerade auf der Verletzung der Sorgfaltspflicht beruhen, bei sorgfaltsgerechtem Handeln also vermeidbar gewesen sein (Pflichtwidrigkeitszusammenhang). Dass Radfahrer Pendelbewegungen ausführen und von Fahrzeugen, die ohne ausreichenden Seitenabstand überholen, erfasst werden, liegt im Bereich des nach allgemeiner Lebenserfahrung Vorhersehbaren. Bei Einhaltung des erforderlichen Abstands hätte der Schaden auch vermieden werden können, der Pflichtwidrigkeitszusammenhang liegt somit vor.

b) Rechtswidrigkeit und Schuldhaftigkeit

Rechtfertigungsgründe zugunsten des L sind nicht ersichtlich. Zur Bejahung der 199
Schuldhaftigkeit wäre erforderlich, dass L den Unfall hätte vorhersehen und vermeiden können. Für L war der Radfahrer erkennbar. Auch wäre es L durch Einhaltung des Sicherheitsabstandes möglich gewesen, den tödlichen Ausgang zu vermeiden.

Ergebnis: L ist wegen fahrlässiger Tötung gemäß § 222 strafbar.

Leitfall 12.2. 200
Der LKW-Fahrer (L) könnte sich wegen fahrlässiger Tötung (§ 222) des Radfahrers R strafbar gemacht haben.

1. Darstellung auf der Basis einer nicht unerheblichen Gefahrerhöhung und eines individuellen Fahrlässigkeitsbegriffs

Tatbestandsmäßigkeit

L müsste den Tod des R „durch Fahrlässigkeit verursacht" haben. Das dichte Vor- 201
beifahren an R kann nicht hinweggedacht werden, ohne dass die Veränderung in der Außenwelt, der Tod des R, entfiele, weshalb die Handlung des L für den Tod des R kausal ist. Die nicht unerhebliche Gefahrerhöhung ist darin zu sehen, dass L den nach § 5 IV 2 StVO erforderlichen „ausreichenden" Seitenabstand nicht einhielt. Jedoch müsste § 5 IV 2 StVO gerade den Sinn haben, Gefährdungen und Verletzungen von Zweiradfahrern zu vermeiden (Schutzzweck der Norm).

§ 5 IV 2 StVO dient gerade dem Schutz von Fußgängern und Radfahrern. In- 202
dem der R wegen des zu geringen Abstands unsicher wurde und dadurch einen Fahrfehler beging, hat sich die Gefahr realisiert, deren Verhinderung die Abstandspflicht des § 5 IV 2 StVO bezweckt.

203 Schließlich müsste der eingetretene Kausalverlauf auch für L vorhersehbar und der Tod des R durch Unterlassen der Gefahrerhöhung vermeidbar gewesen sein (Gefahrerhöhungszusammenhang).

204 Da L den Radfahrer als solchen erkennen konnte und wusste, dass Radfahrer Pendelbewegungen ausführen und von Fahrzeugen, die ohne ausreichenden Seitenabstand überholen, erfasst werden können, liegt die individuelle Vorhersehbarkeit vor. Fraglich ist aber, ob L den tödlichen Ausgang durch Unterlassen hätte vermeiden können. Daran bestehen nach dem Sachverständigengutachten aufgrund der Trunkenheit des Radfahrers erhebliche Zweifel. Da diese nicht ausgeräumt werden konnten, ist zugunsten des L davon auszugehen, dass R auch bei Einhaltung des ansonsten erforderlichen Seitenabstandes erfasst worden wäre. Damit fehlt der den Unwert der fahrlässig begangenen Straftat begründende Gefahrerhöhungszusammenhang.

Ergebnis: L ist straffrei.

2. Darstellung auf der Basis einer Sorgfaltspflichtverletzung (überwiegende Meinung)

Tatbestandsmäßigkeit

205 L müsste den Tod des R „durch Fahrlässigkeit verursacht" haben. Das dichte Vorbeifahren an R kann nicht hinweggedacht werden, ohne dass die Veränderung in der Außenwelt, der Tod des R, entfiele, weshalb die Handlung des L für den Tod des R kausal ist. Eine Sorgfaltspflichtverletzung ist darin zu sehen, dass L den nach § 5 IV 2 StVO erforderlichen „ausreichenden" Seitenabstand nicht einhielt. Jedoch müsste § 5 IV 2 StVO gerade den Sinn haben, Gefährdungen und Verletzungen von Zweiradfahrern zu vermeiden (Schutzzweck der Norm).

206 § 5 IV 2 StVO dient gerade dem Schutz von Fußgängern und Radfahrern. Indem der R wegen des zu geringen Abstands unsicher wurde und dadurch einen Fahrfehler beging, hat sich die Gefahr realisiert, deren Verhinderung die Abstandspflicht des § 5 IV 2 StVO bezweckt.

207 Schließlich müsste der eingetretene Kausalverlauf im Bereich objektiver Vorhersehbarkeit liegen, und der Tod müsste gerade auf der Verletzung der Sorgfaltspflicht beruhen, bei sorgfältigem Handeln also vermeidbar gewesen sein (Pflichtwidrigkeitszusammenhang).

208 Dass Radfahrer Pendelbewegungen ausführen und von Fahrzeugen, die ohne ausreichenden Seitenabstand überholen, erfasst werden, liegt im Bereich des nach allgemeiner Lebenserfahrung Vorhersehbaren. Fraglich ist aber, ob die Veränderung in der Außenwelt bei sorgfältigem Handeln, d. h. bei Einhaltung des ansonsten erforderlichen Abstands hätte vermieden werden können. Daran bestehen nach dem Sachverständigengutachten aufgrund der Trunkenheit des Radfahrers erhebliche Zweifel. Da diese nicht ausgeräumt werden konnten, ist zugunsten des L davon auszugehen, dass R auch bei Einhaltung des ansonsten erforderlichen Seitenabstandes erfasst worden wäre. Damit fehlt der den Unwert der fahrlässigen Straftat begründende Pflichtwidrigkeitszusammenhang.

Ergebnis: L ist straffrei.

E. Zur Wiederholung

Kontrollfragen

1. Nennen Sie die drei unwertbegründenden Elemente der Fahrlässigkeit nach der überwiegenden Meinung (RN 20 ff.)
2. Wodurch unterscheiden sich bewusste und unbewusste Fahrlässigkeit? (RN 23 ff.)
3. Was ist Leichtfertigkeit? (RN 26)
4. Nennen Sie drei Fallgruppen von Sorgfaltspflichten. (RN 29 ff.)
5. Was spricht dagegen, den Unwert der fahrlässig begangenen Straftaten mit der überwiegenden Meinung auch in der Verletzung einer Sorgfaltspflicht zu sehen? (RN 117 ff.)
6. Welche zwei Grundkonstellationen lassen sich in Bezug auf Rechtfertigungsgründe innerhalb der Fahrlässigkeitsstraftaten unterscheiden? (RN 162)

Literatur

Alwart Der Begriff des Motivbündels im Strafrecht- am Beispiel der subjektiven Rechtfertigungselemente und des Mordmerkmals Habgier-,GA 1983, 433 ff.

Baumann/Weber/Mitsch, Strafrecht Allgemeiner Teil, 11. Auflage 2003

Bloy Die Tatbestandsform des erfolgsqualifizierten Delikts, JuS 1995 Lernbogen L 17 ff.

Burgstaller Das Fahrlässigkeitsdelikt im Strafrecht, 1974

Burkhardt Tatbestandsmäßiges Verhalten und ex-ante-Betrachtung: Zugleich ein Beitrag wider die „Verwirrung zwischen dem Subjektiven und dem Objektiven", in Wolter u. a. (Hrsg.), Straftat, Strafzumessung und Strafprozess im gesamten Strafrechtssystem, 1996, S. 99 ff.

Dehne-Niemann Sorgfaltswidrigkeit und Risikoerhöhung, GA 2012, 89 ff.

Eser Juristischer Studienkurs, Strafrecht II (StK II), 3. Aufl. 1980

Fischer Strafgesetzbuch, 60. Auflage 2013

Freund Strafrecht, Allgemeiner Teil (AT): personale Straftatlehre, 2. Aufl. 2009

Frisch Selbstgefährdung im Strafrecht – Grundlinien einer opferorientierten Lehre vom tatbestandsmäßigen Verhalten, NStZ 1992, 1 ff.

Frister Strafrecht Allgemeiner Teil (AT), 5. Auflage 2011

Gössel Alte und neue Wege der Fahrlässigkeitslehre, FS Karl Bengl 1984, S. 23 ff.

Gropp Conduct that the Actor Should Realize Creates a Substantial and Unreasonable Risk, FS Roxin 2011, S. 779 ff.

Gropp/Küpper/Mitsch Fallsammlung zum Strafrecht, 2. Aufl. 2012

Hauck Die Konkretisierung des fahrlässigkeitsspezifischen Handlungsunwerts im Falle sog. Drittschädigungseffekte, GA 2009, 280 ff.

Hauck Rechtfertigende Einwilligung und Tötungsverbot, GA 2012, 203 ff.

Heine Die strafrechtliche Verantwortlichkeit von Unternehmen, 1995

Heinrich, B. Strafrecht – Allgemeiner Teil (AT), 3. Auflage 2012

Herzberg Die Sorgfaltswidrigkeit im Aufbau der fahrlässigen und der vorsätzlichen Straftat ,JZ 1987, 536 ff.

Hillenkamp 32 Probleme aus dem Strafrecht Allgemeiner Teil, 14. Aufl. 2012

Hirsch Der Streit um Handlungs- und Unrechtslehre, ZStW 94 (1982), 272 ff.

Hirsch Handlungs-, Sachverhalts- und Erfolgsunwert, GS für Meurer 2002, S. 3 ff.
Hirsch Zum Unrecht des fahrlässigen Delikts, FS für Lampe 2003, S. 515 ff.
Ida Inhalt und Funktion der Norm beim fahrlässigen Erfolgsdelikt, FS Hirsch 1999, S. 225 ff.
Jakobs Tätervorstellung und objektive Zurechnung, GS für Armin Kaufmann 1989, S. 271 ff.
Jakobs Strafrecht Allgemeiner Teil (AT), 2. Auflage 1993
Janiszewski Die gesetzliche Formel der Fahrlässigkeit im neuen polnischen Strafrecht, FS für Nishihara 1998, S. 122 ff.
Jescheck/Weigend, Lehrbuch des Strafrechts, Allgemeiner Teil, 5. Auflage 1995
Kahlo Das Bewirken durch Unterlassen bei drittvermitteltem Rettungsgeschehen – Zur notwendigen Modifikation der Risikoerhöhungslehre bei den unechten Unterlassungsdelikten – ,GA 1987, 66 ff.
Kaminski Der objektive Maßstab im Tatbestand des Fahrlässigkeitsdelikts, 1992
Kindhäuser Der subjektive Tatbestand im Verbrechensaufbau, GA 2007, 447
Kindhäuser Strafgesetzbuch: Lehr- und Praxiskommentar (LPK), 5. Auflage 2013
Kindhäuser Strafrecht Allgemeiner Teil (AT), 6. Auflage 2013
Koch Die Entkriminalisierung im Bereich der fahrlässigen Körperverletzung und Tötung, 1998
Köhler Strafrecht Allgemeiner Teil (AT), 1997
Kretschmer Notwehr bei Fahrlässigkeitsdelikten, Jura 2002, 114 ff.
Kühl Strafrecht Allgemeiner Teil (AT), 7. Auflage 2012
Küpper Zur Entwicklung der erfolgsqualifizierten Delikte, ZStW (1999), 785 ff.
Küpper Strafrecht Besonderer Teil (BT 1 Teil I), 3. Aufl. 2007
Lackner/Kühl StGB Strafgesetzbuch Kommentar, 27. Auflage 2011
Laue Der Tatbestand des fahrlässigen Erfolgsdelikts, JA 2000, 666 ff.
Lenckner Technische Normen und Fahrlässigkeit, FS für Engisch 1969, S. 490 ff.
LK^{11}-*Bearbeiter*=Jähnke/Laufhütte/Odersky (Hrsg.), Leipziger Kommentar, Strafgesetzbuch, 11. Aufl. 1992 ff.
LK-*Bearbeiter*=Laufhütte/Rissing-van Saan/Tiedemann (Hrsg.), Leipziger Kommentar, Strafgesetzbuch, 12. Aufl. 2007 ff.
Maiwald Die Unzumutbarkeit – Strafbarkeitsbegrenzendes Prinzip bei den Fahrlässigkeitsdelikten?, FS für Schüler-Springorum 1993, S. 475 ff.
Maurach/Gössel Strafrecht Allgemeiner Teil, Teilband 2 (AT 2), 7. Aufl. 1989
Mayer, H. Strafrecht: Allgemeiner Teil (AT) 1967
Mitsch Fahrlässigkeit und Straftatsystem, JuS 2001, 105 ff.
MK-*Bearbeiter*=Münchener Kommentar zum Strafgesetzbuch, 2. Aufl. 2011 ff.
Momsen Die Zumutbarkeit als Begrenzung strafrechtlicher Pflichten, 2006
Murmann Zur Berücksichtigung besonderer Kenntnisse, Fähigkeiten und Absichten bei der Verhaltensnormkonturierung, FS für Herzberg 2008, S. 123 ff.
Pfeifer Etymologisches Wörterbuch des Deutschen, 1995
Puppe Die adäquate Kausalität und der Schutzzweck der Sorgfaltsnorm, FS für Bemmann 1997, S. 227 ff.
Puppe Mitverantwortung des Fahrlässigkeitstäters bei Selbstgefährdung des Verletzten, GA 2009, 486 ff.
Puppe Strafrecht Allgemeiner Teil im Spiegel der Rechtsprechung (AT), 2. Aufl. 2011
Radtke Die Leichtfertigkeit als Merkmal erfolgsqualifizierter Delikte?, FS für Jung 2007, S. 737 ff.
Rengier Erfolgsqualifizierte Delikte und verwandte Erscheinungsformen, 1986
Rengier Strafrecht Allgemeiner Teil (AT), 5. Aufl. 2013
Renzikowski, Joachim Restriktiver Täterbegriff und fahrlässige Beteiligung, 1997
Roxin Strafrecht Allgemeiner Teil Bd. 1 (AT 1), 4. Aufl. 2006
Rudolphi Fälle zum Strafrecht, 5. Auflage 2000
Schatz Der Pflichtwidrigkeitszusammenhang beim fahrlässigen Erfolgsdelikt und die Relevanz hypothetischer Kausalverläufe- Zum Einwand rechtmäßigen Alternativverhaltens bei fehlgeschlagener Lockerungsgewährung- NStZ 2003, 585 ff.

Schlüchter Grenzen strafbarer Fahrlässigkeit, 1996
Schlüchter Kleine Kriminologie der Fahrlässigkeitsdelikte, FS für Kaiser 1998, Halbband I, S. 359 ff.
Schmoller Zur Argumentation mit Maßstabfiguren – Am Beispiel eines durchschnittlichen rechtstreuen Schwachsinnigen, JBl. 1990, 631 ff.
Schmoller Das „tatbestandsmäßige Verhalten" im Strafrecht, FS für Frisch 2013, S. 237 ff.
Schmoller Verwirklichung einer unerlaubten Gefahr bei „Risikoerhöhung", FS Wolter 2013, S. 479 ff.
Schöne Unterlassungsbegriff und Fahrlässigkeit, JZ 1977, 150 ff.
Schöne Fahrlässigkeit, Tatbestand und Strafgesetz, GS für Hilde Kaufmann 1986, S. 649 ff.
Schönke/Schröder, *Bearbeiter* in: = Schönke/Schröder. Strafgesetzbuch, 28. Aufl. 2010, fortgeführt von *Lenckner, Cramer, Eser, Stree, Heine, Perron, Sternberg-Lieben, Eisele, Bosch, Hecker und Kinzig* und unter Mitarbeit von *Schittenhelm*.
Schroeder in: Hoyer, Andreas (Hrsg.), Friedrich-Christian Schroeder. Beiträge zur Gesetzgebungslehre und zur Strafrechtsdogmatik, 2001, S. 134 ff.
Schumann Strafrechtliches Handlungsunrecht und das Prinzip der Selbstverantwortung der Anderen, 1986
Schünemann Moderne Tendenzen in der Dogmatik der Fahrlässigkeits- und Gefährdungsdelikte, JA 1975, 435–444, 511–516, 575–584, 647–656, 715–724, 787–798.
Schünemann Unzulänglichkeiten des Fahrlässigkeitsdelikts in der modernen Industriegesellschaft – Eine Bestandsaufnahme -, GS für Meurer 2002, S. 37 ff.
Seher Die objektive Zurechnung und ihre Darstellung im strafrechtlichen Gutachten, Jura 2001, 817 f.
SK-*Bearbeiter* = Systematischer Kommentar zum Strafgesetzbuch, Grundwerk mit 136. Ergänzungslieferung, von *Rudolphi, Horn, Samson* (Stand: Oktober 2012)
Sowada Das sog. „Unmittelbarkeits"-Erfordernis als zentrales Problem erfolgsqualifizierter Delikte, Jura 1994, 643 ff.
Stratenwerth Zur Relevanz des Erfolgsunwerts im Strafrecht, in: Gerald Grünwald, Festschrift für Friedrich Schaffstein 1975, S. 177 ff.
Stratenwerth Zur Individualisierung des Sorgfaltsmaßstabes beim Fahrlässigkeitsdelikt, FS für Jescheck 1985, S. 285 ff.
Stratenwerth/Kuhlen, Strafrecht Allgemeiner Teil, 6. Auflage 2011
Struensee Der subjektive Tatbestand des fahrlässigen Delikts, JZ 1987, 53 ff.
Struensee Objektive Zurechnung und Fahrlässigkeit, GA 1987, 97 ff.
Tellenbach Das türkische Strafgesetzbuch. Türk Cesa Kanunu, erschienen als Sieber/Albrecht (Hrsg.), Sammlung ausländischer Strafgesetzbücher in deutscher Übersetzung, Band G 118, 2008
Triffterer Die „objektive Voraussehbarkeit" (des Erfolges und des Kausalverlaufs)- unverzichtbares Element im Begriff der Fahrlässigkeit oder allgemeines Verbrechenselement aller Erfolgsdelikte?, FS für Bockelmann 1979, S. 201 ff.
Walther Eigenverantwortlichkeit und strafrechtliche Zurechnung, 1991
Weigend Zum Verhaltensunrecht der fahrlässigen Straftat, FS für Gössel 2002, S. 129 ff.
Welzel Das Deutsche Strafrecht (LB), 11. Aufl. 1969
Wessels/Hettinger, Strafrecht Besonderer Teil 1, 38. Aufl. 2014
Wessels/Beulke/Satzger Strafrecht Allgemeiner Teil (AT), 43. Aufl. 2013

Teil IV
Irrtumslehre

§ 13 Irrtum

Leitfall 13 1

Auf dem abendlichen Heimweg vom Schützenverein hört Sportschütze A Schritte hinter sich, die schnell näher kommen. Als er sich umdreht, sieht er den ihm unbekannten B mit hoch erhobener Pistole auf sich zukommen. Obwohl er hätte bemerken können, dass B den Finger gar nicht am Abzug der Pistole hat, nimmt er an, dass B ihn töten wolle.

Var. a 2

Um den Angriff abzuwehren, tötet er B mit einem gezielten Schuss ins Herz. Dabei nimmt er an, rechtmäßig zu handeln, obwohl er als geübter Schütze auch in die Hand des B hätte schießen können. Auch wäre es ihm trotz der kritischen Situation möglich gewesen, seine Fehleinschätzung zu erkennen und zu vermeiden. Als er die Waffe des Toten untersucht, stellt er zu seinem Entsetzen fest, dass es seine eigene Ersatzpistole ist. Sie war ihm beim Gehen aus dem Halfter gerutscht. Der hinter ihm gehende B hatte es bemerkt und A die Pistole zurückbringen wollen.

Var. b 3

Wie Var. a, jedoch schießt A in die Hand des B, um den vermeintlichen Angriff abzuwehren. B erleidet eine schwere Handverletzung, die eine langandauernde ärztliche Behandlung erforderlich macht.

Strafbarkeit des A?

W. Gropp, *Strafrecht Allgemeiner Teil*, Springer-Lehrbuch,
DOI 10.1007/978-3-642-38126-3_13

4 **§ 16. Irrtum über Tatumstände**

1. Wer bei Begehung der Tat einen Umstand nicht kennt, der zum gesetzlichen Tatbestand gehört, handelt nicht vorsätzlich. Die Strafbarkeit wegen fahrlässiger Begehung bleibt unberührt.

5 2. Wer bei Begehung der Tat irrig Umstände annimmt, welche den Tatbestand eines milderen Gesetzes verwirklichen würden, kann wegen vorsätzlicher Begehung nur nach dem milderen Gesetz bestraft werden.

6 **§ 17. Verbotsirrtum** Fehlt dem Täter bei Begehung der Tat die Einsicht, Unrecht zu tun, so handelt er ohne Schuld, wenn er diesen Irrtum nicht vermeiden konnte. Konnte der Täter den Irrtum vermeiden, so kann die Strafe nach § 49 Abs. 1 gemildert werden.

7 **§ 35. Entschuldigender Notstand**

1. ....

2. Nimmt der Täter bei Begehung der Tat irrig Umstände an, welche ihn nach Absatz 1 entschuldigen würden, so wird er nur dann bestraft, wenn er den Irrtum vermeiden konnte. Die Strafe ist nach § 49 Abs. 1 zu mildern.

A. Ausgangsfragen

8 Die Irrtumslehre erschließt sich demjenigen am schnellsten, der ihre Struktur begriffen hat. Es ist dann auch nicht mehr nötig, die verschiedenen Erscheinungsformen des Irrtums deduktiv über Worthülsen wie z. B. „Erlaubnistatumstandsirrtum“, „Erlaubnisnormirrtum“, „Erlaubnisgrenzirrtum“, „Doppelirrtum“, „Verbotsirrtum“ ... auswendig zu lernen. Wichtiger ist es, zu wissen, was sich hinter diesen Bezeichnungen verbirgt. Es ist deshalb ein Anliegen der folgenden Darstellung, eine *Systematik des Irrtums* im Strafrecht zu entwickeln, welche sich an dem *Gegenstand*, der *Form* und der *Beachtlichkeit* des jeweiligen Irrtums orientiert.

9 Die gesamte strafrechtliche Irrtumslehre wird von drei Fragen durchzogen:

10 1. Was ist *Gegenstand* (Objekt) des Irrtums?
11 2. In welcher *Form* wird geirrt?
12 3. Ist der Irrtum *beachtlich*?

I. Objekte des Irrtums

13 Gegenstand eines Irrtums kann alles sein. Aus *strafrechtlicher* Sicht reduzieren sich die möglichen Objekte eines Irrtums jedoch auf die *Elemente der strafbaren Handlung*. Irrtümer, die sich auf Gegenstände außerhalb dieser „Bühne des Strafrechts“ beziehen, sind von vornherein unbeachtlich und interessieren daher nicht.

14 Gegenstand des strafrechtlich relevanten Irrtums können folglich alle Elemente der Tatbestandsmäßigkeit, der Rechtswidrigkeit und der Schuldhaftigkeit sein, aber auch sonstige Voraussetzungen der Strafbarkeit. Dabei ist genau darauf zu achten, in welcher Weise das Gesetz das Objekt des Irrtums beschreibt. Eine *kinder*pornographische Darstellung nach § 184b soll z. B. nach hM auch dann gegeben sein, wenn die abgebildete Person zwar 14 Jahre alt ist, aus der Sicht eines verständigen Betrachters aber ein Kind abgebildet ist (sog. Scheinkind). Der Täter, der hier die Abbildung eines Kindes annimmt, würde somit gar nicht irren.[1]

II. Unkenntnis und irrige Annahme als (Erscheinungs-)Formen des Irrtums

15 Irren ist nur in zwei Formen möglich: Man kann entweder etwas *nicht wissen* (Unkenntnis) oder etwas irrtümlich, *irrig*,[2] *annehmen* (irrige Annahme). Dieses „etwas", das *Objekt* des Irrtums, bestimmt darüber, ob in Form der Unkenntnis oder der irrigen Annahme geirrt wird. Und weil man den Gegenstand des Irrtums genau bezeichnen kann (vgl. I), kann man auch *eindeutig* sagen, welche Form des Irrtums – Unkenntnis oder irrige Annahme – vorliegt.

16 An dieser Stelle wird von Studierenden nicht selten eingewandt, dass die Einordnung eines Irrtums als Unkenntnis oder irrige Annahme beliebig sei und nur davon abhänge, wie man den Gegenstand des Irrtums formuliere. Dies ist jedoch nicht richtig, weil der Gegenstand des Irrtums durch die jeweilige Formulierung des Rechtssatzes (*Obersatz*) *festgelegt* ist.

Hierzu folgendes

Beispiel 13.1 17

A beschließt, den B zu töten und schießt in der Dunkelheit auf „etwas", was er für B hält. Jedoch stellt sich bei Licht besehen heraus, dass er irrtümlich auf eine Vogelscheuche geschossen hat.

18 Prüfen wir zunächst einen Irrtum des A im Hinblick auf das Schießen auf den vermeintlichen B. Maßgeblicher Rechtssatz (Strafvorschrift) des Besonderen Teils ist § 212. Zwar konnte keine Vollendung eintreten, weil eine Vogelscheuche kein Mensch ist. Jedoch hat A sich *vorge–stellt*, einen Menschen zu töten, weshalb ein Versuch in Frage kommt. Gegenstand des Irrtums ist das objektive Element „Mensch" in § 212. Bezüglich dieses Elements lässt sich nun *eindeutig* feststellen, dass insoweit eine *irrige Annahme* des A vorliegt. Sie lässt sich auch nicht in eine Unkenntnis bezüglich der Vogelscheuche umformulieren, weil die Beschädigung der Vogelscheuche nicht den Obersatz § 212 betrifft.

[1] Vgl. *Perron/Eisele* in Schönke/Schröder § 184b RN 3b mwN sowie umfassend zu altersbezogenen Irrtümern *Mitsch* ZStW 124 (2012), 323 ff.; welches Rechtsgut eine solche Bestrafung legitimieren soll, ist freilich fraglich.

[2] So die Wortwahl des Gesetzgebers, vgl. § 16 II.

19 Im Hinblick auf die Vogelscheuche ist § 303 (Sachbeschädigung) die einschlägige Strafvorschrift. A hat eine fremde Sache, die Vogelscheuche, beschädigt. Jedoch wusste er gar nicht, dass es sich um eine Vogelscheuche handelt. Folglich liegt ein Irrtum hinsichtlich des objektiven Elements der Tatbestandsmäßigkeit „Sache" in § 303 in Form der *Unkenntnis* vor.

III. Beachtlichkeit

20 Die Herbeiführung einer Entscheidung, ob ein Irrtum beachtlich ist oder nicht, ist das *Ziel* der Irrtumslehre. Denn nur ein beachtlicher Irrtum ist rechtlich überhaupt von Bedeutung. Dabei kann die Beachtlichkeit sowohl von Vorteil (z. B. Unkenntnis eines strafbegründenden Elements) als auch von Nachteil (z. B. Unkenntnis eines privilegierenden Elements) für den Täter sein.

21 **Zu Beispiel 13.1**

Im *Beispiel 13.1.* (Vogelscheuche) ist die Beachtlichkeit der irrigen Annahme des A, dass es sich bei dem Ziel des Schusses um einen Menschen handele, für den A von Nachteil hinsichtlich der Tötungsstraftat, weil sie zur Strafbarkeit wegen eines versuchten Totschlags führt. Bezüglich der Vogelscheuche ist die Beachtlichkeit der Unkenntnis der Sachqualität hingegen von Vorteil, weil sie den Vorsatz bezüglich der Sachbeschädigung (§ 303) nicht entstehen lässt und eine fahrlässige Sachbeschädigung nicht strafbar ist.

22 Ob und in welcher Weise ein Irrtum beachtlich ist, hat der Gesetzgeber in Bruchstücken festgelegt: §§ 16 (Irrtum über Tatumstände), 17 (Verbotsirrtum) und 35 II (irrige Annahme der tatsächlichen Voraussetzungen des entschuldigenden Notstandes).

1. Die fragmentarische Natur der geschriebenen Irrtumsregeln

23 Wenn Irren in Form der Unkenntnis und der irrigen Annahme möglich ist und Gegenstand des Irrtums grundsätzlich *alle* Rechtsfolgevoraussetzungen der Straftat sein können, dann liegt die fragmentarische Natur der gesetzlichen Irrtumsvorschriften auf der Hand:

24 Denn § 16 I regelt nur die Unkenntnis von Umständen des gesetzlichen Tatbestandes (d. h. der Elemente der Tatbestandsmäßigkeit), nicht hingegen die tatsächlichen Voraussetzungen von Rechtfertigungsgründen. § 16 II betrifft nur die irrige Annahme von privilegierenden Umständen im Rahmen der Tatbestandsmäßigkeit.

25 *Nicht* von § 16 erfasst wird die Unkenntnis von Umständen, die die Voraussetzungen eines Rechtfertigungsgrundes bilden, ebenso wenig die Unkenntnis von Umständen, welche die Voraussetzung eines Entschuldigungsgrundes bilden. Aber auch die Unkenntnis sonstiger Voraussetzungen der Strafbarkeit wird in § 16 nicht geregelt.

26 § 16 II gibt *keine* Auskunft über die Beachtlichkeit der irrigen Annahme *qualifizierender* Tatumstände oder der tatsächlichen Voraussetzungen von Rechtferti-

gungsgründen. Auch die irrige Annahme der tatsächlichen Voraussetzungen von Entschuldigungsgründen wird in § 16 II nicht geregelt. Bezüglich der irrigen Annahme der tatsächlichen Voraussetzungen des entschuldigenden Notstandes wird die Lücke jedoch durch § 35 II geschlossen.

Gegenstand des Irrtums nach § 17 ist ganz allgemein das *Verbotensein* als solches. Die Form des Irrtums besteht in der Unkenntnis. Soweit ein Irrtum nach § 16 dazu führt, dass der Täter glaubt, rechtmäßig zu handeln (ebenfalls eine „Unkenntnis des Verbotenseins"), weil er z. B. Elemente der Tatbestandsmäßigkeit nicht kennt, würde gleichzeitig ein Irrtum nach § 16 und nach § 17 vorliegen.[3] Indem jedoch § 16 zusätzlich festlegt, auf *welcher falschen Vorstellung von Tatsachen* die Unkenntnis des Täters vom Verbotensein seines Verhaltens beruht, ist § 16 *insoweit* die *speziellere Regelung* im Verhältnis zu § 17 und geht diesem vor. § 17 bildet damit eine „Auffangregelung" als *unmittelbarer Verbotsirrtum*,[4] wenn der Täter das Verbotensein nicht kennt, *ohne* dass diese Unkenntnis auf einem speziell als beachtlich anerkannten *Irrtum über Tatsachen* beruht. 27

Nicht geregelt ist in § 17 die *irrige Annahme des Verbotenseins* eines Verhaltens. 28

Beispiel 13.2 29

A betrügt seine Ehefrau E mit seiner Freundin F. Dabei weiß A nicht, dass die Strafbarkeit des Ehebruchs durch das 1. Strafrechtsreformgesetz vom 25. 6. 1969 aufgehoben worden ist. Er nimmt deshalb irrig an, rechtswidrig und strafbar zu handeln. Allerdings kann diese Annahme nicht zu einer Strafbarkeit wegen eines versuchten Ehebruchs führen. Denn dies würde voraussetzen, dass A glaubt, einen Sachverhalt verwirklicht zu haben, der *strafbar ist*. In Wirklichkeit aber irrt er in Form der irrigen Annahme über das bei Strafe Verbotensein seines Verhaltens. Irrtümer dieser Art, in denen der Täter die Tatsachen kennt, jedoch irrtümlich von einem Verbotensein seines Verhaltens ausgeht, sind unbeachtlich. Maßgeblich ist die objektive straflose Sachlage. Bei A liegt eine sog. straflose *Wahnstraftat* vor.

▶ Bei der straflosen Wahnstraftat („Wahndelikt") kennt der Täter den wahren Sachverhalt, *nimmt aber irrig* die *Strafbarkeit* dieses Sachverhalts *an*.[5] Beim untauglichen Versuch nimmt er *irrig* einen Sachverhalt *an*, der *strafbar ist* (§ 9 RN 28). 30

Die fragmentarische Natur der gesetzlich geregelten Irrtümer stellt uns indessen nicht vor unlösbare Probleme: Denn zum einen lassen sich Lücken zu Gunsten des Täters mit dem Zusammenspiel von personalem und Sachverhaltsunrecht füllen 31

---

[3] Vgl. auch *Kindhäuser* AT § 27/36; *Knobloch* JuS 2010, 868; *Kühl* AT § 14/4.

[4] Vgl. auch *Roxin* AT 1 § 21/3.

[5] Zu schwierigen Abgrenzungsfragen bei der Verkennung der Bedeutung eines normativen Tatbestandsmerkmals *Herzberg* GS Schlüchter, S. 189 ff., *Streng* GA 2009, 529 ff.

und zum anderen gibt die allgemeine Strafrechtsdogmatik Auskunft über die Beachtlichkeit der Irrtümer.[6]

2. Grundunterschiede in den Rechtsfolgen: Tatumstands- (§ 16) und Verbotsirrtum (§ 17)

32 Schon die Tatsache, dass der Irrtum über Tatsachen im Sinne von § 16 zugleich zu einer Unkenntnis des Verbotenseins nach § 17 führen kann, zeigt, dass der *entscheidende* Unterschied der Regelungen in den §§ 16 und 17 nicht immer in den Voraussetzungen, sondern in den *Wirkungen* liegt:

33 Der Irrtum nach § 16 wirkt sich auf den *Vorsatz* aus, indem er ihn im Rahmen der Unkenntnis verneint und ihn im Rahmen der irrigen Annahme von Tatumständen annimmt.

34 Die Unkenntnis des Verbotenseins nach § 17 hingegen lässt den Vorsatz unberührt und führt bei Vermeidbarkeit des Irrtums zu einer fakultativen *Strafmilderung* nach § 49 I (vgl. § 17 S. 2). Erst im Falle der Unvermeidbarkeit der Unkenntnis des Verbotenseins schließt § 17 die *Schuld* des Täters aus.

35 Faktisch bildet die völlige Straffreiheit aufgrund eines Verbotsirrtums im Sinne von § 17 folglich die große Ausnahme.[7] Beim Tatumstandsirrtum nach § 16 ist dies anders: Denn soweit der Vorsatz verneint wird, ist allenfalls eine wesentlich mildere Bestrafung aus der Fahrlässigkeitsstraftat möglich, aber auch nur dann, wenn eine solche überhaupt existiert und die Unkenntnis auf Fahrlässigkeit beruht. Die speziellere Unkenntnis von Tatumständen nach § 16 ist für den Täter somit wesentlich günstiger als die allgemeine Unkenntnis des Verbotenseins nach § 17. Der Grund liegt darin, dass der *Verhaltensimpuls* der Strafvorschrift den Täter, der die *Tatsachen* nicht kennt, nicht erreichen kann.[8] Von dem Täter, der die Tatsachen kennt, wird hingegen verlangt, dass er sich dem rechtlichen Appell entsprechend verhält und sich im Zweifel erkundigt, ob sein Verhalten rechtmäßig ist. Er ist deshalb schon dann für seine *vorsätzliche* Tatbegehung verantwortlich, wenn er hätte erkennen *können*, dass er rechtswidrig handelt.

3. Zusammenfassung

36 Die Voraussetzungen des Tatumstandsirrtums nach § 16 sind *spezifischer* als die des Verbotsirrtums nach § 17, weil es in § 16 auf Tatumstände als Gegenstand des Irrtums ankommt. Außerdem sind die Folgen bei Vorliegen eines Irrtums nach § 16 günstiger, weil bei Unkenntnis eine Bestrafung aus der objektiv vorliegenden vollendeten Vorsatzstraftat ausscheidet und die irrige Annahme privilegierender Um-

---

[6] Näher hierzu die Übersicht unter Abschnitt E. *Jakobs* AT 4/43 erwägt bei Fehlen einer spezifischen Irrtumsregelung eine Entscheidung *zugunsten* des Betroffenen. Allerdings ist diese Schlussfolgerung nicht zwingend. Vielmehr ließe sich auch in der Weise entscheiden, dass dann eine Beachtlichkeit eines Irrtums zu verneinen ist. Letztlich dürfte aber der Rückgriff auf die allgemeinen Lehren zu den Elementen der strafbaren Handlung am ehesten zu tragfähigen Lösungen zu führen.

[7] Zu einer möglichen Begründung vgl. *Hassemer* FS Lenckner, S. 116, *Zabel* GA 2008, 43.

[8] Vgl. auch *Roxin* FS Tiedemann, S. 375 mwN.

stände zur Privilegierung führt. Die Voraussetzungen des Verbotsirrtums sind hingegen unspezifisch (Unkenntnis des Verbotenseins insgesamt) und ihr Vorliegen führt in der Regel nur zu einer Strafmilderung, nur ausnahmsweise zu einem Strafausschluss mangels Schuldhaftigkeit der Handlung.

Methodisch ist es daher notwendig, zunächst nach dem Vorliegen eines Irrtums über Tatsachen (insbesondere im Bereich der Tatbestandsmäßigkeit, sog. Tatumstandsirrtum) zu fragen. Erst wenn ein solcher nicht gegeben ist, ist die Prüfung eines Verbotsirrtums sachgerecht. Liegt sowohl ein Irrtum über Tatumstände als auch unabhängig davon ein Irrtum über das Verbotensein vor (sog. Doppelirrtum), so sind beide Irrtümer unabhängig voneinander zu bewerten. Einer speziellen Regelung bedarf es hier nicht.[9] 37

IV. Zur Methodik: Tatsachen(Tatumstands)irrtum und Verbotsirrtum im Aufbau der Straftat

Die Prüfung eines Irrtums erfolgt innerhalb des Aufbaus der strafbaren Handlung an der Stelle, an der er sich innerhalb der Prüfungsstufen *erstmals* auswirkt oder auswirken könnte. 38

Die *Unkenntnis eines Umstandes, der gesetzliche Elemente der Tatbestandsmäßigkeit betrifft,* wird wegen ihrer Auswirkungen auf den Vorsatz somit im Rahmen der Prüfung des Vorsatzes erörtert. Die *irrige Annahme der tatsächlichen Voraussetzungen eines Rechtfertigungsgrundes* wird geprüft, nachdem das Vorliegen der tatsächlichen Voraussetzungen eines Rechtfertigungsgrundes verneint worden ist, also entweder am Ende der Rechtswidrigkeit oder – weil das *Unrechtsbewusstsein* ausschließend – zu Beginn der Prüfung der Schuldhaftigkeit.[10] Die *irrige Annahme der tatsächlichen Voraussetzungen eines Entschuldigungsgrundes* nach § 35 II wird relevant, nachdem das objektive Vorliegen des Entschuldigungsgrundes verneint worden ist, d. h. innerhalb der Schuldhaftigkeit. 39

Auch die Prüfung eines *Verbotsirrtums* nach § 17 erfolgt an der jeweils betroffenen Stelle des Aufbaus der Straftat: Der Irrtum über die Grenzen eines Rechtfertigungsgrundes bedarf somit der Erörterung, nachdem festgestellt worden ist, dass die Grenzen des Rechtfertigungsgrundes überschritten worden sind, die irrige Annahme eines Rechtfertigungsgrundes, den es gar nicht gibt (Erlaubnisnormirrtum), zu Beginn der Prüfung der Schuldhaftigkeit (Unrechtsbewusstsein), nachdem innerhalb der Rechtswidrigkeit festgestellt worden ist, dass jener vom Täter angenommene Erlaubnissachverhalt nicht existiert. 40

Ausschließlich im Rahmen des Unrechtsbewusstseins erfolgt die Prüfung eines Verbotsirrtums dann, wenn der Täter ganz allgemein in *Unkenntnis bezüglich des* 41

[9] Vgl. auch *Plaschke* Jura 2001, 239 sowie *Knobloch* JuS 2010, 868.

[10] Vgl. z. B. *Dohmen* Jura 2006, 146 f.; etwas anderes gilt, wenn man die Lehre von den „negativen Tatbestandsmerkmalen" bevorzugt. Denn dann müsste das Nichtvorliegen jener Elemente bereits innerhalb der objektiven Elemente der Tatbestandsmäßigkeit geprüft werden und im Anschluss daran die Unkenntnis des Täters bezüglich des Nichtvorliegens jener Elemente.

Verbotenseins ist, ohne dass sich im einzelnen feststellen ließe, welches spezifische Element der strafbaren Handlung Gegenstand des Irrtums sein könnte.

B. Entwicklungsschritte in Rechtsprechung und Lehre zur Differenzierung zwischen einem Irrtum über Tatsachen und über das Verbotensein (Verbotsirrtum)[11]

42 Die Verankerung des Verbotsirrtums in § 17 StGB erfolgte erst im Rahmen des 2. StrRG 1975. Sie dokumentiert, dass auch der Irrtum in Form der Unkenntnis des Verbotenseins beachtlich ist. Bis dahin war die Beachtlichkeit eines Verbotsirrtums jedoch äußerst umstritten. Überwiegend ging man davon aus, dass ein Verbotsirrtum in jeder Hinsicht unbeachtlich sei: aufnehmen.[12] Eine falsche Wertung im Bereich des Strafrechts (error iuris criminalis) könne den Täter nicht entlasten. So die Rechtsprechung des Reichsgerichts:

I. Error iuris (criminalis) nocet[13] – die Unbeachtlichkeit des strafrechtlichen Verbotsirrtums in der Rechtsprechung des Reichsgerichts

43 **Beispiel 13.3**

Testaments-Fall RG I 407/22 RGSt 57, 235 vom 6. Februar 1923: „Im Nachlass der Frau R. Sch. wurde vom Ortsgericht B. eine mit, Mein letzter Wille' überschriebene und unter dem Datum, B., den 23. August 1916' die volle Namensunterschrift der Erblasserin tragende Urkunde vorgefunden, in welcher der Ehemann der Angeklagten und bei dessen vorherigem Tod diese selbst für den Fall, dass die Erblasserin ihren Mann überleben würde, zu Erben eingesetzt waren. Nach tatrichterlicher Annahme hat die Angeklagte dieses Schriftstück, im Auftrag' der Erblasserin für diese, niedergeschrieben', ohne dass ihr zu widerlegen war, dass sie nicht das Bewusstsein hatte, damit, etwas Unrechtes zu tun'. Die Strafkammer ist hiernach zur Freisprechung gelangt, indem sie überdies eine Täuschungsabsicht der Angeklagten bei der Testamentsniederschrift und ein Gebrauchmachen von dem Testamente zum Zweck der Täuschung für nicht nachgewiesen hielt."

Ist der Irrtum der Angeklagten in Form der Unkenntnis, „etwas Unrechtes zu tun", beachtlich?

[11] Vgl. hierzu auch *U. Schroth* 1998, S. 15 ff.

[12] Näher *Frisch* in Eser/Perron (Hrsg.) 1991, S. 223 f.

[13] Wörtlich übersetzt: Der Irrtum über das (Straf-)Recht schadet.

Die Irrtumslehre des Reichsgerichts[14] beruhte auf § 59 StGB a.F., der gewisse Ähnlichkeiten mit § 16 StGB aufwies: 44

§ 59 [Irrtum] 45

1. Wenn jemand bei Begehung einer strafbaren Handlung das Vorhandensein von Tatumständen nicht kannte, welche zum gesetzlichen Tatbestande gehören oder die Strafbarkeit erhöhen, so sind ihm diese Umstände nicht zuzurechnen.

2. Bei der Bestrafung fahrlässig begangener Handlungen gilt diese Bestimmung nur insoweit, als die Unkenntnis selbst nicht durch Fahrlässigkeit verschuldet ist. 46

Von § 59 a.F. ausgehend entwickelte das Reichsgericht die Unterscheidung zwischen einem error facti (= Tatirrtum) und einem error iuris (= Rechtsirrtum). Der error facti sollte – aufbauend auf § 59 a.F. – in der Weise beachtlich sein, dass der Vorsatz entfiel, wenn ein Irrtum über *sinnlich wahrnehmbare* Tatsachen der äußeren Erscheinungswelt vorlag. 47

Beispiel 13.4 48

Falls der Täter in der Dunkelheit auf eine Vogelscheuche zu schießen glaubte, in Wirklichkeit aber auf einen Menschen schoss und diesen zu Tode brachte, so lag ein beachtlicher error facti vor, welcher zu einer Strafbarkeit allenfalls wegen fahrlässiger Tötung führte.

Jeder andere Irrtum hingegen sollte ein Rechtsirrtum (error iuris) sein. Innerhalb der Fallgruppe des error iuris wurde nun wiederum differenziert in einen *strafrechtlichen* und einen *außerstrafrechtlichen* Rechtsirrtum. Der strafrechtliche Rechtsirrtum (*error iuris criminalis*) sollte Rechte, Rechtsbegriffe, Rechtsverhältnisse und Rechtsbeziehungen strafrechtlicher Natur zum Gegenstand haben und im Unterschied zum außerstrafrechtlichen Rechtsirrtum *unbeachtlich* sein. 49

Zu Beispiel 13.3 50

Diesem Gedankengang folgen auch die Überlegungen des Reichsgerichts – RGSt 57, 236 f. – im *Testaments*-Fall: „Ein Irrtum des eine solche Testamentsurkunde Niederschreibenden über die bürgerlichrechtliche Wirksamkeit des ihm erteilten Auftrags des Erblassers wäre allerdings, weil außerstrafrechtlicher Art, nach § 59 StGB geeignet, das Bewusstsein von der Anfertigung einer falschen Urkunde auszuschließen. Dagegen genügte dazu die Annahme noch nicht, ein auf Geheiß des letztwillig Verfügenden von fremder Hand für ihn niedergeschriebenes Testament sei auch dann schon formgerecht errichtet und gültig, wenn es nur den wahren und vom Recht nicht aus sonstigem Grund missbilligten Willen des Erblassers zum unverfälschten Ausdruck bringe. Hierbei handelte es sich zwar gleichfalls noch um eine auf dem Gebiet des Privatrechts liegende unrichtige Vorstellung; diese bezöge sich aber nicht mehr auf einen zum ge-

[14] Umfassend hierzu *Kaufmann* 1949, S. 46 ff.

setzlichen Tatbestand des § 267 StGB gehörenden Tatumstand, sondern nur auf den *straf-rechtlichen* Begriff der Urkundenfälschung, für den es weder auf die Richtigkeit oder Wahrheit des Urkundeninhalts noch auf die Rechtsbeständigkeit des damit verbrieften Geschäfts, sondern allein auf die Echtheit der schriftlichen Beglaubigungsform, das heißt darauf ankommt, ob die Urkunde so, wie sie vorliegt, wirklich von der Person herrührt, die als ihr Aussteller erscheint. Ein bloß in dieser Richtung gelegener Irrtum wäre, wie überhaupt jeder Irrtum über die strafrechtlichen Erfordernisse des gesetzlichen Tatbestandes des § 267 StGB, für die Schuldfrage belanglos …"

51 Das Reichsgericht hielt somit die Unkenntnis der Angeklagten darüber, dass es verboten ist, im Namen des Erblassers ein Testament für diesen zu errichten und mit dessen Namen zu unterschreiben, als strafrechtlichen Rechtsirrtum für unbeachtlich.

52 Die Irrtumslehre des Reichsgerichts erwies sich jedoch schon von ihrem eigenen Ansatzpunkt her in dreierlei Hinsicht als unpraktikabel, ja sogar untauglich:

53 Zum *einen* gibt es Fälle, in denen nicht hinreichend genau entschieden werden kann, ob der Gegenstand des Irrtums ein *sinnlich wahrnehmbarer* Tatumstand ist. So ließe sich z. B. trefflich darüber streiten, ob das Bestehen der ersten Ehe als Voraussetzung der Doppelehe (§ 172) solch einen Umstand darstellt, ob es sich somit um einen beachtlichen Irrtum handelt, wenn der Täter insoweit in Unkenntnis ist, weil er irrtümlich annimmt, dass der Ehemann seiner Braut verstorben sei.

54 Das *zweite* Abgrenzungsproblem entstand dort, wo Unsicherheit bezüglich der *straf*rechtlichen oder der *außer*strafrechtlichen Natur des Irrtums herrscht. Zu nennen wäre hier z. B. die Unkenntnis des Täters über die Fremdheit der Sache in § 242. Als Unkenntnis eines strafrechtlichen Tatbestandsmerkmals müsste hier einerseits ein unbeachtlicher error iuris criminalis vorliegen. Andererseits ist die eigentumsrechtliche Zuordnung der Sache eine sachenrechtliche Angelegenheit und damit eine zivilrechtliche Frage, was einen auf sie bezogenen Irrtum als error iuris civilis beachtlich sein lassen müsste.

55 *Schließlich* aber erschien die Irrelevanz der schlichten Verbotsunkenntnis aus Gleichheitsgründen ungerecht: dass es außerhalb des Irrtums über Tatsachen völlig gleichgültig sein sollte, ob der Täter geglaubt hatte, Unrecht zu tun oder nicht.

II. Die Anerkennung des unmittelbaren[15] Verbotsirrtums und des Unrechtsbewusstseins als vom Vorsatz losgelöstes selbständiges Merkmal der Schuldhaftigkeit (Schuldtheorie) durch den Bundesgerichtshof

1. Die „Honorar-Entscheidung" BGHSt 2, 194

Beispiel 13.5 56

Die „*Honorar*-Entscheidung" des Großen Senats für Strafsachen vom 18. März 1952, BGH GSSt 2/51 BGHSt 2, 194: Der Angeklagte, ein Rechtsanwalt, hatte die Verteidigung in einer auf mehrere Verhandlungstage berechneten Strafsache gegen Frau W. übernommen, ohne ein bestimmtes Honorar zu vereinbaren. Am ersten Verhandlungstag trat ein anderer Rechtsanwalt (B) für den anderweit in Anspruch genommenen Angeklagten auf. Das hatte er Frau W. vorher mitgeteilt. „In der ersten Verhandlungspause verlangte der Angeklagte von Frau W. mit der Drohung, anderenfalls die Verteidigung nicht weiterzuführen, Zahlung von 50 DM zunächst noch am selben Tage und schließlich bis zum nächsten Morgen 8:30 Uhr. Unter dem Druck der Drohung lieh sich Frau W. das Geld. Als sie am nächsten Morgen an den Angeklagten in seinem Büro zahlte, nötigte er sie mit der gleichen Drohung, einen Honorarschein über 400 DM zu unterzeichnen. Das Landgericht hat den Angeklagten wegen Nötigung in zwei Fällen verurteilt ..."

Die Verurteilung begründete das Landgericht mit der Irrtumslehre des Reichs- 57
gerichts: Wenn der Angeklagte geglaubt habe, zu diesem Vorgehen gegen Frau W. berechtigt zu sein, so sei das ein unbeachtlicher Strafrechtsirrtum, der sich auf die Wertung und Bewertung seiner ihm in tatsächlicher Beziehung in vollem Umfange bekannten Handlungsweise beziehe.

Auch der BGH betrachtete den vorliegenden Fall zunächst aus der Perspektive der 58
Rechtsprechung des Reichsgerichts, nach der ein Irrtum über die Rechtswidrigkeit der Nötigung vorliege, der als Irrtum über das Strafgesetz unbeachtlich sei.[16] Jedoch lehnte der BGH jene Lehre und mit ihr die Unbeachtlichkeit eines Rechtsirrtums in Form der Unkenntnis des Verbotenseins ab. Denn Strafe setze Schuld und damit Vorwerfbarkeit voraus:

„Mit dem Unwerturteil der Schuld wird dem Täter vorgeworfen, dass er sich nicht rechtmäßig 59
verhalten, dass er sich für das Unrecht entschieden hat, obwohl er sich rechtmäßig verhalten, sich für das Recht hätte entscheiden können. Der innere Grund des Schuldvorwurfs liegt darin, dass der Mensch auf freie, verantwortliche, sittliche Selbstbestimmung angelegt und deshalb befähigt ist, sich für das Recht und gegen das Unrecht zu entscheiden, sein Verhalten nach den Normen des

[15] „Unmittelbar" sei der Verbotsirrtum genannt, der nicht auf einem Irrtum über Tatsachen, sondern ausschließlich auf einer unzutreffenden Wertung beruht, vgl. auch *Roxin* AT 1 § 21/3 sowie oben RN 27; eine Übersicht zu Fragen des Verbotsirrtums gibt *Lesch* JA 1996, 346, 504, 607 jew. ff.

[16] BGH GSSt 2/51 BGHSt 2, 198.

rechtlichen Sollens einzurichten und das rechtlich Verbotene zu vermeiden, sobald er die sittliche Reife erlangt hat und solange die Anlage zur freien sittlichen Selbstbestimmung nicht… gelähmt oder auf Dauer zerstört ist… Das Bewusstsein, Unrecht zu tun, kann im einzelnen Falle auch beim zurechnungsfähigen Menschen fehlen, weil er die Verbotsnorm nicht kennt oder verkennt. Auch in diesem Fall des Verbotsirrtums ist der Täter nicht in der Lage, sich gegen das Unrecht zu entscheiden“.[17]

60 Damit meinte der BGH indessen nur, dass das fehlende Unrechtsbewusstsein die Schuld des Täters ausschließen *kann*. Denn:

61 „[…] nicht jeder Verbotsirrtum schließt den Vorwurf der Schuld aus. Mängel im Wissen sind bis zu einem gewissen Grad behebbar. Der Mensch ist, weil er auf freie, sittliche Selbstbestimmung angelegt ist, auch jederzeit in die verantwortliche Entscheidung gerufen, sich als Teilhaber der Rechtsgemeinschaft rechtmäßig zu verhalten und das Unrecht zu vermeiden. Dieser Pflicht genügt er nicht, wenn er nur das nicht tut, was ihm als Unrecht klar vor Augen steht. Vielmehr hat er bei allem, was er zu tun im Begriff steht, sich bewusst zu machen, ob es mit den Sätzen des rechtlichen Sollens in Einklang steht. Zweifel hat er durch Nachdenken oder Erkundigung zu beseitigen. Hierzu bedarf es der Anspannung des Gewissens, ihr Maß richtet sich nach den Umständen des Falles und nach dem Lebens- und Berufskreis des Einzelnen. Wenn er trotz der ihm danach zuzumutenden Anspannung des Gewissens die Einsicht in das Unrechtmäßige seines Tuns nicht zu gewinnen vermochte, war der Irrtum unüberwindlich, die Tat für ihn nicht vermeidbar. In diesem Falle kann ein Schuldvorwurf gegen ihn nicht erhoben werden.“[18]

62 Damit hatte der BGH die zum Schuldausschluss führende Beachtlichkeit des Verbotsirrtums anerkannt, wenn dieser Irrtum *unvermeidbar* war. Im Falle der Vermeidbarkeit des Verbotsirrtums sei die Schuld nicht ausgeschlossen, der Schuldvorwurf aber gemindert.[19] Dies bedeutet, dass u. U. auch derjenige schuldhaft handelt, der ohne Unrechtsbewusstsein handelt. Für die Begründung der Schuldhaftigkeit genügt damit bereits ein *potentielles* Unrechtsbewusstsein.

63 Die Entscheidung des BGH für die Beachtlichkeit des Verbotsirrtums – kein Schuldvorwurf bei Unvermeidbarkeit; verminderte Schuld bei Vermeidbarkeit – schließt aber eine zweite Entscheidung ein, die in dem Beschluss des BGH nicht ausdrücklich angesprochen wird: die Trennung von Unrechtsbewusstsein und Vorsatz, genauer: die Anerkennung des Unrechtsbewusstseins als selbständiges Element des Schuld(haftigkeits)begriffs (sog. *Schuldtheorie*). Dies bedeutete zugleich eine Absage an die sog. *Vorsatztheorie*, welche Vorsatz und Unrechtsbewusstsein als „siamesischen Zwillinge“ ansah und deshalb in Fällen mangelnden Unrechtsbewusstseins auch einen Wegfall des Vorsatzes annahm.[20]

64 Seine Entscheidung für die Schuldtheorie begründete der BGH im wesentlichen mit den beiden folgenden Argumenten:

65 • Die Vorsatztheorie müsse in allen Fällen zum Ausschluss des Vorsatzes führen, in denen der Täter im Augenblick der Straftatverwirklichung ohne Unrechtsbewusstsein handele, was nach der Erfahrung des täglichen Lebens häufig der Fall sei. Der Gesetzgeber habe aber auch in solchen Fällen (z. B. vorsätzliche Tötung

[17] BGHSt 2, 200 f.

[18] BGHSt 2, 201.

[19] BGHSt 2, 201 f.

[20] Näher zur Vorsatztheorie Baumann/Weber/*Mitsch* AT § 21/40 ff.; *Langer* GA 1976, 193 ff.; *Schmidhäuser* JZ 1979, 361 ff.

zur Befriedigung des Geschlechtstriebs, § 211; vorsätzliche Tötung im asthenischen Affekt, § 213) an der Vorsatzstrafe festgehalten.
- Angesichts der großen Zahl der nur vorsätzlich begehbaren Straftatbestände müsse die Vorsatztheorie zwangsläufig zu Strafbarkeitslücken führen.[21] **66**

Die Anerkennung des Unrechtsbewusstseins als selbständiges Element der Schuldhaftigkeit der Tat und die dadurch ermöglichte Vorsatzstrafbarkeit helfe nicht nur über die Mängel der Vorsatztheorie hinweg, sondern habe darüber hinaus noch folgende Vorteile: **67**

- Eine Strafbarkeit aus der Vorsatzstraftat werde möglich, ohne dass ein Unrechtsbewusstsein schlicht unterstellt werden müsse. **68**
- Die Strafbarkeit auch des Überzeugungstäters sei bruchlos erklärbar.[22] **69**

Der Gesetzgeber des 2. StrRG hat sich dieser Argumentation, die i.ü. auch eine Stütze im rein normativen Schuld(haftigkeits)begriff der finalen Handlungslehre findet (§ 6 RN 22 f.), durch die Einführung von § 17 angeschlossen.[23] Die darin zum Ausdruck kommende Beibehaltung des Vorsatzes beim Verbotsirrtum lässt ein Festhalten an der Vorsatztheorie ohne gesetzliche Grundlage. **70**

Die Entscheidung des Gesetzgebers in § 17 erscheint tragbar.[24] Denn es ist ein grundlegender Unterschied, ob der Täter infolge der Unkenntnis von Tatsachen ohne Unrechtsbewusstsein ist oder ob er in Kenntnis der Tatsachen nur falsch wertet und infolgedessen kein Unrechtsbewusstsein hat.[25] Im zweiten Fall weiß er, was er tut und verwirklicht diesen Sachverhalt auch willentlich. Das Fehlen seines Unrechtsbewusstseins beruht allein auf der unrichtigen *Bewertung* ihm bekannter Tatsachen. **71**

Gesehen werden muss aber auch, dass mit der Entscheidung für Schuldtheorie und Verbotsirrtum die Anforderungen an das Unrechtsbewusstsein herabgesetzt werden. Nicht mehr aktuelles Unrechtsbewusstsein ist erforderlich, sondern ein nur *potentielles* (Vermeid*barkeit*) Unrechtsbewusstsein reicht für die Bejahung der Schuldhaftigkeit aus.[26] **72**

Zu Beispiel 13.5 **73**

Wendet man die Rechtsprechung des BGH auf *Beispiel 13.5. Honorar*-Fall an, so kommt es nach § 17 darauf an, ob der Rechtsanwalt seinen Irrtum vermeiden konnte oder nicht. Im ersten Fall könnte die Strafe gemildert werden, im zweiten Fall wäre er straffrei.

---

[21] Näher zum ganzen BGHSt 2, 206 f.

[22] BGHSt 2, 208.

[23] Zur Verfassungsmäßigkeit der Verbotsirrtumsregelung BVerfG 1 BvL 24/75 BVerfGE 41, 121.

[24] Kritisch hingegen Baumann/Weber/*Mitsch* AT § 21/40.

[25] Die Sachgerechtigkeit einer differenzierenden Betrachtungsweise wird dann besonders deutlich, wenn, trotz identischer Rechtsfolge (Fahrlässigkeitshaftung), in den Irrtumsvoraussetzungen Kategorien gebildet werden, wie dies z. B. in und zu § 9 des österreichischen Finanzstrafgesetzes geschieht, vgl. *Moos* in: Leitner (Hrsg.) 1998, S. 103 ff.

[26] Aber auch Vertreter der Schuldtheorie wollen ein *sachgedankliches Unrechtsbewusstsein* hinreichen lassen, vgl. *Schmidhäuser* AT LB 10/60 f.

2. Zur Unvermeidbarkeit des Verbotsirrtums[27]

74 Weil der Verbotsirrtum nur bei Unvermeidbarkeit zur Straflosigkeit führt, kommt der Unvermeidbarkeit eine entscheidende Bedeutung zu. Von einer Unvermeidbarkeit geht die Rechtsprechung nur dann aus, wenn der Täter trotz einer *Prüfung unter Anspannung seines Gewissens* den Irrtum nicht vermeiden konnte. Der Täter ist danach verpflichtet, *alle* seine geistigen Erkenntniskräfte und sittlichen Wertvorstellungen einzusetzen, um sich ein Urteil über die Rechtswidrigkeit seines Verhaltens zu bilden.[28] Im Zweifelsfalle ist der Täter verpflichtet, Rechtsrat einzuholen. Lediglich bei Unterlassungsstraftaten legt der BGH weniger strenge Maßstäbe an.[29]

75 Insgesamt lässt sich feststellen, dass die Praxis extrem selten eine Unvermeidbarkeit des Verbotsirrtums annimmt.[30] Aufgrund dieser restriktiven Handhabung ist die Rechtsprechung zur Unvermeidbarkeit des Verbotsirrtums nicht zu Unrecht in die Kritik geraten. Zum einen werde gerade der Zweifelnde dem Sorglosen gegenüber benachteiligt. Denn wer nicht zweifle, dem werde auch die Einholung von Erkundigungen nicht zur Pflicht gemacht. Zum anderen führten die überzogenen Anforderungen an die Unvermeidbarkeit dazu, dass der Irrtum in Form der Unkenntnis des Verbotenseins faktisch wie der error iuris criminalis in der Reichsgerichtsrechtsprechung behandelt werde – wenn man einmal von der Möglichkeit der Strafmilderung nach § 17 S. 2 i. V. m. § 49 absieht.[31] Eine großzügigere Annahme von Unvermeidbarkeit wäre vor allem im *Neben-* und im *Wirtschaftsstrafrecht* dringend zu wünschen, etwa in der Weise, dass Unvermeidbarkeit angenommen wird, „wenn der Glaube des Täters an die Erlaubtheit seines Verhaltens nachvollziehbar ist und seine Rechtstreue auch in den Augen eines objektiven Beurteilers nicht in Frage steht."[32]

3. Inhalt und Umfang des Unrechtsbewusstseins[33]

76 Weil die Beachtlichkeit des Verbotsirrtums davon abhängt, dass der Täter ohne Unrechtsbewusstsein – d. h. in Unkenntnis über das Verbotensein seines Verhaltens – ist, bedarf es der näheren Klärung, was man unter „Unrechtsbewusstsein" verstehen soll.

---

[27] Näher *Zaczyk* JuS 1990, 889 ff.; *Puppe* FS für Rudolphi, S. 231 ff.

[28] Vgl. BGH 2 StR 612/52 BGHSt 4, 1/5.

[29] Vgl. BGH GSSt 1/61 BGHSt 16, 155/160; BGH 1 StR 26/64 NJW 1964, 1330/1331.

[30] Aus der jüngeren Rechtsprechung BGH 2 StR 454/09 BGHSt 55, 191; LG Köln 151 Ns 169/11 NStZ 2012, 449; zu Nachweisen über die Zurückhaltung der Praxis bei der Annahme unvermeidbarer Verbotsirrtümer vgl. Baumann/Weber/*Mitsch* AT § 21 FN 128; *Frister* AT Kap. 19/7 ff.; *Kühl* AT § 13/51a.

[31] Vgl. Baumann/Weber/*Mitsch* AT § 21/63; *Roxin* AT 1 § 21/52 ff.

[32] *Roxin* FS Tiedemann, S. 389.

[33] Umfassend zu Unrechtsbewusstsein und Verbotsirrtum *Neumann* JuS 1993, 793 ff.

a) Unrechtsbewusstsein als Bewusstsein des Unrechts

Mit Unrechtsbewusstsein handelt der Täter zunächst dann, wenn er sich dessen bewusst ist, dass sein Verhalten der *Rechts*ordnung widerspricht.[34] Dies bedeutet einerseits, dass das bloße Bewusstsein, un*moralisch* zu handeln, für die Annahme eines Unrechtsbewusstseins nicht hinreicht. Auf der anderen Seite ist es nicht erforderlich, dass sich der Täter die *Strafbarkeit* seines Verhaltens vorstellt oder dass er die das Verbot enthaltende gesetzliche Vorschrift kennt. Ein Unrechtsbewusstsein ist daher z. B. auch dann vorhanden, wenn der Täter zwar nicht die Strafbarkeit seines Verhaltens als Diebstahl (§ 242) kennt, wohl aber in dem Bewusstsein handelt, gegen die Zivilrechtsordnung (z. B. in Form von verbotener Eigenmacht, § 858 BGB) zu verstoßen. Es genügt das „Bewusstsein des Verstoßes gegen ein sanktionsbewehrtes rechtliches Verbot".[35] Da in diesen Fällen ein Unrechtsbewusstsein gegeben ist, fehlt bereits jede Voraussetzung für die Annahme eines Verbotsirrtums. Diese Form des Unrechtsbewusstseins ist das *Bewusstsein der Rechtswidrigkeit* der Tat. 77

b) Unrechtsbewusstsein in Form einer Parallelwertung in der Laiensphäre

Eine weitere Fallgruppe, in der ein Verbotsirrtum ausscheidet, weil ein Unrechtsbewusstsein gegeben ist, findet sich im Rahmen der Irrtümer über normative Elemente der Tatbestandsmäßigkeit, d. h. Elemente, deren Bedeutung sich nicht ohne weiteres erschließt, sondern eine bestimmte *Bewertung* erfordert, wie etwa die „Urkunde" in § 267 oder die „Wegnahme" in § 242.[36] Erfasst der Täter wertend die Bedeutung eines normativen Elements, so ist es unbeachtlich, ob er die in der Strafvorschrift verwendete Bezeichnung mit dieser Bedeutung in Verbindung bringt. Ausschlaggebend ist hier die sog. *„Parallelwertung in der Laiensphäre"*,[37] welche zur Begründung des Unrechtsbewusstseins hinreicht. 78

Insoweit genügt also das schlichte Bewusstsein der Rechtswidrigkeit, des Widerspruchs zum Recht, nicht. Um mit *Unrechts*bewusstsein zu handeln, muss der Täter hier vielmehr verstehen welchen vertypten Unwert er rechtswidrig verwirklicht. Ist er dazu nicht in der Lage, handelt er nicht nur ohne Bewusstsein der Rechtswidrigkeit, sondern erkennt auch das den Unrechtstypus tragende normative Element der Tatbestandsmäßigkeit nicht und handelt insoweit ohne Vorsatz. 79

[34] Vgl. BGH GSSt 2/51 BGHSt 2, 194/202; LK-*Vogel* § 17 RN 12 mwN; *Otto* GK AT § 7/67 ff., 75 unterscheidet neben diesem „formellen Unrechtsbewusstsein" ein „materielles", bezogen auf die Sozialschädlichkeit des Verhaltens und als Bestandteil des *Unrechts* (= personaler Unwert).

[35] NK-StGB-*Neumann*, § 17 vor RN 20.

[36] Der Übergang von beschreibenden (deskriptiven) und bewertenden (normativen) Merkmalen ist fließend. Bei sehr enger Betrachtung könnte man nahezu jedes Tatbestandsmerkmal als normatives Merkmal einordnen. In diesem Sinne hat bereits die Festlegung der Menschqualität normativen Charakter: Im Bereich des Strafrechts beginnt das Menschsein im Sinne der Straftaten gegen das Leben mit dem *Beginn*, im Sinne des Zivilrechts mit der *Vollendung* der Geburt.

[37] Vgl. *Jescheck/Weigend* AT § 29 II 3; umfassend *Arth. Kaufmann* 1982; für Verzichtbarkeit des Terminus *Schulz* FS Bemmann, S. 246 ff.

80 **Beispiel 13.6**

Parteiverrats-Fall BGH 4 StR 381/54 BGHSt 7, 261: Der angeklagte Rechtsanwalt R wurde in folgender Weise tätig:

81
- Er verteidigte F gegen den Vorwurf der fahrlässigen Körperverletzung wegen eines Verkehrsunfalls, bei dem Beifahrer A verletzt wurde.
- Er vertrat F im Zivilprozess wegen einer Schadensersatzforderung gegen den Verkehrsunfallgegner K.
- Er vertrat den Beifahrer A wegen Schadensersatzansprüchen gegen die Versicherung von F.
- Er vertrat A im Rechtsstreit mit F, weil die Versicherung des F nicht zahlte.

82 Nach § 356 (Parteiverrat) macht sich ein Anwalt strafbar, „welcher bei den ihm in dieser Eigenschaft anvertrauten Angelegenheiten in *derselben Rechtssache* beiden Parteien durch Rat oder Beistand pflichtwidrig dient". Sinn der Vorschrift ist es, die Treuepflicht gegenüber dem Auftraggeber und damit das Vertrauen der Rechtssuchenden in die Rechtspflege zu schützen.

83 R rechtfertigte sich damit, dass es sich bei dem Anspruch des A gegen F nicht um „dieselbe Rechtssache" im Sinne von § 356 (Parteiverrat) gehandelt habe wie bei der Verteidigung des F. Der BGH ging hingegen von „derselben Sache" aus, weil derselbe Lebenssachverhalt zugrunde lag. Auch ein Interessengegensatz habe vorgelegen, weil es sich um Ansprüche gegen F handelte.

84 Der BGH (St 7, 263) verneinte einen beachtlichen Irrtum des R: „Wie der Zusammenhang der Urteilsgründe ergibt, erkannte der Angeklagte den ihm von F anvertrauten Sachverhalt in dem neuen Auftrag wieder; er sah die gemeinsame Grundlage, die in dem von F mitverursachten Verkehrsunfall bestand. Er meinte aber, dass die „tatsächlichen Gegebenheiten in objektiver Hinsicht das Tatbestandsmerkmal derselben Rechtssache nicht erfüllten", weil er glaubte, der gesetzliche Begriff der „Rechtssache" sei dem der „Prozesssache" gleichzustellen, da die Interessen der Parteien im Strafverfahren ganz anders seien als im Zivilprozess. Sein Irrtum beruhte also auf einer Verkennung des gesetzlichen „Tatbestandsmerkmals".

85 Die bloße Unkenntnis der Möglichkeit, einen Sachverhalt unter ein Element der Tatbestandsmäßigkeit zu subsumieren, lässt bei Vorliegen einer zutreffenden Wertung somit das Unrechtsbewusstsein unberührt und ist daher als sog. *Subsumtionsirr–tum* unbeachtlich.

c) Teilbarkeit des Unrechtsbewusstseins

86 Das Unrechtsbewusstsein ist teilbar. So ist es bei komplexen Handlungen möglich, dass der Täter teils *mit* teils *ohne* Unrechtsbewusstsein handelt.

87 **Beispiel 13.7**

Stieftochter-Fall BGH 4 StR 234/56 BGHSt 10, 35: Der Angeklagte, der als Volksdeutscher in der Nähe von Belgrad geboren, nach dem Balkanfeldzug 1941 deutscher Soldat geworden und nach der Entlassung aus der Kriegsgefangenschaft in Deutschland geblieben war, hatte 1955 mit seiner damals 17 Jahre alten Stieftochter den Geschlechtsverkehr ausgeführt. Er war sich dabei des zwischen ihm und seiner Stieftochter bestehenden Abhängigkeitsverhältnisses im Sinne des § 174 Nr. 1 StGB a.F. bewusst. Auch war ihm bekannt, dass der Beischlaf mit seiner Stieftochter als einer ihm anvertrauten Person verboten war und dass er einen (damals noch strafbaren) Ehebruch beging. Fraglich blieb jedoch, ob der Angeklagte auch mit Unrechtsbewusstsein hinsichtlich des Vergehens gegen § 173 II S. 2 StGB a.F. (Beischlaf zwischen Verschwägerten[38] auf- und absteigender Linie) gehandelt hatte. Mit der Revision machte er geltend, dass er als Volksdeutscher auf dem Balkan unter fremden, insbesondere vom orientalischen Recht beeinflussten Rechtsbegriffen aufgewachsen sei und daher nicht gewusst habe, dass der Geschlechtsverkehr mit seiner Stieftochter strafbar sei.

Der BGH nahm – in Abänderung seiner Rechtsprechung[39] – eine Teilbarkeit **88**
des Unrechtsbewusstseins an. Denn der jeweilige Schuldvorwurf hänge davon ab, auf *welche* Strafvorschrift sich das Unrechtsbewusstsein bezieht, wenn in den Strafvorschriften Formen des Unrechts enthalten sind, die sich nach Art und Schwere unterscheiden. Weder das *allgemeine* Bewusstsein, etwas Unrechtes zu tun, noch das auf einen *andere* Straftat bezogene Unrechtsbewusstsein könne den besonderen Schuldvorwurf für die vom Täter verwirklichte Straftat rechtfertigen. Das einer bestimmten Strafvorschrift zugeordnete Unrechtsbewusstsein könne durch ein allgemeines oder anderes nicht ersetzt werden. Das Unrechtsbewusstsein müsse daher auf die Tatbestandsmäßigkeit bezogen sein, sich also auf das der jeweiligen Strafvorschrift zugrunde liegende Verbot erstrecken.[40]

Diese Rechtsprechung des BGH überzeugt auch insoweit, als auf die jeweils spezi- **89**
fische Strafvorschrift im Sinne eines Unrechtstypus abgestellt wird. Denn dies ist auch bei sonstigen Fragen der Irrtumslehre der Fall. Es ist daher auch möglich, dass innerhalb von verwandten Straftatgruppen, z. B. Vermögensstraftaten, Unrechtsbewusstsein bezüglich der einen Vorschrift vorhanden ist, während es bezüglich der anderen fehlt.[41]

C. Der Irrtum im Strafrecht – dargestellt entsprechend dem Aufbau der strafbaren Handlung

Die Überlegungen zur Struktur des Irrtums in Teil A und zur Unterscheidung zwi- **90**
schen dem Irrtum über *Tatsachen* im Bereich der Elemente der Straftat und dem allgemeinen *Verbotensein* (Verbotsirrtum) in Teil B seien nun – dem Aufbau der

[38] Schwägerschaft ist eine besondere familienrechtliche Beziehung zwischen zwei Menschen, die durch eine Verwandtschaft und eine Ehe hergestellt wird, z. B. des Bruders mit dem Ehemann seiner Schwester; hier: des Angeklagten mit der Tochter, die seine Frau mit in die Ehe gebracht hatte.

[39] Für Unteilbarkeit des Unrechtsbewusstseins noch BGH 1 StR 495/52 BGHSt 3, 342.

[40] BGH 4 StR 234/56 BGHSt 10, 39.

[41] Für die Bildung von Rechtsgütergruppen Baumann/Weber/*Mitsch* AT § 21/53.

strafbaren Handlung folgend (I–IV) – durch konkrete Beispielsfälle ergänzt. Dabei wird jeweils die Frage nach dem *Gegenstand* (1...), der *Form* (a...) und der *Beachtlichkeit* des Irrtums gestellt:

I. Irrtümer über Elemente der Tatbestandsmäßigkeit

1. Gegenstand: Elemente der Tatbestandsmäßigkeit/deskriptiv

a) Form: Unkenntnis

91 **Beispiel 13.8**

In der Morgendämmerung schießt der Jäger J auf ein sich bewegendes „Etwas" im Unterholz, das er für ein Reh hält. Als er das Reh aus dem Unterholz hervorholen will, entdeckt er zu seinem Entsetzen, dass es sich bei dem „Etwas" um einen Pilzsammler gehandelt hat, den er getötet hat.

Der Irrtum ist als Fall von § 16 I beachtlich.

92 *Ergebnis:* J § 212 (–); § 222 (+), wenn die Unkenntnis auf Fahrlässigkeit beruhte.

b) Form: Irrige Annahme

93 **Beispiel 13.9**

In der Morgendämmerung legt der Jäger J mit Tötungsvorsatz auf ein sich bewegendes „Etwas" im Unterholz an, das er für einen Pilzsammler hält. Nachdem er geschossen hat, bemerkt er, dass es sich bei dem „Etwas" im Unterholz um ein (nunmehr getötetes) Reh und nicht um den Pilzsammler gehandelt hat.

94 Bezüglich des Pilzsammlers liegt ein Entschluss des J vor, einen anderen zu töten, zu dem er unmittelbar angesetzt hat. Der Irrtum ist folglich *beachtlich*, ohne dass es einer ausdrücklichen Regelung bedürfte.

95 *Ergebnis:* J §§ 212, 22, 23 (+).

96 Die Tötung des Rehs ist, da allenfalls „fahrlässige Sachbeschädigung bzw. Wilderei" strafrechtlich irrelevant.

2. Gegenstand: Elemente der Tatbestandsmäßigkeit/normativ

a) Form: Unkenntnis

97 **Beispiel 13.10**

Künstler K vertauscht im Selbstbedienungsladen die Preisetiketten einer teuren und einer billigen Sektflasche, um an der Kasse nur den niedrigen Preis für die teure Flasche entrichten zu müssen. Den zutreffenden Vorwurf, Urkundenfälschungen (vgl. § 267) begangen zu haben, weist er brüsk von sich, weil die Etiketten nach seiner Ansicht keine Urkunden seien.

Zum Verständnis: Eine *Urkunde* ist eine „verkörperte Gedankenerklärung, die allgemein oder für Eingeweihte verständlich ist und einen Aussteller erkennen lässt und die zum Beweis einer rechtlich erheblichen Tatsache geeignet und bestimmt ist, gleichviel ob ihr die Bestimmung schon bei der Ausstellung oder erst später gegeben wird.“[42] **98**

Hier spielt es eine Rolle, ob der Täter die dem normativen Element der Tatbestandsmäßigkeit (hier: „Urkunde“) innewohnende Wertung kennt und nachvollzieht (zutreffende Parallelwertung in der Laiensphäre) oder ob er sie missversteht (unzutreffende Parallelwertung in der Laiensphäre). **99**

aa) Zutreffende Parallelwertung

Wenn er die Wertung kennt und nachvollzieht, kommt es nicht darauf an, ob er seine Erkenntnis mit dem im Gesetz verwendeten Begriff verbindet. Meint K etwa, dass die Urkundenqualität eine Gedankenerklärung in Worten voraussetze, was bei einer bloßen Preisangabe nicht gegeben sei, dann irrt er nicht über die Bedeutung, sondern nur über die vom Gesetzgeber verwendete Bezeichnung. Dieser Irrtum ist unbeachtlich. **100**

Zu Beispiel 13.10 **101**

So auch in dem hier geschilderten Fall *Beispiel 13.10.*: Der Täter weiß, dass es sich bei dem Etikett in Verbindung mit der Flasche um die Gedankenerklärung handelt, dass die mit dem Etikett versehene Flasche zu dem auf dem Etikett abgedruckten Preis verkauft werden soll. Es handelt sich um einen unbeachtlichen Subsumtionsirrtum des K.[43]

Ergebnis: K § 267 (+). **102**

bb) Unzutreffende Parallelwertung

Verkennt der Täter hingegen die Bedeutung des in der Strafvorschrift verwendeten Begriffs, so liegt ein nach § 16 I beachtlicher Irrtum vor. **103**

Beispiel 13.11 **104**

Künstler K meint, dass es sich bei den Aufklebern um Endkontrollmarken des Sektherstellers handele, denen nach der Auslieferung kein Erklärungswert mehr zukomme und die er aus Gründen der farblichen Gestaltung vertauschen dürfe, um die Flasche als Beispiel für eine besonders gelungene Gestaltung im Künstlerseminar zu präsentieren.

---

[42] *Lackner/Kühl* § 267 RN 2 mwN.

[43] Vgl. auch *Heidingsfelder* 1991 mit Bespr. *Mitsch* ZStW 110 (1998), 171 ff.

105 Hier erkennt A die Bedeutung der Aufkleber als Urkunden im Sinn von §§ 267, 274 (Urkundenvernichtung) nicht.

106 *Ergebnis:* K gem. § 16 I; § 267 (–), eine fahrlässige Urkundenfälschung ist nicht unter Strafe gestellt.

107 Eine unzutreffende Parallelwertung liegt insbesondere dann nahe, wenn dem normativen Merkmal der Tatbestandsmäßigkeit rechtliche Wertungen zugrunde liegen. Dies wäre etwa der Fall, wenn der Täter auf Grund einer unzutreffenden rechtlichen Bewertung annimmt, Eigentum an einer Sache erworben zu haben. Hier liegt Unkenntnis nach § 16 I 1 bezüglich des Elements „fremd" im Sinne von § 242 auch dann vor, wenn der Täter die Fakten kennt, aber dennoch irrig annimmt, Eigentümer geworden zu sein. Entscheidend ist, dass der Irrtum dem Täter den Blick für die Erfassung der Bedeutung des normativen Elements verstellt.[44] Ein berühmtes Beispiel bildet hier der sog. *Moos-raus*-Fall, BGH 4 StR 346/61 BGHSt 17, 87, betreffend die Unkenntnis des normativen Elements der Tatbestandsmäßigkeit „Rechtswidrigkeit der beabsichtigten Zueignung" beim Diebstahl.[45]

b) Form: Irrige Annahme

108 **Beispiel 13.12**

A lässt den Kanarienvogel seines Nachbarn aus dem Käfig entweichen und meint, dadurch eine Gefangenenbefreiung (§ 120 I) begangen zu haben.

109 Indem A den Kanarienvogel für einen „Gefangenen" i.S.v. § 120 hält, verkennt er den Gefangenenbegriff des StGB. Die Parallelwertung in der Laiensphäre des A ist im Hinblick auf § 120 unzutreffend. A stellt sich folglich die Strafbarkeit eines Sachverhaltes vor, der nicht nach § 120 strafbar ist. Er begeht damit im Hinblick auf § 120 eine straflose Wahnstraftat.[46] Sein Irrtum ist beachtlich.

110 *Ergebnis:* A bleibt straffrei.

111 Nimmt der Täter hingegen irrig das Vorliegen eines normativen Elements der Tatbestandsmäßigkeits an und wertet er zutreffend, so ist Versuchsstrafbarkeit gegeben:

[44] Vgl. hierzu *Schlüchter* 1983, S. 121.

[45] Hierzu *Gropp* FS Weber, S. 127 ff., vgl. auch *Kudlich* JuS 2003, 243 ff.

[46] Wenn man annimmt, dass der entflogene Kanarienvogel in der Freiheit nicht überlebensfähig ist, läge zugleich eine Sachbeschädigung vor. Insoweit würde eine zutreffende Parallelwertung in der Laiensphäre des A wohl vorliegen. An der straflosen Wahnstraftat im Hinblick auf § 120 ändert dies aber nichts. Vielmehr zeigt es, dass Beachtlichkeit und Folgen des Irrtums nur im Hinblick auf die jeweils in Frage stehende Strafvorschrift entschieden werden können.

Beispiel 13.13 112

A hält die Kontrollmarken des Sektherstellers auf den Flaschen für Preisetiketten des Ladeninhabers und tauscht die vermeintlichen Etiketten aus, um eine teure Flasche zum niedrigeren Preis kaufen zu können.

Da A hier zutreffend wertet, liegt das personale Unrecht einer Urkundenfälschung vor, auch wenn A der Meinung ist, dass auf Flaschen aufgeklebte Preisetiketten keine Urkunden seien. 113

Ergebnis: Versuch einer Urkundenfälschung, §§ 267, 22, 23; außerdem Strafbarkeit wegen Betrugs, § 263. 114

3. Irrtum über qualifizierende Elemente der Tatbestandsmäßigkeit

a) Form: Unkenntnis

Beispiel 13.14 115

A weiß nicht, dass sein Komplize B bei Begehung des Diebstahls eine Pistole mit sich führt. B ist strafbar wegen eines Diebstahls mit Waffen, § 244 I Nr. 1a.

Der Irrtum ist als Fall von § 16 I 1 beachtlich. 116

Ergebnis: A kann nur wegen Beteiligung an einem einfachen Diebstahl bestraft werden, §§ 242, 25 II. 117

b) Form: Irrige Annahme

Beispiel 13.15 118

A nimmt irrig an, dass sein Komplize B bei der Begehung des Diebstahls eine Pistole mit sich führt.

Fälle dieser Art sind gesetzlich nicht ausdrücklich geregelt. Jedoch bedarf es auch keiner Regelung, weil die allgemeinen Regeln der Strafrechtsdogmatik ausreichen. Neben dem Unrecht des § 242 liegt gleichzeitig das personale Unrecht des § 244 vor, ohne dass freilich das entsprechende Sachverhaltsunrecht gegeben ist. Hinsichtlich des Mitsichführens einer Schusswaffe liegt folglich nur ein Versuch vor, wobei gegen beide Strafvorschriften durch eine Handlung verstoßen wird, also Tateinheit vorliegt (§ 52). 119

Ergebnis: A §§ 242; 244 I Nr. 1a, 22, 23 I; 52; B § 242. 120

Da auch die straferhöhenden Umstände der *Regelbeispiele* (§ 2 RN 54 ff.) für besonders schwere Fälle (z. B. § 243) vom Vorsatz umfasst sein müssen, wirkt eine sie betreffende *Unkenntnis* im Sinne von § 16 I 1 (analog) vorsatzausschließend. Auf diese Umstände darf die Annahme eines besonders schweren Falles dann nicht gestützt werden.[47] Umstritten ist, wie die *irrige Annahme* eines Regelbeispiels zu würdigen ist, d. h. ob der „Versuch" eines Regelbeispiels neben einer vollendeten „Grundstraftat" eine Regelwirkung für die Annahme eines besonders schweren Falles entfaltet. Dies wird von einer Mindermeinung angenommen.[48] Die überwiegende Meinung 121

[47] Vgl. *Eser/Bosch* in: Schönke/Schröder § 243 RN 43; *Mitsch* BT 2/1 § 1/175.

[48] Vgl. OLG Köln Ss 262/72 MDR 1973, 779 mit Anmerkung *Dreher* MDR 1974, 57; SK-*Hoyer* § 243 RN 49; *Zipf* JR 1981, 121.

hält hier hingegen die Annahme eines besonders schweren Falles nur aufgrund einer ergänzenden Gesamtbewertung für möglich.[49] Der überwiegenden Meinung ist zuzustimmen, weil der Versuch des Regelbeispiels neben der Vollendung der Grundstraftat nicht eigens ins Gewicht fällt. Werden hingegen sowohl der Diebstahl als auch das Regelbeispiel nur versucht, erlangt das Regelbeispiel Bedeutung und entfaltet eine Regelwirkung. Dem BGH, der in diesem Fall einen versuchten Diebstahl in einem besonders schweren Fall annimmt, ist daher zuzustimmen (§ 9 RN 99 ff.).

4. Irrtum über privilegierende Elemente der Tatbestandsmäßigkeit

a) Form: Unkenntnis

Beispiel 13.16

Krankenschwester K tötet den schwerleidenden Patienten P aus Mitleid. Sie weiß nicht, dass P kurz zuvor den Arzt Dr. A ausdrücklich und ernstlich im Sinne des § 216 um seine Tötung ersucht hatte.

122 Objektiv verwirklicht K eine Tötung auf Verlangen, § 216, subjektiv geht sie jedoch davon aus, einen Totschlag (§ 212) zu begehen, ein Irrtum, der in § 16 nicht eigens berücksichtigt ist. Die Unkenntnis der K vom Tötungsverlangen des P ist insofern *beachtlich*, als sie zu einer Strafbarkeit wegen versuchten Totschlags (§§ 212, 22) in Tateinheit mit einer vollendeten Tötung auf Verlangen führt. Denn hinsichtlich § 212 ist nur das Versuchs- (Entschluss und unmittelbares Ansetzen), nicht aber das Vollendungsunrecht gegeben. § 216 ist sowohl hinsichtlich des (im Entschluss und unmittelbaren Ansetzen) zu § 212 enthaltenen Versuchsunrechts als auch des (hinter § 212 zurückbleibenden) Vollendungsunrechts erfüllt.[50]

123 **Ergebnis**

K §§ 212, 22, 23; 216; 52.

b) Form: Irrige Annahme[51]

124 **Beispiel 13.17**

K nimmt irrig an, dass Patient P ernstlich und ausdrücklich seine Tötung verlangt habe (§ 216) und verabreicht ihm eine tödliche Injektion.

[49] Vgl. BayObLG RReg. 1 St 535/79 NJW 1980, 2207; OLG Stuttgart 1 Ss (25) 866/80 Justiz 1981, 135, 366; *Maurach/Schroeder* BT I § 33 RN 107; *Mitsch* BT 2/1 § 1/178; *Otto* Jura 1989, 201; *Wessels/Hillenkamp* BT 2 RN. 214 ff.

[50] Vgl. *Sternberg-Lieben* in: Schönke/Schröder § 16 RN 28; *Jescheck/Weigend* AT § 29 V 5 b; für Vollendung der Grundstraftat (§ 212) jedoch *Ebert* AT 3. Teil 2. Abschnitt F II; *Eser* in: Schönke/Schröder § 216 RN 14/15 (mangels „Bestimmens" zur Tat in § 216).

[51] Vgl. auch *Küper* Jura 2007, 263; *Schlüchter* AT 6. Kap. B Frage 40.

Der Irrtum ist als Fall von § 16 II beachtlich. 125

Ohne § 16 II müsste K wegen des Versuchs des § 216 (Vorstellung und unmittelbares Ansetzen) und einer unvorsätzlichen Tötung ohne ein entsprechendes Verlangen (§ 222) in Tateinheit bestraft werden. Hier bildet § 16 II aber eine Spezialregelung.

Ergebnis: K § 216. 126

5. Irrtum über den Geschehensablauf (Kausalabweichung)

Hier betrifft die Kausalabweichung ausschließlich den *Weg*, auf dem der Schaden 127
bei dem ins Auge gefassten Angriffsobjekt eintritt. Es besteht somit eine Kausalabweichung bei Identität des Angriffsobjekts.

Beispiel 13.18 128

A schießt in Tötungsabsicht auf B. B wird jedoch nur leicht verletzt und von einem Krankenwagen abgeholt. Auf dem Weg ins Krankenhaus verunglückt der Krankenwagen und B erleidet tödliche Verletzungen.

a) Form: Unkenntnis des eingetretenen Kausalverlaufs

Über die *Beachtlichkeit* der Unkenntnis des Täters über den eingetretenen Kausal- 129
verlauf bzw. die Zurechnung des Todes lässt sich auf zwei Wegen entscheiden:

aa) Objektive Zurechnung

Über den Ansatz der *objektiven Zurechnung* (§ 4 RN 85 ff., 89 f.) käme es auf den 130
Irrtum gar nicht an. Vielmehr wäre zu fragen, ob die Kausalabweichung die objektive Zurechnung ausschließt.

Zu Beispiel 13.18 131

Legt man den Maßstab der objektiven Zurechnung an, so wäre in *Beispiel 13.18.* die Herbeiführung des Todes infolge des Verunglückens des Krankenwagens dem Täter nicht mehr als sein Werk zurechenbar (Fallgruppe: atypische Kausalverläufe).

Ergebnis: A wäre für den Tod des B nicht verantwortlich und nur wegen einer 132
versuchten Tötungsstraftat (§§ 212, 22, 23) in Tateinheit (§ 52) mit einer *gefährlichen Körperverletzung* (§ 224 I Nr. 2) strafbar.

bb) Subjektive Zurechnung

Der etwas „altmodischere“ Ansatz über eine „*subjektive Zurechnung*“ in Form des 133
Irrtums über den Kausalverlauf, der auch heute noch von der Rechtsprechung vertreten wird,[52] nimmt eine Beachtlichkeit der Unkenntnis des wirklichen Kausalver-

[52] Vgl. BGH 5 StR 131/60 NJW 1960, 1822; BGH 2 StR 383/91 bei *Miebach* NStZ 1992, 227 Nr. 59.

laufs mit der Folge einer *Verneinung des Vorsatzes* nach § 16 I (Kausalverlauf als Tatumstand bzw. Element der Tatbestandsmäßigkeit) dann an, wenn der eingetretene Kausalverlauf von der ursprünglichen Vorstellung des Täters *wesentlich* abweicht. „Wesentlichkeit" soll dabei vorliegen, wenn der eingetretene Kausalverlauf *außerhalb* des nach allgemeiner Lebenserfahrung *Vorhersehbaren* liegt oder einer *abweichenden Bewertung* bedarf (§ 4 RN 119 ff., 126).

134 **Zu Beispiel 13.18**

Im *Beispiel 13.18.* wäre die Vorhersehbarkeit wohl zu verneinen, weshalb die Unkenntnis des A beachtlich wäre mit der Folge eines Irrtums nach § 16 I.

135 *Ergebnis:* A § 212 (-), § 222 (-). Über § 16 I fehlt ein Vorsatz des A bezüglich § 212. Weil der eingetretene Kausalverlauf außerhalb des nach allgemeiner Lebenserfahrung Vorhersehbaren liegt, kommt auch eine Strafbarkeit wegen fahrlässiger Schadensverursachung nicht in Betracht. A ist aber auch hier wegen einer *versuchten Tötungsstraftat* (§§ 212, 22, 23) in Tateinheit (§ 52) mit einer *gefährlichen Körperverletzung* (§ 224 I Nr. 2) strafbar.

136 *Beispiel 13.18.* zeigt anschaulich, dass im Bereich atypischer Kausalverläufe Irrtumslehre und objektive Zurechnung nicht nur zu demselben Ergebnis kommen, sondern darüber hinaus auch identische Argumentationsmuster benutzen.

b) Form: Irrige Annahme eines Kausalverlaufs

137 Bezog sich die *Unkenntnis* im *Beispiel 13.18.* auf den eingetretenen Kausalverlauf, so betraf die *irrige Annahme* den vorgestellten Kausalverlauf: Eintritt des Todes unmittelbar durch den Pistolenschuss.

138 Auch dieser Irrtum ist nicht explizit gesetzlich geregelt. Jedoch führt der unmittelbare Rückgriff auf die allgemeinen Regeln des Strafrechts zu überzeugenden Ergebnissen:

139 **Zu Beispiel 13.18**

A hat den *Entschluss* gefasst, B zu töten. Er hat hierzu auch unmittelbar angesetzt. Ausgeblieben ist lediglich die tödliche Folge. Damit liegt das personale (Entschluss) und das Sachverhaltsunrecht (unmittelbares Ansetzen) eines Versuchs vor.

140 *Ergebnis:* A §§ 212, 22, 23.

6. Irrtum über das Angriffsobjekt und den Kausalverlauf – Fallgruppe: Irrtum über das Angriffsobjekt und Irrtum über die Tatbestandsmäßigkeit des Angriffsobjekts

141 **Beispiel 13.19**

A schießt in Tötungsabsicht auf B, trifft aber den neben B sitzenden Hund des B.

a) Form: Unkenntnis der Verletzung des getroffenen Angriffsobjekts

Zu Beispiel 13.19 142

Bezüglich des Hundes als Angriffsobjekt des § 303 handelt A in Unkenntnis. Der Hund ist nicht nur ein von B verschiedenes *Angriffsobjekt*. Er erfüllt auch ein anderes Element der Tatbestandsmäßigkeit (Sache). Es liegt ein Irrtum in Form der Unkenntnis eines Elements der Tatbestandsmäßigkeit (RN 91 f.)vor, der in § 16 I geregelt ist.

Ergebnis: Kein Vorsatz bezüglich § 303. Eine Fahrlässigkeitsstrafbarkeit 143 kommt mangels Strafbarkeit der fahrlässigen Sachbeschädigung nicht in Betracht.

Nach überwiegender, jedoch nicht überzeugender Meinung soll bereits hier ein Fall 144 einer aberratio ictus vorliegen.[53] Da in diesen Fällen jedoch bereits die Regeln des Irrtums über Tatsachen eingreifen, ist dieser Rückgriff nicht erforderlich.

b) Form: Irrige Annahme der Verletzung des angepeilten Angriffsobjekts

Zu Beispiel 13.19 145

Bezüglich des B liegt ein Tötungsentschluss vor, zu dem A unmittelbar angesetzt hat. A ist deshalb wegen eines Tötungsversuchs zum Nachteil des B strafbar.

Ergebnis: A §§ 212, 22, 23, näher oben RN 93 ff. 146

7. Irrtum über das Angriffsobjekt und den Kausalverlauf – Fallgruppe: Irrtum über das Angriffsobjekt ohne Irrtum über die Tatbestandsmäßigkeit des Angriffsobjekts: Kausalabweichung in Form der aberratio ictus[54]

Beispiel 13.20 147

Wanderstock-Fall RG I 878/23 RGSt 58, 27:[55] Der Schreiner L. drang um Mitternacht in stark betrunkenem Zustande nach Aufsprengung der Tür in das eheliche Schlafzimmer seines Untermieters S. ein, obwohl ihn seine Frau zur Verhütung eines Unglücks fest umklammerte und zurückzuhalten suchte. L. stürzte sich in

[53] *Jescheck/Weigend* AT § 29 V 6 c; *Joecks* StK § 15 RN 49; *Kindhäuser* AT § 27/54; *Kühl* AT § 13/30 mwN; *Roxin* AT 1 § 12/162.

[54] Die Bezeichnung „aberratio ictus" ist zusammengesetzt aus dem weiblichen Substantiv „aberratio" (das Abirren) und „ictus" (des Hiebes), dem Genitiv Singular des männlichen Substantivs ictus = der Hieb. Weil ictus = der Hieb der u-Deklination folgt, wird das u im Genitiv lang gesprochen. Die genannte Irrtums-Konstellation kann man deutsch bezeichnen als *das* Fehlgehen des Hiebes oder lateinisch als *die* aberratio ictus (§ 4 RN 140 ff.). Siehe auch *Hillenkamp* 9. Problem.

[55] Vgl. *Eser/Burkhardt* StK I Nr. 18; *Roxin* AT 1 § 12/160 ff. mwN.

rasender Wucht auf S., der bloß die Hose anzuziehen und seinen mit einer Eisenspitze versehenen Wanderstock zu ergreifen vermocht hatte, und auf dessen noch im Bette sitzende Ehefrau los, um beide zu treten und zu würgen. Da von dem an Körperkraft weit überlegenen L. in seiner Aufregung jede Gewalttätigkeit und sogar das Allerschlimmste zu befürchten war, schlug S. mit seinem Stock auf ihn zu, traf aber mit dem ersten Streich bloß Frau L., deren Anwesenheit er bei der Dunkelheit des nur schwach durch einen Kerzenschimmer über den Flur her erhellten Zimmers in seiner Bestürzung nicht bemerkt hatte, und zwar so unglücklich auf das rechte Auge, dass es erblindete.

148 Hinsichtlich der Verletzung der Frau L. nimmt das Reichsgericht eine Beachtlichkeit des Irrtums an, obwohl Frau L. als „Angriffsobjekt Mensch" ihrem Ehemann gleicht. Denn: „Verwirklicht sich der dem Täter erwünschte Erfolg anstatt an dem von ihm allein ins Auge gefassten Gegenstand an einem diesen zwar gleichgearteten, von ihm aber nicht vorgestellten Gegenstand – ohne Verwechslung beider[56]- lediglich in Folge des Dazwischentretens von Umständen, die den von ihm gedachten Ursachenverlauf änderten (aberratio ictus), so liegt nur ein *Versuch* der beabsichtigten Straftat vor, mit dem sich je nach Lage des Falles bloß noch eine strafbare *Fahrlässigkeitstat* hinsichtlich des verletzten Gegenstandes verbinden kann [...] denn trotz Verursachung hat der Täter den getroffenen Gegenstand weder treffen wollen noch dass dies geschah, für eine notwendige Folge seines Handelns angesehen; eine ihm nicht einmal bewusst gewordene Verletzung kann ihm aber niemals zum Vorsatz angerechnet werden und hieran vermag auch der Umstand nichts zu ändern, dass die beiden in Betracht kommenden Gegenstände gleichen Rechtsschutz genießen."[57]

149 Auch die aberratio ictus lässt sich als Kausalabweichung konstruieren. Ihre Besonderheit besteht darin, dass jene Abweichung auch das Angriffsobjekt betrifft.

a) Form: Unkenntnis des getroffenen Objekts (hier: Frau L)

150 Hinsichtlich der Verletzung der Frau L handelt S in Unkenntnis. Fraglich ist jedoch, ob dieser Irrtum als Irrtum über Elemente der Tatbestandsmäßigkeit (Tatumstandsirrtum i.S. von § 16 I) *beachtlich* ist, d. h. ob er zur Verneinung des Verletzungsvorsatzes bezüglich der Frau L führt. § 16 I wäre dann einschlägig, wenn die Verletzung von Frau L ein Umstand wäre, der ein Element der Tatbestandsmäßigkeit des § 223 darstellt und den S nicht kennt.

151 Die Tatobjekte nach § 223 sind aber lediglich abstrakt ihrer *Gattung* nach bestimmt, d. h. Tatobjekt kann *jeder andere Mensch* sein, also auch Frau L als Angehörige der *Gattung* „Mensch". Wenn aber § 223 auch Frau L einbezieht, dann liegt bezüglich des objektiven Elementes der Tatbestandsmäßigkeit „andere Person" in § 223 gar keine Unkenntnis des S vor.[58] An diese *gattungsmä–ßige* Identität der An-

[56] Damit ist das Nichtvorliegen eines *error in persona* gemeint.

[57] RGSt 58, 27/28, Hervorhebungen im Original.

[58] Die nach *Hillenkamp* 9. Problem A. sog. „formelle Gleichwertigkeitstheorie" nimmt dies zum Anlass, eine Beachtlichkeit des Irrtums überhaupt abzulehnen und aus der vollendeten Vorsatzstraftat zu bestrafen, vgl. *Kuhlen* 1987, S. 491 ff.

griffsobjekte „Herr L"/„Frau L" knüpft die sog. *Gleichwertigkeitstheorie*[59] an und gelangt mangels Beachtlichkeit des Irrtums des S zu einer Strafbarkeit des S wegen einer vorsätzlichen Körperverletzung zu Lasten der Frau L.

Die herrschende sog. *Konkretisierungstheorie*[60] nimmt hingegen eine Konkre- **152**
tisierung des Vorsatzes des S auf Herrn L an und verneint deshalb einen Vorsatz bezüglich Frau L. *Roxin*[61] kommt zu demselben Ergebnis. Er knüpft an die Natur der aberratio ictus als Form einer Kausalabweichung an, bejaht die objektive Zurechnung, verneint dann aber die subjektive Zurechnung mittels des Kriteriums der *Tatplanabweichung*: der Tatplan sei an das vom Täter *ausgewählte* Handlungsobjekt gebunden.

So sehr dies im Ergebnis überzeugt, ist dennoch ein Weg vorzuziehen, der direkt **153**
über eine Verneinung der *objektiven Zurechnung* (Fallgruppe: mangelnder Schutzbereich der Norm) führt:

Würde der Täter anstatt des anvisierten ein *nicht derselben*, sondern ein einer **154**
anderen Strafvorschrift unterfallendes anderes Tatobjekt treffen – wie im *Beispiel 13.19.* den Hund anstatt des Menschen – dann wäre die Beachtlichkeit der Kausalabweichung und des auf ihr beruhenden Irrtums unumstritten. Denn dieser Irrtum über Tatumstände schlägt unmittelbar auf das Element der Tatbestandsmäßigkeit als Gattungsbegriff durch. Weil es aber im Wesentlichen vom *Zufall* abhängt, ob der Täter, der auf einen *Menschen* zielt, einen daneben stehenden Menschen, einen *Hund* oder *gar nichts* trifft, würde die Zurechnung zur vorsätzlichen Begehung letztlich auf Zufall beruhen.[62] Mit Zufall lässt sich Strafbarkeit aber nicht begründen, weil man für Zufälle nicht verantwortlich gemacht werden kann: Es ist nicht Zweck der Strafvorschriften „*vorsätzliche* Körperverletzung" (§§ 223 ff.), sich zufällig in der Nähe des Tatortes befindliche Personen gegen die *unvorsätzliche* Verletzung ihrer körperlichen Unversehrtheit zu schützen. Es ist deshalb sachgerecht, bereits die objektive Zurechnung einer *vorsätzlichen* Verletzung der Frau L zu verneinen, weil *diese* Verletzung nicht vom *Schutzbereich der Norm* des § 223 erfasst wird.

Zu Beispiel 13.20 **155**

Ergebnis zu Beispiel 13.20.: Die Verletzung der Frau L kann S nicht als vorsätzlich verwirklicht zugerechnet werden. Eine mögliche Strafbarkeit wegen fahrlässiger Körperverletzung (§ 229) bleibt davon unberührt.

---

59 *Puppe* GA 1981, 1 ff.; *Puppe* JZ 1989, 730 ff.; *Puppe* AT § 10/38 ff.; *Frister* AT Kap. 11/58 ff.; *Kuhlen* 1987, S. 480 ff., 491 ff.

60 *Vgl. Eser/Burkhardt* StK I Nr. 9 A 22; *Hettinger* GA 1990, 531; *Wessels/Beulke/Satzger* AT RN 250 ff. mwN.

61 AT 1 § 12/165 f.

62 Näher *Gropp* FS Lenckner, S. 55 ff.; vgl. auch *Blei* AT § 33 I 1 c sowie *Herzberg* NStZ 1999, 218 links.

156 Teilweise wird vorgeschlagen, eine Beachtlichkeit der Unkenntnis im Rahmen der aberratio ictus nur dann anzunehmen, wenn die betroffenen Angriffsobjekte höchstpersönlicher Natur (Leib, Leben, Freiheit) sind.[63] Würde der Täter z. B. auf die Blumenvase A zielen, versehentlich jedoch die Blumenvase B treffen, dann wäre danach das Fehlgehen des Schusses eine *unwesentliche* Kausalabweichung. Weil der bloße Zufall jedoch auch außerhalb betroffener höchstpersönlicher Güter eine Strafbarkeit nicht begründen kann, kann auch in diesen Fällen nicht von einer Unbeachtlichkeit ausgegangen werden. Auf Grund derselben Überlegung kann es für die Beachtlichkeit der Abweichung auch keine Rolle spielen, ob der Täter das erstrebte Tatobjekt sinnlich wahrnimmt.[64]

b) Form: Irrige Annahme

157 **Zu Beispiel 13.20**

Hinsichtlich des nicht getroffenen Herrn L liegt bei S eine irrige Annahme vor. Eine Strafbarkeit wegen Versuchs kommt insoweit schon nach allgemeinen Grundsätzen in Frage, weil S den Entschluss gefasst hat, Herrn L zu verletzen, und hierzu auch unmittelbar angesetzt hat.

Ergänzender Hinweis:

158 Die aberratio ictus ist nur dann anwendbar, wenn beim Täter *nicht auch bezüglich des Erreichten Vorsatz* (insbesondere dolus eventualis) vorliegt. Denn dann würde der Täter mit *alternativem* Tatentschluss hinsichtlich beider Angriffsobjekte handeln und ihm deshalb die Tat hinsichtlich des getroffenen Angriffsobjekts als vorsätzlich vollendet zugerechnet werden.

8. Irrtum über das Angriffsobjekt – Fallgruppe: Irrtum über die Identität des Angriffsobjekts = error in persona vel obiecto[65]

159 Beim error in persona vel obiecto führt der Täter die Veränderung in der Außenwelt an der Person/dem Objekt herbei, die/das er treffen will. Er irrt jedoch über die Identität des jeweiligen Angriffsobjekts: A schießt mit Tötungsvorsatz auf eine Person B, glaubt aber irrtümlich, dass es sich um C handele. Dieser Irrtum ist als sog. *error in persona unbeachtlich*, weil A – im Unterschied zur aberratio ictus – die vor ihm stehende Person (einen „Menschen" im Sinne der §§ 211, 212) töten wollte und getötet hat. A ist wegen einer vollendeten vorsätzlichen Tötung zum Nachteil des B strafbar. Der bloße Identitätsirrtum des A führt nicht zu einer Annahme eines Versuchs bezüglich des C in Tateinheit mit einer fahrlässigen Tötung bezüglich des B, wie dies im Falle der *aberratio ictus* geschieht (s. o. *Beispiel 13.20.*). Denn die Strafvorschriften der vorsätzlichen Tötung schützen *abstrakt jeden Menschen* in gleicher Weise davor, vorsätzlich getötet zu werden, unabhängig davon, *wer* er ist oder *für wen* er vom Täter gehalten wird.

---

[63] So die „materielle Gleichwertigkeitstheorie", vgl. *Hillenkamp* 9. Problem B.

[64] Vgl. aber BGH 1 StR 635/96 NStZ 1998, 294; *Erb* FS Frisch, S. 393 ff.; *Toepel* JA 1997, 948 ff.; *Prittwitz* GA 1983, 134 ff.; vgl. zu den „Programmierfällen" aber auch unten RN 179.

[65] Vgl. auch *Koriath* JuS 1998, 215 ff.

Trotz seiner einfachen Struktur führt der error in persona vel obiecto in konkreten Fällen zu komplizierten Fragestellungen, so im 160

Beispiel 13.21 161

Verfolger-Fall BGH 4 StR 613/57 BGHSt 11, 268:[66] – Der Angeklagte P hatte zusammen mit den früheren Mitangeklagten M und Th versucht, nachts in ein Lebensmittelgeschäft einzudringen, um dort zu stehlen. Jeder von ihnen war dabei mit einer geladenen Pistole bewaffnet. Als sie von A entdeckt wurden, flohen sie. An einer Hausecke bemerkte M rückwärtsschauend, dass ihm in einer Entfernung von nicht mehr als zwei bis drei Metern eine Person folgte. Diese war der Angeklagte P. M hielt P für einen Verfolger (A) und fürchtete, von ihm ergriffen zu werden. Um der vermeintlich drohenden Festnahme und der Aufdeckung seiner Täterschaft zu entgehen, schoss er auf die hinter ihm hergehende Person. Dabei rechnete er mit einer tödlichen Wirkung seines Schusses und billigte diese Möglichkeit. Das Geschoss traf P am rechten Oberarm, durchschlug aber nur den gefütterten Ärmel seines Jacketts und verfing sich im aufgekrempelten Hemdsärmel.

Die Verurteilung wegen versuchten Mordes durch das Landgericht wurde 162
vom BGH bestätigt. Einer Bestrafung wegen eines versuchten Mordes in Mittäterschaft stehe nicht entgegen, dass das deutsche Strafrecht nur die Vernichtung *fremden* menschlichen Lebens ahndet. Denn es habe bei M der Entschluss vorgelegen, seinen vermeintlichen *Verfolger* zu töten, was sich der Angeklagte als Mittäter zurechnen lassen müsse. Dass M einer Objektsverwechslung zum Opfer gefallen sei, sei angesichts der Gleichwertigkeit der angegriffenen Rechtsgüter strafrechtlich ohne Bedeutung.

Allerdings liegt hinsichtlich der Mittäterschaft des P insofern eine besondere Situ- 163
ation vor, als der Entschluss des M zur Tötung des P eine Fremdtötungshandlung betrifft, die bezüglich des P materiell eine nichtvertypte Selbsttötungshandlung darstellt. Aus der Sicht des P ist P somit ein untaugliches Objekt für die Durchführung einer mittäterschaftlichen Fremdtötung. Auch eine aus der Sicht des M *vollendete* Tat – etwa in Form einer gefährlichen Körperverletzung nach § 224 – würde hinsichtlich des P deshalb nur zu einer Strafbarkeit als Mittäter wegen Versuchs führen, weil er selbst kein taugliches Objekt einer Fremdverletzung sein kann. Es gilt hier der Satz aus der Beteiligungslehre: *Mittäter kann nur sein, wer selbst Täter sein kann* (s. o. § 10 RN 182). Täter einer Selbstverletzung könnte P indessen nicht sein. Mittäter des *Fremd*verletzungs*versuchs* kann er hingegen sein.[67]

a) Form: Unkenntnis der wahren Identität

Im Unterschied zur aberratio ictus ist der Identitätsirrtum *unbeachtlich*. Denn es 164
liegt in Fällen wie diesen zunächst kein Irrtum über Tatumstände vor, „die zum

[66] Vgl. *Eser* StK II Nr. 39 vor allem A 13 f.; *Roxin* AT 1 § 12/193 ff.

[67] Zur entsprechenden Situation bei Teilnahme *Heine* in: Schönke/Schröder RN 45 vor § 25.

gesetzlichen Tatbestand gehören" (§ 16 I; s. o. RN 91). Aber auch das „Zufalls-Argument" spielt – anders als bei der aberratio ictus – hier keine Rolle. Denn die *intendierte* bzw. *eingetretene* Veränderung in der Außenwelt – im *Beispiel 13.21.* die Tötung des Verfolgers – ist in ihrer *Tatbestandsmäßigkeit* überhaupt nicht zufällig, sondern von M, Th *und* P als Mittäter wissentlich und willentlich herbeigeführt.

Zu Beispiel 13.21

Ergebnis zu Beispiel 13.21.: P §§ 212, 211, 22, 23 zum Nachteil des „Verfolgers".

b) Form: Irrige Annahme

165 Weil der Irrtum des M *unbeachtlich* ist, kommt auch eine Strafbarkeit wegen eines Versuches zum Nachteil des A nicht in Betracht. Vielmehr wird M so behandelt, als ob Entschluss und Veränderung in der Außenwelt sich entsprechen würden, was nach der Abstrakten Formulierung des Gesetzes ja auch zutrifft.

9. Strafbarkeit des Anstifters bzw. Gehilfen bei einem error in obiecto vel persona des Täters

166 **Beispiel 13.22**

Rose-Rosahl-Fall Preußisches Obertribunal Crimin. S. Nr. 6 GA 7 (1859), 322 ff.: Der Holzhändler Rosahl hatte seinen Mitarbeiter *Rose* angestiftet, Rosahls Gläubiger *Schliebe* aufzulauern und ihn umzubringen. Rose tötete eine Person, die er für Schliebe hielt, die in Wirklichkeit aber der zufällig vorbeikommende Gymnasiast *Harnisch* war. Das Obertribunal bestätigte die Verurteilung des Rosahl durch das Schwurgericht wegen Anstiftung zum Mord.

167 Einen ähnlichen Sachverhalt betrifft die Entscheidung BGH 4 StR 371/90 BGHSt 37, 214 vom 25.10.1990, der sog. *Hoferben*-Fall:[68] Bauer A stiftet den St. an, seinen Sohn, den Hoferben, zu töten.

168 A beschrieb das Opfer und zeigte St. sogar ein Bild des Sohnes, um eine Verwechslung zu vermeiden. Aufgrund unglücklicher Umstände tötete St. in der Dunkelheit am vereinbarten Ort zur vereinbarten Zeit eine Person, die er für den Sohn hielt, die jedoch der Nachbar Sch. war. Wie das Preußische Obertribunal nahm der BGH eine Strafbarkeit des A wegen Anstiftung zum Mord an.

169 Die Entscheidung BGHSt 37, 214 stieß auf ein lebhaftes Echo in der Literatur.[69]

[68] Inzwischen bestätigt durch den *Sprengfallen*-Fall BGH 1 StR 635/96 NStZ 1998, 249 mit Anm. *Herzberg* JuS 1999, 224 ff.; *Geppert* JK 1998 § 16/4; vgl. auch *Puppe* AT 27/5.

[69] Vgl. *Bemmann* FS Stree/Wessels, S. 397 ff.; *Geppert* Jura 1992, 163 ff.; *Hillenkamp* 26. Problem; *Küpper* JR 1992, 294 ff.; *Müller* MDR 1991, 830 f.; *Puppe* NStZ 1991, 124; NK-StGB-*Puppe*, § 16 RN 107 ff.; *Rostek* in Arnold u.a. (Hrsg.), 1995, S. 89 ff.; LK-*Vogel* § 26 RN 84 ff.; *Roxin* FS Spendel, S. 289 ff.; *Roxin* JZ 1991, 680 f.; *Schlehofer* GA 1992, 307 ff.; *Sowada* Jura

Einigkeit besteht zunächst darin, dass jedenfalls beim Täter (Rose bzw. St.) ein unbeachtlicher error in persona gegeben ist. Insoweit wird eine vollendete Tötungsstraftat angenommen. 170

Die Strafbarkeit des Hintermannes ist hingegen lebhaft umstritten. Im Wesentlichen bestehen drei Auffassungen: 171

Eine erste Meinung nimmt beim Hintermann eine aberratio ictus an, d. h. eine versuchte Anstiftung bzw. eine Anstiftung (zum Versuch) hinsichtlich des vermeintlichen Opfers und eine fahrlässige Tötung hinsichtlich des getöteten Opfers.[70] 172

Als Begründung wird im Wesentlichen darauf verwiesen, dass die Verwechslung seitens des Täters einen Irrtum des Hintermannes über den Kausalverlauf darstelle. Die aberratio ictus sei als Spezialfall eines Irrtums über den Kausalverlauf anwendbar, wenn infolge der Kausalabweichung dasselbe durch die Strafvorschrift geschützte Rechtsgut verletzt werde. Eine Anstiftung zum Versuch nehmen jene an, die trotz des error in persona beim Täter einen Versuch hinsichtlich des angestrebten Opfers sehen.[71] Andere weisen darauf hin, dass es gerade der Sinn des error in persona des Haupttäters sei, eine Vollendung der Haupttat und nicht einen Versuch zu konstruieren. Wenn aber gerade keine versuchte Haupttat existiere, dann könne dazu auch keine Anstiftung vorliegen.[72] Gegen eine Anstiftung zur vollendeten Tötung wird vor allem ein Argument *Bindings*[73] geltend gemacht: Töte der Vordermann zusätzlich das „richtige" Opfer, müsse der Hintermann für zwei vollendete Tötungen verantwortlich gemacht werden, obwohl er nur eine wollte (sog. „Gemetzel"-Argument). 173

Eine zweite Auffassung geht ebenfalls von einem Irrtum des Hintermanns über den Kausalverlauf aus und wendet primär die allgemeinen Grundsätze zum Irrtum über den Kausalverlauf an. Nur wenn die Abweichung des Kausalverlaufs *wesentlich* ist, greift man auf die aberratio ictus zurück. 174

Danach ist die Personenverwechslung des Vordermannes für den Hintermann beachtlich, wenn sie eine wesentliche Abweichung des Kausalverlaufs darstellt. Ist die Abweichung *wesentlich*, gelten die Folgen der aberratio ictus. Der BGH hielt die Abweichung für unwesentlich, was zu einer Anstiftung zur vollendeten Tötung führt. Diese von *Hillenkamp*[74] so genannte „Wesentlichkeitstheorie" kann für sich geltend machen, dass die aberratio ictus auf Fälle zugeschnitten ist, in denen die Veränderung in der Außenwelt *zufällig* an einem tatbestandlich gleichen Angriffsobjekt eintritt. Eine solche Situation ist hier indessen gerade nicht gegeben. Es ist deshalb sachgerecht, die Spezialregel der aberratio ictus nicht anzuwenden. 175

1994, 37 ff.; *Stratenwerth* FS Baumann, S. 57 ff.; *Streng* JuS 1991, 910 ff.; *Weßlau* ZStW 104 (1992), 105 ff.; *Wessels/Beulke/Satzger* AT RN 579; vgl. auch *Bemmann* MDR 1958, 817 ff.; *Hettinger* GA 1990, 530 ff.; *Otto* JuS 1982, 557; *Puppe* GA 1984, 121 ff.

[70] Vgl. im einzelnen die Nachweise bei *Hillenkamp* 26. Problem C.

[71] Vgl. z. B. *Stratenwerth* FS Baumann, S. 68 f.

[72] Vgl. *Rudolphi* Fälle zum Strafrecht, S. 82 ff., 86 f.; *Hillenkamp* 1971, S. 37 FN 34, S. 65 f.; *U. Schroth* 1998, S. 108.

[73] *Binding, Karl* Die Normen und ihre Übertretung, 2. Aufl. 1916, Bd. 3, S. 214 FN 9.

[74] 26. Problem B. mwN; zust. *Krey/Esser* AT RN 1096, ähnlich *Zieschang* AT 6. Kap. RN 746.

176 Die dritte, überwiegend vertretene Meinung[75] erstreckt *die Unbeachtlichkeit des error* in *persona* beim Täter auf den Hintermann.

177 Diese Meinung stützt sich vor allem darauf, dass der Hintermann nicht im Vergleich zum Täter privilegiert werden dürfe. Gegenüber dem „Gemetzel-Argument" verteidigt sie sich damit, dass der Vorsatz des Täters nach der Tötung des falschen Opfers verbraucht sei und eine erneute Tötungshandlung – selbst zum Nachteil des „richtigen" Opfers – einen Exzess darstelle.

178 Der Unterschied innerhalb der zweiten und dritten Meinung ist dann nicht sehr erheblich, wenn man sich vor Augen hält, dass die „Wesentlichkeitstheorie" nur in den seltensten Fällen zu einer beachtlichen Kausalabweichung gelangen dürfte. Denn gerade weil der Täter auf ein Angriffsobjekt fixiert ist, das als Element der Tatbestandsmäßigkeit festgelegt ist, kann sich die Wesentlichkeit der Abweichung des Kausalverlaufs nur an dessen Vorhersehbarkeit orientieren, nicht hingegen an seiner Bewertung. *Verwechslungen* sind indessen nahezu immer vorhersehbar. Die Wesentlichkeitstheorie überzeugt in der Konstruktion, die Unbeachtlichkeitslösung zumindest im Ergebnis.

179 Letztlich liegt der Schlüssel zur Lösung dieser Fälle aber in der auf dem *Zufallsargument* beruhenden Natur der aberratio ictus: Weil die Beachtlichkeit des Irrtums bei der aberratio ictus darauf beruht, dass das angestrebte und das getroffenem Angriffsobjekt *zufällig* unter das *identische* objektiven Element der Tatbestandsmäßigkeit (z. B. „Mensch" i.S.v. § 212) subsumiert werden können, scheidet der Weg über die aberratio ictus aus, wenn diese Identität *nicht zufällig*, und erst recht, wenn sie geradezu *vorprogrammiert* ist.[76]

II. Irrtümer über Elemente der Rechtswidrigkeit

1. Irrtum über die tatsächlichen Voraussetzungen eines Rechtfertigungsgrundes

a) Form: Unkenntnis

180 **Beispiel 13.23**

Roadster/Vollbart-Fall: Als Jäger A in der Dämmerung durch den Wald pirscht, entdeckt er den B, der ihm erst kürzlich mit Hilfe seines roten BMW-Roadsters die Freundin ausgespannt hat. Aus Verärgerung darüber beschließt er, B einen Denkzettel zu verpassen, und schießt auf B, selbst auf die Gefahr hin, dass B

---

[75] Vgl. die Nachweise bei *Hillenkamp* 26. Problem A.; unumstritten ist diese Auffassung für die Fälle, in denen der Hintermann dem Vordermann die Auswahl des Opfers überlässt, vgl. auch *Heine* in: Schönke/Schröder RN 45 vor § 25.

[76] Näher zum Ganzen *Gropp* FS Lenckner, S. 55 ff.; informativ auch die Problemübersicht bei *Herzberg* NStZ 1999, 217 ff.; gegen das Zufallsargument - allerdings unter Verkennung der Bedeutung des error in obiecto - *Nikolidakis* 2004, S. 131 ff., Verkennung des Zufallsarguments bei *Erb* FS Frisch, S. 395.

dabei zu Tode kommen könnte. B bricht tödlich getroffen zusammen. Was A nicht wusste: Die Freundin hatte dem B kürzlich mitgeteilt, dass sie den Vollbart des A viel aufregender fände als seinen langweiligen Roadster und deswegen zu A zurückkehren wolle. Deswegen hatte B aus Eifersucht seinerseits in Tötungsabsicht bereits auf A angelegt, so dass der Schuss des A die erforderliche Abwehr im Sinne von § 32 (Notwehr) gewesen ist. Strafbarkeit des A?

Mit der h.M., die für eine Rechtfertigung ein subjektives Rechtfertigungselement verlangt, ist die Unkenntnis der Rechtfertigungslage ein *beachtlicher* Irrtum. Zur Auswirkung der Beachtlichkeit werden unterschiedliche Auffassungen vertreten: **181**

Eine mittlerweile wohl eher seltener vertretene Meinung[77] geht davon aus, dass die Unkenntnis der tatsächlichen Voraussetzung einer Rechtfertigung eine Rechtfertigung insgesamt ausschließt. Danach wäre A wegen einer vollendeten Tötungsstraftat – bei Annahme niedriger Beweggründe sogar wegen Mordes – strafbar. **182**

Zu Beispiel 13.23 **183**

Ergebnis zu Beispiel 12.23.: A § 211.

Die mittlerweile h.M. entscheidet sich hier allerdings für eine Strafbarkeit nur wegen *Versuchs*: Infolge der Notwehrlage und der Erforderlichkeit der Abwehrhandlung sei das Verhalten des Täters zwar *objektiv* rechtmäßig und damit auch *kein rechtswidriger Angriff* i.S. von § 32.[78] Weil der Täter von dem Vorliegen einer rechtfertigenden Situation aber keine Kenntnis hat, liegt jedoch der Entschluss vor, eine Tötungsstraftat rechtswidrig zu begehen, also das „Handlungsunrecht" eines Versuchs. Diese Auffassung wurde in der 3. Auflage dieses Lehrbuchs noch als überzeugend bezeichnet, weil sie in der Lage sei, „eine Lösung zu bieten, die mit dem Zusammenspiel von Handlungs- und Erfolgsunrecht in Einklang steht". **184**

Danach wäre A in *Beispiel 12.23.* wegen einer versuchten Tötungsstraftat strafbar. **185**

Ergebnis: A §§ 211, 22, 23 **186**

Der h.M. kann indessen nicht mehr gefolgt werden, weil die von ihr vertretene „Versuchs-Lösung" der Unwert- und Unrechtsstruktur und dem Strafgrund des **187**

---

[77] Vgl. RGSt 62, 138; BGH 1 StR 552/51 BGHSt 2, 111/115; unter Hinweis auf die selbständige Wertungsstufe der auf die Tatbestandsmäßigkeit bezogenen Verhaltensnorm gegenüber Rechtswidrigkeit und Schuldhaftigkeit *Gössel* FS Triffterer, S. 99, 102; vgl. auch LK-*Hirsch*[11] RN 59 vor § 32 mwN.

[78] *Graul* JuS 2000 L 41 ff., 43 links; vgl. auch KG (2) Ss 250.74 (100.74) GA 1975, 213/215; *Jakobs* AT 11/23; *Jescheck/Weigend* AT § 31 IV 2; *Kindhäuser* 1989, S. 111; *Kühl* AT § 6/16; *Lackner/Kühl* § 22 RN 16; *Roxin* AT 1 § 14/104; Maurach/*Zipf* AT 1 § 25/34; *Fischer* § 32 RN 27; LK-*Rönnau* RN 211 vor § 32 mwN; krit. *Rath* 2002, S. 640 f.

Versuchs nicht entspricht. Denn der Unwert des Versuchs besteht nicht aus einem undifferenzierten „Handlungsunwert", sondern aus einem personalen Unwert (Entschluss) und aus einem Sachverhaltsunwert (unmittelbares Ansetzen) (vgl. § 9 RN 102). Der Versuchsunwert setzt voraus, dass der Sachverhaltsunwert nach der Vorstellung des Täters außenstehenden Dritten gegenüber wenigstens den Anschein von *Gefährlichkeit* erweckt (vgl. § 9 RN 89). Das ist in den Fällen der Unkenntnis des Täters vom Vorliegen eines rechtfertigenden Sachverhalts selbst dann nicht der Fall, wenn der Außenstehende den bösen Willen des Täters kennt, weil der Täter nur einen *rechtmäßigen* Sachverhalt verwirklichen *kann.* Ohne einen Sachverhaltsunwert lässt sich das Unrecht eines Versuchs aber nicht zusammenfügen. Das Verhalten des A entspricht somit nicht einmal der Unwert- und Unrechtsstruktur des strafbaren Versuchs.[79]

188 *Ergebnis* zu *Beispiel 12.23.*: A bleibt straffrei.

b) Form: Irrige Annahme – Erlaubnistatumstandsirrtum[80]

189 **Leitfall 13. Var. b**

A schießt B in die Hand und wehrt so den vermeintlichen Angriff des B im Rahmen des Erforderlichen ab.

190 Der Erlaubnistatumstandsirrtum gehört zu den umstrittensten, aber auch interessantesten Kapiteln der Irrtumsdogmatik. Seitens des Täters setzt er die

191 - irrige Annahme der tatsächlichen Voraussetzungen eines Rechtfertigungsgrundes voraus, d. h. die irrige Annahme eines Sachverhalts, bei dessen Vorliegen das Handeln des Täters gerechtfertigt wäre.

192 Das Hauptproblem beim Erlaubnistatumstandsirrtum liegt darin, dass der Täter einerseits über *Tatsachen* irrt (Affinität zum Tatumstandsirrtum nach § 16), dass diese Tatsachen jedoch der Stufe der *Rechtswidrigkeit* zuzuordnen sind (Affinität zum Verbotsirrtum). Der Erlaubnistatumstandsirrtum zeigt besonders deutlich den Zusammenhang zwischen den Vorstellungen vom Verbrechensaufbau und der Behandlung von Irrtümern im Strafrecht.[81]

---

[79] Näher dazu *Gropp* FS Kühl, S. 247 ff. und oben § 5 RN 49 ff.

[80] Vgl. NK-StGB-*Puppe* § 16 RN 122 ff.; zur irrigen Annahme der Voraussetzungen einer wirksamen Einwilligung in die Verabreichung illegaler Betäubungsmittel BGH 3 StR 120/03 BGHSt 49, 34 ff., 44 f.

[81] Vgl. *Zoll* FS Hirsch, S. 419: „In der Regelung des Irrtums schlägt sich die Einstellung des Gesetzgebers zum Verbrechensaufbau sowie zu den Beziehungen zwischen den Grundelementen des Verbrechens besonders deutlich nieder."

aa) Der Erlaubnistatumstandsirrtum und die Lehre von den „negativen Tatbestandsmerkmalen"

Nach der *Lehre von den* sog. *„negativen* Tatbe*–standsmerkmalen*" sind die tatsächlichen Voraussetzungen eines Rechtfertigungsgrundes objektive Elemente der Tatbestandsmäßigkeit – jedoch mit einem negativen Vorzeichen. **193**

Zu Leitfall 13 **194**

Im *Leitfall 13*. Var. b wären z. B. die *nicht vorhandenen tatsächlichen Voraussetzungen einer* Notwehr negative Elemente der Tatbestandsmäßigkeit der von A begangenen Körperverletzung. Da A diese negativen Elemente jedoch nicht kennt (Unkenntnis), würde in direkter Anwendung von § 16 I der Vorsatz entfallen.

Es liegt damit nicht eine irrige Annahme der tatsächlichen Voraussetzungen eines Rechtfertigungsgrundes, sondern die *Unkenntnis* hinsichtlich des *Nichtvor–liegens* der tatsächlichen Voraussetzungen eines Rechtfertigungsgrundes vor. **195**

Die Lösung mittels negativer Elemente der Tatbestandsmäßigkeit hat in der Tat etwas Bestechendes an sich. Dennoch wird sie von der h.M. zu Recht mit dem Argument abgelehnt, dass sie die Unterscheidung zwischen Rechtfertigung und Ausschluss der Tatbestandsmäßigkeit einebnet, indem das Vorliegen eines zum Eingriff berechtigenden, die gesamte Rechtsordnung betreffenden Rechtfertigungsgrundes zu einem Nichtvorliegen der erforderlichen Elemente der Tatbestandsmäßigkeit „herabgestuft" wird (zur Kritik § 5 RN 16 ff.). **196**

Lehnt man die Lehre von den „negativen Tatbestandsmerkmalen" damit aus grundsätzlichen Erwägungen ab, dann betrifft der Erlaubnistatumstandsirrtum Elemente der *Rechtswidrigkeit*. Die irrige Annahme der tatsächlichen Rechtfertigungsvoraussetzungen führt dazu, dass dem Täter das Bewusstsein der Rechtswidrigkeit fehlt. Denn der Täter meint, rechtmäßig zu handeln. Aus diesem Grunde besteht Einigkeit darin, dass jener Irrtum *nicht unbeachtlich* sein soll, sondern dass er dem an sich rechtstreuen Bürger zugute kommen muss. Unterschiedlich sind nur die Folgerungen aus dieser Erkenntnis. **197**

Um die unterschiedlichen Ansätze zu verstehen, bedarf es nochmals eines Rückblicks auf die Erörterungen unter Punkt B. Denn dort hatte sich gezeigt, dass die Rechtsprechung des Reichsgerichts, wonach ein die (Straf)Rechtswidrigkeit der Tat betreffender Irrtum unbeachtlich sei, durch die Entwicklung des *Verbots*irrtums in BGH GSSt 2/51 BGHSt 2, 194 abgelöst worden ist. Bis zu jener Entscheidung des BGH hatten im Prinzip zwei Meinungen um die Vorherrschaft darüber gerungen, wie im Falle eines Verbotsirrtums zu entscheiden sei: Die sog. *Vorsatztheorie* (bb) auf der einen und die *Schuldtheorien* auf der anderen Seite. Die Schuldtheorien (cc, dd), die bis dahin im Verständnis des Vorsatzes als Bestandteil des Unrechts übereinstimmten, erlebten angesichts des Erlaubnistatumstandsirrtums jedoch ihre Feuerprobe: **198** *bb) Der Erlaubnistatumstandsirrtum und die Vorsatztheorie*

199 Wie schon der Name besagt, ist bzw. war es Gegenstand der Vorsatztheorie, dass in den Fällen, in denen der Täter irrig annimmt, rechtmäßig zu handeln, mit dem Unrechtsbewusstsein zugleich der Vorsatz entfällt. Die Vorsatztheorie ist eine Konsequenz des *kausalen Verbrechensbegriffs*, bei dem der Vorsatz nur Bestandteil der Schuldhaftigkeit und dort mit dem Unrechtsbewusstsein verbunden ist, wobei das Unrechtsbewusstsein den dominierenden Bestandteil darstellt (näher § 2 RN 81, 94).

200 Weil beim Erlaubnistatumstandsirrtum nun aber das Unrechtsbewusstsein des Täters fehlt, muss nach der Vorsatztheorie auch der Vorsatz des Täters als Element der Schuldhaftigkeit entfallen.

201 Als *Ergebnis* erscheint die Verneinung des Vorsatzes sachgerecht, weil im Bereich des Erlaubnistatumstandsirrtums der Täter gerade über *Tatsachen* irrt, was der Lehre des Reichsgerichts vom „Tatirrtum" nahe kommt. Die Einwände gegen die Vorsatztheorie kommen daher auch aus einer anderen Richtung: Sie betreffen Fälle, in denen der Täter irrig annimmt, rechtmäßig zu handeln, ohne über Tatsachen zu irren. Denn hier ist in der Tat nicht einzusehen, dass allein eine falsche *Wertung* bei Kenntnis aller Tatumstände den Vorsatz entfallen lassen soll. Vor allem diese Schwäche führte zur Ablehnung der Vorsatztheorie durch die Rechtsprechung, die h.M. und letztendlich auch durch den Gesetzgeber mittels Einführung von § 17. Infolge jener *grundsätzlichen* und *gesetzlichen* Ablehnung der Vorsatztheorie ist es nicht mehr möglich, den Wegfall des Vorsatzes beim Erlaubnistatumstandsirrtum auf die Vorsatztheorie zu stützen.

cc) Der Erlaubnistatumstandsirrtum und die (strenge) Schuldtheorie

202 Die Anerkennung eines Verbotsirrtums durch den Bundesgerichtshof in der Entscheidung BGHSt 2, 194 (oben RN 56 ff.) beruhte darauf, dass Vorsatz und Unrechtsbewusstsein getrennt wurden. Das Unrechtsbewusstsein wurde als selbständiges Element der *Schuldhaftigkeit* anerkannt, was der *Schuldtheorie* auch ihren Namen gab. Die Schuldtheorie korrespondiert mit dem *finalen Begriff von der strafbaren Handlung*, bei dem der Vorsatz ausschließlich Teil der Tatbestandsmäßigkeit und das Unrechtsbewusstsein *selbständiger* Bestandteil der Schuldhaftigkeit ist (näher § 2 RN 97).

203 Der Nachteil der Schuldtheorie nach BGH GSSt 2/51 BGHSt 2, 194 ff. und der auf einem rein normativen Schuldhaftigkeitsbegriff der finalen Handlungslehre aufbauenden Schuldtheorie bestand bzw. besteht allerdings darin, dass es keinen Unterschied macht, ob der Täter von der Rechtmäßigkeit seines Handelns aufgrund einer falschen Wertung oder aufgrund einer falschen Kenntnis über Tatsachen ausgeht. Vielmehr spannt sie alle Irrtümer über denselben Leisten und behandelt sie so, als ob der Täter ausschließlich über das Verbotensein irren würde.

204 Unter dem Gesichtspunkt der Fähigkeit des Menschen zu Vernunft und normativer Ansprechbarkeit spielt es aber eine entscheidende Rolle, ob der Täter glaubt, seine eigene Wertung über das Verbotensein – „aufbegehrend" – an die Stelle der gesetzgeberischen setzen zu können, oder ob er – rechtstreu – nur irrig Umstände annimmt, bei deren Vorliegen er wirklich gerechtfertigt wäre. Denn es ist unter dem

Gesichtspunkt der Rechtstreue nicht einzusehen, dass der Täter, der irrig Tatsachen annimmt, die ihn rechtfertigen würden, schlechter behandelt werden soll, als jener, der Tatsachen, die zum gesetzlichen Tatbestand gehören, nicht kennt. Durch die *Gleichstellung* des Erlaubnistatumstandsirrtums mit einem unmittelbaren Irrtum über das Verbotensein stellt die Schuldtheorie den Täter, der einem Erlaubnistatumstandsirrtum zum Opfer fällt, insofern *willkürlich* schlechter gegenüber demjenigen, der ein Tatbestandsmerkmal nicht kennt.

Die Begründung für jene Gleichstellung, dass der Erlaubnistatumstandsirrtum **205** die Rechtswidrigkeit betreffe, während der Tatumstandsirrtum die Tatbestandsmäßigkeit tangiere, vermag deshalb nicht zu überzeugen, weil sie dem entscheidenden Unterschied, der Kenntnis bzw. Unkenntnis von *Tatsachen* beim Erlaubnistatumstandsirrtum, nicht gerecht wird. Die Anwendung der Schuldtheorie im Bereich des Erlaubnistatumstandsirrtums verbietet sich daher vor allem verfassungsrechtlich aus Gründen der wesentlichen Gleichheit mit dem Irrtum über Tatsachen im Bereich der Elemente der Tatbestandsmäßigkeit. Deshalb hat der BGH in der epochemachenden Entscheidung BGH 1 StR 119/52 BGHSt 3, 105 vom 6.6.1952 jene Schuldtheorie, die seither „strenge" Schuldtheorie genannt wird, *eingeschränkt*.

dd) Der Erlaubnistatumstandsirrtum und die eingeschränkte Schuldtheorie

Nach der eingeschränkten Schuldtheorie handelt es sich beim Erlaubnistatum- **206** standsirrtum zwar um einen Irrtum, dessen Objekt einerseits die Rechtswidrigkeit der Tat und damit das Verboten-Sein betrifft, der jedoch *auch* Irrtum über *Tatsachen* ist und deshalb insoweit wie ein Irrtum über Tatsachen im Bereich der Tatbestandsmäßigkeit behandelt wird. Der Anwendungsbereich der (strengen) Schuldtheorie und des Verbotsirrtums wird deshalb um den Bereich des Erlaubnistatumstandsirrtums *eingeschränkt*.

aaa) Ziel: keine Bestrafung wegen vorsätzlicher Tatbegehung

Folglich soll der Täter jedenfalls *nicht* wegen *vorsätzlicher* Verwirklichung der Tat- **207** bestandsmäßigkeit bestraft werden können. Bei individueller Vermeidbarkeit des Irrtums kommt jedoch eine Verantwortlichkeit wegen fahrlässiger Tatbegehung in Frage, wenn diese mit Strafe bedroht ist. Dies ist sachgerecht. Denn im Unterschied zum ausschließlich falsch Wertenden geht der Irrende hier von *Tatsachen* aus, aufgrund derer auch jeder andere rechtstreue Bürger eine Rechtfertigung annehmen würde. Die irrige Annahme von Tatsachen versperrt dem Täter darüber hinaus selbst bei Vermeidbarkeit in höherem Maße als beim vermeidbaren unmittelbaren Wertungsirrtum nach § 17 S. 2 die Möglichkeit, durch gewissenhafte Prüfung zu einer Revidierung seiner Ansicht zu kommen. Ist der Irrtum sogar objektiv *unvermeidbar*, liegt ein *rechtmäßiges* Handeln im erlaubten Risiko (§ 5 RN 389 f.) vor.

bbb) Dogmatische Wege **208**

Unumstritten ist, dass der Täter auch im Falle der irrigen Annahme der tatsächlichen Voraussetzungen eines Rechtfertigungsgrundes die Elemente der *Tatbestandsmäßigkeit* (z. B. Töten eines Menschen) *vorsätzlich* verwirklicht. Dies entspricht zum einen den *tatsächlichen* Verhältnissen, weil der im Erlaubnistatumstandsirrtum Handelnde den Tatbestand *wissentlich* und willentlich und damit *vorsätzlich* erfüllt.

209 **Zu Leitfall 13**

In *Leitfall 13*. Var. b *weiß* und *will* A, dass der B verletzt wird. Aufgrund der irrigen Annahme einer rechtfertigenden Situation weiß er nur nicht, dass er rechtswidrig handelt.

210 Die *dogmatische Ausgestaltung* der Ablehnung einer Vorsatzstrafe kann deshalb nicht auf der Ebene der Tatbestandsmäßigkeit erfolgen. Deshalb wird zum Teil angenommen, dass die *Vorwerfbarkeit* vorsätzlichen Handelns, die „Vorsatz*schuld*" (sog. *Vorsatzschuld-orientierte* eingeschränkte Schuldtheorie), zu verneinen sei. Andere bejahen zwar eine vorsätzliche schuldhaft begangene Tat, wollen aber die Rechtsfolgen der entsprechenden Fahrlässigkeitstat entnehmen (sog. *Rechtsfolgen-orientierte* eingeschränkte Schuldtheorie).[82]

211 Sowohl die an der Vorsatzschuld als auch die an den Rechtsfolgen orientierte eingeschränkte Schuldtheorie haben nicht nur den Vorteil, dass der Vorsatz als Bestandteil der Tatbestandsmäßigkeit erhalten bleibt. Nach beiden Ansichten bleibt darüber hinaus eine *vorsätzliche* und rechtswidrige Haupttat – wie in den §§ 26, 27 vorausgesetzt – bestehen, was hinsichtlich etwaiger Teilnehmer, welche nicht im Irrtum handeln, von Bedeutung sein kann. Ließe man mit der Lehre von den negativen Tatbestandsmerkmalen hingegen den Vorsatz unter unmittelbarer Anwendung von § 16 I entfallen,[83] müsste man bezüglich der nicht irrenden Beteiligten auf mittelbare Täterschaft zurückgreifen, was bei eigenhändigen Straftaten zu Strafbarkeitslücken führt. Gleiches gilt bei analoger Anwendung von § 16 I.[84]

212 Die *Vorsatzschuld-orientierte* eingeschränkte Schuldtheorie korrespondiert mit dem *vermittelnden Begriff der strafbaren Handlung*. Der Vorsatz findet sich sowohl innerhalb der Tatbestandsmäßigkeit (*personaler Unwert*) als auch der Schuldhaftigkeit (Vorsatz-*Schuld*). Die Verneinung der Vorsatz*schuld* lässt die vorsätzliche Verwirklichung der tatbestandsmäßigen Handlung unberührt (näher § 2 RN 114).

213 Eine grafische Darstellung zum Erlaubnistatumstandsirrtum findet sich unten (Abb. 1).

ee) Der abergläubische Erlaubnistatumstandsirrtum

214 Im Zusammenhang mit dem *Katzenkönig*-Fall (*Leitfall 10.*) wurde die Frage aufgeworfen, ob die irrige Annahme der tatsächlichen Voraussetzungen eines Rechtfertigungsgrundes auch dann nach den Grundsätzen des Erlaubnistatumstandsirrtums

[82] So *Jescheck/Weigend* AT § 41 IV 1 d; *Schlüchter* 1983, S. 172 f.; *Fischer* § 16 RN 22d f.; *Wessels/Beulke/Satzger* AT RN 478 f. zurückgehend auf *Gallas* ZStW 67 (1955), 46 FN 89 dazu *Schünemann* GA (2006, 778; vgl. auch BGH 4 StR 375/82 BGHSt 31, 264/286 f.

[83] So *Arth. Kaufmann* JZ 1954, 653; JZ 1956, 353 ff.

[84] Vgl. *Graul* JuS Lernbogen 1995 L 41, 44; *Scheffler* Jura 1993, 617; *Frisch* in: Eser/Perron (Hrsg.) 1991, S. 271; *Kuhlen* 1987, S. 330.

beachtlich sei, wenn diese Annahme die Zugrundelegung abergläubischer Geschehensabläufe voraussetzt:[85]

Beispiel 13.24 215

Hundekönig-Fall: Der Sachverhalt unterscheidet sich von *Leitfall 10.* nur darin, dass R an einen Hundekönig glaubt. R meint aufgrund der Beeinflussung durch H und P, dass der Hundekönig mit dem Untergang der Welt droht, wenn ihm nicht der Schoßhund der N, den N über alle Maßen liebt, geopfert werde.

In Fällen dieser Art kommt ein Erlaubnistatumstandsirrtum deshalb nicht in Frage, 216
weil das, was der Täter sich vorstellt, nicht einen realen, sondern einen irrealen Geschehensablauf zum Gegenstand hat. Zwar würde das Interesse der Menschen, gerettet zu werden, ohne Zweifel das Interesse der N am Leben ihres Hündchens überwiegen. Jedoch fehlt – worauf *Herzberg* zutreffend hinweist[86] – in Fällen wie diesen das Vorliegen einer gegenwärtigen Gefahr die Menschheit. Irreale Zusammenhänge sind nicht zurechenbar. Deshalb ist der abergläubische Entschluss keine Grundlage eines Versuchs im Rechtssinne (§ 9 RN 39 f.), ebenso wie auch die irreale Gefahr keine Gefahr im Sinne von § 34 ist. Der Aberglaube des R, wegen der Gefahr seitens des Hundekönigs so handeln zu dürfen, wäre nicht als Erlaubnistatumstandsirrtum, sondern lediglich als unmittelbarer Verbotsirrtum einzuordnen.

2. Irrtum über die rechtlichen Grenzen eines Rechtfertigungsgrundes – Erlaubnisgrenzirrtum

a) Form: Unkenntnis der Erlaubnisgrenze

Beispiel 13.25 217

Eines Tages bemerkt A, dass ein paar Kinder in seinen Garten eingedrungen sind und sich die Taschen mit reifen Äpfeln gefüllt haben. Als er ihnen die Äpfel wieder abnehmen will, ergreifen sie die Flucht. Da nimmt A sein Luftgewehr und schießt einen der Buben ins Bein, worauf dieser seine Äpfel fallen lässt.

A weiß nicht, dass sein Notwehrrecht im Hinblick auf die Strafunmündigkeit 218
der Kinder und die Geringwertigkeit der gestohlenen Früchte eingeschränkt ist. Ist A strafbar?

A kennt die Tatsachen, jedoch wertet er falsch, indem er glaubt, auch unter den ge- 219
gebenen Umständen von seinem Notwehrrecht Gebrauch machen zu können. Er befindet sich somit in Unkenntnis über die Grenzen dessen, was ihm aufgrund des Notwehrrechtes erlaubt ist.

Jener Erlaubnisgrenzirrtum ist als Verbotsirrtum im Sinne von § 17 *beachtlich.* 220

[85] Vgl. *Herzberg* Jura 1990, 18 f.; *H. Schumann* NStZ 1990, 33 f.

[86] Vgl. *Herzberg* Jura 1990, 18 links.

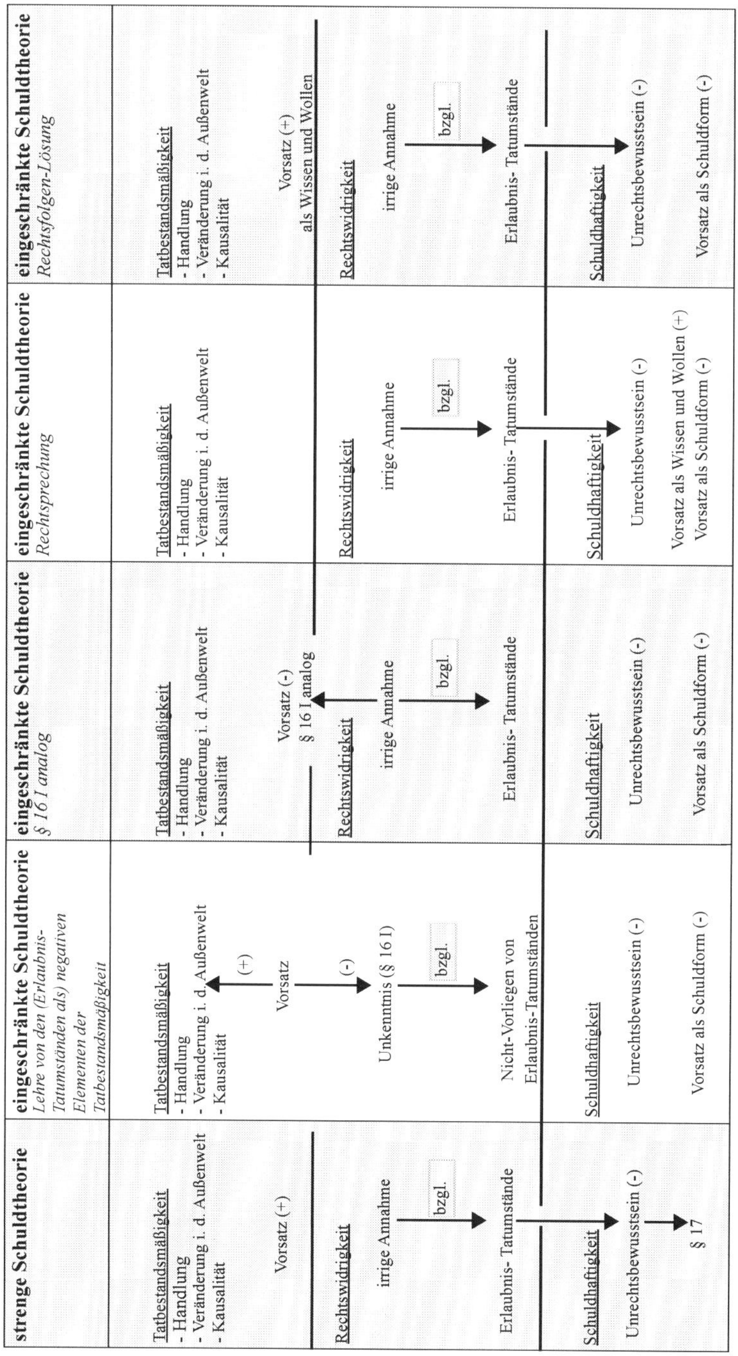

Abb. 1 „Erlaubnistatumstandsirrtum"

Zu Beispiel 13.25

Die Strafe des A wegen gefährlicher Körperverletzung kann somit gemildert werden. Im Falle der Unvermeidbarkeit des Irrtums bliebe A straffrei.

Ergebnis: A §§ 224, 17. 221

b) Form: Irrige Annahme

Beispiel 13.26 222

A wehrt die lebensbedrohlichen Messerstiche des überlegenen Angreifers B mangels einer anderen Möglichkeit mit einem gezielten tödlichen Schuss ab. Er ist der Auffassung, dass die Europäische Menschenrechtskonvention eine tödliche Notwehr verbiete (Zur Frage der Einschränkung einer tödlichen Notwehr durch Art. 2 II a EMRK § 5 RN 151 f.).

Hier irrt A nicht über den Sachverhalt. Vielmehr nimmt er irrig an, dass der nicht 223
strafbare Sachverhalt strafbar sei. Er begeht damit eine straflose „*Wahnstraftat*".

Zu Beispiel 13.26 224

Ergebnis: A bleibt straffrei.

3. Irrtum über die Existenz eines Rechtfertigungsgrundes – Erlaubnisnormirrtum

a) Form: Unkenntnis

Beispiel 13.27 225

Bademeister X sieht, dass zwei Badegäste gleichzeitig zu ertrinken drohen, von denen er aber nur einen retten kann. Er rettet Badegast A. Badegast B ertrinkt. Bezüglich der unterbliebenen Rettung des B macht er sich nicht nur größte Vorwürfe, er befürchtet sogar, dass sein Unterlassen rechtswidrig war. Zu Recht?

Da der Bademeister die Rettung des B unterlassen hat, weil er sich zur Rettung 226
des A entschlossen hatte, steht ihm hinsichtlich des Todes des B der Rechtfertigungsgrund der rechtfertigenden Pflichtenkollision zur Seite (§ 5 RN 327 ff.). Seine Auffassung, hinsichtlich des B Unrecht begangen zu haben, beruht darauf, dass er jenen Rechtfertigungsgrund nicht kennt. Trotz Kenntnis des rechtfertigenden Sachverhalts stellt er sich somit vor, Unrecht begangen zu haben. Damit handelt er in *Unkenntnis* der Erlaubnisnorm, nimmt er irrig die *Strafbarkeit* eines rechtmäßigen Handelns an. Er begeht somit eine *straflose „Wahnstraftat"*.

227 **Zu Beispiel 13.27**

Ergebnis: X bleibt straffrei.

b) Form: Irrige Annahme

228 **Beispiel 13.28**

Der züchtigende Jugendstaatsanwalt BGH 3 StR 102/84 NStZ 1986, 27: „Der Angeklagte nahm als Jugendstaatsanwalt bei ihm eingehende polizeiliche Meldungen wegen – nicht schwerwiegender – Straftaten von männlichen Jugendlichen und Heranwachsenden zum Anlass, diesen, nach jeweiliger Erörterung der Sachlage und unter Ermahnung zu künftigem Wohlverhalten, mit ihrem Einverständnis Schläge auf das nackte Gesäß zu geben und zwar in aller Regel in den elterlichen Wohnungen [...]. In allen Fällen stellte er anschließend das Verfahren gegen die Betroffenen ein, ohne die körperliche Züchtigung aktenkundig zu machen."

229 Wäre es hinsichtlich der Strafbarkeit wegen einer Körperverletzung im Amt (§ 340) sowie wegen Rechtsbeugung (§ 339) beachtlich, wenn Jugendstaatsanwalt J geglaubt haben sollte, aufgrund seiner *Amtsstellung* zu den Züchtigungen berechtigt zu sein?

230 J würde einen Rechtfertigungsgrund angenommen haben, welchen es überhaupt nicht gibt. Die daraus folgende Annahme, rechtmäßig zu handeln, stellt lediglich einen im Rahmen von § 17 *beachtlichen* Verbotsirrtum dar. Da von einer Vermeidbarkeit des Verbotsirrtums auszugehen ist, käme nur eine Strafmilderung in Frage.

231 **Zu Beispiel 13.28**

Ergebnis: u. a. J §§ 340, 339, 17.

4. Irrtum über das „Verbotensein" – „unmittelbarer Verbotsirrtum"

a) Form: Unkenntnis

232 **Beispiel 13.29**

Gegen den ausdrücklichen Willen des B benutzt A dessen Fahrrad zu einer Ausflugsfahrt. Auf die Frage des *Staatsanwalts* erklärt er, er habe nicht gewusst, dass die Benutzung eines Fahrrades gegen den Willen des Berechtigten nach § 248b strafbar ist.

233 Der Irrtum des A ist als Verbotsirrtum beachtlich, § 17.

Zu Beispiel 13.29 234

Ergebnis: A §§ 248 b, 17.

b) Form: Irrige Annahme

Beispiel 13.30 235

Anlässlich eines Besuches bei B entwendet A dem B ein Buch, um es bei Gelegenheit des nächsten Besuches nach beendeter Lektüre wieder unbemerkt in B's Bücherregal zu stellen. Dabei geht er davon aus, einen Diebstahl zu begehen.

Bei dem Vorgehen des A handelt es sich mangels Zueignungsabsicht[87] um eine straflose Gebrauchsanmaßung. Obwohl A den Sachverhalt kennt, glaubt er einen strafbaren Diebstahl zu begehen. Er nimmt folglich irrig die Strafbarkeit eines in Wahrheit straflosen Sachverhaltes an. Dieser Irrtum ist unbeachtlich. Es liegt eine straflose Wahnstraftat vor. 236

Zu Beispiel 13.30 237

Ergebnis: A straffrei.

III. Irrtümer über Elemente der Schuldhaftigkeit

1. Irrtum über die tatsächlichen Voraussetzungen von Entschuldigungsgründen

a) Form: Unkenntnis

Beispiel 13.31 238

Um B, der wegen einer Tötungsstraftat angeklagt ist, vor einer hohen Haftstrafe zu bewahren, sagt seine *Freundin* A vor Gericht falsch aus. Was A nicht weiß: In ihrer noch ungeöffneten Tagespost befindet sich ein Brief des B, in dem er der A mit dem Tode droht, falls sie nicht zu seinen Gunsten aussage.

Zwar liegen objektiv die tatsächlichen Voraussetzungen eines entschuldigenden Notstandes nach § 35 vor. Davon weiß A allerdings nichts. Da jedoch die Straffreiheit aufgrund von § 35 eine Schuldminderung voraussetzt, die auch auf einem Motivationsdruck beruht, scheidet die Anwendung von § 35 aus, wenn der Täter 239

[87] Vgl. aber auch den *Krimi*-Fall OLG Celle 1 Ss 10/67 NJW 1967, 1921 sowie *Eser* StK IV 4. Aufl. 1983, Nr. 3. Dort hatte der Täter ein Buch aus einer Buchhandlung entwendet, um es zu lesen und anschließend wieder zurückzugeben. Das OLG nahm Zueignungsabsicht an, weil der Täter dem Buch den Verkaufswert als neuwertig entzogen habe. Dieser Gesichtspunkt spielt im hier genannten Beispiel jedoch keine Rolle.

nichts von der Notstandssituation weiß. Die Unkenntnis der Notstandslage führt somit dazu, dass eine Entschuldigung nach § 35 nicht in Frage kommt. Der Irrtum der A ist somit unbeachtlich.[88]

240 **Zu Beispiel 13.31**

Ergebnis: A § 153.

b) Form: Irrige Annahme – „Entschuldigungstatumstandsirrtum"

241 **Beispiel 13.32**

B ist wegen eines Totschlags angeklagt. Als er von seiner Bekannten A in der Untersuchungshaft besucht wird, sagt er zu ihr, falls sie nicht zu seinen Gunsten eine falsche Zeugenaussage mache, könne sie gleich einen Sarg bestellen. A fühlt sich daraufhin in ihrem Leben bedroht und sagt zu Gunsten des A falsch aus. In Wahrheit wollte B nur mit seinem Selbstmord drohen.

242 Hätte B damit gedroht, A umbringen zu lassen, falls sie nicht zu seinem Gunsten falsch aussage, läge die Situation eines entschuldigenden Notstandes nach § 35 vor. Im Falle der Drohung mit Selbstmord wäre dies anders, weil B keine „nahestehende Person" im Sinne von § 35 ist.

243 Die irrige Annahme der tatsächlichen Voraussetzungen einer entschuldigenden Situation ist nach § 35 II *beachtlich* und führt dazu, dass in Anwendung von Verbotsirrtumsgrundsätzen bei *Unvermeidbarkeit* des Irrtums Straffreiheit eintritt, während ansonsten die Strafe nach § 35 II 2 nach Versuchsgrundsätzen zu mildern ist.[89]

244 **Zu Beispiel 13.32**

Ergebnis: A §§ 153, 35 II.

245 § 35 II kann analog herangezogen werden, wenn der Täter irrig Umstände eines sonstigen Entschuldigungsgrundes annimmt, zum Beispiel die tatsächlichen Voraussetzungen eines Notwehrexzesses nach § 33.

---

[88] Instruktiv hierzu der *Familientyrannen*-Fall BGH 1 StR 483/02 BGHSt 48, 255.

[89] Die Milderung nach § 35 II geht dabei einer Milderung wegen Vorliegens außergewöhnlicher Umstände beim Heimtückemord gem. BGHSt 30, 105 vor, näher hierzu BGH 1 StR 483/02 BGHSt 48, 255/262 f.

2. Irrtum über die rechtlichen Grenzen eines Entschuldigungsgrundes – „Entschuldigungsgrenzirrtum"

a) Form: Unkenntnis

Beispiel 13.33 246

Der Täter glaubt, nach § 35 auch dann entschuldigt zu sein, wenn er die Tat begeht, um eine Gefahr von seinem Vermögen abzuwenden.

Weil es allein in die Risikosphäre des Täters fällt, wenn er Entschuldigungsgründe zu weit interpretiert, sind Irrtümer dieser Art *unbeachtlich*. Ein Irrtum über die Grenzen von Entschuldigungsgründen ist nicht anerkannt. 247

b) Form: Irrige Annahme

Beispiel 13.34 248

Der Täter, der in einer Notstandslage nach § 35 eine Leibesgefahr abwendet, glaubt, dass die Entschuldigung nach § 35 nur möglich sei, wenn eine Lebensgefahr abgewendet wird.

Der Irrtum ist *unbeachtlich*. Entscheidend ist, dass der Täter aus einem vom Gesetzgeber als Entschuldigungsgrund anerkannten Motivationsdruck handelt. Es genügt, dass der Täter die entschuldigende Situation kennt. Dass er die gesetzliche Entschuldigung nicht kennt, schadet nicht. Folglich kommt ihm der Entschuldigungsgrund zugute, obwohl er irrig glaubt, über die Grenzen der Entschuldigung hinausgegangen zu sein. 249

3. Irrtum über Schuldausschließungsgründe – „Schuldausschließungsgrundirrtum"

Irrtümer über Schuldausschließungsgründe (§§ 17, 20, 21) sind in jeder Hinsicht *unbeachtlich*. Denn es kommt darauf an, ob Tatsachen gegeben sind, aufgrund derer die Schuld des Täters ausgeschlossen *ist*. Völlig unerheblich ist, ob der Täter über seine Schuldfähigkeit nachdenkt. Liegt der Schuldausschließungsgrund vor, bleibt der Täter straffrei. Liegt er nicht vor, tritt die strafbefreiende Wirkung nicht ein. 250

IV. Irrtümer über besondere Rechtsfolgevoraussetzungen

1. Irrtümer über objektive Bedingungen der Strafbarkeit

Da es gerade der Zweck der objektiven Bedingungen der Strafbarkeit ist, nicht vom Vorsatz des Täters umfasst sein zu müssen, sind Irrtümer in diesem Bereich unbeachtlich. 251

2. Irrtümer im Bereich persönlicher Strafausschließungs- und Strafaufhebungsgründe

252 Persönliche Strafausschließungsgründe sind grundsätzlich *irrtumsresistent*.

253 Nach einer Mindermeinung soll hier jedoch eine Ausnahme für solche persönlichen Strafausschließungsgründe gelten, die auf einer typischerweise *schuldmindernden* Situation beruhen, wie z. B. § 258 VI, die Straffreiheit der Strafvereitelung, die zu Gunsten eines Angehörigen begangen wird. Weiß der Täter nicht, dass es ein Angehöriger ist, dem die Strafvereitelung zugute kommt, liegt die von § 258 VI stillschweigend vorausgesetzte Notlage nicht vor. Deshalb wird vertreten, dass bei Unkenntnis der Angehörigeneigenschaft der persönliche Strafausschließungsgrund nach § 258 VI nicht eintreten soll.[90]

254 Entsprechend wird man § 258 VI analog annehmen müssen, wenn der Täter irrtümlich davon ausgeht, dass er die Strafe zu Gunsten eines Angehörigen vereitele. Denn hier entspricht die Motivationslage jener in § 258 VI, wenn die Angehörigeneigenschaft gegeben ist.[91]

255 Bei dem *persönlichen Strafaufhebungsgrund* des Rücktritts sind § 24 I und II jeweils S. 2 zu beachten. Freiwillige und ernsthafte Rettungsbemühungen führen zur Straffreiheit, auch wenn sie für die Verhinderung des Schadens nicht kausal geworden sind (*irrige Annahme* der Wirksamkeit des Rücktrittsverhaltens). Umgekehrt führt die *Unkenntnis* der Verhinderungskausalität nicht zur Strafaufhebung. Ein error in persona schließt einen Rücktritt nicht aus.[92]

D. Konkurrenz von Tatumstands- und Verbotsirrtum?

256 Eine Konkurrenz von Tatumstands- und Verbotsirrtum ist möglich, wenn der Täter aufgrund des Tatumstandsirrtums – Unkenntnis eines Tatbestandsmerkmals – rechtmäßig zu handeln glaubt. Da jedoch der *Tatumstandsirrtum* in diesen Fällen die *speziellere Regelung* darstellt, bedarf es eines Rückgriffs auf den Verbotsirrtum nicht. Dies gilt im Übrigen auch für den Erlaubnistatumstandsirrtum. Denn auch hier nimmt der Täter aufgrund der Verkennung der Sachlage an, rechtmäßig zu handeln.

257 Von diesen Sachlagen eines *Verbotsirrtums im Hintergrund eines Tatumstandsirrtums* (*mittelbarer Verbotsirrtum*) sind jene Fälle zu unterscheiden, in denen – angeblich – ein Doppelirrtum vorliegt: Der Täter handele „an sich" im Tatumstandsirrtum, überschreite aber dessen Grenzen, weshalb gleichzeitig ein Verbotsirrtum vorliege. Schulbeispiel ist insoweit der *Putativnotwehrexzess*, wie er *Leitfall 13 Var.* a. zugrunde liegt.

---

[90] So *Sternberg-Lieben* in: Schönke/Schröder § 16 RN 34; *Stree/Hecker* in: Schönke/Schröder § 258 RN 41; diff. *Wessels/Beulke/Satzger* AT RN 498 ff.; für Straffreiheit wegen der objektiven Gesetzesfassung aber *Eser/Burkhardt* StK I Nr. 19 A 31; vgl. auch § 7 RN 30.

[91] So *Cramer/Sternberg-Lieben* in: Schönke/Schröder § 16 RN 34; *Wessels/Beulke/Satzger* AT RN 500; für eine analoge Anwendung von § 16 II *Schlüchter* AT Kap. 10.

[92] Näher zum Ganzen Baumann/Weber/*Mitsch* § 27 RN 16a.

Jedoch ist in Fällen dieser Art ein *Erlaubnistatumstandsirrtum nicht* gegeben. Denn die Tatsachen, die der Täter sich vorstellt, würden ihn *nicht rechtfertigen.* Weil A in *Leitfall 13. Var.* a selbst dann nicht rechtmäßig handeln würde, wenn er von B angegriffen würde, scheidet ein Erlaubnistatumstandsirrtum von vornherein aus. Auch ein Erlaubnis*grenz*irrtum ist *nicht* gegeben, weil ein Rechtfertigungsgrund, dessen Grenze der Täter überschreiten würde, ebenfalls nicht vorliegt. 258

So bleibt in diesen Fällen nur, die irrige Annahme der tatsächlichen Voraussetzungen eines Entschuldigungsgrundes anzunehmen (*Entschuldigungs-Tatumstandsirrtum*). Beim Notwehrexzess ist die irrige Annahme seiner tatsächlichen Voraussetzungen nicht eigens geregelt. Jedoch wäre es möglich, § 35 II analog auf Fälle dieser Art anzuwenden. 259

E. Übersicht über Gegenstände, Formen, Bezeichnungen und die Beachtlichkeit der wichtigsten Irrtümer im Strafrecht

Ein grafische Übersicht zum Irrtum im Strafrecht findet sich in Tab. 1 260

Lösung des Leitfalls 13. (Gutachtenstil)

Variante a.

A könnte sich wegen Totschlags gemäß § 212 strafbar gemacht haben. 261

I. Tatbestandsmäßigkeit

Dann müsste A zunächst einen Menschen getötet haben. A hat den B mit dem gezielten Schuss ins Herz getötet und wollte dies auch. A hat tatbestandsmäßig gehandelt. 262

II. Rechtswidrigkeit

Allerdings könnte die Rechtswidrigkeit der Handlung des A wegen Eingreifens eines Rechtfertigungsgrundes ausgeschlossen sein. 263

In Betracht kommt Notwehr gemäß § 32. Dann hätte objektiv ein gegenwärtiger und rechtswidriger Angriff seitens des B vorliegen müssen. Da B den A jedoch nicht erschießen, sondern ihm nur dessen Ersatzpistole zurückbringen wollte, ist ein Angriff nicht gegeben. Andere Rechtfertigungsgründe sind nicht ersichtlich, die Tat des A ist rechtswidrig. 264

Jedoch stellt sich A irrtümlich vor, von B angegriffen zu werden und meint, sich in der genannten Weise wehren zu dürfen. 265

III. Schuldhaftigkeit

A glaubte, rechtmäßig zu handeln und hatte daher kein Unrechtsbewusstsein. Dieser Irrtum könnte zunächst als Erlaubnistatumstandsirrtum nach der vorsatzschuldausschließenden eingeschränkten Schuldtheorie die Vorsatzschuld 266

Tab. 1 Der Irrtum im Strafrecht: Gegenstände, Formen und Folgen

	Gegenstand	Unkenntnis	Irrige Annahme
Tatbestandsmäßigkeit	– deskriptives Element der TBmäßigkeit	§ 16 I 1, 2 StGB	Versuch
	– normatives Element der TBmäßigkeit	Tatsachenirrtum: § 16 I 1, 2 Wertungsirrtum: ohne (zutr.) Parallelwertg i. d. Laiensph. § 16 I 1, 2 mit zutreffender Parallelwertung in der Laiensphäre: unbeachtlicher Subsumtionsirrtum	Wertung zutreffend: Versuch Wertung unzutreffend: Wahnstraftat
	– qualifizierendes Element der TBmäßigkeit	§ 16 I 1	Grundstraftat und Versuch der Qualifikation, § 52
	– privilegierendes Element der TBmäßigkeit	Privilegierung und Versuch der Grundstraftat, § 52	§ 16 II
	– Kausalverlauf	bei zurechnungsausschließender Kausalabweichung kein Vorsatz	Versuch
	– Angriffsobjekt (als Ziel: aberratio ictus)	Konkretisierungstheorie: kein Vorsatz bezüglich des Erreichten	Versuch bezüglich des Gewollten
	– Angriffsobjekt (Identität: error in obiecto/ persona)	unbeachtlich	unbeachtlich
Rechtswidrigkeit	„Verboten-Sein“	§ 17	Wahnstraftat
	RFG – tatsächliche Voraussetzungen	Straffreiheit; hM: Versuch; mM: Vollendung	(Erlaubn.Tatumst.Irrt.): eingeschr. Schuldtheorie: § 16 I 1 analog; bei *obj. und indiv. Unvermeidbkt* des Irrtums: *RFG;* strenge Schuldtheorie: § 17
	– rechtliche Grenzen (Erlaubnisgrenzirrtum)	§ 17	Wahnstraftat
	– Existenz (Erlaubnisnormirrtum)	Wahnstraftat	§ 17
Schuldhaftigkeit	EG – tatsächliche Voraussetzungen	EG (-)	§ 35 II (analog, u. U. auch direkt)
	– rechtliche Grenzen	unbeachtlich	unbeachtlich
Besondere Rechtsfolgevoraussetzungen/ -hindernisse	obj. Bedingungen der Strafbarkeit	unbeachtlich	unbeachtlich
	persönliche Strafausschließungsgründe	überwiegende Meinung: unbeachtlich	überwiegende Meinung: unbeachtlich
	Privilegierung zur Straflosigkeit, z. B. § 258 VI	m.M.: pSAG (-)	a. A.: pSAG (+)

entfallen lassen. Voraussetzung wäre jedoch, dass A sich einen Sachverhalt vorstellt, der ihn – so er vorläge – rechtfertigen würde.

A stellte sich vor, von B gegenwärtig und rechtswidrig angegriffen zu werden, die tatsächlichen Voraussetzungen einer Notwehrlage. Der Erlaubnistatumstandsirrtum setzt weiter voraus, dass A auch die tatsächlichen Voraussetzungen einer Notwehrhandlung – d. h. die erforderliche Verteidigung zur Abwehr des vorgestellten Angriffes – hätte irrig annehmen müssen. 267

Erforderlich ist die Handlung, die eine möglichst sofortige Beendigung des Angriffs erwarten lässt. Unter mehreren gleich wirksamen Verteidigungsmitteln ist diejenige zu wählen, die den geringsten Schaden anrichtet. Hier trug A eine Schusswaffe bei sich, mit der er als geübter Sportschütze den vermeintlichen Angriff des B auch durch einen gezielten Schuss in dessen Hand hätte abwehren können. Ein gezielter tödlicher Schuss war nicht erforderlich. Damit wäre A auch dann nicht gerechtfertigt gewesen, wenn die von ihm irrig angenommenen Tatsachen zutreffend gewesen wären. Eine irrige Annahme der tatsächlichen Voraussetzungen des Rechtfertigungsgrundes „Notwehr" liegt somit nicht vor. Ein Erlaubnistatumstandsirrtum des A scheidet aus. 268

Jedoch könnte ein Verbotsirrtum des A nach § 17 vorliegen, denn A glaubte, die gewählte Verteidigung anwenden zu dürfen und damit rechtmäßig zu handeln. Die Schuldhaftigkeit der Handlung des A wäre nach § 17 S. 1 zu verneinen, wenn er den Irrtum nicht hätte vermeiden können. Jedoch hätte A bei gehöriger Anspannung seines Gewissens erkennen können, dass man niemand durch gezielte Schüsse töten darf, wenn andere Abwehrmöglichkeiten zur Verfügung stehen. Es kommt daher nur eine Strafmilderung wegen eines vermeidbaren Verbotsirrtums nach § 17 S. 2 zu Gunsten des A in Frage.[93] 269

A hat sich wegen Totschlags gemäß §§ 212, 17 S. 2 strafbar gemacht. 270

Variante b. 271

A könnte sich wegen einer gefährlichen Körperverletzung gemäß § 224 I Nr. 2 1. Alt. strafbar gemacht haben.

I. Tatbestandsmäßigkeit

Dann müsste A zunächst einen Menschen körperlich misshandelt oder an der Gesundheit geschädigt haben. Eine körperliche Misshandlung ist eine üble, unangemessene Behandlung, welche das körperliche Wohlbefinden des B nicht unwesentlich beeinträchtigt. Unter Gesundheitsbeschädigung versteht man einen pathologischen Zustand (Wunde). Der Schuss in die Hand und die daraus resultierende Verwundung erfüllt beide Modalitäten der Körperverletzung. Eine gefährliche Körperverletzung könnte deshalb vorliegen, weil A eine Schusswaffe eingesetzt hat. Eine Schusswaffe ist eine Waffe i.S. von § 224 I Nr. 2 1. Alt., weil sie dazu bestimmt ist, erhebliche Verletzungen herbeizuführen. Eine gefährliche Körperverletzung mittels einer Waffe ist somit zu bejahen. 272

[93] Vgl. hierzu auch BGH 4 StR 2/87 NStZ 1987, 322.

273 A verletzte B mit der Schusswaffe wissentlich und willentlich und handelte somit vorsätzlich.

II. Rechtswidrigkeit

274 Allerdings könnte die Rechtswidrigkeit der Handlung des A wegen Eingreifens eines Rechtfertigungsgrundes ausgeschlossen sein.

275 In Betracht kommt Notwehr gemäß § 32. Dann hätte objektiv ein gegenwärtiger und rechtswidriger Angriff seitens des B vorliegen müssen. Da B den A jedoch nicht erschießen, sondern ihm nur dessen Ersatzpistole zurückbrin-gen wollte, ist ein Angriff nicht gegeben. Andere Rechtfertigungsgründe sind nicht ersichtlich, die Tat des A ist somit rechtswidrig.

276 Jedoch stellt sich A irrtümlich vor, einen Angriff des B abzuwehren.

III. Schuldhaftigkeit

277 A glaubte, rechtmäßig zu handeln, es fehlt somit sein Unrechtsbewusstsein. Der Irrtum könnte als Erlaubnistatumstandsirrtum nach der vorsatzschuld-ausschließenden eingeschränkten Schuldtheorie die Vorsatzschuld des A entfallen lassen, wenn A irrig die tatsächlichen Voraussetzungen eines Rechtfertigungsgrundes angenommen, d. h. sich die einen Sachverhalt vorgestellt hätte, bei dessen Vorliegen er gerechtfertigt wäre. A ging von den tatsächlichen Voraussetzungen einer Notwehrlage aus. Um gerechtfertigt zu sein, hätte auch die Notwehrhandlung des A die rechtfertigenden Voraussetzungen erfüllen, d. h. die erforderliche Verteidigung zur Abwehr des vorgestellten Angriffes sein müssen, § 32 II. Sie hätte folglich objektiv erforderlich, normativ geboten sein müssen.

278 Erforderlich ist die Handlung, die eine möglichst sofortige Beendigung des Angriffs erwarten lässt. Unter mehreren gleich wirksamen Verteidigungsmitteln ist diejenige zu wählen, die den geringsten Schaden anrichtet. Der Schuss in die Hand erfüllt diese Voraussetzungen, weil keine andere wirksame Abwehrmöglichkeit zur Verfügung stand. Auch sind keine Umstände erkennbar, welche an der sozialethischen Vertretbarkeit des Handelns von A in der vorgestellten Situation Zweifel aufkommen lassen würden. Es liegt somit eine Handlung des A vor, die auf der Grundlage seiner Vorstellung gerechtfertigt wäre.

279 Damit ist ein Erlaubnistatumstandsirrtum gegeben, welcher in Lehre und Rechtsprechung in unterschiedlicher Weise gewürdigt wird […].

280 Dass der im Erlaubnistatumstandsirrtum Befindliche die objektiven Elemente der Tatbestandsmäßigkeit wissentlich und willentlich erfüllt, kann ihm auf Grund seines Irrtums nicht zum Vorwurf gemacht werden. Es verdient die die Vorsatzschuld ausschließende Variante der eingeschränkten Schuldtheorie daher den Vorzug. Eine Strafbarkeit des A wegen einer vorsätzlichen Verwirklichung des § 224 I Nr. 2 1. Alt. scheidet damit aus.

281 Jedoch hätte A erkennen können, dass B den Finger gar nicht am Abzug der Pistole hatte. Die irrige Annahme der tatsächlichen Voraussetzungen eines Rechtfertigungsgrundes durch A wäre somit vermeidbar gewesen.

282 A hat sich somit wegen einer fahrlässigen Körperverletzung (§ 229) strafbar gemacht.

F. Zur Wiederholung

Kontrollfragen

1. Nennen Sie die beiden (Erscheinungs-)Formen des Irrtums. (RN 15 ff.)
2. Worin besteht das Ziel der Irrtumslehre? (RN 20 f.)
3. Weshalb ist es methodisch notwendig, vor der Prüfung eines Verbotsirrtums zunächst des Nichtvorliegen eines Tatumstandsirrtums nach § 16 zu klären? (RN 36 f.)
4. Worin besteht der Unterschied zwischen einer Wahnstraftat und einem untauglichen Versuch? (RN 30)
5. Was ist ein Erlaubnistatumstandsirrtum und wie wird er nach der eingeschränkten Schuldtheorie behandelt? (RN 189 ff.)
6. Was ist an der „eingeschränkten Schuldtheorie" eingeschränkt? (RN 206 f.)

Literatur

Baumann/Weber/*Mitsch* Strafrecht Allgemeiner Teil (AT), 11. Auflage 2003
Bemmann Zum Fall Rose- Rosahl MDR 1958, 817 ff.
Bemmann Die Objektsverwechslung des Täters in ihrer Bedeutung für den Anstifter, FS Stree/Wessels 1993, S. 397 ff.
Binding, Karl Die Normen und ihre Übertretung Bd. 3, 2. Aufl. 1916
Blei Strafrecht Allgemeiner Teil (AT), 12. Auflage 1993
Dohmen Karnevalsparty mit Folgen, Jura 2006, 143 ff.
Ebert Strafrecht Allgemeiner Teil (AT), 4. Auf. 2007
Erb Zur Unterscheidung der aberratio ictus vom error in persona, FS für Frisch 2013, S. 389 ff.
Eser Juristischer Studienkurs Strafrecht II (StK II), 3. Aufl. 1980
Eser Juristischer Studienkurs Strafrecht IV (StK IV), 4. Aufl. 1983
Eser/Burkhardt Juristischer Studienkurs Strafrecht I (StK I), 4. Aufl. 1992
Eser/Perron (Hrsg.), Rechtfertigung und Entschuldigung III, 1991
Fischer Strafgesetzbuch Kommentar, 60. Auflage 2013
Frisch Der Irrtum als Unrechts- und/oder Schuldausschluß im deutschen Strafrecht, in Eser/Perron (Hrsg.), Rechtfertigung und Entschuldigung III, 1990, S. 217 ff.
Frister Strafrecht Allgemeiner Teil, 6. Auflage 2013
Gallas Zum gegenwärtigen Stand der Lehr vom Verbrechen, ZStW 67 (1955), 1 ff.
Geppert Zum „error in persona vel objecto" und zur „abberatio ictus" insbesondere vor dem Hintergrund der neuen Rose- Rosahl Entscheidung, Jura 1992, 163 ff.
Gössel Überlegungen zum Verhältnis von Norm, Tatbestand und dem Irrtum über das Vorliegen eines rechtfertigenden Sachverhalts, FS für Triffterer 1996, S. 93 ff.
Graul Unrechtsbestimmung und Unrechtsausschluss, JuS 1995 Lernbogen L 41 ff.
Graul Der „umgekehrte Erlaubnistatbestandsirrtum", JuS 2000, Lernbogen L 41 ff.
Gropp Der Zufall als Merkmal der aberratio ictus, Festschrift für Lenckner 1998, S. 55 ff.
Gropp Der Moos-raus-Fall und die strafrechtliche Irrtumslehre, FS für Weber 2004, S. 127 ff.
Gropp An der Grenze der Lehre vom personalen Unrecht, FS für Kühl 2014, S. 247 ff.
Hassemer Freistellung des Täters aufgrund von Drittverhalten, FS für Lenckner 1998, S. 97 ff.
Heidingsfelder Der umgekehrte Subsumtionsirrtum, 1991
Herzberg Abergläubische Gefahrabwendung und mittelbare Täterschaft durch Ausnutzung eines Verbotsirrtums – BGHSt 35, 347, Jura 1990, 16 ff.
Herzberg Vollendeter Mord bei Tötung des falschen Opfers, NStZ 1999, 217 ff.

Herzberg Rechtsirrige Annahme eine Straftatbegehung – Versuch oder Wahndelikt?, GS für Schlüchter, 2002, S. 189 ff.
Hettinger Die Bewertung der „aberratio ictus" beim Alleintäter – Gedanken zum Verhältnis zwischen Sachverhalt und Gesetz, GA 1990, 531 ff.
Hillenkamp Die Bedeutung von Vorsatzkonkretisierungen bei abweichendem Tatverlauf, 1971.
Hillenkamp 32 Probleme aus dem Strafrecht, Allgemeiner Teil, 14. Auflage 2012
Jakobs Strafrecht Allgemeiner Teil (AT) 2. Aufl. 1993
Jescheck/Weigend Lehrbuch des Strafrechts Allgemeiner Teil (AT), 5. Aufl. 1996
Joecks Strafgesetzbuch Studienkommentar (StK), 10. Aufl. 2012
Kaufmann, Arthur Das Unrechtsbewußtsein in der Schuldlehre des Strafrechts, 1949
Kaufmann, Arthur Die Lehre von den Tatbestandsmerkmalen, JZ 1954, 653
Kaufmann, Arthur Tatbestand, Rechtfertigungsgrund und Irrtum, JZ 1956, 353 ff.
Kaufmann, Arthur Die Parallelwertung in der Laiensphäre, 1982
Kindhäuser Gefährdung als Straftat, 1989
Kindhäuser Strafrecht Allgemeiner Teil, 6. Aufl. 2012
Knobloch Examensrelevante Irrtümer im Strafrecht – Eine systematische Darstellung, JuS 2010, 864 ff.
Koriath Einige Überlegungen zum error in persona, JuS 1998, 215 ff.
Krey/Esser Strafrecht Allgemeiner Teil, 5. Aufl. 2012
Kudlich Zur Übung – Strafrecht: Schlecht beraten, JuS 2003, 243 ff.
Kühl Strafrecht Allgemeiner Teil 7. Auflage 2012
Kuhlen Die Unterscheidung von vorsatzausschließendem und nichtvorsatzausschließendem Irrtum, 1987
Küper § 16 II StGB: eine Irrtumsregelung „im Schatten" der allgemeinen Strafrechtslehre, Jura 2007, 263 ff.
Küpper Zu den Folgen des Irrtums des Täters über die Person des Opfers für die Strafbarkeit des Anstifters, JR 1992, 294 ff.
Lackner/Kühl Strafgesetzbuch Kommentar, 27. Auflage 2011
Langer Vorsatztheorie und strafgesetzliche Irrtumsregelung – zur Kompetenzabgrenzung von Strafgesetzgebung, Verfassungsgerichtsbarkeit und Strafrechtswissenschaft, GA 1976, 193 ff.
Lesch Dogmatische Grundlagen zur Behandlung des Verbotsirrtums JA 1996, 346 ff.
Lesch Unrechtseinsicht und Erscheinungsformen des Verbotsirrtums, JA 1996, 504 ff.
Lesch Die Vermeidbarkeit des Verbotsirrtum, JA 1996, 607 ff.
LK[11]-*Bearbeiter*=Jähnke/Laufhütte/Odersky (Hrsg.), Leipziger Kommentar, Strafgesetzbuch, 11. Aufl. 1992 ff.
LK-*Bearbeiter*=Laufhütte/Rissing-van Saan/Tiedemann (Hrsg.), Leipziger Kommentar, Strafgesetzbuch, 12. Aufl. 2007 ff.
Maurach/Zipf Strafrecht Allgemeiner Teil, Teilband 1, 8. Auflage 1998
Mitsch Fehlvorstellungen über das Alter der Darsteller bei Kinder- und Jugendpornographie, ZStW 124 (2012), 323 ff.
Moos Die Irrtumsproblematik im Finanzstrafrecht, in: Leitner (Hrsg.), Aktuelles zum Finanzstrafrecht, 1998, S. 103 ff.
Müller Anmerkung – Das Urteil des BGH zu Anstiftung und „error in persona", MDR 1991, 830 f.
Neumann Der Verbotsirrtum (§ 17 StGB), JuS 1993, 793 ff.
Nikolidakis Grundfragen der Anstiftung, 2004
NK-StGB-*Bearbeiter* = *Kindhäuser/Neumann/Paeffgen* (Gesamtredaktion), Nomos-Kommentar zum StGB, 4. Aufl. 2013
Otto Anstiftung und Beihilfe, JuS 1982, 557 ff.
Otto Strafrechtliche Aspekte des Eigentumsschutzes, Jura 1989, 200 ff.
Otto Grundkurs Strafrecht, Allgemeine Strafrechtslehre (GK AT), 7. Aufl. 2006
Plaschke Ein Nagetier schreibt Rechtsgeschichte – der Doppelirrtum im Strafrecht, Jura 2001, 235 ff.
Prittwitz Zur Diskrepanz zwischen Tatgeschehen und Tätervorstellung, GA 1983, 110 ff.
Puppe Zur Revision in der Lehre vom „konkreten" Vorsatz und der Beachtlichkeit der aberratio ictus, GA 1981, 1 ff.

Puppe Der objektive Tatbestand der Anstiftung, GA 1984, 101 ff.
Puppe Die strafrechtliche Verantwortlichkeit für die Irrtümer bei der Ausübung der Notwehr und für deren Folgen, JZ 1989, 730 ff.
Puppe Welche Bedeutung hat der Irrtum des Täters über die Identität des Opfers für den Anstifter?, NStZ 1991, 124 ff.
Puppe Bemerkungen zum Verbotsirrtum und seiner Vermeidbarkeit, FS für Rudolphi 2004, S. 231 ff.
Puppe Strafrecht Allgemeiner Teil – im Spiegel der Rechtsprechung, 2. Auflage 2011
Rath Das subjektive Rechtfertigungselement, 2002
Rostek Sachverhaltsverfälschungen in der obergerichtlichen Rechtsprechung, in Arnold u. a. (Hrsg.), Grenzüberschreitungen, 1995, S. 89 ff.
Roxin Irrtum über die Person des Tatopfers – Konsequenz für den Anstifter, JZ 1991, 680 f.
Roxin Rose – Rosahl redivivus, FS für Spendel 1992, S. 289 ff.
Roxin Allgemeiner Teil 1, 4. Aufl. 2006
Roxin Über Tatbestands- und Verbotsirrtum, FS für Tiedemann 2008, S. 375 ff.
Rudolphi Fälle zum Strafrecht, Allgemeiner Teil, 5. Aufl. 2000
Scheffler Der Erlaubnistatbestandsirrtum und seine Umkehrung, das Fehlen subjektiver Rechtfertigungselemente, Jura 1993, 617 ff.
Schlehofer Der error in persona des Haupttäters – eine aberratio ictus für den Teiulnehmer?, GA 1992, 307 ff.
Schlüchter Irrtum über normative Tatbestandsmerkmale im Strafrecht, 1983
Schlüchter Strafrecht Allgemeiner Teil (AT), 2000
Schmidhäuser Strafrecht Allgemeiner Teil. Lehrbuch (LB), 2. Aufl. 1975
Schmidhäuser Der Verbotsirrtum und das Strafgesetz, JZ 1979, 361 ff.
Schönke/Schröder, *Bearbeiter* in: = Schönke/Schröder. Strafgesetzbuch, 28. Aufl. 2010, fortgeführt von *Lenckner, Cramer, Eser, Stree, Heine, Perron, Sternberg-Lieben, Eisele, Bosch, Hecker und Kinzig* und unter Mitarbeit von Schittenhelm.
Schroth, U. Vorsatz und Irrtum, 1998
Schulz Parallelwertung in der Laiensphäre und Vorsatzbegriff. Skizzen zur Dogmengeschichte eines dogmatischen Kuriosums, FS für Bemmann 1997, S. 246 ff.
Schumann, H. Zum abergläubischen Tatbestandsirrtum und zum vermeidbaren Verbotsirrtum wegen einer Wahngefahr, NStZ 1990, 32 ff.
Schünemann Der Erlaubnistatbestandsirrtum und das Strafrechtssystem, Oder: Das Peter-Prinzip in der Strafrechtsdogmatik? GA 2006, 778 ff.
SK-*Bearbeiter* = Systematischer Kommentar zum Strafgesetzbuch, Grundwerk mit 136. Ergänzungslieferung, von Rudolphi, Horn, Samson (Stand: Oktober 2012)
Sowada Übungsklausur (für Anfänger) Strafrecht, Jura 1994, 37 ff.
Stratenwerth Festschrift für Baumann 1992, S. 57 ff.
Stratenwerth Objektsirtum und Tatbeteiligung, FS für Baumann 2002, S. 57 ff.
Streng Die Strafbarkeit des Anstifters bei error in persona des Täters (und verwandte Fälle) – BGHSt 37, 214, JuS 1991, 910 ff.
Streng Das „Wahndelikt" – ein Wahn? Überlegungen zum umgekehrten Irrtum über normative Tatbestandsmerkmale, GA 2009, 529 ff.
Toepel Grundfragen zu error in persona vel objecto und aberratio ictus, JA 1997, 556 ff.
Wessels/Beulke/Satzger Strafrecht Allgemeiner Teil (AT), 43. Aufl. 2013
Wessels/Hillenkamp Strafrecht Besoonderer Teil 2 (BT 2), 36. Aufl., 2013
Weßlau Der Exzess des Anstifters, ZStW 104 (1992), 105 ff.
Zabel Aktuelle Begründungs- und Anwendungsprobleme in der Dogmatik zu § 17 StGB, GA 2008, 33 ff.
Zaczyk Der verschuldete Verbotsirrtum – BayObl.G, NJW 1989, 1744, JuS 1990, 889 ff.
Zipf Diebstahl in besonders schwerem Fall bei Versuch der Verwirklichung eines Regelbeispiels im Sinne des StGB § 243, JR 1981, 119 ff.
Zoll Die Bedeutung des Irrtums für die strafrechtliche Verantwortlichkeit im neuen polnischen Strafgesetzbuch, FS für Hirsch 1999, S. 419 ff.

Teil V
Konkurrenzlehre und Strafrechtliche Sanktionen

Strafrecht definiert sich dadurch, dass die Rechtsfolgen der Strafgesetze in der Androhung einer bestimmten strafrechtlichen Sanktion bestehen. In den Teilen II, III und IV wurde untersucht, welche *Voraussetzungen* vorliegen müssen, damit die in den Strafvorschriften des Besonderen Teils des StGB angedrohten strafrechtlichen *Folgen* eintreten können. Teil V befasst sich nun mit diesen Rechtsfolgen. 1

In einem ersten Schritt geht es darum, welche Rechtsfolgen dem Richter in einem konkreten Fall *abstrakt zur Wahl stehen*: Hat der Täter gegen *mehrere* Strafgesetze verstoßen, setzt die Konkurrenzlehre (§ 14) fest, *welchem* Strafgesetz der Rahmen für die Gestaltung der Rechtsfolgen entnommen werden soll. 2

In einem zweiten Schritt (§ 15) hat der Richter aus den durch jenes Strafgesetz *abstrakt* festgelegten Rechtsfolgen diejenigen auszuwählen, die für den *konkreten Täter* und die *konkrete Tat* unter Berücksichtigung des Sinns staatlichen Strafens angemessen sind. Kriterien finden sich dazu im Gefüge der strafrechtlichen Sanktionen im 3. Abschnitt des StGB. 3

§ 14 Gesetzeseinheit – Tateinheit (§ 52) – Tatmehrheit (§§ 53–55)

Leitfall 14 1

An einem regnerischen Herbsttag hat es A auf das Smartphone der B abgesehen. Um es der B wegnehmen zu können, versetzt er ihr einen kräftigen Faustschlag ins Gesicht, der zu einem Bruch des Nasenbeins führt. Erwartungsgemäß lässt B dadurch das Smartphone los. A nimmt es an sich und flieht. Der sich ihm in den Weg stellenden Passantin P versetzt er einen kräftigen Stoß vor die Brust. Deshalb fällt P in eine ölige Regenwasserlache. Dadurch wird ihr neuer Kamelhaarmantel – wie von A in Kauf genommen – so beschmutzt, dass auch eine Behandlung in der chemischen Reinigung den Schaden nicht beseitigen kann.

Welcher Strafvorschrift ist die Strafe des A zu entnehmen?

A. Überblick

I. Die Aufgabe der Konkurrenzlehre

Der Wirkungsbereich der Konkurrenzlehre beginnt dort, wo ein Beteiligter im Rahmen des zu beurteilenden Lebenssachverhalts gegen mehrere Strafvorschriften (§§ 52 ff. „Strafgesetze") verstoßen hat, was sehr oft der Fall ist. Ihre Aufgabe besteht darin, *die* Strafvorschrift festzulegen, aus deren abstrakten Rechtsfolgebestimmungen im gegebenen Fall die Rechtsfolgen für den Beteiligten festgesetzt werden sollen.[1] 2

Zu Leitfall 14 3

In *Leitfall 14.* begeht A bezüglich des Smartphones einen Raub, § 249, und einen räuberischen Diebstahl, § 252, sowie eine vorsätzliche Körperverletzung (Na-

[1] Zur Funktion speziell der Tateinheit insoweit BGH 2 StR 520/96 BGHSt 43, 252/256.

W. Gropp, *Strafrecht Allgemeiner Teil*, Springer-Lehrbuch,
DOI 10.1007/978-3-642-38126-3_14

senbein), § 223. Hinsichtlich des Kamelhaarmantels der P liegt eine Sachbeschädigung, § 303, vor.

4 Zu jedem dieser Strafgesetze ist bestimmt, welche Strafart (insbes. Freiheits- oder Geldstrafe) innerhalb welchen Rahmens verhängt werden kann.

5 **Beispiel 14.1**

§ 249: Freiheitsstrafe (FHS) nicht unter einem Jahr = FHS zwischen einem und 15 Jahren (vgl. § 38 II)

6 § 252: wie § 249 (vgl. § 252: Bestrafung „gleich einem Räuber")

7 § 223: FHS bis zu fünf Jahren oder Geldstrafe = FHS zwischen einem Monat und fünf Jahren (vgl. § 38 II) oder Geldstrafe zwischen mindestens fünf und höchstens 360 Tagessätzen (vgl. § 40 I)

8 § 303: FHS bis zu zwei Jahren oder Geldstrafe = FHS zwischen einem Monat und zwei Jahren oder Geldstrafe zwischen mindestens fünf und höchstens 360 Tagessätzen (vgl. § 40 I).

9 Bei der Festlegung der Strafe eröffnen sich im Prinzip nun folgende Möglichkeiten:[2]

10 • *Kumulation, d. h.* Addition der jeweils verwirkten Strafen

Jedoch wächst das Maß des Strafübels mit zunehmender Dauer nicht linear, sondern progressiv. Die Addition von Einzelstrafen würde den Verurteilten daher weit stärker belasten, als es der rein rechnerischen Addition entspricht.[3] Eine Kumulation ist im StGB deshalb nicht vorgesehen.

11 • *Absorption*, d. h. Entnahme der Strafe für alle Straftaten aus *einer* Strafvorschrift, bei einem Verstoß gegen unterschiedliche Strafvorschriften aus derjenigen, die die *schwerste* Strafe androht.

In *Leitfall 14.* würden die Strafen für die Körperverletzungen und die Sachbeschädigung durch den Strafrahmen des Raubes „aufgesogen" werden.

12 • *Asperation*, d. h. Entnahme der Strafe für alle Straftaten aus *einer* Strafvorschrift mittels Erhöhung der verwirkten höchsten Strafe.

In *Leitfall 14.* würde somit der Strafrahmen des Raubes erhöht.

13 In den §§ 52 ff., die die Strafbemessung bei mehreren Gesetzesverletzungen regeln, finden sich sowohl *Absorptions-* (§ 52, Tateinheit) als auch *Asperations*elemente (§ 53, Tatmehrheit).

---

[2] Vgl. näher *Geppert* Jura 2000, 598 ff., 651 ff.; *B. Heinrich* AT RN 1384 ff.; MK-*Heintschel-Heinegg* Vor §§ 52 ff. RN 14; *Krey/Esser* AT RN 1394 f.; LK-*Rissing-van Saan* RN 3 vor § 52.

[3] Vgl. SK-*Jäger* RN 5 vor § 52.

II. Tateinheit, Tatmehrheit und Gesetzeseinheit

Die Konkurrenzlehre in den §§ 52 ff. legt fest, welcher von mehreren verletzten Strafvorschriften die Strafe zu entnehmen ist und ob diese Strafe *erhöht* wird (dann sog. *Tatmehrheit = Realkonkurrenz, §§ 53 ff.* mit der Folge einer *Asperation*) oder nicht (dann sog. *Tateinheit = Idealkonkurrenz, § 52,* mit der Folge einer *Absorption*). Das Vorliegen von Tateinheit ist für den Täter somit *günstiger* als das Vorliegen von Tatmehrheit. 14

Neben *Tateinheit* und *Tatmehrheit* ist als weiteres Konkurrenzverhältnis die sog. Gesetzeskonkurrenz = *Gesetzeseinheit* (auch unechte Konkurrenz genannt) anerkannt. Die Gesetzeseinheit bildet die engste Beziehung zwischen mehreren verletzten Strafgesetzen und führt dazu, dass das „unterliegende" Strafgesetz vollständig verdrängt oder „aufgesogen" wird und auch im Tenor des Strafurteils nicht mehr in Erscheinung tritt. Allerdings darf der Mindeststrafrahmen bei der Strafzumessung nicht unterschritten werden.[4] Außerdem behält das verdrängte Strafgesetz seine Bedeutung beim Rücktritt vom qualifizierten Versuch[5] sowie für die Verhängung von Nebenstrafen und die Anordnung von Maßnahmen nach § 11 I Nr. 8.[6] 15

Beispiel 14.2 16

für *Gesetzeseinheit*, d. h. für die *denknotwendige* oder doch zumindest *typische* Verletzung mehrerer Strafgesetze:

Spezialität: die Grundstraftat, *lex generalis* (z. B. § 223), ist denknotwendiger Bestandteil der *Qualifikation, lex specialis* (z. B. § 224). Die Strafvorschrift des Raubes (§ 249) enthält z. B. denknotwendig alle Elemente des Diebstahls und der Nötigung, weshalb die §§ 240, 242 in Gesetzeseinheit (Spezialität, s. u. RN 25 ff.) hinter § 249 zurücktreten. 17

Konsumtion: die „Aufzehrung" des Versuchs als Vorstadium der Vollendung; die Aufzehrung der Verabredung als Vorstadium des Versuchs. 18

Subsidiarität: beim Vorliegen eines *gesetzlichen* Stufenverhältnisses, wie z. B. zwischen der konkreten und der abstrakten Straßenverkehrsgefährdung, §§ 315c, 316, tritt die niedrigere Stufe hinter die höhere zurück. 19

Im Rahmen der *universitären Fallbearbeitung* und im staatlichen Teil der Ersten Prüfung (Klausuren) wird jedoch die *Festsetzung* der konkreten Strafe innerhalb des Strafrahmens nicht verlangt. Denn diese hängt von den konkreten Umständen des Einzelfalls ab und stellt eine Frage der Strafzumessungspraxis dar. Erwartet wird ist jedoch die Darlegung, *auf welchem Wege* beim Verstoß gegen mehrere Strafgesetze das für die Festsetzung der Strafe maßgebliche Strafgesetz und damit der maßgebliche Strafrahmen zu ermitteln ist, d. h. *welche Form* der Konkurrenz gegeben ist: Gesetzeseinheit, Tateinheit oder Tatmehrheit. 20

[4] Vgl. BGH 1 StR 104/51 BGHSt 1, 152; 2 StR 64/65 BGHSt 20, 235/238.

[5] Vgl. BGH 1 StR 246/63 BGHSt 19, 188/189 sowie oben § 9 RN 193.

[6] Vgl. BGHSt 19, 188/189.

B. Konkurrenzfragen in der Fallbearbeitung

21 In der Fallbearbeitung verlangen Gesetzeseinheit einerseits und Tateinheit bzw. Tatmehrheit andererseits ein unterschiedliches Vorgehen.

22 Während Tateinheit und Tatmehrheit von den Gegebenheiten des zu prüfenden Sachverhaltes abhängen und erst am Ende der Fallbearbeitung oder eines Sachverhaltsabschnittes geprüft werden können, sind es die Strukturen des *Gesetzes*, die über die Gesetzeseinheit entscheiden. Es empfiehlt sich daher, Fragen der Gesetzeseinheit möglichst frühzeitig anzusprechen, zurücktretende Strafgesetze aus der weiteren Betrachtung auszuschließen und so die Überlegungen zur Tateinheit und Tatmehrheit von zurücktretenden Strafgesetzen zu entlasten.[7]

23 Zweckmäßig erscheint die Vornahme der folgenden Prüfungsschritte:[8]

I. Erster Prüfungsschritt: Gesetzeseinheit

24 Das Zurücktreten eines strafbar verwirklichten Strafgesetzes in Gesetzeseinheit wird erörtert, sobald dies möglich ist.

1. Formen

a) Spezialität

25 Spezialität liegt vor, wenn ein Strafgesetz die Merkmale a+b+[...]n eines allgemeinen Gesetzes (lex generalis) und zusätzliches mindestens ein weiteres Merkmale a+b+[...]n+1 enthält (lex specialis). Die Strafbarkeit gem. dem Strafgesetz a+b+[...]n tritt hinter jene des Strafgesetzes a+b+[...]n+1 zurück. Das zusätzliche Merkmal+1 kann qualifizierenden oder privilegierenden Charakter haben.

26 **Beispiel 14.3**

§ 223 (Körperverletzung) tritt hinter § 224 (gefährliche Körperverletzung, Qualifikation) zurück, § 222 (fahrlässige Tötung) hinter § 227 (Körperverletzung mit Todesfolge, Erfolgsqualifikation).

27 § 212 (Totschlag) tritt hinter § 216 (Tötung auf Verlangen, Privilegierung) zurück.

28 In der Regel wird das Konkurrenzverhältnis der Spezialität in der Fallbearbeitung keine große Rolle spielen. Denn wenn ein Verstoß gegen das speziellere Strafgesetz vorliegt, empfiehlt es sich, gleich mit seiner Erörterung zu beginnen.

---

[7] Vgl. auch *Frister* AT Kap. 31/16, 25; *Kühl* JA 1978, 475 ff.; *Kühl* AT § 21/69, 74a f., 79 ff. mwN. Für eine Behandlung der Gesetzeseinheit innerhalb der Ausführungen zu Tateinheit und Tatmehrheit *Wessels/Beulke/Satzger* AT RN 797 ff.

[8] Vgl. auch das Schaubild bei *Frister* AT Kap. 31/28.

Beispiel 14.4 29

Ergibt die Vorprüfung, dass eine gefährliche Körperverletzung vorliegt, wird gleich § 224 erörtert und in dessen Rahmen § 223 mitgeprüft. Wird § 224 dann i.E. bejaht, erübrigt sich aus Gründen der Selbstverständlichkeit in der Regel ein Hinweis darauf, dass auch § 223 vorliegt, jedoch als lex generalis zurücktritt.

b) Konsumtion

Von der Gesetzeseinheit in Form der Konsumtion, d. h. „Aufzehrung", sind typische Begleittaten zu schwerer wiegenden Straftaten betroffen. Man spricht dann von mitbestraften Vor-, Begleit- oder Nachtaten. 30

Beispiel 14.5 31

Ein Wohnungseinbruchsdiebstahl (§§ 244 I Nr. 3) trifft in der Regel mit Hausfriedensbruch und Sachbeschädigung, §§ 123, 303, zusammen. Hinter einen vollendeten Wohnungseinbruchsdiebstahl treten Hausfriedensbruch und Sachbeschädigung daher in Gesetzeseinheit zurück.[9]

Konsumtion wird nicht dadurch ausgeschlossen, dass Vor-, Begleit- oder Nachtat selbständige Handlungen sind, wenn das betroffene Tatobjekt identisch ist.[10] 32

Beispiel 14.6 33

A nimmt in Zueignungsabsicht bei B am 1. Januar ein wertvolles Bild weg. Als er erfährt, dass in dieser Sache gegen ihn ermittelt wird, verbrennt A das Bild am 5. Januar im Kaminofen.

Auch hier wird die Sachbeschädigung als mitbestrafte Nachtat vom Diebstahl „aufgezehrt". 34

c) Subsidiarität

Subsidiär ist ein Strafgesetz, das nur dann zum Tragen kommt, wenn gegen ein anderes Strafgesetz nicht strafbar verstoßen worden ist. Das Verhältnis der Subsidiarität kann ausdrücklich oder stillschweigend gegeben sein. 35

Beispiele 14.7 36

Eine *ausdrückliche* gesetzliche Subsidiaritätsklausel enthalten z. B. die §§ 125 I,[11] 145d I (Vortäuschen einer Straftat), 246 (Unterschlagung) und 248b (unbefugter Gebrauch eines Fahrzeugs) gegenüber anderen mit schwererer Strafe drohenden Strafgesetzen; § 316 enthält eine Subsidiaritätsklausel gegenüber § 315c.

---

[9] Vgl. *Wessels/Beulke/Satzger* AT RN 791; für Tateinheit bei eigenem Unrechtsgehalt *Kindhäuser* LPK § 303 RN 32; *Mitsch* BT 2/1 § 1/182 f.

[10] Vgl. *Stree/Sternberg-Lieben* in: Schönke/Schröder RN 128 vor § 52.

[11] Hierzu BGH 1 StR 730/96 BGHSt 43, 237.

37 *Stillschweigend* subsidiär ist hingegen die Gefährdung im Verhältnis zur Verletzung, der Versuch im Verhältnis zur Vollendung, die Teilnahme im Verhältnis zur Täterschaft, die Beihilfe im Verhältnis zur Anstiftung.[12] Seine umstrittene Rechtsprechung, nach der auch eine vollendete milderes Straftat (z. B. § 224) hinter eine nur versuchte schwerere Straftat (z. B. §§ 211, 22) subsidiär zurücktrat,[13] hat der BGH inzwischen zu Gunsten einer Annahme von Tateinheit aufgegeben.[14]

d) Hinweis zur Fallbearbeitung

38 Die Überlegungen zur Subsidiarität zeigen, dass sich Subsidiarität und Konsumtion zu überschneiden scheinen: z. B. Versuch als mitbestrafte Vortat (Konsumtion) oder als subsidiär vorhandene Verwirklichungsform der Straftat. Die Erarbeitung genauer Abgrenzungskriterien ist sehr aufwändig.[15] Insbesondere in *Klausuren* ist deshalb dringend davon abzuraten, diese Problematik näher zu erörtern. Denn wenn die Klausur nicht gerade auf die Bearbeitung jener Fragestellungen zugeschnitten ist (was praktisch nie vorkommen dürfte bzw. sollte), wird die tiefergehende Darstellung von Konkurrenzfragen ohnehin kaum honoriert. Da sich die eingehende Erörterung von Fragen der Gesetzeseinheit im Rahmen von Klausuren somit kurz gesagt „nicht lohnt", genügt insoweit in der Regel der Hinweis, dass eine Straftat „in Gesetzeseinheit" hinter eine andere Straftat zurücktritt.

2. Wirkungen

a) Zurücktreten

39 des allgemeinen, subsidiären bzw. konsumierten Strafgesetzes mit der Folge, dass es nicht im Tenor des Urteils erscheint.

b) Verbleibende Wirkungen

40 Trotz ihres Zurücktretens können die unterlegenen Strafgesetze jedoch in doppelter Hinsicht eine Restwirkung entfalten:

41 Im unterlegenen Strafgesetz vorgesehene *Nebenfolgen* können trotz des Zurücktretens angewandt werden.

42 **Beispiel 14.8**

Eine Fahrerlaubnis kann nach § 69 auch dann entzogen werden, wenn die Gesetzesverletzung, die die Grundlage für die Entziehung der Fahrerlaubnis ist, wegen des Zurücktretens in Gesetzeskonkurrenz nicht Gegenstand des Schuldspruchs ist.[16]

---

[12] Vgl. Maurach/*Gössel* AT 2 § 55 RN 17.

[13] Näher und zu Recht kritisch hierzu *Maatz* NStZ 1995, 209.

[14] Vgl. BGH 4 StR 272/98 BGHSt 44, 196 m. Bespr. *Kudlich* JA 1999, 452; *Martin* JuS 1999, 298.

[15] Vgl. *LK-Rissing-van Saan* RN 149 f. vor § 52 mwN; ausführlich hierzu *Hochmayr* 1997. Im Ergebnis spricht sich *Hochmayr* für ein einheitliches Konkurrenzverhältnis der „Scheinkonkurrenz" aus.

[16] Vgl. MK-*Athing* § 69 RN 26 mwN.

Eine „*Sperrwirkung* des milderen Gesetzes“ ist in den seltenen Fällen gegeben, in denen die Mindeststrafe des unterlegenen Strafgesetzes diejenige des vorrangigen *übersteigt*. 43

Die nach der Prüfung von Gesetzeseinheit verbleibenden Straftaten können nur im Verhältnis der *Tateinheit* (§ 52), auch „Idealkonkurrenz“ genannt, oder der *Tatmehrheit* (§ 53), „Realkonkurrenz“, zueinander stehen. 44

Weil Tatmehrheit nur dann gegeben sein kann, wenn keine Tateinheit vorliegt, ist zunächst Tateinheit zu prüfen. 45

II. Zweiter Prüfungsschritt: Tat- bzw. Handlungseinheit (§ 52)?

§ 52 Tateinheit. 46
(1) Verletzt dieselbe Handlung mehrere Strafgesetze oder dasselbe Strafgesetz mehrmals, so wird nur auf eine Strafe erkannt.
(2) Sind mehrere Strafgesetze verletzt, so wird die Strafe nach dem Gesetz bestimmt, das die schwerste Strafe androht. Sie darf nicht milder sein, als die anderen anwendbaren Gesetze es zulassen.
(3) Geldstrafe… neben Freiheitsstrafe.

Das Vorliegen *einer* („*derselben*“) Handlung, die *Handlungseinheit*, ist damit die *Voraussetzung* der Tateinheit: *Tateinheit durch Handlungseinheit*. 47

1. Im Vorfeld der Konkurrenzlehre: mehrere Handlungen, die nur ein Strafgesetz erfüllen („tatbestandliche Handlungseinheit“)

Weil § 52 nur Fälle erfasst, in denen durch *dieselbe* Handlung des Täters *mehrere* (gleiche oder verschiedene) *Strafgesetze* verletzt sind, spielt die Frage einer Handlungseinheit im Rahmen der Konkurrenzlehre auch nur dann eine Rolle. Denn konkurrieren können nur Strafgesetze, nicht Handlungen. 48

Im *Vorfeld* der Konkurrenzlehre bewegen sich daher solche *unproblematischen* Fälle, in denen der Täter trotz *mehrerer, u. U.* sogar *tatbestandsmäßiger Handlungen* nur *ein* Strafgesetz verwirklicht.[17] 49

Nur *ein* Strafgesetz verletzen mehrere Handlungen in den folgenden Fällen: 50

a) Mehraktige und zusammengesetzte Straftaten

Eine *mehraktiges* Straftat bildet z. B. der *räuberische Diebstahl, § 252*, denn er besteht aus einer *vollendeten Wegnahme* in Zueignungsabsicht und einer daran anschließenden qualifizierten *Nötigung*.[18] 51

Raub, § 249, bildet ein *zusammengesetztes* Strafgesetz aus Nötigung und Diebstahl. Das Herstellen, Verfälschen und Gebrauchen einer unechten Urkunde im Sinne von § 267 I stellt eine einheitliche Urkundenfälschung dar. Einen „tatbestand- 52

[17] Vgl. *Kühl* AT § 21/23 ff.; zumindest missverständlich deshalb die übliche Bezeichnung „tatbestandliche *Handlungseinheit*“, vgl. BGH 3 StR 574/97 BGHSt 43, 312/314; *Blei* AT § 93; *Lackner/Kühl* RN 10 vor § 52; *Maurach/Gössel* AT 2 § 54/46; *Wessels/Beulke/Satzger* AT RN 759 ff.

[18] Weitere Beispiele bei *Wessels/Beulke/Satzger* AT RN 760.

lichen Handlungskomplex“ auf Grund des Tatbestandsmerkmals „Ausüben“ nimmt der BGH[19] auch bei der geheimdienstlichen Agententätigkeit (§ 99 I Nr. 1) an.

b) Nichttatbestandsmäßige Handlungen bei Dauerstraftaten

53 *Dauerstraftaten* wie z. B. Freiheitsberaubung (§ 239), Trunkenheitsfahrt (§ 316) oder Hausfriedensbruch (§ 123) erfordern zur Begründung und Aufrechterhaltung des rechtswidrigen Zustandes unterschiedliche Tätigkeitsakte (Wechseln des Verstecks, Ableugnen gegenüber den Strafverfolgungsbehörden, Weiterfahrt nach Fahrtunterbrechungen...). Soweit diese nicht ihrerseits gegen weitere Strafvorschriften verstoßen, liegt nur *eine* Freiheitsberaubung, *eine* Trunkenheitsfahrt oder *ein* Hausfriedensbruch vor.[20]

c) Unterlassungsstraftaten bei Identität der Veränderung in der Außenwelt

54 Nimmt der Täter bei den *Unterlassungsstraftaten* mehrere Handlungsmöglichkeiten nicht wahr, mit denen er *dieselbe* Veränderung in der Außenwelt abwenden könnte, liegt dennoch nur *ein* Unterlassen vor.[21]

d) Wiederholender (iterativer) oder schrittweiser (sukzessiver) Verstoß gegen ein Strafgesetz zu Lasten desselben Rechtsgutsträgers

55 Bei dem wiederholenden oder schrittweisen Verstoß gegen ein Strafgesetz liegt *eine* Handlung und *eine* Straftatverwirklichung vor, wenn der Täter aufgrund eines *einheitlichen Willensentschlusses* handelt und in der Tatsituation denselben Rechtsgutsträger wiederholt beeinträchtigt.

56 **Beispiel 14.9. iterativer Verstoß gegen ein Strafgesetz:**

A verprügelt B, indem er ihm 10 schmerzhafte Fausthiebe versetzt. Hier ist *eine* Handlung gegeben, die gegen die Strafvorschrift der Körperverletzung *einmal* verstößt.

57 **Beispiel 14.10. iterativer Verstoß gegen ein Strafgesetz:**

C bricht in das Haus des D ein und trägt nach und nach Wertgegenstände auf die Straße, um sie auf einen mitgebrachten LKW zu laden. Obwohl bei jedem Heraustragen § 242 verwirklicht wird, liegt insgesamt nur *ein* Diebstahl vor.

58 **Beispiel 14.11. sukzessiver Verstoß gegen ein Strafgesetz:**

A tötet B, indem er ihn mit Tötungsvorsatz bis zur Bewusstlosigkeit würgt, ihm einen Stein an den Kopf schlägt und ihn schließlich in einen Fluss wirft, in dem B ertrinkt.[22]

---

[19] BGH 3 StR 525/96 JZ 1997, 1014 mit Besprechungsaufsatz *Schlüchter* JZ 1997, 995 ff.

[20] Näher *Wessels/Beulke/Satzger* AT RN 761.

[21] Näher *Wessels/Beulke/Satzger* AT RN 762.

[22] Vgl. auch *Wessels/Beulke/Satzger* AT RN 764.

Die Frage der Handlungseinheit stellt sich in den Fällen a-d von vornherein nicht, wenn und weil durch die mehreren Handlungen nur jeweils gegen *ein* Strafgesetz verstoßen wird. 59

2. Handlungseinheit als Grundlage für Tateinheit – Formen

„*Dieselbe Handlung*" i.S.v. § 52 (Handlungseinheit) kann als Grundlage für die Verletzung *mehrerer Strafgesetze* (Tateinheit) auf unterschiedliche Weise gegeben sein: 60

a) „Dieselbe Handlung" als eine Handlung im natürlichen Sinne

Beispiel 14.12 61

Der Täter tötet mittels einer Bombe 10 Menschen und zerstört zwei Wohngebäude.[23]

Beispiel 14.13 62

Der Sektenanführer fordert die anwesenden Mitglieder mit Erfolg auf, ihre „ungläubigen" Ehepartner umzubringen. A tötet die B im März, C den D im April und E die F im Mai.

Wie Beispiel 14.13. zeigt, kommt es in Fällen von Teilnahme auf die Teilnahmehandlung an, nicht auf die unterschiedlichen Haupttaten.[24] 63

b) „Dieselbe Handlung" als eine Handlung „im rechtlichen Sinne" („rechtliche Handlungseinheit")[25]

Bei der rechtlichen Handlungseinheit liegen zwar *mehrere* Handlungen im natürlichen Sinne vor, die auch mehrere Strafgesetze verletzen. Die mehreren Handlungen werden jedoch durch *rechtliche* Besonderheiten zu *einer* („derselben") Handlung im Rechtssinne verknüpft. 64

aa) Wiederholende (iterative) Verletzung eines Strafgesetzes zu Lasten verschiedener Rechtsgutsträger

Bei der *wiederholenden* Verletzung eines Strafgesetzes liegt selbst dann nur *eine* Handlung vor, wenn der Täter in der Tatsituation zwar verschiedene Rechtsgutsträger wiederholt beeinträchtigt, jedoch aufgrund eines *einheitlichen Willensentschlusses* handelt. 65

---

[23] Vgl. auch BGH 4 StR 272/98 BGHSt 44, 196: Herbeiführung einer gefährlichen Körperverletzung im Rahmen einer versuchten Tötung.

[24] Krit. hierzu und zur gleichgelagerten Situation im japanischen Strafrecht *Tadaki* Dokkyo Law Review 1998, 506 ff.; *Tadaki* FS Schreiber, S. 487 ff.; zu Tateinheit und Tatmehrheit bei Beihilfe BGH 2 StR 451/99 StV 2000, 195 f.

[25] Diese Form der rechtlichen Handlungseinheit wird zuweilen als „natürliche Handlungseinheit" bezeichnet, vgl. *Frister* AT Kap. 30 RN. 20 ff.; *Jescheck/Weigend* AT § 66 III.

66 **Beispiel 14.14**

A verprügelt B und C, indem er ihnen abwechselnd 10 schmerzhafte Fausthiebe versetzt. Hier ist *eine* Handlung gegeben, die das Strafgesetz der Körperverletzung jeweils einmal[26] zu Lasten des B und einmal zu Lasten des C verletzt.

bb) Schrittweise (sukzessive) Verletzung eines Strafgesetzes

67 Bei der *sukzessiven* Verletzung eines Strafgesetzes liegt *eine* Handlung im Sinne von § 52 selbst dann vor, wenn der Täter das Strafgesetz zwar durch verschiedene, ihrerseits wiederum tatbestandsmäßige Handlungen erfüllt, jedoch aufgrund eines *einheitlichen Willensentschlusses* handelt.

68 **Beispiel 14.15**

A tötet B, indem sie ihm heimlich jeden Tag 10 Tropfen Gift in den Morgenkaffee schüttet. Nach 14 Tagen stirbt B. Es liegt *eine* Tötungshandlung der A vor, die sowohl § 212 (oder ggf. § 211) als auch wiederholt § 224 I Nr. 1 1. Alt. (Vergiftung) verletzt.

cc) Handlungseinheit durch Teilidentität

69 *Eine* Handlung im Sinne von § 52 ist als rechtliche Handlungseinheit auch dann gegeben, wenn sich mehrere Gesetzesverletzungen mittels mehrerer Handlungen im natürlichen Sinne derart überschneiden, dass ein Teilakt zur Verwirklichung beider Gesetzesverletzungen beiträgt, wobei die Überschneidung bis zur Beendigung möglich ist.[27]

70 **Zu Leitfall 14**

In *Leitfall 14.* würde das Vorgehen gegen P nach h.M. der Beendigung des Raubes dienen,[28] weshalb § 249 und die Beschädigung des Mantels *eine* Handlung im Sinne von § 52 bilden.

dd) Handlungseinheit durch eine Dauerstraftat

71 Auch im Zusammenhang mit der Begehung einer Dauerstraftat[29] können sich *Ausführungshandlungen* zu mehreren Gesetzesverletzungen *überschneiden* und zur Tateinheit führen.

[26] Bezüglich B und C jeweils nur *eine* iterative Verletzung des Strafgesetzes der Körperverletzung.

[27] Näher *Wessels/Beulke/Satzger* AT RN 777.

[28] Vgl. aber zum tatbestandsbezogenen Beendigungsbegriff oben § 9 RN 9.

[29] Zum Begriff der Dauerstraftat (Dauerdelikt) BGH 3 StR 547/97 BGHSt 43, 312/315.

Tateinheit liegt nach überwiegender Meinung in der Literatur auch dann vor, 72
wenn sich die Ausführungshandlungen zwar nicht überdecken, die Dauerstraftat aber nach dem Plan des Täters das *Mittel* zur Begehung der Zustandsstraftat ist.[30]

Beispiel 14.16 73

Der Täter dringt in das fremde Haus ein, um zu stehlen.

Nach h.L. soll Tateinheit weiterhin dann anzunehmen sein, wenn sich die Ausfüh- 74
rungshandlungen zwar nicht überdecken, die Zustandsstraftat aber das Mittel zur Begehung der Dauerstraftat ist.[31]

Beispiel 14.17 75

Der Täter beschädigt das Türschloss, um in die Wohnung einzudringen und eine Freiheitsberaubung zu Lasten des Bewohners zu begehen.

Tateinheit soll hingegen ausscheiden, wenn der Täter nur *bei Gelegenheit* der Dau- 76
erstraftat aufgrund eines neuen Entschlusses eine Straftat verübt.[32]

Beispiel 14.18 77

Beim Verlassen der ungenutzten Ferienwohnung entschließt sich der Landstreicher L, noch ein paar Flaschen Weinbrand mitzunehmen.

ee) Handlungseinheit durch Klammerwirkung[33]

Handlungseinheit durch Klammerwirkung ist möglich, wenn sich zwei an sich 78
selbständige Handlungen jeweils mit einer dritten etwa gleich schwerwiegenden überschneiden. Nach der Rechtsprechung soll dies sogar möglich sein, wenn *eine* der verklammerten Straftaten schwerer wiegt als das Bindeglied. Hinsichtlich der Schwere wird auf den konkret zu beurteilenden Fall und den anwendbaren Strafrahmen abgestellt.[34]

---

[30] Vgl. *Stree* in: Schönke/Schröder RN 91 vor § 52 mit Nachweisen zur abweichenden Rechtsprechung.

[31] Vgl. *Wessels/Beulke/Satzger* AT RN 779.

[32] Vgl. *Stree* in: Schönke/Schröder RN 91 vor § 52.

[33] Näher und mit anschaulichen Beispielen *Geppert* Jura 1997, 214 ff.

[34] Vgl. BGH 2 StR 474/82 StV 1983, 148; BGH 4 StR 528/13 NStZ 2014, 272; zur Tateinheit zwischen der Tötungs- und der Waffenstraftat, wenn in dem tödlichen Gebrauch der Schusswaffe zugleich ein unerlaubtes Führen der Waffe liegt BGH 2 StR 781 BGHSt 31, 29/30; krit. *Wessels/Beulke/Satzger* AT RN 780 a.E.; gegen eine Verklammerung von Mordversuchen durch einen sukzessiv ausgeführten Versuch der räuberischen Erpressung aber BGH 3 StR 419/97 NJW 1998, 619=StV 1998, 71, dazu *Momsen* NJW 1999, 982.

79 **Beispiel 14.19**

Der Täter begeht im Rahmen einer Freiheitsberaubung eine versuchte Vergewaltigung und eine Straßenverkehrsgefährdung.[35]

80 Eine Verklammerung durch *Waffenstraftaten* wird in der jüngeren Rechtsprechung jedoch abgelehnt. Denn die Dauerstraftat des unerlaubten Waffenbesitzes erfahre eine Zäsur, wenn der Täter sich entschließt, ein Verbrechen zu begehen.[36]

c) „Dieselbe Handlung" als „natürliche Handlungseinheit i.w.S."?

81 Die unter b) genannten Fälle einer rechtlichen Handlungseinheit werden von der Rechtsprechung unter der Bezeichnung „natürliche Handlungseinheit" auf Sachverhalte ausgedehnt, bei denen eine Mehrheit von Einzelakten verwirklicht wird, die sogar *unterschiedliche* Strafgesetze verletzen können. Voraussetzung soll nur sein, dass „mehrere Verhaltensweisen von einem einheitlichen Willen getragen werden und aufgrund ihres räumlich-zeitlichen Zusammenhangs so miteinander verbunden sind, dass das gesamte Tätigwerden äußerlich (objektiv) für einen Dritten bei natürlicher Betrachtungsweise als ein einheitliches, zusammengehöriges Tun erscheint".[37] Dies gilt jedoch nicht, wenn sich Handlungen nacheinander gegen verschiedene höchstpersönliche Rechtsgüter verschiedener Menschen richten.[38]

82 Im Fall BGH 4 StR 595/83 VRS 66, 20 vom 14.10.1983[39] ließ der BGH den Fluchtwillen des alkoholisierten Täters genügen, um zu einer natürlichen Handlungseinheit von gefährlichen Eingriffen in den Straßenverkehr, Widerstand gegen Vollstreckungsbeamte und unerlaubtem Sichentfernen vom Unfallort zu gelangen.

83 Diese Form der Handlungseinheit ist aufgrund ihrer Konturenlosigkeit zu Recht auf Kritik gestoßen.[40]

d) Die faktische Aufgabe der Handlungseinheit in Form der „fortgesetzten Handlung" durch den BGH[41]

84 Bis Mai 1994 war als besondere Form der rechtlichen Handlungseinheit die von der Rechtsprechung entwickelte *fortgesetzte Handlung* anerkannt. Sie führte vor allem bei Serientätern zur Annahme von Tateinheit im Sinne von § 52.

---

[35] Vgl. BGH 4 StR 419/87 NStZ 1988, 70, zustimmend *Stree/Sternberg-Lieben* in: Schönke/Schröder § 52 RN 17 zur Klammerwirkung durch eine Dauerstraftat auch BGH 4 StR 150/04 NStZ-RR 2004, 294 (LS.).

[36] Vgl. BGH 2 StR 670/97 NStZ-RR 1999, 8 mit Bespr. *Geppert* JK 1999, § 52/11.

[37] BGH 1 StR 596/84 JR 1985, 512; vgl. auch BGH 2 StR 801/52 BGHSt 4, 219; BGH 2 StR 565/56 BGHSt 10, 230; BGH 1 StR 348/77 JZ 1977, 609; BGH 4 StR 742/94 NJW 1995, 1766; BGH 5 StR 569/96 BGHSt 43, 381/386 f.; vgl. auch *Roxin* AT 2 § 33/31.

[38] Vgl. BGH 3 StR 449/97 NJW 1998, 619=StV 1998, 71.

[39] Vgl. auch die Entscheidung BGH 4 StR 64/78 VRS 57, 277 vom 9.3.1978. In diesem Fall hatte sich der alkoholisierte Täter einer Blutprobe entziehen wollen und den kontrollierenden Beamten mit dem Fahrzeug 40 m mitgeschleift und verletzt.

[40] Vgl. *Wessels/Beulke/Satzger* AT RN 764 ff.; ausführlich LK-*Rissing-van Saan* RN 10 ff. vor § 52.

[41] Vgl. hierzu *Arzt* JZ 1994, 1000 ff.; *Geppert* NStZ 1996, 57 ff., 118 ff.; *B. Heinrich* AT RN 1424 ff.; *Jung* NJW 1994, 916 ff.; *Kühl* AT § 21/27–32; *Schmoller* 1988; *Schmoller* in: Leitner

Voraussetzung war, dass die Einzelakte der fortgesetzten Handlung gegen *denselben Rechtsgutsträger* gerichtet waren, in der *Begehungsweise gleichartig* waren und aufgrund eines *Gesamtvorsatzes* begangen wurden. Betroffen waren vor allem Straftaten aus den Bereichen des Betäubungsmittel-, des Steuer- und des Sexualstrafrechts. 85

Beispiel 14.20 86

A hatte mit seiner minderjährigen Tochter aufgrund eines einheitlichen und von vornherein auf wiederholte gleichartige Begehung gerichteten Entschlusses zwischen dem 1. Januar 1988 und dem 1. Mai 1990 in 114 Fällen Geschlechtsverkehr.

Die Annahme eines Fortsetzungszusammenhangs, dessen Sinn in der erleichterten Aburteilung einer Mehrheit gleichartiger Straftaten liegen sollte, hatte vor allem die folgenden unerwünschten Nebenwirkungen:[42] 87

- Trotz des Entgegenwirkens der BGH-Rechtsprechung[43] führte der *Gesamtvorsatz* des Täters de facto zu einem „Mengenrabatt", weil infolge der Annahme von Tateinheit die bei Tatmehrheit eintretende *Asperation* vermieden wurde. Der Täter, der sich immer wieder „hinreißen" ließ, wurde folglich schlechter behandelt als der von vornherein mit Gesamtvorsatz handelnde. Vor allem bei Sexualstraftaten führte dies zu kaum vermittelbaren Ergebnissen. 88
- Die *Rechtskraft* des Strafurteils hatte einen Strafklageverbrauch für alle vor der Verurteilung liegenden Einzelakte zur Folge, selbst wenn das Gericht sie nicht kennen konnte. 89
- Qualifikationen und die vollendete Begehung von Teilakten erfassten auch die übrigen Teilakte. 90
- Die *Verjährung* begann erst mit der Beendigung des letzten Teilaktes der fortgesetzten Handlung. Die Gerichte mussten sich deshalb um die Aufklärung von Sachverhalten bemühen, die Jahrzehnte zurücklagen. Die Folge waren ungenaue Tatfeststellungen, die das begangene Unrecht nur erahnen ließen. 91
- Die Komplexität der Voraussetzungen des Fortsetzungszusammenhangs hatte eine Uneinheitlichkeit auch der höchstrichterlichen Rechtsprechung zur Folge. 92
- Den (schwindenden) verfahrensökonomischen Vorteilen (Würdigung einer umfassenden Zeitspanne, Vereinfachung der Strafzumessungserwägungen) stand die Aufhebung des ganzen Urteils wegen fehlerhaft angenommenen Fortsetzungszusammenhangs gegenüber.[44] 93

(Hrsg.) 1998, S. 53 ff.; *Zschockelt* JA 1997, 411 ff.

[42] Vgl. *Geppert*, NStZ 1996, 57 f.; *Lackner/Kühl* RN 12 ff. vor § 52; *Wessels/Beulke/Satzger* AT RN 772.

[43] Vgl. die Nachweise bei *Geppert* NStZ 1996, 118.

[44] Näher *Geppert* NStZ 1996, 58.

94 Der Große Strafsenat des BGH nahm die genannten Punkte zum Anlass, durch Beschluss vom 3. 5. 1994[45] die Annahme einer fortgesetzten Tat faktisch aufzugeben.[46] Soweit nicht eine „natürliche" oder sonst eine Form der Handlungseinheit vorliegt, stellen die früheren „Teilakte" der fortgesetzten Tat nunmehr selbständige Straftaten dar.[47] Eine Analyse der Rechtsprechung seit der Entscheidung des Großen Senats für Strafsachen durch *Zieschang* zeigt allerdings, dass Bereiche der fortgesetzten Straftat über die Grundsätze der natürlichen Handlungseinheit[48] bzw. durch die Bildung einer tatbestandlichen „Bewertungseinheit"[49] ersetzt werden, eine Tendenz, die die Gefahr „verschwommener" und schwer nachvollziehbarer Lösungen in sich birgt.

3. Formen der Tateinheit

95 Verstößt „dieselbe Handlung" gegen mehrere Strafgesetze, liegt Tateinheit vor. Verstößt die Handlung mehrmals gegen *dasselbe* Strafgesetz, spricht man von *gleichartiger* Tateinheit.

96 **Beispiel 14.21**

Der Täter wirft eine Handgranate in eine Menschenmenge und tötet dadurch fünf Menschen.

97 Verstößt dieselbe Handlung hingegen gegen verschiedene Strafgesetze, ist *ungleichartige* Tateinheit gegeben.

98 **Zu Leitfall 14**

In *Leitfall 14.* verstößt die Wegnahme des Smartphones (Raub) zugleich gegen die Strafvorschrift der Körperverletzung (Nasenbeinbruch).

4. Wirkungen der Tateinheit

99 Liegt Tateinheit vor, wird die Strafe nach dem Gesetz bestimmt, das die schwerste Strafe androht. Die übrigen Strafdrohungen treten zurück (*Absorptionsprinzip*). Das Absorptionsprinzip wird jedoch dadurch eingeschränkt, dass die Strafe nicht milder sein darf, als es die anderen Gesetze zulassen.

100 Das sog. *Kombinations*prinzip gilt insoweit, als nach § 52 III, IV unter bestimmten Voraussetzungen auch auf Geldstrafe, Nebenstrafen, Nebenfolgen und Maßnahmen erkannt werden kann.

[45] BGH GSSt 2/93, 3/93 BGHSt 40, 138=NStZ 1994, 383 mit Anm. *Zschockelt* NStZ 1994, 361.

[46] Näher *Geppert* NStZ 1996, 57, 59 links.

[47] Vgl. dazu BGH 3 StR 574/97 BGHSt 43, 312/315.

[48] GA 1997, 457 ff.

[49] Vgl. *Beulke* Strafprozessrecht, RN 522; *Schmoller* in: Leitner (Hrsg.) 2006, S. 70 jew. mwN.

III. Dritter Prüfungsschritt: Tatmehrheit (§ 53)?

§ 53. Tatmehrheit 101

(1) Hat jemand mehrere Straftaten begangen, die gleichzeitig abgeurteilt werden, und dadurch mehrere Freiheitsstrafen oder mehrere Geldstrafen verwirkt, so wird auf eine Gesamtstrafe erkannt.

(2) Trifft Freiheitsstrafe mit Geldstrafe zusammen, so wird auf eine Gesamtstrafe erkannt. Jedoch kann das Gericht auf Geldstrafe auch gesondert erkennen;

(3) …

(4) …

§ 54. Bildung der Gesamtstrafe 102

(1) Ist eine der Einzelstrafen eine lebenslange Freiheitsstrafe, so wird als Gesamtstrafe auf lebenslange Freiheitsstrafe erkannt. In allen übrigen Fällen wird die Gesamtstrafe durch Erhöhung der verwirkten höchsten Strafe, bei Strafen verschiedener Art durch Erhöhung der ihrer Art nach schwersten Strafe gebildet. Dabei werden die Person des Täters und die einzelnen Straftaten zusammenfassend gewürdigt.

(2) Die Gesamtstrafe darf die Summe der Einzelstrafen nicht erreichen. Sie darf bei zeitigen Freiheitsstrafen fünfzehn Jahre, bei Vermögensstrafen den Wert des Vermögens des Täters und bei Geldstrafe siebenhundertzwanzig Tagessätze nicht übersteigen.

(3) Ist eine Gesamtstrafe aus Freiheits- und Geldstrafe zu bilden, so entspricht bei der Bestimmung der Summe der Einzelstrafen ein Tagessatz einem Tag Freiheitsstrafe.

§ 55. Nachträgliche Bildung der Gesamtstrafe. 103

(1) Die §§ 53 und 54 sind auch anzuwenden, wenn ein rechtskräftig Verurteilter, bevor die gegen ihn erkannte Strafe vollstreckt, verjährt oder erlassen ist, wegen einer anderen Straftat verurteilt wird, die er vor der früheren Verurteilung begangen hat.

(2) …

Tatmehrheit liegt vor, wenn jemand mehrere Straftaten begangen hat, die gleichzei- 104
tig abgeurteilt werden und die weder in Gesetzeseinheit noch in Tateinheit stehen.

1. Formen

Wie bei der Tateinheit kann auch hier zwischen „gleichartiger" und „ungleicharti- 105
ger" Tatmehrheit unterschieden werden.

2. Wirkungen

a) Asperationsprinzip

106 Grundsätzlich gilt das *Asperations*prinzip. Es bedeutet die Zusammenziehung der verwirkten Einzelstrafen zu einer „Gesamtstrafe“, deren Bildung in § 54 geregelt ist und die grundsätzlich durch die Erhöhung der verwirkten höchsten Strafe, bei Strafen verschiedener Art durch Erhöhung der ihrer Art nach schwersten Strafe gebildet wird.

b) Kombinationsprinzip

107 Unter den Voraussetzungen des § 53 III, IV gilt auch bei Tatmehrheit das *Kombinations*prinzip.

Lösung des Leitfalls („eingeschränkter“[50] Gutachtenstil)

I. Strafbarkeit des A gem. § 249

108 A hatte den Gewahrsam der B an dem Smartphone – eine fremde bewegliche Sache – gebrochen und neuen Gewahrsam begründet. Eine Wegnahme i.S.d. § 249 ist somit gegeben. Zum Zwecke der Wegnahme hatte A der B einen kräftigen Faustschlag ins Gesicht versetzt, also Gewalt gegen eine Person angewandt. Die objektiven Elemente der Tatbestandsmäßigkeit des Raubes sind somit erfüllt.

109 A handelte bezüglich der Wegnahme und der Gewaltanwendung vorsätzlich. Außerdem geschah die Wegnahme in der Absicht, sich das Smartphone rechtswidrig zuzueignen. Die Voraussetzungen der subjektiven Elemente der Tatbestandsmäßigkeit sind somit ebenfalls erfüllt.

110 Rechtfertigungs-, Schuldausschließungs- bzw. Entschuldigungsgründe sind nicht ersichtlich, so dass A rechtswidrig und schuldhaft handelte.

111 *Ergebnis*: Strafbarkeit des A gem. § 249.

112 Die Elemente des Diebstahls sind in der Tatbestandsmäßigkeit des Raubes ebenfalls enthalten. Die Strafbarkeit nach § 242 tritt jedoch in Gesetzeseinheit (Spezialität) hinter § 249 zurück (s. o. RN 25 ff.).

113 Auch die Nötigung, welche darin zu sehen ist, dass A die B durch den Faustschlag zwang, das Smartphone fallen zu lassen, tritt hinter § 249 in Gesetzeseinheit zurück.

II. Strafbarkeit des A gem. § 223 wegen des Faustschlags

114 Durch den Faustschlag hatte A die B übel und unangemessen behandelt und dadurch deren körperliches Wohlbefinden nicht unerheblich beeinträchtigt, sie also i.S. des § 223 I 1. Alt. körperlich misshandelt. Ein Nasenbeinbruch stellt einen

[50] Diese, vor allem von *Gössel* (*Maurach/Gössel* Strafrecht, Fälle und Lösungen, 2. Kap. 3. Abschn. 7. Regel) befürwortete Form des Gutachtenstils versucht, ohne Konjunktiv-Formulierungen („könnte“, „müsste“…) auszukommen. Der Vorteil liegt darin, dass die Darstellung dadurch kürzer und damit zeitsparender wird. Jedoch besteht andererseits – besonders bei Anfängern – die Gefahr, in einen Urteilsstil zu verfallen, in dem Ergebnisse vorweggenommen und anschließend nur noch begründet, aber nicht mehr erörtert werden.

pathologischen Zustand dar, weswegen auch eine Gesundheitsbeschädigung nach § 223 I 2. Alt. gegeben ist. A handelte vorsätzlich und mangels entgegenstehender Gründe auch rechtswidrig und schuldhaft.

Ergebnis:Strafbarkeit des A gem. § 223 I 1. und 2. Alt. 115

III. Strafbarkeit des A gem. § 252 wegen des Stoßes gegen P

Eine vollendete Vortat i.S. des § 252 liegt vor, und zwar nicht nur in Form des 116
Diebstahls, sondern – da nach h.M. für § 252 jede Form der Wegnahme in Zueignungsabsicht in Frage kommt – auch des Raubes.[51] Da A den Gewahrsam an dem Smartphone zwar begründet, aber noch keine sichere Verfügungsgewalt erlangt hatte, war die gewaltsame Wegnahme in Form des Raubes vollendet, aber noch nicht vollständig abgeschlossen.

A wurde dadurch, dass die P sich ihm während der Flucht, also alsbald nach 117
der Tatausführung, in den Weg stellte, i.S. des § 252 auf frischer Tat betroffen. Der Stoß gegen die Brust der P stellt auch das nach § 252 erforderliche Nötigungsmittel dar. A handelte, um den Raub als Vortat mit zusätzlicher Gewaltanwendung erfolgreich beenden zu können, also auch in der Absicht, eine drohende gegenwärtige bzw. unmittelbar bevorstehende Gewahrsamsentziehung zu verhindern. Die objektiven und subjektiven Elemente der Tatbestandsmäßigkeit sind somit erfüllt. A handelte auch rechtswidrig und schuldhaft.

Ergebnis: Strafbarkeit des A gem. § 252. 118

IV. Strafbarkeit des A gem. § 303 wegen Beschädigung des Kamelhaarmantels

Durch den Stoß des A gegen die Brust der P fiel diese, wie von A erwartet, in 119
eine ölige Regenwasserlache. Eine Beschädigung i.S. des § 303 setzt voraus, dass die Substanz der Sache verletzt oder die Gebrauchstauglichkeit auf Dauer aufgehoben wird. Der Kamelhaarmantel, eine fremde bewegliche Sache, wurde dadurch so sehr beschmutzt, dass der Schaden nicht beseitigt werden konnte. A hatte erwartet, dass P in die Lache fallen würde und somit die Beschädigung des Kamelhaarmantels zumindest billigend in Kauf genommen. Die objektiven und subjektiven Elemente der Tatbestandsmäßigkeit sind demnach gegeben. Rechtfertigungsgründe und Schuldausschließungs- bzw. Entschuldigungsgründe sind nicht ersichtlich.

Ergebnis:Strafbarkeit des A gem. § 303. 120

V. Konkurrenzen

Hinweis zur Methode:

In einer Klausur würde nach der Bejahung des Raubes zur Gesetzeseinheit von 121
Raub, Diebstahl und Nötigung folgender kurzer Hinweis genügen: „Die gleichzeitig mitgeprüften Straftaten des Diebstahls und der Nötigung sind ebenfalls

[51] Vgl. LK-*Vogel* § 252 RN 12.

rechtswidrig und schuldhaft verwirklicht. Sie treten jedoch in Gesetzeskonkurrenz hinter § 249 zurück."

122 Im Übrigen wären im Rahmen der Konkurrenzen folgende Ausführungen erforderlich:

123 Die Nötigungshandlung des A gegenüber der B als Teil des Raubes führt zu deren Nasenbeinbruch. Diese von A gegenüber B begangene Körperverletzung nach § 223 steht mit dem Raub nach § 249 somit in Tateinheit (§ 52).

124 Die Sachbeschädigung steht zu dem räuberischen Diebstahl, § 252, in Tateinheit gem. § 52. Denn der Stoß vor die Brust des P ist zugleich die Tathandlung des § 252.

125 Der Raub gem. § 249 und der räuberische Diebstahl gem. § 252 wurden durch verschiedene Handlungen begangen, weshalb eigentlich Tatmehrheit naheliegt. Die beiden Straftaten stehen jedoch in Gesetzeseinheit, weil § 252 nicht ohne eine vollendete Zueignungsstraftat als Vortat begangen werden kann. § 249 tritt folglich in Gesetzeseinheit hinter § 252 zurück. Dies gilt allerdings nicht für die Körperverletzung. Insoweit liegt Tateinheit nach § 52 vor. Denn der Raub verklammert die Körperverletzung mit dem räuberischen Diebstahl.

126 *Gesamtergebnis*: A hat sich wegen eines Verbrechens des räuberischen Diebstahls in Tateinheit mit einem Vergehen der Sachbeschädigung und einem Vergehen der Körperverletzung strafbar gemacht, §§ 252, 223, 303; 52.

C. Zur Wiederholung

Kontrollfragen

1. Worin besteht die Aufgabe der Konkurrenzlehre? (RN 2)
2. Welche Formen der Konkurrenz kennen Sie und welche dieser Formen führt zu einer Erhöhung der Strafe? (RN 14 f.)
3. Wann liegt in der Sprache des Gesetzes Tateinheit, wann liegt Tatmehrheit vor und wie wirken sich beide aus? (RN 46 ff., 101 ff.)
4. Nennen Sie drei Formen der rechtlichen Handlungseinheit. (RN 64 ff.)
5. Ist ein in Gesetzeseinheit zurücktretendes Strafgesetz für die Festsetzung der Strafe völlig irrelevant? (RN 40 ff.)

Literatur

Arzt Die fortgesetzte Handlung geht – die Probleme bleiben, JZ 1994, 1000 ff.
Beulke Strafprozessrecht, 12. Aufl. 2012
Frister Strafrecht, Allgemeiner Teil (AT), 5. Aufl. 2011
Geppert Zur straf- und verfahrensrechtlichen Bewältigung von Serienstraftaten nach Wegfall der Rechtsfigur der „fortgesetzten Handlung", NStZ 1996, 57 ff., 118 ff.
Geppert Zur Rechtsfigur der „Tateinheit durch Verklammerung", Jura 1997, 214 ff.
Geppert Grundzüge der Konkurrenzlehre (§§ 52–55 StGB), Jura 2000, 598 ff., 651 ff.

Heinrich, B. Strafrecht, Allgemeiner Teil (AT), 3. Aufl. 2012

Hochmayr Subsidiarität und Konsumtion. Ein Beitrag zur strafrechtlichen Konkurrenzlehre, 1997

Jescheck/Weigend Lehrbuch des Strafrechts, Allgemeiner Teil (AT), 5. Aufl. 1996

Jung zur Nachahmung empfohlen: Aufgabe der Rechtsfigur der fortgesetzten Handlung durch das Schweizer Bundesgericht, NJW 1994, 916 ff.

Kindhäuser Strafgesetzbuch, Lehr- und Praxiskommentar (LPK), 5. Aufl. 2013

Krey/Esser Deutsches Strafrecht, Allgemeiner Teil (AT), 5. Aufl. 2012

Kudlich § 52 StGB: Konkurrenzverhältnis zwischen versuchtem Tötungsdelikt und vollendeter Körperverletzung – Zugleich eine Besprechung von BGGH, Urteil v. 14.09.1998–4 StR 272/98, JA 1999, 452 ff.

Kühl Das leidige Thema der Konkurrenzen, JA 1978, 475 ff.

Kühl Strafrecht, Allgemeiner Teil (AT), 7. Aufl. 2012

Lackner/Kühl Strafgesetzbuch: Kommentar, 27. Aufl. 2011

LK-*Bearbeiter* = Laufhütte/Rissing-van Saan/Tiedemann (Hrsg.), Leipziger Kommentar, Strafgesetzbuch, 12. Aufl. 2007 ff

Maatz Kann ein (nur) versuchtes schwereres Delikt den Tatbestand eines vollendeten milderen Delikts verdrängen? – Die Konkurrenz-Rechtsprechung in Fällen versuchten Totschlags/Mordes, versuchter Vergewaltigung und versuchter Nötigung auf dem Prüfstand, NStZ 1995, 209 ff.

Martin Tateinheit zwischen versuchter Tötung und Körperverletzung – Zugleich eine Anmerkung zu BGH, Urteil v. 24.09.1998–4 StR 272/98, JuS 1999, 298 ff.

Maurach/Gössel Strafrecht Allgemeiner Teil, Teilband 2 (AT 2), 7. Aufl. 1989

Maurach/Gössel Strafrecht, Fälle und Lösungen, 7. Aufl. 1997

Mitsch Strafrecht Besonderer Teil 2, Teilband 1 (BT 2/1), 2. Aufl. 2003

MK-*Bearbeiter* = Münchener Kommentar zum Strafgesetzbuch, 2. Aufl. 2011 ff.

Momsen Die konkurrenzrechtliche „Tat" bei sukzessiver Tatausführung unter Verletzung höchstpersönlicher Rechtsgüter – Zugleich eine Besprechung von BGH, Beschl. v. 22. 10. 1997–3 StR 419–97, NJW 1999, 982 ff.

Roxin Strafrecht Allgemeiner Teil Bd. 2(AT 2), 2003

Schlüchter Verjährung eines tatbestandlichen Handlungskomplexes am Beispiel geheimdienstlicher Agententätigkeit, JZ 1997, 995 ff.

Schmoller Bedeutung und Grenzen des fortgesetzten Delikts, 1988

Schmoller Zur Zukunft des „fortgesetzten Delikts", in Leitner (Hrsg.), Aktuelles zum Finanzrecht, 1998, S. 53 ff.

Schmoller Die Zukunft des „fortgesetzten Delikts", in Leitner (Hrsg.), Finanzstrafrecht 1996–2002, 2006, S. 70 ff.

Schönke/Schröder, *Bearbeiter* in: = Schönke/Schröder. Strafgesetzbuch, 28. Aufl. 2010, fortgeführt von *Lenckner, Cramer, Eser, Stree, Heine, Perron, Sternberg-Lieben, Eisele, Bosch, Hecker und Kinzig* und unter Mitarbeit von *Schittenhelm*

SK-*Bearbeiter* = Systematischer Kommentar zum Strafgesetzbuch, Grundwerk mit 136. Ergänzungslieferung, von *Rudolphi, Horn, Samson* (Stand: Oktober 2012)

Tadaki Tateinheit und Tatmehrheit im materiellen Recht und im Verfahrensrecht bei Teilnahme, Dokkyo Law Review No. 46, 1998, 506 ff.

Tadaki Tateinheit und Tatmehrheit bei Teilnahme, FS für Schreiber 2003, S. 487 ff.

Wessels/Beulke/Satzger Strafrecht, Allgemeiner Teil (AT), 43. Aufl. 2013

Zschockelt Die Auswirkungen der Entscheidung des großen Senats in Strafsachen zum Fortsetzungszusammenhang, JA 1997, 411 ff.

§ 15 Strafrechtliche Sanktionen

Leitfall 15 1

Der Fall *Daschner* – LG Frankfurt a. M., Urteil vom 20. 12. 2004 – 5/27 KLs 7570 Js 203814/03 (4/04), NJW 2005, 692.[1] Der Frankfurter Jurastudent Gaefgen (G) hatte den elfjährigen Frankfurter Bankierssohn Jakob von Metzler in seine Gewalt gebracht. Obwohl der Junge bereits tot war, fordert G von der Familie des Kindes ein Lösegeld. Die Staatsanwaltschaft, die G verdächtigte, ging davon aus, dass Jakob noch am Leben sei und in einem Versteck festgehalten werde. Da G durch sein Aussageverhalten die behördlichen Nachforschungen mehrfach bewusst fehlgeleitet hatte, wies der Angekl. Wolfgang Daschner (D), seinerzeit stellvertretender Polizeipräsident, den Angekl. E an, dass *G* nach vorheriger Androhung unter ärztlicher Aufsicht durch Zufügung von Schmerzen (keine Verletzungen) erneut über den Verbleib des Jungen zu befragen sei. Die Feststellung des Aufenthaltsorts des entführten Jungen dulde keinen Aufschub; insoweit bestehe für die Polizei die Pflicht, im Rahmen der Verhältnismäßigkeit alle Maßnahmen zu ergreifen, um das Leben des Kindes zu retten. Die Befragung des G diene nicht der Aufklärung der Straftat, sondern ausschließlich der Rettung des Lebens des entführten Kindes.

Über seine Anordnung und das weitere Geschehen fertigte D einen schriftlichen Vermerk an. 2

Auf Grund der Androhung gab G einen Hinweis auf eine Hütte im Bereich des Langener Waldsees und den Fundort der Leiche bei Birstein. Durch das inzwischen abgelegte Geständnis war die Durchführung der Maßnahme entbehrlich. 3

G wurde rechtskräftig wegen Mordes in Tateinheit mit erpresserischem Menschenraub mit Todesfolge u. a. zu lebenslanger Freiheitsstrafe verurteilt. 4

In der vorliegenden Strafsache hat das LG den Angekl. E der Nötigung gem. 5
§ 240 I und den Angekl. D der Verleitung eines Untergebenen zu einer Nötigung gem. § 357 I StGB i. V. mit § 240 I für schuldig befunden. Eine Rechtfertigung

[1] Bearbeitete und zum Teil wörtliche Wiedergabe des Sachverhalts aus der NJW.

W. Gropp, *Strafrecht Allgemeiner Teil*, Springer-Lehrbuch,
DOI 10.1007/978-3-642-38126-3_15

ihrer Handlungen lehnte es unter Hinweis auf die Menschenwürde des Verdächtigen G (Art. 1 I 1 GG) ab, deren Unantastbarkeit auch in Art. 104 I 2 GG zum Ausdruck komme, wonach festgehaltene Personen weder seelisch noch körperlich misshandelt werden dürfen.

Welche Sanktionen wären gegen D und E sachgerecht?

6 Weil das Strafrecht den Menschen als vernünftiges Wesen begreift, das durch Normen beeinflusst werden kann, können Verstöße gegen Strafvorschriften nur dann *bestraft* werden, wenn sie dem Handelnden *vorgeworfen* werden können (Schuldprinzip, s. o. § 3 RN 85 ff.). *Strafen* können daher grundsätzlich nur dann verhängt werden, wenn eine Straftat *schuldhaft* begangen worden ist (RN 7 ff.). Hat der Täter zwar ohne Schuld gehandelt, ist er aber *gefährlich,* kommt nur eine *Maßregel* der Besserung und Sicherung in Frage. Diese Maßregeln bilden damit gegenüber der Strafe den zweiten Grundtypus der strafrechtlichen Rechtsfolgen (RN 41 ff.).[2] Das Rechtsfolgensystem des StGB ist somit *zweispurig.*

A. Schuldabhängige Sanktionen

I. Strafen

7 Als Hauptstrafen, d. h. Strafen, die *selbständig* verhängt werden können, gibt es nach Abschaffung der Todesstrafe (Art. 102 GG) sowie der Zusammenfassung der Straftaten des Zuchthauses, des Gefängnisses, der Einschließung und der Haft zu einer einheitlichen Freiheitsstrafe nur noch die *Freiheitsstrafe* (§§ 38, 39) und die *Geldstrafe* (§§ 40–43). Das Fahrverbot nach § 44 ist eine Nebenstrafe.

1. Freiheitsstrafe und Strafaussetzung zur Bewährung

a) Freiheitsstrafe, §§ 38 f.

8 Die Freiheitsstrafe bildet die intensivste Form der staatlichen Strafe. Nach § 38 ist sie „zeitig“, wenn das Gesetz nicht – wie z. B. bei Mord (§ 211) – lebenslange Freiheitsstrafe[3] androht.

9 Das Höchstmaß der zeitigen Freiheitsstrafe beträgt 15 Jahre, ihr Mindestmaß einen Monat (§ 38 II). Auf Freiheitsstrafe erkennen die Gerichte in Deutschland nur in einem Bruchteil der Verurteilungen (s. o. § 1 RN 23). Dies dürfte u. a. daran liegen, dass man sich der negativen individuellen und gesellschaftlichen Auswirkungen bewusst ist, die das Leben in einem Gefängnis unvermeidbar mit sich bringt. Deshalb werden selbst verhängte Freiheitsstrafen ganz überwiegend wiederum zur

[2] *Lackner/Kühl* § 61 RN 2; zum neuen Sanktionensystem der Schweiz von 2007 vgl. das Interview mit *Heine* In dubio 2007, S. 6 ff.

[3] Zur verfassungsrechtlichen Problematik der lebenslangen Freiheitsstrafe und zur Aussetzung ihrer Vollstreckung *Grünwald* FS Bemmann, S. 161 ff.

Bewährung ausgesetzt (s. o. § 1 RN 23).[4] Die Verurteilung zu Freiheits- oder Jugendstrafe ohne Bewährung bildet daher den Boden des sog. „*Trichtermodells der Strafverfolgung*".[5]

Zu Leitfall 15 10

In *Leitfall 15* ist die Nötigung begangen durch E gem. § 240 I mit Freiheitsstrafe bis zu drei Jahren oder mit Geldstrafe bedroht, die Verleitung eines Untergebenen zu einer Nötigung begangen durch D gem. § 357 I StGB i. V. mit § 240 I ebenfalls mit Freiheitsstrafe bis zu drei Jahren oder mit Geldstrafe.

Jedoch würdigte das Gericht, dass es beiden Angekl. ausschließlich und dringend darum ging, das Leben des Kindes zu retten. D habe sich in der Nacht noch lange Zeit Gedanken über die Situation und die richtige Vorgehensweise gemacht und sich in einem Konflikt gesehen, der in seiner 40-jährigen Dienstzeit noch nicht vorgekommen war. E habe an seine eigenen, zum Teil gleichaltrigen Kinder gedacht und unter der Vorstellung gelitten, dass das Opfer möglicherweise elend umkomme. 11

*G*s provozierendes und skrupelloses Aussageverhalten habe die Nerven der Ermittler aufs Äußerste strapaziert. Juristisch geschult habe er seine falschen Aussagen so zu formulieren und darzubieten gewusst, dass sie ständig Ungewissheiten, Hoffnungen und Enttäuschungen erzeugt und keine Sicherheit geboten hätten. Er habe den Eindruck vermittelt, dass er bewusst mit dem Leben des Kindes spiele und den Einsatz- und Rettungswillen der Polizei in die falsche Richtung lenke, um Zeit zu gewinnen und möglicherweise den Tod des Jungen herbeizuführen. 12

Es habe im Übrigen eine außergewöhnliche Hektik geherrscht. E habe die Nacht durchgearbeitet und D nur wenige Stunden geschlafen. Diese angespannte Befindlichkeit der Angekl. verringere den Schuldvorwurf erheblich, da sie die Hemmschwelle zur Tat herabgesetzt habe. Beide hätten sich an der Grenze ihrer Belastbarkeit befunden. 13

Schließlich hätten beide ein tadelloses Vorleben aufzuweisen. Auch die Folgen der Taten seien strafmildernd zu berücksichtigen. D sei zum Hessischen Ministerium des Innern nach Wiesbaden versetzt worden, und der E habe keine strafprozessual relevanten Maßnahmen mehr ausführen dürfen. Die Begleitung durch die Medien vorprozessual und während des Strafverfahrens sei immens gewesen. Das habe die Angekl. und ihre Familien sehr belastet und zum Teil – ob gewollt oder nicht – zu einer Prangerwirkung geführt. Die lange Verfahrensdauer sei ebenfalls strafmildernd zu berücksichtigen. Schließlich sei D und E zugute zu halten, dass erstmals eine solche – wenn auch nicht unlösbare – Konfliktlage vor Gericht verhandelt wurde.[6] 14

---

[4] Vgl. zur Zurückdrängung der Freiheitsstrafe auch *Heinz* ZStW 111 (1999), 487 ff.

[5] Vgl. *Streng* Sanktionen 2012, RN 111 mit Schaubild 2; vgl. auch *Heinz* ZStW 111 (1999), 477.

[6] Vgl. LG Frankfurt NJW 2005, 697.

15 Unter diesen Umständen kam die Verhängung einer Freiheitstrafe gegen D und E nicht in Frage.

b) Abwendung der Strafvollstreckung und Strafaussetzung zur Bewährung, §§ 56 ff.

16 Die *Strafaussetzung zur Bewährung* ist bei einer Verurteilung zu einer Freiheitsstrafe von nicht mehr als einem Jahr nach § 56 I zwingend, wenn eine günstige *Prognose*[7] vorliegt, d. h. wenn zu erwarten ist, dass der Verurteilte sich schon die Verurteilung zur Warnung dienen lassen und künftig auch ohne die Einwirkung des Strafvollzugs keine Straftaten mehr begehen wird.[8]

17 Liegen nach der Gesamtwürdigung von Tat und Persönlichkeit des Verurteilten besondere Umstände[9] vor, kann das Gericht sogar die Vollstreckung einer höheren Freiheitsstrafe, die zwei Jahre nicht übersteigt, zur Bewährung aussetzen (§ 56 II). Umgekehrt kann die Aussetzung einer Freiheitsstrafe zur Bewährung ausnahmsweise trotz günstiger Prognose dann abgelehnt werden, wenn generalpräventive Gründe („die Verteidigung der Rechtsordnung“) eine Strafaussetzung verbieten. Dies gilt im Interesse der Zurückdrängung einer kurzen Freiheitsstrafe (§ 47) aber nur für Verurteilungen zu einer Freiheitsstrafe von mindestens sechs Monaten (§ 56 III). Denn die günstige Prognose ist nicht dadurch ausgeschlossen, dass die Verhängung einer kurzen Freiheitsstrafe nach § 47 zur Einwirkung auf den Täter unerlässlich war.[10] Unter 6 Monaten ist die Strafaussetzung bei günstiger Prognose folglich zwingend.[11]

18 *Zusammengefasst* ergibt sich somit, dass bei günstiger Prognose eine Freiheitsstrafe bis zu einem Jahr grundsätzlich und bis zu 2 Jahren unter bestimmten Umständen[12] zur Bewährung auszusetzen ist, und dass bei Freiheitsstrafen von mindestens 6 Monaten und höchstens einem Jahr die Bewährung nur ausnahmsweise (zur Verteidigung der Rechtsordnung) verweigert werden darf.

19 Eine wichtige Rolle im Rahmen der Strafaussetzung zur Bewährung spielt die Aussetzung des Strafrestes bei zeitiger Freiheitsstrafe (§ 57) und bei lebenslanger Freiheitsstrafe (§ 57a). Die Aussetzung des Strafrestes bei zeitiger Freiheitsstrafe ist in der Regel nach einer Verbüßung von zwei Dritteln der verhängten Strafe (sog.

---

[7] Zur individuellen Kriminalprognose als Element von Prognoseentscheidungen und zu den Prognosemethoden umfassend *Streng* Sanktionen 2012, RN 770 ff.

[8] Näher zur günstigen Sozialprognose SK-*Schall* § 56 RN 10 ff.

[9] Sie liegen vor, wenn bestimmte *Tatsachen* bzw. *Eigenschaften* oder *Verhältnisse* die Tat bzw. den Täter vom Durchschnitt der gewöhnlich vorkommenden Taten gleicher Art bzw. vom durchschnittlichen Täter solcher Taten positiv unterscheiden, z. B. die Verstrickung in die Tat durch polizeiliche Lockspitzel, durch die Tat bedingte berufliche Nachteile, das Nachtatverhalten oder das Bemühen um Wiedergutmachung; näher hierzu *Lackner/Kühl* § 56 RN 19 i.V.m. § 47 RN 2; *Streng* Sanktionen 2012, RN 183 ff.

[10] Vgl. *Stree/Kinzig* in: Schönke/Schröder § 56 RN 33

[11] Vgl. auch SK-*Schall* § 56 RN 31.

[12] Dazu zählen z. B. die Versorgung mehrerer minderjähriger Kinder, eine außergewöhnlich lange Verfahrensdauer oder die nachträgliche Stabilisierung der Lebensverhältnisse; vgl. auch SK-*Schall* § 56 RN 40.

Zweidrittel-Aussetzung), unter Umständen sogar bereits nach einer Verbüßung der Hälfte der Freiheitsstrafe möglich (sog. *Halbzeit-Aussetzung*, § 57 I, II).[13]

Die Möglichkeit einer Aussetzung des Strafrestes bei lebenslanger Freiheitsstrafe nach § 57a ist die Antwort des Gesetzgebers auf eine Entscheidung des Bundesverfassungsgerichts aus dem Jahre 1977.[14] Unter Hinweis aus den Resozialisierungsgedanken hatte das Bundesverfassungsgericht dort entschieden, dass auch ein wegen schwerster Straftaten verurteilter Mensch eine Chance haben müsse, wieder in Freiheit zu kommen. Voraussetzung ist neben einer günstigen Prognose u. a., dass der Täter 15 Jahre der Strafe verbüßt hat und nicht die besondere Schwere der Schuld des Verurteilten die weitere Vollstreckung gebietet. Ob Umstände vorliegen, die eine besonders schwere (Tat-)Schuld begründen, hat dabei das Tatgericht in den Urteilsgründen festzustellen. 20

Ob und inwieweit die vom Tatgericht festgestellte besondere Schwere der Schuld die Verlängerung der Vollstreckungszeit über 15 Jahre hinaus gebietet, hat das Vollstreckungsgericht zu beurteilen, wobei es sich sachverständiger Hilfe bedient.[15] 21

c) Freiheitsstrafe als ultima ratio

Die Zurückdrängung der Freiheitsstrafe – sei es durch Nichtverhängung, sei es durch Aussetzung der Straf(rest)vollstreckung – ist zu begrüßen. Denn es lässt sich kaum von der Hand weisen, dass das Einsperren eines Menschen zum Zweck einer Verhaltensänderung angesichts moderner Sanktionsformen (gemeinnützige Arbeit, Täter-Opfer-Ausgleich, Wiedergutmachung, elektronische Fußfessel) den Anschein von Hilflosigkeit erweckt und an mittelalterliche Sanktionsformen denken lässt.[16] 22

2. Geldstrafe, §§ 40 ff.

Die *Geldstrafe* wird in *Tagessätzen* verhängt (§ 40 I 1).[17] Die Höhe eines Tagessatzes ermittelt der Richter, indem er auf Grund des monatlichen Einkommens das durchschnittliche Tageseinkommen (ein Dreißigstel des monatlichen Nettoeinkommens) des Täters errechnet.[18] Die Anzahl der Tagessätze, die das Gericht verhängen darf, beträgt mindestens fünf und höchstens 360 volle Tagessätze, es sei denn, dass das Gesetz etwas anderes bestimmt (§ 40 I 2). Ein Tagessatz wird auf mindestens einen und höchstens 5.000 € festgesetzt. Das Tagessatzsystem ist skandinavischen Ursprungs und im Rahmen des am 1.1.1975 in Kraft getretenen 2. StrRG in das 23

---

[13] Ausführlich hierzu SK-*Horn* § 57 RN 3 ff.; vgl. auch *Egg* FS Rolinski, S. 309 ff.

[14] BVerfG 1 BvL 14/76 BVerfGE 45, 187; zu § 57a bei terroristischen Straftaten *Kett-Straub* GA 2007, 332 ff.

[15] So BVerfG 2 BvR 1041/88 2 BvR 78/89 BVerfGE 86, 288; in Ergänzung dazu BGH 1 StR 686/98 BGHSt 44, 350 für Fälle, in denen die lebenslange Freiheitsstrafe nicht die einzig in Betracht kommende Rechtsfolge ist; umfassend zum Ganzen *Grünwald* FS Bemmann, S. 161 ff.

[16] Vgl. auch *Lüderssen*, FS Bemmann, S. 47 ff.

[17] Näher zum Tagessatzsystem *Streng* Sanktionen 2012, RN 125 ff.

[18] Ausführlich zur Berechnung der Höhe des Tagessatzes NK-StGB-*Albrecht* § 40 RN 19 ff.; zur Tagessatzgestaltung bei Tätern ohne eigenes volles Einkommen SK-*Horn/Wolters* § 40 RN 4a.

StGB eingefügt worden. Der von dem Verurteilten gezahlte Geldbetrag fließt der Staatskasse zu.

24 Hat der Täter sich durch die Tat bereichert oder zu bereichern versucht, kann seit 1992 neben einer Freiheitsstrafe auch eine ansonsten nicht oder nur wahlweise angedrohte Geldstrafe verhängt werden (§ 41).

25 An die Stelle der uneinbringlichen Geldstrafe tritt eine *Ersatzfreiheitsstrafe* (§ 43 sekundäre Ersatzstrafe). Dabei entspricht einem Tagessatz ein Tag Freiheitsstrafe. Jedoch kann unter besonderen Umständen richterlich angeordnet werden, dass die Vollstreckung der Ersatzfreiheitsstrafe unterbleibt, weil sie eine unbillige Härte wäre (§ 459 f StPO).

26 Faktisch stellt die Geldstrafe heute die Hauptform der staatlichen Strafe dar.

27 **Zu Leitfall 15**

In Leitfall 15 hielt das Gericht unter Abwägung aller für und gegen die Angekl. sprechenden Gesichtspunkte eine Geldstrafe für den Angekl. D in Höhe von 90 Tagessätzen zu je 120 € und für den Angekl. E von 60 Tagessätzen zu je 60 € für tat- und schuldangemessen. Zu Gunsten des Angekl. E wurde berücksichtig, dass er als weisungsabhängiger Beamter gehandelt habe und nur kurze Zeit für Überlegungen und zu einer Verweigerung der Tat gehabt habe. Jedoch sah das Gericht davon ab, D und E zu diesen Geldstrafen zu verurteilen und behielt die Verurteilung zu der Geldstrafe nach § 59 StGB vor (näher dazu unten RN 31 f.).[19]

3. Fahrverbot als Nebenstrafe, § 44

28 Die Verhängung eines *Fahrverbots* setzt, weil *Nebenstrafe*[20], die Verurteilung wegen einer Straftat voraus, die der Täter „bei oder im Zusammenhang mit dem Führen eines Kraftfahrzeugs oder unter Verletzung der Pflichten eines Kraftfahrzeugführers begangen hat". Mittels des Fahrverbotes kann das Gericht für die Dauer von einem Monat bis zu sechs Monaten dem Betroffenen verbieten, im Straßenverkehr Kraftfahrzeuge jeder oder einer bestimmten Art zu führen. Das Fahrverbot hat den Vorzug, dass es auf das Verhalten des Straftäters Bezug nimmt und ihn an einer empfindlichen Stelle trifft, falls er eine Fahrerlaubnis besitzt.

29 Im Unterschied zur Maßregel der *Entziehung der Fahrerlaubnis* nach § 69 StGB (s. u. RN 50) stellt das Fahrverbot nach § 44 nicht auf die mangelnde Eignung des Täters zum Führen von Kraftfahrzeugen ab. Nach Ablauf der Verbotsfrist lebt die Erlaubnis zum Führen von Kraftfahrzeugen daher von selbst wieder auf, während der Adressat einer Maßregel nach § 69 nach Ablauf der Sperrfrist (§ 69a) die Erteilung einer neuen Fahrerlaubnis beantragen muss.

[19] Vgl. LG Frankfurt NJW 2005, 697.

[20] Zu Überlegungen eines Fahrverbots als Hauptstrafe de lege ferenda durch § 44 des Gesetzes zur Reform des Sanktionenrechts (E-GzRdS, BT-Drs. 15/2725) vgl. *Streng* Sanktionen 2012, RN 359.

Eine Nebenstrafe außerhalb des StGB ist das *Verbot der Jagdausübung* (§ 41a BJagdG). Nach der Rechtsprechung des BGH[21] ist auch die *Einziehung* nach § 74 II Nr. 1 StGB als Nebenstrafe anzusehen und daher bei der Strafzumessung zu berücksichtigen. 30

II. „Vergeistigte Strafen", §§ 59, 60

Das Absehen von Strafe nach § 60 wurde als § 16 a.F. durch das 1. StrRG von 1969[22], die „Verwarnung mit Strafvorbehalt" (§ 59)[23] durch das 2. StrRG 1975 in das Strafgesetzbuch eingefügt. Beide Sanktionen stellen den Versuch dar, ein strafbares Verhalten als solches spezifisch zu missbilligen und zu stigmatisieren, ohne jedoch eine Strafe auszusprechen. In beiden Fällen wird der Täter schuldig gesprochen und erhält daher die Kosten des Verfahrens auferlegt (§ 465 I 2 StPO). Da jedoch auf einen Strafausspruch verzichtet wird, sieht man in der Verwarnung mit Strafvorbehalt und dem Absehen von Strafe eine „auf Null reduzierte", „vergeistigte" Strafe. Die §§ 59, 60 bilden damit die „leichteste und zugleich ‚resozialisierungsfreundlichste' Sanktion im Strafensystem".[24] 31

Die Verwarnung mit Strafvorbehalt (§ 59) setzt neben einer günstigen Täterprognose und einer positiven Gesamtwürdigung der Tat sowie der Persönlichkeit des Täters voraus, dass allenfalls Geldstrafe bis zu 180 Tagessätzen verwirkt ist. Das Gericht spricht den Täter in diesem Falle schuldig, verwarnt ihn, bestimmt die Strafe und behält sich die Verhängung dieser Strafe für den Fall vor, dass sich der Täter nicht bewährt (§§ 59a, b). 32

Das Absehen von Strafe nach § 60 stellt u. a. darauf ab, dass die Folgen der Tat, die den Täter getroffen haben, so schwer sind, dass die Verhängung einer Strafe offensichtlich verfehlt wäre. Man spricht daher im Rahmen von § 60 von einer „poena naturalis" („natürlichen Strafe"), welche eine zusätzliche „poena criminalis" (Kriminalstrafe) nicht mehr als erforderlich erscheinen lässt. Typischerweise wird § 60 daher auf Fälle angewandt, in denen das Fehlverhalten des Täters dazu führt, dass Angehörige schwer verletzt werden oder sogar ums Leben kommen. Die Grenze der Anwendbarkeit von § 60 ist dort erreicht, wo der Täter für die Tat eine Freiheitsstrafe von mehr als einem Jahr verwirkt hätte. 33

Die Verwarnung mit Strafvorbehalt und das Absehen von Strafe sind Sanktionen, bei denen unter Strafwürdigkeits- und Strafbedürftigkeitsgesichtspunkten auf eine 34

---

[21] BGH 1 StR 28/83 NJW 1983, 2710.

[22] Zur Entwicklung dieser Sanktion seit 1909 zunächst im Bereich des Besonderen Teils und ihrem Verhältnis zum Absehen von der Strafverfolgung nach § 153b sowie §§ 153, 153a StPO kritisch *Schroeder* FS Fezer, S. 543 ff.

[23] Hierzu *Keiser* GA 2009, 344, auch zu den Änderungen durch das 2. Justizmodernisierungsgesetz vom 22.12.2006, BGBL. I 3416.

[24] *Lackner/Kühl* RN 1 vor § 59; umfassend *Neumayer-Wagner* 1998; zur Bedeutung des Schuldspruchs als Strafe BVerfG 2 BvR 1371/96 BVerfGE 96, 245 ff.; vgl. auch *Schild* FS Lenckner, S. 287 ff./310 f.

Strafverhängung verzichtet wird. Inzwischen haben die §§ 59, 60 auch in die Sanktionierungs*praxis* Eingang gefunden.[25]

35 **Zu Leitfall 15**

In Leitfall 15 blieb D und E die Verurteilung zu einer Geldstrafe nach § 59 StGB vorbehalten, weil das Gericht die strengen Voraussetzungen der Vorschrift als erfüllt ansah: Es bestünden keine Zweifel an einer günstigen Sozialprognose für beide Angeklagten. Die Gesamtwürdigung der vorliegenden Tat und der Persönlichkeit der beiden Angekl. ergäben besondere Umstände, nach denen es angezeigt sei, von der Verhängung einer Strafe abzusehen. Die Tat sei zwar nicht aus einer unausweichlichen Konfliktlage erwachsen, da noch zahlreiche Handlungsalternativen zur Verfügung gestanden hätten. Es habe jedoch für die Angekl. aus subjektiver Sicht eine Situation vorgelegen, die eine gewisse Nähe zu Rechtfertigungs- und Entschuldigungsgründen aufgewiesen habe.

36 Eine ernstliche Beeinträchtigung des Rechtsempfindens und der Rechtstreue der Bevölkerung sei durch die bloße Verwarnung der Angekl. nicht zu erwarten. Die Verteidigung der Rechtsordnung habe somit nicht eine Bestrafung geboten, wohl aber einen Schuldspruch. Denn es habe klargestellt werden müssen, dass die bestehenden Gesetze und die in ihnen verkörperten Verfassungsgrundsätze von Repräsentanten der Staatsgewalt beachtet werden müssen, auch in Situationen, in denen es persönlich sehr schwer fallen mag, sich danach zu richten.[26]

III. „Strafen" ohne Übelszufügung?

37 Während in § 59 die Verhängung der Strafe vorbehalten, die Strafe aber immerhin bestimmt wird und in § 60 auf eine „natürliche Strafe, durch den Täter selbst herbeigeführt", abgestellt wird, gehen jüngere kriminalpolitische Überlegungen dahin, Sanktionen zu beschreiben, die unter bestimmten Voraussetzungen als Rechtsfolge nicht eine Strafe in Form der erzwungenen Zufügung eines Übels, sondern eine freiwillige versöhnende Leistung des Täters, insbesondere in Form einer Wiedergutmachung des Schadens in Zusammenarbeit mit dem Opfer, verlangen.[27]

38 Diese im Rahmen des Jugendstrafrechts mit empirisch nachweisbarem Erfolg praktizierte Sanktionsform[28] hat sich im Erwachsenenstrafrecht bisher als eigen-

[25] Stat. Bundesamt Fachserie 10 Reihe 3 Strafverfolgung, Berichte 2012/14 betreffend die Jahre 2011/2012: Verwarnungen nach § 59 8.242/7.893 Fälle; Absehen von Strafe nach § 60 329/287 Fälle; vgl. auch *Müller* FS Jung, S. 621 ff.

[26] Vgl. LG Frankfurt NJW 2005, 697.

[27] Mit dieser Frage beschäftigt sich die Strafrechtswissenschaft in der jüngeren Zeit vermehrt, vgl. *Bannenberg* 1993; *Roxin* FS Baumann, S. 243 ff.; *Roxin* AT 1 § 3/72 ff.; *Rössner* FS Schneider, S. 877 ff.; *Puppe* FS Grünwald, S. 469 ff.; *Weigend* FS Müller-Dietz, S. 975 ff.; eher zurückhaltend *Stratenwerth/Kuhlen* AT § 1/29.

[28] Vgl. *Bannenberg* 1993, S. 261 ff.

ständige Sanktion nicht durchsetzen können. Überlegungen des „Alternativ-Entwurfs Wiedergutmachung“[29] zur Errichtung einer „3. Spur“ zwischen Strafe und Maßregel haben damit im Gesetz keinen entsprechenden Widerhall gefunden.[30] Der Gesetzgeber hat im Rahmen des Verbrechensbekämpfungsgesetzes vom 28.10.1994[31] vielmehr eine Lösung im Rahmen der Strafzumessung vorgezogen. Nach § 46a kann das Gericht die Strafe mildern oder u. U. sogar von Strafe absehen, wenn sich der Täter in einem kommunikativen Akt[32] mit dem Opfer um einen *Täter-Opfer-Ausgleich* zumindest ernsthaft bemüht oder das Opfer ganz oder zum überwiegenden Teil entschädigt hat.[33] Der Anwendung des § 46a steht nicht entgegen, dass das Opfer eine juristische Person, z. B. ein eingetragener Verein, ist.[34]

IV. Sanktionen des Jugendstrafrechts

Wird eine strafbare Handlung von einem Jugendlichen (eine Person, die z. Z. der Tat 14, aber noch nicht 18 Jahre alt ist) oder von einem Heranwachsenden (eine Person, die z. Z. der Tat 18, aber noch nicht 21 Jahre alt ist, vgl. § 1 II JGG) begangen, gelten Besonderheiten hinsichtlich des Strafverfahrens und der Rechtsfolgen der Tat. Beides ist im Jugendgerichtsgesetz (JGG) festgelegt. Zu jenen besonderen Rechtsfolgen zählen die *Erziehungsmaßregeln* (§§ 9 ff. JGG), die sog. „*Zuchtmittel*“ (§§ 13 ff. JGG) und die *Jugendstrafe* als Freiheitsstrafe (§§ 17 ff. JGG). Erziehungsmaßregeln, Zuchtmittel und Jugendstrafe setzen eine schuldhaft verwirklichte Straftat voraus. Jedoch unterscheiden sie sich von den Rechtsfolgen des Erwachsenenstrafrechts dadurch, dass sie nicht als stigmatisierende Übelszufügung gedacht sind, sondern als *erzieherische* Einwirkung auf den jeweiligen Täter.[35] Jugendstrafrecht ist Täterstrafrecht, dessen Anliegen die Erziehung fehlgeleiteter junger Menschen, nicht aber die Vergeltung schuldhafter Taten ist. 39

Das Jugendstrafrecht war Gegenstand der Beratungen des 64. Deutschen Juristentages 2002. Die Diskussion betrifft sowohl den Erziehungsgedanken als Grundidee des Jugendstrafrechts als auch die Rechtsfolgen des JGG.[36] 40

[29] *Baumann* 1992; umfassend zu Wiedergutmachung und Täter-Opfer-Ausgleich *Meier* 2009 Teil 6.

[30] Vgl. auch MK-*Radtke* RN 88 ff. vor § 38; *Streng* Sanktionen 2012, RN 579.

[31] BGBl. I S. 3186.

[32] Zu den Anforderungen an den kommunikativen Prozess BGH 1 StR 174/03 StV 2004, 72 f.

[33] Umfassend hierzu *Kaiser* GS Zipf, S. 105 ff.; *Meyer* FS Triffterer, S. 629 ff.; zur gestiegenen Akzeptanz in der Praxis *K. Schroth* FS Hamm, 677 ff.; zu einer opferorientierten Strafrechtsdogmatik *Hassemer/Reemtsma* 2002 mit Bespr. *Sinn* KJ 2003, 368 ff.; kritisch zum Täter-Opfer-Ausgleich *Noltenius* GA 2007, 518 ff., *Walther* StraFo 2005, 452 f.

[34] Vgl. BGH 4 StR 435/99, StV 2000, 128.

[35] Näher *Schaffstein/Beulke* 2002 § 1 I; *Böhm/Feuerhelm* 2004, § 3; *Eisenberg* 2013, Einl. RN 14; *Streng* Jugendstrafrecht 2012, RN 15 ff.

[36] Lesenswert *Laubenthal* JZ 2002, 807 ff.

B. Schuldunabhängige Maßregeln der Besserung und Sicherung

41 Von den Strafen des Erwachsenenstrafrechts und den Rechtsfolgen des JGG unterscheiden sich die Maßregeln der Besserung und Sicherung in den §§ 61 ff. StGB dadurch, dass sie an die *Gefährlichkeit* des Täters anknüpfen. Die Maßregeln der Besserung und Sicherung bilden damit den zweiten Grundtypus der strafrechtlichen Rechtsfolgen innerhalb des *zweispurigen* Rechtsfolgensystem des Strafrechts.[37]

42 Die Maßregeln der Besserung und Sicherung als zweite Spur des Sanktionssystems gehen vor allem auf das Marburger Programm von *Franz von Liszt* (§ 1 RN 190 ff.) aus dem Jahre 1882 zurück. Sie sind damit ein Resultat der sog. *modernen Schule*, die – im Unterschied zur *klassischen Schule* (*Binding, Birkmeyer*)[38] – die Erkenntnisse und Schlussfolgerungen aus den Sozialwissenschaften in das Strafrecht einzubringen suchte. Eingang in das StGB fanden die Maßregeln der Besserung und Sicherung durch das „Gesetz gegen gefährliche Gewohnheitsverbrecher und über Maßregeln der Sicherung und Besserung" aus dem Jahr 1933.

I. Freiheitsentziehende Maßregeln der Besserung und Sicherung

43 Zu den freiheitsentziehenden Maßregeln der Besserung und Sicherung gehört die Unterbringung in einem Psychiatrischen Krankenhaus (§ 63), in einer Entziehungsanstalt (§ 64) oder in der Sicherungsverwahrung (§§ 66–66c).[39] Alle genannten Maßregeln setzen die Begehung einer rechtswidrigen Straftat voraus sowie damit zusammenhängende Umstände in der Persönlichkeit des Täters, die ihn als gefährlich erscheinen lassen.[40] Ihr gemeinsamer Zweck besteht somit darin, die Allgemeinheit vor zu erwartenden rechtswidrigen Taten des Untergebrachten zu sichern.

44 Die *Unterbringung in einer Entziehungsanstalt* hat darüber hinaus zur Voraussetzung, dass eine hinreichend konkrete Aussicht besteht, den Süchtigen zumindest für eine gewisse Zeitspanne vor dem Rückfall in die akute Sucht zu bewahren, auch nach der Entziehungskur und außerhalb der Anstalt.[41] Im Unterschied dazu ist die Unterbringung in einem psychiatrischen Krankenhaus nach § 63 nicht davon abhängig, dass eine Heilungsaussicht besteht.[42]

45 Die *Sicherungsverwahrung,* die in §§ 66 I an *mehrere* schwere Vor*strafen* und in § 66 II an schwere Vor*taten* anknüpft, soll der Sicherung der Allgemeinheit vor gefährlichen Straftätern auch nach Verbüßung ihrer Strafhaft dienen.[43] Die ohne-

[37] Vgl. *Eser* FS Müller-Dietz, S. 213 ff.

[38] Näher hierzu *Rüping/Jerouschek* 2011, RN 254 ff.

[39] Zur Kombination von lebenslanger Freiheitsstrafe und Sicherungsverwahrung *Kett-Straub* GA 2009, 586 ff.

[40] Näher *Köhler* AT S. 642 f., 674 ff.

[41] Vgl. SK-*Sinn* § 64 RN 14b mwN.

[42] Vgl. BGH 4 StR 308/89 NStZ 1990, 122 f.

[43] Näher zur Problematik *Kreuzer* NK 2010, 89 ff.; *Mitsch* JuS 2011, 785 ff.

hin umstrittene Maßregel[44] ist besonders in die Diskussion geraten, seit durch das SexBG die *10-Jahres-Frist* bei erstmaliger Sicherungsverwahrung abgeschafft worden ist[45] und seit dem 29. Juli 2004 zudem gem. § 66b eine *nachträgliche* Anordnung der Unterbringung in der Sicherungsverwahrung möglich sein sollte.[46]

In Reaktion auf die Rechtsprechung des EGMR, dass die Regelung der Siche- **46**
rungsverwahrung in Deutschland gegen Bestimmungen der EMRK verstoße[47], erklärte das BVerfG im Mai 2011 die Regelungen des StGB und des JGG über die Anordnung und die Dauer der (nachträglichen) Sicherungsverwahrung für verfassungswidrig, weil diese das Grundrecht auf Freiheit der Untergebrachten (Art. 2 II 2 i.V.m. Art. 104 I GG) verletzten, da sie nicht dem verfassungsrechtlichen *Abstandsgebot* zwischen Freiheitsstrafe und Maßregelvollzug genügen.[48] Bei sogenannten „Altfällen" bestünden außerdem Bedenken im Hinblick auf den Vertrauensschutz aus Art. 20 II GG, wobei es hier auf eine Beurteilung im Einzelfall ankomme.[49] Einen Verstoß gegen das Rückwirkungsverbot aus Art. 103 II GG nahm das Verfassungsgericht hingegen nicht an, da dieses nur für Strafen, nicht jedoch für Maßregeln gelte.[50]

Die menschen- und verfassungsrechtlichen Beanstandungen haben insbesondere **47**
zur Einfügung von § 66c durch das Gesetz zur bundesrechtlichen Umsetzung des Abstandsgebots im Recht der Sicherungsverwahrung vom 5.12.2012[51] geführt.

II. Maßregeln ohne Freiheitsentzug

Zu den Maßregeln ohne Freiheitsentzug gehören die Führungsaufsicht (§ 68), die **48**
Entziehung der Fahrerlaubnis (§ 69) und das Berufsverbot (§§ 70 ff.).

---

44 Vgl. *Kreuzer/Bartsch* GA 2008, 655 ff. siehe vor allem S. 663 ff.; *Rückert* DIE ZEIT Nr. 51 v. 11.12. 2008, S. 21 ff.

45 Vgl. hierzu *Kinzig* StV 2000, 330 ff.

46 Vgl. Gesetz zur Einführung der nachträglichen Sicherungsverwahrung vom 23. Juli 2004, BGBl. I 2004 v. 28.7.2004, S. 1838; kritisch und lesenswert hierzu und zu gesetzgeberischen Initiativen auf Landesebene *Hanack* FS Rieß, S. 708 ff., dazu auch *Baier* Jura 2004, 552 ff.; vgl. auch BVerfG Urt.v. 10.2.2004 – 2 BvR 834/02 u. 1588/02, NJW 2004, 750=EuGRZ 2004, 89 sowie Urt. v. 5.2.2004 – 2 BvR 2029/01, NJW 2004, 739=EuGRZ 2004, 73 sowie zum Ganzen *Finger* 2008.

47 EGMR NJW 2010, 2495, mit Anm. *Eschelbach*; vgl. auch *Jung* GA 2010, 639 ff.

48 Vgl. BVerfG, 2BvR 2365/09 vom 4.5.2011=BVerfG NJW 2011, 1931, 1934 (Rn. 84 ff.), informativ dazu *Peglau* NJW 2011, 1924 ff.; *Schöch* GA 2012, 14 ff.; *Zabel* JR 2011, 467 ff. jew. mwN.

49 Vgl. BVerfG NJW 2011, 1931, 1934 (Rn. 84 ff.); zum Vertrauensschutz, insb. zur Abwägung bei sog. Altfällen *Hörnle* NStZ 2011, 489 f.

50 Abweichend zum EGMR, der urteilte, dass die nachträgliche Verlängerung der Sicherungsverwahrung gegen Art. 7 I EMRK (Rückwirkungsverbot) verstößt, vgl. EGMR NJW 2010, 2495. Allerdings legt das BVerfG den Begriff der Strafe anders als der EGMR aus, da die EMRK anders als die deutsche Rechtsordnung kein zweigleisiges System von Strafe und Maßregel kennt, näher *Hecker* 2012, § 3 RN 37; *Radtke* GA 2011, 636 ff.

51 BGBl. I, S. 2425; dazu *Renzikowski* NJW 2013, 1638 ff.

49 Die *Führungsaufsicht* dient vor allen Dingen dazu, den Übergang kriminell schwer Gefährdeter aus dem Strafvollzug in die Freiheit zu erleichtern (Lebenshilfe) und zugleich im Interesse der Allgemeinheit Rückfälle zu verhindern (Überwachung).[52]

50 Die *Entziehung der Fahrerlaubnis* knüpft an ein Verhalten im Zusammenhang mit dem Führen eines Kraftfahrzeuges oder unter Verletzung der Pflichten eines Kraftfahrzeugführers an, welches den Beschuldigten als zum Führen von Kraftfahrzeugen *ungeeignet* erscheinen lässt. Mit der Entziehung der Fahrerlaubnis bestimmt das Gericht die Dauer, innerhalb derer keine neue Fahrerlaubnis erteilt werden darf (Sperre). Erst nach Ablauf der Sperre kann der Betroffene die Erteilung einer neuen Fahrerlaubnis beantragen.

51 Das *Berufsverbot* setzt eine rechtswidrige Tat voraus, die der Beschuldigte unter Missbrauch seines Berufes oder Gewerbes oder unter grober Verletzung der mit ihnen verbundenen Pflichten begangen hat. Es dient dem Zweck, die Allgemeinheit vor Gefahren zu schützen, die aus der Berufsausübung des Täters erwachsen.

C. Sanktionen gegen das Eigentum

52 Im Zusammenhang mit Sanktionen gegen das Eigentum ist der Begriff des Eigentums in einem weiten, Art. 14 GG entsprechenden, Sinne zu verstehen. Betroffen von den Sanktionen gegen das Eigentum sind daher nicht nur *Sachen*, sondern auch vermögenswerte *Rechte* wie insbesondere dingliche Sicherungsrechte oder Sparkassenguthaben.[53] Dem entspricht die gesetzliche Formulierung etwa in § 73 d oder § 74, dass sich die Sanktionen auf „Gegenstände", d. h. auf Sachen bzw. vermögenswerte Rechte beziehen müssen.[54] In der Sache unterscheidet das Gesetz danach, ob ein Beteiligter aus der Straftat *etwas erlangt* hat, das abgeschöpft werden muss (Gewinnabschöpfung als Zielrichtung der Verfallsvorschriften, §§ 73 ff.), oder ob ein Gegenstand in einer *„missbilligenswerten Beziehung zur Tat"* gestanden hat[55] bzw. gefährlich ist und deshalb eingezogen werden mu*ss* (Einziehung, § 74). Auch der Unbrauchbarmachung nach § 74 d kommt insoweit Sicherungscharakter zu.[56]

I. Verfall, §§ 73–73d

53 Die Wirkung des Verfalls ist in § 73e beschrieben: Das Eigentum an der Sache oder das verfallene Recht gehen mit der Rechtskraft der Entscheidung auf den Staat über. Vor Rechtskraft wirkt der Verfall als Veräußerungsverbot i.S. von § 136 BGB. Voraussetzung für die Anwendung der Verfallsvorschriften ist das Vorliegen einer

[52] Vgl. SK-*Sinn* § 68 RN 2; *Lackner/Kühl* § 68 RN 1.

[53] Vgl. *Eser* 1969, S. 8 f.

[54] Vgl. *Lackner/Kühl* § 73d RN 5, § 74 RN 4.

[55] Vgl. *Lackner/Kühl* § 74 RN 1.

[56] *Lackner/Kühl*, § 74 RN 1.

rechtswidrigen Tat, für die (Entgelt) oder aus der (Gewinn) der Täter etwas erlangt hat. Der Verfall stellt die Hauptform der Sanktionen zur Gewinnabschöpfung dar.

In § 73 I 2 wird die Anwendbarkeit der Verfallsvorschriften jedoch ausgeschlossen, „soweit dem Verletzten aus der Tat ein Anspruch erwachsen ist, dessen Erfüllung dem Täter oder Teilnehmer den Wert des aus der Tat Erlangten entziehen würde." Damit bleibt der Verfall nach § 73 eine stumpfe Waffe bei Straftaten gegen die Person, bei Vermögensstraftaten und bei Steuerstraftaten. Praktisch relevant ist der Verfall im Zusammenhang mit der *Belohnung* von Straftaten und dem Erhalten von *Bestechungslohn*, außerdem im Zusammenhang mit organisierter Kriminalität. 54

Bis 1991 konnte der vom Verfall Betroffene Aufwendungen, „Investitionen", die er für die Tat getätigt hatte, verfallsvermindernd geltend machen. Hatte der Täter z. B. DM 100,– eingesetzt, um aus seiner Straftat DM 1.000,– Gewinn zu erzielen, so konnten nur DM 900,– für verfallen erklärt werden. 1991 wurde durch das AWG/StGB-ÄndG[57] jedoch das sog. „*Bruttoprinzip*"[58] eingeführt, indem der Gesetzgeber in § 73 I 1 das Merkmal „Vermögensvorteil" durch das Merkmal „etwas" ersetzte. So sollte zum Ausdruck gebracht werden, dass Aufwendungen nicht mehr vom Gegenstand des Verfalls abgezogen werden können.[59] 55

Dies bedeutet, dass der Verfall einen Doppelcharakter bekommen hat: Soweit die Abschöpfung unrechtmäßig erlangten Vermögenszuwachses in Frage steht, handelt es sich nicht um eine Strafe, sondern um eine Maßnahme zur Wiederherstellung des verletzten Rechts. Im Übrigen jedoch liegt eine Übelszufügung vor, weshalb man zumindest von einem *strafähnlichen* Charakter des Verfalls sprechen muss. In diesem Umfang ist der Verfall somit nicht mehr schuldunabhängige Rechtsfolge der Straftat, sondern setzt einen Schuldvorwurf voraus.[60] Soweit es als Folge des Bruttoprinzips zu Härten kommt, ist allenfalls ein Ausgleich über die Härteklausel in § 73c möglich. 56

Nach Ansicht des BGH[61] ist der Verfall durch die Einführung des Bruttoprinzips nicht zu einer strafähnlichen Maßnahme geworden. Die Abschöpfung des über den Nettogewinn hinaus Erlangten verfolge primär einen Präventionszweck: zukünftige Verhinderung gewinnorientierter Straftaten wegen zu erwartender Nutzlosigkeit der Aufwendungen. Eine Strafe setze hingegen voraus, dass sie zumindest auch auf Repression und Vergeltung abzielt. 57

Lassen sich rechtsstaatliche Bedenken gegen das Bruttoprinzip im Rahmen der Verfallsvorschriften dadurch etwas entkräften, dass man im Bereich der Strafähnlichkeit eine schuldhaft begangene Tat verlangt, stößt die durch das OrgKG von 1992 eingefügte Vorschrift des *erweiterten Verfalls* (§ 73d) rechtsstaatlich auf Bedenken, weil als Anknüpfungstat nicht mehr eine durch ein Gericht nachgewiesene Tat verlangt wird, sondern „Umstände" genügen sollen, welche „die Annahme 58

---

[57] Gesetz zur Änderung des Außenwirtschaftsgesetzes, des Strafgesetzbuches und anderer Gesetze v. 28.2.1992, BGBl. I S. 372.

[58] Vgl. dazu BGH 1 StR 115/02 BGHSt 47, 370 f.

[59] Vgl. *Gropp* FS Sootak, S. 75 ff.

[60] Näher und mwN *Lackner/Kühl* § 73 RN 4b.

[61] BGH 1 StR 115/02 NStZ 2003, 38; dazu *Nack* GA 2003, 878 ff.

rechtfertigen, dass […] Gegenstände für rechtswidrige Taten oder aus ihnen erlangt worden sind". Diese Anknüpfung an eine nicht richterlich *nachgewiesene* Tat erscheint im Hinblick auf die Unschuldsvermutung[62] zweifelhaft. Denn wenn und soweit der Verfall strafähnlichen Charakter hat, setzt seine Anwendung voraus, dass die Anknüpfungstaten nachgewiesen sind: keine Strafe ohne gesetzlich nachgewiesene Straftat.[63] Der Gesetzgeber hat diese Problematik gesehen und ihr entgegenzuwirken versucht, indem er von Sachverhalten ausging, bei denen sich aufgrund erschöpfender Beweiserhebung und Würdigung „diese Herkunftsmöglichkeit von allen in Betracht zu ziehenden Möglichkeiten als die ganz überwiegend Wahrscheinlichste darstellt".[64]

59 Inzwischen fordert der BGH in einer Art verfassungskonformer Auslegung fordert, dass der Tatrichter aufgrund erschöpfender Beweiserhebung und -würdigung die uneingeschränkte Überzeugung gewonnen haben muss, dass der Angeklagte die von der Anordnung erfassten Gegenstände aus rechtswidrigen Taten erlangt hat, ohne dass diese Taten allerdings selbst im einzelnen festgestellt werden müssten.[65]

60 Von seinem rechtsstaatlichen Makel wird der erweiterte Verfall auch nicht dadurch befreit, dass die Vorschrift nur dann zur Anwendung kommt, wenn auf sie in Straftatbeständen, die dem Bereich der organisierten Kriminalität zugerechnet werden, eigens verwiesen wird.[66]

II. Einziehung, §§ 74–76a

61 Bei der Einziehung geht das Eigentum an der Sache bzw. die Inhaberschaft an dem eingezogenen Recht mit der Rechtskraft der Entscheidung auf den Staat über. Die Einziehung betrifft Gegenstände (Sachen oder Rechte), die durch die Tat hervorgebracht oder zur Vorbereitung gebraucht oder bestimmt gewesen sind. Dies setzt eine vorsätzliche, rechtswidrige und schuldhafte Straftat voraus. Die Einziehung hat insoweit strafähnlichen Charakter, es gilt folglich das Schuldprinzip bezüglich Hauptstrafe und Einziehung gleichermaßen. Die Einziehung erstreckt sich auf die producta sceleris, d. h. die in der Entstehung unmittelbar aus der Tat hervorgegangenen Gegenstände, sowie die instrumenta sceleris, d. h. die benutzten Waffen, Fahrzeuge etc. Die Gegenstände müssen nach § 74 II Nr. 1 dem von der Einziehung Betroffenen z. Z. der Entscheidung „gehören". Entscheidend ist die formale

[62] Vgl. hierzu *Gropp* JZ 1991, 804 ff.

[63] A.A. BVerfG 2 BvR 564/95 NJW 2004, 2073: § 73d verfolge vermögensordnende und normstabilisierende Ziele. Diese vermögensordnende Funktion mache den erweiterten Verfall nicht zu einem strafähnlichen Rechtsinstitut; krit. zum Urteil des BVerfG *Herzog* JR 2004, 494 ff.

[64] BT-Drs. 11/6623S. 6.

[65] BGH 4 StR 516/94 BGHSt 40, 371; bestätigt durch BVerfG NJW 2004, 2073.

[66] Betroffen sind insbesondere durch Banden und gewerbsmäßig begangene Straftaten, z. B. §§ 244 III, 244 a III, 256 II, 260 III. Verfassungsrechtliche Bedenken gegen den erweiterten Verfall auch bei *Eser* in: Schönke/Schröder § 73 d RN 2.

Rechtsposition, weshalb auch Sicherungseigentum und Vorbehaltseigentum maßgeblich sind.

§ 74 II Nr. 2 betrifft die Sicherungseinziehung. Sie knüpft an die Gefährlichkeit des Gegenstandes an, wobei sich die Gefährdung aus der Beschaffenheit des Gegenstandes ergeben muss. 62

III. Unbrauchbarmachung, § 74d

Bei der Unbrauchbarmachung handelt es sich um eine Sicherungsmaßnahme, die sich auf eingezogene Schriften bezieht. Voraussetzung ist, dass von diesen Schriften eine Gefährdung ausgeht. Die Unbrauchbarmachung ist deshalb eine schuldunabhängige Rechtsfolge der Straftat. 63

D. Zur Wiederholung

Kontrollfragen

1. Welche Hauptstrafen sieht das Strafensystem des StGB vor? (RN 7)
2. Nennen Sie fünf schuldabhängige strafrechtliche Sanktionen. (RN 8, 23, 28, 31 ff.)
3. Muss jede Freiheitsstrafe unter sechs Monaten zur Bewährung ausgesetzt werden? (RN 17)
4. Wodurch unterscheiden sich die Maßregeln, die Zuchtmittel und die Jugendstrafe im Jugendstrafrecht von den schuldabhängigen Sanktionen des Erwachsenenstrafrechts? (RN 39)
5. Wie heißen die drei freiheitsentziehenden Maßregeln der Besserung und Sicherung? (RN 43 ff.)
6. Was bedeutet die Einführung des Bruttoprinzips im Recht des Verfalls? (RN 55 f.)

Literatur

Baier Grenzenlose Sicherheit? Die Unterbringung gefährlicher Straftäter zwischen Bundes- und Landesrecht, Jura 2004, 552 ff.

Bannenberg Wiedergutmachung in der Strafrechtspraxis, 1993

Baumann Alternativ-Entwurf Wiedergutmachung, 1992

Böhm/Feuerhelm Einführung in das Jugendstrafrecht, 4. Aufl. 2004

Egg Prognosebegutachtung bei Straf- und Maßregelvollzug, FS für Rolinski 2002, S. 309 ff.

Eisenberg Jugendgerichtsgesetz, Kommentar, 16. Aufl 2013

Eser Die strafrechtlichen Sanktionen gegen das Eigentum, 1969

Eser Zur Entwicklung von Maßregeln der Besserung und Sicherung als zweite Spur im Strafrecht, FS für Müller-Dietz 2001, S. 213 ff.

Finger Vorbehaltene und nachträgliche Sicherungsverwahrung, 2008.
Gropp Zum verfahrenslimitierenden Wirkungsgehalt der Unschuldsvermutung, JZ 1991, 804 ff.
Gropp Einziehung – Verfall – Vermögensstrafe: von der Maßnahme zur Strafe? FS für Sootak 2008, S. 73 ff.
Grünwald Überlegungen zur lebenslangen Freiheitsstrafe, FS für Bemmann 1997, S. 161 ff.
Hanack Nachträgliche Anordnung von Sicherungsverwahrung?, FS für Rieß 2002, S. 709 ff.
Hassemer/Reemtsma Verbrechensopfer: Gesetz und Gerechtigkeit, 2002
Hecker Europäisches Strafrecht 4. Aufl. 2012
Heine Interview zum neuen Sanktionensystem der Schweiz von 2007, In dubio (Zeitschrift des Bernischen Anwaltsverbands) 2007, S. 6 ff.
Heinz Sanktionierungspraxis in der Bundesrepublik Deutschland im Spiegel der Rechtspflegestatistik, ZStW 111 (1999), 461 ff.
Herzog Gewinnabschöpfung unter der Flagge der positiven Generalprävention, JR 2004, 494 ff.
Hörnle Der Streit um die Sicherungsverwahrung, NStZ 2011, 488 ff.
Jung Die Sicherungsverwahrung auf dem Prüfstand der EMRK. Zugleich Besprechung von EGMR, Urteil vom 17.12.2009, GA 2010, 639 ff.
Kaiser Täter-Opfer-Ausgleich als moderne Konfliktlösungsstrategie strafrechtlicher Sozialkontrolle, GS für Zipf 1999, S. 105 ff.
Keiser Die verwerfliche Tat eines würdigen Täters, Der Fall Daschner und die Verwarnung mit Strafvorbehalt als custodia honesta, GA 2009, 344 ff.
Kett-Straub Auch Terroristen haben einen Rechtsanspruch auf Freiheit, GA 2007, 332 ff.
Kett-Straub Die Kombination von lebenslanger Freiheitsstrafe und Sicherungsverwahrung, GA 2009, 586 ff.
Kinzig Schrankenlose Sicherheit? – Das Bundesverfassungsgericht vor der Entscheidung über die Geltung des Rückwirkungsverbots im Maßregelrecht, StV 2000, 330 ff.
Köhler Strafrecht Allgemeiner Teil (AT), 1997
Kreuzer Strafrecht als präventiver Opferschutz?, NK 2010, 89 ff.
Kreuzer/Bartsch Zu einer neuen Strukturierung des Sicherungsverwahrungsrechts GA 2008, 655 ff.
Lackner/Kühl Strafgesetzbuch: Kommentar, 27. Aufl. 2011
Laubenthal Ist das deutsche Jugendstrafrecht noch zeitgemäß?, JZ 2002, 807 ff.
Lüderssen Freiheitsstrafe ohne Funktion, FS für Bemmann 1997, S. 47 ff.
Meier Strafrechtliche Sanktionen, 3. Aufl. 2009
Meyer Zur Reform des strafrechtlichen Sanktionensytems unter besonderer Berücksichtigung des Täter-Opfer-Ausgleichs, FS für Triffterer 1996, S. 629 ff.
Mitsch Was ist Sicherungsverwahrung und was wird aus ihr?, JuS 2011, 785 ff.
MK-*Bearbeiter* = Münchener Kommentar zum Strafgesetzbuch, 2. Aufl. 2011 ff.
Müller Noch ein Plädoyer für die Verwarnung mit Strafvorbehalt, FS für Jung 2007, S. 621 ff.
Nack Aktuelle Rechtsprechung des Bundesgerichtshofs zum Verfall, GA 2003, 879 ff.
Neumayer-Wagner Die Verwarnung mit Strafvorbehalt. Ihre Entstehung, gegenwärtige rechtliche Gestaltung, praktische Handhabung und ihr Entwicklungspotential, 1998
NK-StGB-*Bearbeiter* = *Kindhäuser/Neumann/Paeffgen* (Gesamtredaktion), Nomos-Kommentar zum StGB, 4. Aufl. 2013
Noltenius Kritische Anmerkungen zum Täter-Opfer-Ausgleich, GA 2007, 518 ff.
Peglau Das BVerfG und die Sicherungsverwahrung – Konsequenzen für Praxis und Gesetzgebung, NJW 2011, 1924 ff.
Puppe Strafrecht als Kommunikation, FS für Grünwald 1999, S. 469 ff.
Radtke Schuldgrundsatz und Sicherungsverwahrung. Freiheitsgarantien im zweispurigen Sanktionensystem, GA 2011, 636 ff.
Renzikowski Abstand halten! – Die Neuregelung der Sicherungsverwahrung, NJW 2013, 1638 ff.
Rössner Die Universalität des Wiedergutmachungsgedankens im Strafrecht, FS für Schneider 2002, S. 877 ff.
Roxin Zur Wiedergutmachung als einer „dritten Spur" im Sanktionensystem, FS für Baumann 1992, S. 243 ff.

Roxin Strafrecht Allgemeiner Teil 1 (AT 1), 4. Aufl. 2006
Rückert In der Lebensversickerungsanstalt, DIE ZEIT Nr. 51 v. 11.12. 2008, S. 21 ff.
Rüping/Jerouschek Grundriß der Strafrechtsgeschichte, 6. Aufl. 2011
Schaffstein/Beulke Jugendstrafrecht, Eine systematische Darstellung 14. Aufl., 2002
Schild Strafbegriff und Grundgesetz, FS für Lenckner 1998, S. 287 ff.
Schöch Das Urteil des Bundesverfassungsgerichts zur Sicherungsverwahrung, GA 2012, 14 ff.
Schroeder Absehen von Strafe und Absehen von der Strafverfolgung, FS für Fezer 2008, S. 543 ff.
Schroth K. Der Täter-Opfer-Ausgleich FS Hamm 2008, S. 677 ff.
SK-*Bearbeiter* = Systematischer Kommentar zum Strafgesetzbuch, Grundwerk mit 136. Ergänzungslieferung, von *Rudolphi, Horn, Samson* (Stand: Oktober 2012)
Stratenwerth,/Kuhlen Strafrecht Allgemeiner Teil, Die Straftat, 6. Auflage, 2011
Streng Jugendstrafrecht, 3. Aufl. 2012
Streng Strafrechtliche Sanktionen. Die Strafzumessung und ihre Grundlagen, 3. Aufl. 2012
Walther Strafverteidigung zwischen Beschuldigten- und Opferinteressen, StraFo 2005, 452 f.
Weigend Wiedergutmachung als, neben oder statt Strafe? FS für Müller-Dietz 2001, S. 975 ff.
Zabel Bürgerrechte ernstgenommen, JR 2011, 467 ff.

Sach- und Fälleverzeichnis

Die *kursiven* Eintragungen bezeichnen *Fälle*, die **fetten Namen,** die mageren Zahlen beziehen sich auf die Randnummern. FN verweist auf Fußnoten

W. Gropp, *Strafrecht Allgemeiner Teil*, Springer-Lehrbuch,
DOI 10.1007/978-3-642-38126-3

32933434R00398

Printed in Poland
by Amazon Fulfillment
Poland Sp. z o.o., Wrocław